CNU
BLOCO 8 - NÍVEL INTERMEDIÁRIO

EDITORA AlfaCon
Concursos Públicos

Proteção de direitos

Todos os direitos autorais desta obra são reservados e protegidos pela Lei nº 9.610/1998. É proibida a reprodução de qualquer parte deste material didático, sem autorização prévia expressa por escrito do autor e da editora, por quaisquer meios empregados, sejam eletrônicos, mecânicos, videográficos, fonográficos, reprográficos, microfílmicos, fotográficos, gráficos ou quaisquer outros que possam vir a ser criados. Essas proibições também se aplicam à editoração da obra, bem como às suas características gráficas.

Diretor Geral: Jadson Siqueira
Diretor Editorial: Javert Falco
Editor(a): Mateus Ruhmke Vazzoller
Gerente de Editoração: Alexandre Rossa

Língua Portuguesa
Adriano Pacciello, Giancarla Bombonato, Glaucia Cansian, Pablo Jamilk, Priscila Conte

Redação Discursiva
Rachel Ribeiro

Noções de Direito
Daniel Sena, Gustavo Muzy, Evandro Guedes e Newton Aprígio

Matemática
Daniel Lustosa e André Arruda

Realidade Brasileira
Nilton Matos, Ítalo Trigueiro, Jackson Brito e Isabel Rossoni

Questões
Larissa Fernandes de Carvalho, Luis Fernando de Menezes, Tatiane Zmorzenski dos Santos, Maviael Correia da Silva, Ivanir Carlos Grings, Adriana Aparecida Biancato, Alessandra Karl Rodrigues da Silva, Lais Santos Brasil, Gabriel Reis Santos Cavaline, Leonardo Schuster de Carvalho, Patricia Caroline de Freitas Quero

Dados Internacionais de Catalogação na Publicação (CIP)
Angélica Ilacqua CRB-8/7057

P369
    CNU - Concurso Nacional Unificado : bloco 8 nível intermediário / equipe de professores Alfacon. – 1. ed. - Cascavel, PR : AlfaCon, 2024.
    418 p.

    Bibliografia
    ISBN 978-65-5918-715-7

    1. Serviço público - Brasil – Concursos 2. Língua portuguesa 3. Redação 4. Direito 5. Matemática

24-0169   CDD 351.81076

Índices para catálogo sistemático:
1. Serviço público - Brasil - Concursos

Dúvidas?
Acesse: www.alfaconcursos.com.br/atendimento

Núcleo Editorial:
    Rua: Paraná, nº 3193, Centro - Cascavel/PR
    CEP: 85810-010

Núcleo Comercial/Centro de Distribuição:
    Rua: Dias Leme, nº 489, Mooca - São Paulo/SP
    CEP: 03118-040

 SAC: (45) 3037-8888

Data de fechamento
1ª impressão:
15/01/2024

www.alfaconcursos.com.br/apostilas

Atualizações e erratas
Esta obra é vendida como se apresenta. Atualizações - definidas a critério exclusivo da Editora AlfaCon, mediante análise pedagógica – e erratas serão disponibilizadas no site www.alfaconcursos.com.br/codigo, por meio do código disponível no final do material didático Ressaltamos que há a preocupação de oferecer ao leitor uma obra com a melhor qualidade possível, sem a incidência de erros técnicos e/ou de conteúdo. Caso ocorra alguma incorreção, solicitamos que o leitor, atenciosamente, colabore com sugestões, por meio do setor de atendimento do AlfaCon Concursos Públicos.

APRESENTAÇÃO

A sua chance de fazer parte do Serviço Público chegou, e a oportunidade está com a obra para CNU - Bloco 8. Neste universo dos concursos públicos, estar bem-preparado faz toda a diferença e para ingressar nesta carreira, é fundamental que esteja preparado com os conteúdos que o AlfaCon julga mais importante cobrados na prova:

Aqui, você encontrará os conteúdos básicos de

- Língua Portuguesa
- Redação Discursiva
- Noções de Direito
- Matemática
- Realidade Brasileira

O AlfaCon preparou todo o material com explicações, reunindo os principais conteúdos relacionados a prova, dando ênfase aos tópicos mais cobrados. ESTEJA ATENTO AO CONTEÚDO ONLINE POR MEIO DO CÓDIGO DE RESGATE, para que você tenha acesso a todo conteúdo do solicitado pelo edital.

Desfrute de seu material o máximo possível, estamos juntos nessa conquista!

Bons estudos e rumo à sua aprovação!

APRESENTAÇÃO

Sua chance de fazer parte do Serviço Público chegou, e a oportunidade está com a sigla para DMU – Bloco 8. Neste universo dos concursos públicos, estar bem-preparado faz toda a diferença e para ingressar nesta carreira, é fundamental que esteja preparado com os conteúdos que o AlfaCon julga mais importante cobrados na prova.

Aqui, você encontrará os conteúdos básicos de:

> Língua Portuguesa
> Redação Discursiva
> Noções de Direito
> Matemática
> Realidade Brasileira

O AlfaCon preparou todo o material com explicações, reunindo os principais conteúdos relacionados a prova, dando ênfase aos tópicos mais cobrados. ESTEJA ATENTO AO CONTEÚDO ONLINE POR MEIO DO CÓDIGO DE RESGATE, para que você tenha acesso a todo conteúdo do solicitado pelo edital.

Desfrute de seu material o máximo possível, estamos juntos nessa conquista!

Bons estudos a rumo à sua aprovação!

COMO ESTUDAR PARA UM CONCURSO PÚBLICO!

Para se preparar para um concurso público, não basta somente estudar o conteúdo. É preciso adotar metodologias e ferramentas, como plano de estudo, que ajudem o concurseiro em sua organização.

As informações disponibilizadas são resultado de anos de experiência nesta área e apontam que estudar de forma direcionada traz ótimos resultados ao aluno.

Curso on-line GRATUITO

- Como montar caderno
- Como estudar
- Como e quando fazer simulados
- O que fazer antes, durante e depois de uma prova!

Ou pelo link: alfaconcursos.com.br/cursos/material-didatico-como-estudar

ORGANIZAÇÃO

Organização é o primeiro passo para quem deseja se preparar para um concurso público.

Conhecer o conteúdo programático é fundamental para um estudo eficiente, pois os concursos seguem uma tendência e as matérias são previsíveis. Usar o edital anterior - que apresenta pouca variação de um para outro - como base é uma boa opção.

Quem estuda a partir desse núcleo comum precisa somente ajustar os estudos quando os editais são publicados.

PLANO DE ESTUDO

Depois de verificar as disciplinas apresentadas no edital, as regras determinadas para o concurso e as características da banca examinadora, é hora de construir uma tabela com seus horários de estudo, na qual todas as matérias e atividades desenvolvidas na fase preparatória estejam dispostas.

PASSO A PASSO

VEJA AS ETAPAS FUNDAMENTAIS PARA ORGANIZAR SEUS ESTUDOS

PASSO 1
Selecionar as disciplinas que serão estudadas.

PASSO 2
Organizar sua rotina diária: marcar pontualmente tudo o que é feito durante 24 horas, inclusive o tempo que é destinado para dormir, por exemplo.

PASSO 3
Organizar a tabela semanal: dividir o horário para que você estude 2 matérias por dia e também destine um tempo para a resolução de exercícios e/ou revisão de conteúdos.

PASSO 4
Seguir rigorosamente o que está na tabela, ou seja, destinar o mesmo tempo de estudo para cada matéria. Por exemplo: 2h/dia para cada disciplina.

PASSO 5
Reservar um dia por semana para fazer exercícios, redação e também simulados.

Esta tabela é uma sugestão de como você pode organizar seu plano de estudo. Para cada dia, você deve reservar um tempo para duas disciplinas e também para a resolução de exercícios e/ou revisão de conteúdos. Fique atento ao fato de que o horário precisa ser determinado por você, ou seja, a duração e o momento do dia em que será feito o estudo é você quem escolhe.

TABELA SEMANAL

SEMANA	SEGUNDA	TERÇA	QUARTA	QUINTA	SEXTA	SÁBADO	DOMINGO
1							
2							
3							
4							

SUMÁRIO

LÍNGUA PORTUGUESA 21
   1. FONOLOGIA 22
      1.1 Partição silábica 22
   2. ACENTUAÇÃO GRÁFICA 23
      2.1 Padrões de tonicidade 23
      2.2 Encontros vocálicos 23
      2.3 Regras gerais 23
   3. ACORDO ORTOGRÁFICO DA LÍNGUA PORTUGUESA 24
      3.1 Trema 24
      3.2 Regras de acentuação 24
      3.3 Hífen com compostos 24
      3.4 Uso do hífen com palavras formadas por prefixos 25
   4. ORTOGRAFIA 28
      4.1 Alfabeto 28
      4.2 Emprego da letra H 28
      4.3 Emprego de E e I 28
      4.4 Emprego de O e U 28
      4.5 Emprego de G e J 29
      4.6 Orientações sobre a grafia do fonema /s/ 29
      4.7 Emprego da letra Z 30
      4.8 Emprego do X e do CH 30
      4.9 Escreveremos com X 30
      4.10 Escreveremos com CH 30
   5. NÍVEIS DE ANÁLISE DA LÍNGUA 31
   6. ESTRUTURA E FORMAÇÃO DE PALAVRAS 32
      6.1 Estrutura das palavras 32
      6.2 Radicais gregos e latinos 32
      6.3 Origem das palavras de Língua Portuguesa 32
      6.4 Processos de formação de palavras 33
      6.5 Acrônimo ou sigla 33
      6.6 Onomatopeia ou reduplicação 33
   7. MORFOLOGIA 34
      7.1 Substantivos 34
      7.2 Artigo 34
      7.3 Pronome 35
      7.4 Verbo 39
      7.5 Adjetivo 44
      7.6 Advérbio 46
      7.7 Conjunção 46
      7.8 Interjeição 47

Sumário

- 7.9 Numeral 48
- 7.10 Preposição 49
- 8. **SINTAXE BÁSICA** **50**
  - 8.1 Período simples (oração) 50
  - 8.2 Termos integrantes da oração 51
  - 8.3 Termos acessórios da oração 51
  - 8.4 Período composto 51
- 9. **FUNÇÕES DO "SE"** **54**
  - 9.1 Partícula apassivadora 54
  - 9.2 Pronome reflexivo 54
  - 9.3 Pronome recíproco 54
  - 9.4 Partícula expletiva (de realce) 54
  - 9.5 Pronome indeterminador do sujeito 54
  - 9.6 Parte do verbo pronominal 54
  - 9.7 Conjunção 54
- 10. **FUNÇÕES DO "QUE"** **55**
  - 10.1 Substantivo 55
  - 10.2 Pronome 55
  - 10.3 Interjeição 55
  - 10.4 Preposição 55
  - 10.5 Advérbio 55
  - 10.6 Conjunção 55
  - 10.7 Conjunção subordinativa 55
  - 10.8 Partícula expletiva (de realce) 55
- 11. **CONCORDÂNCIA VERBAL E NOMINAL** **56**
  - 11.1 Concordância verbal 56
  - 11.2 Concordância nominal 57
- 12. **REGÊNCIA VERBAL E NOMINAL** **58**
  - 12.1 Regência verbal 58
  - 12.2 Regência nominal 59
- 13. **PARALELISMO** **60**
  - 13.1 Paralelismo sintático 60
  - 13.2 Paralelismo semântico 60
- 14. **COLOCAÇÃO PRONOMINAL** **61**
  - 14.1 Regras de próclise 61
  - 14.2 Regras de mesóclise 61
  - 14.3 Regras de ênclise 61
  - 14.4 Casos facultativos 61
- 15. **CRASE** **62**
  - 15.1 Crase proibitiva 62

- 15.2 Crase obrigatória 62
- 15.3 Crase facultativa 62
- **16. PONTUAÇÃO..63**
  - 16.1 Principais sinais e usos.. 63
- **17. PARÁFRASE..65**
  - 17.1 Passos da paráfrase.. 65
- **18. REESCRITURA DE FRASES..66**
  - 18.1 Substituição de palavras ou de trechos de texto 66
  - 18.2 Conectores de mesmo valor semântico..................................... 66
  - 18.3 Retextualização de diferentes gêneros e níveis de formalidade............ 66
- **19. FIGURAS DE LINGUAGEM..69**
  - 19.1 Vícios de linguagem 70
  - 19.2 Funções da linguagem 70
- **20. TIPOLOGIA TEXTUAL..72**
  - 20.1 Texto narrativo 72
  - 20.2 Texto dissertativo... 72
  - 20.3 Texto descritivo 73
  - 20.4 Conotação × denotação.. 74
- **21. GÊNEROS TEXTUAIS..75**
  - 21.1 Gêneros textuais e esferas de circulação................................... 75
  - 21.2 Exemplos de gêneros textuais 75
- **22. COMPREENSÃO E INTERPRETAÇÃO DE TEXTOS....................78**
  - 22.1 Ideias preliminares sobre o assunto 78
  - 22.2 Semântica ou pragmática?.. 78
  - 22.3 Questão de interpretação 78
  - 22.4 Dicas para interpretação... 78
  - 22.5 Dicas para organização... 79
- **23. TIPOS DE DISCURSO...81**
  - 23.1 Discurso direto 81
  - 23.2 Discurso indireto 81
  - 23.3 Discurso indireto livre.. 81

REDAÇÃO DISCURSIVA 82
- **1 REDAÇÃO PARA CONCURSOS PÚBLICOS 83**
  - 1.1 Por que tenho que me preparar com antecedência para a redação?...... 83
  - 1.2 Os primeiros passos 83
  - 1.3 Orientações para o texto definitivo.. 84
  - 1.4 Temas e textos motivadores.. 84
  - 1.5 Título 85
  - 1.6 O texto dissertativo.. 85
  - 1.7 Estrutura do texto dissertativo... 86

Sumário

2 DISSERTAÇÃO EXPOSITIVA E ARGUMENTATIVA 87
    2.1 Dissertação expositiva 87
    2.2 Estrutura do texto dissertativo-expositivo 87
    2.3 Propostas de dissertação expositiva 87
    2.4 Dissertação argumentativa 90
    2.5 Estrutura do texto dissertativo-argumentativo 90
    2.6 Propostas de dissertação argumentativa 91
    2.7 Elementos de coesão 92
    2.8 Critérios de avaliação das bancas 93

NOÇÕES DE DIREITO 94

1 INTRODUÇÃO AO DIREITO CONSTITUCIONAL 95
    1.1 Noções gerais 95

2 DIREITOS FUNDAMENTAIS – REGRAS GERAIS 96
    2.1 Conceito 96
    2.2 Classificação 96
    2.3 Características 96
    2.4 Dimensões dos direitos fundamentais 96
    2.5 Titulares dos direitos fundamentais 97
    2.6 Cláusulas pétreas fundamentais 97
    2.7 Eficácia dos direitos fundamentais 97
    2.8 Força normativa dos tratados internacionais 98
    2.9 Tribunal Penal Internacional (TPI) 98
    2.10 Direitos e garantias 98

3 DIREITOS E DEVERES INDIVIDUAIS E COLETIVOS 99
    3.1 Direito à vida 99
    3.2 Direito à igualdade 99
    3.3 Direito à liberdade 100
    3.4 Direito à propriedade 102
    3.5 Direito à segurança 103
    3.6 Remédios constitucionais 108

4 DIREITOS SOCIAIS E NACIONALIDADE 111
    4.1 Direitos sociais 111
    4.2 Direitos de nacionalidade 113

5 DIREITOS POLÍTICOS 116
    5.1 Direitos políticos 116

6 ADMINISTRAÇÃO PÚBLICA 119
    6.1 Conceito 119
    6.2 Princípios expressos da Administração Pública 119
    6.3 Princípios implícitos da Administração Pública 120
    6.4 Regras aplicáveis aos servidores públicos 121
    6.5 Direitos sociais dos servidores públicos 123

6.6 Regras para servidores em exercício de mandato eletivo 125
6.7 Regras de remuneração dos servidores públicos 125
6.8 Regras de aposentadoria 126

7 INTRODUÇÃO AO DIREITO ADMINISTRATIVO **128**
7.1 Ramos do Direito 128
7.2 Conceito de Direito Administrativo 128
7.3 Objeto do Direito Administrativo 128
7.4 Fontes do Direito Administrativo 128
7.5 Sistemas Administrativos 129
7.6 Regime jurídico administrativo 129
7.7 Noções de Estado 129
7.8 Noções de governo 130

8 ADMINISTRAÇÃO PÚBLICA **130**
8.1 Classificação de Administração Pública 130
8.2 Organização da Administração 131
8.3 Administração Direta 131
8.4 Administração Indireta 131

9 ÓRGÃO PÚBLICO **136**
9.1 Teorias 136
9.2 Características 136
9.3 Classificação 136
9.4 Estrutura 136
9.5 Atuação funcional/composição 137
9.6 Paraestatais 137
9.7 Organizações da Sociedade Civil (OSC) 137
9.8 Organizações Não Governamentais (ONGs) 138

10 AGENTES PÚBLICOS **139**
10.1 Conceito 139
10.2 Classificação 139

11 PRINCÍPIOS FUNDAMENTAIS DA ADMINISTRAÇÃO PÚBLICA **140**
11.1 Classificação 140
11.2 Princípios explícitos da Administração Pública 140
11.3 Princípios implícitos da Administração Pública 141

12 LEI Nº 8.112/1990 – REGIME JURÍDICO DOS SERVIDORES DA UNIÃO **144**
12.1 Disposições preliminares 144
12.2 Provimento, vacância, remoção, redistribuição e substituição 144
12.3 Direitos e vantagens 149
12.4 Regime disciplinar 159
12.5 Processo administrativo disciplinar 163
12.6 Seguridade social do servidor 167

Sumário

12.7 Contratação temporária de excepcional interesse público 173
12.8 Disposições gerais 173
12.9 Disposições transitórias e finais 173
13 DEVERES E PODERES ADMINISTRATIVOS 174
13.1 Deveres 174
13.2 Poderes administrativos 174
14 ATO ADMINISTRATIVO 178
14.1 Conceito de ato administrativo 178
14.2 Elementos de validade do ato administrativo 178
14.3 Atributos do ato administrativo 178
14.4 Classificação dos atos administrativos 179
14.5 Extinção dos atos administrativos 181
15 SERVIÇOS PÚBLICOS 182
15.1 Base constitucional 182
15.2 Elementos definidores de uma atividade como serviço público ... 182
15.3 Classificação dos serviços públicos 182
15.4 Princípios dos serviços públicos 183
15.5 Formas de prestação dos serviços públicos 183
15.6 Concessão e permissão de serviço público 183
15.7 Competência para a edição de normas 184
16 CONTROLE DA ADMINISTRAÇÃO PÚBLICA 191
16.1 Classificação 191
16.2 Controle administrativo 192
16.3 Controle legislativo 192
16.4 Controle judiciário 194
17 RESPONSABILIDADE CIVIL DO ESTADO 195
17.1 Teoria do risco administrativo 195
17.2 Teoria da culpa administrativa 195
17.3 Teoria do risco integral 195
17.4 Danos decorrentes de obras públicas 195
17.5 Responsabilidade civil decorrente de atos legislativos 195
17.6 Responsabilidade civil decorrente de atos jurisdicionais 195
17.7 Ação de reparação de Danos 196
17.8 Ação regressiva 196
18 IMPROBIDADE ADMINISTRATIVA 197
18.1 Sujeitos 197
18.2 Regras gerais 197
18.3 Atos de improbidade administrativa 197
18.4 Efeitos da lei 198
18.5 Sanções 198
18.6 Prescrição 199

19 PROCESSO ADMINISTRATIVO FEDERAL **200**
    19.1 Abrangência da lei 200
    19.2 Princípios 200
    19.3 Direitos e deveres dos administrados 200
    19.4 Início do processo e legitimação ativa 201
    19.5 Interessados e competência 201
    19.6 Impedimento e suspeição 201
    19.7 Forma, tempo e lugar dos atos do processo 201
    19.8 Recurso administrativo e revisão 201
    19.9 Prazos da Lei nº 9.784/1999 202

MATEMÁTICA 204

1 CONJUNTOS **205**
    1.1 Definição 205
    1.2 Subconjuntos 205
    1.3 Operações com conjuntos 205

2 CONJUNTOS NUMÉRICOS **207**
    2.1 Números naturais 207
    2.2 Números inteiros 207
    2.3 Números racionais 207
    2.4 Números irracionais 209
    2.5 Números reais 209
    2.6 Intervalos 209
    2.7 Múltiplos e divisores 209
    2.8 Números primos 209
    2.9 MMC e MDC 209
    2.10 Divisibilidade 210
    2.11 Expressões numéricas 210

3 SISTEMA LEGAL DE MEDIDAS **211**
    3.1 Medidas de tempo 211
    3.2 Sistema métrico decimal 211

4 PROPORCIONALIDADE **212**
    4.1 Grandeza 212
    4.2 Razão 212
    4.3 Proporção 212
    4.4 Divisão em partes proporcionais 212
    4.5 Regra das torneiras 213
    4.6 Regra de três 213

5 NOÇÕES DE MATEMÁTICA FINANCEIRA **214**
    5.1 Porcentagem 214
    5.2 Lucro e prejuízo 214

Sumário

- 5.3 Juros simples 214
- 5.4 Juros compostos 214
- 5.5 Capitalização 214

6 FUNÇÕES 215
- 6.1 Definições 215
- 6.2 Plano cartesiano 215
- 6.3 Funções injetoras, sobrejetoras e bijetoras 215
- 6.4 Funções crescentes, decrescentes e constantes ... 215
- 6.5 Funções inversas e compostas 215
- 6.6 Função afim 216
- 6.7 Equação e função exponencial 218
- 6.8 Equação e função logarítmica 218

7 SEQUÊNCIAS NUMÉRICAS 220
- 7.1 Definições 220
- 7.2 Lei de formação de uma sequência 220
- 7.3 Progressão aritmética (P.A.) 220
- 7.4 Progressão geométrica (P.G.) 221

8 ANÁLISE COMBINATÓRIA 222
- 8.1 Definição 222
- 8.2 Fatorial 222
- 8.3 Princípio fundamental da contagem (pfc) 222
- 8.4 Arranjo e combinação 222
- 8.5 Permutação 223

9 PROBABILIDADE 225
- 9.1 Definições 225
- 9.2 Fórmula da probabilidade 225
- 9.3 Eventos complementares 225
- 9.4 Casos especiais de probabilidade 225

10 ESTATÍSTICA DESCRITIVA 227
- 10.1 Conceitos 227
- 10.2 Apresentação dos dados 227
- 10.3 Distribuição de frequências 229
- 10.4 Medidas de tendência central ou de posição ... 230

11 TRIGONOMETRIA 239
- 11.1 Triângulos 239
- 11.2 Trigonometria no triângulo retângulo 239
- 11.3 Trigonometria em um triângulo qualquer 239
- 11.4 Medidas dos ângulos 239
- 11.5 Ciclo trigonométrico 240
- 11.6 Funções trigonométricas 241

11.7 Identidades e operações trigonométricas... 241
   11.8 Bissecção de arcos ou arco metade.. 242
12 GEOMETRIA PLANA...**243**
   12.1 Semelhanças de figuras 243
   12.2 Relações métricas nos triângulos 243
   12.3 Quadriláteros 244
   12.4 Polígonos regulares.. 245
   12.5 Círculos e circunferências 246
   12.6 Polígonos regulares inscritos e circunscritos 246
   12.7 Perímetros e áreas dos polígonos e círculos...................................... 248

REALIDADE BRASILEIRA..249
1 A VINDA DA FAMÍLIA REAL E O BRASIL IMPÉRIO...250
   1.1 Revolução de 1817.. 250
   1.2 O Processo de Independência do Brasil 251
   1.3 Primeiro Reinado.. 251
   1.4 Período Regencial 254
2 O BRASIL IMPÉRIO...257
   2.1 Segundo Reinado 257
   2.2 O parlamentarismo no Brasil 257
   2.3 Lei de Terras de 1850 257
   2.4 O quadro econômico 257
   2.5 Café: o novo ouro Brasileiro... 258
   2.6 A elevação de impostos sobre importados 258
   2.7 Política Externa... 258
   2.8 Guerras no Prata 258
   2.9 Questão Christie 258
   2.10 Guerra do Paraguai (1865-1870) 259
   2.11 A Abolição da Escravatura 259
   2.12 Crise da Monarquia e Proclamação da República........................... 260
3 O BRASIL REPÚBLICA...261
   3.1 República Velha (1889-1930)... 261
   3.2 Governo Provisório (1889-1891) 261
   3.3 A Consolidação da República (1891-1894) 261
   3.4 Floriano Peixoto (1891-1894)... 262
   3.5 Prudente de Morais (1894-1898)... 262
   3.6 Campos Sales (1898-1902).. 263
   3.7 Rodrigues Alves (1902-1906)... 263
   3.8 Afonso Pena (1906-1909)... 264
   3.9 Nilo Peçanha (1909-1910).. 264
   3.10 Hermes da Fonseca (1910-1914)... 264

Sumário

   3.11 Venceslau Brás (1914-1918)... 265
   3.12 Epitácio Pessoa (1919-1922)... 266
   3.13 Artur Bernardes (1922-1926)... 266
   3.14 Washington Luís (1926-1930)... 267
   3.15 Era Vargas (1930-1945).. 268
   3.16 Estado Novo 269
   3.17 Constituição de 1937 269
   3.18 Economia no Estado Novo.. 269
   3.19 Brasil e a Segunda Guerra Mundial 269
   3.20 Fim do Estado Novo e Redemocratização................................ 270
   3.21 Queremismo 270
   3.22 Governo Eurico Gaspar Dutra (1946-1950) 270
   3.23 Constituição de 1946 270
   3.24 Getúlio Vargas (1951-1954) 270
   3.25 Governo JK (1956-1961) 271
   3.26 Jânio Quadros (1961) 272
   3.27 João Goulart (1961-1964) 273
   3.28 Ditadura Militar (1964-1985) 276
   3.29 José de Ribamar Sarney (1988-1990) 281
   3.30 Fernando Collor de Melo (1990-1992) 281
   3.31 Itamar Franco (1992-1994) 281
   3.32 Fernando Henrique Cardoso (1995-1998) 281
   3.33 O segundo mandato FHC (1998-2002)................................... 282
   3.34 Governo Lula.. 282
   3.35 Dilma Rousseff (2010-2016) 283
   3.36 Michel Temer (2016-2018)... 283

4 ENERGIA 286
   4.1 O conceito de energia e desenvolvimento econômico 286
   4.2 Petróleo 286
   4.3 Gás natural 287
   4.4 Carvão mineral... 289
   4.5 Energia nuclear 290
   4.6 Hidreletricidade.. 291
   4.7 Energias modernas de um mundo moderno............................. 291

5 AGROPECUÁRIA MUNDIAL 292
   5.1 Biotecnologia e a nova revolução agrícola 292
   5.2 Questões políticas e biossegurança.. 293
   5.3 Agronegócio... 294
   5.4 Agricultura, ecologia e desenvolvimento sustentável 294
   5.5 Produção agrícola e fome.. 295

6 GLOBALIZAÇÃO **297**
    6.1 Características da globalização.. 297
    6.2 A revolução técnico científica e a formação do espaço mundial globalizado.. 299
    6.3 A crise financeira de 2008 e o mundo atual 299
    6.4 Informalidade, terciarização e terceirização.. 300
    6.5 Comércio global e organismos mundiais... 301
    6.6 Rodada do Uruguai e a OMC 301
    6.7 Blocos econômicos.. 301

7 MACRODIVISÃO NATURAL DO ESPAÇO BRASILEIRO: BIOMAS, DOMÍNIOS E ECOSSISTEMAS **310**
    7.1 Os grandes domínios de vegetação: o caso Brasileiro 310
    7.2 Domínios da natureza do Brasil 314
    7.3 Principais ameaças aos domínios morfoclimáticos 315

8 A QUESTÃO AMBIENTAL NO BRASIL **317**
    8.1 A questão ambiental... 317
    8.2 Degradação.. 317
    8.3 Conservação e proteção 321
    8.4 Políticas ambientais no Brasil 321

9 URBANIZAÇÃO BRASILEIRA **324**
    9.1 Regiões metropolitanas 324
    9.2 A hierarquia urbana 324
    9.3 Redes urbanas 324

10 AGROPECUÁRIA BRASILEIRA **325**
    10.1 Engenhos de cana-de-açúcar 325
    10.2 Origens das propriedades rurais no Brasil 326
    10.3 Estrutura fundiária, uso das terras e relações de produção no campo Brasileiro.. 327
    10.4 Reforma agrária 328
    10.5 Produção agrícola no Brasil – o celeiro agrícola do mundo.............. 328

11 INDUSTRIALIZAÇÃO BRASILEIRA **332**
    11.1 A imigração.. 332
    11.2 Crise de 1929 e o desenvolvimento industrial no Brasil - de país agrário a urbano-industrial 332
    11.3 A ditadura e o milagre econômico... 333
    11.4 O pós-1985... 333
    11.5 Distribuição geográfica das indústrias no Brasil por regiões 333

12 COMPLEXOS AGROINDUSTRIAIS **335**
    12.1 Articulação dos setores agrícola e industrial 335
    12.2 Agronegócio Brasileiro 335
    12.3 Transportes e os complexos agroindustriais 335

Sumário

Sumário

    12.4 Armazenagem 335
13 EIXOS DE CIRCULAÇÃO E CUSTOS DE DESLOCAMENTOS 337
    13.1 A fluidez dos sistemas de transportes.. 337
    13.2 Programas 338
14 POLÍTICAS TERRITORIAIS E REGIONAIS 339
    14.1 Amazônia 339
    14.2 Nordeste 340
    14.3 América do Sul 343
15 GLOBALIZAÇÃO E SUBDESENVOLVIMENTO 350
    15.1 Consenso de Washington e transformações socioeconômicas no Brasil 351
16 ÉTICA NO SERVIÇO PÚBLICO 353
    16.1 Ética e moral 353
    16.2 Ética: princípios e valores 354
    16.3 Ética e democracia: exercício da cidadania 355
17 HISTÓRIA DOS NEGROS NO BRASIL: LUTA ANTIRRACISTA, CONQUISTAS LEGAIS E DESAFIOS ATUAIS 356
    17.1 Chegada dos Africanos ao Brasil 356
    17.2 Abolição da Escravidão 356
    17.3 Luta Antirracista e Movimentos Sociais 356
    17.4 Conquistas Legais 356
    17.5 Desafios Atuais 356
18 HISTÓRIA DOS POVOS INDÍGENAS DO BRASIL: LUTA POR DIREITOS E DESAFIOS ATUAIS 356
    18.1 História Antiga 356
    18.2 Impacto da Colonização 356
    18.3 Lutas pela Terra 356
    18.4 Constituição de 1988 356
    18.5 Desafios Atuais 356
    18.6 Lutas por Reconhecimento Cultural e Direitos Sociais 357
19 DINÂMICA SOCIAL NO BRASIL: ESTRATIFICAÇÃO, DESIGUALDADE E EXCLUSÃO SOCIAL 357
    19.1 Estratificação Social 357
    19.2 Desigualdade Econômica 357
    19.3 Desigualdade Regional 357
    19.4 Exclusão Social 357
    19.5 Questões de Gênero e Raça 357
    19.6 Acesso à Educação e Saúde 357
    19.7 Mobilidade Social 357

20 MANIFESTAÇÕES CULTURAIS, MOVIMENTOS SOCIAIS E GARANTIA DE DIRETOS DAS MINORIAS 357
    20.1 Manifestações Culturais 357
    20.2 Movimentos Sociais.. 357
    20.3 Garantia de Direitos das Minorias.. 357
    20.4 Movimento LGBT+ 357
    20.5 Movimento Negro 358
    20.6 Movimento Feminista... 358
    20.7 Movimento Indígena... 358
21 DESENVOLVIMENTO ECONÔMICO, CONCENTRAÇÃO DA RENDA E RIQUEZA 358
    21.1 Desenvolvimento Econômico 358
    21.2 Concentração de Renda 358
    21.3 Concentração de Riqueza:... 358
    21.4 Fatores que Contribuem para a Concentração.. 358
    21.5 Impactos Sociais e Econômicos 358
    21.6 Políticas para Combater a Concentração 358
QUESTÕES COMENTADAS..**359**

LÍNGUA PORTUGUESA

FONOLOGIA

1. FONOLOGIA

Para escrever corretamente, dentro das normas aplicadas pela gramática, é preciso estudar o menor elemento sonoro de uma palavra: o fonema. A fonologia, então, é o estudo feito dos fonemas.

Os fonemas podem ser classificados em vogais, semivogais e consoantes. Esta qualificação ocorre de acordo com a forma como o ar passa pela boca e/ou nariz e como as cordas vocais vibram para produzir o som deles.

Cuidado para não confundir fonema com letra! A letra é a representação gráfica do fonema. Uma palavra pode ter quantidades diferentes de letras e fonemas.

Por exemplo:

Manhã: 5 letras

m/ /a/ /nh/ /ã/: 4 fonemas

- **Vogais:** existem **vogais nasais**, quando ocorre o movimento do ar saindo pela boca e pelo nariz. Tais vogais acompanham as letras m e n, ou também podem estar marcadas pelo til (~). No caso das **vogais orais**, o som passa apenas pela boca.

    Por exemplo:

    Mãe, lindo, tromba → vogais nasais

    Flor, calor, festa → vogais orais

- **Semivogais:** os fonemas /i/ e /u/ acompanhados por uma vogal na mesma sílaba da palavra constituem as semivogais. O som das semivogais é mais fraco do que o das vogais.

    Por exemplo: automóvel, história.

- **Consoantes:** quando o ar que sai pela boca sofre uma quebra formada por uma barreira como a língua, os lábios ou os dentes. São elas: b, c, d, f, g, j, k, l, lh, m, n, nh, p, rr, r, s, t, v, ch, z.

Lembre-se de que estamos tratando de fonemas, e não de letras. Por isso, os dígrafos também são citados como consoantes: os dígrafos são os encontros de duas consoantes, também chamados de encontros consonantais.

O encontro de dois sons vocálicos, ou seja, vogais ou semivogais, chama-se encontro vocálico. Eles são divididos em: ditongo, tritongo e hiato.

- **Ditongo:** na mesma sílaba, estão uma vogal e uma semivogal.

    Por exemplo: pai (A → vogal, I → semivogal).

- **Tritongo:** na mesma sílaba, estão juntas uma semivogal, uma vogal e outra semivogal.

    Por exemplo: Uruguai (U → semivogal, A → vogal, I → semivogal).

- **Hiato:** são duas vogais juntas na mesma palavra, mas em sílabas diferentes.

    Por exemplo: juíza (ju-í-za).

1.1 Partição silábica

Quando um fonema é falado em uma só expiração, ou seja, em uma única saída de ar, ele recebe o nome de sílaba. As palavras podem ser classificadas de diferentes formas, de acordo com a quantidade de sílabas ou quanto à sílaba tônica.

Pela quantidade de sílabas, as palavras podem ser:

- Monossílaba: 1 sílaba.

    Por exemplo: céu (monossílaba).

- Dissílaba: 2 sílabas.

    Por exemplo: jovem (jo-vem).

- Trissílaba: 3 sílabas.

    Por exemplo: palhaço (pa-lha-ço).

- Polissílaba: 4 ou mais sílabas.

    Por exemplo: dignidade (dig-ni-da-de,), particularmente (par-ti-cu-lar-men-te).

Pela tonicidade, ou seja, pela força com que a sílaba é falada e sua posição na palavra:

- **Oxítona:** a última sílaba é a tônica.
- **Paroxítona:** a penúltima sílaba é a tônica.
- **Proparoxítona:** a antepenúltima sílaba é a tônica.

A identificação da posição da sílaba tônica de uma palavra é feita de trás para frente. Desta forma, uma palavra oxítona possui como sílaba tônica a sílaba final da palavra.

Para realizar uma correta divisão silábica, é preciso ficar atento às regras.

- Não separe ditongos e tritongos.

    Por exemplo: sau-da-de, sa-guão.

- Não separe os dígrafos **CH**, **LH**, **NH**, **GU**, **QU**.

    Por exemplo: ca-**ch**o, a-be-**lh**a, ga-li-**nh**a, Gui-**lh**er-me, **qu**e-ri-do.

- Não separe encontros consonantais que iniciam sílaba.

    Por exemplo: **ps**i-có-lo-go, a-**gl**u-ti-nar.

- Separe as vogais que formam um hiato.

    Por exemplo: pa-**ra**-í-so, sa-**ú**-de.

- Separe os dígrafos **RR**, **SS**, **SC**, **SÇ**, **XC**.

    Por exemplo: ba**r-r**i-ga, a**s-s**a-do, pi**s-c**i-na, cre**s**-ço, e**x-c**e-der.

- Separe as consoantes que estejam em sílabas diferentes.

    Por exemplo: a**d-j**un-to, su**bs-t**an-ti-vo, pra**g-m**á-ti-co.

2. ACENTUAÇÃO GRÁFICA

Antes de começar o estudo, é importante que você entenda quais são os padrões de tonicidade da Língua Portuguesa e quais são os encontros vocálicos presentes na Língua. Assim, fica mais fácil entender quais são as regras e como elas surgem.

2.1 Padrões de tonicidade

- **Palavras oxítonas:** última sílaba tônica (so-**fá**, ca-**fé**, ji-**ló**).
- **Palavras paroxítonas:** penúltima sílaba tônica (fer-**ru**-gem, a-**du**-bo, sa-**ú**-de).
- **Palavras proparoxítonas:** antepenúltima sílaba tônica (**â**-ni-mo, **ví**-ti-ma, **ó**-ti-mo).

2.2 Encontros vocálicos

- **Hiato:** encontro vocálico que se separa (pi-a-no, sa-ú-de).
- **Ditongo:** encontro vocálico que permanece unido na sílaba (cha-péu, to-néis).
- **Tritongo:** encontro vocálico que permanece unido na sílaba (sa-guão, U-ru-guai).

2.3 Regras gerais

2.3.1 Quant\o às proparoxítonas

Acentuam-se todas as palavras proparoxítonas:
- Por exemplo: **ví**-ti-ma, **â**-ni-mo, hi-per-**bó**-li-co.

2.3.2 Quanto às paroxítonas

Não se acentuam as paroxítonas terminadas em **A, E, O** (seguidas ou não de S) **M e ENS**.
- Por exemplo: cas**te**lo, gra**na**da, pa**ne**la, pe**pi**no, **pa**jem, i**ma**gens etc.

Acentuam-se as terminadas em **R, N, L, X, I** ou **IS, US, UM, UNS, PS, Ã** ou **ÃS** e ditongos.

Por exemplo: susten**tá**vel, **tó**rax, **hí**fen, **tá**xi, **ál**bum, **bí**ceps, prin**cí**pio etc.

Fique de olho em alguns casos particulares, como as palavras terminadas em **OM, ON, ONS**.
- Por exemplo: i**ân**dom; **pró**ton, **nêu**trons etc.

Com a reforma ortográfica, deixam de se acentuar as paroxítonas com **OO** e **EE**:
- Por exemplo: v**oo**, enj**oo**, perd**oo**, mag**oo**, le**em**, ve**em**, de**em**, cre**em** etc.

2.3.3 Quanto às oxítonas

São acentuadas as terminadas em:
- **A** ou **AS**: so**fá**, Pa**rá**.
- **E** ou **ES**: ra**pé**, ca**fé**.
- **O** ou **OS**: a**vô**, ci**pó**.
- **EM** ou **ENS**: tam**bém**, para**béns**.

2.3.4 Acentuação de monossílabos

Acentuam-se os monossílabos tônicos terminados em **A, E O**, seguidos ou não de **S**.
- Por exemplo: **pá, pó, pé, já, lá, fé, só**.

2.3.5 Acentuação dos hiatos

Acentuam-se os hiatos quando forem formados pelas letras **I** ou **U**, sozinhas ou seguidas de **S**:
- Por exemplo: sa**ú**va, ba**ú**, bala**ús**tre, pa**ís**.

Exceções:
- Seguidas de **NH**: tai**nha**.
- Paroxítonas antecedidas de ditongo: fei**u**ra.
- Com o **I** duplicado: xi**i**ta.

2.3.6 Ditongos abertos

Serão acentuados os ditongos abertos **ÉU, ÉI** e **ÓI**, com ou sem **S**, quando forem oxítonos ou monossílabos.
- Por exemplo: cha**péu**, **réu**, to**néis**, he**rói**, pas**téis**, ho**téis**, len**çóis** etc.

Com a reforma ortográfica, caiu o acento do ditongo aberto em posição de paroxítona.
- Por exemplo: id**ei**a, onomatop**ei**a, jib**oi**a, paran**oi**a, her**oi**co etc.

2.3.7 Formas verbais com hífen

Para saber se há acento em uma forma verbal com hífen, deve-se analisar o padrão de tonicidade de cada bloco da palavra:
- Aju**dá**-lo (oxítona terminada em "a" → monossílabo átono).
- Con**tar**-lhe (oxítona terminada em "r" → monossílabo átono).
- Convi**dá**-la-íamos (oxítona terminada em "a" → proparoxítona).

2.3.8 Verbos "ter" e "vir"

Quando escritos na 3ª pessoa do singular, não serão acentuados:
- Ele **tem/vem**.

Quando escritos na 3ª **pessoa do plural**, receberão o **acento circunflexo**:
- Eles **têm/vêm**.

Nos verbos derivados das formas apresentadas anteriormente:
- Acento agudo para singular: contém, convém.
- Acento circunflexo para o plural: contêm, convêm.

2.3.9 Acentos diferenciais

Alguns permanecem:
- Pôde/pode (pretérito perfeito/presente simples).
- Pôr/por (verbo/preposição).
- Fôrma/forma (substantivo/verbo ou ainda substantivo).

Caiu o acento diferencial de:
- Para/pára (preposição/verbo).
- Pelo/pêlo (preposição + artigo/substantivo).
- Polo/pólo (preposição + artigo/substantivo).
- Pera/pêra (preposição + artigo/substantivo).

ACORDO ORTOGRÁFICO DA LÍNGUA PORTUGUESA

3. ACORDO ORTOGRÁFICO DA LÍNGUA PORTUGUESA

O Acordo Ortográfico busca simplificar as regras ortográficas da Língua Portuguesa e unificar a nossa escrita e a das demais nações de língua portuguesa: Portugal, Angola, Moçambique, Cabo Verde, Guiné-Bissau, São Tomé e Príncipe e Timor-Leste.

Sua implementação no Brasil passou por algumas etapas:
- **2009**: vigência ainda não obrigatória.
- **2010-2015**: adaptação completa às novas regras.
- **A partir de 1º de janeiro de 2016**: emprego obrigatório. O acordo ortográfico passa a ser o único formato da língua reconhecido no Brasil.

Entre as mudanças na língua portuguesa decorrentes da reforma ortográfica, podemos citar o fim do trema, alterações na forma de acentuar palavras com ditongos abertos e que sejam hiatos, supressão dos acentos diferenciais e dos acentos tônicos, novas regras para o emprego do hífen e inclusão das letras w, k e y ao idioma.

3.1 Trema

Não se usa mais o trema (¨), sinal colocado sobre a letra u para indicar que ela deve ser pronunciada nos grupos **gue, gui, que, qui**.
- Por exemplo: aguentar, bilíngue, cinquenta, delinquente, eloquente, ensanguentado, frequente, linguiça, quinquênio, sequência, sequestro, tranquilo etc.

Obs.: o trema permanece apenas nas palavras estrangeiras e em suas derivadas. Exemplos: Müller, mülleriano.

3.2 Regras de acentuação

3.2.1 Ditongos abertos em paroxítonas

Não se usa mais o acento dos ditongos abertos **EI** e **OI** das palavras paroxítonas (palavras que têm acento tônico na penúltima sílaba).
- Por exemplo: alcat**ei**a, andr**oi**de, ap**oi**a, ap**oi**o (verbo), aster**oi**de, b**oi**a, celul**oi**de, clarab**oi**a, colm**ei**a, Cor**ei**a, debil**oi**de, epop**ei**a, est**oi**co, estr**ei**a, gel**ei**a, her**oi**co, id**ei**a, jib**oi**a, j**oi**a, odiss**ei**a, paran**oi**a, paran**oi**co, plat**ei**a, tram**oi**a etc.

Obs.: a regra vale somente para palavras paroxítonas. Assim, continuam a ser acentuadas as palavras oxítonas e os monossílabos tônicos terminados em ÉI(**S**), ÓI(**S**).
- Por exemplo: papéis, herói, heróis, dói (verbo doer), sóis etc.

A palavra **ideia** não leva mais acento, assim como **heroico**, mas o termo **herói** é acentuado.

3.2.2 I e U tônicos depois de um ditongo

Nas palavras paroxítonas, não se usa mais o acento no **I** e no **U** tônicos quando vierem depois de um ditongo.
- Por exemplo: bai**u**ca, bocai**u**va (tipo de palmeira), cau**i**la (avarento).

Obs.:
- Se a palavra for oxítona e o I ou o U estiverem em posição final (ou seguidos de S), o acento permanece. Exemplos: tuiuiú, tuiuiús, Piauí.
- Se o I ou o U forem precedidos de ditongo crescente, o acento permanece. Exemplos: guaíba, Guaíra.

3.2.3 Hiatos EE e OO

Não se usa mais acento em palavras terminadas em **EEM** e **OO(S)**.
- Abenç**oo**, cr**eem**, d**eem**, d**oo**, enj**oo**, l**eem**, mag**oo**, perd**oo**, pov**oo**, v**eem**, v**oos**, z**oo**.

3.2.4 Acento diferencial

Não se usa mais o acento que diferenciava os pares pára/para, péla(s)/pela(s), pêlo(s)/pelo(s), pólo(s)/polo(s) e pêra/pera. Por exemplo:
Ele para o carro.
Ele foi ao polo Norte.
Ele gosta de jogar polo.
Esse gato tem pelos brancos.
Comi uma pera.

Obs.:
- Permanece o acento diferencial em **pôde/pode**. **Pôde** é a forma do passado do verbo poder (pretérito perfeito do indicativo), na 3ª pessoa do singular. **Pode** é a forma do presente do indicativo, na 3ª pessoa do singular.
  - Por exemplo: Ontem, ele não **pôde** sair mais cedo, mas hoje ele **pode**.
- Permanece o acento diferencial em pôr/por. Pôr é verbo. Por é preposição.
  - Por exemplo: Vou **pôr** o livro na estante que foi feita **por** mim.
- Permanecem os acentos que diferenciam o singular do plural dos verbos ter e vir, assim como de seus derivados (manter, deter, reter, conter, convir, intervir, advir etc.). Por exemplo:
  Ele **tem** dois carros. Eles **têm** dois carros.
  Ele **vem** de Sorocaba. Eles **vêm** de Sorocaba.
  Ele **mantém** a palavra. Eles **mantêm** a palavra.
  Ele **convém** aos estudantes. Eles **convêm** aos estudantes.
  Ele **detém** o poder. Eles **detêm** o poder.
  Ele **intervém** em todas as aulas. Eles **intervêm** em todas as aulas.
- É facultativo o uso do acento circunflexo para diferenciar as palavras **forma/fôrma**. Em alguns casos, o uso do acento deixa a frase mais clara. Por exemplo: Qual é a forma da fôrma do bolo?

3.2.5 Acento agudo no U tônico

Não se usa mais o acento agudo no **U** tônico das formas (tu) arguis, (ele) argui, (eles) arguem, do presente do indicativo dos verbos **arguir** e **redarguir**.

3.3 Hífen com compostos

3.3.1 Palavras compostas sem elementos de ligação

Usa-se o hífen nas palavras compostas que não apresentam elementos de ligação.
- Por exemplo: guarda-chuva, arco-íris, boa-fé, segunda-feira, mesa-redonda, vaga-lume, joão-ninguém, porta-malas, porta-bandeira, pão-duro, bate-boca etc.

Exceções: não se usa o hífen em certas palavras que perderam a noção de composição, como girassol, madressilva, mandachuva, pontapé, paraquedas, paraquedista, paraquedismo.

3.3.2 Compostos com palavras iguais

Usa-se o hífen em compostos que têm palavras iguais ou quase iguais, sem elementos de ligação.
- Por exemplo: reco-reco, blá-blá-blá, zum-zum, tico-tico, tique-taque, cri-cri, glu-glu, rom-rom, pingue-pongue, zigue-zague, esconde-esconde, pega-pega, corre-corre.

3.3.3 Compostos com elementos de ligação

Não se usa o hífen em compostos que apresentam elementos de ligação.
- Por exemplo: pé de moleque, pé de vento, pai de todos, dia a dia, fim de semana, cor de vinho, ponto e vírgula, camisa de força, cara de pau, olho de sogra.

Obs.: incluem-se nesse caso os compostos de base oracional.
- Por exemplo: Maria vai com as outras, leva e traz, diz que diz que, Deus me livre, Deus nos acuda, cor de burro quando foge, bicho de sete cabeças, faz de conta.

Exceções: água-de-colônia, arco-da-velha, cor-de-rosa, mais-que-perfeito, pé-de-meia, ao deus-dará, à queima-roupa.

3.3.4 Topônimos

Usa-se o hífen nas palavras compostas derivadas de topônimos (nomes próprios de lugares), com ou sem elementos de ligação. Por exemplo:
- Belo Horizonte: belo-horizontino.
- Porto Alegre: porto-alegrense.
- Mato Grosso do Sul: mato-grossense-do-sul.
- Rio Grande do Norte: rio-grandense-do-norte.
- África do Sul: sul-africano.

3.4 Uso do hífen com palavras formadas por prefixos

3.4.1 Casos gerais

Antes de H

Usa-se o hífen diante de palavra iniciada por **H**.
- Por exemplo: anti-higiênico, anti-histórico, macro-história, mini-hotel, proto-história, sobre-humano, super-homem, ultra-humano.

Letras iguais

Usa-se o hífen se o prefixo terminar com a mesma letra com que se inicia a outra palavra.
- Por exemplo: micro-ondas, anti-inflacionário, sub-bibliotecário, inter-regional.

Letras diferentes

Não se usa o hífen se o prefixo terminar com letra diferente daquela com que se inicia a outra palavra.
- Por exemplo: aeroespacial agroindustrial autoescola, antiaéreo, intermunicipal, supersônico, superinteressante, semicírculo.

Obs.: se o prefixo terminar por vogal e a outra palavra começar por **R** ou **S**, dobram-se essas letras.
- Por exemplo: minissaia, antirracismo, ultrassom, semirreta.

3.4.2 Casos particulares

Prefixos SUB- e SOB-

Com os prefixos **SUB-** e **SOB-**, usa-se o hífen também diante de palavra iniciada por **R**.
- Por exemplo: sub-região, sub-reitor, sub-regional, sob-roda.

Prefixos CIRCUM- e PAN-

Com os prefixos **CIRCUM-** e **PAN-**, usa-se o hífen diante de palavra iniciada por **M, N** e vogal.
- Por exemplo: circum-murado, circum-navegação, pan-americano.

Outros prefixos

Usa-se o hífen com os prefixos **EX-, SEM-, ALÉM-, AQUÉM-, RECÉM-, PÓS-, PRÉ-, PRÓ-, VICE-**.
- Por exemplo: além-mar, além-túmulo, aquém-mar, ex-aluno, ex-diretor, ex-hospedeiro, pós-graduação, pré-história, pré-vestibular, pró-europeu, recém-casado, recém-nascido, sem-terra, vice-rei.

Prefixo CO

O prefixo **CO** junta-se com o segundo elemento, mesmo quando este se inicia por **O** ou **H**. Neste último caso, corta-se o **H**. Se a palavra seguinte começar com **R** ou **S**, dobram-se essas letras.
- Por exemplo: coobrigação, coedição, coeducar, cofundador, coabitação, coerdeiro, corréu, corresponsável, cosseno.

Prefixos PRE- e RE-

Com os prefixos **PRE-** e **RE-**, não se usa o hífen, mesmo diante de palavras começadas por **E**.
- Por exemplo: preexistente, reescrever, reedição.

Prefixos AB-, OB- e AD-

Na formação de palavras com **AB-, OB-** e **AD-**, usa-se o hífen diante de palavra começada por **B, D** ou **R**.
- Por exemplo: ad-digital, ad-renal, ob-rogar, ab-rogar.

3.4.3 Outros casos do uso do hífen

NÃO e QUASE

Não se usa o hífen na formação de palavras com **não** e **quase**.
- Por exemplo: (acordo de) não agressão, (isto é, um) quase delito.

MAL

Com **mal**, usa-se o hífen quando a palavra seguinte começar por vogal, **H** ou **L**.
- Por exemplo: mal-entendido, mal-estar, mal-humorado, mal-limpo.

Obs.: quando **mal** significa doença, usa-se o hífen se não houver elemento de ligação.
- Por exemplo: mal-francês.

Se houver elemento de ligação, escreve-se sem o hífen.
- Por exemplo: mal de Lázaro, mal de sete dias.

Tupi-guarani

Usa-se o hífen com sufixos de origem tupi-guarani que representam formas adjetivas: **açu, guaçu, mirim**.
- Por exemplo: capim-açu, amoré-guaçu, anajá-mirim.

Combinação ocasional

Usa-se o hífen para ligar duas ou mais palavras que ocasionalmente se combinam, formando não propriamente vocábulos, mas encadeamentos vocabulares.
- Por exemplo: ponte Rio-Niterói, eixo Rio-São Paulo.

ACORDO ORTOGRÁFICO DA LÍNGUA PORTUGUESA

Hífen e translineação

Para clareza gráfica, se no final da linha a partição de uma palavra ou combinação de palavras coincidir com o hífen, ele deve ser repetido na linha seguinte.

- Por exemplo: O diretor foi receber os ex-
  -alunos.

3.4.4 Síntese das principais regras do hífen

	Síntese do hífen	Exemplos
Letras diferentes	Não use hífen	Infraestrutura, extraoficial, supermercado
Letras iguais	Use hífen	Anti-inflamatório, contra-argumento, inter-racial, hiper-realista
Vogal + R ou S	Não use hífen (duplique R ou S)	Corréu, cosseno, minissaia, autorretrato
Bem	Use hífen	Bem-vindo, bem-humorado

3.4.5 Quadro resumo do emprego do hífen com prefixos

Prefixos	Letra que inicia a palavra seguinte
Ante-, anti-, contra-, entre-, extra-, infra-, intra-, sobre-, supra-, ultra-	H/VOGAL IDÊNTICA À QUE TERMINA O PREFIXO Exemplos com H: ante-hipófise, anti-higiênico, anti-herói, contra-hospitalar, entre-hostil, extra-humano, infra-hepático, sobre-humano, supra-hepático, ultra-hiperbólico. Exemplos com vogal idêntica: anti-inflamatório, contra-ataque, infra-axilar, sobre-estimar, supra-auricular, ultra-aquecido.
Ab-, ad-, ob-, sob-	B/R/D (Apenas com o prefixo "Ad") Exemplos: ab-rogar (pôr em desuso), ad-rogar (adotar), ob-reptício (astucioso), sob-roda, ad-digital
Circum-, pan-	H/M/N/VOGAL Exemplos: circum-meridiano, circum-navegação, circum-oral, pan-americano, pan-mágico, pan-negritude.
Ex- (no sentido de estado anterior), sota-, soto-, vice-, vizo-	DIANTE DE QUALQUER PALAVRA Exemplos: ex-namorada, sota-soberania (não total), soto-mestre (substituto), vice-reitor, vizo-rei.
Hiper-, inter-, super-	H/R Exemplos: hiper-hidrose, hiper-raivoso, inter-humano, inter-racial, super-homem, super-resistente.
Pós-, pré-, pró- (tônicos e com significados próprios)	DIANTE DE QUALQUER PALAVRA Exemplos: pós-graduação, pré-escolar, pró-democracia. Obs.: se os prefixos não forem autônomos, não haverá hífen. Exemplos: predeterminado, pressupor, pospor, propor.
Sub-	B/H/R Exemplos: sub-bloco, sub-hepático, sub-humano, sub-região. Obs.: "subumano" e "subepático" também são aceitas.
Pseudoprefixos (diferem-se dos prefixos por apresentarem elevado grau de independência e possuírem uma significação mais ou menos delimitada, presente à consciência dos falantes.) Aero-, agro-, arqui-, auto-, bio-, eletro-, geo-, hidro-, macro-, maxi-, mega-, micro-, mini-, multi-, neo-, pluri-, proto-, pseudo-, retro-, semi-, tele-	H/VOGAL IDÊNTICA À QUE TERMINA O PREFIXO Exemplos com H: geo-histórico, mini-hospital, neo-helênico, proto-história, semi-hospitalar. Exemplos com vogal idêntica: arqui-inimigo, auto-observação, eletro-ótica, micro-ondas, micro-ônibus, neo-ortodoxia, semi-interno, tele-educação.

Não se utilizará o hífen:
- Em palavras iniciadas pelo prefixo **CO-**.
  - Por exemplo: Coadministrar, coautor, coexistência, cooptar, coerdeiro corresponsável, cosseno.
- Em palavras iniciadas pelos prefixos **DES-** ou **IN-** seguidos de elementos sem o "h" inicial.
  - Por exemplo: desarmonia, desumano, desumidificar, inábil, inumano etc.
- Com a palavra não.
  - Por exemplo: Não violência, não agressão, não comparecimento.

- Em palavras que possuem os elementos **BI, TRI, TETRA, PENTA, HEXA** etc.
  - Por exemplo: bicampeão, bimensal, bimestral, bienal, tridimensional, trimestral, triênio, tetracampeão, tetraplégico, pentacampeão, pentágono etc.
- Em relação ao prefixo **HIDRO-**, em alguns casos pode haver duas formas de grafia.
  - Por exemplo: hidroelétrica e hidrelétrica.
- No caso do elemento **SOCIO**, o hífen será utilizado apenas quando houver função de substantivo (= de associado).
  - Por exemplo: sócio-gerente / socioeconômico.

4. ORTOGRAFIA

A ortografia é a parte da Gramática que estuda a escrita correta das palavras. O próprio nome da disciplina já designa tal função. É oriunda das palavras gregas *ortho* que significa "correto" e *graphos* que significa "escrita".

4.1 Alfabeto

As letras **K, W e Y** foram inseridas no alfabeto devido a uma grande quantidade de palavras que são grafadas com tais letras e não podem mais figurar como termos exóticos em relação ao português. Eis alguns exemplos de seu emprego:

- Em abreviaturas e em símbolos de uso internacional: **kg** - quilograma / **w** - watt.
- Em palavras estrangeiras de uso internacional, nomes próprios estrangeiros e seus derivados: Kremlin, Kepler, Darwin, Byron, byroniano.

O alfabeto, também conhecido como abecedário, é formado (a partir do novo acordo ortográfico) por 26 letras.

FORMA MAIÚSCULA	FORMA MINÚSCULA	FORMA MAIÚSCULA	FORMA MINÚSCULA
A	a	N	n
B	b	O	o
C	c	P	p
D	d	Q	q
E	e	R	r
F	f	S	s
G	g	T	t
H	h	U	u
I	i	V	v
J	j	W	w
K	k	X	x
L	l	Y	y
M	m	Z	z

4.2 Emprego da letra H

A letra **H** demanda um pouco de atenção. Apesar de não possuir verdadeiramente sonoridade, ainda a utilizamos por convenção histórica. Seu emprego, basicamente, está relacionado às seguintes regras:

- No início de algumas palavras, por sua origem: hoje, hodierno, haver, Helena, helênico.
- No fim de algumas interjeições: Ah! Oh! Ih! Uh!
- No interior de palavra compostas que preservam o hífen, nas quais o segundo elemento se liga ao primeiro: super-homem, pré-história, sobre-humano.
- Nos dígrafos **NH, LH e CH**: tainha, lhama, chuveiro.

4.3 Emprego de E e I

Existe uma curiosidade a respeito do emprego dessas letras nas palavras que escrevemos: o fato de o "e", no final da palavra, ser pronunciado como uma semivogal faz com que muitos falantes pensem ser correto grafar a palavra com **I**.

Aqui, veremos quais são os principais aspectos do emprego dessas letras.

- Escreveremos com "e" palavras formadas com o prefixo **ANTE-** (que significa antes, anterior).
  - Por exemplo: antebraço, antevéspera, antecipar, antediluviano etc.
- A sílaba final de formas conjugadas dos verbos terminados em **–OAR** e **–UAR** (quando estiverem no subjuntivo).
  - Por exemplo: abençoe (abençoar), continue (continuar), pontue (pontuar).
- Algumas palavras, por sua origem.
  - Por exemplo: arrepiar, cadeado, creolina, desperdiçar, desperdício, destilar, disenteria, empecilho, indígena, irrequieto, mexerico, mimeógrafo, orquídea, quase, sequer, seringa, umedecer etc.
- Escreveremos com "i" palavras formadas com o prefixo **ANTI-** (que significa contra).
  - Por exemplo: antiaéreo, anticristo, antitetânico, anti-inflamatório.
- A sílaba final de formas conjugadas dos verbos terminados em **-AIR, -OER** e **-UIR**.
  - Por exemplo: cai (cair), sai (sair), diminui (diminuir), dói (doer).
- Os ditongos AI, OI, ÓI, UI.
  - Por exemplo: pai, foi, herói, influi.
- As seguintes palavras: aborígine, chefiar, crânio, criar, digladiar, displicência, escárnio, implicante, impertinente, impedimento, inigualável, lampião, pátio, penicilina, privilégio, requisito etc.

Vejamos alguns casos em que o emprego das letras **E** e **I** pode causar uma alteração semântica:

- Escrito com **E**:
    Arrear = pôr arreios.
    Área = extensão de terra, local.
    Delatar = denunciar.
    Descrição = ação de descrever.
    Descriminação = absolver.
    Emergir = vir à tona.
    Emigrar = sair do país ou do local de origem.
    Eminente = importante.
- Escrito com **I**:
    Arriar = abaixar, desistir.
    Ária = peça musical.
    Dilatar = alargar, aumentar.
    Discrição = separar, estabelecer diferença.
    Imergir = mergulhar.
    Imigrar = entrar em um país estrangeiro.
    Iminente = próximo, prestes a ocorrer.

O Novo Acordo Ortográfico explica que, agora, escreve-se com **I** antes de sílaba tônica. Veja alguns exemplos: acriano (admite-se, por ora, acreano, de Acre), rosiano (de Guimarães Rosa), camoniano (de Camões), nietzschiano (de Nietzsche) etc.

4.4 Emprego de O e U

Apenas por exceção, palavras em português com sílabas finais átonas (fracas) terminam por **US**; o comum é que se escreva com **O** ou **OS**. Por exemplo: carro, aluno, abandono, abono, chimango etc.

Exemplos das exceções a que aludimos: bônus, vírus, ônibus etc.

Em palavras proparoxítonas ou paroxítonas com terminação em ditongo, são comuns as terminações em **-UA, -ULA, -ULO**: tábua, rábula, crápula, coágulo.

28

As terminações em -AO, -OLA, -OLO só aparecem em algumas palavras: mágoa, névoa, nódoa, agrícola, vinícola, varíola etc.

Fique de olho na grafia destes termos:
- **Com a letra O:** abolir, boate, botequim, bússola, costume, engolir, goela, moela, moleque, mosquito etc.
- **Com a letra U:** bulício, buliçoso, bulir, camundongo, curtume, cutucar, jabuti, jabuticaba, rebuliço, urtiga, urticante etc.

4.5 Emprego de G e J

Essas letras, por apresentarem o mesmo som, eventualmente, costumam causar problemas de ortografia. A letra **G** só apresenta o som de **J** diante das letras **E** e **I**: gesso, gelo, agitar, agitador, agir, gíria.

4.5.1 Escreveremos com G

- Palavras terminadas em **-AGEM, -IGEM, -UGEM**. Por exemplo: garagem, vertigem, rabugem, ferrugem, fuligem etc.
    - **Exceções:** pajem, lambujem (doce ou gorjeta), lajem (pedra da sepultura).
- Palavras terminadas em **-ÁGIO, -ÉGIO, -ÍGIO, -ÓGIO, -ÚGIO**: contágio, régio, prodígio, relógio, refúgio.
- Palavras derivadas de outras que já possuem a letra **G**. Por exemplo: **viagem** – viageiro; **ferrugem** – ferrugento; **vertigem** – vertiginoso; **regime** – regimental; **selvagem** – selvageria; **regional** – regionalismo.
- Em geral, após a letra "r". Por exemplo: aspergir, divergir, submergir, imergir etc.
- Palavras:
    - **De origem latina:** agir, gente, proteger, surgir, gengiva, gesto etc.
    - **De origem árabe:** álgebra, algema, ginete, girafa, giz etc.
    - **De origem francesa:** estrangeiro, agiotagem, geleia, sargento etc.
    - **De origem italiana:** gelosia, ágio etc.
    - **Do castelhano:** gitano.
    - **Do inglês:** gim.

4.5.2 Escreveremos com J

- Os verbos terminados em **-JAR** ou **-JEAR** e suas formas conjugadas:
    - **Gorjear:** gorjeia (lembre-se das "aves"), gorjeiam, gorjearão.
    - **Viajar:** viajei, viaje, viajemos, viajante.

> Cuidado para não confundir os termos **viagem** (substantivo) com **viajem** (verbo "viajar"). Vejamos o emprego:
> Ele fez uma bela viagem.
> Tomara que eles viajem amanhã.

- Palavras derivadas de outras terminadas em **-JA**. Por exemplo: **granja**: granjeiro, granjear; **loja**: lojista, lojinha; **laranja**: laranjal, laranjeira; **lisonja**: lisonjeiro, lisonjeador; **sarja**: sarjeta.
- Palavras cognatas (raiz em comum) ou derivadas de outras que possuem o J. Por exemplo:
    - **Laje:** lajense, lajedo.
    - **Nojo:** nojento, nojeira.
    - **Jeito:** jeitoso, ajeitar, desajeitado.
- Palavras de origem ameríndia (geralmente tupi-guarani) ou africana: canjerê, canjica, jenipapo, jequitibá, jerimum, jia, jiboia, jiló, jirau, Moji, pajé.

LÍNGUA PORTUGUESA

- Palavras: conjetura, ejetar, injeção, interjeição, objeção, objeto, objetivo, projeção, projeto, rejeição, sujeitar, sujeito, trajeto, trajetória, trejeito, berinjela, cafajeste, jeca, jegue, Jeremias, jerico, jérsei, majestade, manjedoura, ojeriza, pegajento, rijeza, sujeira, traje, ultraje, varejista.

4.6 Orientações sobre a grafia do fonema /s/

Podemos representar o fonema /s/ por:
- **S:** ânsia, cansar, diversão, farsa.
- **SS:** acesso, assar, carrossel, discussão.
- **C, Ç:** acetinado, cimento, açoite, açúcar.
- **SC, SÇ:** acréscimo, adolescente, ascensão, consciência, nasço, desça.
- **X:** aproximar, auxiliar, auxílio, sintaxe.
- **XC:** exceção, exceder, excelência, excepcional.

4.6.1 Escreveremos com S

- A correlação **ND – NS**:
    - **Pretender** – pretensão, pretenso.
    - **Expandir** – expansão, expansivo.
- A correlação **RG – RS**:
    - **Aspergir** – aspersão.
    - **Imergir** – imersão.
    - **Emergir** – emersão.
- A correlação **RT – RS**:
    - **Divertir** – diversão.
    - **Inverter** – inversão.
- O sufixo **-ENSE**:
    - Paranaense.
    - Cearense.
    - Londrinense.

4.6.2 Escreveremos com SS

- A correlação **CED – CESS**:
    - **Ceder** – cessão.
    - **Interceder** – intercessão.
    - **Retroceder** – retrocesso.
- A correlação **GRED – GRESS**:
    - **Agredir** – agressão, agressivo.
    - **Progredir** – progressão, progresso.
- A correlação **PRIM – PRESS**:
    - **Imprimir** – impressão, impresso.
    - **Oprimir** – opressão, opressor.
    - **Reprimir** – repressão, repressivo.
- A correlação **METER – MISS**:
    - **Submeter** – submissão.
    - **Intrometer** – intromissão.

4.6.3 Escreveremos com C ou com Ç

- Palavras de origem tupi ou africana. Por exemplo: açaí, araçá, Iguaçu, Juçara, muçurana, Paraguaçu, caçula, cacimba.
- **O Ç só será usado antes das vogais A, O e U.**
- Com os sufixos:
    - **-AÇA:** barcaça.
    - **-AÇÃO:** armação.
    - **-ÇAR:** aguçar.
    - **-ECER:** esmaecer.

ORTOGRAFIA

-**IÇA**: carniça.
-**NÇA**: criança.
-**UÇA**: dentuça.

- Palavras derivadas de verbos terminados em -**TER** (não confundir com a regra do –**METER** – -**MISS**):
    Abster: abstenção.
    Reter: retenção.
    Deter: detenção.
- Depois de ditongos:
    Feição; louça; traição.
- Palavras de origem árabe:
    Açúcar; açucena; cetim; muçulmano.

4.6.4 Emprego do SC

Escreveremos com **SC** palavras que são termos emprestados do latim. Por exemplo: adolescência; ascendente; consciente; crescer; descer; fascinar; fescenino.

4.6.5 Grafia da letra S com som de /z/

Escreveremos com S:
- Terminações em -**ÊS**, -**ESA** e -**ISA**, que indicam nacionalidade, título ou origem:
    Japonês – japonesa.
    Marquês – marquesa.
    Camponês – camponesa.
- Após ditongos: causa; coisa; lousa; Sousa.
- As formas dos verbos **pôr** e **querer** e de seus compostos:
    Eu pus, nós pusemos, pusésseis etc.
    Eu quis, nós quisemos, quisésseis etc.
- Terminações -**OSO** e -**OSA**, que indicam qualidade. Por exemplo: gostoso; garboso; fervorosa; talentosa.
- Prefixo **TRANS**-: transe; transação; transoceânico.
- Em diminutivos cujo radical termine em **S**:
    Rosa – rosinha.
    Teresa – Teresinha.
    Lápis – lapisinho.
- Na correlação **D** – **S**:
    Aludir – alusão, alusivo.
    Decidir – decisão, decisivo.
    Defender – defesa, defensivo.
- Verbos derivados de palavras cujo radical termina em **S**:
    Análise – analisar.
    Presa – apresar.
    Êxtase – extasiar.
    Português – aportuguesar.
- Substantivos com os sufixos gregos -**ESE**, -**ISA** e -**OSE**: catequese, diocese, poetisa, virose, (obs.: "catequizar" com **Z**).
- Nomes próprios: Baltasar, Heloísa, Isabel, Isaura, Luísa, Sousa, Teresa.
- Palavras: análise, cortesia, hesitar, reses, vaselina, avisar, defesa, obséquio, revés, vigésimo, besouro, fusível, pesquisa, tesoura, colisão, heresia, querosene, vasilha.

4.7 Emprego da letra Z

Escreveremos com **Z**:
- Terminações -**EZ** e -**EZA** de substantivos abstratos derivados de adjetivos:
    Belo – beleza.
    Rico – riqueza.
    Altivo – altivez.
    Sensato - sensatez.
- Verbos formados com o sufixo -**IZAR** e palavras cognatas: balizar, inicializar, civilizar.
- As palavras derivadas em:
    -**ZAL**: cafezal, abacaxizal.
    -**ZEIRO**: cajazeiro, açaizeiro.
    -**ZITO**: avezita.
    -**ZINHO**: cãozinho, pãozinho, pezinho
- Derivadas de palavras cujo radical termina em **Z**: cruzeiro, esvaziar.
- Palavras: azar, aprazível, baliza, buzina, bazar, cicatriz, ojeriza, prezar, proeza, vazamento, vizinho, xadrez, xerez.

4.8 Emprego do X e do CH

A letra X pode representar os seguintes fonemas:
- /**ch**/: xarope.
- /**cx**/: sexo, tóxico.
- /**z**/: exame.
- /**ss**/: máximo.
- /**s**/: sexto.

4.9 Escreveremos com X

- Em geral, após um ditongo. Por exemplo: caixa, peixe, ameixa, rouxinol, caixeiro. **Exceções**: recauchutar e guache.
- Geralmente, depois de sílaba iniciada por **EN**-: enxada; enxerido; enxugar; enxurrada.
- Encher (e seus derivados); palavras que iniciam por **CH** e recebem o prefixo **EN**-. Por exemplo: encharcar, enchumaçar, enchiqueirar, enchumbar, enchova.
- Palavras de origem indígena ou africana: abacaxi, xavante, xará, orixá, xinxim.
- Após a sílaba **ME** no início da palavra. Por exemplo: mexerica, mexerico, mexer, mexida. **Exceção**: mecha de cabelo.
- Palavras: bexiga, bruxa, coaxar, faxina, graxa, lagartixa, lixa, praxe, vexame, xícara, xale, xingar, xampu.

4.10 Escreveremos com CH

- As seguintes palavras, em razão de sua origem: chave, cheirar, chuva, chapéu, chalé, charlatão, salsicha, espadachim, chope, sanduíche, chuchu, cochilo, fachada, flecha, mecha, mochila, pechincha.
- **Atente para a divergência de sentido com os seguintes elementos:**
    Bucho – estômago.
    Buxo – espécie de arbusto.
    Cheque – ordem de pagamento.
    Xeque – lance do jogo de xadrez.
    Tacha – pequeno prego.
    Taxa – imposto.

5. NÍVEIS DE ANÁLISE DA LÍNGUA

A Língua Portuguesa possui quatro níveis de análise. Veja cada um deles:

▷ **Nível fonético/fonológico:** estuda a produção e articulação dos sons da língua.

▷ **Nível morfológico:** estuda a estrutura e a classificação das palavras.

▷ **Nível sintático:** estuda a função das palavras dentro de uma sentença.

▷ **Nível semântico:** estuda as relações de sentido construídas entre as palavras.

Na **Semântica**, entre outras coisas, estuda-se a diferença entre linguagem de sentido denotativo (ou literal, do dicionário) e linguagem de sentido conotativo (ou figurado).

▷ Rosa é uma flor.
- **Morfologia:**
    Rosa: substantivo;
    É: verbo ser;
    Uma: artigo;
    Flor: substantivo
- **Sintaxe:**
    Rosa: sujeito;
    É uma flor: predicado;
    Uma flor: predicativo do sujeito.
- **Semântica:**
    Rosa pode ser entendida como uma pessoa ou como uma planta, depende do sentido.

6. ESTRUTURA E FORMAÇÃO DE PALAVRAS

6.1 Estrutura das palavras

Para compreender os termos da Língua Portuguesa, deve-se observar, nos vocábulos, a presença de algumas estruturas como **raiz**, **desinências** e **afixos**:

- **Raiz ou radical (morfema lexical):** parte que guarda o sentido da palavra.

    Pedreiro.
    Pedrada.
    Em**ped**rado.
    Pedregulho.

- **Desinências:** fazem a flexão dos termos.

    Nominais:
    Gênero: jogador/jogador**a**.
    Número: aluno/aluno**s**.
    Grau: cadeira/cadeir**inha**.
    Verbais:
    Modo-tempo: cantá**va**mos, vend**êra**mos.
    Número-pessoa: fiz**emos**, compra**stes**.

- **Afixos:** conectam-se às raízes dos termos.

    Prefixos: colocados antes da raiz.
    Infeliz, **des**fazer, **re**tocar.
    Sufixos: colocados após a raiz.
    Feliz**mente**, capac**idade**, igual**dade**.

Também é importante atentar aos termos de ligação. São eles:

- **Vogal de ligação:**

    Gas**ô**metro, bar**ô**metro, caf**e**icultura, carn**í**voro.

- **Consoante de ligação:**

    Gira**ss**ol, cafe**t**eira, pau**l**ada, cha**l**eira.

6.2 Radicais gregos e latinos

O conhecimento sobre a origem dos radicais é, muitas vezes, importante para a compreensão e memorização de inúmeras palavras.

6.2.1 Radicais gregos

Os radicais gregos têm uma importância expressiva para a compreensão e fácil memorização de diversas palavras que foram criadas e vulgarizadas pela linguagem científica.

Podemos observar que esses radicais se unem, geralmente, a outros elementos de origem grega e, frequentemente, sofrem alterações fonéticas e gráficas para formarem palavras compostas.

Seguem alguns radicais gregos, seus respectivos significados e algumas palavras de exemplo:

- *Ácros* **(alto):** acrópole, acrobacia, acrofobia.
- *Álgos* **(dor):** algofilia, analgésico, nevralgia.
- *Ánthropos* **(homem):** antropologia, antropófago, filantropo.
- *Astér, astéros* **(estrela):** asteroide, asterisco.
- *Ástron* **(astro):** astronomia, astronauta.
- *Biblíon* **(livro):** biblioteca, bibliografia, bibliófilo.
- *Chéir, cheirós* **(mão – cir-, quiro):** cirurgia, cirurgião, quiromante.
- *Chlorós*, **(verde):** cloro, clorofila, clorídrico.
- *Chróma, chrómatos*, **(cor):** cromático, policromia.
- *Dáktylos* **(dedo):** datilografia, datilografar.
- *Déka* **(dez):** decálogo, decâmetro, decassílabo.
- *Gámos*, **(casamento):** poligamia, polígamo, monogamia.
- *Gastér, gastrós*, **(estômago):** gastrite, gastrônomo, gástrico.
- *Glótta, glóssa*, **(língua):** poliglota, epiglote, glossário.
- *Grámma* **(letra, escrito):** gramática, anagrama, telegrama.
- *Grápho* **(escrevo):** grafia, ortografia, caligrafia.
- *Heméra* **(dia):** herneroteca, hernerologia, efêmero.
- *Hippos* **(cavalo):** hipódromo, hipismo, hipopótamo.
- *Kardía* **(coração):** cardíaco, cardiologia, taquicardia.
- *Mésos*, **(meio, do meio):** mesocarpo, mesóclise, mesopotâmia.
- *Mnéme* **(memória, lembrança):** mnemônico, amnésia, mnemoteste.
- *Morphé* **(forma):** morfologia, amorfo, metamorfose.
- *Nekrós* **(morto):** necrotério, necropsia, necrológio.
- *Páis, paidós* **(criança):** pedagogia, pediatria, pediatra.
- *Pyr, pyrós* **(fogo):** pirosfera, pirotécnico, antipirético.
- *Rhis, rhinós* **(nariz):** rinite, rinofonia, otorrino.
- *Theós* **(deus):** teologia, teólogo, apoteose.
- *Zóon* **(animal):** zoologia, zoológico, zoonose.

6.2.2 Radicais latinos

Outras palavras da língua portuguesa possuem radicais latinos. A maioria delas entrou na língua entre os séculos XVIII e XX. Seguem algumas das que vieram por via científica ou literária:

- *Ager, agri* **(campo):** agrícola, agricultura.
- *Ambi* **(de ambo, ambos):** ambidestro, ambíguo.
- *Argentum, argenti* **(prata):** argênteo, argentífero, argentino.
- *Capillus, capilli* **(cabelo):** capilar, capiliforme, capilaridade.
- *Caput, capitis* **(cabeça):** capital, decapitar, capitoso.
- *Cola-, colere* **(habitar, cultivar):** arborícola, vitícola.
- *Cuprum, cupri* **(cobre):** cúpreo, cúprico, cuprífero.
- *Ego* **(eu):** egocêntrico, egoísmo,ególatra.
- *Equi-, aequus* **(igual):** equivalente, equinócio, equiângulo.
- *-fero, ferre* **(levar, conter):** aurífero, lactífero, carbonífero.
- *Fluvius* **(rio):** fluvial, fluviômetro.
- *Frigus, frigoris* **(frio):** frigorífico, frigomóvel.
- *Lapis, lapidis* **(pedra):** lápide, lapidificar, lapidar.
- *Lex, legis* **(lei):** legislativo, legislar, legista.
- *Noceo, nocere* **(prejudicar, causar mal):** nocivo, inocente, inócuo.
- *Pauper, pauperis* **(pobre):** pauperismo, depauperar.
- *Pecus* **(rebanho):** pecuária, pecuarista, pecúnia.
- *Pluvia* **(chuva):** pluvial, pluviômetro.
- *Radix, radieis* **(raiz):** radical, radicar, erradicar.
- *Sidus, sideris* **(astro):** sideral, sidéreo, siderar.
- *Stella* **(estrela):** estelar, constelação.
- *Triticum, tritici* **(trigo):** triticultura, triticultor, tritícola.
- *Vinum, vini* **(vinho):** vinicultura, vinícola.
- *Vitis* **(videira):** viticultura, viticultor, vitícola.
- *Volo, volare* **(voar):** volátil, noctívolo.
- *Vox, vocis* **(voz):** vocal, vociferar.

6.3 Origem das palavras de Língua Portuguesa

As palavras da Língua Portuguesa têm múltiplas origens, mas a maioria delas veio do latim vulgar, ou seja, o latim que era falado pelo povo duzentos anos antes de Cristo.

LÍNGUA PORTUGUESA

No geral, as palavras que formam o nosso léxico podem ser de origem latina, de formação vernácula ou de importação estrangeira.

Quanto às palavras de origem latina, sabe-se que algumas datam dos séculos VI e XI, aproximadamente, e outras foram introduzidas na língua por escritores e letrados ao longo do tempo, sobretudo no período áureo, o século XVI, e de forma ainda mais abundante durante os séculos que o seguiram, por meios literário e científico. As primeiras, as formas populares, foram grandemente alteradas na fala do povo rude, mas as formas eruditas tiveram leves alterações.

Houve, ao longo desses séculos, com incentivo do povo luso-brasileiro, a criação de palavras que colaboraram para enriquecer o vocabulário. Essas palavras são chamadas criações vernáculas.

Desde os primórdios da língua, diversos termos estrangeiros entraram em uso, posteriormente enriquecendo definitivamente o patrimônio léxico, porque é inevitável que palavras de outros idiomas adentrem na língua por meio das relações estabelecidas entre os povos e suas culturas.

Devido a isso, encontramos, no vocabulário português, palavras provenientes:

- Do grego: por influência do cristianismo e do latim literário: anjo, bíblia, clímax. E por criação de sábios e cientistas: nostalgia, microscópio.
- Do hebraico: veiculadas pela Bíblia: aleluia, Jesus, Maria, sábado.
- Do alemão: guerra, realengo, interlância.
- Do árabe: algodão, alfaiate, algema.
- Do japonês: biombo, micado, samurai.
- Do francês: greve, detalhe, pose.
- Do inglês: bife, futebol, tênis.
- Do turco: lacaio, algoz.
- Do italiano: piano, maestro, lasanha.
- Do russo: vodca, esputinique.
- Do tupi: tatu, saci, jiboia, pitanga.
- Do espanhol: cavalheiro, ninharia, castanhola.
- De línguas africanas: macumba, maxixe, marimbondo.

Atualmente, o francês e o inglês são os idiomas com maior influência sobre a língua portuguesa.

6.4 Processos de formação de palavras

Há dois processos mais fortes (presentes) na formação de palavras em Língua Portuguesa: a composição e a derivação. Vejamos suas principais características.

6.4.1 Composição

É uma criação de vocábulo. Pode ocorrer por:

- **Justaposição:** sem perda de elementos.
  Guarda-chuva, girassol, arranha-céu etc.
- **Aglutinação:** com perda de elementos.
  Embora, fidalgo, aguardente, planalto, boquiaberto etc.
- **Hibridismo:** união de radicais oriundos de línguas distintas.
  Automóvel (latim e grego); sambódromo (tupi e grego).

6.4.2 Derivação

É uma transformação no vocábulo. Pode ocorrer das seguintes maneiras:

- **Prefixal (prefixação):** reforma, anfiteatro, cooperação.
- **Sufixal (sufixação):** pedreiro, engenharia, florista.
- **Prefixal – sufixal:** infelizmente, ateísmo, desordenamento.
- **Parassintética:** prefixo e sufixo simultaneamente, sem a possibilidade de remover umas das partes.
  Avermelhado, anoitecer, emudecer, amanhecer.
- **Regressão (regressiva) ou deverbal:** advinda de um verbo.
  Abalo (abalar), luta (lutar), fuga (fugir).
- **Imprópria (conversão):** mudança de classe gramatical.
  O jantar, um não, o seu sim, o pobre.

6.4.3 Estrangeirismo

Pode-se entender como um empréstimo linguístico.

- **Com aportuguesamento:** abajur (do francês *abat-jour*), algodão (do árabe *al-qutun*), lanche (do inglês *lunch*) etc.
- **Sem aportuguesamento:** *networking, software, pizza, show, shopping* etc.

6.5 Acrônimo ou sigla

- **Silabáveis:** podem ser separados em sílabas.
  Infraero (Infraestrutura Aeroportuária), **Petrobras** (Petróleo Brasileiro) etc.
- **Não-silabáveis:** não podem ser separados em sílabas.
  FMI, MST, SPC, PT, INSS, MPU etc.

6.6 Onomatopeia ou reduplicação

- **Onomatopeia:** tentativa de representar um som da natureza.
  Pow, paf, tum, psiu, argh.
- **Reduplicação:** repetição de palavra com fim onomatopaico.
  Reco-reco, tique-taque, pingue-pongue.
- **Redução ou abreviação:** eliminação do segmento de alguma palavra.
  Fone (telefone), cinema (cinematógrafo), pneu (pneumático) etc.

MORFOLOGIA

7. MORFOLOGIA

Antes de adentrar nas conceituações, veja a lista a seguir para facilitar o estudo. Nela, temos uma classe de palavra seguida de um exemplo.

- **Artigo:** o, a, os, as, um, uma, uns, umas.
- **Adjetivo:** legal, interessante, capaz, brasileiro, francês.
- **Advérbio:** muito, pouco, bem, mal, ontem, certamente.
- **Conjunção:** que, caso, embora.
- **Interjeição:** Ai! Ui! Ufa! Eita!
- **Numeral:** sétimo, vigésimo, terço.
- **Preposição:** a, ante, até, após, com, contra, de, desde, em, entre.
- **Pronome:** cujo, o qual, quem, eu, lhe.
- **Substantivo:** mesa, bicho, concursando, Pablo, José.
- **Verbo:** estudar, passar, ganhar, gastar.

7.1 Substantivos

É a palavra variável que designa qualidades, sentimentos, sensações, ações etc.

Quanto à sua classificação, o substantivo pode ser:

- **Primitivo** (sem afixos): pedra.
- **Derivado** (com afixos): pedreiro/empedrado.
- **Simples** (1 núcleo): guarda.
- **Composto** (mais de 1 núcleo): guarda-roupas.
- **Comum** (designa ser genérico): copo, colher.
- **Próprio** (designa ser específico): Maria, Portugal.
- **Concreto** (existência própria): cadeira, lápis.
- **Abstrato** (existência dependente): glória, amizade.

7.1.1 Substantivos concretos

Designam seres de existência própria, como: padre, político, carro e árvore.

7.1.2 Substantivos abstratos

Nomeiam qualidades ou conceitos de existência dependente, como: beleza, fricção, tristeza e amor.

7.1.3 Substantivos próprios

São sempre concretos e devem ser grafados com iniciais maiúsculas. Alguns substantivos próprios, no entanto, podem vir a se tornar comuns pelo processo de derivação imprópria que, geralmente, ocorre pela anteposição de um artigo e a grafia do substantivo com letra minúscula (um judas = traidor/um panamá = chapéu). As flexões dos substantivos podem se dar em gênero, número e grau.

7.1.4 Gênero dos substantivos

Quanto à distinção entre masculino e feminino, os substantivos podem ser:

- **Biformes:** quando apresentam uma forma para o masculino e outra para o feminino. Por exemplo: gato, gata, homem, mulher.
- **Uniformes:** quando apresentam uma única forma para ambos os gêneros. Nesse caso, eles estão divididos em:
    - **Epicenos:** usados para animais de ambos os sexos (macho e fêmea). Por exemplo: besouro, jacaré, albatroz.
    - **Comum de dois gêneros:** aqueles que designam pessoas. Nesse caso, a distinção é feita por um elemento ladeador (artigo, pronome). Por exemplo: o/a terrícola, o/a estudante, o/a dentista, o/a motorista.
    - **Sobrecomuns:** apresentam um só gênero gramatical para designar seres de ambos os sexos. Por exemplo: o indivíduo, a vítima, o algoz.

Em algumas situações, a mudança de gênero altera também o sentido do substantivo:
- O cabeça (líder).
- A cabeça (parte do corpo).

7.1.5 Número dos substantivos

Tentemos resumir as principais regras de formação do plural nos substantivos.

TERMINAÇÃO	VARIAÇÃO	EXEMPLO
vogal ou ditongo	acréscimo do S	barco – barcos
M	NS	pudim – pudins
ÃO (primeiro caso)	ÕES	ladrão – ladrões
ÃO (segundo caso)	ÃES	pão – pães
ÃO (terceiro caso)	S	cidadão – cidadãos
R	ES	mulher – mulheres
Z	ES	cartaz – cartazes
N	ES	abdômen – abdômenes
S (oxítonos)	ES	inglês – ingleses
AL, EL, OL, ULI	IS	tribunal – tribunais
IL (oxítonos)	S	barril – barris
IL (paroxítonos)	EIS	fóssil – fósseis
ZINHO, ZITO	S	anelzinho – aneizinhos

Alguns substantivos são grafados apenas no plural: alvíssaras, anais, antolhos, arredores, belas-artes, calendas, cãs, condolências, esponsais, exéquias, fastos, férias, fezes, núpcias, óculos, pêsames.

7.1.6 Grau do substantivo

Aumentativo/diminutivo

Analítico: quando se associam os adjetivos ao substantivo. Por exemplo: carro grande, pé pequeno.

Sintético: quando se adiciona ao substantivo sufixos indicadores de grau, carrão, pezinho.

- **Sufixos:**
    - **Aumentativos:** -ÁZIO, -ORRA, -OLA, -AZ, -ÃO, -EIRÃO, -ALHÃO, -ARÃO, -ARRÃO, -ZARRÃO.
    - **Diminutivos:** -ITO, -ULO-, -CULO, -OTE, -OLA, -IM, -ELHO, -INHO, -ZINHO. O sufixo -ZINHO é obrigatório quando o substantivo terminar em vogal tônica ou ditongo: cafezinho, paizinho etc.

O aumentativo pode exprimir tamanho (casarão), desprezo (sabichão, ministraço, poetastro) ou intimidade (amigão); enquanto o diminutivo pode indicar carinho (filhinho) ou ter valor pejorativo (livreco, casebre), além das noções de tamanho (bolinha).

7.2 Artigo

O artigo é a palavra variável que tem por função individualizar algo, ou seja, possui como função primordial indicar um elemento, por meio de definição ou indefinição da palavra que, pela anteposição do artigo, passa a ser substantivada. Os artigos se subdividem em:

- **Artigos definidos (O, A, OS, AS):** definem o substantivo a que se referem. Por exemplo:

  Hoje à tarde, falaremos sobre **a** aula da semana passada.
  Na última aula, falamos **do** conteúdo programático.

- **Artigos indefinidos (um, uma, uns, umas):** indefinem o substantivo a que se referem. Por exemplo:

  Assim que eu passar no concurso, eu irei comprar **um** carro.
  Pela manhã, papai, apareceu **um** homem da loja aqui.

É importante ressaltar que os artigos podem ser contraídos com algumas preposições essenciais, como demonstrado na tabela a seguir:

PREPOSIÇÕES	ARTIGO						
	DEFINIDO				INDEFINIDO		
	O	A	OS	AS	UM	UMA	UNS	UMAS
A	ao	à	aos	às	-	-	-	-
De	do	da	dos	das	dum	duma	duns	dumas
Em	no	na	nos	nas	num	numa	nuns	numas
Per	pelo	pela	pelos	pelas	-	-	-	-
Por	polo	pola	polos	polas	-	-	-	-

O artigo é utilizado para substantivar um termo. Ou seja, quer transformar algo em um substantivo? Coloque um artigo em sua frente.

Cantar alivia a alma. (Verbo)
O **cantar** alivia a alma. (Substantivo)

7.2.1 Emprego do artigo com a palavra "todo"

Quando inserimos artigos ao lado da palavra "todo", em geral, o sentido da expressão passa a designar totalidade. Como no exemplo abaixo:

Pobreza é um problema que acomete **todo país**. (todos os países)
Pobreza é um problema que acomete **todo o país**. (o país em sua totalidade).

7.3 Pronome

Em uma definição breve, podemos dizer que pronome é o termo que substitui um substantivo, desempenhando, na sentença em que aparece, uma função coesiva. Podemos dividir os pronomes em sete categorias, são elas: pessoais, tratamento, demonstrativos, relativos, indefinidos, interrogativos, possessivos.

Antes de partir para o estudo pormenorizado dos pronomes, vamos fazer uma classificação funcional deles quando empregados em uma sentença:

- **Pronomes substantivos:** são aqueles que ocupam o lugar do substantivo na sentença. Por exemplo:

  Alguém apareceu na sala ontem.
  Nós faremos todo o trabalho.

- **Pronomes adjetivos:** são aqueles que acompanham um substantivo na sentença. Por exemplo:

  Meus alunos são os mais preparados.
  Pessoa **alguma** fará tal serviço por **esse** valor.

7.3.1 Pronomes substantivos e adjetivos

É chamado **pronome substantivo** quando um pronome substitui um substantivo.

É chamado **pronome adjetivo** quando determina o substantivo com o qual se encontra.

7.3.2 Pronomes pessoais

Referem-se às pessoas do discurso, veja:

- Quem fala (1ª pessoa).
- Com quem se fala (2ª pessoa).
- De quem se fala (3ª pessoa).

Classificação dos pronomes pessoais (caso **reto** × caso **oblíquo**):

PESSOA GRAMATICAL	RETOS	OBLÍQUOS	
		ÁTONOS	TÔNICOS
1ª – Singular	eu	me	mim, comigo
2ª – Singular	tu	te	ti, contigo
3ª – Singular	ele, ela	o, a, lhe, se	si, consigo
1ª – Plural	nós	nos	nós, conosco
2ª – Plural	vós	vos	vós, convosco
3ª – Plural	eles, elas	os, as, lhes, se	si, consigo
Função	Sujeito	Complemento/Adjunto	

Veja a seguir o emprego de alguns pronomes (**certo** × **errado**).

Eu e tu × mim e ti

1ª regra: depois de preposição essencial, usa-se pronome oblíquo. Observe:

Entre mim e ti, não há acordo.
Sobre Manoel e ti, nada se pode falar.
Devo **a** ti esta conquista.
O presente é **para** mim.
Não saia **sem** mim.
Comprei um livro **para** ti.
Observe a preposição essencial destacada nas sentenças.

2ª regra: se o pronome utilizado na sentença for sujeito de um verbo, deve-se empregar os do caso reto.

Não saia sem **eu** deixar.
Comprei um livro para **tu** leres.
O presente é para **eu** desfrutar.

Observe que o pronome desempenha a função de sujeito do verbo destacado. Ou seja: "mim" não faz nada!

Não se confunda com as sentenças em que a ordem frasal está alterada. Deve-se, nesses casos, tentar colocar a sentença na ordem direta.

Para mim, fazer exercícios é muito bom. → Fazer exercícios é muito bom para mim.
Não é tarefa para mim realizar esta revisão. → Realizar esta revisão não é para mim.

Com causativos e sensitivos

Regra com verbos causativos (mandar, fazer, deixar) ou sensitivos (ver, ouvir, sentir): quando os pronomes oblíquos átonos são empregados com verbos causativos ou sensitivos, pode haver a possibilidade de desempenharem a função de sujeito de uma forma verbal próxima. Veja os exemplos:

Fiz **Juliana** chorar. (Sentença original).
Fi-**la** chorar. (Sentença reescrita com a substituição do termo Juliana pelo pronome oblíquo).

MORFOLOGIA

Em ambas as situações, a "Juliana é a chorona". Isso quer dizer que o termo feminino que está na sentença é sujeito do verbo "chorar". Pensando dessa maneira, entenderemos a primeira função da forma pronominal "la" que aparece na sentença reescrita.

Outro fator a ser considerado é que o verbo "fazer" necessita de um complemento, portanto, é um verbo transitivo. Ocorre que o complemento do verbo "fazer" não pode ter outro referente senão "Juliana". Então, entendemos que, na reescrita da frase, a forma pronominal "la" funciona como complemento do verbo "fazer" e sujeito do verbo "chorar".

Si e consigo

Esses pronomes somente podem ser empregados se se referirem ao sujeito da oração, pois possuem função reflexiva. Observe:

Alberto só pensa em si. ("Si" refere-se a "Alberto": sujeito do verbo "pensar").
O aluno levou as apostilas consigo. ("consigo" refere-se ao termo "aluno").

Estão erradas, portanto, frases como estas:
Creio muito em si, meu amigo.
Quero falar consigo.

Corrigindo:
Creio muito em você, meu amigo.
Quero falar contigo.

Conosco e convosco

As formas **"conosco"** e **"convosco"** são substituídas por **"com nós"** e **"com vós"** quando os pronomes pessoais são reforçados por palavras como **outros, mesmos, próprios, todos, ambos** ou **algum numeral**. Por exemplo:

Ele disse que iria com nós três.

Ele(s), ela(s) × o(s), a(s)

É muito comum ouvirmos frases como: "vi **ela** na esquina", "não queremos **eles** aqui". De acordo com as normas da Língua Portuguesa, é errado falar ou escrever assim, pois o pronome em questão está sendo utilizado fora de seu emprego original, ou seja, como um complemento (ao passo que deveria ser apenas sujeito). O certo é: "vi-**a** na esquina", "não **os** queremos aqui".

"O" e "a"

São **complementos diretos**, ou seja, são utilizados juntamente aos verbos transitivos diretos, ou nos bitransitivos, como no exemplo a seguir:

Comprei **um carro** para minha namorada = Comprei-**o** para ela. (Ocorreu a substituição do objeto direto)

É importante lembrar que há uma especificidade em relação à colocação dos pronomes "o" e "a" depois de algumas palavras:

- Se a palavra terminar em **R, S** ou **Z**: tais letras devem ser suprimidas e o pronome será empregado como **lo, la, los, las**.
    Fazer as tarefas = fazê-**las**.
    Querer o dinheiro = querê-**lo**.
- Se a palavra terminar com **ÃO, ÕE** ou **M**: tais letras devem ser mantidas e o pronome há de ser empregado como **no, na, nos, nas**.
    Compraram a casa = compraram-**na**.
    Compõe a canção = compõe-**na**.

Lhe

É um complemento indireto, equivalente a "a ele" ou "a ela". Ou seja, é empregado juntamente a um verbo transitivo indireto ou a um verbo bitransitivo, como no exemplo:

- Comprei um carro **para minha namorada** = comprei-**lhe** um carro. (Ocorreu a substituição do objeto indireto).

Muitas bancas gostam de trocar as formas "o" e "a" por "lhe", o que não pode ser feito sem que a sentença seja totalmente reelaborada.

7.3.3 Pronomes de tratamento

São pronomes de tratamento **você, senhor, senhora, senhorita, fulano, sicrano, beltrano** e as expressões que integram o quadro seguinte:

PRONOME	ABREVIATURA SINGULAR	ABREVIATURA PLURAL
Vossa Excelência(s)	V. Ex.ª	V. Ex.ᵃˢ
USA-SE PARA:		
Presidente (sem abreviatura), ministro, embaixador, governador, secretário de Estado, prefeito, senador, deputado federal e estadual, juiz, general, almirante, brigadeiro e presidente de câmara de vereadores.		
PRONOME	ABREVIATURA SINGULAR	ABREVIATURA PLURAL
Vossa(s) Magnificência(s)	V. Mag.ª	V. Mag.ᵃˢ
USA-SE PARA:		
Reitor de universidade para o qual também se pode usar V. Ex.ª		

PRONOME	ABREVIATURA SINGULAR	ABREVIATURA PLURAL
Vossa(s) Senhoria(s)	V. Sª	V. S.ªs
USA-SE PARA:		
Qualquer autoridade ou pessoa civil não citada acima.		
PRONOME	**ABREVIATURA SINGULAR**	**ABREVIATURA PLURAL**
Vossa(s) Santidade(s)	V. S	VV. SS.
USA-SE PARA:		
Papa.		
PRONOME	**ABREVIATURA SINGULAR**	**ABREVIATURA PLURAL**
Vossa(s) Eminência(s)	V. Em.ª	V.Em.ªs
USA-SE PARA:		
Cardeal.		
PRONOME	**ABREVIATURA SINGULAR**	**ABREVIATURA PLURAL**
Vossa(s) Excelência(s) Reverendíssima(s)	V. Exª. Rev.ma	V. Ex.ªs. Rev.mas
USA-SE PARA:		
Arcebispo e bispo.		
PRONOME	**ABREVIATURA SINGULAR**	**ABREVIATURA PLURAL**
Vossa(s) Reverendíssima(s)	V. Rev.ma	V.Rev.mas
Usa-se para:		
Autoridade religiosa inferior às acima citadas.		
PRONOME	**ABREVIATURA SINGULAR**	**ABREVIATURA PLURAL**
Vossa(s) Reverência(s)	V. Rev.ª	V. Rev.mas
USA-SE PARA:		
Religioso sem graduação.		
PRONOME	**ABREVIATURA SINGULAR**	**ABREVIATURA PLURAL**
Vossa(s) Majestade(s)	V. M.	VV. MM.
USA-SE PARA:		
Rei e imperador.		
PRONOME	**ABREVIATURA SINGULAR**	**ABREVIATURA PLURAL**
Vossa(s) Alteza(s)	V. A.	VV. AA.
USA-SE PARA:		
Príncipe, arquiduque e duque.		

Todas essas expressões se apresentam também com "Sua" para cujas abreviaturas basta substituir o "V" por "S".

Emprego dos pronomes de tratamento

- **Vossa Excelência** etc. × **Sua Excelência** etc.

Os pronomes de tratamento iniciados com "Vossa(s)" empregam-se em uma relação direta, ou seja, indicam o nosso interlocutor, pessoa com quem falamos:

Soube que V. Ex.ª, Senhor Ministro, falou que não estava interessado no assunto da reunião.

Empregaremos o pronome com a forma "sua" quando a relação não é direta, ou seja, quando falamos sobre a pessoa:

A notícia divulgada é de que Sua Excelência, o Presidente da República, foi flagrado em uma boate.

Utilização da 3ª pessoa

Os pronomes de tratamento são de 3ª pessoa; portanto, todos os elementos relacionados a eles devem ser empregados também na 3ª pessoa, para que se mantenha a uniformidade:

É preciso que V. Ex.ª **diga** qual será o **seu** procedimento no caso em questão, a fim de que seus assessores possam agir a tempo.

MORFOLOGIA

Uniformidade de tratamento

No momento da escrita ou da fala, não é possível ficar fazendo "dança das pessoas" com os pronomes. Isso quer dizer que se deve manter a uniformidade de tratamento. Para tanto, se for utilizada 3ª pessoa no início de uma sentença, ela deve permanecer ao longo de todo o texto. Preste atenção para ver como ficou estranha a construção abaixo:

Quando **você** chegar, eu **te** darei o presente.

"Você" é de 3ª pessoa e "te" é de 2ª pessoa. Não há motivo para cometer tal engano. Tome cuidado, portanto. Podemos corrigir a sentença:

Quando tu chegares, eu te darei o presente.
Quando você chegar, eu lhe darei o presente.

7.3.4 Pronomes possessivos

São os pronomes que atribuem posse de algo às pessoas do discurso. Eles podem estar em:

- **1ª pessoa do singular:** meu, minha, meus, minhas.
- **2ª pessoa do singular:** teu, tua, teus, tuas.
- **3ª pessoa do singular:** seu, sua, seus, suas.
- **1ª pessoa do plural:** nosso, nossa, nossos, nossas.
- **2ª pessoa do plural:** vosso, vossa, vossos, vossas.
- **3ª pessoa do plural:** seu, sua, seus, suas.

Emprego

- Ambiguidade: "seu", "sua", "seus" e "suas" são os reis da ambiguidade (duplicidade de sentido).

    O policial prendeu o maconheiro em **sua** casa. (casa de quem?).
    Meu pai levou meu tio para casa em **seu** carro. (no carro de quem?).

- Corrigindo:

    O policial prendeu o maconheiro na casa **deste**.
    Meu pai, em **seu** carro, levou meu tio para casa.

- Emprego especial: não se usam os possessivos em relação às partes do corpo ou às faculdades do espírito. Devemos, pois, dizer:

    Machuquei a mão. (E não "a minha mão").
    Ele bateu a cabeça. (E não "a sua cabeça").
    Perdeste a razão? (E não "a tua razão").

7.3.5 Pronomes demonstrativos

São os que localizam ou identificam o substantivo ou uma expressão no espaço, no tempo ou no texto.

- **1ª pessoa:**

    Masculino: este(s).
    Feminino: esta(s).
    Neutro: isto.
    No espaço: com o falante.
    No tempo: presente.
    No texto: o que se pretende dizer ou o imediatamente retomado.

- **2ª pessoa**

    Masculino: esse(s).
    Feminino: essa(s).
    Neutro: isso.
    No espaço: pouco afastado.
    No tempo: passado ou futuro próximos.
    No texto: o que se disse anteriormente.

- **3ª pessoa**

    Masculino: aquele(s).
    Feminino: aquela(s).
    Neutro: aquilo.
    No espaço: muito afastado.
    No tempo: passado ou futuro distantes.
    No texto: o que se disse há muito ou o que se pretende dizer.

Quando o pronome retoma algo já mencionado no texto, dizemos que ele possui função **anafórica**. Quando aponta para algo que será dito, dizemos que possui função **catafórica**. Essa nomenclatura começou a ser cobrada em algumas questões de concurso público, portanto, é importante ter esses conceitos na ponta da língua.

Exemplos de emprego dos demonstrativos:

Veja **este** livro que eu trouxe, é muito bom.
Você deve estudar mais! **Isso** é o que eu queria dizer.
Vê **aquele** mendigo lá na rua? Terrível futuro o aguarda.

Há outros pronomes demonstrativos: **o, a, os, as**, quando antecedem o relativo que e podem ser permutados por **aquele(s), aquela(s), aquilo**. Veja os exemplos:

Não entendi o que disseste. (Não entendi aquilo que disseste.).
Esta rua não é a que te indiquei. (Esta rua não é aquela que te indiquei.).

Tal: quando puder ser permutado por qualquer demonstrativo:
Não acredito que você disse **tal** coisa. (Aquela coisa).

Semelhante: quando puder ser permutado por qualquer demonstrativo:
Jamais me prestarei a **semelhante** canalhice. (Esta canalhice).

Mesmo: quando modificar os pronomes eu, tu, nós e vós:
Eu **mesmo** investiguei o caso.

De modo análogo, classificamos o termo "**próprio**" (eu próprio, ela própria).

O termo "**mesmo**" pode ainda funcionar como pronome neutro em frases como: "é o mesmo", "vem a ser o mesmo".

Vejamos mais alguns exemplos:

José e **João** são alunos do ensino médio. Este gosta de matemática, **aquele** gosta de português.

Veja que a verdadeira relação estabelecida pelos pronomes demonstrativos focaliza, por meio do "este" o elemento mais próximo, por meio do "aquele" o elemento mais afastado.

Esta sala precisa de bons professores.
Gostaria de que esse órgão pudesse resolver meu problema.

Este(s), esta(s), isto indicam o local de onde escrevemos. **Esse(s), essa(s), isso** indicam o local em que se encontra o nosso interlocutor.

7.3.6 Pronomes relativos

São termos que relacionam palavras em um encadeamento. Os relativos da Língua Portuguesa são:

- **Que:** quando puder ser permutado por "o qual" ou um de seus termos derivados. Utiliza-se o pronome "que" para referências a pessoas ou coisas.

    O peão a **que** me refiro é Jonas.

- **O qual:** empregado para referência a coisas ou pessoas.

    A casa **na qual** houve o tiroteio foi interditada.

- **Quem:** é equivalente a dois pronomes: "aquele" e "que".

    O homem para **quem** se enviou a correspondência é Alberto.

- **Quanto:** será relativo quando seu antecedente for o termo "tudo".

    Não gastes tudo **quanto** tens.
- **Onde:** é utilizado para estabelecer referência a lugares, sendo permutável por "em que" ou "no qual" e seus derivados.

    O estado para **onde** vou é Minas Gerais.
- **Cujo:** possui um sentido possessivo. Não permite permuta por outro relativo. Também é preciso lembrar que o pronome "cujo" não admite artigo, pois já é variável (cujo/cuja, jamais "cujo o", "cuja a").

    Cara, o pedreiro em **cujo** serviço podemos confiar é Marcelino.

> A preposição que está relacionada ao pronome é, em grande parte dos casos, oriunda do verbo que aparece posteriormente na sentença.

7.3.7 Pronomes indefinidos

São os pronomes que se referem, de forma imprecisa e vaga, à 3ª pessoa do discurso.

Eles podem ser:

- **Pronomes indefinidos substantivos:** têm função de substantivo: alguém, algo, nada, tudo, ninguém.
- **Pronomes indefinidos adjetivos:** têm função de adjetivo: cada, certo(s), certa (s).
- **Que variam entre pronomes adjetivos e substantivos:** variam de acordo com o contexto: algum, alguma, bastante, demais, mais, qual etc.

VARIÁVEIS				INVARIÁVEIS
MASCULINO		FEMININO		
SINGULAR	PLURAL	SINGULAR	PLURAL	
Algum	Alguns	Alguma	Algumas	Alguém
Certo	Certos	Certa	Certas	Algo
Muito	Muitos	Muita	Muitas	Nada
Nenhum	Nenhuns	Nenhuma	Nenhumas	Ninguém
Outro	Outros	Outra	Outras	Outrem
Qualquer	Quaisquer	Qualquer	Quaisquer	Cada
Quando	Quantos	Quanta	Quantas	-
Tanto	Tantos	Tanta	Tantas	-
Todo	Todos	Toda	Todas	Tudo
Vário	Vários	Vária	Várias	-
Pouco	Poucos	Pouca	Poucas	-

Fique bem atento para as alterações de sentido relacionadas às mudanças de posição dos pronomes indefinidos.

Alguma pessoa passou por aqui ontem. (Alguma pessoa = ao menos uma pessoa).

Pessoa alguma passou por aqui ontem. (Pessoa alguma = ninguém).

Locuções pronominais indefinidas

"Cada qual", "cada um", "seja qual for", "tal qual", "um ou outro" etc.

7.3.8 Pronomes interrogativos

Chamam-se interrogativos os pronomes **que, quem, qual** e **quanto**, empregados para formular uma pergunta direta ou indireta:

Que conteúdo estão estudando?
Diga-me **que** conteúdo estão estudando.
Quem vai passar no concurso?
Gostaria de saber **quem** vai passar no concurso.
Qual dos livros preferes?
Não sei **qual** dos livros preferes.
Quantos de coragem você tem?
Pergunte **quanto** de coragem você tem.

7.4 Verbo

É a palavra com que se expressa uma ação (cantar, vender), um estado (ser, estar), mudança de estado (tornar-se) ou fenômeno da natureza (chover).

Quanto à noção que expressam, os verbos podem ser classificados da seguinte maneira:

- **Verbos relacionais:** exprimem estado ou mudança de estado. São os chamados verbos de ligação.
- **Verbos de ligação: ser, estar, continuar, andar, parecer, permanecer, ficar, tornar-se etc.**
- **Verbos nocionais:** exprimem ação ou fenômeno da natureza. São os chamados verbos significativos.

Os verbos nocionais podem ser classificados da seguinte maneira:

- **Verbo Intransitivo (VI):** diz-se daquele que não necessita de um complemento para que se compreenda a ação verbal. Por exemplo: "morrer", "cantar", "sorrir", "nascer", "viver".
- **Verbo Transitivo (VT):** diz-se daquele que necessita de um complemento para expressar o afetado pela ação verbal. Divide-se em três tipos:
    - **Diretos (VTD):** não possuem preposição para ligar o complemento verbal ao verbo. São exemplos os verbos "querer", "comprar", "ler", "falar" etc.
    - **Indiretos (VTI):** possuem preposição para ligar o complemento verbal ao verbo. São exemplos os verbos "gostar", "necessitar", "precisar", "acreditar" etc.
    - **Diretos e Indiretos (VTDI) ou bitransitivos:** possuem dois complementos, um não preposicionado, outro com preposição. São exemplos os verbos "pagar", "perdoar", "implicar" etc.

Preste atenção na dica que segue:

João morreu. (Quem morre, morre. Não é preciso um complemento para entender o verbo).

Eu quero um aumento. (Quem quer, quer alguma coisa. É preciso um complemento para entender o sentido do verbo).

Eu preciso de um emprego. (Quem precisa, precisa "de" alguma coisa. Deve haver uma preposição para ligar o complemento ao seu verbo).

Mário pagou a conta ao padeiro. (Quem paga, paga algo a alguém. Há um complemento com preposição e um complemento sem preposição).

MORFOLOGIA

7.4.1 Estrutura e conjugação dos verbos

Os verbos possuem:
- **Raiz:** o que lhes guarda o sentido (cantar, correr, sorrir).
- **Vogal temática:** o que lhes garante a família conjugacional (AR, ER, IR).
- **Desinências:** o que ajuda a conjugar ou nominalizar o verbo (cantando, cantávamos).

Os verbos apresentam três conjugações, ou seja, três famílias conjugacionais. Em função da vogal temática, podem-se criar três paradigmas verbais. De acordo com a relação dos verbos com esses paradigmas, obtém-se a seguinte classificação:

- **Regulares:** seguem o paradigma verbal de sua conjugação sem alterar suas raízes (amar, vender, partir).
- **Irregulares:** não seguem o paradigma verbal da conjugação a que pertencem. As irregularidades podem aparecer na raiz ou nas desinências (ouvir – ouço/ouve, estar – estou/estão).
- **Anômalos:** apresentam profundas irregularidades. São classificados como anômalos em todas as gramáticas os verbos "ser" e "ir".
- **Defectivos:** não são conjugados em determinadas pessoas, tempo ou modo, portanto, apresentam algum tipo de "defeito" ("falir", no presente do indicativo, só apresenta a 1ª e a 2ª pessoa do plural). Os defectivos distribuem-se em grupos:
    - Impessoais.
    - Unipessoais: vozes ou ruídos de animais, só conjugados nas terceiras pessoas.
    - Antieufônicos: a sonoridade permite confusão com outros verbos – "demolir"; "falir", "abolir" etc.
- **Abundantes:** apresentam mais de uma forma para uma mesma conjugação.

Existe abundância **conjugacional** e **participial**. A primeira ocorre na conjugação de algumas formas verbais, como o verbo "haver", que admite "nós havemos/hemos", "vós haveis/heis". A segunda ocorre com as formas nominais de particípio.

A seguir segue uma lista dos principais abundantes na forma participial.

VERBOS	PARTICÍPIO REGULAR – EMPREGADO COM OS AUXILIARES "TER" E "HAVER"	PARTICÍPIO IRREGULAR – EMPREGADO COM OS AUXILIARES "SER", "ESTAR" E "FICAR"
aceitar	aceitado	aceito
acender	acendido	aceso
benzer	benzido	bento
eleger	elegido	eleito
entregar	entregado	entregue
enxugar	enxugado	enxuto
expressar	expressado	expresso
expulsar	expulsado	expulso
extinguir	extinguido	extinto
matar	matado	morto
prender	prendido	preso
romper	rompido	roto
salvar	salvado	salvo
soltar	soltado	solto
suspender	suspendido	suspenso
tingir	tingido	tinto

7.4.2 Flexão verbal

Relativamente à flexão verbal, anotamos:
- **Número:** singular ou plural.
- **Pessoa gramatical:** 1ª, 2ª ou 3ª.

Tempo: referência ao momento em que se fala (pretérito, presente ou futuro). O modo imperativo só tem um tempo, o presente.
- **Voz:** ativa, passiva, reflexiva e recíproca (que trabalharemos mais tarde).
- **Modo:** indicativo (certeza de um fato ou estado), subjuntivo (possibilidade ou desejo de realização de um fato ou incerteza do estado) e imperativo (expressa ordem, advertência ou pedido).

7.4.3 Formas nominais do verbo

As três formas nominais do verbo (infinitivo, gerúndio e particípio) não possuem função exclusivamente verbal.
- **Infinitivo:** assemelha-se ao substantivo, indica algo atemporal – o nome do verbo, sua desinência característica é a letra R: amar, realçar, ungir etc.
- **Gerúndio:** equipara-se ao adjetivo ou advérbio pelas circunstâncias que exprime de ação em processo. Sua desinência característica é -NDO: amando, realçando, ungindo etc.
- **Particípio:** tem valor e forma de adjetivo – pode também indicar ação concluída, sua desinência característica é -ADO ou -IDO para as formas regulares: amado, realçado, ungido etc.

7.4.4 Tempos verbais

Dentro do **modo indicativo**, anotamos os seguintes tempos:
- **Presente do indicativo:** indica um fato situado no momento ou época em que se fala.
    Eu amo, eu vendo, eu parto.
- **Pretérito perfeito do indicativo:** indica um fato cuja ação foi iniciada e concluída no passado.
    Eu amei, eu vendi, eu parti.
- **Pretérito imperfeito do indicativo:** indica um fato cuja ação foi iniciada no passado, mas não foi concluída ou era uma ação costumeira no passado.
    Eu amava, eu vendia, eu partia.
- **Pretérito mais-que-perfeito do indicativo:** indica um fato cuja ação é anterior a outra ação já passada.
    Eu amara, eu vendera, eu partira.
- **Futuro do presente do indicativo:** indica um fato situado em momento ou época vindoura.
    Eu amarei, eu venderei, eu partirei.
- **Futuro do pretérito do indicativo:** indica um fato possível, hipotético, situado num momento futuro, mas ligado a um momento passado.
    Eu amaria, eu venderia, eu partiria.

40

LÍNGUA PORTUGUESA

Dentro do **modo subjuntivo,** anotamos os seguintes tempos:
- Presente do subjuntivo: indica um fato provável, duvidoso ou hipotético, situado no momento ou época em que se fala. Para facilitar a conjugação, utilize a conjunção "que".

    Que eu ame, que eu venda, que eu parta.

- Pretérito imperfeito do subjuntivo: indica um fato provável, duvidoso ou hipotético, cuja ação foi iniciada, mas não concluída no passado. Para facilitar a conjugação, utilize a conjunção "se".

    Se eu amasse, se eu vendesse, se eu partisse.

- Futuro do subjuntivo: indica um fato provável, duvidoso, hipotético, situado num momento ou época futura. Para facilitar a conjugação, utilize a conjunção "quando".

    Quando eu amar, quando eu vender, quando eu partir.

7.4.5 Tempos compostos da voz ativa

Constituem-se pelos verbos auxiliares **"ter"** ou **"haver"** + particípio do verbo que se quer conjugar, dito principal.

No **modo indicativo,** os tempos compostos são formados da seguinte maneira:
- **Pretérito perfeito:** presente do indicativo do auxiliar + particípio do verbo principal (tenho amado).
- **Pretérito mais-que-perfeito:** pretérito imperfeito do indicativo do auxiliar + particípio do verbo principal (tinha amado).
- **Futuro do presente:** futuro do presente do indicativo do auxiliar + particípio do verbo principal (terei amado).
- **Futuro do pretérito:** futuro do pretérito indicativo do auxiliar + particípio do verbo principal (teria amado).

No **modo subjuntivo,** a formação se dá da seguinte maneira:
- **Pretérito perfeito:** presente do subjuntivo do auxiliar + particípio do verbo principal (tenha amado).
- **Pretérito mais-que-perfeito:** imperfeito do subjuntivo do auxiliar + particípio do verbo principal (tivesse amado).
- **Futuro composto:** futuro do subjuntivo do auxiliar + particípio do verbo principal (tiver amado).

Quanto às **formas nominais,** elas são formadas da seguinte maneira:
- **Infinitivo composto:** infinitivo pessoal ou impessoal do auxiliar + particípio do verbo principal (ter vendido/teres vendido).
- **Gerúndio composto:** gerúndio do auxiliar + particípio do verbo principal (tendo partido).

7.4.6 Vozes verbais

Quanto às vozes, os verbos apresentam voz:
- **Ativa:** o sujeito é agente da ação verbal.

    O corretor vende casas.

- **Passiva:** o sujeito é paciente da ação verbal.

    Casas são vendidas **pelo corretor**.

- **Reflexiva:** o sujeito é agente e paciente da ação verbal.

    A garota feriu-**se** ao cair da escada.

- **Recíproca:** há uma ação mútua descrita na sentença.

    Os amigos entreolh**aram-se**.

Voz passiva: sua característica é possuir um sujeito paciente, ou seja, que é afetado pela ação do verbo.
- **Analítica:** verbo auxiliar + particípio do verbo principal. Isso significa que há uma locução verbal de voz passiva.

    Casas **são** *vendidas* pelo corretor.

    Ele fez o trabalho – O trabalho **foi feito** por ele (mantido o pretérito perfeito do indicativo).

    O vento ia levando as folhas – As folhas iam **sendo levadas** pelo vento (mantido o gerúndio do verbo principal em um dos auxiliares).

    Vereadores entregarão um prêmio ao gari – Um prêmio **será entregue** ao gari por vereadores (veja como a flexão do futuro se mantém na locução).

- **Sintética:** verbo apassivado pelo termo "se" (partícula apassivadora) + sujeito paciente.

    Roubou-se **o dinheiro do povo**.

    Fez-se **o trabalho** com pressa.

É comum observar, em provas de concurso público, questões que mostram uma voz passiva sintética como aquela que é proveniente de uma ativa com sujeito indeterminado.

Alguns verbos da língua portuguesa apresentam **problemas de conjugação:**

Compraram um carro novo (ativa).

Comprou-se um carro novo (passiva sintética).

7.4.7 Verbos com a conjugação irregular

Abolir: defectivo – não possui a 1ª pessoa do singular do presente do indicativo, por isso não possui presente do subjuntivo e o imperativo negativo. (= banir, carpir, colorir, delinquir, demolir, descomedir-se, emergir, exaurir, fremir, fulgir, haurir, retorquir, urgir).

Acudir: alternância vocálica O/U no presente do indicativo – acudo, acodes etc. Pretérito perfeito do indicativo com U. (= bulir, consumir, cuspir, engolir, fugir).

Adequar: defectivo – só possui a 1ª e a 2ª pessoa do plural no presente do indicativo.

Aderir: alternância vocálica E/I no presente do indicativo – adiro, adere etc. (= advertir, cerzir, despir, diferir, digerir, divergir, ferir, sugerir).

Agir: acomodação gráfica G/J no presente do indicativo – ajo, ages etc. (= afligir, coagir, erigir, espargir, refulgir, restringir, transigir, urgir).

Agredir: alternância vocálica E/I no presente do indicativo – agrido, agrides, agride, agredimos, agredis, agridem. (= prevenir, progredir, regredir, transgredir).

Aguar: regular. Presente do indicativo – águo, águas etc. Pretérito perfeito do indicativo – aguei, aguaste, aguou, aguamos, aguastes, aguaram. (= desaguar, enxaguar, minguar).

Aprazer: irregular. Presente do indicativo – aprazo, aprazes, apraz etc. Pretérito perfeito do indicativo – aprouve, aprouveste, aprouve, aprouvemos, aprouvestes, aprouveram.

Arguir: irregular com alternância vocálica O/U no presente do indicativo – arguo (ú), arguis, argui, arguimos, arguis, arguem. Pretérito perfeito – argui, arguiste etc.

Atrair: irregular. Presente do indicativo – atraio, atrais etc. Pretérito perfeito – atraí, atraíste etc. (= abstrair, cair, distrair, sair, subtrair).

Atribuir: irregular. Presente do indicativo – atribuo, atribuis, atribui, atribuímos, atribuís, atribuem. Pretérito perfeito – atribuí, atribuíste, atribuiu etc. (= afluir, concluir, destituir, excluir, instruir, possuir, usufruir).

Averiguar: alternância vocálica O/U no presente do indicativo – averiguo (ú), averiguas (ú), averigua (ú), averiguamos, averiguais, averiguam (ú). Pretérito perfeito – averiguei, averiguaste etc. Presente do subjuntivo – averigue, averigues, averigue etc. (= apaziguar).

Cear: irregular. Presente do indicativo – ceio, ceias, ceia, ceamos, ceais, ceiam. Pretérito perfeito indicativo – ceei, ceaste, ceou, ceamos,

MORFOLOGIA

ceastes, cearam. (= verbos terminados em -ear: falsear, passear... - alguns apresentam pronúncia aberta: estreio, estreia...).

Coar: irregular. Presente do indicativo – coo, côas, côa, coamos, coais, coam. Pretérito perfeito – coei, coaste, coou etc. (= abençoar, magoar, perdoar).

Comerciar: regular. Presente do indicativo – comercio, comerciais etc. Pretérito perfeito – comerciei etc. (= verbos em -iar, exceto os seguintes verbos: mediar, ansiar, remediar, incendiar, odiar).

Compelir: alternância vocálica E/I. Presente do indicativo – compilo, compeles etc. Pretérito perfeito indicativo – compeli, compeliste.

Compilar: regular. Presente do indicativo – compilo, compilas, compila etc. Pretérito perfeito indicativo – compilei, compilaste etc.

Construir: irregular e abundante. Presente do indicativo – construo, constróis, constrói, construímos, construís, constroem. Pretérito perfeito indicativo – construí, construíste etc.

Crer: irregular. Presente do indicativo – creio, crês, crê, cremos, credes, creem. Pretérito perfeito indicativo – cri, creste, creu, cremos, crestes, creram. Imperfeito indicativo – cria, crias, cria, críamos, críeis, criam.

Falir: defectivo. Presente do indicativo – falimos, falis. Pretérito perfeito indicativo – fali, faliste etc. (= aguerrir, combalir, foragir-se, remir, renhir).

Frigir: acomodação gráfica G/J e alternância vocálica E/I. Presente do indicativo – frijo, freges, frege, frigimos, frigis, fregem. Pretérito perfeito indicativo – frigi, frigiste etc.

Ir: irregular. Presente do indicativo – vou, vais, vai, vamos, ides, vão. Pretérito perfeito indicativo – fui, foste etc. Presente subjuntivo – vá, vás, vá, vamos, vades, vão.

Jazer: irregular. Presente do indicativo – jazo, jazes etc. Pretérito perfeito indicativo – jázi, jazeste, jazeu etc.

Mobiliar: irregular. Presente do indicativo – mobílio, mobílias, mobília, mobiliamos, mobiliais, mobíliam. Pretérito perfeito indicativo – mobiliei, mobiliaste.

Obstar: regular. Presente do indicativo – obsto, obstas etc. Pretérito perfeito indicativo – obtei, obstaste etc.

Pedir: irregular. Presente do indicativo – peço, pedes, pede, pedimos, pedis, pedem. Pretérito perfeito indicativo – pedi, pediste etc. (= despedir, expedir, medir).

Polir: alternância vocálica E/I. Presente do indicativo – pulo, pules, pule, polimos, polis, pulem. Pretérito perfeito – poli, poliste etc.

Precaver-se: defectivo e pronominal. Presente do indicativo – precavemo-nos, precaveis-vos. Pretérito perfeito indicativo – precavi-me, precaveste-te etc.

Prover: irregular. Presente do indicativo – provejo, provês, provê, provemos, provedes, proveem. Pretérito perfeito indicativo – provi, proveste, proveu etc.

Reaver: defectivo. Presente do indicativo – reavemos, reaveis. Pretérito perfeito indicativo – reouve, reouveste, reouve etc. (verbo derivado do haver, mas só é conjugado nas formas verbais com a letra v).

Remir: defectivo. Presente do indicativo – remimos, remis. Pretérito perfeito indicativo – remi, remiste etc.

Requerer: irregular. Presente do indicativo – requeiro, requeres etc. Pretérito perfeito indicativo – requeri, requereste, requereu etc. (Derivado do querer, diferindo dele na 1ª pessoa do singular do presente do indicativo e no pretérito perfeito do indicativo e derivados, sendo regular).

Rir: irregular. Presente do indicativo – rio, rir, ri, rimos, rides, riem. Pretérito perfeito indicativo – ri, riste. (= sorrir).

Saudar: alternância vocálica. Presente do indicativo – saúdo, saúdas etc. Pretérito perfeito indicativo – saudei, saudaste etc.

Suar: regular. Presente do indicativo – suo, suas, sua etc. Pretérito perfeito indicativo – suei, suaste, sou etc. (= atuar, continuar, habituar, individuar, recuar, situar).

Valer: irregular. Presente do indicativo – valho, vales, vale etc. Pretérito perfeito indicativo – vali, valeste, valeu etc.

Também merecem atenção os seguintes verbos irregulares:

▷ **Pronominais:** apiedar-se, dignar-se, persignar-se, precaver-se.

- **Caber**

    Presente do indicativo: caibo, cabes, cabe, cabemos, cabeis, cabem.
    Presente do subjuntivo: caiba, caibas, caiba, caibamos, caibais, caibam.
    Pretérito perfeito do indicativo: coube, coubeste, coube, coubemos, coubestes, couberam.
    Pretérito mais-que-perfeito do indicativo: coubera, couberas, coubera, coubéramos, coubéreis, couberam.
    Pretérito imperfeito do subjuntivo: coubesse, coubesses, coubesse, coubéssemos, coubésseis, coubessem.
    Futuro do subjuntivo: couber, couberes, couber, coubermos, couberdes, couberem.

- **Dar**

    Presente do indicativo: dou, dás, dá, damos, dais, dão.
    Presente do subjuntivo: dê, dês, dê, demos, deis, deem.
    Pretérito perfeito do indicativo: dei, deste, deu, demos, destes, deram.
    Pretérito mais-que-perfeito do indicativo: dera, deras, dera, déramos, déreis, deram.
    Pretérito imperfeito do subjuntivo: desse, desses, desse, déssemos, désseis, dessem.
    Futuro do subjuntivo: der, deres, der, dermos, derdes, derem.

- **Dizer**

    Presente do indicativo: digo, dizes, diz, dizemos, dizeis, dizem.
    Presente do subjuntivo: diga, digas, diga, digamos, digais, digam.
    Pretérito perfeito do indicativo: disse, disseste, disse, dissemos, dissestes, disseram.
    Pretérito mais-que-perfeito do indicativo: dissera, disseras, dissera, disséramos, disséreis, disseram.
    Futuro do presente: direi, dirás, dirá etc.
    Futuro do pretérito: diria, dirias, diria etc.
    Pretérito imperfeito do subjuntivo: dissesse, dissesses, dissesse, disséssemos, dissésseis, dissessem.
    Futuro do subjuntivo: disser, disseres, disser, dissermos, disserdes, disserem.

- **Estar**

    Presente do indicativo: estou, estás, está, estamos, estais, estão.
    Presente do subjuntivo: esteja, estejas, esteja, estejamos, estejais, estejam.
    Pretérito perfeito do indicativo: estive, estiveste, esteve, estivemos, estivestes, estiveram.
    Pretérito mais-que-perfeito do indicativo: estivera, estiveras, estivera, estivéramos, estivéreis, estiveram.

Pretérito imperfeito do subjuntivo: estivesse, estivesses, estivesse, estivéssemos, estivésseis, estivessem.

Futuro do subjuntivo: estiver, estiveres, estiver, estivermos, estiverdes, estiverem.

- **Fazer**

  Presente do indicativo: faço, fazes, faz, fazemos, fazeis, fazem.

  Presente do subjuntivo: faça, faças, faça, façamos, façais, façam.

  Pretérito perfeito do indicativo: fiz, fizeste, fez, fizemos, fizestes, fizeram.

  Pretérito mais-que-perfeito do indicativo: fizera, fizeras, fizera, fizéramos, fizéreis, fizeram.

  Pretérito imperfeito do subjuntivo: fizesse, fizesses, fizesse, fizéssemos, fizésseis, fizessem.

  Futuro do subjuntivo: fizer, fizeres, fizer, fizermos, fizerdes, fizerem.

Seguem esse modelo os verbos: desfazer, liquefazer e satisfazer.

Os particípios destes verbos e seus derivados são irregulares: feito, desfeito, liquefeito, satisfeito etc.

- **Haver**

  Presente do indicativo: hei, hás, há, havemos, haveis, hão.

  Presente do subjuntivo: haja, hajas, haja, hajamos, hajais, hajam.

  Pretérito perfeito do indicativo: houve, houveste, houve, houvemos, houvestes, houveram.

  Pretérito mais-que-perfeito do indicativo: houvera, houveras, houvera, houvéramos, houvéreis, houveram.

  Pretérito imperfeito do subjuntivo: houvesse, houvesses, houvesse, houvéssemos, houvésseis, houvessem.

  Futuro do subjuntivo: houver, houveres, houver, houvermos, houverdes, houverem.

- **Ir**

  Presente do indicativo: vou, vais, vai, vamos, ides, vão.

  Presente do subjuntivo: vá, vás, vá, vamos, vades, vão.

  Pretérito imperfeito do indicativo: ia, ias, ia, íamos, íeis, iam.

  Pretérito perfeito do indicativo: fui, foste, foi, fomos, fostes, foram.

  Pretérito mais-que-perfeito do indicativo: fora, foras, fora, fôramos, fôreis, foram.

  Pretérito imperfeito do subjuntivo: fosse, fosses, fosse, fôssemos, fôsseis, fossem.

  Futuro do subjuntivo: for, fores, for, formos, fordes, forem.

- **Poder**

  Presente do indicativo: posso, podes, pode, podemos, podeis, podem.

  Presente do subjuntivo: possa, possas, possa, possamos, possais, possam.

  Pretérito perfeito do indicativo: pude, pudeste, pôde, pudemos, pudestes, puderam.

  Pretérito mais-que-perfeito do indicativo: pudera, puderas, pudera, pudéramos, pudéreis, puderam.

  Pretérito imperfeito do subjuntivo: pudesse, pudesses, pudesse, pudéssemos, pudésseis, pudessem.

  Futuro do subjuntivo: puder, puderes, puder, pudermos, puderdes, puderem.

- **Pôr**

  Presente do indicativo: ponho, pões, põe, pomos, pondes, põem.

  Presente do subjuntivo: ponha, ponhas, ponha, ponhamos, ponhais, ponham.

  Pretérito imperfeito do indicativo: punha, punhas, punha, púnhamos, púnheis, punham.

  Pretérito perfeito do indicativo: pus, puseste, pôs, pusemos, pusestes, puseram.

  Pretérito mais-que-perfeito do indicativo: pusera, puseras, pusera, puséramos, puséreis, puseram.

  Pretérito imperfeito do subjuntivo: pusesse, pusesses, pusesse, puséssemos, pusésseis, pusessem.

  Futuro do subjuntivo: puser, puseres, puser, pusermos, puserdes, puserem.

Todos os derivados do verbo pôr seguem exatamente este modelo: antepor, compor, contrapor, decompor, depor, descompor, dispor, expor, impor, indispor, interpor, opor, pospor, predispor, pressupor, propor, recompor, repor, sobrepor, supor, transpor são alguns deles.

- **Querer**

  Presente do indicativo: quero, queres, quer, queremos, quereis, querem.

  Presente do subjuntivo: queira, queiras, queira, queiramos, queirais, queiram.

  Pretérito perfeito do indicativo: quis, quiseste, quis, quisemos, quisestes, quiseram.

  Pretérito mais-que-perfeito do indicativo: quisera, quiseras, quisera, quiséramos, quiséreis, quiseram.

  Pretérito imperfeito do subjuntivo: quisesse, quisesses, quisesse, quiséssemos, quisésseis, quisessem.

  Futuro do subjuntivo: quiser, quiseres, quiser, quisermos, quiserdes, quiserem.

- **Saber**

  Presente do indicativo: sei, sabes, sabe, sabemos, sabeis, sabem.

  Presente do subjuntivo: saiba, saibas, saiba, saibamos, saibais, saibam.

  Pretérito perfeito do indicativo: soube, soubeste, soube, soubemos, soubestes, souberam.

  Pretérito mais-que-perfeito do indicativo: soubera, souberas, soubera, soubéramos, soubéreis, souberam.

  Pretérito imperfeito do subjuntivo: soubesse, soubesses, soubesse, soubéssemos, soubésseis, soubessem.

  Futuro do subjuntivo: souber, souberes, souber, soubermos, souberdes, souberem.

- **Ser**

  Presente do indicativo: sou, és, é, somos, sois, são.

  Presente do subjuntivo: seja, sejas, seja, sejamos, sejais, sejam.

  Pretérito imperfeito do indicativo: era, eras, era, éramos, éreis, eram.

  Pretérito perfeito do indicativo: fui, foste, foi, fomos, fostes, foram.

  Pretérito mais-que-perfeito do indicativo: fora, foras, fora, fôramos, fôreis, foram.

  Pretérito imperfeito do subjuntivo: fosse, fosses, fosse, fôssemos, fôsseis, fossem.

  Futuro do subjuntivo: for, fores, for, formos, fordes, forem.

As segundas pessoas do imperativo afirmativo são: sê (tu) e sede (vós).

MORFOLOGIA

- **Ter**

    Presente do indicativo: tenho, tens, tem, temos, tendes, têm.
    Presente do subjuntivo: tenha, tenhas, tenha, tenhamos, tenhais, tenham.
    Pretérito imperfeito do indicativo: tinha, tinhas, tinha, tínhamos, tínheis, tinham.
    Pretérito perfeito do indicativo: tive, tiveste, teve, tivemos, tivestes, tiveram.
    Pretérito mais-que-perfeito do indicativo: tivera, tiveras, tivera, tivéramos, tivéreis, tiveram.
    Pretérito imperfeito do subjuntivo: tivesse, tivesses, tivesse, tivéssemos, tivésseis, tivessem.
    Futuro do subjuntivo: tiver, tiveres, tiver, tivermos, tiverdes, tiverem.

Seguem esse modelo os verbos: ater, conter, deter, entreter, manter, reter.

- **Trazer**

    Presente do indicativo: trago, trazes, traz, trazemos, trazeis, trazem.
    Presente do subjuntivo: traga, tragas, traga, tragamos, tragais, tragam.
    Pretérito perfeito do indicativo: trouxe, trouxeste, trouxe, trouxemos, trouxestes, trouxeram.
    Pretérito mais-que-perfeito do indicativo: trouxera, trouxeras, trouxera, trouxéramos, trouxéreis, trouxeram.
    Futuro do presente: trarei, trarás, trará etc.
    Futuro do pretérito: traria, trarias, traria etc.
    Pretérito imperfeito do subjuntivo: trouxesse, trouxesses, trouxesse, trouxéssemos, trouxésseis, trouxessem.
    Futuro do subjuntivo: trouxer, trouxeres, trouxer, trouxermos, trouxerdes, trouxerem.

- **Ver**

    Presente do indicativo: vejo, vês, vê, vemos, vedes, veem.
    Presente do subjuntivo: veja, vejas, veja, vejamos, vejais, vejam.
    Pretérito perfeito do indicativo: vi, viste, viu, vimos, vistes, viram.
    Pretérito mais-que-perfeito do indicativo: vira, viras, vira, víramos, víreis, viram.
    Pretérito imperfeito do subjuntivo: visse, visses, visse, víssemos, vísseis, vissem.
    Futuro do subjuntivo: vir, vires, vir, virmos, virdes, virem.

Seguem esse modelo os derivados antever, entrever, prever, rever. Prover segue o modelo acima apenas no presente do indicativo e seus tempos derivados; nos demais tempos, comporta-se como um verbo regular da segunda conjugação.

- **Vir**

    Presente do indicativo: venho, vens, vem, vimos, vindes, vêm.
    Presente do subjuntivo: venha, venhas, venha, venhamos, venhais, venham.
    Pretérito imperfeito do indicativo: vinha, vinhas, vinha, vínhamos, vínheis, vinham.
    Pretérito perfeito do indicativo: vim, vieste, veio, viemos, viestes, vieram.
    Pretérito mais-que-perfeito do indicativo: viera, vieras, viera, viéramos, viéreis, vieram.
    Pretérito imperfeito do subjuntivo: viesse, viesses, viesse, viéssemos, viésseis, viessem.
    Futuro do subjuntivo: vier, vieres, vier, viermos, vierdes, vierem.
    Particípio e gerúndio: vindo.

7.4.8 Emprego do infinitivo

Apesar de não haver regras bem definidas, podemos anotar as seguintes ocorrências:

▷ Usa-se o **impessoal**:
- Sem referência a nenhum sujeito:
    É proibido **estacionar** na calçada.
- Nas locuções verbais:
    Devemos **pensar** sobre a sua situação.
- Se o infinitivo exercer a função de complemento de adjetivos:
    É uma questão fácil de **resolver**.
- Se o infinitivo possuir valor de imperativo:
    O comandante gritou: "**marchar!**"

▷ Usa-se o **pessoal**:
- Quando o sujeito do infinitivo é diferente do sujeito da oração principal:
    Eu não te culpo por **seres** um imbecil.
- Quando, por meio de flexão, se quer realçar ou identificar a pessoa do sujeito:
    Não foi bom **agires** dessa forma.

7.5 Adjetivo

É a palavra variável que expressa uma qualidade, característica ou origem de algum substantivo ao qual se relaciona.

- Meu terno é azul, elegante e italiano.

Analisando, entendemos assim:
    Azul: característica.
    Elegante: qualidade.
    Italiano: origem.

7.5.1 Estrutura e a classificação dos adjetivos

Com relação à sua formação, eles podem ser:

- **Explicativos:** quando a característica é comum ao substantivo referido.
    Fogo **quente**, homem **mortal**. (Todo fogo é quente, todo homem é mortal).
- **Restritivos:** quando a característica não é comum ao substantivo, ou seja, nem todo substantivo é assim caracterizado.
    Terno **azul**, casa **grande**. (Nem todo terno é azul, nem toda casa é grande).
- **Simples:** quando possui apenas uma raiz.
    Amarelo, brasileiro, competente, sagaz, loquaz, inteligente, grande, forte etc.
- **Composto:** quando possui mais de uma raiz.
    Amarelo-canário, luso-brasileiro, verde-escuro, vermelho-sangue etc.
- **Primitivo:** quando pode dar origem a outra palavra, não tendo sofrido derivação alguma.
    Bom, legal, grande, rápido, belo etc.
- **Derivado:** quando resultado de um processo de derivação, ou seja, oriundo de outra palavra.
    Bondoso (de bom), grandioso (de grande), maléfico (de mal), esplendoroso (de esplendor) etc.

Os adjetivos que designam origem de algum termo são denominados adjetivos pátrios ou gentílicos.

LÍNGUA PORTUGUESA

Adjetivos pátrios de estados:
Acre: acriano.
Alagoas: alagoano.
Amapá: amapaense.
Aracaju: aracajuano ou aracajuense.
Amazonas: amazonense ou baré.
Belém (PA): belenense.
Belo Horizonte: belo-horizontino.
Boa Vista: boa-vistense.
Brasília: brasiliense.
Cabo Frio: cabo-friense.
Campinas: campineiro ou campinense.
Curitiba: curitibano.
Espírito Santo: espírito-santense ou capixaba.
Fernando de Noronha: noronhense.
Florianópolis: florianopolitano.
Fortaleza: fortalezense.
Goiânia: goianiense.
João Pessoa: pessoense.
Macapá: macapaense.
Maceió: maceioense.
Manaus: manauense.
Maranhão: maranhense.
Marajó: marajoara.
Natal: natalense ou papa-jerimum.
Porto Alegre: porto alegrense.
Ribeirão Preto: ribeiropretense.
Rio de Janeiro (estado): fluminense.
Rio de Janeiro (cidade): carioca.
Rio Branco: rio-branquense.
Rio Grande do Norte: rio-grandense-do-norte, norte-riograndense ou potiguar.
Rio Grande do Sul: rio-grandense-do-sul, sul-rio-grandense ou gaúcho.
Rondônia: rondoniano.
Roraima: roraimense.
Salvador: salvadorense ou soteropolitano.
Santa Catarina: catarinense ou barriga verde.
Santarém: santarense.
São Paulo (estado): paulista.
São Paulo (cidade): paulistano.
Sergipe: sergipano.
Teresina: teresinense.
Tocantins: tocantinense.

Adjetivos pátrios de países:
Croácia: croata.
Costa Rica: costarriquense.
Curdistão: curdo.
Estados Unidos: estadunidense, norte-americano ou ianque.
El Salvador: salvadorenho.
Guatemala: guatemalteco.
Índia: indiano ou hindu (os que professam o hinduísmo).
Israel: israelense ou israelita.
Irã: iraniano.
Moçambique: moçambicano.
Mongólia: mongol ou mongólico.
Panamá: panamenho.
Porto Rico: porto-riquenho.

Somália: somali.

Na formação de adjetivos pátrios compostos, o primeiro elemento aparece na forma reduzida e, normalmente, erudita.

Observe alguns exemplos de adjetivos pátrios compostos:
África: afro-americana.
Alemanha: germano- ou teuto-: competições teutoinglesas.
América: Américo-: companhia américo-africana.
Ásia: ásio-: encontros ásio-europeus.
Áustria: austro-: peças austro-búlgaras.
Bélgica: belgo-: acampamentos belgo-franceses.
China: sino-: acordos sino-japoneses.
Espanha: hispano- + mercado: hispano-português.
Europa: euro + negociações euro-americanas.
França: franco- ou galo-: reuniões franco-italianas.
Grécia: greco-: filmes greco-romanos.
Índia: indo-: guerras indo-paquistanesas.
Inglaterra: anglo-: letras anglo-portuguesas.
Itália: ítalo-: sociedade ítalo-portuguesa.
Japão: nipo-: associações nipo-brasileiras.
Portugal: luso-: acordos luso-brasileiros.

7.5.2 Locução adjetiva

Expressão que tem valor adjetival, mas que é formada por mais de uma palavra. Geralmente, concorrem para sua formação uma preposição e um substantivo. Veja alguns exemplos de locução adjetiva seguida de adjetivo:

De águia: aquilino.
De aluno: discente.
De anjo: angelical.
De bispo: episcopal.
De cabelo: capilar.
De cão: canino.
De dedo: digital.
De estômago: estomacal ou gástrico.
De fera: ferino.
De gelo: glacial.
De homem: viril ou humano.
De ilha: insular.
De lago: lacustre.
De madeira: lígneo.
De neve: níveo ou nival.
De orelha: auricular.
De paixão: passional.
De quadris: ciático.
De rio: fluvial.
De serpente: viperino.
De trigo: tritício.
De urso: ursino.
De velho: senil.

7.5.3 Flexão do adjetivo

O adjetivo pode ser flexionado em gênero, número e grau.

Flexão de gênero (masculino/feminino)

Com relação ao gênero, os adjetivos podem ser classificados de duas formas:

- Biformes: quando possuem uma forma para cada gênero.
  Homem **belo**/mulher **bela**.

MORFOLOGIA

Contexto **complicado**/questão **complicada**.
- Uniformes: quando possuem apenas uma forma, como se fossem elementos neutros.
  Homem **fiel**/mulher **fiel**.
  Contexto **interessante**/questão **interessante**.

Flexão de número (singular/plural)

Os adjetivos simples seguem a mesma regra de flexão que os substantivos simples. Serão, por regra, flexionados os adjetivos compostos que, em sua formação, possuírem dois adjetivos. A flexão ocorrerá apenas no segundo elemento da composição.

Guerra greco-**romana** – Guerras greco-**romanas**.
Conflito **socioeconômico** – Análises **socioeconômicas**.

Por outro lado, se houver um substantivo como elemento da composição, o adjetivo fica invariável.

Blusa **amarelo-canário** – Blusas **amarelo-canário**.
Mesa **verde-musgo** – Mesas **verde-musgo**.

O caso em questão também pode ocorrer quando um substantivo passa a ser, por derivação imprópria, um adjetivo, ou seja, também serão invariáveis os "substantivos adjetivados".

Terno cinza – Ternos cinza.
Vestido rosa – Vestidos rosa.

E também:
Surdo mudo – surdos mudos.
Pele vermelha – peles vermelhas.

> Azul-marinho e azul-celeste são invariáveis.

7.5.4 Flexão de grau (comparativo e superlativo)

Há duas maneiras de se estabelecer o grau do adjetivo: por meio do **grau comparativo** e por meio do **grau superlativo**.

Grau comparativo: estabelece um tipo de comparação de características, sendo estabelecido de três maneiras:
- **Inferioridade:** o açúcar é **menos** doce (do) **que** os teus olhos.
- **Igualdade:** o meu primo é **tão** estudioso **quanto** o meu irmão.
- **Superioridade:** gramática é **mais legal** (do) **que** matemática.

Grau superlativo: reforça determinada qualidade em relação a um referente. Pode-se estabelecer o grau superlativo de duas maneiras:
▷ **Relativo:** em relação a um grupo.
  - **De superioridade:** José é o **mais** inteligente dos alunos.
  - **De inferioridade:** o presidente foi o **menos** prestigiado da festa.
▷ **Absoluto:** sem relações, apenas reforçando as características:
  - **Analítico:** com auxílio de algum termo:
    Pedro é muito magro.
    Pedro é magro, magro, magro.
  - **Sintético** (com o acréscimo de -íssimo ou -érrimo):
    Pedro é macérrimo.
    Somos todos estudiosíssimos.

Veja, agora, alguns exemplos de superlativos sintéticos:
Ágil: agilíssimo.
Bom: ótimo ou boníssimo.
Capaz: capacíssimo.
Difícil: dificílimo.
Eficaz: eficacíssimo.
Fiel: fidelíssimo.
Geral: generalíssimo.
Horrível: horribilíssimo.

Inimigo: inimicíssimo.
Jovem: juveníssimo.
Louvável: laudabilíssimo.
Mísero: misérrimo.
Notável: notabilíssimo.
Pequeno: mínimo ou pequeníssimo.
Sério: seríssimo.
Terrível: terribilíssimo.
Vão: vaníssimo.

Atente à mudança de sentido provocada pela alteração de posição do adjetivo.

Homem **grande** (alto, corpulento).
Grande homem (célebre).

Mas isso nem sempre ocorre. Se você analisar a construção "giz azul" e "azul giz", perceberá que não há diferença semântica.

7.6 Advérbio

É a palavra invariável que se relaciona ao verbo, ao adjetivo ou a outro advérbio para atribuir-lhes uma circunstância. Veja os exemplos:

Os alunos saíram **apressadamente**.
O caso era muito **interessante**.
Resolvemos **muito bem** o problema.

7.6.1 Classificação do advérbio

- **Afirmação:** sim, certamente, efetivamente etc.
- **Negação:** não, nunca, jamais.
- **Intensidade:** muito, pouco, assaz, bastante, mais, menos, tão, tanto, quão etc.
- **Lugar:** aqui, ali, aí, aquém, acima, abaixo, atrás, dentro, junto, defronte, perto, longe, algures, alhures, nenhures etc.
- **Tempo:** agora, já, depois, anteontem, ontem, hoje, jamais, sempre, outrora, breve etc.
- **Modo:** assim, bem, mal, depressa, devagar, melhor, pior e a maior parte das palavras formadas de um adjetivo, mais a terminação "mente" (leve + mente = levemente; calma + mente = calmamente).
- **Inclusão:** também, inclusive.
- **Designação:** eis.
- **Interrogação:** onde, como, quando, por que.

Também existem as chamadas locuções adverbiais que vêm quase sempre introduzidas por uma preposição: à farta (= fartamente), às pressas (= apressadamente), à toa, às cegas, às escuras, às tontas, às vezes, de quando em quando, de vez em quando etc.

Existem casos em que utilizamos um adjetivo como forma de advérbio. É o que chamamos de adjetivo adverbializado. Veja os exemplos:

Aquele orador fala **belamente**. (Advérbio de modo).
Aquele orador fala **bonito**. (Adjetivo adverbializado que tenta designar modo).

7.7 Conjunção

É a palavra invariável que conecta elementos em algum encadeamento frasal. A relação em questão pode ser de natureza lógico-semântica (relação de sentido) ou apenas indicar uma conexão exigida pela sintaxe da frase.

7.7.1 Coordenativas

São as conjunções que conectam elementos que não possuem dependência sintática, ou seja, as sentenças que são conectadas por meio desses elementos já estão com suas estruturas sintáticas (sujeito / predicado / complemento) completas.

- **Aditivas:** e, nem (= e não), também, que, não só..., mas também, não só... como, tanto ... como, assim... como etc.

    José não foi à aula **nem** fez os exercícios.
    Devemos estudar **e** apreender os conteúdos.

- **Adversativas:** mas, porém, contudo, todavia, no entanto, entretanto, senão, não obstante, aliás, ainda assim.

    Os países assinaram o acordo, **mas** não o cumpriram.
    A menina cantou bem, **contudo** não agradou ao público.

- **Alternativas:** ou... ou, já ... já, seja... seja, quer... quer, ora... ora, agora... agora.

    Ora diz sim, **ora** diz não.
    Ou está feliz, **ou** está no ludibriando.

- **Conclusivas:** logo, pois (depois do verbo), então, portanto, assim, enfim, por fim, por conseguinte, conseguintemente, consequentemente, donde, por onde, por isso.

    O **concursando** estudou muito, **logo**, deverá conseguir seu cargo.
    É professor, **por conseguinte** deve saber explicar o conteúdo.

- **Explicativas:** isto é, por exemplo, a saber, ou seja, verbi gratia, pois (antes do verbo), pois bem, ora, na verdade, depois, além disso, com efeito, que, porque, ademais, outrossim, porquanto etc.

    Deve ter chovido, **pois** o chão está molhado.
    O homem é um animal racional, **porque** é capaz de raciocinar.
    Não converse agora, **que** eu estou explicando.

7.7.2 Subordinativas

São as conjunções que denotam uma relação de subordinação entre orações, ou seja, a conjunção subordinativa evidencia que uma oração possui dependência sintática em relação a outra. O que se pretende dizer com isso é que uma das orações envolvidas nesse conjunto desempenha uma função sintática para com sua oração principal.

Integrantes

- Que, se:

    Sei **que** o dia do pagamento é hoje.
    Vejamos **se** você consegue estudar sem interrupções.

Adverbiais

▷ **Causais:** indicam a causa de algo.
- Já que, porque, que, pois que, uma vez que, sendo que, como, visto que, visto como, como etc.

    Não teve medo do perigo, **já que** estava protegido.
    Passou no concurso, **porque** estudou muito.

▷ **Comparativas:** estabelecem relação de comparação:
- Como, mais... (do) que, menos... (do) que, tão como, assim como, tanto quanto etc.

    Tal como procederes, receberás o castigo.
    Alberto é aplicado **como** quem quer passar.

▷ **Concessivas (concessão):** estabelecem relação de quebra de expectativa com respeito à sentença à qual se relacionam.

- Embora, ainda que, dado que, posto que, conquanto, em que, quando mesmo, mesmo que, por menos que, por pouco que, apesar de (que).

    Embora tivesse estudado pouco, conseguiu passar.
    Conquanto estudasse, não conseguiu aprender.

▷ **Condicionais:** estabelecem relação de condição.
- Se, salvo se, caso, exceto se, contanto que, com tal que, caso, a não ser que, a menos que, sem que etc.

    Se tudo der certo, estaremos em Portugal amanhã.
    Caso você tenha dúvidas, pergunte a seu professor.

▷ **Consecutivas:** estabelecem relação de consequência.
- Tanto que, de modo que, de sorte que, tão...que, sem que etc.

    O aluno estudou **tanto que** morreu.
    Timeto Amon era **tão** feio **que** não se olhava no espelho.

▷ **Conformativas:** estabelecem relação de conformidade.
- Conforme, consoante, segundo, da mesma maneira que, assim como, como que etc.

    Faça a prova **conforme** teu pai disse.
    Todos agem **consoante** se vê na televisão.

▷ **Finais:** estabelecem relação de finalidade.
- Para que, a fim de que, que, porque.

    Estudou muito **para que** pudesse ter uma vida confortável.
    Trabalhei **a fim de que** o resultado seja satisfatório.

▷ **Proporcionais:** estabelecem relação de proporção.
- À proporção que, à medida que, quanto mais... tanto mais, quanto menos... tanto menos, ao passo que etc.

    À medida que o momento de realizar a prova chegava, a ansiedade de todos aumentava.
    Quanto mais você estudar, **tanto mais** terá a chance de ser bem-sucedido.

▷ **Temporais:** estabelecem relação de tempo.
- Quando, enquanto, apenas, mal, desde que, logo que, até que, antes que, depois que, assim que, sempre que, senão quando, ao tempo que, apenas que, antes que, depois que, sempre que etc.

    Quando todos disserem para você parar, continue.
    Depois que terminar toda a lição, poderá descansar um pouco.
    Mal chegou, já quis sair.

7.8 Interjeição

É o termo que exprime, de modo enérgico, um estado súbito de alma. Sem muita importância para a análise a que nos propomos, vale apenas lembrar que elas possuem uma classificação semântica:

- **Dor:** ai! ui!
- **Alegria:** ah! eh! oh!
- **Desejo:** oxalá! tomara!
- **Admiração:** puxa! cáspite! safa! quê!
- **Animação:** eia! sus! coragem!
- **Aplauso:** bravo! apoiado!
- **Aversão:** ih! chi! irra! apre!
- **Apelo:** ó, olá! psit! pitsiu! alô! socorro!
- **Silêncio:** psit! psiu! caluda!
- **Interrogação, espanto:** hem!

Há, também, locuções interjeitivas: **minha nossa! Meu Deus!**

A despeito da classificação acima, o que determina o sentido da interjeição é o seu uso.

MORFOLOGIA

7.9 Numeral

É a palavra que indica uma quantidade, multiplicação, fração ou um lugar em uma série. Os numerais podem ser divididos em:

- **Cardinais:** quando indicam um número básico: um, dois, três, cem mil etc.
- **Ordinais:** quando indicam um lugar numa série: primeiro, segundo, terceiro, centésimo, milésimo etc.
- **Multiplicativos:** quando indicam uma quantidade multiplicativa: dobro, triplo, quádruplo etc.
- **Fracionários:** quando indicam parte de um inteiro: meio, metade, dois terços etc.

ALGARISMO ROMANOS	ALGARISMO ARÁBICOS	CARDINAIS	ORDINAIS
I	1	um	primeiro
II	2	dois	segundo
III	3	três	terceiro
IV	4	quatro	quarto
V	5	cinco	quinto
VI	6	seis	sexto
VII	7	sete	sétimo
VIII	8	oito	oitavo
IX	9	nove	nono
X	10	dez	décimo
XI	11	onze	undécimo ou décimo primeiro
XII	12	doze	duodécimo ou décimo segundo
XIII	13	treze	décimo terceiro
XIV	14	quatorze ou catorze	décimo quarto
XV	15	quinze	décimo quinto
XVI	16	dezesseis	décimo sexto
XVII	17	dezessete	décimo sétimo
XVIII	18	dezoito	décimo oitavo
XIX	19	dezenove	décimo nono
XX	20	vinte	vigésimo
XXI	21	vinte e um	vigésimo primeiro
XXX	30	trinta	trigésimo
XXXL	40	quarenta	quadragésimo
L	50	cinquenta	quinquagésimo
LX	60	sessenta	sexagésimo
LXX	70	setenta	septuagésimo ou setuagésimo
LXXX	80	oitenta	octogésimo
XC	90	noventa	nonagésimo
C	100	cem	centésimo
CC	200	duzentos	ducentésimo
CCC	300	trezentos	trecentésimo
CD	400	quatrocentos	quadringentésimo
D	500	quinhentos	quingentésimo
DC	600	seiscentos	seiscentésimo ou sexcentésimo
DCC	700	setecentos	septingentésimo
DCCC	800	oitocentos	octingentésimo
CM	900	novecentos	nongentésimo ou noningentésimo
M	1.000	mil	milésimo
X'	10.000	dez mil	dez milésimos
C'	100.000	cem mil	cem milésimos
M'	1.000.000	um milhão	milionésimo
M"	1.000.000.000	um bilhão	bilionésimo

Lista de numerais multiplicativos e fracionários:

Algarismos	Multiplicativos	Fracionários
2	duplo, dobro, dúplice	meio ou metade
3	triplo, tríplice	terço
4	quádruplo	quarto
5	quíntuplo	quinto
6	sêxtuplo	sexto
7	sétuplo	sétimo
8	óctuplo	oitavo
9	nônuplo	nono
10	décuplo	décimo
11	undécuplo	onze avos
12	duodécuplo	doze avos
100	cêntuplo	centésimo

7.9.1 Cardinais

Para realizar a leitura dos cardinais, é necessário colocar a conjunção "e" entre as centenas e dezenas, assim como entre as dezenas e a unidade.

Exemplo: 3.068.724 = três milhões, sessenta e oito mil, setecentos e vinte e quatro.

7.9.2 Ordinais

Quanto à leitura do numeral ordinal, há duas possibilidades: quando é inferior a 2.000, lê-se inteiramente segundo a forma ordinal.

- 1.766º = milésimo septingentésimo sexagésimo sexto.

Acima de 2.000, lê-se o primeiro algarismo como cardinal e os demais como ordinais. Hodiernamente, entretanto, tem-se observado a tendência a ler os números redondos segundo a forma ordinal.

- 2.536º = dois milésimos quingentésimo trigésimo sexto.
- 8 000º = oitavo milésimo.

7.9.3 Fracionários

O numerador de um numeral fracionário é sempre lido como cardinal. Quanto ao denominador, há dois casos:

- Primeiro: se for inferior ou igual a 10, ou ainda for um número redondo, será lido como ordinal 2/6 = dois sextos; 9/10 = nove décimos; centésimos (se houver). São exceções: 1/2 = meio; 1/3 = um terço.
- Segundo: se for superior a 10 e não constituir número redondo, é lido como cardinal, seguido da palavra "avos". 1/12 = um doze avos; 4/25 = quatro vinte e cinco avos.

Ao se fazer indicação de reis, papas, séculos, partes de uma obra, usam-se os numerais ordinais até décimo. A partir daí, devem-se empregar os cardinais. Século V (século quinto), século XX (vinte), João Paulo II (segundo), Bento XVI (dezesseis).

7.10 Preposição

É a palavra invariável que serve de ligação entre dois termos de uma oração ou, às vezes, entre duas orações. Costuma-se denominar "regente" o termo que exige a preposição e "regido" aquele que recebe a preposição:

Ele comprou um livro **de** poesia.

Ele tinha medo **de** ficar solitário.

Como se vê, a preposição "de", no primeiro caso, liga termos de uma mesma oração; no segundo, liga orações.

7.10.1 Preposições essenciais

São aquelas que têm como função primordial a conexão das palavras:

- a, ante, até, após, com contra, de, desde, em, entre, para, per, perante, por, sem, sob, sobre, trás.

Veja o emprego de algumas preposições:

Os manifestantes lutaram **contra** a polícia.

O aluno chegou **ao** salão rapidamente.

Aguardo sua decisão **desde** ontem.

Entre mim e ti, não há qualquer problema.

7.10.2 Preposições acidentais

São palavras que pertencem a outras classes, empregadas, porém, eventualmente como preposições: conforme, consoante, durante, exceto, fora, agora, mediante, menos, salvante, salvo, segundo, tirante.

O emprego das preposições acidentais é mais comum do que parece, veja os exemplos:

Todos saíram da sala, **exceto** eu.

Tirante as mulheres, o grupo que estava na sala parou de falar.

Escreveu o livro **conforme** o original.

7.10.3 Locuções prepositivas

Além das preposições simples, existem também as chamadas locuções prepositivas, que terminam sempre por uma preposição simples:

- abaixo de, acerca de, acima de, a despeito de, adiante de, a fim de, além de, antes de, ao lado de, a par de, apesar de, a respeito de, atrás de, através de, de acordo com, debaixo de, de cima de, defronte de, dentro de, depois de, diante de, embaixo de, em cima de, em frente de(a), em lugar de, em redor de, em torno de, em vez de, graças a, junto a (de), para baixo de, para cima de, para com, perto de, por baixo de, por causa de, por cima de, por detrás de, por diante de, por entre, por trás de.

7.10.4 Conectivos

Os conectivos têm a função de ligar palavras ou orações. Eles podem ser coordenativos (ligam orações coordenadas) ou subordinativos (ligam orações subordinadas).

Coordenativos

- Conjunções coordenativas que iniciam as orações coordenadas:

    Aditivas: e.
    Adversativas: mas.
    Alternativas: ou.
    Conclusivas: logo.
    Explicativas: pois.

Subordinativos

- Pronomes relativos que iniciam as orações adjetivas:

    Que.
    Quem.
    Cujo/cuja.
    O qual/a qual.

- Conjunções subordinativas que iniciam as orações adverbiais:

    Causais: porque.
    Comparativas: como.
    Concessivas: embora.
    Condicionais: se.
    Conformativas: conforme.
    Consecutivas: (tão) que.
    Finais: para que.
    Proporcionais: à medida que.
    Temporais: quando.

- **Conjunções subordinativas que iniciam as orações substantivas:**

    Integrantes: que, se.

7.10.5 Formas variantes

Algumas palavras possuem mais de uma forma, ou seja, junto à forma padrão existem outras formas variantes.

Em algumas situações, é irrelevante a variação utilizada, mas em outros deve-se escolher a variação mais generalizada.

Exemplos:

Assobiar, assoviar.
Coisa, cousa.
Louro, loiro.
Lacrimejar, lagrimejar.
Infarto, enfarte.
Diabete, diabetes.
Transpassar, traspassar, trespassar.

8. SINTAXE BÁSICA

Sintaxe é a parte da Gramática que estuda a função das palavras ou das expressões em uma oração ou em um período.

Antes de iniciar o estudo da sintaxe, faz-se necessário definir alguns conceitos, tais como: frase, oração e período (conceitos essenciais).

- **Frase**: qualquer sentença dotada de sentido.
  Eu adoro estudar português!
  Fogo! Socorro!
- **Oração**: frase organizada em torno de uma forma verbal.
  Os alunos farão a prova amanhã!
- **Período**: conjunto de orações.
  - Período simples: 1 oração.
    Ex.: **Estudarei** português.
  - Período composto: mais de 1 oração.
    Ex.: **Estudarei** português e **farei** a prova.

8.1 Período simples (oração)

A oração é dividida em termos. Assim, o estudo fica organizado e impossibilita a confusão. São os termos da oração:

- Essenciais.
- Integrantes.
- Acessórios.

8.1.1 Termos essenciais da oração

Sujeito e predicado: são chamados de essenciais, porque são os elementos que dão vida à oração. Quer dizer, sem um deles (o predicado, ao menos) não se pode formar oração.

- O **Brasil** caminha para uma profunda transformação social.
  O Brasil: sujeito.
  Para uma profunda transformação social: predicado.

Sujeito

Sujeito é o termo sintático sobre o qual se declara ou se constata algo. Deve-se observar que há uma profunda relação entre o verbo que comporá o predicado e o sujeito da oração. Usualmente, o sujeito é formado por um substantivo ou por uma expressão substantivada.

O sujeito pode ser: simples; composto; oculto, elíptico ou desinencial; indeterminado; inexistente ou oracional.

- **Sujeito simples:** aquele que possui apenas um núcleo.
  O país deverá enfrentar difíceis rivais na competição.
  A perda de fôlego de algumas das grandes economias também já foi notada por outras gigantes do setor.
- **Sujeito composto:** é aquele que possui mais de um núcleo.
  João e Maria são amigos inseparáveis.
  Eu, meus **amigos** e todo o **resto** dos alunos faremos a prova.
- **Sujeito oculto, elíptico ou desinencial:** aquele que não se encontra expresso na oração, porém é facilmente subentendido pelo verbo apresentado.
  Acord**amos** cedo naquele dia. (Nós)
  Abri o blusão, tirei o 38, e perguntei com tanta raiva que uma gota de meu cuspe bateu na cara dele. (R. Fonseca) (eu)
  Vanderlei caminh**ou** pela manhã. À tarde pass**eou** pelo lago municipal, onde encont**rou** a Anaconda da cidade. (Ele, Vanderlei)

Perceba que o sujeito não está grafado na sentença, mas é facilmente recuperável por meio da terminação do verbo.

- **Sujeito indeterminado:** ocorre quando o verbo não se refere a um núcleo determinado. São situações de indeterminação do sujeito:
  - Terceira pessoa do plural sem um referente:
    Nunca lhe **deram** nada.
    Fizeram comentários maldosos a seu respeito.
  - Com verbos transitivos indiretos, intransitivo e relacionais (de ligação) acompanhados da partícula "se" que, no caso, será classificada como índice de indeterminação de sujeito:
    Vive-se muito bem.
    Precisa-se de força e coragem na vida de estudante.
    Nem sempre **se está** feliz na riqueza.
- **Sujeito inexistente ou oração sem sujeito:** ocorre em algumas situações específicas.
  - Com verbos impessoais (principalmente os que denotam fenômeno da natureza).
    Em setembro **chove** muito.
    Nevava em Palotina.
  - Com o verbo haver, desde que empregado nos sentidos de existir, acontecer ou ocorrer.
    Há poemas perfeitos, não **há** poetas perfeitos.
    Deveria haver soluções para tais problemas.
  - Com os verbos ir, haver e fazer, desde que empregado fazendo alusão a tempo transcorrido.
    Faz um ano que não viajo. (verbo "fazer" no sentido de "tempo transcorrido")
    Há muito tempo que você não aparece. (verbo "haver" no sentido de "tempo")
    Vai para dois meses que não recebo salário. (verbo "ir" no sentido de "tempo")
  - Com os verbos ser ou estar indicando tempo.
    Era noite fechada.
    É tarde, eles não vêm!
  - Com os verbos bastar e chegar indicando cessamento.
    Basta de tanta corrupção no Senado!
    Chega de ficar calado quando a situação aperta!
  - Com o verbo ser indicando data ou horas.
    São dez horas no relógio da torre.
    Amanhã **serão** dez de dezembro.
- **Sujeito oracional:** ocorre nas análises do período composto, quando se verifica que o sujeito de um verbo é uma oração.
  É preciso **que você estude Língua Portuguesa**.

Predicado

É o termo que designa aquilo que se declara acerca do sujeito. É mais simples e mais prudente para o aluno buscar identificar o predicado antes do sujeito, pois, se assim o fizer, terá mais concretude na identificação do sujeito.

O predicado pode ser nominal, verbal ou verbo-nominal.

- **Predicado Nominal:** o predicado nominal é formado por um verbo relacional (de ligação) + predicativo.

Principais verbos de ligação: ser, estar, permanecer, continuar, ficar, parecer, andar e torna-se.

A economia da Ásia parecia derrotada após a crise.
O deputado, de repente, virou patriota.
Português é legal.

- **Predicado Verbal:** o predicado verbal tem como núcleo um verbo nocional.

  Empresários **investirão R$ 250 milhões em novo berço para o Porto de Paranaguá**.

- **Predicado Verbo-nominal:** ocorre quando há um verbo significativo (nocional) + um predicativo do sujeito.

  O trem chegou atrasado. ("atrasado" é uma qualidade do sujeito que aparece após o verbo, portanto, é um predicativo do sujeito).

  Pedro Paladino já nasceu rico.

  Acompanhei a indignação de meus alunos preocupado.

Predicativo

O predicativo é um termo componente do predicado. Qualifica sujeito ou objeto.

Josefina era **maldosa, ruim, sem valor**. (predicativo do sujeito)

Leila deixou o garoto **louco**. (predicativo do objeto)

O diretor nomeou João **chefe da repartição**. (predicativo do objeto)

8.2 Termos integrantes da oração

Os termos integrantes da oração são: objeto direto (complemento verbal); objeto indireto (complemento verbal); complemento nominal e agente da passiva.

- **Objeto Direto:** é o complemento de um verbo transitivo direto.

  Os bons cidadãos cumprem **as leis**. (quem cumpre, cumpre algo)

  Em resumo: ele queria **uma mulher**. (quem quer, quer algo)

- **Objeto Indireto:** é o complemento de um verbo transitivo indireto.

  Os bons cidadãos obedecem **às leis**. (quem obedece, obedece a algo)

  Necessitamos **de manuais mais práticos** nos dias de hoje. (quem necessita, necessita de algo)

- **Complemento Nominal:** é o complemento, sempre preposicionado, de adjetivos, advérbios e substantivos que, em determinadas circunstâncias, pedem complemento, assim como os verbos transitivos indiretos.

  O filme era impróprio para crianças.

  Finalizou-se a construção do prédio.

  Agiu favoravelmente ao réu.

- **Agente da Passiva:** é o complemento que, na voz passiva, designa o ser praticante da ação sofrida ou recebida pelo sujeito. Veja os exemplos:

  Voz ativa: o zagueiro executou a jogada.

  Voz passiva: a jogada foi executada **pelo zagueiro**. (**Agente da passiva**)

  Conversas foram interceptadas pela **Polícia Federal**. (Agente da passiva)

8.3 Termos acessórios da oração

Os termos acessórios da oração são: adjunto adnominal; adjunto adverbial; aposto e vocativo.

▷ **Adjunto Adnominal:** a função do adjunto adnominal é desempenhada por qualquer palavra ou expressão que, junto de um substantivo ou de uma expressão substantivada, modifica o seu sentido. Vejamos algumas palavras que desempenham tal função.

- **Artigos: as** alunas serão aprovadas.
- **Pronomes adjetivos: aquela** aluna será aprovada.
- **Numerais adjetivos: duas** alunas serão aprovadas.
- **Adjetivos:** aluno **estudioso** é aprovado.
- **Locuções adjetivas:** aluno **de gramática** passa no concurso.

▷ **Adjunto Adverbial:** o adjunto adverbial é o termo acessório (que não é exigido por elemento algum da sentença) que exprime circunstância ao verbo e, às vezes, ao adjetivo ou mesmo ao advérbio.

- **Advérbios:** os povos antigos trabalhavam mais.
- **Locuções Adverbiais:** li vários livros **durante as férias**.
- **Alguns tipos de adjuntos adverbiais:**

  Tempo: ontem, choveu muito.

  Lugar: gostaria de que me encontrasse **na esquina da padaria**.

  Modo: Alfredo executou a aria **fantasticamente**.

  Meio: fui para a escola **a pé**.

  Causa: por amor, cometem-se loucuras.

  Instrumento: quebrou a **vidraça com uma pedra**.

  Condição: se estudar muito, será aprovado.

  Companhia: faremos sucesso **com essa banda**.

▷ **Aposto:** o aposto é o termo sintático que, possuindo equivalência semântica, esclarece seu referente. Tipos de aposto:

Explicativo: Alencar, **escritor romântico**, possui uma obra vastíssima.

Resumitivo ou recapitulativo: estudo, esporte, cinema, **tudo** o chateava.

Enumerativo: preciso de duas coisas: **saúde e dinheiro**.

Especificativo: a notícia foi publicada na revista **Veja**.

Distributivo: havia grupos interessados: **o da direita e o da esquerda**.

Oracional: desejo só uma coisa: **que vocês passem no concurso**.

Vocativo: é uma interpelação, é um chamamento. Normalmente, indica com quem se fala.

▷ **Ó mar**, por que não me levas contigo?

- Vem, **minha amiga**, abraçar um vitorioso.

8.4 Período composto

O período composto possui dois processos: coordenação e subordinação.

- **Coordenação:** ocorre quando são unidas orações independentes sintaticamente. Ou seja, são autônomas do ponto de vista estrutural. Vamos a um exemplo:

  - Altamiro pratica esportes e estuda muito.

- **Subordinação:** ocorre quando são unidas orações que possuem dependência sintática. Ou seja, não estão completas em sua estrutura. O processo de subordinação ocorre de três maneiras:

  - **Substantiva:** quando a oração desempenhar a função de um substantivo na sentença (**sujeito, predicativo, objeto direto, objeto indireto, complemento nominal ou aposto**).
  - **Adjetiva:** quando a oração desempenhar a função de adjunto adnominal na sentença.
  - **Adverbial:** quando a oração desempenhar a função de adjunto adverbial na sentença.

    Eu quero **que vocês passem no concurso**. (Oração subordinada substantiva objetiva direta – a função de objeto direto está sendo desempenhada pela oração)

    O Brasil, **que é um belíssimo país**, possui vegetação exuberante. (Oração subordinada adjetiva explicativa)

SINTAXE BÁSICA

Quando José entrou na sala, Manoel saiu. (Oração subordinada adverbial temporal)

8.4.1 Processo de coordenação

Há dois tipos de orações coordenadas: **assindéticas** e **sindéticas**.

- **Assindéticas:**

O nome vem da palavra grega *sýndetos*, que significa conjunção, união. Ou seja, oração que não possui conjunção quando está colocada ao lado de outra.

Valdevino **correu (oração coordenada assindética), correu (oração coordenada assindética), correu (oração coordenada assindética)** o dia todo.

Perceba que não há conjunções para ligar os verbos, ou seja, as orações estão colocadas uma ao lado da outra sem síndeto, portanto, são **orações coordenadas assindéticas**.

- **Sindéticas:**

Contrariamente às assindéticas, as sindéticas possuem conjunção para exprimir uma relação lógico-semântica. Cada oração recebe o nome da conjunção que a introduz. Por isso é necessário decorar as conjunções.

- **Aditivas:** são introduzidas pelas conjunções e, nem, mas também, também, como (após "não só"), como ou quanto (após "tanto"), mais etc., dando a ideia de adição à oração anterior.

A seleção brasileira venceu a Dinamarca / **e empatou com a Inglaterra**. (Oração coordenada assindética / **oração coordenada sindética aditiva**)

- **Adversativas:** são introduzidas pelas conjunções: mas, porém, todavia, contudo, entretanto, no entanto, não obstante, senão, apesar disso, embora etc., indicando uma relação de oposição à sentença anterior.

O time batalhou muito, / **mas não venceu o adversário**. (Oração coordenada assindética / **oração coordenada sindética adversativa**)

- **Alternativas:** são introduzidas pelas conjunções ou... ou, ora... ora, já... já, quer... quer, seja... seja, nem... nem etc., indicando uma relação de alternância entre as sentenças.

Ora estuda, / ora trabalha. (**Oração coordenada sindética alternativa / oração coordenada sindética alternativa**)

- **Conclusivas:** são introduzidas pelas conjunções: pois (posposto ao verbo), logo, portanto, então, por conseguinte, por consequência, assim, desse modo, destarte, com isso, por isto, consequentemente, de modo que, indicando uma relação de conclusão do período anterior.

Comprei a carne e o carvão, / **portanto podemos fazer o churrasco**. (Oração coordenada assindética / **oração coordenada sindética conclusiva**)

Estou muito doente, / **não posso, pois, ir à aula**. (Oração coordenada assindética/ **oração coordenada sindética conclusiva**)

- **Explicativas:** são introduzidas pelas conjunções que, porque, porquanto, por, portanto, como, pois (anteposta ao verbo), ou seja, isto é, indicando uma relação de explicação para com a sentença anterior.

Não converse, / **pois estou estudando**. (Oração coordenada assindética / **oração coordenada sindética explicativa**)

8.4.2 Processo de subordinação

As orações subordinadas substantivas se dividem em seis tipos, introduzidas, geralmente, pelas conjunções "**que**" e "**se**".

- **Subjetiva:** exerce função de sujeito do verbo da oração principal.

É interessante / **que todos joguem na loteria**. (Oração principal / **oração subordinada substantiva subjetiva**)

- **Objetiva direta:** exerce função de objeto direto.

Eu quero / **que você entenda a matéria**. Quem quer, quer algo ou alguma coisa. (Oração principal / **oração subordinada substantiva objetiva direta**)

- **Objetiva indireta:** exerce função de objeto indireto.

Os alunos necessitam / **de que as explicações fiquem claras**. Quem necessita, necessita de algo. (Oração principal / **oração subordinada substantiva objetiva indireta**)

- **Predicativa:** exerce função de predicativo.

O bom é / **que você faça exercícios todos os dias**. (Oração principal / **oração subordinada substantiva predicativa**)

- **Completiva nominal:** exerce função de complemento nominal de um nome da oração principal.

Jonas tem vontade / **de que alguém o mande calar a boca**. (Oração principal / **oração subordinada substantiva completiva nominal**)

- **Apositivas:** possuem a função de aposto da sentença principal, geralmente são introduzidas por dois-pontos (:).

Eu quero apenas isto: / **que você passe no concurso**. (Oração principal / **oração subordinada substantiva apositiva**)

- **Orações subordinadas adjetivas:** dividem-se em dois tipos. Quando desenvolvidas, são introduzidas por um pronome relativo.

O nome oração subordinada adjetiva se deve ao fato de ela desempenhar a mesma função de um adjetivo na oração, ou seja, a função de adjunto adnominal. Na Gramática de Portugal, são chamadas de orações relativas pelo fato de serem introduzidas por pronome relativo.

- **Restritivas:** restringem a informação da oração principal. Não possuem vírgulas.

O homem / **que mora ao lado** / é mal-humorado. (Oração principal / **oração subordinada adjetiva restritiva** / oração principal)

Para entender basta perguntar: qualquer homem é mal-humorado? Não. Só o que mora ao lado.

- **Explicativas:** explicam ou dão algum esclarecimento sobre a oração principal.

João, / **que é o ex-integrante da comissão**, / chegou para auxiliar os novos contratados. (Oração principal / **oração subordinada adjetiva explicativa** /oração principal)

- **Orações subordinadas adverbiais:** dividem-se em nove tipos. Recebem o nome da conjunção que as introduz. Nesse caso, teremos uma principal (que não está negritada) e uma subordinada adverbial (que está em negrito).

Essas orações desempenham a função de adjunto adverbial da oração principal.

- **Causais:** exprimem a causa do fato que ocorreu na oração principal. Introduzidas, principalmente, pelas conjunções porque, visto que, já que, uma vez que, como que, como.

Já que precisamos de dinheiro, vamos trabalhar.

- **Comparativas:** representam o segundo termo de uma comparação. Introduzidas, na maior parte dos casos, pelas conjunções que, do que, como, assim como, (tanto) quanto.

Tiburcina fala **como uma gralha** (fala - o verbo está elíptico).

LÍNGUA PORTUGUESA

- **Concessivas:** indica uma concessão entre as orações. Introduzidas, principalmente, pelas conjunções embora, a menos que, ainda que, posto que, conquanto, mesmo que, se bem que, por mais que, apesar de que. Fique de olho na relação da conjunção com o verbo.

    Embora não tivesse tempo disponível, consegui estudar.

- **Condicionais:** expressa ideia de condição. Introduzidas, principalmente, pelas conjunções se, salvo se, desde que, exceto, caso, desde, contanto que, sem que, a menos que.

    Se ele não se defender, acabará como "boi-de-piranha" no caso.

- **Conformativas:** exprimem acordo, concordância entre fatos ou ideias. Introduzidas, principalmente, pelas conjunções como, consoante, segundo, conforme, de acordo com etc.

    Realize as atividades **conforme eu expliquei**.

- **Consecutivas:** indicam a consequência ou o efeito daquilo que se diz na oração principal. Introduzidas, principalmente, pelas conjunções que (precedida de tal, tão, tanto, tamanho), de sorte que, de modo que.

    Estudei tanto, **que saiu sangue dos olhos**.

- **Finais:** exprimem finalidade da ação primeira. Introduzidas, em grande parte dos casos, pelas conjunções para que, a fim de que, que e porque.

    Estudei muito **para que pudesse fazer a prova**.

- **Proporcionais:** expressa uma relação de proporção entre as orações. Introduzidas, principalmente, pelas conjunções (locuções conjuntivas) à medida que, quanto mais... mais, à proporção que, ao passo que, quanto mais.

    - José piorava, **à medida que abandonava seu tratamento**.

- **Temporais:** indicam circunstância de tempo. Introduzidas, principalmente, pelas conjunções quando, antes que, assim que, logo que, até que, depois que, mal, apenas, enquanto etc.

    Logo que iniciamos o trabalho os alunos ficaram mais tranquilos.

FUNÇÕES DO "SE"

9. FUNÇÕES DO "SE"

A palavra "se", assim como o "que", possui diversas funções e costuma gerar muitas dúvidas. Por isso, para entender cada função e identificá-las, observe os exemplos a seguir.

9.1 Partícula apassivadora

Vendem-**se** plantas. (É possível passar a oração para a voz passiva analítica: plantas são vendidas).

Neste caso, o "se" nunca será seguido por preposição.

9.2 Pronome reflexivo

Nesse caso, o pronome expressa a igualdade entre o sujeito e o objeto da ação, exercendo a função de complemento verbal.

Penteou-**se** com capricho.

9.3 Pronome recíproco

Denota a ocorrência de que houve uma ação trocada entre os elementos do sujeito.

Amaram-**se** durante anos.

9.4 Partícula expletiva (de realce)

Tem o papel de realçar ou enfatizar um vocábulo ou um segmento da frase. Pode ser retirada da frase sem prejuízo sintático ou semântico.

Foi-**se** o tempo em que confiávamos nos políticos. (Não possui função na oração, apenas realça o que foi dito).

9.5 Pronome indeterminador do sujeito

O pronome "se" serve como índice de indeterminação do sujeito. O sujeito indeterminado é o sujeito que não quer ou não se pode identificar.

Precisa-**se** de secretária. (Não se pode passar a oração para a voz passiva analítica).

Nessa casa, come-**se** muito.

9.6 Parte do verbo pronominal

Alguns verbos exigem a presença da partícula "se" para indicar que a ação é referente ao sujeito que a pratica. Veja os exemplos:

Arrependeu-**se** de ter ligado.

Outros exemplos de verbos pronominais: lembrar-**se**, queixar-**se**, enganar-**se**, suicidar-**se**.

9.7 Conjunção

A conjunção "se" pode assumir várias funções, veja alguns exemplos:

Vou chegar no horário **se** não chover. (Conjunção condicional).

Não sei **se** dormirei em casa hoje. (Conjunção integrante).

Se vai ficar aqui, então fale comigo. (Conjunção adverbial causal).

Se queria ser mãe, nunca demonstrou amor pelas crianças. (Conjunção concessiva).

10. FUNÇÕES DO "QUE"

A palavra "que" possui diversas funções e costuma gerar muitas dúvidas. Por isso, para entender cada função e identificá-las, observe os exemplos a seguir:

10.1 Substantivo

Senti um **quê** de falsidade naquela fala.

Neste caso, o que está precedido por um determinante – um artigo –, e é acentuado, pois assume o papel de um substantivo. Poderia ser substituído por outro substantivo:

Senti um **ar** de falsidade naquela fala.

Quanto atua como substantivo, o quê será sempre acentuado e precedido por um artigo, pronome ou numeral.

10.2 Pronome

Exemplos:

Que beleza de festa! (Pronome exclamativo)
O livro **que** comprei estava em promoção. (Pronome relativo)
Que dia é a prova? (Pronome interrogativo)

10.3 Interjeição

Exemplos:

Quê? Não entendi.
Quê! Ela sabe sim!

10.4 Preposição

Temos **que** chegar cedo.

Observe que a regência do verbo ter exige a preposição "de": *temos de chegar cedo*. No entanto, na fala coloquial, já é aceito o uso do "que" como preposição.

10.5 Advérbio

Que bela está a casa!

Neste caso, antecede um adjetivo, modificando-o: **como** a casa está bela!

Que longe estava da cidade!

Neste caso, antecede um advérbio, intensificando-o: Estava **muito longe** da cidade.

10.6 Conjunção

Exemplos:

Que gostem ou **que** não gostem, tomei minha decisão. (Conjunção alternativa).
Pode entrar na fila **que** não será atendida. (Conjunção adversativa).
Não falte à aula **que** o conteúdo é importante. (Conjunção explicativa).

10.7 Conjunção subordinativa

Exemplos:

Estava tão cansada **que** não quis recebê-lo. (Conjunção subordinativa consecutiva).
Gostei da viagem, cara **que** tenha sido. (Conjunção subordinativa concessiva).
Não corra **que** o chão está molhado! (Conjunção subordinativa causal).

10.8 Partícula expletiva (de realce)

Que bonito **que** está o seu cabelo! (Não tem função na oração, apenas realça o que está sendo falado)

CONCORDÂNCIA VERBAL E NOMINAL

11. CONCORDÂNCIA VERBAL E NOMINAL

Trata-se do processo de flexão dos termos a fim de se relacionarem harmoniosamente na frase. Quando se pensa sobre a relação do verbo com os demais termos da oração, o estudo focaliza a concordância verbal. Quando a análise se volta para a relação entre pronomes, substantivos, adjetivos e demais termos do grupo nominal, diz-se que o foco é concordância nominal.

11.1 Concordância verbal

11.1.1 Regra geral

O verbo concorda com o sujeito em número e pessoa.

O **primeiro-ministro** russo **acusou** seus inimigos.
Dois **parlamentares rebateram** a acusação.
Contaram-se **mentiras** no telejornal.
Vós sois os responsáveis por vosso destino.

Regras para sujeito composto

▷ Anteposto se colocado antes do verbo, o verbo vai para o plural:
Eu e meus irmãos vamos à praia.

▷ Posposto se colocado após o verbo, o verbo concorda com o mais próximo ou vai para o plural:
Morreu (morreram), no acidente, **o prefeito e o vereador**.

▷ Formado por pessoas (gramaticais) diferentes: plural da predominante.
Eu, você e os alunos **estudaremos** para o concurso. (a primeira pessoa é a predominante, por isso, o verbo fica na primeira pessoa do plural).

▷ Com núcleos em correlação, a concordância se dá com o mais próximo ou fica no plural:
O professor assim como o monitor auxilia(m) os estudantes.

▷ **Ligado por NEM o verbo concordará:**
- No singular: se houver exclusão.
  Nem Josias nem Josué **percebeu** o perigo iminente.
- No singular: quando se pretende individualizar a ação, aludindo a um termo em específico.
  Nem os esportes nem a leitura **o entretém**.
- No plural: quando não houver exclusão, ou seja, quando a intenção for aludir ao sujeito em sua totalidade.
  Nem a minha rainha nem o meu mentor **serão** tão convincentes a ponto de me fazerem mudar de ideia.

▷ **Ligado por COM o verbo concorda com o antecedente do COM ou vai para o plural:**
O vocalista com os demais integrantes da banda **realizaram (realizou)** o show.

▷ **Ligado por OU o verbo fica no singular (se houver exclusão) ou no plural (se não houver exclusão):**
Ou Pedro Amorim ou Jurandir Leitão **será** eleito vereador da cidade.
O aviso ou o ofício **deveriam** ser expedidos antes da data prevista.

▷ **Se o sujeito for construído com os termos:** um e outro, nem um nem outro, o verbo fica no singular ou plural, dependendo do sentido pretendido.
Um e outro **passou (passaram)** no concurso.
Um ou outro: verbo no singular.
Um ou outro fez a lição.

▷ **Expressões partitivas seguidas de nome plural:** verbo no singular ou plural.
A maior parte das pessoas **fez (fizeram)** o exercício recomendado.

▷ **Coletivo geral:** verbo no singular.
O cardume **nadou** rio acima.

▷ **Expressões que indicam quantidade aproximada seguida de numeral:** o verbo concorda com o substantivo.
Aproximadamente 20% dos eleitores **compareceram** às urnas.
Aproximadamente 20% do eleitorado **compareceu** às urnas.

▷ **Pronomes (indefinidos ou interrogativos) seguidos dos pronomes "nós" e/ou "vós":** o verbo fica no singular ou plural.
Quem de nós **fará (faremos)** a diferença?

▷ **Palavra QUE (pronome relativo):** o verbo concorda com o antecedente do pronome "que".
Fui eu que **fiz** a diferença.

▷ **Palavra QUEM:** verbo na 3ª pessoa do singular.
Fui eu *quem* **fez** a diferença.

Pela repetida utilização errônea, algumas gramáticas já toleram a concordância do verbo com a pessoa gramatical distinta da terceira, no caso de se utilizar um pronome pessoal como antecedente do "quem".

▷ **Um dos que:** verbo no singular ou plural.
Ele foi *um dos que* **fez (fizeram)** a diferença.

▷ **Palavras sinônimas:** verbo concorda com o mais próximo ou fica no plural.
A ruindade, a maldade, a vileza **habita (habitam)** a alma do ser humano.

▷ **Quando os verbos estiverem acompanhados da palavra "SE":** fique atento à função da palavra "SE".
- **SE na função de pronome apassivador:** o verbo concorda com o sujeito paciente.
  Vendem-se casas e sobrados em Alta Vista.
  Presenteou-se o aluno aplicado com uma gramática.
- **SE na função de índice de indeterminação do sujeito:** o verbo fica sempre na 3ª pessoa do singular.
  Precisa-se de empregados com capacidade de aprender.
  Vive-se muito bem na riqueza.

A dica é ficar de olho na transitividade do verbo. Se o verbo for VTI, VI ou VL, o termo "SE" será índice de indeterminação do sujeito.

▷ **Casos de concordância com o verbo "ser":**
- **Quando indicar tempo ou distância:** concorda com o predicativo.
  Amanhã **serão** 7 de fevereiro.
  São 890 quilômetros daqui até Florianópolis.
- **Quando houver sujeito que indica quantidade e predicativo que indica suficiência ou excesso:** concorda com o predicativo.
  Vinte milhões **era** muito por aquela casa.
  Sessenta centavos **é** pouco por aquele lápis.
- **O verbo "dar", no sentido de "bater" ou "soar", acompanhado do termo "hora(s)":** concorda com o sujeito.
  Deram cinco horas no relógio do juiz.
  Deu cinco horas o relógio juiz.
- **Verbo "parecer" somado a infinitivo:** flexiona-se um dos dois.
  Os alunos **pareciam** estudar novos conteúdos.
  Os alunos **pareciam estudarem** novos conteúdos.

56

- **Quando houver sujeito construído com nome no plural,** com artigo no singular ou sem artigo: o verbo fica no singular.

    Memórias Póstumas de Brás Cubas **continua** sendo lido por jovens estudantes.

    Minas Gerais **é** um lindo lugar.

- Com artigo plural: o verbo fica no plural.

    Os Estados Unidos **aceitaram** os termos do acordo assinado.

11.2 Concordância nominal

A concordância nominal está relacionada aos termos do grupo nominal. Ou seja, relaciona-se com o substantivo, o pronome, o artigo, o numeral e o adjetivo. Vamos à regra geral para a concordância.

11.2.1 Regra geral

O artigo, o numeral, o adjetivo e o pronome adjetivo devem concordar com o substantivo a que se referem em gênero e número.

Meu belíssimo e **antigo** carro **amarelo** quebrou, ontem, em **uma** rua **estreita**.

Os termos destacados acima, mantém uma relação harmoniosa com o núcleo de cada expressão. Relação essa que se estabelece em questões de gênero e de número.

A despeito de a regra geral dar conta de grande parte dos casos de concordância, devemos considerar a existência de casos particulares, que merecem atenção.

11.2.2 Casos que devem ser estudados

Dependendo da intencionalidade de quem escreve, pode-se realizar a concordância atrativa, primando por concordar com apenas um termo de uma sequência ou com toda a sequência. Vejamos:

Vi um carro e uma **moto** *vermelha*. (concordância apenas com o termo "moto")

Vi um carro e uma **moto** *vermelhos*. (concordância com ambos os elementos)

A palavra "**bastante**", por exemplo, varia de acordo com o contexto. Se "bastante" é pronome adjetivo, será variável; se for advérbio (modificando o verbo), será invariável, ou seja, não vai para o plural.

Há *bastantes* **motivos** para sua ausência. (adjetivo)

Os alunos **falam** *bastante*. (advérbio)

Troque a palavra "bastante" por "muito". Se "muito" for para o plural, "bastante" também irá.

Anexo, incluso, apenso, obrigado, mesmo, próprio: são adjetivos que devem concordar com o substantivo a que se referem.

O *relatório* segue **anexo** ao documento.

Os *documentos* irão **apensos** ao relatório.

A expressão "em anexo" é invariável (não vai para plural nem para o feminino).

As planilhas irão **em anexo**.

É bom, é necessário, é proibido, é permitido: variam somente se o sujeito vier antecedido de um artigo ou outro termo determinante.

Maçã **é bom** para a voz. / A maçã **é boa** para a voz.

É necessário **aparecer** na sala. / É necessária **sua aparição** na sala.

"**Menos**" e "**alerta**" são sempre invariáveis, contanto que respeitem sua classe de origem - advérbio: se forem derivadas para substantivo, elas poderão variar.

Encontramos **menos** alunos na escola. / Encontramos **menos** alunas na escola.

O policial ficou **alerta**. / Os policiais ficaram **alerta**.

"**Só**" e "**sós**" variam apenas quando forem adjetivos: quando forem advérbios, serão invariáveis.

Pedro apareceu **só** (sozinho) na sala. / Os meninos apareceram **sós** (sozinhos) na sala. (adjetivo)

Estamos **só** (somente) esperando sua decisão. (advérbio)

- A expressão "a sós" é invariável.

A menina ficou **a sós** com seus pensamentos.

Troque "só" por "sozinho" (vai para o plural) ou "somente" (fica no singular).

REGÊNCIA VERBAL E NOMINAL

12. REGÊNCIA VERBAL E NOMINAL

Regência é a parte da Gramática Normativa que estuda a relação entre dois termos, verificando se um termo serve de complemento a outro e se nessa complementação há uma preposição.

Dividimos a regência em:
- Regência verbal (ligada aos verbos).
- Regência nominal (ligada aos substantivos, adjetivos ou advérbios).

12.1 Regência verbal

Deve-se analisar, nesse caso, a necessidade de complementação, a presença ou ausência da preposição e a possibilidade de mudança de sentido do texto.

Vamos aos casos:
- **Agradar e desagradar:** são transitivos indiretos (com preposição a) nos sentidos de satisfazer, contentar.
    A biografia de Aníbal Machado **agradou/desagradou** à maioria dos leitores.
    A criança **agradava** ao pai por ser muito comportada.
- **Agradar:** pode ser transitivo direto (sem preposição) se significar acariciar, afagar.
    Agradar a esposa.
    Pedro passava o dia todo **agradando** os seus gatos.
- **Agradecer:** transitivo direto e indireto, com a preposição a, no sentido de demonstrar gratidão a alguém.
    Agradecemos a Santo Antônio o milagre alcançado.
    Agradecemos-lhes a benesse concedida.

O verbo em questão também pode ser transitivo direto no sentido de mostrar gratidão por alguma coisa:
    Agradeço a dedicação de todos os estudantes.
    Os pais **agradecem** a dedicação dos professores para com os alunos.
- **Aspirar:** é transitivo indireto (preposição "a") nos sentidos de desejar, pretender ou almejar.
    Sempre **aspirei** a um cargo público.
    Manoel **aspirava** a ver novamente a família na Holanda.
- **Aspirar:** é transitivo direto na acepção de inalar, sorver, tragar, ou seja, mandar para dentro.
    Aspiramos o perfume das flores.
    Vimos a empregada **aspirando** a poeira do sofá.
- **Assistir:** é transitivo direto no sentido de ajudar, socorrer etc.
    O professor **assistia** o aluno.
    Devemos **assistir** os mais necessitados.
- **Assistir:** é transitivo indireto (complemento regido pela preposição "a") no sentido de ver ou presenciar.
    Assisti ao comentário da palestra anterior.
    Você deve **assistir** às aulas do professor!
- **Assistir:** é transitivo indireto (complemento regido pela preposição "a") no sentido de "ser próprio de", "pertencer a".
    O direito à vida **assiste** ao ser humano.
    Esse comportamento **assiste** às pessoas vitoriosas.
- **Assistir:** é intransitivo no sentido de morar ou residir.
    Maneco **assistira** em Salvador.
- **Chegar:** é verbo intransitivo e possui os adjuntos adverbiais de lugar introduzidos pela preposição "a".
    Chegamos a Cascavel pela manhã.
    Este é o ponto a que pretendia **chegar**.

Caso a expressão indique posição em um deslocamento, admite-se a preposição em:
    Cheguei no trem à estação.
Os verbos ir e vir têm a mesma regência de chegar:
    Nós **iremos** à praia amanhã.
    Eles **vieram** ao cursinho para estudar.
- **Custar no sentido de** ter valor ou preço: verbo transitivo direto.
    O avião **custa** 100 mil reais.
- **Custar no sentido de** ter como resultado certa perda ou revés é verbo transitivo direto e indireto:
    Essa atitude **custou**-lhe a vida.
- **Custar no sentido de** ser difícil ou trabalhoso é intransitivo:
    Custa muito entender esse raciocínio.
- **Custar no sentido de** levar tempo ou demorar é intransitivo:
    Custa a vida para aprender a viver.
- **Esquecer/lembrar:** possuem a seguinte regra – se forem pronominais, terão complemento regido pela preposição "de"; se não forem, não haverá preposição.
    Lembrei-**me de** seu nome.
    Esqueci-**me de** seu nome.
    Lembrei seu nome.
    Esqueci seu nome.
- **Gostar:** é transitivo indireto no sentido de apreciar (complemento introduzido pela preposição "de").
    Gosto de estudar.
    Gosto muito de minha mãe.
- **Gostar:** como sinônimo de experimentar ou provar é transitivo direto.
    Gostei a sobremesa apenas uma vez e já adorei.
    Gostei o chimarrão uma vez e não mais o abandonei.
- **Implicar** pode ser:
    - **Transitivo direto** (sentido de acarretar):
        Cada escolha **implica** uma renúncia.
    - **Transitivo direto e indireto** (sentido de envolver alguém em algo):
        Implicou a irmã no crime.
    - **Transitivo indireto** (sentido de rivalizar):
        Joana estava **implicando** com o irmão menor.
- **Informar:** é bitransitivo, ou seja, é transitivo direto e indireto. Quem informa, informa:
    Algo a alguém: **informei** o acontecido para Jonas.
    Alguém de algo: **informei**-o do acontecido.
    Alguém sobre algo: **informei**-o sobre o acontecido.
- **Morar/residir:** verbos intransitivos (ou, como preconizam alguns dicionários, transitivo adverbiado), cujos adjuntos adverbiais de lugar são introduzidos pela preposição "em".
    José **mora** em Alagoas.
    Há boas pessoas **residindo** em todos os estados do Brasil.
- **Obedecer:** é um verbo transitivo indireto.
    Os filhos **obedecem** aos pais.
    Obedeça às leis de trânsito.
Embora transitivo indireto, admite forma passiva:
    Os pais são obedecidos pelos filhos.
O antônimo "desobedecer" também segue a mesma regra.
- **Perdoar:** é transitivo direto e indireto, com objeto direto de coisa e indireto de pessoa.

58

LÍNGUA PORTUGUESA

Jesus **perdoou** os pecados aos pecadores.
Perdoava-lhe a desconsideração.

Perdoar admite a voz passiva:

Os pecadores foram perdoados por Deus.

- **Precisar:** é transitivo indireto (complemento regido pela preposição de) no sentido de "necessitar".

    Precisaremos de uma nova Gramática.

- **Precisar:** é transitivo direto no sentido de indicar com precisão.

    Magali não soube **precisar** quando o marido voltaria da viagem.

- **Preferir:** é um verbo bitransitivo, ou seja, é transitivo direto e indireto, sempre exigindo a preposição a (preferir alguma coisa à outra).

    Adelaide **preferiu** o filé ao risoto.
    Prefiro estudar a ficar em casa descansando.
    Prefiro o sacrifício à desistência.

É incorreto reforçar o verbo "preferir" ou utilizar a locução "do que".

- **Proceder:** é intransitivo na acepção de "ter cabimento":

    Suas críticas são vazias, não **procedem**.

- **Proceder:** é também intransitivo na acepção de "portar-se":

Todas as crianças **procederam** bem ao lavarem as mãos antes do lanche.

- **Proceder:** no sentido de "ter procedência" é utilizado com a preposição de:

    Acredito que a dúvida **proceda** do coração dos curiosos.

- **Proceder:** é transitivo indireto exigindo a preposição a no sentido de "dar início":

    Os investigadores **procederam** ao inquérito rapidamente.

- **Querer:** é transitivo direto no sentido de "desejar":

    Eu **quero** um carro novo.

- **Querer:** é transitivo indireto (com o complemento de pessoa) no sentido de "ter afeto":

    Quero muito a meus alunos que são dedicados.

- **Solicitar:** é utilizado, na maior parte dos casos, como transitivo direto e indireto. Nada impede, entretanto, que se construa como transitivo direto.

    O juiz **solicitou** as provas ao advogado.
    Solicito seus documentos para a investidura no cargo.

- **Visar:** é transitivo direto na acepção de mirar.

    O atirador **visou** o alvo e disparou um tiro certeiro.

- **Visar:** é transitivo direto também no sentido de "dar visto", "assinar".

    O gerente havia **visado** o relatório do estagiário.

- **Visar:** é transitivo indireto, exigindo a preposição a, na acepção de "ter em vista", "pretender", "almejar".

    Pedro **visava** ao amor de Mariana.
    As regras gramaticais **visam** à uniformidade da expressão linguística.

12.2 Regência nominal

Alguns nomes (substantivos, adjetivos e advérbios) são comparáveis aos verbos transitivos indiretos: precisam de um complemento introduzido por uma preposição.

Acompanhemos os principais termos que exigem regência especial.

SUBSTANTIVO		
Admiração a, por	Devoção a, para, com, por	Medo a, de
Aversão a, para, por	Doutor em	Obediência a
Atentado a, contra	Dúvida acerca de, em, sobre	Ojeriza a, por
Bacharel em	Horror a	Proeminência sobre
Capacidade de, para	Impaciência com	Respeito a, com, para com, por
Exceção a	Excelência em	Exatidão de, em
Dissonância entre	Divergência com, de, em, entre, sobre	Referência a
Alusão a	Acesso a	Menção a

ADJETIVOS		
Acessível a	Diferente de	Necessário a
Acostumado a, com	Entendido em	Nocivo a
Afável com, para com	Equivalente a	Paralelo a
Agradável a	Escasso de	Parco em, de
Alheio a, de	Essencial a, para	Passível de
Análogo a	Fácil de	Preferível a
Ansioso de, para, por	Fanático por	Prejudicial a
Apto a, para	Favorável a	Prestes a
Ávido de	Generoso com	Propício a
Benéfico a	Grato a, por	Próximo a
Capaz de, para	Hábil em	Relacionado com
Compatível com	Habituado a	Relativo a
Contemporâneo a, de	Idêntico a	Satisfeito com, de, em, por
Contíguo a	Impróprio para	Semelhante a
Contrário a	Indeciso em	Sensível a
Curioso de, por	Insensível a	Sito em
Descontente com	Liberal com	Suspeito de
Desejoso de	Natural de	Vazio de
Distinto de, em, por	Dissonante a, de, entre	Distante de, para

ADVÉRBIOS		
Longe de	Perto de	Relativamente a
Contemporaneamente a	Impropriamente a	Contrariamente a

É provável que você encontre muitas listas com palavras e suas regências, porém a maneira mais eficaz de se descobrir a regência de um termo é fazer uma pergunta para ele e verificar se, na pergunta, há uma preposição. Havendo, descobre-se a regência.

- A descoberta era **acessível** a todos.

Faz-se a pergunta: algo que é acessível é acessível? (a algo ou a alguém). Descobre-se, assim, a regência de acessível.

PARALELISMO

13. PARALELISMO

Ocorre quando há uma sequência de expressões com estrutura idêntica.

13.1 Paralelismo sintático

O paralelismo sintático é possível quando a estrutura de termos coordenados entre si é idêntica. Nesse caso, entende-se que "termos coordenados entre si" são aqueles que desempenham a mesma função sintática em um período ou trecho.

>João comprou **balas** e **biscoitos**.

Perceba que "balas" e "biscoitos" têm a mesma função sintática (objeto direto). Além disso, ambas são expressões nominais. Assim, apresentam, na sentença, uma estrutura sintática idêntica.

>Os formandos **estão pensando na carreira, isto é, no futuro**.

Tanto "na carreira" quanto "no futuro" são complementos do verbo pensar. Ademais, as duas expressões são formadas por preposição e substantivo.

13.2 Paralelismo semântico

Estrutura-se pela coerência entre as informações.

>Lucélia **gosta de maçã e de pera**.

Percebe-se que há uma relação semântica entre maçã e pera, pois ambas são frutas.

>Lucélia **gosta de livros de ação e de pizza**.

Observa-se que os termos "livros de ação" e "pizza" não possuem sentidos semelhantes que garantam a sequência lógica esperada no período.

LÍNGUA PORTUGUESA

14. COLOCAÇÃO PRONOMINAL

Esta parte do conteúdo é relativa ao estudo da posição dos pronomes oblíquos átonos em relação ao verbo. Antes de iniciar o estudo, memorize os pronomes em questão.

PRONOMES OBLÍQUOS ÁTONOS
me
te
o, a, lhe, se
nos
vos
os, as, lhes, se

Quatro casos de colocação:
- **Próclise** (anteposto ao verbo):
    Nunca **o** vi.
- **Mesóclise** (medial em relação ao verbo):
    Dir-**te**-ei algo.
- **Ênclise** (posposto ao verbo):
    Passa-**me** a resposta.
- **Apossínclise** (intercalação de uma ou mais palavras entre o pronome e o verbo):
    - Talvez tu **me** já não creias.

14.1 Regras de próclise

- Palavras ou expressões negativas:
    Não **me** deixe aqui neste lugar!
    Ninguém **lhe** disse que seria fácil.
- Pronomes relativos:
    O material de que **me** falaste é muito bom.
    Eis o conteúdo que **me** causa nojo.
- Pronomes indefinidos:
    Alguém **me** disse que você vai ser transferido.
    Tudo **me** parece estranho.
- Conjunções subordinativas:
    Confiei neles, assim que **os** conheci.
    Disse que **me** faltavam palavras.
- Advérbios:
    Sempre **lhe** disse a verdade.
    Talvez **nos** apareça a resposta para essa questão.
- Pronomes interrogativos:
    Quem **te** contou a novidade?
    Que **te** parece essa situação?
- "Em + gerúndio"
    Em **se** tratando de Gramática, eu gosto muito!
    Nesta terra, em **se** plantando, tudo há de nascer.
- Particípio
    Ele havia avisado-**me**. (errado)
    Ele **me** havia avisado. (certo)
- Sentenças optativas:
    Deus **lhe** pague!
    Deus **o** acompanhe!

14.2 Regras de mesóclise

Emprega-se o pronome oblíquo átono no meio da forma verbal, quando ela estiver no futuro do presente ou no futuro simples do pretérito do indicativo.

Chamar-**te**-ei, quando ele chegar.
Se houver tempo, contar-**vos**-emos nossa aventura.
Contar-**te**-ia a novidade.

14.3 Regras de ênclise

Não se inicia sentença, em Língua Portuguesa, por pronome oblíquo átono. Ou seja, o pronome átono não deve ficar no início da frase.
Formas verbais:
- Do **infinitivo impessoal** (precedido ou não da preposição "a");
- Do **gerúndio**;
- Do **imperativo afirmativo**:
    Alcança-**me** o prato de salada, por favor!
    Urge obedecer-**se** às leis.
    O garoto saiu da sala desculpando-**se**.
    Tratando-**se** desse assunto, não gosto de pensar.
    Dá-**me** motivos para estudar.

Se o gerúndio vier precedido da preposição "em", deve-se empregar a próclise.

Em **se** tratando de Gramática, eu gosto muito.

14.4 Casos facultativos

Sujeito expresso, próximo ao verbo.
    O menino se machucou (-**se**).
    Eu **me** refiro (-**me**) ao fato de ele ser idiota.
Infinitivo antecedido de "não" ou de preposição.
    Sabemos que não se habituar (-**se**) ao meio causa problemas.
    O público o incentivou a se jogar (-**se**) do prédio.

CRASE

15. CRASE

O acento grave é solicitado nas palavras quando há a união da preposição "a" com o artigo (ou a vogal dependendo do caso) feminino "a" ou com os pronomes demonstrativos (aquele, aquela, aquilo e "a").

- Mário foi **à** festa ontem.
    Tem-se o "a" preposição e o "a" artigo feminino.
    Quem vai, vai a algum lugar. "Festa" é palavra feminina, portanto, admite o artigo "a".
- Chegamos **àquele** assunto (a + aquele).
- A gravata que eu comprei é semelhante **à** que você comprou (a + a).

Decore os casos em que não ocorre crase, pois a tendência da prova é perguntar se há crase ou não. Sabendo os casos proibitivos, fica muito fácil.

15.1 Crase proibitiva

Não se pode usar acento grave indicativo de crase:

- Antes de palavras masculinas.
    Fez uma pergunta **a** Mário.
- Antes de palavras de sentido indefinido.
    Não vai **a** festas, **a** reuniões, **a** lugar algum.
- Antes de verbos.
    Todos estão dispostos **a** colaborar.
- Antes de pronomes pessoais.
    Darei um presente **a** ela.
- Antes de nomes de cidade, estado ou país que não utilizam o artigo feminino.
    Fui **a** Cascavel.
    Vou **a** Pequim.
- Antes da palavra "casa" quando tem significado de próprio lar, ou seja, quando ela aparecer indeterminada na sentença.
    Voltei a casa, pois precisava comer algo.

> Quando houver determinação da palavra casa, ocorrerá crase.
> "Voltei à casa de meus pais."

- Da palavra "terra" quando tem sentido de solo.
    Os tripulantes vieram a terra.

> A mesma regra da palavra "casa" se aplica à palavra terra.

- De expressões com palavras repetidas.
    Dia a dia, mano a mano, face a face, cara a cara etc.
- Diante de numerais cardinais referentes a substantivos que não estão determinados pelo artigo.
    Assistirei a duas aulas de Língua Portuguesa.

> No caso de locuções adverbiais que exprimem hora determinada e nos casos em que o numeral estiver precedido de artigo, acentua-se:
> "Chegamos às oito horas da noite."
> "Assisti às duas sessões de ontem."

> No caso dos numerais, há uma dica para facilitar o entendimento dos casos de crase. Se houver o "a" no singular e a palavra posterior no plural, não ocorrerá o acento grave. Do contrário, ocorrerá.

15.2 Crase obrigatória

Deve-se usar acento grave indicativo de crase:

- Antes de locução adverbial feminina.
    À noite, à tarde, às pressas, às vezes, à farta, à vista, à hora certa, à esquerda, à direita, à toa, às sete horas, à custa de, à força de, à espera de, à vontade, à toa.
- Antes de termos femininos ou masculinos com sentido da expressão "à moda de" ou "ao estilo de".
    Filé à milanesa, servir à francesa, brigar à portuguesa, gol à Pelé, conto à Machado de Assis, discurso à Rui Barbosa etc.
- Antes de locuções conjuntivas proporcionais.
    À medida que, à proporção que.
- Antes de locuções prepositivas.
    À procura de, à vista de, à margem de, à beira de, à custa de, à razão de, à mercê de, à maneira de etc.
- Para evitar ambiguidade: receberá o acento o termo afetado pela ação do verbo (objeto direto preposicionado).
    Derrubou a menina **à panela**.
    Matou a vaca **à cobra**.
    Diante da palavra distância quando houver determinação da distância em questão:
    Achava-se **à distância de cem** (ou de alguns) **metros**.
- Antes das formas de tratamento "senhora", "senhorita" e "madame" = não há consenso entre os gramáticos, no entanto, opta-se pelo uso.
    Enviei lindas flores **à senhorita**.
    Josias remeteu uma carta **à senhora**.

15.3 Crase facultativa

- Após a preposição até.
    As crianças foram até **à escola**.
- Antes de pronomes possessivos femininos.
    Ele fez referência **à nossa causa!**
- Antes de nomes próprios femininos.
    Mandei um SMS **à Joaquina**.
- Antes da palavra "Dona".
    Remeti uma carta à **Dona Benta**.
    Não se usa crase antes de nomes históricos ou sagrados.
    O padre fez alusão a Nossa Senhora.
    Quando o professor fez menção a Joana D'Arc, todos ficaram entusiasmados.

LÍNGUA PORTUGUESA

16. PONTUAÇÃO

A pontuação assinala a melodia de nossa fala, ou seja, as pausas, a ênfase etc.

16.1 Principais sinais e usos

16.1.1 Vírgula

É o sinal mais importante para concurso público.

Usa-se a vírgula para:

- Separar termos que possuem mesma função sintática no período.

  José, Maria, Antônio e **Joana** foram ao mercado. (Função de núcleo do sujeito).

- Isolar o vocativo.

  Então, **minha cara**, não há mais o que se dizer!

- Isolar um aposto explicativo (cuidado com essa regra, veja que não há verbo no aposto explicativo).

  O João, **ex-integrante da comissão**, veio fazer parte da reunião.

- Isolar termos antecipados, como: complemento, adjunto ou predicativo.

  Na semana passada, comemos camarão no restaurante português. (Antecipação de adjunto adverbial).

- Separar expressões explicativas, conjunções e conectivos.

  Isto é, ou seja, por exemplo, além disso, pois, porém, mas, no entanto, assim etc.

- Separar os nomes dos locais de datas.

  Cascavel, 2 de maio de 2012.

- Isolar orações adjetivas explicativas (pronome relativo + verbo + vírgula).

  O Brasil, **que é um belíssimo país**, possui ótimas praias.

- Separar termos de uma enumeração.

  Vá ao mercado e traga **cebola, alho, sal, pimenta e coentro**.

- Separar orações coordenadas.

  Esforçou-se muito, **mas não venceu o desafio**. (Oração coordenada sindética adversativa).

  Roubou todo o dinheiro, **e ainda apareceu na casa**. (Oração coordenada sindética aditiva).

A vírgula pode ser utilizada antes da conjunção aditiva "e" caso se queira enfatizar a oração por ela introduzida.

- Omitir um termo, elipse (no caso da elipse verbal, chamaremos "zeugma").

  - De dia era um anjo, de noite um **demônio**. (Omissão do verbo "ser").

- Separar termos de natureza adverbial deslocados dentro da sentença.

  Na semana passada, trinta alunos foram aprovados no concurso. (Locução adverbial temporal)

  Se estudar muito, você será aprovado no concurso. (Oração subordinada adverbial condicional)

16.1.2 Ponto final

Usa-se o ponto final:

- Ao final de frases para indicar uma pausa total; é o que marca o fim de um período.

  Depois de passar no concurso, comprarei um carro.

Em abreviaturas:

Sr., a. C., Ltda., num., adj., obs., máx., *bat., brit. etc.*

16.1.3 Ponto e vírgula

Usam-se ponto e vírgula para:

- Separar itens que aparecem enumerados.

  - Uma boa dissertação apresenta:

    Coesão;
    Coerência;
    Progressão lógica;
    Riqueza lexical;
    Concisão;
    Objetividade;
    Aprofundamento.

- Separar um período que já se encontra dividido por vírgulas.

  Não gostava de trabalhar; queria, no entanto, muito dinheiro no bolso.

- Separar partes do texto que se equilibram em importância.

  Os pobres dão pelo pão o trabalho; os ricos dão pelo pão a fazenda; os de espíritos generosos dão pelo pão a vida; os de nenhum espírito dão pelo pão a alma. (Vieira)

  O capitalismo é a exploração do homem pelo homem; o socialismo é exatamente o contrário.

16.1.4 Dois pontos

São usados dois pontos quando:

- Se vai fazer uma citação ou introduzir uma fala.

  José respondeu:
  – Não, muito obrigado!

- Se quer indicar uma enumeração.

  Quero apenas uma coisa: que vocês sejam aprovados no concurso!

16.1.5 Aspas

São usadas aspas para indicar:

- Citação presente no texto.

  "Há distinção entre categorias do pensamento" – disse o filósofo.

- Expressões estrangeiras, neologismos, gírias.

  Na parede, haviam pintado a palavra "love". (Expressão estrangeira).

  Ficava "bailarinando", como diria Guimarães. (Neologismo).

  "Velho", esconde o "cano" aí e "deixa baixo". (Gíria).

16.1.6 Reticências

São usadas para indicar supressão de um trecho, interrupção na fala, ou dar ideia de continuidade ao que se estava falando.

[...] Profundissimamente hipocondríaco. Este ambiente me causa repugnância. Sobe-me à boca uma ânsia análoga à ânsia. Que se escapa pela boca de um cardíaco [...]

Eu estava andando pela rua quando...

Eu gostei da nova casa, mas da garagem...

16.1.7 Parênteses

- São usados quando se quer explicar melhor algo que foi dito ou para fazer simples indicações.

  Foi o homem que cometeu o crime (o assassinato do irmão).

PONTUAÇÃO

16.1.8 Travessão

- Indica a fala de um personagem.
    Ademar falou.
    Amigo, preciso contar algo para você.
- Isola um comentário no texto.
    O estudo bem realizado – **diga-se de passagem, que quase ninguém faz** – é o primeiro passo para a aprovação.
- Isola um aposto na sentença.
    A Semântica – **estudo sobre as relações de sentido** – é importantíssima para o entendimento da Língua.
- Reforçar a parte final de um enunciado.
    Para passar no concurso, é preciso estudar muito – **muito mesmo.**

16.1.9 Trocas

A banca, eventualmente, costuma perguntar sobre a possibilidade de troca de termos, portanto, atenção!

Vírgulas, travessões e parênteses, quando isolarem um aposto, podem ser trocados sem prejuízo para a sentença.

Travessões podem ser trocados por dois pontos, a fim de enfatizar um enunciado.

16.1.10 Regra de ouro

Na ordem natural de uma sentença, é proibido:

- Separar sujeito e predicado com vírgulas:
    Aqueles maravilhosos velhos ensinamentos de meu pai foram de grande utilidade. (Certo)
    Aqueles maravilhosos velhos ensinamentos de meu pai, foram de grande utilidade. (Errado)
- Separar verbo de objeto:
    "O presidente do maravilhoso país chamado Brasil assinou uma lei importante. (Certo)
    O presidente do maravilhoso país chamado Brasil assinou, uma lei importante. (Errado)

17. PARÁFRASE

Parafrasear, em sentido lato, significa reescrever uma sequência de texto sem alterar suas informações originais. Isso quer dizer que o texto resultante deve apresentar o mesmo sentido do texto original, modificando, evidentemente, apenas a ordem frasal ou o vocabulário. Há algumas exigências para uma paráfrase competente. São elas:

- Usar a mesma ordem das ideias que aparecem no texto original.
- Em hipótese alguma é possível omitir informações essenciais.
- Não tecer comentários acerca do texto original, apenas parafrasear, sem frescura.
- Usar construções sintáticas e vocabulares que, apesar de manterem o sentido original, sejam distintas das do texto base.

17.1 Passos da paráfrase

Há alguns recursos para parafrasear um texto:

- Utilização de termos sinônimos.

    O presidente assinou o documento, **mas** esqueceu-se de pegar sua caneta.

    O presidente assinou o documento, **contudo** esqueceu-se de pegar sua caneta.

- Uso de palavras antônimas, valendo-se de palavra negativa.

    José era um **covarde.**

    José **não** era um **valente.**

- Emprego de termos anafóricos.

    São Paulo e Palmeiras são dois times brasileiros. O São Paulo venceu o Palmeiras na semana passada.

    São Paulo e Palmeiras são dois times brasileiros. **Aquele** (São Paulo) venceu **este** (Palmeiras) na semana passada.

- Permuta de termo verbal por nominal, e vice-versa.

    É importante que chegue cedo.

    Sua chegada é importante.

- Deixar termos elípticos.

    Eu preciso da colaboração de todos.

    Preciso da colaboração de todos.

- Alteração da ordem frasal.

    Adalberto venceu o último desafio de sua vida ontem.

    Ontem, Adalberto venceu o último desafio de sua vida.

- Transposição de voz verbal.

    Joel cortou a seringueira centenária. A seringueira centenária foi cortada por Joel.

- Troca de discurso.

    Naquela manhã, Oséas dirigiu-se ao pai dizendo: "Cortarei a grama sozinho." (Discurso direto).

    Naquela manhã, Oséas dirigiu-se ao pai dizendo que cortaria a grama sozinho. (Discurso indireto).

- Troca de palavras por expressões perifrásticas.

    O Rei do Futebol esteve presente durante as celebrações.

    Pelé esteve presente durante as celebrações.

- Troca de locuções por palavras de mesmo sentido.

    A turma **da noite** está comprometida com os estudos.

    A turma **noturna** está mais comprometida com os estudos.

REESCRITURA DE FRASES

18. REESCRITURA DE FRASES

A reescrita de frases é uma paráfrase que visa à mudança da forma de um texto. Para que o novo período esteja correto, é preciso que sejam respeitadas a correção gramatical e o sentido do texto original. Desse modo, quando há qualquer inadequação do ponto de vista gramatical e/ou semântico, o trecho reescrito deve ser considerado incorreto.

Assim, para resolver uma questão que envolve reescrita de trechos ou períodos, é necessário verificar os aspectos gramaticais (principalmente, pontuação, elementos coesivos, ortografia, concordância, emprego de pronomes, colocação pronominal, regência etc.) e aspectos semânticos (significação de palavras, alteração de sentido etc.).

Existem diversas maneiras de se parafrasear uma frase, por isso cada banca examinadora pode formular questões a partir de muitas formas. Nesse sentido, é essencial conhecer e dominar as variadas estruturas que uma sentença pode assumir quando ela é reescrita.

18.1 Substituição de palavras ou de trechos de texto

No processo de reescrita, pode haver a substituição de palavras ou trechos. Ao se comparar o texto original e o que foi reestruturado, é necessário verificar se essa substituição mantém ou altera o sentido e a coerência do primeiro texto.

18.1.1 Locuções × palavras

Em muitos casos, há locuções (expressões formadas por mais de uma palavra) que podem ser substituídas por uma palavra, sem alterar o sentido e a correção gramatical. Isso é muito comum com verbos.

Os alunos **têm buscado** formação profissional. (Locução: têm buscado).

Os alunos **buscam** formação profissional. (Uma palavra: buscam).

Ambas as frases têm sentido atemporal, ou seja, expressam ações constantes, que não têm fim.

18.1.2 Significação das palavras

Ao avaliarmos a significação das palavras, devemos ficar atentos a alguns aspectos: sinônimos, antônimos, polissemia, homônimos e parônimos.

Sinônimos

Palavras que possuem significados próximos, mas não são totalmente equivalentes.

Casa – lar – moradia – residência.
Carro – automóvel.

Para verificar a validade da substituição, deve-se também ficar atento ao significado contextual. Por exemplo, na frase "as fronteiras entre o bem e o mal", não há menção a limites geográficos, pois a palavra "fronteira" está em sentido conotativo (figurado).

Além disso, nem toda substituição é coerente. Por exemplo, na frase "eu comprei uma casa", fica incoerente reescrever "eu comprei um lar".

Antônimos

Palavras que possuem significados diferentes, opostos, contrários.
Mal – bem.
Ausência – presença.
Subir – descer.
Cheio – vazio.
Possível – impossível.

Polissemia

Ocorre quando uma palavra apresenta mais de um significado em diferentes contextos.

Banco (instituição comercial financeira; assento).
Manga (parte da roupa; fruta).

A polissemia está relacionada ao significado contextual, ou seja, uma palavra tem um sentido específico apenas no contexto em que está inserida. Por exemplo:

A eleição foi marcada por debates explosivos (ou seja: debates acalorados, e não com sentido de explodir algo).

Homônimos

Palavras com a mesma pronúncia (algumas vezes, a mesma grafia), mas com significados diferentes.

Acender: colocar fogo. **As**cender: subir.
Con**c**erto: sessão musical. Con**s**erto: reparo.

Homônimos perfeitos

Palavras com a mesma grafia e o mesmo som.
Eu **cedo** este lugar você. (**Cedo** = verbo).
Cheguei **cedo** para jantar. (**Cedo** = advérbio de tempo).

Percebe-se que o significado depende do contexto em que a palavra aparece. Portanto, deve-se ficar atento à ortografia quando a questão é de reescrita.

Parônimos

Palavras que possuem significados diferentes, mas são muito parecidas na pronúncia e na escrita.

Ab**s**olver: perdoar, inocentar. Ab**s**o**r**ver: aspirar.
Comprimento: extensão. **Cu**mprimento: saudação.

18.2 Conectores de mesmo valor semântico

Há palavras, principalmente as conjunções, que possuem valores semânticos específicos, os quais devem ser levados em conta no momento de fazer uma substituição.

Logo, pode-se reescrever um período, alterando a conjunção. Para tanto, é preciso que a outra conjunção tenha o mesmo valor semântico. Além disso, é importante verificar como ficam os tempos verbais após a substituição.

Embora fosse tarde, fomos visitá-lo. (Conjunção subordinativa concessiva).

Apesar de ser tarde, fomos visitá-lo. (Conjunção subordinativa concessiva).

No exemplo anterior, o verbo também sofreu alteração.

Toque o sinal **para que** todos entrem na sala. (Conjunção subordinativa final).

Toque o sinal **a fim de que** todos entrem na sala. (Conjunção subordinativa final).

No exemplo anterior, o verbo permaneceu da mesma maneira.

18.3 Retextualização de diferentes gêneros e níveis de formalidade

Na retextualização, pode-se alterar o nível de linguagem do texto, dependendo de qual é a finalidade da transformação proposta. Nesse caso, são possíveis as seguintes alterações: linguagem informal para a formal; tipos de discurso; vozes verbais; oração reduzida para desenvolvida; inversão sintática; dupla regência.

18.3.1 Linguagem formal × linguagem informal

Um texto pode estar escrito em linguagem coloquial (informal) ou formal (norma padrão). A proposta de reescrita pode mudar de uma linguagem para outra. Veja o exemplo:

Pra que serve a política? (Informalidade)
Para que serve a política? (Formalidade)

A oralidade, geralmente, é mais informal. Portanto, fique atento: a fala e a escrita são diferentes, ou seja, a escrita não reproduz a fala e vice-versa.

18.3.2 Tipos de discurso

Discurso está relacionado à construção de textos, tanto orais quanto escritos, portanto, ele é considerado uma prática social.

Em um texto, podem ser encontrados três tipos de discurso: o discurso direto, o indireto e o indireto livre.

Discurso direto

São as falas das personagens. Esse discurso pode aparecer em forma de diálogos e citações, e vêm marcados com alguma pontuação (travessão, dois pontos, aspas etc.). Ou seja, o discurso direto reproduz fielmente a fala de alguém.

O médico disse à paciente:
Você precisa fazer exercícios físicos regularmente.

Discurso indireto

É a reprodução da fala de alguém, a qual é feita pelo narrador. Normalmente, esse discurso é escrito em terceira pessoa.

O médico disse à paciente que ela precisava fazer exercícios regulamente.

Discurso indireto livre

É a ocorrência do discurso direto e indireto ao mesmo tempo. Ou seja, o narrador conta a história, mas as personagens também têm voz própria.

No exemplo a seguir, há um discurso direto: "que raiva", que mostra a fala da personagem.

Retirou as asas e estraçalhou-a. Só tinham beleza. Entretanto, qualquer urubu... que raiva...

(Ana Maria Machado)

No trecho a seguir, há uma fala da personagem, mesclada com a narração: "Para que estar catando defeitos no próximo?".

D. Aurora sacudiu a cabeça e afastou o juízo temerário. Para que estar catando defeitos no próximo? Eram todos irmãos. Irmãos.

(Graciliano Ramos)

Exemplo de uma transposição de discurso direto para indireto:

Ana perguntou:
– Qual é a resposta correta?
Ana perguntou qual era a resposta correta.

Nas questões de reescrita que tratam da transposição de discursos, é mais frequente a substituição do direto pelo indireto. Nesse caso, deve-se ficar atento aos tempos verbais.

18.3.3 Voz verbal

Um verbo pode apresentar-se na voz ativa, passiva ou reflexiva.

Ativa

Ocorre quando o sujeito é agente, ou seja, pratica a ação expressa pelo verbo.

O aluno resolveu o exercício.

Passiva

Ocorre quando o sujeito é paciente, ou seja, recebe a ação expressa pelo verbo.

O exercício foi resolvido pelo aluno.

Reflexiva

Ocorre quando o sujeito é agente e paciente ao mesmo tempo, ou seja, pratica e recebe a ação.

A criança feriu-se com a faca.

Não confunda o emprego reflexivo do verbo com a reciprocidade. Por exemplo:

Os lutadores de MMA feriram-se. (Um ao outro)

Formação da voz passiva

A voz passiva pode ocorrer de forma analítica ou sintética.

- **Voz passiva analítica:** verbo SER + particípio do verbo principal.

  A academia de polícia **será pintada**.
  O relatório é **feito** por ele.

- A variação de tempo é determinada pelo verbo auxiliar (SER), pois o particípio é invariável.

  João **fez** a tarefa. (Pretérito perfeito do indicativo)
  A tarefa **foi** feita por João. (Pretérito perfeito do indicativo)
  João **faz** a tarefa. (Presente do indicativo)
  A tarefa **é** feita por João. (Presente do indicativo)
  João **fará** a tarefa. (Futuro do presente)
  A tarefa **será** feita por João. (Futuro do presente)

- **Voz passiva sintética:** verbo na 3ª pessoa, seguido do pronome apassivador SE.

  Abriram-se as inscrições para o concurso.

Transposição da voz ativa para a voz passiva

Pode-se mudar de uma voz para outra sem alterar o sentido da frase.

Os médicos brasileiros **lançaram** um tratamento para o câncer.
Um tratamento para o câncer **foi lançado** pelos médicos brasileiros.

Nas questões de concursos, costuma-se cobrar a transposição da voz ativa para a passiva, e da voz passiva sintética para a analítica.

Veja os exemplos:

A fiscalização exige o passaporte.
O passaporte é exigido pela fiscalização.
Exige-se comprovante de pagamento.
É exigido comprovante de pagamento.

18.3.4 Oração reduzida × oração desenvolvida

As orações subordinadas podem ser reduzidas ou desenvolvidas. Não há mudança de sentido se houver a substituição de uma pela outra. Veja os exemplos:

Ao terminar a aula, todos podem sair. (Reduzida de infinitivo)
Quando terminarem a prova, todos podem sair. (Desenvolvida)
Os vizinhos ouviram uma criança chorando na rua. (Reduzida de gerúndio)
Os vizinhos ouviram uma criança que chorava na rua. (Desenvolvida)
Terminada a reforma, a família mudou-se para a nova casa. (Reduzida de particípio)
Assim que terminou a reforma, a família mudou-se para a nova casa. (Desenvolvida)

18.3.5 Inversão sintática

Um período pode ser escrito na ordem direta ou indireta. Nesse caso, quando ocorre a inversão sintática, a correção gramatical é mantida. Apenas é necessário ficar atento ao sentido do período.

- Ordem direta: sujeito – verbo – complementos/adjuntos adverbiais.

> Os documentos foram levados para o gerente. (Direta)
> Foram levados os documentos para o gerente. (Indireta)

18.3.6 Dupla regência

Há verbos que exigem a presença da preposição e outros não. Deve-se ficar atento ao fato de que a regência pode influenciar no significado de um verbo.

Verbos transitivos diretos ou indiretos

Sem alterar o sentido, alguns verbos admitem duas construções: uma transitiva direta e outra indireta. Portanto, a ocorrência ou não da preposição mantém um trecho com o mesmo sentido.

- Almejar

> Almejamos **a** paz entre os países que estão em guerra.
> Almejamos **pela** paz entre os países que estão em guerra.

- Atender

> O gerente atendeu **os** meus pedidos.
> O gerente atendeu **aos** meus pedidos.

- Necessitar

> Necessitamos algumas horas para organizar o evento.
> Necessitamos **de** algumas horas para organizar o evento.

Transitividade e mudança de significado

Existem alguns verbos que, conforme a mudança de transitividade, têm o sentido alterado.

- **Aspirar:** é **transitivo direto** no sentido de sorver, inspirar (o ar), inalar.

> Aspirava o suave perfume. (Aspirava-o.)

- **Aspirar:** é **transitivo indireto** no sentido de desejar, ter como ambição.

> Aspirávamos ao cargo de diretor.

19. FIGURAS DE LINGUAGEM

As figuras de linguagem (também chamadas de figuras de pensamento) são construções que se relacionam com a função **poética da linguagem**, ou seja, estão articuladas em razão de modificar o código linguístico para dar ênfase no sentido de uma frase.

É comum vermos exemplos de figuras de linguagem em propagandas publicitárias, poemas, músicas etc. Essas figuras estão presentes em nossa fala cotidiana, principalmente na fala de registro **informal**.

O registro dito informal é aquele que não possui grande preocupação com a situação comunicativa, uma vez que não há tensão para a comunicação entre os falantes. Gírias, erros de concordância e subtração de termos da frase são comuns nesse baixo nível de formalidade comunicativa. Até grandes poetas já escreveram textos sobre esse assunto, veja o exemplo do escritor Oswald de Andrade, que discute a norma gramatical em relação à fala popular do brasileiro:

> Pronominais
> Dê-me um cigarro
> Diz a gramática
> Do professor e do aluno
> E do mulato sabido
> Mas o bom negro e o bom branco
> Da Nação Brasileira
> Dizem todos os dias
> Deixa disso camarada
> Me dá um cigarro

ANDRADE, Oswald de Andrade. **Os Cem Melhores Poemas Brasileiros do Século** - Seleção e Organização de Ítalo Moriconi. Rio de Janeiro: Editora Objetiva, 2001.

Vejamos agora algumas das principais figuras de linguagem que costumam ser cobradas em provas de concursos públicos:

- **Metáfora:** uma figura de linguagem, que consiste na comparação de dois termos sem o uso de um conectivo.
    > Rosa **é uma flor**. (A pessoa é como uma flor: perfumada, delicada, bela etc.).
    > Seus olhos **são dois oceanos**. (Os olhos possuem a profundidade do oceano, a cor do oceano etc.).
    > João **é fera**. (João é perito em alguma coisa, desempenha determinada tarefa muito bem etc.).

- **Metonímia:** figura de linguagem que consiste em utilização de uma expressão por outra, dada a semelhança de sentido ou a possibilidade de associação lógica entre elas.

Há vários tipos de metonímia, vejamos alguns deles:

> **Efeito pela causa:** O carrasco ergueu **a morte**. (O efeito é a morte, a causa é o machado)
> **Marca pelo produto:** Vá ao mercado e traga um **Nescau**. (Achocolatado em pó)
> **Autor pela obra:** Li **Camões** com entusiasmo. (Quem leu, leu a obra, não o autor)
> **Continente pelo conteúdo:** Comi dois **pratos** de feijão. (Comeu o feijão, ou seja, o conteúdo do prato)
> **Parte pelo todo:** Peço sua **mão** em casamento. (Pede-se, na verdade, o corpo todo)
> **Possuidor pelo possuído:** Mulher, vou **ao médico**. (Vai-se ao consultório que pertence ao médico, não ao médico em si)

- **Antítese:** figura de linguagem que consiste na exposição de ideias opostas.

    > Nasce o **Sol** e não dura mais que um dia
    > Depois da **Luz** se segue à **noite** escura
    > Em **tristes sombras** morre a formosura,
    > Em contínuas **tristezas** e **alegrias**.

(Gregório de Matos)

Os termos em negrito evidenciam relações semânticas de distinção (oposição). Nascer é o contrário de morrer, assim como sombra é o contrário de luz. Essa figura foi muito utilizada na poesia brasileira, em especial pelo autor dos versos citados anteriormente: Gregório de Matos Guerra.

- **Paradoxo:** expressão que contraria o senso comum. Ilógica.

    > Amor é fogo que **arde sem se ver;**
    > É ferida que **dói e não se sente;**
    > É um **contentamento descontente;**
    > É dor que **desatina sem doer.**

(Luís de Camões)

A construção semântica apresentada é totalmente ilógica, pois é impossível uma ferida doer e não ser sentida, assim como não é possível o contentamento ser descontente.

- **Perífrase:** expressão que tem por função substituir semanticamente um termo:
    > **A última flor do Lácio** anda muito judiada. (Português é a última flor do Lácio)
    > **O país do futebol** é uma grande nação. (Brasil)
    > **O Bruxo do Cosme Velho** foi um grande escritor. (Machado de Assis era conhecido como o Bruxo do Cosme Velho)
    > **O anjo de pernas tortas** foi o melhor jogador do mundo. (Garrincha)

- **Eufemismo:** figura que consiste em atenuar uma expressão desagradável:
    > José **pegou emprestado sem avisar**. (Roubou)
    > Maurício **entregou a alma a Deus.** (Morreu)
    > Coitado, só porque **é desprovido de beleza.** (Feio)

- **Disfemismo:** contrário ao eufemismo, é a figura de linguagem que consiste em tornar uma expressão desagradável em algo ainda pior.
    > O homem **abotoou o paletó de madeira.** (Morreu)
    > **Está chupando cana pela raiz.** (Morreu)
    > **Sentou no colo do capeta.** (Morreu)

- **Prosopopeia:** atribuição de características animadas a seres inanimados.
    > **O vento sussurrou em meus ouvidos.**
    > Parecia que a **agulha odiava o homem.**

- **Hipérbole:** exagero proposital de alguma característica.
    > **Estou morrendo de rir.**
    > **Chorou rios de lágrimas.**

- **Hipérbato:** inversão sintática de efeito expressivo.
    > Ouviram do Ipiranga as margens plácidas. / De um povo heroico o brado e retumbante.
    - **Colocando na ordem direta:**
        > As margens plácidas do Ipiranga ouviram o brado retumbante de um povo heroico.

- **Gradação:** figura que consiste na construção de uma escala de termo que fazem parte do mesmo campo semântico.
    > Plantou **a semente**, zelou pelo **broto**, regou a **planta** e colheu o **fruto**. (A gradação pode ser do campo semântico da palavra semente – broto, planta e fruto – ou da palavra plantar – zelar, regar, colher)

- **Ironia:** figura que consiste em dizer o contrário do que se pensa.
    > **Lamento por ter sido eu o vencedor dessa prova.** (Evidentemente a pessoa não lamenta ser o vencedor de alguma coisa)

FIGURAS DE LINGUAGEM

- **Onomatopeia:** tentativa de representar um som da natureza. Figura muito comum em histórias em quadrinhos.

    Pof, tic-tac, click, bum, vrum!

- **Sinestesia:** confusão dos sentidos do corpo humano para produzir efeitos expressivos.

    Ouvi uma **voz suave** saindo do quarto.

    O seu **perfume doce** é extremamente inebriante.

19.1 Vícios de linguagem

Em âmbito geral, vício de linguagem é toda expressão contrária à lógica da norma gramatical. Vejamos quais são os principais deslizes que se transformam em vícios.

- **Pleonasmo vicioso:** consiste na repetição desnecessária de ideias.

    Subir para cima.
    Descer para baixo.
    Entrar para dentro.
    Cardume de peixes.
    Enxame de abelhas.
    Elo de ligação.
    Fato real.

> **OBSERVAÇÃO**
> Pode existir o plágio expressivo em um texto poético. Na frase "ele penetrou na escura treva" há pleonasmo, mas não é vicioso.

- **Ambiguidade:** ocorre quando a construção frasal permite que a sentença possua dois sentidos.

    Tenho de buscar **a cadela da sua irmã**.

    A empregada disse para o chefe que o cheque estava sobre **sua mesa**.

- **Cacofonia:** ocorre quando a pronúncia de determinadas palavras permite a construção de outra palavra.

    Dei um beijo na bo**ca dela**. (Cadela)
    Nos**so hino** é belo. (Suíno)
    Na **vez passada**, esca**pei de** uma. (Vespa assada)

- **Barbarismo:** é um desvio na forma de falar ou grafar determinada palavra.

    Mortandela (em vez de mortadela).
    Poblema (em vez de problema).
    Mindingo (em vez de mendigo).
    Salchicha (em vez de salsicha).

Esse conteúdo costuma ser simples para quem pratica a leitura de textos poéticos, portanto, devemos sempre ler poesia.

19.2 Funções da linguagem

Deve-se a Roman Jakobson a discriminação das seis funções da linguagem na expressão e na comunicação humanas, conforme o realce particular que cada um dos componentes do processo de comunicação recebe no enunciado. Por isso mesmo, é raro encontrar em uma única mensagem apenas uma dessas funções, ou todas reunidas em um mesmo texto. O mais frequente é elas se superporem, apresentando-se uma ou outra como predominante.

Em que pese tal fato, é preciso considerar que há particularidades com relação às funções da linguagem, ou seja, cada função descreve algo em particular. Com isso, pretendo dizer que, antes de o estudante se ater às funções em si, é preciso que ele conheça o sistema que é um pouco mais amplo, ou seja, o ato comunicativo. Afinal, a teoria de Roman Jakobson se volta à descrição do ato comunicativo em si.

Na obra *Linguística e comunicação*, o linguista Roman Jakobson, pensando sobre o ato comunicativo e seus elementos, identifica seis funções da linguagem.

- Nesse esquema, identificamos:
    - **Emissor:** quem enuncia.
    - **Mensagem:** aquilo que é transmitido pelo emissor.
    - **Receptor:** quem recebe a mensagem.
    - **Código:** o sistema em que a mensagem é codificada. O código deve ser comum aos polos da comunicação.
    - **Canal:** meio físico porque ocorre a comunicação.

Pensando sobre esses elementos, Jakobson percebeu que cada função da linguagem está centrada em um elemento específico do ato comunicativo. É o que veremos agora.

As funções da linguagem são:

- **Referencial:** centrada na mensagem, ou seja, na transmissão do conteúdo. Como possui esse caráter, a objetividade é uma constante para a função referencial. É comum que se busque a imparcialidade quando dela se faz uso. É também conhecida como função denotativa. Como a terceira pessoa do singular é predominante, podem-se encontrar exemplos de tal função em textos científicos, livros didáticos, textos de cunho apenas informativo etc.

- **Emotiva:** centrada no emissor, ou seja, em quem enuncia a mensagem. Basicamente, a primeira pessoa predomina quando o texto se apoia sobre a função emotiva. É muito comum a observarmos em depoimentos, discursos, em textos sentimentais, e mesmo em textos líricos.

- **Apelativa:** centrada no receptor, ou seja, em quem recebe a mensagem. As características comuns a manifestações dessa função da linguagem são os verbos no modo imperativo, a tentativa de persuadir o receptor, a utilização dos pronomes de tratamento que tangenciem o interlocutor. É comum observar a função apelativa em propaganda, em discursos motivacionais etc.

- **Poética:** centrada na transformação da mensagem, ou seja, em como modificar o conteúdo da mensagem a fim de torná-lo mais expressivo. As figuras de linguagem são abundantes nessa função e, por sua presença, convencionou-se chamar, também, função poética de função conotativa. Textos literários, poemas e brincadeiras com a mensagem são fontes em que se pode verificar a presença da função poética da linguagem.

- **Fática:** centrada no canal comunicativo. Basicamente, busca testar o canal para saber se a comunicação está ocorrendo. Expressões como "olá", "psiu" e "alô você" são exemplos dessa função.

- **Metalinguística:** centrada no código. Quando o emissor se vale do código para explicar o próprio código, ou seja, num tipo de comunicação autorreferente. Como exemplo, podemos citar um livro de gramática, que se vale da língua para explicar a própria língua; uma aula de didática (sobre como dar aula); ou mesmo um poema que se refere ao processo de escrita de um poema. O poema a seguir é um ótimo exemplo de função metalinguística.

    Catar feijão
    Catar feijão se limita com escrever:
    jogam-se os grãos na água do alguidar
    e as palavras na da folha de papel;
    e depois, joga-se fora o que boiar.
    Certo, toda palavra boiará no papel,
    água congelada, por chumbo seu verbo:
    pois para catar esse feijão, soprar nele,
    e jogar fora o leve e oco, palha e eco.

LÍNGUA PORTUGUESA

Ora, nesse catar feijão entra um risco:
o de que entre os grãos pesados entre
um grão qualquer, pedra ou indigesto,
um grão imastigável, de quebrar dente.
Certo não, quando ao catar palavras:
a pedra dá à frase seu grão mais vivo:
obstrui a leitura fluviante, flutual,
açula a atenção, isca-a com risco.

MELO NETO, João Cabral de. **Obra completa**. Rio de Janeiro: Nova Aguilar, 1995.

TIPOLOGIA TEXTUAL

20. TIPOLOGIA TEXTUAL

O primeiro item que se deve ter em mente na hora de analisar um texto segundo sua tipologia é o caráter da predominância. Isso quer dizer que um mesmo agrupamento textual pode possuir características de diversas tipologias distintas, porém as questões costumam focalizar qual é o "tipo" predominante, o que mais está evidente no texto. Um pouco de bom-senso e uma pequena dose de conhecimento relativo ao assunto são necessários para obter sucesso nesse conteúdo.

Trabalharemos com três tipologias básicas: **narração, dissertação e descrição.**

20.1 Texto narrativo

Facilmente identificável, a tipologia narrativa guarda uma característica básica: contar algo, transmitir a ocorrência de fatos e/ou ações que possuam um registro espacial e temporal. Quer dizer, a narração necessita, também, de um espaço bem-marcado e de um tempo em que as ações narradas ocorram. Discorramos sobre cada aspecto separadamente.

São elementos de uma narração:

- **Personagem:** quem pratica ação dentro da narrativa, é claro. Deve-se observar que os personagens podem possuir características físicas (altura, aparência, cor do cabelo etc.) e psicológicas (temperamento, sentimentos, emoções etc.), as quais podem ser descritas ao longo do texto.
- **Espaço:** trata-se do local em que a ação narrativa ocorre.
- **Tempo:** é o lapso temporal em que a ação é descrita. O tempo pode ser enunciado por um simples "era uma vez".
- **Ação:** não existe narração sem ação! Ou seja, os personagens precisam fazer algo, ou sofrer algo para que haja ação narrativa.
- **Narrador:** afinal, como será contada uma estória sem uma voz que a narre? Portanto, este é outro elemento estruturante da tipologia narrativa. O narrador pode estar inserido na narrativa ou apenas "observar" e narrar os acontecimentos.

Note-se que, na tipologia narrativa, os verbos flexionados no pretérito são mais evidentes.

Eis um exemplo de narração, tente observar os elementos descritos anteriormente, no texto a seguir:

Um apólogo

Era uma vez uma agulha, que disse a um novelo de linha:

— Por que está você com esse ar, toda cheia de si, toda enrolada, para fingir que vale alguma cousa neste mundo?

— Deixe-me, senhora.

— Que a deixe? Que a deixe, por quê? Por que lhe digo que está com um ar insuportável? Repito que sim, e falarei sempre que me der na cabeça.

— Que cabeça, senhora? A senhora não é alfinete, é agulha. Agulha não tem cabeça. Que lhe importa o meu ar? Cada qual tem o ar que Deus lhe deu. Importe-se com a sua vida e deixe a dos outros.

— Mas você é orgulhosa.

— Decerto que sou.

— Mas por quê?

— É boa! Porque coso. Então os vestidos e enfeites de nossa ama, quem é que os cose, senão eu?

— Você? Esta agora é melhor. Você é que os cose? Você ignora que quem os cose sou eu e muito eu? – Você fura o pano, nada mais; eu é que coso, prendo um pedaço ao outro, dou feição aos babados...

— Sim, mas que vale isso? Eu é que furo o pano, vou adiante, puxando por você, que vem atrás obedecendo ao que eu faço e mando...

— Também os batedores vão adiante do imperador.

— Você é imperador?

— Não digo isso. Mas a verdade é que você faz um papel subalterno, indo adiante; vai só mostrando o caminho, vai fazendo o trabalho obscuro e ínfimo. Eu é que prendo, ligo, ajunto...

Estavam nisto, quando a costureira chegou à casa da baronesa. Não sei se disse que isto se passava em casa de uma baronesa, que tinha a modista ao pé de si, para não andar atrás dela. Chegou à costureira, pegou do pano, pegou da agulha, pegou da linha, enfiou a linha na agulha, e entrou a coser. Uma e outra iam andando orgulhosas, pelo pano adiante, que era a melhor das sedas, entre os dedos da costureira, ágeis como os galgos de Diana – para dar a isto uma cor poética. E dizia a agulha:

— Então, senhora linha, ainda teima no que dizia há pouco? Não repara que esta distinta costureira só se importa comigo; eu é que vou aqui entre os dedos dela, unidinha a eles, furando abaixo e acima...

A linha não respondia; ia andando. Buraco aberto pela agulha era logo enchido por ela, silenciosa e ativa, como quem sabe o que faz, e não está para ouvir palavras loucas. A agulha, vendo que ela não lhe dava resposta, calou-se também, e foi andando. E era tudo silêncio na saleta de costura; não se ouvia mais que o plic-plic-plic-plic da agulha no pano. Caindo o sol, a costureira dobrou a costura, para o dia seguinte. Continuou ainda nessa e no outro, até que no quarto acabou a obra, e ficou esperando o baile.

Veio a noite do baile, e a baronesa vestiu-se. A costureira, que a ajudou a vestir-se, levava a agulha espetada no corpinho, para dar algum ponto necessário. E enquanto compunha o vestido da bela dama, e puxava de um lado ou outro, arregaçava daqui ou dali, alisando, abotoando, acolchetando, a linha para mofar da agulha, perguntou-lhe:

— Ora, agora, diga-me, quem é que vai ao baile, no corpo da baronesa, fazendo parte do vestido e da elegância? Quem é que vai dançar com ministros e diplomatas, enquanto você volta para a caixinha da costureira, antes de ir para o balaio das mucamas? Vamos, diga lá.

Parece que a agulha não disse nada; mas um alfinete, de cabeça grande e não menor experiência, murmurou à pobre agulha:

— Anda, aprende, tola. Cansas-te em abrir caminho para ela e ela é que vai gozar da vida, enquanto aí ficas na caixinha de costura. Faze como eu, que não abro caminho para ninguém. Onde me espetam, fico. Contei esta história a um professor de melancolia, que me disse, abanando a cabeça:

— Também eu tenho servido de agulha a muita linha ordinária!

ASSIS, Machado de. Um apólogo. In: **Para Gostar de Ler**. v. 9, Contos. São Paulo: Ática, 1984, p. 59.

20.2 Texto dissertativo

O texto dissertativo, também chamado por alguns de informativo, possui a finalidade de discorrer sobre determinado assunto, apresentando fatos, opiniões de especialistas, dados quantitativos ou mesmo informações sobre o assunto da dissertação. É preciso entender que nem sempre a dissertação busca persuadir o seu interlocutor, ela pode simplesmente transmitir informações pertinentes ao assunto dissertado.

Quando a persuasão é objetivada, o texto passa a ter também características argumentativas. A rigor, as questões de concurso público focalizam a tipologia, não seus interstícios, portanto, não precisa ficar desesperado com o fato de haver diferença entre texto dissertativo-expositivo e texto dissertativo-argumentativo. Importa saber que ele é dissertativo.

Ressalta-se que toda boa dissertação possui a **introdução** do tema, o **desenvolvimento** coeso e coerente, que está vinculado ao que se diz na introdução, e uma **conclusão** lógica do texto, evidenciando o que se permite compreender por meio da exposição dos parágrafos de desenvolvimento.

A tipologia dissertativa pode ser facilmente encontrada em editoriais, textos de divulgação acadêmica, ou seja, com caráter científico, ensaios, resenhas, artigos científicos e textos pedagógicos.

Exemplo de dissertação:

Japão foi avisado sobre problemas em usinas dois anos antes, diz Wikileaks

O Wikileaks, site de divulgação de informações consideradas sigilosas, vazou um documento que denuncia que o governo japonês já havia sido avisado pela vigilância nuclear internacional que suas usinas poderiam não ser capazes de resistir a terremotos. O relatório, assinado pelo embaixador Thomas Schieffer obtido pelo WikiLeaks foi publicado hoje pelo jornal britânico, The Guardian.

O documento revela uma conversa de dezembro de 2008 entre o então deputado japonês, Taro Kono, e um grupo diplomático norte-americano durante um jantar. Segundo o relatório, um membro da Agência Internacional de Energia Atômica (AIEA) disse que as normas de segurança estavam obsoletas para aguentar os fortes terremotos, o que significaria "um problema grave para as centrais nucleares". O texto diz ainda que o governo do Japão encobria custos e problemas associados a esse ramo da indústria.

Diante da recomendação da AIEA, o Japão criou um centro de resposta de emergência em Fukushima, capaz de suportar, apenas, tremores até magnitude 7,0.

Como visto anteriormente, conceituar, polemizar, questionar a lógica de algum tema, explicar ou mesmo comentar uma notícia são estratégias dissertativas. Vamos dividir essa tipologia textual em dois tipos essencialmente diferentes: o **dissertativo-expositivo** e o **dissertativo-argumentativo**.

Padrão dissertativo-expositivo

A característica fundamental do padrão expositivo da dissertação é utilizar a estrutura da prosa não para convencer alguém de alguma coisa, e sim para apresentar uma ideia, apresentar um conceito. O princípio do texto expositivo não é a persuasão, é a informação e, justamente por tal fato, ficou conhecido como informativo. Para garantir uma boa interpretação desse padrão textual, é importante buscar a ideia principal (que deve estar presente na introdução do texto) e, depois, entender quais serão os aspectos que farão o texto progredir.

- **Onde posso encontrar esse tipo de texto?** Jornais revistas, sites sobre o mundo de economia e finanças. Diz-se que esse tipo de texto focaliza a função referencial da linguagem.
- **Como costuma ser o tipo de questão relacionada ao texto dissertativo-expositivo?** Geralmente, os elaboradores questionam sobre as informações veiculadas pelo texto. A tendência é que o elaborador inverta as informações contidas no texto.
- **Como resolver mais facilmente?** Toda frase que mencionar o conceito ou a quantidade de alguma coisa deve ser destacada para facilitar a consulta.

Padrão dissertativo-argumentativo

No texto do padrão dissertativo-argumentativo, existe uma opinião sendo defendida e existe uma posição ideológica por detrás de quem escreve o texto. Se analisarmos a divisão dos parágrafos de um texto com características argumentativas, perceberemos que a introdução apresenta sempre uma tese (ou hipótese) que é defendida ao longo dos parágrafos.

Uma vez feito isso, o candidato deve entender qual é a estratégia utilizada pelo produtor do texto para defender seu ponto de vista. Na verdade, agora é o momento de colocar "a mão na massa" para valer, uma vez que aqueles enunciados que iniciam com "infere-se da argumentação do texto", "depreende-se dos argumentos do autor" serão vencidos caso se observem os fatores de interpretação corretos:

- Conexão entre as ideias do texto (atenção para as conjunções).
- Articulação entre as ideias do texto (atenção para a combinação de argumentos).
- Progressão do texto.

Recursos argumentativos

Quando o leitor interage com uma fonte textual, deve observar – tratando-se de um texto com o padrão dissertativo-argumentativo – que o autor se vale de recursos argumentativos para construir seu raciocínio dentro do texto. Vejamos alguns recursos importantes:

- **Argumento de autoridade:** baseado na exposição do pensamento de algum especialista ou alguma autoridade no assunto. Citações, paráfrases e menções ao indivíduo podem ser tomadas ao longo do texto. É importante saber diferenciar se a opinião colocada em foco é a do autor ou se é a do indivíduo que ele cita ao longo do texto.
- **Argumento com base em consenso:** parte de uma ideia tomada como consensual, o que leva o leitor a entender apenas aquilo que o elaborador mostra. Sentenças do tipo "todo mundo sabe que", "é de conhecimento geral que" identificam esse tipo de argumentação.
- **Argumento com fundamentação concreta:** basear aquilo que se diz em algum tipo de pesquisa ou fato que ocorre com certa frequência.
- **Argumento silogístico (com base em um raciocínio lógico):** do tipo hipotético – "Se ... então".
- **Argumento de competência linguística:** consiste em adequar o discurso ao panorama linguístico de quem é tido como possível leitor do texto.
- **Argumento de exemplificação:** utilizar casos ou pequenos relatos para ilustrar a argumentação do texto.

20.3 Texto descritivo

Em um texto descritivo, faz-se um tipo de retrato por escrito de um lugar, uma pessoa, um animal ou um objeto. Os adjetivos são abundantes nessa tipologia, uma vez que a sua função de caracterizar os substantivos é extremamente exigida nesse contexto. É possível existir um texto descritivo que enuncie características de sensações ou sentimentos, porém não é muito comum em provas de concurso público. Não há relação temporal na descrição. Os verbos relacionais são mais presentes para poder evidenciar aspectos e características. Significa "criar" com palavras uma imagem.

Exemplo de texto descritivo:

Texto extraído da prova do BRB (2010) – Banca CESPE/UnB

Nome científico: *Ginkgo biloba L.*
Nome popular: *Nogueira-do-japão*
Origem: *Extremo Oriente*

TIPOLOGIA TEXTUAL

Aspecto: *as folhas dispõem-se em leque e são semelhantes ao trevo; a altura da árvore pode chegar a 40 metros; o fruto lembra uma ameixa e contém uma noz que pode ser assada e comida*

20.4 Conotação × denotação

É interessante, quando se estuda o conteúdo de tipologia textual, ressaltar a distinção conceitual entre o sentido conotativo e o sentido denotativo da linguagem. Vejamos como se opera essa distinção:

Sentido conotativo: figurado, ou abstrato. Relaciona-se com as figuras de linguagem.

- Adalberto **entregou sua alma a Deus**.

  A ideia de entregar a alma a Deus é figurada, ou seja, não ocorre literalmente, pois não há um serviço de entrega de almas. Essa é uma figura que convencionamos chamar de **metáfora**.

Sentido denotativo: literal, ou do dicionário. Relaciona-se com a função **referencial** da linguagem.

- Adalberto **morreu**.

  Quando dizemos função referencial, entende-se que o falante está preocupado em transmitir precisamente o fato ocorrido, sem apelar para figuras de pensamento. Essa frase do exemplo serviu para mostrar o sinônimo da figura de linguagem anterior.

LÍNGUA PORTUGUESA

21. GÊNEROS TEXTUAIS

Os gêneros textuais podem ser textos orais ou escritos, formais ou informais. Eles possuem características em comum, como a intenção comunicativa, mas há algumas características que os distinguem uns dos outros.

21.1 Gêneros textuais e esferas de circulação

Cada gênero textual está vinculado a uma esfera de circulação, ou seja, um lugar comum em que ele pode ser encontrado.

Cotidiana: adivinhas, diário, álbum de família exposição oral, anedotas, fotos, bilhetes, músicas, cantigas de roda, parlendas, carta pessoal, piadas, cartão, provérbios, cartão postal, quadrinhas, causos, receitas, comunicado, relatos de experiências vividas, convites, trava-línguas, *curriculum vitae*.

Literária/artística: autobiografia, letras de músicas, biografias, narrativas de aventura, contos, narrativas de enigma, contos de fadas, narrativas de ficção, contos de fadas contemporâneos, narrativas de humor, crônicas de ficção, narrativas de terror, escultura, narrativas fantásticas, fábulas, narrativas míticas, fábulas contemporâneas, paródias, haicais, pinturas, histórias em quadrinhos, poemas, lendas, romances, literatura de cordel, tankas, memórias, textos dramáticos.

Científica: artigos, relatos históricos, conferências, relatórios, debates, palestras, verbetes, pesquisas.

Escolar: atas, relatos históricos, cartazes, relatórios, debates, regrados, relatos de experiências, diálogos/discussões argumentativas científicas, exposições orais, resenhas, júris simulados, resumos, mapas, seminários, palestras, textos argumentativos, pesquisas, textos de opinião, verbetes de enciclopédias.

Jornalística: imprensas, agendas culturais, fotos, anúncios de emprego, horóscopos, artigos de opinião, infográficos, caricaturas, manchetes, cartas ao leitor, mapas, mesas redondas, cartuns, notícias, charges, reportagens, classificados, resenhas críticas, crônicas jornalísticas, sinopses de filmes, editoriais, tiras, entrevistas (orais e escritas).

Publicidade: anúncios, músicas, caricaturas, **paródias**, cartazes, placas, comerciais para televisão, publicidades comerciais, *e-mails*, publicidades institucionais, *folders*, publicidades oficiais, fotos, textos políticos, *slogans*.

Política: abaixo-assinados, debates regrados, assembleias, discursos políticos, cartas de emprego, fóruns, cartas de reclamação, manifestos, cartas de solicitação, mesas redondas, debates, panfletos.

Jurídica: boletins de ocorrência, estatutos, constituição brasileira, leis, contratos, ofícios, declaração de direitos, procurações, depoimentos, regimentos, discursos de acusação, regulamentos, discursos de defesa, requerimentos.

Social: bulas, relatos históricos, manuais técnicos, relatórios, placas, relatos de experiências científicas, resenhas, resumos, seminários, textos argumentativos, textos de opinião, verbetes de enciclopédias.

Midiática: *blogs, realities show, chats, talks show,* desenhos animados, telejornais, e-mails, telenovelas, entrevistas, torpedos, filmes, vídeos clip, fotoblogs, videoconferências, *home page*.

21.2 Exemplos de gêneros textuais

Artigo: o artigo de opinião é um gênero textual que faz parte da esfera jornalística e tem por finalidade a exposição do ponto de vista sobre um determinado assunto. Assim como a dissertação, ele também se compõe de um título, uma introdução, um desenvolvimento e uma conclusão.

Ata: a ata tem como finalidade registrar ocorrências, resoluções e decisões de reuniões, sessões realizadas por algum órgão, setor, entidade etc.

Estrutura da ata:
- Dia, mês, ano e hora (por extenso);
- Local da reunião;
- Pessoas presentes, devidamente qualificadas;
- Ordem do dia (pauta);
- Fecho.

Observações:
- Não há disposição quanto à quantidade de pessoas que deve assinar a ata; pode ser assinada apenas pelo presidente e pelo secretário.
- A ata deve ser redigida de modo que não sejam possíveis alterações posteriores à assinatura (há o emprego de expressões "digo" e "em tempo").
- Não há parágrafos ou alíneas.
- A ata é o registro fiel.

Atestado: atestado é o documento mediante o qual a autoridade comprova um fato ou situação de que tenha conhecimento em razão do cargo que ocupa ou da função que exerce. Destina-se à comprovação de fatos ou situações passíveis de modificações frequentes. É uma mera declaração, ao passo que a certidão é uma transcrição. Ato administrativo enunciativo, o atestado é, em síntese, afirmação oficial de fatos.

Partes:
- **Título ou epígrafe:** denominação do ato (atestado).
- **Texto:** exposição do objeto da atestação. Pode-se declarar, embora não seja obrigatório, a pedido de quem e com que finalidade o documento é emitido.
- **Local e data:** cidade, dia, mês e ano da emissão do ato, podendo também citar, preferentemente sob forma de sigla, o nome do órgão em que a autoridade signatária do atestado exerce suas funções.
- **Assinatura:** nome e cargo ou função da autoridade que atesta.

Apostila: apostila é a averbação, feita abaixo dos textos ou no verso de decretos e portarias pessoais (nomeação, promoção, ascensão, transferência, readaptação, reversão, aproveitamento, reintegração, recondução, remoção, exoneração, demissão, dispensa, disponibilidade e aposentadoria), para que seja corrigida flagrante inexatidão material do texto original (erro na grafia de nomes próprios, lapso na especificação de datas etc.), desde que essa correção não venha a alterar a substância do ato já publicado.

Tratando-se de erro material em decreto pessoal, a apostila deve ser feita pelo Ministro de Estado que o propôs. Se o lapso houver ocorrido em portaria pessoal, a correção por apostilamento estará a cargo do ministro ou secretário signatário da portaria. Nos dois casos, a apostila deve sempre ser publicada no Boletim de Serviço ou Boletim Interno correspondente e, quando se tratar de ato referente a ministro de Estado, também no Diário Oficial da União.

A finalidade da correção de inexatidões materiais por meio de apostila é evitar que se sobrecarregue o Presidente da República com a assinatura de atos repetidos, e que se onere a Imprensa Nacional com a republicação de atos.

Forma e estrutura:
- Título, em maiúsculas e centralizado sobre o texto.

GÊNEROS TEXTUAIS

- Texto, no qual deve constar a correção que está sendo feita, a ser iniciada com a remissão ao decreto que autoriza esse procedimento.
- Local e data, por extenso:
  - Por exemplo: Brasília, em 12 de novembro de 1990.
- Identificação do signatário, abaixo da assinatura:
  - Por exemplo: NOME (em maiúsculas)
    Secretário da Administração Federal

No original do ato normativo, próximo à apostila, deverá ser mencionada a data de publicação da apostila no Boletim de Serviço ou no Boletim Interno.

Carta: pode ter caráter argumentativo quando se trata de uma carta aberta ou carta do leitor. Quando se trata de carta pessoal, há a presença de aspectos narrativos ou descritivos.

Charge: é um gênero textual em que é feita uma ilustração cômica, irônica, por meio de caricaturas, com o objetivo de satirizar, criticar ou fazer um comentário sobre algum acontecimento, que é atual, em sua grande maioria.

A charge é um dos gêneros textuais mais cobrados em questões de concurso. Deve-se dar atenção à crítica feita pelo autor, a qual pode ser percebida pela relação texto verbal e não verbal (palavras e imagens).

Certidão: certidão é o ato pelo qual se procede à publicidade de algo relativo à atividade Cartorária, a fim de que não haja dúvidas. Possui formato padrão próprio, termos essenciais que lhe dão suas características. Exige linguagem formal, objetiva e concisão.

Termos essenciais da certidão:
- **Afirmação:** certidão e dou fé que.
- **Identificação do motivo de sua expedição:** a pedido da parte interessada.
- **Ato a que se refere:** revendo os assentamentos constantes deste cartório, não lograi encontrar ação movida contra (nome).
- **Data:** de sua expedição.
- **Assinatura:** do escrivão.

Circular: é utilizada para transmitir avisos, ordens, pedidos ou instruções, dar ciência de leis, decretos, portarias etc.
- Destina-se a uma ou mais de uma pessoa/órgão/empresa. No caso de mais de um destinatário, todas as vias distribuídas devem ser iguais.
- A paragrafação pode seguir o estilo americano (sem entradas de parágrafo), ou estilo tradicional. No caso de estilo americano, todo o texto, a data e a assinatura devem ser alinhados à margem esquerda. No estilo tradicional, devem ser centralizados.

Partes:
- **Timbre:** impresso no alto do papel.
- **Título e número:** cerca de três linhas do timbre e no centro da folha. O número pode vir seguido do ano.
- **Data:** deve estar próxima do título e número, ao lado ou abaixo, podendo se apresentar de várias formas:
  - Por exemplo:
    - CIRCULAR Nº 01, DE 2 MARÇO DE 2002
    - CIRCULAR Nº 01
    - De 2 de março de 2002
    - CIRCULAR Nº 01/02
    - Rio de Janeiro, 2 de março de 2002
- **Ementa (opcional):** deve vir abaixo do título e data, cerca de três linhas.
  - Ementa: Material de consumo.
  - Ref.: Material de consumo.
- **Invocação:** cerca de quatro linhas do título. Dependendo do assunto e destinatários, a invocação é dispensável.
  - Excelentíssimo Senhor:
  - Senhor Prefeito:
  - Senhores Pais:
- **Texto:** cerca de três linhas do título. Deve conter:
  - Exposição do assunto, desenvolvida a partir dos objetivos.
  - A sensibilização do receptor/destinatário;
  - Convite a agir.
  - Cumprimento final:
  - Respeitosamente,
  - Atenciosamente,
- **Assinatura:** cerca de quatro linhas do cumprimento final. É composta do nome do emissor (só as iniciais maiúsculas) e cargo ou função (todo em maiúscula):
  - Por exemplo:
    Herivelto Nascimento
    DIRETOR
- **Anexos:** quando houver documentos a anexar, escreve-se a palavra anexo à margem esquerda, seguida da relação do que está anexado:
  - Por exemplo:
    Anexo: quadro de horários.
    Anexa: cópia do documento.
    Anexas: tabela de horários e cópia dos documentos.
- **Iniciais:** na última linha útil do papel, à esquerda, devemos escrever as iniciais de quem elaborou o texto (redator), seguidas das iniciais de quem a datilografou/digitou (em maiúscula ou minúscula, tanto faz). Quando o redator e o datilógrafo forem a mesma pessoa, basta colocar a barra seguida das iniciais:
  - PPS/AZ
  - Pps/az
  - /pps
  - /PPS
- **Declaração:** a declaração deve ser fornecida por pessoa credenciada ou idônea que nele assume a responsabilidade sobre uma situação ou a concorrência de um fato. Portanto, é uma comprovação escrita com caráter de documento. A declaração pode ser manuscrita em papel almaço simples ou digitada. Quanto ao aspecto formal, divide-se nas seguintes etapas:
  - **Timbre:** impresso com cabeçalho, contendo o nome do órgão ou empresa. Nas declarações particulares, usa-se papel sem timbre.
  - **Título:** no centro da folha, em caixa alta.
  - **Texto:**
    - Identificação do emissor.
    - O verbo atestar ou declarar deve aparecer no presente do indicativo, terceira pessoa do singular ou do plural.
    - Finalidade do documento: em geral, costuma-se usar o termo "para os devidos fins". Também se pode especificar: "para fins de trabalho", "para fins escolares" etc.
    - Nome e dados de identificação do interessado.

- Citação do fato a ser atestado.
- **Local e data:** deve-se escrevê-lo acerca de três linhas do texto.

Editorial: é um gênero textual dissertativo-argumentativo que apresenta o posicionamento de uma empresa, revista, jornal sobre determinado assunto.

Entrevista: é um gênero textual em que aparece o diálogo entre o entrevistador e o(s) entrevistado(s), para obter informações sobre o entrevistado ou algum assunto. Podem aparecer elementos expositivos, argumentativos e narrativos.

Edital: é um documento em que são apresentados avisos, citações, determinações.

São diversos os tipos de editais, de acordo com o objetivo: pode comunicar uma citação, um proclame, um contrato, uma exoneração, uma licitação de obras, serviços, tomada de preço etc.

Entre eles, os editais mais comuns são os de concursos públicos, que determinam as etapas dos processos seletivos e as competências necessárias para a sua execução.

22. COMPREENSÃO E INTERPRETAÇÃO DE TEXTOS

22.1 Ideias preliminares sobre o assunto

Para interpretar um texto, o indivíduo precisa de muita atenção e de muito treino. Interpretar pode ser comparado com o disparar de uma arma: apenas temos chance de acertar o alvo se treinarmos muito e soubermos combinar todos os elementos externos ao disparo: velocidade do ar, direção, distância etc.

Quando o assunto é texto, o primordial é estabelecer uma relação contextual com aquilo que estamos lendo. Montar o contexto significa associar o que está escrito no texto-base com o que está disposto nas questões. Lembre-se de que as questões são elaboradas com a intenção de testar os concursandos, ou seja, deve ficar atento para todas as palavras e para todas as possibilidades de mudança de sentido que possa haver nas questões.

É preciso, para entender as questões de interpretação de qualquer banca, buscar o raciocínio que o elaborador da questão emprega na redação da questão. Usualmente, objetiva-se a depreensão dos sentidos do texto. Para tanto, destaque os itens fundamentais (as ideias principais contidas nos parágrafos) para poder refletir sobre tais itens dentro das questões.

22.2 Semântica ou pragmática?

Existe uma discussão acadêmica sobre o que possa ser considerado como semântica e como pragmática. Em que pese o fato de os universitários divergirem a respeito do assunto, vamos estabelecer uma distinção simples, apenas para clarear nossos estudos.

- **Semântica:** disciplina que estuda o **significado** dos termos. Para as questões relacionadas a essa área, o comum é que se questione acerca da troca de algum termo e a manutenção do sentido original da sentença.
- **Pragmática:** disciplina que estuda o **sentido** que um termo assume dentro de determinado contexto. Isso quer dizer que a identificação desse sentido depende do entorno linguístico e da intenção de quem exprime a sentença.

Para exemplificar essa situação, vejamos o exemplo a seguir:

- **Pedro está na geladeira.**

Nesse caso, é possível que uma questão avalie a capacidade de o leitor compreender que há, no mínimo, dois sentidos possíveis para essa sentença: um deles diz respeito ao fato de a expressão "na geladeira" poder significar algo como "ele foi até a geladeira buscar algo", o que – coloquialmente – significaria uma expressão indicativa de lugar.

O outro sentido diz respeito ao fato de "na geladeira" significar que "foi apartado de alguma coisa para receber algum tipo de punição".

A questão sobre **semântica** exigiria que o candidato percebesse a possibilidade de trocar a palavra "geladeira" por "refrigerador" – havendo, nesse caso, uma relação de sinonímia.

A questão de **pragmática** exigiria que o candidato percebesse a relação contextualmente estabelecida, ou seja, a criação de uma figura de linguagem (um tipo de metáfora) para veicular um sentido particular.

22.3 Questão de interpretação

Como se faz para saber que uma questão de interpretação é uma questão de interpretação?

Respondendo a essa pergunta, entende-se que há pistas que identificam a questão como pertencente ao rol de questões para interpretação. Os indícios mais precisos que costumam aparecer nas questões são:

- Reconhecimento da intenção do autor.
- Ponto de vista defendido.
- Argumentação do autor.
- Sentido da sentença.

Apesar disso, não são apenas esses os indícios de que uma questão é de interpretação. Dependendo da banca, podemos ter a natureza interpretativa distinta, principalmente porque o critério de intepretação é mais subjetivo que objetivo. Algumas bancas podem restringir o entendimento do texto; outras podem extrapolá-lo.

22.4 Dicas para interpretação

Há três elementos fundamentais para boa interpretação:
- Eliminação dos vícios de leitura.
- Organização.
- Sagacidade.

22.4.1 Vícios de leitura

A pior coisa que pode acontecer com o concursando, quando recebe um texto complexo para ler e interpretar, é cair num vício de leitura. Veja se você possui algum deles. Caso possua, tente eliminar o quanto antes.

Movimento

Como tudo inicia. O indivíduo pega o texto para ler e não para quieto. Troca a maneira de sentar, troca a posição do texto, nada está bom, nada está confortável. Em casa, senta para estudar e o que acontece? Fome. Depois? Sede. Então, a pessoa fica se mexendo para pegar comida, para tomar água, para ficar mais sossegado e o fluxo de leitura vai para o espaço. Fique quieto! O conceito é militar! Sente-se e permaneça assim até acabar a leitura, do contrário, vai acabar com a possibilidade de entender o que está escrito. Estudar com televisão, rádio, redes sociais e qualquer coisa dispersiva desse gênero só vai atrapalhar você.

Apoio

Não é aconselhável utilizar apoios para a leitura, tais como: réguas, acompanhar a linha com a caneta, ler em voz baixa, passar o dedo pelo papel etc. Basta pensar que seus olhos são muito mais rápidos que qualquer movimento ou leitura em voz alta.

"Garoto da borboleta"

Se você possui os vícios anteriores, certamente é um "garoto da borboleta" também. Isso quer dizer que é desatento e fica facilmente (fatalmente) disperso. Tudo chama sua atenção: caneta batendo na mesa, o concorrente barulhento, a pessoa estranha que está em sua frente, o tempo passando etc. Você vai querer ficar voltando ao início do texto porque não conseguiu compreender nada e, finalmente, vai perder as questões de interpretação.

22.4.2 Organização da leitura

Para que ocorra organização, é necessário compreender que todo texto possui:

- **Posto:** aquilo que é dito no texto. O conteúdo expresso.
- **Pressuposto:** aquilo que não está dito, mas que é facilmente compreendido.
- **Subentendido:** o que se pode interpretar por uma soma de dito com não-dito.

Veja um exemplo:

Alguém diz: "felizmente, meu tio parou de beber." É certo que o dito se compõe pelo conteúdo da mensagem: o homem parou de beber. O não-dito, ou pressuposto, fica a cargo da ideia de que o homem bebia e, agora, não bebe mais. Por sua vez, o subentendido pode ser abstraído como "meu tio possuía problemas com a bebida e eu assumo isso por meio da sentença que profiro". Não é difícil! É necessário, no entanto, possuir uma certa "malandragem linguística" para perceber isso de início.

22.5 Dicas para organização

As dicas de organização não são novas, mas são eficazes, vamos lá:

- **Ler mais de uma vez o texto (quando for curto, é lógico)**

A primeira leitura é para tomar contato com o assunto, a segunda, para observar como o texto está articulado.

Ao lado de cada parágrafo, escreva a principal ideia (tópico frasal) ou argumento mais forte do trecho. Isso ajuda você a ter clareza da temática e como ela está sendo desenvolvida.

Se o texto for muito longo, recomenda-se ler primeiro a questão de interpretação, para, então, buscá-la na leitura.

- **Observar as relações entre parágrafos**

Observar que há relações de exemplificação, oposição e causalidade entre os parágrafos do texto, por isso, tente compreender as relações intratextuais nos parágrafos.

Ficar de olho aberto para as conjunções adversativas: *no entanto*, *contudo*, *entretanto* etc.

- **Atentar para o comando da questão**

Responda àquilo que foi pedido.

- **Dica:** entenda que modificar e prejudicar o sentido não são a mesma coisa.

- **Palavras de alerta (polarizadoras)**

Sublinhar palavras como: *erro*, *incorreto*, *correto* e *exceto*, para não se confundir no momento de responder à questão.

Inaceitável, *incompatível* e *incongruente* também podem aparecer.

- **Limitar os horizontes**

Não imaginar que você sabe o que o autor quis dizer, mas sim entender o que ele disse: o que ele escreveu. Não extrapolar a significação do texto. Para isso, é importante prestar atenção ao significado das palavras.

Pode até ser coerente o que você concluiu, mas se não há base textual, descarte.

O homem **pode** morrer de infarto. / O homem **deve** morrer de infarto.

- **Busque o tema central do texto**

Geralmente aparece no primeiro parágrafo do texto.

- **Desenvolvimento**

Se o enunciado mencionar a argumentação do texto, você deve buscar entender o que ocorre com o desenvolvimento dos parágrafos.

Verificar se o desenvolvimento ocorre por:
- Causa e consequência.
- Enumeração de fatos.
- Retrospectiva histórica.
- Fala de especialista.
- Resposta a um questionamento.
- Sequência de dados.
- Estudo de caso.
- Exemplificação.

- **Relatores**

Atentar para os pronomes relativos e demonstrativos no texto. Eles auxiliam o leitor a entender como se estabelece a coesão textual.

Alguns deles: *que, cujo, o qual, onde, esse, este, isso, isto* etc.

- **Entender se a questão é de interpretação ou de compreensão**
    - Interpretação

Parte do texto para uma conclusão. As questões que solicitam uma inferência costumam apresentar as seguintes estruturas:

"É possível entender que..."
"O texto possibilita o entendimento de que..."
"O texto encaminha o leitor para..."
"O texto possibilita deduzir que..."
"Depreende-se do texto que..."
"Com apoio no texto, infere-se que..."
"Entende-se que..."
"Compreende-se que..."
"Compreensão"

Buscam-se as informações solicitadas pela questão no texto. As questões dessa natureza possuem as seguintes estruturas:

"De acordo com o texto, é possível afirmar..."
"Segundo o texto..."
"Conforme o autor..."
"No texto..."
"Conforme o texto..."

- **Tome cuidado com as generalizações**

Na maior parte das vezes, o elaborador da prova utiliza a generalização para tornar a questão incorreta.

Atenção para as palavras: *sempre, nunca, exclusivamente, unicamente, somente.*

O que você não deve fazer!
"Viajar" no texto: interpretar algo para além do que o texto permite.
Interpretar apenas um trecho do texto.
Entender o contrário: fique atento a palavras como "pode", "não", "deve" etc.

22.5.1 Astúcia da banca

Talvez seja essa a característica mais difícil de se desenvolver no concursando, pois ela envolve o conhecimento do tipo de interpretação e dos limites estabelecidos pelas bancas. Só há uma maneira de ficar esperto estudando para concurso público: realizando provas! Pode parecer estranho, mas depois de resolver 200 questões da mesma banca, você já consegue prever como será a próxima questão. Prever é garantir o acerto! Então, faça exercícios até cansar e, quando cansar, faça mais um pouco.

Vamos trabalhar com alguns exemplos agora:

- **Exemplo I**

Entre os maiores obstáculos ao pleno desenvolvimento do Brasil, está a educação. Este é o próximo grande desafio que deve ser enfrentado com paciência, mas sem rodeios. É a bola da vez dentro das políticas públicas prioritárias do Estado. Nos anos 1990 do século passado, o país derrotou a inflação – que corroía salários, causava instabilidade política e irracionalidade econômica. Na primeira década deste século, os avanços deram-se em direção a uma agenda social, voltada para a redução da pobreza e da desigualdade estrutural. Nos próximos anos,

COMPREENSÃO E INTERPRETAÇÃO DE TEXTOS

a questão da melhoria da qualidade do ensino deve ser uma obrigação dos governantes, sejam quais forem os ungidos pelas decisões das urnas.
Jornal do Brasil, Editorial, 21/1/2010 (com adaptações).

Agora o mesmo texto, devidamente marcado.

*Entre **os maiores obstáculos** ao pleno desenvolvimento do Brasil, está a educação. Este é o **próximo grande desafio** que deve ser enfrentado com paciência, mas sem rodeios. É a **bola da vez** dentro das políticas públicas prioritárias do Estado. **Nos anos 90 do século passado,** o país derrotou a inflação – que corroía salários, causava instabilidade política e irracionalidade econômica. **Na primeira década deste século**, os avanços deram-se em direção a uma agenda social, voltada para a redução da pobreza e da desigualdade estrutural. **Nos próximos anos**, a questão da melhoria da qualidade do ensino deve ser uma **OBRIGAÇÃO DOS GOVERNANTES**, sejam quais forem os ungidos pelas decisões das urnas.*

Observe que destacamos para você elementos que podem surgir, posteriormente como questões. O texto inicia falando que há mais obstáculos além da educação. Também argumenta, posteriormente, que já houve outros desafios além desse que ele chama de "próximo grande desafio". Utilizando uma expressão de sentido **conotativo** (bola da vez), o escritor anuncia que a educação ocupa posição de destaque quando o assunto se volta para as políticas públicas prioritárias do Estado.

No decorrer do texto, que se desenvolve por um tipo de retrospectiva histórica (veja o que está destacado), o redator traça um panorama dessas políticas públicas ao longo da história do país, fazendo uma previsão para os anos vindouros (o que foi destacado em caixa alta).

- **Exemplo II**

*Um passo fundamental para que não nos enganemos quanto à **natureza do capitalismo contemporâneo** e o significado das políticas empreendidas pelos países centrais para enfrentar a recente **crise econômica** é problematizarmos, com cuidado, o termo **neoliberalismo**: "começar pelas palavras talvez não seja coisa vã", escreve Alfredo Bosi em Dialética da Colonização.*

*A partir da década de 1980, buscando exprimir a natureza do capitalismo contemporâneo, muitos, principalmente os críticos, utilizaram esta palavra que, por fim, se generalizou. Mas o que, de fato, significa? O prefixo neo quer dizer novo; portanto, novo liberalismo. Ora, durante o século **XIX deu-se a construção de um liberalismo** que viria encontrar a sua crise definitiva na I Guerra Mundial em 1914 e na crise de 1929. Mas desde o período entre guerras e, sobretudo, depois, com o término da II Guerra Mundial, em 1945, tomou corpo um novo modelo, principalmente na Europa, que de certa forma se contrapunha ao velho liberalismo: era **o mundo da socialdemocracia**, da presença do Estado na vida econômica, das ações políticas inspiradas na reflexão teórica do economista britânico John Keynes, um crítico do liberalismo econômico clássico que viveu na primeira metade do século XX. Quando esse modelo também entrou em crise, no princípio da década de 1970, surgiu a perspectiva de **reconstrução da ordem liberal**. Por isso, novo liberalismo, neoliberalismo.*

Grupo de São Paulo, disponível em: http://www.correiocidadania.com.br/content/view/5158/9/. Acesso em: 28/10/2010. (Adaptado)

- **Exemplo III**

Em Defesa do Voto Obrigatório

*O voto, direito duramente conquistado, **deve ser considerado um dever** cívico, sem o exercício do qual o **direito se descaracteriza ou se perde**, afinal liberdade e democracia são fins e não apenas meios. Quem vive em uma comunidade política não pode estar **desobrigado** de opinar sobre os rumos dela. Nada contra a desobediência civil, recurso legítimo para o protesto cidadão, que, no caso eleitoral, se pode expressar no voto nulo (cuja tecla deveria constar na máquina utilizada para votação). Com o **voto facultativo**, o direito de votar e o de não votar ficam inscritos, em pé de igualdade, no corpo legal. Uma parte do eleitorado deixará voluntariamente de opinar sobre a constituição do poder político. O desinteresse pela política e a descrença no voto são registrados como mera "escolha", sequer como desobediência civil ou protesto. **A consagração da alienação política** como um direito legal interessa aos conservadores, reduz o peso da soberania popular e desconstitui o sufrágio como universal.*

*Para o **cidadão ativo,** que, além de votar, se organiza para garantir os direitos civis, políticos e sociais, o enfoque é inteiramente outro. O tempo e o **trabalho dedicados ao acompanhamento continuado da política não se apresentam como restritivos da liberdade individual.** Pelo contrário, são obrigações auto assumidas no esforço de construção e aprofundamento da democracia e de vigília na defesa das liberdades individuais e públicas. A ideia de que a democracia se constrói nas lutas do dia a dia se contrapõe, na essência, ao modelo liberal. O cidadão escolado na disputa política sabe que a liberdade de não ir votar é uma armadilha. Para que o sufrágio continue universal, para que todo poder emane do povo e não, dos donos do poder econômico, o voto, além de ser um direito, **deve conservar a sua condição de dever cívico.***

23. TIPOS DE DISCURSO

Discurso está relacionado à construção de textos, tanto orais quanto escritos, portanto, ele é considerado uma prática social.

Em um texto, podem ser encontrados três tipos de discurso: o discurso **direto**, o **indireto** e o **indireto livre**.

23.1 Discurso direto

São as falas das personagens. Esse discurso pode aparecer em forma de diálogos e citações, e vem marcado com alguma pontuação (travessão, dois pontos, aspas etc.). Ou seja, o discurso direto reproduz fielmente a fala de alguém.

- Por exemplo:
    O médico disse à paciente:
    Você precisa fazer exercícios físicos regularmente.

23.2 Discurso indireto

É a reprodução da fala de alguém, a qual é feita pelo narrador. Normalmente, esse discurso é escrito em terceira pessoa.

- Por exemplo:
    O médico disse à paciente que ela precisava fazer exercícios regulamente.

23.3 Discurso indireto livre

É a ocorrência do discurso direto e indireto ao mesmo tempo. Ou seja, o narrador conta a história, mas as personagens também têm voz própria.

No exemplo a seguir, há um discurso direto: "que raiva", que mostra a fala da personagem.

"Retirou as asas e estraçalhou-a. Só tinham beleza. Entretanto, qualquer urubu... que raiva..." (Ana Maria Machado)

No trecho a seguir, há uma fala da personagem, mesclada com a narração: "Para que estar catando defeitos no próximo?".

"D. Aurora sacudiu a cabeça e afastou o juízo temerário. Para que estar catando defeitos no próximo? Eram todos irmãos. Irmãos." (Graciliano Ramos)

Exemplo de uma transposição de discurso direto para indireto:
Ana perguntou:
– Qual a resposta correta?
Ana perguntou qual era a resposta correta.

Ressalta-se que nas questões de reescrita que tratam da transposição de discursos, é mais frequente a substituição do direto pelo indireto.

REDAÇÃO DISCURSIVA

REDAÇÃO DISCURSIVA

1 REDAÇÃO PARA CONCURSOS PÚBLICOS

A questão discursiva (redação) assusta muitos candidatos. Afinal, escrever de acordo com a norma culta da Língua Portuguesa, respeitando as inúmeras regras gramaticais, é tarefa que exige muita atenção. Além disso, é necessário que o candidato apresente bons argumentos dentro de uma estrutura na qual as ideias tenham coesão e façam sentido (coerência). Por isso, é importante que a redação seja estudada e treinada ao longo da preparação para o concurso almejado.

1.1 Por que tenho que me preparar com antecedência para a redação?

Quando a redação (questão discursiva) é solicitada, em geral, é uma etapa eliminatória (se o candidato não alcançar a nota mínima, é eliminado do concurso). Então, por ter peso significativo, podendo colocá-lo na lista de classificação ou tirá-lo dela, merece atenção especial.

Entretanto, não se pode dar início ao estudo para concurso pela redação. É necessário que o aluno tenha conhecimento das regras gramaticais, da estrutura sintática das orações e dos períodos, dos elementos de coesão textual, ou seja, é essencial uma maturidade para, então, produzir um texto. Além do domínio da norma culta, deve-se dedicar à disciplina de Atualidades, que, muitas vezes, já vem prevista no edital. Quem tem conhecimento do assunto se sente mais confortável para escrever.

1.2 Os primeiros passos

Antes de começar a praticar a produção de textos, é importante ler o edital de abertura do concurso (quando já tiver sido publicado; quando não, leia o último) para entender os critérios de avaliação da sua prova discursiva e sobre qual assunto o tema versará.

Veja aguns exemplos:

CONCURSO	EDITAL – PROVA DISCURSIVA	ASSUNTO COBRADO - TEMA	A PROPOSTA
DEPEN - 2015	A prova discursiva valerá 20,00 pontos e consistirá da redação de texto dissertativo, de até 30 linhas, acerca de tema de atualidades, constantes do subitem 22.2 deste edital.	Os assuntos que o tema pode abordar foram disponibilizados no edital. Atualidades: 1 Sistema de justiça criminal. 2 Sistema prisional brasileiro. 3 Políticas públicas de segurança pública e cidadania.	**SEGURANÇA PÚBLICA: POLÍCIA E POLÍTICAS PÚBLICAS** Ao elaborar seu texto, faça o que se pede a seguir. > Disserte a respeito da segurança como condição para o exercício da cidadania. [valor: 25,50 pontos] > Dê exemplos de ação do Estado na luta pela segurança pública. [valor: 25,50 pontos] > Discorra acerca da ausência do poder público e a presença do crime organizado. [valor: 25,00 pontos]
PC-PR - 2018	A Redação, com no mínimo 15 e no máximo 25 linhas, versará sobre um tema da atualidade	Tema da atualidade, ou seja, pode ser cobrado qualquer assunto.	Com base na coletânea e nos conhecimentos sobre o tema, redija um texto dissertativo-argumentativo que coloque em discussão **a importância da correta emissão e decodificação da mensagem, bem como o repasse dessa mensagem ao interlocutor, seja na modalidade escrita ou oral.**
PF-2018 PERITO CRIMINAL	Para o cargo de Perito Criminal Federal, a prova discursiva, de caráter eliminatório e classificatório, valerá 13,00 pontos e consistirá da redação de texto dissertativo, de até 30 linhas, a respeito de temas relacionados aos conhecimentos específicos para cada cargo/área.	O tema tratará das matérias de conhecimentos específicos do cargo, ou seja, será um assunto do conteúdo programático.	Considerando que o texto precedente tem caráter unicamente motivador, redija um texto dissertativo acerca do **impacto da LRF na gestão pública**, abordando, necessariamente, os seguintes aspectos: 1. o processo de planejamento; [valor: 4,10 pontos] 2. as receitas e a renúncia fiscal; [valor: 4,10 pontos] 3. as despesas com pessoal. [valor: 4,20 pontos]
PRF - 2018	A prova discursiva valerá 20,00 pontos e consistirá da redação de texto dissertativo, de até 30 linhas, a respeito de temas relacionados aos objetos de avaliação.	O tema tratará de algum assunto relacionado ao conteúdo programático.	**O COMBATE ÀS INFRAÇÕES DE TRÂNSITO NAS RODOVIAS FEDERAIS BRASILEIRAS** Ao elaborar seu texto, aborde os seguintes aspectos: 1. medidas adotadas pela PRF no combate às infrações; [valor: 7,00 pontos] 2. ações da sociedade que auxiliem no combate às infrações; [valor: 6,00 pontos] 3. atitudes individuais para a diminuição das infrações. [valor: 6,00 pontos]
PM-SP - 2019 - SOLDADO	Prova Dissertativa (Parte II), de caráter eliminatório e classificatório, visa avaliar a capacidade do candidato de produzir uma redação que atenda ao tema e ao gênero/tipo de texto propostos, além de seu domínio da norma culta da língua portuguesa e dos mecanismos de coesão e coerência textual;	Não foi informado o tema nem o tipo de texto (dissertativo, narrativo, descritivo).	A popularização da internet ameaça o poder de influência da televisão?

A partir disso, o aluno deve direcionar a sua leitura para temas da atualidade, para matéria do conteúdo programático (conhecimentos específicos) ou para assunto relacionado ao cargo ou à instituição a que está concorrendo. É crucial que conheça a banca examinadora e que tenha contato com as provas anteriores a fim de observar o perfil das propostas de redação.

REDAÇÃO PARA CONCURSOS PÚBLICOS

Em geral, as bancas de concursos públicos exigem textos dissertativos e apontam qual assunto o tema abordará (atualidades ou conteúdo programático). Quando isso não ocorrer, deve-se levar em consideração o perfil da banca e as provas anteriores para o mesmo cargo.

1.3 Orientações para o texto definitivo

a) Não use a 1ª pessoa do singular: os textos formais exigem a impessoalização da linguagem. Isso significa que, às vezes, é necessário omitir os agentes do discurso e as diversas vozes que compõem um texto. Então, empregue a terceira pessoa do singular ou do plural.

Ex.: **Eu acredito** que a pena de morte deve ser aplicada em casos de crimes hediondos. (Incorreto)

Acredita-se que a pena de morte deve ser aplicada em casos de crimes hediondos. (Correto)

Devemos analisar alguns fatores que contribuem para esse problema. (incorreto)

Alguns fatores que contribuem para esse problema devem ser analisados. (Correto)

> **Atenção!**
> A primeira pessoa do plural deve ser um sujeito socialmente considerado, como em "Nós (brasileiros) devemos entender que o voto é uma importante ferramenta para se alcançar uma mudança." Não empregue de forma indiscriminada.

Como impessoalizar a linguagem do texto dissertativo-argumentativo?

▷ **Oculte o agente:**

Para deixar o discurso mais objetivo, prefira por ocultar o agente sempre que possível. Isso pode ser feito por meio de expressões como: é importante, é preciso, é indispensável, é urgente, é crucial, é necessário, já que elas não revelam o agente da ação:

Ex.: É necessário discutir alguns aspectos relacionados a essa temática.

É essencial investir em educação para minimizar tais problemas.

▷ **Indetermine o sujeito:**

Indeterminar o sujeito também é uma estratégia de ocultar o agente da ação verbal. A melhor forma de empregar essa técnica é por meio do pronome indeterminador do sujeito (se).

| Muito **se** tem discutido sobre a redução da maioridade penal.

Acredita-se que a desigualdade social contribui para o aumento da violência.

▷ **Empregue a voz passiva:**

Na voz passiva, o sujeito da oração torna-se paciente, isto é, ele sofre a ação expressa pelo fato verbal. Empregá-la é um recurso que também oculta o agente da ação.

Ex.: Devem ser analisados alguns fatores que contribuem para o aumento da violência.

Medidas devem ser tomadas para a pacificação da sociedade.

a) Jamais se dirija ao leitor: o leitor é o examinador e o candidato não deve estabelecer um diálogo com ele.

b) Não use gírias; clichês, provérbios e citações sem critério. você pode acabar errando o autor da expressão (o que pega muito mal), ou até mesmo usá-la fora de contexto, o que pode direcionar a sua redação para um lado que você não quer. Os ditados populares empobrecem o texto. Os examinadores não gostam de ver o senso comum se repetindo.

| Desde os primórdios da humanidade; fechar com chave de ouro.

a) Evite a construção de períodos longos: pode prejudicar a clareza textual. Além disso, procure escrever na ordem direta.

b) Respeite as margens da folha de redação: não ultrapasse o limite estipulado na folha do texto definitivo.

c) Não use corretivo: se errar alguma palavra, risque (com um traço penas) e prossiga. Não use parênteses nem a palavra "digo".

| A sociadade sociedade deve se conscientizar do seu papel.

a) Evite algarismos, a não ser que se trate de anos, décadas, séculos ou referências a textos legais (artigos, decretos, etc.).

b) A letra deve ser legível: pode ser letra cursiva ou de imprensa. Não se esqueça de fazer a distinção entre maiúscula e minúscula.

c) Cuidado com a separação silábica.

Translineação: é a divisão das palavras no fim da linha. Eva em conta não apenas critérios de correção gramatical, mas também recomendações estilísticas (estética textual).

1) Não se isola sílaba forma apenas por uma vogal;

2) Não se isola elemento cacofônico;

3) Na partição de palavras hifenizadas, recomenda-se repetir o hífen na linha seguinte.

> Maria foi secretária, ministra e era muito **a-miga** do antigo presidente. Quando entrou na dis-**puta** eleitoral, todos nós esperávamos que, lançando-**se** candidata, facilmente ganharia as eleições.
> INADEQUADO

> Maria foi secretária, ministra e era muito **amiga** do antigo presidente. Quando entrou na **disputa** eleitoral, todos nós esperávamos que, lançando-**-se** candidata, facilmente ganharia as eleições.
> ADEQUADO

a) Não use as palavras generalizadoras, afinal sempre há uma exceção, um exemplo contrário ou algo assim.

| "Todos jogam lixo no chão" ou "Ninguém faria isso" ou "Isso jamais vai acontecer, é impossível."

a) Não invente dados estatísticos, pesquisas, mentiras convincentes.

b) Não use a ironia. A ironia é uma figura de linguagem que não deve ser utilizada no texto dissertativo argumentativo. Nele nada deve ficar subentendido. A escrita deve ser sempre clara, sem nada oculto, sem gracinha e de forma argumentativa.

c) Não é uma boa ideia usar palavras rebuscadas. Seu texto pode ficar sem fluência e clareza, dificultando a compreensão do corretor. Lembre-se: linguagem formal não é sinônimo de linguagem complicada.

| Hodiernamente, mister, mormente, dessarte, etc.

a) Evite estrangeirismo: empregar palavras estrangeiras em meio à nossa língua de forma desnecessária. Não é necessário fazer isso se há no português uma palavra correspondente que pode ser usada.

| Ex.: Stress em vez de estresse

b) Não se utilize de pergunta retórica.

Pergunta retórica: é uma interrogação que não tem como objetivo obter uma resposta, mas sim estimular a reflexão do indivíduo sobre determinado assunto.

1.4 Temas e textos motivadores

Os textos motivadores - um grupo de textos apresentados junto à proposta de redação - têm a função de situar o candidato acerca do tema proposto, fornecendo elementos que possam ajudá-lo a refletir sobre o assunto abordado. Tais textos servem para estimular ideias para o desenvolvimento do tema e são úteis por ajudar a manter o foco temático.

O papel dos textos motivadores da prova de redação é o de motivar, inspirar e contextualizar o candidato em relação ao tema proposto.

Esses textos não estão ali por acaso, então devem ser utilizados, e podem evitar que o candidato escreva uma redação genérica. Contudo, não podem ser copiados, pois as provas que contêm cópias terão as linhas desconsideradas e podem, quando em excesso, levar à nota zero.

Então, a intenção não é que o aluno reproduza as informações contidas nos textos motivadores. O que se deseja é que o candidato leia os textos, interprete-os e reelabore-os, interligando-os à sua discussão. Assim sendo, o ideal é retirar de cada texto motivador as ideias principais e que podem ser utilizadas na sua produção escrita.

Leia todos com atenção e não se esqueça de procurar estabelecer uma relação entre eles, ou seja, busque os pontos em comum, e os conecte de uma maneira que defina argumentos consistentes para sua redação. Escreva as principais ideias em forma de tópicos e com as suas palavras.

1.4.1 Tipos de textos motivadores

Os textos motivadores podem ser de vários tipos

▷ Matérias jornalísticas/ Reportagens

Um dos tipos mais comuns de textos motivadores são as matérias jornalísticas. Para que haja maior entendimento sobre elas, análise:

O que acontece?
Com quem acontece?
Em que lugar acontece?
Quando acontece?
De que modo acontece?
Por que acontece?
Para que acontece?

▷ Charges/Tirinhas

As charges ou as tirinhas são uma forma curta e, muitas vezes, descontraída de apresentar informações relevantes para a produção do texto. Repare nelas:

Os personagens;
O ambiente;
O assunto principal;
A linguagem utilizada (formal, informal, com figuras de linguagem ou não, com marcas de regionalismo ou não etc.).

▷ Gráficos

Os gráficos possibilitam uma leitura mais ágil das informações. Ao se deparar com eles, observe o seguinte:

O título;
As informações na horizontal e na vertical;
A forma como os índices foram representados (colunas, fatias etc.);
O uso de cores diferentes (caso haja);
A fonte da qual as informações foram coletadas.

▷ Imagens

Muitas vezes as imagens podem vir sem nenhuma palavra. Se isso ocorrer, note:

O que é a imagem (foto, quadro etc.)?
Quem é o autor dela?
Qual é o assunto principal?
O que está sendo retratado?
Há marcas temporais ou regionais na imagem?

Se o aluno não souber nada sobre a temática apresentada, os textos motivadores podem ser um ótimo suporte. Além dos dados expostos, tais textos também provocam a reflexão sobre outros aspectos do problema e jamais devem ser ignorados.

1.5 Título

O título só é obrigatório se for solicitado nas instruções da prova de redação.

Pode ser que a Banca examinadora deixe o espaço para o título, nesse caso, ele também é obrigatório.

Se puser o título e não for obrigatório (não for exigido), não receberá mais pontos por isso e só terá pontos descontados se contiver algum erro nele.

Caso se esqueça de colocar título quando for obrigatório, a redação não será anulada, mas poderá ter pontos (poucos) descontados.

Dicas:
- Nunca utilize tema como título;
- Não coloque ponto final;
- Não escreva todas as palavras com letra maiúscula;
- Não pule linha depois do título;
- Construa-o quando terminar o texto.

1.6 O texto dissertativo

Dissertar significa expor algum assunto. Dependendo da maneira como o esse assunto seja abordado, a dissertação poder ser **expositiva** ou **argumentativa**.

▷ **Dissertação expositiva: apresenta informações sobre assuntos, expõe, explica, reflete ideias de modo objetivo, imparcial. O autor é o porta-voz de uma opinião, ou seja, a intenção é expor fatos, dados estatísticos, informações científicas, argumentos de autoridades etc. Este tipo de texto pode ter duas abordagens:** Estudo de Caso (em que é apresentada uma solução para a situação hipotética apresentada) e Questão Teórica (em que é preciso apresentar conceitos, normas, regras, diretrizes de um determinado conteúdo).

Vejamos um exemplo do tipo expositivo.

A forma temporária como tratam os vídeos criados reflete outro aspecto característico desses apps. Em oposição à noção de que tudo o que é postado na internet fica registrado para a eternidade (e tem potencial de se transformar em viral), os aplicativos querem passar a sensação de efêmero. Quem não viu a transmissão ao vivo dificilmente terá nova chance. Nisso, eles se assemelham a outro app de sucesso, o Snapchat, serviço de troca de mensagens pelo qual o conteúdo é destruído segundos após ser recebido pelo destinatário.

(VEJA, 2015, p. 98)

▷ **Dissertação argumentativa:** defende uma tese (ideia, ponto de vista) por meio de estratégias argumentativas. Tem a intenção de persuadir (convencer) o interlocutor. Em geral, há o predomínio da linguagem denotativa, de conectores de causa-efeito, de verbos no presente.

Vejamos agora um exemplo do tipo argumentativo.

Fazer pesquisa crítica envolve difíceis decisões de cunho ético e político a fim de que, não importa quais sejam os resultados de nossos estudos, nosso compromisso com os sujeitos pesquisados seja mantido. A questão é complexa por causa das múltiplas realidades dos múltiplos participantes envolvidos na pesquisa naturalística da visa social. Por exemplo, no projeto de pesquisa de referência neste artigo, havia um componente que envolvia a observação participante da sala de aula, isto é, a observação à procura das unidades e elementos significativos para os próprios participantes da situação.

(KLEIMAN, 2001, p. 49)

Quando o texto dissertativo se dedica mais a expor ideias, a fazer que o leitor/ouvinte tome conhecimento de informações ou interpretações dos fatos, tem caráter expositivo e podemos classificá-lo como expositivo. Quando as interpretações expostas pelo texto dissertativo vão mais além nas intenções e buscam explicitamente convencer o

REDAÇÃO PARA CONCURSOS PÚBLICOS

leitor/ouvinte sobre a validade dessas explicações, classifica-se o texto como argumentativo (COROA, 2008b, p. 121).

Vale mencionar que, muitas vezes, nos editais, não fica claro se o texto será expositivo ou argumentativo. Quando isso ocorrer, o candidato deve analisar as provas anteriores para traçar o perfil da banca examinadora. Mas não se preocupe, pois a estrutura de ambos é igual, ou seja, os dois tipos de texto devem conter introdução, desenvolvimento e conclusão. Além disso, no primeiro parágrafo, deve haver a apresentação da ideia central que será desenvolvida.

Veja as propostas a seguir:

Foi recentemente publicado no Americam Journal of Preventive Medicine um estudo com adultos jovens, de 19 a 32 anos de idade, apontando que quanto maior o tempo dispendido em mídias sociais de relacionamento, maior a sensação de solidão das pessoas. Além disso, esse estudo demonstrou também que quanto maior a frequência de uso, maior a sensação de isolamento social.

(Adaptado de: ESCOBAR, Ana. Disponível em: http://g1.globo.com)

Com base nas ideias do texto acima, redija uma dissertação sobre o tema:

Isolamento social na era da comunicação virtual

A partir da proposta apresentada, pode-se inferir que o examinador quer saber o ponto de vista (opinião) do candidato em relação ao assunto. A intenção é que seja apontado o que ele pensa a respeito do tema, e não que ele apresente de forma objetiva informações a fim de esclarecer determinado assunto. Então, resta claro que a dissertação terá caráter argumentativo.

Agora veja a proposta seguinte:

A segurança jurídica tem muita relação com a ideia de respeito à boa-fé. Se a administração adotou determinada interpretação como a correta e a aplicou a casos concretos, não pode depois vir a anular atos anteriores, sob o pretexto de que os mesmos foram praticados com base em errônea interpretação. Se o administrado teve reconhecido determinado direito com base em interpretação adotada em caráter uniforme para toda a administração, é evidente que a sua boa-fé deve ser respeitada. Se a lei deve respeitar o direito adquirido, o ato jurídico perfeito e a coisa julgada, por respeito ao princípio da segurança jurídica, não é admissível que os direitos do administrado fiquem flutuando ao sabor de interpretações jurídicas variáveis no tempo.

Maria Sylvia Zanella Di Pietro. Direito administrativo. p. 85 (com adaptações).

Considerando que o texto apresentado tem caráter estritamente motivador, elabore uma dissertação a respeito dos atos administrativos e da segurança jurídica no direito administrativo brasileiro, abordando, necessariamente, os seguintes aspectos:

1. os elementos de validade do ato administrativo e os critérios para sua convalidação; [valor: 14,00 pontos]

2. distinção entre ato administrativo nulo, anulável e inexistente; [valor: 10,00 pontos]

3. o controle exercido de ofício pela administração pública sobre os seus atos e o dever de agir e de prestar contas. [valor: 14,00 pontos]

Considerando o tema proposto e os tópicos apresentados, pode-se perceber que o candidato deve, necessariamente, produzir um texto expositivo, já que o examinador avaliará o conhecimento técnico dele sobre o assunto, e não o seu ponto de vista, a sua opinião. Para isso, deverá fundamentar suas ideias por meio de leis, doutrina, jurisprudência, citação de uma autoridade no assunto.

1.7 Estrutura do texto dissertativo

Não há dúvida de que todo texto dissertativo (expositivo ou argumentativo) deve ter início, meio e fim, ou seja, introdução, desenvolvimento e conclusão.

▷ **Introdução:** a importância da introdução é evidente, pois é ela que determina o tom do texto, o encaminhamento do desenvolvimento e sua estrutura. Então, ela deve ser vista como um compromisso que o autor assume com o restante do desenvolvimento. Nela haverá a contextualização do assunto que será desenvolvido ao longo do texto,

ou seja, apresentação da ideia que será defendida (argumentação) ou esclarecida (exposição).

▷ **Desenvolvimento:** é a parte da redação em que há o desenvolvimento da ideia apresentada no primeiro parágrafo. Vai ocorrer a comprovação da tese por meio de argumentos – texto argumentativo – ou a exposição de informações a fim de esclarecer um assunto – texto expositivo.

Estrutura dos parágrafos de desenvolvimento:

Tópico frasal: apresentação da ideia-núcleo que será desenvolvida(introdução);

Comprovação da ideia-núcleo (desenvolvimento);

Fechamento do parágrafo (conclusão).

Jamais construa parágrafos com apenas um período. Os parágrafos de desenvolvimento devem ter, no mínimo, três períodos.

▷ **Conclusão:** consiste no fechamento das ideias apresentadas. Não podem ser expostos argumentos novos nesse parágrafo. O que ocorre é a retomada da ideia central (tese ou tema) e a apresentação das considerações finais.

REDAÇÃO DISCURSIVA

2 DISSERTAÇÃO EXPOSITIVA E ARGUMENTATIVA

2.1 Dissertação expositiva

A dissertação expositiva tende à simples exposição de ideias, de informações, de definições e de conceitos, sem necessidade de um forte convencimento do leitor.

Quando o texto dissertativo se dedica mais a expor ideias, a fazer que o leitor/ouvinte tome conhecimento de informações ou interpretações dos fatos, tem caráter expositivo e podemos classificá-lo como expositivo. (COROA, 2008b, p. 121).

2.2 Estrutura do texto dissertativo-expositivo

Na introdução, há a apresentação do tema (parágrafo mais curto). Como não há tese, o candidato deve fazer a apresentação do tema (ideia central do texto).

▷ **Tipos de introdução:**
- **Definição:** tem por objetivo expor uma definição, uma ideia, uma expressão. Para isso, é importante ter como referência os sentidos expostos em dicionários, leis, doutrinas, etc.
- **Paráfrase:** é uma reescritura do tema e dos tópicos apresentados na proposta de redação. Não pode haver alteração de sentido e deve ser respeitada a simetria (paralelismo) sintático e semântico.
- **Citações e estatísticas:** neste tipo de introdução, o candidato traz uma frase (citação) de algum especialista no assunto, ou estatísticas a respeito do tema. Importante tomar cuidado para não trazer citações "vazias", que não sejam relacionadas ao assunto, e também se preocupar em fazer uma análise a respeito das estatísticas trazidas, para que elas não fiquem deslocadas.

▷ No desenvolvimento, há a apresentação de informações sobre assuntos, exposição, explicação de ideias de modo objetivo, fundamentação por meio de leis, citação de autores, exemplos etc. Segundo fulano de tal, ...; Segundo a Lei Tal,..., Conforme entendimento do STF, ... Em outras palavras, há presença de dados polifônicos. Não há opinião do candidato aqui, e sim apresentação do seu conhecimento técnico sobre determinado assunto.

ELEMENTOS COESIVOS PARA INCIAR OS PARÁGRAFOS DE DESENVOLVIMENTO

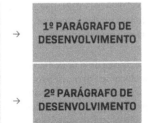

▷ Na conclusão, ocorrerá a retomada da ideia central.

Tipos de conclusão:
- **Síntese:** consiste em sintetizar as ideias que foram abordadas ao longo da dissertação, confirmando a ideia central que aparece na introdução do texto.

- **Proposta de intervenção:** elaborar uma sugestão para solucionar o problema posto em debate na proposta de redação. Essas sugestões precisam ter três características muito importantes. Em primeiro lugar, é preciso que elas sejam aplicáveis ao tema e ao que foi dito no texto. Além disso, as sugestões precisam ser detalhadas. A proposta bem elaborada deve conter um detalhamento do que fazer, como fazer, os meios e os participantes da proposta. Por último, proposta apresentada deve ser executável, ou seja, possível de ser realizada. Não adianta apresentar soluções utópicas e fantasiosas, pois elas não serão realizadas.

- **Dedução:** trata-se de um processo de raciocínio em que a conclusão é alcançada a partir de um conjunto de premissas abordadas em uma afirmação e que constroem um pensamento lógico. Isso se chama "regras de inferência". O candidato vai explorar nos parágrafos dedicados ao desenvolvimento da dissertação, tudo aquilo que sabe sobre o tema, fazer as devidas relações e, no momento da conclusão, manifestar o que se pode deduzir dessas informações.

ELEMENTOS COESIVOS PARA INCIAR O ÚLTIMO PARÁGRAFO

Por fim, ...
Por último, ...
Finalmente, ...
Em último lugar, ...

2.3 Propostas de dissertação expositiva

PROPOSTA I

A remição de pena, ou seja, o direito do condenado de abreviar o tempo imposto em sua sentença penal, pode ocorrer mediante trabalho, estudo e, de forma mais recente, pela leitura, conforme disciplinado pela Recomendação n.º 44/2013 do CNJ. A remição de pena, prevista na Lei de Execução Penal, está relacionada ao direito constitucional de individualização da pena. Dessa forma, as penas devem ser justas e proporcionais, além de particularizadas, levando-se em conta a aptidão à ressocialização demonstrada pelo apenado por meio do estudo ou do trabalho.

A possibilidade de remir a pena por meio da leitura já é realidade em diversos presídios do país. De acordo com a Recomendação n.º 44/2013 do CNJ, deve ser estimulada a remição pela leitura como forma de atividade complementar, especialmente para apenados aos quais não sejam assegurados os direitos ao trabalho, à educação e à qualificação profissional. Para isso, há necessidade de elaboração de um projeto pela autoridade penitenciária estadual ou federal com vistas à remição pela leitura, assegurando-se, entre outros critérios, a participação voluntária do preso e a existência de um acervo de livros dentro da unidade penitenciária. Segundo a norma, o preso deve ter o prazo de 21 a 30 dias para a leitura de uma obra, apresentando, ao final do período, uma resenha a respeito do assunto, que deverá ser avaliada pela comissão organizadora do projeto. Cada obra lida possibilita a remição de quatro dias de pena, com o limite de doze obras por ano, ou seja, no máximo 48 dias de remição por leitura a cada doze meses.

Internet: <www.cnj.jus.br> (com adaptações).

A Assembleia Legislativa do Ceará aprovou projeto de lei que altera o art. 4.º da Lei n.º 15.718/2014, elaborada conforme recomendação do CNJ. O projeto de lei torna expressa a possibilidade da leitura de livros religiosos proporcionarem a remição da pena em execução penal. Segundo a Secretaria de Administração Penitenciária (SAP), atualmente, no projeto Livro Aberto, são 5.100 detentos que leem mensalmente em 17 unidades prisionais do Ceará. O preso escolhe, a cada mês, uma obra literária dentre os títulos selecionados para a leitura, o que agora poderá incluir livros religiosos. Em seguida, o apenado redigirá relatório de leitura ou resenha — a ser elaborados de forma individual, presencial e em local adequado —, devendo atingir nota igual ou superior a 6,0 para ser aprovado pela Secretaria de Educação do Estado do Ceará (SEDUC). Depois, isso é levado para a vara judicial, para ser avaliada a redução da pena.

Internet: <www.ceara.gov.br> (com adaptações).

DISSERTAÇÃO EXPOSITIVA E ARGUMENTATIVA

É indiscutível que a obra literária tem o poder de reorganizar a nossa visão de mundo, nossa mente e nossos sentimentos, tocando nosso espírito por meio das palavras, que não são apenas a forte presença do nosso código; elas comunicam sempre alguma coisa que nos toca, porque obedece a certa ordem. O caos originário dá lugar à ordem e, por conseguinte, a mensagem pode atuar. Uma boa notícia é que toda obra literária pressupõe essa superação do caos, determinada por um arranjo especial das palavras, fazendo uma proposta de sentido.

Maria Luzineide P. da C. Ribeiro e Maria do Rosário C. Rocha. Olhando pelo avesso: reflexões sobre a remição de pena pela leitura e a escolarização nas prisões brasileiras. In: Fernanda Marsaro dos Santos et al. (Org.). Educação nas prisões. 1.ª ed. Jundiaí: Paco, 2019, p. 203 (com adaptações).

A leitura é um poderoso instrumento de ascensão social, de amadurecimento do ser em relação à sua função dentro de uma complexa sociedade, de absorção da sua cultura ao redor (...) é uma atividade essencial a qualquer área do conhecimento e mais essencial ainda à própria vida do ser humano.

Fernanda M. dos Santos, Gesuína de F. E. Leclerc e Luciano C. Barbosa. Leitura que liberta: uma experiência para remição de pena no Distrito Federal. In: Fernanda Marsaro dos Santos et al. (Org.). Educação nas prisões. 1.ª ed. Jundiaí: Paco, 2019, p. 21.

Considerando que os textos anteriormente apresentados têm caráter unicamente motivador, redija um texto dissertativo abordando os seguintes aspectos acerca da remição de pena pela leitura.

1 A remição de pena pela leitura como forma de ressocialização. [valor: 9,50 pontos]

2 A importância da leitura como forma de reorganização da visão de mundo do detento. [valor: 9,50 pontos]

3 Possibilidades e desafios da implementação de projetos de leitura no sistema prisional brasileiro. [valor: 9,50 pontos]

Padrão de resposta da banca

O candidato deve redigir um texto dissertativo em que aborde os aspectos propostos, acerca da remição de pena pela leitura, de maneira clara e coerente, empregando mecanismos de coesão textual. O candidato deve demonstrar conhecer a atualidade do tema da remição de pena pela leitura como forma de ressocialização, bem como discorrer sobre a importância da leitura como possibilidade de ampliação da visão de mundo do participante do projeto dentro do estabelecimento prisional. Para tanto, pode, por exemplo, mencionar a Jornada da Leitura no Cárcere, evento cuja primeira edição ocorreu em fevereiro de 2020, com apoio do CNJ, a fim de identificar, refletir e disseminar as boas práticas de leitura no sistema carcerário. Por fim, o candidato deve discorrer sobre possibilidades de projetos de leitura que podem ser implementados no sistema penitenciário brasileiro e os desafios para que projetos dessa natureza sejam colocados em prática.

PROPOSTA II

Lei n.º 12.305, de 2 de agosto de 2010

Art. 6.º São princípios da Política Nacional de Resíduos Sólidos: (...)

VI – a cooperação entre as diferentes esferas do poder público, o setor empresarial e demais segmentos da sociedade;

VII – a responsabilidade compartilhada pelo ciclo de vida dos produtos;

VIII – o reconhecimento do resíduo sólido reutilizável e reciclável como um bem econômico e de valor social, gerador de trabalho e renda e promotor de cidadania;

IX – o respeito às diversidades locais e regionais; (...).

Internet: <mma.gov.br> (com adaptações).

Média da composição gravimétrica dos resíduos sólidos gerados no Brasil resíduos participação

Resíduos	Participação (%)	Quantidade (t por dia)
Material reciclável	31,9	58.527,40
metais	2,9	5.293,50
aço	2,3	4.213,70
alumínio	0,6	1.079,90
papel, papelão e tetrapak	13,1	23.997,40
plástico total	13,5	24.847,90
plástico firme	8,9	16.399,60
plástico rígido	4,6	8.449,30
vidro	2,4	4.388,60
material orgânico	51.4	94.335,10
outros	16,7	30.618,90
total	100	183.481,50

Internet: <www.politize.com.br> (com adaptações).

À proporção em que aumenta o número de habitantes nas cidades, cresce a geração de lixo. Observa-se que as cidades, cada vez mais, apresentam dificuldades para implantar, ordenar e gerenciar de modo sustentável os resíduos por elas gerados. Nesse contexto, em 12/8/2010, foi instituída a Política Nacional de Resíduos Sólidos (PNRS), pela Lei n.º 12.305/2010, que definiu princípios, objetivos, instrumentos e diretrizes relativos à gestão e ao gerenciamento de resíduos sólidos, incluídos os perigosos, em âmbito nacional.

Entre os conceitos introduzidos está o de responsabilidade compartilhada pelo ciclo de vida dos produtos: "conjunto de atribuições individualizadas e encadeadas dos fabricantes, importadores, distribuidores e comerciantes, dos consumidores e dos titulares dos serviços públicos de limpeza urbana e de manejo dos resíduos sólidos, para minimizar o volume de resíduos sólidos e rejeitos gerados, bem como para reduzir os impactos causados à saúde humana e à qualidade ambiental decorrentes do ciclo de vida dos produtos, nos termos desta Lei". Isso quer dizer que a lei exige que as empresas assumam o retorno de seus produtos descartados e cuidem da adequada destinação ao final de seu ciclo de vida útil.

Internet: <oeco.org.br> (com adaptações).

Cerca de 80% do impacto de um produto na natureza está relacionado ao seu design e a toda a cadeia logística. Assim, torna-se necessário rever os tipos de materiais produzidos e repensar suas formas de produção, para que seu destino final seja o começo de um novo ciclo, e não os aterros sanitários e os oceanos. O principal objetivo da economia circular é acabar com os resíduos, ou seja, não gerar desperdício.

Internet: <positiva.eco.br> (com adaptações).

Considerando que os fragmentos de texto precedentes têm caráter motivador, redija um texto dissertativo sobre o seguinte tema.

O DESCARTE DE RESÍDUOS SÓLIDOS NO BRASIL NO SÉCULO XXI

Ao elaborar seu texto, responda aos seguintes questionamentos.

1. Por que o modelo de descarte de resíduos sólidos predominante até o início do século XXI deve ser substituído? [valor: 9,50 pontos]

2. Em que consistem a economia circular e a responsabilidade compartilhada e de que forma esses novos conceitos podem impactar a economia do país? [valor: 19,00 pontos]

REDAÇÃO DISCURSIVA

Padrão de resposta da banca

Com relação ao aspecto 1, o candidato pode mencionar que o modelo de descarte de resíduos sólidos predominante até o início do século XXI acarreta as consequências como as mencionadas a seguir:

– para o meio ambiente: nos lixões, os resíduos são depositados a céu aberto, sem tratamento ou controle ambiental, o que contribui para o aumento da poluição; há agravamento do efeito estufa em razão da produção de gás metano e contaminação do lençol freático por meio do chorume que é produzido;

– para a saúde pública: os lixos expostos atraem animais vetores de doenças; os catadores de lixo, nos lixões, ficam expostos ao contato direto com agentes físicos, químicos e biológicos potencialmente nocivos; o sentimento de marginalização dos indivíduos que sobrevivem do descarte alheio é intensificado, o que agrava os problemas sociais existentes;

– para a economia: parte da população marginalizada do mercado formal busca a sobrevivência nos restos produzidos pela sociedade; com isso, prejudica-se a economia que gira em torno do mercado formal e aumentam-se os gastos públicos para a recuperação da saúde das pessoas submetidas a essas condições de insalubridade.

Por essas e por outras razões, o modelo de descarte de resíduos sólidos predominante até o início do século XXI precisa ser substituído por outro, que seja sustentável para o planeta.

Com relação ao aspecto 2, o candidato deve explicitar em que consiste a economia circular e a responsabilidade compartilhada. Pode mencionar, por exemplo, que a economia circular visa ao máximo aproveitamento dos materiais, de forma que se produza o mínimo de resíduos (diferentemente da economia linear, em que algo é produzido, consumido e descartado), e que a responsabilidade compartilhada, que envolve o recolhimento de um produto pela empresa fabricante após o seu ciclo de uso, para que se dê a destinação adequada a ele, favorece o reaproveitamento de materiais e a diminuição da produção de resíduos. Assim, a economia circular e a responsabilidade compartilhada impactam o modo de fabricação de produtos, uma vez que visam cada vez mais ao reaproveitamento dos materiais que já existem e cada vez menos ao emprego de novas matérias-primas, o que se reverte em menos danos ao meio ambiente. A economia circular e a responsabilidade compartilhada impactam, ainda, o modo como um produto é consumido e a valorização de suas características: um produto de vida útil mais longa, fabricado com materiais que podem ser reaproveitados ou que se decompõem mais rapidamente, é mais valorizado, em detrimento daquele que não compartilha dessas características, como o produto gerado sob condição de obsolescência programada, por exemplo.

PROPOSTA III

O Estado, como pessoa jurídica, é um ser intangível. Somente se faz presente no mundo jurídico por meio de seus agentes, pessoas físicas cuja conduta é a ele imputada. O Estado, por si só, não pode causar danos a ninguém. Segundo o direito positivo, o Estado é civilmente responsável pelos danos que seus agentes causarem a terceiros. Sendo-o, incumbe-lhe reparar os prejuízos causados, mediante obrigação de pagar as devidas indenizações.

José dos Santos Carvalho Filho. Manual de direito administrativo. 32.ª ed. São Paulo: Atlas, 2018 (com adaptações).

Considerando que o fragmento de texto anteriormente apresentado tem caráter unicamente motivador, redija um texto dissertativo acerca da responsabilidade civil do Estado, abordando, necessariamente, os seguintes tópicos:

1 a teoria da responsabilidade civil do Estado atualmente aplicada no direito brasileiro; [valor: 9,00 pontos]

2 requisitos da responsabilidade civil; [valor: 20,00 pontos]

3 direito de regresso. [valor: 9,00 pontos]

Padrão de resposta da banca

1 A teoria da responsabilidade civil do Estado aplicada atualmente no direito brasileiro é a teoria da responsabilidade objetiva do Estado. Ela dispensa o fator culpa em relação ao fato danoso, ou seja, a culpa é desconsiderada com pressuposto da responsabilidade. Esta teoria é informada pela teoria do risco administrativo e pela teoria do risco integral. Na primeira, é possível aplicar as causas excludentes da responsabilidade do Estado (culpa da vítima, culpa de terceiros ou força maior). Na segunda, não.

2 Os requisitos da responsabilidade civil do Estado são: a) fato administrativo, que é considerado qualquer conduta, comissiva ou omissiva, legítima ou ilegítima, singular ou coletiva, atribuída ao poder público; b) dano, pois não há responsabilidade sem que haja o dano, seja material, seja moral; e c) nexo causal, pois somente haverá responsabilidade se houver uma relação de causalidade entre o fato administrativo e o dano. Ao lesado cabe demonstrar que o prejuízo sofrido se originou da conduta estatal.

3 O direito de regresso é garantido ao Estado no sentido de dirigir sua pretensão indenizatória contra o agente responsável pelo dano, se ele tiver agido com dolo ou culpa, conforme dispõe o § 6.º do art. 37 da Constituição Federal de 1988: "Art. 37. (...) § 6.º As pessoas jurídicas de direito público e as de direito privado prestadoras de serviços públicos responderão pelos danos que seus agentes, nessa qualidade, causarem a terceiros, assegurado o direito de regresso contra o responsável nos casos de dolo ou culpa".

PROPOSTA IV

Art. 215. O Estado garantirá a todos o pleno exercício dos direitos culturais e acesso às fontes da cultura nacional, e apoiará e incentivará a valorização e a difusão das manifestações culturais. § 1.º O Estado protegerá as manifestações das culturas populares, indígenas e afro-brasileiras, e das dos outros grupos participantes do processo civilizatório nacional.

Brasil. Constituição da República Federativa do Brasil. Brasília - DF: Senado Federal, 1988.

Os direitos culturais protegem o potencial que cada pessoa possui — individualmente, em comunidade com outros e como grupo de pessoas — para desenvolver e expressar sua humanidade e visão de mundo, os significados que atribui a sua experiência e a maneira como o faz. Os direitos culturais podem ser considerados como algo que protege o acesso ao patrimônio e aos recursos culturais que permitem a ocorrência desses processos de identificação e de desenvolvimento.

Entrevista com Farida Shaheed, da ONU. In: Revista Observatório Itaú Cultural, n.º 11, jan.-abr./2011 (com adaptações).

Integrar os direitos culturais ao rol de direitos humanos — ou seja, considerá-los direitos inerentes ao ser humano — traz consequências importantes ao tratamento desses direitos, que não podem, por exemplo, sofrer nenhum tipo de distinção de raça, cor, sexo, língua, religião, opinião política, origem social ou nacional ou condição de nascimento ou riqueza. Tais direitos incorporam, ainda, outras características dos direitos humanos: são fundados no respeito pela dignidade e no valor de cada pessoa; são universais, ou seja, são aplicados de forma igual e sem discriminação a todas as pessoas; são inalienáveis, de modo que ninguém pode ser privado de seus direitos humanos (apesar de eles poderem ser limitados em situações específicas); são indivisíveis, inter-relacionados e interdependentes, já que não é suficiente respeitar apenas parte dos direitos humanos; e devem ser vistos como de igual importância entre si.

Nicolas Allen. Os direitos culturais como direitos humanos: breve sistematização de tratados internacionais. Internet: <http://institutodea. com> (com adaptações).

Considerando que os fragmentos de textos apresentados anteriormente têm caráter unicamente motivador, redija um texto dissertativo abordando:

1 a importância da cultura para a formação integral do ser humano; [valor: 14,00 pontos]

2 a relação entre cultura e cidadania; [valor: 12,00 pontos]

3 o dever do Estado de garantir o acesso à cultura bem como incentivar a difusão e preservação das manifestações culturais. [valor: 12,00 pontos]

Padrão de resposta da banca

Espera-se que o candidato seja capaz de apresentar argumentos coerentes e determinantes para a defesa do importante papel das

DISSERTAÇÃO EXPOSITIVA E ARGUMENTATIVA

manifestações culturais na formação integral do ser humano, mostrando como a cultura é um meio essencial de enriquecimento da maneira como o sujeito enxerga a si mesmo e ao mundo que o cerca. Também se espera que o candidato seja capaz de relacionar a cultura à cidadania, mostrando, mediante argumentos e exemplos consistentes, que fazer da cultura um aspecto de destaque nas sociedades é relevante para a convivência social e para o pleno exercício dos direitos dos cidadãos. Por fim, espera-se que o candidato seja capaz de discorrer acerca do dever do Estado de garantir o acesso à cultura bem como incentivar a difusão e preservação das manifestações culturais, como forma de assegurar o pleno exercício da cidadania pelo povo.

PROPOSTA V

A Lei n.º 11.705/2008, conhecida como Lei Seca, por reduzir a tolerância com motoristas que dirigem embriagados, colocou o Brasil entre os países com legislação mais severa sobre o tema. No entanto, a atitude dos motoristas pouco mudou nesses dez anos. Um levantamento, por meio da Lei de Acesso à Informação, indicou mais de 1,7 milhão de autuações, com crescimento contínuo desde 2008. O avanço das infrações nos últimos cinco anos ficou acima do aumento da frota de veículos e de pessoas habilitadas: o número de motoristas flagrados bêbados continua crescendo, em vez de diminuir com o endurecimento das punições ao longo desses anos.

Internet: <g1.globo.com> (com adaptações).

Nas estradas federais que cortam o estado de Pernambuco, durante o feriadão de Natal, a PRF registrou cento e três acidentes de trânsito, com cinquenta e dois feridos e sete mortos. Segundo a corporação, seis motoristas foram presos por dirigir bêbados e houve oitenta e sete autuações pela Lei Seca. Os números são parte da Operação Integrada Rodovia, deflagrada pela PRF. Em 2017, foram registrados noventa acidentes. No ano passado, a ação da polícia teve um dia a menos.

Internet: <g1.globo.com> (com adaptações).

Considerando que os fragmentos de texto acima têm caráter unicamente motivador, redija um texto dissertativo acerca do seguinte tema.

O COMBATE ÀS INFRAÇÕES DE TRÂNSITO NAS RODOVIAS FEDERAIS BRASILEIRAS

Ao elaborar seu texto, aborde os seguintes aspectos:

1 medidas adotadas pela PRF no combate às infrações; [valor: 7,00 pontos]

2 ações da sociedade que auxiliem no combate às infrações; [valor: 6,00 pontos]

3 atitudes individuais para a diminuição das infrações. [valor: 6,00 pontos]

Padrão de resposta da banca

Quanto ao desenvolvimento do tema, o candidato deve, a partir dos textos motivadores, abordar o tema e os aspectos propostos, de maneira clara e coerente, empregando os mecanismos de coesão textual. A abordagem dada ao tema pode variar, mas o candidato deve demonstrar conhecer a atualidade do tema das infrações nas rodovias, que vitimam inúmeras pessoas, além dos próprios ilícitos cometidos.

Com relação ao aspecto 1, espera-se que o candidato aborde medidas que podem ser implementadas ou que já são adotadas pela Polícia Rodoviária Federal no combate às infrações nas rodovias, como o aumento de efetivo, a ampliação do uso de equipamentos eletrônicos, o incremento de operações integradas no combate aos ilícitos, as campanhas institucionais, entre outras.

No aspecto 2, espera-se que o candidato aborde ações que podem ser feitas pela sociedade para diminuição das infrações, como campanhas de iniciativa privada para aumento da conscientização da conduta a ser praticada, palestras em entidades privadas com ampla divulgação, envolvimento com escolas públicas e privadas em busca da conscientização da sociedade, entre outras.

No que se refere ao aspecto 3, espera-se que o candidato aborde atitudes que o indivíduo pode realizar para combater as infrações, como a própria conscientização da conduta correta a ser praticada, a participação de atividades educativas de trânsito, o envolvimento em atividades de ajuda a vítimas de trânsito, entre outras.

Observação: foram citadas algumas medidas, ações e atitudes neste padrão de resposta apenas como exemplos.

2.4 Dissertação argumentativa

A dissertação argumentativa tem o objetivo de convencer o leitor sobre uma tese, por meio de fortes articulações lógicas entre os significados.

Quando as interpretações expostas pelo texto dissertativo vão mais além nas intenções e buscam explicitamente convencer o leitor/ouvinte sobre a validade dessas explicações, classifica-se o texto como argumentativo (COROA, 2008b, p. 121).

2.5 Estrutura do texto dissertativo-argumentativo

Na Introdução, deve haver a contextualização do tema. Em seguida, deve ser apresentada a tese que será desenvolvida (ponto de vista). Por fim, podem ser apresentados os argumentos para a defesa dessa opinião (opcional).

Tipos de introdução

- O candidato pode utilizar a definição ou citações e estatísticas, mas deve, em seguida, apresentar a tese (opinião).
- **Roteiro:** tem por objetivo apresentar ao leitor o roteiro que será seguido durante o desenvolvimento do seu texto tese + argumentos); assim, ao citar o roteiro na introdução, o autor deve segui-lo até o final, para que não haja incoerências.
- **Exemplo:** Em virtude da onda de conservadorismo que o Brasil vive na atualidade, tornam-se comuns as discussões sobre direitos coletivos. Nesse cenário, é importante analisar as causas do conservadorismo moderno e os reflexos dele nos direitos da coletividade.
- **Alusão histórica:** representa um tipo de introdução em que um fato passado se relaciona de algum modo a um fato presente, servindo de ponto de reflexão ou ela semelhanças entre eles, ou pelas diferenças. Após a contextualização, deve ser apresentada a tese.
- **Exemplo:** Por ter pecado nos excessos do liberalismo, a Revolução Francesa foi talvez a que mais contribuiu com o surgimento do conservadorismo. Do mesmo modo, no Brasil esse mesmo processo volta a emergir depois de anos de governo liberal no poder.

▷ O desenvolvimento é o parágrafo em que serão desenvolvidos argumentos para comprovar a tese exposta na introdução. Na primeira frase do parágrafo, ou seja, no tópico frasal é apresentada a ideia central do parágrafo (o argumento). Depois do tópico frasal (introdução), há a comprovação dessa ideia (desenvolvimento) e, por fim, o fechamento do parágrafo (conclusão).

Os diversos argumentos deverão ser sustentados com exemplos e provas que os validem, tornando-os indiscutíveis, como:

- Exemplos;
- Enumeração de fatos;
- Causa e efeito;
- Dados estatísticos;
- Citações de autores renomados;
- Depoimentos de personalidades renomadas;
- Alusões históricas.

▷ Na conclusão há a retomada e a reafirmação da tese inicial, já defendida pelos diversos argumentos apresentados no desenvolvimento.

▷ **Retomada da tese:** a melhor forma de fazer isso é parafraseando a sua tese, ou seja, passando exatamente a mesma ideia, mas com outras palavras.

▷ Os mesmos tipos de conclusão do texto expositivo podem ser usados aqui.

2.6 Propostas de dissertação argumentativa

PROPOSTA I

A partir da leitura do Texto Motivador abaixo e com base em seu conhecimento de mundo, escolha um dos temas e desenvolva um texto dissertativo-argumentativo. Seu texto deverá ser produzido em prosa e conter no mínimo 20 e no máximo 30 linhas.

TEMA: O excesso de imagens e sua relação com a realidade

O mundo das imagens

Talvez se possa dizer que o que predomina na mídia mundial é a imagem. Com frequência, as outras "linguagens" aparecem de maneira complementar [...] ou propriamente subordinada à imagem. Tanto assim que a mídia apresenta aspectos e fragmentos das configurações e movimentos da sociedade global como se fosse um vasto espetáculo de videoclipe [...] Ao lado da montagem, colagem, bricolagem, simulacro e virtualidade, muitas vezes combinando tudo isso, a mídia parece priorizar o espetáculo do videoclipe. Tanto é assim que guerras e genocídios parecem festivais pop, departamentos do shopping center global, cenas da Disneylândia mundial. Os mais graves e dramáticos acontecimentos da vida de indivíduos e coletividades aparecem, em geral, como um videoclipe eletrônico informático, desterritorializado entretenimento de todo o mundo.

Fonte: IANNI, Octávio. O mundo do trabalho. In: FREITAS, Marcos Cezar de. (Org.).A reinvenção do futuro. São Paulo: Cortez, 1996. p. 39

PROPOSTA II

A partir da leitura do Texto Motivador abaixo e com base em seu conhecimento de mundo, escolha um dos temas e desenvolva um texto dissertativo-argumentativo. Seu texto deverá ser produzido em prosa e conter no mínimo 20 e no máximo 30 linhas.

Tema: O cuidado com o corpo e com a mente e sua relação com o trabalho

Cuidar do corpo e da mente

Conciliar trabalho, estudo, rotina doméstica e os cuidados com o corpo e a mente pode, à primeira vista, parecer impossível. Por isso, o G1 conversou com especialistas para apontar passos essenciais para quem quer levar uma vida mais equilibrada. Eles concordaram em três pontos: fazer exercícios, comer bem, cuidar da saúde mental e buscar acompanhamento médico.

[...] Faça exercícios físicos. Fazer exercícios é a primeira recomendação. É simples: mexa-se. "Só de você não ser sedentário já está mil pontos à frente da pessoa sedentária", diz o clínico geral e médico de família Alfredo Salim Helito, do Hospital Sírio-Libanês, em São Paulo. "Se você tiver a opção entre ser magro e fazer atividade física, escolha a atividade física. O sedentarismo não pode acompanhar o ser humano", frisa.

Alimente-se bem. A alimentação saudável e equilibrada também é essencial. A alimentação foi outro ponto de consenso entre os especialistas ouvidos pelo G1 como chave para uma vida melhor. E a primeira dica de como nutrir melhor o corpo é: beber água.[...]

Cuide da saúde mental. Terapias, tradicionais ou alternativas, ajudam a melhorar a saúde mental. As intervenções tradicionais — como a psicoterapia ou a psicanálise — podem ajudar a prestar mais atenção às próprias emoções, pensamentos ou padrões de comportamento. Para a psicóloga Gláucia Flores, que atende em Brasília, o momento de buscar ajuda profissional é quando a pessoa percebe que está tendo prejuízos na vida.

"Vamos pensar nossa vida como uma pizza: uma fatia é o trabalho, uma é a família, uma é o casamento, os filhos, o lazer. Quando a gente dá mais importância pra uma do que pra outra, essa balança fica desigual. É importante, sim, que a gente encontre prazer no trabalho, mas também ter outros interesses para também aprender outras coisas", analisa Gláucia.

Vá ao médico. Encontrar um médico de confiança também é essencial. Além de adotar bons hábitos, fazer um acompanhamento médico pelo menos uma vez por ano também é recomendável, explica a clínica geral Sílvia Souto, da Aliança Instituto de Oncologia, em Brasília. Para começar, ela recomenda procurar, primeiro, um médico generalista.

Fonte: https://g1.globo.com/ciencia-e-saude/vivavoce/noticia/2019/02/01/cuidar--do-corpo-e-da-mente-veja-4-passos-paralevar-uma-vida-saudavel-e-equilibrada.ghtml. Adaptado. Acessado em 06/12/19

PROPOSTA III

Motivado pela leitura dos textos seguintes, sem, contudo, copiá-los ou parafraseá-los, redija um texto DISSERTATIVO-ARGUMENTATIVO com, no mínimo, 20 e, no máximo, 30 linhas, em modalidade e limites solicitados.

Tema: DESAFIOS DAS POLÍTICAS DE SEGURANÇA PÚBLICA PARA COMBATER A VIOLÊNCIA NA SOCIEDADE.

TEXTO 1

Constituições Federais e contexto político-institucional

O termo segurança "pública" parece ter sido usado pela primeira vez na Constituição Federal (CF) de 1937. Em outras Constituições, como a de 1934, aparece o termo segurança "interna" para tratar com matérias atinentes ao controle da ordem, fato que irá gerar vários dilemas organizacionais no país e em seu pacto federativo. É interessante constatar que, na CF de 1937, cabia exclusivamente à União a competência de regular a matéria e garantir "o bemestar, a ordem, a tranquilidade e a segurança públicas, quando o exigir a necessidade de uma regulamentação uniforme" (artigo 16, inciso V).

Nota-se aqui uma primeira tensão conceitual e que terá impacto direto nos mandatos e atribuições das polícias brasileiras. A Lei nº 192, de 17 de janeiro de 1936 regulava as atividades das polícias militares e as vinculava às unidades da federação, cabendo à União apenas um papel de supervisão e controle, por meio do Exército. Por essa lei, as polícias militares eram as responsáveis pela segurança "interna", enquanto a CF de 1937 fala de segurança "pública", atividade que formalmente não foi assumida por nenhuma instituição até a CF de 1988. O significativo é que essa lei só foi revogada pelo Decreto-Lei nº 317, de 13 de março de 1967, que regulamentou a CF de 1967 no que tange à atuação das polícias. O conceito criado pela CF de 1937 parece não ter conseguido se institucionalizar e não teve força para mudar, mesmo após o Estado Novo, as estruturas que organizavam as polícias estaduais. E ainda mais emblemático dessa dificuldade é que a CF de 1967 restabeleceu a competência das polícias militares para a "manutenção da ordem e segurança interna nos Estados, nos Territórios e no Distrito Federal" (grifo nosso).

Será somente a CF de 1988 que irá resgatar o conceito de 1937 e trará um capítulo específico sobre segurança "pública", não obstante repetir a CF de 1937 e não definir o significado desse conceito. A CF de 1988, em seu artigo 144, definirá tão somente quais são as instituições públicas encarregadas de prover segurança "pública" (LIMA, 2011). Em suma, nossa atual Constituição não define o que vem a ser segurança pública, apenas delimita quais organizações pertencem a esse campo.

Disponível em: <http://www.scielo.br/pdf/rdgv/v12n1/1808-2432-rdgv-12-10049.pdf> Acesso em: 20 de junho de 2019. Texto adaptado

DISSERTAÇÃO EXPOSITIVA E ARGUMENTATIVA

TEXTO 2

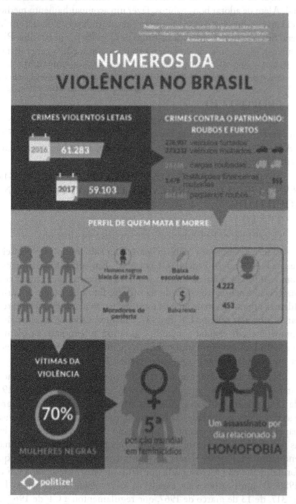

Disponível em: https://www.politize.com.br/seguranca-publica-brasileiraentenda. Acesso em 20 de junho de 2019. Texto adaptado.

PROPOSTA IV
Texto 01

Pela primeira vez, a população deve consumir mais conteúdo midiático na internet do que pela TV, de acordo com relatório da agência de mídia Zenith. Conforme a previsão, já em 2019 as pessoas devem passar mais horas navegando pela internet, fazendo compras, assistindo a filmes, séries e vídeos, conversando ou ouvindo música, do que assistindo à televisão.

("Internet irá ultrapassar TV já em 2019, indica relatório", 18.06.2018. https://epoca-negocios.globo.com. Adaptado)

Texto 02

De acordo com estudo divulgado pela empresa Morrison Foster, as pessoas passam, em média, sete horas por dia nas redes sociais. E é exatamente esse o local ocupado pelos influenciadores, que também estão conectados e produzindo conteúdos para seus seguidores a todo tempo. Segundo uma outra pesquisa, publicada pela Sprout Social, 74% dos consumidores guiam suas decisões de compra com base nas redes sociais. Ou seja, o público está atento às opiniões da internet e, principalmente, aos depoimentos de canais influentes e de credibilidade.

("A contribuição dos influenciadores digitais para a decisão de compra". 02.02.2018. https://franpress.com.br. Adaptado)

Texto 03

Nos últimos 10 anos, o tempo médio de consumo domiciliar de televisão passou de 8h18 para 9h17. Um crescimento de 12%. Vale ressaltar que esse foi um período de forte ascensão da internet como plataforma de distribuição de conteúdo. Os conteúdos da TV, além de entreter e informar, também exercem um papel importante na dinâmica social. Eles influenciam a pauta de conversas tanto com material que gera engajamento entre os telespectadores, como com publicidades criativas. O levantamento da Kantar IBOPE Media aponta que 51% das pessoas acham que a propaganda na TV é interessante e proporciona assunto para conversar. E, entre os que acessam a internet enquanto veem TV, 23% comentam nas redes sociais o que assistem – mostrando que a televisão segue marcando presença no dia a dia do brasileiro.

(João Paulo Reis. "Televisão: a abrangência e a influência do meio mais presente na vida dos brasileiros", 24.12.2018. https://observatoriodatelevisao.bol.uol.com.br. Adaptado)

Com base nas informações dos textos e em seus próprios conhecimentos, escreva um texto dissertativo, de acordo com a norma-padrão da língua portuguesa, sobre o tema:

A popularização da internet ameaça o poder de influência da televisão?

PROPOSTA V

Em visita aos Estados Unidos, em 1970, Margaret Thatcher fez o seguinte pronunciamento:

"Uma das razões por que valorizamos indivíduos não é porque sejam todos iguais, mas porque são todos diferentes. Permitamos que nossos filhos cresçam, alguns mais altos que outros, se tiverem neles a capacidade de fazê-lo. Pois devemos construir uma sociedade na qual cada cidadão possa desenvolver plenamente seu potencial, tanto para seu próprio benefício quanto para o da comunidade como um todo."

A premissa crucial que leva a afirmação de Thatcher a parecer quase evidente em si mesma – a suposição de que a "comunidade como um todo" seria adequadamente servida por todo cidadão dedicado a seu "próprio benefício" – acabou por ser admitida como ponto pacífico. Assim, no fim do século passado, tornou-se aceita a noção de que, ao agir egoisticamente, de algum modo as pessoas beneficiariam as outras.

(Adaptado de: ZYGMUNT, Bauman. A riqueza de poucos beneficia todos nós? Rio de Janeiro: Zahar, 2015, p.30)

II

Segundo a ortodoxia econômica, uma boa dose de desigualdade leva a economias mais eficientes e crescimento mais rápido. Isso se dá porque retornos mais altos e impostos menores no topo da escala – segundo afirmam – fomentariam o empreendedorismo e engendrariam um bolo econômico maior.

Assim, terá dado certo a experiência de fomento da desigualdade? Os indícios sugerem que não. A disparidade de riqueza atingiu dimensões extraordinárias, mas sem o progresso econômico prometido.

(Adaptado de: LANSEY, Stewart apud ZYGMUNT, Bauman. A riqueza de poucos beneficia todos nós? Rio de Janeiro: Zahar, 2015, p.24-25)

Considerando os textos acima, escreva uma dissertação argumentativa em que você discuta a seguinte questão:

A realização individual fomentaria maior igualdade social?

2.7 Elementos de coesão

Prioridade, relevância: em primeiro lugar, antes de mais nada, antes de tudo, em princípio, primeiramente, acima de tudo, principalmente, primordialmente, sobretudo.

Tempo: atualmente, hoje, frequentemente, constantemente às vezes, eventualmente, por vezes, ocasionalmente, sempre, raramente, não raro, ao mesmo tempo, simultaneamente, nesse ínterim, enquanto, quando, antes que, depois que, logo que, sempre que, assim que, desde que, todas as vezes que, cada vez que, então, enfim, logo, logo depois, imediatamente, logo após, a princípio, no momento em que, pouco antes, pouco depois, anteriormente, posteriormente, em seguida, afinal, por fim, finalmente, agora.

Semelhança, comparação, conformidade: de acordo com, segundo, conforme, sob o mesmo ponto de vista, tal qual, tanto quanto, como, assim como, como se, bem como, igualmente, da mesma forma, assim também, do mesmo modo, semelhantemente, analogamente, por analogia, de maneira idêntica, de conformidade com.

Condição, hipótese: se, caso, desde que, eventualmente.

Adição, continuação: além disso, demais, ademais, outrossim, ainda mais, por outro lado, também, e, nem, não só ... mas também, não só... como também, não apenas ... como também, não só ... bem como, com, ou (quando não for excludente).

Dúvida: talvez, provavelmente, possivelmente, quiçá, quem sabe, é provável, não é certo, se é que.

Certeza, ênfase: certamente, decerto, por certo, inquestionavelmente, sem dúvida, inegavelmente, com toda a certeza.

Ilustração, esclarecimento: por exemplo, só para ilustrar, só para exemplificar, isto é, quer dizer, em outras palavras, ou por outra, a saber, ou seja, aliás.

Propósito, intenção, finalidade: com o fim de, a fim de, com o propósito de, com a finalidade de, com o intuito de, para que, a fim de que, para.

Resumo, recapitulação, conclusão: em suma, em síntese, em conclusão, enfim, em resumo, portanto, assim, dessa forma, dessa maneira, desse modo, logo, dessa forma, dessa maneira, assim sendo.

Explicação: por consequência, por conseguinte, como resultado, por isso, por causa de, em virtude de, assim, de fato, com efeito, tão (tanto, tamanho)... que, porque, porquanto, pois, já que, uma vez que, visto que, como (= porque), portanto, logo, que (= porque), de tal sorte que, de tal forma que, haja vista.

Contraste, oposição, restrição: pelo contrário, em contraste com, salvo, exceto, menos, mas, contudo, todavia, entretanto, no entanto, embora, apesar de, apesar de que, ainda que, mesmo que, posto que, conquanto, se bem que, por mais que, por menos que, só que, ao passo que, por outro lado, em contrapartida, ao contrário do que se pensa, em compensação.

Contraposição: é possível que... no entanto... É certo que... entretanto... É provável que ... porém...

Sequenciação dos parágrafos: em primeiro lugar ..., em segundo ..., por último ...; por um lado ..., por outro ...; primeiramente, ...,em seguida, ..., finalmente, ...

Enumeração: é preciso considerar que ...; Também não devemos esquecer que ...; Não podemos deixar de lembrar que...

Reafirmação/Retomada: compreende-se, então, que ... É bom acrescentar ainda que ... É interessante reiterar ...

2.8 Critérios de avaliação das bancas

Banca Cesgranrio

A Redação será avaliada conforme os critérios a seguir:

▷ adequação ao tema proposto;
▷ adequação ao tipo de texto solicitado;
▷ emprego apropriado de mecanismos de coesão (referenciação, sequenciação e demarcação das partes do texto);
▷ capacidade de selecionar, organizar e relacionar de forma coerente argumentos pertinentes ao tema proposto; e
▷ pleno domínio da modalidade escrita da norma-padrão (adequação vocabular, ortografia, morfologia, sintaxe de concordância, de regência e de colocação).

NOÇÕES DE DIREITO

NOÇÕES DE DIREITO

1 INTRODUÇÃO AO DIREITO CONSTITUCIONAL

1.1 Noções gerais

Para iniciarmos o estudo do Direito Constitucional, alguns conceitos precisam ser esclarecidos.

Primeiramente, faz-se necessário conhecer qual será o objeto de estudo desta disciplina jurídica: **Constituição Federal**.

A Constituição Federal é a norma mais importante de todo o ordenamento jurídico brasileiro. Ela é a norma principal, a norma fundamental.

Se pudéssemos posicionar as espécies normativas na forma de uma pirâmide hierárquica, a Constituição Federal apareceria no topo desta pirâmide, ao passo que as outras espécies normativas estariam todas abaixo dela, como na ilustração:

Para que sua preparação seja adequada, é necessário ter em vista uma Constituição atualizada. Isso por conta de que a Constituição Federal atual foi promulgada em 1988, mas já sofreu diversas alterações. Significa dizer, numa linguagem mais jurídica, que ela foi **emendada**.

As emendas constitucionais são a única forma de alteração do texto constitucional. Portanto, uma lei ou outra espécie normativa hierarquicamente inferior à Constituição jamais poderá alterar o seu texto.

Neste ponto, caberia a seguinte pergunta: o que torna a Constituição Federal a norma mais importante do direito brasileiro? A resposta é muito simples: a Constituição possui alguns elementos que a distinguem das outras espécies normativas, por exemplo:

- **Princípios constitucionais;**
- **Direitos fundamentais;**
- **Organização do Estado;**
- **Organização dos Poderes.**

De nada adiantaria possuir uma Constituição Federal com tantos elementos essenciais ao Estado se não existisse alguém para protegê-la. O próprio texto constitucional previu um Guardião para a Constituição: o **Supremo Tribunal Federal (STF)**.

O STF é o órgão de cúpula do Poder Judiciário e possui como atribuição principal a guarda da Constituição. Ele é tão poderoso que, se alguém editar uma norma que contrarie o disposto no texto constitucional, o STF a declarará inconstitucional. Uma norma declarada inconstitucional pelo STF não produzirá efeitos na sociedade.

Além de guardião da Constituição Federal, o STF possui outra atribuição: a de intérprete do texto fundamental. É o STF quem define a melhor interpretação para esta ou aquela norma constitucional. Quando um Tribunal manifesta sua interpretação, dizemos que ele revelou sua **jurisprudência** (o pensamento dos tribunais), sendo a do STF a que mais interessa para o estudo do Direito Constitucional.

É exatamente neste ponto que se encontra a maior importância do STF para o objetivo que se tem em vista: é essencial conhecer sua jurisprudência, pois costuma cair em prova. Para se ter ideia da importância dessa matéria, é possível que alguma jurisprudência do STF seja contrária ao próprio texto constitucional. Dessa forma, o aluno precisa ter uma dupla percepção: conhecer o texto da Constituição e conhecer a jurisprudência do STF.

Contudo, ainda existe outra fonte de conhecimento essencial para o aprendizado em Direito Constitucional: a **doutrina**. A doutrina é o pensamento produzido pelos estudiosos do Direito Constitucional. Conhecer a doutrina também faz parte de sua preparação.

Em suma, para estudar Direito Constitucional é necessário estudar:

- **A Constituição Federal;**
- **A jurisprudência do Supremo Tribunal Federal;**
- **A doutrina do Direito Constitucional.**

Neste estudo, apresentaremos o conteúdo de Direito Constitucional atualizado, objetivo e necessário para prova, de forma que se tenha à mão um material suficiente ao estudo para concurso público.

> **Atenção**
>
> **Metodologia de Estudo**
> A preparação em Direito Constitucional precisa observar três passos:
> 1. Leitura da Constituição Federal;
> 2. Leitura de material teórico;
> 3. Resolução de exercícios.
> O aluno que seguir esses passos certamente chegará à aprovação em concurso público. Essa é a melhor orientação para quem está iniciando os estudos.

1.1.1 Classificações

A partir de algumas **características** que possuem as constituições, é possível classificá-las, agrupá-las. As classificações a seguir não são as únicas possíveis, realçando apenas aqueles elementos mais comumente cobrados nos concursos públicos.

- **Quanto à origem:** a Constituição Federal pode ser promulgada ou outorgada. A **promulgada** é aquela decorrente de um verdadeiro processo democrático para a sua elaboração, fruto de uma Assembleia Nacional Constituinte. A **outorgada** é aquela imposta, unilateralmente, por um governante ou por um grupo de pessoas, ao povo.
- **Quanto à possibilidade de alteração, mutação:** podem ser **flexíveis**, **rígidas** ou **semirrígidas**. As **flexíveis** não exigem, para a sua alteração, qualquer processo legislativo especial. As **rígidas**, contudo, dependem de um processo legislativo de alteração mais difícil do que aquele utilizado para as normas ordinárias. Já as constituições **semirrígidas** são aquelas cuja parte de seu texto só pode ser alterada por um processo mais difícil, sendo que outra parte pode ser mudada sem qualquer processo especial.
- **Quanto à forma adotada:** podem ser **escritas/dogmáticas** e **costumeiras**. As **dogmáticas** são aquelas que apresentam um único texto, no qual encontramos sistematizadas e organizadas todas as disposições essenciais do Estado. As **costumeiras** são aquelas formadas pela reunião de diversos textos esparsos, reconhecidos pelo povo como fundamentais, essenciais.
- **Quanto à extensão:** podem ser **sintéticas** ou **analíticas**. As **sintéticas** são aquelas concisas, enxutas e que só trazem as disposições políticas essenciais a respeito da forma, organização, fundamentos e objetivos do Estado. As analíticas são aquelas que abordam diversos assuntos, não necessariamente relacionados com a organização do Estado e dos poderes.

A partir das classificações apresentadas acima, temos que a Constituição Federal de 1988 pode ser considerada por **promulgada, rígida, escrita** e **analítica**.

2 DIREITOS FUNDAMENTAIS – REGRAS GERAIS

2.1 Conceito

Os direitos e garantias fundamentais são institutos jurídicos que foram criados no decorrer do desenvolvimento da humanidade e se constituem de normas protetivas que formam um núcleo mínimo de prerrogativas inerentes à condição humana.

2.1.1 Amplitude horizontal e amplitude vertical

Possuem como objetivo principal a proteção do indivíduo diante do poder do Estado. Mas não só do Estado. Os direitos e garantias fundamentais também constituem normas de proteção do indivíduo em relação aos outros indivíduos da sociedade.

E é exatamente nesse ponto que surgem os conceitos de **amplitude vertical e amplitude horizontal.**

- **Amplitude vertical:** é o efeito protetor que as normas definidoras de direitos e garantias fundamentais produzem para um indivíduo diante do Estado.
- **Amplitude horizontal:** é o efeito protetor que as normas definidoras de direitos e garantias fundamentais produzem para um indivíduo diante dos outros indivíduos.

2.2 Classificação

A Constituição Federal, quando se refere aos direitos fundamentais, classifica-os em cinco grupos:

- Direitos e deveres individuais e coletivos;
- Direitos sociais;
- Direitos de nacionalidade;
- Direitos políticos;
- Partidos políticos.

Essa classificação encontra-se distribuída entre os arts. 5º e 17 do texto constitucional e é normalmente chamada pela doutrina de Conceito Formal dos Direitos Fundamentais. O Conceito Formal é o que a Constituição Federal resolveu classificar como sendo Direito Fundamental. É o rol de direitos fundamentais previstos expressamente no texto constitucional.

Costuma-se perguntar nas provas: "O rol de direitos fundamentais é um rol exaustivo? Ou melhor, taxativo?" O que se quer saber é se o rol de direitos fundamentais é só aquele que está expresso na Constituição ou não.

Responde-se a essa questão com o § 2º do art. 5º, que diz:

> § 2º Os direitos e garantias expressos nesta Constituição não excluem outros decorrentes do regime e dos princípios por ela adotados, ou dos tratados internacionais em que a República Federativa do Brasil seja parte.

Isso significa que o rol não é taxativo, mas exemplificativo. A doutrina costuma chamar esse parágrafo de cláusula de abertura material, que é exatamente a possibilidade de existirem outros direitos fundamentais, ainda que fora do texto constitucional. Esse seria o conceito material dos direitos fundamentais, ou seja, todos os direitos fundamentais que possuem a essência fundamental, ainda que não estejam expressos no texto constitucional.

2.3 Características

O elemento jurídico acima abordado, além de explicar a possibilidade de se inserirem novos direitos fundamentais no rol dos que já existem expressamente na Constituição Federal, também constitui uma das características que serão abordadas a seguir:

- **Historicidade:** essa característica revela que os direitos fundamentais são frutos da evolução histórica da humanidade. Significa que eles evoluem com o passar do tempo.
- **Inalienabilidade:** os direitos fundamentais não podem ser alienados, não podem ser negociados, não podem ser transigidos.
- **Irrenunciabilidade:** os direitos fundamentais não podem ser renunciados.
- **Imprescritibilidade:** os direitos fundamentais não se sujeitam aos prazos prescricionais. Não se perde um direito fundamental pelo decorrer do tempo.
- **Universalidade:** os direitos fundamentais pertencem a todas as pessoas, independentemente da sua condição.
- **Máxima Efetividade:** essa característica é mais uma imposição ao Estado, que está coagido a garantir a máxima efetividade dos direitos fundamentais. Esses direitos não podem ser ofertados de qualquer forma. É necessário que eles sejam garantidos da melhor forma possível.
- **Concorrência:** os direitos fundamentais podem ser utilizados em conjunto com outros direitos. Não é necessário abandonar um para usufruir outro direito.
- **Complementariedade:** um direito fundamental não pode ser interpretado sozinho. Cada direito deve ser analisado juntamente com outros direitos fundamentais, bem como com outros institutos jurídicos.
- **Proibição do retrocesso:** essa característica proíbe que os direitos já conquistados sejam perdidos.
- **Limitabilidade:** não existe direito fundamental absoluto. São direitos relativos.
- **Não Taxatividade:** essa característica, já tratada anteriormente, diz que o rol de direitos fundamentais é apenas exemplificativo, tendo em vista a possibilidade de inserção de novos direitos.

2.4 Dimensões dos direitos fundamentais

As dimensões, também conhecidas por gerações de direitos fundamentais, são uma classificação adotada pela doutrina que leva em conta a ordem cronológica de reconhecimento desses direitos. São cinco as dimensões atualmente reconhecidas:

- **1ª dimensão:** foram os primeiros direitos conquistados pela humanidade. São direitos relacionados à liberdade, em todas as suas formas. Possuem um caráter negativo diante do Estado, tendo em vista ser utilizado como uma verdadeira limitação ao poder estatal, ou seja, o Estado, diante dos direitos de primeira dimensão, fica impedido de agir ou interferir na sociedade. São verdadeiros direitos de defesa com caráter individual. Estão entre estes direitos as liberdades públicas, civis e políticas.
- **2ª dimensão:** estes direitos surgem na tentativa de reduzirem as desigualdades sociais provocadas pela primeira dimensão. Por isso, são conhecidos como direitos de igualdade. Para reduzir as diferenças sociais, o Estado precisa interferir na sociedade: essa interferência reflete a conduta positiva adotada por meio de prestações sociais. São exemplos de direitos de segunda dimensão: os direitos sociais, econômicos e culturais.
- **3ª dimensão:** aqui estão os conhecidos direitos de fraternidade. São direitos que refletem um sentimento de solidariedade entre os povos na tentativa de preservarem os direitos de toda a coletividade. São de terceira geração o direito ao meio ambiente saudável, o direito ao progresso da humanidade, ao patrimônio comum, entre outros.

NOÇÕES DE DIREITO

- **4ª dimensão:** esses direitos ainda não possuem um posicionamento pacífico na doutrina, mas costuma-se dizer que nesta dimensão ocorre a chamada globalização dos direitos fundamentais. São direitos que rompem com as fronteiras entre os Estados. São direitos de todos os seres humanos, independentemente de sua condição, como o direito à democracia, ao pluralismo político. São também considerados direitos de 4ª geração os direitos mais novos, que estão em construção, como o direito genético ou espacial.
- **5ª dimensão:** essa é a mais nova dimensão defendida por alguns doutrinadores. É formado basicamente pelo direito à paz. Esse seria o direito mais almejado pelo homem e que consubstancia a reunião de todos os outros direitos.

Deve-se ressaltar que esses direitos, à medida que foram sendo conquistados, complementavam os direitos anteriores, de forma que não se pode falar em substituição ou superação de uma geração sobre a outra, mas em cumulação, de forma que hoje podemos usufruir de todos os direitos pertencentes a todas as dimensões.

Para não se esquecer das três primeiras dimensões é só lembrar-se do lema da Revolução Francesa: Liberdade (1ª dimensão), Igualdade (2ª dimensão) e Fraternidade (3ª dimensão).

2.5 Titulares dos direitos fundamentais

2.5.1 Quem são os titulares dos direitos fundamentais?

A própria Constituição Federal responde a essa pergunta quando diz no *caput* do art. 5º que são titulares "os brasileiros e estrangeiros residentes no país". Mas será que é necessário residir no país para que o estrangeiro tenha direitos fundamentais?

Imaginemos um avião cheio de alemães que está fazendo uma escala no Aeroporto Municipal de Cascavel-PR.

Nenhum dos alemães reside no país. Seria possível entrar no avião e matar todas aquelas pessoas, haja vista não serem titulares de direitos fundamentais por não residirem no país? É claro que não. Para melhor se compreender o termo "residente", o STF o tem interpretado de forma mais ampla no sentido de abarcar todos aqueles que estão no país. Ou seja, todos os que estão no território brasileiro, independentemente de residirem no país, são titulares de direitos fundamentais.

Mas será que, para ser titular de direitos fundamentais, é necessário ter a condição humana? Ao contrário do que parece, não é necessário. Tem-se reconhecido como titulares de direitos fundamentais as pessoas jurídicas. Ressalta-se que não só as pessoas jurídicas de direito privado, mas também as pessoas jurídicas de direito público.

Os animais não são considerados titulares de direitos fundamentais, mas isso não significa que seja possível maltratá-los. Na prática, a Constituição Federal de 1988 os protege contra situações de maus-tratos. O STF já se pronunciou sobre a "briga de galo" e a "farra do boi", declarando-as inconstitucionais. Quanto à "vaquejada", o Supremo se manifestou acerca da admissibilidade parcial, desde que não figure flagelação do animal. Por fim, o tema de "rodeios" ainda não foi pleiteado. De outro lado, mortos podem ser titulares de direitos fundamentais, desde que o direito seja compatível (por exemplo: honra).

2.6 Cláusulas pétreas fundamentais

O art. 60, § 4º da Constituição Federal de 1988, traz o rol das chamadas **Cláusulas Pétreas:**

> § 4º Não será objeto de deliberação a proposta de emenda tendente a abolir:
>
> I – A forma federativa de Estado;
> II – O voto direto, secreto, universal e periódico;
> III – A separação dos Poderes;
> IV – Os direitos e garantias individuais.

As Cláusulas Pétreas são núcleos temáticos formados por institutos jurídicos de grande importância, os quais não podem ser retirados da Constituição. Observe-se que o texto proíbe a abolição desses princípios, mas não impede que eles sejam modificados, no caso, para melhor. Isso já foi cobrado em prova. É importante notar que o texto constitucional prevê no inciso IV como sendo Cláusulas Pétreas apenas os direitos e garantias individuais. Pela literalidade da Constituição, não são todos os direitos fundamentais que são protegidos por esse instituto, mas apenas os de caráter individual. Parte da doutrina e da jurisprudência entende que essa proteção deve ser ampliada, abrangendo os demais direitos fundamentais. Deve-se ter atenção com esse tema em prova, pois já foram cobrados os dois posicionamentos.

2.7 Eficácia dos direitos fundamentais

O § 1º do art. 5º da Constituição Federal de 1988 prevê que:

> § 1º As normas definidoras dos direitos e garantias fundamentais têm aplicação imediata.

Quando a Constituição Federal de 1988 se refere à aplicação de uma norma, na verdade está falando da sua eficácia.

Esse tema é sempre cobrado em provas de concurso. Com o intuito de obter uma melhor compreensão, é necessário conceituar, classificar e diferenciar os vários níveis de eficácia das normas constitucionais.

Para que uma norma constitucional seja aplicada é indispensável que a ela possua eficácia, a qual é a capacidade que uma norma jurídica tem de produzir efeitos.

Se os efeitos produzidos se restringem ao âmbito normativo, tem-se a chamada **eficácia jurídica**, ao passo que, se os efeitos são concretos, reais, tem-se a chamada **eficácia social**. Eficácia jurídica, portanto, é a capacidade que uma norma constitucional tem de revogar todas as outras normas que com ela apresentem divergência. Já a eficácia social, também conhecida como efetividade, é a aplicabilidade na prática, concreta, da norma. Todas as normas constitucionais possuem eficácia jurídica, mas nem todas possuem eficácia social. Logo, é possível afirmar que todas as normas constitucionais possuem eficácia. O problema surge quando uma norma constitucional não pode ser aplicada na prática, ou seja, não possui eficácia social.

Para explicar esse fenômeno, foram desenvolvidas várias classificações acerca do grau de eficácia de uma norma constitucional. A classificação mais adotada pela doutrina e mais cobrada em prova é a adotada pelo professor José Afonso da Silva, na obra *Curso de Direito Constitucional Positivo*. Para esse estudioso, a eficácia social se classifica em:

- **Eficácia plena:** são aquelas **autoaplicáveis**. São normas que possuem aplicabilidade direta, imediata e integral. Seus efeitos práticos são plenos. É uma norma que não depende de complementação legislativa para produzir efeitos. Veja os exemplos: art. 1º; art. 5º, *caput* e incisos XXXV e XXXVI; art. 19; art. 21; art. 53; art. 60, § 1º e 4º; art. 69; art. 128, § 5º, incisos I e II; art. 145, § 2º; entre outros.
- **Eficácia contida:** também são **autoaplicáveis**. Assim como as normas de eficácia plena, elas possuem **aplicabilidade direta e imediata**. Contudo, sua aplicação não é integral. É neste ponto que a eficácia contida se diferencia da eficácia plena. A norma de eficácia contida nasce plena, mas pode ser restringida por outra norma.

DIREITOS FUNDAMENTAIS – REGRAS GERAIS

- Daí a doutrina chamá-la de norma contível, restringível ou redutível. Essas espécies permitem que outra norma reduza a sua aplicabilidade. São normas que produzem efeitos imediatos, mas esses efeitos podem ser restringidos. Por exemplo: art. 5º, incisos VII, XII, XIII, XV, XXVII e XXXIII; art. 9º; art. 37, inciso I; art. 170, parágrafo único; entre outros.
- **Eficácia limitada:** são desprovidas de eficácia social. Diz-se que as normas de eficácia limitada não são autoaplicáveis, possuem aplicabilidade indireta, mediata e reduzida ou diferida.
- São normas que dependem de outra para produzirem efeitos. O que as difere das normas de eficácia contida é a dependência de outra norma para que produza efeitos sociais. Enquanto as de eficácia contida produzem efeitos imediatos, os quais poderão ser restringidos posteriormente, as de eficácia limitada dependem de outra norma para produzirem efeitos. Deve-se ter cuidado para não pensar que essas espécies normativas não possuem eficácia. Como se afirmou anteriormente, elas possuem eficácia jurídica, mas não possuem eficácia social. As normas de eficácia limitada são classificadas, ainda, em:
- **Normas de eficácia limitada de princípio institutivo:** são aquelas que dependem de outra norma para organizar ou instituir estruturas, entidades ou órgãos. Por exemplo: art. 18, § 2º; art. 22, parágrafo único; art. 25, § 3º; art. 33; art. 88; art. 90, § 2º; art. 102, § 1º; art. 107, § 1º; art. 113; art. 121; art. 125, § 3º; art. 128, § 5º; art. 131; entre outros.
- **Normas de eficácia limitada de princípio programático:** são aquelas que apresentam verdadeiros objetivos a serem perseguidos pelo Estado, programas a serem implementados. Em regra, possuem fins sociais. Por exemplo: art. 7º, incisos XI, XX e XXVII; art. 173, § 4º; arts. 196; 205; 215; 218; 227; entre outros.

O Supremo Tribunal Federal (STF) possui algumas decisões que conferiram o grau de eficácia limitada aos seguintes dispositivos: art. 5º, inciso LI; art. 37, inciso I; art. 37, inciso VII; art. 40, § 4º; art. 18, § 4º.

Feitas as considerações iniciais sobre esse tema, resta saber o que o § 1º do art. 5º da Constituição Federal de 1988 quis dizer com "aplicação imediata". Para traduzir essa expressão, basta analisar a explicação apresentada anteriormente. Segundo a doutrina, as normas que possuem aplicação imediata ou são de eficácia plena ou contida. Ao que parece, o texto constitucional quis restringir a eficácia dos direitos fundamentais em plena ou contida, não existindo, em regra, normas definidoras de direitos fundamentais com eficácia limitada. Entretanto, pelos próprios exemplos aqui apresentados, não é essa a realidade do texto constitucional. Certamente, existem normas de eficácia limitada entre os direitos fundamentais (art. 7º, incisos XI, XX e XXVII). A dúvida que surge então é: como responder na prova?

A doutrina e o STF têm entendido que, apesar do texto expresso na Constituição Federal, existem normas definidoras de direitos fundamentais que não possuem aplicabilidade imediata, as quais são de eficácia limitada. Diante dessa contradição, a doutrina tem orientado no sentido de se conferir a maior eficácia possível aos direitos fundamentais. Em prova, pode ser cobrada tanto uma questão abordando o texto puro da Constituição Federal quanto o posicionamento da doutrina. Deve-se responder conforme for perguntado.

A Constituição previu dois instrumentos para garantir a efetividade das normas de eficácia limitada: **Ação Direta de Inconstitucionalidade por Omissão** e o **Mandado de Injunção**.

2.8 Força normativa dos tratados internacionais

Uma regra muito importante para a prova é a que está prevista no § 3º do art. 5º da Constituição Federal de 1988:

> § 3º Os tratados e convenções internacionais sobre direitos humanos que forem aprovados, em cada Casa do Congresso Nacional, em dois turnos, por três quintos dos votos dos respectivos membros, serão equivalentes às emendas constitucionais.

Esse dispositivo constitucional apresenta a chamada força normativa dos tratados internacionais.

Segundo o texto constitucional, é possível que um tratado internacional possua força normativa de emenda constitucional, desde que preencha os seguintes requisitos:

- Deve falar de direitos humanos;
- Deve ser aprovado nas duas casas legislativas do Congresso Nacional, ou seja, na Câmara dos Deputados e no Senado Federal;
- Deve ser aprovado em dois turnos em cada casa;
- Deve ser aprovado por 3/5 dos membros em cada turno de votação, em cada casa.

Preenchidos esses requisitos, o Tratado Internacional terá força normativa de **Emenda à Constituição**.

Mas surge a seguinte questão: e se o Tratado Internacional for de Direitos Humanos e não preencher os requisitos constitucionais previstos no § 3º do art. 5º da Constituição? Qual será sua força normativa? Segundo o STF, caso o Tratado Internacional fale de direitos humanos, mas não preencha os requisitos do § 3º do art. 5º da CF/1988/1988, ele terá força normativa de **norma supralegal**.

Ainda há os tratados internacionais que não falam de direitos humanos. São tratados que falam de outros temas, por exemplo, o comércio. Esses tratados possuem força normativa de **lei ordinária**.

Em suma, são três as forças normativas dos Tratados Internacionais:

- Emenda à Constituição;
- Norma supralegal;
- Lei ordinária.

2.9 Tribunal Penal Internacional (TPI)

Há outra regra muito interessante prevista no § 4º do art. 5º da Constituição Federal de 1988:

> § 4º O Brasil se submete à jurisdição de Tribunal Penal Internacional a cuja criação tenha manifestado adesão.

É o chamado **Tribunal Penal Internacional**. Mas o que é o Tribunal Penal Internacional? É uma corte permanente, localizada em Haia, na Holanda, com competência de julgamento dos crimes contra a humanidade.

É um Tribunal, pois tem função jurisdicional; é penal porque só julga crimes; é internacional, haja vista sua competência não estar restrita à fronteira de um só Estado.

Mas uma coisa deve ser esclarecida. O TPI não julga qualquer tipo de crime. Só os crimes que tenham repercussão para toda a humanidade. Geralmente, são crimes de guerra, agressão estrangeira, genocídio, dentre outros.

Apesar de ser um tribunal com atribuições jurisdicionais, o TPI não faz parte do Poder Judiciário brasileiro. Sua competência é complementar à jurisdição nacional, não ofendendo, portanto, a soberania do Estado brasileiro. Isso significa que o TPI só age quando a Justiça Brasileira se omite ou é ineficaz.

2.10 Direitos e garantias

Muitos questionam se direitos e garantias são a mesma coisa, mas a melhor doutrina tem diferenciado esses dois institutos.

Os direitos são os próprios direitos previstos na Constituição Federal de 1988. São os bens jurídicos tutelados pela Constituição. Eles representam por si só esses bens.

As garantias são instrumentos de proteção dos direitos. São ferramentas disponibilizadas pela Constituição para a fruição dos direitos.

Apesar da diferença entre os dois institutos é possível afirmar que **toda garantia é um direito**.

98

3 DIREITOS E DEVERES INDIVIDUAIS E COLETIVOS

A Constituição Federal, ao disciplinar os direitos individuais, os coloca basicamente no art. 5º. Logo no *caput* desse artigo, já aparece uma classificação didática dos direitos ali previstos:

> **Art. 5º** Todos são iguais perante a lei, sem distinção de qualquer natureza, garantindo-se aos brasileiros e aos estrangeiros residentes no País a inviolabilidade do direito à vida, à liberdade, à igualdade, à segurança e à propriedade, nos termos seguintes:

Para estudarmos os direitos individuais, utilizaremos os cinco grupos de direitos previstos no *caput* do art. 5º:

- Direito à vida;
- Direito à igualdade;
- Direito à liberdade;
- Direito à propriedade;
- Direito à segurança.

Percebe-se que os 78 incisos do art. 5º, de certa forma, decorrem de um desses direitos que podem ser chamados de **"direitos raízes"**. Utilizando essa divisão, a seguir serão abordados os incisos mais importantes desse artigo, tendo em vista a preparação para a prova. Logicamente, não conseguiremos abordar todos os incisos, o que não tira a responsabilidade de lê-los.

3.1 Direito à vida

Ao falar desse direito, que é considerado pela doutrina como o **direito mais fundamental de todos**, por ser um pressuposto para o exercício dos demais direitos, enfrenta-se um primeiro desafio: esse direito é absoluto?

Assim como os demais direitos, o direito à vida não é absoluto. São várias as justificativas existentes para considerá-lo um direito passível de flexibilização.

3.1.1 Pena de morte

Existe pena de morte no Brasil? A resposta é sim. A alínea "a" do inciso XLVII do art. 5º traz essa previsão expressamente:

> XLVII – Não haverá penas:
> a) de morte, salvo em caso de guerra declarada, nos termos do art. 84, XIX;

Todas as vezes que a Constituição traz uma negação acompanhada de uma exceção, estamos diante de uma possibilidade.

3.1.2 Aborto

A prática de aborto no Brasil é permitida? O art. 128 do Código Penal Brasileiro apresenta duas possibilidades de prática de aborto que são verdadeiras excludentes de ilicitude:

> **Art. 128** Não se pune o aborto praticado por médico:
> Aborto necessário
> I – Se não há outro meio de salvar a vida da gestante;
> Aborto sentimental
> II – Se a gravidez resulta de estupro e o aborto é precedido de consentimento da gestante ou, quando incapaz, de seu representante legal.

São os **abortos necessário** e **sentimental**. Aborto necessário é aquele praticado para salvar a vida da gestante e o aborto sentimental é utilizado nos casos de estupro. Essas duas exceções à prática do crime de aborto são hipóteses em que se permite a sua prática no direito brasileiro. Além dessas duas hipóteses previstas expressamente na legislação brasileira, o STF também reconhece a possibilidade da prática de aborto do feto anencéfalo (feto sem cérebro). Mais uma vez, o direito à vida encontra-se flexibilizado.

3.1.3 Legítima defesa e estado de necessidade

Esses dois institutos, também excludentes de ilicitude do crime, são outras possibilidades de limitação do direito à vida, conforme disposto no art. 23 do Código Penal Brasileiro:

> **Art. 23** Não há crime quando o agente pratica o fato:
> I – Em estado de necessidade;
> II – Em legítima defesa;

Em linhas gerais e de forma exemplificativa, o estado de necessidade permite que, diante de uma situação de perigo, uma pessoa possa, para salvar uma vida, tirar a vida de outra pessoa. Na legítima defesa, caso sua vida seja ameaçada por alguém, existe legitimidade em retirar a vida de quem o ameaçou.

Outro ponto que deve ser ressaltado é que o direito à vida não está subordinado apenas ao fato de se estar vivo. Quando a constituição protege o direito à vida, a faz em suas diversas acepções. Existem dispositivos constitucionais que protegem o direito à vida no que tange a sua preservação da integridade física e moral (art. 5º, incisos III, V, XLVII e XLIX; art. 199, § 4º). A Constituição também protege o direito à vida no que tange à garantia de uma vida com qualidade (arts. 6º; 7º, inciso IV; 196; 205; 215).

3.2 Direito à igualdade

3.2.1 Igualdade formal e igualdade material

Possui como sinônimo o termo Isonomia. A doutrina classifica esse direito em:

- **Igualdade formal:** traduz-se no termo "todos são iguais perante a lei, sem distinção de qualquer natureza". É o previsto no *caput* do art. 5º. É uma igualdade jurídica, que não se preocupa com a realidade, mas apenas evita que alguém seja tratado de forma discriminatória.
- **Igualdade material:** também chamada de igualdade efetiva ou substancial. É a igualdade que se preocupa com a realidade. Traduz-se na seguinte expressão: "tratar os iguais com igualdade e os desiguais com desigualdade, na medida das suas desigualdades". Esse tipo de igualdade confere um tratamento com justiça para aqueles que não a possuem.

A igualdade formal é a regra utilizada pelo Estado para conferir um tratamento isonômico entre as pessoas. Contudo, por diversas vezes, um tratamento igualitário não consegue atender a todas as necessidades práticas. Faz-se necessária a utilização da igualdade em seu aspecto material para que se consiga produzir um verdadeiro tratamento isonômico.

Imaginemos as relações entre homens e mulheres. A regra é que homem e mulher são tratados da mesma forma conforme previsto no inciso I do art. 5º:

> I – Homens e mulheres são iguais em direitos e obrigações, nos termos desta Constituição;

Contudo, em diversas situações, homens e mulheres serão tratados de forma diferente:

- **Licença-maternidade:** tem duração de 120 dias para a mulher. Para o homem, apenas 5 dias de licença-paternidade;
- **Aposentadoria:** a mulher se aposenta 5 anos mais cedo que o homem;
- **Serviço militar obrigatório:** só o homem está obrigado.

Essas são algumas das situações em que são permitidos tratamentos desiguais entre as pessoas. As razões que justificam essa discriminação são as diferenças efetivas que existem entre os homens e as mulheres em cada uma das hipóteses. Exemplificando, a mulher tem mais tempo para se recuperar em razão da nítida distinção do desgaste feminino para o masculino no que tange ao parto. É indiscutível que, por mais desgastante que seja o nascimento de um filho para o pai, nada se compara ao sofrimento suportado pela mãe. Por essa razão, a licença-maternidade é maior que a licença-paternidade.

DIREITOS E DEVERES INDIVIDUAIS E COLETIVOS

3.2.2 Igualdade nos concursos públicos

O tema diz respeito à igualdade nos concursos públicos. Seria possível restringir o acesso a um cargo público em razão do sexo de uma pessoa? Ou por causa de sua altura? Ou ainda, pela idade que possui?

Essas questões encontram a mesma resposta: sim! É possível, desde que os critérios discriminatórios preencham alguns requisitos:

- **Deve ser fixado em lei:** não basta que os critérios estejam previstos no edital, precisam estar previstos em lei, no seu sentido formal.
- **Deve ser necessário ao exercício do cargo:** o critério discriminatório deve ser necessário ao exercício do cargo. A título de exemplo: seria razoável exigir para um cargo de policial militar, altura mínima ou mesmo, idade máxima, que representam vigor físico, tendo em vista a natureza do cargo que exige tal condição. As mesmas condições não poderiam ser exigidas para um cargo de técnico judiciário, por não serem necessárias ao exercício do cargo.

Em suma, podem ser exigidos critérios discriminatórios desde que previstos em lei e que sejam necessários ao exercício do cargo, observados os critérios de proporcionalidade e razoabilidade.

Esse tema sempre tem sido alvo de questões em prova, principalmente sob o aspecto jurisprudencial.

3.2.3 Ações afirmativas

Como formas de concretização da igualdade material foram desenvolvidas políticas públicas de compensação dirigidas às minorias sociais chamadas de **ações afirmativas ou discriminações positivas**. São verdadeiras ações de cunho social que visam a compensar possíveis perdas que determinados grupos sociais tiveram ao longo da história de suas vidas. Quem nunca ouviu falar nas "quotas para os pobres nas Universidades" ou ainda, "reserva de vagas para deficientes em concursos públicos"? Essas são algumas das espécies de ações afirmativas desenvolvidas no Brasil.

Mas por que reservar vagas para deficientes em concursos públicos? O deficiente, qualquer que seja sua deficiência, quando se prepara para um concurso público possui muito mais dificuldade que uma pessoa que tem a plenitude de seu vigor físico. Em razão dessa diferença, o Estado, na tentativa de reduzir a desigualdade existente entre os concorrentes, resolveu compensar a limitação de um portador de necessidades especiais reservando-lhe vagas especiais.

Perceba que, ao contrário do que parece, quando se reservam vagas num concurso público para deficientes estamos diante de um nítido tratamento discriminatório, que nesse caso é justificável pelas diferenças naturais entre o concorrente sadio e o concorrente deficiente. Lembre-se de que igualdade material é tratar iguais com igualdade e desiguais com desigualdade. O que se faz por meio dessas políticas de compensação é tratar os desiguais com desigualdade, na medida de suas desigualdades. Só dessa forma é possível alcançar um verdadeiro tratamento isonômico entre os candidatos.

Por fim, destaca-se o fato de o STF ter declarado constitucional a política de cotas étnico-raciais para seleção de estudantes em universidades públicas pacificando uma discussão antiga sobre esse tipo de ação afirmativa.

3.3 Direito à liberdade

O direito à liberdade pertence à primeira geração de direitos fundamentais por expressarem os direitos mais ansiados pelos indivíduos como forma de defesa diante do Estado. O que se verá a seguir são algumas das acepções desse direito que podem ser cobradas em prova.

3.3.1 Liberdade de ação

O inciso II do art. 5º apresenta aquilo que a doutrina chama de liberdade de ação:

> II – Ninguém será obrigado a fazer ou deixar de fazer alguma coisa senão em virtude de lei;

Essa é a liberdade por excelência. Segundo o texto constitucional, a liberdade só pode ser restringida por lei. Por isso, dizemos que esse inciso também apresenta o **princípio da legalidade**.

A liberdade pode ser entendida de duas formas, a depender do destinatário da mensagem:

- **Para o particular:** liberdade significa "fazer tudo que não for proibido".
- **Para o agente público:** liberdade significa "poder fazer tudo o que for determinado ou permitido pela lei".

3.3.2 Liberdade de locomoção

Uma das liberdades mais almejadas pelos indivíduos durante as lutas sociais é o grande carro-chefe na limitação dos poderes do Estado. O inciso XV do art. 5º já diz:

> XV – É livre a locomoção no território nacional em tempo de paz, podendo qualquer pessoa, nos termos da lei, nele entrar, permanecer ou dele sair com seus bens;

Perceba-se que o direito explanado nesse inciso não possui caráter absoluto, haja vista ter sido garantido em tempo de paz. Isso significa que em momentos sem paz seriam possíveis restrições às liberdades de locomoção. Destaca-se o Estado de Sítio que pode ser decretado nos casos previstos no art. 137 da Constituição Federal de 1988. Nessas circunstâncias, seriam possíveis maiores restrições à chamada liberdade de locomoção por meio de medidas autorizadas pela própria Constituição Federal:

> *Art. 137* O Presidente da República pode, ouvidos o Conselho da República e o Conselho de Defesa Nacional, solicitar ao Congresso Nacional autorização para decretar o estado de sítio nos casos de:
> I – Comoção grave de repercussão nacional ou ocorrência de fatos que comprovem a ineficácia de medida tomada durante o estado de defesa;
> II – Declaração de estado de guerra ou resposta a agressão armada estrangeira.

> *Art. 139* Na vigência do estado de sítio decretado com fundamento no art. 137, I, só poderão ser tomadas contra as pessoas as seguintes medidas:
> I – Obrigação de permanência em localidade determinada;
> II – Detenção em edifício não destinado a acusados ou condenados por crimes comuns;

Outro ponto interessante refere-se à possibilidade de qualquer pessoa entrar, permanecer ou sair do país com seus bens. Esse direito também não pode ser encarado de forma absoluta, haja vista a possibilidade de se exigir declaração de bens ou pagamento de imposto quando da entrada no país com bens. Nesse caso, liberdade de locomoção não se confunde com imunidade tributária.

Caso a liberdade de locomoção seja restringida por ilegalidade ou abuso de poder, a Constituição reservou um poderoso instrumento garantidor, o chamado *Habeas corpus*.

> *Art. 5º [...]*
> LXVIII – conceder-se-á "Habeas corpus" sempre que alguém sofrer ou se achar ameaçado de sofrer violência ou coação em sua liberdade de locomoção, por ilegalidade ou abuso de poder;

3.3.3 Liberdade de pensamento

Essa liberdade serve de amparo para uma série de possibilidades no que tange ao pensamento. Assim como os demais direitos fundamentais, a manifestação do pensamento não possui caráter absoluto, sendo restringido pela própria Constituição Federal, que proíbe seu exercício de forma anônima:

> *Art. 5º [...]*
> IV – É livre a manifestação do pensamento, sendo vedado o anonimato;

A vedação ao anonimato, além de ser uma garantia ao exercício da manifestação do pensamento, possibilita o exercício do direito de resposta caso alguém seja ofendido.

Sobre Denúncia Anônima, é importante fazer uma observação. Diante da vedação constitucional ao anonimato, poder-se-ia imaginar que essa ferramenta de combate ao crime fosse considerada inconstitucional. Contudo, não tem sido esse o entendimento do STF. A denúncia anônima pode até ser utilizada como ferramenta de comunicação do crime, mas não pode servir como amparo para a instauração do Inquérito Policial, muito menos como fundamento para condenação de quem quer que seja.

3.3.4 Liberdade de consciência e crença religiosa

Uma primeira pergunta deve ser feita acerca da liberdade religiosa em nosso país: qual a religião oficial do Brasil? A única resposta possível: é nenhuma. A liberdade religiosa do Estado brasileiro é incompatível com a existência de uma religião oficial. É o que apresenta o inciso VI do art. 5º:

> *VI – É inviolável a liberdade de consciência e de crença, sendo assegurado o livre exercício dos cultos religiosos e garantida, na forma da lei, a proteção aos locais de culto e a suas liturgias;*

Esse inciso marca a liberdade religiosa existente no Brasil. Por esse motivo, dizemos que o Brasil é um Estado laico, leigo ou não confessional. Isso significa, basicamente, que no Brasil existe uma relação de separação entre Estado e Igreja. Essa relação entre o Estado e a Igreja encontra, inclusive, vedação expressa no texto constitucional:

> *Art. 19 É vedado à União, aos Estados, ao Distrito Federal e aos Municípios:*
> *I – Estabelecer cultos religiosos ou igrejas, subvencioná-los, embaraçar-lhes o funcionamento ou manter com eles ou seus representantes relações de dependência ou aliança, ressalvada, na forma da lei, a colaboração de interesse público;*

Por causa da liberdade religiosa, é possível exercer qualquer tipo de crença no país. É possível ser católico, protestante, mulçumano, ateu ou satanista. Isso é liberdade de crença ou consciência. Liberdade de crer ou não crer. Perceba que o inciso VI, além de proteger as crenças e cultos, também protege as suas liturgias. Apesar do amparo constitucional, não se pode utilizar esse direito para praticar atos contrários às demais normas do direito brasileiro como, por exemplo, sacrificar seres humanos como forma de prestar culto a determinada divindade. Isso a liberdade religiosa não ampara.

Outro dispositivo importante é o previsto no inciso VII:

> *Art. 5º [...]*
> *VII – É assegurada, nos termos da lei, a prestação de assistência religiosa nas entidades civis e militares de internação coletiva;*

Nesse inciso, a Constituição Federal de 1988 garantiu a assistência religiosa nas entidades de internação coletivas, sejam elas civis ou militares. Entidades de internação coletivas são quartéis, hospitais ou hospícios. Em razão dessa garantia constitucional, é comum encontrarmos nesses estabelecimentos capelas para que o direito seja exercido.

Apesar da importância dos dispositivos analisados anteriormente, nenhum é mais cobrado em prova que o inciso VIII:

> *Art. 5º [...]*
> *VIII – Ninguém será privado de direitos por motivo de crença religiosa ou de convicção filosófica ou política, salvo se as invocar para eximir-se de obrigação legal a todos imposta e recusar-se a cumprir prestação alternativa, fixada em lei;*

Estamos diante do instituto da Escusa de Consciência. Esse direito permite a qualquer pessoa que, em razão de sua crença ou consciência, deixe de cumprir uma obrigação imposta sem que com isso sofra alguma consequência em seus direitos. Tal permissivo constitucional encontra uma limitação prevista expressamente no texto em análise. No caso de uma obrigação imposta a todos, se o indivíduo se recusar ao seu cumprimento, ser-lhe-á oferecida uma prestação alternativa. Não a cumprindo também, a Constituição permite que direitos sejam restringidos. O art. 15 prescreve que os direitos restringidos serão os direitos políticos:

> *Art. 15 É vedada a cassação de direitos políticos, cuja perda ou suspensão só se dará nos casos de: [...]*
> *IV – Recusa de cumprir obrigação a todos imposta ou prestação alternativa, nos termos do art. 5º, VIII;*

3.3.5 Liberdade de reunião

Acerca dessa liberdade, é importante ressaltar as condições estabelecidas pelo texto constitucional:

> *Art. 5º [...]*
> *XVI – Todos podem reunir-se pacificamente, sem armas, em locais abertos ao público, independentemente de autorização, desde que não frustrem outra reunião anteriormente convocada para o mesmo local, sendo apenas exigido prévio aviso à autoridade competente;*

Enumerando-as, de forma a facilitar o estudo, tem-se que as condições estabelecidas para o exercício do direito à reunião são:

- **Reunião pacífica:** não se legitima uma reunião que tenha fins não pacíficos.
- **Sem armas:** para evitar a violência ou coação por meio de armas.
- **Locais abertos ao público:** encontra-se subentendida a reunião em local fechado.
- **Independente de autorização:** não precisa de autorização.
- **Necessidade de prévio aviso.**
- **Não frustrar outra reunião convocada anteriormente para o mesmo local:** garantia de isonomia no exercício do direito prevalecendo o de quem exerceu primeiro.

Sobre o exercício da liberdade de reunião é importante saber que ele não depende de autorização, mas necessita de prévio aviso.

Outro ponto que já foi alvo de questão de prova é a possibilidade de restrição desse direito no Estado de Sítio e no Estado de Defesa. O problema está na distinção entre as limitações que podem ser adotadas em cada uma das medidas:

> *Art. 136 [...]*
> *§ 1º O decreto que instituir o estado de defesa determinará o tempo de sua duração, especificará as áreas a serem abrangidas e indicará, nos termos e limites da lei, as medidas coercitivas a vigorarem, dentre as seguintes:*
> *I – Restrições aos direitos de:*
> *a) reunião, ainda que exercida no seio das associações;*
> *Art. 139. Na vigência do estado de sítio decretado com fundamento no art. 137, I, só poderão ser tomadas contra as pessoas as seguintes medidas: [...]*
> *IV – Suspensão da liberdade de reunião;*

Ao passo que no **estado de defesa** ocorrerão **restrições** ao direito de reunião, no **estado de sítio** ocorrerá a **suspensão** desse direito.

3.3.6 Liberdade de associação

São vários os dispositivos constitucionais que regulam a liberdade de associação:

> *Art. 5º [...]*
> *XVII – É plena a liberdade de associação para fins lícitos, vedada a de caráter paramilitar;*
> *XVIII – A criação de associações e, na forma da lei, a de cooperativas independem de autorização, sendo vedada a interferência estatal em seu funcionamento;*
> *XIX – As associações só poderão ser compulsoriamente dissolvidas ou ter suas atividades suspensas por decisão judicial, exigindo-se, no primeiro caso, o trânsito em julgado;*
> *XX – Ninguém poderá ser compelido a associar-se ou a permanecer associado;*
> *XXI – As entidades associativas, quando expressamente autorizadas, têm legitimidade para representar seus filiados judicial ou extrajudicialmente;*

O primeiro ponto que dever ser lembrado é que a liberdade de associação só poderá ser usufruída para fins lícitos sendo proibida a criação de associação paramilitar.

DIREITOS E DEVERES INDIVIDUAIS E COLETIVOS

Entende-se como associação de caráter paramilitar toda organização paralela ao Estado, sem legitimidade, com estrutura e organização tipicamente militar. São as facções criminosas, milícias ou qualquer outra organização que possua fins ilícitos e alheios aos do Estado.

Destaca-se, com a mesma importância, a dispensa de autorização e interferência estatal no funcionamento e criação das associações.

Maior destaque deve ser dado ao inciso XIX, que condiciona qualquer limitação às atividades associativas a uma decisão judicial. As associações podem ter suas atividades **suspensas** ou **dissolvidas**. Em qualquer um dos casos deve haver **decisão judicial**. No caso da **dissolução**, por ser uma medida mais grave, não basta qualquer decisão judicial, tem que ser **transitada em julgado**. Isso significa uma decisão definitiva, à qual não caiba mais recurso.

O inciso XX tutela a chamada liberdade associativa, pela qual ninguém será obrigado a se associar ou mesmo a permanecer associado a qualquer entidade associativa.

Por fim, temos o inciso XXI, que permite às associações que representem seus associados tanto na esfera judicial quanto na administrativa desde que possuam expressa autorização. Expressa autorização significa por escrito, por meio de instrumento legal que comprove a autorização.

Vale destacar que, para suspender as atividades de uma associação, basta qualquer decisão judicial; para dissolver, tem que haver decisão judicial transitada em julgado.

3.4 Direito à propriedade

Quando se fala em direito à propriedade, alguns atributos que lhe são inerentes aparecem imediatamente. Propriedade é a faculdade que uma pessoa tem de usar, gozar dispor de um bem. O texto constitucional garante esse direito de forma expressa:

> *Art. 5º [...]*
> *XXII – É garantido o direito de propriedade.*

Apesar de esse direito aparentar possuir um caráter absoluto, quando se investiga mais a fundo esse tema, percebe-se que ele possui vários limitadores no próprio texto constitucional. E é isso que se passa a analisar agora.

3.4.1 Limitações

Dentre as limitações existentes na Constituição, estão: função social, requisição administrativa, desapropriação, bem de família, propriedade imaterial e direito à herança.

3.4.2 Função social

A Constituição Federal de 1988 exige, em seu art. 5º, que a propriedade atenda a sua função social:

> *XXIII – A propriedade atenderá a sua função social;*

Isso significa que a propriedade não é tão individual quanto pensamos. A necessidade de observância da função social demonstra que a propriedade é muito mais que uma titularidade privada. Esse direito possui reflexos em toda a sociedade. É só imaginar uma propriedade imóvel, um terreno urbano, que, apesar de possuir um proprietário, fica abandonado. Cresce o mato, as pessoas começam a jogar lixo naquele lugar, alguns criminosos começam a utilizar aquele ambiente para prática de atividades ilícitas. Veja quantas coisas podem acontecer numa propriedade e que importarão em consequências gravosas para o meio social mais próximo. É por isso que a propriedade tem que atender a sua função social.

3.4.3 Requisição administrativa

Consta no inciso XXV do art. 5º:

> *XXV – No caso de iminente perigo público, a autoridade competente poderá usar de propriedade particular, assegurada ao proprietário indenização ulterior, se houver dano;*

Essa é a chamada Requisição Administrativa. Esse instituto permite que a propriedade seja limitada pela necessidade de se solucionar situação de perigo público. Não se trata de uma forma de desapropriação, pois o dono da propriedade requisitada não a perde, apenas a empresta para uso público, sendo garantido, posteriormente, havendo dano, direito a indenização. Esse instituto limita o caráter absoluto da propriedade.

3.4.4 Desapropriação

É a perda da propriedade. Esse é o limitador por excelência do direito, restringindo o caráter perpétuo da propriedade. A seguir, estão exemplificadas as três modalidades de desapropriação.

- **Desapropriação pelo mero interesse público:** essa modalidade é utilizada pelo Estado quando o interesse social ou a utilidade pública prevalecem sobre o direito individual. Nesse tipo de desapropriação, destaca-se que o proprietário nada fez para merecê-la, contudo, o interesse público exige que determinada área seja desapropriada. É o caso de construção de uma rodovia que exige a desapropriação de várias propriedades para o asfaltamento da via.

- Deve ser destacado que essa modalidade de desapropriação gera direito à indenização, que deve ser paga em dinheiro, previamente e com valor justo.

- Conforme o texto da Constituição Federal de 1988:

  > *Art. 5º [...]*
  > *XXIV – A lei estabelecerá o procedimento para desapropriação por necessidade ou utilidade pública, ou por interesse social, mediante justa e prévia indenização em dinheiro, ressalvados os casos previstos nesta Constituição;*

- **Desapropriação-sanção:** nesta modalidade, o proprietário, por algum motivo, não observou a função social da propriedade. Por esse motivo, é chamada de Desapropriação-sanção, haja vista ser uma verdadeira punição. Segundo a Constituição Federal de 1988, essa desapropriação gera direito à indenização, que deverá ser paga em títulos da dívida pública ou agrária. Segundo os arts. 182, § 4º, inciso III e 184 da Constituição Federal de 1988:

  > *Art. 182 [...]*
  > *§ 4º É facultado ao Poder Público municipal, mediante lei específica para área incluída no plano diretor, exigir, nos termos da lei federal, do proprietário do solo urbano não edificado, subutilizado ou não utilizado, que promova seu adequado aproveitamento, sob pena, sucessivamente, de:*
  > *I – Parcelamento ou edificação compulsórios;*
  > *II – Imposto sobre a propriedade predial e territorial urbana progressivo no tempo;*
  > *III – Desapropriação com pagamento mediante títulos da dívida pública de emissão previamente aprovada pelo Senado Federal, com prazo de resgate de até dez anos, em parcelas anuais, iguais e sucessivas, assegurados o valor real da indenização e os juros legais.*
  > *Art. 184 Compete à União desapropriar por interesse social, para fins de reforma agrária, o imóvel rural que não esteja cumprindo sua função social, mediante prévia e justa indenização em títulos da dívida agrária, com cláusula de preservação do valor real, resgatáveis no prazo de até vinte anos, a partir do segundo ano de sua emissão, e cuja utilização será definida em lei.*

- **Desapropriação confiscatória:** *é a desapropriação que ocorre com a propriedade utilizada para cultivo de plantas psicotrópicas. Nesse caso, não haverá indenização, mas o proprietário poderá ser processado pela prática de ilícito penal.*

  > *Art. 243 As propriedades rurais e urbanas de qualquer região do País onde forem localizadas culturas ilegais de plantas psicotrópicas ou a exploração de trabalho escravo na forma da lei serão expropriadas e destinadas à reforma agrária e a programas de habitação popular, sem qualquer indenização ao proprietário e sem prejuízo de outras sanções previstas em lei, observado, no que couber, o disposto no art. 5º.*
  > *Parágrafo único. Todo e qualquer bem de valor econômico apreendido em decorrência do tráfico ilícito de entorpecentes e drogas afins e da exploração de trabalho escravo será confiscado e reverterá a fundo especial com destinação específica, na forma da lei.*

NOÇÕES DE DIREITO

> **Atenção!**
>
> **Desapropriação por interesse público** → indenizada em dinheiro.
> **Desapropriação-sanção** → indenizada em títulos da Dívida Pública.
> **Desapropriação confiscatória** → não tem direito à indenização.

3.4.5 Bem de família

A Constituição consagra uma forma de proteção às pequenas propriedades rurais chamada de bem de família:

Art. 5º [...]
XXVI – A pequena propriedade rural, assim definida em lei, desde que trabalhada pela família, não será objeto de penhora para pagamento de débitos decorrentes de sua atividade produtiva, dispondo a lei sobre os meios de financiar o seu desenvolvimento; =

O mais importante para prova é atentar para os requisitos estabelecidos no inciso, quais sejam:

- **Pequena propriedade rural:** não se trata de qualquer propriedade.
- **Definida em lei:** não em outra espécie normativa.
- **Trabalhada pela família:** não por qualquer pessoa.
- **Débitos decorrentes da atividade produtiva:** não por qualquer débito.

3.4.6 Propriedade imaterial

Além das propriedades sobre bens materiais, a Constituição também consagra normas de proteção sobre a propriedade de bens imateriais. São duas as propriedades consagradas: autoral e industrial.

- **Propriedade autoral:** encontra-se protegida nos incisos XXVII e XXVIII do art. 5º:

    XXVII – Aos autores pertence o direito exclusivo de utilização, publicação ou reprodução de suas obras, transmissível aos herdeiros pelo tempo que a lei fixar;
    XXVIII – São assegurados, nos termos da lei:
    a) a proteção às participações individuais em obras coletivas e à reprodução da imagem e voz humanas, inclusive nas atividades desportivas;
    b) o direito de fiscalização do aproveitamento econômico das obras que criarem ou de que participarem aos criadores, aos intérpretes e às respectivas representações sindicais e associativas;

- **Propriedade industrial:** encontra-se protegida no inciso XXIX:

    XXIX – A lei assegurará aos autores de inventos industriais privilégio temporário para sua utilização, bem como proteção às criações industriais, à propriedade das marcas, aos nomes de empresas e a outros signos distintivos, tendo em vista o interesse social e o desenvolvimento tecnológico e econômico do País;

Uma relação muito interessante entre a propriedade autoral e a industrial está no tempo de proteção previsto na Constituição Federal de 1988. Observe-se que na propriedade autoral o direito do autor é vitalício, tendo em vista a previsão de possibilidade de transmissão desses direitos aos herdeiros. Contudo, quando nas mãos dos sucessores, a proteção será pelo tempo que a lei fixar, ou seja, temporário.

Já na propriedade industrial, a proteção do próprio autor já possui caráter temporário.

3.4.7 Direito à herança

De nada adiantaria tanta proteção à propriedade se esse bem jurídico não pudesse ser transmitido por meio da sucessão de bens aos herdeiros após a morte. O direito à herança, consagrado expressamente na Constituição, traduz-se no coroamento do direito de propriedade. É a grande força motriz desse direito. Só faz sentido ter direito à propriedade se esse direito possa ser transferido aos herdeiros.

Art. 5º [...]
XXX – É garantido o direito de herança;
XXXI – A sucessão de bens de estrangeiros situados no País será regulada pela lei brasileira em benefício do cônjuge ou dos filhos brasileiros, sempre que não lhes seja mais favorável a lei pessoal do de cujus;

Destaque especial deve ser dado ao inciso XXXI, que prevê a possibilidade de aplicação de lei estrangeira no país em casos de sucessão de bens de pessoa estrangeira desde que esses bens estejam situados no Brasil. A Constituição Federal permite que seja aplicada a legislação mais favorável aos herdeiros, quer seja a lei brasileira, quer seja a lei estrangeira.

3.5 Direito à segurança

Ao se referir à segurança como direito individual, o art. 5º pretende significar "segurança jurídica "que trata de normas de pacificação social e que produzem uma maior segurança nas relações sociais. Esse é o ponto alto dos direitos individuais. Sem dúvida, aqui está a maior quantidade de questões cobradas em prova.

3.5.1 Princípio da segurança nas relações jurídicas

Este princípio tem como objetivo garantir a estabilidade das relações jurídicas. Veja o que diz a Constituição:

Art. 5º [...]
XXXVI – A lei não prejudicará o direito adquirido, o ato jurídico perfeito e a coisa julgada;

Os três institutos aqui protegidos encontram seu conceito formalizado na **Lei de Introdução às Normas do Direito brasileiro.**

Art. 6º [...]
§ 1º Reputa-se ato jurídico perfeito o já consumado segundo a lei vigente ao tempo em que se efetuou.
§ 2º Consideram-se adquiridos assim os direitos que o seu titular, ou alguém por ele, possa exercer, como aqueles cujo começo do exercício tenha termo pré-fixo, ou condição pré-estabelecida inalterável, a arbítrio de outrem.
§ 3º Chama-se coisa julgada ou caso julgado a decisão judicial de que já não caiba recurso.

Em linhas gerais, pode-se assim conceituá-los:

- **Direito adquirido:** direito já incorporado ao patrimônio do titular.
- **Ato jurídico perfeito:** ato jurídico que já atingiu seu fim. Ato jurídico acabado, aperfeiçoado, consumado.
- **Coisa julgada:** sentença judicial transitada em julgado. Aquela sentença em relação à qual não cabe mais recurso.

De uma coisa não se pode esquecer: a proibição de retroatividade da lei nos casos aqui estudados não se aplica às leis mais benéficas, ou seja, uma lei mais benéfica poderá produzir efeitos em relação ao direito adquirido, ao ato jurídico perfeito e à coisa julgada.

3.5.2 Devido processo legal

O devido processo legal possui como objetivo principal limitar o poder do Estado. Esse princípio condiciona a restrição da liberdade ou dos bens de um indivíduo à existência de um procedimento estatal que respeite todos os direitos e garantias processuais previstos na lei. É o que diz o inciso LIV do art. 5º:

LIV – Ninguém será privado da liberdade ou de seus bens sem o devido processo legal;

A exigência constitucional de existência de processo aplica-se tanto aos processos judiciais quanto aos procedimentos administrativos.

Desse princípio, surge a garantia constitucional à **proporcionalidade** e **razoabilidade.** Da mesma forma, é durante o devido processo legal que poderão ser exercidos os direitos ao contraditório e à ampla defesa, que serão analisados a seguir.

3.5.3 Contraditório e ampla defesa

Essas garantias constitucionais, conforme já salientado, decorrem do devido processo legal. São utilizadas como ferramenta de defesa diante das acusações impostas pelo Estado ou por um particular nos processos judiciais e administrativos:

103

DIREITOS E DEVERES INDIVIDUAIS E COLETIVOS

Art. 5º [...]
LV – Aos litigantes, em processo judicial ou administrativo, e aos acusados em geral são assegurados o contraditório e ampla defesa, com os meios e recursos a ela inerentes;

Mas o que significam o contraditório e a ampla defesa?

Contraditório é o direito de contradizer, contrariar, contraditar. Se alguém diz que você é ou fez alguma coisa, o contraditório lhe permite dizer que não é e que não fez o que lhe foi imputado. É simplesmente o direito de contrariar. Já **ampla defesa** é a possibilidade de utilização de todos os meios admitidos em direito para se defender de uma acusação.

Em regra, o contraditório e a ampla defesa são garantidos em todos os processos judiciais ou administrativos, contudo, a legislação brasileira previu alguns procedimentos administrativos incompatíveis com o exercício desse direito:

- Inquérito policial.
- Sindicância investigativa.
- Inquérito civil.

Em suma, nos procedimentos investigatórios que não possuem o condão de punir o investigado não serão garantidos o contraditório e a ampla defesa.

Observem-se as Súmulas Vinculantes do Supremo Tribunal Federal que versam sobre esse tema:

Súmula Vinculante nº 3 – STF Nos processos perante o Tribunal de Contas da União asseguram-se o contraditório e a ampla defesa quando da decisão puder resultar anulação ou revogação de ato administrativo que beneficie o interessado, excetuada a apreciação da legalidade do ato de concessão inicial de aposentadoria, reforma e pensão.

Súmula Vinculante nº 5 – STF A falta de defesa técnica por advogado no processo administrativo disciplinar não ofende a Constituição.

Súmula Vinculante nº 14 – STF É direito do defensor, no interesse do representado, ter acesso amplo aos elementos de prova que, já documentados em procedimento investigatório realizado por órgão com competência de polícia judiciária, digam respeito ao exercício do direito de defesa.

Súmula Vinculante nº 21 – STF É inconstitucional a exigência de depósito ou arrolamento prévios de dinheiro ou bens para admissibilidade de recurso administrativo.

3.5.4 Proporcionalidade e razoabilidade

Eis uma garantia fundamental que não está expressa no texto constitucional apesar de ser um dos institutos mais utilizados pelo Supremo em suas decisões atuais. Trata-se de um princípio implícito, cuja fonte é o princípio do devido processo legal. Esses dois institutos jurídicos são utilizados como parâmetro de ponderação quando adotadas medidas pelo Estado, principalmente no que tange à restrição de bens e direitos dos indivíduos. Duas palavras esclarecem o sentido dessas garantias: necessidade e adequação.

Para saber se um ato administrativo observou os critérios de proporcionalidade e razoabilidade, deve-se questionar se o ato foi necessário e se foi adequado à situação.

Para exemplificar, imaginemos que um determinado fiscal sanitário, ao inspecionar um supermercado, depara-se com um pote de iogurte com a data de validade vencida há um dia. Imediatamente, ele prende o dono do mercado, dá dois tiros para cima, realiza revista manual em todos os clientes e funcionários do mercado e aplica uma multa de dois bilhões de reais. Pergunta-se: será que a medida adotada pelo fiscal foi necessária? Foi adequada? Certamente que não. Logo, a medida não observou os princípios da razoabilidade e proporcionalidade.

É importante deixar claro que os princípios da proporcionalidade e da razoabilidade estão implícitos no texto constitucional, ou seja, não estão previstos expressamente.

3.5.5 Inadmissibilidade das provas ilícitas

Uma das garantias mais importantes do direito brasileiro é a inadmissibilidade das provas ilícitas. Encontra-se previsto expressamente no inciso LVI do art. 5º:

LVI – São inadmissíveis, no processo, as provas obtidas por meios ilícitos.

Em razão dessa garantia, é proibida a produção de provas ilícitas num processo sob pena de nulidade processual. Em regra, a prova ilícita produz nulidade de tudo o que a ela estiver relacionado. Esse efeito decorre da chamada **Teoria dos Frutos da Árvore Envenenada**. Segundo a teoria, se a árvore está envenenada, os frutos também o serão. Se uma prova foi produzida de forma ilícita, as demais provas dela decorrentes também serão ilícitas (ilicitude por derivação). Contudo, deve-se ressaltar que essa teoria é aplicada de forma restrita no direito brasileiro, ou seja, encontrada uma prova ilícita num processo, não significa que todo o processo será anulado, mas apenas os atos e demais provas que decorreram direta ou indiretamente daquela produzida de forma ilícita.

Caso existam provas autônomas produzidas em conformidade com a lei, o processo deve prosseguir ainda que tenham sido encontradas e retiradas as provas ilícitas. Logo, é possível afirmar que a existência de uma prova ilícita no processo não anula de pronto todo o processo.

Deve-se destacar, ainda, a única possibilidade já admitida de prova ilícita nos tribunais brasileiros: a produzida em legítima defesa.

3.5.6 Inviolabilidade domiciliar

Essa garantia protege o indivíduo em seu recinto mais íntimo: a casa. A Constituição dispõe que:

Art. 5º [...]
XI – A casa é asilo inviolável do indivíduo, ninguém nela podendo penetrar sem consentimento do morador, salvo em caso de flagrante delito ou desastre, ou para prestar socorro, ou, durante o dia, por determinação judicial.

Como regra, só se pode entrar na casa de uma pessoa com o seu consentimento. Excepcionalmente, a Constituição Federal admite a entrada sem consentimento do morador nos casos de:

- Flagrante delito.
- Desastre.
- Prestar socorro.
- Determinação Judicial – só durante o dia.

No caso de determinação judicial, a entrada se dará apenas durante o dia. Nos demais casos, a entrada será permitida a qualquer hora.

Alguns conceitos importantes: o que é casa? O que pode ser entendido como casa para efeito de inviolabilidade? A jurisprudência tem interpretado o conceito de casa de forma ampla, em consonância com o disposto nos arts. 245 e 246 do Código de Processo Penal:

Art. 245 As buscas domiciliares serão executadas de dia, salvo se o morador consentir que se realizem à noite, e, antes de penetrarem na casa, os executores mostrarão e lerão o mandado ao morador, ou a quem o represente, intimando-o, em seguida, a abrir a porta.

Art. 246 Aplicar-se-á também o disposto no artigo anterior, quando se tiver de proceder a busca em compartimento habitado ou em aposento ocupado de habitação coletiva ou em compartimento não aberto ao público, onde alguém exercer profissão ou atividade.

O STF já considerou como casa, para efeitos de inviolabilidade, oficina mecânica, quarto de hotel ou escritório profissional.

Outra questão relevante é saber o que é dia? Dois são os posicionamentos adotados na doutrina:

- Das 6 h às 18 h.
- Da aurora ao crepúsculo.

Segundo a jurisprudência, isso deve ser resolvido no caso concreto, tendo em vista variação de fusos horários existentes em nosso país, bem como a ocorrência do horário de verão. Na prática, é possível entrar na casa independentemente do horário, desde que seja durante o dia.

NOÇÕES DE DIREITO

Em caso de flagrante delito, desastre ou para prestar socorro, pode-se entrar a qualquer momento

Entrada somente para pessoas autorizadas

Mas se for para cumprir determinação judicial só durante o dia

Casa – Asilo Inviolável

3.5.7 Princípio da inafastabilidade da jurisdição

Esse princípio, também conhecido como princípio do livre acesso ao poder judiciário ou direito de ação, garante, nos casos de necessidade, o acesso direto ao Poder Judiciário. Também, decorre desse princípio a ideia de que não é necessário o esgotamento das vias administrativas para ingressar com uma demanda no Poder Judiciário. Assim prevê a Constituição Federal:

> *Art. 5º [...]*
> *XXXV – A lei não excluirá da apreciação do Poder Judiciário lesão ou ameaça a direito;*

Perceba que a proteção possui sentido duplo: lesão ou ameaça à lesão. Significa dizer que a garantia pode ser utilizada tanto de forma preventiva como de forma repressiva. Tanto para prevenir a ofensa a direito como para reprimir a ofensa já cometida.

Quanto ao acesso ao Judiciário independentemente do esgotamento das vias administrativas, há algumas peculiaridades previstas na legislação brasileira:

- **Justiça desportiva:** a Constituição Federal de 1988 prevê no art. 217 que o acesso ao Poder Judiciário está condicionado ao esgotamento das vias administrativas.

  > *Art. 217 [...]*
  > *§ 1º O Poder Judiciário só admitirá ações relativas à disciplina e às competições desportivas após esgotarem-se as instâncias da justiça desportiva, regulada em lei.*

- **Compromisso arbitral:** a Lei nº 9.307/1996 prevê que as partes, quando em discussão patrimonial, poderão optar pela arbitragem como forma de resolução de conflito. Não se trata de uma instância administrativa de curso forçado, mas de uma opção facultada às partes.

- *Habeas data:* o art. 8º da Lei nº 9.507/1997 exige, para impetração do *habeas data*, a comprovação da recusa ao acesso à informação. Parte da doutrina não considera isso como exigência de prévio esgotamento da via administrativa, mas condição da ação. Veja-se a súmula nº 2 do STJ:

  > *Súmula nº 2 – STJ Não cabe "Habeas Data" se não houve recusa de informações por parte da autoridade administrativa.*

- **Reclamação Constitucional:** o art. 7º, § 1º da Lei nº 11.417/2006, que regula a edição de Súmulas Vinculantes, prevê que só será possível a Reclamação Constitucional nos casos de omissão ou ato da Administração Pública que contrarie ou negue vigência à Súmula Vinculante, após o esgotamento das vias administrativas.

3.5.8 Gratuidade das certidões de nascimento e de óbito

A Constituição Federal de 1988 traz expressamente que:

> *Art. 5º, LXXVI. São gratuitos para os reconhecidamente pobres, na forma da lei:*
> *a) o registro civil de nascimento;*
> *b) a certidão de óbito;*

Observe-se que o texto constitucional condiciona o benefício da gratuidade do registro de nascimento e da certidão de óbito apenas para os reconhecidamente pobres. Entretanto, a Lei nº 6.015/1973 prevê que:

> *Art. 30 Não serão cobrados emolumentos pelo registro civil de nascimento e pelo assento de óbito, bem como pela primeira certidão respectiva.*
> *§ 1º Os reconhecidamente pobres estão isentos de pagamento de emolumentos pelas demais certidões extraídas pelo cartório de registro civil.*

Perceba que essa lei amplia o benefício garantido na Constituição para todas as pessoas no que tange ao registro e à aquisição da primeira certidão de nascimento e de óbito. Quanto às demais vias, só serão garantidas aos reconhecidamente pobres. Deve-se ter cuidado com essa questão em prova, pois deve ser levado em conta se a pergunta tem como referência a Constituição ou não.

3.5.9 Celeridade processual

Traz o texto constitucional:

> *Art. 5º [...]*
> *LXXVIII – A todos, no âmbito judicial e administrativo, são assegurados a razoável duração do processo e os meios que garantam a celeridade de sua tramitação.*

Essa é a garantia da celeridade processual. Decorre do princípio da eficiência que obriga o Estado a prestar assistência em tempo razoável. Celeridade quer dizer rapidez, mas uma rapidez com qualidade. Esse princípio é aplicável nos processos judiciais e administrativos, visa dar maior efetividade a prestação estatal. Deve-se garantir o direito antes que o seu beneficiário deixe de precisar. Após a inclusão desse dispositivo entre os direitos fundamentais, várias medidas para acelerar a prestação jurisdicional foram adotadas, dentre as quais destacam-se:

- Juizados especiais;
- Súmula vinculante;
- Realização de inventários e partilhas por vias administrativas;
- Informatização do processo.

Essas são algumas das medidas que foram adotadas para trazer mais celeridade ao processo.

3.5.10 Erro judiciário

Dispositivo de grande utilidade social que funciona como limitador da arbitrariedade estatal. O Estado, no que tange à liberdade do indivíduo, não pode cometer erros sob pena de ter que indenizar o injustiçado. Isso é o que prevê o inciso LXXV do art. 5º:

> *LXXV – O Estado indenizará o condenado por erro judiciário, assim como o que ficar preso além do tempo fixado na sentença;*

3.5.11 Publicidade dos atos processuais

Em regra, os atos processuais são públicos. Essa publicidade visa a garantir maior transparência aos atos administrativos bem como permite a fiscalização popular. Além disso, atos públicos possibilitam um exercício efetivo do contraditório e da ampla defesa. Entretanto, essa publicidade comporta algumas exceções:

> *Art. 5º [...]*
> *LX – A lei só poderá restringir a publicidade dos atos processuais quando a defesa da intimidade ou o interesse social o exigirem;*

Nos casos em que a intimidade ou o interesse social exigirem, a publicidade poderá ser restringida apenas aos interessados. Imaginemos uma audiência em que estejam envolvidas crianças; nesse caso, como forma de preservação da intimidade, o juiz poderá restringir a participação na audiência apenas aos membros da família e demais interessados.

DIREITOS E DEVERES INDIVIDUAIS E COLETIVOS

3.5.12 Sigilo das comunicações

Uma das normas mais importantes da Constituição Federal que versa sobre segurança jurídica é esta:

> *Art. 5º [...]*
> *XII – É inviolável o sigilo da correspondência e das comunicações telegráficas, de dados e das comunicações telefônicas, salvo, no último caso, por ordem judicial, nas hipóteses e na forma que a lei estabelecer para fins de investigação criminal ou instrução processual penal;*

Esse dispositivo prevê quatro formas de comunicação que possuem proteção constitucional:

- Sigilo da correspondência;
- Comunicação telegráfica;
- Comunicação de dados;
- Comunicações telefônicas.

Dessas quatro formas de comunicação, apenas uma obteve autorização de violação do sigilo pelo texto constitucional: as comunicações telefônicas. Deve-se tomar cuidado com esse tema em prova. Segundo o texto expresso, só as comunicações telefônicas poderão ter o seu sigilo violado. E só o juiz poderá fazê-lo, com fins definidos também pela Constituição, os quais são para investigação criminal e instrução processual penal.

Entretanto, considerando a inexistência de direito fundamental absoluto, a jurisprudência tem considerado a possibilidade de quebra dos demais sigilos, desde que seja determinada por ordem judicial.

No que tange ao sigilo dos dados bancários, fiscais, informáticos e telefônicos, a jurisprudência tem permitido sua quebra por determinação judicial, determinação de Comissão Parlamentar de Inquérito, requisição do Ministério Público, solicitação da autoridade fazendária.

3.5.13 Tribunal do Júri

O Tribunal do Júri é uma instituição pertencente ao Poder Judiciário, que possui competência específica para julgar determinados tipos de crime. O Júri é formado pelo Conselho de Sentença, que é presidido por um Juiz Togado e por sete jurados que efetivamente farão o julgamento do acusado. A ideia do Tribunal do Júri é que o acusado seja julgado por seus pares.

A Constituição Federal apresenta alguns princípios que regem esse tribunal:

> *Art. 5º [...]*
> *XXXVIII – É reconhecida a instituição do júri, com a organização que lhe der a lei, assegurados:*
> *a) a plenitude de defesa;*
> *b) o sigilo das votações;*
> *c) a soberania dos veredictos;*
> *d) a competência para o julgamento dos crimes dolosos contra a vida.*

Segundo esse texto, o Tribunal do Júri é regido pelos seguintes princípios:

- **Plenitude de defesa:** esse princípio permite que no júri sejam utilizadas todas as provas permitidas em direito. Aqui, o momento probatório é bastante explorado haja vista a necessidade de se convencer os jurados que são pessoas comuns da sociedade.
- **Sigilo das votações:** o voto é sigiloso. Durante o julgamento não é permitido que um jurado converse com o outro sobre o julgamento sob pena de nulidade;
- **Soberania dos veredictos:** o que for decidido pelos jurados será considerado soberano. Nem o Juiz presidente poderá modificar o julgamento. Aqui quem decide são os jurados;
- **Competência para julgar os crimes dolosos contra a vida:** o júri não julga qualquer tipo de crime, mas apenas os dolosos contra a vida. Crimes dolosos, em simples palavras, são aqueles praticados com intenção, com vontade. São diferentes dos crimes culposos, os quais são praticados sem intenção.

3.5.14 Princípio da anterioridade

O inciso XXXIX do art. 5º da Constituição Federal de 1988 apresenta o chamado princípio da anterioridade penal:

> *XXXIX – Não há crime sem lei anterior que o defina, nem pena sem prévia cominação legal.*

Esse princípio decorre na necessidade de se prever antes da aplicação da pena, a conduta que é considerada como crime e a pena que deverá ser cominada. Mais uma regra de segurança jurídica.

3.5.15 Princípio da irretroatividade

Esse princípio também possui sua importância ao prever que a lei penal não poderá retroagir, salvo se for para beneficiar o réu.

> *Art. 5º [...]*
> *XL – A lei penal não retroagirá, salvo para beneficiar o réu.*

3.5.16 Crimes imprescritíveis, inafiançáveis e insuscetíveis de graça e anistia

Os dispositivos a seguir estão entre os mais cobrados em prova. O ideal é que sejam memorizados na ordem proposta no quadro abaixo:

> *Art. 5º [...]*
> *XLII – A prática do racismo constitui crime inafiançável e imprescritível, sujeito à pena de reclusão, nos termos da lei;*
> *XLIII – A lei considerará crimes inafiançáveis e insuscetíveis de graça ou anistia a prática da tortura, o tráfico ilícito de entorpecentes e drogas afins, o terrorismo e os definidos como crimes hediondos, por eles respondendo os mandantes, os executores e os que, podendo evitá-los, se omitirem;*
> *XLIV – Constitui crime inafiançável e imprescritível a ação de grupos armados, civis ou militares, contra a ordem constitucional e o Estado Democrático.*

> **Atenção**
>
> **Crimes imprescritíveis** → racismo; ação de grupos armados.
> **Crimes inafiançáveis** → racismo; ação de grupos armados; tráfico; terrorismo, tortura; crimes hediondos.
> **Crimes insuscetíveis de graça e anistia** → tráfico; terrorismo; tortura; crimes hediondos.

Os crimes inafiançáveis englobam todos os crimes previstos no art. 5º, incisos XLII, XLIII e XLIV.

Os crimes que são insuscetíveis de graça e anistia não são imprescritíveis, e vice e versa. Dessa forma, nunca pode existir, na prova, uma questão que trabalhe com as duas classificações ao mesmo tempo.

Nunca, na prova, pode haver uma questão em que se apresentem as três classificações ao mesmo tempo.

3.5.17 Princípio da personalidade da pena

Assim diz o inciso XLV, do art. 5º da Constituição Federal de 1988:

> *XLV – Nenhuma pena passará da pessoa do condenado, podendo a obrigação de reparar o dano e a decretação do perdimento de bens ser, nos termos da lei, estendidas aos sucessores e contra eles executadas, até o limite do valor do patrimônio transferido.*

Esse inciso diz que a pena é pessoal, quem comete o crime responde pelo crime, de forma que não é possível que uma pessoa cometa um crime e outra responda pelo crime em seu lugar, porque a pena é pessoal.

É necessário prestar atenção ao tema, pois já apareceu em prova tanto na forma de um problema quanto com a modificação do próprio texto constitucional. Esse princípio da personalidade da pena diz que a pena é pessoal, isto é, a pena não pode passar para outra pessoa, mas permite que a responsabilidade pelos danos civis possa passar para seus herdeiros. Para exemplificar, imaginemos que uma determinada pessoa assalta uma padaria e consegue roubar uns R$ 50.000,00.

NOÇÕES DE DIREITO

Em seguida, a polícia prende o ladrão por ter roubado a padaria. Em regra, todo crime cometido gera uma responsabilidade penal prevista no Código Penal brasileiro. Ainda, deve-se ressarcir os danos causados à vítima. Se ele roubou R$50.000,00, tem que devolver, no mínimo, esse valor à vítima.

É muito difícil conseguir o montante voluntariamente, por isso, é necessário entrar com uma ação civil *ex delicto* para reaver o dinheiro referente ao crime cometido. O dono da padaria entra com a ação contra o bandido pedindo os R$ 50.000,00 acrescidos juros e danos morais. Enquanto ele cumpre a pena, a ação está tramitando. Ocorre que o preso se envolve numa confusão dentro da penitenciária e acaba morrendo.

O preso possui alguns filhos, os quais são seus herdeiros. Quando os bens passam aos herdeiros, chamamos isso de sucessão. Quando foram contabilizar os bens que o bandido tinha, perceberam que sobraram apenas R$ 30.000,00, valor que deve ser dividido entre os herdeiros. Pergunta:

O homem que cometeu o crime estava cumprindo pena, mas ele morreu. Qual filho assume o lugar dele? O mais velho ou o mais novo?

Nenhum dos dois, porque a pena é personalíssima. Só cumpre a pena quem praticou o crime.

É possível que a responsabilidade de reparar os danos materiais exigidos pelo dono da padaria recaia sobre seus herdeiros?

Sim. A Constituição diz que os herdeiros respondem com o valor do montante recebido, até o limite da herança recebida.

O dono da padaria pediu R$ 50.000,00, mas só sobraram R$ 30.000,00. Os filhos terão que inteirar esse valor até completar os R$ 50.000,00?

Não, pois a Constituição diz que os sucessores respondem até o limite do patrimônio transferido. Ou seja, se só são transferidos R$ 30.000,00, então os herdeiros só vão responder pela indenização com esses R$ 30.000,00. E o os outros R$ 20.000,00, quem vai pagar? Ninguém. O dono da padaria fica com esse prejuízo.

3.5.18 Penas proibidas e permitidas

Vejamos agora dois incisos do art. 5º da Constituição Federal de 1988, que sempre caem em prova juntos: incisos XLVI e XLVII. Há no inciso XLVI as penas permitidas e no XLVII as penas proibidas. Mas como isso cai em prova? O examinador pega uma pena permitida e diz que é proibida ou pega uma proibida e diz que é permitida. Conforme os incisos:

> *Art. 5º [...]*
> *XLVI – A lei regulará a individualização da pena e adotará, entre outras, as seguintes:*
> *a) privação ou restrição da liberdade;*
> *b) perda de bens;*
> *c) multa;*
> *d) prestação social alternativa;*
> *e) suspensão ou interdição de direitos.*

Aqui há o rol de penas permitidas. Memorize essa lista para lembrar quais são as penas permitidas. Atenção para uma pena que é pouco comum e que geralmente em prova é colocada como pena proibida, que é a pena de perda de bens.

Veja o próximo inciso com o rol de penas proibidas:

> *XLVII – Não haverá penas:*
> *a) de morte, salvo em caso de guerra declarada, nos termos do art. 84, XIX;*
> *b) de caráter perpétuo;*
> *c) de trabalhos forçados;*
> *d) de banimento;*
> *e) cruéis.*

Essas são as penas que não podem ser aplicadas no Brasil. E, na prova, é cobrado da seguinte forma: existe pena de morte no Brasil? Deve-se ter muita atenção com esse tema, pois apesar de a Constituição ter dito que é proibida, existe uma exceção: no caso de guerra declarada. Essa exceção é uma verdadeira possibilidade, de forma que se deve afirmar que existe pena de morte no Brasil. Apesar de a regra ser a proibição, existe a possibilidade de sua aplicação. Só como curiosidade, a pena de morte no Brasil é regulada pelo Código Penal Militar, a qual será executada por meio de fuzilamento.

A próxima pena proibida é a de caráter perpétuo. Não existe esse tipo de pena no Brasil, pois as penas aqui são temporárias. No Brasil, uma pessoa só fica presa por, no máximo, 40 anos.

A outra pena é a de trabalhos forçados. É aquela pena em que o sujeito é obrigado a trabalhar de forma a denegrir a sua condição como ser humano. Esse tipo de pena não é permitido no Brasil.

Há ainda a pena de banimento, que é a expulsão do brasileiro, tanto nato como naturalizado.

Por fim, a Constituição veda a aplicação de penas cruéis. Pena cruel é aquela que denigre a condição humana, expõe o indivíduo a situações desumanas, vexatórias, que provoquem intenso sofrimento.

3.5.19 Princípio da individualização da pena

Nos termos do art. 5º, inciso XLVIII, da Constituição Federal de 1988:

> *XLVIII – A pena será cumprida em estabelecimentos distintos, de acordo com a natureza do delito, a idade e o sexo do apenado;*

Esse dispositivo traz uma regra muito interessante, o princípio da individualização da pena. Significa que a pessoa, quando cumprir sua pena, deve cumpri-la em estabelecimento e condições compatíveis com a sua situação. Se mulher, deve cumprir com mulheres; se homem, cumprirá com homens; se reincidente, com reincidentes; se réu primário, com réus primários; e assim por diante. O ideal é que cada situação possua um cumprimento de pena adequado que propicie um melhor acompanhamento do poder público e melhores condições para a ressocialização.

3.5.20 Regras sobre prisões

São vários os dispositivos constitucionais previstos no art. 5º, da Constituição Federal de 1988, que se referem às prisões:

> *LXI – Ninguém será preso senão em flagrante delito ou por ordem escrita e fundamentada de autoridade judiciária competente, salvo nos casos de transgressão militar ou crime propriamente militar, definidos em lei;*
> *LXII – A prisão de qualquer pessoa e o local onde se encontre serão comunicados imediatamente ao juiz competente e à família do preso ou à pessoa por ele indicada;*
> *LXIII – O preso será informado de seus direitos, entre os quais o de permanecer calado, sendo-lhe assegurada a assistência da família e de advogado;*
> *LXIV – O preso tem direito à identificação dos responsáveis por sua prisão ou por seu interrogatório policial;*
> *LXV – A prisão ilegal será imediatamente relaxada pela autoridade judiciária;*
> *LXVI – Ninguém será levado à prisão ou nela mantido, quando a lei admitir a liberdade provisória, com ou sem fiança;*
> *LXVII – Não haverá prisão civil por dívida, salvo a do responsável pelo inadimplemento voluntário e inescusável de obrigação alimentícia e a do depositário infiel.*

Como destaque para provas, é importante enfatizar o disposto no inciso LXVII, o qual prevê duas formas de prisão civil por dívida:

- **Devedor de pensão alimentícia;**
- **Depositário infiel.**

Apesar de a Constituição Federal de 1988 apresentar essas duas possibilidades de prisão civil por dívida, o STF tem entendido que só existe uma: a prisão do devedor de pensão alimentícia. Isso significa que o depositário infiel não poderá ser preso. Essa é a inteligência da Súmula Vinculante nº 25:

> ***Súmula Vinculante nº 25** É ilícita a prisão civil de depositário infiel, qualquer que seja a modalidade do depósito.*

DIREITOS E DEVERES INDIVIDUAIS E COLETIVOS

Em relação a esse assunto, deve-se ter muita atenção ao resolver a questão. Se a Banca perguntar conforme a Constituição Federal, responde-se segundo a Constituição Federal. Mas se perguntar à luz da jurisprudência, responde-se conforme o entendimento do STF.

> **Atenção**
>
> **Constituição Federal** → duas formas de prisão civil → depositário infiel e devedor de pensão alimentícia.
> **STF** → uma forma de prisão civil → devedor de pensão alimentícia.

3.5.21 Extradição

Fruto de acordo internacional de cooperação, a extradição permite que determinada pessoa seja entregue a outro país para que seja responsabilizada pelo cometimento de algum crime. Existem duas formas de extradição:

- **Extradição ativa:** quando o Brasil pede para outro país a extradição de alguém.
- **Extradição passiva:** quando algum país pede para o Brasil a extradição de alguém.

A Constituição Federal preocupou-se em regular apenas a extradição passiva por meios dos incisos LI e LII do art. 5º:

> LI – Nenhum brasileiro será extraditado, salvo o naturalizado, em caso de crime comum, praticado antes da naturalização, ou de comprovado envolvimento em tráfico ilícito de entorpecentes e drogas afins, na forma da lei;
>
> LII – Não será concedida extradição de estrangeiro por crime político ou de opinião.

De acordo com a inteligência desses dispositivos, três regras podem ser adotadas em relação à extradição passiva:

- **Brasileiro nato:** nunca será extraditado.
- **Brasileiro naturalizado:** será extraditado em duas hipóteses: crime comum cometido antes da naturalização comprovado envolvimento com o tráfico ilícito de drogas, antes ou depois da naturalização.
- **Estrangeiro:** poderá ser extraditado salvo em dois casos: **crime político e crime de opinião.**

Na **extradição ativa**, qualquer pessoa pode ser extraditada, inclusive o brasileiro nato. Deve-se ter muito cuidado com essa questão em prova. Lembre-se de que a extradição ativa ocorre quando o Brasil pede a extradição de um criminoso para outro país. Isso pode ser feito pedindo a extradição de qualquer pessoa que o Brasil queira punir.

Quais princípios que regem a extradição no país?

- **Princípio da reciprocidade:** o Brasil só extradita ao país que extradita para o Brasil. Deve haver acordo ou tratado de extradição entre o país requerente e o Brasil.
- **Princípio da especialidade:** o extraditando só poderá ser processado e julgado pelo crime informado no pedido de extradição.
- **Comutação da pena:** o país requerente deverá firmar um compromisso de comutar a pena prevista em seu país quando a pena a ser aplicada for proibida no Brasil.
- **Dupla tipicidade ou dupla incriminação:** só se extradita se a conduta praticada for considerada crime no Brasil e no país requerente.

Deve-se ter muito cuidado para não confundir extradição com entrega, deportação, expulsão ou banimento.

- **Extradição:** a extradição, como se viu, é instituto de cooperação internacional entre países soberanos para a punição de criminosos. Pela extradição, um país entrega o criminoso a outro país para que ele seja punido pelo crime praticado.
- **Entrega:** é o ato por meio do qual o país entrega uma pessoa para ser julgada no Tribunal Penal Internacional.
- **Deportação:** é a retirada do estrangeiro que tenha entrado de forma irregular no território nacional.
- **Expulsão:** é a retirada do estrangeiro que tenha praticado um ato ofensivo ao interesse nacional conforme as regras estabelecidas no Estatuto do Estrangeiro (art. 65, Lei nº 6.815/1980).
- **Banimento:** é uma das penas proibidas no direito brasileiro que consiste na expulsão de brasileiros para fora do território nacional.

3.5.22 Princípio da presunção da inocência

Também conhecido como princípio da não culpabilidade, essa regra de segurança jurídica garante que ninguém poderá ser condenado sem antes haver uma sentença penal condenatória transitada em julgado. Ou seja, uma sentença judicial condenatória definitiva:

> *Art. 5º [...]*
>
> *LVII – Ninguém será considerado culpado até o trânsito em julgado de sentença penal condenatória.*

3.5.23 Identificação criminal

> *Art. 5º [...]*
>
> *LVIII – O civilmente identificado não será submetido a identificação criminal, salvo nas hipóteses previstas em lei.*

A Constituição garante que não será identificado criminalmente quem possuir identificação pública capaz de identificá-lo. Contudo, a Lei nº 12.037/2009 prevê hipóteses nas quais será possível a identificação criminal mesmo de quem apresentar outra identificação:

> *Art. 3º Embora apresentado documento de identificação, poderá ocorrer identificação criminal quando:*
>
> *I – O documento apresentar rasura ou tiver indício de falsificação;*
>
> *II – O documento apresentado for insuficiente para identificar cabalmente o indiciado;*
>
> *III – O indiciado portar documentos de identidade distintos, com informações conflitantes entre si;*
>
> *IV – A identificação criminal for essencial às investigações policiais, segundo despacho da autoridade judiciária competente, que decidirá de ofício ou mediante representação da autoridade policial, do Ministério Público ou da defesa;*
>
> *V – Constar de registros policiais o uso de outros nomes ou diferentes qualificações;*
>
> *VI – O estado de conservação ou a distância temporal ou da localidade da expedição do documento apresentado impossibilite a completa identificação dos caracteres essenciais.*

3.5.24 Ação penal privada subsidiária da pública

> *Art. 5º [...]*
>
> *LIX – Será admitida ação privada nos crimes de ação pública, se esta não for intentada no prazo legal.*

Em regra, nos crimes de ação penal pública, o titular da ação penal é o Ministério Público. Contudo, havendo omissão ou mesmo desídia por parte do órgão ministerial, o ofendido poderá promover a chamada ação penal privada subsidiária da pública. Esse tema encontra-se disciplinado no art. 29 do Código de Processo Penal:

> *Art. 29 Será admitida ação privada nos crimes de ação pública, se esta não for intentada no prazo legal, cabendo ao Ministério Público aditar a queixa, repudiá-la e oferecer denúncia substitutiva, intervir em todos os termos do processo, fornecer elementos de prova, interpor recurso e, a todo tempo, no caso de negligência do querelante, retomar a ação como parte principal.*

3.6 Remédios constitucionais

Os remédios constitucionais são espécies de garantias constitucionais que visam a proteger determinados direitos e até outras garantias fundamentais. São poderosas ações constitucionais que estão disciplinadas no texto da Constituição.

3.6.1 Habeas corpus

Sem dúvida, esse remédio constitucional é o mais importante para prova, haja vista a sua utilização para proteger um dos direitos mais ameaçados do indivíduo: a liberdade de locomoção. Vejamos o que diz o texto constitucional:

> *Art. 5º [...]*
> *LXVIII – Conceder-se-á "Habeas corpus" sempre que alguém sofrer ou se achar ameaçado de sofrer violência ou coação em sua liberdade de locomoção, por ilegalidade ou abuso de poder.*

É essencial, conhecer os elementos necessários para a utilização dessa ferramenta.

Deve-se compreender que o *Habeas corpus* é utilizado para proteger a liberdade de locomoção. Em relação a isso, é preciso estar atento, pois ele não tutela qualquer liberdade, mas apenas a liberdade de locomoção.

Outro ponto fundamental é que ele poderá ser utilizado tanto de forma preventiva quanto de forma repressiva.

- *Habeas corpus* **preventivo**: é aquele utilizado para prevenir a violência ou coação à liberdade de locomoção.
- *Habeas corpus* **repressivo**: é utilizado para reprimir à violência ou coação a liberdade de locomoção, ou seja, é utilizado quando a restrição da liberdade de locomoção já ocorreu.

Percebe-se que não é a qualquer tipo de restrição à liberdade de locomoção que caberá o remédio, mas apenas àquelas cometidas com ilegalidade ou abuso de poder.

Nas relações processuais que envolvem a utilização do *Habeas corpus*, é possível identificar a participação de três figurantes: o impetrante, o paciente e a autoridade coatora.

- **Impetrante:** o impetrante é a pessoa que impetra a ação. Quem entra com a ação. A titularidade dessa ferramenta é Universal, pois qualquer pessoa pode impetrar o HC. Não precisa sequer de advogado. Sua possibilidade é tão ampla que não precisa possuir capacidade civil ou mesmo qualquer formalidade. Esse remédio é desprovido de condições que impeçam sua utilização da forma mais ampla possível. Poderá impetrar essa ação tanto uma pessoa física quanto jurídica.
- **Paciente:** o paciente é quem teve a liberdade de locomoção restringida. Ele será o beneficiário do *Habeas corpus*. Pessoa jurídica não pode ser paciente de *Habeas corpus*, pois a liberdade de locomoção é um direito incompatível com sua natureza jurídica.
- **Autoridade coatora:** é quem restringiu a liberdade de locomoção com ilegalidade ou abuso de poder. Poderá ser tanto uma autoridade privada quanto uma autoridade pública.

Outra questão interessante que está prevista na Constituição é a gratuidade dessa ação:

> *Art. 5º [...]*
> *LXXVII – São gratuitas as ações de Habeas corpus e Habeas Data, e, na forma da lei, os atos necessários ao exercício da cidadania.*

A Constituição Federal de 1988 proíbe a utilização desse remédio constitucional em relação às punições disciplinares militares. É o que prevê o art. 142, § 2º:

> *§ 2º Não caberá "Habeas corpus" em relação a punições disciplinares militares.*

Contudo, o STF tem admitido o remédio quando impetrado por razões de ilegalidade da prisão militar. Quanto ao mérito da prisão, deve-se aceitar a vedação Constitucional, mas em relação às legalidades da prisão, prevalece o entendimento de que o remédio seria possível.

Também não cabe *Habeas corpus* em relação às penas pecuniárias, multas, advertências ou, ainda, nos processos administrativos disciplinares e no processo de *Impeachment*. Nesses casos, o não cabimento deve-se ao fato de que as medidas não visam restringir a liberdade de locomoção.

Por outro lado, a jurisprudência tem admitido o cabimento para impugnar inserção de provas ilícitas no processo ou quando houver excesso de prazo na instrução processual penal.

Por último, cabe ressaltar que o magistrado poderá concedê-lo de ofício.

3.6.2 Habeas data

O *habeas data* cuja previsão está no inciso LXXII do art. 5º tem como objetivo proteger a liberdade de informação:

> *LXXII – conceder-se-á "Habeas Data":*
> *a) para assegurar o conhecimento de informações relativas à pessoa do impetrante, constantes de registros ou bancos de dados de entidades governamentais ou de caráter público;*
> *b) para a retificação de dados, quando não se prefira fazê-lo por processo sigiloso, judicial ou administrativo.*

Duas são as formas previstas na Constituição para utilização desse remédio:

- **Para conhecer a informação.**
- **Para retificar a informação.**

É importante ressaltar que só caberá o remédio em relação às informações do próprio impetrante.

As informações precisam estar em um banco de dados governamental ou de caráter público, o que significa que seria possível entrar com um *habeas data* contra um banco de dados privado desde que tenha caráter público.

Da mesma forma que o *habeas corpus*, o *habeas data* também é gratuito:

> *Art. 5º [...]*
> *LXXVII – São gratuitas as ações de "Habeas corpus" e "Habeas Data", e, na forma da lei, os atos necessários ao exercício da cidadania.*

3.6.3 Mandado de segurança

O mandado de segurança é um remédio muito cobrado em prova em razão dos seus requisitos:

> *Art. 5º, CF/1988/1988 [...]*
> *LXIX – Conceder-se-á mandado de segurança para proteger direito líquido e certo, não amparado por "Habeas corpus" ou "Habeas Data", quando o responsável pela ilegalidade ou abuso de poder for autoridade pública ou agente de pessoa jurídica no exercício de atribuições do Poder Público.*

Como se pode ver, o mandado de segurança será cabível proteger direito líquido e certo desde que não amparado por *Habeas corpus* ou *habeas data*. O que significa dizer que será cabível desde que não seja para proteger a liberdade de locomoção e a liberdade de informação. Esse é o chamado caráter subsidiário do mandado de segurança.

O texto constitucional exigiu também para a utilização dessa ferramenta a ilegalidade e o abuso de poder praticado por autoridade pública ou privada, desde que esteja no exercício de atribuições do poder público.

O mandado de segurança possui prazo decadencial para ser utilizado: 120 dias.

Existe também o mandado de segurança coletivo:

> *Art. 5º [...]*
> *LXX – O mandado de segurança coletivo pode ser impetrado por:*
> *a) partido político com representação no Congresso Nacional;*
> *b) organização sindical, entidade de classe ou associação legalmente constituída e em funcionamento há pelo menos um ano, em defesa dos interesses de seus membros ou associados.*

Observadas as regras do mandado de segurança individual, o mandado de segurança coletivo possui alguns requisitos que lhe são peculiares: os legitimados para propositura.

São legitimados para propor o mandado de segurança coletivo:

- **Partidos políticos com representação no Congresso Nacional:** para se ter representação no Congresso Nacional, basta um membro em qualquer uma das casas.
- **Organização sindical.**
- **Entidade de classe.**

DIREITOS E DEVERES INDIVIDUAIS E COLETIVOS

- **Associação.**

Desde que legalmente constituída e em funcionamento há, pelo menos, um ano. Segundo o STF, a necessidade de estar constituída e em funcionamento há pelo menos um ano só se aplica às associações. A Banca FCC entende que esse requisito se aplica a todas as entidades.

3.6.4 Mandado de injunção

O mandado de injunção é uma ferramenta mais complexa para se entender. Vejamos o que diz a Constituição Federal de 1988:

> *Art. 5º [...]*
> *LXXI – Conceder-se-á mandado de injunção sempre que a falta de norma regulamentadora torne inviável o exercício dos direitos e liberdades constitucionais e das prerrogativas inerentes à nacionalidade, à soberania e à cidadania.*

O seu objetivo é suprir a omissão legislativa que impede o exercício de direitos fundamentais. Algumas normas constitucionais para que produzam efeitos dependem da edição de outras normas infraconstitucionais. Essas normas são conhecidas por sua eficácia como normas de eficácia limitada. O mandado de injunção visa a corrigir a ineficácia das normas com eficácia limitada.

Todas as vezes que um direito deixar de ser exercido pela ausência de norma regulamentadora, será cabível esse remédio.

No que tange à efetividade da decisão, deve-se esclarecer a possibilidade de adoção por parte do STF de duas correntes doutrinárias:

- **Teoria concretista geral:** o Poder Judiciário concretiza o direito no caso concreto aplicando seu dispositivo com efeito *erga omnes*, para todos os casos iguais;
- **Teoria concretista individual:** o Poder Judiciário concretiza o direito no caso concreto aplicando seu dispositivo com efeito *inter partes*, ou seja, apenas com efeito entre as partes.

3.6.5 Ação popular

A ação popular é uma ferramenta fiscalizadora utilizada como espécie de exercício direto dos direitos políticos. Por isso, só poderá ser utilizada por cidadãos. Segundo o inciso LXXIII do art. 5º da Constituição Federal de 1988:

> *LXXIII – Qualquer cidadão é parte legítima para propor ação popular que vise a anular ato lesivo ao patrimônio público ou de entidade de que o Estado participe, à moralidade administrativa, ao meio ambiente e ao patrimônio histórico e cultural, ficando o autor, salvo comprovada má-fé, isento de custas judiciais e do ônus da sucumbência.*

Além da previsão constitucional, essa ação encontra-se regulamentada pela Lei nº 4.717/1965. Percebe-se que seu objetivo consiste em proteger o patrimônio público, a moralidade administrativa, o meio ambiente e o patrimônio histórico e cultural.

O autor não precisa pagar custas judiciais ou ônus de sucumbência, salvo se houver má-fé.

4 DIREITOS SOCIAIS E NACIONALIDADE

4.1 Direitos sociais

4.1.1 Prestações positivas

Os direitos sociais encontram-se previstos a partir do art. 6º até o art. 11 da Constituição Federal de 1988. São normas que se concretizam por meio de prestações positivas por parte do Estado, haja vista objetivarem reduzir as desigualdades sociais.

Deve-se dar destaque para o art. 6º, que foi alterado pela Emenda Constitucional nº 90/2015 e que possivelmente será objeto de questionamento em concurso público:

> *Art. 6º São direitos sociais a educação, a saúde, a alimentação, o trabalho, a moradia, o transporte, o lazer, a segurança, a previdência social, a proteção à maternidade e à infância, a assistência aos desamparados, na forma desta Constituição.*
>
> *Parágrafo único. Todo brasileiro em situação de vulnerabilidade social terá direito a uma renda básica familiar, garantida pelo poder público em programa permanente de transferência de renda, cujas normas e requisitos de acesso serão determinados em lei, observada a legislação fiscal e orçamentária. (Incluído pela EC nº 114/2021)*

Boa parte dos direitos aqui previstos necessita de recursos financeiros para serem implementados, o que acaba por dificultar sua plena eficácia.

No entanto, antes de avançar nessa parte do conteúdo, faz-se necessário dizer que costumam ser cobradas questões de provas que abordam apenas o texto puro da Constituição Federal de 1988. A principal orientação, portanto, é que se dedique tempo à leitura da Constituição Federal, mais precisamente, do art. 7º, que possui vários dispositivos que podem ser trabalhados em prova.

4.1.2 Reserva do possível

Seria possível exigir do Estado a concessão de um direito social quando tal direito não fosse assegurado de forma condizente com sua previsão constitucional? A título de exemplo, veremos um dispositivo dos direitos sociais dos trabalhadores:

> *Art. 7º [...]*
>
> *IV – Salário-mínimo, fixado em lei, nacionalmente unificado, capaz de atender a suas necessidades vitais básicas e às de sua família com moradia, alimentação, educação, saúde, lazer, vestuário, higiene, transporte e previdência social, com reajustes periódicos que lhe preservem o poder aquisitivo, sendo vedada sua vinculação para qualquer fim.*

Observe-se que a Constituição Federal de 1988 garante que o salário-mínimo deve atender às necessidades vitais básicas do trabalhador e de sua família com moradia, alimentação, educação, saúde, lazer, vestuário, higiene, transporte e previdência social. Entendendo que os direitos sociais são espécies de direitos fundamentais e, analisando-os sob o dispositivo previsto no § 1º do art. 5º, segundo o qual "as normas definidoras de direitos e garantias fundamentais têm aplicação imediata", pergunta-se: seria possível entrar com uma ação visando a garantir o disposto no inciso IV, que está sendo analisado?

Certamente não. Para se garantir tudo o que está previsto no referido inciso, seria necessário que o salário-mínimo valesse, em média, por volta de R$ 3.000,00. Agora, imagine se algum trabalhador conseguisse esse benefício por meio de uma decisão judicial, o que não fariam todos os demais trabalhadores do país.

Se o Estado fosse obrigado a pagar esse valor para todos os trabalhadores, os cofres públicos rapidamente quebrariam. Para se garantir essa estabilidade, foi desenvolvida a **Teoria da Reserva do Possível**, por meio da qual o Estado pode alegar essa impossibilidade financeira para atender algumas demandas, como o aumento do salário-mínimo. Quando o poder público for demandado para garantir algum benefício de ordem social, poderá ser alegada, previamente, a impossibilidade financeira para concretização do direito sob o argumento da reserva do possível.

4.1.3 Mínimo existencial

Por causa da Reserva do Possível, o Estado passou a se esconder atrás dessa teoria, eximindo-se da sua obrigação social de garantia dos direitos tutelados na Constituição Federal. Tudo o que era pedido para o Estado era negado sob o argumento de que "não era possível". Para trazer um pouco de equilíbrio a essa relação, foi desenvolvida outra teoria chamada de Mínimo Existencial. Essa teoria permite que os poderes públicos deixem de atender algumas demandas em razão da reserva do possível, mas exige que seja garantido o mínimo existencial.

4.1.4 Princípio da proibição ou retrocesso ou efeito cliquet

Uma regra que funciona com caráter de segurança jurídica é a proibição do retrocesso. Esse dispositivo proíbe que os direitos sociais já conquistados sejam esvaziados ou perdidos sob pena de desestruturação social do país.

4.1.5 Salário-mínimo

Feitas algumas considerações iniciais sobre a doutrina social, segue-se à análise de alguns dispositivos que se encontram no art. 7º da Constituição Federal de 1988:

> *IV – Salário-mínimo, fixado em lei, nacionalmente unificado, capaz de atender a suas necessidades vitais básicas e às de sua família com moradia, alimentação, educação, saúde, lazer, vestuário, higiene, transporte e previdência social, com reajustes periódicos que lhe preservem o poder aquisitivo, sendo vedada sua vinculação para qualquer fim.*

Vários pontos são relevantes nesse inciso. Primeiramente, é importante comentar o trecho "fixado em lei". Segundo o texto constitucional, o salário-mínimo só poderá ser fixado em Lei; entretanto, no dia 25 de fevereiro de 2011 foi publicada a Lei nº 12.382, que prevê a possibilidade de fixação do salário-mínimo por meio de Decreto do Poder Executivo. Questionado no STF, o guardião da Constituição considerou constitucional a fixação de salário-mínimo por meio de Decreto Presidencial.

Outro ponto interessante diz respeito ao salário-mínimo ser nacionalmente unificado. Muitos acham que alguns estados da federação fixam valores referentes ao salário-mínimo maiores do que o fixado nacionalmente. O STF já afirmou que os Estados não podem fixar salário-mínimo diferente do nacionalmente unificado. O que cada Estado pode fixar é o piso salarial da categoria de trabalhadores com valor maior que o salário-mínimo.

Algumas súmulas vinculantes do STF são importantes, pois se referem ao salário-mínimo:

> **Súmula Vinculante nº 4** *Salvo nos casos previstos na Constituição, o salário-mínimo não pode ser usado como indexador de base de cálculo de vantagem de servidor público ou de empregado, nem ser substituído por decisão judicial.*
>
> **Súmula Vinculante nº 6** *Não viola a Constituição o estabelecimento de remuneração inferior ao salário-mínimo para as praças prestadoras de serviço militar inicial.*
>
> **Súmula Vinculante nº 15** *O cálculo de gratificações e outras vantagens do servidor público não incide sobre o abono utilizado para se atingir o salário-mínimo.*

DIREITOS SOCIAIS E NACIONALIDADE

Súmula Vinculante 16: *Os Arts. 7º, IV, e 39, § 3º (redação da EC nº 19/1998) da Constituição referem-se ao total da remuneração percebida pelo servidor público.*

4.1.6 Prescrição trabalhista

Um dos dispositivos previstos no art. 7º da Constituição Federal de 1988 mais cobrados em prova é o inciso XXIX:

> *XXIX – Ação, quanto aos créditos resultantes das relações de trabalho, com prazo prescricional de cinco anos para os trabalhadores urbanos e rurais, até o limite de dois anos após a extinção do contrato de trabalho.*

Imaginemos, por exemplo, uma pessoa que tenha exercido sua função no período noturno, em uma empresa, durante 20 anos. Contudo, em todos esses anos de trabalho, ela não recebeu nenhum adicional noturno. Ao ter seu contrato de trabalho rescindido, ela poderá ingressar em juízo pleiteando as verbas trabalhistas não pagas. Tendo em vista a existência de prazo prescricional para reaver seus direitos, o trabalhador terá o prazo de 2 anos para entrar com a ação, e só terá direito aos últimos 5 anos de adicional noturno.

Ressalta-se que esses 5 anos são contados a partir do dia em que se entrou com a ação. Se ele entrar com a ação no último dia do prazo de 2 anos, só terá direito a 3 anos de adicional noturno.

Nesse exemplo, se o trabalhador entrar com a ação no dia 01/01/2021, receberá os últimos 5 anos de adicional noturno, ou seja, até o dia 01/01/2016. Mas se o trabalhador entrar com a ação no dia 01/01/2023, último dia do prazo prescricional de 2 anos, ele terá direito aos últimos 5 anos de adicional noturno a contar do dia em que entrou com a ação. Isso significa que se depare o adicional noturno até o dia 01/01/2018. Perceba que, se o trabalhador demorar a entrar com a ação, ele perde os direitos trabalhistas anteriores ao prazo dos últimos 5 anos.

4.1.7 Proibição do trabalho noturno, perigoso e insalubre

Este inciso também é muito cotado para ser cobrado em prova. É importante lê-lo para que, em seguida, se possa responder a uma pergunta que fará entender o motivo de ele ser tão abordado em testes:

> *Art. 7º [...]*
> *XXXIII – Proibição de trabalho noturno, perigoso ou insalubre a menores de dezoito e de qualquer trabalho a menores de dezesseis anos, salvo na condição de aprendiz, a partir de quatorze anos.*

A pergunta é muito simples: a partir de qual idade pode trabalhar no Brasil? Você deve estar em dúvida: entre 16 e 14 anos. Isso é o que acontece com a maioria dos candidatos. Por isso, nunca esqueça: se temos uma regra e essa regra está acompanhada de uma exceção; temos, então, uma possibilidade.

Se a Constituição diz que é proibido o trabalho para os menores de 16 e, em seguida, excepciona essa regra dizendo que é possível a partir dos 14, na condição de aprendiz, ela quis dizer que o trabalho no Brasil se inicia aos 14 anos. Esse entendimento se fortalece à luz do art. 227, § 3º, inciso I:

> *Art. 227 [...]*
> *§ 3º O direito a proteção especial abrangerá os seguintes aspectos:*
> *I – Idade mínima de quatorze anos para admissão ao trabalho, observado o disposto no art. 7º, XXXIII.*

4.1.8 Direitos dos empregados domésticos

O parágrafo único, do art. 7º, da Constituição Federal de 1988 assegurava ao trabalhador doméstico um número reduzido de direitos, se comparado com os demais empregados, urbanos ou rurais.

Nos termos da CF/1988/1988, estariam garantidos à categoria dos trabalhadores domésticos apenas os direitos previstos nos incisos IV, VI, VIII, XV, XVII, XVIII, XIX, XXI e XXIV, do art. 7º, bem como a sua integração à previdência social.

Com a promulgação da Emenda Constitucional nº 72, de 2 de abril de 2013, aquele parágrafo foi alterado para estender aos empregados domésticos praticamente todos os demais direitos constantes nos incisos, do art. 7º, da CF/1988.

A nova redação do parágrafo único, do art. 7º, da CF/1988 dispõe:

> *Art. 7º [...]*
> *Parágrafo único. São assegurados à categoria dos trabalhadores domésticos os direitos previstos nos incisos IV, VI, VII, VIII, X, XIII, XV, XVI, XVII, XVIII, XIX, XXI, XXII, XXIV, XXVI, XXX, XXXI e XXXIII e, atendidas as condições estabelecidas em lei e observada a simplificação do cumprimento das obrigações tributárias, principais e acessórias, decorrentes da relação de trabalho e suas peculiaridades, os previstos nos incisos I, II, III, IX, XII, XXV e XXVIII, bem como a sua integração à previdência social.*

4.1.9 Direitos coletivos dos trabalhadores

São basicamente os direitos relacionados à criação e organização das associações e sindicatos que estão previstos no art. 8º.

- **Princípio da unicidade sindical**

O primeiro direito coletivo refere-se ao princípio da unicidade sindical. Esse dispositivo proíbe a criação de mais de uma organização sindical, representativa de categoria profissional ou econômica, em uma mesma base territorial:

> *Art. 8º [...]*
> *II – É vedada a criação de mais de uma organização sindical, em qualquer grau, representativa de categoria profissional ou econômica, na mesma base territorial, que será definida pelos trabalhadores ou empregadores interessados, não podendo ser inferior à área de um Município.*

Em cada base territorial (federal, estadual, municipal ou distrital) só pode existir um sindicato representante da mesma categoria, lembrando que a base territorial mínima se refere à área de um município.

Exemplificando: só pode existir **um** sindicato municipal de pescadores no município de Cascavel. Só pode existir **um** sindicato estadual de pescadores no estado do Paraná. Só pode existir **um** sindicato federal de pescadores no Brasil. Contudo, é possível existirem vários sindicatos municipais de pescadores no Estado do Paraná.

- **Contribuição confederativa e sindical**

Essa questão costuma enganar até mesmo os mais preparados. Vejamos o que diz a Constituição Federal de 1988 no art. 8º, inciso IV:

> *IV – A assembleia geral fixará a contribuição que, em se tratando de categoria profissional, será descontada em folha, para custeio do sistema confederativo da representação sindical respectiva, independentemente da contribuição prevista em lei.*

A primeira coisa que se deve perceber é a existência de duas contribuições nesse inciso. Uma chamada de **contribuição confederativa** a outra de **contribuição sindical**.

A **contribuição confederativa** é a prevista nesse inciso, fixada pela assembleia geral, descontada em folha para custear o sistema confederativo. Essa contribuição é aquela paga às organizações sindicais e que só é obrigada aos filiados e aos sindicatos. Não possui natureza tributária, por isso obriga apenas as pessoas que voluntariamente se filiam a uma entidade sindical.

A **contribuição sindical**, que é a contribuição prevista em lei, mais precisamente na Consolidação das Leis Trabalhistas (Decreto-Lei nº 5.452/1943), deve ser paga por todos os trabalhadores ainda que profissionais liberais. Sua natureza é tributária, não possuindo caráter facultativo.

NOÇÕES DE DIREITO

CONTRIBUIÇÃO	
Confederativa	**Sindical**
Fixada pela Assembleia	Fixada pela CLT
Natureza não tributária	Natureza tributária
Obrigada apenas aos filiados a sindicatos	Obrigada a todos os trabalhadores

- **Liberdade de associação**

Esse inciso costuma ser cobrado em prova devido às inúmeras possibilidades de se modificar o seu texto:

Art. 8º [...]
V – Ninguém será obrigado a filiar-se ou a manter-se filiado a sindicato.

É a liberdade de associação que permite aos trabalhadores escolherem se desejam ou não se filiar a um determinado sindicato. Ninguém será obrigado a filiar-se ou a manter-se filiado.

- **Participação do aposentado no sindicato**

Esse inciso também possui aplicação semelhante ao anterior, portanto, deve haver uma leitura atenta aos detalhes que podem ser modificados em prova:

Art. 8º [...]
VII – O aposentado filiado tem direito a votar e ser votado nas organizações sindicais.

- **Estabilidade sindical**

A estabilidade sindical constitui norma de proteção aos dirigentes sindicais que possui grande utilidade ao evitar o cometimento de arbitrariedades por partes das empresas em retaliação aos representantes dos empregados:

Art 8º [...]
VIII – É vedada a dispensa do empregado sindicalizado a partir do registro da candidatura a cargo de direção ou representação sindical e, se eleito, ainda que suplente, até um ano após o final do mandato, salvo se cometer falta grave nos termos da lei.

O importante aqui é entender o período de proteção que a Constituição Federal de 1988 garantiu aos dirigentes sindicais. A estabilidade se inicia com o registro da candidatura e permanece, com o candidato eleito, até um ano após o término do seu mandato. Ressalte-se que essa proteção contra despedida arbitrária não prospera diante do cometimento de falta grave.

4.2 Direitos de nacionalidade

A nacionalidade é um vínculo jurídico existente entre um indivíduo e um Estado. Esse vínculo jurídico é a ligação existente capaz de gerar direitos e obrigações entre a pessoa e o Estado.

A aquisição da nacionalidade decorre do nascimento ou da manifestação de vontade. Quando a nacionalidade é adquirida pelo nascimento, estamos diante da chamada **nacionalidade originária**. Mas, se for adquirida por meio da manifestação de vontade, estamos diante de uma **nacionalidade secundária.**

A **nacionalidade originária**, também chamada de aquisição de nacionalidade primária, é aquela involuntária. Decorre do nascimento desde que preenchidos os requisitos previstos na legislação. Um brasileiro que adquire nacionalidade originária é chamado de nato.

Dois critérios foram utilizados em nossa Constituição para se conferir a nacionalidade originária: *jus solis* e *jus sanguinis*.

- ***Jus solis***: esse é critério do solo, critério territorial. Serão considerados brasileiros natos as pessoas que nascerem no território nacional. Esse é o critério adotado como regra no texto constitucional.
- ***Jus sanguinis***: esse é o critério do sangue. Serão considerados brasileiros natos os descendentes de brasileiros, ou seja, aqueles que possuem o sangue brasileiro.

A **nacionalidade secundária** ou adquirida é a aquisição que depende de uma manifestação de vontade. É voluntária e, quem a adquire, possui a qualificação de naturalizado.

4.2.1 Conflito de nacionalidade

Alguns países adotavam apenas o critério *jus sanguinis*, outros somente o critério *jus solis*, e isso gerou alguns problemas que a doutrina nominou de conflito de nacionalidade. O conflito de nacionalidade pode ser de duas formas: positivo e negativo.

- **Conflito positivo:** ocorre quando o indivíduo adquire várias nacionalidades. Ele será chamado de polipátrida.
- **Conflito negativo:** ocorre quando o indivíduo não adquire qualquer nacionalidade. Esse será chamado de apátrida (*heimatlos*).

Para evitar a ocorrência desses tipos de conflito, os países têm adotado critérios mistos de aquisição de nacionalidade originária, a exemplo do próprio Brasil.

A seguir, serão analisadas várias hipóteses previstas no art. 12 da Constituição Federal de aquisição de nacionalidade tanto originária quanto secundária.

4.2.2 Nacionalidade originária

As hipóteses de aquisição da nacionalidade originária estão previstas no art. 12, I da Constituição Federal, e são:

Art. 12 São brasileiros:
I – Natos:
a) os nascidos na República Federativa do Brasil, ainda que de pais estrangeiros, desde que estes não estejam a serviço de seu país;
b) os nascidos no estrangeiro, de pai brasileiro ou mãe brasileira, desde que qualquer deles esteja a serviço da República Federativa do Brasil;
c) os nascidos no estrangeiro de pai brasileiro ou de mãe brasileira, desde que sejam registrados em repartição brasileira competente ou venham a residir na República Federativa do Brasil e optem, em qualquer tempo, depois de atingida a maioridade, pela nacionalidade brasileira.

A primeira hipótese, prevista na alínea "a", adotou para aquisição o critério *jus solis*, ou seja, serão considerados brasileiros natos aqueles que nascerem no país ainda que de pais estrangeiros, desde que, os pais não estejam a serviço do seu país. Para que os filhos de pais estrangeiros fiquem impedidos de adquirirem a nacionalidade brasileira, é preciso que ambos os pais sejam estrangeiros, mas basta que apenas um deles esteja a serviço do seu país. Se os pais estrangeiros estiverem a serviço de outro país, a doutrina tem entendido que não se aplicará a vedação.

Já a segunda hipótese, adotada na alínea "b", utilizou o critério *jus sanguinis* para fixação da nacionalidade originária. Serão brasileiros natos os nascidos fora do país, filho de pai ou mãe brasileira, desde que qualquer deles esteja a serviço da República Federativa do Brasil. Estar a serviço do país significa estar a serviço de qualquer ente federativo (União, estados, Distrito Federal ou municípios) incluídos os órgãos e entidades da administração indireta (fundações, autarquias, empresas públicas e sociedades de economia mista).

113

DIREITOS SOCIAIS E NACIONALIDADE

A terceira hipótese, prevista na alínea "c", apresenta, na verdade, duas possibilidades: uma depende do registro a outra depende da opção confirmativa.

Primeiro, temos a regra aplicada aos nascidos no estrangeiro, filho de pai brasileiro ou mãe brasileira, condicionada à aquisição da nacionalidade ao registro em repartição brasileira competente. Nessa hipótese, adota-se o critério *jus sanguinis* acompanhado do registro em repartição brasileira.

Em seguida, temos a segunda possibilidade destinada aos nascidos no estrangeiro de pai brasileiro ou de mãe brasileira, que venham a residir na República Federativa do Brasil e optem (opção confirmativa), em qualquer tempo, depois de atingida a maioridade, pela nacionalidade brasileira.

Essa é a chamada nacionalidade protestativa, pois depende da manifestação de vontade por parte do interessado. Deve-se ter cuidado com a condição para a manifestação da vontade que só pode ser exercida depois de atingida a maioridade, apesar de não existir tempo limite para o exercício desse direito.

4.2.3 Nacionalidade secundária

A seguir, serão apresentadas as hipóteses de aquisição de nacionalidade secundária:

Art. 12 [...]
II – Naturalizados:
a) Os que, na forma da lei, adquiram a nacionalidade brasileira, exigidas aos originários de países de língua portuguesa apenas residência por um ano ininterrupto e idoneidade moral;
b) os estrangeiros de qualquer nacionalidade, residentes na República Federativa do Brasil há mais de quinze anos ininterruptos e sem condenação penal, desde que requeiram a nacionalidade brasileira.

A primeira hipótese de naturalização, prevista na alínea "a" do inciso II, é a chamada naturalização ordinária. Essa naturalização apresenta uma forma de aquisição prevista em lei. Esta Lei é a nº 6.815/1980, que traz algumas regras para aquisição de nacionalidade, as quais não serão estudadas neste momento. O que interessa agora para a prova é a segunda parte da alínea, que confere um tratamento diferenciado para os originários de países de língua portuguesa, para quem será exigida apenas residência por um ano ininterrupto e idoneidade moral. Entende-se país de língua portuguesa qualquer país que possua a língua portuguesa como língua oficial (Angola, Portugal, Timor Leste, entre outros). Essa forma de naturalização não gera direito subjetivo ao estrangeiro, o que significa que ele poderá pleitear sua naturalização e essa poderá ser indeferida pelo Chefe do Poder Executivo, haja vista se tratar de um ato discricionário.

A alínea "b" do inciso II apresenta a chamada naturalização extraordinária ou quinzenária. Essa hipótese é destinada a qualquer estrangeiro e será exigida residência ininterrupta pelo prazo de 15 anos e não existência de condenação penal. Nessa espécie, não há discricionariedade em conceder a naturalização, pois ela gera direito subjetivo ao estrangeiro que tenha preenchido os requisitos.

O melhor é não esquecer que a ausência temporária da residência não quebra o vínculo ininterrupto exigido para a naturalização no país. Também deve ser ressaltado que não existe naturalização tácita ou automática, sendo exigido requerimento de quem desejar se naturalizar no Brasil.

4.2.4 Português equiparado

Art. 12 [...]
§ 1º Aos portugueses com residência permanente no País, se houver reciprocidade em favor de brasileiros, serão atribuídos os direitos inerentes ao brasileiro, salvo os casos previstos nesta Constituição.

Trata-se do chamado português equiparado ou quase nacional. Segundo o dispositivo, a Constituição assegura aos portugueses tratamento diferenciado, como se fossem brasileiros. Não se trata de uma hipótese de naturalização, nesse caso são atribuídos os mesmos direitos inerentes ao brasileiro.

Essa condição depende de reciprocidade por parte de Portugal. O Brasil possui um acordo internacional com Portugal por meio do Decreto nº 3.927/2001 que promulgou o Tratado de Cooperação, Amizade e Consulta Brasil/Portugal. Havendo o mesmo tratamento a um brasileiro quando estiver no país português, serão garantidos tratamentos diferenciados aos portugueses que aqui estiverem desde que manifestem interesse no recebimento desse tratamento diferenciado. Ressalta-se que para requerer esse tipo de tratamento será necessária, além do requerimento, a constituição de residência permanente no Brasil.

Por fim, não se pode esquecer de que o tratamento dado aos portugueses os equipara aos brasileiros naturalizados.

4.2.5 Tratamento diferenciado entre brasileiros

O § 2º do art. 12 proíbe o tratamento diferenciado entre brasileiros natos e naturalizados:

§ 2º A lei não poderá estabelecer distinção entre brasileiros natos e naturalizados, salvo nos casos previstos nesta Constituição.

O próprio dispositivo excepciona a regra permitindo que a Constituição Federal estabeleça tratamento diferenciado entre brasileiros natos e naturalizados. São quatro os tratamentos diferenciados estabelecidos pelo texto constitucional:

- **Cargos privativos de brasileiros natos;**
- **Funções privativas de brasileiros natos;**
- **Regras de extradição;**
- **Propriedade de empresas de jornalística ou de radiodifusão.**

O § 3º apresenta a primeira hipótese de distinção dentre brasileiros natos e naturalizados:

§ 3º São privativos de brasileiro nato os cargos:
I – De Presidente e Vice-Presidente da República;
II – De Presidente da Câmara dos Deputados;
III – De Presidente do Senado Federal;
IV – De Ministro do Supremo Tribunal Federal;
V – Da carreira diplomática;
VI – de oficial das Forças Armadas;
VII – De Ministro de Estado da Defesa.

Os cargos privativos aos brasileiros natos são muito incidentes em provas. Por esse motivo, sugere-se que sejam memorizados. Dois critérios foram utilizados para escolha desses cargos. O primeiro está relacionado com os cargos que sucedem o Presidente da República (presidente e vice-Presidente da República, presidente da Câmara dos Deputados, presidente do Senado Federal e ministro do Supremo Tribunal Federal). O segundo critério diz respeito à segurança nacional (carreira diplomática, oficial das forças armadas e ministro do Estado da Defesa).

As funções privativas de brasileiros natos estão previstas no art. 89, inciso VII da Constituição Federal de 1988:

Art. 89 O Conselho da República é órgão superior de consulta do Presidente da República, e dele participam:
I – O Vice-Presidente da República;
II – O Presidente da Câmara dos Deputados;
III – O Presidente do Senado Federal;
IV – Os líderes da maioria e da minoria na Câmara dos Deputados;
V – Os líderes da maioria e da minoria no Senado Federal;
VI – O Ministro da Justiça;
VII – Seis cidadãos brasileiros natos, com mais de trinta e cinco anos de idade, sendo dois nomeados pelo Presidente da República, dois eleitos pelo Senado Federal e dois eleitos pela Câmara dos Deputados, todos com mandato de três anos, vedada a recondução.

A terceira possibilidade de tratamento diferenciado diz respeito às regras de extradição previstas no inciso LI do art. 5º da Constituição Federal de 1988:

LI – Nenhum brasileiro será extraditado, salvo o naturalizado, em caso de crime comum, praticado antes da naturalização, ou de comprovado envolvimento em tráfico ilícito de entorpecentes e drogas afins, na forma da lei.

A quarta previsão está no art. 222 da Constituição Federal de 1988:

Art. 222 A propriedade de empresa jornalística e de radiodifusão sonora e de sons e imagens é privativa de brasileiros natos ou naturalizados há mais de dez anos, ou de pessoas jurídicas constituídas sob as leis brasileiras e que tenham sede no País.

4.2.6 Perda da nacionalidade

A seguir serão trabalhadas as hipóteses de perda da nacionalidade. Uma pergunta: brasileiro nato pode perder a nacionalidade?

Vejamos o que diz a Constituição Federal:

Art. 12, § 4º Será declarada a perda da nacionalidade do brasileiro que:
I – Tiver cancelada sua naturalização, por sentença judicial, em virtude de atividade nociva ao interesse nacional;
II – Adquirir outra nacionalidade, salvo nos casos:
a) de reconhecimento de nacionalidade originária pela lei estrangeira;
b) de imposição de naturalização, pela norma estrangeira, ao brasileiro residente em estado estrangeiro, como condição para permanência em seu território ou para o exercício de direitos civis.

Ao se analisar o dispositivo do *caput* desse parágrafo, é possível concluir que as regras são para os brasileiros natos ou naturalizados.

Mas vale a pena verificar cada hipótese:

- O inciso I deixa claro que é uma hipótese aplicada apenas aos brasileiros naturalizados (cancelamento de naturalização). Se o indivíduo tem seu vínculo com o Estado cancelado por decisão judicial, não há que se falar em permanência da nacionalidade brasileira;
- O inciso II já não permite a mesma conclusão, haja vista ter considerado qualquer brasileiro. Logo, ao brasileiro, seja ele nato ou naturalizado, que adquirir outra nacionalidade, será declarada a perda da nacionalidade, pelo menos em regra. Essa regra possui duas exceções: nos casos de reconhecimento de nacionalidade originária estrangeira ou de imposição de naturalização, não será declarada a perda da nacionalidade brasileira. É nestas hipóteses que se encontram permitidas as situações de dupla nacionalidade que conhecemos.

Uma questão interessante surge: seria possível a reaquisição da nacionalidade brasileira?

Uma vez perdida a nacionalidade, tem-se entendido que é possível a sua reaquisição dependo da forma que foi perdida.

Se o indivíduo perde a nacionalidade com fundamento no inciso I, por cancelamento de naturalização, só seria possível a reaquisição por meio de ação rescisória.

Caso o indivíduo perca a nacionalidade por ter adquirido outra, que revela a hipótese do inciso II, também será possível a reaquisição por decreto presidencial (art. 36, Lei nº 818/1949).

Apesar da divergência doutrinária, prevalece o entendimento de que o brasileiro, após a reaquisição, volta à condição anterior, ou seja, se era brasileiro nato, volta a ser nato, se era naturalizado, volta como naturalizado.

5 DIREITOS POLÍTICOS

5.1 Direitos políticos

Os direitos políticos são um conjunto de direitos fundamentais que permitem ao indivíduo participar da vontade política do Estado. Para se falar de direitos políticos, alguns conceitos são indispensáveis.

5.1.1 Cidadania, democracia e soberania popular

A Cidadania é a condição conferida ao indivíduo que possui direito político. É o exercício desse direito. Essa condição só é possível em nosso país por causa do regime de governo adotado, a Democracia. A democracia parte do pressuposto de que o poder do Estado decorre da vontade popular, da Soberania Popular. Conforme o parágrafo único do art. 1º da Constituição:

> *Art. 1º [...]*
> *Parágrafo único. Todo o poder emana do povo, que o exerce por meio de representantes eleitos ou diretamente, nos termos desta Constituição.*

A democracia brasileira é classificada como semidireta ou participativa, haja vista poder ser exercida tanto de forma direta como de forma indireta. Como forma de exercício direto temos o previsto no art. 14 da CF/1988/1988:

> *Art. 14 A soberania popular será exercida pelo sufrágio universal e pelo voto direto e secreto, com valor igual para todos, e, nos termos da lei, mediante:*
> *I – Plebiscito;*
> *II – Referendo;*
> *III – Iniciativa popular.*

Mas ainda há a ação popular que também é forma de exercício direto dos direitos políticos:

> *Art. 5º [...]*
> *LXXIII – Qualquer cidadão é parte legítima para propor ação popular que vise a anular ato lesivo ao patrimônio público ou de entidade de que o Estado participe, à moralidade administrativa, ao meio ambiente e ao patrimônio histórico e cultural, ficando o autor, salvo comprovada má-fé, isento de custas judiciais e do ônus da sucumbência.*

Entendamos o que significa cada uma das formas de exercício direto dos direitos políticos.

- **Plebiscito:** consulta popular realizada antes da tomada de decisão. O representante do poder público quer tomar uma decisão, mas, antes de tomá-la, ele pergunta para os cidadãos quem concorda. O que os cidadãos decidirem será feito.
- **Referendo:** consulta popular realizada depois da tomada de decisão. O representante do poder público toma uma decisão e depois pergunta o que os cidadãos acharam.
- **Iniciativa Popular:** essa é uma das formas de se iniciar o processo legislativo no Brasil. A legitimidade para propor criação de lei pelo eleitorado encontra amparo no art. 61, § 2º da CF/1988:

> *Art. 61 [...]*
> *§ 2º A iniciativa popular pode ser exercida pela apresentação à Câmara dos Deputados de projeto de lei subscrito por, no mínimo, um por cento do eleitorado nacional, distribuído pelo menos por cinco Estados, com não menos de três décimos por cento dos eleitores de cada um deles.*

- **Ação popular:** remédio constitucional previsto no inciso LXXIII que funciona como instrumento de fiscalização dos poderes públicos nos termos do inciso citado.

Quando se fala em exercício indireto, significa exercício por meio dos representantes eleitos que representarão a vontade popular.

Todas essas ferramentas disponibilizadas acima constituem formas de exercício dos direitos políticos no Brasil.

5.1.2 Classificação dos direitos políticos

A doutrina costuma classificar os direitos políticos em **direitos políticos positivos e direitos políticos negativos.**

- **Direitos políticos positivos**

Os direitos políticos positivos se mostram pela possibilidade de participação na vontade política do Estado. Esses direitos políticos se materializam por meio da Capacidade Eleitoral Ativa e da Capacidade Eleitoral Passiva. O primeiro é a possibilidade de votar. O segundo, de ser votado.

Para que se possa exercer a capacidade eleitoral ativa, faz-se necessário o chamado alistamento eleitoral. É, simplesmente, inscrever-se como eleitor, o que acontece quando obtemos o título de eleitor. A Constituição apresenta três regras para o alistamento e o voto:

- **Voto Obrigatório:** maiores de 18 anos.
- **Voto Facultativo:** maiores de 16 e menores de 18; analfabetos e maiores de 70 anos.
- **Voto Proibido:** estrangeiros e conscritos.

Vejamos estas regras previstas no texto constitucional:

> *Art. 14. [...]*
> *§ 1º O alistamento eleitoral e o voto são:*
> *I – Obrigatórios para os maiores de dezoito anos;*
> *II – Facultativos para:*
> *a) os analfabetos;*
> *b) os maiores de setenta anos;*
> *c) os maiores de dezesseis e menores de dezoito anos.*
> *§ 2º Não podem alistar-se como eleitores os estrangeiros e, durante o período do serviço militar obrigatório, os conscritos.*

A capacidade eleitoral passiva é a capacidade de ser eleito. É uma das formas de participação política em que o cidadão aceita a incumbência de representar os interesses dos seus eleitores. Para que alguém possa ser eleito se faz necessário o preenchimento das condições de elegibilidade. São condições de elegibilidade as previstas no art. 14, § 3º da Constituição Federal de 1988:

> *Art. 14 [...]*
> *§ 3º São condições de elegibilidade, na forma da lei:*
> *I – a nacionalidade brasileira;*
> *II – o pleno exercício dos direitos políticos;*
> *III – o alistamento eleitoral;*
> *IV – o domicílio eleitoral na circunscrição;*
> *V – a filiação partidária;*
> *VI – a idade mínima de:*
> *a) trinta e cinco anos para Presidente e Vice-Presidente da República e Senador;*
> *b) trinta anos para Governador e Vice-Governador de Estado e do Distrito Federal;*
> *c) vinte e um anos para Deputado Federal, Deputado Estadual ou Distrital, Prefeito, Vice-Prefeito e juiz de paz;*
> *d) dezoito anos para Vereador.*

- **Direitos políticos negativos**

Os direitos políticos negativos são verdadeiras vedações ao exercício da cidadania. São inelegibilidades, hipóteses de perda ou suspensão dos direitos políticos que se encontram previstos expressamente no texto constitucional. Só não se pode esquecer a possibilidade prevista no § 9º do art. 14 da Constituição, que admite que sejam criadas outras inelegibilidades por Lei Complementar, desde possuam caráter relativo. Inelegibilidade absoluta, segundo a doutrina, só na Constituição Federal de 1988.

A primeira inelegibilidade está prevista no art. 14, § 4º:

> *Art. 14 [...]*
> *§ 4º São inelegíveis os inalistáveis e os analfabetos.*

Trata-se de uma inelegibilidade absoluta que impede os inalistáveis e analfabetos a concorrerem a qualquer cargo eletivo. Nota-se primeiramente que a Constituição se refere aos inalistáveis como "inelegíveis". Todas as vezes que se encontrar o termo inalistável, deve-se pensar automaticamente em estrangeiros e conscritos. Logo, são inelegíveis os estrangeiros, conscritos e analfabetos.

Quanto aos analfabetos, uma questão merece atenção: os analfabetos podem votar, mas não podem receber votos.

Em seguida, tem-se o § 5º, que traz a chamada regra da reeleição. Trata-se de uma espécie de inelegibilidade relativa por meio do qual alguns titulares de cargos políticos ficam impedidos de se reelegerem por mais de duas eleições consecutivas, ou seja, é permitida apenas uma reeleição:

> *Art. 14 [...]*
> *§ 5º O Presidente da República, os Governadores de Estado e do Distrito Federal, os Prefeitos e quem os houver sucedido, ou substituído no curso dos mandatos poderão ser reeleitos para um único período subsequente.*

O primeiro ponto interessante desse parágrafo está na restrição que só ocorre para os membros do Poder Executivo (presidente, governador e prefeito). Logo, um membro do Poder Legislativo poderá se reeleger quantas vezes ele quiser, enquanto o membro do Poder Executivo só poderá se reeleger uma única vez. Ressalte-se que o impedimento se aplica também a quem suceder ou substituir o titular dos cargos supracitados.

Mais uma regra de inelegibilidade relativa encontra-se no § 6º:

> *Art. 14 [...]*
> *§ 6º Para concorrerem a outros cargos, o Presidente da República, os Governadores de Estado e do Distrito Federal e os Prefeitos devem renunciar aos respectivos mandatos até seis meses antes do pleito.*

Estamos diante da chamada regra de **desincompatibilização**. Da mesma forma que o dispositivo anterior só se aplica aos membros do Poder Executivo, e essa norma exige que os representantes desse Poder, para que possam concorrer a outro cargo, devem renunciar os respectivos mandatos até seis meses antes do pleito.

Ainda há a chamada inelegibilidade reflexa, ou em razão do parentesco. Essa hipótese gera um impedimento, não ao titular do cargo político, mas aos seus parentes até segundo grau. Também se aplica apenas aos membros do Poder Executivo:

> *Art. 14 [...]*
> *§ 7º São inelegíveis, no território de jurisdição do titular, o cônjuge e os parentes consanguíneos ou afins, até o segundo grau ou por adoção, do Presidente da República, de Governador de Estado ou Território, do Distrito Federal, de Prefeito ou de quem os haja substituído dentro dos seis meses anteriores ao pleito, salvo se já titular de mandato eletivo e candidato à reeleição.*

O impedimento gerado está relacionado ao território de jurisdição do titular da seguinte forma:

- O prefeito gera inelegibilidade aos cargos de Prefeito e vereador do mesmo município;
- O governador gera inelegibilidade aos cargos de prefeito, vereador, deputado estadual, deputado federal, senador da República e governador do mesmo Estado Federativo;
- O Presidente gera inelegibilidade a todos os cargos eletivos do país.

São parentes de 1º grau: pai, mãe, filho, sogro. São parentes de 2º grau: avô, irmão, neto, cunhado.

O STF editou a Súmula Vinculante nº 18, que diz:

> *Súmula Vinculante nº 18 A dissolução da sociedade ou do vínculo conjugal, no curso do mandato, não afasta a inelegibilidade prevista no § 7º do art. 14 da Constituição Federal.*

Lei complementar pode estabelecer novas hipóteses de inelegibilidade relativa. É o que dispõe o § 9º do art. 14:

> *Art. 14 [...]*
> *§ 9º Lei complementar estabelecerá outros casos de inelegibilidade e os prazos de sua cessação, a fim de proteger a probidade administrativa, a moralidade para exercício de mandato considerada vida pregressa do candidato, e a normalidade e legitimidade das eleições contra a influência do poder econômico ou o abuso do exercício de função, cargo ou emprego na administração direta ou indireta.*

Com base no texto, é possível concluir que o rol de inelegibilidades relativas previstas na Constituição Federal de 1988 é meramente exemplificativo. Há ainda a Lei Complementar nº 64/1990 que traz várias hipóteses de inelegibilidade.

5.1.3 Condições para eleição do militar

O militar pode se candidatar a cargo político eletivo desde que observadas as regras estabelecidas no § 8º do art. 14:

> *Art. 14 [...]*
> *§ 8º O militar alistável é elegível, atendidas as seguintes condições:*
> *I – se contar menos de dez anos de serviço, deverá afastar-se da atividade;*
> *II – se contar mais de dez anos de serviço, será agregado pela autoridade superior e, se eleito, passará automaticamente, no ato da diplomação, para a inatividade.*

Primeiramente, deve-se ressaltar que a Constituição veda a filiação partidária aos militares:

> *Art. 142 [...]*
> *§ 3º [...]*
> *V – O militar, enquanto em serviço ativo, não pode estar filiado a partidos políticos.*

Recordando as condições de elegibilidade, tem-se que é necessária a filiação partidária para ser elegível, contudo, no caso do militar, o TSE tem entendido que o registro da candidatura supre a falta de prévia filiação partidária.

Um segundo ponto interessante decorre da própria interpretação do § 8º, que prevê duas regras para eleição dos militares em razão do tempo de serviço:

- **Militar com menos de dez anos:** deve se afastar da atividade;
- **Militar com mais de dez anos:** deve ficar agregado pela autoridade superior e se eleito, passado para inatividade.

Esse prazo de dez anos escolhido pela Constituição decorre da garantia de estabilidade para os militares.

5.1.4 Impugnação de mandato eletivo

Estes parágrafos dispensam explicação e, quando aparecem em prova, costumam cobrar o próprio texto constitucional. Deve-se ter cuidado com o prazo de 15 dias para impugnação:

> *Art. 14 [...]*
> *§ 10 O mandato eletivo poderá ser impugnado ante a Justiça Eleitoral no prazo de quinze dias contados da diplomação, instruída a ação com provas de abuso do poder econômico, corrupção ou fraude.*
> *§ 11 A ação de impugnação de mandato tramitará em segredo de justiça, respondendo o autor, na forma da lei, se temerária ou de manifesta má-fé.*

5.1.5 Cassação, suspensão e perda dos direitos políticos

Uma coisa é certa: não existe cassação de direitos políticos no Brasil. Isso não pode ser esquecido, pois sempre é cobrado em prova. Apesar dessa norma protetiva, são permitidas a perda e a suspensão desses direitos, conforme disposto no art. 15 da Constituição:

> *Art. 15 É vedada a cassação de direitos políticos, cuja perda ou suspensão só se dará nos casos de:*
> *I – Cancelamento da naturalização por sentença transitada em julgado;*
> *II – Incapacidade civil absoluta;*
> *III – Condenação criminal transitada em julgado, enquanto durarem seus efeitos;*
> *IV – Recusa de cumprir obrigação a todos imposta ou prestação alternativa, nos termos do art. 5º, VIII;*
> *V – Improbidade administrativa, nos termos do art. 37, § 4º.*

DIREITOS POLÍTICOS

Observe-se que o texto constitucional não esclareceu muito bem quais são as hipóteses de perda ou suspensão, trabalho esse que ficou a cargo da doutrina fazer. Seguem abaixo as hipóteses de perda ou suspensão:

- **Cancelamento da naturalização por sentença transitada em julgado:** trata-se de perda dos direitos políticos. Ora, se o indivíduo teve cancelado seu vínculo com o Estado Brasileiro, não há sentido em lhe garantir os direitos políticos.
- **Incapacidade civil absoluta:** apesar de ser absoluta, essa incapacidade civil pode cessar dependendo da situação. Logo, é hipótese de suspensão dos direitos políticos.
- **Condenação criminal transitada em julgado, enquanto durarem seus efeitos:** condenação criminal é suspensão, pois dura enquanto durar a pena. Deve-se ter cuidado com essa questão em prova. O efeito da suspensão sobre os direitos políticos independe do tipo de pena aplicada ao cidadão.
- **Recusa de cumprir obrigação a todos imposta ou prestação alternativa, nos termos do art. 5º, inciso VIII:** essa é a famosa hipótese da escusa de consciência. Em relação a esse tema, existe divergência na doutrina. Parte da doutrina Constitucional entende que é hipótese de perda, outra parte da doutrina, principalmente eleitoral, entende que seja hipótese de suspensão.
- **Improbidade administrativa, nos termos do art. 37, § 4º, CF/1988/1988:** essa é mais uma hipótese de suspensão dos direitos políticos.

5.1.6 Princípio da anterioridade eleitoral

Este princípio exige o prazo de um ano para aplicação de lei que altere processo eleitoral. Isso visa a evitar que os candidatos sejam pegos de surpresa com as regras eleitorais. O art. 16 da Constituição Federal de 1988 diz:

> *Art. 16 A lei que alterar o processo eleitoral entrará em vigor na data de sua publicação, não se aplicando à eleição que ocorra até um ano da data de sua vigência.*

6 ADMINISTRAÇÃO PÚBLICA

6.1 Conceito

Primeiramente, faz-se necessário conceituar a Administração Pública, remetendo ao *caput* do art. 37, Constituição Federal de 1988.

> *Art. 37 A Administração Pública direta e indireta de qualquer dos Poderes da União, dos Estados, do Distrito Federal e dos Municípios obedecerá aos princípios de legalidade, impessoalidade, moralidade, publicidade e eficiência e, também, ao seguinte:*

Neste primeiro momento, deve-se entender que alguns termos que aparecem no art. 37. O conceito da Administração Pública deve ser visto sob dois aspectos. Sob a perspectiva objetiva, a Administração Pública constitui a atividade desenvolvida pelo poder público, que tem como função a satisfação do interesse público. Sob a perspectiva subjetiva, Administração Pública é o conjunto de órgãos e pessoas jurídicas que desempenham a atividade administrativa. Interessa aqui conhecer a Administração Pública sob essa última perspectiva, a qual se classifica em Administração Direta e Indireta.

- **Administração Pública Direta**: é formada por pessoas jurídicas de direito público, ou pessoas políticas, entes que possuem personalidade jurídica e autonomia própria. São entes da Administração Pública Direta a União, os Estados, o Distrito Federal e os municípios. Esses entes são pessoas jurídicas de Direito Público que exercem as atividades administrativas por meio dos órgãos e agentes pertencentes aos Poderes Executivo, Legislativo e Judiciário. Os órgãos não são dotados de personalidade jurídica própria, pois agem em nome da pessoa jurídica a qual estão vinculados.
- **Administração Pública Indireta**: é formada por pessoas jurídicas próprias, de direito público ou privado, que executam atividades do Estado por meio da descentralização administrativa. São os entes da Administração Indireta as Autarquias, Fundações Públicas, Sociedades de Economia Mista e Empresas Públicas.

Segundo a Constituição Federal de 1988, a Administração Pública, seja ela direta ou indireta, pertencente a qualquer dos Poderes, deverá obedecer aos Princípios da legalidade, impessoalidade, moralidade, publicidade e eficiência, os quais serão estudados agora.

6.2 Princípios expressos da Administração Pública

Os princípios que regem a Administração Pública são verdadeiros parâmetros que orientam o desenvolvimento da atividade administrativa, os quais são de observância obrigatória. A Administração é regida por princípios expressos e princípios implícitos. Primeiramente vamos analisar os princípios expressos no texto constitucional, que são: legalidade, impessoalidade, moralidade, publicidade e eficiência.

6.2.1 Legalidade

Esse é o primeiro princípio expresso na Constituição Federal para a Administração Pública. Para se entender o princípio da legalidade, é preciso analisar suas duas acepções: a legalidade em relação aos particulares e a legalidade em relação à Administração Pública.

Para os particulares, a legalidade remete ao art. 5º da Constituição: significa que ele poderá fazer tudo o que não for proibido por lei, conforme já previa o art. 5º, inciso II da Constituição Federal de 1988:

> *II – ninguém será obrigado a fazer ou deixar de fazer alguma coisa senão em virtude de lei.*

Já em relação à Administração Pública, a legalidade impõe uma conduta mais rigorosa exigindo que se faça apenas o que estiver determinado por lei ou que seja permitido pela lei: quando se fala em lei, trata-se daquela em sentido estrito, ou em sentido formal, porque há exceções à aplicação do princípio da legalidade que já aparecem em prova, como a medida provisória, o estado de defesa e o estado de sítio; por isso, esse princípio não deve ser encarado de forma absoluta.

A medida provisória é exceção, pois é ato emitido pelo chefe do Poder Executivo, porque com sua publicação já produz efeitos na sociedade; em seguida, temos os sistemas constitucionais de crises, sendo exceções, porque o decreto que rege essas medidas prevê algumas situações excepcionais, com amparo constitucional, então são exceções à legalidade, mas com fundamento constitucional. O agente público, ao agir, deverá pautar sua conduta segundo a lei.

6.2.2 Impessoalidade

Esse princípio exige do administrador uma postura isenta de interesses pessoais. Ele não poderá agir com o fim de atender suas próprias vontades. Agir de forma impessoal é agir visando a atender o interesse público. A impessoalidade deve ser enxergada sob duas perspectivas: finalidade da atuação administrativa e proibição da promoção pessoal. A impessoalidade deve ser vista sob duas perspectivas: primeiro, a impessoalidade se confunde com o interesse público; segundo, a impessoalidade é a proibição da autopromoção, ou seja, vedação à promoção pessoal.

A título exemplificativo, para a finalidade da atuação administrativa, que será sempre a satisfação do interesse público em benefício da coletividade, é que se realizam os concursos públicos para contratação de pessoal e licitação para contratação dos serviços pela Administração Pública, são formas exigidas por lei que garantem o referido princípio. Isso impede que o administrador atue satisfazendo seus interesses pessoais.

Nesse sentido, fica proibida a vinculação da imagem do administrador a obras e propagandas não se permitindo também a vinculação da sigla do partido. Ressalte-se ainda o teor da Súmula Vinculante nº 13 do STF, que veda a prática de nepotismo:

> *Súmula Vinculante nº 13 A nomeação de cônjuge, companheiro ou parente em linha reta, colateral ou por afinidade, até o terceiro grau, inclusive, da autoridade nomeante ou de servidor da mesma pessoa jurídica, investido em cargo de direção, chefia ou assessoramento, para o exercício de cargo em comissão ou de confiança, ou, ainda, de função gratificada na Administração Pública direta e indireta, em qualquer dos Poderes da União, dos Estados, do Distrito Federal e dos municípios, compreendido o ajuste mediante designações recíprocas, viola a Constituição Federal.*

A impessoalidade também proíbe a promoção pessoal. O administrador público não poderá se utilizar da máquina administrativa para promover sua própria imagem. Veja o que diz o art. 37, § 1º diz:

> *§1º A publicidade dos atos, programas, obras, serviços e campanhas dos órgãos públicos deverá ter caráter educativo, informativo ou de orientação social, dela não podendo constar nomes, símbolos ou imagens que caracterizem promoção pessoal de autoridades ou servidores públicos.*

Notemos que esse parágrafo tem como objetivo trazer de forma expressa a proibição da vinculação da imagem do agente público com as obras e serviços realizadas durante seu mandato, nesse sentido, já existe proibição da utilização inclusive da sigla do partido.

6.2.3 Moralidade

Não é possível se definir o que é, mas é possível compreender por meio da interpretação das normas. Esse princípio prevê que o administrador deve agir conforme os fins públicos. Por esse princípio, ao administrador não basta fazer tudo conforme a lei. É importante o faça de boa-fé, respeitando os preceitos éticos, com probidade e justiça. E aqui não se fala em moral comum, mas em uma moral jurídica ou política.

A não observância do referido princípio poderá ser combatida por meio da Ação Popular, conforme prevê o art. 5º, inciso LXXIII da Constituição Federal de 1988:

> *LXXIII – Qualquer cidadão é parte legítima para propor ação popular que vise a anular ato lesivo ao patrimônio público ou de entidade de que o Estado participe, à moralidade administrativa, ao meio ambiente e ao patrimônio histórico e cultural, ficando o autor, salvo comprovada má-fé, isento de custas judiciais e do ônus da sucumbência.*

ADMINISTRAÇÃO PÚBLICA

Ressalte-se também que, se o agente público agir em desconformidade com o princípio de moralidade, sua conduta poderá ensejar a ação de improbidade administrativa, a qual é punida nos termos do art. 37, § 4º:

> § 4º Os atos de improbidade administrativa importarão a suspensão dos direitos políticos, a perda da função pública, a indisponibilidade dos bens e o ressarcimento ao erário, na forma e gradação previstas em lei, sem prejuízo da ação penal cabível.

6.2.4 Publicidade

A publicidade como princípio também poderá ser analisada sob duas acepções: a primeira delas é a publicidade como condição de eficácia do ato administrativo; a segunda, como forma de se garantir a transparência destes mesmos atos.

Como condição de eficácia do ato administrativo, a publicidade muito aparece em prova; o examinador costuma dizer que a publicidade é requisito de validade do ato administrativo, mas isso é errado, porque validade e eficácia são diferentes. A publicidade é necessária, pois é a forma de tornar conhecido o conteúdo do ato, principalmente se esse ato for capaz de produzir efeitos externos ou que ensejem ônus para o patrimônio público. Em regra, a publicidade se dá pelos meios de comunicação oficiais, como o Diário Oficial da União.

A publicidade também tem a função de garantir a transparência do ato administrativo. É uma forma dos administrados fiscalizarem a atuação do poder público. Apesar de sua importância, nesse aspecto a publicidade encontra limitação na própria Constituição que prevê a possibilidade de sigilo dos atos administrativos todas as vezes que for necessário para preservar a segurança da sociedade e do Estado:

> Art. 5º [...]
> XXXIII – Todos têm direito a receber dos órgãos públicos informações de seu interesse particular, ou de interesse coletivo ou geral, que serão prestadas no prazo da lei, sob pena de responsabilidade, ressalvadas aquelas cujo sigilo seja imprescindível à segurança da sociedade e do Estado.

6.2.5 Eficiência

O princípio da eficiência foi o último incluído no rol dos princípios, em razão da reforma administrativa promovida pela Emenda Constitucional nº 19/1998. A sua inserção como princípio expresso está relacionada a necessidade de produção de resultados satisfatórios a sociedade. A Administração Pública deve ter produtividade em suas atividades como se fosse iniciativa privada.

Como forma de garantir uma nova postura na prestação dos seus serviços, esse princípio exige que as ações sejam praticadas com celeridade, perfeição, visando a atingir ótimos resultados, sempre tendo como destinatário o bem-estar do administrado. A celeridade dos processos encontra-se prevista no art. 5º, inciso LXXVIII da Constituição Federal de 1988:

> LXXVIII – A todos, no âmbito judicial e administrativo, são assegurados a razoável duração do processo e os meios que garantam a celeridade de sua tramitação.

Em respeito ao princípio da eficiência, a Constituição Federal previu formas de participação do administrado como fiscal da Administração Pública:

> Art. 37 [...]
> § 3º A lei disciplinará as formas de participação do usuário na Administração Pública direta e indireta, regulando especialmente:
> I – As reclamações relativas à prestação dos serviços públicos em geral, asseguradas a manutenção de serviços de atendimento ao usuário e a avaliação periódica, externa e interna, da qualidade dos serviços;
> II – O acesso dos usuários a registros administrativos e a informações sobre atos de governo, observado o disposto no art. 5º, X e XXXIII;
> III – A disciplina da representação contra o exercício negligente ou abusivo de cargo, emprego ou função na Administração Pública.

Decorre desse princípio, ainda, a necessidade de avaliação de desempenho para concessão da estabilidade ao servidor público em estágio probatório, bem como a existência da avaliação periódica de desempenho como uma das condições para perda do cargo nos termos do art. 41 da Constituição Federal de 1988:

> Art. 41 São estáveis após três anos de efetivo exercício os servidores nomeados para cargo de provimento efetivo em virtude de concurso público.
> § 1º O servidor público estável só perderá o cargo:
> I – Em virtude de sentença judicial transitada em julgado;
> II – Mediante processo administrativo em que lhe seja assegurada ampla defesa;
> III – Mediante procedimento de avaliação periódica de desempenho, na forma de lei complementar, assegurada ampla defesa.
> § 2º Invalidada por sentença judicial a demissão do servidor estável, será ele reintegrado, e o eventual ocupante da vaga, se estável, reconduzido ao cargo de origem, sem direito a indenização, aproveitado em outro cargo ou posto em disponibilidade com remuneração proporcional ao tempo de serviço.
> § 3º Extinto o cargo ou declarada a sua desnecessidade, o servidor estável ficará em disponibilidade, com remuneração proporcional ao tempo de serviço, até seu adequado aproveitamento em outro cargo.
> § 4º Como condição para a aquisição da estabilidade, é obrigatória a avaliação especial de desempenho por comissão instituída para essa finalidade.

Princípios expressos

Legalidade → fazer aquilo que a lei determina.
Impessoalidade → agir conforme fins públicos/vedação à promoção pessoal.
Moralidade → agir conforme a ética, a probidade e a justiça.
Publicidade → condição de eficácia dos atos/garantia da transparência.
Eficiência → gestão de bons resultados.

6.3 Princípios implícitos da Administração Pública

Além dos princípios expressamente previstos no *caput* do art. 37 da Constituição Federal de 1988 (legalidade, impessoalidade, moralidade, publicidade e eficiência), a doutrina elenca outros como princípios gerais de direito que decorrem da interpretação constitucional. Vejamos a seguir.

6.3.1 Supremacia do interesse público

Esse princípio é tido pela doutrina como um dos pilares do regime jurídico administrativo. Nesse sentido, o Estado representa o interesse público ou da coletividade, e a coletividade, em regra, deve prevalecer sobre o interesse privado. A Administração Pública, em sua relação com os administrados tem prevalência sobre o interesse privado.

O Regime Democrático adotado no Estado brasileiro confere à Administração Pública o poder de representar os interesses da sociedade, é nessa relação que vamos desenvolver a supremacia do interesse público, que decorre da relação de verticalidade entre o Estado e os particulares.

Esse princípio não goza de caráter absoluto, pois o Estado também age como se fosse particular em suas relações jurídicas, geralmente econômicas, por exemplo, o Estado não pode abusar da autoridade estatal sobre os direitos e princípios fundamentais dos administrados, já que esses são os limites da supremacia do interesse público.

Decorre desse princípio o poder de império exercido pela Administração Pública, a qual poderá impor sua vontade ao particular de forma coercitiva, podendo inclusive restringir seus direitos e impor obrigações, como ocorre no caso da desapropriação e requisição administrativa. Logicamente, esse princípio não goza de caráter absoluto, não tendo aplicabilidade nos atos praticados de mera gestão administrativa ou quando o poder público atua como particular nas relações econômicas.

6.3.2 Indisponibilidade do interesse público

Juntamente com a Supremacia do interesse público, o Princípio da indisponibilidade do interesse público forma a base do regime jurídico-administrativo. Por esse princípio, a Administração Pública não pode ser vista como dona da coisa pública, mas apenas gestora. A coisa pública pertence ao povo, e o Estado é o responsável pelo cuidado ou gestão da coisa pública.

Como limitação a esse princípio, existe o princípio da legalidade, que determina os passos e em que condições a Administração Pública pode se utilizar dos bens públicos, sempre respeitando a indisponibilidade do interesse público. Destaca-se ainda o papel que esse princípio exerce como limitador do princípio da supremacia do interesse público.

Um ponto importante a respeito desse princípio é que os bens públicos são indisponíveis, não pertencendo aos seus administradores ou aos seus agentes os quais estão proibidos, inclusive de renunciar a qualquer direito ou prerrogativa inerente ao Poder Público.

Na desapropriação, a Administração Pública pode retirar o bem de uma pessoa pelo fundamento da Supremacia do interesse público, por outro lado, em razão da Indisponibilidade do interesse público, há vedação à Administração Pública no sentido de não se apropriar de tal bem sem que o particular seja indenizado.

6.3.3 Razoabilidade e proporcionalidade

Esses princípios são, por vezes, vistos em separado pela doutrina; eles servem para a limitação da atuação administrativa, e devem ser vistos em conjunto, como unidade. A razoabilidade e a proporcionalidade decorrem do princípio do devido processo legal e são utilizados, principalmente, como limitador da discricionariedade administrativa, ainda mais quando o ato limitado restringe os direitos do administrado. Trata-se, portanto, de uma ferramenta para controle de legalidade que pode gerar a nulidade do ato administrativo. Ao pensar em razoabilidade e proporcionalidade, deve-se pensar em dois elementos que os identificam: adequação e necessidade.

A melhor forma de verificar a sua utilização prática é no caso concreto. Imagine uma fiscalização sanitária realizada pelo poder público em que o administrado é flagrado cometendo um ilícito sanitário, ou seja, encontra um produto com o prazo de validade vencido. Dependendo da infração cometida, será aplicada uma penalidade administrativa maior ou não. Com a aplicação dos princípios em tela, a penalidade deve ser necessária, adequada e equivalente à infração cometida. Os princípios garantem que a sanção aplicada não seja maior que a necessária para atingir o fim proposto pelo poder público. O que se busca é uma adequação entre os meios e os fins necessários, proibindo o excesso na aplicação das medidas.

Sem dúvida, esses princípios gerais de direito estão entre os mais utilizados atualmente nas decisões do Supremo Tribunal Federal, pois esses princípios são utilizados nas decisões para se adequar à lei ao caso concreto.

Em suma, esses princípios são a adequação dos meios com a finalidade proposta pela Administração Pública, com o fim de evitar os excessos cometidos pelo agente público. Em razão disso, também são conhecidos como a proibição do excesso, por isso, deve-se trabalhar a razoabilidade e a proporcionalidade como unidade.

6.3.4 Continuidade dos serviços públicos

Esse princípio se traduz pelo próprio nome. Ele exige que a atividade administrativa seja contínua, não sofra interrupções e seja adequada, com qualidade, para que não ocorram prejuízos tanto para a Administração quanto para os administrados. Apesar disso, há situações excepcionais, em que se permite a interrupção do serviço público. Existem limitações a esse princípio, tanto para a Administração, quanto para o particular que está incumbido de executar o serviço público, e sua atuação pode ser percebida no próprio direito de greve do servidor público que se encontra condicionado à observância da lei para ser exercido.

O poder de vinculação desse princípio é tão grande que o particular, ao prestar o serviço público por delegação, não poderá interrompê-lo ainda que a Administração Pública não cumpra sua parte no contrato. Significa dizer que o particular prejudicado no contrato administrativo **não poderá opor a exceção do contrato não cumprido**, ficando desobrigado apenas por decisão judicial transitada em julgado, ou seja, o particular não pode deixar de cumprir sua obrigação pelo não cumprimento por parte da administração, mas o particular pode deixar de prestar o serviço público quando determinado por decisão judicial.

O responsável pela prestação do serviço público só ficaria desobrigado da sua prestação em caso de emergência e desde que haja aviso prévio em situações de **segurança**, de **ordem técnica** ou mesmo por **inadimplência do usuário**.

6.3.5 Autotutela

Esse princípio permite que a Administração avalie e reveja seus próprios atos, tanto em relação à legalidade do ato, quanto ao aspecto do mérito. Essa possibilidade não impede o ato de ser apreciado pelo Poder Judiciário, limitando a verificação da legalidade, nunca o mérito. Quando o ato for revisto em razão de vício de legalidade, ocorre a anulação do ato, se a questão é de mérito (discricionariedade e oportunidade), a administração revoga seus atos.

Este princípio foi consagrado pelo Supremo por meio da Súmula Vinculante nº 473:

> *Súmula Vinculante nº 473, STF A administração pode anular seus próprios atos, quando eivados de vícios que os tornam ilegais, porque deles não se originam direitos; ou revogá-los, por motivo de conveniência ou oportunidade, respeitados os direitos adquiridos, e ressalvada, em todos os casos, a apreciação judicial.*

A autotutela dos atos administrativos não depende de provocação, podendo a administração analisar de ofício seus próprios atos. Essa é a ideia primordial da autotutela.

6.3.6 Segurança jurídica

Esse princípio tem fundamento inicial já no art. 5º da Constituição Federal de 1988, que decorre da própria garantia fundamental à Segurança Jurídica; no que tange a sua aplicabilidade na Administração Pública, esse princípio evoca a impossibilidade de a lei nova prejudicar o direito adquirido, o ato jurídico perfeito e a coisa julgada, ou seja, esse princípio veda a aplicação retroativa de nova interpretação da norma administrativa, para que o administrado não seja surpreendido com inovações jurídicas.

Por se tratar de um direito fundamental, a Administração Pública fica obrigada a assegurar o seu cumprimento sob pena de ser responsabilizada.

6.4 Regras aplicáveis aos servidores públicos

Passamos agora a analisar as regras aplicáveis aos servidores públicos, as quais estão previstas nos arts. 37 a 41 da Constituição Federal de 1988.

6.4.1 Cargos, empregos e funções

Os primeiros dispositivos relacionados aos servidores públicos e que foram apresentados pela Constituição Federal regulamentam o acesso a cargos, empregos e funções públicas. Vejamos o que diz o art. 37, I e II da Constituição Federal de 1988:

> *I – Os cargos, empregos e funções públicas são acessíveis aos brasileiros que preencham os requisitos estabelecidos em lei, assim como aos estrangeiros, na forma da lei;*
>
> *II – A investidura em cargo ou emprego público depende de aprovação prévia em concurso público de provas ou de provas e títulos, de acordo com a natureza e a complexidade do cargo ou emprego, na forma prevista em lei, ressalvadas as nomeações para cargo em comissão declarado em lei de livre nomeação e exoneração.*

Ao iniciarmos este estudo, uma distinção se faz necessária: qual a diferença entre cargo, emprego e função pública?

ADMINISTRAÇÃO PÚBLICA

- **Cargo público** é a unidade de competência ofertada por uma pessoa jurídica de direito público e ocupada por um agente público que tenha sido criado por lei com denominação específica e quantidade certa. Quem ocupa um cargo público fez concurso público e é submetido a um regime estatutário e pode ser de provimento efetivo ou em comissão.
- **Emprego público**, por sua vez, é a unidade de competência desempenhada por agentes contratados sob regime celetista, ou seja, quem ocupa um emprego público possui uma relação trabalhista com a Administração Pública.
- **Função pública** é a atribuição ocupada por quem não possui cargo ou emprego público. Ocorre em duas situações: nas contratações temporárias e nas atividades de confiança.

Os cargos, empregos e funções são acessíveis a todos os brasileiros e estrangeiros que preencherem os requisitos previstos em lei. Aos estrangeiros, o acesso é limitado, essa é norma de eficácia limitada, pois depende de regulamentação, como professores ou pesquisadores em universidades e instituições de pesquisa científica e tecnológica. Destaca-se ainda que existem cargos privativos de brasileiros natos, os quais estão previstos no art. 12, § 3º da Constituição Federal de 1988: presidente e vice-Presidente da República, presidente da Câmara dos Deputados, Presidente do Senado Federal, ministro do STF, oficial das forças armadas, carreira diplomática e ministro do estado da defesa.

O acesso aos cargos e empregos públicos depende de aprovação em concurso público de provas ou de provas e títulos dependendo do cargo a ser ocupado. A realização do concurso não será necessária para o preenchimento de cargos em comissão, haja vista serem de livre nomeação e exoneração. Estão obrigados a contratar por meio de concurso toda a Administração Pública direta e indireta, seja do Poder Executivo, Legislativo, ou Judiciário, seja da União, estados, Distrito Federal e municípios.

É importante ressaltar, neste momento, que a função pública aqui tratada não pode ser confundida com a função que todo agente da Administração Pública detém, que é aquele conjunto de atribuições inerentes ao cargo ou emprego; neste momento a função pública foi tratada como diferenciação do cargo e do emprego públicos. Em seguida, é necessário ressaltar que os cargos em comissão dispensam o concurso público, que é meio exigido para que se ocupe um cargo ou empregos públicos.

6.4.2 Validade do concurso público

A Constituição Federal de 1988 previu prazo de validade para os concursos públicos. Vejamos o que diz o art. 37, incisos III e IV:

> *Art. 37 [...]*
>
> *III – O prazo de validade do concurso público será de até dois anos, prorrogável uma vez, por igual período;*
>
> *IV – Durante o prazo improrrogável previsto no edital de convocação, aquele aprovado em concurso público de provas ou de provas e títulos será convocado com prioridade sobre novos concursados para assumir cargo ou emprego, na carreira.*

O prazo de validade será de **até dois anos,** podendo ser prorrogado apenas uma vez, por igual período. O prazo de validade passa a ser contado a partir da homologação do resultado. Este é o prazo que a Administração Pública terá para contratar ou nomear os aprovados para o preenchimento do emprego ou do cargo público, respectivamente.

Segundo posicionamento do STF, quem é aprovado dentro do número de vagas previstas no edital possui direito subjetivo à nomeação durante o prazo de validade do concurso. Uma forma de burlar esse sistema encontrado pela Administração Pública tem sido a publicação de edital com cadastro de reserva, que gera apenas uma expectativa de direito para quem foi classificado no concurso público.

Segundo a Constituição Federal de 1988, durante o prazo improrrogável do concurso, os aprovados terão prioridade na convocação diante dos novos concursados, o que não impede a abertura de novos certames apesar de a Lei nº 8.112/1990 proibir a abertura de novo concurso enquanto houver candidato aprovado no concurso anterior e desde que esteja dentro do prazo de validade. Na prova, deve-se responder conforme for perguntado. Se for segundo a Constituição Federal, não há proibição de realização de novo concurso enquanto existir outro com prazo de validade aberto. Se perguntar segundo a Lei nº 8.112/1990, não se abrirá novo concurso enquanto houver candidato aprovado em concurso anterior com prazo de validade não expirado.

6.4.3 Reserva de vaga para deficiente

Essa regra sobre concurso público é uma das mais importantes de inclusão social previstas no texto constitucional; é regra de ação afirmativa que visa à inserção social dos portadores de necessidades especiais, e compensar a perda social que alguns grupos têm. Possuindo valor social relevante, diz respeito à reserva de vagas para pessoas com necessidades especiais, que não podem ser tratados da mesma forma que as pessoas que estão em pleno vigor físico. Aqui, a isonomia deve ser material observando a nítida diferença entre os deficientes e os que não são. Vejamos o que dispõe a Constituição a respeito desse tema:

> *Art. 37 [...]*
>
> *VIII – A lei reservará percentual dos cargos e empregos públicos para as pessoas portadoras de deficiência e definirá os critérios de sua admissão.*

Por se tratar de norma de eficácia limitada, a Constituição exigiu regulamentação para este dispositivo o que foi feito, no âmbito federal, pela Lei nº 8.112/1990:

> *Art. 5 [...]*
>
> *§ 2º Às pessoas portadoras de deficiência é assegurado o direito de se inscrever em concurso público para provimento de cargo cujas atribuições sejam compatíveis com a deficiência de que são portadoras; para tais pessoas serão reservadas até 20% (vinte por cento) das vagas oferecidas no concurso.*

Esse dispositivo garante a reserva de até 20% das vagas oferecidas no concurso para os deficientes. Complementando esta norma, foi publicado o Decreto Federal nº 3.298/1999 que fixou o mínimo de 5% das vagas para deficientes, exigindo nos casos em que esse percentual gerasse número fracionado, que fosse arredondado para o próximo número inteiro. Essa proteção gerou um inconveniente nos concursos com poucas vagas, fazendo com que o STF interviesse e decidisse no sentido de que se a observância do mínimo de 5% ultrapassar o máximo de 20% não será necessário fazer a reserva da vaga. Isso é perfeitamente visível em concursos com duas vagas. Se fosse reservado o mínimo, ter-se-ia pelo menos 1 vaga para deficiente, o que corresponderia a 50% das vagas, ultrapassando assim o limite de 20% estabelecido em lei.

6.4.4 Funções de confiança e cargos em comissão

A Constituição Federal de 1988 prevê a existência das funções de confiança e os cargos em comissão:

> *Art. 37 [...]*
>
> *V – As funções de confiança, exercidas exclusivamente por servidores ocupantes de cargo efetivo, e os cargos em comissão, a serem preenchidos por servidores de carreira nos casos, condições e percentuais mínimos previstos em lei, destinam-se apenas às atribuições de direção, chefia e assessoramento.*

Existem algumas peculiaridades entre esses dois institutos que sempre são cobrados em prova. As funções de confiança são privativas de ocupantes de cargo efetivo, ou seja, para aquele que fez concurso público; já os cargos em comissão podem ser ocupados por qualquer pessoa, apesar de a Constituição estabelecer que deve se reservar um percentual mínimo para os ocupantes de cargo efetivo. Tanto as funções de confiança como os cargos em comissão destinam-se às atribuições de **direção, chefia** e **assessoramento**.

- **Funções de confiança:** livres designação e livres dispensa – são apenas para servidores públicos ocupantes de cargos efetivos, os quais serão designados para seu exercício podendo ser dispensados a critério da Administração Pública.

NOÇÕES DE DIREITO

- **Cargos em comissão:** são de livre nomeação e livre exoneração, podendo ser ocupados por qualquer pessoa, servidor público ou não. A ocupação de um cargo em comissão por pessoa não detentora de cargo de provimento efetivo não gera direito de ser efetivado, muito menos de adquirir a estabilidade.

6.4.5 Contratação por tempo determinado

Outra forma de ingresso no serviço público é por meio de contratação por tempo determinado. A Constituição prevê:

> *Art. 37, IX. A lei estabelecerá os casos de contratação por tempo determinado para atender a necessidade temporária de excepcional interesse público.*

Nesse caso, temos uma norma de eficácia limitada, pois a Constituição não regulamenta, apenas prevê que uma lei vai regulamentar. Na contratação por tempo determinado, o contratado não ocupa cargo público nem possui vínculo trabalhista. Ele exercerá função pública de caráter temporário. Essa contratação tem que ser embasada em excepcional interesse público, questão emergencial. Em regra, faz-se o processo seletivo simplificado, podendo ser feito por meio de provas, entrevista ou até mesmo entrega de currículo; esse processo simplificado não pode ser confundido com o concurso público.

O seu contrato com a Administração Pública é regido por norma específica de regime especial que, no caso da esfera federal, será a Lei nº 8.745/1993. A referida lei traz várias hipóteses de contratação temporária para atender a essa necessidade excepcional.

6.5 Direitos sociais dos servidores públicos

Quando se fala em direitos sociais aplicáveis aos servidores públicos, significa dizer uma parcela dos direitos de natureza trabalhista prevista no art. 7º da Constituição Federal de 1988. Vejamos quais direitos sociais trabalhistas foram destinados a esses trabalhadores ocupantes de cargos públicos.

6.5.1 Direitos trabalhistas

A Constituição Federal não concedeu todos os direitos trabalhistas aos servidores públicos, mas apenas os previstos expressamente no texto constitucional no art. 39, § 3º:

> *Art. 39 [...]*
>
> *§ 3º Aplica-se aos servidores ocupantes de cargo público o disposto no art. 7º, IV, VII, VIII, IX, XII, XIII, XV, XVI, XVII, XVIII, XIX, XX, XXII e XXX, podendo a lei estabelecer requisitos diferenciados de admissão quando a natureza do cargo o exigir.*

Segundo esse dispositivo, foram garantidos os seguintes direitos sociais aos servidores públicos:

> *IV – Salário-mínimo, fixado em lei, nacionalmente unificado, capaz de atender a suas necessidades vitais básicas e às de sua família com moradia, alimentação, educação, saúde, lazer, vestuário, higiene, transporte e previdência social, com reajustes periódicos que lhe preservem o poder aquisitivo, sendo vedada sua vinculação para qualquer fim;*
>
> *VII – Garantia de salário, nunca inferior ao mínimo, para os que percebem remuneração variável;*
>
> *VIII – Décimo terceiro salário com base na remuneração integral ou no valor da aposentadoria;*
>
> *IX – Remuneração do trabalho noturno superior à do diurno;*
>
> *XII – Salário-família pago em razão do dependente do trabalhador de baixa renda nos termos da lei;*
>
> *XIII – Duração do trabalho normal não superior a oito horas diárias e quarenta e quatro semanais, facultada a compensação de horários e a redução da jornada, mediante acordo ou convenção coletiva de trabalho;*
>
> *XV – Repouso semanal remunerado, preferencialmente aos domingos;*
>
> *XVI – Remuneração do serviço extraordinário superior, no mínimo, em cinquenta por cento à do normal;*
>
> *XVII – Gozo de férias anuais remuneradas com, pelo menos, um terço a mais do que o salário normal;*
>
> *XVIII – Licença à gestante, sem prejuízo do emprego e do salário, com a duração de cento e vinte dias;*
>
> *XIX – Licença-paternidade, nos termos fixados em lei;*
>
> *XX – Proteção do mercado de trabalho da mulher, mediante incentivos específicos, nos termos da lei;*
>
> *XXII – Redução dos riscos inerentes ao trabalho, por meio de normas de saúde, higiene e segurança;*
>
> *XXX – Proibição de diferença de salários, de exercício de funções e de critério de admissão por motivo de sexo, idade, cor ou estado civil.*

A experiência de ler os incisos destinados aos servidores públicos é muito importante para que você acerte em prova. O fato de outros direitos trabalhistas do art. 7º não terem sido previstos no art. 39 não significa que tais direitos não sejam concedidos aos servidores públicos. Ocorre que alguns direitos trabalhistas conferidos aos servidores públicos estão disciplinados em outros lugares na própria Constituição ou em leis esparsas. A título de exemplo, pode-se citar o direito à aposentadoria, que apesar de não ter sido referido no art. 39, § 3º, encontra-se previsto expressamente no art. 40 da Constituição Federal de 1988.

6.5.2 Liberdade de associação sindical

A Constituição Federal garante aos servidores públicos o direito à associação sindical:

> *Art. 37 [...]*
>
> *VI – É garantido ao servidor público civil o direito à livre associação sindical.*

A Constituição Federal de 1988 concede ao servidor público civil o direito à associação sindical. Dessa forma, a livre associação profissional ou sindical não é garantida aos militares em razão da peculiaridade do seu regime jurídico, cuja vedação está prevista na própria Constituição Federal:

> *Art. 142 [...]*
>
> *IV – Ao militar são proibidas a sindicalização e a greve.*

Segundo a doutrina, trata-se de uma norma autoaplicável, a qual não depende de regulamentação para ser exercida, pois o servidor pode prontamente usufruir desse direito.

6.5.3 Direito de greve

Segundo o art. 37, inciso VII, da Constituição Federal de 1988:

> *VII – O direito de greve será exercido nos termos e nos limites definidos em lei específica;*

O direito de greve, previsto na Constituição Federal aos servidores públicos, condiciona o seu exercício a uma norma regulamentadora, por isso é uma norma de eficácia limitada.

Como até o presente momento a necessária lei não foi publicada, o Supremo Tribunal Federal adotou a Teoria Concretista Geral, a partir da análise do Mandado de Injunção, e fez com que o direito de greve tivesse efetividade e conferiu efeito *erga omnes* à decisão, ou seja, os seus efeitos atingem todos os servidores públicos, ainda que aquele não tenha ingressado com ação judicial para exercer seu direito de greve.

A partir disso, segundo o STF, os servidores públicos de todo o país poderão se utilizar do seu direito de greve nos termos da Lei nº 7.783/1989, a qual regulamenta o direito de greve dos trabalhadores da iniciativa privada.

Ressalte-se que o direito de greve, juntamente com o de associação sindical, não se aplica aos militares pelos mesmos motivos já apresentados ao analisarmos o direito de liberdade de associação sindical.

6.5.4 Vedação à acumulação de cargos, empregos e funções públicas

A Constituição achou por bem regular a acumulação de cargos públicos no art. 37, incisos XVI e XVII:

> *XVI – É vedada a acumulação remunerada de cargos públicos, exceto, quando houver compatibilidade de horários, observado em qualquer caso o disposto no inciso XI:*
>
> *a) a de dois cargos de professor;*

ADMINISTRAÇÃO PÚBLICA

b) a de um cargo de professor com outro técnico ou científico;

c) a de dois cargos ou empregos privativos de profissionais de saúde, com profissões regulamentadas;

XVII – A proibição de acumular estende-se a empregos e funções e abrange autarquias, fundações, empresas públicas, sociedades de economia mista, suas subsidiárias, e sociedades controladas, direta ou indiretamente, pelo poder público;

Segundo o texto constitucional, em regra, é vedada a acumulação de cargos públicos, ressalvadas as hipóteses previstas na própria Constituição Federal de 1988 e quando houver compatibilidade de horário.

Além dessas hipóteses, a CF/1988/1988 também previu a acumulação lícita em outros casos, observemos:

- **Magistrado + magistério:** é permitida a acumulação de um cargo de juiz com um de professor:

    Art. 95 [...]

    Parágrafo único. Aos juízes é vedado:

    I – Exercer, ainda que em disponibilidade, outro cargo ou função, salvo uma de magistério.

- **Membro do Ministério Público + Magistério:** é permitida a acumulação de um cargo de Membro do Ministério Público com um de professor:

    Art. 128 [...]

    § 5º. Leis complementares da União e dos Estados, cuja iniciativa é facultada aos respectivos Procuradores-Gerais, estabelecerão a organização, as atribuições e o estatuto de cada Ministério Público, observadas, relativamente a seus membros: [...]

    II – As seguintes vedações:

    d) exercer, ainda que em disponibilidade, qualquer outra função pública, salvo uma de magistério.

- **Cargo Eletivo + cargo, emprego ou função pública:** é permitida a acumulação de um cargo eletivo com um cargo emprego ou função pública.

    Art. 38 Ao servidor público da administração direta, autárquica e fundacional, no exercício de mandato eletivo, aplicam-se as seguintes disposições:

    I – Tratando-se de mandato eletivo federal, estadual ou distrital, ficará afastado de seu cargo, emprego ou função;

    II – Investido no mandato de Prefeito, será afastado do cargo, emprego ou função, sendo-lhe facultado optar pela sua remuneração;

    III – Investido no mandato de Vereador, havendo compatibilidade de horários, perceberá as vantagens de seu cargo, emprego ou função, sem prejuízo da remuneração do cargo eletivo, e, não havendo compatibilidade, será aplicada a norma do inciso anterior;

    IV – Em qualquer caso que exija o afastamento para o exercício de mandato eletivo, seu tempo de serviço será contado para todos os efeitos legais, exceto para promoção por merecimento;

    V – Na hipótese de ser segurado de regime próprio de previdência social, permanecerá filiado a esse regime, no ente federativo de origem.

A proibição de acumular se estende à percepção de remuneração e aposentadoria. Vejamos o que diz o §10º do art. 37:

§ 10 É vedada a percepção simultânea de proventos de aposentadoria decorrentes do art. 40 ou dos Arts. 42 e 142 com a remuneração de cargo, emprego ou função pública, ressalvados os cargos acumuláveis na forma desta Constituição, os cargos eletivos e os cargos em comissão declarados em lei de livre nomeação e exoneração.

Aqui, a acumulação dos proventos da aposentadoria com a remuneração será permitida nos casos em que são autorizadas a acumulação dos cargos, ou, ainda, quando acumular com cargo em comissão e cargo eletivo. Significa dizer ser possível a acumulação dos proventos da aposentadoria de um cargo, emprego ou função pública com a remuneração de cargo, emprego ou função pública.

A Constituição Federal de 1988 também vedou a percepção de mais de uma aposentadoria, ressalvados os casos de acumulação de cargos permitida, ou seja, o indivíduo pode acumular as aposentadorias dos cargos que podem ser acumulados:

Art. 40 [...]

§ 6º Ressalvadas as aposentadorias decorrentes dos cargos acumuláveis na forma desta Constituição, é vedada a percepção de mais de uma aposentadoria à conta de regime próprio de previdência social, aplicando-se outras vedações, regras e condições para a acumulação de benefícios previdenciários estabelecidas no Regime Geral de Previdência Social.

6.5.5 Estabilidade

Um dos maiores desejos de quem faz concurso público é alcançar a Estabilidade. Essa é a garantia que se dá aos titulares de cargo público, ou seja, ao servidor público. Essa garantia faz que o servidor tenha certa tranquilidade para usufruir do seu cargo com maior tranquilidade; o servidor passa exercer suas atividades sem a preocupação de perder seu cargo por qualquer simples motivo. Vejamos o que diz a Constituição Federal:

Art. 41 São estáveis após três anos de efetivo exercício os servidores nomeados para cargo de provimento efetivo em virtude de concurso público.

§ 1º. O servidor público estável só perderá o cargo:

I – Em virtude de sentença judicial transitada em julgado;

II – Mediante processo administrativo em que lhe seja assegurada ampla defesa;

III – Mediante procedimento de avaliação periódica de desempenho, na forma de lei complementar, assegurada ampla defesa.

§ 2º Invalidada por sentença judicial a demissão do servidor estável, será ele reintegrado, e o eventual ocupante da vaga, se estável, reconduzido ao cargo de origem, sem direito a indenização, aproveitado em outro cargo ou posto em disponibilidade com remuneração proporcional ao tempo de serviço.

§ 3º Extinto o cargo ou declarada a sua desnecessidade, o servidor estável ficará em disponibilidade, com remuneração proporcional ao tempo de serviço, até seu adequado aproveitamento em outro cargo.

§ 4º Como condição para a aquisição da estabilidade, é obrigatória a avaliação especial de desempenho por comissão instituída para essa finalidade.

O primeiro ponto relevante é que a estabilidade se adquire após três anos de efetivo exercício. Só adquire estabilidade quem ocupa um cargo público de provimento efetivo, após a aprovação em concurso público. Essa garantia não se estende aos titulares de emprego público nem aos que ocupam cargos em comissão de livre nomeação e exoneração.

Não confunda a estabilidade com estágio probatório. Esse é o período de avaliação inicial dentro do novo cargo a que o servidor concursado se sujeita antes de adquirir sua estabilidade. A Constituição Federal de 1988 não fala nada de estágio probatório, mas, para os servidores públicos federais, aplica-se o prazo previsto na Lei nº 8.112/1990. Aqui temos um problema. O referido estatuto dos servidores públicos federais prevê o prazo de 24 meses para o estágio probatório.

Contudo, tem prevalecido, na doutrina e na jurisprudência, o entendimento de que não tem como se dissociar o prazo do estágio probatório da aquisição da estabilidade, de forma que até o próprio STF e o STJ reconhecem que o prazo do estágio probatório foi revogado tacitamente pela Emenda Constitucional nº 19/1998 que alterou o prazo de aquisição da estabilidade para 3 anos. Reforça esse entendimento o fato de que a Advocacia-Geral da União já emitiu parecer vinculante determinando a aplicação do prazo de **três anos para o estágio probatório** em todo o Poder Executivo Federal, o que de fato acontece. Dessa forma, para prova o prazo do estágio probatório é de 3 anos.

Segundo o texto constitucional, é condição para a aquisição da estabilidade a avaliação especial de desempenhos aplicada por comissão instituída para essa finalidade.

O servidor estável só perderá o cargo nas hipóteses previstas na Constituição, as quais são:

- **Sentença judicial transitada em julgado.**
- **Procedimento administrativo disciplinar.**

- **Insuficiência de desempenho comprovada na avaliação periódica.**
- **Excesso de despesas com pessoal nos termos do art. 169, § 3º.**

6.6 Regras para servidores em exercício de mandato eletivo

Para os servidores públicos que estão no exercício de mandato eletivo, aplicam-se as seguintes regras:

> *Art. 38 Ao servidor público da administração direta, autárquica e fundacional, no exercício de mandato eletivo, aplicam-se as seguintes disposições:*
>
> *I – Tratando-se de mandato eletivo federal, estadual ou distrital, ficará afastado de seu cargo, emprego ou função;*
>
> *II – Investido no mandato de Prefeito, será afastado do cargo, emprego ou função, sendo-lhe facultado optar pela sua remuneração;*
>
> *III – Investido no mandato de Vereador, havendo compatibilidade de horários, perceberá as vantagens de seu cargo, emprego ou função, sem prejuízo da remuneração do cargo eletivo, e, não havendo compatibilidade, será aplicada a norma do inciso anterior;*
>
> *IV – Em qualquer caso que exija o afastamento para o exercício de mandato eletivo, seu tempo de serviço será contado para todos os efeitos legais, exceto para promoção por merecimento;*
>
> *V – Na hipótese de ser segurado de regime próprio de previdência social, permanecerá filiado a esse regime, no ente federativo de origem.*

Em suma:

- **Mandato Eletivo Federal, Estadual ou Distrital:** afasta-se do cargo, emprego ou função;
- **Mandato Eletivo Municipal**
  - **Prefeito:** Afasta-se do cargo, mas pode optar pela remuneração;
  - **Vereador:** Havendo compatibilidade de horário, pode exercer os dois cargos e cumular as duas remunerações respeitando os limites legais. Não havendo compatibilidade de horário, deverá afastar-se do cargo podendo optar pela remuneração de um dos dois.

Havendo o afastamento, a Constituição Federal de 1988 determina ainda que esse período seja contabilizado como tempo de serviço gerando todos seus efeitos legais, com exceção da promoção de merecimento, além de ser contabilizado para efeito de benefício previdenciário.

6.7 Regras de remuneração dos servidores públicos

A Constituição Federal de 1988 previu várias regras referentes a remuneração dos servidores públicos, que consta no art. 37, da CF/1988/1988, as quais são bem interessantes para serem cobradas em sua prova:

> *X – A remuneração dos servidores públicos e o subsídio de que trata o § 4º do art. 39 somente poderão ser fixados ou alterados por lei específica, observada a iniciativa privativa em cada caso, assegurada revisão geral anual, sempre na mesma data e sem distinção de índices;*

O primeiro ponto importante sobre a remuneração dos servidores é que ela só pode ser fixada por meio de lei específica, se a Constituição Federal de 1988 não estabelece qualquer outro critério, essa lei é ordinária. Além disso, a iniciativa da lei também é específica, ou seja, cada poder tem competência para propor a lei que altere o quadro remuneratório dos seus servidores. Por exemplo, no âmbito do Poder Executivo Federal o Presidente da República é quem tem a iniciativa para propor o projeto de lei.

Ainda há que se fazer a revisão geral anual, sem distinção de índices e sempre na mesma data, que serve para suprir as perdas inflacionárias que ocorrem com a remuneração dos servidores. No que tange à revisão geral anual, o STF entende que a competência para a iniciativa é privativa do Presidente da República, com base no art. 61, § 1º, II, "a" da CF/1988:

> *§ 1º São de iniciativa privativa do Presidente da República as leis que: [...]*
>
> *II – Disponham sobre:*
>
> *a) criação de cargos, funções ou empregos públicos na administração direta e autárquica ou aumento de sua remuneração.*

Outro ponto importante é o **teto constitucional**, que é o limite imposto para fixação das tabelas remuneratórias dos servidores; conforme o inciso XI do art. 37 da Constituição Federal de 1988:

> *XI – A remuneração e o subsídio dos ocupantes de cargos, funções e empregos públicos da administração direta, autárquica e fundacional, dos membros de qualquer dos Poderes da União, dos Estados, do Distrito Federal e dos Municípios, dos detentores de mandato eletivo e dos demais agentes políticos e os proventos, pensões ou outra espécie remuneratória, percebidos cumulativamente ou não, incluídas as vantagens pessoais ou de qualquer outra natureza, não poderão exceder o subsídio mensal, em espécie, dos Ministros do Supremo Tribunal Federal, aplicando-se como limite, nos Municípios, o subsídio do Prefeito, e nos Estados e no Distrito Federal, o subsídio mensal do Governador no âmbito do Poder Executivo, o subsídio dos Deputados Estaduais e Distritais no âmbito do Poder Legislativo e o subsídio dos Desembargadores do Tribunal de Justiça, limitado a noventa inteiros e vinte e cinco centésimos por cento do subsídio mensal, em espécie, dos Ministros do Supremo Tribunal Federal, no âmbito do Poder Judiciário, aplicável este limite aos membros do Ministério Público, aos Procuradores e aos Defensores Públicos.*

Vamos entender essa regra, analisando os diversos tipos de limites previstos no texto constitucional.

O primeiro limite é o Teto Geral, que, segundo a Constituição, corresponde ao subsídio do Ministro do Supremo Tribunal Federal. Isso significa que nenhum servidor público no Brasil pode receber remuneração maior que o subsídio do Ministro do Supremo Tribunal Federal. Esse limite se aplica a todos os poderes em todos os entes federativos. Ressalte-se que a iniciativa de proposta legislativa para fixação da remuneração dos Ministros pertence aos próprios membros do STF.

Em seguida, nós temos os subtetos, que são limites aplicáveis a cada poder e em cada ente federativo. Vejamos de forma sistematizada as regras previstas na Constituição Federal:

6.7.1 Estados e DF

Poder Executivo: subsídio do governador.

Poder Legislativo: subsídio do deputado estadual ou distrital.

Poder Judiciário: subsídio do desembargador do Tribunal de Justiça. Aplica-se este limite aos membros do Ministério Público e da Defensoria Pública dos Estados e Distrito Federal.

6.7.2 Municípios

Poder Executivo: subsídio do prefeito.

A Constituição Federal de 1988 permite que os estados e o Distrito Federal poderão, por iniciativa do governador, adotar limite único nos termos do art. 37, § 12, mediante emenda à Constituição Estadual ou a lei orgânica do Distrito Federal, o qual não poderá ultrapassar 90,25% do subsídio do ministro do STF. Ressalte-se que, se porventura for criado este limite único, ele não será aplicado a alguns membros do Poder Legislativo, como aos deputados distritais e vereadores.

A seguir, são abordados alguns limites específicos que também estão previstos no texto constitucional, mas em outros artigos, pois são determinados a algumas autoridades:

- **Governador e Prefeito:** subsídio do ministro do STF;
- **Deputado Estadual e Distrital:** 75% do subsídio do Deputado Federal;
- **Vereador:** 75% do subsídio do Deputado Estadual para os municípios com mais de 500.000 habitantes. Nos municípios com menos habitantes, aplica-se a regra proporcional a população conforme o art. 29, VI da Constituição Federal.

125

ADMINISTRAÇÃO PÚBLICA

- **Magistrados dos Tribunais Superiores:** 95% do subsídio dos ministros do STF. Dos demais magistrados, o subteto é 95% do subsídio dos ministros dos Tribunais Superiores.

> *Art. 93 [...]*
> *V – O subsídio dos Ministros dos Tribunais Superiores corresponderá a noventa e cinco por cento do subsídio mensal fixado para os Ministros do Supremo Tribunal Federal e os subsídios dos demais magistrados serão fixados em lei e escalonados, em nível federal e estadual, conforme as respectivas categorias da estrutura judiciária nacional, não podendo a diferença entre uma e outra ser superior a dez por cento ou inferior a cinco por cento, nem exceder a noventa e cinco por cento do subsídio mensal dos Ministros dos Tribunais Superiores, obedecido, em qualquer caso, o disposto nos Arts. 37, XI, e 39, § 4º.*

Tetos específicos

Governador e prefeito → subsídio do Ministro do STF.
Deputado estadual e distrital → 75% do subsídio do Deputado Federal.
Vereador → 75% do subsídio do Deputado Estadual (municípios + de 500 mil habitantes).
Magistrados dos Tribunais Superiores → 95% do subsídio dos ministros do STF.

Lembre-se de que esses limites se aplicam quando for possível a acumulação de cargos prevista no texto constitucional, ressalvados os seguintes casos:

- **Magistratura + magistério:** a resolução nº 14/2006 do Conselho Nacional de Justiça prevê que não se sujeita ao teto a remuneração oriunda no magistério exercido pelos juízes;
- Exercício cumulativo de funções no Supremo Tribunal Federal e Tribunal Superior Eleitoral.

Os limites aplicam-se as empresas públicas e sociedades de economia mista desde que recebam recursos da União dos Estados e do Distrito Federal para pagamento do pessoal e custeio em geral:

> *Art. 37 [...]*
> *§ 9º O disposto no inciso XI aplica-se às empresas públicas e às sociedades de economia mista, e suas subsidiárias, que receberem recursos da União, dos Estados, do Distrito Federal ou dos Municípios para pagamento de despesas de pessoal ou de custeio em geral.*

A Constituição Federal também trouxe previsão expressa vedando qualquer equiparação ou vinculação de remuneração de servidor público:

> *Art. 37, XIII. É vedada a vinculação ou equiparação de quaisquer espécies remuneratórias para o efeito de remuneração de pessoal do serviço público.*

Antes da Emenda Constitucional nº 19/1998, muitos servidores incorporavam vantagens pecuniárias calculadas sobre outras vantagens, gerando aumento desproporcional da remuneração. Isso acabou com a alteração do texto constitucional:

> *Art. 37 [...]*
> *XIV – Os acréscimos pecuniários percebidos por servidor público não serão computados nem acumulados para fins de concessão de acréscimos ulteriores.*

Destaque-se, ainda, a regra constitucional que prevê a irredutibilidade da remuneração dos servidores públicos:

> *Art. 37 [...]*
> *XV – O subsídio e os vencimentos dos ocupantes de cargos e empregos públicos são irredutíveis, ressalvado o disposto nos incisos XI e XIV deste artigo e nos Arts. 39, § 4º, 150, II, 153, III, e 153, § 2º, I.*

A irredutibilidade aqui é meramente nominal, não existindo direito à preservação do valor real em proteção a perda do poder aquisitivo. A irredutibilidade também não impede a alteração da composição remuneratória; significa dizer que podem ser retiradas as gratificações, mantendo-se o valor nominal da remuneração, nem mesmo a supressão de parcelas ou gratificações; é preciso considerar que o STF entende não haver direito adquirido a regime jurídico.

6.8 Regras de aposentadoria

Esse tema costuma ser trabalhado em Direito Previdenciário devido às inúmeras regras de transição que foram editadas, além das previstas no texto constitucional. Para as provas de Direito Constitucional, é importante a leitura atenta dos dispositivos abaixo:

> *Art. 40 O regime próprio de previdência social dos servidores titulares de cargos efetivos terá caráter contributivo e solidário, mediante contribuição do respectivo ente federativo, de servidores ativos, de aposentados e de pensionistas, observados critérios que preservem o equilíbrio financeiro e atuarial.*
> *§ 1º O servidor abrangido por regime próprio de previdência social será aposentado:*
> *I – por incapacidade permanente para o trabalho, no cargo em que estiver investido, quando insuscetível de readaptação, hipótese em que será obrigatória a realização de avaliações periódicas para verificação da continuidade das condições que ensejaram a concessão da aposentadoria, na forma de lei do respectivo ente federativo;*
> *II – compulsoriamente, com proventos proporcionais ao tempo de contribuição, aos 70 (setenta) anos de idade, ou aos 75 (setenta e cinco) anos de idade, na forma de lei complementar;*
> *III – no âmbito da União, aos 62 (sessenta e dois) anos de idade, se mulher, e aos 65 (sessenta e cinco) anos de idade, se homem, e, no âmbito dos Estados, do Distrito Federal e dos Municípios, na idade mínima estabelecida mediante emenda às respectivas Constituições e Leis Orgânicas, observados o tempo de contribuição e os demais requisitos estabelecidos em lei complementar do respectivo ente federativo.*
> *§ 2º Os proventos de aposentadoria não poderão ser inferiores ao valor mínimo a que se refere o § 2º do art. 201 ou superiores ao limite máximo estabelecido para o Regime Geral de Previdência Social, observado o disposto nos §§ 14 a 16.*
> *§ 3º As regras para cálculo de proventos de aposentadoria serão disciplinadas em lei do respectivo ente federativo.*
> *§ 4º É vedada a adoção de requisitos ou critérios diferenciados para concessão de benefícios em regime próprio de previdência social, ressalvado o disposto nos §§ 4º-A, 4º-B, 4º-C e 5º.*
> *§ 4º-A Poderão ser estabelecidos por lei complementar do respectivo ente federativo idade e tempo de contribuição diferenciados para aposentadoria de servidores com deficiência, previamente submetidos a avaliação biopsicossocial realizada por equipe multiprofissional e interdisciplinar.*
> *§ 4º-B Poderão ser estabelecidos por lei complementar do respectivo ente federativo idade e tempo de contribuição diferenciados para aposentadoria de ocupantes do cargo de agente penitenciário, de agente socioeducativo ou de policial dos órgãos de que tratam o inciso IV do caput do art. 51, o inciso XIII do caput do art. 52 e os incisos I a IV do caput do art. 144.*
> *§ 4º-C Poderão ser estabelecidos por lei complementar do respectivo ente federativo idade e tempo de contribuição diferenciados para aposentadoria de servidores cujas atividades sejam exercidas com efetiva exposição a agentes químicos, físicos e biológicos prejudiciais à saúde, ou associação desses agentes, vedada a caracterização por categoria profissional ou ocupação.*
> *§ 5º Os ocupantes do cargo de professor terão idade mínima reduzida em 5 (cinco) anos em relação às idades decorrentes da aplicação do disposto no inciso III do § 1º, desde que comprovem tempo de efetivo exercício das funções de magistério na educação infantil e no ensino fundamental e médio fixado em lei complementar do respectivo ente federativo.*
> *§ 6º Ressalvadas as aposentadorias decorrentes dos cargos acumuláveis na forma desta Constituição, é vedada a percepção de mais de uma aposentadoria à conta de regime próprio de previdência social, aplicando-se outras vedações, regras e condições para a acumulação de benefícios previdenciários estabelecidas no Regime Geral de Previdência Social.*
> *§ 7º Observado o disposto no § 2º do art. 201, quando se tratar da única fonte de renda formal auferida pelo dependente, o benefício de pensão por morte será concedido nos termos de lei do respectivo ente federativo, a qual tratará de forma diferenciada a hipótese de morte dos servidores de que trata o § 4º-B decorrente de agressão sofrida no exercício ou em razão da função.*

§ 8º É assegurado o reajustamento dos benefícios para preservar-lhes, em caráter permanente, o valor real, conforme critérios estabelecidos em lei.

§ 9º O tempo de contribuição federal, estadual, distrital ou municipal será contado para fins de aposentadoria, observado o disposto nos §§ 9º e 9º-A do art. 201, e o tempo de serviço correspondente será contado para fins de disponibilidade.

§ 10 A lei não poderá estabelecer qualquer forma de contagem de tempo de contribuição fictício.

§ 11 Aplica-se o limite fixado no art. 37, XI, à soma total dos proventos de inatividade, inclusive quando decorrentes da acumulação de cargos ou empregos públicos, bem como de outras atividades sujeitas a contribuição para o regime geral de previdência social, e ao montante resultante da adição de proventos de inatividade com remuneração de cargo acumulável na forma desta Constituição, cargo em comissão declarado em lei de livre nomeação e exoneração, e de cargo eletivo.

§ 12 Além do disposto neste artigo, serão observados, em regime próprio de previdência social, no que couber, os requisitos e critérios fixados para o Regime Geral de Previdência Social.

§ 13 Aplica-se ao agente público ocupante, exclusivamente, de cargo em comissão declarado em lei de livre nomeação e exoneração, de outro cargo temporário, inclusive mandato eletivo, ou de emprego público, o Regime Geral de Previdência Social.

§ 14 A União, os Estados, o Distrito Federal e os Municípios instituirão, por lei de iniciativa do respectivo Poder Executivo, regime de previdência complementar para servidores públicos ocupantes de cargo efetivo, observado o limite máximo dos benefícios do Regime Geral de Previdência Social para o valor das aposentadorias e das pensões em regime próprio de previdência social, ressalvado o disposto no § 16.

§ 15 O regime de previdência complementar de que trata o § 14 oferecerá plano de benefícios somente na modalidade contribuição definida, observará o disposto no art. 202 e será efetivado por intermédio de entidade fechada de previdência complementar ou de entidade aberta de previdência complementar.

§ 16 Somente mediante sua prévia e expressa opção, o disposto nos §§ 14 e 15 poderá ser aplicado ao servidor que tiver ingressado no serviço público até a data da publicação do ato de instituição do correspondente regime de previdência complementar.

§ 17 Todos os valores de remuneração considerados para o cálculo do benefício previsto no § 3º serão devidamente atualizados, na forma da lei.

§ 18 Incidirá contribuição sobre os proventos de aposentadorias e pensões concedidas pelo regime de que trata este artigo que superem o limite máximo estabelecido para os benefícios do regime geral de previdência social de que trata o art. 201, com percentual igual ao estabelecido para os servidores titulares de cargos efetivos.

§ 19 Observados critérios a serem estabelecidos em lei do respectivo ente federativo, o servidor titular de cargo efetivo que tenha completado as exigências para a aposentadoria voluntária e que opte por permanecer em atividade poderá fazer jus a um abono de permanência equivalente, no máximo, ao valor da sua contribuição previdenciária, até completar a idade para aposentadoria compulsória.

§ 20 É vedada a existência de mais de um regime próprio de previdência social e de mais de um órgão ou entidade gestora desse regime em cada ente federativo, abrangidos todos os poderes, órgãos e entidades autárquicas e fundacionais, que serão responsáveis pelo seu financiamento, observados os critérios, os parâmetros e a natureza jurídica definidos na lei complementar de que trata o § 22.

§ 21 (Revogado)

§ 22 Vedada a instituição de novos regimes próprios de previdência social, lei complementar federal estabelecerá, para os que já existam, normas gerais de organização, de funcionamento e de responsabilidade em sua gestão, dispondo, entre outros aspectos, sobre:

I – requisitos para sua extinção e consequente migração para o Regime Geral de Previdência Social;

II – modelo de arrecadação, de aplicação e de utilização dos recursos;

III – fiscalização pela União e controle externo e social;

IV – definição de equilíbrio financeiro e atuarial;

V – condições para instituição do fundo com finalidade previdenciária de que trata o art. 249 e para vinculação a ele dos recursos provenientes de contribuições e dos bens, direitos e ativos de qualquer natureza;

VI – mecanismos de equacionamento do déficit atuarial;

VII – estruturação do órgão ou entidade gestora do regime, observados os princípios relacionados com governança, controle interno e transparência;

VIII – condições e hipóteses para responsabilização daqueles que desempenhem atribuições relacionadas, direta ou indiretamente, com a gestão do regime;

IX – condições para adesão a consórcio público;

X – parâmetros para apuração da base de cálculo e definição de alíquota de contribuições ordinárias e extraordinárias.

7 INTRODUÇÃO AO DIREITO ADMINISTRATIVO

Na introdução ao Direito Administrativo, conheceremos algumas características do Direito Administrativo, seu conceito, sua finalidade e seu regime jurídico peculiar que orienta toda a sua atividade administrativa, seja ela exercida pelo próprio Estado-administrador, ou por particular. Para entendermos melhor tudo isso, é preciso iniciar os estudos pela compreensão adequada do papel do Direito na vida social.

O Direito é um conjunto de normas (regras e princípios) impostas coativamente pelo Estado que regulam a vida em sociedade, possibilitando a coexistência pacífica das pessoas.

7.1 Ramos do Direito

O Direito é historicamente dividido em dois grandes ramos: o **direito público** e o **direito privado**.

Em relação ao **direito privado**, vale o princípio da igualdade (isonomia) entre as partes; aqui não há que se falar em superioridade de uma parte sobre a outra. Por esse motivo, dizemos que estamos em uma relação jurídica horizontal ou em uma horizontalidade nas relações jurídicas.

O **direito privado** é regulado pelo princípio da autonomia da vontade, o que traduz a regra que diz que o particular pode fazer tudo aquilo que não é proibido (art. 5º, inciso II, da Constituição Federal de 1988).

No **direito público**, temos uma relação jurídica vertical, com o Estado em um dos polos, representando os interesses da coletividade, e um particular no outro, desempenhando seus próprios interesses. O Estado é tratado com superioridade ante ao particular, pois o Estado é o procurador da vontade da coletividade, que, representada pelo próprio Estado, deve ser tratada de forma prevalente ante a vontade do particular.

O fundamento dessa relação jurídica vertical é encontrado no princípio da supremacia do interesse público, que estudaremos com mais detalhes no tópico referente aos princípios. Já podemos, no entanto, adiantar que, o interesse público é supremo. Desse modo, são disponibilizadas ao Estado prerrogativas especiais para que este possa atingir os seus objetivos. Essas prerrogativas são os poderes da Administração Pública.

Os dois princípios norteadores do Direito Administrativo são: Supremacia do Interesse Público (gera os poderes) e Indisponibilidade do Interesse Público (gera os deveres da administração).

7.2 Conceito de Direito Administrativo

Na doutrina, podem ser encontrados vários conceitos para o Direito Administrativo. A seguir, descreveremos dois deles, trazidos pela doutrina contemporânea:

- O Direito Administrativo é o ramo do direito público que tem por objeto órgãos, agentes e pessoas jurídicas administrativas que integram a Administração Pública. A atividade jurídica não contenciosa que exerce e os bens que se utiliza para a consecução de seus fins são de natureza pública.
- O Direito Administrativo é o conjunto harmônico de princípios jurídicos que regem órgãos, agentes e atividades públicas que tendem a realizar concreta, direta e imediatamente os fins desejados pelo Estado.

Os conceitos de Direito Administrativo foram desenvolvidos de forma que se desdobram em uma sequência natural de tópicos que devem ser estudados ponto a ponto para que a matéria seja corretamente entendida.

7.3 Objeto do Direito Administrativo

Por meio desses conceitos, podemos constatar que o objeto do Direito Administrativo são as relações da Administração Pública, sejam elas de natureza interna entre as entidades que a compõem, seus órgãos e agentes, ou de natureza externa entre a administração e os administrados.

Além de ter por objeto a atuação da Administração Pública, também é foco do Direito Administrativo o desempenho das atividades públicas quando exercidas por algum particular, como no caso das concessões, permissões e autorizações de serviços públicos.

Resumidamente, podemos dizer que o Direito Administrativo tem por objeto a Administração Pública e as atividades administrativas, independentemente de quem as exerçam.

7.4 Fontes do Direito Administrativo

É o lugar de onde provém algo, no nosso caso, no qual emanam as regras do Direito Administrativo. Esse não está codificado em um único livro. Dessa forma, para o estudarmos de maneira completa, temos que recorrer às fontes, ou seja, a institutos esparsos. Por esse motivo, dizemos que o Direito Administrativo está tipificado (escrito), mas não está codificado em um único instituto.

- **Lei:** fonte principal do Direito Administrativo. A lei deve ser compreendida em seu sentido amplo, o que inclui a Constituição Federal, as normas supralegais, as leis e também os atos normativos da própria Administração Pública. Temos como exemplo os arts. 37 ao 41 da Constituição Federal, as Leis nºs 8.666/1993, 14.133/2021, 8.112/1990, 8.429/1992 (Lei de Improbidade Administrativa), 14.230/2021, 9.784/1999 (Processo Administrativo Federal) etc.
- **Súmulas Vinculantes:** são instruções jurídicas que norteiam a interpretação e aplicação das normas constitucionais. Ou seja, as decisões trazidas pelo STF nas súmulas devem ser seguidas pelo Poder Judiciário e pela Administração Pública.
- **Jurisprudência:** são decisões que são editadas pelos tribunais e não possuem efeito vinculante; são resumos numerados que servem de fonte de pesquisa do direito materializados em livros, artigos e pareceres.
- **Doutrina:** tem a finalidade de tentar sistematizar e melhor explicar o conteúdo das normas de Direito Administrativo. A doutrina pode ser utilizada como critério de interpretação de normas, bem como para auxiliar a produção normativa.
- **Costumes:** conjunto de regras não escritas, porém, observadas de maneira uniforme, as quais suprem a omissão legislativa acerca de regras internas da Administração Pública.

Segundo o doutrinador do Direito Administrativo, Hely Lopes Meirelles, em razão da deficiência da legislação, a prática administrativa vem suprindo o texto escrito e, sedimentada na consciência dos administradores e administrados, a praxe burocrática passa a saciar a lei e atuar como elemento informativo da doutrina.

Leis e súmulas vinculantes são consideradas fontes principais do Direito Administrativo. Jurisprudência, súmulas, doutrinas e costumes são considerados fontes secundárias.

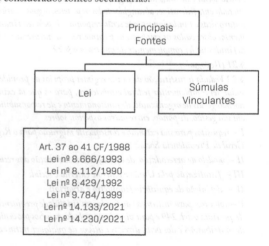

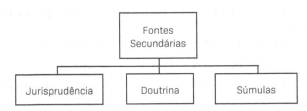

7.5 Sistemas Administrativos

É o regime que o Estado adota para o controle dos atos administrativos ilegais praticados pelo poder público nas diversas esferas e em todos os poderes. Existem dois sistemas que são globalmente utilizados:

- O **sistema francês** (do contencioso administrativo), não utilizado no Brasil, determina que as lides administrativas podem transitar em julgado, ou seja, as decisões administrativas têm força de definibilidade. Nesse sentido, falamos em dualidade de jurisdição, já que existem tribunais administrativos e judiciais, cada qual com suas competências.
- O **sistema inglês** (do não contencioso administrativo), também chamado de jurisdicional único ou unicidade da jurisdição, é o sistema que atribui somente ao Poder Judiciário a capacidade de tomar decisões sobre a legalidade administrativa com caráter de coisa julgada ou definitividade.

> **Atenção!**
> A Constituição Federal de 1988 adotou o Sistema Inglês, do não contencioso administrativo.

O Direito Administrativo, no nosso sistema, não pode fazer coisa julgada e todas as decisões administrativas podem ser revistas pelo Poder Judiciário, pois somente ele pode dar resolução em caráter definitivo. Ou seja, não cabem mais recursos, por isso, falamos em trânsito em julgado das decisões judiciais e nunca das decisões administrativas.

7.5.1 Via administrativa de curso forçado

São situações em que o particular é obrigado a seguir todas as vias administrativas até o fim, antes de recorrer ao Poder Judiciário. Isso é exceção, pois a regra é que, ao particular, é facultado recorrer-se ao Poder Judiciário, por força do art. 5º, inciso XXXV, da Constituição Federal de 1988.

Aqui, o indivíduo deve esgotar as esferas administrativas obrigatoriamente antes de ingressar com ação no Poder Judiciário.

> *XXXV - A lei não excluirá da apreciação do Poder Judiciário lesão ou ameaça a direito.*

Exemplos:
- **Justiça Desportiva:** só são admitidas pelo Poder Judiciário ações relativas à disciplina e às competições desportivas depois de esgotadas as instâncias da Justiça Desportiva. Art. 217, § 1º, CF/1988.
- **Ato administrativo ou omissão da Administração Pública que contrarie súmula vinculante:** só pode ser alvo de reclamação ao STF depois de esgotadas as vias administrativas. Lei nº 11.417/2006, art. 7º, § 1º.
- *Habeas data*: é indispensável para caracterizar o interesse de agir no *habeas data* a prova anterior do indeferimento do pedido de informação de dados pessoais ou da omissão em atendê-lo sem que se confirme situação prévia de pretensão. (STF, HD, 22-DF Min. Celso de Mello).

7.6 Regime jurídico administrativo

É o conjunto de normas e princípios de direito público que regulam a atuação da Administração Pública. Tais regras se fundamentam nos princípios da Supremacia e da Indisponibilidade do Interesse Público, conforme estudaremos adiante.

O princípio da supremacia do interesse público é o fundamento dos poderes da Administração Pública, afinal de contas, qualquer pessoa que tenha como fim máximo da sua atuação o interesse da coletividade, somente conseguirá atingir esses objetivos se dotadas de poderes especiais.

O princípio da indisponibilidade do interesse público é o fundamento dos deveres da Administração Pública, pois essa tem o dever de nunca abandonar o interesse público e de usar os seus poderes com a finalidade de satisfazê-lo.

Desses dois princípios, decorrem todos os outros princípios e regras que se desdobram no regime jurídico administrativo.

7.7 Noções de Estado

7.7.1 Conceito de Estado

- **Estado:** é a pessoa jurídica territorial soberana.
- **Pessoa:** capacidade para contrair direitos e obrigações.
- **Jurídica:** é constituída por meio de uma formalidade documental e não por uma mulher, tal como a pessoa física.
- **Territorial soberana:** quer dizer que, dentro do território do Estado, esse detém a soberania, ou seja, sua vontade prevalece ante a das demais pessoas (sejam elas físicas ou jurídicas). Podemos definir soberania da seguinte forma: soberania é a independência na ordem internacional (lá fora ninguém manda no Estado) e supremacia na ordem interna (aqui dentro quem manda é o Estado).

7.7.2 Elementos do Estado

- **Território**: é a base fixa do Estado (solo, subsolo, mar, espaço aéreo).
- **Povo**: é o componente humano do Estado.
- **Governo soberano**: é o responsável pela condução do Estado. Por ser tal governo soberano, ele não se submete a nenhuma vontade externa, apenas aos desígnios do povo.

7.7.3 Formas de Estado

- **Estado unitário:** é caracterizado pela centralização política; não existe divisão em Estados-membros ou municípios, há somente uma esfera política central que emana sua vontade para todo o país. É o caso do Uruguai.
- **Estado federado:** caracteriza-se pela descentralização política. Existem diferentes entidades políticas autônomas que são distribuídas regionalmente e cada uma exerce o poder político dentro de sua área de competência. É o caso do Brasil.

7.7.4 Poderes do Estado

Os poderes do Estado estão previstos no texto Constitucional.

> *Art. 2º São Poderes da União, independentes e harmônicos entre si, o Legislativo, o Executivo e o Judiciário.*

Os poderes podem exercer as funções para que foram investidos pela Constituição Federal (funções típicas) ou executar cargos diversos das suas competências constitucionais (funções atípicas). Por esse motivo, não há uma divisão absoluta entre os poderes, e sim relativa, pois o Poder Executivo pode executar suas funções típicas (administrar) e pode também iniciar o processo legislativo em alguns casos (pedido de vagas para novos cargos). Além disso, é possível até mesmo legislar no caso de medidas provisórias com força de lei.

ADMINISTRAÇÃO PÚBLICA

Poderes	Funções típicas	Funções atípicas
Legislativo	Criar leis Fiscalizar (Tribunal de Contas)	Administrar Julgar conflitos
Executivo	Administrar	Criar leis Julgar conflitos
Judiciário	Julgar conflitos	Administrar Criar leis

É importante notar que a atividade administrativa está presente nos três poderes. Por isso, o Direito Administrativo, por ser um dos ramos do Direito Público, disciplina não somente a atividade administrativa do Poder Executivo, mas também as do Poder Legislativo e do Judiciário.

7.8 Noções de governo

Governar é atividade política e discricionária, tendo conduta independente. O ato de governar está relacionado com as funções políticas do Estado: de comandar, coordenar, direcionar e fixar planos e diretrizes de atuação do Estado.

O governo é o conjunto de Poderes e órgãos constitucionais responsáveis pela função política do Estado. Ele está diretamente ligado às decisões tomadas pelo Estado, exercendo direção suprema e geral. Ao fazer uma analogia, podemos dizer que o governo é o cérebro do Estado.

7.8.1 Função de governo e função administrativa

É comum aparecer em provas de concursos públicos questões que confundem as ideias de governo e de Administração Pública. Para evitar esse erro, analisaremos as diferenças entre as expressões.

O governo é uma atividade política e discricionária e que possui conduta independente. Para ele, a administração é uma atividade neutra, normalmente vinculada à lei ou à norma técnica, e exercida mediante conduta hierarquizada.

Não podemos confundir governo com Administração Pública, pois o governo se encarrega de definir os objetivos do Estado e as políticas para o alcance desses objetivos. A Administração Pública, por sua vez, se encarrega de atingir os objetivos traçados pelo governo.

O governo atua mediante atos de soberania ou, ao menos, de autonomia política na condução dos negócios públicos. A administração é atividade neutra, normalmente vinculada à lei ou à norma técnica. Governo é conduta independente, enquanto a administração é hierarquizada.

O governo deve comandar com responsabilidade constitucional e política, mas sem responsabilidade técnica e legal pela execução. A administração age sem responsabilidade política, mas com responsabilidade técnica e legal pela execução dos serviços públicos.

7.8.2 Sistemas de governo

Sistema de governo refere-se ao grau de dependência entre o Poder Legislativo e Executivo.

- **Parlamentarismo**

É caracterizado por uma grande relação de dependência entre o Poder Legislativo e o Executivo.

A chefia do Estado e a do Governo são desempenhadas por pessoas distintas.

Chefe de Estado: responsável pelas relações internacionais.

Chefe de governo: responsável pelas relações internas, o chefe de governo é o da Administração Pública.

- **Presidencialismo**

É caracterizado por não existir dependência, ou quase nenhuma, entre os Poderes Legislativo e Executivo.

A chefia do Estado e a do Governo são representadas pela mesma pessoa.

O Brasil adota o presidencialismo como sistema de governo.

7.8.3 Formas de governo

A forma de governo refere-se à relação entre governantes e governados.

- **Monarquia**

Hereditariedade: o poder é passado de pai para filho.

Vitaliciedade: o detentor do poder fica no cargo até a morte e não necessita prestar contas.

- **República**

Eletividade: o governante precisa ser eleito para chegar ao poder.

Temporalidade: ao chegar ao poder, o governante ficará no cargo por tempo determinado e deve prestar contas.

O Brasil adota a república como forma de governo.

8 ADMINISTRAÇÃO PÚBLICA

Antes de fazermos qualquer conceituação doutrinária sobre Administração Pública, podemos entendê-la como a ferramenta utilizada pelo Estado para atingir os seus objetivos. O Estado possui objetivos, e quem escolhe quais são eles é seu governo, pois a esse é que cabe a função política (atividade eminentemente discricionária) do Estado e que determina as suas vontades, ou seja, o Governo é o cérebro do Estado. Para poder atingir esses objetivos, o Estado precisa fazer algo, e o faz por meio de sua Administração Pública. Assim, essa é a responsável pelo exercício das atividades públicas do Estado.

8.1 Classificação de Administração Pública

8.1.1 Sentido material/objetivo

Em sentido material ou objetivo, a Administração Pública compreende o exercício de atividades pelas quais se manifesta a função administrativa do Estado.

Compõe a Administração Pública material qualquer pessoa jurídica, seus órgãos e agentes que exercem as atividades administrativas do Estado. Como exemplo de tais atividades, há a prestação de serviços públicos, o exercício do poder de Polícia, o fomento, a intervenção e as atividades da Administração Pública.

Essas são as chamadas atividades típicas do Estado e, pelo critério formal, qualquer pessoa que exerce alguma dessas é de Administração Pública, não importa quem seja. Por esse critério, teríamos, por exemplo, as seguintes pessoas na Administração Pública: União, estados, municípios, Distrito Federal, Autarquias, Fundações Públicas prestadoras de serviços públicos, Empresa Pública prestadora de serviço público, Sociedade de Economia Mista prestadora de serviços públicos e, ainda, as concessionárias, autorizatárias e permissionárias de serviço público.

Esse critério não é o adotado pelo Brasil. Assim sendo, a classificação feita acima não descreve a Administração Pública brasileira, que, conforme veremos a seguir, adota o modelo formal de classificação.

8.1.2 Sentido formal/subjetivo

Em sentido formal ou subjetivo, a Administração Pública compreende o conjunto de órgãos e pessoas jurídicas encarregadas, por determinação legal, do exercício da função administrativa do Estado.

Pelo modelo formal, segundo Meirelles, a Administração Pública é o conjunto de entidades (pessoas jurídicas, seus órgãos e agentes) que o nosso ordenamento jurídico identifica como Administração Pública, pouco interessa a sua área de atuação, ou seja, pouco importa a atividade, mas, sim, quem a desempenha. A Administração Pública brasileira que adota o modelo formal é classificada em Administração Direta e Indireta.

NOÇÕES DE DIREITO

8.2 Organização da Administração

A Administração Pública foi definida pela Constituição Federal de 1988 no art. 37.

> *Art. 37 A Administração Pública Direta e indireta de qualquer dos Poderes da União, dos Estados, do Distrito Federal e dos Municípios obedecerá aos princípios de legalidade, impessoalidade, moralidade, publicidade e eficiência e, também, ao seguinte [...].*

O Decreto-lei nº 200/1967 determina quem é Administração Pública Direta e Indireta.

> *Art. 4º A Administração Federal compreende:*
> *I - A Administração Direta, que se constitui dos serviços integrados na estrutura administrativa da Presidência da República e dos Ministérios.*
> *II - A Administração Indireta, que compreende as seguintes categorias de entidades, dotadas de personalidade jurídica própria:*
> *a) Autarquias;*
> *b) Empresas Públicas;*
> *c) Sociedades de Economia Mista.*
> *d) Fundações públicas.*

Dessa forma, temos somente quatro pessoas que representam a Administração Direta. Elas são consideradas pessoas jurídicas de direito público e possuem várias características. As pessoas da Administração Direta recebem o nome de pessoas políticas do estado.

A Administração Indireta também representa um rol taxativo e não cabe ampliação. Existem quatro pessoas da Administração Indireta e nenhuma outra. Elas possuem características marcantes, contudo, não possuem a mais importante e que as diferencia das pessoas políticas do Estado: a capacidade de legislar (capacidade política).

8.3 Administração Direta

A Administração Direta é representada pelas entidades políticas. São elas: União, estados, Distrito Federal e municípios.

A definição no Brasil foi feita pelo Decreto-lei nº 200/1967, que dispõe sobre a organização da Administração Federal e estabelece diretrizes para a Reforma Administrativa.

É importante observar que esse decreto dispõe somente sobre a Administração Pública Federal, todavia, pela aplicação do princípio da simetria, tal regra é aplicada uniformemente por todo o território nacional. Assim sendo, tal classificação utilizada nesse decreto define expressamente a Administração Pública Federal e também, implicitamente, a Administração Pública dos demais entes da federação.

Os entes políticos possuem autonomia política (capacidade de legislar), administrativa (capacidade de se auto-organizar) e capacidade financeira (capacidade de julgar as próprias contas). Não podemos falar aqui em hierarquia entre os entes, mas sim em cooperação, pois um não dá ordens aos outros, visto que eles são autônomos.

As principais características da Administração Direta são:
- São pessoas jurídicas de direito público interno – têm autonomia.
- Unidas formam a República Federativa do Brasil: pessoa jurídica de direito público externo – tem soberania (independência na ordem externa e supremacia na interna).
- Regime jurídico de direito público.
- **Autonomia política:** administrativa e financeira.
- **Sem subordinação:** atuam por cooperação.
- **Competências:** extraídas da CF/1988.
- Responsabilidade civil – regra – objetiva.
- **Bens:** públicos, não podem ser objeto de sequestro, arresto, penhora etc.
- **Débitos judiciais:** são pagos por precatórios.
- **Regime de pessoal:** regime jurídico único.
- Competência para julgamento de ações judiciais da União é a Justiça Federal; dos demais Entes Políticos é a Justiça Estadual.

Algumas noções de centralização, descentralização e desconcentração são importantes para compreender a Administração Direta:
- **Centralização Administrativa:** órgãos e agentes trabalhando para a Administração Direta.
- **Descentralização administrativa:** técnica administrativa em que a Administração Direta passa a atividade administrativa, serviço ou obra pública para outras pessoas jurídicas ou físicas (para pessoa física somente por delegação por colaboração). A descentralização pode ser feita por outorga legal (titularidade + execução) ou diante delegação por colaboração (somente execução). A outorga legal cria as pessoas da Administração Indireta. A Delegação por colaboração gera os concessionários, permissionários e autorizatários de serviços públicos.
- **Descentralização por outorga legal:** também chamada de descentralização técnica, por serviços, ou funcional, é feita por lei e transfere a titularidade e a execução da atividade administrativa por prazo indeterminado para uma pessoa jurídica integrante da Administração Indireta.
- **Descentralização por delegação:** também chamada de descentralização por colaboração, é feita em regra por um contrato administrativo e, nesses casos, depende de licitação. Também pode acontecer descentralização por delegação por meio de um ato administrativo. Transfere somente a execução da atividade administrativa, e não a sua titularidade, por prazo determinado para um particular, pessoa física ou jurídica.

▷ **Outorga legal:**
- Feita por lei;
- Transfere a titularidade e a execução do serviço público;
- Não tem prazo.

▷ **Delegação:**
- Feita por contrato, exceto as autorizações;
- Os contratos dependem de licitação;
- Transfere somente a execução do serviço público e não a titularidade;
- À fiscalização do Poder Público. Tal fiscalização decorre do exercício do poder disciplinar;
- Tem prazo.

- **Desconcentração administrativa:** técnica de subdivisão de órgãos públicos para que melhor desempenhem o serviço público ou atividade administrativa. Em outras palavras, na desconcentração, a pessoa jurídica distribui competências no âmbito de sua própria estrutura. É a distribuição de competências entre os diversos órgãos integrantes da estrutura de uma pessoa jurídica da Administração Pública. Somente ocorre na Administração Direta ou Indireta, jamais para particulares, uma vez que não existem órgãos públicos entre particulares.

8.4 Administração Indireta

Pessoas/entes/entidades administrativas
- Fundações públicas;
- Autarquias;
- Sociedades de economia mista;
- Empresas públicas.

Características
- Tem personalidade jurídica própria;
- Tem patrimônio e receita próprios;
- Tem autonomia: administrativa, técnica e financeira.
- Não tem autonomia política;
- Finalidade definida em lei;
- Controle do Estado.

Não há subordinação nem hierarquia entre os entes da Administração Direta e indireta, mas sim vinculação que se manifesta por meio

ADMINISTRAÇÃO PÚBLICA

da **supervisão ministerial** realizada pelo ministério ou secretaria da pessoa política responsável pela área de atuação da entidade administrativa. Tal supervisão tem por finalidade o exercício do denominado **controle finalístico** ou **poder de tutela**.

Em alguns casos, a entidade administrativa pode estar diretamente vinculada à chefia do Poder Executivo e, nesse contexto, caberá a essa chefia o exercício do controle finalístico de tal entidade.

Nomeação de dirigentes: os dirigentes das entidades administrativas são nomeados pelo chefe do poder a que está vinculada a respectiva entidade, ou seja, as entidades administrativas ligadas ao Poder Executivo Federal têm seus dirigentes nomeados pelo chefe de tal poder, que, nesse caso, é o Presidente da República.

É válido lembrar que, em todos os poderes, existe a função administrativa no Executivo, de forma típica, e nos demais poderes, de forma atípica. Além disso, a função administrativa de todos os poderes é exercida pela sua Administração Pública (Administração Direta e Indireta), assim, existe Administração Pública Direta e Indireta nos três poderes e, caso uma entidade administrativa seja vinculada ao Poder Legislativo ou Judiciário, caberá ao chefe do respectivo poder a nomeação de tal dirigente.

Excepcionalmente, a nomeação de um dirigente pode depender ainda de aprovação do Poder Legislativo. Na esfera federal, temos como exemplo a nomeação dos dirigentes das agências reguladoras. Tais nomeações são feitas pelo Presidente da República e, para terem efeito, dependem de aprovação do Senado Federal.

Via de regra, lembraremos que a nomeação do dirigente de uma entidade administrativa é feita pelo chefe do Poder Executivo, sendo que, em alguns casos, é necessária a prévia aprovação de outro poder. Excepcionalmente, o Judiciário e o Legislativo poderão nomear dirigentes para essas entidades, desde que vinculadas ao respectivo poder.

Criação dos entes da Administração Indireta: a instituição das entidades administrativas depende sempre de uma lei ordinária específica. Essa lei pode criar a entidade administrativa. Nesse caso, nasce uma pessoa jurídica de direito público, a autarquia. A lei também pode autorizar a criação das entidades administrativas. Nessa circunstância, nascem as demais entidades da Administração Indireta: fundações públicas, empresas públicas e sociedades de economia mista. Pelo fato dessas entidades serem autorizadas por lei, elas são pessoas jurídicas de direito privado.

A lei que cria ou que autoriza a criação de uma entidade administrativa é uma **lei ordinária específica.**

Quando a lei autoriza a criação de uma entidade da Administração Indireta, a sua construção será consumada após o registro na serventia registral pertinente (cartório ou junta comercial, conforme o caso).

Ocorre extinção dos entes da Administração Indireta nas seguintes condições:
- Só lei revoga lei.
- Se a lei cria, a lei extingue.
- Se a lei autoriza a criação, autoriza também a extinção.

Relação da Administração Pública Direta com a Indireta: as entidades compreendidas na Administração Indireta vinculam-se ao Ministério em cuja área de competência estiver enquadrada sua principal atividade. Dessa forma, não há que se falar em hierarquia ou subordinação, mas, sim em vinculação.

A vinculação entre a Administração Direta e a Administração Indireta gera o chamado controle finalístico ou supervisão ministerial. Assim, a Administração Direta não pode intervir nas decisões da Indireta, salvo se ocorrer a chamada fuga de finalidade.

8.4.1 Autarquias

Autarquia é a pessoa jurídica de direito público, criada por lei, com capacidade de autoadministração, para o desempenho de serviço público descentralizado (atividade típica do Estado). É o próprio serviço público personificado.

Vejamos a seguir as suas características:
- **Personalidade jurídica:** direito público.
- Recebem todas as prerrogativas do direito público.
- **Finalidade:** atividade típica do Estado.
- **Regime jurídico:** público.
- **Responsabilidade civil:** objetiva.
- **Bens públicos:** não podem ser objeto de penhora, arresto ou sequestro.
- Ao serem constituídas, recebem patrimônio do ente instituidor e, a partir desse momento, seguem com sua autonomia.
- **Débitos judiciais:** pagamento por precatórios.
- **Regime de pessoal:** regime jurídico único.
- Competência para o julgamento de suas ações judiciais:
    - Autarquia Federal = Justiça Federal.
    - Outras Esferas = Justiça Estadual. Por exemplo: Instituto Nacional do Seguro Social (INSS), Banco Central do Brasil.

A seguir estão presentes as espécies de autarquias:
- **Comum ou ordinária (de acordo com Decreto-lei nº 200/1967):** são as autarquias que recebem as características principais, ou seja, criadas diretamente por lei, pessoas jurídicas de direito público e que desempenham um serviço público especializado; seu ato constitutivo é a própria lei.
- **Sob regime especial:** as autarquias em regime especial são submetidas a um regime jurídico peculiar, diferente do jurídico relativo às autarquias comuns. Por autarquia comum deve-se entender as ordinárias, aquelas que se submetem a regime jurídico comum das autarquias. Na esfera federal, o regime jurídico comum das autarquias é o Decreto-lei nº 200/1967. Se a autarquia, além das regras do regime jurídico comum, ainda é alcançada por alguma regra especial, peculiar às suas atividades, será considerada uma autarquia em regime especial.
- **Agências reguladoras:** são responsáveis por regular, normatizar e fiscalizar determinados serviços públicos que foram delegados ao particular. Em razão dessa característica, elas têm mais liberdade e maior autonomia, se comparadas com as Autarquias comuns. Por exemplo: Agência Nacional do Cinema (Ancine); Agência Nacional de Águas e Saneamento Básico (ANA); Agência Nacional de Aviação Civil (Anac); Associação Nacional de Tecnologia do Ambiente Construído (Antaq); Agência Nacional de Telecomunicações (Anatel); Agência Nacional de Energia Elétrica (Aneel); Agência Nacional do Petróleo, Gás Natural e Biocombustíveis (ANP); Agência Nacional de Transportes Terrestres (ANTT) etc.
- **Autarquia territorial:** é classificado como Autarquia Territorial o espaço que faça parte do território da União, mas que não se enquadre na definição de Estado-membro, Distrito Federal ou município. No Brasil atual, não existem exemplos de autarquias territoriais, mas elas podem vir a ser criadas. Nesse caso, esses territórios fazem parte da Administração Direta e são autarquias territoriais, pois são criados por lei e assumem personalidade jurídica de direito público.
- **Associações públicas (autarquias interfederativas ou multifederativas):** também chamadas de consórcio público de Direito Público. O consórcio público é a pessoa jurídica formada exclusivamente por entes da Federação, na forma da Lei nº 11.107/2005, para estabelecer relações de cooperação federativa, inclusive a realização de objetivos de interesse comum, constituída como associação pública, com personalidade jurídica de direito público e natureza autárquica, ou como pessoa jurídica de direito privado, sem fins econômicos. Assim, não é todo consórcio público que representa uma autarquia interfederativa, mas somente os públicos de Direito Público.

NOÇÕES DE DIREITO

- **Autarquia fundacional ou fundação autárquica:** as fundações públicas de Direito Público (exceção) são consideradas, na verdade, uma espécie de autarquia.
- **Agências executivas:** as agências executivas não se configuram como pessoas jurídicas, menos ainda outra classificação qualquer. Representam, na prática, um título que é dado às autarquias e fundações públicas que assinam contrato de gestão com a Administração Pública, conforme art. 37, § 8º, CF/1988.
- **Conselhos fiscalizadores de profissões:** são considerados autarquias, contudo, comportam uma exceção muito importante:

    ADI 3.026-DF Min. Eros Graus. 08/06/2006. OAB: Considerada entidade sui generis, um serviço independente não sujeita ao controle finalístico da Administração Direta.

8.4.2 Fundação Pública

A Fundação Pública é a entidade dotada de personalidade jurídica de direito privado, sem fins lucrativos, criada em virtude de autorização legislativa, para o desenvolvimento de atividades que não exijam execução por órgãos ou entidades de direito público, com autonomia administrativa, patrimônio próprio gerido pelos respectivos órgãos de direção e funcionamento custeado por recursos da União e de outras fontes.

Regra
- Autorizada por lei;
- Pessoa jurídica de direito privado;
- Depende de registro dos atos constitutivos na junta comercial;
- Depende de lei complementar que especifique o campo de atuação.

Exceção
- Criada diretamente por lei;
- Pessoa jurídica de direito público;
- Possui um capital personalizado (diferença meramente conceitual);
- Considerada pela doutrina como autarquia fundacional.

> **Atenção!**
> As fundações públicas de Direito Público, são espécie de autarquia, sendo chamadas pela doutrina como autarquias fundacionais.

Características
- **Personalidade jurídica:** direito privado.
- **Finalidade:** lei complementar definirá – sem fins lucrativos.
- **Regime jurídico:** híbrido (regras de Direito Público + direito privado) incontroverso.
- **Responsabilidade civil:** se for prestadora de serviço público, é objetiva; caso contrário, é subjetiva.
- **Bens privados, com exceção:** bens diretamente ligados à prestação de serviço público são bens públicos.
- **Débitos judiciais:** são pagos por meio do seu patrimônio, com exceção dos bens diretamente ligados à prestação de serviços públicos, que são bens públicos e não se submetem a pagamento de débitos judiciais.
- **Regime de pessoal:** Regime Jurídico Único (RJU).

Competência para o julgamento de suas ações judiciais:
- Justiça Federal.
- Outras esferas = Justiça Estadual.
- Instituto Brasileiro de Geografia e Estatística (IBGE), Biblioteca Nacional, Fundação Nacional do Índio (Funai).

8.4.3 Empresas Públicas e Sociedades de Economia Mista

São pessoas jurídicas de direito privado, criadas pela Administração Direta por meio de autorização da lei, com o respectivo registro, para a prestação de serviços públicos ou a exploração da atividade econômica.

A Lei nº 13.303/2016 dispõe sobre o estatuto jurídico da empresa pública, da sociedade de economia mista e de suas subsidiárias, no âmbito da União, dos estados, do Distrito Federal e dos municípios.

A referida lei apresenta os seguintes conceitos:

Art. 3º Empresa pública é a entidade dotada de personalidade jurídica de direito privado, com criação autorizada por lei e com patrimônio próprio, cujo capital social é integralmente detido pela União, pelos Estados, pelo Distrito Federal ou pelos Municípios.

Art. 4º Sociedade de economia mista é a entidade dotada de personalidade jurídica de direito privado, com criação autorizada por lei, sob a forma de sociedade anônima, cujas ações com direito a voto pertençam em sua maioria à União, aos Estados, ao Distrito Federal, aos Municípios ou a entidade da Administração Indireta.

8.4.4 Empresas Públicas e Sociedades de Economia Mista Exploradoras da Atividade Econômica

Art. 173 Ressalvados os casos previstos nesta Constituição, a exploração direta de atividade econômica pelo Estado só será permitida quando necessária aos imperativos da segurança nacional ou a relevante interesse coletivo, conforme definidos em lei.

§ 1º A lei estabelecerá o estatuto jurídico da Empresa Pública, da sociedade de economia mista e de suas subsidiárias que explorem atividade econômica de produção ou comercialização de bens ou de prestação de serviços, dispondo sobre:

I – Sua função social e formas de fiscalização pelo Estado e pela sociedade;

II – A sujeição ao regime jurídico próprio das empresas privadas, inclusive quanto aos direitos e obrigações civis, comerciais, trabalhistas e tributários;

III –. Licitação e contratação de obras, serviços, compras e alienações, observados os princípios da Administração Pública;

IV – A constituição e o funcionamento dos conselhos de administração e fiscal, com a participação de acionistas minoritários;

V – Os mandatos, a avaliação de desempenho e a responsabilidade dos administradores.

§ 2º As empresas públicas e as sociedades de economia mista não poderão gozar de privilégios fiscais não extensivos às do setor privado.

§ 3º A lei regulamentará as relações da Empresa Pública com o Estado e a sociedade.

§ 4º A lei reprimirá o abuso do poder econômico que vise à dominação dos mercados, à eliminação da concorrência e ao aumento arbitrário dos lucros.

§ 5º A lei, sem prejuízo da responsabilidade individual dos dirigentes da pessoa jurídica, estabelecerá a responsabilidade desta, sujeitando-a as punições compatíveis com sua natureza, nos atos praticados contra a ordem econômica e financeira e contra a economia popular.

ADMINISTRAÇÃO PÚBLICA

8.4.5 Empresas Públicas e Sociedades de Economia Mista Prestadoras de Serviço Público

Essas entidades são criadas para a exploração da atividade econômica em sentido amplo, o que inclui o exercício delas em sentido estrito e também a prestação de serviços públicos que podem ser explorados com o intuito de lucro.

Segundo o art. 175 da Constituição Federal de 1988:

> **Art. 175** *Incumbe ao Poder Público, na forma da lei, diretamente ou sob regime de concessão ou permissão, sempre através de licitação, a prestação de serviços públicos.*
>
> **Parágrafo único.** *A lei disporá sobre:*
>
> *I - O regime das empresas concessionárias e permissionárias de serviços públicos, o caráter especial de seu contrato e de sua prorrogação, bem como as condições de caducidade, fiscalização e rescisão da concessão ou permissão;*
>
> *II - Os direitos dos usuários;*
>
> *III - Política tarifária;*
>
> *IV - A obrigação de manter serviço adequado.*

Não se inclui nessa categoria os serviços públicos relativos aos direitos sociais, pois esses não podem ser prestados com o intuito de lucro pelo Estado e, também, não são de titularidade exclusiva do Estado, podendo ser livremente explorados por particulares.

8.4.6 Sociedade de Economia Mista

A sociedade de economia mista é uma entidade dotada de personalidade jurídica de direito privado, autorizada por lei para a exploração de atividade econômica, sob a forma de sociedade anônima, cujas ações com direito a voto pertençam em sua maioria à União ou a entidade da Administração Indireta:

- Autorizada por lei;
- Pessoa jurídica de direito privado;
- Capital 50% + 1 ação no controle da Administração Pública;
- Constituição obrigatória por Sociedade Anônima (SA);
- Competência da Justiça Estadual.

8.4.7 Empresa Pública

Entidade dotada de personalidade jurídica de direito privado, com patrimônio próprio e capital exclusivo da União, autorizado por lei para a exploração de atividade econômica que o governo seja levado a exercer por força de contingência ou de conveniência administrativa, podendo revestir-se de qualquer das formas admitidas em direito.

Principais características:

- Autorizado por lei;
- Pessoa jurídica de direito privado;
- 100% na constituição de capital público;
- Constituído de qualquer forma admitido em direito;
- Competência da Justiça Federal.

Algumas características comuns das empresas públicas e sociedades de economia mista:

- **Personalidade jurídica:** direito privado.
- **Finalidade:** prestação de serviço público ou a exploração da atividade econômica.
- **Regime jurídico híbrido:** se for prestadora de serviço público, o regime jurídico é mais público; se for exploradora da atividade econômica, o regime jurídico é mais privado.
- **Responsabilidade civil:** se for prestadora de serviço público, a responsabilidade civil é objetiva, se for exploradora da atividade econômica, a civil é subjetiva.
- **Bens privados, com exceção:** bens diretamente ligados à prestação de serviço público são bens públicos.
- **Débitos judiciais:** são pagos por meio do seu patrimônio, com exceção dos bens diretamente ligados à prestação de serviços públicos, que são bens públicos e não se submetem a pagamento de débitos judiciais.
- **Regime de pessoal:** Consolidação das Leis do Trabalho (CLT) – Emprego Público.
- **Exemplos de empresas públicas:** Caixa Econômica Federal, Correios.
- **Exemplo de sociedades de economia mista:** Banco do Brasil e Petrobras.

O quadro a seguir foi desenvolvido para memorização das características mais importantes das pessoas da Administração Pública Indireta.

NOÇÕES DE DIREITO

Tabela comparativa das características dos entes da Administração Pública

Característica	Entidades políticas	Autarquia	Fundação pública	Empresa pública	Sociedade de economia mista
Personalidade jurídica	Direito Público	Direito Público	direito privado	direito privado	direito privado
Finalidade	Competências constitucionais	Atividade típica do Estado	Lei complementar definirá	Exploração da atividade econômica ou prestação de serviço público	Exploração da atividade econômica ou prestação de serviço público
Regime jurídico	Direito Público	Direito Público	Híbrido: se PSP + público. Caso desenvolva outra atividade, mais privado.	Híbrido: se EAE + privado; se PSP + público	Híbrido: se EAE + privado; se PSP + público
Responsabilidade civil	Objetiva: ação Subjetiva: omissão	Objetiva: ação Subjetiva: omissão	PSP = Objetiva, nos demais casos, subjetiva	PSP = Objetiva, EAE = Subjetiva	PSP = Objetiva, EAE = Subjetiva
Bens	Públicos	Públicos	Privados, exceção: bens diretamente ligados à prestação de serviços públicos são bens públicos.	Privados, exceção: bens diretamente ligados à prestação de serviços públicos são bens públicos.	Privados, exceção: bens diretamente ligados à prestação de serviços públicos são bens públicos.
Débitos judiciais	Precatórios	Precatórios	Patrimônio	Patrimônio	Patrimônio
Regime de pessoal	Regime Jurídico Único	Regime Jurídico Único	Regime Jurídico Único	CLT	CLT
Competência para Julgamento	União: Justiça Federal; Demais: Justiça Estadual.	Federal: Justiça Federal; Demais: Justiça Estadual.	Federal: Justiça Federal; Demais: justiça Estadual.	Federal: Justiça Federal; Demais: justiça Estadual.	Todas: Justiça Estadual.

* EAE: Exploração da Atividade Econômica.
* PSP: Prestação de Serviço Público.

135

9 ÓRGÃO PÚBLICO

É importantíssimo para o estudo do Direito Administrativo estudar a respeito dos órgãos públicos, sua finalidade, seu papel na estrutura da Administração Pública, bem como as diversas teorias e classificações relativas ao tema. Começaremos a partir das teorias que buscam explicar o que é o órgão público.

9.1 Teorias

São três as teorias criadas para caracterizar e conceituar a ideia de órgão público: a Teoria do Mandato, Teoria da Representação e Teoria Geral do Órgão.

9.1.1 Teoria do mandato

Essa teoria preceitua que o agente, pessoa física, funciona como o mandatário da pessoa jurídica, agindo sob seu nome e com a responsabilidade dela, em razão de outorga específica de poderes (não adotado).

9.1.2 Teoria da representação

O agente funciona como um tutor ou curador do Estado.

9.1.3 Teoria geral do órgão

Tem-se a presunção de que a pessoa jurídica exterior a sua vontade por meio dos órgãos, os quais são parte integrante da própria estrutura da pessoa jurídica, de tal modo que, quando os agentes que atuam nesses órgãos manifestam sua vontade, considera-se que essa foi manifestada pelo próprio Estado. Falamos em imputação da atuação do agente, pessoa natural, à pessoa jurídica (adotado pela Constituição Federal de 1988).

Alguns órgãos possuem uma pequena capacidade de impetrar mandado de segurança para garantir prerrogativas próprias. Contudo, somente os órgãos independentes e autônomos têm essa capacidade.

Os órgãos não possuem personalidade jurídica, tampouco vontade própria, agem em nome da entidade a que pertencem, mantendo relações entre si e com terceiros, e não possuem patrimônio próprio. Os órgãos manifestam a vontade da pessoa jurídica à qual pertencem. Dizemos que os agentes, quando atuam para o Estado, estão em imputação à pessoa jurídica à qual estão efetivamente ligados. Assim, falamos em imputação à pessoa jurídica.

Constatamos que órgãos são meros centros de competência, e que os agentes que trabalham nesses órgãos estão em imputação à pessoa jurídica a que estão ligados; suas ações são imputadas ao ente federativo. Assim, quando um servidor público federal atua, suas ações são imputadas (como se o próprio Estado estivesse agindo) à União, pois o agente é ligado a um órgão que pertence a esse ente.

Por exemplo: quando um policial federal está trabalhando, ele é um agente público que atua dentro de um órgão (Departamento de Polícia Federal) e suas ações, quando feitas, são consideradas como se a União estivesse agindo. Por esse motivo, os atos que gerem prejuízo a terceiros são imputados à União, ou seja, é a União que paga o prejuízo e, depois, entra com ação regressiva contra o agente público.

9.2 Características

9.2.1 Não possui personalidade jurídica

Muitas pessoas se assustam com essa regra devido ao fato de o órgão público ter Cadastro Nacional da Pessoa Jurídica (CNPJ), realizar licitações e também por celebrar contratos públicos. Todavia, essas situações não devem ser levadas em consideração nesse momento.

O CNPJ não é suficiente para conferir personalidade jurídica para o órgão público, a sua instituição está ligada ao direito tributário. O órgão faz licitação, celebra contratos, no entanto, ele não possui direitos, não é responsável pela conduta dos seus agentes e tudo isso porque não possui personalidade jurídica, uma vez que órgão público não é pessoa.

9.2.2 Integram a estrutura da pessoa jurídica a que pertencem

O órgão público é o integrante essencial da estrutura corporal (orgânica) da pessoa jurídica a que está ligado.

Algumas características sobre o tema:
- Não possui capacidade processual, salvo os órgãos independentes e autônomos que podem impetrar Mandado de Segurança em defesa de suas prerrogativas constitucionais, quando violadas por outro órgão.
- Não possui patrimônio próprio.
- É hierarquizado.
- É fruto da desconcentração.
- Está presente na Administração Direta e Indireta.
- **Criação e extinção:** por meio de Lei.
- **Estruturação:** pode ser feita por meio de decreto autônomo, desde que não implique em aumento de despesas.
- Os agentes que trabalham nos órgãos estão em imputação à pessoa jurídica que estão ligados.

9.3 Classificação

Dentre as diversas classificações pertinentes ao tema, a partir de agora, abordaremos as classificações quanto à posição estatal que leva em consideração a relação de subordinação e hierarquia, a estrutura que se relaciona com a desconcentração e a composição ou atuação funcional que se relaciona com a quantidade de agentes que agem e manifestam vontade em nome do órgão.

9.3.1 Posição estatal

Quanto à posição estatal, os órgãos são classificados em independentes, autônomos, superiores e subalternos:

- **Órgãos independentes**
  - São considerados o mais alto escalão do Governo.
  - Não exercem subordinação.
  - Seus agentes são inseridos por eleição.
  - Têm suas competências determinadas pelo texto constitucional.
  - Possuem alguma capacidade processual.

- **Órgãos autônomos**
  - São classificados como órgãos diretivos.
  - Possuem capacidade administrativa, financeira e técnica.
  - São exemplos os ministérios e as secretarias.
  - Possuem alguma capacidade processual.

- **Órgãos superiores**
  - São órgãos de direção, controle e decisão.
  - Não possuem autonomia administrativa ou financeira.
  - Exemplos são as coordenadorias, gabinetes etc.

- **Subalternos**
  - Exercem atribuições de mera execução.
  - Exercem reduzido poder decisório.
  - São exemplos as seções de expediente ou de materiais.

9.4 Estrutura

A classificação quanto à estrutura leva em consideração, a partir do órgão analisado, se existe ou não um processo de desconcentração, se há ramificações que levam a órgãos subordinados ao órgão analisado.

NOÇÕES DE DIREITO

- **Simples:** são aqueles que representam um só centro de competências, sem ramificações, independentemente do número de cargos.
- **Compostos:** são aqueles que reúnem em sua estrutura diversos órgãos, ou seja, existem ramificações.

A Presidência da República é um órgão composto, pois dela se originam outros órgãos de menor hierarquia, dentre esses o Ministério da Justiça, por exemplo, que também é órgão composto, pois, a partir dele, tem-se novas ramificações, como o Departamento Penitenciário Nacional, o Departamento de Polícia Federal, entre outros.

A partir da Presidência da República, tem-se também um órgão chamado de gabinete. Ele é considerado simples, pois, a partir dele, não há novos órgãos, ou seja, não nasce nenhuma ramificação a partir do gabinete da Presidência da República.

9.5 Atuação funcional/composição

Os órgãos públicos podem ser classificados em singulares ou colegiados:

- **Órgãos singulares ou unipessoais:** a sua atuação ou decisões são atribuições de um único agente. Por exemplo: Presidência da República.
- **Órgãos colegiados ou pluripessoais:** a atuação e as decisões dos órgãos colegiados acontecem mediante obrigatória manifestação conjunta de seus membros. Por exemplo: Congresso Nacional, Tribunais de Justiça.

9.6 Paraestatais

A expressão "paraestatais" gera divergência em nosso ordenamento jurídico, sendo que podemos mencionar três posicionamentos:

- As paraestatais são as autarquias – posição de José Cretella Júnior – entendimento ultrapassado.
- As paraestatais são: as fundações públicas, empresas públicas, sociedades de economia mista e os serviços sociais autônomos – posição de Hely Lopes Meirelles – corrente minoritária.
- As paraestatais são os serviços sociais autônomos, as fundações de apoio, as Organizações Sociais (OSs), as Organizações da Sociedade Civil de Interesse Público (Oscips) e as Organizações da Sociedade Civil (OSCs) – posição de Maria Silvia Zanella Di Pietro, entre outros – é o entendimento majoritário.
- Observação: nesse terceiro sentido, as paraestatais equivalem ao chamado terceiro setor. O primeiro setor é o Estado e o segundo setor é o mercado (iniciativa privada que visa ao lucro).

Serviços sociais autônomos: são pessoas jurídicas de direito privado sem fins lucrativos, instituídas por lei e vinculadas a categorias profissionais, sendo mantidas por dotações orçamentárias ou contribuições parafiscais. É o chamado sistema "S".

Por exemplo: Serviço Social da Indústria (Sesi), Serviço Social do Comércio (Sesc), Serviço Nacional de Aprendizagem Industrial (Senai), Serviço Nacional de Aprendizagem Comercial (Senac), Serviço Brasileiro de Apoio às Micro e Pequenas Empresas (Sebrae) etc. Não integram a Administração Pública nem direta e nem indireta.

Fundações de apoio: são pessoas jurídicas de direito privado que se destinam a colaborar com instituições de ensino e pesquisa, sendo instituídas por professores, pesquisadores ou universitários (Lei nº 8.958/1994). Por exemplo: Fundação Universitária para o Vestibular (Fuvest), Fundação Instituto de Pesquisas Econômicas (Fipe), Conselho Nacional de Desenvolvimento Científico e Tecnológico (CNPQ) etc.

Organizações Sociais (OSs) e Organizações da Sociedade Civil de Interesse Público (Oscips): são pessoas jurídicas de direito privado sem fins lucrativos, instituídas por particulares que desempenham serviços não exclusivos de Estado, como a saúde, cultura, preservação do meio ambiente etc.

Existem **características comuns** entre as Organizações Sociais (Lei nº 9.637/1998) e as Organizações da Sociedade Civil de Interesse Público (Lei nº 9.790/1999):

- São pessoas jurídicas de direito privado.
- Não têm fins lucrativos.
- Instituídas por particulares.
- Desempenham serviços não exclusivos de Estado.
- Não integram a Administração Pública (seja direta ou indireta).
- Integram o chamado terceiro setor.
- Sujeitam-se ao controle da Administração Pública e do Tribunal de Contas.
- Gozam de imunidade tributária, desde que atendidos os requisitos legais, conforme prevê o art. 150, inciso VI, alínea "c", da Constituição Federal de 1988.

Principais diferenças entre OS e OSCIP

Organizações Sociais: o vínculo com o Estado se dá por contrato de gestão; o ato de qualificação é discricionário, dado pelo ministro da pasta competente; pode ser contratada pela Administração com dispensa de licitação (hipótese de licitação dispensável); o conselho deve ser formado por representantes do poder público; regulada pela Lei nº 9.637/1998.
Exs.: Associação Roquette Pinto, Instituto Nacional de Matemática Pura e Aplicada (IMPA).
Organizações da Sociedade Civil de Interesse Público: o vínculo com o Estado se dá por Termo de Parceria; o ato de qualificação é vinculado, dado pelo Ministro da Justiça; não há essa previsão; não há essa exigência; regulada pela Lei nº 9.790/1999.
Exs.: Amigo do Índio (AMI), Associação de Amparo às Mães de Alto Risco (AMAR).

Observações sobre as Organizações Sociais (OSs)

- O poder público pode destinar para as OSs recursos orçamentários e bens necessários ao cumprimento do contrato de gestão, mediante permissão de uso.
- O poder público pode ceder servidores públicos para as OSs com ônus para a origem.
- A Administração poderá dispensar a licitação nos contratos de prestação de serviços celebrados com as OSs (art. 24, inciso XXIV da Lei nº 8.666/1993).

9.7 Organizações da Sociedade Civil (OSC)

As Organizações da Sociedade Civil (OSCs) são entidades do terceiro setor criadas com a finalidade de atuar junto ao Poder Público, em regime de mútua cooperação, na execução de serviços públicos e tem o seu regime jurídico regulado pela Lei nº 13.019/2014.

Essas entidades atuam na prestação de serviço público não exclusivo do Estado e têm vínculo com a Administração Pública, de modo que essa conexão se dá mediante celebração de Termo de Fomento, Termo de Colaboração e Acordo de Cooperação. Vejamos tais conceitos:

- **Termo de Colaboração (art. 2º, inciso VII e art. 16):** instrumento por meio do qual são formalizadas as parcerias estabelecidas pela Administração Pública com organizações da sociedade civil para a consecução de finalidades de interesse público e recíproco propostas pela Administração Pública que envolvam a transferência de recursos financeiros. Assim, o Termo de Colaboração é utilizado para a execução de políticas públicas nas mais diversas áreas, para consecução de **planos de trabalho de iniciativa da própria Administração**, nos casos em que esta já tem parâmetros consolidados, com indicadores e formas de avaliação conhecidos, abarcando, reitere-se, o **repasse de valores por parte do erário;**

ÓRGÃO PÚBLICO

- **Termo de Fomento (art. 2º, inciso VIII, e art. 17):** instrumento por meio do qual são formalizadas as parcerias estabelecidas pela Administração Pública com organizações da sociedade civil para a consecução de finalidades de interesse público e recíproco propostas pelas organizações da sociedade civil, que envolvam a transferência de recursos financeiros. Note, portanto, que o Termo de Fomento, ao contrário do Termo de Colaboração, tem como objetivo **incentivar iniciativas das próprias OSCs, para consecução de planos de trabalho por elas propostos**, buscando albergar nas políticas públicas tecnologias sociais inovadoras, promover projetos e eventos nas mais diversas áreas e expandir o alcance das ações desenvolvidas pelas organizações. Assim como no Termo de Colaboração, o Termo de Fomento também enseja a transferência de recursos financeiros por parte da Administração Pública;

- **Acordo de Cooperação (art. 2º, inciso VIII-A):** instrumento por meio do qual são formalizadas as parcerias estabelecidas pela Administração Pública com organizações da sociedade civil para a consecução de finalidades de interesse público e recíproco que não envolvam a transferência de recursos financeiros. Portanto, o grande diferencial do Acordo de Cooperação com os demais é justamente a **ausência de repasse de valores financeiros**. O acordo, como regra, também não exige prévia realização de chamamento público como ocorre no caso do Termo de Fomento e do Termo de Colaboração, salvo quando envolver alguma forma de compartilhamento de recurso patrimonial (comodato, doação de bens etc.).

- **Chamamento público:** trata-se do procedimento que o poder público deverá realizar, obrigatoriamente, na prospecção de organizações. É a partir desse chamamento que serão avaliadas diferentes propostas para escolher a OSC mais adequada à parceria, ou ainda um grupo de OSCs trabalhando em rede, a fim de tornar mais eficaz a execução do objeto. Tal procedimento deverá adotar métodos claros, objetivos e simplificados que orientem os interessados e facilitem o acesso direto aos órgãos e às instâncias decisórias.

- Observação: não se aplicará a Lei nº 8.666/1993 às relações de parceria com as OSCs (art. 84 da Lei nº 13.019/2014), uma vez que agora há lei própria.

9.8 Organizações Não Governamentais (ONGs)

A ONG é uma entidade civil sem fins lucrativos, formada por pessoas interessadas em determinado tema, o qual se constitui em seu objetivo e interesse principal. Por exemplo: Instituto Brasileiro de Defesa do Consumidor (Idec).

Normalmente, são iniciativas de pessoas ou grupos que visam colaborar com a solução de problemas da comunidade, como mobilizações, educação, conscientização e organização de serviços ou programas para o atendimento de suas necessidades.

Do ponto de vista jurídico, o termo ONG não se aplica. O Código Civil brasileira prevê apenas dois formatos institucionais para entidades civis sem fins lucrativos, sendo a Associação Civil (art. 44, inciso I e art. 53, ambos do Código Civil) e a Fundação Privada (art. 44, III e 62, ambos do Código Civil).

10 AGENTES PÚBLICOS

Estudaremos a seguir os agentes públicos, sua finalidade, seu papel na estrutura da Administração Pública, bem como as diversas classificações relativas ao tema.

10.1 Conceito

Considera-se agente público toda pessoa física que exerça, ainda que transitoriamente ou sem remuneração, por eleição, nomeação, designação, contratação ou qualquer outra forma de investidura ou vínculo, mandato, cargo, emprego ou função pública.

10.2 Classificação

- Agentes políticos.
- Agentes administrativos.
- Particulares em colaboração com o poder público.

10.2.1 Agentes políticos

Os agentes políticos estão nos mais altos escalões do Poder Público. São responsáveis pela elaboração das diretrizes governamentais e pelas funções de direção, orientação e supervisão geral da Administração Pública.

- **Características**
- Sua competência é haurida da Constituição Federal.
- Não se sujeitam às regras comuns aplicáveis aos servidores públicos em geral.
- Normalmente, são investidos em seus cargos por meio de eleição, nomeação ou designação.
- Não são hierarquizados, subordinando-se tão somente à Constituição Federal.

Exceção: auxiliares imediatos dos chefes do Executivo são, hierarquizados, pois se subordinam ao líder desse poder.

Exemplos: ministros de Estado e secretários estaduais e municipais.

Tabela de Agentes Políticos

Poder	Federal	Estadual	Municipal
Executivo	Presidente da República; Ministros de estados	Governadores; secretários estaduais	Prefeitos; secretários municipais
Legislativo	Deputados federais; senadores	Deputados estaduais	Vereadores
Judiciário	Membros do Poder Judiciário Federal	Membros do Poder Judiciário Estadual	Não há
Ministério Público	Membros do Ministério Público Federal	Membros do Ministério Público Estadual	Não há

10.2.2 Agentes administrativos

São as pessoas que exercem atividade pública de natureza profissional, permanente e remunerada, estão sujeitos à hierarquia funcional e ao regime jurídico estabelecido pelo ente ao qual pertencem. O vínculo entre esses agentes e o ente ao qual estão ligados é um vínculo de natureza permanente.

- **Servidores públicos (estrito):** são os titulares de cargos públicos (efetivos e comissionados), são vinculados ao seu cargo por meio de um estatuto estabelecido pelo ente contratante.
- **Empregados públicos:** são os ocupantes de Emprego Público; são vinculados ao seu emprego por meio da Consolidação das Leis do Trabalho (CLT).
- **Temporários:** são contratados por tempo determinado para atender necessidade temporária de excepcional interesse público. Exercem função pública temporária e remunerada, estão vinculados à Administração Pública por meio de um contrato de direito público e não de natureza trabalhista. O meio utilizado pelo Estado para selecionar os temporários é o processo seletivo simplificado e não o concurso público.

Algumas doutrinas dividem a classificação dos servidores públicos em sentido amplo e em estrito. Nesse último caso, servidor público é o que consta acima, ou seja, somente os titulares de cargos públicos; já em sentido amplo, adota-se a seguinte regra: servidor público é um gênero que comporta três espécies: os servidores estatutários, os empregados públicos e os servidores temporários. Então, caso se adote o conceito de servidor público em sentido amplo, este será sinônimo de agente administrativo.

Servidor público (amplo)
Servidor estatutário = servidor público (estrito)
Empregado público = empregado público
Servidor temporário = temporário

10.2.3 Particulares em colaboração com o Poder Público

- **Agentes honoríficos:** são cidadãos que transitoriamente são requisitados ou designados para prestar certos serviços públicos específicos em razão da sua honra, da sua conduta cívica ou de sua notória capacidade profissional. Geralmente atuam sem remuneração. São os mesários, jurados, entre outros.
- **Agentes delegados:** são particulares que recebem a incumbência de exercer determinada atividade, obra ou serviço, por sua conta e risco e em nome próprio, sob permanente fiscalização do poder contratante, ou seja, são aquelas pessoas que recebem a incumbência de prestar certas atividades do Estado por meio da descentralização por delegação. São elas:
  - Autorizatárias de serviços públicos;
  - Concessionárias de serviços públicos;
  - Permissionárias de serviços públicos.
- **Agentes credenciados:** são os particulares que recebem a incumbência de representar a administração em determinado ato ou praticar certa atividade específica, mediante remuneração do poder público credenciante.

11 PRINCÍPIOS FUNDAMENTAIS DA ADMINISTRAÇÃO PÚBLICA

Neste momento, o objetivo é conhecer o rol de princípios fundamentais que norteiam e orientam toda a atividade administrativa do Estado, bem como toda a atuação da Administração Pública Direta e indireta.

Tais princípios são de observância obrigatória para toda a Administração Pública, quer da União, dos estados, do Distrito Federal, quer dos municípios. São considerados expressos, pois estão descritos expressamente no *caput* do art. 37 da Constituição Federal de 1988.

> *Art. 37 A Administração Pública Direta e indireta de qualquer dos Poderes da União, dos Estados, do Distrito Federal e dos Municípios obedecerá aos princípios de legalidade, impessoalidade, moralidade, publicidade e eficiência e, também, ao seguinte. (Ver CF/1988)*

11.1 Classificação

Os princípios da Administração Pública são classificados como princípios explícitos (expressos) e implícitos.

É importante apontar que não existe relação de subordinação e de hierarquia entre os princípios expressos e os implícitos; na verdade, essa relação não existe entre nenhum princípio.

Isso quer dizer que, em um aparente conflito entre os princípios, um não exclui o outro, pois deve o administrador público observar ambos ao mesmo tempo, devendo nortear sua decisão na obediência de todos os princípios fundamentais pertinentes ao caso em concreto.

Como exemplo, não pode o administrador público deixar de observar o princípio da legalidade para buscar uma atuação mais eficiente (de acordo com o princípio da eficiência), devendo ele, na colisão entre os dois princípios, observar a lei e ainda buscar a eficiência conforme os meios que lhes seja possível.

Os **princípios explícitos** ou expressos são aqueles que estão descritos no *caput* do art. 37 da CF/1988. São eles:
- Legalidade;
- Impessoalidade;
- Moralidade;
- Publicidade;
- Eficiência.

Os **princípios implícitos** são aqueles que não estão descritos no *caput* do art. 37 da Constituição Federal. São eles:
- Supremacia do interesse público;
- Indisponibilidade do interesse público;
- Motivação;
- Razoabilidade;
- Proporcionalidade;
- Autotutela;
- Continuidade dos serviços públicos;
- Segurança jurídica, entre outros.

A seguir, analisaremos as características dos princípios fundamentais da Administração Pública que mais aparecem nas provas de concurso público.

11.2 Princípios explícitos da Administração Pública

11.2.1 Princípio da legalidade

O princípio da legalidade está previsto em dois lugares distintos na Constituição Federal. Em primeiro plano, no art. 5º, inciso II: *ninguém será obrigado a fazer ou deixar de fazer alguma coisa senão em virtude de lei*. O princípio da legalidade regula a vida dos particulares e, ao particular, é facultado fazer tudo que a lei não proíbe; é o chamado princípio da autonomia da vontade. Essa regra não deve ser aplicada à Administração Pública.

Em segundo plano, o art. 37, *caput* do texto Constitucional, determina que a Administração Pública somente pode fazer aquilo que a lei determina ou autoriza. Assim, em caso de omissão legislativa (falta de lei), a Administração Pública está proibida de agir.

Nesse segundo caso, a lei deve ser entendida em sentido amplo, o que significa que a Administração Pública deve obedecer aos mandamentos constitucionais, às leis formais e materiais (leis complementares, leis delegadas, leis ordinárias, medidas provisórias) e também às normas infralegais (decretos, resoluções, portarias, entre outros), e não somente a lei em sentido estrito.

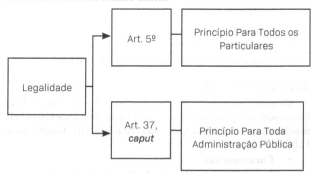

11.2.2 Princípio da impessoalidade

O princípio da impessoalidade determina que todas as ações da Administração Pública devem ser revestidas de finalidade pública. Além disso, como segunda vertente, proíbe a promoção pessoal do agente público, como determina o art. 37, § 1º da Constituição Federal de 1988:

> *Art. 37, § 1º A publicidade dos atos, programas, obras, serviços e campanhas dos órgãos públicos deverá ter caráter educativo, informativo ou de orientação social, dela não podendo constar nomes, símbolos ou imagens que caracterizem promoção pessoal de autoridades ou servidores públicos.*

O princípio da impessoalidade é tratado sob dois prismas, a saber:
- Como determinante da finalidade de toda atuação administrativa (também chamado de princípio da **finalidade**, considerado constitucional implícito, inserido no princípio expresso da impessoalidade).
- Como vedação a que o agente público se promova à custa das realizações da Administração Pública (vedação à promoção pessoal do administrador público pelos serviços, obras e outras realizações efetuadas pela Administração Pública).

É pelo princípio da impessoalidade que dizemos que o agente público age em imputação à pessoa jurídica a que está ligado, ou seja, pelo princípio da impessoalidade as ações do agente público são determinadas como se o próprio Estado estivesse agindo.

11.2.3 Princípio da moralidade

O princípio da moralidade é um complemento ao da legalidade, pois nem tudo que é legal é moral. Dessa forma, o Estado impõe a sua administração a atuação segundo a lei e também segundo a moral administrativa. Tal princípio traz para o agente público o dever de probidade. Esse dever é sinônimo de atuação com ética, decoro, honestidade e boa-fé.

O princípio da moralidade determina que o agente deva sempre trabalhar com ética e em respeito aos princípios morais da Administração Pública. O princípio está intimamente ligado ao dever de probidade (honestidade) e sua não observação acarreta a aplicação do art. 37, § 4º da Constituição Federal de 1988 e a Lei nº 8.429/1992 (Lei de Improbidade Administrativa).

> **Art. 37, § 4º** *Os atos de improbidade administrativa importarão a suspensão dos direitos políticos, a perda da função pública, a indisponibilidade dos bens e o ressarcimento ao erário, na forma e gradação previstas em lei, sem prejuízo da ação penal cabível.*

O desrespeito ao princípio da moralidade afeta a própria legalidade do ato administrativo, ou seja, leva a anulação do ato, e ainda pode acarretar a responsabilização dos agentes por improbidade administrativa.

O princípio da moralidade não se refere ao senso comum de moral, que é formado por meio das instituições que passam pela vida da pessoa, como família, escola, igreja, entre outras. Para a Administração Pública, esse princípio refere-se à moralidade administrativa, que está inserida no corpo das normas de Direito Administrativo.

11.2.4 Princípio da publicidade

Esse princípio deve ser entendido como aquele que determina que os atos da Administração sejam claros quanto à sua procedência. Por esse motivo, em regra, os atos devem ser publicados em diário oficial e, além disso, a Administração deve tornar o fato acessível (público). Tornar público é, além de publicar em diário oficial, apresentar os atos na internet, pois esse meio, hoje, é o que deixa todas as informações acessíveis.

O princípio da publicidade apresenta dupla acepção em face do sistema constitucional vigente:

- Exigência de publicação em órgão oficial como requisito de eficácia dos atos administrativos que devam produzir efeitos externos e dos atos que impliquem ônus para o patrimônio público.

Essa regra não é absoluta, pois, em defesa da intimidade e também do Estado, alguns atos públicos não precisam ser publicados:

> **Art. 5º, X, CF/1988** *São invioláveis a intimidade, a vida privada, a honra e a imagem das pessoas, assegurado o direito a indenização pelo dano material ou moral decorrente de sua violação.*
>
> **Art. 5º, XXXIII, CF/1988** *Todos têm direito a receber dos órgãos públicos informações de seu interesse particular, ou de interesse coletivo ou geral, que serão prestadas no prazo da lei, sob pena de responsabilidade, ressalvadas aquelas cujo sigilo seja imprescindível à segurança da sociedade e do Estado.*

Assim, o ato que tiver em seu conteúdo uma informação sigilosa ou relativa à intimidade da pessoa tem de ser resguardado no devido sigilo.

- Exigência de transparência da atuação administrativa:

> **Art. 5º, XXXIII, CF/1988** *Todos têm direito a receber dos órgãos públicos informações de seu interesse particular, ou de interesse coletivo ou geral, que serão prestadas no prazo da lei, sob pena de responsabilidade, ressalvadas aquelas cujo sigilo seja imprescindível à segurança da sociedade e do Estado.*

O princípio da publicidade orientou o poder legislativo nacional a editar a Lei nº 12.527/2011, que regulamenta o dispositivo do art. 5º, inciso XXXIII, da Constituição Federal de 1988. Dispõe sobre o acesso à informação pública, sobre a informação sigilosa, sua classificação, bem como a informação pessoal, entre outras providências. Tal dispositivo merece ser lido, pois essa lei transpassa toda a essência do princípio da publicidade.

Podemos inclusive afirmar que esse princípio foi materializado em lei após a edição da Lei nº 12.527/2011. Veja a seguir a redação do art. 3º dessa lei:

> **Art. 3º** *Os procedimentos previstos nesta Lei destinam-se a assegurar o direito fundamental de acesso à informação e devem ser executados em conformidade com os princípios básicos da Administração Pública e com as seguintes diretrizes:*
>
> *I - Observância da publicidade como preceito geral e do sigilo como exceção;*
>
> *II - Divulgação de informações de interesse público, independentemente de solicitações;*
>
> *III - Utilização de meios de comunicação viabilizados pela tecnologia da informação;*
>
> *IV - Fomento ao desenvolvimento da cultura de transparência na Administração Pública;*
>
> *V - Desenvolvimento do controle social da Administração Pública.*

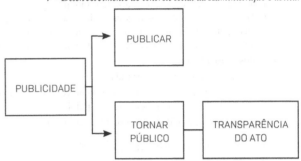

11.2.5 Princípio da eficiência

O princípio da eficiência foi o último a ser inserido no bojo do texto constitucional. Esse princípio foi incluído com a Emenda Constitucional nº 19/1998), e apresenta dois aspectos principais:

- Relativamente à forma de atuação do agente público, espera-se o melhor desempenho possível de suas atribuições, a fim de obter os melhores resultados.
- Quanto ao modo de organizar, estruturar e disciplinar a Administração Pública, exigiu-se que esse seja o mais racional possível, no intuito de alcançar melhores resultados na prestação dos serviços públicos.

> **Art. 37, § 8º, CF/1988** *A autonomia gerencial, orçamentária e financeira dos órgãos e entidades da Administração Direta e indireta poderá ser ampliada mediante contrato, a ser firmado entre seus administradores e o poder público, que tenha por objeto a fixação de metas de desempenho para o órgão ou entidade, cabendo à lei dispor sobre.*

O princípio da eficiência orienta a atuação da Administração Pública de forma que essa busque o melhor custo-benefício no exercício de suas atividades, ou seja, os serviços públicos devem ser prestados com adequação às necessidades da sociedade que o custeia.

A atuação da Administração Pública tem que ser eficiente, o que acarreta ao agente público o dever de agir com presteza, esforço, rapidez e rendimento funcional. Seu descumprimento poderá acarretar a perda do seu cargo por baixa produtividade apurada em procedimento da avaliação periódica de desempenho, tanto antes da aquisição da estabilidade, como também após.

11.3 Princípios implícitos da Administração Pública

11.3.1 Princípio da supremacia do interesse público sobre o privado

Esse princípio é também considerado o norteador do Direito Administrativo. Ele determina que o Estado, quando trabalhando com o interesse público, se sobrepõe ao particular. Devemos lembrar que esse princípio deve ser utilizado pelo administrador público de forma razoável e proporcional para que o ato não se transforme em arbitrário e, consequentemente, ilegal.

PRINCÍPIOS FUNDAMENTAIS DA ADMINISTRAÇÃO PÚBLICA

É o fundamento das prerrogativas do Estado, ou seja, da relação jurídica desigual ou vertical entre o Estado e o particular. A exemplo, temos o poder de império do Estado (também chamado de poder extroverso), que se manifesta por meio da imposição da lei ao administrado, admitindo até o uso da força coercitiva para o cumprimento da norma. Assim sendo, a Administração Pública pode criar obrigações, restringir ou condicionar os direitos dos administrados.

Limitações:
- Respeito aos demais princípios.
- Não está presente diretamente nos atos de gestão (atos de gestão são praticados pela administração na qualidade de gestora de seus bens e serviços, sem exercício de supremacia sobre os particulares, assemelhando-se aos atos praticados pelas pessoas privadas. São exemplos de atos de gestão a alienação ou a aquisição de bens pela Administração Pública, o aluguel a um particular de um imóvel de propriedade de uma autarquia, entre outros).

Exemplos de incidência:
- Intervenção na propriedade privada.
- Exercício do poder de polícia, limitando ou condicionando o exercício de direito em prol do interesse público.
- Presunção de legitimidade dos atos administrativos.

11.3.2 Princípio da indisponibilidade do interesse público

Conforme dito anteriormente, o princípio da indisponibilidade do interesse público juntamente com o da supremacia do interesse público, formam os pilares do regime jurídico administrativo.

Esse princípio é o fundamento das **restrições** do Estado. Assim sendo, apesar de o princípio da supremacia do interesse público prever prerrogativas especiais para a Administração Pública em determinadas relações jurídicas com o administrado, tais poderes são ferramentas que a ordem jurídica confere aos agentes públicos para alcançar os objetivos do Estado. E o uso desses poderes, então, deve ser balizado pelo interesse público, o que impõe restrições legais a sua atuação, garantindo que a utilização do poder tenha por finalidade o interesse público e não o do administrador.

Assim, é vedada a renúncia do exercício de competência pelo agente público, pois a atuação desse não é balizada por sua vontade pessoal, mas, sim, pelo interesse público, também chamado de interesse da lei. Os poderes conferidos aos agentes públicos têm a finalidade de auxiliá-los a atingir tal interesse. Com base nessa regra, concluímos que esses agentes não podem dispor do interesse público, por não ser o seu proprietário, e sim o povo. Ao agente público cabe a gestão da Administração Pública em prol da coletividade.

11.3.3 Princípios da razoabilidade e proporcionalidade

Os princípios da razoabilidade e da proporcionalidade não se encontram expressos no texto constitucional. Esses são classificados como princípios gerais do Direito e são aplicáveis a vários ramos da ciência jurídica. São chamados de princípios da proibição de excesso do agente público.

A razoabilidade diz que toda atuação da Administração tem que seguir a teoria do homem médio, ou seja, as decisões devem ser tomadas segundo o critério da maioria das pessoas "racionais", sem exageros ou deturpações.

- **Razoabilidade:** adequação entre meios e fins. O princípio da proporcionalidade diz que o agente público deve ser proporcional no uso da força para o cumprimento do bem público, ou seja, nas aplicações de penalidades pela Administração deve ser levada em conta sempre a gravidade da falta cometida.
- **Proporcionalidade:** vedação de imposição de obrigações, restrições e sanções em medida superior àquela estritamente necessária ao interesse público.

Podemos dar como exemplo a atuação de um fiscal sanitário, que esteja vistoriando dois estabelecimentos e, em um deles, encontre um quilo de carne estragada e, no outro, encontre uma tonelada.

Na aplicação da penalidade, deve ser respeitada tanto a razoabilidade quanto a proporcionalidade, ou seja, aplica-se, no primeiro, uma penalidade pequena, uma multa, por exemplo, e, no segundo, uma penalidade grande, suspensão de 90 dias.

Veja que o administrador não pode fazer menos ou mais do que a lei determina, isso em obediência ao princípio da legalidade, senão cometerá abuso de poder.

11.3.4 Princípio da autotutela

O princípio da autotutela propicia o controle da Administração Pública sob seus próprios atos em dois pontos específicos:

- **De legalidade:** em que a Administração Pública pode controlar seus próprios atos quando eivados de vício de ilegalidade, sendo provocado ou de ofício.
- **De mérito:** em que a Administração Pública pode revogar seus atos por conveniência e oportunidade.

> *Súmula nº 473 – STF* A Administração pode anular seus próprios atos, quando eivados de vícios que os tornam ilegais, porque deles não se originam direitos; ou revogá-los, por motivo de conveniência ou oportunidade, respeitados os direitos adquiridos, e ressalvada, em todos os casos, a apreciação judicial.

O princípio da autotutela não exclui a possibilidade de controle jurisdicional do ato administrativo previsto no art. 5º, inciso XXXV, da Constituição Federal de 1988: a lei não excluirá da apreciação do Poder Judiciário lesão ou ameaça a direito.

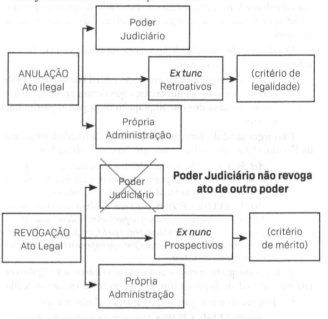

11.3.5 Princípio da ampla defesa

A ampla defesa determina que todos que sofrerem medidas de caráter de pena terão direito a se defender de todos os meios disponíveis legais em direito. Está previsto nos processos administrativos disciplinares:

> *Art. 5ª, LV, CF/1988* Aos litigantes, em processo judicial ou administrativo, e aos acusados em geral são assegurados o contraditório e ampla defesa, com os meios e recursos a ela inerentes;

11.3.6 Princípio da continuidade do serviço público

O princípio da continuidade do serviço público tem como escopo (objetivo) não prejudicar o atendimento dos serviços essenciais à população. Assim, evitam que esses sejam interrompidos.

Regra
- Os serviços públicos devem ser adequados e ininterruptos.

Exceção
- Aviso prévio;
- Situações de emergência.

Alcance
- Todos os prestadores de serviços públicos;
- Administração Direta;
- Administração Indireta;
- Concessionárias, autorizatárias e permissionárias de serviços públicos.

Efeitos
- Restrição de direitos das prestadoras de serviços públicos, bem como dos agentes envolvidos na prestação desses serviços, a exemplo do direito de greve.

Dessa forma, quem realiza o serviço público se submete a algumas restrições:
- Restrição ao direito de greve, art. 37, inciso VII, da Constituição Federal de 1988;
- Suplência, delegação e substituição – casos de funções vagas temporariamente;
- Impossibilidade de alegar a exceção do contrato não cumprido, somente em casos em que se configure uma impossibilidade de realização das atividades;
- Possibilidade da encampação da concessão do serviço, retomada da administração do serviço público concedido no prazo na concessão, quando o serviço não é prestado de forma adequada.

O Código de Defesa do Consumidor, em seu art. 22, assegura ao consumidor que os serviços essenciais devem ser contínuos, caso contrário, aos responsáveis, caberá indenização. O referido código não diz quais seriam esses serviços essenciais. Podemos usar, como analogia, o art. 10 da Lei nº 7.783/1989, que enumera os que seriam considerados fundamentais:

> *Art. 10 São considerados serviços ou atividades essenciais:*
> *I - Tratamento e abastecimento de água; produção e distribuição de energia elétrica, gás e combustíveis;*
> *II - Assistência médica e hospitalar;*
> *III - Distribuição e comercialização de medicamentos e alimentos;*
> *IV - Funerários;*
> *V - Transporte coletivo;*
> *VI - Captação e tratamento de esgoto e lixo;*
> *VII - Telecomunicações;*
> *VIII - Guarda, uso e controle de substâncias radioativas, equipamentos e materiais nucleares;*
> *IX - Processamento de dados ligados a serviços essenciais;*
> *X - controle de tráfego aéreo e navegação aérea;*
> *XI - Compensação bancária.*

11.3.7 Princípio da segurança jurídica

Esse princípio veda a aplicação retroativa da nova interpretação da norma.

Caso uma regra tenha a sua redação ou interpretação revogada ou alterada, os atos praticados durante a vigência da norma antiga continuam valendo, pois tal princípio visa resguardar o direito adquirido, o ato jurídico perfeito e a coisa julgada.

Assim, temos que a nova interpretação da norma, via de regra, somente terá efeitos prospectivos, ou seja, da data em que for revogada para frente, não atingindo os atos praticados na vigência da norma antiga.

12 LEI Nº 8.112/1990 – REGIME JURÍDICO DOS SERVIDORES DA UNIÃO

12.1 Disposições preliminares

Art. 1º Esta Lei institui o Regime Jurídico dos Servidores Públicos Civis da União, das autarquias, inclusive as em regime especial, e das fundações públicas federais.

A doutrina distingue lei nacional e lei federal. A lei **nacional** é aplicável a todos os entes Federados (por exemplo, Lei de Licitações). A lei **federal** só é aplicável no âmbito da União, por exemplo, a Lei nº 8.112/1990.

Alcance: servidores da administração direta, autárquica e fundacional (efetivos e comissionados). Não se aplica a empregados públicos (regidos pela CLT).

Art. 2º Para os efeitos desta Lei, servidor é a pessoa legalmente investida em cargo público.

Servidor: pessoa legalmente investida em cargo público.

Art. 3º Cargo público é o conjunto de atribuições e responsabilidades previstas na estrutura organizacional que devem ser cometidas a um servidor.

Parágrafo único. Os cargos públicos, acessíveis a todos os brasileiros, são criados por lei, com denominação própria e vencimento pago pelos cofres públicos, para provimento em caráter efetivo ou em comissão.

Cargo público: conjunto de atribuições e responsabilidades previstas na estrutura organizacional que devem ser cometidas a um servidor. Os cargos públicos, acessíveis a todos os brasileiros, são criados por lei, para provimento em caráter efetivo ou em comissão.

Cargo efetivo: ingresso por concurso público.

Cargo em comissão: de livre nomeação e exoneração – qualquer pessoa (servidor efetivo ou não) pode ser nomeada, respeitados os percentuais mínimos destinados aos servidores efetivos.

Art. 4º É proibida a prestação de serviços gratuitos, salvo os casos previstos em lei.

Serviços gratuitos: em regra, não pode haver prestação de serviços gratuitos, mas pode haver exceção se prevista em lei.

12.2 Provimento, vacância, remoção, redistribuição e substituição

12.2.1 Provimento

Seção I – Disposições Gerais

Art. 5º São requisitos básicos para investidura em cargo público:
I – a nacionalidade brasileira;
II – o gozo dos direitos políticos;
III – a quitação com as obrigações militares e eleitorais;
IV – o nível de escolaridade exigido para o exercício do cargo;
V – a idade mínima de dezoito anos;
VI – aptidão física e mental.
§ 1º As atribuições do cargo podem justificar a exigência de outros requisitos estabelecidos em lei.

Outros requisitos podem ser estabelecidos em lei se as atribuições do cargo os justificarem. Por exemplo, exigência de psicotécnico.

> **Fique ligado**
>
> Jurisprudência:
> **Súmula Vinculante nº 44 – STF:** *pode-se sujeitar a exame psicotécnico a habilitação de candidato a cargo público.*
> **Súmula nº 14 – STF:** *não é admissível, por ato administrativo, restringir, em razão da idade, inscrição em concurso para cargo público.*
> **Súmula nº 683 – STF:** *o limite de idade para a inscrição em concurso público só se legitima em face do art. 7º, inc. XXX, da Constituição, quando possa ser justificado pela natureza das atribuições do cargo a ser preenchido.*
> **Tatuagem – STF (RE 898.450):** *editais de concurso público não podem estabelecer restrição a pessoas com tatuagem, salvo situações excepcionais em razão de conteúdo que viole valores constitucionais.*

*§ 2º Às pessoas portadoras de deficiência é assegurado o direito de se inscrever em concurso público para provimento de cargo cujas atribuições sejam compatíveis com a deficiência de que são portadoras; para tais pessoas serão reservadas **até 20% (vinte por cento)** das vagas oferecidas no concurso.*

A Lei nº 8.112/1990 não fixou percentual para reserva de vagas. Nos concursos para provimento de cargo efetivo e nos processos seletivos para contratação temporária, o Decreto nº 9.508/2018 determina a reserva de, no mínimo, 5% das vagas (art. 1º, § 1º). Combinando o Decreto e a lei, temos um percentual entre 5% e 20%.

§ 3º As universidades e instituições de pesquisa científica e tecnológica federais poderão prover seus cargos com professores, técnicos e cientistas estrangeiros, de acordo com as normas e os procedimentos desta Lei.

O art. 37, I, da CF/1988, estabelece que cargos, empregos e funções são acessíveis aos brasileiros que preenchem os requisitos estabelecidos em lei (**norma de eficácia contida**), assim como aos estrangeiros, na forma da lei (**norma de eficácia limitada**). Além disso, o art. 207, § 1º, da CF/1988, dispõe que é facultado às universidades admitir professores, técnicos e cientistas estrangeiros, na forma da lei (**norma de eficácia limitada**).

Art. 6º O provimento dos cargos públicos far-se-á mediante ato da autoridade competente de cada Poder.

*Art. 7º A **investidura** em cargo público ocorrerá com a **posse**.*

Provimento: no Direito Administrativo significa, em linhas gerais, forma de assumir um cargo público. Só existe uma forma de provimento originário (nomeação), as demais formas representam provimento derivado.

Investidura: o provimento (originário) só se concretiza com a investidura, a qual só se completa com a posse.

Art. 8º São formas de provimento de cargo público:
I – nomeação;
II – promoção;
III e IV (Revogados);
V – readaptação;
VI – reversão;
VII – aproveitamento;
VIII – reintegração;
IX – recondução.

O provimento dos cargos públicos se fará mediante ato da autoridade competente de cada poder (art. 6º). A autoridade competente de cada um dos poderes (Executivo, Legislativo ou Judiciário) será responsável pelo ato de provimento.

A doutrina classifica as formas de provimento, como **originária** ou **derivada** (vertical, horizontal ou por reingresso).

▷ Nomeação: nomeio quem vai tomar posse – *originária*.

▷ Promoção: promovo o merecido – *derivada vertical*.

▷ Aproveitamento: aproveito o disponível – *derivada reingresso*.

NOÇÕES DE DIREITO

- ReaDaptação: readapto o Doente – *derivada horizontal*.
- ReVersão: reverto o Velhinho – *derivada reingresso*.
- Reintegração: reintegro o demitido – *derivada reingresso*.
- Recondução: reconduzo o aspirante – *derivada reingresso*.

Seção II – Da Nomeação

Art. 9º A nomeação far-se-á:
I – em caráter efetivo, quando se tratar de cargo isolado de provimento efetivo ou de carreira;
II – em comissão, inclusive na condição de interino, para cargos de confiança vagos.
Parágrafo único. O servidor ocupante de cargo em comissão ou de natureza especial poderá ser nomeado para ter exercício, interinamente, em outro cargo de confiança, sem prejuízo das atribuições do que atualmente ocupa, hipótese em que deverá optar pela remuneração de um deles durante o período da interinidade.

A nomeação pode se dar em:

- Caráter efetivo: cargo isolado de provimento efetivo ou de carreira (necessária aprovação em concurso).
- Comissão: inclusive na condição de interino, para cargos de confiança vagos (livre nomeação e exoneração).

Cargo de confiança	Cargo em comissão
São conferidas atribuições e responsabilidade a um servidor.	É atribuído um cargo (lugar) nos quadros da administração.
Exercidas, exclusivamente, por servidores ocupantes de cargo efetivo.	Em regra, pode ser exercida por qualquer pessoa (há um percentual mínimo destinado a servidor de carreira).
Depende de aprovação em concurso público.	Não depende de aprovação em concurso (há um percentual mínimo destinado a servidor de carreira).
Atribuições de direção, chefia e assessoramento.	Atribuições de direção, chefia e assessoramento.
Livre nomeação e extinção (em relação à função, não ao cargo efetivo).	Livre nomeação e exoneração.

Art. 10 A nomeação para cargo de carreira ou cargo isolado de provimento efetivo depende de prévia habilitação em concurso público de provas ou de provas e títulos, obedecidos a ordem de classificação e o prazo de sua validade.
Parágrafo único. Os demais requisitos para o ingresso e o desenvolvimento do servidor na carreira, mediante promoção, serão estabelecidos pela lei que fixar as diretrizes do sistema de carreira na Administração Pública Federal e seus regulamentos.

Durante a interinidade deve-se **optar** pela remuneração.

Seção III – Do Concurso Público

Art. 11 O concurso será de provas ou de provas e títulos, podendo ser realizado em duas etapas, conforme dispuserem a lei e o regulamento do respectivo plano de carreira, condicionada a inscrição do candidato ao pagamento do valor fixado no edital, quando indispensável ao seu custeio, e ressalvadas as hipóteses de isenção nele expressamente previstas.

A CF/1988 trata sobre concurso no art. 37, II: *A investidura em cargo ou emprego público depende de aprovação prévia em concurso público de provas ou de provas e títulos, de acordo com a natureza e a complexidade do cargo ou emprego, na forma prevista em lei, ressalvadas as nomeações para cargo em comissão declarado em lei de livre nomeação e exoneração.*

> **Fique ligado**
>
> Jurisprudência:
> **Provas de títulos – STF:** as provas de títulos devem ter caráter exclusivamente classificatório, nunca eliminatório.
> **Concurso regionalizado – STF:** não há ofensa ao princípio da isonomia, a realização de concursos em que a classificação seja feita por região.
> **Cláusula de barreira – STF:** é válida a previsão em editais das chamadas cláusulas de barreira.
> **Remarcação de TAF – STF:** candidato não possui direito de remarcar a prova de testes físicos em razão de circunstâncias pessoais, ainda que de caráter fisiológico ou de força maior, salvo disposição expressa em sentido contrário no respectivo edital.
> **Remarcação de TAF (gestante) – STF:** possui direito à remarcação das provas [...] a condição de gestante goza de proteção constitucional reforçada [...] a gravidez não pode causar prejuízo às candidatas, sob pena de malferir os princípios da isonomia e da razoabilidade.
> **Escusa de consciência – STF:** a fixação, por motivos de crença religiosa do candidato em concurso público, de data e/ou horário alternativos para realização de etapas do certame deve ser permitida, dentro de limites de adaptação razoável, após manifestação prévia e fundamentada de objeção de consciência por motivos religiosos.

Art. 12 O concurso público terá validade de até 2 (dois) anos, podendo ser prorrogado uma única vez, por igual período.
§ 1º O prazo de validade do concurso e as condições de sua realização serão fixados em edital, que será publicado no Diário Oficial da União e em jornal diário de grande circulação.
§ 2º Não se abrirá novo concurso enquanto houver candidato aprovado em concurso anterior com prazo de validade não expirado.

Diferentemente da CF/1988, que prevê a possibilidade de abertura de novo concurso dentro do prazo de validade desde obedecida a prioridade de convocação (art. 37, III e IV), a Lei nº 8.112/1990 veda, expressamente, a possibilidade de abertura de novo concurso se houver aprovado no anterior com prazo de validade não expirado.

> **Art. 37, CF/1988** [...]
> III – o prazo de validade do concurso público será de até dois anos, prorrogável uma vez, por igual período;
> IV – durante o prazo improrrogável previsto no edital de convocação, aquele aprovado em concurso público de provas ou de provas e títulos será convocado com prioridade sobre novos concursados para assumir cargo ou emprego, na carreira;

> **Fique ligado**
>
> Jurisprudência:
> **Súmula nº 15 – STF:** dentro do prazo de validade do concurso, o candidato aprovado tem o direito à nomeação, quando o cargo for preenchido sem observância da classificação.
> **Súmula nº 16 – STF:** funcionário nomeado por concurso tem direito à posse.
> **RE 598.099 – STF:** candidato aprovado dentro do número das vagas previstas no edital do concurso tem direito à nomeação (exceto em situações excepcionais).
> Segundo o STF, o direito subjetivo à nomeação também se estende ao candidato aprovado fora do número de vagas previstas no edital, mas que passe a figurar entre as vagas em decorrência da desistência de candidatos classificados em colocação superior.

145

LEI Nº 8.112/1990 – REGIME JURÍDICO DOS SERVIDORES DA UNIÃO

Seção IV – Da Posse e do Exercício

Art. 13 A posse dar-se-á pela assinatura do respectivo termo, no qual deverão constar as atribuições, os deveres, as responsabilidades e os direitos inerentes ao cargo ocupado, que **não poderão ser alterados unilateralmente**, por qualquer das partes, ressalvados os atos de ofício previstos em lei.

No momento da assinatura do termo de posse ocorre a investidura do servidor ao cargo público (art. 7º). No termo de posse deve constar: atribuições, deveres, responsabilidades e direitos inerentes ao cargo e, em regra, não podem ser alterados unilateralmente.

§ 1º A **posse** ocorrerá no prazo de **trinta dias** contados da publicação do ato de provimento.

Após a nomeação, o candidato possui 30 dias para tomar posse.

§ 2º Em se tratando de servidor, que esteja na data de publicação do ato de provimento, em licença prevista nos incisos I, III e V do art. 81, ou afastado nas hipóteses dos incisos I, IV, VI, VIII, alíneas "a", "b", "d", "e" e "f", IX e X do art. 102, o prazo será contado do término do impedimento.

Em se tratando de servidor, a contagem do prazo deve levar em consideração as situações de afastamentos, licenças e férias, sendo que o prazo de 30 dias será contado a partir do término do impedimento.

§ 3º A posse poderá dar-se mediante procuração específica.

É possível posse por procuração.

§ 4º Só haverá **posse** nos casos de provimento de cargo por **nomeação**.

§ 5º No ato da **posse**, o servidor apresentará **declaração de bens e valores** que constituem seu patrimônio e **declaração quanto ao exercício ou não de outro cargo**, emprego ou função pública.

§ 6º Será tornado sem efeito o ato de provimento se a posse não ocorrer no prazo previsto no § 1º deste artigo.

Se a posse não ocorrer no prazo de 30 dias, o ato de provimento torna-se sem efeito.

Art. 14 A posse em cargo público dependerá de **prévia inspeção médica oficial**.

Parágrafo único. Só poderá ser empossado aquele que for julgado apto física e mentalmente para o exercício do cargo.

Art. 15 Exercício é o efetivo desempenho das atribuições do cargo público ou da função de confiança

§ 1º É de **quinze dias** o prazo para o servidor empossado em cargo público **entrar em exercício**, contados da data da posse.

| Nomeação (provimento originário) | → | Posse (30 dias após a nomeação) *Não cumprir o prazo: nomeação sem efeito. | → | Exercício (15 dias após a posse) *Não cumprir o prazo: exoneração. |

Os prazos citados são improrrogáveis.

§ 2º O servidor será exonerado do cargo ou será tornado sem efeito o ato de sua designação para função de confiança, se não entrar em exercício nos prazos previstos neste artigo, observado o disposto no art. 18.

O prazo para entrar em exercício é de 15 dias. O servidor que não entrar em exercício durante esse prazo será exonerado. Se for para função de confiança e não respeitar o prazo citado, a designação será tornada sem efeito.

	Servidor nomeado	Servidor designado para função de confiança
Prazo para entrar em exercício	15 dias (a contar da posse)	Na data da designação (salvo licença ou afastamento)
Consequência do não cumprimento do prazo	Exoneração	A designação torna-se sem efeito

Art. 16 O início, a suspensão, a interrupção e o reinício do exercício serão registrados no assentamento individual do servidor.

Parágrafo único. Ao entrar em exercício, o servidor apresentará ao órgão competente os elementos necessários ao seu assentamento individual.

Art. 17 A promoção não interrompe o tempo de exercício, que é contado no novo posicionamento na carreira a partir da data de publicação do ato que promover o servidor.

A promoção não interrompe o tempo de exercício.

Art. 18 O servidor que deva ter exercício em outro município em razão de ter sido removido, redistribuído, requisitado, cedido ou posto em exercício provisório terá, no mínimo, dez e, no máximo, trinta dias de prazo, contados da publicação do ato, para a retomada do efetivo desempenho das atribuições do cargo, incluído nesse prazo o tempo necessário para o deslocamento para a nova sede.

§ 1º Na hipótese de o servidor encontrar-se em licença ou afastado legalmente, o prazo a que se refere este artigo será contado a partir do término do impedimento.

§ 2º É facultado ao servidor declinar dos prazos estabelecidos no caput.

Nos casos de remoção, redistribuição, cedência e requisição, o servidor terá, no mínimo, 10 e, no máximo, 30 dias para entrar em exercício. O servidor pode renunciar a esses prazos.

Art. 19 Os servidores cumprirão jornada de trabalho fixada em razão das atribuições pertinentes aos respectivos cargos, respeitada a duração máxima do trabalho semanal de **quarenta horas** e observados os limites mínimo e máximo de seis horas e oito horas diárias, respectivamente.

§ 1º O ocupante de cargo em comissão ou função de confiança submete-se a regime de integral dedicação ao serviço, observado o disposto no art. 120, podendo ser convocado sempre que houver interesse da Administração.

§ 2º O disposto neste artigo não se aplica a duração de trabalho estabelecida em leis especiais.

Art. 20 Ao entrar em exercício, o servidor nomeado para cargo de provimento efetivo ficará sujeito a estágio probatório por período de 24 (vinte e quatro) meses, durante o qual a sua aptidão e capacidade serão objeto de avaliação para o desempenho do cargo, observados os seguintes fatores:

I – assiduidade;
II – disciplina;
III – capacidade de iniciativa;
IV – produtividade;
V – responsabilidade.

A EC nº 19/1998 alterou o art. 41 da CF/1988 e estabeleceu que o prazo para o servidor adquirir estabilidade é de 3 anos. Diante disso, o STF se posicionou no sentido de que esse também é o prazo do estágio probatório.

§ 1º 4 (quatro) meses antes de findo o período do estágio probatório, será submetida à homologação da autoridade competente a **avaliação do desempenho do servidor**, realizada por **comissão constituída para essa finalidade**, de acordo com o que dispuser a lei ou o regulamento da respectiva carreira ou cargo, sem prejuízo da continuidade de apuração dos fatores enumerados nos incisos I a V do caput deste artigo.

§ 2º O servidor **não aprovado** no estágio probatório será **exonerado** ou, **se estável, reconduzido** ao cargo anteriormente ocupado, observado o disposto no parágrafo único do art. 29.

Reprovação no estágio probatório	
Não estável	Exoneração
Estável	Recondução ao cargo de origem

146

*§ 3º O servidor **em estágio probatório** poderá exercer quaisquer cargos de provimento em comissão ou funções de direção, chefia ou assessoramento no órgão ou entidade de lotação, e **somente poderá ser cedido a outro órgão ou entidade** para ocupar cargos de Natureza Especial, cargos de provimento em comissão do Grupo-Direção e Assessoramento Superiores – DAS, de níveis 6, 5 e 4, ou equivalentes.*

§ 4º Ao servidor em estágio probatório somente poderão ser concedidas as licenças e os afastamentos previstos nos arts. 81, incisos I a IV, 94, 95 e 96, bem assim afastamento para participar de curso de formação decorrente de aprovação em concurso para outro cargo na Administração Pública Federal

Não podem ser concedidas as seguintes licenças durante o estágio:

▷ Probatório:
- **Ma**ndato classista.
- **Tra**tar de interesses particulares.
- **Ca**pacitação.
- **Macete:** use o mnemônico **MA – TRA – CA**

▷ Afastamentos permitidos:
- Art. 94 – Mandato eletivo.
- Art. 95 – Afastamento para estudo ou missão no exterior.
- Art. 96 – Afastamento de servidor para servir em organismo internacional de que o Brasil participe (com perda total da remuneração).

    § 5º O estágio probatório ficará suspenso durante as licenças e os afastamentos previstos nos arts. 83, 84, § 1º, 86 e 96, bem assim na hipótese de participação em curso de formação, e será retomado a partir do término do impedimento.

Suspensão do estágio probatório:

▷ Art. 83: motivo de doença do cônjuge ou companheiro, dos pais, dos filhos, do padrasto ou madrasta e enteado, ou dependente que viva a suas expensas e conste do seu assentamento funcional.

▷ Art. 84: licença por motivo de afastamento do cônjuge (prazo indeterminado e sem remuneração).

▷ Art. 86: licença para atividade política.

▷ Art. 96: afastamento de servidor para servir em organismo internacional de que o Brasil participe (com perda total da remuneração).

O estágio probatório volta a correr normalmente, de onde parou, após o término destas licenças e afastamentos citados.

Seção V – Da Estabilidade
Art. 21 O servidor habilitado em concurso público e empossado em cargo de provimento efetivo adquirirá estabilidade no serviço público ao completar 2 (dois) anos de efetivo exercício. (prazo 3 anos – vide EMC nº 19)

Art. 22 O servidor estável só perderá o cargo em virtude de sentença judicial transitada em julgado ou de processo administrativo disciplinar no qual lhe seja assegurada ampla defesa.

Art. 41, CF/1988 São estáveis após três anos de efetivo exercício os servidores nomeados para cargo de provimento efetivo em virtude de concurso público.
§ 1º O servidor público estável só perderá o cargo:
I – em virtude de sentença judicial transitada em julgado;
II – mediante processo administrativo em que lhe seja assegurada ampla defesa;
III – mediante procedimento de avaliação periódica de desempenho, na forma de lei complementar, assegurada ampla defesa.
§ 2º Invalidada por sentença judicial a demissão do servidor estável, será ele reintegrado, e o eventual ocupante da vaga, se estável, reconduzido ao cargo de origem, sem direito a indenização, aproveitado em outro cargo ou posto em disponibilidade com remuneração proporcional ao tempo de serviço.

§ 3º Extinto o cargo ou declarada a sua desnecessidade, o servidor estável ficará em disponibilidade, com remuneração proporcional ao tempo de serviço, até seu adequado aproveitamento em outro cargo.

Os requisitos cumulativos para aquisição de estabilidade são:
I – Concurso público;
II – Cargo público de provimento efetivo;
III – Três anos de efetivo exercício.
IV – Aprovação em avaliação especial de desempenho.

Outro detalhe importante citado pela doutrina refere-se ao fato de a estabilidade acontecer por ente federativo. Nessa ótica, um servidor que passa em um concurso federal, regido pela Lei nº 8.112/1990, conquistando sua estabilidade, será estável na União, mas não em relação ao Estado e Município onde reside.

Seção VI – Da Transferência
Art. 23 (Revogado).

Seção VII – Da Readaptação
Art. 24 Readaptação é a investidura do servidor em cargo de atribuições e responsabilidades compatíveis com a limitação que tenha sofrido em sua capacidade física ou mental verificada em inspeção médica.

*§ 1º **Se julgado incapaz** para o serviço público, o readaptando será **aposentado**.*

§ 2º A readaptação será efetivada em cargo de atribuições afins, respeitada a habilitação exigida, nível de escolaridade e equivalência de vencimentos e, na hipótese de inexistência de cargo vago, o servidor exercerá suas atribuições como excedente, até a ocorrência de vaga.

Readaptação – forma de provimento derivado horizontal: ela se dá quando o servidor não tem mais aptidão física ou mental para exercer o cargo.

A readaptação será feita:
a) Em cargo de atribuições afins;
b) Respeitada a habilitação exigida;
c) Respeitado o nível de escolaridade;
d) Com equivalência de vencimentos.

Na hipótese de inexistência de cargo vago, o servidor exercerá suas atribuições como **excedente**, até a ocorrência de vaga.

Seção VIII – Da Reversão
Art. 25 Reversão é o retorno à atividade de servidor aposentado:
I – por invalidez, quando junta médica oficial declarar insubsistentes os motivos da aposentadoria;
II – no interesse da administração, desde que:
a) tenha solicitado a reversão;
b) a aposentadoria tenha sido voluntária;
c) estável quando na atividade;
d) a aposentadoria tenha ocorrido nos cinco anos anteriores à solicitação;
e) haja cargo vago.

§ 1º A reversão far-se-á no mesmo cargo ou no cargo resultante de sua transformação.

§ 2º O tempo em que o servidor estiver em exercício será considerado para concessão da aposentadoria.

*§ 3º No caso do inciso I, encontrando-se provido o cargo, o servidor exercerá suas **atribuições como excedente**, até a ocorrência de vaga*

*§ 4º O servidor que retornar à atividade por interesse da administração **perceberá, em substituição aos proventos da aposentadoria, a remuneração do cargo que voltar a exercer**, inclusive com as vantagens de natureza pessoal que percebia anteriormente à aposentadoria.*

§ 5º O servidor de que trata o inciso II somente terá os proventos calculados com base nas regras atuais se permanecer pelo menos cinco anos no cargo.

§ 6º O Poder Executivo regulamentará o disposto neste artigo.

LEI Nº 8.112/1990 – REGIME JURÍDICO DOS SERVIDORES DA UNIÃO

Art. 26 (Revogado)

Art. 27 Não poderá reverter o aposentado que já tiver completado 70 (setenta) anos de idade.

▷ **Compulsória**: servidor aposentado por invalidez – quando insubsistente motivo declarado por junta médica.

Na hipótese de reversão compulsória, caso o cargo esteja ocupado, o servidor revertido exercerá suas atribuições como **excedente**.

O art. 40, I, CF/1988, diz que o servidor pode ser aposentado: *Por* **incapacidade permanente** *para o trabalho, no cargo em que estiver investido,* **quando insuscetível de readaptação***, hipótese em que será obrigatória* **a realização de avaliações periódicas** *para verificação da continuidade das condições que ensejaram a concessão da aposentadoria.*

O servidor aposentado deverá passar por avaliações médicas periódicas, para comprovar que sua incapacidade se mantém. Caso essa incapacidade cesse, o servidor será **revertido compulsoriamente**.

▷ **Voluntária**: no interesse da administração.

A aposentadoria e a solicitação de reversão devem ser voluntárias.

Nesse caso, os requisitos são: servidor tenha solicitado a reversão; aposentadoria tenha sido voluntária; servidor seja **estável** quando na atividade; a aposentadoria tenha ocorrido nos **cinco anos anteriores** à solicitação; haja cargo vago.

Em qualquer caso, não poderá reverter quem já tiver completado 70 anos de idade.

A idade de aposentadoria compulsória é 75 anos, porém a idade máxima para reverter é 70 anos.

Seção IX – Da Reintegração

Art. 28 A reintegração é a reinvestidura do servidor estável no cargo anteriormente ocupado, ou no cargo resultante de sua transformação, quando invalidada a sua demissão por decisão administrativa ou judicial, com ressarcimento de todas as vantagens.

§ 1º Na hipótese de o cargo ter sido extinto, o servidor ficará em disponibilidade, observado o disposto nos arts. 30 e 31.

§ 2º Encontrando-se provido o cargo, o seu eventual ocupante será reconduzido ao cargo de origem, sem direito à indenização ou aproveitado em outro cargo, ou, ainda, posto em disponibilidade.

Trata-se do retorno do servidor estável ao cargo anteriormente ocupado, ou no cargo resultante de sua transformação, quando invalidada a sua demissão:

a) Por decisão administrativa ou judicial;
b) Com ressarcimento de todas as vantagens.

Caso o cargo for extinto, o servidor ficará em **disponibilidade**.

Seção X – Da Recondução

Art. 29 Recondução é o retorno do servidor estável ao cargo anteriormente ocupado e decorrerá de:

I – inabilitação em estágio probatório relativo a outro cargo;

II – reintegração do anterior ocupante.

Parágrafo único. Encontrando-se provido o cargo de origem, o servidor será aproveitado em outro, observado o disposto no art. 30.

Retorno do servidor estável ao cargo anteriormente ocupado e decorrerá de:

a) Inabilitação em estágio probatório relativo a outro cargo;
b) Desistência estágio probatório (jurisprudência[1]);
c) Reintegração do anterior ocupante.

Após reconduzido, encontrando-se provido o cargo de origem, o servidor será:

a) Aproveitado em outro cargo;
b) Posto em disponibilidade.

Seção XI – Da Disponibilidade e do Aproveitamento

Art. 30 O retorno à atividade de servidor em disponibilidade far-se-á mediante aproveitamento obrigatório em cargo de atribuições e vencimentos compatíveis com o anteriormente ocupado.

Art. 31 O órgão Central do Sistema de Pessoal Civil determinará o imediato aproveitamento de servidor em disponibilidade em vaga que vier a ocorrer nos órgãos ou entidades da Administração Pública Federal.

Parágrafo único. Na hipótese prevista no § 3º do art. 37, o servidor posto em disponibilidade poderá ser mantido sob responsabilidade do órgão central do Sistema de Pessoal Civil da Administração Federal – SIPEC, até o seu adequado aproveitamento em outro órgão ou entidade.

O servidor fica em disponibilidade em razão da extinção do cargo ou da declaração de sua desnecessidade. Colocar o servidor em disponibilidade é o último recurso da administração pública, uma vez que não é interessante manter um servidor sem trabalhar e recebendo remuneração. A disponibilidade, normalmente, ocorre quando o cargo for **extinto** ou declarado **desnecessário** para a administração pública, além dos casos já vistos provenientes de **reintegração** ou **recondução**.

Art. 32 Será tornado sem efeito o aproveitamento e cassada a disponibilidade se o servidor não entrar em exercício no prazo legal, salvo doença comprovada por junta médica oficial.

12.2.2 Vacância

Art. 33 A vacância do cargo público decorrerá de:

I – exoneração;
II – demissão;
III – promoção;
IV e V (Revogados);
VI – readaptação;
VII – aposentadoria;
VIII – posse em outro cargo inacumulável;
IX – falecimento.

A vacância ocorre quando um servidor desocupa o seu cargo.

Promoção, readaptação e posse em outro cargo inacumulável são, simultaneamente, formas de **provimento** e **vacância**.

A demissão possui caráter punitivo.

Art. 34 A exoneração de **cargo efetivo** *dar-se-á a pedido do servidor, ou de ofício.*

Parágrafo único. A exoneração de ofício dar-se-á:

I – quando não satisfeitas as condições do estágio probatório;

II – quando, tendo tomado posse, o servidor não entrar em exercício no prazo estabelecido.

Art. 35 A exoneração de **cargo em comissão** *e a dispensa de função de confiança dar-se-á:*

I – a juízo da autoridade competente;

II – a pedido do próprio servidor.

A Exoneração, quando se trata de **cargo efetivo**, pode se dar de duas formas:

a) A pedido: ocorre quando o servidor decide deixar o serviço público e solicita o seu desligamento
b) De ofício:

▷ Quando as condições não são satisfeitas para o estágio probatório.

Não se trata de aplicação de penalidade, mas de consequência legal prevista quando constatada a inadequação do servidor ao cargo.

▷ Quando, tendo tomado posse, o servidor não entrar em exercício no prazo estabelecido.

O prazo para o servidor entrar em exercício após a posse é de 15 dias.

---

[1] A jurisprudência entende que a recondução pode se dar por desistência do novo cargo, durante o período de estágio probatório (não tem previsão expressa na lei).

NOÇÕES DE DIREITO

12.2.3 Remoção e redistribuição

Seção I – Da Remoção

Art. 36 Remoção é o deslocamento do servidor, a pedido ou de ofício, no âmbito do mesmo quadro, com ou sem mudança de sede.

A remoção de ofício pode ocorrer sem mudança de sede.

> **Art. 242** Para os fins desta Lei, **considera-se sede o município onde a repartição estiver instalada** e onde o servidor tiver exercício, em caráter permanente.

Parágrafo único. Para fins do disposto neste artigo, entende-se por modalidades de remoção:

I – de ofício, no interesse da Administração;

II – a pedido, a critério da Administração;

III – a pedido, para outra localidade, independentemente do interesse da Administração:

a) para acompanhar cônjuge ou companheiro, também servidor público civil ou militar, de qualquer dos Poderes da União, dos Estados, do Distrito Federal e dos Municípios, que foi deslocado no interesse da Administração;

b) por motivo de saúde do servidor, cônjuge, companheiro ou dependente que viva às suas expensas e conste do seu assentamento funcional, condicionada à comprovação por junta médica oficial;

c) em virtude de processo seletivo promovido, na hipótese em que o número de interessados for superior ao número de vagas, de acordo com normas preestabelecidas pelo órgão ou entidade em que aqueles estejam lotados.

A remoção não é forma de provimento, ela é o deslocamento do servidor, no âmbito do mesmo quadro de pessoal, **com** ou **sem** mudança de sede.

A remoção pode ser feita de três maneiras distintas, sendo estas:

a) A pedido – a critério da administração: quando o servidor solicita, simplesmente, a mudança de sede, por motivos pessoais. A administração **não** é obrigada a atender o pedido.

b) De ofício – no interesse da administração: quando a administração decide para onde o servidor deve ir. É a única situação em que é devida ajuda de custo ao servidor.

c) A pedido – independente do interesse da administração.

Para outra localidade:

a) Para acompanhar cônjuge ou companheiro, também servidor público civil ou militar, de qualquer dos Poderes da União, dos Estados, do Distrito Federal e dos Municípios, que foi deslocado no interesse da Administração.

b) Por motivo de saúde do servidor, cônjuge, companheiro ou dependente que viva às suas expensas e conste do seu assentamento funcional, condicionada à comprovação por junta médica oficial.

c) Em virtude de processo seletivo promovido, na hipótese em que o número de interessados for superior ao número de vagas, de acordo com normas preestabelecidas pelo órgão ou entidade em que aqueles estejam lotados.

Seção II – Da Redistribuição

Art. 37 Redistribuição é o deslocamento de cargo de provimento efetivo, ocupado ou vago no âmbito do quadro geral de pessoal, para outro órgão ou entidade do mesmo Poder, com prévia apreciação do órgão central do SIPEC, observados os seguintes preceitos:

I – interesse da administração

II – equivalência de vencimentos

III – manutenção da essência das atribuições do cargo;

IV – vinculação entre os graus de responsabilidade e complexidade das atividades;

V – mesmo nível de escolaridade, especialidade ou habilitação profissional;

VI – compatibilidade entre as atribuições do cargo e as finalidades institucionais do órgão ou entidade.

Redistribuição é o deslocamento de cargo de provimento efetivo, **ocupado** ou **vago** no âmbito do quadro geral de pessoal, para outro órgão ou entidade do mesmo poder.

O cargo redistribuído para outro órgão/entidade deve ser semelhante ao cargo de origem.

§ 1º A redistribuição ocorrerá ex officio para ajustamento de lotação e da força de trabalho às necessidades dos serviços, inclusive nos casos de reorganização, extinção ou criação de órgão ou entidade

§ 2º A redistribuição de cargos efetivos vagos se dará mediante ato conjunto entre o órgão central do SIPEC e os órgãos e entidades da Administração Pública Federal envolvidos.

§ 3º Nos casos de reorganização ou extinção de órgão ou entidade, extinto o cargo ou declarada sua desnecessidade no órgão ou entidade, o servidor estável que não for redistribuído será colocado em disponibilidade, até seu aproveitamento na forma dos arts. 30 e 31.

§ 4º O servidor que não for redistribuído ou colocado em disponibilidade poderá ser mantido sob responsabilidade do órgão central do SIPEC, e ter exercício provisório, em outro órgão ou entidade, até seu adequado aproveitamento.

Nos casos de reorganização ou extinção de órgão ou entidade, extinto o cargo ou declarada sua desnecessidade no órgão ou entidade, o servidor estável que ocupava o cargo redistribuído e não acompanhar o cargo será:

a) Colocado em disponibilidade, até seu aproveitamento;

b) Mantido sob responsabilidade do órgão central do Sipec, e ter exercício provisório, em outro órgão ou entidade, até seu adequado aproveitamento.

12.2.4 Substituição

Art. 38 Os servidores investidos em cargo ou função de direção ou chefia e os ocupantes de cargo de Natureza Especial terão substitutos indicados no regimento interno ou, no caso de omissão, previamente designados pelo dirigente máximo do órgão ou entidade.

Trata-se de quem assume um cargo de direção, chefia ou natureza especial, na ausência do titular.

Todos os servidores que estiverem nas funções de direção ou chefia terão substitutos. Os cargos não podem ficar desprovidos.

§ 1º O substituto assumirá automática e cumulativamente, sem prejuízo do cargo que ocupa, o exercício do cargo ou função de direção ou chefia e os de Natureza Especial, nos afastamentos, impedimentos legais ou regulamentares do titular e na vacância do cargo, hipóteses em que deverá optar pela remuneração de um deles durante o respectivo período.

Durante a substituição, o substituto exercerá cumulativamente os dois cargos, o seu e o cargo na condição de substituto, devendo optar pela remuneração de um deles.

§ 2º O substituto fará jus à retribuição pelo exercício do cargo ou função de direção ou chefia ou de cargo de Natureza Especial, nos casos dos afastamentos ou impedimentos legais do titular, superiores a trinta dias consecutivos, paga na proporção dos dias de efetiva substituição, que excederem o referido período.

Quando a substituição for superior a 30 dias, o substituto fará jus à retribuição pelo exercício do cargo de chefia, durante o período que exceder 30 dias.

Art. 39 O disposto no artigo anterior aplica-se aos titulares de unidades administrativas organizadas em nível de assessoria.

12.3 Direitos e vantagens

12.3.1 Vencimento e remuneração

Art. 40 Vencimento é a retribuição pecuniária pelo exercício de cargo público, com valor **fixado em lei**.

Art. 41 Remuneração é o **vencimento** do cargo efetivo, **acrescido das vantagens pecuniárias permanentes** estabelecidas em lei.

LEI Nº 8.112/1990 – REGIME JURÍDICO DOS SERVIDORES DA UNIÃO

▷ Vencimento: retribuição pecuniária pelo exercício de cargo público, com valor fixado em lei.
▷ Remuneração: vencimento do cargo efetivo, acrescido das vantagens pecuniárias permanentes estabelecidas em lei.
▷ Subsídio: modalidade de retribuição pecuniária paga a certos agentes públicos, em parcela única, sendo vedado o acréscimo de qualquer gratificação, adicional, abono, prêmio, verba de representação ou outra espécie remuneratória (não está definido na Lei nº 8.112/1990).

> § 1º A remuneração do servidor investido em função ou cargo em comissão será paga na forma prevista no art. 62.
> § 2º O servidor investido em **cargo em comissão de órgão ou entidade diversa** da de sua lotação receberá a remuneração de acordo com o estabelecido no § 1º do art. 93.
> § 3º O **vencimento** do cargo efetivo, **acrescido das vantagens** de caráter permanente, **é irredutível**.

Trata o referido parágrafo da irredutibilidade da remuneração.

Esta irredutibilidade não é absoluta, sendo que o art. 37, XV, CF/1988, apresenta algumas exceções, como: *o subsídio e os vencimentos dos ocupantes de cargos e empregos públicos são irredutíveis, ressalvado o disposto nos incisos XI e XIV deste artigo e nos arts. 39, § 4º, 150, II, 153, III, e 153, § 2º, I.*

> § 4º É assegurada a isonomia de vencimentos para cargos de atribuições iguais ou assemelhadas do mesmo Poder, ou entre servidores dos três Poderes, ressalvadas as vantagens de caráter individual e as relativas à natureza ou ao local de trabalho.

Súmula Vinculante nº 37 – STF: *Não cabe ao poder Judiciário, que não tem função legislativa, aumentar vencimentos de servidores públicos sob o fundamento de isonomia.*

> § 5º Nenhum servidor receberá remuneração inferior ao salário-mínimo.

O vencimento pode ser inferior ao salário-mínimo, a vedação se refere à remuneração.

Fique ligado

Jurisprudência:
Súmula Vinculante nº 4 – STF: Salvo nos casos previstos na Constituição, o salário-mínimo não pode ser usado como indexador de base de cálculo de vantagem de servidor público ou de empregado, nem ser substituído por decisão judicial.
Súmula Vinculante nº 42 – STF: É inconstitucional a vinculação do reajuste de vencimentos de servidores estaduais ou municipais a índices federais de correção monetária.
Súmula nº 679 – STF: A fixação de vencimentos dos servidores públicos não pode ser objeto de convenção coletiva.

> **Art. 42** Nenhum servidor poderá perceber, mensalmente, a título de remuneração, importância superior à soma dos valores percebidos como remuneração, em espécie, a qualquer título, no âmbito dos respectivos Poderes, pelos Ministros de Estado, por membros do Congresso Nacional e Ministros do Supremo Tribunal Federal.
> **Parágrafo único.** Excluem-se do teto de remuneração as vantagens previstas nos incisos II a VII do art. 61.

Teto remuneratório:

Trata-se do valor máximo que um servidor federal pode receber, de acordo com o art. 37, XI, da CF/1988.

As verbas indenizatórias, como diárias e auxílio moradia, não são computadas para o cálculo do teto remuneratório.

Excluem-se do teto de remuneração:
Art. 61, Lei nº 8.112/1990 (Gratificações e adicionais).
II – gratificação natalina;
III – (Revogado);
IV – adicional pelo exercício de atividades insalubres, perigosas ou penosas;
V – adicional pela prestação de serviço extraordinário;
VI – adicional noturno;
VII – adicional de férias;

> **Art. 43** (Vetado).
> **Art. 44** O servidor **perderá:**
> I – a **remuneração do dia** em que faltar ao serviço, sem motivo justificado;
> II – a **parcela de remuneração diária**, proporcional aos atrasos, ausências justificadas, ressalvadas as concessões de que trata o art. 97, e saídas antecipadas, salvo na hipótese de compensação de horário, até o mês subsequente ao da ocorrência, a ser estabelecida pela chefia imediata.
> **Parágrafo único.** As **faltas justificadas** decorrentes de caso fortuito ou de força maior **poderão ser compensadas** a critério da chefia imediata, sendo assim consideradas como efetivo exercício.

Desconto da remuneração

a) Caso falte ao serviço, sem motivo justificado – perderá o dia de remuneração.
b) Caso atrase, saia antecipadamente – perderá a remuneração proporcional.

> **Art. 45** Salvo por imposição legal, ou mandado judicial, nenhum desconto incidirá sobre a remuneração ou provento.
> §§ 1º e 2º (Revogados pela Medida Provisória nº 1.132/2022)

Medida Provisória nº 1.132/2022
Art. 1º Os servidores públicos federais regidos pela Lei nº 8.112, de 11 de dezembro 1990, poderão autorizar a consignação em folha de pagamento em favor de terceiros, a critério da administração e com reposição de custos, na forma definida em regulamento.
Parágrafo único. O total de consignações facultativas de que trata caput não excederá a **quarenta por cento** da remuneração mensal, sendo que cinco por cento serão reservados exclusivamente para:
I – amortização de despesas contraídas por meio de cartão de crédito; ou
II – utilização com finalidade de saque por meio do cartão de crédito.

> **Art. 46** As reposições e indenizações ao erário, atualizadas até 30 de junho de 1994, serão previamente comunicadas ao servidor ativo, aposentado ou ao pensionista, para **pagamento, no prazo máximo de trinta dias**, podendo ser parceladas, a pedido do interessado.
> § 1º O valor de cada parcela **não poderá ser inferior** ao correspondente a **dez por cento da remuneração**, provento ou pensão.
> § 2º Quando o pagamento indevido houver ocorrido no mês anterior ao do processamento da folha, a reposição será feita imediatamente, em uma única parcela.
> § 3º Na hipótese de valores recebidos em decorrência de cumprimento a decisão liminar, a tutela antecipada ou a sentença que venha a ser revogada ou rescindida, serão eles atualizados até a data da reposição.

Reposições e indenizações ao erário:

a) Pagamento, no prazo máximo de trinta dias, podendo ser parcelado.
b) Parcela não poderá ser inferior a 10% da remuneração/provento/pensão.
c) Pagamento indevido ocorrido no mês anterior ao do processamento da folha, a reposição será feita imediatamente, em uma única parcela.

NOÇÕES DE DIREITO

Art. 47 O servidor em débito com o erário, que for **demitido, exonerado ou que tiver sua aposentadoria ou disponibilidade cassada**, terá o prazo de sessenta dias para quitar o débito.

Parágrafo único. A **não quitação** do débito no prazo previsto implicará sua **inscrição em dívida ativa**.

Art. 48 O vencimento, a remuneração e o provento não serão objeto de arresto, sequestro ou penhora, **exceto nos casos de prestação de alimentos** resultante de decisão judicial

Excluindo-se os casos de pagamento de pensão alimentícia, decidida judicialmente, não poderá haver sequestro, arresto ou penhora do vencimento ou remuneração do servidor.

12.3.2 Vantagens

Art. 49 Além do vencimento, poderão ser pagas ao servidor as seguintes vantagens:
I – indenizações;
II – gratificações;
III – adicionais.

§ 1º As **indenizações não se incorporam ao vencimento ou provento** *para qualquer efeito.*

As indenizações são eventuais, ou seja, não têm caráter permanente.

§ 2º As **gratificações e os adicionais incorporam-se ao vencimento ou provento**, *nos casos e condições indicados em lei.*

As gratificações e os adicionais podem ter caráter permanente, incorporando-se à remuneração.

Art. 50 As vantagens pecuniárias não serão computadas, nem acumuladas, para efeito de concessão de quaisquer outros acréscimos pecuniários ulteriores, sob o mesmo título ou idêntico fundamento.

Vedação ao efeito cascata:

O art. 37, XIV, apresenta uma regra semelhante, porém, mais restrita: *os acréscimos pecuniários percebidos por servidor público não serão computados nem acumulados para fins de concessão de acréscimos ulteriores.*

Esse inciso, basicamente, proíbe que gratificações, adicionais e outras vantagens incidam uns sobre outros, cumulando-se.

Exemplo: vencimento básico – R$ 2.000,00 + função de chefe – R$ 1.000,00. Determinada lei institui um adicional de atividade a ser pago um percentual de 30%. Esse adicional só poderá incidir sobre o vencimento básico.

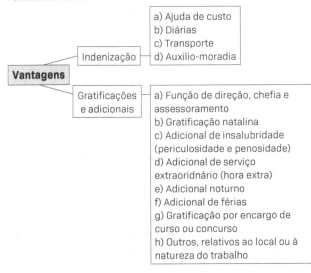

Seção I – Das Indenizações

Art. 51 Constituem indenizações ao servidor:
I – ajuda de custo;
II – diárias;
III – transporte;
IV – (Revogado);
IV – auxílio-moradia.

Art. 52 Os valores das indenizações estabelecidas nos incisos I a III do art. 51, assim como as condições para a sua concessão, serão estabelecidos em regulamento.

As indenizações não são computadas para o cálculo do teto remuneratório.

Subseção I – Da Ajuda de Custo

Art. 53 A ajuda de custo destina-se a compensar as despesas de instalação do servidor que, no interesse do serviço, passar a ter exercício em nova sede, com mudança de domicílio em caráter permanente, vedado o duplo pagamento de indenização, a qualquer tempo, no caso de o cônjuge ou companheiro que detenha também a condição de servidor, vier a ter exercício na mesma sede

§ 1º Correm por conta da administração as despesas de transporte do servidor e de sua família, compreendendo passagem, bagagem e bens pessoais.

§ 2º À família do servidor que falecer na nova sede são asseguradas ajuda de custo e transporte para a localidade de origem, dentro do prazo de 1 (um) ano, contado do óbito.

§ 3º Não será concedida ajuda de custo nas hipóteses de remoção previstas nos incisos II e III do parágrafo único do art. 36.

a) A ajuda de custo é devida, em caso de remoção de ofício, no interesse da administração, para nova sede, em caráter permanente.

b) As hipóteses previstas nos incisos II e III do art. 36 referem-se à remoção a pedido.

c) Vedado o duplo pagamento, a qualquer tempo, caso cônjuge/companheiro venha a ter exercício na mesma sede do servidor outrora removido e que já recebeu ajuda de custo.

d) Caso o servidor venha a falecer é devido ajuda de custo e transporte para a família do servidor, para retorno à localidade de origem, pelo prazo de 1 ano da data do óbito.

Art. 54 A ajuda de custo é calculada sobre a remuneração do servidor, conforme se dispuser em regulamento, não podendo exceder a importância correspondente a 3 (três) meses.

Valor máximo de 3 vezes mais da remuneração.

Art. 55 Não será concedida ajuda de custo ao servidor que se afastar do cargo, ou reassumi-lo, em virtude de mandato eletivo.

Art. 56 Será concedida ajuda de custo àquele que, não sendo servidor da União, for nomeado para cargo em comissão, com mudança de domicílio.

Pode ser paga para não servidor da União, nomeado para Cargo em Comissão, quando exigir mudança de domicílio.

Parágrafo único. No afastamento previsto no inciso I do art. 93, a ajuda de custo será paga pelo órgão cessionário, quando cabível.

Quando o servidor for cedido para Cargo em Comissão ou Cargo de Confiança, e exigir mudança de sede, a ajuda de custo será paga pelo cessionário.

Art. 57 O servidor ficará obrigado a restituir a ajuda de custo quando, injustificadamente, não se apresentar na nova sede no prazo de 30 (trinta) dias.

Subseção II – Das Diárias

Art. 58 O servidor que, a serviço, afastar-se da sede em caráter eventual ou transitório para outro ponto do território nacional ou para o exterior, fará jus a passagens e diárias destinadas a **indenizar as parcelas de despesas extraordinária** *com* **pousada, alimentação e locomoção urbana**, *conforme dispuser em regulamento.*

No caso das diárias, o afastamento da sede do servidor não se dá em caráter permanente, mas em caráter **eventual** ou **transitório**.

LEI Nº 8.112/1990 – REGIME JURÍDICO DOS SERVIDORES DA UNIÃO

§ 1º A diária será concedida por dia de afastamento, sendo devida pela metade quando o deslocamento não exigir pernoite fora da sede, ou quando a União custear, por meio diverso, as despesas extraordinárias cobertas por diárias

§ 2º Nos casos em que o deslocamento da sede constituir exigência permanente do cargo, o servidor não fará jus a diárias.

§ 3º Também não fará jus a diárias o servidor que se deslocar dentro da **mesma região metropolitana**, aglomeração urbana ou microrregião, constituídas por **municípios limítrofes** e regularmente instituídas, ou em áreas de **controle integrado mantidas com países limítrofes**, cuja jurisdição e competência dos órgãos, entidades e servidores brasileiros considera-se estendida, **salvo se houver pernoite fora da sede**, hipóteses em que as diárias pagas serão sempre as fixadas para os afastamentos dentro do território nacional.

Art. 59 O servidor que receber diárias e não se afastar da sede, por qualquer motivo, fica obrigado a restituí-las integralmente, no prazo de 5 (cinco) dias.

Parágrafo único. Na hipótese de o servidor retornar à sede em prazo menor do que o previsto para o seu afastamento, restituirá as diárias recebidas em excesso, no prazo previsto no **caput**.

O prazo de restituição das diárias é de 5 dias.

Subseção III – Da Indenização de Transporte

Art. 60 Conceder-se-á indenização de transporte ao servidor que realizar despesas com a utilização de meio próprio de locomoção para a execução de serviços externos, por força das atribuições próprias do cargo, conforme se dispuser em regulamento.

Não confunda com o chamado auxílio-transporte, pago em razão do deslocamento de casa para o trabalho (e vice-versa).

A indenização de que trata o artigo é devida quando o servidor utiliza meio próprio para realizar uma atribuição de seu cargo. Exemplo: oficial de justiça que utiliza seu próprio veículo para realizar diligências.

Subseção IV – Do Auxílio-Moradia

Art. 60-A O auxílio-moradia consiste no ressarcimento das despesas comprovadamente realizadas pelo servidor **com aluguel de moradia ou com meio de hospedagem** administrado por empresa hoteleira, **no prazo de um mês após a comprovação da despesa** pelo servidor.

a) Destinado ao ressarcimento das despesas realizadas com aluguel ou hospedagem.

b) Diferentemente da ajuda de custo ou diárias, o recebimento deste auxílio ocorre após a comprovação de despesa, no prazo de um mês.

Art. 60-B Conceder-se-á **auxílio-moradia** ao servidor se atendidos os seguintes **requisitos**:

I – não exista imóvel funcional disponível para uso pelo servidor;

II – o cônjuge ou companheiro do servidor não ocupe imóvel funcional;

III – o servidor ou seu cônjuge ou companheiro não seja ou tenha sido proprietário, promitente comprador, cessionário ou promitente cessionário de imóvel no Município aonde for exercer o cargo, incluída a hipótese de lote edificado sem averbação de construção, nos doze meses que antecederem a sua nomeação;

IV – nenhuma outra pessoa que resida com o servidor receba auxílio-moradia;

V – o servidor tenha se mudado do local de residência para ocupar cargo em comissão ou função de confiança do Grupo-Direção e Assessoramento Superiores – DAS, níveis 4, 5 e 6, de Natureza Especial, de Ministro de Estado ou equivalentes;

a) Só é devido para que tenha de se mudar para assumir Cargos em Comissão ou Cargos de Confiança (DAS 4, 5 e 6), Cargos de Natureza Especial ou Equivalentes.

b) Não confunda com auxílio-moradia de juízes ou membros do Ministério Público, esses são regidos por leis próprias.

VI – o Município no qual assuma o cargo em comissão ou função de confiança não se enquadre nas hipóteses do art. 58, § 3º, em relação ao local de residência ou domicílio do servidor.

Art. 58, § 3º Também **não fará jus a diárias** o servidor que se deslocar dentro da **mesma região metropolitana**, aglomeração urbana ou microrregião, constituídas por **municípios limítrofes** e regularmente instituídas, **ou em áreas de controle integrado mantidas com países limítrofes**, cuja jurisdição e competência dos órgãos, entidades e servidores brasileiros considera-se estendida, salvo se houver pernoite fora da sede, hipóteses em que as diárias pagas serão sempre as fixadas para os afastamentos dentro do território nacional.

VII – o servidor não tenha sido domiciliado ou tenha residido no Município, nos últimos doze meses, aonde for exercer o cargo em comissão ou função de confiança, desconsiderando-se prazo inferior a sessenta dias dentro desse período; e

VIII – o deslocamento não tenha sido por força de alteração de lotação ou nomeação para cargo efetivo.

IX – (Revogado).

IX – o deslocamento tenha ocorrido após 30 de junho de 2006.

Parágrafo único. Para fins do inciso VII, não será considerado o prazo no qual o servidor estava ocupando outro cargo em comissão relacionado no inciso V.

Art. 60-D O valor mensal do auxílio-moradia é limitado a 25% (vinte e cinco por cento) do valor do cargo em comissão, função comissionada ou cargo de Ministro de Estado ocupado.

§ 1º O valor do auxílio-moradia não poderá superar 25% (vinte e cinco por cento) da remuneração de Ministro de Estado.

§ 2º Independentemente do valor do cargo em comissão ou função comissionada, fica garantido a todos os que preencherem os requisitos o ressarcimento até o valor de R$ 1.800,00 (mil e oitocentos reais).

O valor mensal do auxílio-moradia é limitado a 25% da remuneração do cargo. Sendo:

a) Valor máximo: 25% da remuneração de ministro de Estado.

b) Valor mínimo: R$ 1.800,00.

A fixação de valor mínimo demonstra que é possível extrapolar os 25% da remuneração do cargo.

Art. 60-E No caso de falecimento, exoneração, colocação de imóvel funcional à disposição do servidor ou aquisição de imóvel, o auxílio-moradia continuará sendo pago por um mês.

Seção II – Das Gratificações e Adicionais

Art. 61 Além do vencimento e das vantagens previstas nesta Lei, serão deferidos aos servidores as seguintes retribuições, gratificações e adicionais:

I – retribuição pelo exercício de função de direção, chefia e assessoramento;

II – gratificação natalina;

III – (Revogado);

IV – adicional pelo exercício de atividades insalubres, perigosas ou penosas;

V – adicional pela prestação de serviço extraordinário;

VI – adicional noturno;

VII – adicional de férias;

VIII – outros, relativos ao local ou à natureza do trabalho.

IX – gratificação por encargo de curso ou concurso.

Esse rol não é taxativo. A lei prevê que podem ser criados outros adicionais e gratificações, de acordo com a localidade ou a natureza do trabalho.

Em que pese a nomenclatura ser diferente, tanto as **gratificações** como os **adicionais** podem ser somados ao vencimento ou provento, nos casos previstos em lei.

NOÇÕES DE DIREITO

Subseção I – Da Retribuição pelo Exercício de Função de Direção, Chefia e Assessoramento

Art. 62 Ao servidor ocupante de cargo efetivo investido em função de **direção, chefia ou assessoramento**, cargo de provimento em comissão ou de Natureza Especial é devida **retribuição pelo seu exercício**.

Parágrafo único. Lei específica estabelecerá a remuneração dos cargos em comissão de que trata o inciso II do art. 9o.

Art. 62-A Fica transformada em Vantagem Pessoal Nominalmente Identificada – VPNI a incorporação da retribuição pelo exercício de função de direção, chefia ou assessoramento, cargo de provimento em comissão ou de Natureza Especial a que se referem os arts. 3º e 10 da Lei nº 8.911, de 11 de julho de 1994, e o art. 3º da Lei nº 9.624, de 2 de abril de 1998.

Parágrafo único. A VPNI de que trata o caput deste artigo somente estará sujeita às revisões gerais de remuneração dos servidores públicos federais.

Antigamente, essa vantagem era denominada gratificação. Depois de certo tempo no exercício de função de chefe, diretor ou assessor, havia a possibilidade de se incorporar a gratificação permanentemente. Atualmente, essa incorporação é vedada. Porém, as que foram incorporadas geraram direito adquirido aos beneficiados e foram transformadas em Vantagem Pessoal Nominalmente Identificada (VPNI).

Subseção II – Da Gratificação Natalina

Art. 63 A gratificação natalina corresponde a 1/12 (um doze avos) da remuneração a que o servidor fizer jus no mês de dezembro, por mês de exercício no respectivo ano.

Parágrafo único. A fração igual ou superior a 15 (quinze) dias será considerada como mês integral.

Art. 64 A gratificação será paga até o dia 20 (vinte) do mês de dezembro de cada ano.

Parágrafo único. (Vetado).

Art. 65 O servidor exonerado perceberá sua gratificação natalina, proporcionalmente aos meses de exercício, calculada sobre a remuneração do mês da exoneração.

Art. 66 A gratificação natalina não será considerada para cálculo de qualquer vantagem pecuniária.

Essa gratificação é mais conhecida como 13º salário. Lembre-se:

a) Fração igual ou superior a 15 dias será considerada como mês integral.
b) Servidor exonerado perceberá proporcionalmente.
c) Não será considerada para cálculo de qualquer vantagem pecuniária.

Subseção III – Do Adicional por Tempo de Serviço
Art. 67 (Revogado).

Subseção IV – Dos Adicionais de Insalubridade, Periculosidade ou Atividades Penosas

Art. 68 Os servidores que trabalhem com habitualidade em locais insalubres ou em contato permanente com substâncias tóxicas, radioativas ou com risco de vida, fazem jus a um adicional sobre o vencimento do cargo efetivo.

§ 1º O servidor que fizer jus aos adicionais de insalubridade e de periculosidade **deverá optar por um deles**.

§ 2º O direito ao adicional de insalubridade ou periculosidade cessa com a eliminação das condições ou dos riscos que deram causa a sua concessão.

Art. 69 Haverá permanente controle da atividade de servidores em operações ou locais considerados penosos, insalubres ou perigosos.

Parágrafo único. A servidora **gestante** ou lactante **será afastada**, enquanto durar a **gestação e a lactação**, das operações e locais previstos neste artigo, exercendo suas atividades em local salubre e em serviço não penoso e não perigoso.

Art. 70 Na concessão dos adicionais de atividades penosas, de insalubridade e de periculosidade, serão observadas as situações estabelecidas em legislação específica.

Art. 71 O adicional de **atividade penosa** será devido aos servidores em exercício em **zonas de fronteira** ou em **localidades cujas condições de vida o justifiquem**, nos termos, condições e limites fixados em regulamento.

Art. 72 Os locais de trabalho e os servidores que operam com **Raios X** ou **substâncias radioativas** serão mantidos sob controle permanente, de modo que as doses de radiação ionizante não ultrapassem o nível máximo previsto na legislação própria.

Esses servidores têm direito a 20 dias de férias a cada semestre.

> **Art. 79** O servidor que opera direta e permanentemente com raios X ou substâncias radioativas **gozará 20 (vinte) dias consecutivos de férias**, por semestre de atividade profissional, proibida em qualquer hipótese a acumulação.

Parágrafo único. Os servidores a que se refere este artigo **serão submetidos a exames médicos a cada 6 (seis) meses**.

Adicional de insalubridade: compensação ao trabalhador que atua por períodos de trabalho exposto a agentes nocivos, com potencial para prejudicar a sua saúde de alguma forma.

Adicional de periculosidade: devido no serviço que, por sua natureza ou métodos de trabalho, impliquem risco acentuado de vida do servidor.

Adicional de penosidade: será devido aos servidores em exercício em zonas de fronteira ou em localidades cujas condições de vida o justifiquem, nos termos, condições e limites fixados em regulamento.

A **habitualidade** é uma condição para a concessão do adicional. A Lei nº 8.112/1990 nivela o adicional de insalubridade e periculosidade, e assevera que caso o servidor exerça atividade insalubre e perigosa, deverá optar por um deles. Por outro lado, não há nenhuma menção sobre a impossibilidade de acumulação destes com o adicional de penosidade.

Subseção V – Do Adicional por Serviço Extraordinário

Art. 73 O serviço extraordinário será remunerado com acréscimo de 50% (cinquenta por cento) em relação à hora normal de trabalho.

Art. 74 Somente será permitido serviço extraordinário para atender a situações excepcionais e temporárias, respeitado o limite máximo de 2 (duas) horas por jornada.

Trata-se da hora extra, que será permitida:

a) Para atender situações excepcionais e temporárias e será limitada a, no máximo, de 2 horas por jornada.
b) Acréscimo de 50% (em relação a hora normal).

Subseção VI – Do Adicional Noturno

Art. 75 O serviço noturno, prestado em horário compreendido entre 22 (vinte e duas) horas de um dia e 5 (cinco) horas do dia seguinte, terá o valor-hora acrescido de 25% (vinte e cinco por cento), computando-se cada hora como cinquenta e dois minutos e trinta segundos.

Parágrafo único. Em se tratando de serviço extraordinário, o acréscimo de que trata este artigo incidirá sobre a remuneração prevista no art. 73.

a) Das 22h a 5h: cada hora será computada 52 minutos e 30 segundos.
b) Acréscimo de 25% (valor-hora).
c) Se for hora-extra incide sobre o valor do acréscimo. Exemplo: servidor faz 2 horas extras no período noturno, será acrescido 50% sobre as horas excedentes. E sobre esse valor (acrescido), incide os 25% pelo período noturno.

153

LEI Nº 8.112/1990 – REGIME JURÍDICO DOS SERVIDORES DA UNIÃO

Subseção VII – Do Adicional de Férias

Art. 76 *Independentemente de solicitação, será pago ao servidor, por ocasião das férias, um adicional correspondente a 1/3 (um terço) da remuneração do período das férias.*

Parágrafo único. *No caso de o servidor exercer função de direção, chefia ou assessoramento, ou ocupar cargo em comissão, a respectiva vantagem será considerada no cálculo do adicional de que trata este artigo.*

Trata-se do terço de férias, que será pago:
a) Independentemente de solicitação do servidor.
b) Por ocasião das férias.
c) Valor correspondente a 1/3 da remuneração.
d) Quem exerce função de direção, chefia ou assessoramento, o valor é calculado considerando a vantagem.

Subseção VIII – Da Gratificação por Encargo de Curso ou Concurso

Art. 76-A *A Gratificação por Encargo de Curso ou Concurso é devida ao servidor que, em* **caráter eventual:**

I – atuar como **instrutor em curso de formação***, de desenvolvimento ou de treinamento regularmente instituído no âmbito da administração pública federal;*

II – participar de **banca examinadora ou de comissão** *para exames orais, para análise curricular, para correção de provas discursivas, para elaboração de questões de provas ou para julgamento de recursos intentados por candidatos;*

III – participar da **logística de preparação e de realização de concurso público** *envolvendo atividades de planejamento, coordenação, supervisão, execução e avaliação de resultado, quando tais atividades não estiverem incluídas entre as suas atribuições permanentes;*

IV – participar da **aplicação, fiscalizar ou avaliar provas de exame vestibular** *ou de concurso público ou supervisionar essas atividades.*

§ 1º Os critérios de concessão e os limites da gratificação de que trata este artigo serão fixados em regulamento, observados os seguintes parâmetros:

I – o valor da gratificação será **calculado em horas***, observadas a natureza e a complexidade da atividade exercida;*

II – a retribuição **não poderá ser superior ao equivalente a 120 (cento e vinte) horas de trabalho anuais***, ressalvada situação de excepcionalidade, devidamente justificada e* **previamente aprovada pela autoridade máxima do órgão ou entidade***, que poderá autorizar o acréscimo de até 120 (cento e vinte) horas de trabalho anuais;*

III – o valor máximo da hora trabalhada corresponderá aos seguintes percentuais, incidentes sobre o maior vencimento básico da administração pública federal:

a) 2,2% (dois inteiros e dois décimos por cento), em se tratando de atividades previstas nos incisos I e II do caput deste artigo;

b) 1,2% (um inteiro e dois décimos por cento), em se tratando de atividade prevista nos incisos III e IV do caput deste artigo.

a) 2,2%: instrutor e banca examinadora/comissão;
b) 1,2%: participação de logística ou aplicação de provas.

§ 2º A Gratificação por Encargo de Curso ou Concurso somente será paga se as atividades referidas nos incisos do caput deste artigo forem exercidas sem prejuízo das atribuições do cargo de que o servidor for titular, devendo ser objeto de compensação de carga horária quando desempenhadas durante a jornada de trabalho, na forma do § 4º do art. 98 desta Lei.

§ 3º A Gratificação por Encargo de Curso ou Concurso **não se incorpora ao vencimento ou salário do servidor para qualquer efeito e não poderá ser utilizada como base de cálculo para quaisquer outras vantagens***, inclusive para fins de cálculo dos proventos da aposentadoria e das pensões.*

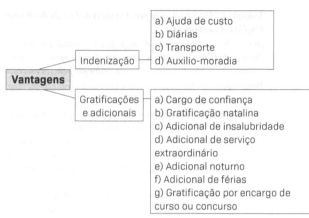

12.3.3 Férias

Art. 77 *O servidor fará jus a* **trinta dias de férias***, que podem ser acumuladas, até o máximo de dois períodos, no caso de necessidade do serviço, ressalvadas as hipóteses em que haja legislação específica.*

§ 1º Para o primeiro período aquisitivo de férias serão exigidos 12 (doze) meses de exercício.

§ 2º É vedado levar à conta de férias qualquer falta ao serviço.

§ 3º As férias poderão ser **parceladas** *em até* **três etapas***, desde que assim* **requeridas** *pelo servidor, e no* **interesse da administração pública.**

Art. 78 *O pagamento da remuneração das férias será efetuado até 2 (dois) dias antes do início do respectivo período, observando-se o disposto no § 1º deste artigo.*

§§ 1º e 2º (Revogados).

§ 3º O servidor exonerado do cargo efetivo, ou em comissão, perceberá indenização relativa ao período das férias a que tiver direito e ao incompleto, na proporção de um doze avos por mês de efetivo exercício, ou fração superior a quatorze dias.

§ 4º A indenização será calculada com base na remuneração do mês em que for publicado o ato exoneratório.

§ 5º Em caso de parcelamento, o servidor receberá o valor adicional previsto no inciso XVII do art. 7º da Constituição Federal quando da utilização do primeiro período.

Férias é um direito do servidor. A seguir, os principais pontos:
a) 30 dias a cada período de 12 meses.
b) Pode acumular até 2 períodos (necessidade do serviço) – ressalvadas leis específicas.
c) Podem ser parceladas em até 3 etapas – requeridas pelo servidor e no interesse da administração pública.
d) No parcelamento o adicional de férias (1/3) é pago na 1ª etapa.
e) É vedado levar à conta de férias qualquer falta ao serviço.
f) Servidor exonerado receberá férias proporcionais.

Art. 79 *O servidor que opera direta e permanentemente com Raios X ou substâncias radioativas gozará* **20 (vinte) dias consecutivos de férias***, por semestre de atividade profissional, proibida em qualquer hipótese a acumulação.*

Art. 80 *As férias somente poderão ser interrompidas por motivo de calamidade pública, comoção interna, convocação para júri, serviço militar ou eleitoral, ou por necessidade do serviço declarada pela autoridade máxima do órgão ou entidade.*

Parágrafo único. *O restante do período interrompido será gozado de uma só vez, observado o disposto no art. 77.*

A interrupção das férias só ocorre em situações excepcionais:
a) Calamidade pública;
b) Comoção interna;
c) Convocação para júri, serviço militar ou eleitoral;
d) Necessidade declarada pela autoridade máxima do órgão/entidade.

12.3.4 Licenças

Seção I – Disposições Gerais

Art. 81 *Conceder-se-á ao servidor licença:*
I – por motivo de doença em pessoa da família;
II – por motivo de afastamento do cônjuge ou companheiro;
III – para o serviço militar;
IV – para atividade política;
V – (Revogado);
V – para capacitação;
VI – para tratar de interesses particulares;
VII – para desempenho de mandato classista.
§§ 1º e 2º (Revogados).
§ 3º É vedado o exercício de atividade remunerada durante o período da licença prevista no inciso I deste artigo.

Art. 82 *A licença concedida dentro de 60 (sessenta) dias do término de outra da mesma espécie será considerada como* **prorrogação**.

a) As Licenças para **MA**ndato classista, **TRA**tar de interesses particulares e **CA**pacitação (**MA-TRA-CA**), **não podem** ser concedidas a servidor em **estágio probatório**.

b) As licenças por motivo em doença da pessoa da família, afastamento de cônjuge ou companheiro e para atividade política **suspendem** a contagem do tempo de estágio probatório.

Seção II – Da Licença por Motivo de Doença em Pessoa da Família

Art. 83 *Poderá ser concedida licença ao servidor por* **motivo de doença do cônjuge ou companheiro, dos pais, dos filhos, do padrasto ou madrasta e enteado**, *ou dependente que viva a suas expensas e conste do seu assentamento funcional, mediante comprovação por perícia médica oficial.*

§ 1º A licença somente será deferida **se a assistência direta do servidor for indispensável** *e não puder ser prestada simultaneamente com o exercício do cargo ou mediante compensação de horário, na forma do disposto no inciso II do art. 44.*

> **Art. 44** O servidor perderá:
> II – a parcela de remuneração diária, proporcional aos atrasos, ausências justificadas, ressalvadas as concessões de que trata o art. 97, e saídas antecipadas, salvo na hipótese de compensação de horário, até o mês subsequente ao da ocorrência, a ser estabelecida pela chefia imediata.

a) Doença do cônjuge/companheiro, pais, filhos, padrasto, madrasta, enteado.
b) Doença do dependente que viva as suas expensas e conste do assentamento funcional.
c) Comprovação por perícia médica oficial.
d) Assistência direta do servidor seja indispensável.
e) Quando a assistência não puder ser simultânea com as atividades ou com compensação de horário.

§ 2º A licença de que trata o caput, incluídas as prorrogações, poderá ser concedida a cada período de doze meses nas seguintes condições:
I – por até 60 (sessenta) dias, consecutivos ou não, mantida a remuneração do servidor; e
II – por até 90 (noventa) dias, consecutivos ou não, sem remuneração.

a) Por até **60 dias**, consecutivos ou não – **com remuneração**.
b) Por até **90 dias**, consecutivos ou não – **sem remuneração**.

§ 3º O início do interstício de 12 (doze) meses será contado a partir da data do deferimento da primeira licença concedida.

§ 4º A soma das licenças remuneradas e das licenças não remuneradas, incluídas as respectivas prorrogações, concedidas em um mesmo período de 12 (doze) meses, observado o disposto no § 3º, não poderá ultrapassar os limites estabelecidos nos incisos I e II do § 2º.

A soma das licenças, remuneradas ou não, bem como suas prorrogações, **não** poderá exceder 150 dias, consecutivos ou não, a cada 12 meses.

Seção III – Da Licença por Motivo de Afastamento do Cônjuge

Art. 84 *Poderá ser concedida licença ao servidor para acompanhar cônjuge ou companheiro que foi deslocado para outro ponto do território nacional, para o exterior ou para o exercício de mandato eletivo dos Poderes Executivo e Legislativo.*

§ 1º A licença será por **prazo indeterminado** *e* **sem remuneração**.

Licença ao servidor para acompanhar cônjuge ou companheiro que:
a) Foi deslocado para outro ponto do território nacional;
b) Foi deslocado para o exterior;
c) Foi deslocado para o exercício de mandato eletivo dos Poderes Executivo e Legislativo.

Será por prazo indeterminado e sem remuneração.

§ 2º No deslocamento de servidor cujo cônjuge ou companheiro também seja servidor público, civil ou militar, de qualquer dos Poderes da União, dos Estados, do Distrito Federal e dos Municípios, poderá haver **exercício provisório** *em órgão ou entidade da Administração Federal direta, autárquica ou fundacional, desde que para o* **exercício de atividade compatível com o seu cargo**.

Seção IV – Da Licença para o Serviço Militar

Art. 85 *Ao servidor convocado para o serviço militar será concedida licença, na forma e condições previstas na legislação específica.*

Parágrafo único. Concluído o serviço militar, o servidor terá até 30 (trinta) dias **sem remuneração** *para reassumir o exercício do cargo.*

São sete licenças:
a) Licença para o serviço militar não possui nenhuma restrição quanto ao estágio probatório;
b) 3 licenças suspendem: doença família, afastamento cônjuge e política;
c) 3 licenças não podem – **ma**ndato classista, **tra**tar interesses particulares e **ca**pacitação.

Seção V – Da Licença para Atividade Política

Art. 86 *O servidor terá direito a licença, sem remuneração, durante o período que mediar entre a sua escolha em convenção partidária, como candidato a cargo eletivo, e a véspera do registro de sua candidatura perante a Justiça Eleitoral.*

§ 1º O servidor candidato a cargo eletivo na localidade onde desempenha suas funções e que exerça cargo de direção, chefia, assessoramento, arrecadação ou fiscalização, dele será afastado, a partir do dia imediato ao do registro de sua candidatura perante a Justiça Eleitoral, até o décimo dia seguinte ao do pleito.

§ 2º A partir do registro da candidatura e até o décimo dia seguinte ao da eleição, o servidor fará jus à licença, assegurados os vencimentos do cargo efetivo, somente pelo período de três meses.

Não confunda com o afastamento para exercício de mandato eletivo previsto no art. 94.

A licença para atividade política é concedida antes do início do mandato, com um período sem remuneração e um período com remuneração.

Sem remuneração, no período entre:
a) Sua escolha em convenção partidária, como candidato;
b) Véspera do registro de sua candidatura perante a Justiça Eleitoral.

O servidor pode optar por não tirar a licença e continuar trabalhando normalmente neste período.

Com remuneração, no período entre:
a) Registro da candidatura;
b) Décimo dia após a eleição.

LEI Nº 8.112/1990 – REGIME JURÍDICO DOS SERVIDORES DA UNIÃO

O servidor fará jus aos seus vencimentos pelo período de até 3 meses.

Seção VI – Da Licença para Capacitação

Art. 87 Após cada **quinquênio** de efetivo exercício, o servidor poderá, **no interesse da Administração**, afastar-se do exercício do cargo efetivo, **com** a respectiva **remuneração**, por **até três meses**, para participar de **curso de capacitação profissional**

Parágrafo único. Os períodos de licença de que trata o caput não são acumuláveis.

Art. 88 e 89 (Revogados).

Art. 90 (Vetado).

Seção VII – Da Licença para Tratar de Interesses Particulares

Art. 91 A critério da Administração, poderão ser concedidas ao servidor ocupante de cargo efetivo, **desde que não esteja em estágio probatório**, licenças para o trato de assuntos particulares pelo **prazo de até três** anos consecutivos, **sem remuneração**.

Parágrafo único. A licença **poderá ser interrompida, a qualquer tempo**, a pedido do servidor ou no interesse do serviço.

Seção VIII – Da Licença para o Desempenho de Mandato Classista

Art. 92 É assegurado ao servidor o direito à **licença sem remuneração** para o desempenho de mandato em confederação, federação, associação de classe de âmbito nacional, sindicato representativo da categoria ou entidade fiscalizadora da profissão ou, ainda, para participar de gerência ou administração em sociedade cooperativa constituída por servidores públicos para prestar serviços a seus membros, observado o disposto na alínea c do inciso VIII do art. 102 desta Lei, conforme disposto em regulamento e observados os seguintes limites:

Esta licença somente poderá ser concedida aos servidores eleitos para cargos de **direção** ou **representação** nas entidades.

I – para entidades com até 5.000 (cinco mil) associados, 2 (dois) servidores;

II – para entidades com 5.001 (cinco mil e um) a 30.000 (trinta mil) associados, 4 (quatro) servidores;

III – para entidades com mais de 30.000 (trinta mil) associados, 8 (oito) servidores.

§ 1º Somente poderão ser licenciados os servidores eleitos para cargos de **direção** ou de **representação** nas referidas entidades, desde que cadastradas no órgão competente.

§ 2º A licença terá **duração igual à do mandato**, podendo ser renovada, no caso de reeleição.

12.3.5 Afastamentos

Seção I – Do Afastamento para Servir a Outro Órgão ou Entidade

Art. 93 O servidor poderá ser cedido para ter exercício em outro órgão ou entidade dos Poderes da União, dos Estados, ou do Distrito Federal e dos Municípios, nas seguintes hipóteses:

I – para exercício de cargo em comissão ou função de confiança;

II – em casos previstos em leis específicas.

§ 1º Na hipótese do inciso I, sendo a cessão para órgãos ou entidades dos Estados, do Distrito Federal ou dos Municípios, o ônus da remuneração será do órgão ou entidade cessionária, mantido o ônus para o cedente nos demais casos.

Cessionário: o que recebe o servidor.

Cedente: quem cede o servidor.

Ônus para o cessionário: quando cedido para outro ente federado.

§ 2º Na hipótese de o servidor cedido a empresa pública ou sociedade de economia mista, nos termos das respectivas normas, optar pela remuneração do cargo efetivo ou pela remuneração do cargo efetivo acrescida de percentual da retribuição do cargo em comissão, a entidade cessionária efetuará o reembolso das despesas realizadas pelo órgão ou entidade de origem.

Se o servidor for cedido para uma empresa pública (sociedade de economia mista), a entidade, como regra, será responsável pelo pagamento do servidor. Contudo, caso servidor opte pela remuneração do cargo efetivo (exercido antes da cessão) ou, ainda, pela remuneração do cargo acrescida de parcela da retribuição pelo exercício do cargo em comissão, deverá a entidade cessionária (aquela que recebeu o servidor) reembolsar os cofres públicos da União.

§ 3º A cessão far-se-á mediante Portaria publicada no Diário Oficial da União.

§ 4º Mediante **autorização expressa do Presidente da República**, o servidor do Poder Executivo poderá ter exercício em outro órgão da Administração Federal direta que não tenha quadro próprio de pessoal, para fim determinado e a prazo certo.

§ 5º Aplica-se à União, em se tratando de empregado ou servidor por ela requisitado, as disposições dos §§ 1º e 2º deste artigo.

§ 6º As cessões de empregados de empresa pública ou de sociedade de economia mista, que receba recursos de Tesouro Nacional para o custeio total ou parcial da sua folha de pagamento de pessoal, independem das disposições contidas nos incisos I e II e §§ 1º e 2º deste artigo, ficando o exercício do empregado cedido condicionado a autorização específica do Ministério do Planejamento, Orçamento e Gestão, exceto nos casos de ocupação de cargo em comissão ou função gratificada.

§ 7º O Ministério do Planejamento, Orçamento e Gestão, com a finalidade de promover a composição da força de trabalho dos órgãos e entidades da Administração Pública Federal, poderá determinar a lotação ou o exercício de empregado ou servidor, independentemente da observância do constante no inciso I e nos §§ 1º e 2º deste artigo.

Seção II – Do Afastamento para Exercício de Mandato Eletivo

Art. 94 Ao servidor investido em mandato eletivo aplicam-se as seguintes disposições:

Este afastamento pode ser solicitado por qualquer servidor, inclusive os que se encontram em estágio probatório.

I – tratando-se de mandato federal, estadual ou distrital, ficará afastado do cargo;

II – investido no mandato de Prefeito, será afastado do cargo, sendo-lhe facultado optar pela sua remuneração;

III – investido no mandato de vereador:

a) havendo compatibilidade de horário, perceberá as vantagens de seu cargo, sem prejuízo da remuneração do cargo eletivo;

b) não havendo compatibilidade de horário, será afastado do cargo, sendo-lhe facultado optar pela sua remuneração.

Mandato	Situação do cargo	Remuneração
Federal, estadual ou distrital (senador, deputado, governador)	Afastado do cargo	Só recebe a remuneração do cargo eletivo
Prefeito	Afastado do cargo	É facultativo optar pela remuneração
Vereador	Pode permanecer no cargo, se tiver compatibilidade de horários	Nessa situação receberá a remuneração do cargo eletivo e do cargo efetivo
Vereador	Afastado do cargo, se não houver compatibilidade de horário	É facultativo optar pela remuneração

§ 1º No caso de afastamento do cargo, o servidor **contribuirá para a seguridade social como se em exercício estivesse**.

§ 2º O servidor investido em mandato eletivo ou classista **não poderá ser removido ou redistribuído de ofício** para localidade diversa daquela onde exerce o mandato.

Seção III – Do Afastamento para Estudo ou Missão no Exterior

Art. 95 O servidor não poderá ausentar-se do País para estudo ou missão oficial, sem autorização do Presidente da República, Presidente dos Órgãos do Poder Legislativo e Presidente do Supremo Tribunal Federal.

NOÇÕES DE DIREITO

Depende da autorização do:
a) Presidente da República;
b) Presidente dos Órgãos do Poder Legislativo;
c) Presidente do Supremo Tribunal Federal (STF).

§ 1º A ausência **não excederá a 4 (quatro) anos**, e finda a missão ou estudo, somente decorrido igual período, será permitida nova ausência.

§ 2º Ao servidor beneficiado pelo disposto neste artigo **não será concedida exoneração ou licença para tratar de interesse particular** antes de decorrido período igual ao do afastamento, **ressalvada a hipótese de ressarcimento** da despesa havida com seu afastamento.

O afastamento terá duração, máxima, de 4 anos. Após o retorno, apenas decorrido igual prazo, poderá ser concedida nova licença.

O servidor que utilizar esse afastamento, não poderá, antes de decorrido igual prazo (4 anos), ressalvado o ressarcimento de despesa:
a) Exonerar-se;
b) Tirar licença para interesses particulares.

§ 3º O disposto neste artigo **não se aplica aos servidores da carreira diplomática**.

§ 4º As hipóteses, condições e formas para a autorização de que trata este artigo, inclusive no que se refere à remuneração do servidor, serão disciplinadas em regulamento.

Art. 96 O afastamento de servidor para servir em organismo internacional de que o Brasil participe ou com o qual coopere dar-se-á com **perda total da remuneração**.

Seção IV – Do Afastamento para Participação em Programa de Pós-Graduação Stricto Sensu no País

Art. 96-A O servidor poderá, **no interesse da Administração**, e desde que a participação **não possa ocorrer simultaneamente com o exercício do cargo** ou mediante compensação de horário, afastar-se do exercício do cargo efetivo, com a respectiva remuneração, para participar em programa de pós-graduação stricto sensu em instituição de ensino superior no País.

§ 1º Ato do dirigente máximo do órgão ou entidade definirá, em conformidade com a legislação vigente, os programas de capacitação e os critérios para participação em programas de pós-graduação no País, com ou sem afastamento do servidor, que serão avaliados por um comitê constituído para este fim

§ 2º Os afastamentos para realização de programas de mestrado e doutorado somente serão concedidos aos servidores titulares de cargos efetivos no respectivo órgão ou entidade há pelo menos 3 (três) anos para mestrado e 4 (quatro) anos para doutorado, incluído o período de estágio probatório, que não tenham se afastado por licença para tratar de assuntos particulares para gozo de licença capacitação ou com fundamento neste artigo nos 2 (dois) anos anteriores à data da solicitação de afastamento.

Afastamento para realização de cursos de:
a) Mestrado;
b) Doutorado;
c) Pós-doutorado.

Este afastamento é devido, desde que:
a) Não possa ocorrer simultaneamente com o exercício das atribuições;
b) Seja no interesse da administração.

Este afastamento se dá **com** remuneração. **Poderá** gozar deste afastamento, o servidor de cargo efetivo que tenha, de exercício, no órgão ou entidade, incluído o período de estágio probatório:
a) 3 anos: afastamento para Mestrado;
b) 4 anos: afastamento para Doutorado;
c) 4 anos: afastamento para Pós-Doutorado.

Além desse tempo de exercício, o servidor, nos 2 anos anteriores ao afastamento, não pode:
a) Ter tirado licença capacitação;
b) Ter tirado licença para tratar de interesses particulares;
c) Ter tirado o mesmo afastamento.

§ 3º Os afastamentos para realização de programas de pós-doutorado somente serão concedidos aos servidores titulares de cargos efetivo no respectivo órgão ou entidade há pelo menos quatro anos, incluído o período de estágio probatório, e que não tenham se afastado por licença para tratar de assuntos particulares ou com fundamento neste artigo, nos quatro anos anteriores à data da solicitação de afastamento.

§ 4º Os servidores beneficiados pelos afastamentos previstos nos §§ 1º, 2º e 3º deste artigo **terão que permanecer no exercício de suas funções após o seu retorno por um período igual ao do afastamento concedido**.

§ 5º Caso o servidor venha a solicitar **exoneração** do cargo ou aposentadoria, antes de cumprido o período de permanência previsto no § 4º deste artigo, **deverá ressarcir o órgão ou entidade**, na forma do art. 47 da Lei nº 8.112, de 11 de dezembro de 1990, dos gastos com seu aperfeiçoamento.

§ 6º Caso o servidor não obtenha o título ou grau que justificou seu afastamento no período previsto, aplica-se o disposto no § 5º deste artigo, salvo na hipótese comprovada de força maior ou de caso fortuito, a critério do dirigente máximo do órgão ou entidade.

§ 7º Aplica-se à participação em programa de **pós-graduação no Exterior**, autorizado **nos termos do art. 95 desta Lei**, o disposto nos §§ 1º a 6º deste artigo.

Aplica-se à participação em programa de pós-graduação no exterior, autorizada nos termos do art. 95 desta Lei (Autorização para Missão ou Estudo no Exterior), as mesmas disposições que para os cursos no país.

12.3.6 Concessões

Art. 97 Sem qualquer prejuízo, poderá o servidor ausentar-se do serviço:

I – por **1 (um)** dia, para **doação de sangue**;

II – pelo período comprovadamente necessário para alistamento ou recadastramento **eleitoral**, **limitado**, em qualquer caso, a **2 (dois)** dias;

III – por **8 (oito)** dias consecutivos em razão de:
a) casamento;
b) falecimento do cônjuge, companheiro, pais, madrasta ou padrasto, filhos, enteados, menor sob guarda ou tutela e irmãos.

Prazo	Motivo
1 dia	Doação de sangue.
Pelo período necessário, sendo, no máximo, 2 dias	Alistamento ou recadastramento eleitoral.
8 dias	I – Casamento. II – (licença nojo) – falecimento do cônjuge/companheiro, pais, madrasta, padrasto, filhos, enteados, menor sobre guarda ou tutela e irmãos.

Art. 98 Será concedido **horário especial** ao **servidor estudante**, quando **comprovada a incompatibilidade** entre o horário escolar e o da repartição, sem prejuízo do exercício do cargo.

§ 1º Para efeito do disposto neste artigo, será exigida a compensação de horário no órgão ou entidade que tiver exercício, respeitada a duração semanal do trabalho.

§ 2º Também será concedido **horário especial** ao servidor **portador de deficiência**, quando comprovada a necessidade por junta médica oficial, **independentemente de compensação de horário**.

§ 3º As disposições constantes do § 2º são extensivas ao servidor que tenha cônjuge, filho ou dependente com deficiência.

LEI Nº 8.112/1990 – REGIME JURÍDICO DOS SERVIDORES DA UNIÃO

Será concedido horário especial ao servidor portador de deficiência, extensivas ao servidor que tenha cônjuge, filho ou dependente com deficiência, sendo, em todo caso, necessária a comprovação da necessidade por junta médica oficial.

Não é necessária a compensação de horário.

> § 4º Será igualmente concedido horário especial, vinculado à compensação de horário a ser efetivada no prazo de até 1 (um) ano, ao servidor que desempenhe atividade prevista nos incisos I e II do caput do art. 76-A desta Lei.

a) Atuar como **instrutor em curso de formação**, de desenvolvimento ou de treinamento regularmente instituído no âmbito da administração pública federal.

b) Participar de **banca examinadora ou de comissão** para exames orais, para análise curricular, para correção de provas discursivas, para elaboração de questões de provas ou para julgamento de recursos intentados por candidatos.

> **Art. 99** Ao servidor estudante que mudar de sede **no interesse da administração** é assegurada, na localidade da nova residência ou na mais próxima, **matrícula em instituição de ensino congênere**, em qualquer época, independentemente de vaga.
>
> **Parágrafo único.** O disposto neste artigo estende-se ao cônjuge ou companheiro, aos filhos, ou enteados do servidor que vivam na sua companhia, bem como aos menores sob sua guarda, com autorização judicial.

12.3.7 Tempo de serviço

> **Art. 100** É contado para todos os efeitos o tempo de serviço público federal, inclusive o prestado às Forças Armadas.
>
> **Art. 101** A apuração do tempo de serviço **será feita em dias**, que serão convertidos em anos, **considerado o ano como de trezentos e sessenta e cinco dias**.
>
> **Art. 102** Além das ausências ao serviço previstas no art. 97, são considerados como de efetivo exercício os afastamentos em virtude de:

É considerado como efetivo exercício as concessões (art. 97).

> I – férias;
>
> II – exercício de cargo em comissão ou equivalente, em órgão ou entidade dos Poderes da União, dos Estados, Municípios e Distrito Federal;
>
> III – exercício de cargo ou função de governo ou administração, em qualquer parte do território nacional, por nomeação do Presidente da República;
>
> IV – participação em programa de treinamento regularmente instituído ou em programa de pós-graduação stricto sensu no País, conforme dispuser o regulamento;
>
> V – desempenho de mandato eletivo federal, estadual, municipal ou do Distrito Federal, **exceto para promoção por merecimento**;
>
> VI – júri e outros serviços obrigatórios por lei;
>
> VII – missão ou estudo no exterior, quando autorizado o afastamento, conforme dispuser o regulamento;
>
> **VIII – licença:**
>
> a) à gestante, à adotante e à paternidade;
>
> b) para tratamento da própria saúde, até o limite de vinte e quatro meses, cumulativo ao longo do tempo de serviço público prestado à União, em cargo de provimento efetivo;
>
> c) para o desempenho de mandato classista ou participação de gerência ou administração em sociedade cooperativa constituída por servidores para prestar serviços a seus membros, **exceto para efeito de promoção por merecimento**;
>
> d) por motivo de acidente em serviço ou doença profissional;

As três licenças são relativas à seguridade social do servidor:

a) Gestante/adotante/paternidade;
b) Tratamento da própria saúde [...];
c) Por motivo de acidente [...]

> e) para capacitação, conforme dispuser o regulamento;
>
> f) por convocação para o serviço militar;

As três licenças fazem parte das sete licenças que **não** estão listadas no capítulo destinado à seguridade social do servidor:

a) Desempenho de mandato classista;
b) Licença capacitação;
c) Licença para o serviço militar.

> IX – deslocamento para a nova sede de que trata o art. 18;
>
> X – participação em competição desportiva nacional ou convocação para integrar representação desportiva nacional, no País ou no exterior, conforme disposto em lei específica;
>
> XI – afastamento para servir em organismo internacional de que o Brasil participe ou com o qual coopere.
>
> **Art. 103** Contar-se-á **apenas para efeito de aposentadoria e disponibilidade**:
>
> I – o tempo de serviço público prestado aos Estados, Municípios e Distrito Federal;
>
> II – a **licença para tratamento de saúde de pessoal da família do servidor**, com remuneração, que exceder a 30 (trinta) dias em período de 12 (doze) meses.

A referida licença pode ser tirada por 60 dias, com remuneração. A previsão evidencia que os primeiros 30 dias valem para qualquer efeito.

> III – a licença para atividade política, no caso do art. 86, § 2º;

> **Art. 86, § 2º** A partir do registro da candidatura e até o décimo dia seguinte ao da eleição, o servidor fará jus à licença, **assegurados os vencimentos do cargo efetivo**, somente pelo período de **três meses**.

> IV – o tempo correspondente ao desempenho de mandato eletivo federal, estadual, municipal ou distrital, **anterior ao ingresso no serviço público federal**;
>
> V – o tempo de serviço em **atividade privada**, vinculada à Previdência Social;
>
> VI – o tempo de serviço relativo a **tiro de guerra**;

Não confunda o tempo relativo a Tiro de Guerra (que vale apenas para aposentadoria e disponibilidade) com o tempo prestado às Forças Armadas (que vale para qualquer efeito).

> VII – o tempo de licença para tratamento da própria saúde que exceder o prazo a que se refere a alínea "b" do inciso VIII do art. 102.

A licença para tratamento da própria saúde, até 24 meses, vale como efetivo exercício. O tempo superior a esse período será contado apenas para aposentaria e disponibilidade.

> § 1º O tempo em que o servidor esteve aposentado será contado apenas para nova aposentadoria.
>
> § 2º Será contado em **dobro o tempo de serviço prestado às Forças Armadas em operações de guerra**.
>
> § 3º É vedada a contagem cumulativa de tempo de serviço prestado concomitantemente em mais de um cargo ou função de órgão ou entidades dos Poderes da União, Estado, Distrito Federal e Município, autarquia, fundação pública, sociedade de economia mista e empresa pública.

12.3.8 Direito de petição

> **Art. 104** É assegurado ao servidor o direito de requerer aos Poderes Públicos, em defesa de direito ou interesse legítimo.
>
> **Art. 105** O requerimento será **dirigido à autoridade competente** para decidi-lo e encaminhado por intermédio daquela a que estiver imediatamente subordinado o requerente.
>
> **Art. 106** Cabe pedido de reconsideração à autoridade que houver expedido o ato ou proferido a primeira decisão, não podendo ser renovado.
>
> **Parágrafo único.** O requerimento e o pedido de reconsideração de que tratam os artigos anteriores deverão ser **despachados no prazo de 5 (cinco) dias e decididos dentro de 30 (trinta) dias**.

A Lei nº 8.112/1990 regulamentou o direito de petição (art. 5º, XXXIV, CF/1988) para os servidores federais.

NOÇÕES DE DIREITO

Art. 5º, XXIV, CF/1988 São a todos assegurados, independentemente do pagamento de taxas:
a) o direito de petição aos Poderes Públicos em defesa de direitos ou contra ilegalidade ou abuso de poder;

Art. 107 Caberá recurso:
I – do indeferimento do pedido de reconsideração;
II – das decisões sobre os recursos sucessivamente interpostos.
§ 1º O recurso será dirigido à autoridade imediatamente superior à que tiver expedido o ato ou proferido a decisão, e, sucessivamente, em escala ascendente, às demais autoridades.
§ 2º O recurso será encaminhado por intermédio da autoridade a que estiver imediatamente subordinado o requerente.

Art. 108 O prazo para interposição de pedido de reconsideração ou de recurso é de 30 (trinta) dias, a contar da publicação ou da ciência, pelo interessado, da decisão recorrida.

Art. 109 O recurso poderá ser recebido com efeito suspensivo, a juízo da autoridade competente.
Parágrafo único. Em caso de provimento do pedido de reconsideração ou do recurso, os efeitos da decisão retroagirão à data do ato impugnado.

Art. 110 O direito de requerer **prescreve**:
I – **em 5 (cinco) anos**, quanto aos atos de demissão e de cassação de aposentadoria ou disponibilidade, ou que afetem interesse patrimonial e créditos resultantes das relações de trabalho;
II – **em 120 (cento e vinte)** dias, nos demais casos, salvo quando outro prazo for fixado em lei.
Parágrafo único. O prazo de prescrição será contado da data da publicação do ato impugnado ou da data da ciência pelo interessado, quando o ato não for publicado.

Art. 111 O pedido de reconsideração e o recurso, quando cabíveis, interrompem a prescrição.

Art. 112 A prescrição é de ordem pública, **não podendo ser relevada** pela administração.

Prescrição	
5 anos	• Demissão ou cassação de aposentadoria. • Interesse patrimonial e créditos das relações de trabalho.
120 dias	Demais casos, salvo outro prazo legal.
Início da contagem	• Da data da publicação do ato. • Da data da ciência quando não for publicado.
Interrupção	• Pedido de reconsideração. • Apresentação de recurso.

Art. 113 Para o exercício do direito de petição, é assegurada vista do processo ou documento, na repartição, ao servidor ou a procurador por ele constituído.

Art. 114 A administração deverá rever seus atos, a qualquer tempo, quando eivados de ilegalidade.

Fique ligado

Jurisprudência:
Súmula nº 473 – STF: A administração pode anular seus próprios atos, quando eivados de vícios que os tornam ilegais, porque deles não se originam direitos; ou revogá-los, por motivo de conveniência ou oportunidade, respeitados os direitos adquiridos, e ressalvada, em todos os casos, a apreciação judicial.

Art. 115 São **fatais e improrrogáveis** os prazos estabelecidos neste Capítulo, salvo motivo de força maior.

12.4 Regime disciplinar

12.4.1 Deveres

Art. 116 São deveres do servidor:
I – exercer com zelo e dedicação as atribuições do cargo;
II – ser leal às instituições a que servir;
III – observar as normas legais e regulamentares;
IV – cumprir as ordens superiores, exceto quando manifestamente ilegais;
V – atender com presteza:
a) ao público em geral, prestando as informações requeridas, ressalvadas as protegidas por sigilo;
b) à expedição de certidões requeridas para defesa de direito ou esclarecimento de situações de interesse pessoal;
c) às requisições para a defesa da Fazenda Pública.
VI – levar as irregularidades de que tiver ciência em razão do cargo ao conhecimento da autoridade superior ou, quando houver suspeita de envolvimento desta, ao conhecimento de outra autoridade competente para apuração;
VII – zelar pela economia do material e a conservação do patrimônio público;
VIII – guardar sigilo sobre assunto da repartição;
IX – manter conduta compatível com a moralidade administrativa;
X – ser assíduo e pontual ao serviço;
XI – tratar com urbanidade as pessoas;
XII – representar contra ilegalidade, omissão ou abuso de poder.
Parágrafo único. A representação de que trata o inciso XII será encaminhada pela via hierárquica e apreciada pela autoridade superior àquela contra a qual é formulada, assegurando-se ao representando ampla defesa.

No caso de inobservância dos deveres funcionais, será aplicada a penalidade de advertência.

Art. 129 A **advertência** será aplicada por escrito, nos casos de violação de proibição constante do art. 117, incisos I a VIII e XIX, e de **inobservância de dever funcional** previsto em lei, regulamentação ou norma interna, que não justifique imposição de penalidade mais grave.

12.4.2 Proibições

Art. 117 Ao servidor é proibido:
I – ausentar-se do serviço durante o expediente, sem prévia autorização do chefe imediato;
II – retirar, sem prévia anuência da autoridade competente, qualquer documento ou objeto da repartição;
III – recusar fé a documentos públicos;
IV – opor resistência injustificada ao andamento de documento e processo ou execução de serviço;
V – promover manifestação de apreço ou desapreço no recinto da repartição;
VI – cometer a pessoa estranha à repartição, fora dos casos previstos em lei, o desempenho de atribuição que seja de sua responsabilidade ou de seu subordinado;
VII – coagir ou aliciar subordinados no sentido de filiarem-se a associação profissional ou sindical, ou a partido político;
VIII – manter sob sua chefia imediata, em cargo ou função de confiança, cônjuge, companheiro ou parente até o segundo grau civil;

No caso de violação das proibições, previstas nos incisos I a VIII e XIX, será aplicada a penalidade de **advertência**.

IX – valer-se do cargo para lograr proveito pessoal ou de outrem, em detrimento da dignidade da função pública;
X – participar de gerência ou administração de sociedade privada, personificada ou não personificada, exercer o comércio, exceto na qualidade de acionista, cotista ou comanditário;

LEI Nº 8.112/1990 – REGIME JURÍDICO DOS SERVIDORES DA UNIÃO

XI – *atuar, como procurador ou intermediário, junto a repartições públicas, salvo quando se tratar de benefícios previdenciários ou assistenciais de parentes até o segundo grau, e de cônjuge ou companheiro;*

XII – *receber propina, comissão, presente ou vantagem de qualquer espécie, em razão de suas atribuições;*

XIII – *aceitar comissão, emprego ou pensão de estado estrangeiro;*

XIV – *praticar usura sob qualquer de suas formas;*

XV – *proceder de forma desidiosa;*

XVI – *utilizar pessoal ou recursos materiais da repartição em serviços ou atividades particulares;*

No caso de violação das proibições, previstas nos incisos IX a VI, será aplicada a penalidade de **demissão**.

XVII – *cometer a outro servidor atribuições estranhas ao cargo que ocupa, exceto em situações de emergência e transitórias;*

XVIII – *exercer quaisquer atividades que sejam incompatíveis com o exercício do cargo ou função e com o horário de trabalho;*

De acordo com o art. 130 da Lei nº 8.112/1990, será aplicada a penalidade de **suspensão** nos casos de reincidência das faltas punidas, com advertência e de violação das demais proibições que não tipifiquem infração sujeita a penalidade de demissão (nesse ponto, temos que a violação as proibições dos incisos XVII e XVIII são apenadas com suspensão).

XIX – *recusar-se a atualizar seus dados cadastrais quando solicitado.*

No caso de violação das proibições, previstas nos incisos I a VIII e XIX, será aplicada a penalidade de **advertência**.

Parágrafo único. *A vedação de que trata o inciso X do caput deste artigo não se aplica nos seguintes casos:*

I – participação nos conselhos de administração e fiscal de empresas ou entidades em que a União detenha, direta ou indiretamente, participação no capital social ou em sociedade cooperativa constituída para prestar serviços a seus membros; e

II – gozo de licença para o trato de interesses particulares, na forma do art. 91 desta Lei, observada a legislação sobre conflito de interesses.

Resumo Proibições e Consequências	
Advertência	Incisos I a VIII e XIX.
Suspensão	Incisos XVII e XVIII e nos casos de reincidência das faltas punidas com advertência. Prazo máximo: 90 dias.
Demissão	Incisos IX a XVI.
Na hipótese do inciso X, não haverá aplicação da penalidade nos casos de: a) Participação nos conselhos de administração de empresas que a União detenha participação. b) Gozo de licença para tratar de interesse particular.	

12.4.3 Acumulação

Art. 118 *Ressalvados os casos previstos na Constituição, é vedada a acumulação remunerada de cargos públicos.*

Art. 37, XVI, CF/1988 É vedada a acumulação remunerada de cargos públicos, exceto, quando houver compatibilidade de horários, observado em qualquer caso o disposto no inciso XI:
a) a de dois cargos de professor;
b) a de um cargo de professor com outro técnico ou científico;
c) a de dois cargos ou empregos privativos de profissionais de saúde, com profissões regulamentadas;

§ 1º A proibição de acumular estende-se a cargos, empregos e funções em autarquias, fundações públicas, empresas públicas, sociedades de economia mista da União, do Distrito Federal, dos Estados, dos Territórios e dos Municípios.

*§ 2º A acumulação de cargos, ainda que lícita, **fica condicionada à comprovação da compatibilidade de horários**.*

§ 3º Considera-se acumulação proibida a percepção de vencimento de cargo ou emprego público efetivo com proventos da inatividade, salvo quando os cargos de que decorram essas remunerações forem acumuláveis na atividade.

Art. 119 *O servidor não poderá exercer mais de um cargo em comissão, exceto no caso previsto no parágrafo único do art. 9º, nem ser remunerado pela participação em órgão de deliberação coletiva.*

Art. 9º, parágrafo único, Lei nº 8.112/1990 O servidor ocupante de cargo em comissão ou de natureza especial **poderá ser nomeado para ter exercício, interinamente**, em outro cargo de confiança, sem prejuízo das atribuições do que atualmente ocupa, hipótese em que **deverá optar pela remuneração de um** deles durante o período da interinidade.

Parágrafo único. *O disposto neste artigo não se aplica à remuneração devida pela participação em conselhos de administração e fiscal das empresas públicas e sociedades de economia mista, suas subsidiárias e controladas, bem como quaisquer empresas ou entidades em que a União, direta ou indiretamente, detenha participação no capital social, observado o que, a respeito, dispuser legislação específica.*

Art. 120 *O servidor vinculado ao regime desta Lei, que acumular licitamente dois cargos efetivos, quando investido em cargo de provimento em comissão, ficará afastado de ambos os cargos efetivos, salvo na hipótese em que houver compatibilidade de horário e local com o exercício de um deles, declarada pelas autoridades máximas dos órgãos ou entidades envolvidos.*

12.4.4 Responsabilidades

Art. 121 *O servidor responde civil, penal e administrativamente pelo exercício irregular de suas atribuições.*

Independência das instâncias:

Pela prática de um único ato ilícito, o servidor pode sofrer sanções diversas (administrativas/penais/civis), sendo admitida a **cumulação** dessas sanções, pois cada uma das instâncias tem seu fundamento próprio.

Art. 122 *A responsabilidade civil decorre de ato omissivo ou comissivo, doloso ou culposo, que resulte em prejuízo ao erário ou a terceiros.*

*§ 1º A indenização de **prejuízo dolosamente causado ao erário somente será liquidada na forma prevista no art. 46**, na falta de outros bens que assegurem a execução do débito pela via judicial.*

Art. 46, Lei nº 8.112/1990 As reposições e indenizações ao erário, atualizadas até 30 de junho de 1994, serão previamente comunicadas ao servidor ativo, aposentado ou ao pensionista, para pagamento, no prazo máximo de trinta dias, podendo ser parceladas, a pedido do interessado.
§ 1º O valor de cada parcela não poderá ser inferior ao correspondente a dez por cento da remuneração, provento ou pensão.

*§ 2º Tratando-se de **dano causado a terceiros**, responderá o servidor perante a Fazenda Pública, em ação regressiva.*

O servidor responde de forma subjetiva, vale dizer que a administração pública deverá comprovar o dolo ou a culpa do agente público para fazer jus ao ressarcimento.

*§ 3º A obrigação de reparar o dano **estende-se aos sucessores e contra eles será executada, até o limite do valor da herança recebida**.*

Art. 123 *A **responsabilidade penal** abrange os **crimes e contravenções** imputadas ao servidor, nessa qualidade.*

Art. 124 *A responsabilidade civil-administrativa resulta de **ato omissivo ou comissivo** praticado no desempenho do cargo ou função.*

Art. 125 *As sanções civis, penais e administrativas **poderão cumular-se, sendo independentes entre si**.*

Art. 126 *A **responsabilidade administrativa** do servidor será **afastada** no caso de **absolvição criminal que negue a existência do fato ou sua autoria**.*

Trata-se de uma exceção à independência das instâncias.

Se na esfera penal, verificar que **não** foi o servidor que cometeu o ato (Negativa de Autoria), ou que o objeto de apuração não aconteceu (Inexistência do Fato), isso acarreta a **absolvição** nas instâncias administrativa e civil.

Se o servidor for absolvido do processo penal por falta de provas, nada impede que ele seja responsabilizado nas esferas administrativa e civil.

> **Art. 126-A** Nenhum servidor poderá ser responsabilizado civil, penal ou administrativamente por dar ciência à autoridade superior ou, quando houver suspeita de envolvimento desta, a outra autoridade competente para apuração de informação concernente à prática de crimes ou improbidade de que tenha conhecimento, ainda que em decorrência do exercício de cargo, emprego ou função pública

12.4.5 Penalidades

> **Art. 127** São penalidades disciplinares:
> I – advertência;
> II – suspensão;
> III – demissão;
> IV – cassação de aposentadoria ou disponibilidade;
> V – destituição de cargo em comissão;
> VI – destituição de função comissionada.
>
> **Art. 128** Na aplicação das penalidades serão consideradas a natureza e a gravidade da infração cometida, os danos que dela provierem para o serviço público, as circunstâncias agravantes ou atenuantes e os antecedentes funcionais.
>
> **Parágrafo único**. *O ato de imposição da penalidade mencionará sempre o fundamento legal e a causa da sanção disciplinar.*

Exigência de justificativa (motivação).

> **Art. 129** *A* **advertência** *será aplicada* **por escrito**, *nos casos de violação de proibição constante do* **art. 117***, incisos* **I a VIII e XIX***, e de* **inobservância de dever funcional** *previsto em lei, regulamentação ou norma interna, que não justifique imposição de penalidade mais grave.*

Aplica-se advertência no caso de inobservância dos deveres (art. 116) e de violação das proibições do art. 117 elencadas a seguir:

▷ Ausentar-se do serviço durante o expediente, sem prévia autorização do chefe imediato;

▷ Retirar, sem prévia anuência da autoridade competente, qualquer documento ou objeto da repartição;

▷ Recusar fé a documentos públicos;

▷ Opor resistência injustificada ao andamento de documento e processo ou execução de serviço;

▷ Promover manifestação de apreço ou desapreço no recinto da repartição;

▷ Cometer a pessoa estranha à repartição, fora dos casos previstos em lei, o desempenho de atribuição que seja de sua responsabilidade ou de seu subordinado;

▷ Coagir ou aliciar subordinados no sentido de filiarem-se a associação profissional ou sindical, ou a partido político;

▷ Manter sob sua chefia imediata, em cargo ou função de confiança, cônjuge, companheiro ou parente até o segundo grau civil;

▷ Recusar-se a atualizar seus dados cadastrais quando solicitado.

> **Art. 130** *A suspensão será aplicada em caso de reincidência das faltas punidas com advertência e de violação das demais proibições que não tipifiquem infração sujeita a penalidade de demissão,* **não podendo exceder de 90 (noventa) dias.**

Violação das proibições do art. 117 elencadas a seguir:

▷ Cometer a outro servidor atribuições estranhas ao cargo que ocupa, exceto em situações de emergência e transitórias;

▷ Exercer quaisquer atividades que sejam incompatíveis com o exercício do cargo ou função e com o horário de trabalho.

No caso de reincidência das faltas será punida com advertência.

> **§ 1º** *Será punido com* **suspensão** *de até* **15 (quinze) dias** *o servidor que, injustificadamente,* **recusar-se a ser submetido a inspeção médica determinada pela autoridade competente***, cessando os efeitos da penalidade uma vez cumprida a determinação.*
>
> **§ 2º** *Quando houver conveniência para o serviço, a* **penalidade de suspensão poderá ser convertida em multa, na base de 50% (cinquenta por cento) por dia de vencimento ou remuneração***, ficando o servidor obrigado a permanecer em serviço.*

A penalidade de suspensão poderá ser convertida em multa, de 50% do vencimento ou remuneração, ficando o servidor obrigado a permanecer em serviço.

> **Art. 131** *As penalidades de advertência e de suspensão terão seus* **registros cancelados***, após o decurso de* **3 (três) e 5 (cinco) anos de efetivo exercício***, respectivamente, se o servidor não houver, nesse período, praticado nova infração disciplinar.*
>
> **Parágrafo único**. *O cancelamento da penalidade não surtirá efeitos retroativos.*

Correlacionando com o Direito Penal, após esse período, se não houver praticado nova infração, o servidor volta à condição de réu primário.

> **Art. 132** *A demissão será aplicada nos seguintes casos:*
> I – crime contra a administração pública;
> II – abandono de cargo;
> III – inassiduidade habitual;
> IV – improbidade administrativa;
> V – incontinência pública e conduta escandalosa, na repartição;
> VI – insubordinação grave em serviço;
> VII – ofensa física, em serviço, a servidor ou a particular, salvo em legítima defesa própria ou de outrem;
> VIII – aplicação irregular de dinheiros públicos;
> IX – revelação de segredo do qual se apropriou em razão do cargo;
> X – lesão aos cofres públicos e dilapidação do patrimônio nacional;
> XI – corrupção;
> XII – acumulação ilegal de cargos, empregos ou funções públicas;
> XIII – transgressão dos incisos IX a XVI do art. 117.

Art. 117 (Violação das proibições):
IX – valer-se do cargo para lograr proveito pessoal ou de outrem, em detrimento da dignidade da função pública;
X – participar de gerência ou administração de sociedade privada, personificada ou não personificada, exercer o comércio, exceto na qualidade de acionista, cotista ou comanditário;
XI – atuar, como procurador ou intermediário, junto a repartições públicas, salvo quando se tratar de benefícios previdenciários ou assistenciais de parentes até o segundo grau, e de cônjuge ou companheiro;
XII – receber propina, comissão, presente ou vantagem de qualquer espécie, em razão de suas atribuições;
XIII – aceitar comissão, emprego ou pensão de estado estrangeiro;
XIV – praticar usura sob qualquer de suas formas;
XV – proceder de forma desidiosa;
XVI – utilizar pessoal ou recursos materiais da repartição em serviços ou atividades particulares.

> **Art. 133** *Detectada a qualquer tempo a* **acumulação ilegal de cargos, empregos ou funções públicas***, a autoridade a que se refere o art. 143 notificará o servidor, por intermédio de sua chefia imediata, para* **apresentar opção no prazo improrrogável de dez dias***, contados da data da ciência e, na hipótese de omissão, adotará procedimento sumário para a sua apuração e regularização imediata, cujo processo administrativo disciplinar se desenvolverá nas seguintes fases:*

LEI Nº 8.112/1990 – REGIME JURÍDICO DOS SERVIDORES DA UNIÃO

Art. 143 A autoridade que tiver ciência de irregularidade no serviço público é obrigada a promover a sua apuração imediata, mediante sindicância ou processo administrativo disciplinar, assegurada ao acusado ampla defesa.

I – instauração, com a publicação do ato que constituir a comissão, a ser composta por dois servidores estáveis, e simultaneamente indicar a autoria e a materialidade da transgressão objeto da apuração

II – **instrução sumária**, que compreende indiciação, defesa e relatório;

III – julgamento.

§ 1º A indicação da autoria de que trata o inciso I dar-se-á pelo nome e matrícula do servidor, e a materialidade pela descrição dos cargos, empregos ou funções públicas em situação de acumulação ilegal, dos órgãos ou entidades de vinculação, das datas de ingresso, do horário de trabalho e do correspondente regime jurídico

§ 2º A comissão lavrará, até **três dias** após a publicação do ato que a constituiu, **termo de indiciação** em que serão transcritas as informações de que trata o parágrafo anterior, bem como promoverá a **citação pessoal do servidor** indiciado, ou por intermédio de sua chefia imediata, para, no prazo de cinco dias, apresentar defesa escrita, assegurando-se-lhe vista do processo na repartição, observado o disposto nos arts. 163 e 164.

Art. 163 Achando-se o **indiciado em lugar incerto e não sabido**, será citado por **edital**, publicado no Diário Oficial da União e em jornal de grande circulação na localidade do último domicílio conhecido, para apresentar defesa.

Parágrafo único. Na hipótese deste artigo, **o prazo para defesa será de 15 (quinze) dias** a partir da última publicação do edital.

Art. 164 Considerar-se-á **revel** o indiciado que, regularmente citado, **não apresentar defesa no prazo legal**.

§ 1º A revelia será declarada, por termo, nos autos do processo e devolverá o prazo para a defesa.

§ 2º Para defender o indiciado revel, a autoridade instauradora do processo **designará um servidor como defensor dativo, que deverá ser ocupante de cargo efetivo superior ou de mesmo nível, ou ter nível de escolaridade igual ou superior** ao do indiciado.

§ 3º **Apresentada a defesa**, a comissão elaborará **relatório conclusivo** quanto à inocência ou à responsabilidade do servidor, em que resumirá as peças principais dos autos, opinará sobre a licitude da acumulação em exame, indicará o respectivo dispositivo legal e remeterá o processo à autoridade instauradora, para julgamento

§ 4º No **prazo de cinco dias**, contados do recebimento do processo, **a autoridade julgadora proferirá a sua decisão**, aplicando-se, quando for o caso, o disposto no § 3º do art. 167.

Art. 167, § 3º, Lei nº 8.112/1990 Se a penalidade prevista for a **demissão ou cassação de aposentadoria ou disponibilidade**, o julgamento caberá às autoridades de que trata o inciso I do art. 141.

Art. 141 As penalidades disciplinares serão aplicadas:

I – pelo Presidente da República, pelos Presidentes das Casas do Poder Legislativo e dos Tribunais Federais e pelo Procurador-Geral da República, quando se tratar de demissão e cassação de aposentadoria ou disponibilidade de servidor vinculado ao respectivo Poder, órgão ou entidade;

§ 5º A **opção** pelo servidor **até o último dia de prazo para defesa** configurará sua boa-fé, **hipótese em que se converterá automaticamente em pedido de exoneração do outro cargo**.

Até o último dia de prazo para a defesa, o servidor pode optar por um cargo, momento em que será realizada a exoneração (caráter não punitivo) do outro cargo.

§ 6º **Caracterizada a acumulação ilegal** e provada a má-fé, aplicar-se-á a pena de demissão, destituição ou cassação de aposentadoria ou disponibilidade em relação aos cargos, empregos ou funções públicas em regime de acumulação ilegal, hipótese em que os órgãos ou entidades de vinculação serão comunicados.

§ 7º O **prazo para a conclusão** do processo administrativo disciplinar submetido ao **rito sumário não excederá trinta dias**, contados da data de publicação do ato que constituir a comissão, **admitida a sua prorrogação por até quinze dias**, quando as circunstâncias o exigirem.

§ 8º O procedimento sumário rege-se pelas disposições deste artigo, observando-se, no que lhe for aplicável, subsidiariamente, as disposições dos Títulos IV e V desta Lei.

Processo Sumário (acumulação ilícita de cargos ou empregos):

a) Aplicação: acumulação ilícita de cargos ou empregos.

b) O servidor, até o último dia de prazo para defesa, pode optar por um dos cargos (o que gerará exoneração em relação ao outro.

c) Se não optar e for provada má-fé, será aplicada demissão, destituição ou cassação de aposentaria ou disponibilidade em relação aos dois cargos.

d) Prazo máximo do processo 30 dias e prorrogáveis por mais 15 dias.

Art. 134 Será cassada a **aposentadoria** ou a disponibilidade do **inativo** que houver praticado, na atividade, **falta punível com a demissão**.

Art. 135 A destituição de cargo em comissão exercido por não ocupante de cargo efetivo será aplicada nos casos de infração sujeita às penalidades de suspensão e de demissão.

Servidor não ocupante de cargo efetivo que comete infração apenada com suspensão ou demissão será destituído do cargo.

Parágrafo único. Constatada a hipótese de que trata este artigo, a **exoneração** efetuada nos termos do art. 35 **será convertida em destituição de cargo em comissão**.

Art. 35 A **exoneração** de cargo em comissão e a dispensa de função de confiança dar-se-á:

I – a juízo da autoridade competente;

II – a pedido do próprio servidor.

Art. 136 A demissão ou a destituição de cargo em comissão, nos casos dos incisos IV, VIII, X e XI do art. 132, implica a **indisponibilidade dos bens e o ressarcimento ao erário**, sem prejuízo da ação penal cabível.

Art. 132 [...]

IV – improbidade administrativa;

VIII – aplicação irregular de dinheiros públicos;

X – lesão aos cofres públicos e dilapidação do patrimônio nacional;

XI – corrupção;

Art. 137 A demissão ou a destituição de cargo em comissão, por infringência do art. 117, incisos IX e XI, **incompatibiliza o ex-servidor para nova investidura em cargo público federal, pelo prazo de 5 (cinco) anos**.

Art. 117 [...]

IX – valer-se do cargo para lograr proveito pessoal ou de outrem, em detrimento da dignidade da função pública;

XI – atuar, como procurador ou intermediário, junto a repartições públicas, salvo quando se tratar de benefícios previdenciários ou assistenciais de parentes até o segundo grau, e de cônjuge ou companheiro;

Parágrafo único. Não poderá retornar ao serviço público federal o servidor que for demitido ou destituído do cargo em comissão por infringência do art. 132, incisos I, IV, VIII, X e XI.

No bojo da ADI 2.975, o STF declarou o parágrafo único inconstitucional a seguir:

O parágrafo único do art. 137 da Lei nº 8.112/1990 proíbe, para sempre, o retorno ao serviço público federal de servidor que for demitido ou destituído por prática de crime contra a Administração Pública, improbidade administrativa, aplicação irregular de dinheiro público,

NOÇÕES DE DIREITO

lesão aos cofres públicos e dilapidação do patrimônio nacional e corrupção. Essa previsão viola o art. 5º, XLVII, "b", da CF/88, que afirma que **não haverá penas de caráter perpétuo**. STF. Plenário. ADI 2975, Rel. Min. Gilmar Mendes, julgado em 04/12/2020 (Info 1.001).

> *Art. 138 Configura **abandono de cargo** a ausência intencional do servidor ao serviço por mais de **trinta dias consecutivos**.*
>
> *Art. 139 Entende-se por **inassiduidade habitual** a falta ao serviço, **sem causa justificada**, por sessenta dias, interpoladamente, durante o período de doze meses.*

a) Abandono de cargo: ausência intencional (30 dias consecutivos).
b) Inassiduidade habitual: falta, sem justificativa (60 dias interpoladamente no período de 12 meses).

> *Art. 140 Na apuração de abandono de cargo ou inassiduidade habitual, também será adotado o procedimento sumário a que se refere o art. 133, observando-se especialmente que:*
>
> *I – a indicação da materialidade dar-se-á*
>
> *a) na hipótese de abandono de cargo, pela indicação precisa do período de ausência intencional do servidor ao serviço superior a trinta dias;*
>
> *b) no caso de inassiduidade habitual, pela indicação dos dias de falta ao serviço sem causa justificada, por período igual ou superior a sessenta dias interpoladamente, durante o período de doze meses;*
>
> *II – após a apresentação da defesa a comissão elaborará relatório conclusivo quanto à inocência ou à responsabilidade do servidor, em que resumirá as peças principais dos autos, indicará o respectivo dispositivo legal, opinará, na hipótese de abandono de cargo, sobre a intencionalidade da ausência ao serviço superior a trinta dias e remeterá o processo à autoridade instauradora para julgamento.*
>
> *Art. 141 As penalidades disciplinares serão aplicadas:*
>
> *I – pelo Presidente da República, pelos Presidentes das Casas do Poder Legislativo e dos Tribunais Federais e pelo Procurador-Geral da República, quando se tratar de demissão e cassação de aposentadoria ou disponibilidade de servidor vinculado ao respectivo Poder, órgão ou entidade;*
>
> *II – pelas autoridades administrativas de hierarquia imediatamente inferior àquelas mencionadas no inciso anterior quando se tratar de suspensão superior a 30 (trinta) dias;*
>
> *III – pelo chefe da repartição e outras autoridades na forma dos respectivos regimentos ou regulamentos, nos casos de advertência ou de suspensão de até 30 (trinta) dias;*
>
> *IV – pela autoridade que houver feito a nomeação, quando se tratar de destituição de cargo em comissão.*

Autoridade	Penalidade
• Presidente da República. • Presidentes das Casas do Poder Legislativo. • Presidentes dos Tribunais Federais. • Procurador Geral da República.	• Demissão. • Cassação de aposentadoria ou disponibilidade.
Autoridades administrativas de hierarquia imediatamente inferior.	Suspensão **acima** de 30 dias.
Chefe da repartição e outras autoridades.	Suspensão de **até** 30 dias.
Autoridade que houver feito a nomeação.	Destituição de cargo em Comissão.

> *Art. 142 A ação disciplinar prescreverá:*
>
> *I – em 5 (cinco) anos, quanto às infrações puníveis com demissão, cassação de aposentadoria ou disponibilidade e destituição de cargo em comissão;*
>
> *II – em 2 (dois) anos, quanto à suspensão;*
>
> *III – em 180 (cento e oitenta) dias, quanto à advertência.*

> *§ 1º O prazo de prescrição **começa a correr da data em que o fato se tornou conhecido.***
>
> *§ 2º Os prazos de prescrição previstos na lei penal aplicam-se às infrações disciplinares capituladas também como crime.*

O prazo prescricional previsto na Lei Penal será aplicado ao processo administrativo, independentemente de existir (ou não) ação penal sobre o tema.

Para se aplicar a regra do § 2º do art. 142 da Lei nº 8.112/1990 não se exige que o fato esteja sendo apurado na esfera penal (não se exige que tenha havido oferecimento de denúncia ou instauração de inquérito policial).

Se a infração disciplinar praticada for, em tese, também crime, deve ser aplicado o prazo prescricional previsto na legislação penal independentemente de qualquer outra exigência. STJ. 1ª Seção. MS 20.857-DF, Rel. Min. Napoleão Nunes Maia Filho, Rel. Acd. Min. Og Fernandes, julgado em 22/05/2019 (Info 651).

> *§ 3º **A abertura de sindicância ou a instauração de processo disciplinar interrompe a prescrição**, até a decisão final proferida por autoridade competente.*

Interrupção da prescrição:

a) Processo Administrativo Disciplinar (PAD);
b) Sindicância;
c) A interrupção zera o prazo prescricional e o prazo ficará interrompido até a decisão final.

> *§ 4º Interrompido o curso da prescrição, **o prazo começará a correr a partir do dia em que cessar a interrupção.***

Após a cessão da interrupção o prazo prescricional volta a contar do zero.

12.5 Processo administrativo disciplinar

12.5.1 Disposições gerais

> *Art. 143 A autoridade que tiver ciência de irregularidade no serviço público é obrigada a promover a sua apuração imediata, mediante **sindicância ou processo administrativo** disciplinar, assegurada ao acusado ampla defesa.*

A autoridade dispõe de dois procedimentos para apurar irregularidades:

a) Sindicância;
b) Processo Administrativo Disciplinar (PAD).

> *§§ 1º e 2º (Revogados).*
>
> *§ 3º A apuração de que trata o caput, por solicitação da autoridade a que se refere, **poderá ser promovida por autoridade de órgão ou entidade diverso** daquele em que tenha ocorrido a irregularidade, mediante competência específica para tal finalidade, **delegada em***

LEI Nº 8.112/1990 – REGIME JURÍDICO DOS SERVIDORES DA UNIÃO

caráter permanente ou temporário pelo Presidente da República, pelos presidentes das Casas do Poder Legislativo e dos Tribunais Federais e pelo Procurador-Geral da República, no âmbito do respectivo Poder, órgão ou entidade, preservadas as competências para o julgamento que se seguir à apuração.

Art. 144 *As denúncias sobre irregularidades serão objeto de apuração,* **desde que** *contenham a* **identificação e o endereço do denunciante** *e sejam formuladas por escrito, confirmada a autenticidade.*

Parágrafo único. *Quando o fato narrado não configurar evidente infração disciplinar ou ilícito penal, a denúncia será arquivada, por falta de objeto.*

> **Fique ligado**
>
> Jurisprudência:
> **Súmula nº 611 - STJ:** *Desde que devidamente motivada e com amparo em investigação ou sindicância,* **é permitida a instauração de processo** *administrativo disciplinar com base em* **denúncia anônima***, em face do poder-dever de autotutela imposto à administração.*

Art. 145 *Da sindicância poderá resultar:*

I – arquivamento do processo;

II – aplicação de penalidade de advertência ou suspensão de até 30 (trinta) dias;

III – instauração de processo disciplinar.

Parágrafo único. *O prazo para* **conclusão** *da sindicância* **não excederá 30 (trinta) dias***, podendo ser prorrogado por igual período,* **a critério da autoridade superior***.*

Penalidades possíveis na sindicância*:

a) Advertência;

b) Suspensão máxima de 30 dias.

* Prazo para conclusão da sindicância: 30 dias (prorrogável por igual período, a critério da autoridade).

Art. 146 *Sempre que o ilícito praticado pelo* **servidor** *ensejar a imposição de penalidade de suspensão por mais de 30 (trinta) dias, de demissão, cassação de aposentadoria ou disponibilidade, ou destituição de cargo em comissão, será obrigatória a instauração de processo disciplinar.*

Não é obrigatória a instauração de sindicância. A autoridade pode determinar a abertura do processo administrativo sem que haja sindicância prévia.

A sindicância é uma forma simplificada do Processo Administrativo Disciplinar (PAD), sendo usada para investigação ou para a apuração de infrações que resultem em penalidades menos gravosas.

12.5.2 Afastamento preventivo

Art. 147 *Como medida cautelar e a fim de que o servidor não venha a influir na apuração da irregularidade, a autoridade instauradora do processo disciplinar poderá determinar o seu afastamento do exercício do cargo, pelo prazo de até 60 (sessenta) dias, sem prejuízo da remuneração.*

Parágrafo único. *O afastamento poderá ser prorrogado por igual prazo, findo o qual cessarão os seus efeitos, ainda que não concluído o processo.*

a) O afastamento preventivo não configura penalidade.

b) Trata-se de uma medida preventiva para que o servidor não interfira no processo.

c) Prazo de 60 dias, podendo ser prorrogado por mais 60 (prazo máximo total 120 dias) ainda que o processo não tenha sido concluído.

d) O servidor afastado preventivamente continua recebendo.

12.5.3 Processo disciplinar

Art. 148 *O processo disciplinar é o instrumento destinado a apurar responsabilidade de servidor por infração praticada no exercício de suas atribuições, ou que tenha relação com as atribuições do cargo em que se encontre investido.*

Art. 149 *O processo disciplinar será conduzido por* **comissão composta de três servidores estáveis** *designados pela autoridade competente, observado o disposto no § 3º do art. 143, que indicará, dentre eles, o seu presidente, que deverá ser ocupante de cargo efetivo superior ou de mesmo nível, ou ter nível de escolaridade igual ou superior ao do indiciado.*

> **Art. 143, § 3º** A apuração de que trata o caput, por solicitação da autoridade a que se refere, **poderá ser promovida por autoridade de órgão ou entidade diverso daquele em que tenha ocorrido a irregularidade**, mediante competência específica para tal finalidade, delegada em caráter permanente ou temporário pelo Presidente da República, pelos presidentes das Casas do Poder Legislativo e dos Tribunais Federais e pelo Procurador-Geral da República, no âmbito do respectivo Poder, órgão ou entidade, preservadas as competências para o julgamento que se seguir à apuração.

§ 1º A Comissão terá como secretário servidor designado pelo seu presidente, podendo a indicação recair em um de seus membros.

§ 2º Não poderá participar de comissão de sindicância ou de inquérito, cônjuge, companheiro ou parente do acusado, consanguíneo ou afim, em linha reta ou colateral, **até o terceiro grau***.*

Art. 150 *A Comissão exercerá suas atividades com independência e imparcialidade, assegurado o sigilo necessário à elucidação do fato ou exigido pelo interesse da administração.*

Parágrafo único. *As reuniões e as audiências das comissões terão caráter reservado.*

Art. 151 *O processo disciplinar se desenvolve nas seguintes fases:*

I – instauração, com a publicação do ato que constituir a comissão;

II – inquérito administrativo, que compreende instrução, defesa e relatório;

III – julgamento.

Fases do Processo Administrativo Disciplinar (PAD): instauração; inquérito e julgamento.

Observe que a sindicância não consta como fase do PAD.

Art. 152 *O prazo para a conclusão do processo disciplinar não excederá 60 (sessenta) dias, contados da data de publicação do ato que constituir a comissão, admitida a sua prorrogação por igual prazo, quando as circunstâncias o exigirem.*

Prazo para conclusão do PAD:

a) 60 dias contados da publicação do ato de constituição da comissão.

b) Prorrogável por mais 60 dias.

Este artigo **não** trata do prazo para julgamento (que é de mais 20 dias).

§ 1º ***Sempre que necessário****, a comissão dedicará* ***tempo integral*** *aos seus trabalhos, ficando seus membros dispensados do ponto, até a entrega do relatório final.*

§ 2º As reuniões da comissão serão registradas em atas que deverão detalhar as deliberações adotadas.

Seção I – Do Inquérito

Art. 153 *O* **inquérito administrativo** *obedecerá ao princípio do contraditório, assegurada ao acusado ampla defesa, com a utilização dos meios e recursos admitidos em direito.*

Diferentemente do inquérito policial que é inquisitivo, no inquérito administrativo é assegurada ampla defesa.

Art. 154 *Os autos da sindicância integrarão o processo disciplinar, como peça informativa da instrução.*

Parágrafo único. *Na hipótese de o relatório da sindicância concluir que a infração está capitulada como ilícito penal, a autoridade competente* encaminhará cópia dos autos ao Ministério Público, independentemente da imediata instauração do processo disciplinar.

Art. 155 Na fase do inquérito, a comissão promoverá a tomada de depoimentos, acareações, investigações e diligências cabíveis, objetivando a coleta de prova, recorrendo, quando necessário, a técnicos e peritos, de modo a permitir a completa elucidação dos fatos.

Art. 156 É assegurado ao servidor o direito de acompanhar o processo pessoalmente ou por intermédio de procurador, arrolar e reinquirir testemunhas, produzir provas e contraprovas e formular quesitos, quando se tratar de prova pericial.

Fique ligado

Jurisprudência:
Súmula Vinculante nº 5 – STF: A falta de defesa técnica por advogado no processo administrativo disciplinar não ofende a Constituição.

§ 1º O presidente da comissão poderá denegar pedidos considerados impertinentes, meramente protelatórios, ou de nenhum interesse para o esclarecimento dos fatos.

§ 2º Será indeferido o pedido de prova pericial, quando a comprovação do fato independer de conhecimento especial de perito.

Art. 157 As testemunhas serão intimadas a depor mediante mandado expedido pelo presidente da comissão, devendo a segunda via, com o ciente do interessado, ser anexado aos autos.

Parágrafo único Se a testemunha for servidor público, a expedição do mandado será imediatamente comunicada ao chefe da repartição onde serve, com a indicação do dia e hora marcados para inquirição.

Art. 158 O **depoimento será prestado oralmente** e reduzido a termo, **não sendo lícito à testemunha trazê-lo por escrito**.

É vedado à testemunha a apresentação de depoimento por escrito.

§ 1º **As testemunhas serão inquiridas** separadamente.

§ 2º Na hipótese de depoimentos contraditórios ou que se infirmem, proceder-se-á à **acareação** entre os depoentes.

A acareação é um procedimento para se buscar a verdade em que as partes são confrontadas frente a frente. Exemplo: depoimentos contraditórios sobre o mesmo fato.

Art. 159 Concluída a inquirição das testemunhas, a comissão promoverá o **interrogatório do acusado**, observados os procedimentos previstos nos arts. 157 e 158.

O acusado será ouvido depois das testemunhas e o procedimento adotado no seu interrogatório será o mesmo utilizado com as testemunhas.

§ 1º No caso de mais de um acusado, cada um deles será ouvido separadamente, e sempre que divergirem em suas declarações sobre fatos ou circunstâncias, será promovida a acareação entre eles.

Se houver mais de um acusado, o interrogatório será separado, se existir divergência nas declarações, a comissão pode promover acareação entre eles.

§ 2º **O procurador do acusado poderá assistir ao interrogatório**, bem como à inquirição das testemunhas, sendo-lhe vedado interferir nas perguntas e respostas, facultando-se lhe, porém, reinquiri-las, por intermédio do presidente da comissão.

O procurador do acusado pode reinquirir as testemunhas por intermédio do presidente da comissão (nunca diretamente).

Art. 160 Quando houver dúvida sobre a **sanidade mental do acusado**, a comissão proporá à autoridade competente que ele seja submetido a **exame por junta médica oficial**, da qual participe pelo menos um médico psiquiatra.

Parágrafo único. O **incidente de sanidade mental** será processado em auto apartado e apenso ao processo principal, após a expedição do laudo pericial.

Art. 161 Tipificada a **infração disciplinar**, será formulada a indiciação do servidor, com a especificação dos fatos a ele imputados e das respectivas provas.

§ 1º O indiciado será citado por mandado expedido pelo presidente da comissão para apresentar **defesa escrita**, no prazo de **10 (dez) dias**, assegurando-se lhe vista do processo na repartição.

§ 2º Havendo dois ou mais indiciados, o prazo será comum e de 20 (vinte) dias.

§ 3º O prazo de defesa poderá ser prorrogado pelo dobro, para diligências reputadas indispensáveis.

Defesa:
a) A defesa será apresentada de forma escrita.
b) Prazo: 10 dias.
c) Se houver mais de um acusado: prazo comum de 20 dias.
d) Pode ser prorrogado pelo dobro – diligências indispensáveis.

§ 4º No caso de recusa do indiciado em apor o ciente na cópia da citação, o prazo para defesa contar-se-á da data declarada, em termo próprio, **pelo membro da comissão** que fez a citação, com a assinatura de **(2) duas testemunhas**.

Art. 162 O indiciado que mudar de residência fica **obrigado a comunicar à comissão** o lugar onde poderá ser encontrado.

Art. 163 Achando-se o indiciado em lugar incerto e não sabido, será citado por edital, publicado no Diário Oficial da União **e em jornal de grande circulação** na localidade do último domicílio conhecido, para apresentar defesa.

Parágrafo único. Na hipótese deste artigo, o prazo para defesa será de 15 (quinze) dias a partir da última publicação do edital.

Defesa:
a) A defesa será apresentada de forma escrita.
b) Prazo: 10 dias.
c) Se houver mais de um acusado: prazo comum de 20 dias.
d) Pode ser prorrogado pelo dobro – diligências indispensáveis.
e) Se não for localizado – citado por edital – prazo para defesa: 15 dias.

Art. 164 Considerar-se-á revel o indiciado que, regularmente citado, **não apresentar defesa no prazo legal**.

§ 1º A revelia será declarada, por termo, nos autos do processo e devolverá o prazo para a defesa.

§ 2º **Para defender o indiciado revel**, a autoridade instauradora do processo designará um servidor como defensor dativo, que **deverá ser ocupante de cargo efetivo superior ou de mesmo nível**, ou ter nível de escolaridade igual ou superior ao do indiciado.

Defensor do indiciado revel:
a) Ocupante de cargo efetivo superior ou mesmo nível;
b) Possuir nível de escolaridade igual ou superior ao do indiciado.

Art. 165 Apreciada a defesa, a comissão elaborará relatório minucioso, onde resumirá as peças principais dos autos e mencionará as provas em que se baseou para formar a sua convicção.

§ 1º O **relatório será sempre conclusivo** quanto à inocência ou à responsabilidade do servidor.

§ 2º **Reconhecida a responsabilidade do servidor,** a comissão indicará o dispositivo legal ou regulamentar transgredido, bem como as circunstâncias agravantes ou atenuantes.

Art. 166 O processo disciplinar, com o relatório da comissão, será remetido à autoridade que determinou a sua instauração, para julgamento.

Seção II – Do Julgamento

Art. 167 No prazo de 20 (vinte) dias, contados do recebimento do processo, a autoridade julgadora proferirá a sua decisão.

§ 1º Se a penalidade a ser aplicada exceder a alçada da autoridade instauradora do processo, este será encaminhado à autoridade competente, **que decidirá em igual prazo**.

§ 2º Havendo **mais de um indiciado** e diversidade de sanções, o julgamento **caberá à autoridade competente para a imposição da pena mais grave**.

LEI Nº 8.112/1990 – REGIME JURÍDICO DOS SERVIDORES DA UNIÃO

§ 3º Se a penalidade prevista for a demissão ou cassação de aposentadoria ou disponibilidade, o julgamento caberá às autoridades de que trata o inciso I do art. 141.

Autoridade	Penalidade
• Presidente da República. • Presidentes das Casas do Poder Legislativo. • Presidentes dos Tribunais Federais. • Procurador Geral da República.	• Demissão. • Cassação de aposentadoria ou disponibilidade.

*§ 4º Reconhecida pela comissão a inocência do servidor, a autoridade instauradora do processo determinará o seu **arquivamento**, salvo se flagrantemente contrária à prova dos autos.*

Art. 168 O julgamento acatará o relatório da comissão, salvo quando contrário às provas dos autos.

*Parágrafo único. Quando o relatório da comissão **contrariar as provas** dos autos, a **autoridade julgadora poderá**, motivadamente, **agravar a penalidade proposta, abrandá-la ou isentar o servidor de responsabilidade**.*

A autoridade julgadora, em regra, acatará o relatório da comissão, a não ser que ele seja contrário às provas dos autos. Neste caso, poderá a autoridade julgadora (motivadamente):

a) Agravar a penalidade proposta;
b) Abrandar a penalidade proposta;
c) Isentar o servidor da responsabilidade.

Art. 169 *Verificada a ocorrência de vício insanável, a autoridade que determinou a instauração do processo ou outra de hierarquia superior declarará a sua **nulidade, total ou parcial**, e ordenará, no mesmo ato, a constituição de outra comissão para instauração de novo processo.*

*§ 1º O **julgamento fora do prazo** legal **não implica nulidade** do processo.*

§ 2º A autoridade julgadora que der causa à prescrição de que trata o art. 142, § 2º, será responsabilizada na forma do Capítulo IV do Título IV.

Art. 170 *Extinta a punibilidade pela prescrição, a autoridade julgadora determinará o registro do fato nos assentamentos individuais do servidor.*

O STF reconheceu a inconstitucionalidade do art. 170:

4. Reconhecida a prescrição da pretensão punitiva, há impedimento absoluto de ato decisório condenatório ou de formação de culpa definitiva por atos imputados ao investigado no período abrangido pelo PAD. 5. O status de inocência deixa de ser presumido somente após decisão definitiva na seara administrativa, ou seja, não é possível que qualquer consequência desabonadora da conduta do servidor decorra tão só da instauração de procedimento apuratório ou de decisão que reconheça a incidência da prescrição antes de deliberação definitiva de culpabilidade. 6. Segurança concedida, com a declaração de inconstitucionalidade incidental do art. 170 da Lei nº 8.112/1990. (MS 23262, Relator(a): Min. DIAS TOFFOLI, Tribunal Pleno, julgado em 23/04/2014, Acórdão Eletrônico DJe-213 divulgado 29-10-2014 publicado 30-10-2014).

Art. 171 *Quando a **infração estiver capitulada como crime**, o processo disciplinar será remetido ao **Ministério Público** para instauração da ação penal, ficando trasladado na repartição.*

Art. 172 *O **servidor que responder a processo disciplinar** só poderá ser exonerado a pedido, ou aposentado voluntariamente, após a conclusão do processo e **o cumprimento da penalidade, acaso aplicada**.*

*Parágrafo único. Ocorrida a exoneração de que trata o parágrafo único, inciso I do art. 34, o ato **será convertido em demissão**, se for o caso.*

Art. 34 *A exoneração de cargo efetivo dar-se-á a pedido do servidor, ou de ofício.*
Parágrafo único. *A exoneração de ofício dar-se-á:*
I - quando não satisfeitas as condições do estágio probatório;

Art. 173 *Serão assegurados transporte e diárias:*
I – ao servidor convocado para prestar depoimento fora da sede de sua repartição, na condição de testemunha, denunciado ou indiciado;

II – aos membros da comissão e ao secretário, quando obrigados a se deslocarem da sede dos trabalhos para a realização de missão essencial ao esclarecimento dos fatos.

Seção III – Da Revisão do Processo

Art. 174 *O processo disciplinar poderá ser revisto, a qualquer tempo, a pedido ou de ofício, quando **se aduzirem fatos novos** ou circunstâncias suscetíveis de justificar a inocência do punido ou a inadequação da penalidade aplicada.*

a) A revisão representa um novo processo (ficará apenso ao original): art. 178.
b) Não há prazo limite para solicitar a revisão (a qualquer tempo).
c) Dependerá do surgimento de fatos novou ou circunstâncias que justifiquem a inocência do punido ou a inadequação da penalidade.

*§ 1º Em caso de **falecimento**, ausência ou desaparecimento do servidor, qualquer pessoa da família poderá requerer a revisão do processo.*

§ 2º No caso de incapacidade mental do servidor, a revisão será requerida pelo respectivo curador.

Art. 175 *No processo revisional, o ônus da prova cabe ao requerente.*

Art. 176 *A **simples alegação de injustiça da penalidade não constitui fundamento para a revisão**, que requer elementos novos, ainda não apreciados no processo originário.*

O processo de revisão não representa uma segunda instância, mas um processo novo, razão pela qual requer elementos novos não apreciados no processo original.

Art. 177 *O requerimento de revisão do processo será dirigido ao Ministro de Estado ou autoridade equivalente, que, se autorizar a revisão, encaminhará o pedido ao dirigente do órgão ou entidade onde se originou o processo disciplinar.*

Parágrafo único. Deferida a petição, a autoridade competente providenciará a constituição de comissão, na forma do art. 149.

Art. 149 O processo disciplinar será conduzido por comissão composta de três servidores estáveis designados pela autoridade competente, observado o disposto no § 3º do art. 143, que indicará, dentre eles, o seu presidente, que deverá ser ocupante de cargo efetivo superior ou de mesmo nível, ou ter nível de escolaridade igual ou superior ao do indiciado.
§ 1º A Comissão terá como secretário servidor designado pelo seu presidente, podendo a indicação recair em um de seus membros.
§ 2º Não poderá participar de comissão de sindicância ou de inquérito, cônjuge, companheiro ou parente do acusado, consanguíneo ou afim, em linha reta ou colateral, até o terceiro grau.

Art. 178 *A revisão correrá em **apenso ao processo originário**.*

Parágrafo único. Na petição inicial, o requerente pedirá dia e hora para a produção de provas e inquirição das testemunhas que arrolar.

Art. 179 *A comissão revisora terá **60 (sessenta) dias** para a conclusão dos trabalhos.*

Art. 180 *Aplicam-se aos trabalhos da comissão revisora, no que couber, as normas e procedimentos próprios da comissão do processo disciplinar.*

Art. 181 *O **julgamento caberá à autoridade que aplicou a penalidade**, nos termos do art. 141.*

O art. 141 refere-se às autoridades competentes para aplicar as penalidades.

*Parágrafo único. O **prazo para julgamento será de 20 (vinte) dias**, contados do recebimento do processo, no curso do qual a autoridade julgadora poderá determinar diligências.*

Art. 182 *Julgada procedente a revisão, será declarada sem efeito a **penalidade aplicada**, restabelecendo-se todos os direitos do servidor, exceto em relação à destituição do cargo em comissão, que será convertida em exoneração.*

*Parágrafo único. Da revisão do processo não poderá resultar **agravamento de penalidade**.*

Resumo:
a) A revisão é um novo processo (apenso ao original).
b) Pode ser solicitada a qualquer tempo.
c) Exigem-se fatos novos não apurados no processo original.
d) Pode ser realizada de ofício pela administração.
e) Pode ser realizada a pedido do servidor ou pessoa da família no caso de falecimento ou curador no caso de incapacidade mental.
f) Requerimento deve ser enviado ao Ministro de Estado (ou equivalente).
g) O ônus da prova é do requerente.
h) A comissão será designada nos moldes do PAD.
i) O prazo para conclusão dos trabalhos será de 60 dias.
j) O julgamento é realizado pela autoridade que aplicou a pena (prazo de 20 dias).
k) Se procedente a pena aplicada restará sem efeito (se for destituição de cargo em Comissão será convertida em exoneração).
l) Não pode resultar agravamento da penalidade.

12.6 Seguridade social do servidor

12.6.1 Disposições gerais

Art. 183 A União manterá **Plano de Seguridade Social** para o servidor e sua família.

§ 1º O servidor ocupante de cargo em comissão que não seja, simultaneamente, ocupante de cargo ou emprego efetivo na administração pública direta, autárquica e fundacional não terá direito aos benefícios do Plano de Seguridade Social, com exceção da assistência à saúde.

O ocupante do Cargo de Confiança terá acesso à seguridade social de forma plena, pois as funções de confiança são exclusivas de servidores efetivos.

Resumo:
a) Se o ocupante de cargo em Comissão também ocupar cargo efetivo ele será beneficiário do Plano de Seguridade Social da União.
b) Se ele só ocupa o cargo em Comissão, contribuirá para o Regime Geral de Previdência Social.

§ 2º O servidor afastado ou licenciado do cargo efetivo, sem direito à remuneração, inclusive para servir em organismo oficial internacional do qual o Brasil seja membro efetivo ou com o qual coopere, ainda que contribua para regime de previdência social no exterior, terá suspenso o seu vínculo com o regime do Plano de Seguridade Social do Servidor Público enquanto durar o afastamento ou a licença, não lhes assistindo, neste período, os benefícios do mencionado regime de previdência.

§ 3º Será assegurada ao servidor licenciado ou afastado sem remuneração a manutenção da vinculação ao regime do Plano de Seguridade Social do Servidor Público, mediante o recolhimento mensal da respectiva contribuição, no mesmo percentual devido pelos servidores em atividade, incidente sobre a remuneração total do cargo a que faz jus no exercício de suas atribuições, computando-se, para esse efeito, inclusive, as vantagens pessoais.

§ 4º O recolhimento de que trata o § 3º deve ser efetuado até o segundo dia útil após a data do pagamento das remunerações dos servidores públicos, aplicando-se os procedimentos de cobrança e execução dos tributos federais quando não recolhidas na data de vencimento

Art. 184 O Plano de Seguridade Social visa a dar cobertura aos riscos a que estão sujeitos o servidor e sua família, e compreende um conjunto de benefícios e ações que atendam às seguintes finalidades:

I – garantir meios de subsistência nos eventos de doença, invalidez, velhice, acidente em serviço, inatividade, falecimento e reclusão;

II – proteção à maternidade, à adoção e à paternidade;

III – assistência à saúde.

Parágrafo único. *Os benefícios serão concedidos nos termos e condições definidos em regulamento, observadas as disposições desta Lei.*

Art. 185 Os **benefícios** do Plano de Seguridade Social do servidor compreendem:

I – quanto ao servidor:
a) aposentadoria;
b) auxílio-natalidade;
c) salário-família;
d) licença para tratamento de saúde;
e) licença à gestante, à adotante e licença-paternidade;
f) licença por acidente em serviço;
g) assistência à saúde;
h) garantia de condições individuais e ambientais de trabalho satisfatórias;

II – quanto ao dependente:
a) pensão vitalícia e temporária;
b) auxílio-funeral;
c) auxílio-reclusão;
d) assistência à saúde.

§ 1º As aposentadorias e pensões serão concedidas e mantidas pelos órgãos ou entidades aos quais se encontram vinculados os servidores, observado o disposto nos arts. 189 e 224.

§ 2º O recebimento indevido de benefícios havidos por fraude, dolo ou má-fé, implicará devolução ao erário do total auferido, sem prejuízo da ação penal cabível.

Benefícios aos servidores	Benefícios aos dependentes
• Aposentadoria;	
• Auxílio-natalidade;	
• Salário-família;	
• Licença para tratamento de saúde;	• Pensão vitalícia e temporária;
• Licença à gestante, à adotante e licença-paternidade;	• Auxílio-funeral; • Auxílio-reclusão;
• Licença por acidente em serviço;	• Assistência à saúde.
• Assistência à saúde;	
• Garantia de condições individuais e ambientais de	
• trabalho satisfatórias.	

12.6.2 Benefícios

Seção I – Da Aposentadoria

Art. 186 O servidor será aposentado:

I – por invalidez permanente, sendo os proventos integrais quando decorrente de acidente em serviço, moléstia profissional ou doença grave, contagiosa ou incurável, especificada em lei, e proporcionais nos demais casos;

Ver alterações promovidas pela EC nº 103/2009 (a seguir).

II – compulsoriamente, aos setenta anos de idade, com proventos proporcionais ao tempo de serviço;

Ver alterações promovidas pela EC nº 103/2009 (a seguir).

III – voluntariamente:

LEI Nº 8.112/1990 – REGIME JURÍDICO DOS SERVIDORES DA UNIÃO

a) aos 35 (trinta e cinco) anos de serviço, se homem, e aos 30 (trinta) se mulher, com proventos integrais;

b) aos 30 (trinta) anos de efetivo exercício em funções de magistério se professor, e 25 (vinte e cinco) se professora, com proventos integrais;

c) aos 30 (trinta) anos de serviço, se homem, e aos 25 (vinte e cinco) se mulher, com proventos proporcionais a esse tempo;

d) aos 65 (sessenta e cinco) anos de idade, se homem, e aos 60 (sessenta) se mulher, com proventos proporcionais ao tempo de serviço.

Ver alterações promovidas pela EC nº 103/2009 (a seguir).

Formas de aposentadoria:

a) Invalidez permanente (incapacidade permanente);
b) Compulsoriamente;
c) Voluntária.

EC nº 103/2019, CF/1988
Art. 40 O regime próprio de previdência social dos servidores titulares de cargos efetivos terá caráter contributivo e solidário, mediante contribuição do respectivo ente federativo, de servidores ativos, de aposentados e de pensionistas, observados critérios que preservem o equilíbrio financeiro e atuarial.
§ 1º O servidor abrangido por regime próprio de previdência social será aposentado:
I – por incapacidade permanente para o trabalho, no cargo em que estiver investido, quando insuscetível de readaptação, hipótese em que será obrigatória a realização de avaliações periódicas para verificação da continuidade das condições que ensejaram a concessão da aposentadoria, na forma de lei do respectivo ente federativo;
II – compulsoriamente, com proventos proporcionais ao tempo de contribuição, aos 70 (setenta) anos de idade, ou aos 75 (setenta e cinco) anos de idade, na forma de lei complementar;
III – no âmbito da União, aos 62 (sessenta e dois) anos de idade, se mulher, e aos 65 (sessenta e cinco) anos de idade, se homem, e, no âmbito dos Estados, do Distrito Federal e dos Municípios, na idade mínima estabelecida mediante emenda às respectivas Constituições e Leis Orgânicas, observados o tempo de contribuição e os demais requisitos estabelecidos em lei complementar do respectivo ente federativo.

Compulsória: ocorre quando o se atinge a idade limite (prevista em lei) para permanecer em exercício.

Lei complementar nº 152/2015
Art. 2º Serão aposentados compulsoriamente, com proventos proporcionais ao tempo de contribuição, aos 75 (setenta e cinco) anos de idade:
I – os servidores titulares de cargos efetivos da União, dos Estados, do Distrito Federal e dos Municípios, incluídas suas autarquias e fundações;
II – os membros do Poder Judiciário;
III – os membros do Ministério Público;
IV – os membros das Defensorias Públicas;
V – os membros dos Tribunais e dos Conselhos de Contas.

Voluntária:
a) No âmbito da União: 62 anos (mulher), 65 anos (homem).
b) Nos Estados, Distrito Federal e Municípios: definição nas respectivas constituições e leis orgânicas.
c) Redução de 5 anos se for professor (art. 40, § 5º, CF/1988).

Art. 40, § 5º, CF/1988 Os ocupantes do cargo de **professor** terão idade mínima reduzida em 5 (cinco) anos em relação às idades decorrentes da aplicação do disposto no inciso III do § 1º, desde que comprovem tempo de efetivo exercício das funções de magistério na educação infantil e no ensino fundamental e médio fixado em lei complementar do respectivo ente federativo.

§ 1º Consideram-se doenças graves, contagiosas ou incuráveis, a que se refere o inciso I deste artigo, tuberculose ativa, alienação mental, esclerose múltipla, neoplasia maligna, cegueira posterior ao ingresso no serviço público, hanseníase, cardiopatia grave, doença de Parkinson, paralisia irreversível e incapacitante, espondiloartrose anquilosante, nefropatia grave, estados avançados do mal de Paget (osteíte deformante), Síndrome de Imunodeficiência Adquirida – AIDS, e outras que a lei indicar, com base na medicina especializada.

§ 2º Nos casos de exercício de atividades consideradas insalubres ou perigosas, bem como nas hipóteses previstas no art. 71, a aposentadoria de que trata o inciso III, "a" e "c", observará o disposto em lei específica.

§ 3º Na hipótese do inciso I o servidor será submetido à junta médica oficial, que atestará a invalidez quando caracterizada a incapacidade para o desempenho das atribuições do cargo ou a impossibilidade de se aplicar o disposto no art. 24.

Art. 187 A **aposentadoria compulsória** será **automática**, e declarada por ato, com vigência a partir do dia imediato àquele em que o servidor atingir a idade-limite de permanência no serviço ativo.

Art. 188 A aposentadoria voluntária ou por invalidez vigorará **a partir da data da publicação do respectivo ato.**

§ 1º A aposentadoria por invalidez será **precedida** de licença para tratamento de saúde, por período não excedente a 24 (vinte e quatro) meses.

§ 2º Expirado o período de licença e **não estando em condições de reassumir o cargo ou de ser readaptado**, o servidor será aposentado.

§ 3º O lapso de tempo compreendido entre o término da licença e a publicação do ato da aposentadoria será considerado como de prorrogação da licença.

§ 4º Para os fins do disposto no § 1º deste artigo, serão consideradas apenas as licenças motivadas pela enfermidade ensejadora da invalidez ou doenças correlacionadas.

§ 5º A critério da Administração, o servidor em licença para tratamento de saúde ou aposentado por invalidez **poderá ser convocado a qualquer momento, para avaliação das condições que ensejaram o afastamento ou a aposentadoria.**

Art. 189 O provento da aposentadoria será calculado com observância do disposto no § 3º do art. 41, e revisto na mesma data e proporção, sempre que se modificar a remuneração dos servidores em atividade.

Parágrafo único. São estendidos aos inativos quaisquer benefícios ou vantagens posteriormente concedidas aos servidores em atividade, inclusive quando decorrentes de transformação ou reclassificação do cargo ou função em que se deu a aposentadoria.

Art. 41, § 3º, Lei nº 8.112/90: o vencimento do cargo efetivo, acrescido das vantagens de caráter permanente, é irredutível.

Ocorre que, com o advento da EC nº 41/2003, a chamada paridade foi extinta.

Integralidade: é a percepção dos proventos em valor igual à totalidade da remuneração que o servidor público recebia quando no cargo efetivo em que se deu a aposentadoria ou falecimento (no caso de pensão). Dessa forma, caso o servidor tivesse um salário de R$ 20.000,00 como sua última remuneração, se aposentaria com este valor, sem nenhuma redução.

Paridade: é a concessão dos aumentos e reajustes atribuídos aos servidores ativos, também aos proventos de aposentadoria. Dessa forma, vantagens e benefícios que fossem devidos aos ativos (trabalhando) seriam estendidos de maneira automática aos inativos (aposentados).

Todos os servidores que ingressaram no serviço público após 2004, esses benefícios foram **perdidos**.

Art. 190 O servidor aposentado com provento proporcional ao tempo de serviço se acometido de qualquer das moléstias especificadas no *§ 1º do art. 186 desta Lei* e, por esse motivo, for considerado inválido por junta médica oficial passará a perceber **provento integral**, calculado com base no fundamento legal de concessão da aposentadoria.

Art. 191 **Quando proporcional ao tempo de serviço**, o provento não será inferior a 1/3 (um terço) da remuneração da atividade.

Art. 192 e 193 (Revogados).

Art. 194 Ao servidor aposentado será paga a gratificação natalina, até o dia vinte do mês de dezembro, em valor equivalente ao respectivo provento, deduzido o adiantamento recebido.

Art. 195 Ao ex-combatente que tenha efetivamente participado de operações bélicas, durante a Segunda Guerra Mundial, nos termos da Lei nº 5.315, de 12 de setembro de 1967, será concedida aposentadoria com provento integral, aos 25 (vinte e cinco) anos de serviço efetivo.

Seção II – Do Auxílio-Natalidade

Art. 196 O auxílio-natalidade é devido à servidora por motivo de nascimento de filho, em quantia equivalente ao menor vencimento do serviço público, inclusive no caso de natimorto.

§ 1º Na hipótese de **parto múltiplo**, o valor será **acrescido de 50%** (cinquenta por cento), **por nascituro**.

§ 2º O auxílio será pago ao cônjuge ou companheiro servidor público, quando a parturiente não for servidora.

Seção III – Do Salário-Família

Art. 197 O salário-família é devido ao **servidor ativo ou ao inativo, por dependente econômico**.

Parágrafo único. Consideram-se dependentes econômicos para efeito de percepção do salário-família:

I – o cônjuge ou companheiro e os **filhos, inclusive os enteados até 21** (vinte e um) anos de idade ou, **se estudante, até 24** (vinte e quatro) anos ou, **se inválido, de qualquer idade;**

II – o menor de 21 (vinte e um) anos que, mediante autorização judicial, viver na companhia e às expensas do servidor, ou do inativo;

III – a mãe e o pai sem economia própria.

Art. 198 Não se configura a dependência econômica quando o beneficiário do salário-família perceber rendimento do trabalho ou de qualquer outra fonte, inclusive pensão ou provento da aposentadoria, em valor igual ou superior ao salário-mínimo.

Art. 199 Quando o pai e mãe forem servidores públicos e viverem em comum, o salário-família **será pago a um deles;** quando separados, será pago a um e outro, de acordo com a distribuição dos dependentes.

Parágrafo único. Ao pai e à mãe equiparam-se o padrasto, a madrasta e, na falta destes, os representantes legais dos incapazes.

Art. 200 O salário-família **não está sujeito a qualquer tributo**, nem servirá de base para qualquer contribuição, inclusive para a Previdência Social.

Art. 201 O **afastamento do cargo efetivo, sem remuneração**, não acarreta a suspensão do pagamento do salário-família.

Seção IV – Da Licença para Tratamento de Saúde

Art. 202 Será concedida ao servidor **licença para tratamento de saúde**, a pedido ou de ofício, com base em perícia médica, sem prejuízo da remuneração a que fizer jus.

Art. 203 A licença de que trata o art. 202 desta Lei será concedida com base em perícia oficial.

§ 1º Sempre que necessário, a inspeção médica será realizada na residência do servidor ou no estabelecimento hospitalar onde se encontrar internado.

§ 2º Inexistindo médico no órgão ou entidade no local onde se encontra ou tenha exercício em caráter permanente o servidor, e não se configurando as hipóteses previstas nos parágrafos do art. 230, **será aceito atestado passado por médico particular**.

Art. 230 A assistência à saúde do servidor, ativo ou inativo, e de sua família compreende assistência médica, hospitalar, odontológica, psicológica e farmacêutica, terá como diretriz básica o implemento de ações preventivas voltadas para a promoção da saúde e **será prestada pelo Sistema Único de Saúde – SUS**, diretamente pelo órgão ou entidade ao qual estiver vinculado o servidor, ou mediante convênio ou contrato, ou ainda na forma de auxílio, mediante ressarcimento parcial do valor despendido pelo servidor, ativo ou inativo, e seus dependentes ou pensionistas com planos ou seguros privados de assistência à saúde, na forma estabelecida em regulamento.

§ 1º Nas hipóteses previstas nesta Lei em que seja exigida perícia, avaliação ou inspeção médica, **na ausência de médico ou junta médica oficial**, para a sua realização o órgão ou entidade celebrará, preferencialmente, convênio com unidades de atendimento do sistema público de saúde, entidades sem fins lucrativos declaradas de utilidade pública, ou com o Instituto Nacional do Seguro Social – INSS.

§ 2º **Na impossibilidade, devidamente justificada**, da aplicação do disposto no parágrafo anterior, o órgão ou entidade promoverá a contratação da prestação de serviços por pessoa jurídica, que constituirá junta médica especificamente para esses fins, indicando os nomes e especialidades dos seus integrantes, com a comprovação de suas habilitações e de que não estejam respondendo a processo disciplinar junto à entidade fiscalizadora da profissão.

---

§ 3º No caso do *§ 2º* deste artigo, o **atestado somente produzirá efeitos depois de recepcionado pela unidade de recursos humanos do órgão ou entidade**.

§ 4º A licença que exceder o prazo de **120 (cento e vinte) dias** no período de 12 (doze) meses a contar do primeiro dia de afastamento **será concedida mediante avaliação por junta médica oficial**.

§ 5º A perícia oficial para concessão da licença de que trata o caput deste artigo, bem como nos demais casos de perícia oficial previstos nesta Lei, será efetuada por cirurgiões-dentistas, nas hipóteses em que abranger o campo de atuação da odontologia.

Art. 204 A licença para tratamento de saúde **inferior a 15 (quinze) dias**, dentro de 1 (um) ano, **poderá ser dispensada de perícia oficial**, na forma definida em regulamento.

Resumo:

a) Licença inferior a 15 dias – no prazo de 1 ano (dispensa perícia oficial).

b) Licença por prazo acima de 15 dias e inferior a 120 dias (precisa de perícia médica oficial).

c) Licença acima de 120 dias será concedida mediante avaliação por junta médica oficial.

Art. 205 O atestado e o laudo da junta médica não se referirão ao nome ou natureza da doença, salvo quando se tratar de lesões produzidas por acidente em serviço, doença profissional ou qualquer das doenças especificadas no art. 186, § 1o.

Art. 186, § 1º, Lei nº 8.112/1990 Consideram-se doenças graves, contagiosas ou incuráveis, a que se refere o inciso I deste artigo, tuberculose ativa, alienação mental, esclerose múltipla, neoplasia maligna, cegueira posterior ao ingresso no serviço público, hanseníase, cardiopatia grave, doença de Parkinson, paralisia irreversível e incapacitante, espondiloartrose anquilosante, nefropatia grave, estados avançados do mal de Paget (osteíte deformante), Síndrome de Imunodeficiência Adquirida – AIDS, e outras que a lei indicar, com base na medicina especializada.

Art. 206 O servidor que apresentar indícios de lesões orgânicas ou funcionais será submetido a inspeção médica.

Art. 206-A O servidor será submetido a exames médicos periódicos, nos termos e condições

Parágrafo único. Para os fins do disposto no caput, a União e suas entidades autárquicas e fundacionais poderão:

I – prestar os exames médicos periódicos diretamente pelo órgão ou entidade à qual se encontra vinculado o servidor;

LEI Nº 8.112/1990 – REGIME JURÍDICO DOS SERVIDORES DA UNIÃO

II – celebrar convênio ou instrumento de cooperação ou parceria com os órgãos e entidades da administração direta, suas autarquias e fundações

III – celebrar convênios com operadoras de plano de assistência à saúde, organizadas na modalidade de autogestão, que possuam autorização de funcionamento do órgão regulador, na forma do art. 230; ou

IV – prestar os exames médicos periódicos mediante contrato administrativo, observado o disposto na Lei nº 8.666, de 21 de junho de 1993, e demais normas pertinentes.

Seção V – Da Licença à Gestante, à Adotante e da Licença-Paternidade

Art. 207 *Será concedida licença à servidora gestante por 120 (cento e vinte) dias consecutivos, sem prejuízo da remuneração.*

O Decreto nº 6.690/2008 permite a prorrogação da licença por mais 60 dias.

> **Art. 1º** Fica instituído, no âmbito da Administração Pública federal direta, autárquica e fundacional, o **Programa de Prorrogação da Licença à Gestante e à Adotante**.
>
> **Art. 2º** Serão beneficiadas pelo Programa de Prorrogação da Licença à Gestante e à Adotante as servidoras públicas federais lotadas ou em exercício nos órgãos e entidades integrantes da Administração Pública federal direta, autárquica e fundacional.
>
> § 1º A prorrogação será garantida à servidora pública que requeira o benefício até o final do primeiro mês após o parto e terá duração de **sessenta dias**.

Com a prorrogação, a licença gestante poderá ter duração total de 180 dias.

§ 1º A licença poderá ter início no primeiro dia do nono mês de gestação, salvo antecipação por prescrição médica.

*§ 2º No caso de nascimento **prematuro, a licença terá início a partir do parto.***

*§ 3º No caso de **natimorto**, decorridos 30 (trinta) dias do evento, a servidora será submetida a exame médico, e se julgada apta, reassumirá o exercício.*

*§ 4º No caso de **aborto** atestado por médico oficial, a servidora terá direito a **30 (trinta) dias** de repouso remunerado.*

Art. 208 *Pelo nascimento ou adoção de filhos, o servidor terá direito à licença-paternidade de 5 (cinco) dias consecutivos.*

O Decreto nº 8.737/2016 permite a prorrogação da licença por mais 15 dias.

> **Art. 1º** Fica instituído o Programa de Prorrogação da Licença Paternidade para os servidores regidos pela Lei nº 8.112, de 11 de dezembro de 1990.
>
> **Art. 2º** A prorrogação da licença-paternidade **será concedida ao servidor público que requeira o benefício** no prazo de dois dias úteis após o nascimento ou a adoção e terá **duração de quinze dias**, além dos cinco dias concedidos pelo art. 208 da Lei nº 8.112/1990.

Com a prorrogação, a licença-paternidade poderá ter duração total de 20 dias.

Art. 209 *Para amamentar o próprio filho, até a idade de seis meses, a servidora lactante terá direito, durante a jornada de trabalho, a uma hora de descanso, que poderá ser parcelada em dois períodos de meia hora.*

Art. 210 *À servidora que adotar ou obtiver guarda judicial de criança até 1 (um) ano de idade, serão concedidos 90 (noventa) dias de licença remunerada.*

Parágrafo único. No caso de adoção ou guarda judicial de criança com mais de 1 (um) ano de idade, o prazo de que trata este artigo será de 30 (trinta) dias.

> **Fique ligado**
>
> Jurisprudência:
> **RE 778.889 – STF:** Os prazos da licença adotante não podem ser inferiores aos prazos da licença gestante, o mesmo valendo para as respectivas prorrogações. Em relação à licença adotante, não é possível fixar prazos diversos em função da idade da criança adotada.

Seção VI – Da Licença por Acidente em Serviço

Art. 211 *Será licenciado, com **remuneração integral**, o servidor acidentado em serviço.*

Art. 212 *Configura acidente em serviço o dano físico ou mental sofrido pelo servidor, que se relacione, mediata ou imediatamente, com as atribuições do cargo exercido.*

Parágrafo único. Equipara-se ao acidente em serviço o dano:

I – decorrente de agressão sofrida e não provocada pelo servidor no exercício do cargo;

II – sofrido no percurso da residência para o trabalho e vice-versa.

Equipara-se a acidente de serviço:
a) Agressão sofrida e não provocada no exercício do cargo;
b) No percurso da residência para o trabalho e vice-versa.

Art. 213 *O servidor acidentado em serviço que necessite de tratamento especializado poderá ser tratado em instituição privada, à conta de recursos públicos.*

Parágrafo único. O tratamento recomendado por junta médica oficial constitui medida de exceção e somente será admissível quando inexistirem meios e recursos adequados em instituição pública.

Art. 214 *A prova do acidente será feita no prazo de 10 (dez) dias, prorrogável quando as circunstâncias o exigirem.*

Seção VII – Da Pensão

Art. 215 *Por morte do servidor, os seus dependentes, nas hipóteses legais, fazem jus à pensão por morte, observados os limites estabelecidos no inciso XI do caput do art. 37 da Constituição Federal e no art. 2º da Lei nº 10.887, de 18 de junho de 2004.*

Art. 216 *(Revogado).*

Art. 217 *São beneficiários das pensões:*

I – o cônjuge;

a) a e) (Revogadas);

II – o cônjuge divorciado ou separado judicialmente ou de fato, com percepção de pensão alimentícia estabelecida judicialmente;

a) a d) (Revogadas);

III – o companheiro ou companheira que comprove união estável como entidade familiar;

IV – o filho de qualquer condição que atenda a um dos seguintes requisitos

a) seja menor de 21 (vinte e um) anos;

b) seja inválido;

c) tenha deficiência grave; ou

d) tenha deficiência intelectual ou mental;

V – a mãe e o pai que comprovem dependência econômica do servidor; e

VI – o irmão de qualquer condição que comprove dependência econômica do servidor e atenda a um dos requisitos previstos no inciso IV.

§ 1º A concessão de pensão aos beneficiários de que tratam os incisos I a IV do caput exclui os beneficiários referidos nos incisos V e VI.

§ 2º A concessão de pensão aos beneficiários de que trata o inciso V do caput exclui o beneficiário referido no inciso VI.

§ 3º O enteado e o menor tutelado equiparam-se a filho mediante declaração do servidor e desde que comprovada dependência econômica, na forma estabelecida em regulamento.

§ 4º (Vetado).

NOÇÕES DE DIREITO

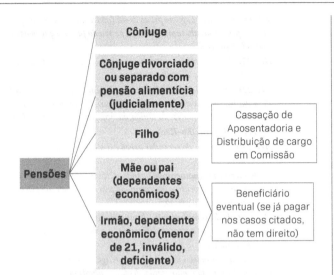

Art. 218 Ocorrendo **habilitação de vários titulares** à pensão, o seu valor será distribuído em partes iguais entre os beneficiários habilitados.

Art. 219 A pensão por morte **será devida ao conjunto dos dependentes do segurado que falecer, aposentado ou não, a contar da data:**

I – do óbito, quando requerida em até 180 (cento e oitenta dias) após o óbito, para os filhos menores de 16 (dezesseis) anos, ou em até 90 (noventa) dias após o óbito, para os demais dependentes;

II – **do requerimento, quando requerida após o prazo previsto no inciso I do caput** deste artigo; ou

Filhos menores de 16:
a) Começa a contar após o falecimento se apresentada dentro de 180 dias.
b) Começa a contar a partir do requerimento, se for após 180 dias.

Demais dependentes:
a) Começa a contar após falecimento se apresentar dentro dos 90 dias.
b) Começa a contar a partir do requerimento, se for após os 90 dias.

III – da **decisão judicial**, na hipótese de **morte presumida**.

§ 1º A concessão da pensão por morte não será protelada pela falta de habilitação de outro possível dependente e a habilitação posterior que importe em exclusão ou inclusão de dependente só produzirá efeito a partir da data da publicação da portaria de concessão da pensão ao dependente habilitado.

§ 2º Ajuizada a ação judicial para reconhecimento da condição de dependente, este poderá requerer a sua habilitação provisória ao benefício de pensão por morte, exclusivamente para fins de rateio dos valores com outros dependentes, vedado o pagamento da respectiva cota até o trânsito em julgado da respectiva ação, ressalvada a existência de decisão judicial em contrário.

§ 3º Nas ações em que for parte o ente público responsável pela concessão da pensão por morte, este poderá proceder de ofício à habilitação excepcional da referida pensão, apenas para efeitos de rateio, descontando-se os valores referentes a esta habilitação das demais cotas, vedado o pagamento da respectiva cota até o trânsito em julgado da respectiva ação, ressalvada a existência de decisão judicial em contrário.

§ 4º Julgada improcedente a ação prevista no § 2º ou § 3º deste artigo, o valor retido será corrigido pelos índices legais de reajustamento e será pago de forma proporcional aos demais dependentes, de acordo com as suas cotas e o tempo de duração de seus benefícios.

§ 5º Em qualquer hipótese, fica assegurada ao órgão concessor da pensão por morte a cobrança dos valores indevidamente pagos em função de nova habilitação.

Art. 220 Perde o direito à pensão por morte:

I – após o trânsito em julgado, **o beneficiário condenado pela prática de crime de que tenha dolosamente resultado a morte do servidor;**

II – o **cônjuge, o companheiro ou a** companheira se comprovada, a qualquer tempo, simulação ou fraude no casamento ou na união estável, ou a formalização desses com o fim exclusivo de constituir benefício previdenciário, apuradas em processo judicial no qual será assegurado o direito ao contraditório e à ampla defesa.

Art. 221 Será concedida **pensão provisória por morte presumida do servidor**, nos seguintes casos:

I – declaração de ausência, pela autoridade judiciária competente;

II – desaparecimento em desabamento, inundação, incêndio ou acidente não caracterizado como em serviço;

III – desaparecimento no desempenho das atribuições do cargo ou em missão de segurança.

Parágrafo único. A pensão provisória será transformada em vitalícia ou temporária, conforme o caso, decorridos 5 (cinco) anos de sua vigência, ressalvado o eventual reaparecimento do servidor, hipótese em que o benefício será automaticamente cancelado.

Art. 222 Acarreta **perda da qualidade de beneficiário**:

I – o seu falecimento;

II – a anulação do casamento, quando a decisão ocorrer após a concessão da pensão ao cônjuge;

III – a cessação da invalidez, em se tratando de beneficiário inválido, ou o afastamento da deficiência, em se tratando de beneficiário com deficiência, respeitados os períodos mínimos decorrentes da aplicação das alíneas a e b do inciso VII do caput deste artigo;

IV – o implemento da idade de 21 (vinte e um) anos, pelo filho ou irmão;

V – a acumulação de pensão na forma do art. 225;

VI – a renúncia expressa; e

VII – em relação aos beneficiários de que tratam os incisos I a III do caput do art. 217

a) o decurso de 4 (quatro) meses, se o óbito ocorrer sem que o servidor tenha vertido 18 (dezoito) contribuições mensais ou se o casamento ou a união estável tiverem sido iniciados em menos de 2 (dois) anos antes do óbito do servidor;

b) o decurso dos seguintes períodos, estabelecidos de acordo com a idade do pensionista na data de óbito do servidor, depois de vertidas 18 (dezoito) contribuições mensais e pelo menos 2 (dois) anos após o início do casamento ou da união estável:

1) 3 (três) anos, com menos de 21 (vinte e um) anos de idade

2) 6 (seis) anos, entre 21 (vinte e um) e 26 (vinte e seis) anos de idade;

3) 10 (dez) anos, entre 27 (vinte e sete) e 29 (vinte e nove) anos de idade;

4) 15 (quinze) anos, entre 30 (trinta) e 40 (quarenta) anos de idade;

5) 20 (vinte) anos, entre 41 (quarenta e um) e 43 (quarenta e três) anos de idade;

6) vitalícia, com 44 (quarenta e quatro) ou mais anos de idade.

Perda da condição de beneficiário:
Art. 217, I a III
I – cônjuge.
II – cônjuge divorciado ou separado (pensão alimentícia).
III – companheiro(a) (união estável).

Decurso de 4 meses:
a) se o óbito ocorrer sem que o servidor tenha vertido 18 contribuições mensais;
b) ou se o casamento ou a união estável tiverem sido iniciados em menos de 2 anos antes do óbito do servidor.

Períodos seguintes, de acordo com:
a) idade do pensionista;
b) pelo menos 18 contribuições;
c) 2 anos de casamento ou união estável, no mínimo.

Tempo de concessão	Idade do beneficiário
3 anos	Com menos de 21 anos
6 anos	Entre 21 e 26 anos

LEI Nº 8.112/1990 – REGIME JURÍDICO DOS SERVIDORES DA UNIÃO

10 anos	Entre 27 e 29 anos
15 anos	Entre 30 e 40 anos
20 anos	Entre 41 e 43 anos
Vitalícia	Com 44 ou mais anos

§ 1º A critério da administração, o beneficiário de pensão cuja preservação seja motivada por invalidez, por incapacidade ou por deficiência poderá ser convocado a qualquer momento para avaliação das referidas condições.

§ 2º Serão aplicados, conforme o caso, a regra contida no inciso III ou os prazos previstos na alínea "b" do inciso VII, ambos do caput, se o óbito do servidor decorrer de acidente de qualquer natureza ou de doença profissional ou do trabalho, **independentemente do recolhimento de 18 (dezoito) contribuições mensais ou da comprovação de 2 (dois) anos de casamento ou de união estável.**

§ 3º Após o transcurso de pelo menos 3 (três) anos e desde que nesse período se verifique o incremento mínimo de um ano inteiro na média nacional única, para ambos os sexos, correspondente à expectativa de sobrevida da população brasileira ao nascer, poderão ser fixadas, em números inteiros, novas idades para os fins previstos na alínea "b" do inciso VII do caput, em ato do Ministro de Estado do Planejamento, Orçamento e Gestão, limitado o acréscimo na comparação com as idades anteriores ao referido incremento.

§ 4º O tempo de contribuição a Regime Próprio de Previdência Social (RPPS) ou ao Regime Geral de Previdência Social (RGPS) será considerado na contagem das 18 (dezoito) contribuições mensais referidas nas alíneas "a" e "b" do inciso VII do caput.

§ 5º Na hipótese de o servidor falecido estar, na data de seu falecimento, obrigado por determinação judicial a pagar alimentos temporários a ex-cônjuge, ex-companheiro ou ex-companheira, a pensão por morte será devida pelo prazo remanescente na data do óbito, caso não incida outra hipótese de cancelamento anterior do benefício.

§ 6º O beneficiário que não atender à convocação de que trata o § 1º deste artigo terá o benefício suspenso, observado o disposto nos incisos I e II do caput do art. 95 da Lei nº 13.146, de 6 de julho de 2015.

§ 7º O exercício de atividade remunerada, inclusive na condição de microempreendedor individual, não impede a concessão ou manutenção da cota da pensão de dependente com deficiência intelectual ou mental ou com deficiência grave.

§ 8º No ato de requerimento de benefícios previdenciários, não será exigida apresentação de termo de curatela de titular ou de beneficiário com deficiência, observados os procedimentos a serem estabelecidos em regulamento.

Art. 223 Por morte ou perda da qualidade de beneficiário, a respectiva cota reverterá para os cobeneficiários.

Art. 224 As pensões serão automaticamente atualizadas na mesma data e na mesma proporção dos reajustes dos vencimentos dos servidores, aplicando-se o disposto no parágrafo único do art. 189.

Sobre a paridade, o art. 189, parágrafo único, da Lei nº 8.112/1990 dispõe que são estendidos aos inativos quaisquer benefícios ou vantagens posteriormente concedidos aos servidores em atividade, inclusive quando decorrentes de transformação ou reclassificação do cargo ou função em que se deu a aposentadoria.

Não é aplicável desde 2014.

Art. 225 Ressalvado o direito de opção, **é vedada a percepção cumulativa de pensão deixada por mais de um cônjuge ou companheiro ou companheira e de mais de 2 (duas) pensões.**

Seção VIII – Do Auxílio-Funeral

Art. 226 O **auxílio-funeral** é devido à família do servidor falecido na atividade ou aposentado, em valor equivalente a **um mês da remuneração ou provento.**

§ 1º No caso de acumulação legal de cargos, o auxílio será pago somente em razão do cargo de maior remuneração.

§ 2º (Vetado).

§ 3º O auxílio será pago no prazo de 48 (quarenta e oito) horas, por meio de **procedimento sumaríssimo, à pessoa da família que houver custeado o funeral.**

Art. 227 Se o funeral for custeado por terceiro, este será indenizado, observado o disposto no artigo anterior.

Art. 228 Em caso de falecimento de servidor **em serviço** fora do local de trabalho, inclusive no exterior, as despesas de transporte do corpo correrão à conta de recursos da União, autarquia ou fundação pública.

Seção IX – Do Auxílio-Reclusão

Art. 229 À família do **servidor ativo** é devido o auxílio-reclusão, nos seguintes valores:

I – **dois terços da remuneração**, quando afastado por motivo de prisão, em flagrante ou preventiva, determinada pela autoridade competente, enquanto perdurar a prisão;

II – **metade da remuneração**, durante o afastamento, em virtude de condenação, por sentença definitiva, a pena que não determine a perda de cargo.

§ 1º Nos casos previstos no inciso I deste artigo, o servidor terá direito à integralização da remuneração, desde que **absolvido.**

§ 2º O pagamento do auxílio-reclusão cessará a partir do dia imediato àquele em que o servidor for posto em liberdade, ainda que condicional.

§ 3º Ressalvado o disposto neste artigo, o auxílio-reclusão será devido, **nas mesmas condições da pensão por morte**, aos dependentes do segurado recolhido à prisão.

12.6.3 Assistência à saúde

Art. 230 A assistência à saúde do servidor, ativo ou inativo, e de sua família compreende assistência médica, hospitalar, odontológica, psicológica e farmacêutica, terá como diretriz básica o implemento de ações preventivas voltadas para a promoção da saúde e será prestada pelo Sistema Único de Saúde – SUS, diretamente pelo órgão ou entidade ao qual estiver vinculado o servidor, ou mediante convênio ou contrato, ou ainda na forma de auxílio, mediante ressarcimento parcial do valor despendido pelo servidor, ativo ou inativo, e seus dependentes ou pensionistas com planos ou seguros privados de assistência à saúde, na forma estabelecida em regulamento.

§ 1º Nas hipóteses previstas nesta Lei em que seja exigida perícia, avaliação ou inspeção médica, na ausência de médico ou junta médica oficial, para a sua realização o órgão ou entidade celebrará, preferencialmente, convênio com unidades de atendimento do sistema público de saúde, entidades sem fins lucrativos declaradas de utilidade pública, ou com o Instituto Nacional do Seguro Social – INSS

§ 2º Na impossibilidade, devidamente justificada, da aplicação do disposto no parágrafo anterior, o órgão ou entidade promoverá a contratação da prestação de serviços por pessoa jurídica, que constituirá junta médica especificamente para esses fins, indicando os nomes e especialidades dos seus integrantes, com a comprovação de suas habilitações e de que não estejam respondendo a processo disciplinar junto à entidade fiscalizadora da profissão.

§ 3º Para os fins do disposto no caput deste artigo, ficam a União e suas entidades autárquicas e fundacionais autorizadas a:

I – celebrar convênios exclusivamente para a prestação de serviços de assistência à saúde para os seus servidores ou empregados ativos, aposentados, pensionistas, bem como para seus respectivos grupos familiares definidos, com entidades de autogestão por elas patrocinadas por meio de instrumentos jurídicos efetivamente celebrados e publicados até 12 de fevereiro de 2006 e que possuam autorização de funcionamento do órgão regulador, sendo certo que os convênios celebrados depois dessa data somente poderão sê-lo na forma da regulamentação específica sobre patrocínio de autogestões, a ser publicada pelo mesmo órgão regulador, no prazo de 180 (cento e oitenta) dias da vigência desta Lei, normas essas também aplicáveis aos convênios existentes até 12 de fevereiro de 2006;

II – contratar, mediante licitação, na forma da Lei nº 8.666, de 21 de junho de 1993, operadoras de planos e seguros privados de assistência à saúde que possuam autorização de funcionamento do órgão regulador;

§ 4º (Vetado).

§ 5º O valor do ressarcimento fica limitado ao total despendido pelo servidor ou pensionista civil com plano ou seguro privado de assistência à saúde.

12.6.4 Custeio

Art. 231 (Revogado).

12.7 Contratação temporária de excepcional interesse público

Art. 232 a 235 (Revogados).

12.8 Disposições gerais

Art. 236 O Dia do Servidor Público será comemorado a vinte e oito de outubro.

Art. 237 Poderão ser instituídos, no âmbito dos Poderes Executivo, Legislativo e Judiciário, os seguintes incentivos funcionais, além daqueles já previstos nos respectivos planos de carreira:

I – prêmios pela apresentação de idéias, inventos ou trabalhos que favoreçam o aumento de produtividade e a redução dos custos operacionais;

II – concessão de medalhas, diplomas de honra ao mérito, condecoração e elogio.

Art. 238 Os prazos previstos nesta Lei serão contados em dias corridos, excluindo-se o dia do começo e incluindo-se o do vencimento, ficando prorrogado, para o primeiro dia útil seguinte, o prazo vencido em dia em que não haja expediente.

Formas de contagem dos prazos da Lei nº 8.112/1990:
a) Serão contados em dias corridos;
b) Exclui-se o dia do começo e inclui-se o do vencimento;
c) Prorrogado, para o primeiro dia útil seguinte, o prazo vencido em dia em que não haja expediente.

Art. 239 Por motivo de crença religiosa ou de convicção filosófica ou política, o servidor não poderá ser privado de quaisquer dos seus direitos, sofrer discriminação em sua vida funcional, nem eximir-se do cumprimento de seus deveres.

Art. 240 Ao servidor público civil é assegurado, nos termos da Constituição Federal, o direito à **livre associação sindical** e os seguintes direitos, entre outros, dela decorrentes:

a) De ser representado pelo sindicato, inclusive como substituto processual;
b) De inamovibilidade do dirigente sindical, até um ano após o final do mandato, exceto se a pedido;
c) De descontar em folha, sem ônus para a entidade sindical a que for filiado, o valor das mensalidades e contribuições definidas em assembleia geral da categoria.
d) e e) (Vetados).

Art. 241 Consideram-se da **família** do servidor, além do cônjuge e filhos, quaisquer pessoas que vivam às suas expensas e constem do seu assentamento individual.

Parágrafo único. Equipara-se ao cônjuge a companheira ou companheiro, que comprove união estável como entidade familiar.

Art. 242 Para os fins desta Lei, considera-se sede o município onde a repartição estiver instalada e onde o servidor tiver exercício, em caráter permanente.

Conceito de sede:
▷ O município onde a repartição estiver instalada e onde o servidor tiver exercício, em caráter permanente.

12.9 Disposições transitórias e finais

Art. 243 Ficam submetidos ao regime jurídico instituído por esta Lei, na qualidade de servidores públicos, os servidores dos Poderes da União, dos ex-Territórios, das autarquias, inclusive as em regime especial, e das fundações públicas, regidos pela Lei nº 1.711, de 28 de outubro de 1952 – Estatuto dos Funcionários Públicos Civis da União, ou pela Consolidação das Leis do Trabalho, aprovada pelo Decreto-Lei nº 5.452, de 1º de maio de 1943, exceto os contratados por prazo determinado, cujos contratos não poderão ser prorrogados após o vencimento do prazo de prorrogação.

§ 1º Os empregos ocupados pelos servidores incluídos no regime instituído por esta Lei ficam transformados em cargos, na data de sua publicação.

§ 2º As funções de confiança exercidas por pessoas não integrantes de tabela permanente do órgão ou entidade onde têm exercício ficam transformadas em cargos em comissão, e mantidas enquanto não for implantado o plano de cargos dos órgãos ou entidades na forma da lei.

§ 3º As Funções de Assessoramento Superior – FAS, exercidas por servidor integrante de quadro ou tabela de pessoal, ficam extintas na data da vigência desta Lei.

§ 4º (Vetado).

§ 5º O regime jurídico desta Lei é extensivo aos serventuários da Justiça, remunerados com recursos da União, no que couber.

§ 6º Os empregos dos servidores estrangeiros com estabilidade no serviço público, enquanto não adquirirem a nacionalidade brasileira, passarão a integrar tabela em extinção, do respectivo órgão ou entidade, sem prejuízo dos direitos inerentes aos planos de carreira aos quais se encontrem vinculados os empregos.

§ 7º Os servidores públicos de que trata o caput deste artigo, não amparados pelo art. 19 do Ato das Disposições Constitucionais Transitórias, poderão, no interesse da Administração e conforme critérios estabelecidos em regulamento, ser exonerados mediante indenização de um mês de remuneração por ano de efetivo exercício no serviço público federal.

§ 8º Para fins de incidência do imposto de renda na fonte e na declaração de rendimentos, serão considerados como indenizações isentas os pagamentos efetuados a título de indenização prevista no parágrafo anterior

§ 9º Os cargos vagos em decorrência da aplicação do disposto no § 7º poderão ser extintos pelo Poder Executivo quando considerados desnecessários

Art. 244 Os adicionais por tempo de serviço, já concedidos aos servidores abrangidos por esta Lei, ficam transformados em anuênio.

Art. 245 A licença especial disciplinada pelo art. 116 da Lei nº 1.711, de 1952, ou por outro diploma legal, fica transformada em licença-prêmio por assiduidade, na forma prevista nos arts. 87 a 90.

Art. 246 (Vetado).

Art. 247 Para efeito do disposto no Título VI desta Lei, haverá ajuste de contas com a Previdência Social, correspondente ao período de contribuição por parte dos servidores celetistas abrangidos pelo art. 243.

Art. 248 As pensões estatutárias, concedidas até a vigência desta Lei, passam a ser mantidas pelo órgão ou entidade de origem do servidor.

Art. 249 Até a edição da lei prevista no § 1o do art. 231, os servidores abrangidos por esta Lei contribuirão na forma e nos percentuais atualmente estabelecidos para o servidor civil da União conforme regulamento próprio.

Art. 250 O servidor que já tiver satisfeito ou vier a satisfazer, dentro de 1 (um) ano, as condições necessárias para a aposentadoria nos termos do inciso II do art. 184 do antigo Estatuto dos Funcionários Públicos Civis da União, Lei nº 1.711, de 28 de outubro de 1952, aposentar-se-á com a vantagem prevista naquele dispositivo. (Mantido pelo Congresso Nacional)

Art. 251 (Revogado).

Art. 252 Esta Lei entra em vigor na data de sua publicação, com efeitos financeiros a partir do primeiro dia do mês subseqüente.

Art. 253 Ficam revogadas a Lei nº 1.711, de 28 de outubro de 1952, e respectiva legislação complementar, bem como as demais disposições em contrário.

Brasília, 11 de dezembro de 1990; 169º da Independência e 102º da República.

FERNANDO COLLOR
Jarbas Passarinho

DEVERES E PODERES ADMINISTRATIVOS

13 DEVERES E PODERES ADMINISTRATIVOS

Para um desempenho adequado do papel que compete à Administração Pública, o ordenamento jurídico confere a ela poderes e deveres especiais. Conheceremos seus deveres e poderes de modo a diferenciar a aplicabilidade de um ou de outro poder ou dever na análise de casos concretos, bem como apresentado nas questões de concurso público.

13.1 Deveres

Os deveres da Administração Pública são um conjunto de obrigações de direito público que a ordem jurídica confere aos agentes públicos com o objetivo de permitir que o Estado alcance seus fins.

O fundamento desses deveres é o princípio da indisponibilidade do interesse público, pois, como a Administração Pública é uma ferramenta do Estado para alcançar seus objetivos, não é permitido ao agente público usar dos seus poderes para satisfazer interesses pessoais ou de terceiros. Com base nessa regra, concluímos que esses agentes não podem dispor do interesse público, por não ser o seu proprietário, e sim o povo. A ele cabe a gestão da Administração Pública em prol da coletividade.

A doutrina, de modo geral, enumera como alguns dos principais deveres impostos aos agentes administrativos pelo ordenamento jurídico quatro obrigações administrativas, a saber:

- Poder-dever de agir;
- Dever de eficiência;
- Dever de probidade;
- Dever de prestar contas.

13.1.1 Poder-dever de agir

O poder-dever de agir determina que toda a Administração Pública tem que agir em caso de determinação legal. Contudo, essa é temperada, uma vez que o administrador precisa ter possibilidade real de atuar.

> *Art. 37, § 6º, CF/1988* Policiais em serviço que presenciam um cidadão ser assaltado e morto e nada fazem. Nessa situação, além do dever imposto por lei, havia a possibilidade de agir. Nesse caso concreto, gera-se a possibilidade de indenização por parte do Estado, com base na responsabilidade civil do Estado.

Enquanto, no direito privado, agir é uma faculdade do administrador, no direito público, agir é um dever legal do agente público.

Em decorrência dessa regra temos que os **poderes** administrativos são **irrenunciáveis**, devendo ser **obrigatoriamente exercidos** por seus titulares nas situações cabíveis.

A inércia do agente público acarreta responsabilização a ela por abuso de poder na modalidade omissão. A Administração Pública também responderá pelos danos patrimoniais ou morais decorrentes da omissão na esfera cível.

13.1.2 Dever de eficiência

A Constituição implementou o dever de eficiência com a introdução da Emenda Constitucional nº 19 de 1998, a chamada reforma administrativa. Esse novo modelo instituiu a denominada "administração gerencial", tendo vários exemplos dispostos no corpo do texto constitucional, como:

- Possibilidade de perda do cargo de servidor estável em razão de insuficiência de desempenho (art. 41, § 1º, inciso III);
- O estabelecimento como condição para o ganho da estabilidade de avaliação de desempenho (art. 41, § 4º);
- A possibilidade da celebração de contratos de gestão (art. 37, § 8º);
- A exigência de participação do servidor público em cursos de aperfeiçoamento profissional como um dos requisitos para a promoção na carreira (art. 39, § 2º).

13.1.3 Dever de probidade

O dever de probidade determina que todo administrador público, no desempenho de suas atividades, atue sempre com ética, honestidade e boa-fé, em consonância com o princípio da moralidade administrativa.

> *Art. 37, § 4º, CF/1988* Os atos de improbidade administrativa importarão a suspensão dos direitos políticos, a perda da função pública, a indisponibilidade dos bens e o ressarcimento ao erário, na forma e gradação previstas em lei, sem prejuízo da ação penal cabível.

Efeitos

- A suspensão dos direitos políticos;
- Perda da função pública;
- Ressarcimento ao erário;
- Indisponibilidade dos bens.

13.1.4 Dever de prestar contas

O dever de prestar contas decorre diretamente do princípio da indisponibilidade do interesse público, sendo pertinente à função do agente público, que é simples gestão da coisa pública.

> *Art. 70, Parágrafo único, CF/1988* Prestará contas qualquer pessoa física ou jurídica, pública ou privada, que utilize, arrecade, guarde, gerencie ou administre dinheiros, bens e valores públicos ou pelos quais a União responda, ou que, em nome dessa, assuma obrigações de natureza pecuniária.

13.2 Poderes administrativos

São mecanismos que, utilizados isoladamente ou em conjunto, permitem que a Administração Pública possa cumprir suas finalidades. Dessa forma, os poderes administrativos representam um conjunto de prerrogativas de direito público que a ordem jurídica confere aos agentes administrativos para o fim de permitir que o Estado alcance os seus fins.

O fundamento desses poderes é o princípio da supremacia do interesse público, pois, como a Administração Pública é uma ferramenta do Estado para alcançar seus objetivos, e tais objetivos são de interesse de toda coletividade, é necessário que o Estado possa ter prerrogativas especiais na busca de seus objetivos. Como exemplo, podemos citar a aplicação de uma multa de trânsito. Imagine que a lei fale que ultrapassar o sinal vermelho é errado, mas que o Estado não tenha o poder de aplicar a multa. De nada vale a previsão da infração na lei.

São poderes administrativos descritos pela doutrina pátria:

- Poder vinculado;
- Poder discricionário;
- Poder hierárquico;
- Poder disciplinar;
- Poder regulamentar;
- Poder de polícia.

13.2.1 Poder vinculado

O poder vinculado determina que o administrador somente pode fazer o que a lei determina; aqui não se gera poder de escolha, ou seja, está o administrador preso (vinculado) aos ditames da lei.

O agente público não pode fazer considerações de conveniência e oportunidade. Caso descumpra a única hipótese prevista na lei para orientar a sua conduta, praticará um ato ilegal, assim, deve o ato ser anulado.

13.2.2 Poder discricionário

O poder discricionário gera a margem de escolha, que é a conveniência e a oportunidade, o mérito administrativo. Diz-se que o agente público pode agir com liberdade de escolha, mas sempre respeitando os parâmetros da lei.

Duas são as vertentes que autorizam o poder discricionário: a lei e os conceitos jurídicos indeterminados. Esses últimos são determinações da própria lei, por exemplo: quando a lei prevê a boa-fé, quem decide se o administrado está de boa ou má-fé é o agente público, sempre sendo razoável e proporcional.

13.2.3 Poder hierárquico

Manifesta a noção de um escalonamento vertical da Administração Pública, já que temos a subordinação entre órgãos e agentes, sempre no âmbito de uma mesma pessoa jurídica.

É interessante salientar que não há subordinação nem hierarquia:
- Entre pessoas distintas.
- Entre os poderes da república.
- Entre a administração e o administrado.

Suas prerrogativas são:
- **Dar ordens:** cabe ao subordinado o dever de obediência, salvo nos casos de ordens manifestamente ilegais.
- Fiscalizar a atuação dos subordinados.
- Revisar os atos dos subordinados e, nessa atribuição:
- Manter os atos vinculados legais e os atos discricionários legais convenientes e oportunos.
- Convalidar os atos com defeitos sanáveis.
- Anular os atos ilegais.
- Revogar os atos discricionários legais inconvenientes e inoportunos.
- Aplicar sanções aos servidores que praticarem infrações funcionais.

A caraterística marcante é o grau de subordinação entre órgãos e agentes, sempre dentro da estrutura da mesma pessoa jurídica. O controle hierárquico permite que o superior aprecie todos os aspectos dos atos de seus subordinados (quanto à legalidade e quanto ao mérito administrativo) e pode ocorrer de ofício ou a pedido, quando for interesse de terceiros, por meio de recurso hierárquico.

- **Delegação**

Competência: é o ato discricionário, revogável a qualquer tempo, mediante o qual o superior hierárquico confere o exercício temporário de algumas de suas atribuições, originariamente pertencentes ao seu cargo, a um subordinado.

É importante alertar que, excepcionalmente, a lei admite a delegação para outro órgão que não seja hierarquicamente subordinado ao delegante, conforme podemos constatar da redação do art. 12 da Lei nº 9.784/1999:

> *Art. 12 Um órgão administrativo e seu titular poderão, se não houver impedimento legal, delegar parte da sua competência a outros órgãos ou titulares, ainda que estes não lhe sejam hierarquicamente subordinados, quando for conveniente, em razão de circunstâncias de índole técnica, social, econômica, jurídica ou territorial.*

São características da delegação:
- **Não podem ser delegados:**
  - Edição de atos de caráter normativo;
  - A decisão de recursos administrativos;
  - As matérias de competência exclusiva do órgão ou autoridade.
- **Consequências:**
  - **Não acarreta renúncia de competências;**
  - Transfere o exercício da atribuição e não a titularidade, pois pode ser revogada a delegação a qualquer tempo pela autoridade delegante;
  - O ato de delegação e sua revogação deverão ser publicados em meio oficial.
- **Avocação.**

Competência: avocar é o ato discricionário mediante o qual o superior hierárquico traz para si o exercício temporário de determinada competência, atribuída por lei a um subordinado.

Cabimento: é uma medida excepcional e deve ser fundamentada.
Restrições: não podem ser avocadas competências exclusivas do subordinado.
Consequências: desonera o agente de qualquer responsabilidade relativa ao ato praticado pelo superior hierárquico.

Atenção!

Segundo a Lei nº 9.784/1999, que trata do processo administrativo federal:
***Art. 13.** Não podem ser objeto de delegação:*
I - a edição de atos de caráter normativo;
II - a decisão de recursos administrativos;
III - as matérias de competência exclusiva do órgão ou autoridade.

13.2.4 Poder disciplinar

O poder disciplinar é uma espécie de poder-dever de agir da Administração Pública. Dessa forma, o administrador público atua de forma a punir internamente as infrações cometidas por seus agentes e, em exceção, atua de forma a punir particulares que mantenham um vínculo jurídico específico com a Administração.

O poder disciplinar não pode ser confundido com o *jus puniendi* do Estado, ou seja, com o poder do Estado de aplicar a lei penal a quem comete uma infração penal.

Em regra, o poder disciplinar é discricionário, algumas vezes, é vinculado. Essa discricionariedade se encontra na escolha da quantidade de sanção a ser aplicada dentro das hipóteses previstas na lei, e não na faculdade de punir ou não o infrator, pois puni-lo é um dever. Assim, a punição não é discricionária, quantidade de punição que em regra é, porém, é importante lembrar que, quando a lei apontar precisamente a penalidade ou a quantidade dela que deve ser aplicada para determinada infração, o poder disciplinar será vinculado.

13.2.5 Poder regulamentar

Quando a Administração atua punindo particulares (comuns) que cometeram falta, ela está usando o poder de polícia. Contudo, quando atua penalizando particulares que mantenham um vínculo jurídico específico (plus), estará utilizando o poder disciplinar.

Existem duas formas de manifestação do poder regulamentar: o decreto regulamentar e o autônomo, sendo que o primeiro é a regra e o segundo é a exceção.

- **Decreto regulamentar**

Também denominado decreto executivo ou regulamento executivo.

O decreto regulamentar é uma prerrogativa dos chefes do poder executivo de regulamentar a lei para garantir a sua fiel aplicação.

- **Restrições**
  - Não inova o ordenamento jurídico;
  - Não pode alterar a lei;
  - Não pode criar direitos e obrigações;
  - Caso o decreto regulamentar extrapole os limites da lei, haverá quebra do princípio da legalidade. Nessa

DEVERES E PODERES ADMINISTRATIVOS

situação, se do decreto regulamentar for federal, caberá ao Congresso Nacional sustar os seus dispositivos violadores da lei.

- **Exercício**
  - Somente por decretos dos chefes do poder Executivo (presidente da República, governadores e prefeitos), sendo uma competência exclusiva, indelegável a qualquer outra autoridade.
- **Natureza**
  - Decreto: natureza secundária ou derivada;
  - Lei: natureza primária ou originária.
- **Prazo para regulamentação**
  - A ausência do prazo é inconstitucional;
  - Enquanto não regulamentada, a lei é inexequível (não pode ser executada);
  - Se o chefe do Executivo descumprir o prazo, a lei se torna exequível (pode ser executada);
  - A competência para editar decreto regulamentar não pode ser objeto de delegação.
- **Decreto autônomo**

A Emenda Constitucional nº 32, alterou o art. 84 da Constituição Federal e deu ao seu inciso VI a seguinte redação:

Art. 84 Compete privativamente ao Presidente da República: [...]
VI. dispor, mediante decreto, sobre:
a) organização e funcionamento da administração federal, quando não implicar aumento de despesa nem criação ou extinção de órgãos públicos;
b) extinção de funções ou cargos públicos, quando vagos; [...]

Essa previsão se refere ao que a doutrina chama de decreto autônomo, pois se refere à predição para o presidente da república tratar mediante decreto de determinados assuntos, sem lei anterior, balizando a sua atuação, pois a baliza foi a própria Constituição Federal. O decreto é autônomo porque não depende de lei.

Características:

- Inova o ordenamento jurídico;
- O decreto autônomo tem natureza primária ou originária;
- Somente pode tratar das matérias descritas no art. 84, inciso VI, da Constituição Federal de 1988;
- O presidente da República poderá delegar as atribuições mencionadas para edição de decretos autônomos aos ministros de Estado, ao procurador-geral da República ou ao advogado-geral da União, que observarão os limites traçados nas respectivas delegações, conforme prevê o inciso único do art. 84.

As regras relativas às competências do presidente da República no uso do decreto regulamentar e do autônomo são estendidas aos demais chefes do executivo nacional dentro das suas respectivas administrações públicas. Assim, governadores e prefeitos podem tratar, mediante decreto autônomo, dos temas estaduais e municipais de suas respectivas administrações que o presidente da República pode resolver, mediante decreto autônomo, na esfera da Administração Pública federal.

13.2.6 Poder de polícia

O Código Tributário Nacional, em seu art. 78, ao tratar dos fatos geradores das taxas, assim conceitua poder de polícia:

Art. 78 Considera-se poder de polícia atividade da Administração Pública que, limitando ou disciplinando direito, interesse ou liberdade, regula a prática de ato ou abstenção de fato, em razão de interesse público concernente à segurança, à higiene, à ordem, aos costumes, à disciplina da produção e do mercado, ao exercício de atividades econômicas dependentes de concessão ou autorização do Poder Público, à tranquilidade pública ou ao respeito à propriedade e aos direitos individuais ou coletivos.

O **conceito** de poder de polícia é a faculdade que dispõe a Administração Pública para condicionar, restringir o uso, o gozo de bens, atividades e direitos individuais, em benefício da coletividade ou do próprio Estado.

É competente para exercer o poder de polícia administrativa sobre uma dada atividade o ente federado, ao qual a Constituição da República atribui competência para legislar sobre essa mesma atividade, para regular a prática dessa.

Assim, podemos dizer que o poder de polícia é discricionário em regra, podendo ser vinculado nos casos em que a lei determinar. Ele dispõe que toda a Administração Pública pode condicionar ou restringir os direitos dos administrados em caso de não cumprimento das determinações legais.

O poder de polícia **fundamenta-se no império** do Estado **(poder extroverso)**, que decorre do princípio da supremacia do interesse público, pois, por meio de imposições limitando ou restringindo a esfera jurídica dos administrados, visa à Administração Pública à defesa de um bem maior, que é proteção dos direitos da coletividade, pois o interesse público prevalece sobre os particulares.

- **Atributos do Poder de Polícia**

Discricionariedade: o poder de polícia, em regra, é discricionário, pois dá margem de liberdade dentro dos parâmetros legais ao administrador público para agir; contudo, se a lei exigir, tal poder pode ser vinculado.

O Estado escolhe as atividades que sofrerão as fiscalizações da polícia administrativa. Essa escolha é manifestação da discricionariedade do poder de polícia do Estado. Também é manifestação da discricionariedade do poder de polícia a majoração da quantidade de pena aplicada a quem cometer uma infração sujeita à disciplina do poder de polícia.

Nos casos em que a lei prevê uma pena que tenha duração no tempo e não fixar exatamente a quantidade, dando uma margem de escolha de quantidade ao julgador, temos o exercício do poder discricionário na atuação de polícia e, como limite desse poder de punir, temos a própria lei que traz a ordem de polícia e ainda os princípios da razoabilidade e da proporcionalidade que vedam a aplicação da pena em proporção superior à gravidade do fato ilícito praticado.

O cabimento se aplica em autorização da lei e medida urgente.

Autoexecutoriedade: é a prerrogativa da Administração Pública de executar diretamente as decisões decorrentes do poder de polícia, por seus próprios meios, sem precisar recorrer ao judiciário.

A autoexecutoriedade no uso do poder de polícia não é absoluta, tendo natureza relativa, ou seja, não são todos os atos decorrentes do poder de polícia que são autoexecutórios. Para que um ato assim ocorra, é necessário que ele seja exigível e executório ao mesmo tempo.

Exigibilidade: exigível é aquela conduta prevista na norma que, caso seja infringida, pode ser aplicada uma **coerção indireta**, ou seja, caso a pessoa venha a sofrer uma penalidade e se recuse a aceitar a aplicação da sanção, a aplicação dessa somente poderá ser executada por decisão judicial. É o caso das multas, por exemplo, que podem ser lançadas a quem comete uma infração de trânsito, a administração não pode receber o valor devido por meio da coerção, caso a pessoa penalizada se recuse a pagar a multa, o seu recebimento dependerá de execução judicial pela Administração Pública. A exigibilidade é uma característica de todos os atos praticados no exercício do poder de polícia.

Executoriedade: executória é a norma que, caso seja desrespeitada, permite a aplicação de uma **coerção direta**, ou seja, a administração pode utilizar da força coercitiva para garantir a aplicação da penalidade, sem precisar recorrer ao Judiciário.

É o caso das sanções de interdição de estabelecimentos comerciais, suspensão de direitos, entre outras. Não são todas as medidas decorrentes do poder de polícia executórias.

NOÇÕES DE DIREITO

O ato de polícia para ser autoexecutório precisa ser ao mesmo tempo exigível e executório, ou seja, nem todos os atos decorrentes do poder de polícia são autoexecutórios.

Coercibilidade: esse atributo informa que as determinações da Administração Pública podem ser impostas coercitivamente ao administrado, ou seja, o particular é obrigado a observar os ditames da administração. Caso ocorra resistência por parte desse, a Administração Pública estará autorizada a usar força, independentemente de autorização judicial, para fazer com que seja cumprida a regra de polícia. Todavia, os meios utilizados pela administração devem ser legítimos, humanos e compatíveis com a urgência e a necessidade da medida adotada.

- **Classificação**

O poder de polícia pode ser originário, no caso da Administração Pública Direta e derivada. Quando diz respeito às autarquias, a doutrina orienta que fundações públicas, sociedade de economia mista e empresas públicas não possuem o poder de polícia em suas ações.

Poder de polícia originário:
- Dado à Administração Pública Direta.

Poder de polícia delegado:
- Dado às pessoas da Administração Pública Indireta que possuem personalidade jurídica de direito público. Esse poder somente é proporcionado para as autarquias ligadas à Administração Indireta.

O poder de polícia não pode ser exercido por particulares ou por pessoas jurídicas de direito privado da Administração Indireta, entretanto, o STJ em uma recente decisão entendeu que os atos de consentimento de polícia e de fiscalização dessa, que por si só não têm natureza coercitiva, podem ser delegados às pessoas jurídicas de direito privado da Administração Indireta.

- **Meios de atuação**

O poder de polícia pode ser exercido tanto preventivamente quanto repressivamente.

Prevenção: manifesta-se por meio da edição de atos normativos de alcance geral, como leis, decretos, resoluções, entre outros, e também por meio de várias medidas administrativas, como a fiscalização, a vistoria, a notificação, a licença, a autorização, entre outras.

Repressão: manifesta-se por meio da aplicação de punições, como multas, interdição de direitos, destruição de mercadorias etc.

- **Ciclo de polícia**

O ciclo de polícia se refere às fases de atuação desse poder, ordem de polícia, consentimento, fiscalização e sanção de polícia. Para se completar, esse ciclo pode passar por quatro fases distintas:

Ordem de polícia: é a lei inovadora que tem trazido limites ou condições ao exercício de atividades privadas ou uso de bens.

Consentimento: é a autorização prévia fornecida pela Administração para a prática de determinada atividade privada ou para usar um bem.

Fiscalização: é a verificação, por parte da Administração Pública, para certificar-se de que o administrado está cumprindo as exigências contidas na ordem de polícia para a prática de determinada atividade privada ou uso de bem.

Sanção de Polícia: é a coerção imposta pela administração ao particular que pratica alguma atividade regulada por ordem de polícia em descumprimento com as exigências contidas.

É importante destacar que o ciclo de polícia não precisa necessariamente comportar essas quatro fases, pois as de ordem e fiscalização devem sempre estar presentes em qualquer atuação de polícia administrativa, todavia, as fases de consentimento e de sanção não estarão presentes em todos os ciclos de polícia.

- **Prescrição**

O prazo de prescrição das ações punitivas decorrentes do exercício do poder de polícia é de **5 anos** para a esfera federal, conforme constata-se na redação do art. 1º da Lei nº 9.873/1999:

> *Art. 1º Prescreve em cinco anos a ação punitiva da Administração Pública Federal, direta e indireta, no exercício do poder de polícia, objetivando apurar infração a legislação em vigor, contados da data da prática do ato ou, no caso de infração permanente ou continuada, do dia em que tiver cessado.*

Polícia Administrativa x Polícia Judiciária

Polícia Administrativa: atua visando evitar a prática de infrações administrativas, tem natureza preventiva, entretanto, em alguns casos ela pode ser repressiva. A polícia administrativa atua sobre atividades privadas, bens ou direitos.

Polícia Judiciária: atua com o objetivo de reprimir a infração criminal, tem natureza repressiva, mas, em alguns casos, pode ser preventiva. Ao contrário da polícia administrativa que atua sobre atividades privadas, bens ou direitos, a atuação da judiciária recai sobre as pessoas.

- **Poder de polícia prestação de serviços públicos**

Não podemos confundir toda atuação estatal com a prestação de serviços públicos, pois, dentre as diversas atividades desempenhadas pela Administração Pública, temos, além da prestação de serviços públicos, o exercício do poder de polícia, o fomento, a intervenção na propriedade privada, entre outras.

Distingue-se o poder de polícia da prestação de serviços públicos, pois essa é uma atividade positiva, que se manifesta numa obrigação de fazer.

Poder de polícia: atividade negativa, que traz a noção de não fazer, proibição, excepcionalmente pode trazer uma obrigação de fazer. Seu exercício sofre tributação mediante taxa e é indelegável a particulares.

Serviço público: atividade positiva, que traz a noção de fazer algo. Sua remuneração se dá por meio da tarifa, que não é um tributo, mas, sim, uma espécie de preço público, e o serviço público, mesmo sendo de titularidade exclusiva do Estado, é delegável a particulares.

13.2.7 Abuso de poder

O administrador público tem de agir, obrigatoriamente, em obediência aos princípios constitucionais, do contrário, sua ação pode ser arbitrária e, consequentemente, ilegal, o que gerará o chamado abuso de poder.

- **Excesso de poder:** quando o agente público atua fora dos limites de sua esfera de competência.
- **Desvio de poder:** quando a atuação do agente, embora dentro de sua órbita de competência, contraria a finalidade explícita ou implícita na lei que determinou ou autorizou a sua atuação, tanto é desvio de poder a conduta contrária à finalidade geral (ou mediata) do ato – o interesse público –, quanto a que discrepe de sua finalidade específica (ou imediata).
- **Omissão de poder:** ocorre quando o agente público fica inerte diante de uma situação em que a lei impõe o uso do poder.

Atenção!

Todos os atos que forem praticados com abuso de poder são ilegais e devem ser anulados; essa anulação pode acontecer tanto pela via administrativa quanto pela via judicial.
O remédio constitucional para combater o abuso de poder é o Mandado de Segurança.

14 ATO ADMINISTRATIVO

14.1 Conceito de ato administrativo

Ato administrativo é toda manifestação unilateral de vontade da Administração Pública, que, agindo nessa qualidade, tenha por fim imediato adquirir, resguardar, transferir, modificar, extinguir e declarar direitos, ou impor obrigações aos administrados ou a si própria.

Da prática dos atos administrativos gera-se superioridade e efeitos jurídicos.

14.2 Elementos de validade do ato administrativo

14.2.1 Competência

Poderes que a lei confere aos agentes públicos para exercer funções com o mínimo de eficácia. A competência tem caráter instrumental, ou seja, é um instrumento outorgado para satisfazer interesses públicos – finalidade pública.

Características da competência:
- **Obrigatoriedade:** ela é obrigatória para todos os agentes e órgãos públicos.
- **Irrenunciabilidade:** a competência é um poder-dever de agir e não pode ser renunciada pelo detentor do poder-dever. Contudo, tem caráter relativo uma vez que a competência pode ser delegada ou pode ocorrer a avocação.
- **Intransferível:** mesmo após a delegação, a competência pode ser retomada a qualquer tempo pelo titular do poder-dever, por meio da figura da revogação.
- **Imodificável:** pela vontade do agente, pois somente a lei determina competências.
- **Imprescritível:** a competência pode ser executada a qualquer tempo. Somente a lei pode exercer a função de determinar prazos prescricionais. Por exemplo: o art. 54 da Lei nº 9.784/1999 determina o prazo decadência de cinco anos para anular atos benéficos para o administrado de boa-fé.

14.2.2 Finalidade

Visa sempre ao interesse público e à finalidade específica prevista em lei. Por exemplo: remoção de ofício.

14.2.3 Forma

O ato administrativo é, em regra, formal e escrito.

14.2.4 Motivo

O motivo é a causa imediata do ato administrativo. É a situação de fato e de direito que determina ou autoriza a prática do ato, ou, em outras palavras, o pressuposto fático e jurídico (ou normativo) que enseja a prática do ato.

Art. 40, § 1º, II, "a", CF/1988 Trata da aposentadoria por tempo de contribuição.

> **Atenção!**
> A Lei nº 9.784/1999, que trata dos processos administrativos no âmbito da União, reza pelo princípio do informalismo, admitindo que existam atos verbais ou por meio de sinais (de acordo com o contexto).

14.2.5 Objeto

É o ato em si, ou seja, no caso da remoção o ato administrativo é o próprio instituto da remoção.

Por exemplo: demissão – quanto ao ato de demissão deve ter o agente competente para determiná-lo (competência), depois disso, deve ser revertido de forma escrita (forma), a finalidade deve ser o interesse público (finalidade), o motivo deve ser embasado em lei, ou seja, os casos do art. 132 da Lei nº 8.112/1990, o objeto é o próprio instituto da demissão que está prescrito em lei.

14.2.6 Motivação

É a exteriorização por escrito dos motivos que levaram a produção do ato.
- Faz parte do elemento "forma" e não do "motivo".
- Teoria dos motivos determinantes.

A motivação é elemento de controle de validade dos atos administrativos. Se ela for falsa, o ato é ilegal, independentemente da sua qualidade (discricionário ou vinculado).

Devem ser motivados:
- Todos os atos administrativos vinculados;
- Alguns atos administrativos discricionários (atos punitivos, que geram despesas, dentre outros).

A Lei nº 9.784/1999, em seu art. 50, traz um rol dos atos que devem ser motivados:

Art. 50 Os atos administrativos deverão ser motivados, com indicação dos fatos e dos fundamentos jurídicos, quando:
I – Neguem, limitem ou afetem direitos ou interesses;
II – Imponham ou agravem deveres, encargos ou sanções;
III – Decidam processos administrativos de concurso ou seleção pública;
IV – Dispensem ou declarem a inexigibilidade de processo licitatório;
V – Decidam recursos administrativos;
VI – Decorram de reexame de ofício;
VII – Deixem de aplicar jurisprudência firmada sobre a questão ou discrepem de pareceres, laudos, propostas e relatórios oficiais;
VIII – Importem anulação, revogação, suspensão ou convalidação de ato administrativo.

§ 1º A motivação deve ser explícita, clara e congruente, podendo consistir em declaração de concordância com fundamentos de anteriores pareceres, informações, decisões ou propostas, que, nesse caso, serão parte integrante do ato.

§ 2º Na solução de vários assuntos da mesma natureza, pode ser utilizado meio mecânico que reproduza os fundamentos das decisões, desde que não prejudique direito ou garantia dos interessados.

§ 3º A motivação das decisões de órgãos colegiados e comissões ou de decisões orais constará da respectiva ata ou de termo escrito.

14.3 Atributos do ato administrativo

São as qualidades especiais dos atos administrativos que lhes asseguram uma qualidade jurídica superior à dos atos de direito privado.

14.3.1 Presunção de legitimidade e veracidade

Presume-se, em caráter relativo, que os atos da administração foram produzidos em conformidade com a lei e os fatos deles. Para os administrados, são obrigatórios. Ocorre, aqui, a inversão do ônus da prova (cabe ao administrado provar que o ato é vicioso).

14.3.2 Consequências

Imediata executoriedade do ato administrativo, mesmo impugnado pelo administrado. Até decisão que reconhece o vício ou susta os efeitos do ato.

Impossibilidade de o Poder Judiciário analisar, de ofício, elementos de validade do ato não expressamente impugnados pelo administrado.

14.3.3 Imperatividade

Imperativo, ou seja, é impositivo e independe da anuência do administrado, com exceção de:
- **Atos negociais:** a Administração concorda com uma pretensão do administrado ou reconhece que ela satisfaz os requisitos para o exercício de certo direito (autorização e permissão – discricionário; licença – vinculado).

178

NOÇÕES DE DIREITO

- **Atos enunciativos:** declaram um fato ou emitem uma opinião sem que tal manifestação produza por si só efeitos jurídicos.

> **Atenção!**
> Relacionado ao *poder extroverso* do Estado (expressão italiana do autor Renato Aless), esse poder é usado como sinônimo para imperatividade nas provas de concurso.

14.3.4 Autoexecutoriedade

O ato administrativo, uma vez produzido pela Administração, é passível de execução imediata, independentemente de manifestação do Poder Judiciário.

Deve haver previsão legal, a exceção existe em casos de emergência. Esse atributo incide em todos os atos, com exceção dos enunciativos e negociais. A Administração não goza de autoexecutoriedade na cobrança de débito, quando o administrado resiste ao pagamento.

14.3.5 Tipicidade

O ato deve observar a forma e o tipo previsto em lei para sua produção.

14.4 Classificação dos atos administrativos

- **Atos vinculados:** são os que a Administração pratica sem margem alguma de liberdade de decisão, pois a lei previamente determinou o único comportamento possível a ser obrigatoriamente adotado sempre que se configure a situação objetiva descrita na lei. Não cabe ao agente público apreciar a situação objetiva descrita nela.
- **Atos discricionários:** a Administração pode praticar, com certa liberdade de escolha, nos termos e limites da lei, quanto ao seu conteúdo, seu modo de realização, sua oportunidade e sua conveniência administrativa.
- **Atos gerais:** caracterizam-se por não possuir destinatários determinados. Os atos gerais são sempre determinados e prevalecem sobre os individuais. Podem ser revogados a qualquer tempo. Por exemplo: são os decretos regulamentares. Esses atos necessitam ser publicados em meio oficial.
- **Atos individuais:** são aqueles que possuem destinatários certos (determinados), produzindo diretamente efeitos concretos, constituindo ou declarando situação jurídicas subjetivas. Por exemplo: nomeação em concurso público e exoneração. Os atos podem ser discricionários ou vinculados e sua revogação somente é passível caso não tenha gerado direito adquirido.
- **Atos simples:** decorrem de uma única manifestação de vontade, de um único órgão.
- **Atos complexos:** necessitam, para formação de seu conteúdo, da manifestação de vontade de dois ou mais órgãos.
- **Atos compostos:** o seu conteúdo depende de manifestação de vontade de um único órgão, contudo, para funcionar, necessita de outro ato que o aprove.

Diferenças entre Ato Complexo e Ato Composto

Ato Complexo
1 ato, 2 vontades e 2 ou + órgãos

Ato Composto
2 atos, 2 vontades, 1 órgão com aprovação de outro

Ato complexo	Ato composto
1 ato	2 atos
2 vontades	2 vontades
2 ou + órgãos	1 órgão com a aprovação de outro

Espécies de Atos Administrativos

- Normativo;
- Ordinatórios;
- Negociais;
- Enunciativos;
- Punitivos.

14.4.1 Atos normativos

São atos caracterizados pela generalidade e pela abstração, isto é, um ato normativo não é prescrito para uma situação determinada, mas para todos os eventos assemelhados; a abstração deriva do fato desse ato não representar um caso concreto, determinado, mas, sim, um caso abstrato, descrito na norma e possível de acontecer no mundo real. A regra abstrata deve ser aplicada no caso concreto.

Finalidade: regulamentar as leis e uniformizar procedimentos administrativos.

Características:
- Não possuem destinatários determinados;
- Correspondem aos atos gerais;
- Não pode inovar o ordenamento jurídico;
- Controle.

Regra: os atos administrativos normativos não podem ser atacados mediante recursos administrativos ou judiciais.

Exceção: atos normativos que gerarem efeitos concretos para determinado destinatário podem ser impugnados pelo administrado na via judicial ou administrativa. Por exemplo: decretos regulamentares, instruções normativas, atos declaratórios normativos.

14.4.2 Atos ordinários

São atos administrativos endereçados aos servidores públicos em geral.

Finalidade: divulgar determinações aplicáveis ao adequado desempenho de suas funções.

Características
- Atos internos;
- Decorrem do exercício do poder hierárquico;
- Vinculam os servidores subordinados ao órgão que o expediu;
- Não atingem os administrados;
- Estão hierarquicamente abaixo dos atos normativos;
- Devem obediência aos atos normativos que tratem da mesma matéria relacionada ao ato ordinatório.
- Por exemplo: instruções, circulares internas, portarias, ordens de serviço.

14.4.3 Atos negociais

São atos administrativos editados quando o ordenamento jurídico exige que o particular obtenha anuência prévia da Administração para realizar determinada atividade de interesse dele ou exercer determinado direito.

Finalidade: satisfação do interesse público, ainda que essa possa coincidir com o interesse do particular que requereu o ato.

Características:
- Os atos negociais não são imperativos, coercitivos e autoexecutórios;
- Os atos negociais não podem ser confundidos com contratos, pois, nesses existe manifestação de vontade bilateral e, nos atos negociais, nós temos uma manifestação de vontade unilateral da Administração Pública, que é provocada mediante requerimento do particular.

Os atos negociais também são divididos em vinculados, discricionários, definitivos e precários:

179

ATO ADMINISTRATIVO

- **Atos negociais vinculados:** reconhecem um direito subjetivo do particular, mediante um requerimento, desse particular, comprovando preencher os requisitos que a lei exige para a anuência do direito, a Administração obrigatoriamente deve praticar o ato.
- **Atos negociais discricionários:** não reconhecem um direito subjetivo do particular, pois, mesmo que esse atenda às exigências necessárias para a obtenção do ato, a Administração poderá não o praticar, decidindo se executa ou não o ato por juízo de conveniência e oportunidade.
- **Atos negociais definitivos:** não comportam revogação, são atos vinculados, mas podem ser anulados ou cassados. Assim, esses atos geram, ao particular, apenas uma expectativa de definitividade.
- **Atos negociais precários:** podem ser revogados a qualquer tempo, são atos discricionários; geralmente, a revogação do ato negocial não gera direito de indenização ao particular.

Os atos negociais apresentam as seguintes espécies:

- **Licença:** fundamenta-se no poder de polícia da Administração. É ato vinculado e definitivo, pois reconhece um direito subjetivo do particular, mediante um requerimento desse, comprovando preencher os requisitos que a lei exige. Para a anuência do direito, a Administração, obrigatoriamente, deve praticar o ato. A licença não comporta revogação, mas ela pode ser anulada ou cassada. Assim, esses atos geram, ao particular, apenas uma expectativa de definitividade.

    Por exemplo: alvará para a realização de uma obra, alvará para o funcionamento de um estabelecimento comercial, licença para dirigir, licença para exercer uma profissão.

- **Admissão:** é o ato unilateral e vinculado pelo qual a Administração faculta a alguém a inclusão em estabelecimento governamental para o gozo de um serviço público. O ato de admissão não pode ser negado aos que preencham as condições normativas requeridas.

    Por exemplo: ingresso em estabelecimento oficial de ensino na qualidade de aluno; o desfrute dos serviços de uma biblioteca pública como inscrito entre seus usuários.

- **Aprovação:** é o ato unilateral e discricionário pelo qual a Administração faculta a prática de ato jurídico (aprovação prévia) ou manifesta sua concordância com ato jurídico já praticado (aprovação *a posteriori*).
- **Homologação:** é o ato unilateral e vinculado de controle pelo qual a Administração concorda com um ato jurídico ou série de atos (procedimento) já praticados, verificando a consonância deles com os requisitos legais condicionadores de sua válida emissão.
- **Autorização:** na maior parte das vezes em que é praticado, fundamenta-se no poder de polícia do Estado quando a lei exige a autorização como condicionante para prática de uma determinada atividade privada ou para o uso de bem público. Todavia, a autorização também pode representar uma forma de descentralizar, por delegação, serviços públicos para o particular.
    - A autorização é caracterizada por uma predominância do interesse do particular que solicita o ato, todavia, também existe interesse público na prática desse ato.
    - É um ato discricionário, pois não reconhece um direito subjetivo do particular; mesmo que esse atenda às exigências necessárias para a obtenção do ato, a Administração poderá não o praticar, decidindo se desempenha ou não o ato por juízo de conveniência e oportunidade.
    - É um ato precário, pois pode ser revogado a qualquer tempo. Via de regra, a revogação da autorização não gera direito de indenização ao particular, mas, caso a autorização tenha sido concedida por prazo certo, pode haver o direito de indenização para o particular.
    - **Prazo:** a autorização é concedida sem prazo determinado, todavia, pode havê-la outorgada por prazo certo.
        - Por exemplo: atividades potencialmente perigosas e que podem colocar em risco a coletividade, por isso, a necessidade de regulação do Estado; autorização para porte de arma de fogo; autorização para a prestação de serviços privados de educação e saúde; autorização de uso de bem público; autorização de serviço público: prestação de serviço de táxi.

- **Permissão:** é o ato administrativo discricionário e precário, pelo qual a Administração Pública consente ao particular o exercício de uma atividade de interesse predominantemente da coletividade.
    - A permissão apresenta as seguintes características: pode ser concedida por prazo certo e pode ser imposta condições ao particular.
    - A permissão é um ato precário, pois pode ser revogada a qualquer tempo. Via de regra, a revogação da permissão não gera direito de indenização ao particular, mas, caso a autorização tenha sido concedida por prazo certo ou sob condições, pode haver o direito de indenização para o particular.
    - A permissão concedida ao particular, por meio de um ato administrativo, não se confunde com a permissão para a prestação de serviços públicos. Nesse último caso, representa uma espécie de descentralização por delegação realizada por meio de contrato.
    - Por exemplo: permissão de uso de bem público.

14.4.4 Atos enunciativos

São atos administrativos enunciativos aqueles que têm por finalidade declarar um juízo de valor, uma opinião ou um fato.

Características:

- Não produzem efeitos jurídicos por si só;
- Não contêm uma manifestação de vontade da administração.

Seguem alguns exemplos de atos enunciativos:

- **Certidão:** é uma cópia de informações registradas em banco de dados da Administração. Geralmente, é concedida ao particular mediante requerimento da informação registrada pela Administração.
- **Atestado:** declara uma situação de que a Administração tomou conhecimento em virtude da atuação de seus agentes. O atestado não se assemelha à certidão, pois essa declara uma informação constante em banco de dados e aquele declara um fato que não corresponde a um registro de um arquivo da Administração.
- **Parecer:** é um documento técnico, confeccionado por órgão especializado na respectiva matéria tema do parecer, em que o órgão emite sua opinião relativa ao assunto.
- **Apostila:** apostilar significa corrigir, emendar, complementar um documento. É o aditamento de um contrato administrativo ou de um ato administrativo. É um ato de natureza aditiva, pois sua finalidade é adicionar informações a um registro já existente.
    - Por exemplo: anotar alterações na situação funcional de um servidor.

14.4.5 Atos punitivos

São os atos administrativos por meio dos quais a Administração Pública impõe sanções a seus servidores ou aos administrados.

Fundamento:

- **Poder disciplinar:** quando o ato punitivo atinge servidores públicos e particulares ligados à Administração por algum vínculo jurídico específico.

- **Poder de polícia:** quando o ato punitivo atinge particulares não ligados à Administração Pública por um vínculo jurídico específico.

Os atos punitivos podem ser internos e externos:

- **Atos punitivos internos:** têm como destinatários os servidores públicos e aplicam penalidades disciplinares, ou seja, os atos punitivos internos decorrem sempre do poder disciplinar.
- **Atos punitivos externos:** têm como destinatários os particulares. Podem ter fundamento decorrente do poder disciplinar, quando punem particulares sujeitos à disciplina administrativa, ou podem ter fundamento no poder de polícia, quando punem particulares não ligados à Administração Pública.

Todo ato punitivo interno decorre do poder disciplinar, mas nem todo ato que decorre do poder punitivo que surge do poder disciplinar é um ato punitivo interno, pois, quando a Administração Pública aplica punição aos particulares ligados à administração, essa punição decorre do poder disciplinar, mas também representa um ato punitivo externo.

Todo ato punitivo decorrente do poder de polícia é um ato punitivo externo, pois, nesse caso, temos a Administração punindo sempre o particular.

14.5 Extinção dos atos administrativos

14.5.1 Anulação ou controle de legalidade

É o desfazimento do ato administrativo que decorre de vício de legalidade ou de legitimidade na prática do ato.

Cabimento
- Ato discricionário;
- Ato vinculado.

Competência para anular
- **Entidade da Administração Pública que praticou o ato:** pode anular o ato a pedido do interessado ou de ofício em razão do princípio da autotutela.
- **Poder Judiciário:** pode anular somente por provocação do interessado.

Efeitos da anulação: *ex tunc*, retroagem desde a data da prática do ato, impugnando a validade do ato.

Prazo: 5 anos.
- Contagem;
- Prática do ato.

No caso de efeitos patrimoniais contínuos, a partir do primeiro pagamento.

14.5.2 Revogação ou controle de mérito

É o desfazimento do ato administrativo por motivos de conveniência e oportunidade.

Cabimento
- Ato discricionário legal, inconveniente e inoportuno;
- Não é cabível a revogação de ato vinculado.

A competência para revogar é apenas a entidade da Administração Pública que praticou o ato.

Não pode o controle de mérito ser feito pelo Poder Judiciário na sua função típica de julgar. Todavia, a Administração Pública está presente nos três poderes da União e, caso uma entidade dos Poderes Judiciário, Legislativo ou Executivo pratique ato discricionário legal, que com o passar do tempo, se mostre inconveniente e inoportuno, somente a entidade que criou o ato tem competência para revogá-lo.

Assim, o Poder Judiciário não tem competência para exercer o controle de mérito dos atos da Administração Pública, mas essa pratica atos administrativos e cabe somente a ela a revogação de seus atos.

Efeitos da revogação: *ex nunc*, não retroagem, ou seja, a revogação gera efeitos prospectivos, para frente.

14.5.3 Cassação

É o desfazimento do ato administrativo decorrente do descumprimento dos requisitos que permitem a manutenção do ato. Na maioria das vezes, a cassação representa uma sanção aplicada ao particular que deixou de atender às condições exigidas para a manutenção do ato.

Como exemplo, temos a cassação da carteira de motorista, que nada mais é do que a cassação de um ato administrativo classificado como licença. A cassação da licença para dirigir decorre da prática de infrações de trânsito praticadas pelo particular, assim, nesse caso, essa cassação é uma punição.

14.5.4 Convalidação

Convalidação é a correção com efeitos retroativos do ato administrativo com defeito sanável, o qual pode ser considerado:

- **Vício de competência relativo à pessoa**
    - **Exceção:** competência exclusiva (não cabe convalidação).
    - O vício de competência relativo à matéria não é considerado um defeito sanável e também não cabe convalidação.
- **Vício de forma**
    - **Exceção:** a lei determina que a forma seja elemento essencial de validade de determinado ato (também não cabe convalidação).
- **Convalidação tácita**
    - O art. 54 da Lei nº 9.784/1999 prevê que a Administração tem o direito de anular os atos administrativos de que decorram efeitos favoráveis para os destinatários. O prazo é de 5 anos, contados da data em que forem praticados, salvo comprovada má-fé. Transcorrido esse prazo, o ato foi convalidado, pois não pode ser mais anulado pela Administração.
- **Convalidação expressa**

    Art. 55, Lei nº 9.784/1999 Em decisão na qual se evidencie não acarretarem lesão ao interesse público nem prejuízo a terceiros, os atos que apresentarem defeitos sanáveis poderão ser convalidados pela própria Administração.

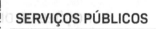

15 SERVIÇOS PÚBLICOS

15.1 Base constitucional

Art. 175 Incumbe ao Poder Público, na forma da lei, diretamente ou sob regime de concessão ou permissão, sempre através de licitação, a prestação de serviços públicos.

***Parágrafo único.** A lei disporá sobre:*

I - O regime das empresas concessionárias e permissionárias de serviços públicos, o caráter especial de seu contrato e de sua prorrogação, bem como as condições de caducidade, fiscalização e rescisão da concessão ou permissão;

II - Os direitos dos usuários;

III - Política tarifária;

IV - A obrigação de manter serviço adequado.

Conforme a redação desse artigo, vemos que incumbe ao Poder Público a prestação direta dos serviços públicos ou, sob delegação (concessão ou permissão), a prestação indireta.

O Poder Público a que o artigo se refere são as entidades da Administração Direta e Indireta. Assim, a prestação direta dos serviços públicos é a realizada pelas entidades direta e da Administração Indireta, e a prestação indireta é a prestação executada por delegação por um particular, seja por meio de concessão ou permissão.

Os serviços públicos são conceituados em sentido estrito, se referem aos serviços que têm a possibilidade de serem explorados com o intuito de lucro, relaciona-se com a atividade econômica em sentido amplo. É importante ressaltar que o art. 175 da Constituição Federal se enquadra no Título VI – Da Ordem Econômica e Financeira.

Características dos serviços públicos (estrito)
- Referem-se às atividades econômicas em sentido amplo.
- Têm a possibilidade de serem explorados com o intuito de lucro.

Não perde a natureza de serviço público:
- Titularidade exclusiva do poder público.
- Pode ser prestado por particular mediante delegação:
- Quando prestado por delegação pelo **particular**, tal atividade é fiscalizada pelo poder público por meio do exercício do poder disciplinar.
- Atividades prestadas pelo **Estado** como serviço público e que, ao mesmo tempo, são abertas à livre iniciativa.

Atividades relacionadas aos Direitos Fundamentais Sociais (art. 6º da Constituição Federal de 1988)
- São atividades de natureza essencial à sobrevivência e ao desenvolvimento da sociedade.
- A prestação dessas atividades é um dever do Estado, por isso, não podem ser exploradas pelo Poder Público com o intuito de lucro.
- Não existe delegação dessas atividades a particulares.
- Os particulares têm o direito de explorar tais atividades, sem delegação do poder público, sob fiscalização decorrente do exercício do poder de Polícia.

Serviços de educação, saúde e assistência social
- Se prestado pelo Estado, é um serviço público, caso seja oferecido por particular, não se enquadra como serviço público e sim como privado. Todavia, o foco deste tópico são os serviços públicos de titularidade exclusiva do Estado, possíveis de serem explorados economicamente com o intuito de lucro e que podem ser prestados por particular mediante delegação. Assim sendo, quando nos referirmos aos serviços públicos, em regra, não estaremos nos reportando às atividades prestadas pelo Estado como serviço público e que ao mesmo tempo podem ser oferecidas livremente pelo particular sob fiscalização do poder de polícia.

15.2 Elementos definidores de uma atividade como serviço público

15.2.1 Material

O elemento material se refere a uma atividade administrativa que visa à prestação de utilidade ou comodidade material, que possa ser fruível, individual ou coletivamente, pelos administrados, sejam elas vitais ou secundárias às necessidades da sociedade.

Esse elemento exclui da noção de serviço público várias atividades estatais, como:
- Atividade legislativa;
- Atividade jurisdicional;
- Poder de polícia;
- Fomento;
- Intervenção;
- Atividades internas (atividade-meio da Administração Pública);
- Obras públicas.

15.2.2 Subjetivo/orgânico

A titularidade do serviço é exclusiva do Estado.

15.2.3 Formal

A prestação do serviço público é submetida a Regime Jurídico de Direito Público.

15.2.4 Conceito

Serviço público é atividade administrativa concreta traduzida em prestações que diretamente representem, em si mesmas, utilidades ou comodidades materiais para a população em geral, executada sob regime jurídico de direito público pela Administração Pública, ou, se for o caso, por particulares delegatários (concessionários e permissionários ou, ainda, em restritas hipóteses, detentores de autorização de serviço público).

Observem que tal conceito tenta satisfazer a necessidade da presença dos elementos caracterizadores dos serviços públicos.

15.3 Classificação dos serviços públicos

15.3.1 Serviços essenciais e úteis

Serviços públicos essenciais
- São serviços essenciais à própria sobrevivência da sociedade.
- Devem ser garantidos pelo Estado.
- Por exemplo: serviços públicos que estejam relacionados aos direitos fundamentais sociais, como o saneamento básico.

Serviços públicos de utilidade pública
- Não são essenciais à sobrevivência da sociedade, mas sua prestação é útil ou conveniente a ela, pois proporciona maior bem-estar.
- Por exemplo: telefonia.

15.3.2 Serviços públicos gerais e individuais

Serviços públicos gerais (*uti universi*):
- Supremo Tribunal Federal: serviço público indivisível.
- Prestado à coletividade.
- Usuários indeterminados e indetermináveis.

Serviços públicos individuais/específicos/singulares (*uti singuli*)
- Supremo Tribunal Federal: serviço público divisível.
- Prestados a beneficiários determinados.
- Podem ser remunerados mediante a cobrança de tarifas.

NOÇÕES DE DIREITO

15.3.3 Serviços públicos delegáveis e indelegáveis

Serviços públicos delegáveis
- São prestados pelo Estado centralizadamente.
- São oferecidos também por meio de descentralização:
  - Serviços ou outorga legal: Administração Indireta.
  - Colaboração ou delegação: particulares.

Serviços públicos indelegáveis
- Somente podem ser prestados pelo Estado centralizadamente ou por entidade da Administração Indireta de direito público.
- Exige para a sua prestação o exercício do poder de império do Estado.

15.3.4 Serviços administrativos, sociais e econômicos

Serviços administrativos
- São atividades internas da Administração (atividade-meio).
- Não são diretamente fruível pela população.
- O benefício gerado à coletividade é indireto.

Serviços públicos sociais
- Todos os serviços públicos que correspondem às atividades do art. 6º (direitos fundamentais sociais).
- Prestação obrigatória pelo Estado sob regime jurídico de direito público.
- Podem ser livremente prestados por particular sob regime jurídico de direito privado (nesse caso não é serviço público, mas, sim, serviço privado).

Serviços públicos econômicos
- Descritos no art. 175 da Constituição Federal de 1988.
- Atividade econômica em sentido amplo.
- Podem ser explorados com o intuito de lucro.
- Titularidade exclusiva do Estado.
- Pode ser delegado a particulares.

15.3.5 Serviço público adequado

A definição de serviço público adequado é feita pelo art. 6º, § 1º, da Lei nº 8.987/1995:

> *Art. 6º, § 1º Serviço adequado é o que satisfaz as condições de regularidade, continuidade, eficiência, segurança, atualidade, generalidade, cortesia na sua prestação e modicidade das tarifas.*

15.4 Princípios dos serviços públicos

Com base no conceito acima exposto de serviço público adequado, constatamos que são princípios da boa prestação dos serviços públicos, além dos princípios fundamentais da Administração Pública, o exposto na redação de tal conceito, assim, analisaremos os princípios descritos no art. 6º, § 1º.

- **Regularidade:** o padrão de qualidade da prestação do serviço deve ser sempre o mesmo e suficiente para atender com adequação as necessidades dos usuários.
- **Continuidade dos serviços públicos:** os serviços públicos não podem ser interrompidos, salvo em situações de emergência ou mediante aviso prévio do prestador, como ocorre em casos de inadimplência ou quando o prestador pretende realizar manutenção nos equipamentos necessários à boa prestação do serviço.
- **Eficiência:** na prestação dos serviços públicos, devem ser observados o custo e o benefício.
- **Segurança:** os serviços devem ser prestados sem riscos aos usuários e esses não podem expor sua saúde em perigos na utilização do serviço.
- **Atualidade:** busca constante de atualizações de tecnologia e técnicas empregadas, bem como da qualificação de pessoal. A adequação na prestação às novas tecnologias tem como finalidade melhorar o alcance e a eficiência da prestação.
- **Generalidade:** a prestação de serviços públicos não distingue usuários, ou seja, é igual para todos.
- **Cortesia na prestação:** os prestadores dos serviços públicos devem tratar bem os usuários.
- **Modicidade das tarifas:** as tarifas oriundas da prestação dos serviços públicos devem ter valores razoáveis para os usuários. A finalidade dessa regra é garantir o acesso aos serviços públicos ao maior número de usufruidores possíveis. Quanto mais essencial for o serviço, mais barata será a tarifa e, em alguns casos, pode até mesmo chegar à zero.

15.5 Formas de prestação dos serviços públicos

Prestação centralizada: a pessoa política titular do serviço público faz a prestação por meio dos seus próprios órgãos.

Prestação descentralizada: a pessoa política transfere a execução do serviço público para outra pessoa.

15.5.1 Modalidades

- **Prestação descentralizada por serviços/outorga legal:** a pessoa política titular do serviço público transfere a sua titularidade e a sua execução para uma entidade integrante da Administração Indireta.
- **Prestação descentralizada por colaboração/delegação:** a pessoa política transfere somente a execução do serviço público, por delegação a um particular, que vai executá-lo por sua conta e risco.
    Por exemplo: concessões, permissões e autorizações de serviços públicos.
- **Prestação desconcentrada:** o serviço é executado por um órgão, com competência específica para prestá-lo, integrante da estrutura da pessoa jurídica que detém a titularidade do serviço.
- **Prestação desconcentrada centralizada:** o órgão competente para prestar o serviço integra a estrutura de uma entidade da Administração Direta.
- **Prestação desconcentrada descentralizada:** o órgão competente para prestar o serviço integra a estrutura de uma entidade da Administração Indireta.

> **Atenção!**
> A prestação feita por delegação **não caracteriza** prestação desconcentrada descentralizada, pois, para isso, seria necessário que o particular delegado tivesse a titularidade do serviço público, o que não acontece na delegação, que transfere somente a execução do serviço e mantém a titularidade com o poder concedente.

- **Prestação direta:** é a prestação feita pelo poder público, que é sinônimo de Administração Direta e Indireta. Assim, prestação direta é a do serviço público feita pelas entidades da Administração Direta e também pela Indireta.
- **Prestação indireta:** é a prestação do serviço público feita por particulares mediante delegação da execução.

15.6 Concessão e permissão de serviço público

15.6.1 Base constitucional

> *Art. 22, XXVII, CF/1988 Compete privativamente à União legislar sobre: normas gerais de licitação e contratação, em todas as modalidades, para as administrações públicas diretas, autárquicas e fundacionais*

SERVIÇOS PÚBLICOS

da União, Estados, Distrito Federal e Municípios, obedecido o disposto no art. 37, XXI, e para as empresas públicas e sociedades de economia mista, nos termos do art. 173, § 1º, III;

Art. 175[...]

Parágrafo único. A lei disporá sobre:

I - O regime das empresas concessionárias e permissionárias de serviços públicos, o caráter especial de seu contrato e de sua prorrogação, bem como as condições de caducidade, fiscalização e rescisão da concessão ou permissão;

II - Os direitos dos usuários;

III - Política tarifária;

IV - A obrigação de manter serviço adequado.

15.7 Competência para a edição de normas

15.7.1 Normas gerais

Competência privativa da União (art. 22, inciso XXVII, CF/1988).

Lei nº 8.987/1995: institui normas gerais sobre o regime de concessão ou permissão de serviço público.

Lei nº 11.079/2004: institui normas gerais para licitação e contratação de parceria público-privada no âmbito da Administração Pública.

As duas leis acima descritas são nacionais, ou seja, são leis criadas pela União e que devem obrigatoriamente ser observadas pela União, estados, Distrito Federal e municípios. Todavia, a Lei nº 11.079/2004 tem um núcleo que é aplicável somente à Administração Pública Federal, em outras palavras, ela traça normas gerais para todos os entes federados e ainda traz algumas específicas que são aplicadas somente à Administração Pública Federal.

15.7.2 Normas específicas

Cada ente federal cria as suas próprias normas específicas.

A Lei nº 8.987/1995 institui normas gerais sobre o regime de concessão e permissão da prestação de serviços públicos.

É importante observar que, com base no art. 1º da Lei nº 8.987/1995, é aplicável aos contratos de concessão e permissão de serviços públicos, naquilo que lhes couber, as disposições contidas na Lei nº 8.666/1993 (licitação e contratos administrativos) e Lei nº 14.133/2021. Tal lei visa regulamentar as regras contidas no parágrafo único do art. 175 da Constituição Federal de 1988.

15.7.3 Conceito de concessão e permissão de serviço público

- **Poder concedente:** a União, o estado, o Distrito Federal ou o município, em cuja competência se encontre o serviço público, precedido ou não da execução de obra pública, objeto de concessão ou permissão (art. 2º, inciso I).
- **Concessão de serviço público:** a delegação de sua prestação, feita pelo poder concedente, mediante licitação, na modalidade de concorrência ou diálogo competitivo, à pessoa jurídica ou consórcio de empresas que demonstre capacidade para seu desempenho, por sua conta e risco e por prazo determinado (art. 2º, inciso II).
- **Concessão de serviço público precedida da execução de obra pública:** a construção, total ou parcial, conservação, reforma, ampliação ou melhoramento de quaisquer obras de interesse público, delegada pelo poder concedente, mediante licitação, na modalidade de concorrência ou diálogo competitivo, à pessoa jurídica ou a consórcio de empresas que demonstre capacidade para a sua realização, por sua conta e risco, de forma que o investimento da concessionária seja remunerado e amortizado mediante a exploração do serviço ou da obra por prazo determinado (art. 2º, inciso III).
- **Permissão de serviço público:** a delegação, a título precário, mediante licitação, da prestação de serviços públicos, feita pelo poder concedente à pessoa física ou jurídica que demonstre capacidade para seu desempenho, por sua conta e risco (art. 2º, inciso IV).

15.7.4 Características comuns das concessões e permissões

- São delegações de prestação de serviço público.
- Transferem somente a execução do serviço público, ficando a titularidade com o poder público concedente.
- A prestação do serviço é por conta e risco do particular.
- O poder concedente fiscaliza a prestação feita pelo particular em decorrência do exercício do poder disciplinar.
- Duração por prazo determinado, podendo o contrato prever sua prorrogação, estipulando as condições.
- A execução indireta por delegação (concessão ou permissão) depende de lei autorizativa.
- São sempre precedidos de licitação.

O particular tem o dever de prestar um serviço público adequado nos casos de:

- Descumprimento.
- Intervenção.
- Aplicação de penalidade administrativa.
- Extinção por caducidade.

15.7.5 Diferenças entre a concessão e permissão de serviços públicos

Art. 2º, Lei nº 9.074/1995 É vedado à União, aos Estados, ao Distrito Federal e aos Municípios executarem obras e serviços públicos por meio de concessão e permissão de serviço público, sem lei que lhes autorize e fixe os termos, dispensada a lei autorizativa nos casos de saneamento básico e limpeza urbana e nos já referidos na Constituição Federal, nas Constituições Estaduais e nas Leis Orgânicas do Distrito Federal e Municípios, observado, em qualquer caso, os termos da Lei nº 8.987, de 1995.

- **Concessão:** sempre licitação na modalidade concorrência ou diálogo competitivo; natureza contratual; celebração do contrato: pessoa jurídica ou consórcio de empresas; não há precariedade; não é cabível revogação do contrato.
- **Permissão:** sempre licitação, todavia, admite outras modalidades e não somente concorrência; natureza contratual: contrato de adesão (art. 40); celebração do contrato: pessoa jurídica ou pessoa física; delegação a título precário; revogabilidade unilateral do contrato pelo poder concedente.

15.7.6 Autorização de serviço público

Autorização de serviço público é o ato discricionário, mediante o qual o Poder Público delega ao particular, a título precário, a prestação de serviço público que não exija alto investimento de capital ou alto grau de especialização técnica.

Características do termo de autorização

- Tem natureza precária/discricionária.
- É discricionária a autorização.
- Pode ser revogada unilateralmente pela Administração Pública por razões de conveniência e oportunidade.
- Em regra, não tem prazo determinado.
- A revogação não acarreta direito à indenização.
- **Exceção:** nos casos de autorização por prazo certo, ou seja, com tempo determinado no ato de autorização, a revogação antes do término do prazo pode ensejar ao particular o direito à indenização.

Cabimento da autorização de serviços públicos

- Casos em que o serviço seja prestado a um grupo restrito de usuários, sendo o seu beneficiário exclusivo ou principal o próprio particular autorizado.

- Por exemplo: exploração de serviços de telecomunicação em regime privado, que é autorizada a prestação por usuário restrito que é o seu único beneficiário: operador privado de radioamador.
- Situações de emergência, transitórias e eventuais.

15.7.7 Diferença entre autorização de serviços públicos e a autorização do poder de polícia

- **Autorização de serviço público:** concede ao particular o exercício de atividade cuja titularidade é exclusiva do poder público.
- **Autorização do poder de polícia:** concede ao particular o exercício de atividades regidas pelo direito privado, livre à iniciativa privada.

15.7.8 Características comuns entre concessão, autorização e permissão de serviços públicos

- São formas de delegação da prestação de serviços públicos.
- Transferem somente a execução da atividade e não a sua titularidade.
- As delegações de serviço público são fiscalizadas em decorrência do Poder Disciplinar da Administração Pública.

15.7.9 Diferenças entre concessão, permissão e autorização de serviços públicos

Concessão	Permissão	Autorização
Sempre licitação na modalidade concorrência ou diálogo competitivo	Sempre licitação, todavia, admite outras modalidades e não somente concorrência	Não há licitação
Natureza contratual	Natureza contratual: contrato de adesão (art. 40)	Ato administrativo
Celebração do contrato: pessoa jurídica ou consórcio de empresas	Celebração do contrato: pessoa jurídica ou pessoa física	Concessão da Autorização pode ser feita para pessoa física, jurídica ou consórcio de empresas
Não há precariedade.	Delegação a título precário	Ato administrativo precário
Não é cabível revogação do contrato	Revogabilidade unilateral do contrato pelo poder concedente	Revogável unilateralmente pelo Poder Concedente

15.7.10 Parcerias público-privadas

A parceria público-privada (PPP), cujas normas gerais encontram-se traçadas na Lei nº 11.079/2004, é um contrato de prestação de obras ou serviços com valor não inferior a R$ 10 milhões firmado entre empresa privada e o governo federal, estadual ou municipal, com duração mínima de 5 e no máximo de 35 anos.

15.7.11 Disposições preliminares

A Lei nº 11.079/2004 institui normas gerais para licitação e contratação de parceria público-privada no âmbito dos Poderes:
- Da União.
- Dos estados.
- Do Distrito Federal.
- Dos municípios.

Da mesma forma, essa lei também é aplicada para:

- Órgãos da Administração Pública **Direita**;
- Administração Pública **Indireta** (autarquias, fundações públicas, empresas públicas, sociedades de economia mista);
- **Fundos especiais**;
- **Entidades controladas** (direta ou indiretamente pela União, estados, Distrito Federal e municípios).

A parceria público-privada é um **contrato administrativo de concessão**, podendo adotar duas modalidades:

Concessão patrocinada: é a concessão de serviços públicos ou de obras públicas de que trata a Lei nº 8.987/1995, quando envolver, adicionalmente à tarifa cobrada dos usuários **contraprestação pecuniária do parceiro público ao parceiro privado**.

As concessões patrocinadas regem-se Lei nº 11.079/2004, aplicando subsidiariamente o disposto na Lei nº 8.987/1995, e nas leis que lhe são correlatas.

Concessão Administrativa: é o contrato de prestação de serviços de que a Administração Pública seja a usuária direta ou indireta, ainda que envolva execução de obra ou fornecimento e instalação de bens.

As concessões administrativas regem-se pela Lei nº 11.079/2004, aplicado adicionalmente o disposto nos arts. 21, 23, 25 e 27 a 39 da Lei nº 8.987/1995, e art. 31 da Lei nº 9.074/1995.

> **Atenção!**
> **Concessão patrocinada:** contraprestação paga pela Administração + tarifa paga pelo usuário.
> **Concessão administrativa:** contraprestação paga pela Administração.

A concessão comum não constitui parceria público-privada – assim entendida a concessão de serviços públicos ou de obras públicas de que trata a Lei nº 8.987/1995, quando não envolver contraprestação pecuniária do parceiro público ao parceiro privado. Os contratos administrativos de concessão comum continuam sendo regidos exclusivamente pela Lei nº 8.987/1995 demais legislação correlata.

Os contratos administrativos **que não caracterizem concessão** comum, patrocinada ou administrativa continuam regidos exclusivamente pela Lei nº 8.666/1993 e pela Lei nº 14.133/2021, bem como demais leis correlatas.

É **vedada a celebração** de contrato de parceria público-privada:
- Cujo valor do contrato seja **inferior a R$ 10.000.000,00** (dez milhões de reais).
- Cujo período de prestação do serviço seja **inferior a 5 anos**.
- Que tenha como **objeto único** o fornecimento de mão de obra, o fornecimento e instalação de equipamentos ou a execução de obra pública.

Diretrizes que devem ser observadas na contratação de parceria público-privada:
- Eficiência no cumprimento das missões de Estado e no emprego dos recursos da sociedade.
- Respeito aos interesses e direitos dos destinatários dos serviços e dos entes privados incumbidos da sua execução.
- Indelegabilidade das funções de regulação, jurisdicional, do exercício do poder de polícia e de outras atividades exclusivas do Estado.
- Responsabilidade fiscal na celebração e execução das parcerias.
- Transparência dos procedimentos e das decisões.
- Repartição objetiva de riscos entre as partes.
- Sustentabilidade financeira e vantagens socioeconômicas dos projetos de parceria.

15.7.12 Contratos de parceria público-privada

SERVIÇOS PÚBLICOS

As cláusulas dos contratos de parceria público-privada atenderão ao disposto no art. 23 da Lei nº 8.987/1995, no que couber, devendo também prever:

- O **prazo de vigência** do contrato, compatível com a amortização dos investimentos realizados, não inferior a cinco, nem superior a 35 anos, incluindo eventual prorrogação.
- As **penalidades aplicáveis** à Administração Pública e ao parceiro privado em caso de inadimplemento contratual, fixadas sempre de forma proporcional à gravidade da falta cometida, e às obrigações assumidas.
- A **repartição de riscos** entre as partes, inclusive os referentes a caso fortuito, força maior, fato do príncipe e álea econômica extraordinária.
- As formas de remuneração e de atualização dos valores contratuais.
- Os mecanismos para a preservação da atualidade da prestação dos serviços.
- Os fatos que caracterizem a inadimplência pecuniária do parceiro público, os modos e o prazo de regularização e, quando houver, a forma de acionamento da garantia.
- Os critérios objetivos de avaliação do desempenho do parceiro privado.
- A prestação, pelo parceiro privado, de garantias de execução suficientes e compatíveis com os ônus e riscos envolvidos, observados os limites dos §§ 3º e 5º do art. 56 da Lei nº 8.666/1993, e, no que se refere às concessões patrocinadas, o disposto no inciso XV do art. 18 da Lei nº 8.987/1995.
- O compartilhamento com a Administração Pública de ganhos econômicos efetivos do parceiro privado decorrentes da redução do risco de crédito dos financiamentos utilizados pelo parceiro privado.
- A realização de vistoria dos bens reversíveis, podendo o parceiro público reter os pagamentos ao privado, no valor necessário para reparar as irregularidades eventualmente detectadas.
- O cronograma e os marcos para o repasse ao parceiro privado das parcelas do aporte de recursos, na fase de investimentos do projeto e/ou após a disponibilização dos serviços, sempre que verificada a hipótese do § 2º do art. 6º da Lei nº 11.079/2004.

As cláusulas contratuais de atualização automática de valores baseadas em índices e fórmulas matemáticas, quando houver, serão aplicadas sem necessidade de homologação pela Administração Pública, exceto se essa publicar na imprensa oficial, onde houver, até o prazo de 15 dias após apresentação da fatura, razões fundamentadas nesta Lei ou no contrato para a rejeição da atualização.

Os contratos poderão prever adicionalmente:

- Os requisitos e condições em que o parceiro público autorizará a transferência do controle da sociedade de propósito específico para os seus financiadores, com o objetivo de promover a sua reestruturação financeira e assegurar a continuidade da prestação dos serviços, não se aplicando para esse efeito o previsto no inciso I do parágrafo único do art. 27 da Lei nº 8.987/1995.
- A possibilidade de emissão de empenho em nome dos financiadores do projeto em relação às obrigações pecuniárias da Administração Pública.
- A legitimidade dos financiadores do projeto para receber indenizações por extinção antecipada do contrato, bem como pagamentos efetuados pelos fundos e empresas estatais garantidores de parcerias público-privadas.

A **contraprestação da Administração Pública** nos contratos de parceria público-privada poderá ser feita por:

- Ordem bancária.
- Cessão de créditos não tributários.
- Outorga de direitos em face da Administração Pública.
- Outorga de direitos sobre bens públicos dominicais.
- Outros meios admitidos em lei.

O contrato poderá prever o pagamento ao parceiro privado de **remuneração variável** vinculada ao seu desempenho, conforme metas e padrões de qualidade e disponibilidade definidos no contrato.

O contrato poderá prever o **aporte de recursos** em favor do parceiro privado para a **realização de obras e aquisição de bens reversíveis**, nos termos dos incisos X e XI do *caput* do art. 18 da Lei nº 8.987/1995, desde que autorizado no edital de licitação, se contratos novos, ou em lei específica, se contratos **celebrados até 8 de agosto de 2012.**

O valor desse aporte poderá ser excluído da determinação:

- Do lucro líquido para fins de apuração do lucro real e da base de cálculo da Contribuição Social sobre o Lucro Líquido (CSLL).
- Da base de cálculo da Contribuição para o PIS/Pasep e da Contribuição para o Financiamento da Seguridade Social (Cofins).

Essa parcela excluída deverá ser computada na determinação do lucro líquido para fins de apuração do lucro real, da base de cálculo da CSLL e da base de cálculo da Contribuição para o PIS/Pasep e da Cofins, na proporção em que o custo para a realização de obras e aquisição de bens a que se refere o § 2º deste artigo for realizado, inclusive mediante depreciação ou extinção da concessão, nos termos do art. 35 da Lei nº 8.987/1995.

Por ocasião da **extinção do contrato**, o parceiro privado **não receberá indenização** pelas parcelas de investimentos vinculados a bens reversíveis ainda não amortizadas ou depreciadas, quando tais investimentos houverem sido realizados com valores provenientes do aporte de recursos acima tratado.

A contraprestação da Administração Pública será obrigatoriamente precedida da disponibilização do serviço objeto do contrato de parceria público-privada.

É facultado à Administração Pública, nos termos do contrato, efetuar o pagamento da contraprestação relativa à parcela fruível do serviço objeto do contrato de parceria público-privada.

O aporte de recursos acima tratado, quando realizado durante a fase dos investimentos a cargo do parceiro privado, deverá guardar proporcionalidade com as etapas efetivamente executadas.

15.7.13 Garantias

As obrigações pecuniárias contraídas pela Administração Pública em contrato de parceria público-privada poderão ser garantidas mediante:

- Vinculação de receitas, observado o disposto no inciso IV do art. 167 da Constituição Federal.
- Instituição ou utilização de fundos especiais previstos em lei.
- Contratação de seguro-garantia com as companhias seguradoras que não sejam controladas pelo Poder Público.
- Garantia prestada por organismos internacionais ou instituições financeiras que não sejam controladas pelo Poder Público.
- Garantias prestadas por fundo garantidor ou empresa estatal criada para essa finalidade.
- Outros mecanismos admitidos em lei.

15.7.14 Sociedade de propósito específico

Antes da celebração do contrato, deverá ser constituída sociedade de propósito específico, incumbida de implantar e gerir o objeto da parceria.

A transferência do controle da sociedade de propósito específico estará condicionada à autorização expressa da Administração Pública, nos termos do edital e do contrato, observado o disposto no parágrafo único do art. 27 da Lei nº 8.987/1995.

A sociedade de propósito específico poderá assumir a forma de companhia aberta, com valores mobiliários admitidos a negociação no mercado. Tal sociedade também deverá obedecer a padrões de governança corporativa e adotar contabilidade e demonstrações financeiras padronizadas, conforme regulamento.

Fica **vedado à Administração Pública ser titular da maioria do capital votante dessas sociedades**. Entretanto, essa vedação não se aplica à eventual aquisição da maioria do capital votante da sociedade de propósito específico por instituição financeira controlada pelo Poder Público em caso de inadimplemento de contratos de financiamento.

15.7.15 Licitação

De acordo com o art. 10 da Lei nº 11.079/2004, contratação de parceria público-privada será precedida de licitação na modalidade de concorrência, estando a abertura do processo licitatório condicionada a:

> *Art. 10 A contratação de parceria público-privada será precedida de licitação na modalidade concorrência ou diálogo competitivo, estando a abertura do processo licitatório condicionada a:*
>
> *I - Autorização da autoridade competente, fundamentada em estudo técnico que demonstre:*
>
> *a) A conveniência e a oportunidade da contratação, mediante identificação das razões que justifiquem a opção pela forma de parceria público-privada.*
>
> *b) Que as despesas criadas ou aumentadas não afetarão as metas de resultados fiscais previstas no Anexo referido no § 1º do art. 4º da Lei Complementar nº 101, de 4 de maio de 2000, devendo seus efeitos financeiros, nos períodos seguintes, ser compensados pelo aumento permanente de receita ou pela redução permanente de despesa.*
>
> *c) Quando for o caso, conforme as normas editadas na forma do art. 25 desta Lei, a observância dos limites e condições decorrentes da aplicação dos arts. 29, 30 e 32 da Lei Complementar nº 101, de 4 de maio de 2000, pelas obrigações contraídas pela Administração Pública relativas ao objeto do contrato.*

A comprovação referida nas alíneas *b* e *c* acima citadas conterá as premissas e metodologia de cálculo utilizadas, observadas as normas gerais para consolidação das contas públicas, sem prejuízo do exame de compatibilidade das despesas com as demais normas do plano plurianual e da Lei de Diretrizes Orçamentárias.

> *II - Elaboração de estimativa do impacto orçamentário-financeiro nos exercícios em que deva vigorar o contrato de parceria público-privada;*
>
> *III - Declaração do ordenador da despesa de que as obrigações contraídas pela Administração Pública no decorrer do contrato são compatíveis com a lei de diretrizes orçamentárias e estão previstas na lei orçamentária anual;*
>
> *IV - Estimativa do fluxo de recursos públicos suficientes para o cumprimento, durante a vigência do contrato e por exercício financeiro, das obrigações contraídas pela Administração Pública;*
>
> *V - Seu objeto estar previsto no plano plurianual em vigor no âmbito onde o contrato será celebrado;*
>
> *VI - Submissão da minuta de edital e de contrato à consulta pública, mediante publicação na imprensa oficial, em jornais de grande circulação e por meio eletrônico, que deverá informar a justificativa para a contratação, a identificação do objeto, o prazo de duração do contrato, seu valor estimado, fixando-se tempo mínimo de 30 (trinta) dias para recebimento de sugestões, cujo termo dar-se-á pelo menos 7 (sete) dias antes da data prevista para a publicação do edital; e*
>
> *VII - Licença ambiental prévia ou expedição das diretrizes para o licenciamento ambiental do empreendimento, na forma do regulamento, sempre que o objeto do contrato exigir.*

Sempre que a assinatura do contrato ocorrer em exercício diverso daquele em que for publicado o edital, deverá ser precedida da atualização dos estudos e demonstrações a que se referem os itens I a IV citados anteriormente.

As concessões patrocinadas em que mais de **70% da remuneração do parceiro privado for paga pela Administração Pública** dependerão de **autorização legislativa específica.**

Os estudos de engenharia para a definição do valor do investimento da PPP deverão ter nível de detalhamento de anteprojeto, e o valor dos investimentos para definição do preço de referência para a licitação será calculado com base em preços de mercado considerando o custo global de obras semelhantes no Brasil ou no exterior ou com base em sistemas de custos que utilizem como insumo valores de mercado do setor específico do projeto, aferidos, em qualquer caso, mediante orçamento sintético, elaborado por meio de metodologia expedita ou paramétrica.

O **instrumento convocatório** conterá minuta do contrato, indicará expressamente a submissão da licitação às normas da Lei nº 11.079/2004 e observará, no que couber, os §§ 3º e 4º do art. 15, os arts. 18, 19 e 21 da Lei nº 8.987/1995, podendo ainda prever:

- Exigência de garantia de proposta do licitante, observado o limite do inciso III do art. 31 da Lei nº 8.666/1993.
- O emprego dos mecanismos privados de resolução de disputas, inclusive a arbitragem, a ser realizada no Brasil e em língua portuguesa, nos termos da Lei nº 9.307/1996, para dirimir conflitos decorrentes ou relacionados ao contrato.

O edital deverá especificar, quando houver, as garantias da contraprestação do parceiro público a serem concedidas ao privado.

> *Art. 12 O certame para a contratação de parcerias público-privadas obedecerá ao procedimento previsto na legislação vigente sobre licitações e contratos administrativos e também ao seguinte:*
>
> *I -. O julgamento poderá ser precedido de etapa de qualificação de propostas técnicas, desclassificando-se os licitantes que não alcançarem a pontuação mínima, os quais não participarão das etapas seguintes;*
>
> *II - O julgamento poderá adotar como critérios, além dos previstos nos incisos I e V do art. 15 da Lei nº 8.987, de 13 de fevereiro de 1995, os seguintes:*
>
> *a) menor valor da contraprestação a ser paga pela Administração Pública;*
>
> *b) melhor proposta em razão da combinação do critério da alínea a com o de melhor técnica, de acordo com os pesos estabelecidos no edital;*
>
> *III - O edital definirá a forma de apresentação das propostas econômicas, admitindo-se:*
>
> *a) propostas escritas em envelopes lacrados; ou*
>
> *b) propostas escritas, seguidas de lances em viva voz;*
>
> *IV - O edital poderá prever a possibilidade de saneamento de falhas, de complementação de insuficiências ou ainda de correções de caráter formal no curso do procedimento, desde que o licitante possa satisfazer as exigências dentro do prazo fixado no instrumento convocatório.*

No caso de propostas escritas, seguidas de lances em viva voz (verbais):

- Os lances em viva-voz serão sempre oferecidos na ordem inversa da classificação das propostas escritas, sendo vedado ao edital limitar a quantidade de propostas.
- O edital poderá restringir a apresentação de lances em viva-voz aos licitantes cuja proposta escrita for no máximo **20% maior que o valor da melhor proposta**.

O exame de propostas técnicas, para fins de qualificação ou julgamento, será feito por ato motivado, com base em exigências, parâmetros e indicadores de resultado pertinentes ao objeto, definidos com clareza e objetividade no edital. Este poderá prever a inversão da ordem das fases de habilitação e julgamento, hipótese em que:

> *I - Encerrada a fase de classificação das propostas ou o oferecimento de lances, será aberto o invólucro com os documentos de habilitação do licitante mais bem classificado, para verificação do atendimento das condições fixadas no edital;*
>
> *II - Verificado o atendimento das exigências do edital, o licitante será declarado vencedor;*
>
> *III - Inabilitado o licitante melhor classificado, serão analisados os documentos habilitatórios do licitante com a proposta classificada em 2º (segundo) lugar, e assim, sucessivamente, até que um licitante classificado atenda às condições fixadas no edital;*
>
> *IV - Proclamado o resultado final do certame, o objeto será adjudicado ao vencedor nas condições técnicas e econômicas por ele ofertadas.*

15.7.16 Disposições aplicáveis à União

Apesar de traçar normas gerais aplicáveis no âmbito federal, estadual, distrital e municipal, a Lei nº 11.079/2004 traz algumas regras específicas para a União.

SERVIÇOS PÚBLICOS

Sobre o órgão gestor de parcerias público-privadas federais:
- Será instituído por **decreto** e com **competência** para:
- Definir os serviços prioritários para execução no regime de parceria público-privada.
- Disciplinar os procedimentos para celebração desses contratos.
- Autorizar a abertura da licitação e aprovar seu edital.
- Apreciar os relatórios de execução dos contratos.

Esse órgão será composto por indicação nominal de um representante titular e respectivo suplente de cada um dos seguintes órgãos:
- Ministério do Planejamento, Orçamento e Gestão, ao qual cumprirá a tarefa de coordenação das respectivas atividades.
- Ministério da Fazenda.
- Casa Civil da Presidência da República.

Um representante do órgão da Administração Pública Direta cuja área de competência seja pertinente ao objeto do contrato em análise participará das reuniões desse órgão para examinar projetos de parceria público-privada.

Para deliberação do órgão gestor sobre a contratação de parceria público-privada, o expediente deverá estar instruído com pronunciamento prévio e fundamentado:
- Do Ministério do Planejamento, Orçamento e Gestão, sobre o mérito do projeto.
- Do Ministério da Fazenda, quanto à viabilidade da concessão da garantia e à sua forma, relativamente aos riscos para o Tesouro Nacional e ao cumprimento do limite de que trata o art. 22 da Lei nº 11.079/2004.

Para o desempenho de suas funções, o órgão gestor de parcerias público-privadas federais poderá criar estrutura de apoio técnico com a presença de representantes de instituições públicas.

O órgão gestor de parcerias público-privadas federais remeterá ao Congresso Nacional e ao Tribunal de Contas da União, com periodicidade anual, relatórios de desempenho dos contratos de parceria público-privada (esses relatórios, salvo informações classificadas como sigilosas, serão disponibilizados ao público, por meio de rede pública de transmissão de dados).

Compete aos **ministérios** e às **agências reguladoras**, nas suas respectivas áreas de competência, submeter o edital de licitação ao órgão gestor, proceder à licitação, acompanhar e fiscalizar os contratos de parceria público-privada.

Os Ministérios e Agências Reguladoras encaminharão ao órgão gestor de parcerias público-privadas federais, com **periodicidade semestral**, relatórios circunstanciados acerca da execução dos contratos de parceria público-privada, na forma definida em regulamento.

Ficam a União, seus fundos especiais, suas autarquias, suas fundações públicas e suas empresas estatais dependentes autorizadas a participar, no **limite global de R$ 6.000.000.000,00 (seis bilhões de reais)**, em Fundo Garantidor de Parcerias Público-Privadas (FGP) que terá por finalidade prestar garantia de pagamento de obrigações pecuniárias assumidas pelos parceiros públicos federais, distritais, estaduais ou municipais em virtude das parcerias de que trata a Lei nº 11.079/2004.

O FGP terá natureza privada e patrimônio próprio separado do patrimônio dos cotistas, e será sujeito a direitos e obrigações próprios.

O patrimônio do Fundo será formado pelo aporte de bens e direitos realizado pelos cotistas, por meio da integralização de cotas e pelos rendimentos obtidos com sua administração.

Os bens e direitos transferidos ao Fundo serão avaliados por empresa especializada, que deverá apresentar laudo fundamentado, com indicação dos critérios de avaliação adotados e instruído com os documentos relativos aos bens julgados.

A integralização das cotas poderá ser realizada em dinheiro, títulos da dívida pública, bens imóveis dominicais, bens móveis, inclusive ações de sociedade de economia mista federal excedentes ao necessário para manutenção de seu controle pela União, ou outros direitos com valor patrimonial.

O FGP responderá por suas obrigações com os bens e direitos integrantes de seu patrimônio, não respondendo os cotistas por qualquer obrigação do Fundo, salvo pela integralização das cotas que subscreverem.

A integralização com bens acima referido será feita independentemente de licitação, mediante prévia avaliação e autorização específica do Presidente da República, por proposta do Ministro da Fazenda.

O aporte de bens de uso especial ou de uso comum no FGP será condicionado a sua desafetação de forma individualizada.

A capitalização do FGP, quando realizada por meio de recursos orçamentários, dar-se-á por ação orçamentária específica para essa finalidade, no âmbito de Encargos Financeiros da União.

O FGP será criado, administrado, gerido e representado judicial e extrajudicialmente por instituição financeira controlada, direta ou indiretamente, pela União, com observância das normas a que se refere o inciso XXII do art. 4º da Lei nº 4.595/1964.

O estatuto e o regulamento do FGP serão aprovados em assembleia dos cotistas. A representação da União na referida assembleia dar-se-á na forma do inciso V do art. 10 do Decreto-lei nº 147/1967.

Caberá à instituição financeira deliberar sobre a gestão e alienação dos bens e direitos do FGP, zelando pela manutenção de sua rentabilidade e liquidez.

O estatuto e o regulamento do FGP devem deliberar sobre a política de concessão de garantias, inclusive no que se refere à relação entre ativos e passivos do Fundo.

A garantia será prestada na forma aprovada pela assembleia dos cotistas, nas seguintes modalidades:
- Fiança, sem benefício de ordem para o fiador.
- Penhor de bens móveis ou de direitos integrantes do patrimônio do FGP, sem transferência da posse da coisa empenhada antes da execução da garantia.
- Hipoteca de bens imóveis do patrimônio do FGP.
- Alienação fiduciária, permanecendo a posse direta dos bens com o FGP ou com agente fiduciário por ele contratado antes da execução da garantia.

- Outros contratos que produzam efeito de garantia, desde que não transfiram a titularidade ou posse direta dos bens ao parceiro privado antes da execução da garantia.
- Garantia, real ou pessoal, vinculada a um patrimônio de afetação Constituído em decorrência da separação de bens e direitos pertencentes ao FGP.

O FGP poderá prestar contragarantias a seguradoras, instituições financeiras e organismos internacionais que assegurarem o cumprimento das obrigações pecuniárias dos cotistas em contratos de parceria público-privadas.

A quitação pelo parceiro público de cada parcela de débito garantido pelo FGP importará exoneração proporcional da garantia.

O FGP poderá prestar garantia mediante contratação de instrumentos disponíveis em mercado, inclusive para complementação das modalidades acima previstas.

O parceiro privado poderá acionar o Fundo Garantidor de Parcerias Público-Privadas (FGP) nos casos de:
- Crédito líquido e certo, constante de título exigível aceito e não pago pelo parceiro público após 15 dias contados da data de vencimento; e
- Débitos constantes de faturas emitidas e não aceitas pelo parceiro público após 45 dias contados da data de vencimento, desde que não tenha havido rejeição expressa por ato motivado.

A quitação de débito pelo FGP importará sua sub-rogação nos direitos do parceiro privado. Em caso de inadimplemento, os bens e direitos do Fundo poderão ser objeto de constrição judicial e alienação para satisfazer as obrigações garantidas.

O FGP poderá usar parcela da cota da União para prestar garantia aos seus fundos especiais, às suas autarquias, às suas fundações públicas e às suas empresas estatais dependentes.

O FGP é obrigado a honrar faturas aceitas e não pagas pelo parceiro público. O FGP é proibido de pagar faturas rejeitadas expressamente por ato motivado.

O parceiro público deverá informar o FGP sobre qualquer fatura rejeitada e sobre os motivos da rejeição no prazo de 40 dias contado da data de vencimento.

A ausência de aceite ou rejeição expressa de fatura por parte do parceiro público no prazo de 40 dias contado da data de vencimento implicará aceitação tácita. O agente público que contribuir por ação ou omissão para essa aceitação tácita ou que rejeitar fatura sem motivação será responsabilizado pelos danos que causar, em conformidade com a legislação civil, administrativa e penal em vigor.

O FGP não pagará rendimentos a seus cotistas, assegurando-se a qualquer deles o direito de requerer o resgate total ou parcial de suas cotas, correspondente ao patrimônio ainda não utilizado para a concessão de garantias, fazendo-se a liquidação com base na situação patrimonial do Fundo.

A dissolução do FGP, deliberada pela assembleia dos cotistas, ficará condicionada à prévia quitação da totalidade dos débitos garantidos ou liberação das garantias pelos credores.

Dissolvido o FGP, o seu patrimônio será rateado entre os cotistas, com base na situação patrimonial à data da dissolução.

É facultada a constituição de patrimônio de afetação que não se comunicará com o restante da herança do FGP, ficando vinculado exclusivamente à garantia em virtude da qual tiver sido constituído, não podendo ser objeto de penhora, arresto, sequestro, busca e apreensão ou qualquer ato de constrição judicial decorrente de outras obrigações do FGP.

A constituição do patrimônio de afetação será feita por registro em Cartório de Registro de Títulos e Documentos ou, no caso de bem imóvel, no Cartório de Registro Imobiliário correspondente.

A União somente poderá contratar parceria público-privada quando a soma das despesas de caráter continuado derivadas do conjunto das parcerias já contratadas **não tiver excedido, no ano anterior, a 1% da receita corrente líquida** do exercício, e as despesas anuais dos contratos vigentes, **nos 10 anos subsequentes, não excedam a 1% da receita corrente líquida projetada para os respectivos exercícios.**

15.7.17 Disposições finais

Fica a União autorizada a conceder incentivo, nos termos do Programa de Incentivo à Implementação de Projetos de Interesse Social (PIPS), instituído pela Lei nº 10.735/2003, às aplicações em fundos de investimento, criados por instituições financeiras, em direitos creditórios provenientes dos contratos de Parcerias Público-Privadas.

O Conselho Monetário Nacional (CMN) estabelecerá, na forma da legislação pertinente, as diretrizes para a concessão de crédito destinado ao financiamento de contratos de parcerias público-privadas, bem como para participação de entidades fechadas de previdência complementar.

A Secretaria do Tesouro Nacional editará, na forma da legislação pertinente, normas gerais relativas à consolidação das contas públicas aplicáveis aos contratos de parceria público-privada.

O inciso I do § 1º do art. 56 da Lei nº 8.666/1993, foi alterado pela Lei nº 11.079/2004, passando a vigorar com a seguinte redação:

I – Caução em dinheiro ou em títulos da dívida pública, devendo estes ter sido emitidos sob a forma escritural, mediante registro em sistema centralizado de liquidação e de custódia autorizado pelo Banco Central do Brasil e avaliados pelos seus valores econômicos, conforme definido pelo Ministério da Fazenda.

As operações de crédito efetuadas por empresas públicas ou sociedades de economia mista controladas pela União não poderão exceder a 70% do total das fontes de recursos financeiros da sociedade de propósito específico, sendo que para as áreas das regiões Norte, Nordeste e Centro-Oeste, onde o Índice de Desenvolvimento Humano (IDH) seja inferior à média nacional, essa participação não poderá exceder a 80%.

Não poderão exceder a 80% do total das fontes de recursos financeiros da sociedade de propósito específico ou 90% nas áreas das regiões Norte, Nordeste e Centro-Oeste, onde o IDH seja inferior à média nacional, as operações de crédito ou contribuições de capital realizadas cumulativamente por:
- Entidades fechadas de previdência complementar.
- Empresas públicas ou sociedades de economia mista controladas pela União.

Para esses fins, financeiros as operações de crédito e contribuições de capital à sociedade entende-se por fonte de recursos de propósito específico.

A União não poderá conceder garantia ou realizar transferência voluntária aos estados, Distrito Federal e municípios se a soma das despesas de caráter continuado, derivadas do conjunto das parcerias já contratadas por esses entes, tiver excedido, no ano anterior, a 5% da receita corrente líquida do exercício ou se as despesas anuais dos contratos vigentes nos 10 anos subsequentes excederem a 5% da receita corrente líquida projetada para os respectivos exercícios.

Os estados, o Distrito Federal e os municípios que contratarem empreendimentos por intermédio de parcerias público-privadas deverão encaminhar ao Senado Federal e à Secretaria do Tesouro Nacional, previamente à contratação, as informações necessárias para cumprimento dessa determinação.

Na aplicação do limite previsto no *caput* deste artigo, serão computadas as despesas derivadas de contratos de parceria celebrados pela Administração Pública Direta, autarquias, fundações públicas, empresas públicas, sociedades de economia mista e demais entidades controladas, direta ou indiretamente, pelo respectivo ente, excluídas as instituições estatais não dependentes.

Serão aplicáveis, no que couber, as penalidades previstas no Decreto-lei nº 2.848/1940 – Código Penal; na Lei nº 8.429/1992 e Lei nº 14.230/2021 – Lei de Improbidade Administrativa; na Lei nº 10.028/2000 – Lei dos Crimes Fiscais; no Decreto-lei nº 201/1967; e na Lei nº 1.079/1950, sem prejuízo das penalidades financeiras previstas contratualmente.

16 CONTROLE DA ADMINISTRAÇÃO PÚBLICA

O Controle da Administração Pública é um conjunto de instrumentos que o ordenamento jurídico estabelece a fim de que a própria Administração Pública, os três poderes, e, ainda, o povo, diretamente ou por meio de órgãos especializados, possam exercer o poder de fiscalização, orientação e revisão da atuação de todos os órgãos, entidades e agentes públicos, em todas as esferas do poder.

16.1 Classificação

16.1.1 Quanto à origem

Controle Interno: acontece dentro do próprio poder, decorrente do princípio da autotutela.

Finalidade:

> *Art. 74, CF/1988 Os Poderes Legislativo, Executivo e Judiciário manterão, de forma integrada, sistema de controle interno com a finalidade de:*
> *I - Avaliar o cumprimento das metas previstas no plano plurianual, a execução dos programas de governo e dos orçamentos da União;*
> *II - Comprovar a legalidade e avaliar os resultados, quanto à eficácia e eficiência, da gestão orçamentária, financeira e patrimonial nos órgãos e entidades da administração federal, bem como da aplicação de recursos públicos por entidades de direito privado;*
> *III - Exercer o controle das operações de crédito, avais e garantias, bem como dos direitos e haveres da União;*
> *IV - Apoiar o controle externo no exercício de sua missão institucional.*
> *§ 1º Os responsáveis pelo controle interno, ao tomarem conhecimento de qualquer irregularidade ou ilegalidade, dela darão ciência ao Tribunal de Contas da União, sob pena de responsabilidade solidária.*

Por exemplo:
- Pode ser exercido no âmbito hierárquico ou por órgãos especializados (sem hierarquia);
- O controle finalístico (controvérsia doutrinária, alguns autores falam que é modalidade de controle externo);
- A fiscalização realizada por um órgão da Administração Pública do Legislativo sobre a atuação dela própria;
- O controle realizado pela Administração Pública do Poder Judiciário nos atos administrativos praticados pela própria Administração Pública desse poder.

Controle externo: é exercido por um poder sobre os atos administrativos de outro poder.

A exemplo, temos o controle judicial dos atos administrativos, que analisa aspectos de legalidade dos atos da Administração Pública dos demais poderes; ou o controle legislativo realizado pelo poder legislativo, nos atos da Administração Pública dos outros poderes.

Controle popular: é o controle exercido pelos administrados na atuação da Administração Pública dos três poderes, seja por meio da ação popular, do direito de petição ou de outros.

É importante lembrar que os atos administrativos devem ser publicados, salvo os sigilosos. Todavia, uma outra finalidade da publicidade dos atos administrativos é o desenvolvimento do controle social da Administração Pública.

16.1.2 Quanto ao momento de exercício

Controle prévio: é exercido antes da prática ou antes da conclusão do ato administrativo.

Finalidade: é um requisito de validade do ato administrativo.

Por exemplo: a aprovação do Senado Federal da escolha de ministros do STF ou de dirigente de uma agência reguladora federal. Em tais situações, a referida aprovação antecede a nomeação de tais agentes.

Controle concomitante: é exercido durante a prática do ato.

Finalidade: possibilitar a aferição do cumprimento das formalidades exigidas para a formação do ato administrativo.

Por exemplo: fiscalização da execução de um contrato administrativo; acompanhamento de uma licitação pelos órgãos de controle.

Controle subsequente/corretivo/posterior: é exercido após a conclusão do ato.

Finalidade:
- Correção dos defeitos sanáveis do ato;
- Declaração de nulidade do ato;
- Revogação do ato discricionário legal inconveniente e inoportuno;
- Cassação do ato pelo descumprimento dos requisitos que são exigidos para a sua manutenção;
- Conferir eficácia ao ato.

Por exemplo: homologação de um concurso público.

16.1.3 Quanto ao aspecto controlado

Controle de legalidade: sua finalidade é verificar se o ato foi praticado em conformidade com o ordenamento jurídico, e, por esse, entendemos que o ato tem que ser praticado de acordo com as leis e também com os princípios fundamentais da Administração Pública.

A lei deve ser entendida, nessa situação, em sentido amplo, ou seja, a Constituição Federal, as leis ordinárias, complementares, delegadas, medidas provisórias e as normas infralegais.

▷ **Exercício:** são três as possibilidades:
- **Própria Administração Pública:** pode realizar o controle de legalidade a pedido ou de ofício. Em decorrência do princípio da autotutela, é espécie de controle interno.
- **Poder Judiciário:** no exercício da função jurisdicional, pode exercer o controle de legalidade somente por provocação. Nesse caso, é uma espécie de inspeção externo.
- **Poder Legislativo:** somente pode exercer controle de legalidade nos casos previstos na Constituição Federal. É forma de controle externo.

▷ **Consequências:** são três as possibilidades:
- **Confirmação** da validade do ato.
- **Anulação** do ato com vício de validade (ilegal).
- Um ato administrativo pode ser anulado pela própria Administração que o praticou, por provocação ou de ofício (controle interno) ou pelo Poder Judiciário. Nesse caso, somente por provocação (controle externo). A anulação gera efeitos retroativos (*ex tunc*), desfazendo todas as relações do ato resultadas, salvo, entretanto, os efeitos produzidos para os terceiros de boa-fé.
- Prazo para anulação na via administrativa: 5 anos, contados a partir da prática do ato, salvo comprovada má-fé.
- Segundo o STF, quando o controle interno acarretar o desfazimento de um ato administrativo que implique em prejuízo à situação jurídica do administrado, a administração deve antes instaurar um procedimento que garanta a ele o contraditório e a ampla-defesa, para que, dessa forma, possa defender os seus interesses.
- **Convalidação:** é a correção do ato com efeitos retroativos do ato administrativo com defeito sanável. Considera-se problema reparável:
    - **Vício de competência relativo à pessoa**
        - Exceção: competência exclusiva (também não cabe convalidação).
        - O vício de competência relativo à matéria não é caracterizado como um defeito sanável.
    - **Vício de forma**
        - Exceção: lei determina que a forma seja elemento essencial de validade de determinado ato (também não cabe convalidação).

CONTROLE DA ADMINISTRAÇÃO PÚBLICA

Assim, somente os vícios nos elementos forma e competência podem ser convalidados. Em todos os demais casos, a administração somente pode anular o ato.

Mesmo quando o defeito admite convalidação, a Administração Pública tem a possibilidade de anular, pois a regra é a anulação e a convalidação uma faculdade disponível ao agente público em hipóteses excepcionais.

Convalidação tácita: o art. 54 da Lei nº 9.784/1999 prevê que a Administração tem o direito de anular os atos administrativos de que decorram efeitos favoráveis; para os destinatários, decai em cinco anos, contados da data em que forem praticados, salvo comprovada má-fé. Transcorrido esse prazo, o ato foi convalidado, pois não pode ser mais anulado pela administração.

Convalidação expressa: o prazo que a Administração Pública tem para convalidar um ato é o mesmo que ela tem para anular, ou seja, 5 anos contados a partir da data da prática do feito. Como analisamos, a convalidação, se trata de um controle de legalidade que verificou que o ato foi praticado com vício, todavia, na hipótese descrita no art. 55 da Lei nº 9.784/1999, a autoridade com competência para anular tal ato, pode optar pela sua convalidação.

> *Art. 55, Lei nº 9.784/1999 Em decisão na qual se evidencie não acarretar lesão ao interesse público nem prejuízo a terceiros, os atos que apresentarem defeitos sanáveis poderão ser convalidados pela própria Administração.*

Controle de mérito: sua finalidade é verificar a conveniência e a oportunidade dos atos administrativos discricionários.

Exercício: em regra, é exercido discricionariamente pelo próprio poder que praticou o feito.

Excepcionalmente, o Poder Legislativo tem competência para verificar o mérito de atos administrativos dos outros poderes, esse é um controle de mérito de natureza política.

Não pode ser exercido pelo Poder Judiciário na sua função típica, mas pode ser executado pela Administração Pública do Poder Judiciário nos atos dela própria.

Consequências
- Manutenção do ato discricionário legal, conveniente e oportuno.
- Revogação do ato discricionário legal, inconveniente e inoportuno.

Nas hipóteses em que o Poder Legislativo exerce controle de mérito da atuação administrativa dos outros poderes, não lhe é permitida a revogação de tais atos.

16.1.4 Quanto à amplitude

Controle hierárquico: decorre da hierarquia presente na Administração Pública, que se manifesta na subordinação entre órgãos e agentes, sempre no âmbito de uma mesma pessoa jurídica. Acontece na Administração Pública dos três poderes.

Consequências: é um controle interno permanente (antes/durante/após a prática do ato) e irrestrito, pois verifica aspectos de legalidade e de mérito de um ato administrativo praticado pelos agentes e órgãos subordinados.

Esse controle está relacionado às atividades de supervisão, coordenação, orientação, fiscalização, aprovação, revisão, avocação e aplicação de meios corretivos dos desvios e irregularidades verificados.

Controle finalístico/tutela administrativa/supervisão ministerial: é exercido pela Administração Direta sobre as pessoas jurídicas da Administração Indireta.

Efeitos: depende de norma legal que o estabeleça, não se enquadrando como um controle específico, e sua finalidade é verificar se a entidade está atingindo as suas intenções estatutárias.

16.2 Controle administrativo

É um controle interno, fundado no poder de autotutela, exercido pelo Poder Executivo e pelos órgãos administrativos dos poderes legislativo e judiciário sobre suas próprias condutas, tendo em vista aspectos de legalidade e de mérito administrativo.

> *Súmula nº 473 – STF A Administração pode anular seus próprios atos, quando eivados de vícios que os tornam ilegais, porque deles não se originam direitos; ou revogá-los, por motivo de conveniência ou oportunidade, respeitados os direitos adquiridos, e ressalvada, em todos os casos, a apreciação judicial.*

O controle administrativo é sempre interno. Pode ser hierárquico, quando é feito entre órgãos verticalmente escalonados integrantes de uma mesma pessoa jurídica, seja da Administração Direta ou Indireta; ou não hierárquico, quando exercido entre órgãos que, embora integrem uma só pessoa jurídica, não estão na mesma linha de escalonamento vertical e também no controle finalístico exercido entre a Administração Direta e a Indireta.

O controle administrativo é um controle permanente, pois acontece antes, durante e depois da prática do ato; também é irrestrito, pois como já foi dito, analisa aspectos de legalidade e de mérito.

Ainda é importante apontar que o controle administrativo pode acontecer de ofício ou a pedido do administrado.

Quando interessado em provocar a atuação da Administração Pública, o administrado pode se valer da reclamação administrativa, que é uma expressão genérica para englobar um conjunto de instrumentos, como o direito de petição, a representação, a denúncia, o recurso, o pedido de reconsideração, a revisão, dentre outros meios.

O meio utilizado pela Administração Pública para processar o pedido do interessado é o processo administrativo, que, na esfera federal, é regulado pela Lei nº 9.784/1999.

16.3 Controle legislativo

É a fiscalização realizada pelo Poder Legislativo, na sua função típica de fiscalizar, na atuação da Administração Pública dos três poderes.

Quando exercido na atuação administrativa dos outros poderes, é espécie de controle externo; quando realizado na Administração Pública do próprio poder legislativo, é espécie de controle interno.

16.3.1 Hipóteses de controle legislativo

O controle legislativo na atuação da Administração Pública somente pode ocorrer nas hipóteses previstas na Constituição Federal, não sendo permitidas às Constituições Estaduais ou às leis orgânicas criarem novas modalidades de controle legislativo no respectivo território de sua competência. Caso se crie nova forma de controle legislativo por instrumento legal diverso da Constituição Federal, tal norma será inconstitucional.

Como as normas estaduais e municipais não podem criar novas modalidades de controle legislativo, nessas esferas, pelo princípio da simetria, são aplicadas as hipóteses de controle legislativo previstas na Constituição Federal para os estados e municípios. Todavia, vale ressaltar que como o sistema legislativo federal adota o bicameralismo, as hipóteses de controle do Congresso Nacional, do Senado, das comissões e do Tribunal de Contas da União são aplicadas às assembleias legislativas na esfera estadual e às câmaras de vereadores nas esferas municipais.

O controle legislativo apresenta as seguintes modalidades:

Controle de legalidade: quando se analisa aspectos de legalidade da atuação da Administração Pública dos três poderes, como dos atos e contratos administrativos.

Controle de mérito (político): é um controle de natureza política, que possibilita ao Poder Legislativo, nas hipóteses previstas na Constituição Federal, a intervir na atuação da Administração Pública do Poder Executivo, controlando aspectos de eficiência da atuação e também de conveniência da tomada de determinadas decisões do poder executivo.

Por exemplo: quando o Senado tem que aprovar o ato do presidente da República, que nomeia um dirigente de uma agência reguladora.

NOÇÕES DE DIREITO

Efeitos: não acarreta revogação do ato, pois esse ainda não conclui o seu processo de formação enquanto não for aprovado pelo poder legislativo, ou seja, tal ato não gera efeitos até a aprovação, por isso, não há o que se falar em revogação.

Controle exercido pelo Congresso Nacional: a competência exclusiva do Congresso Nacional vem descrita no art. 40 da Constituição Federal de 1988:

> *V - Sustar os atos normativos do Poder Executivo que exorbitem do poder regulamentar ou dos limites de delegação legislativa;*

Tal situação acontece quando, no exercício do poder regulamentar, o presidente da R

epública edite um decreto para complementar determinada lei e, nesse decreto, ele venha a inovar o ordenamento jurídico, ultrapassando os limites da lei. Todavia, a sustação do ato normativo pelo Congresso Nacional não invalida todo o decreto, mas somente o trecho dele que esteja exorbitando do exercício do poder regulamentar.

> *IX - Julgar anualmente as contas prestadas pelo Presidente da República e apreciar os relatórios sobre a execução dos planos de governo;*
>
> *X - Fiscalizar e controlar, diretamente, ou por qualquer de suas Casas, os atos do Poder Executivo, incluídos os da Administração Indireta;*

Controle exercido privativamente pelo Senado Federal: as competências privativas do Senado Federal vêm descritas no art. 52 da Constituição Federal, dentre essas, algumas se referem ao exercício de atividades de controle:

> *I - Processar e julgar o Presidente e o Vice-Presidente da República nos crimes de responsabilidade, bem como os Ministros de Estado e os Comandantes da Marinha, do Exército e da Aeronáutica nos crimes da mesma natureza conexos com aqueles;*
>
> *II - Processar e julgar os Ministros do Supremo Tribunal Federal, os membros do Conselho Nacional de Justiça e do Conselho Nacional do Ministério Público, o Procurador-Geral da República e o Advogado-Geral da União nos crimes de responsabilidade;*

Nesses dois primeiros casos, o julgamento será presidido pelo presidente do STF, limitando-se este à condenação, que somente será proferida por dois terços dos votos do Senado Federal.

> *III - Aprovar previamente, por voto secreto, após arguição pública, a escolha de:*
>
> *a) Magistrados, nos casos estabelecidos nesta Constituição;*
>
> *b) Ministros do Tribunal de Contas da União indicados pelo Presidente da República;*
>
> *c) Governador de Território;*
>
> *d) Presidente e diretores do Banco Central;*
>
> *e) Procurador-Geral da República;*
>
> *f) titulares de outros cargos que a lei determinar.*
>
> *IV - Aprovar previamente, por voto secreto, após arguição em sessão secreta, a escolha dos chefes de missão diplomática de caráter permanente;*
>
> *V - Autorizar operações externas de natureza financeira, de interesse da União, dos Estados, do Distrito Federal, dos Territórios e dos Municípios;*
>
> *VI - Fixar, por proposta do Presidente da República, limites globais para o montante da dívida consolidada da União, dos Estados, do Distrito Federal e dos Municípios;*
>
> *VII - Dispor sobre limites globais e condições para as operações de crédito externo e interno da União, dos Estados, do Distrito Federal e dos Municípios, de suas autarquias e demais entidades controladas pelo Poder Público Federal;*
>
> *VIII - dispor sobre limites e condições para a concessão de garantia da União em operações de crédito externo e interno;*
>
> *IX - Estabelecer limites globais e condições para o montante da dívida mobiliária dos Estados, do Distrito Federal e dos Municípios;*
>
> *X - Aprovar, por maioria absoluta e por voto secreto, a exoneração, de ofício, do Procurador-Geral da República antes do término de seu mandato;*
>
> *XI - Avaliar periodicamente a funcionalidade do Sistema Tributário Nacional, em sua estrutura e seus componentes, e o desempenho das administrações tributárias da União, dos Estados e do Distrito Federal e dos Municípios.*

Controle exercido pela Câmara dos Deputados: a competência da Câmara dos Deputados vem descrita no art. 51 da Constituição Federal, e nesse momento analisaremos as competências relativas à área de controle da administração:

> *Compete privativamente à Câmara dos Deputados:*
>
> *I - Autorizar, por dois terços de seus membros, a instauração de processo contra o Presidente e o Vice-Presidente da República e os Ministros de Estado;*
>
> *II - Proceder à tomada de contas do Presidente da República, quando não apresentadas ao Congresso Nacional dentro de sessenta dias após a abertura da sessão legislativa;*

Fiscalização Contábil, Financeira e Orçamentária na Constituição Federal: também chamado de Controle Financeiro Amplo, vem descrito no art. 70 da CF/1988, que traz as seguintes regras:

> *Art. 70, CF/1988 A fiscalização contábil, financeira, orçamentária, operacional e patrimonial da União e das entidades da Administração Direta e indireta, quanto à legalidade, legitimidade, economicidade, aplicação das subvenções e renúncia de receitas, será exercida pelo Congresso Nacional, mediante controle externo, e pelo sistema de controle interno de cada Poder.*

Como podemos observar, segundo os ditames do art. 70 da Constituição Federal, a fiscalização contábil, financeira e orçamentária é realizada tanto por meio de controle interno como de externo.

Áreas alcançadas pelo controle financeiro (amplo):

- **Contábil:** controla o cumprimento das formalidades no registro de receitas e despesas.
- **Financeira:** controla a entrada e a saída de capital, sua destinação.
- **Orçamentária:** fiscaliza e acompanha a execução do orçamento anual, plurianual.
- **Operacional:** controla a atuação administrativa, observando se estão sendo respeitadas as diretrizes legais que orientam a atuação da Administração Pública, bem como avaliando aspectos de eficiência e economicidade.
- **Patrimonial:** controle do patrimônio público, seja ele móvel ou imóvel.
- **Aspectos controlados:** as áreas alcançadas pelo controle financeiro (sentido amplo) abrangem os seguintes aspectos:
- **Legalidade:** atuação conforme a lei.
- **Legitimidade:** atuação conforme os princípios orientadores da atuação da Administração Pública.

O controle financeiro realizado pelo Congresso Nacional não analisa aspectos de mérito.

Para que o controle financeiro seja eficiente, é necessária a prestação de contas por parte das pessoas físicas ou jurídicas que, de qualquer forma, administrem dinheiro ou direito patrimonial público; tal regra vem descrita no parágrafo único do art. 70:

> *Art. 70 [...]*
>
> *Parágrafo único. Prestará contas qualquer pessoa física ou jurídica, pública ou privada, que utilize, arrecade, guarde, gerencie ou administre dinheiros, bens e valores públicos ou pelos quais a União responda, ou que, em nome desta, assuma obrigações de natureza pecuniária.*

Controle exercido pelos Tribunais de Contas: os Tribunais de Contas são órgãos de controle vinculados ao Poder Legislativo. A finalidade que possuem é auxiliar na função de exercer o controle externo da Administração Pública.

Apesar da expressão órgãos auxiliares, os tribunais de contas não se submetem ao Poder Legislativo, ou seja, não existe hierarquia nem subordinação entre os tribunais de contas e o Poder Legislativo.

A Constituição Federal, no art. 71, estabelece as competências do Tribunal de Contas da União (TCU), e, pelo princípio da simetria, os tribunais de contas estaduais e municipais detêm as mesmas competências nas suas esferas de fiscalização, não sendo permitidas

CONTROLE DA ADMINISTRAÇÃO PÚBLICA

às Constituições Estaduais e às leis orgânicas municipais criar novas hipóteses de controle. Veja as competências dos Tribunais de Contas a seguir.

> **Art. 71** *O controle externo, a cargo do Congresso Nacional, será exercido com o auxílio do Tribunal de Contas da União, ao qual compete:*
> *I - Apreciar as contas prestadas anualmente pelo Presidente da República, mediante parecer prévio que deverá ser elaborado em sessenta dias a contar de seu recebimento;*
> *II - Julgar as contas dos administradores e demais responsáveis por dinheiros, bens e valores públicos da Administração Direta e indireta, incluídas as fundações e sociedades instituídas e mantidas pelo Poder Público federal, e as contas daqueles que derem causa a perda, extravio ou outra irregularidade de que resulte prejuízo ao erário público;*
> *III - Apreciar, para fins de registro, a legalidade dos atos de admissão de pessoal, a qualquer título, na Administração Direta e indireta, incluídas as fundações instituídas e mantidas pelo Poder Público, excetuadas as nomeações para cargo de provimento em comissão, bem como a das concessões de aposentadorias, reformas e pensões, ressalvadas as melhorias posteriores que não alterem o fundamento legal do ato concessório;*
> *IV - Realizar, por iniciativa própria, da Câmara dos Deputados, do Senado Federal, de Comissão técnica ou de inquérito, inspeções e auditorias de natureza contábil, financeira, orçamentária, operacional e patrimonial, nas unidades administrativas dos Poderes Legislativo, Executivo e Judiciário, e demais entidades referidas no inciso II;*
> *V - Fiscalizar as contas nacionais das empresas supranacionais de cujo capital social a União participe, de forma direta ou indireta, nos termos do tratado constitutivo;*
> *VI - Fiscalizar a aplicação de quaisquer recursos repassados pela União mediante convênio, acordo, ajuste ou outros instrumentos congêneres, a Estado, ao Distrito Federal ou a Município;*
> *VII - Prestar as informações solicitadas pelo Congresso Nacional, por qualquer de suas Casas, ou por qualquer das respectivas Comissões, sobre a fiscalização contábil, financeira, orçamentária, operacional e patrimonial e sobre resultados de auditorias e inspeções realizadas;*
> *VIII - Aplicar aos responsáveis, em caso de ilegalidade de despesa ou irregularidade de contas, as sanções previstas em lei, que estabelecerá, entre outras cominações, multa proporcional ao dano causado ao erário;*
> *IX - Assinar prazo para que o órgão ou entidade adote as providências necessárias ao exato cumprimento da lei, se verificada ilegalidade;*
> *X - Sustar, se não atendido, a execução do ato impugnado, comunicando a decisão à Câmara dos Deputados e ao Senado Federal;*
> *XI - Representar ao Poder competente sobre irregularidades ou abusos apurados.*
> *§ 1º No caso de contrato, o ato de sustação será adotado diretamente pelo Congresso Nacional, que solicitará, de imediato, ao Poder Executivo as medidas cabíveis.*
> *§ 2º Se o Congresso Nacional ou o Poder Executivo, no prazo de noventa dias, não efetivar as medidas previstas no parágrafo anterior, o Tribunal decidirá a respeito.*
> *§ 3º As decisões do Tribunal de que resulte imputação de débito ou multa terão eficácia de título executivo.*
> *§ 4º O Tribunal encaminhará ao Congresso Nacional, trimestral e anualmente, relatório de suas atividades.*

16.3.2 Pontos relevantes

A partir dessas regras, analisaremos alguns aspectos relevantes referentes ao controle da Administração Pública quando feito pelos tribunais de contas, nas suas respectivas áreas de competências.

Apreciação e julgamento das contas públicas: o TCU tem a competência de apreciar e julgar as contas dos administradores públicos.

> **Atenção!**
> Contas do Presidente da República são somente apreciadas mediante parecer prévio do tribunal de contas, a competência para julgá-las é do Congresso Nacional.

O julgamento das contas feito pelo Tribunal de Contas da União (TCU) não depende de homologação ou parecer do Poder Legislativo, pois, lembrando, os Tribunais de Contas não são subordinados ao Poder Legislativo.

Julgamento das contas do próprio Tribunal de Contas: como a Constituição Federal não se preocupou em estabelecer quem é que detém a competência para julgar as contas dos Tribunais de Contas, o Supremo Tribunal Federal (STF) entendeu que podem as Constituições Estaduais e Leis Orgânicas Municipais submeterem as contas dos Tribunais de Contas a julgamentos das suas respectivas casas legislativas.

Controle dos atos administrativos: o TCU tem o poder de sustar a execução do ato e, nesse caso, deve dar ciência dessa decisão à Câmara dos Deputados e ao Senado Federal.

> *Súmula Vinculante nº 3 Nos processos perante ao Tribunal de Contas da União, asseguram-se o contraditório e a ampla defesa quando da decisão puder resultar anulação ou revogação de ato administrativo que beneficie o interessado, excetuada a apreciação da legalidade do ato de concessão inicial de aposentadoria, reforma e pensão.*

Controle dos Contratos Administrativos

- **Regra:** o TCU não pode sustar os contratos administrativos, pois tal competência é do Congresso Nacional, que deve solicitar de imediato ao Poder Executivo a adoção das medidas cabíveis.
- **Exceção:** caso o Congresso Nacional ou o Poder Executivo não tomem as medidas necessárias para a sustação do contrato em 90 dias, o TCU terá competência para efetuar a sua sustação.

Declaração de inconstitucionalidade das leis: segundo o STF, os tribunais de contas, no exercício de suas competências, podem declarar uma norma inconstitucional e afastar a sua aplicação nos processos de sua apreciação. Todavia, tal declaração de inconstitucionalidade deve ser feita pela maioria absoluta dos membros dos tribunais de contas.

> *Súmula nº 347 – STF O Tribunal de Contas, no exercício de suas atribuições, pode apreciar a constitucionalidade das leis e dos atos do poder público.*

16.4 Controle judiciário

É um controle de legalidade (nunca de mérito) realizado pelo Poder Judiciário, na sua função típica de julgar, nos atos praticados pelas Administração Pública de qualquer poder.

Esse controle por abranger somente aspectos de legalidade, fica restrito à possibilidade de anulação dos atos administrativos ilegais, não podendo o Poder Judiciário realizar o controle de mérito dos atos administrativos e, em consequência, não podendo revogar os atos administrativos praticados pela Administração Pública.

O controle judiciário somente será exercido por meio da provocação do interessado, não podendo o Poder Judiciário apreciar um ato administrativo de ofício, em decorrência do atributo da presunção de legitimidade dos atos administrativos.

É importante lembrar que a própria Administração Pública faz o controle de legalidade da sua própria atuação, todavia as decisões administrativas não fazem coisa julgada. Assim sendo, a decisão administrativa pode ser reformada pelo Poder Judiciário, pois somente as decisões desse poder é que tem o efeito de coisa julgada.

Os meios para provocar a atuação do Poder Judiciário são vários, dentre eles, encontramos:

- Mandado de Segurança.
- Ação Popular.
- Ação Civil Pública.
- Dentre outros.

17 RESPONSABILIDADE CIVIL DO ESTADO

A Responsabilidade Civil consubstancia-se na obrigação de indenizar um dano patrimonial decorrente de um fato lesivo voluntário. É modalidade de obrigação extracontratual e, para que ocorra, são necessários alguns elementos previstos no art. 37, § 6º, da Constituição Federal:

> *§ 6º As pessoas jurídicas de direito público e as pessoas jurídicas de direito privado prestadoras de serviço público responderão pelos danos seus agentes, nessa qualidade, causarem a terceiros, assegurado o direito de regresso contra o responsável nos casos de dolo ou culpa.*

17.1 Teoria do risco administrativo

É a responsabilidade objetiva do Estado, que paga o terceiro lesado, desde que ocorra o dano por ação praticada pelo agente público, mesmo o agente não agindo com dolo ou culpa.

Enquanto para a Administração a responsabilidade independe da culpa, para o servidor, ela depende: aquela é objetiva, esta é subjetiva e se apura pelos critérios gerais do Código Civil.

Atenção!
As pessoas jurídicas de direito privado prestadoras de serviço público estão também sob a responsabilidade na modalidade risco administrativo.

17.1.1 Requisitos

- O fato lesivo causado pelo agente em decorrência de culpa em sentido amplo, a qual abrange o dolo (intenção), e a culpa em sentido estrito, que engloba a negligência, a imprudência e a imperícia.
- A ocorrência de um dano patrimonial ou moral.
- O nexo de causalidade entre o dano havido e o comportamento do agente, o que significa ser necessário que o dano efetivamente haja decorrido diretamente, da ação ou omissão indevida do agente.
- Situações de quebra do nexo causal da Administração Pública (Rompimento do Nexo Causal). Veja os casos a seguir:
- **Caso I:** culpa exclusiva de terceiros ou da vítima.

  Por exemplo: Marco, agente federal, dirigindo regularmente viatura oficial em escolta, atropela Sérgio, um suicida. Nessa situação, a Administração Pública não está obrigada a indenizar, pois o prejuízo foi causado exclusivamente pela vítima.

- **Caso II:** caso fortuito, evento da natureza imprevisível e inevitável.

  Por exemplo: a Polícia Rodoviária Federal (PRF) apreende um veículo em depósito. No local, cai um raio e destrói por completo o veículo apreendido. Nessa situação, a Administração não estará obrigada a indenizar o prejuízo sofrido, uma vez que não ocorreu culpa.

- **Caso III:** motivo de força maior, evento humano imprevisível e inevitável.

  Por exemplo: a PRF apreende um veículo em depósito. Uma manifestação popular intensa invade-o e depreda todo o veículo, inutilizando-o. Nessa situação, a Administração não estará obrigada a indenizar o prejuízo sofrido, uma vez que não ocorreu culpa.

Atenção!
Estão incluídas todas as pessoas jurídicas de direito público, ou seja, a Administração Direta, as autarquias e as fundações públicas de direito público, independentemente de suas atividades.

17.2 Teoria da culpa administrativa

Segundo a teoria da culpa administrativa, também conhecida como teoria da culpa anônima ou falta de serviço, o dever do Estado de indenizar o dano sofrido pelo particular somente existe caso seja comprovada a existência de falta de serviço. É possível, ainda, ocorrer a responsabilização do Estado aos danos causados por fenômenos da natureza quando ficar comprovado que o Estado concorreu de alguma maneira para que se produzisse o evento danoso, seja por dolo ou culpa. Nessa situação, vigora a responsabilidade subjetiva, pois temos a condição de ter ocorrido com dolo ou culpa. A culpa administrativa pode decorrer de uma das três formas possíveis de falta do serviço:

- Inexistência do serviço.
- Mau funcionamento do serviço.
- Retardamento do serviço.

Cabe sempre ao particular prejudicado pela falta comprovar sua ocorrência para fazer justa indenização.

Para os casos de omissão, a regra geral é a responsabilidade subjetiva. No entanto, há casos em que mesmo na omissão a responsabilidade do Estado será objetiva, por exemplo, no caso de atendimento hospitalar deficiente e de pessoas sob a custódia do Estado, ou seja, o preso, pois, nesse caso, o Estado tem o dever de assegurar integridade física e mental do custodiado.

17.3 Teoria do risco integral

A Teoria do risco integral representa uma exacerbação da responsabilidade civil da Administração. Segundo essa teoria, basta a existência de evento danoso e do nexo causal para que surja a obrigação de indenizar para a administração, mesmo que o dano decorra de culpa exclusiva do particular.

Alguns autores consideram essa teoria para o caso de acidente nuclear.

17.4 Danos decorrentes de obras públicas

Só o fato da obra: sem qualquer irregularidade na sua execução.
- Responsabilidade Civil Objetiva da Administração Pública ou particular (tanto faz quem execute a obra).

Má execução da obra
- **Administração Pública:** responsabilidade civil objetiva, com direito de ação regressiva.
- **Particular:** responsabilidade civil subjetiva.

17.5 Responsabilidade civil decorrente de atos legislativos

Regra: irresponsabilidade do Estado.
Exceção 1: leis inconstitucionais:
- Depende de declaração de inconstitucionalidade do STF;
- Depende de ajuizamento de ação de reparação de danos.

Exceção 2: leis de efeitos concretos.

17.6 Responsabilidade civil decorrente de atos jurisdicionais

Regra: irresponsabilidade do Estado.

Exceção: erro judiciário – esfera penal, ou seja, erro do judiciário que acarretou a prisão de um inocente ou na manutenção do preso no cárcere por tempo superior ao prolatado na sentença, art. 5º, inciso LXXV, da Constituição Federal de 1988. Segundo o STF, essa responsabilidade não alcança outras esferas.

Caso seja aplicada uma prisão cautelar a um acusado criminal e ele venha a ser absolvido, o Estado não responderá pelo erro judiciário, pois se entende que a aplicação da medida não constitui erro do judiciário, mas, sim, uma medida cautelar pertinente ao processo.

RESPONSABILIDADE CIVIL DO ESTADO

17.7 Ação de reparação de Danos

Administração Pública Particular
- Pode ser amigável ou judicial.
- Não pode ser intentada contra o agente público cuja ação acarretou o dano.

Ônus da prova
- **Particular:** nexo de causalidade direto e imediato entre o fato lesivo e o dano.
- **Administração Pública**
  - Culpa exclusiva da vítima.
  - Força maior.
  - Culpa concorrente da vítima.

Valor da indenização destina-se à cobertura das seguintes despesas:
- O que a vítima perdeu;
- O que a vítima gastou (advogados);
- O que a vítima deixou de ganhar.
- **Em caso de morte:**
  - Sepultamento;
  - Pensão alimentícia para os dependentes com base na expectativa de vida da vítima.

Prescrição

De acordo com o art. 1º da Lei nº 9.494/1997: 5 anos.

Tal prazo aplica-se inclusive às delegatárias de serviço público.

17.8 Ação regressiva

Administração Pública agente público

O art. 37, § 6º, da CF/1988 permite à Administração Pública ou delegatária (concessionárias, autorizatárias e permissionárias) de serviço público a ingressar com uma ação regressiva contra o agente cuja atuação acarretou o dano, desde que comprovado dolo ou culpa.

Requisitos
- Trânsito em julgado da sentença que condenou a Administração ou delegatária a indenizar.
- Culpa ou dolo do agente público (responsabilidade civil subjetiva).

Regras especiais
- O dever de reparação se estende aos sucessores até o limite da herança recebida.
- Pode acontecer após a quebra do vínculo entre o agente público e a Administração Pública.
- A ação de ressarcimento ao erário é imprescritível.

O agente ainda pode ser responsabilizado nas esferas administrativa e criminal se a conduta que gerou o prejuízo ainda incorrer em crime ou em falta administrativa, conforme o caso, podendo as penalidades serem aplicadas de forma cumulativa.

18 IMPROBIDADE ADMINISTRATIVA

A improbidade administrativa está prevista no texto constitucional em seu art. 37, § 4º, que prevê:

Art. 37, § 4º, CF/1988 Os atos de improbidade administrativa importarão a suspensão dos direitos políticos, a perda da função pública, a indisponibilidade dos bens e o ressarcimento ao erário, na forma e gradação previstas em lei, sem prejuízo da ação penal cabível.

A norma constitucional determinou que os atos de improbidade administrativa deveriam ser regulamentados para a sua execução, o que ocorreu com a edição da Lei nº 8.429/1992 por meio da Lei nº 14.230/2021, que dispõe sobre as sanções aplicáveis aos agentes públicos nos casos de enriquecimento ilícito no exercício de mandato, cargo, emprego ou função na Administração Pública Direta, Indireta ou fundacional e dá outras providências.

18.1 Sujeitos

18.1.1 Sujeito passivo (vítima)

A Administração Direta, Indireta ou fundacional de qualquer dos Poderes da União, dos estados, do Distrito Federal, dos municípios, de território, de empresa incorporada ao patrimônio público ou de entidade para cuja criação ou custeio o erário haja concorrido ou concorra com mais de 50% do patrimônio ou da receita anual.

Entidade que receba subvenção, benefício ou incentivo, fiscal ou creditício, de órgão público, bem como daquelas para cuja criação ou custeio o erário haja concorrido ou concorra com menos de cinquenta por cento do patrimônio ou da receita anual, limitando-se, nesses casos, a sanção patrimonial à repercussão do ilícito sobre a contribuição dos cofres públicos.

18.1.2 Sujeito ativo (pessoa que pratica o ato de improbidade administrativa)

Agente público (exceção agente político sujeito a crime de responsabilidade Supremo Tribunal Federal), servidores ou não, com algum tipo de vínculo nas entidades que podem ser vítimas de improbidade administrativa.

Conceito de agente público para aplicação da lei

Reputa-se agente público, para os efeitos dessa lei, todo aquele que exerce, ainda que transitoriamente ou sem remuneração, por eleição, nomeação, designação, contratação ou qualquer outra forma de investidura ou vínculo, mandato, cargo, emprego ou função nas entidades mencionadas no artigo anterior.
Qualquer pessoa que induza ou concorra com o agente público ou que se beneficie do ato.
As disposições dessa lei são aplicáveis, no que couber, àquele que, mesmo não sendo agente público, induza ou concorra para a prática do ato de improbidade ou dele se beneficie sob qualquer forma direta ou indireta.

18.2 Regras gerais

Os agentes públicos de qualquer nível ou hierarquia são obrigados a velar pela estrita observância dos princípios de legalidade, impessoalidade, moralidade e publicidade no trato dos assuntos que lhe são afetos.

Ocorrendo lesão ao patrimônio público por ação ou omissão, dolosa ou culposa, do agente ou de terceiros, dar-se-á o integral ressarcimento do dano.

No caso de enriquecimento ilícito, o agente público ou terceiro beneficiário perderá os bens ou valores acrescidos ao seu patrimônio.

Quando o ato de improbidade causar lesão ao patrimônio público ou ensejar enriquecimento ilícito, como medida cautelar, caberá à autoridade administrativa responsável pelo inquérito representar ao Ministério Público, para a indisponibilidade dos bens do indiciado.

O sucessor daquele que causar lesão ao patrimônio público ou se enriquecer ilicitamente está sujeito às cominações dessa lei até o limite do valor da herança.

18.3 Atos de improbidade administrativa

As modalidades estão previstas do art. 9º ao 11, da Lei nº 8.429/1992, e constituem um rol exemplificativo, ou seja, no caso concreto, podem existir outras situações capituladas como improbidade que não estão expressamente previstas no texto da lei.

18.3.1 Enriquecimento ilícito

Art. 9º Constitui ato de improbidade administrativa importando em enriquecimento ilícito auferir, mediante a prática de ato doloso, qualquer tipo de vantagem patrimonial indevida em razão do exercício de cargo, de mandato, de função, de emprego ou de atividade nas entidades referidas no art. 1º desta Lei, e notadamente:

I - Receber, para si ou para outrem, dinheiro, bem móvel ou imóvel, ou qualquer outra vantagem econômica, direta ou indireta, a título de comissão, percentagem, gratificação ou presente de quem tenha interesse, direto ou indireto, que possa ser atingido ou amparado por ação ou omissão decorrente das atribuições do agente público;

II - Perceber vantagem econômica, direta ou indireta, para facilitar a aquisição, permuta ou locação de bem móvel ou imóvel, ou a contratação de serviços pelas entidades referidas no art. 1º por preço superior ao valor de mercado;

III - Perceber vantagem econômica, direta ou indireta, para facilitar a alienação, permuta ou locação de bem público ou o fornecimento de serviço por ente estatal por preço inferior ao valor de mercado;

IV - Utilizar, em obra ou serviço particular, qualquer bem móvel, de propriedade ou à disposição de qualquer das entidades referidas no art. 1º desta Lei, bem como o trabalho de servidores, de empregados ou de terceiros contratados por essas entidades;

V - Receber vantagem econômica de qualquer natureza, direta ou indireta, para tolerar a exploração ou a prática de jogos de azar, de lenocínio, de narcotráfico, de contrabando, de usura ou de qualquer outra atividade ilícita, ou aceitar promessa de tal vantagem;

VI - Receber vantagem econômica de qualquer natureza, direta ou indireta, para fazer declaração falsa sobre qualquer dado técnico que envolva obras públicas ou qualquer outro serviço ou sobre quantidade, peso, medida, qualidade ou característica de mercadorias ou bens fornecidos a qualquer das entidades referidas no art. 1º desta Lei;

VII - Adquirir, para si ou para outrem, no exercício de mandato, de cargo, de emprego ou de função pública, e em razão deles, bens de qualquer natureza, decorrentes dos atos descritos no caput deste artigo, cujo valor seja desproporcional à evolução do patrimônio ou à renda do agente público, assegurada a demonstração pelo agente da licitude da origem dessa evolução;

VIII - Aceitar emprego, comissão ou exercer atividade de consultoria ou assessoramento para pessoa física ou jurídica que tenha interesse suscetível de ser atingido ou amparado por ação ou omissão decorrente das atribuições do agente público, durante a atividade;

IX - Perceber vantagem econômica para intermediar a liberação ou aplicação de verba pública de qualquer natureza;

X - Receber vantagem econômica de qualquer natureza, direta ou indiretamente, para omitir ato de ofício, providência ou declaração a que esteja obrigado;

XI - Incorporar, por qualquer forma, ao seu patrimônio, bens, rendas, verbas ou valores integrantes do acervo patrimonial das entidades mencionadas no art. 1º dessa lei;

XII - Usar, em proveito próprio, bens, rendas, verbas ou valores integrantes do acervo patrimonial das entidades mencionadas no art. 1º dessa lei.

18.3.2 Prejuízo ao erário

Dos atos de improbidade administrativa que causam prejuízo ao erário:

Art. 10 Constitui ato de improbidade administrativa que causa lesão ao erário qualquer ação ou omissão dolosa, que enseje, efetiva e comprovadamente, perda patrimonial, desvio, apropriação, malbaratamento

IMPROBIDADE ADMINISTRATIVA

ou dilapidação dos bens ou haveres das entidades referidas no art. 1º desta Lei, e notadamente:

I - Facilitar ou concorrer, por qualquer forma, para a indevida incorporação ao patrimônio particular, de pessoa física ou jurídica, de bens, de rendas, de verbas ou de valores integrantes do acervo patrimonial das entidades referidas no art. 1º desta Lei;

II - Permitir ou concorrer para que pessoa física ou jurídica privada utilize bens, rendas, verbas ou valores integrantes do acervo patrimonial das entidades mencionadas no art. 1º desta lei, sem a observância das formalidades legais ou regulamentares aplicáveis à espécie;

III - Doar à pessoa física ou jurídica bem como ao ente despersonalizado, ainda que de fins educativos ou assistências, bens, rendas, verbas ou valores do patrimônio de qualquer das entidades mencionadas no art. 1º desta lei, sem observância das formalidades legais e regulamentares aplicáveis à espécie;

IV - Permitir ou facilitar a alienação, permuta ou locação de bem integrante do patrimônio de qualquer das entidades referidas no art. 1º desta lei, ou ainda a prestação de serviço por parte delas, por preço inferior ao de mercado;

V - Permitir ou facilitar a aquisição, permuta ou locação de bem ou serviço por preço superior ao de mercado;

VI - Realizar operação financeira sem observância das normas legais e regulamentares ou aceitar garantia insuficiente ou inidônea;

VII - Conceder benefício administrativo ou fiscal sem a observância das formalidades legais ou regulamentares aplicáveis à espécie;

VIII - Frustrar a licitude de processo licitatório ou de processo seletivo para celebração de parcerias com entidades sem fins lucrativos, ou dispensá-los indevidamente, acarretando perda patrimonial efetiva;

IX - Ordenar ou permitir a realização de despesas não autorizadas em lei ou regulamento;

X - Agir ilicitamente na arrecadação de tributo ou de renda, bem como no que diz respeito à conservação do patrimônio público;

XI - Liberar verba pública sem a estrita observância das normas pertinentes ou influir de qualquer forma para a sua aplicação irregular;

XII - Permitir, facilitar ou concorrer para que terceiro se enriqueça ilicitamente;

XIII - Permitir que se utilize, em obra ou serviço particular, veículos, máquinas, equipamentos ou material de qualquer natureza, de propriedade ou à disposição de qualquer das entidades mencionadas no art. 1º desta lei, bem como o trabalho de servidor público, empregados ou terceiros contratados por essas entidades.

XIV - Celebrar contrato ou outro instrumento que tenha por objeto a prestação de serviços públicos por meio da gestão associada sem observar as formalidades previstas na lei;

XV - Celebrar contrato de rateio de consórcio público sem suficiente e prévia dotação orçamentária, ou sem observar as formalidades previstas na lei.

XVI - Facilitar ou concorrer, por qualquer forma, para a incorporação ao patrimônio particular de pessoa física ou jurídica, de bens, rendas, verbas ou valores públicos transferidos pela Administração Pública a entidades privadas mediante celebração de parcerias, sem a observância das formalidades legais ou regulamentares aplicáveis à espécie;

XVII - Permitir ou concorrer para que pessoa física ou jurídica privada utilize bens, rendas, verbas ou valores públicos transferidos pela Administração Pública a entidade privada mediante celebração de parcerias, sem a observância das formalidades legais ou regulamentares aplicáveis à espécie;

XVIII - Celebrar parcerias da Administração Pública com entidades privadas sem a observância das formalidades legais ou regulamentares aplicáveis à espécie;

XIX - Agir para a configuração de ilícito na celebração, na fiscalização e na análise das prestações de contas de parcerias firmadas pela Administração Pública com entidades privadas;

XX - Liberar recursos de parcerias firmadas pela Administração Pública com entidades privadas sem a estrita observância das normas pertinentes ou influir de qualquer forma para a sua aplicação irregular.

XXI – (Revogado pela Lei nº 14.230/2021).

18.3.3 Atos que atentem aos princípios da Administração Pública

Art. 11 Constitui ato de improbidade administrativa que atenta contra os princípios da Administração Pública a ação ou omissão dolosa que viole os deveres de honestidade, de imparcialidade e de legalidade, caracterizada por uma das seguintes condutas:

I e II (Revogados pela Lei nº 14.230/2021).

III - Revelar fato ou circunstância de que tem ciência em razão das atribuições e que deva permanecer em segredo, propiciando beneficiamento por informação privilegiada ou colocando em risco a segurança da sociedade e do Estado;

IV - Negar publicidade aos atos oficiais, exceto em razão de sua imprescindibilidade para a segurança da sociedade e do Estado ou de outras hipóteses instituídas em lei;

V - Frustrar, em ofensa à imparcialidade, o caráter concorrencial de concurso público, de chamamento ou de procedimento licitatório, com vistas à obtenção de benefício próprio, direto ou indireto, ou de terceiros;

VI - Deixar de prestar contas quando esteja obrigado a fazê-lo, desde que disponha das condições para isso, com vistas a ocultar irregularidades;

VII - Deixar de prestar contas quando esteja obrigado a fazê-lo, desde que disponha das condições para isso, com vistas a ocultar irregularidades;

VIII - Descumprir as normas relativas à celebração, fiscalização e aprovação de contas de parcerias firmadas pela Administração Pública com entidades privadas. (Redação dada pela Lei nº 13.019, de 2014)

IX e X -(Revogados pela Lei nº 14.230/2021).

18.4 Efeitos da lei

A lei de improbidade administrativa gera quatro efeitos.
- Suspensão dos direitos políticos;
- Perda da função pública;
- Indisponibilidade dos bens;
- Ressarcimento ao erário.

A suspensão dos direitos políticos e a perda da função pública somente se dão depois do trânsito em julgado da sentença condenatória. A indisponibilidade dos bens não constitui penalidade, mas, sim medida cautelar e pode se dar mesmo antes do início da ação.

O ressarcimento ao erário, por sua vez, constitui a responsabilidade civil do agente, ou seja, a obrigação de reparar o dano.

18.5 Sanções

18.5.1 Natureza das sanções

Administrativa
- Perda da função pública;
- Proibição de contratar com o poder público;
- Proibição de receber benefícios ou incentivos fiscais do poder público.

Civil
- Ressarcimento ao erário;
- Perda dos bens;
- Multa.

Política
- Suspensão dos direitos políticos.

Medida cautelar
- A indisponibilidade dos bens visa à garantia da aplicação das penalidades civis.
- Não estabelece sanções penais, mas, se o fato também for tipificado como crime, haverá tal responsabilidade.

NOÇÕES DE DIREITO

18.5.2 Penalidades

- **Enriquecimento ilícito:** perda dos bens ou valores acrescidos ilicitamente ao patrimônio; perda da função pública; suspensão dos direitos políticos até 14 anos; pagamento de multa civil equivalente ao valor do acréscimo patrimonial; e proibição de contratar com o Poder Público ou receber benefícios ou incentivos fiscais ou creditícios, direta ou indiretamente, ainda que por intermédio de pessoa jurídica da qual seja sócio majoritário, por prazo não superior a 14 anos.
- **Prejuízo ao erário:** perda dos bens ou valores acrescidos ilicitamente ao patrimônio, se concorrer essa circunstância; perda da função pública; suspensão dos direitos políticos até 12 anos; pagamento de multa civil equivalente ao valor do dano; e proibição de contratar com o poder público ou receber benefícios ou incentivos fiscais ou creditícios, direta ou indiretamente, ainda que por intermédio de pessoa jurídica da qual seja sócio majoritário, por prazo não superior a 12 anos.
- **Atos que atentem contra os princípios da Administração Pública:** pagamento de multa civil de até 24 vezes o valor da remuneração percebida pelo agente; e proibição de contratar com o Poder Público ou receber benefícios ou incentivos fiscais ou creditícios, direta ou indiretamente, ainda que por intermédio de pessoa jurídica da qual seja sócio majoritário, por prazo não superior a 4 anos.

18.5.3 Punições

Art. 12 da Lei nº 8.429/1992				
Modalidades Sanções	Enriquecimento Ilícito (art. 9º)	Prejuízo ao Erário (art. 10)	Afronta os princípios (art. 11)
Suspensão dos direitos políticos	Até 14 anos	Até 12 anos	–
Multa civil	Equivalente ao valor do acréscimo	Equivalente ao valor do dano	Até 24X o valor da remuneração
Proibição de contratar com a administração	Não superior a 14 anos	Não superior a 12 anos	Não superior a 4 anos

Aplicação das sanções: na fixação das penas previstas, o juiz levará em conta a extensão do dano causado, assim como o proveito patrimonial obtido pelo agente.

Independe de aprovação ou rejeição de contas pelos órgãos de controle.

18.6 Prescrição

Os atos de improbidade administrativa prescrevem, segundo o art. 23 da Lei nº 8.429/1992:

> **Art. 23** A ação para a aplicação das sanções previstas nesta Lei prescreve em 8 (oito) anos, contados a partir da ocorrência do fato ou, no caso de infrações permanentes, do dia em que cessou a permanência.
> I a III Revogados pela Lei nº 14.230/2021.
> **§ 1º** A instauração de inquérito civil ou de processo administrativo para apuração dos ilícitos referidos nesta Lei suspende o curso do prazo prescricional por, no máximo, 180 (cento e oitenta) dias corridos, recomeçando a correr após a sua conclusão ou, caso não concluído o processo, esgotado o prazo de suspensão.
> **§ 2º** O inquérito civil para apuração do ato de improbidade será concluído no prazo de 365 (trezentos e sessenta e cinco) dias corridos, prorrogável uma única vez por igual período, mediante ato fundamentado submetido à revisão da instância competente do órgão ministerial, conforme dispuser a respectiva lei orgânica.
> **§ 3º** Encerrado o prazo previsto no § 2º deste artigo, a ação deverá ser proposta no prazo de 30 (trinta) dias, se não for caso de arquivamento do inquérito civil.
> **§ 4º** O prazo da prescrição referido no caput deste artigo interrompe-se:
> I - Pelo ajuizamento da ação de improbidade administrativa;
> II - Pela publicação da sentença condenatória;
> III - Pela publicação de decisão ou acórdão de Tribunal de Justiça ou Tribunal Regional Federal que confirma sentença condenatória ou que reforma sentença de improcedência;
> IV - Pela publicação de decisão ou acórdão do Superior Tribunal de Justiça que confirma acórdão condenatório ou que reforma acórdão de improcedência;
> V - Pela publicação de decisão ou acórdão do Supremo Tribunal Federal que confirma acórdão condenatório ou que reforma acórdão de improcedência.
> **§ 5º** Interrompida a prescrição, o prazo recomeça a correr do dia da interrupção, pela metade do prazo previsto no caput deste artigo.
> **§ 6º** A suspensão e a interrupção da prescrição produzem efeitos relativamente a todos os que concorreram para a prática do ato de improbidade.
> **§ 7º** Nos atos de improbidade conexos que sejam objeto do mesmo processo, a suspensão e a interrupção relativas a qualquer deles estendem-se aos demais.
> **§ 8º** O juiz ou o tribunal, depois de ouvido o Ministério Público, deverá, de ofício ou a requerimento da parte interessada, reconhecer a prescrição intercorrente da pretensão sancionadora e decretá-la de imediato, caso, entre os marcos interruptivos referidos no § 4º, transcorra o prazo previsto no § 5º deste artigo.

Atenção!
As ações de ressarcimento ao erário dos prejuízos causados por atos dolosos de improbidade administrativa são imprescritíveis.

PROCESSO ADMINISTRATIVO FEDERAL

19 PROCESSO ADMINISTRATIVO FEDERAL

Passaremos a analisar o Processo Administrativo Federal presente na Lei nº 9.784/1999, que estabelece as regras gerais de tal processo no âmbito federal. Essa lei tem, em primeiro plano, a função de regulamentar o processo administrativo federal. Contudo, ela contém as normas aplicáveis a todos os atos administrativos.

Aqui, complementaremos o conteúdo da lei voltado, especificamente, para a resolução de questões.

19.1 Abrangência da lei

O art. 1º da Lei nº 9.784/1999 determina a abrangência e a aplicação da referida lei. Devemos lembrar que esta é uma lei administrativa Federal e não nacional, ou seja, vale para toda Administração Pública Direta e Indireta da União. Dessa forma, passaremos a analisá-la:

> *Art. 1º Essa Lei estabelece normas básicas sobre o processo administrativo no âmbito da Administração Federal direta e indireta, visando, em especial, à proteção dos direitos dos administrados e ao melhor cumprimento dos fins da Administração.*
>
> *§ 1º Os preceitos dessa Lei também se aplicam aos órgãos dos Poderes Legislativo e Judiciário da União, quando no desempenho de função administrativa.*
>
> *§ 2º Para os fins dessa Lei, consideram-se:*
>
> *I – Órgão – a unidade de atuação integrante da estrutura da Administração Direta e da estrutura da Administração Indireta;*
>
> *II – Entidade – a unidade de atuação dotada de personalidade jurídica;*
>
> *III – Autoridade – o servidor ou agente público dotado de poder de decisão.*

Como mencionado acima, a lei tem natureza Federal, dessa forma, é aplicável à União, autarquias federais, fundações públicas federais, sociedade de economia mista federais e empresas públicas federais. Vale ressaltar que os poderes Executivo, Legislativo e Judiciário exercem funções típicas e atípicas.

Nas funções empregada dos poderes Legislativo e Judiciário, aplicam-se, no que couber, as normas determinadas na referida lei.

A Lei nº 9.784/1999 será aplicada sempre de forma subsidiária, acessória, ou seja, a regra geral é que as leis específicas que já tratam dos processos administrativos continuarão em vigor. Dessa forma, a Lei nº 9.784/1999 não revogou nenhuma outra que trate sobre o mesmo assunto:

> *Art. 69 Os processos administrativos específicos continuarão a reger-se por lei própria, aplicando-lhes apenas subsidiariamente os preceitos dessa Lei.*

Assim, por exemplo, se o servidor está respondendo a processo administrativo disciplinar, usam-se as normas da Lei nº 8.112/1990, em falta de regulamentação dessa, em algum aspecto, usa-se a Lei nº 9.784/1999.

19.2 Princípios

O art. 2º da lei traz vários princípios expressos, alguns norteadores de forma geral dos atos administrativos, inclusive expressamente previstos no texto constitucional; outros, que na Constituição Federal são tidos como implícitos, aqui são tratados como expressos.

A maioria das questões de concursos pede somente se o candidato sabe que tais princípios são expressos na Lei nº 9.784/1999, pois, por exemplo, as questões perguntam se a razoabilidade é princípio expresso da Lei nº 9.784/1999. Essa questão está correta sob a perspectiva do texto do art. 2º da lei, pois a razoabilidade realmente está expressamente prevista como princípio. Já no texto constitucional, o mesmo princípio é tido como implícito.

Dessa forma, passamos a analisar o texto do art. 2º:

> *Art. 2º A Administração Pública obedecerá, dentre outros, aos princípios da legalidade, finalidade, motivação, razoabilidade, proporcionalidade, moralidade, ampla defesa, contraditório, segurança jurídica, interesse público e eficiência.*

Ao lado dos princípios transcritos acima, que são tidos como expressos, temos os chamados princípios implícitos, ou seja, não estão expressamente descritos no bojo do texto da Lei nº 9.784/1999, mas são de observância obrigatória por parte de quem está sob a tutela da lei.

São considerados **princípios implícitos**:

- **Informalismo:** somente existe forma determinada quando expressamente prescrita em lei.
- **Oficialidade:** o chamado de impulso oficial, significa que, depois de iniciado o processo, a Administração tem a obrigação de conduzi-lo até a decisão final.
- **Verdade Material:** deve-se permitir que sejam trazidos aos autos as provas determinantes para o processo, mesmo depois de transcorridos os prazos legais.
- **Gratuidade:** em regra, não existe ônus no processo administrativo, o que é característico nos judiciais.

Outra forma de ser cobrado nas questões está relacionada a transcrever o conteúdo dos incisos do art. 2º e perguntar a qual princípio está diretamente ligado. Para tanto, passaremos a determinar em cada inciso os princípios relacionados entre parênteses.

> *Parágrafo único. Nos processos administrativos serão observados, entre outros, os critérios de:*
>
> *I – Atuação conforme a lei e o Direito (legalidade);*
>
> *II – Atendimento a fins de interesse geral, vedada a renúncia total ou parcial de poderes ou competências, salvo autorização em lei (impessoalidade/indisponibilidade do interesse público);*
>
> *III – Objetividade no atendimento do interesse público, vedada a promoção pessoal de agentes ou autoridades (impessoalidade);*
>
> *IV – Atuação segundo padrões éticos de probidade, decoro e boa-fé (moralidade);*
>
> *V – Divulgação oficial dos atos administrativos, ressalvadas as hipóteses de sigilo previstas na Constituição (publicidade);*
>
> *VI – Adequação entre meios e fins, vedada a imposição de obrigações, restrições e sanções em medida superior àquelas estritamente necessárias ao atendimento do interesse público (razoabilidade/proporcionalidade);*
>
> *VII – Indicação dos pressupostos de fato e de direito que determinarem a decisão (motivação);*
>
> *VIII – Observância das formalidades essenciais à garantia dos direitos dos administrados (segurança Jurídica);*
>
> *IX – Adoção de formas simples, suficientes para propiciar adequado grau de certeza, segurança e respeito aos direitos dos administrados (segurança jurídica e informalismo);*
>
> *X – Garantia dos direitos à comunicação, à apresentação de alegações finais, à produção de provas e à interposição de recursos, nos processos de que possam resultar sanções e nas situações de litígio (ampla defesa e contraditório);*
>
> *XI – Proibição de cobrança de despesas processuais, ressalvadas as previstas em lei (gratuidade nos processos administrativos);*
>
> *XII – Impulsão, de ofício, do processo administrativo, sem prejuízo da atuação dos interessados (oficialidade);*
>
> *XIII – Interpretação da norma administrativa da forma que melhor garanta o atendimento do fim público a que se dirige, vedada aplicação retroativa de nova interpretação (Segurança Jurídica).*

19.3 Direitos e deveres dos administrados

O art. 3º da Lei nº 9.784/1999 trata de uma lista exemplificativa de direitos dos administrados para com a Administração Pública. É muito importante frisar o inciso IV que discorre sobre a presença do advogado no processo administrativo.

> *Art. 3º O administrado tem os seguintes direitos perante à Administração, sem prejuízo de outros que lhe sejam assegurados:*
>
> *I – Ser tratado com respeito pelas autoridades e servidores, que deverão facilitar o exercício de seus direitos e o cumprimento de suas obrigações;*

II - Ser ciência da tramitação dos processos administrativos em que tenha a condição de interessado, ter vista dos autos, obter cópias de documentos neles contidos e conhecer as decisões proferidas;

III - Formular alegações e apresentar documentos antes da decisão, os quais serão objeto de consideração pelo órgão competente;

IV - Fazer-se assistir, facultativamente, por advogado, salvo quando obrigatória a representação, por força de lei.

A faculdade de atuar com advogado no processo administrativo é decorrência direta do princípio do informalismo. Contudo, pode a lei expressamente exigir a presença do advogado no procedimento. Nesse caso, a inobservância acarretaria nulidade do processo.

É de extrema importância notar o teor da Súmula Vinculante nº 5, em que sua redação determina o seguinte:

Súmula Vinculante nº 5 A falta de defesa técnica por advogado no processo administrativo disciplinar não ofende a Constituição.

O art. 4º determina alguns deveres que devem ser observados no âmbito do processo administrativo.

Art. 4º São deveres do administrado perante a Administração, sem prejuízo de outros previstos em ato normativo:

I - Expor os fatos conforme a verdade;

II - Proceder com lealdade, urbanidade e boa-fé;

III - Não agir de modo temerário;

IV - Prestar as informações que lhe forem solicitadas e colaborar para o esclarecimento dos fatos.

19.4 Início do processo e legitimação ativa

O art. 5º da Lei nº 9.784/1999 traz que o processo pode ser iniciado pela própria Administração Pública (de ofício) – decorrência do princípio da oficialidade, ou ainda mediante provocação do interessado por meio de representação aos órgãos públicos responsáveis (a pedido).

O art. 6º determina que caso faltem elementos essenciais ao pedido, a Administração deverá orientar o interessado a supri-los, sendo vedada a simples recusa imotivada de receber o requerimento ou outros documentos. Segue o teor dos artigos:

Art. 5º O processo administrativo pode iniciar-se de ofício ou a pedido de interessado.

Art. 6º O requerimento inicial do interessado, salvo casos em que for admitida solicitação oral, deve ser formulado por escrito e conter os seguintes dados:

I - Órgão ou autoridade administrativa a que se dirige;

II - Identificação do interessado ou de quem o represente;

III - Domicílio do requerente ou local para recebimento de comunicações;

IV - Formulação do pedido, com exposição dos fatos e de seus fundamentos;

V - Data e assinatura do requerente ou de seu representante.

Parágrafo único. É vedada à Administração a recusa imotivada de recebimento de documentos, devendo o servidor orientar o interessado quanto ao suprimento de eventuais falhas.

Art. 7º Os órgãos e entidades administrativas deverão elaborar modelos ou formulários padronizados para assuntos que importem pretensões equivalentes.

Art. 8º Quando os pedidos de uma pluralidade de interessados tiverem conteúdo e fundamentos idênticos, poderão ser formulados em um único requerimento, salvo preceito legal em contrário.

19.5 Interessados e competência

O art. 9º trata dos interessados no processo administrativo. Na maioria das vezes, as questões cobradas em concursos são meramente texto de lei, em que uma simples leitura resolve o problema.

Art. 9º São legitimados como interessados no processo administrativo:

I - Pessoas físicas ou jurídicas que o iniciem como titulares de direitos ou interesses individuais ou no exercício do direito de representação;

II - Aqueles que, sem terem iniciado o processo, têm direitos ou interesses que possam ser afetados pela decisão a ser adotada;

III - As organizações e associações representativas, no tocante a direitos e interesses coletivos;

IV - As pessoas ou as associações legalmente constituídas quanto a direitos ou interesses difusos.

Art. 10 São capazes, para fins de processo administrativo, os maiores de dezoito anos, ressalvada previsão especial em ato normativo próprio.

O art. 11 trata da irrenunciabilidade da competência, ou seja, os órgãos da administração, por meio de seus agentes, não podem renunciar as competências determinadas por lei. Merece especial atenção, e por ser matéria certa em provas de concursos, o art. 13 trata da impossibilidade legal de delegação, sendo um rol taxativo descrito na lei, que passamos a transcrever abaixo:

Art. 13 Não podem ser objeto de delegação:

I - A edição de atos de caráter normativo;

II - A decisão de recursos administrativos;

III - As matérias de competência exclusiva do órgão ou autoridade.

19.6 Impedimento e suspeição

Os artigos 18 e 20 cuidam do impedimento e suspeição no processo administrativo. Nessa situação, a lei visa a preservar a atuação imparcial do agente público, com vistas à moralidade administrativa.

Dessa forma, o art. 18 prevê que é impedido de atuar no processo administrativo o servidor ou autoridade que:

I - Tenha interesse direto ou indireto na matéria;

II - Tenha participado ou venha a participar como perito, testemunha ou representante, ou se tais situações ocorrerem quanto ao cônjuge, companheiro ou parente e afins até o terceiro grau;

III - Esteja litigando judicial ou administrativamente com o interessado ou respectivo cônjuge ou companheiro.

O art. 20 determina que pode ser arguida suspeição de autoridade ou servidor que tenha amizade ou inimizade notória com algum interessado ou com os respectivos cônjuges, companheiros, parentes e afins até o terceiro grau.

19.7 Forma, tempo e lugar dos atos do processo

O art. 22 tem como fundamento o princípio do informalismo e prevê o seguinte:

Art. 22 Os atos do processo administrativo não dependem de forma determinada, senão, quando a lei expressamente a exigir.

§ 1º Os atos do processo devem ser produzidos por escrito, em vernáculo, com a data e o local de sua realização e a assinatura da autoridade responsável.

§ 2º Salvo imposição legal, o reconhecimento de firma somente será exigido quando houver dúvida de autenticidade.

§ 3º A autenticação de documentos exigidos em cópia poderá ser feita pelo órgão administrativo.

§ 4º O processo deverá ter suas páginas numeradas sequencialmente e rubricadas.

O art. 23 estabelece, como regra geral, a realização dos atos do processo em dias úteis, no horário normal de funcionamento da repartição na qual tramitar o processo. No entanto, poderão ser concluídos depois do horário normal os atos já iniciados, cujo adiamento prejudique o curso regular do procedimento ou cause danos ao interessado ou à administração (art. 23, parágrafo único).

Estabelece o art. 25 que os atos do processo devem realizar-se preferencialmente na sede do órgão, certificando-se o interessado se outro for o local de realização, ou seja, devem ser executados, de preferência, na sede do órgão, mas poderão ser realizados em outro local, após regular cientificação.

19.8 Recurso administrativo e revisão

Um dos temas mais cobrados nas provas de concursos é o que tange ao recurso administrativo e à revisão do processo. O art. 56 estabelece

PROCESSO ADMINISTRATIVO FEDERAL

o direito do administrado ao recurso das decisões administrativas, isso em razões de legalidade e mérito administrativo.

O § 3º prevê que o administrado, se entender que houve violação a enunciado de súmula vinculante, poderá ajuizar reclamação perante o Supremo Tribunal Federal, desde que, antes, tenha esgotado as vias administrativas.

O § 2º estabelece, como regra geral, a inexigibilidade de garantia de instância (caução) para a interposição de recurso administrativo. Nesse sentido, também apresentamos a Súmula Vinculante nº 21, que proíbe a exigência de depósito para admissibilidade de recurso.

> **Art. 56** Das decisões administrativas cabe recurso, em face de razões de legalidade e de mérito.
>
> **§ 1º** O recurso será dirigido à autoridade que proferiu a decisão, a qual, se não a reconsiderar no prazo de cinco dias, o encaminhará à autoridade superior.
>
> **§ 2º** Salvo exigência legal, a interposição de recurso administrativo independe de caução.
>
> **§ 3º** Se o recorrente alegar que a decisão administrativa contraria enunciado da súmula vinculante, caberá à autoridade prolatora da decisão impugnada, se não a reconsiderar, explicitar, antes de encaminhar o recurso à autoridade superior, as razões da aplicabilidade ou inaplicabilidade da súmula, conforme o caso.
>
> **Súmula Vinculante nº 21** É inconstitucional a exigência de depósito ou arrolamento prévios de dinheiro ou bens para admissibilidade de recurso administrativo.

19.8.1 Legitimidade para interpor recurso

> **Art. 58** Têm legitimidade para interpor recurso administrativo:
> I - Os titulares de direitos e interesses que forem parte no processo;
> II - Aqueles cujos direitos ou interesses forem indiretamente afetados pela decisão recorrida;
> III - As organizações e associações representativas, no tocante a direitos e interesses coletivos;
> IV - Os cidadãos ou associações, quanto a direitos ou interesses difusos.

19.8.2 Não reconhecimento do recurso

> **Art. 63** O recurso não será conhecido quando interposto:
> I - Fora do prazo;
> II - Perante órgão incompetente;
> III - Por quem não seja legitimado;
> IV - Após exaurida a esfera administrativa.

O art. 64 confere amplos poderes aos órgãos incumbidos da decisão administrativa, em que o setor competente para decidir o recurso, poderá confirmar, modificar, anular ou revogar, total ou parcialmente, a decisão recorrida, se a matéria for de sua competência. Aqui é possível, inclusive, a reforma em prejuízo do recorrente, chamada *reformatio in pejus*.

O art. 65 focaliza os processos administrativos de que resultem sanções, que poderão ser revistos, a qualquer tempo, a pedido ou de ofício, quando surgirem fatos novos ou circunstâncias relevantes suscetíveis de justificar a inadequação da sanção aplicada. Devemos nos atentar, pois o parágrafo único prevê que da revisão do processo não poderá resultar agravamento da sanção.

Assim, é fácil notar que o legislador determinou regra distinta para o recurso administrativo e a revisão do processo. Esse recurso, é possível o agravamento da penalidade pela autoridade julgadora (chamada *reformatio in pejus*), contudo, isso não acontece na revisão do processo.

19.9 Prazos da Lei nº 9.784/1999

A lei possui muitos prazos, dessa forma, sintetizaremos, em um único tópico, todos eles para melhor entendimento e, consequentemente, para melhores resultados nas provas de concursos públicos.

19.9.1 Prática dos atos

Quantidade de dias: 5 dias.
- Se não existir uma disposição específica, prazo será de 5 dias.
- O prazo total pode ser até de 10 dias (dilatado até o dobro).

> **Art. 24** Inexistindo disposição específica, os atos do órgão ou autoridade responsável pelo processo e dos administrados que dele participem devem ser praticados no prazo de cinco dias, salvo motivo de força maior.
>
> **Parágrafo único.** O prazo previsto neste artigo pode ser dilatado até o dobro, mediante comprovada justificação.

19.9.2 Intimação – comunicação dos atos

Quantidade de dias: 3 dias úteis.

> **Art. 26, § 2º** A intimação observará a antecedência mínima de três dias úteis quanto à data de comparecimento.

19.9.3 Intimação – instrução

Quantidade de dias: 3 dias úteis.

> **Art. 41** Os interessados serão intimados de prova ou diligência ordenada, com antecedência mínima de três dias úteis, mencionando-se data, hora e local de realização.

19.9.4 Parecer

Quantidade de dias: 15 dias, salvo norma especial ou comprovada necessidade de maior prazo.

> **Art. 42** Quando deva ser obrigatoriamente ouvido um órgão consultivo, o parecer deverá ser emitido no prazo máximo de quinze dias, salvo norma especial ou comprovada necessidade de maior prazo.

19.9.5 Direito de manifestação – da instrução

Quantidade de dias: 10 dias, salvo se outro prazo for legalmente fixado.

> **Art. 44** Encerrada a instrução, o interessado terá o direito de manifestar-se no prazo máximo de dez dias, salvo se outro prazo for legalmente fixado.

19.9.6 Prazo de decidir

Quantidade de dias: 30 dias.
- Pode ser prorrogado por igual período se expressamente motivada.
- O prazo total pode ser até de 60 dias.

> **Art. 49** Concluída a instrução de processo administrativo, a Administração tem o prazo de até trinta dias para decidir, salvo prorrogação por igual período expressamente motivada.

19.9.7 Prazo para reconsiderar

Quantidade de dias: 5 dias.

> **Art. 56, § 1º** O recurso será dirigido à autoridade que proferiu a decisão, a qual, se não a reconsiderar no prazo de cinco dias, o encaminhará à autoridade superior.

19.9.8 Recurso administrativo

Quantidade de dias: 10 dias.
- Se não existir disposição legal específica, o prazo será de 10 dias.

> **Art. 59** Salvo disposição legal específica, é de dez dias o prazo para interposição de recurso administrativo, contado a partir da ciência ou divulgação oficial da decisão recorrida.

19.9.9 Prazo de decidir recurso administrativo

Quantidade de dias: 30 dias.
- Se a lei não fixar prazo diferente, o prazo será de 30 dias.
- O prazo total pode ser até de 60 dias, se houver justificativa explícita.

Art. 59 [...]

§ 1º Quando a lei não fixar prazo diferente, o recurso administrativo deverá ser decidido no prazo máximo de trinta dias, a partir do recebimento dos autos pelo órgão competente.

§ 2º O prazo mencionado no parágrafo anterior poderá ser prorrogado por igual período, ante justificativa explícita.

19.9.10 Alegações finais

Quantidade de dias: 5 dias úteis.

Art. 62 Interposto o recurso, o órgão competente para dele conhecer deverá intimar os demais interessados para que, no prazo de cinco dias úteis, apresentem alegações.

MATEMÁTICA

1 CONJUNTOS

1.1 Definição

Os conjuntos numéricos são advindos da necessidade de contar ou quantificar as coisas ou os objetos, adquirindo características próprias que os diferem. Os componentes de um conjunto são chamados de elementos. Costuma-se representar um conjunto nomeando os elementos um a um, colocando-os entre chaves e separando-os por vírgula, o que chamamos de representação por extensão. Para nomear um conjunto, usa-se geralmente uma letra maiúscula.

$A = \{1,2,3,4,5\} \rightarrow$ conjunto finito

$B = \{1,2,3,4,5,...\} \rightarrow$ conjunto infinito

Ao montar o conjunto das vogais do alfabeto, os **elementos** serão a, e, i, o, u.

A nomenclatura dos conjuntos é formada pelas letras maiúsculas do alfabeto.

Conjunto dos estados da região Sul do Brasil:
A = {Paraná, Santa Catarina, Rio Grande do Sul}.

1.1.1 Representação dos conjuntos

Os conjuntos podem ser representados em **chaves** ou em **diagramas**.

> **Fique ligado**
> Quando é dada uma característica dos elementos de um conjunto, diz-se que ele está representado por compreensão.
> A = {x | x é um múltiplo de dois maior que zero}

▷ **Representação em chaves**

Conjunto dos estados brasileiros que fazem fronteira com o Paraguai:
B = {Paraná, Mato Grosso do Sul}.

▷ **Representação em diagramas**

Conjunto das cores da bandeira do Brasil:

1.1.2 Elementos e relação de pertinência

Quando um elemento está em um conjunto, dizemos que ele pertence a esse conjunto. A relação de pertinência é representada pelo símbolo $\in$ (pertence).

Conjunto dos algarismos pares: $G = \{2, 4, 6, 8, 0\}$.
Observe que:
$4 \in G$
$7 \notin G$

1.1.3 Conjuntos unitário, vazio e universo

Conjunto unitário: possui um só elemento.
Conjunto da capital do Brasil: K = {Brasília}

Conjunto vazio: simbolizado por $\varnothing$ ou { }, é o conjunto que não possui elemento.

Conjunto dos estados brasileiros que fazem fronteira com o Chile: M = $\varnothing$.

Conjunto universo: em inúmeras situações é importante estabelecer o conjunto U ao qual pertencem os elementos de todos os conjuntos considerados. Esse conjunto é chamado de conjunto universo. Assim:
- Quando se estuda as letras, o conjunto universo das letras é o alfabeto.
- Quando se estuda a população humana, o conjunto universo é constituído de todos os seres humanos.

Para descrever um conjunto A por meio de uma propriedade característica p de seus elementos, deve-se mencionar, de modo explícito ou não, o conjunto universo U no qual se está trabalhando.

$A = \{x \in R \mid x > 2\}$, onde $U = R \rightarrow$ forma explícita.
$A = \{x \mid x > 2\} \rightarrow$ forma implícita.

1.2 Subconjuntos

Diz-se que B é um subconjunto de A se todos os elementos de B pertencem a A.

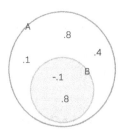

Deve-se notar que A = {-1, 0, 1, 4, 8} e B = {-1, 8}, ou seja, todos os elementos de B também são elementos do conjunto **A**.

- Os símbolos $\subset$ (contido), $\supset$ (contém), $\not\subset$ (não está contido) e $\not\supset$ (não contém) são utilizados para relacionar conjuntos.

Nesse caso, diz-se que B está contido em A ou B é subconjunto de A ($B \subset A$). Pode-se dizer também que A contém B ($A \supset B$).

Observações:
- Se $A \subset B$ e $B \subset A$, então A = B.
- Para todo conjunto A, tem-se $A \subset A$.
- Para todo conjunto A, tem-se $\varnothing \subset A$, onde $\varnothing$ representa o conjunto vazio.
- Todo conjunto é subconjunto de si próprio ($D \subset D$).
- O conjunto vazio é subconjunto de qualquer conjunto ($\varnothing \subset D$).
- Se um conjunto A possui p elementos, então ele possui 2p subconjuntos.
- O conjunto formado por todos os subconjuntos de um conjunto A, é denominado conjunto das partes de A. Assim, se A = {4, 7}, o conjunto das partes de A, é dado por {$\varnothing$, {4}, {7}, {4, 7}}.

1.3 Operações com conjuntos

União de conjuntos: a união de dois conjuntos quaisquer será representada por $A \cup B$ e terá os elementos que pertencem a A ou a B, ou seja, todos os elementos.

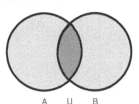

CONJUNTOS

Interseção de conjuntos: a interseção de dois conjuntos quaisquer será representada por A ∩ B. Os elementos que fazem parte do conjunto interseção são os elementos comuns aos dois conjuntos.

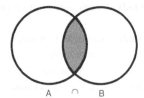

Conjuntos disjuntos: se dois conjuntos não possuem elementos em comum, diz-se que eles são disjuntos. Simbolicamente, escreve-se A ∩ B = ∅. Nesse caso, a união dos conjuntos A e B é denominada união disjunta. O número de elementos A ∩ B nesse caso é igual a zero.

$$n(A \cap B) = 0$$

Seja A = {1, 2, 3, 4, 5}, B = {1, 5, 6, 3}, C = {2, 4, 7, 8, 9} e
D = {10, 20}. Tem-se:
A ∪ B = {1, 2, 3, 4, 5, 6}
B ∪ A = {1, 2, 3, 4, 5, 6}
A ∩ B = {1, 3, 5}
B ∩ A = {1, 3, 5}
A ∪ B ∪ C = {1, 2, 3, 4, 5, 6, 7, 8, 9} e
A ∩ D = ∅
É possível notar que A, B e C são todos disjuntos com D, mas A, B e C não são dois a dois disjuntos.

Diferença de conjuntos: a diferença de dois conjuntos quaisquer será representada por A – B e terá os elementos que pertencem somente a A, mas não pertencem a B, ou seja, que são exclusivos de A.

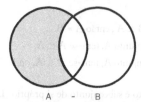

Complementar de um conjunto: se A está contido no conjunto universo U, o complementar de A é a diferença entre o conjunto universo e o conjunto A, será representado por CU(A) = U - A e terá todos os elementos que pertencem ao conjunto universo, menos os que pertencem ao conjunto A.

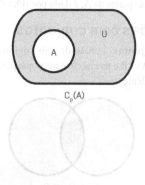

206

MATEMÁTICA

2 CONJUNTOS NUMÉRICOS

Os números surgiram da necessidade de contar ou quantificar coisas ou objetos. Com o passar do tempo, foram adquirindo características próprias.

2.1 Números naturais

É o primeiro dos conjuntos numéricos. Representado pelo símbolo $\mathbb{N}$ e formado pelos seguintes elementos:

$\mathbb{N} = \{0, 1, 2, 3, 4, 5, 6, 7, 8, 9, 10, 11, 12, 13, ... + \infty\}$

O símbolo ∞ significa infinito, o + quer dizer positivo, então $+\infty$ quer dizer infinito positivo.

2.2 Números inteiros

Esse conjunto surgiu da necessidade de alguns cálculos não possuírem resultados, pois esses resultados eram negativos. Representado pelo símbolo $\mathbb{Z}$ e formado pelos seguintes elementos:

$\mathbb{Z} = \{-\infty, ..., -3, -2, -1, 0, 1, 2, 3, ..., +\infty\}$

2.2.1 Operações e propriedades dos números naturais e inteiros

As principais operações com os números naturais e inteiros são: adição, subtração, multiplicação, divisão, potenciação e radiciação (as quatro primeiras são também chamadas operações fundamentais).

Adição

Na adição, a soma dos termos ou das parcelas resulta naquilo que se chama **total**.

| $2 + 2 = 4$

As propriedades da adição são:

- **Elemento neutro:** qualquer número somado ao zero tem como total o próprio número.

| $2 + 0 = 2$

- **Comutativa:** a ordem dos termos não altera o total.

| $2 + 3 = 3 + 2 = 5$

- **Associativa:** o ajuntamento de parcelas não altera o total.

| $(2 + 3) + 5 = 2 + (3 + 5) = 10$

Subtração

Operação contrária à adição é conhecida como diferença.

Os termos ou parcelas da subtração, assim como o total, têm nomes próprios:

M − N = P; em que M = minuendo, N = subtraendo e P = diferença ou resto.

| $7 - 2 = 5$

Quando o subtraendo for maior que o minuendo, a diferença será negativa.

Multiplicação

É a soma de uma quantidade de parcelas fixas. O resultado da multiplicação chama-se produto. Os sinais que indicam a multiplicação são o × e o ·.

| $4 \times 7 = 7 + 7 + 7 + 7 = 28$
| $7 \cdot 4 = 4 + 4 + 4 + 4 + 4 + 4 + 4 = 28$

As propriedades da multiplicação são:

Elemento neutro: qualquer número multiplicado por 1 terá como produto o próprio número.

| $5 \cdot 1 = 5$

Comutativa: ordem dos fatores não altera o produto.

| $3 \cdot 4 = 4 \cdot 3 = 12$

Associativa: o ajuntamento dos fatores não altera o resultado.

| $2 \cdot (3 \cdot 4) = (2 \cdot 3) \cdot 4 = 24$

Distributiva: um fator em evidência multiplica todas as parcelas dentro dos parênteses.

| $2 \cdot (3 + 4) = (2 \cdot 3) + (2 \cdot 4) = 6 + 8 = 14$

Fique ligado

Na multiplicação existe jogo de sinais. Veja a seguir:

Parcela	Parcela	Produto
+	+	+
+	−	−
−	+	−
−	−	+

| $2 \cdot (-3) = -6$
| $-3 \cdot (-7) = 21$

Divisão

É o inverso da multiplicação. Os sinais que indicam a divisão são: ÷, :, /.

| $14 \div 7 = 2$
| $25 : 5 = 5$
| $36/12 = 3$

Fique ligado

Por ser o inverso da multiplicação, a divisão também possui o jogo de sinal.

2.3 Números racionais

Os números racionais são os números que podem ser escritos na forma de fração, são representados pela letra $\mathbb{Q}$ e podem ser escritos em forma de frações.

| $\mathbb{Q} = \dfrac{a}{b}$ (com b diferente de zero → b ≠ 0); em que a é o numerador e b é o denominador.

Pertencem também a este conjunto as dízimas periódicas (números que apresentam uma série infinita de algarismos decimais, após a vírgula) e os números decimais (aqueles que são escritos com a vírgula e cujo denominador são potências de 10).

Toda fração cujo numerador é menor que o denominador é chamada de fração própria.

2.3.1 Operações com números racionais

Adição e subtração

Para somar frações deve estar atento se os denominadores das frações são os mesmos. Caso sejam iguais, basta repetir o denominador e somar (ou subtrair) os numeradores, porém se os denominadores forem diferentes é preciso fazer o MMC (mínimo múltiplo comum) dos denominadores, constituindo novas frações equivalentes às frações originais e proceder com o cálculo.

CONJUNTOS NUMÉRICOS

$$\frac{2}{7} + \frac{4}{7} = \frac{6}{7}$$

$$\frac{2}{3} + \frac{4}{5} = \frac{10}{15} + \frac{12}{15} = \frac{22}{15}$$

Multiplicação

Multiplicar numerador com numerador e denominador com denominador das frações.

$$\frac{3}{4} \cdot \frac{5}{7} = \frac{15}{28}$$

Divisão

Para dividir frações, multiplicar a primeira fração com o inverso da segunda fração.

$$\frac{2}{3} \div \frac{4}{5} = \frac{2}{3} \cdot \frac{5}{4} = \frac{10}{12} = \frac{5}{6}$$

(Simplificado por 2)

Toda vez, que for possível, deve simplificar a fração até sua fração irredutível (aquela que não pode mais ser simplificada).

Potenciação

Se a multiplicação é a soma de uma quantidade de parcelas fixas, a potenciação é a multiplicação de uma quantidade de fatores fixos, tal quantidade indicada no expoente que acompanha a base da potência.

A potenciação é expressa por: a^n, cujo **a** é a base da potência e o **n** é o expoente.

| $4^3 = 4 \cdot 4 \cdot 4 = 64$

Propriedades das potências:

$a^0 = 1$
| $3^0 = 1$
$a^1 = a$
| $5^1 = 5$
$a^{-n} = 1/a^n$
| $2^{-3} = 1/2^3 = 1/8$
$a^m \cdot a^n = a^{(m+n)}$
| $3^2 \cdot 3^3 = 3^{(2+3)} = 3^5 = 243$
$a^m : a^n = a^{(m-n)}$
| $4^5 : 4^3 = 4^{(5-3)} = 4^2 = 16$
$(a^m)^n = a^{m \cdot n}$
| $(2^2)^4 = 2^{2 \cdot 4} = 2^8 = 256$
$a^{m/n} = \sqrt[n]{a^m}$
| $7^{2/3} = \sqrt[3]{7^2}$

Não confunda: $(a^m)^n \neq a^{m^n}$

Não confunda também: $(-a)^n \neq -a^n$.

Radiciação

É a expressão da potenciação com expoente fracionário.

A representação genérica da radiciação é: $\sqrt[n]{a}$; cujo **n** é o índice da raiz, o **a** é o radicando e $\sqrt{}$ é o radical.

Quando o índice da raiz for o 2 ele não precisa aparecer e essa raiz será uma raiz quadrada.

Propriedades das raízes:

$\sqrt[n]{a^m} = (\sqrt[n]{a})^m = a^{m/n}$

$\sqrt[m]{\sqrt[n]{a}} = \sqrt[m \cdot n]{a}$

$\sqrt[m]{a^m} = a = a^{m/m} = a^1 = a$

Racionalização: se uma fração tem em seu denominador um radical, faz-se o seguinte:

$$\frac{1}{\sqrt{a}} = \frac{1}{\sqrt{a}} \cdot \frac{\sqrt{a}}{\sqrt{a}} = \frac{\sqrt{a}}{\sqrt{a^2}} = \frac{\sqrt{a}}{a}$$

2.3.2 Transformação de dízima periódica em fração

Para transformar dízimas periódicas em fração, é preciso atentar-se para algumas situações:

- Verifique se depois da vírgula só há a parte periódica, ou se há uma parte não periódica e uma periódica.
- Observe quantas são as casas periódicas e, caso haja, as não periódicas. Lembre-se sempre que essa observação só será para os números que estão depois da vírgula.
- Em relação à fração, o denominador será tantos 9 quantos forem as casas do período, seguido de tantos 0 quantos forem as casas não periódicas (caso haja e depois da vírgula). Já o numerador será o número sem a vírgula até o primeiro período menos toda a parte não periódica (caso haja).

$$0,6666... = \frac{6}{9}$$

$$0,36363636... = \frac{36}{99}$$

$$0,123333... = \frac{123 - 12}{900} = \frac{111}{900}$$

$$2,8888... = \frac{28 - 2}{9} = \frac{26}{9}$$

$$3,754545454... = \frac{3754 - 37}{990} = \frac{3717}{990}$$

2.3.3 Transformação de número decimal em fração

Para transformar número decimal em fração, basta contar quantas casas existem depois da vírgula; então o denominador da fração será o número 1 acompanhado de tantos zeros quantos forem o número de casas, já o numerador será o número sem a vírgula.

$$0,3 = \frac{3}{10}$$

$$2,45 = \frac{245}{100}$$

$$49,586 = \frac{49586}{1000}$$

2.4 Números irracionais

São os números que não podem ser escritos na forma de fração.

O conjunto é representado pela letra 𝕀 e tem como elementos as dízimas não periódicas e as raízes não exatas.

2.5 Números reais

Simbolizado pela letra ℝ, é a união do conjunto dos números racionais com o conjunto dos números irracionais.

Representado, temos:

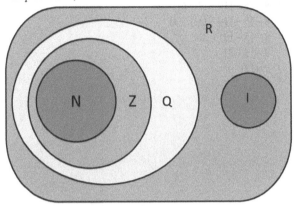

Colocando todos os números em uma reta, temos:

As desigualdades ocorrem em razão de os números serem maiores ou menores uns dos outros.

Os símbolos das desigualdades são:

≥ maior ou igual a.

≤ menor ou igual a.

> maior que.

< menor que.

Dessas desigualdades surgem os intervalos, que nada mais são do que um espaço dessa reta, entre dois números.

Os intervalos podem ser abertos ou fechados, depende dos símbolos de desigualdade utilizados.

Intervalo aberto ocorre quando os números não fazem parte do intervalo e os sinais de desigualdade são:

> maior que.

< menor que.

Intervalo fechado ocorre quando os números fazem parte do intervalo e os sinais de desigualdade são:

≥ maior ou igual a.

≤ menor ou igual a.

2.6 Intervalos

Os intervalos numéricos podem ser representados das seguintes formas:

2.6.1 Com os símbolos <, >, ≤, ≥

Quando usar os símbolos < ou >, os números que os acompanham não fazem parte do intervalo real. Quando usar os símbolos ≤ ou ≥, os números farão parte do intervalo real.

| 2 < x < 5: o 2 e o 5 não fazem parte do intervalo.
| 2 ≤ x < 5: o 2 faz parte do intervalo, mas o 5 não.
| 2 ≤ x ≤ 5: o 2 e o 5 fazem parte do intervalo.

2.6.2 Com os colchetes [ ]

Quando os colchetes estiverem voltados para os números, significa que farão parte do intervalo. Quando os colchetes estiverem invertidos, significa que os números não farão parte do intervalo.

|]2;5[: o 2 e o 5 não fazem parte do intervalo.
| [2;5[: o 2 faz parte do intervalo, mas o 5 não faz.
| [2;5]: o 2 e o 5 fazem parte do intervalo.

2.6.3 Sobre uma reta numérica

▷ **Intervalo aberto**

2<x<5:

Em que 2 e 5 não fazem parte do intervalo numérico, representado pela marcação aberta (sem preenchimento - O).

▷ **Intervalo fechado e aberto**

2≤x<5:

Em que 2 faz parte do intervalo, representado pela marcação fechada (preenchida●) em que 5 não faz parte do intervalo, representado pela marcação aberta (O).

▷ **Intervalo fechado**

2≤x≤5:

Em que 2 e 5 fazem parte do intervalo numérico, representado pela marcação fechada (●).

2.7 Múltiplos e divisores

Os múltiplos são resultados de uma multiplicação de dois números naturais.

| Os múltiplos de 3 são: 0, 3, 6, 9, 12, 15, 18, 21, 24, 27, 30... (os múltiplos são infinitos).

Os divisores de um número são os números, cuja divisão desse número por eles será exata.

| Os divisores de 12 são: 1, 2, 3, 4, 6, 12.

> **Fique ligado**
>
> Números quadrados perfeitos são aqueles que resultam da multiplicação de um número por ele mesmo.
> | 4 = 2 · 2
> | 25 = 5 · 5

2.8 Números primos

São os números que têm apenas dois divisores, o 1 e ele mesmo. (Alguns autores consideram os números primos aqueles que tem 4 divisores, sendo o 1, o -1, ele mesmo e o seu oposto – simétrico.)

| 2 (único primo par), 3, 5, 7, 11, 13, 17, 19, 23, 29, 31, 37, 41, 43, 47, 53, 59, ...

Os números primos servem para decompor outros números.

A decomposição de um número em fatores primos serve para fazer o MMC e o MDC (máximo divisor comum).

2.9 MMC e MDC

O MMC de um, dois ou mais números é o menor número que, ao mesmo tempo, é múltiplo de todos esses números.

O MDC de dois ou mais números é o maior número que pode dividir todos esses números ao mesmo tempo.

Para calcular, após decompor os números, o MMC de dois ou mais números será o produto de todos os fatores primos, comuns e

CONJUNTOS NUMÉRICOS

não comuns, elevados aos maiores expoentes. Já o MDC será apenas os fatores comuns a todos os números elevados aos menores expoentes.

$6 = 2 \cdot 3$
$18 = 2 \cdot 3 \cdot 3 = 2 \cdot 3^2$
$35 = 5 \cdot 7$
$144 = 2 \cdot 2 \cdot 2 \cdot 2 \cdot 3 \cdot 3 = 2^4 \cdot 3^2$
$225 = 3 \cdot 3 \cdot 5 \cdot 5 = 3^2 \cdot 5^2$
$490 = 2 \cdot 5 \cdot 7 \cdot 7 = 2 \cdot 5 \cdot 7^2$
$640 = 2 \cdot 2 \cdot 2 \cdot 2 \cdot 2 \cdot 2 \cdot 2 \cdot 5 = 2^7 \cdot 5$
MMC de 18 e 225 = $2 \cdot 3^2 \cdot 5^2 = 2 \cdot 9 \cdot 25 = 450$
MDC de 225 e 490 = 5

Para saber a quantidade de divisores de um número basta, depois da decomposição do número, pegar os expoentes dos fatores primos, somar +1 e multiplicar os valores obtidos.

$225 = 3^2 \cdot 5^2 = 3^{2+1} \cdot 5^{2+1} = 3 \cdot 3 = 9$

N° de divisores = $(2 + 1) \cdot (2 + 1) = 3 \cdot 3 = 9$ divisores. Que são: 1, 3, 5, 9, 15, 25, 45, 75, 225.

2.10 Divisibilidade

As regras de divisibilidade servem para facilitar a resolução de contas, para ajudar a descobrir se um número é ou não divisível por outro. Veja algumas dessas regras.

Divisibilidade por 2: para um número ser divisível por 2, ele tem de ser par.

14 é divisível por 2.
17 não é divisível por 2.

Divisibilidade por 3: para um número ser divisível por 3, a soma dos seus algarismos tem de ser divisível por 3.

174 é divisível por 3, pois 1 + 7 + 4 = 12.
188 não é divisível por 3, pois 1 + 8 + 8 = 17.

Divisibilidade por 4: para um número ser divisível por 4, ele tem de terminar em 00 ou os seus dois últimos números devem ser múltiplos de 4.

300 é divisível por 4.
532 é divisível por 4.
766 não é divisível por 4.

Divisibilidade por 5: para um número ser divisível por 5, ele deve terminar em 0 ou em 5.

35 é divisível por 5.
370 é divisível por 5.
548 não é divisível por 5.

Divisibilidade por 6: para um número ser divisível por 6, ele deve ser divisível por 2 e por 3 ao mesmo tempo.

78 é divisível por 6.
576 é divisível por 6.
652 não é divisível por 6.

Divisibilidade por 9: para um número ser divisível por 9, a soma dos seus algarismos deve ser divisível por 9.

75 é não divisível por 9.
684 é divisível por 9.

Divisibilidade por 10: para um número ser divisível por 10, ele tem de terminar em 0.

90 é divisível por 10.
364 não é divisível por 10.

2.11 Expressões numéricas

Para resolver expressões numéricas, deve-se seguir a ordem:

- Resolva os parênteses ( ), depois os colchetes [ ], depois as chaves { }, sempre nessa ordem.
- Dentre as operações, resolva primeiro as potenciações e raízes (o que vier primeiro), depois as multiplicações e divisões (o que vier primeiro) e, por último, as somas e subtrações (o que vier primeiro).

Calcule o valor da expressão:

$8 - \{5 - [10 - (7 - 3 \cdot 2)] \div 3\}$
$8 - \{5 - [10 - (7 - 6)] \div 3\}$
$8 - \{5 - [10 - (1)] \div 3\}$
$8 - \{5 - [9] \div 3\}$
$8 - \{5 - 3\}$
$8 - \{2\}$
6

MATEMÁTICA

3 SISTEMA LEGAL DE MEDIDAS

3.1 Medidas de tempo

A unidade padrão do tempo é o segundo (s), mas devemos saber as seguintes relações:

1min = 60s
1h = 60min = 3.600s
1 dia = 24h = 1.440min = 86.400s
30 dias = 1 mês
2 meses = 1 bimestre
6 meses = 1 semestre
12 meses = 1 ano
10 anos = 1 década
100 anos = 1 século

| 15h47min18s + 11h39min59s = 26h86min77s = 26h87min17s = 27h27min17s= 1 dia 3h27min17s.
| 8h23min − 3h49min51s = 7h83min − 3h49min51s = 7h82min60s − 3h49min51s = 4h33min9s.

Cuidado com as transformações de tempo, pois elas não seguem o mesmo padrão das outras medidas.

3.2 Sistema métrico decimal

Serve para medir comprimentos, distâncias, áreas e volumes. Tem como unidade padrão o metro (m). Veja a seguir seus múltiplos, variações e algumas transformações.

Metro (m):

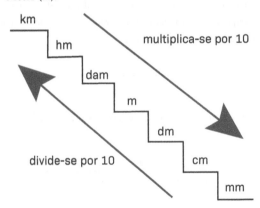

Ao descer um degrau da escada, multiplica-se por 10, e ao subir um degrau, divide-se por 10.

| Transformar 2,98km em cm = 2,98 · 100.000 = 298.000cm (na multiplicação por 10 ou suas potências, basta deslocar a vírgula para a direita).
| Transformar 74m em km = 74 ÷ 1.000 = 0,074km (na divisão por 10 ou suas potências, basta deslocar a vírgula para a esquerda).

> **Fique ligado**
> O grama (g) e o litro (l) seguem o mesmo padrão do metro (m).

Metro quadrado (m^2):

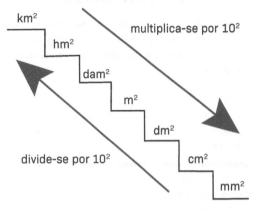

Ao descer um degrau da escada, multiplica por 10^2 ou 100, e ao descer um degrau, divide por 10^2 ou 100.

| Transformar 79,11m^2 em cm^2 = 79,11 · 10.000 = 791.100cm^2.
| Transformar 135m^2 em km^2 = 135 ÷ 1.000.000 = 0,000135km^2.

Metro cúbico (m^3):

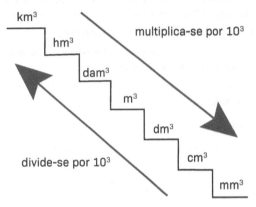

Ao descer um degrau da escada, multiplica-se por 10^3 ou 1.000, e ao subir um degrau, divide-se por 10^3 ou 1.000.

| Transformar 269dm^3 em cm^3 = 269 · 1.000 = 269.000cm^3.
| Transformar 4.831cm^3 em m^3 = 4.831 ÷ 1.000.000 = 0,004831m^3.

O metro cúbico, por ser uma medida de volume, tem relação com o litro (l), e essa relação é:

1m^3 = 1.000 litros.
1dm^3 = 1 litro.
1cm^3 = 1 mililitro.

PROPORCIONALIDADE

4 PROPORCIONALIDADE

Os conceitos de razão e proporção estão ligados ao quociente. Esse conteúdo é muito solicitado pelas bancas de concursos.

Primeiramente, vamos compreender o que é grandeza, em seguida, razão e proporção.

4.1 Grandeza

É tudo aquilo que pode ser contado, medido ou enumerado.

| Comprimento (distância), tempo, quantidade de pessoas e/ou coisas etc.

Grandezas diretamente proporcionais: são aquelas em que o aumento de uma implica o aumento da outra.

| Quantidade e preço.

Grandezas inversamente proporcionais: são aquelas em que o aumento de uma implica a diminuição da outra.

| Velocidade e tempo.

4.2 Razão

É a comparação de duas grandezas. Essas grandezas podem ser da mesma espécie (unidades iguais) ou de espécies diferentes (unidades diferentes). Nada mais é do que uma fração do tipo $\frac{a}{b}$, com $b \neq 0$.

Nas razões, os numeradores são também chamados de antecedentes e os denominadores de consequentes.

Escala: comprimento no desenho comparado ao tamanho real.

Velocidade: distância comparada ao tempo.

4.3 Proporção

É determinada pela igualdade entre duas razões.

$$\frac{a}{b} = \frac{c}{d}$$

Dessa igualdade, tiramos a propriedade fundamental das proporções: o produto dos meios igual ao produto dos extremos (a chamada multiplicação cruzada).

$$b \cdot c = a \cdot d$$

É basicamente essa propriedade que ajuda resolver a maioria das questões desse assunto.

Dados três números racionais a, b e c, não nulos, denomina **quarta proporcional** desses números um número x tal que:

$$\frac{a}{b} = \frac{c}{x}$$

Proporção contínua é a que apresenta os meios iguais.

De um modo geral, uma proporção contínua pode ser representada por:

$$\frac{a}{b} = \frac{b}{c}$$

As outras propriedades das proporções são:

Numa proporção, a soma dos dois primeiros termos está para o 2º (ou 1º) termo, assim como a soma dos dois últimos está para o 4º (ou 3º).

$$\frac{a+b}{b} = \frac{c+d}{d} \text{ ou } \frac{a+b}{a} = \frac{c+d}{c}$$

Numa proporção, a diferença dos dois primeiros termos está para o 2º (ou 1º) termo, assim como a diferença dos dois últimos está para o 4º (ou 3º).

$$\frac{a-b}{b} = \frac{c-d}{d} \text{ ou } \frac{a-b}{a} = \frac{c-d}{c}$$

Numa proporção, a soma dos antecedentes está para a soma dos consequentes, assim como cada antecedente está para o seu consequente.

$$\frac{a+c}{b+d} = \frac{c}{d} = \frac{a}{b}$$

Numa proporção, a diferença dos antecedentes está para a diferença dos consequentes, assim como cada antecedente está para o seu consequente.

$$\frac{a-c}{b-d} = \frac{c}{d} = \frac{a}{b}$$

Numa proporção, o produto dos antecedentes está para o produto dos consequentes, assim como o quadrado de cada antecedente está para quadrado do seu consequente.

$$\frac{a \cdot c}{b \cdot d} = \frac{a^2}{b^2} = \frac{c^2}{d^2}$$

A última propriedade pode ser estendida para qualquer número de razões.

$$\frac{a \cdot c \cdot e}{b \cdot d \cdot f} = \frac{a^3}{b^3} = \frac{c^3}{d^3} = \frac{e^3}{f^3}$$

4.4 Divisão em partes proporcionais

Para dividir um número em partes direta ou inversamente proporcionais, devem-se seguir algumas regras.

▷ **Divisão em partes diretamente proporcionais**

Divida o número 50 em partes diretamente proporcionais a 4 e a 6.

$4x + 6x = 50$

$10x = 50$

$x = \frac{50}{10}$

$x = 5$

x = constante proporcional

Então, $4x = 4 \cdot 5 = 20$ e $6x = 6 \cdot 5 = 30$

Logo, a parte proporcional a 4 é o 20 e a parte proporcional ao 6 é o 30.

▷ **Divisão em partes inversamente proporcionais**

Divida o número 60 em partes inversamente proporcionais a 2 e a 3.

$$\frac{x}{2} = \frac{x}{3} = 60$$

$$\frac{3x}{6} + \frac{2x}{6} = 60$$

$5x = 60 \cdot 6$

$5x = 360$

$x = \frac{360}{5}$

$x = 72$

x = constante proporcional

Então, $\frac{x}{2} = \frac{72}{2} = 36$ e $\frac{x}{3} = \frac{72}{3} = 24$

Logo, a parte proporcional a 2 é o 36 e a parte proporcional ao 3 é o 24.

Perceba que, na divisão diretamente proporcional, quem tiver a maior parte ficará com o maior valor. Já na divisão inversamente proporcional, quem tiver a maior parte ficará com o menor valor.

4.5 Regra das torneiras

Sempre que uma questão envolver uma situação que pode ser feita de um jeito em determinado tempo (ou por uma pessoa) e, em outro tempo, de outro jeito (ou por outra pessoa), e quiser saber em quanto tempo seria se fosse feito tudo ao mesmo tempo, usa-se a regra da torneira, que consiste na aplicação da seguinte fórmula:

$$t_T = \frac{t_1 \cdot t_2}{t_1 + t_2}$$

Em que **T** é o tempo.

Quando houver mais de duas situações, é melhor usar a fórmula:

$$\frac{1}{t_T} = \frac{1}{t_1} + \frac{1}{t_2} + ... + \frac{1}{t_n}$$

Em que **n** é a quantidade de situações.

Uma torneira enche um tanque em 6h. Uma segunda torneira enche o mesmo tanque em 8h. Se as duas torneiras forem abertas juntas quanto tempo vão levar para encher o mesmo tanque?

$$t_T = \frac{6 \cdot 8}{6 + 8} = \frac{48}{14} = 3h25min43s$$

4.6 Regra de três

Mecanismo prático e/ou método utilizado para resolver questões que envolvem razão e proporção (grandezas).

4.6.1 Regra de três simples

Aquela que só envolve duas grandezas.

Durante uma viagem, um carro consome 20 litros de combustível para percorrer 240km, quantos litros são necessários para percorrer 450km?

Primeiro, verifique se as grandezas envolvidas na questão são direta ou inversamente proporcionais, e monte uma estrutura para visualizar melhor a questão.

Distância	Litro
240	20
450	x

Ao aumentar a distância, a quantidade de litros de combustível necessária para percorrer essa distância também vai aumentar, então, as grandezas são diretamente proporcionais.

$$\frac{20}{x} = \frac{240}{450}$$

Aplicando a propriedade fundamental das proporções:
$240x = 9.000$

$$x = \frac{9.000}{240} = 37,5 \text{ litros}$$

4.6.2 Regra de três composta

Aquela que envolve mais de duas grandezas.

Dois pedreiros levam nove dias para construir um muro com 2m de altura. Trabalhando três pedreiros e aumentando a altura para 4m, qual será o tempo necessário para completar esse muro? Neste caso, deve-se comparar uma grandeza de cada vez com a variável.

Dias	Pedreiros	Altura
9	2	2
x	3	4

Note que, ao aumentar a quantidade de pedreiros, o número de dias necessários para construir um muro diminui, então as grandezas pedreiros e dias são inversamente proporcionais. No entanto, se aumentar a altura do muro, será necessário mais dias para construí-lo. Dessa forma, as grandezas muro e dias são diretamente proporcionais. Para finalizar, monte a proporção e resolva. Lembre-se que quando uma grandeza for inversamente proporcional à variável sua fração será invertida.

$$\frac{9}{x} = \frac{3}{2} \cdot \frac{2}{4}$$

$$\frac{9}{x} = \frac{6}{8}$$

Aplicar a propriedade fundamental das proporções:
$6x = 72$

$$x = \frac{72}{6} = 12 \text{ dias}$$

5 NOÇÕES DE MATEMÁTICA FINANCEIRA

Porcentagem e juros fazem parte da matemática financeira e são assuntos amplamente difundidos em variados segmentos.

5.1 Porcentagem

É a aplicação da taxa percentual a determinado valor.

Taxa percentual: é o valor que vem acompanhado do símbolo %.

Para fins de cálculo, usa-se a taxa percentual em forma de fração ou em números decimais.

> 3% = 3/100 = 0,03
> 15% = 15/100 = 0,15
> 34% de 1.200 = 34/100 · 1.200 = 40.800/100 = 408
> 65% de 140 = 0,65 · 140 = 91

5.2 Lucro e prejuízo

Lucro e prejuízo são resultados de movimentações financeiras.

Custo (C): gasto.

Venda (V): ganho.

Lucro (L): quando se ganha mais do que se gasta.

$$L = V - C$$

Prejuízo (P): quando se gasta mais do que se ganha.

$$P = C - V$$

Basta substituir no lucro ou no prejuízo o valor da porcentagem, no custo ou na venda.

> Um computador foi comprado por R$ 3.000,00 e revendido com lucro de 25% sobre a venda. Qual o preço de venda?
> Como o lucro foi na venda, então L = 0,25V:
> L = V − C
> 0,25V = V − 3.000
> 0,25V − V = −3.000
> −0,75V = −3.000 (−1)
> 0,75V = 3.000
> $V = \dfrac{3.000}{0,75} = \dfrac{300.000}{75} = 4.000$
> Logo, a venda se deu por R$ 4.000,00.

5.3 Juros simples

Juros: atributos (ganhos) de uma operação financeira.

Juros simples: os valores são somados ao capital apenas no final da aplicação. Somente o capital rende juros.

Para o cálculo de juros simples, usa-se a seguinte fórmula:

$$J = C \cdot i \cdot t$$

Fique ligado

Nas questões de juros, as taxas de juros e os tempos devem estar expressos pela mesma unidade.

- J = juros.
- C = capital.
- i = taxa de juros.
- t = tempo da aplicação.

> Um capital de R$ 2.500,00 foi aplicado a juros de 2% ao trimestre durante um ano. Quais os juros produzidos?
> Em 1 ano há exatamente 4 trimestres, como a taxa está em trimestre, agora é só calcular:
> J = C · i · t
> J = 2.500 · 0,02 · 4
> J = 200

5.4 Juros compostos

Os valores são somados ao capital no final de cada período de aplicação, formando um novo capital, para incidência dos juros novamente. É o famoso caso de juros sobre juros.

Para o cálculo de juros compostos, usa-se a seguinte fórmula:

$$M = C \cdot (1 + i)^t$$

- M = montante.
- C = capital.
- i = taxa de juros.
- t = tempo da aplicação.

> Um investidor aplicou a quantia de R$ 10.000,00 à taxa de juros de 2% a.m. durante 4 meses. Qual o montante desse investimento?
> Aplique a fórmula, porque a taxa e o tempo estão na mesma unidade:
> $M = C \cdot (1 + i)^t$
> $M = 10.000 \cdot (1 + 0,02)^4$
> $M = 10.000 \cdot (1,02)^4$
> M = 10.000 · 1,08243216
> M = 10.824,32

5.5 Capitalização

Capitalização: acúmulo de capitais (capital + juros).

Nos juros simples, calcula-se por: M = C + J.

Nos juros compostos, calcula-se por: J = M − C.

Em algumas questões terão de ser calculados os montantes dos juros simples ou dos juros compostos.

214

6 FUNÇÕES

6.1 Definições

A função é uma relação estabelecida entre dois conjuntos A e B, em que exista uma associação entre cada elemento de A com um único de B por meio de uma lei de formação.

Podemos dizer que a função é uma relação de dois valores, por exemplo: $f(x) = y$, sendo que x e y são valores, nos quais x é o domínio da função (a função está dependendo dele) e y é um valor que depende do valor de x, sendo a imagem da função.

As funções possuem um conjunto chamado domínio e outro, imagem da função, além do contradomínio. No plano cartesiano, que o eixo x representa o **domínio** da função, enquanto no eixo y apresentam-se os valores obtidos em função de x, constituindo a imagem da função (o eixo y seria o **contradomínio** da função).

Com os conjuntos $A = \{1, 4, 7\}$ e $B = \{1, 4, 6, 7, 8, 9, 12\}$ cria-se a função $f: A \rightarrow B$ definida por $f(x) = x + 5$, que também pode ser representada por $y = x + 5$. A representação, utilizando conjuntos, desta função é:

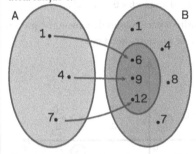

O conjunto A é o conjunto de saída e o B é o conjunto de chegada. Domínio é um sinônimo para conjunto de saída, ou seja, para esta função o domínio é o próprio conjunto $A = \{1, 4, 7\}$.

Como, em uma função, o conjunto de saída (domínio) deve ter todos os seus elementos relacionados, não precisa ter subdivisões para o domínio.

O domínio de uma função é chamado de campo de definição ou campo de existência da função, e é representado pela letra D.

O conjunto de chegada B, também possui um sinônimo, é chamado de contradomínio, representado por CD.

Note que é possível fazer uma subdivisão dentro do contradomínio e ter elementos do contradomínio que não são relacionados com algum elemento do domínio e outros que são. Por isso, deve-se levar em consideração esta subdivisão.

Este subconjunto é chamado de conjunto **imagem**, e é composto por todos os elementos em que as flechas de relacionamento chegam.

O conjunto imagem é representado por Im, e cada ponto que a flecha chega é chamado de imagem.

6.2 Plano cartesiano

Criado por René Descartes, o plano cartesiano consiste em dois eixos perpendiculares, sendo o horizontal chamado de eixo das abscissas e o vertical de eixo das ordenadas. O plano cartesiano foi desenvolvido por Descartes no intuito de localizar pontos em determinado espaço.

As disposições dos eixos no plano formam quatro quadrantes, mostrados na figura a seguir:

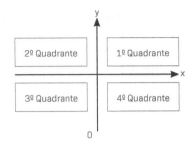

O encontro dos eixos é chamado de origem. Cada ponto do plano cartesiano é formado por um par ordenado (x, y), em que x: abscissa e y: ordenada.

6.2.1 Raízes

Em matemática, uma raiz ou zero da função consiste em determinar os pontos de interseção da função com o eixo das abscissas no plano cartesiano. A função f é um elemento no domínio de f tal que $f(x) = 0$.

Considere a função:
$f(x) = x^2 - 6x + 9$
3 é uma raiz de f, porque:
$f(3) = 3^2 - 6 \cdot 3 + 9 = 0$

6.3 Funções injetoras, sobrejetoras e bijetoras

Função injetora: é a função em que cada x encontra um único y, ou seja, os elementos distintos têm imagens distintas.

Função sobrejetora: a função em que o conjunto imagem é exatamente igual ao contradomínio (y).

Função bijetora: a função que for injetora e sobrejetora ao mesmo tempo.

6.4 Funções crescentes, decrescentes e constantes

Função crescente: à medida que x aumenta, as imagens vão aumentando.

Com $x_1 > x_2$ a função é crescente para $f(x_1) > f(x_2)$, isto é, aumentando valor de x, aumenta o valor de y.

Função decrescente: à medida que x aumenta, as imagens vão diminuindo (decrescente).

Com $x_1 > x_2$ a função é crescente para $f(x_1) < f(x_2)$, isto é, aumentando x, diminui o valor de y.

Função constante: em uma função constante qualquer que seja o elemento do domínio, eles sempre terão a mesma imagem, ao variar x encontra sempre o mesmo valor y.

6.5 Funções inversas e compostas

6.5.1 Função inversa

Dada uma função $f: A \rightarrow B$, se f é bijetora, se define a função inversa f^{-1} como sendo a função de B em A, tal que $f^{-1}(y) = x$.

Determine a inversa da função definida por:
$y = 2x + 3$
Trocando as variáveis x e y:
$x = 2y + 3$

FUNÇÕES

Colocando y em função de x:
$$\begin{cases} 2y = x - 3 \\ y = \dfrac{x-3}{2} \end{cases}$$, que define a função inversa da função dada.

6.5.2 Função composta

A função obtida que substitui a variável independente x por uma função, chama-se função composta (ou função de função).

Simbolicamente fica:

$$f_o g(x) = f(g(x)) \text{ ou } g_o f(x) = g(f(x))$$

Dadas as funções $f(x) = 2x + 3$ e $g(x) = 5x$, determine $g_o f(x)$ e $f_o g(x)$.
$g_o f(x) = g[f(x)] = g(2x + 3) = 5(2x + 3) = 10x + 15$
$f_o g(x) = f[g(x)] = f(5x) = 2(5x) + 3 = 10x + 3$

6.6 Função afim

Chama-se função polinomial do 1º grau, ou função afim, qualquer função f dada por uma lei da forma $f(x) = ax + b$, cujo a e b são números reais dados e $a \neq 0$.

Na função $f(x) = ax + b$, o número a é chamado de coeficiente de x e o número b é chamado termo constante.

6.6.1 Gráfico

O gráfico de uma função polinomial do 1º grau, $y = ax + b$, com $a \neq 0$, é uma reta oblíqua aos eixos x e y.

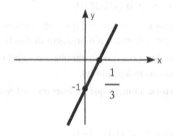

6.6.2 Zero e equação do 1º grau

Chama-se zero ou raiz da função polinomial do 1º grau $f(x) = ax + b$, $a \neq 0$, o número real x tal que $f(x) = 0$.

Assim: $f(x) = 0 \Rightarrow ax + b = 0 \Rightarrow x = \dfrac{-b}{a}$

6.6.3 Crescimento e decrescimento

A função do 1º grau $f(x) = ax + b$ é crescente, quando o coeficiente de x é positivo (a > 0).

A função do 1º grau $f(x) = ax + b$ é decrescente, quando o coeficiente de x é negativo (a < 0).

6.6.4 Sinal

Estudar o sinal de qualquer $y = f(x)$ é determinar o valor de x para os quais y é positivo, os valores de x para os quais y é zero e os valores de x para os quais y é negativo.

Considere uma função afim $y = f(x) = ax + b$, essa função se anula para a raiz $x = \dfrac{-b}{a}$.

Há dois casos possíveis:

a > 0 (a função é crescente)

$y > 0 \Rightarrow ax + b > 0 \Rightarrow x > \dfrac{-b}{a}$

$y < 0 \Rightarrow ax + b < 0 \Rightarrow x < \dfrac{-b}{a}$

Logo, y é positivo para valores de x maiores que a raiz; y é negativo para valores de x menores que a raiz.

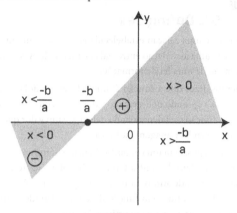

a < 0 (a função é decrescente)

$y > 0 \Rightarrow ax + b > 0 \Rightarrow x < \dfrac{-b}{a}$

$y < 0 \Rightarrow ax + b < 0 \Rightarrow x < \dfrac{-b}{a}$

Portanto, y é positivo para valores de x menores que a raiz; y é negativo para valores de x maiores que a raiz.

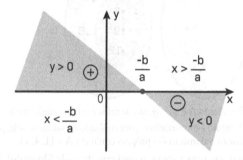

6.6.5 Equações e inequações do 1º grau

Equação

Uma equação do 1º grau na incógnita x é qualquer expressão do 1º grau que pode ser escrita em uma das seguintes formas:

$$ax + b = 0$$

Para resolver uma equação, basta achar o valor de x.

▷ **Sistema de equação**

Um sistema de equação de 1º grau com duas incógnitas é formado por duas equações de 1º grau com duas incógnitas diferentes em cada equação.

$$\begin{cases} x + y = 20 \\ 3x - 4y = 72 \end{cases}$$

Para encontrar o par ordenado desse sistema, é preciso utilizar dois métodos para a sua solução, são eles: substituição e adição.

▷ **Método da substituição**

Esse método consiste em escolher uma das duas equações, isolar uma das incógnitas e substituir na outra equação.

Dado o sistema $\begin{cases} x + y = 20 \\ 3x - 4y = 72 \end{cases}$ enumeramos as equações.

$\begin{cases} x + y = 20 \quad \boxed{1} \\ 3x - 4y = 72 \quad \boxed{2} \end{cases}$

Escolhemos a equação 1 e isolamos o x:
x + y = 20
x = 20 - y
Na equação 2, substituímos o valor de x = 20 - y.
3x + 4 y = 72
3 (20 - y) + 4y = 72
60 - 3y + 4y = 72
- 3y + 4y = 72 - 60
y = 12
Para descobrir o valor de x, substituir y por 12 na equação:
x = 20 - y.
x = 20 - y
x = 20 - 12
x = 8
Portanto, a solução do sistema é S = (8, 12)

▷ **Método da adição**

Este método consiste em adicionar as duas equações de tal forma que a soma de uma das incógnitas seja zero. Para que isso aconteça, será preciso que multipliquemos as duas equações ou apenas uma equação por números inteiros para que a soma de uma das incógnitas seja zero.

Dado o sistema:
$\begin{cases} x + y = 20 \\ 3x - 4y = 72 \end{cases}$

Para adicionar as duas equações e a soma de uma das incógnitas de zero, teremos que multiplicar a primeira equação por –3.

$\begin{cases} x + y = 20 \quad (-3) \\ 3x - 4y = 72 \end{cases}$

Agora, o sistema fica assim:
$\begin{cases} -3x - 3y = -60 \\ 3x + 4y = 72 \end{cases}$

Adicionando as duas equações:
- 3x - 3y = - 60
+ 3x + 4y = 72
y = 12
Para descobrir o valor de x, escolher uma das duas equações e substituir o valor de y encontrado:
x + y = 20
x + 12 = 20
x = 20 - 12
x = 8
Portanto, a solução desse sistema é: S = (8, 12)

Inequação

Uma inequação do 1º grau na incógnita x é qualquer expressão do 1º grau que pode ser escrita em uma das seguintes formas:

ax + b > 0
ax + b < 0
ax + b ≥ 0
ax + b ≤ 0

Sendo **a, b** são números reais com a ≠ 0.
$\begin{vmatrix} -2x + 7 > 0 \\ x - 10 \leq 0 \\ 2x + 5 \leq 0 \\ 12 - x < 0 \end{vmatrix}$

▷ **Resolvendo uma inequação de 1º grau**

Uma maneira simples de resolver uma inequação do 1º grau é isolar a incógnita x em um dos membros da desigualdade.

Resolva a inequação $-2x + 7 > 0$:
$-2x > -7 \cdot (-1)$
$2x < 7$
$x < \dfrac{7}{2}$
Logo, a solução da inequação é $x < \dfrac{7}{2}$.

Resolva a inequação $2x - 6 < 0$:
$2x < 6$
$x < \dfrac{6}{2}$
$x < 3$
Portanto, a solução da inequação é x < 3.

Pode-se resolver qualquer inequação do 1º grau por meio do estudo do sinal de uma função do 1º grau, com o seguinte procedimento:
- Iguala-se a expressão ax + b a zero.
- Localiza-se a raiz no eixo x.
- Estuda-se o sinal conforme o caso.

$-2x + 7 > 0$
$-2x + 7 = 0$
$x = \dfrac{7}{2}$

x < 7/2

$2x - 6 < 0$
$2x - 6 = 0$
$x = 3$

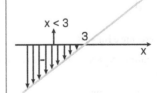

FUNÇÕES

6.7 Equação e função exponencial

Equação exponencial é toda equação na qual a incógnita aparece em expoente.

Para resolver equações exponenciais, devem-se realizar dois passos importantes:
- Redução dos dois membros da equação a potências de mesma base.
- Aplicação da propriedade:

$a^m = a^n \Rightarrow m = n$ $(a \neq 1$ e $a > 0)$

6.7.1 Função exponencial

Funções exponenciais são aquelas nas quais temos a variável aparecendo em expoente.

A função $f: \mathbb{R} \to \mathbb{R}_+$, definida por $f(x) = a^x$, com $a \in \mathbb{R}_+$ e $a \neq 1$, é chamada função exponencial de base a. O domínio dessa função é o conjunto $\mathbb{R}$ (reais) e o contradomínio é $\mathbb{R}_+$ (reais positivos, maiores que zero).

6.7.2 Gráfico cartesiano da função exponencial

Há dois casos a considerar:

Quando a > 1:

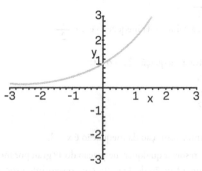

$f(x)$ é crescente e $Im = \mathbb{R}_+$

Para quaisquer x_1 e x_2 do domínio: $x_2 > x_1 \Rightarrow y_2 > y_1$ (as desigualdades têm mesmo sentido).

Quando 0 < a < 1:

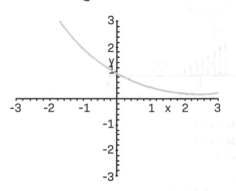

$f(x)$ é decrescente e $Im = \mathbb{R}_+$

Para quaisquer x_1 e x_2 do domínio: $x_2 > x_1 \Rightarrow y_2 < y_1$ (as desigualdades têm sentidos diferentes).

Nas duas situações, pode-se observar que:
- O gráfico nunca intercepta o eixo horizontal.
- A função não tem raízes; o gráfico corta o eixo vertical no ponto (0,1).
- Os valores de y são sempre positivos (potência de base positiva é positiva), portanto, o conjunto imagem é $Im = \mathbb{R}_+$.

6.7.3 Inequações exponenciais

Inequação exponencial é toda inequação na qual a incógnita aparece em expoente.

Para resolver inequações exponenciais, devem-se realizar dois passos:
- Redução dos dois membros da inequação a potências de mesma base.
- Aplicação da propriedade:

$a > 1$

$a^m > a^n \Rightarrow m > n$

(as desigualdades têm mesmo sentido)

$0 < a < 1$

$a^m > a^n \Rightarrow m < n$

(as desigualdades têm sentidos diferentes)

6.8 Equação e função logarítmica

6.8.1 Logaritmo

$$a^x = b \Leftrightarrow \log_a b = x$$

Sendo $b > 0$, $a > 0$ e $a \neq 1$

Na igualdade $x = \log_a b$ tem:

a = base do logaritmo

b = logaritmando ou antilogaritmo

x = logaritmo

Consequências da definição

Sendo $b > 0$, $a > 0$ e $a \neq 1$ e m um número real qualquer, em seguida, algumas consequências da definição de logaritmo:

$\log_a 1 = 0$

$\log_a a = 1$

$\log_a a^m = m$

$a^{\log_a b} = b$

$\log_a b = \log_a c \Leftrightarrow b = c$

Propriedades operatórias dos logaritmos

$\log_a (x \cdot y) = \log_a x + \log_a y$

$\log_a \left[\dfrac{x}{y}\right] = \log_a x - \log_a y$

$\log_a x^m = m \cdot \log_a x$

$\log_a \sqrt[n]{x^m} = \log_a x^{\frac{m}{n}} = \dfrac{m}{n} \cdot \log_a x$

Cologaritmo

$\mathrm{colog}_a b = \log_a \dfrac{1}{b}$

$\mathrm{colog}_a b = -\log_a b$

Mudança de base

$$\log_a x = \frac{\log_b x}{\log_b a}$$

6.8.2 Função logarítmica

A função $f: \mathbb{R}_+ \to \mathbb{R}$, definida por $f(x) = \log_a x$, com $a \neq 1$ e $a > 0$, é chamada função logarítmica de base a. O domínio dessa função é o conjunto $\mathbb{R}_+$ (reais positivos, maiores que zero) e o contradomínio é $\mathbb{R}$ (reais).

Gráfico cartesiano da função logarítmica

Há dois casos a se considerar:

Quando a>1:

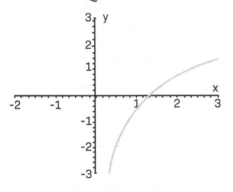

$f(x)$ é crescente e Im = IR

Para quaisquer x_1 e x_2 do domínio: $x_2 > x_1 \Rightarrow y_2 < y_1$ (as desigualdades têm mesmo sentido).

Quando 0<a<1:

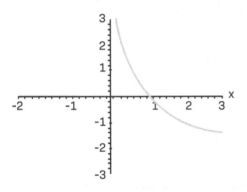

$f(x)$ é decrescente e Im = IR

Para quaisquer x_1 e x_2 do domínio: $x_1 > x_2 \Rightarrow y_1 < y_2$ (as desigualdades têm sentidos diferentes).

Nas duas situações, pode-se observar que:
- O gráfico nunca intercepta o eixo vertical.
- O gráfico corta o eixo horizontal no ponto (1, 0).
- A raiz da função é x = 1.
- Y assume todos os valores reais, portanto, o conjunto imagem é Im = IR.

6.8.3 Equações logarítmicas

Equações logarítmicas são toda equação que envolve logaritmos com a incógnita aparecendo no logaritmando, na base ou em ambos.

6.8.4 Inequações logarítmicas

Inequações logarítmicas são toda inequação que envolve logaritmos com a incógnita aparecendo no logaritmando, na base ou em ambos.

Para resolver inequações logarítmicas, devem-se realizar dois passos:
- Redução dos dois membros da inequação a logaritmos de mesma base.
- Aplicação da propriedade:

a > 1

$\log_a m > \log_a n \Rightarrow m > n > 0$

(as desigualdades têm mesmo sentido)

0 < a < 1

$\log_a m > \log_a n \Rightarrow 0 < m < n$

(as desigualdades têm sentidos diferentes)

SEQUÊNCIAS NUMÉRICAS

7 SEQUÊNCIAS NUMÉRICAS

Neste capítulo, conheceremos a formação de uma sequência e também do que trata a P.A. (Progressão Aritmética) e a P.G. (Progressão Geométrica).

7.1 Definições

Sequências: conjunto de elementos organizados de acordo com certo padrão, ou seguindo determinada regra. O conhecimento das sequências é fundamental para a compreensão das progressões.

Progressões: são sequências numéricas com algumas características exclusivas.

Cada elemento das sequências e/ou progressões são denominados termos.

Sequência dos números quadrados perfeitos: (1, 4, 9, 16, 25, 36, 49, 64, 81, 100...).

Sequência dos números primos: (2, 3, 5, 7, 11, 13, 17, 19, 23, 29, 31, 37, 41, 43, 47, 53...).

O que determina a formação na sequência dos números é: $a_n = n^2$.

7.2 Lei de formação de uma sequência

Para determinar uma sequência numérica é preciso uma lei de formação. A lei que define a sequência pode ser a mais variada possível.

| A sequência definida pela lei $a_n = n^2 + 1$, com $n \in N$, cujo a_n é o termo que ocupa a n-ésima posição na sequência é: 0, 2, 5, 10, 17, 26... Por esse motivo, a_n é chamado de termo geral da sequência.

7.3 Progressão aritmética (P.A.)

Progressão aritmética é uma sequência numérica em que cada termo, a partir do segundo, é igual ao anterior adicionado a um número fixo, chamado razão da progressão (r).

Quando r > 0, a progressão aritmética é crescente; quando r < 0, decrescente e quando r = 0, constante ou estacionária.

- (2, 5, 8, 11, ...), temos r = 3. Logo, a P.A. é crescente.
- (20, 18, 16, 14, ...), temos r = -2. Logo, a P.A. é decrescente.
- (5, 5, 5, 5, ...), temos r = 0. Logo, a P.A. é constante.

A representação matemática de uma progressão aritmética é: $(a_1, a_2, a_3, ..., a_n, a_{n+1}, ...)$ na qual:

$$\begin{cases} a_2 = a_1 + r \\ a_3 = a_2 + r \\ a_4 = a_3 + r \\ \vdots \end{cases}$$

Se a razão de uma P.A. é a quantidade que acrescentamos a cada termo para obter o seguinte, podemos dizer que ela é igual à diferença entre qualquer termo, a partir do segundo, e o anterior. Assim, de modo geral, temos:

$$r = a_2 - a_1 = a_3 - a_2 = ... = a_{n+1} - a_n$$

Para encontrar um termo específico, a quantidade de termos ou até mesmo a razão de uma P.A., dispomos de uma relação chamada termo geral de uma P.A.: $a_n = a_1 + (n-1)r$, onde:

- a_n é o termo geral.
- a_1 é o primeiro termo.
- n é o número de termos.
- r é a razão da P.A.

Propriedades:

P_1. Em toda P.A. finita, a soma de dois termos equidistantes dos extremos é igual à soma dos extremos.

```
1    3    5    7    9    11
          5 + 7 = 12
     3 + 9 = 12
1 + 11 = 12
```

Dois termos são equidistantes quando a distância entre um deles para o primeiro termo da P.A. é igual a distância do outro para o último termo da P.A.

P_2. Uma sequência de três termos é P.A. se o termo médio é igual à média aritmética entre os outros dois, isto é, (a, b, c) é P.A. $\Leftrightarrow b = \dfrac{a+c}{2}$

| Seja a P.A. (2, 4, 6), então, $4 = \dfrac{2+6}{2}$

P_3. Em uma P.A. com número ímpar de termos, o termo médio é a média aritmética entre os extremos.

| (3, 6, 9, 12, 15, 18, 21, 24, 27, 30, 33, 36, 39), $21 = \dfrac{3+39}{2}$

P_4. A soma S_n dos n primeiros termos da P.A. $(a_1, a_2, a_3, ... a_n)$ é dada por:

$$S_n = \dfrac{(a_1 + a_n) \cdot n}{2}$$

| Calcule a soma dos termos da P.A. (1, 4, 7, 10, 13, 16, 19, 22, 25).
| $a_1 = 1; a_n = 25; n = 9$
|
| $S_n = \dfrac{(a_1 + a^n) \cdot n}{2}$
|
| $S_n = \dfrac{(1 + 25) \cdot 9}{2}$
|
| $S_n = \dfrac{(26) \cdot 9}{2}$
|
| $S_n = \dfrac{234}{2}$
|
| $S_n = 117$

7.3.1 Interpolação aritmética

Interpolar significa inserir termos, ou seja, interpolação aritmética é a colocação de termos entre os extremos de uma P.A. Consiste basicamente em descobrir o valor da razão da P.A. e inserir esses termos.

Utiliza-se a fórmula do termo geral para a resolução das questões, em que **n** será igual a **k + 2**, cujo **k** é a quantidade de termos que se quer interpolar.

| Insira 5 termos em uma P.A. que começa com 3 e termina com 15.
| $a_1 = 3; a_n = 15; k = 5$ e   r = 2
| n = 5 + 2 = 7   Então, P.A.
| $a_n = a_1 + (n - 1) \cdot r$ (3, 5, 7, 9, 11, 13, 15)
| $15 = 3 + (7 - 1) \cdot r$
| 15 = 3 + 6r
| 6r = 15 − 3
| 6r = 12
| $r = \dfrac{12}{6}$

7.4 Progressão geométrica (P.G.)

Progressão geométrica é uma sequência de números não nulos em que cada termo, a partir do segundo, é igual ao anterior multiplicado por um número fixo, chamado razão da progressão (q).

A representação matemática de uma progressão geométrica é $(a_1, a_2, a_3, ..., a_{n-1}, a_n)$, na qual $a_2 = a_1 \cdot q$, $a_3 = a_2 \cdot q$, ... etc. De modo geral, escrevemos: $a_{n+1} = a_n \cdot q$, $\forall n \in \mathbb{N}^*$ e $q \in \mathbb{R}$.

Em uma P.G., a razão q é igual ao quociente entre qualquer termo, a partir do segundo, e o anterior.

$(4, 8, 16, 32, 64)$

$q = \dfrac{8}{4} = \dfrac{16}{8} = \dfrac{32}{16} = \dfrac{64}{32} = 2$

$(6, -18, 54, -162)$

$q = \dfrac{186}{6} = \dfrac{54}{-18} = \dfrac{-162}{54} = -3$

Assim, podemos escrever:

$\dfrac{a_2}{a_1} = \dfrac{a_3}{a_2} = ... = \dfrac{a_{n+1}}{a_n} = q$, sendo q a razão da P.G.

Podemos classificar uma P.G. como:

Crescente:

Quando $a_1 > 0$ e $q > 1$

| $(2, 6, 18, 54, ...)$ é uma P.G. crescente com $a_1 = 2$ e $q = 3$

Quando $a_1 < 0$ e $0 < q < 1$

| $(-40, -20, -10, ...)$ é uma P.G. crescente com $a_1 = -40$ e $q = 1/2$

Decrescente:

Quando $a_1 > 0$ e $0 < q < 1$

| $(256, 64, 16, ...)$ é uma P.G. decrescente com $a_1 = 256$ e $q = 1/4$

Quando $a_1 < 0$ e $q > 1$

| $(-2, -10, -50, ...)$ é uma P.G. decrescente com $a_1 = -2$ e $q = 5$

Constante:

Quando q=1

| $(3, 3, 3, 3, 3, ...)$ é uma P.G. constante com $a_1 = 3$ e $q = 1$

Alternada:

Quando $q < 0$

| $(2, -6, 18, -54)$ é uma P.G. alternada com $a_1 = 2$ e $q = -3$

A fórmula do termo geral de uma P.G. nos permite encontrar qualquer termo da progressão.

$$a_n = a_1 \cdot q^{n-1}$$

Propriedades:

P_1. Em toda P.G. finita, o produto de dois termos equidistantes dos extremos é igual ao produto dos extremos.

1   3   9   27   81   243
         9 · 27 = 243
         3 · 81 = 243
         1 · 243 = 243

Dois termos são equidistantes quando a distância de um deles para o primeiro termo P.G. é igual a distância do outro para o último termo da P.G.

P_2. Uma sequência de três termos, em que o primeiro é diferente de zero, é uma P.G., e sendo o quadrado do termo médio igual ao produto dos outros dois, isto é, $a \neq 0$.

| (a, b, c) é P.G. $\Leftrightarrow b^2 = ac$
| $(2, 4, 8) \Leftrightarrow 4^2 = 2 \cdot 8 = 16$

P_3. Em uma P.G. com número ímpar de termos, o quadrado do termo médio é igual ao produto dos extremos.

| $(2, 4, 8, 16, 32, 64, 128, 256, 512)$, temos que $32^2 = 2 \cdot 512 = 1.024$.

P_4. Soma dos n primeiros termos de uma P.G.: $S_n = \dfrac{a_1(q^n - 1)}{q - 1}$

P_5. Soma dos termos de uma P.G. infinita:

| $S_\infty = \dfrac{a_1}{q - 1}$, se $-1 < q < 1$
| $1 - q$

- $S_\infty = +\infty$, se $q > 1$ e $a_1 > 0$
- $S_\infty = -\infty$, se $q > 1$ e $a_1 < 0$

7.4.1 Interpolação geométrica

Interpolar significa inserir termos, ou seja, interpolação geométrica é a colocação de termos entre os extremos de uma P.G. Consiste basicamente em descobrir o valor da razão da P.G. e inserir esses termos.

Utiliza-se a fórmula do termo geral para a resolução das questões, em que **n** será igual a **p + 2**, cujo **p** é a quantidade de termos que se quer interpolar.

Insira 4 termos em uma P.G. que começa com 2 e termina com 2.048.
$a_1 = 2$; $a_n = 2.048$; $p = 4$ e $n = 4 + 2 = 6$
$a_n = a_1 \cdot q^{(n-1)}$
$2.048 = 2 \cdot q^{(6-1)}$
$2.048 = 2 \cdot q^5$
$q^5 = \dfrac{2.048}{2}$
$q^5 = 1.024$ $(1.024 = 4^5)$
$q^5 = 4^5$
$q = 4$
P.G. $(2, \mathbf{8, 32, 128, 512}, 2.048)$.

7.4.2 Produto dos termos de uma P.G.

Para o cálculo do produto dos termos de uma P.G., usar a seguinte fórmula:

$$P_n = \sqrt{(a_1 \cdot a_n)^n}$$

Qual o produto dos termos da P.G. $(5, 10, 20, 40, 80, 160)$?
$a_1 = 5$; $a_n = 160$; $n = 6$
$P_n = \sqrt{(a_1 \cdot a_n)^n}$
$P_n = \sqrt{(5 \cdot 160)^6}$
$P_n = (5 \cdot 160)^3$
$P_n = (800)^3$
$P_n = 512.000.000$

8 ANÁLISE COMBINATÓRIA

As primeiras atividades matemáticas estavam ligadas à contagem de objetos de um conjunto, enumerando seus elementos.

Vamos estudar algumas técnicas para a descrição e contagem de casos possíveis de um acontecimento.

8.1 Definição

A análise combinatória é utilizada para descobrir o **número de maneiras possíveis** para realizar determinado evento, sem que seja necessário demonstrar essas maneiras.

> Quantos são os pares formados pelo lançamento de dois **dados** simultaneamente?
> No primeiro dado, temos 6 possibilidades – do 1 ao 6 – e, no segundo dado, também temos 6 possibilidades – do 1 ao 6. Juntando todos os pares formados, temos 36 pares (6 · 6 = 36).
> (1,1), (1,2), (1,3), (1,4), (1,5), (1,6),
> (2,1), (2,2), (2,3), (2,4), (2,5), (2,6),
> (3,1), (3,2), (3,3), (3,4), (3,5), (3,6),
> (4,1), (4,2), (4,3), (4,4), (4,5), (4,6),
> (5,1), (5,2), (5,3), (5,4), (5,5), (5,6),
> (6,1), (6,2), (6,3), (6,4), (6,5), (6,6).
> Logo, temos **36 pares**.

Não há necessidade de expor todos os pares formados, basta que saibamos quantos pares existem.

Imagine se fossem 4 dados e quiséssemos saber todas as quadras possíveis, o resultado seria 1.296 quadras. Um número inviável de ser representado. Por isso utilizamos a análise combinatória.

Para resolver as questões de análise combinatória, utilizamos algumas técnicas, que veremos a seguir.

8.2 Fatorial

É comum, nos problemas de contagem, calcularmos o produto de uma multiplicação cujos fatores são números naturais consecutivos. Fatorial de um número (natural) é a multiplicação deste número por todos os seus antecessores, em ordem, até o número 1 ·

> $n! = n(n-1)(n-2)...3.2.1$, sendo $n \in \mathbb{N}$ e $n > 1$.

Por definição, temos:
- $0! = 1$
- $1! = 1$
- $4! = 4 \cdot 3 \cdot 2 \cdot 1 = 24$
- $6! = 6 \cdot 5 \cdot 4 \cdot 3 \cdot 2 \cdot 1 = 720$
- $8! = 8 \cdot 7 \cdot 6 \cdot 5 \cdot 4 \cdot 3 \cdot 2 \cdot 1 = 40.320$

Observe que:
- $6! = 6 \cdot 5 \cdot 4!$
- $8! = 8 \cdot 7 \cdot 6!$

Para n = 0, teremos: 0! = 1.
Para n = 1, teremos: 1! = 1.

> Qual deve ser o valor numérico de n para que a equação $(n + 2)! = 20 \cdot n!$ seja verdadeira?
> O primeiro passo na resolução deste problema consiste em escrevermos **(n + 2)!** em função de **n!**, em busca de uma equação que não mais contenha fatoriais:
> (n+2) (n+1) n! = 20n!, dividindo por n!, tem os:
> (n+2) (n+1) = 20, fazendo a distributiva.
> $n^2 + 3n + 2 = 20 \Rightarrow n^2 + 3n - 18 = 0$

Conclui-se que as raízes procuradas são **-6** e **3**, mas como não existe fatorial de números negativos, já que eles não pertencem ao conjunto dos números naturais, ficamos apenas com a raiz igual a 3.
Portanto:
O valor numérico de n, para que a equação seja verdadeira, é igual a 3.

8.3 Princípio fundamental da contagem (PFC)

O PFC é utilizado nas questões em que os elementos podem ser repetidos **ou** quando a ordem dos elementos fizer diferença no resultado.

É uma das técnicas mais importantes e uma das mais utilizadas nas questões de análise combinatória.

> **Fique ligado**
> Esses elementos são os dados das questões, os valores envolvidos.

Consiste de dois princípios: o **multiplicativo** e o **aditivo**. A diferença dos dois consiste nos termos utilizados durante a resolução das questões.

Multiplicativo: usado sempre que na resolução das questões utilizarmos o termo e. Como o próprio nome já diz, faremos multiplicações.

Aditivo: usado quando utilizarmos o termo **ou**. Aqui realizaremos somas.

> Quantas senhas de 3 algarismos são possíveis com os algarismos 1, 3, 5 e 7?
> Como nas senhas os algarismos podem ser repetidos, para formar senhas de 3 algarismos temos a seguinte possibilidade:
> SENHA = Algarismo E Algarismo E Algarismo
> Nº de SENHAS = 4 · 4 · 4 (já que são 4 os algarismos que temos na questão, e observe o princípio multiplicativo no uso do e). Nº de SENHAS = 64.

> Quantos são os números naturais de dois algarismos que são múltiplos de 5?
> Como o zero à esquerda de um número não é significativo, para que tenhamos um número natural com dois algarismos, ele deve começar com um dígito de 1 a 9. Temos, portanto, 9 possibilidades.
> Para que o número seja um múltiplo de 5, ele deve terminar em 0 ou 5, portanto, temos apenas 2 possibilidades. A multiplicação de 9 por 2 nos dará o resultado desejado. Logo: são 18 os números naturais de dois algarismos e múltiplos de 5.

8.4 Arranjo e combinação

Duas outras técnicas usadas para resolução de problemas de análise combinatória, sendo importante saber quando usa cada uma delas.

Arranjo: usado quando os elementos (envolvidos no cálculo) não podem ser repetidos E quando a ordem dos elementos faz diferença no resultado.

A fórmula do arranjo é:

$$A_{n,p} = \frac{n!}{(n \cdot p)!}$$

Sendo:
- **n** = todos os elementos do conjunto.
- **p** = os elementos utilizados.
- pódio de competição

MATEMÁTICA

Combinação: usado quando os elementos (envolvidos no cálculo) não podem ser repetidos E quando a ordem dos elementos não faz diferença no resultado.

A fórmula da combinação é:

$$C_{n,p} = \frac{n!}{p! \cdot (n-p)!}$$

Sendo:

n = a todos os elementos do conjunto.

p = os elementos utilizados.

| salada de fruta.

8.5 Permutação

8.5.1 Permutação simples

Seja **E** um conjunto com **n** elementos. Chama-se permutação simples dos **n** elementos, qualquer agrupamento (sequência) de **n** elementos distintos de **E** em outras palavras. Permutação é a **organização** de **todos** os elementos

Podemos, também, interpretar cada permutação de **n** elementos como um arranjo simples de **n** elementos tomados **n** a **n**, ou seja, p = n.

Nada mais é do que um caso particular de arranjo cujo p = n.

Logo:

Assim, a fórmula da permutação é:

$$P_n = n!$$

| Quantos anagramas tem a palavra prova?
| A palavra **prova** tem 5 letras, e nenhuma repetida, sendo assim n = 5, é:
| P5 = 5!
| P5 = 5 · 4 · 3 · 2 · 1
| P5 = 120 anagramas

Fique ligado

As permutações são muito usadas nas questões de anagramas. Anagramas são palavras formadas com todas as letras de uma palavra, desde que essas novas palavras tenham sentido ou não na linguagem comum.

8.5.2 Permutação com elementos repetidos

Na permutação com elementos repetidos, usa-se a seguinte fórmula:

$$P_n^{k,y,...,w} = \frac{n!}{k! \cdot y! \cdot ... \cdot w!}$$

Sendo:

n = o número total de elementos do conjunto.

k, y, w = as quantidades de elementos repetidos.

| Quantos anagramas tem a palavra concurso?
| Observe que na palavra **concurso** existem duas letras repetidas, C e O, e cada uma duas vezes, portanto, n = 8, k = 2 e y = 2, sendo:

$$P_8^{2,2} = \frac{8!}{2! \cdot 2!}$$

$$P_8^{2,2} = \frac{8 \cdot 7 \cdot 6 \cdot 5 \cdot 4 \cdot 3 \cdot 2!}{2 \cdot 1 \cdot 2!} \text{ (Simplificando o 2!)}$$

$$P_8^{2,2} = \frac{20.160}{2}$$

$$P_8^{2,2} = 10.080 \text{ anagramas}$$

Resumo:

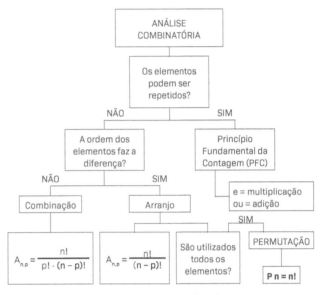

Para saber qual das técnicas utilizar, faça duas, no máximo, três perguntas para a questão, como segue:

Os elementos podem ser repetidos?

Se a resposta for sim, deve-se trabalhar com o PFC; se a resposta for não, passe para a próxima pergunta.

A ordem dos elementos faz diferença no resultado da questão?

Se a resposta for sim, trabalha-se com arranjo; se a resposta for não, trabalha-se com as combinações (todas as questões de arranjo podem ser feitas por PFC).

Vou utilizar todos os elementos para resolver a questão? (opcional)

Para fazer a 3ª pergunta, dependerá se a resposta da 1ª for não e a 2ª for sim; se a resposta da 3ª for sim, trabalha-se com as permutações.

8.5.3 Permutações circulares e combinações com repetição

Casos especiais dentro da análise combinatória

Permutação circular: usada quando houver giro horário ou anti-horário. Na permutação circular o que importa são as posições, não os lugares.

$$PC_n = (n-1)!$$

Sendo:

n = o número total de elementos do conjunto.

Pc = permutação circular.

ANÁLISE COMBINATÓRIA

Combinação com repetição: usada quando p > n ou quando a questão deixar subentendido que pode haver repetição.

$$A_{n,p} = C_{(n+p-1,p)} = \frac{(n+p-1)!}{p! \cdot (n-1)!}$$

Sendo:

n = o número total de elementos do conjunto.
p = o número de elementos utilizados.
Cr = combinação com repetição.

MATEMÁTICA

9 PROBABILIDADE

A que temperatura a água entra em ebulição? Ao soltar uma bola, com que velocidade ela atinge o chão? Ao conhecer certas condições, é perfeitamente possível responder a essas duas perguntas, antes mesmo da realização desses experimentos.

Esses experimentos são denominados determinísticos, pois neles os resultados podem ser previstos.

Considere agora os seguintes experimentos:
- No lançamento de uma moeda, qual a face voltada para cima?
- No lançamento de um dado, que número saiu?
- Uma carta foi retirada de um baralho completo. Que carta é essa?

Mesmo se esses experimentos forem repetidos várias vezes, nas mesmas condições, não poderemos prever o resultado.

Um experimento cujo resultado, mesmo que único, é imprevisível, é denominado experimento aleatório. E é justamente ele que nos interessa neste estudo. Um experimento ou fenômeno aleatório apresenta as seguintes características:
- Pode se repetir várias vezes nas mesmas condições.
- É conhecido o conjunto de todos os resultados possíveis.
- Não se pode prever o resultado.

A teoria da probabilidade surgiu para nos ajudar a medir a chance de ocorrer determinado resultado em um experimento aleatório.

9.1 Definições

Para o cálculo das probabilidades, temos que saber primeiro os três conceitos básicos acerca do tema:

Fique ligado
Maneiras possíveis de se realizar determinado evento (análise combinatória).
≠ (diferente)
Chance de determinado evento ocorrer (probabilidade).

Experimento aleatório: é o experimento em que não é possível garantir o resultado, mesmo que esse seja feito diversas vezes nas mesmas condições.

Lançamento de uma moeda: ao lançar uma moeda os resultados possíveis são cara ou coroa, mas não tem como garantir qual será o resultado desse lançamento.

Lançamento de um dado: da mesma forma que a moeda, não temos como garantir qual é o resultado (1, 2, 3, 4, 5 e 6) desse lançamento.

Espaço amostral (Ω) ou (U): é o conjunto de todos os resultados possíveis para um experimento aleatório.

Na moeda: o espaço amostral na moeda é Ω = 2, pois só temos dois resultados possíveis para esse experimento, que é ou cara ou coroa.

No dado: o espaço amostral no dado é U = 6, pois temos do 1 ao 6, como resultados possíveis para esse experimento.

Evento: qualquer subconjunto do espaço amostral é chamado evento.

No lançamento de um dado, por exemplo, em relação à face voltada para cima, podemos ter os eventos:
O número par: {2, 4, 6}.
O número ímpar: {1, 3, 5}.
Múltiplo de 8: { }.

9.2 Fórmula da probabilidade

Considere um experimento aleatório em que para cada um dos n eventos simples, do espaço amostral U, a chance de ocorrência é a mesma. Nesse caso, o cálculo da probabilidade de um evento qualquer dado pela fórmula:

$$P(A) = \frac{n(A)}{n(U)}$$

Na expressão acima, **n (U)** é o número de elementos do espaço amostral **U** e **n (A)**, o número de elementos do evento **A**.

$$P = \frac{evento}{espaço\ amostral}$$

Os valores da probabilidade variam de 0 (0%) a 1 (100%).

Quando a probabilidade é de 0 (0%), diz-se que o evento é impossível.
| Chance de você não passar num concurso.

Quando a probabilidade é de 1 (100%), diz-se que o evento é certo.
| Chance de você passar num concurso.

Qualquer outro valor entre 0 e 1, caracteriza-se como a probabilidade de um evento.

Na probabilidade também se usa o PFC, ou seja, sempre que houver duas ou mais probabilidades ligadas pelo conectivo e elas serão multiplicadas, e quando for pelo ou, elas serão somadas.

9.3 Eventos complementares

Dois eventos são ditos **complementares** quando a chance do evento ocorrer somado à chance de ele não ocorrer sempre dá 1.

$$P(A) + P(\bar{A}) = 1$$

Sendo:
- **P(A)** = a probabilidade do evento ocorrer.
- **P(Ā)** = a probabilidade do evento não ocorrer.

9.4 Casos especiais de probabilidade

A partir de agora, veremos algumas situações típicas da probabilidade, que servem para não perdermos tempo na resolução das questões.

9.4.1 Eventos independentes

Dois ou mais eventos são independentes quando não dependem uns dos outros para acontecer, porém ocorrem simultaneamente. Para calcular a probabilidade de dois ou mais eventos independentes, multiplicar a probabilidade de cada um deles.

| Uma urna tem 30 bolas, sendo 10 vermelhas e 20 azuis. Se sortear 2 bolas, 1 de cada vez e repondo a sorteada na urna, qual será a probabilidade de a primeira ser vermelha e a segunda ser azul?
Sortear uma bola vermelha da urna não depende de uma bola azul ser sorteada e vice-versa, então a probabilidade da bola ser vermelha é $\frac{10}{30}$, e para a bola ser azul a probabilidade é $\frac{20}{30}$. Dessa forma, a probabilidade de a primeira bola ser vermelha e a segunda azul é:

225

PROBABILIDADE

$$P = \frac{20}{30} \cdot \frac{10}{30}$$

$$P = \frac{200}{900}$$

$$P = \frac{2}{9}$$

9.4.2 Probabilidade condicional

É a probabilidade de um evento ocorrer, sabendo que já ocorreu outro, relacionado a esse.

A fórmula para o cálculo dessa probabilidade é:

$$P_{A/B} = \frac{P(A \cap B)}{P_B}$$

$$P = \frac{\text{probabilidade dos eventos simultâneos}}{\text{probabilidade do evento condicional}}$$

9.4.3 Probabilidade da união de dois eventos

Assim como na teoria de conjuntos, faremos a relação com a fórmula do número de elementos da união de dois conjuntos. É importante lembrar o que significa união.

A fórmula para o cálculo dessa probabilidade é:

$$P(A \cup B) = P(A) + P(B) - P(A \cap B)$$

Ao lançar um dado, qual é a probabilidade de obter um número primo ou um número ímpar?

Os números primos no dado são 2, 3 e 5, já os números ímpares no dado são 1, 3 e 5, então os números primos e ímpares são 3 e 5. Ao aplicar a fórmula para o cálculo da probabilidade fica:

$$P_{(A \cup B)} = \frac{3}{6} + \frac{3}{6} - \frac{2}{6}$$

$$P_{(A \cup B)} = \frac{4}{6}$$

$$P_{(A \cup B)} = \frac{2}{3}$$

9.4.4 Probabilidade binomial

Essa probabilidade é a chamada probabilidade estatística e será tratada aqui de forma direta e com o uso da fórmula.

A fórmula para o cálculo dessa probabilidade é:

$$P = C_{n,s} \cdot P^s_{sucesso} \cdot P^f_{fracasso}$$

Sendo:
- **C** = o combinação.
- **n** = o número de repetições do evento.
- **s** = o número de sucessos desejados.
- **f** = o número de fracassos.

10 ESTATÍSTICA DESCRITIVA

10.1 Conceitos

10.1.1 Estatística

Compreende os métodos científicos utilizados para coleta, organização, resumo, apresentação e análise, ou descrição, de dados de observação. Também abrange métodos utilizados para tomadas de decisões sob condições de incerteza.

10.1.2 Estatística descritiva

Inclui as técnicas empregadas para coleta e descrição de dados. Também é empregada na análise exploratória de dados.

10.1.3 Estatística inferencial

Utiliza informações incompletas para tomar decisões e tirar conclusões satisfatórias. O alicerce das técnicas de estatística inferencial está no cálculo de probabilidades. As duas técnicas de estatística inferencial são: estimação e teste de hipóteses.

10.1.4 População

Emprega-se para designar um conjunto de indivíduos que possuem pelo menos uma característica, ou atributo, em comum.

10.1.5 Amostra

Refere-se a qualquer subconjunto de uma população. A amostragem é uma das etapas mais importantes na aplicação de métodos estatísticos e envolve aspectos como determinação do tamanho da amostra, metodologia de formação e representatividade da amostra com relação à população.

10.1.6 Variável

É usada para atribuição dos valores correspondentes aos dados observados. É importante ressaltar que os dados em questão não são necessariamente numéricos, uma vez que podem dizer respeito a atributos qualitativos observados na população.

10.1.7 Censo

É um conjunto de dados obtidos de todos os membros da população.

10.1.8 Experimento aleatório

Fenômeno que, quando repetido inúmeras vezes em processos semelhantes, possui resultados imprevisíveis. As variáveis podem ser quantitativas (discreta ou contínua) ou qualitativas (nominal ou ordinal).

Quantitativa discreta: pode assumir apenas alguns valores.
| Número de filhos.
Quantitativa contínua: pode assumir infinitos valores.
| Peso, altura.
Qualitativa nominal: apenas identifica as categorias.
| Gênero (feminino e masculino).
Qualitativa ordinal: podem-se ordenar as categorias.

| Grau de instrução.

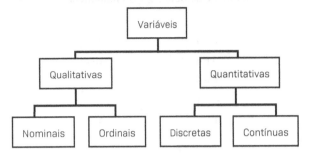

10.2 Apresentação dos dados

A apresentação dos dados pode ocorrer basicamente de três maneiras:
- Isolados.
- Ponderados.
- Agrupados.

Dados Isolados: representam os dados na forma bruta.
| 2, 2, 3, 5, 7, 8, 8, 9

Dados Ponderados: consistem em uma tabela que contém, para cada valor observado, o número de vezes que ele ocorre (frequência), mas não se pode saber a quem corresponde cada valor.

Nota	Frequência
0	2
1	1
1,5	1
2	2
2,5	1
3,5	2
4	3
4,5	3
5	5
5,5	2
6	3
6,5	2
7	3
8	1
8,5	1
Total	32

Dados agrupados: apenas para dados quantitativos. É uma tabela que contém divisões da variável em estudo (intervalos), em que é observado o número de vezes que ocorrem os valores contidos nestes intervalos.

ESTATÍSTICA DESCRITIVA

Intervalo de Nota	Frequência
0 ⊢ 2	4
2 ⊢ 4	5
4 ⊢ 6	13
6 ⊢ 8	8
8 ⊢ 10	2
Total	32

10.2.1 Dados brutos

Trata-se da designação para um conjunto de dados não ordenados.
| 42, 41, 58, 50, 41, 42, 41, 60, 43, 44, 46, 45, 57, 46, 50, 51, 52, 60, 54, 58.

10.2.2 Rol

É um conjunto de dados ordenados.
| 41, 41, 41, 42, 42, 43, 44, 45, 46, 46, 50, 50, 51, 52, 54, 57, 58, 58, 60, 60.

10.2.3 Tabelas

Servem para organizar e apresentar os dados coletados, por meio das variáveis, no sentido de facilitar a sua interpretação. Os dados obtidos por meio das variáveis também podem ser organizados no ROL, que consiste em colocar os dados em ordem crescente, mesmo que estes sejam ou estejam repetidos.
| Quantidade de alunos matriculados no Empresa X.

Tabela 1
Quantidade de alunos matriculados por curso na Empresa X

Curso	Número de Alunos
Polícia Federal	250
DEPEN	150
INSS	350
Receita Federal	250

Obs.: ROL: 150, 250, 250, 350.

10.2.4 Tabela de frequência

A tabela de frequência serve para organizar dados. A frequência absoluta (F.A) é o valor real do dado e a frequência relativa (F.R) é o valor em porcentagem quando comparado ao total.

> As idades dos alunos de uma sala são: 12, 13, 13, 14, 11, 12, 15, 14, 13, 14, 15, 11, 12, 13, 13, 13, 15, 12, 12, 13. Ao organizar no ROL e na tabela de frequência, como fica?

No ROL fica: 11, 11, 12, 12, 12, 12, 12, 13, 13, 13, 13, 13, 13, 13, 14, 14, 14, 15, 15, 15.

Na tabela, fica:

Tabela 2

Idade	F.A	F.R (%)	Frequência acumulada
11	2	10	2
12	5	25	7
13	7	35	14
14	3	15	17
15	3	15	20
Total	20	100	

10.2.5 Tipos de Frequência

Geralmente, dados isolados são agrupados na forma de tabelas de frequência, que consistem em dados ponderados ou agrupados. Existem quatro tipos de frequência:

- Frequência Absoluta Simples (fi);
- Frequência Relativa Simples (fri);
- Frequência Acumulada (Fi);
- Frequência Acumulada Relativa (Fri).

| 0, 2, 1, 2, 3, 1, 2, 2, 3, 4

x	f_i	f_{ri}	F_i	F_{ri}
0	1	1/10 = 10%	1	10%
1	2	2/10 = 20%	3	30%
2	4	4/10 = 40%	7	70%
3	2	2/10 = 20%	9	90%
4	1	1/10 = 10%	10	100%
Σ	10	1 = 100%	-	-

10.2.6 Gráficos

Servem para representar e apresentar os dados coletados. Os gráficos podem ser em barra, coluna, setores (pizzas), linhas, dentre outros.

Barras

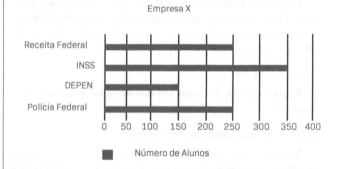

Colunas

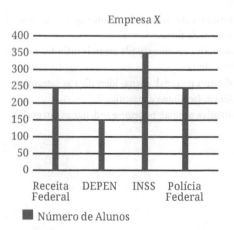

MATEMÁTICA

Setores

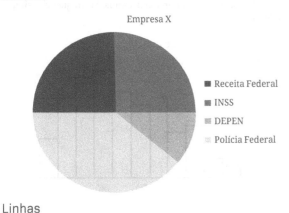

Linhas

10.2.7 Diagrama de ramos e folhas

Há outra forma de apresentação de dados que tem sido explorada frequentemente em provas: o diagrama de ramos e folhas.

Em um diagrama de ramos e folhas cada número é separado em um ramo e uma folha

Vejamos alguns exemplos:

1. Considere a tabela de dados a seguir:

155	159	144	129	105	145	126	116	130	114	122	112	142	126
118	118	108	122	121	109	140	126	119	113	117	118	109	119
139	139	122	78	133	126	123	145	121	134	119	132	133	124
129	112	126	148	147

Representação dos dados no diagrama de ramos e folhas:

```
 7 | 8                    Chave: 15|5=155
 8 |
 9 |                      Ponto discrepante
10 | 5 8 9 9 9
11 | 2 2 2 3 4 6 7 8 8 8 9 9 9
12 | 1 1 2 2 2 3 4 4 6 6 6 6 6 9 9
13 | 0 2 3 3 4 9 9
14 | 0 2 4 5 5 7 8
15 | 5 9
```

2. Construir o diagrama de ramos e folhas dos seguintes dados: 56, 62, 63, 65, 65, 65, 68, 70, 72
Unidade das Folhas - 1

Ramos	Folhas
5	6
6	235558
7	02

As folhas contêm o último dígito, e os ramos contêm os restantes em sequência (mesmo que alguns ramos fiquem sem folhas).

10.3 Distribuição de frequências

Uma distribuição de frequência é um método de agrupar dados em classes de modo a fornecer a quantidade (e/ou a percentagem) de dados em cada classe.

Uma distribuição de frequência (absoluta ou relativa) pode ser apresentada em tabelas ou gráficos.

10.3.1 Intervalo de classe

Os limites de cada classe podem ser definidos de quatro modos distintos, mostrados a seguir:

- Intervalo "exclusive – exclusive": _____
- Intervalo "inclusive – exclusive": |_____
- Intervalo "inclusive – inclusive": |_____|
- Intervalo "exclusive – inclusive": _____|

10.3.2 Distribuição de frequência (sem intervalos de classe)

É a simples condensação dos dados conforme as repetições de seus valores.

Dados	Frequência
41	3
42	2
43	1
44	1
45	1
46	2
50	2
51	1
52	1
54	1
57	1
58	2
60	2
Total	20

ESTATÍSTICA DESCRITIVA

10.3.3 Distribuição de frequência (com intervalos de classe)

Quando o tamanho da amostra é elevado, é racional efetuar o agrupamento dos valores em vários intervalos de classe.

Classes	Frequências
41 ⊢ 45	7
45 ⊢ 49	3
49 ⊢ 53	4
53 ⊢ 57	1
57 ⊢ 61	5
Total	20

10.3.4 Elementos de uma distribuição de frequência (com intervalos de classe)

Classe: corresponde aos intervalos de variação da variável e é simbolizada por i; e o número total de classes é simbolizado por k.

| Na tabela anterior k = 5 e 49 ⊢ 53 é a 3ª classe, em que i = 3.

Limites de classe: são os extremos de cada classe. O menor número é o limite inferior de classe (li) e o maior número, limite superior de classe (Li).

| Em 49 ⊢ 53... l3 = 49 e L3 = 53

Amplitude do intervalo de classe: é obtida por meio da diferença entre o limite superior e inferior da classe e é simbolizada por

$$hi = Li - li$$

| Tabela anterior hi = 53 - 49 = 4.

Obs.: Na distribuição de frequência com classe o hi será igual em todas as classes.

Amplitude total da distribuição (AT): é a diferença entre o limite superior da última classe e o limite inferior da primeira classe.

$$AT = L_{(max)} - l_{(min)}$$

| Na tabela anterior AT = 61 - 41 = 20.

Amplitude total da amostra (AA): é a diferença entre o valor máximo e o valor mínimo da amostra (ROL). em que AA = Xmáx - Xmín. Em nosso exemplo, AA = 60 - 41 = 19.

Obs.: AT sempre será maior que AA.

Ponto médio de classe (Xi): é o ponto que divide o intervalo de classe em duas partes iguais. ...

$$Xi = \frac{Li + LI}{2}$$

Sendo:
Li: limite inferior da classe
LI: limite superior da classe
X3: Ponto médio da 3ª classe

| Em 49 ⊢ 53 o ponto médio x3 = (53 + 49)/2 = 51

10.3.5 Representações gráficas

As distribuições de frequências podem ser representadas por meio de três tipos de gráficos, não mutuamente exclusivos.

Histograma

É formado por um conjunto de retângulos justapostos, cujas bases se localizam sobre o eixo horizontal, de tal modo que seus pontos médios coincidam com os pontos médios dos intervalos de classe. A área de um histograma é proporcional à soma das frequências simples ou absolutas.

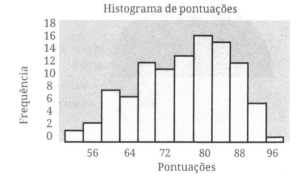

Polígono de frequências

É um gráfico em linha, sendo as frequências marcadas sobre perpendiculares ao eixo horizontal, levantadas pelos pontos médios dos intervalos de classe. Para obter um polígono (linha fechada), devemos completar a figura, ligando os extremos da linha obtida aos pontos médios da classe anterior à primeira, e da posterior à última da distribuição.

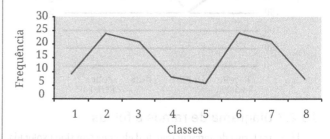

Obs.: é importante notar que tanto o histograma quanto o polígono de frequência indicam a frequência absoluta de cada classe.

Curva de frequências

Enquanto o polígono de frequência nos dá a imagem real do fenômeno estudado, a curva de frequência nos dá a imagem tendencial. O polimento (geometricamente, corresponde à eliminação dos vértices da linha poligonal) de um polígono de frequência nos mostra o que seria tal polígono com um número maior de dados em amostras mais amplas.

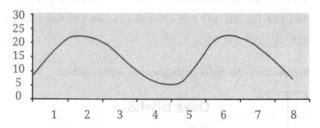

10.4 Medidas de tendência central ou de posição

São medidas utilizadas principalmente para a descrição de dados. As principais medidas de posição são a média aritmética, a mediana e a moda.

O esquema a seguir resume a classificação das Medidas de Tendência Central ou de Posição:

MATEMÁTICA

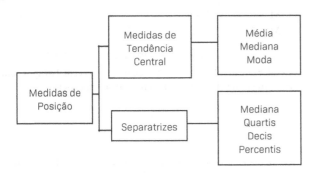

Na sequência, calcularemos as medidas de tendência central ou de posição para três possibilidades a seguir:
- para dados não agrupados;
- para dados agrupados sem intervalos de classes;
- para dados agrupados com intervalos de classes.

10.4.1 Média aritmética ($\bar{x}$)

Para Dados Não Agrupados

Seja um conjunto de dados $\{x_1, x_2, ..., x_n\}$.

A média aritmética, ou simplesmente média, é dada por:

$$\bar{x} = \frac{\sum_{i=1}^{n} x_i}{n}$$

Seja o conjunto $\{2, 4, 3, 5, 6, 2, 5\}$.
Então, a média aritmética é:

$$\bar{x} = \frac{2+4+3+5+6+2+5}{7} = 3,8571$$

Obs.: a notação $\bar{x}$ é empregada para representar a média de uma amostra de valores. A média da população costuma ser representada pela letra grega μ (mi).

Para dados agrupados sem intervalos de classes

Para dados agrupados em distribuições de frequências, calcula-se a média ponderada, sendo que a frequência observada para cada valor é o peso dele, então a média aritmética é dada por:

$$\bar{x} = \frac{\sum_{i=1}^{k} x_i f_i}{\sum_{i=1}^{k} f_i}$$

Considerando a distribuição:

x	f_i
2	1
4	3
5	2

$$\bar{x} = \frac{2 \cdot 1 + 4 \cdot 3 + 5 \cdot 2}{1+3+2} = \frac{2+12+10}{6} = 4$$

Para dados agrupados com intervalos de classes

A seguinte tabela a seguir representa o tempo de utilização de um aparelho de ginástica de uma academia pelos seus usuários:

Tempo de Utilização (em minutos)	Frequência Absoluta
1 ⊢ 4	18
4 ⊢ 7	108
7 ⊢ 10	270
10 ⊢ 13	150
13 ⊢ 16	54
Total	600

Seja x_i o ponto médio de um determinado intervalo.

Tempo de Utilização (em minutos)	Ponto Médio	Frequência Absoluta	Frequência Relativa
1 ⊢ 4	2,5	18	18/600 = 0,03
4 ⊢ 7	5,5	108	108/600 = 0,18
7 ⊢ 10	8,5	207	270/600 = 0,45
10 ⊢ 13	11,5	150	150/600 = 0,25
13 ⊢ 16	14,5	54	54/600 = 0,09

O tempo médio de utilização do aparelho é dado por:

$$\bar{x} = \frac{18 \cdot 2,5 + 108 \cdot 5,5 + 270 \cdot 11,5 + 54 \cdot 14,5}{600}$$

$\bar{x} = 9,07$ minutos (aproximadamente)

Propriedades da média aritmética

P1: se a cada x_i ($i = 1, 2, ..., n$) adicionarmos uma constante real k, a média aritmética fica adicionada de k unidades.

P2: se multiplicarmos cada x_i ($i = 1, 2, ..., n$) por uma constante real k, a média aritmética fica multiplicada por k.

Outros Tipos de Média

Podemos definir outros tipos de média de um conjunto de dados, como:
- Média aritmética ponderada;
- Média geométrica;
- Média harmônica;
- Média das médias.

Média aritmética ponderada

A média aritmética ponderada é calculada por meio do somatório das multiplicações entre valores e as frequências desses valores divididas pelo somatório dessas frequências.

Notas de um aluno.

Nota	Peso
7,0	1
6,0	2
8,0	3
7,5	4

A média ponderada é:

ESTATÍSTICA DESCRITIVA

$$\frac{7{,}0 \cdot 1 + 6{,}0 \cdot 2 + 8{,}0 \cdot 3 + 7{,}5 \cdot 4}{1 + 2 + 3 + 4} = \frac{73}{10} = 7{,}3$$

Média geométrica (G)

A média geométrica é definida como n-ésima raiz (em que n é a quantidade de termos) da multiplicação dos termos.

Calcular a média geométrica entre os valores 2 e 8.

$$G = \sqrt{2 \cdot 8} = \sqrt{16} = 4$$

Média harmônica (H)

A média harmônica H dos números reais positivos $x_1,\ldots,x_n > 0$ é definida como sendo o número de membros dividido pela soma do inverso dos membros.

Calcular a média harmônica entre os valores 2 e 8.

$$H = \frac{2}{\frac{1}{2} + \frac{1}{8}} = \frac{2}{\frac{5}{8}} = 2 \cdot \frac{8}{5} = \frac{16}{5} = 3{,}2$$

Para um conjunto de observações não negativas, vale a seguinte relação:

$$\overline{X} \geq G \geq H$$

Média das médias (média global)

Sejam os conjuntos A com valores, B com valores, ..., e K com valores. Se A tem média, B tem média, ..., e K tem média, então a média do conjunto maior, que é formado pela reunião de todos os elementos dos conjuntos A, B, ..., K em um único conjunto, é dada por:

$$\overline{X} = \frac{n_A \overline{X}_A + n_A \overline{X}_A + \ldots n_K X_K}{n_A + n_B + \ldots n_K}$$

Em uma empresa, há 400 homens e 100 mulheres. Os salários médios pagos aos empregados dos gêneros masculinos e femininos são de R$ 2.550,00 e 2.480,00, respectivamente. Calcule a média global dos salários.

$$\overline{X} = \frac{n_H \overline{X}_H + n_M \overline{X}_M}{n_H + n_M}$$

$$\overline{X} = \frac{400 \times 2550 + 100 \times 2480}{400 + 100} = 2536$$

10.4.2 Mediana (Me)

É uma medida de tendência central que indica exatamente o valor central de uma amostra de dados.

Obs.:
- os valores da amostra devem ser colocados em ordem crescente;
- se a quantidade de valores da amostra for ímpar, a mediana é o valor central da amostra;
- se a quantidade de valores da amostra for par, é preciso tirar a média dos valores centrais para calcular a mediana.

Para Dados Não Agrupados

1.
3 - 4 - 9 - 6 - 3 - 8 - 2 - 4 - 5 - 6
$M_e = 2 - 3 - 3 - 4 - \mathbf{4 - 5} - 6 - 6 - 8 - 9$

$$M_e = \frac{4 + 5}{2} = \frac{9}{2} = \mathbf{4{,}5}$$

2.
4 - 5 - 7 - 2 - 9

$M_e = 2 - 4 - \mathbf{5} - 7 - 9$
$M_e = \mathbf{5}$

Para dados agrupados sem intervalos de classes

O valor que divide a distribuição de frequências em 2 grupos com mesmo número de elementos estará na posição dada por:

$$\frac{\sum f_i}{2}$$

Neste caso é preciso identificar a frequência acumulada imediatamente superior à metade da soma das frequências:

1. Calcule a Mediana da seguinte distribuição:

x_i	f_i	F_i
0	2	2
1	6	8
2	10	18
3	12	30
4	4	34
	$\sum = 34$	

Temos que:

$$\frac{\sum f_i}{2} = \frac{34}{2} = 17$$

Neste caso, a frequência acumulada é imediatamente superior à metade da soma das frequências.

X_i	f_i	F_i
0	2	2
1	6	8
2	10	18
3	12	30
4	4	34
	$\sum = 34$	

Logo,
$M_e = 2$

2. Calcule a Mediana da seguinte distribuição:

X_i	f_i	F_i
12	1	1
14	2	3
15	1	4
16	2	6
17	1	7
20	1	8
	$\sum = 8$	

Temos que:

$$\frac{\sum f_i}{2} = \frac{8}{2} = 4$$

Neste caso, a mediana será a média aritmética entre o valor da variável correspondente a essa frequência acumulada e o seguinte.

X_i	f_i	F_i
12	1	1
14	2	3
15	1	④
16	2	⑥
17	1	7
20	1	8
	$\Sigma = 8$	

Logo,

$Me = \dfrac{15 + 16}{2}$

$Me = 15,5$

Para dados agrupados com intervalos de classes

Neste caso, devemos seguir os seguintes passos:
- determinar as frequências acumuladas;
- calcular $\Sigma f_i/2$;
- marcar a classe correspondente à frequência acumulada imediatamente à $\Sigma f_i/2$ (classe mediana) e, em seguida, aplicar a seguinte fórmula:

$$M_e = L_i + h \cdot \dfrac{\Sigma f_i/2 - F_{(ant)}}{f}$$

Sendo:
Li: limite inferior da classe mediana;
F(ant): frequência acumulada da classe anterior à classe mediana;
f: frequência acumulada da classe anterior à classe mediana;
h: amplitude do intervalo da classe mediana.

Calcule a Mediana da seguinte distribuição:

Classes	f_i
150 ⊢ 154	4
154 ⊢ 158	9
158 ⊢ 162	11
162 ⊢ 166	8
166 ⊢ 170	5
170 ⊢ 174	3
	$\Sigma = 40$

1º passo: determinar as frequências acumuladas.

Classes	f_i	F_i
150 ⊢ 154	4	14
154 ⊢ 158	9	13
158 ⊢ 162	11	24
162 ⊢ 166	8	32
166 ⊢ 170	5	37
170 ⊢ 174	3	40
	$\Sigma = 40$	

2º passo: calcular $\dfrac{\Sigma f_i}{2}$

$\dfrac{\Sigma f_i}{2} = \dfrac{40}{2} = 20$

3º passo:

Classes	f_i	F_i
150 ⊢ 154	4	14
154 ⊢ 158	9	⑬
⑮⑧ ⊢ 162	⑪	24
162 ⊢ 166	8	32
166 ⊢ 170	5	37
170 ⊢ 174	3	40
	$\Sigma = 40$	

Logo,

$Me = Li + h \cdot \dfrac{\Sigma fi/2 - F_{(ant)}}{f}$

$Me = 158 + 4 \cdot \dfrac{20 - 13}{11}$

$Me = 158 + 2,54$

$Me = 160,54$

Propriedades da mediana

P1: a mediana não depende de todos os valores observados; além disso não sofre influência de valores extremos.

P: não pode ser aplicada a variáveis nominais.

P3: adequado quando os dados apresentam grande variabilidade ou distribuição assimétrica, além de valores extremos indefinidos (Exemplo: maior do que...).

10.4.3 Moda (Mo)

A moda de uma série de valores é o valor de maior frequência absoluta, ou seja, o valor que aparece o maior número de vezes na distribuição.

ESTATÍSTICA DESCRITIVA

Para dados não agrupados

1.
6 - 9 - 12 - 9 - 4 - 5 – 9
$M_o = 9$

2.
12 - 13 - 19 - 13 - 14 - 12 – 16
$M_o = 12$ e 13 (Bimodal)

3.
4 - 29 - 15 - 13 - 18
Mo = Não há moda (Amodal), pois não existe valor mais presente.

> **Fique ligado**
> Pode haver mais de uma moda em um conjunto de valores. Se houver apenas uma moda, a distribuição é dita Unimodal; se houver duas, é Bimodal; se houver três é Trimodal, e assim sucessivamente.

Para dados agrupados sem intervalos de classes

Consideremos a seguinte distribuição:

x	f_i
2	1
4	3
5	2

O valor de frequência máxima é o 4.
Logo, $M_o = 4$.

Para dados agrupados com intervalos de classes

Neste caso, a classe que apresenta a maior frequência é denominada classe modal. Se os dados de uma variável quantitativa estão dispostos em uma tabela agrupada em classe, e não há acesso aos dados originais, é possível encontrar a Moda por vários procedimentos. São eles:
- Moda Bruta
- Moda de Pearson
- Moda Czuber
- Moda Kink

Vejamos os exemplos a seguir.

Cálculo da Moda Bruta: método mais simples; consiste em tomar como Moda o ponto médio da classe modal.

Determine a Moda Bruta da seguinte distribuição:

Altura	f_i
155 ├165	3
165 ├175	18
175 ├185	11
185 ├195	9

Altura	f_i	X_i
155 ├165	3	160
165 ├175	18	170	← classe modal
175 ├185	11	180
185 ├195	9	190

$M_o: \dfrac{165 + 175}{2} = 170$

Cálculo da Moda de Pearson, Czuber e King: para o cálculo da Moda de Pearson, Czuber e King utilizaremos as seguintes fórmulas:

- Moda de Pearson:

$$M_o = 3 \cdot M_e - 2\overline{x}$$

- Moda de Czuber:

$$M_o = L_i + h \cdot \dfrac{F_{max} - F_{ant}}{2F_{max} - (F_{ant} + F_{post})}$$

- Moda King:

$$M_o = L_i + h \cdot \dfrac{F_{post}}{F_{ant} + F_{post}}$$

Sendo:
M_o = Moda
M_e = Mediana
$\overline{x}$ = Média
L_i = Limite inferior da classe modal
h = Intervalo da classe modal
$F_{máx}$ = Frequência da classe modal
F_{ant} = Frequência da classe anterior à classe modal;
F_{post} = Frequência da Classe Posterior à classe modal.

Esses três procedimentos são aproximações; a Moda real seria obtida a partir dos dados brutos.

Calcule a Moda de Pearson, King e Czuber, da tabela a seguir:

Classes	f_i
0 ├10	1
10 ├20	3
20 ├30	6
30 ├40	2

- **Obs.:** vamos determinar a classe modal:

Classes	f_i
0 ├10	1
10 ├20	3
20 ├30	6	← classe modal
30 ├40	2

234

MATEMÁTICA

Moda de Pearson

Classes	f_i
0 ⊢ 10	1
10 ⊢ 20	3
20 ⊢ 30	6
30 ⊢ 40	2

1º passo: determinar a Mediana (Me).

Classes	f_i	F_i
0 ⊢ 10	1	1
10 ⊢ 20	3	4
20 ⊢ 30	6	10
30 ⊢ 40	2	12

← Freq. Acumulada

$$M_e = L_i + h \cdot \frac{\Sigma F_i - F_{(ant)}}{f}$$

$$M_e = 20 + 10 \cdot \frac{12/2 - 4}{6}$$

$M_e = 23{,}33$

2º passo: calcular a Média.

Classes	f_i	X_i
0 ⊢ 10	1	5
10 ⊢ 20	3	15
20 ⊢ 30	6	25
30 ⊢ 40	2	35
$\Sigma = 12$		

X_i = Ponto médio

$$\overline{X} = \frac{1 \cdot 5 + 3 \cdot 15 + 6 \cdot 25 + 2 \cdot 35}{12} = \frac{270}{12} = 22{,}5$$

3º passo: aplicar a fórmula.
$M_e = 3 \cdot M_e - 2\overline{x}$
$M_e = 3 \cdot 23{,}33 - 2(22{,}5) = 25$

Moda King

Classes	f_i
0 ⊢ 10	1
10 ⊢ 20	3
20 ⊢ 30	6
30 ⊢ 40	2

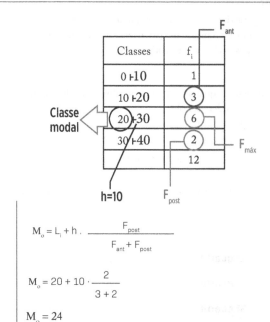

$$M_o = L_i + h \cdot \frac{F_{post}}{F_{ant} + F_{post}}$$

$$M_o = 20 + 10 \cdot \frac{2}{3 + 2}$$

$M_o = 24$

Moda Czuber

Classes	f_i
0 ⊢ 10	1
10 ⊢ 20	3
20 ⊢ 30	6
30 ⊢ 40	2

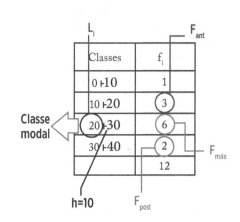

$$M_o = L_i + h \cdot \frac{F_{max} - F_{ant}}{2 \cdot F_{max} - (F_{ant} + F_{post})}$$

$$M_o = 20 + 10 \cdot \frac{6 - 3}{2(6) - (3 + 2)}$$

$M_o = 24{,}29$

A Moda é o ponto de maior probabilidade. Ao contrário da Média e da Mediana, a Moda tem de ser um valor existente no conjunto de dados.

Quando todos os dados de uma série estatística são iguais, a média, a mediana e a moda coincidirão com este valor e, portanto, qualquer uma delas representará bem a série.

10.4.4 Separatrizes

235

ESTATÍSTICA DESCRITIVA

As separatrizes são os valores que dividem as séries em partes iguais. As principais medidas separatrizes são: a mediana (já estudada) e os quartis, os decis e os percentis.

Quartis

Chamamos de quartis os valores que dividem a distribuição em 4 partes iguais e podem ser obtidos da seguinte maneira:

1º quartil (Q_1): valor que tem 25% dos dados à sua esquerda e o restante (75%) à direita.

2º quartil (Q_2): valor que tem 50% dos dados de cada lado, coincide com a mediana.

3º quartil (Q_3): valor que tem 75% dos dados à sua esquerda e 25% à direita.

Fórmulas

1º quartil	$P = 0,25 \cdot (n+1)$
2º quartil	$P = 0,50 \cdot (n+1)$
3º quartil	$P = 0,75 \cdot (n+1)$

Sendo:
n – nº de dados

1. Calcule os quartis da série: {5, 2, 6, 9, 10, 13, 15}.

O primeiro passo a ser dado é o da ordenação (crescente ou decrescente) dos valores: {2, 5, 6, 9, 10, 13, 15}.

Se n for ímpar, a Mediana é o valor central do rol: 4º número.

O valor que divide a série acima em duas partes iguais é igual a 9, logo a Md = 9 que será = Q_2.

Temos agora {2, 5, 6} e {10, 13, 15} como sendo os dois grupos de valores iguais. Para o cálculo do primeiro quartil e do terceiro quartil, basta calcular as medianas de cada uma das partes.

Em {2, 5, 6} a mediana é 5, ou seja: Q_1 = 5 e

Em {10, 13, 15 } a mediana é 13, ou seja:

Q_3 = 13

2. Encontre os quartis da série:
{1, 1, 2, 3, 5, 5, 6, 7, 9, 9, 10, 13}

Q_2 = (5+6)/2 = 5,5

5,5
↓

{1, 1, 2, 3, 5, 5, 6, 7, 9, 9, 10, 13}

{1, 1, 2, 3, 5, 5}   {6, 7, 9, 9, 10, 13}

Q_1 = {1, 1, 2, 3, 5, 5} Q_3 = {6, 7, 9, 9, 10, 13}

Q_1 = (2+3)/2=2,5 Q_3 = (9+9)/2=9

Portanto, os quartis encontrados foram:

Q_1 = 2,5

Q_2 = 5,5

Q_3 = 9

Decis

Chamamos de decis os valores que dividem uma série em 10 partes iguais. Portanto, temos nove decis; o primeiro tem 10% dos dados à sua esquerda, e 90% à sua direita; o segundo tem 20% dos dados à sua esquerda, e 80% à sua direita, e assim por diante, até o nono decil, que tem 90% dos dados à sua esquerda, e 10% à sua direita.

Fórmulas

1º decil	$P = 0,10 \cdot (n+1)$
2º decil	$P = 0,20 \cdot (n+1)$
3º decil	$P = 0,30 \cdot (n+1)$
4º decil	$P = 0,40 \cdot (n+1)$
5º decil	$P = 0,50 \cdot (n+1)$
6º decil	$P = 0,60 \cdot (n+1)$
7º decil	$P = 0,70 \cdot (n+1)$
8º decil	$P = 0,80 \cdot (n+1)$
9º decil	$P = 0,90 \cdot (n+1)$

Sendo:
n: nº de dados

Percentis

Chamamos de percentis os 99 valores que separam uma série em 100 partes iguais. O cálculo dos percentis está relacionado com a percentagem. No quadro a seguir são mostrados alguns percentis.

Fórmulas

4º percentil (P_4)	$P = 0,04 \cdot (n+1)$
12º percentil (P_{12})	$P = 0,12 \cdot (n+1)$
20º percentil (P_{50})	$P = 0,20 \cdot (n+1)$

Sendo:
n: nº de dados

Cálculos das separatrizes para dados agrupados com intervalos de classes

Para determinar os quartis, utilizaremos as seguintes fórmulas:

$$Q1 = Li + h \cdot \frac{1 \cdot \Sigma fi / 4 - F_{(ant)}}{f}$$

$$Q2 = Li + h \cdot \frac{2 \cdot \Sigma fi / 4 - F_{(ant)}}{f}$$

$$Q3 = Li + h \cdot \frac{3 \cdot \Sigma fi / 4 - F_{(ant)}}{f}$$

Sendo:

Li = Limite inferior da classe quartílica

h = Intervalo de classe

f = Frequência simples da classe quartílica

F(ant) = Frequência acumulada da classe anterior à classe quartílica

As expressões $\Sigma fi/4$, $fi/4$ e $fi/4$ servem também para determinar a Classe Quartílica.

Consideremos a seguinte distribuição de frequências em classe:

Classes	f_i
150 ├154	4
154 ├158	9
158 ├162	11
162 ├166	8
166 ├170	5
170 ├174	3
	$\Sigma = 40$

Vamos determinar a Frequência acumulada:

Classes	f_i	F_i
150 ├154	4	4
154 ├158	9	13
158 ├162	11	24
162 ├166	8	32
166 ├170	5	37
170 ├174	3	40
	$\Sigma = 40$	

⇐ Freq. acumulada

Vamos calcular o Q1, Q2 e Q3:
1º quartil (Q1):

$$Q1 = Li + h \cdot \frac{1 \cdot \Sigma fi / 4 - F_{(ant)}}{f}$$

1º passo: determinar a classe quartílica para o Q1:
$\Sigma fi/4 = 1 \cdot 40/4 = 10$

Classes	f_i	F_i	
150 ├154	4	(4)	Frequência acumulada anterior à classe quartílica
154 ├158	9	13	⇒ classe quartílica
158 ├162	11	24	
162 ├166	8	32	
166 ├170	5	37	
170 ├174	3	40	
	$\Sigma = 40$		

Logo,

$$Q1 = 154 + 4 \cdot \frac{1 \cdot \Sigma fi / 4 - F_{(ant)}}{f}$$

Q1 = 156,66...
2º Quartil (Q2):

$$Q2 = Li + h \cdot \frac{2 \cdot \Sigma fi / 4 - F_{(ant)}}{f}$$

1º passo: determinar a classe quartílica para o Q2:
$\Sigma fi/4 = 2 \cdot 40/4 = 20$

Classes	f_i	F_i	
150 ├154	4	4	
154 ├158	9	(13)	Frequência acumulada anterior à classe quartílica
158 ├162	11	24	classe quartílica
162 ├166	8	32	
166 ├170	5	37	
170 ├174	3	40	
	$\Sigma = 40$		

$$Q2 = 158 + 4 \cdot \frac{(20 - 13)}{11}$$

Q2 = 160,5454...

3º Quartil (Q3):

$$Q3 = Li + h \cdot \frac{3 \cdot \Sigma fi / 4 - F_{(ant)}}{f}$$

1º passo: determinar a classe quartílica para o Q3:
$\Sigma fi/4 = 3 \cdot 40/4 = 30$

Classes	f_i	F_i	
150 ├154	4	4	
154 ├158	9	13	Frequência acumulada anterior à classe quartílica
158 ├162	11	(24)	
162 ├166	8	32	classe quartílica
166 ├170	5	37	
170 ├174	3	40	
	$\Sigma = 40$		

$$Q2 = 162 + 4 \cdot \frac{(30 - 24)}{8}$$

Q3 = 165

Analogamente, para calcular os Decis e os Percentis de uma distribuição, adaptamos as fórmulas utilizadas anteriormente para o cálculo dos Quartis, conforme o disposto a seguir:

Para os Decis:

$$Dn = Li + h \cdot \frac{n \cdot \Sigma fi / 10 - F_{(ant)}}{2}$$

Para os Percentis:

$$P_n = Li + h \cdot \frac{n \cdot \Sigma fi / 100 - F_{(ant)}}{f}$$

ESTATÍSTICA DESCRITIVA

Consideremos a seguinte distribuição de frequências em classe:

Classes	f_i
150 ⊢ 154	4
154 ⊢ 158	9
158 ⊢ 162	11
162 ⊢ 166	8
166 ⊢ 170	5
170 ⊢ 174	3
	$\Sigma = 40$

Determine o 1º decil (D1) e o 90º percentil (P90).

1º decil (D1):

1º passo: determinar a classe quartílica para o Q1:
$\Sigma f_i / 10 = 1 \cdot 40/10 = 4$

Classes	f_i	F_i
150 ⊢ 154	4	4
154 ⊢ 158	9	13
158 ⊢ 162	11	24
162 ⊢ 166	8	32
166 ⊢ 170	5	37
170 ⊢ 174	3	40
	$\Sigma = 40$	

$$D_n = L_i + h \cdot \frac{n \cdot \Sigma f_i / 10 - F_{(ant)}}{f}$$

$$D_n = 150 + 4 \cdot \frac{[4-0]}{4}$$

$D_n = 154$

90º percentil (P90):

1º passo: determinar a classe quartílica para o Q1:
$\Sigma f_i / 100 = 90 \cdot 40/100 = 36$

$$P_n = L_i + h \cdot \frac{n \cdot \Sigma f_i / 100 - F_{(ant)}}{f}$$

$$P_{90} = 166 + 4 \cdot \frac{(90 \cdot 40/100 - 32)}{5}$$

$$D_n = 169,2$$

No caso da Mediana, vimos que ela divide o conjunto em duas metades. Já o Quartil, separa o conjunto em quatro partes iguais; o Decil, em dez partes e, finalmente, o Centil (ou Percentil), em cem partes iguais. Observemos esta relação visual entre as separatrizes:

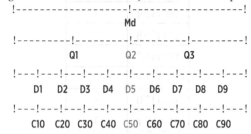

Concluímos que:

$$Md = Q2 = D5 = C50$$

MATEMÁTICA

11 TRIGONOMETRIA

Neste capítulo, estudaremos os triângulos e as relações que os envolvem.

11.1 Triângulos

O triângulo é uma das figuras mais simples e também uma das mais importantes da Geometria. O triângulo possui propriedades e definições de acordo com o tamanho de seus lados e medida dos ângulos internos.

▷ Quanto aos lados, o triângulo pode ser classificado em:
- **Equilátero**: possui todos os lados com medidas iguais.
- **Isósceles**: possui dois lados com medidas iguais.
- **Escaleno**: possui todos os lados com medidas diferentes.

▷ Quanto aos ângulos, os triângulos podem ser denominados:
- **Acutângulo**: possui os ângulos internos com medidas menores que 90°.
- **Obtusângulo**: possui um dos ângulos com medida maior que 90°.
- **Retângulo**: possui um ângulo com medida de 90°, chamado ângulo reto.

No triângulo retângulo existem importantes relações, uma delas é o **Teorema de Pitágoras**, que diz o seguinte: "A soma dos quadrados dos catetos é igual ao quadrado da hipotenusa".

$$a^2 = b^2 + c^2$$

A condição de existência de um triângulo é: um lado do triângulo ser menor do que a soma dos outros dois lados e também maior do que a diferença desses dois lados.

11.2 Trigonometria no triângulo retângulo

As razões trigonométricas básicas são relações entre as medidas dos lados do triângulo retângulo e seus ângulos. As três funções básicas da trigonometria são: seno, cosseno e tangente. O ângulo é indicado pela letra x.

Função	Notação	Definição
seno	sen(x)	medida do cateto oposto a x / medida da hipotenusa
cosseno	cos(x)	medida do cateto adjacente a x / medida da hipotenusa
tangente	tg(x)	medida do cateto oposto a x / medida do cateto adjacente a x

Relação fundamental: para todo ângulo x (medido em radianos), vale a importante relação:

$$\cos^2(x) + \sin^2(x) = 1$$

11.3 Trigonometria em um triângulo qualquer

Os problemas envolvendo trigonometria são resolvidos em sua maioria por meio da comparação com triângulos retângulos. No cotidiano, algumas situações envolvem triângulos acutângulos ou triângulos obtusângulos. Nesses casos, necessitamos da Lei dos Senos ou dos Cossenos.

11.3.1 Lei dos senos

A Lei dos Senos estabelece relações entre as medidas dos lados com os senos dos ângulos opostos aos lados. Observe:

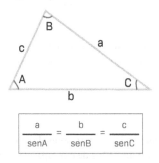

$$\frac{a}{\operatorname{sen}A} = \frac{b}{\operatorname{sen}B} = \frac{c}{\operatorname{sen}C}$$

11.3.2 Lei dos cossenos

Nos casos em que não pode aplicar a Lei dos Senos, existe o recurso da Lei dos Cossenos. Ela permite trabalhar com a medida de dois segmentos e a medida de um ângulo. Dessa forma, dado um triângulo ABC de lados medindo a, b e c, temos:

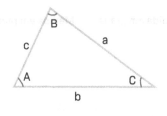

$$a^2 = b^2 + c^2 - 2 \cdot b \cdot c \cdot \cos A$$
$$b^2 = a^2 + c^2 - 2 \cdot a \cdot c \cdot \cos B$$
$$c^2 = a^2 + b^2 - 2 \cdot a \cdot b \cdot \cos C$$

11.4 Medidas dos ângulos

11.4.1 Medidas em grau

Sabe-se que uma volta completa na circunferência corresponde a 360°; se dividir em 360 arcos, haverá arcos unitários medindo 1° grau. Dessa forma, a circunferência é simplesmente um arco de 360° com o ângulo central medindo uma volta completa ou 360°.

É possível dividir o arco de 1° grau em 60 arcos de medidas unitárias iguais a 1' (arco de um minuto). Da mesma forma, podemos dividir o arco de 1' em 60 arcos de medidas unitárias iguais a 1" (arco de um segundo).

11.4.2 Medidas em radianos

Dada uma circunferência de centro O e raio R, com um arco de comprimento s e α o ângulo central do arco, vamos determinar a medida do arco em radianos de acordo com a figura a seguir:

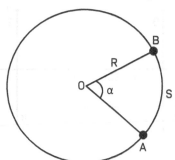

TRIGONOMETRIA

Diz-se que o arco mede um radiano se o comprimento do arco for igual à medida do raio da circunferência. Assim, para saber a medida de um arco em radianos, deve-se calcular quantos raios da circunferência são precisos para obter o comprimento do arco. Portanto:

$$\alpha = \frac{S}{R}$$

Com base nessa fórmula, podemos encontrar outra expressão para determinar o comprimento de um arco de circunferência:

$$s = \alpha \cdot R$$

De acordo com as relações entre as medidas em grau e radiano de arcos, vamos destacar uma regra de três capaz de converter as medidas dos arcos.

360° → 2π radianos (aproximadamente 6,28)
180° → π radiano (aproximadamente 3,14)
90° → π/2 radiano (aproximadamente 1,57)
45° → π/4 radiano (aproximadamente 0,785)

Medida em graus	Medida em radianos
180	π
x	a

11.5 Ciclo trigonométrico

Considerando um plano cartesiano, representados nele um círculo com centro na origem dos eixos e raios.

Divide-se o ciclo trigonométrico em quatro arcos, obtendo quatro quadrantes.

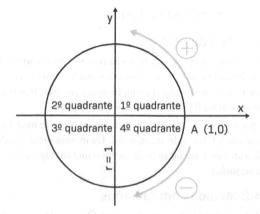

Dessa forma, obtêm-se as relações:

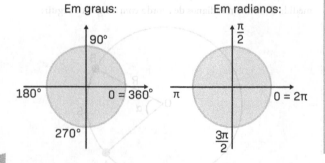

11.5.1 Razões trigonométricas

As principais razões trigonométricas são:

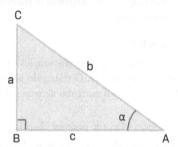

$$\text{sen } \alpha = \frac{\text{comprimento do cateto oposto}}{\text{comprimento da hipotenusa}} = \frac{a}{b}$$

$$\cos \alpha = \frac{\text{comprimento do cateto adjacente}}{\text{comprimento da hipotenusa}} = \frac{c}{b}$$

$$\text{tg } \alpha = \frac{\text{comprimento do cateto oposto}}{\text{comprimento do cateto adjacente}} = \frac{a}{b}$$

Outras razões decorrentes dessas são:

$$\text{tg } x = \frac{\text{sen } x}{\cos x}$$

$$\text{cotg } x = \frac{1}{\text{tg} x} = \frac{\cos x}{\text{sen } x}$$

$$\sec x = \frac{1}{\cos x}$$

$$\text{cossec } x = \frac{1}{\sec x}$$

A partir da relação fundamental, encontram as seguintes relações:
(sen x)² + (cos x)² = 1 = [relação fundamental da trigonometria]
1 + (cotg x)² = (cossec x)²
1 + (tg x)² = (sec x)²

11.5.2 Redução ao 1º quadrante

sen(90° − α) = cos α
cos(90° − α) = sen α
sen(90° + α) = cos α
cos(90° + α) = −sen α
sen(180° − α) = sen α
cos(180° − α) = −cos α
tg(180° − α) = −tg α
sen(180° + α) = −sen α
cos(180° + α) = −cos α
sen(270° − α) = −cos α
cos(270° − α) = −sen α
sen(270° + α) = −cos α
cos(270° + α) = sen α
sen(−α) = −sen α
cos(−α) = cos α
tg(−α) = −tg α

MATEMÁTICA

11.6 Funções trigonométricas

11.6.1 Função seno

Função seno é a função $f(x) = \text{sen } x$.

O domínio dessa função é R e a imagem é Im [−1,1], visto que, na circunferência trigonométrica, o raio é unitário.

Então:
- Domínio de $f(x) = \text{sen } x$; D(sen x) = R.
- Imagem de $f(x) = \text{sen } x$; Im(sen x) = [−1,1].

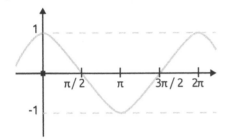

Sinal da função

$f(x) = \text{sen } x$ é positiva no 1º e 2º quadrantes (ordenada positiva).

$f(x) = \text{sen } x$ é negativa no 3º e 4º quadrantes (ordenada negativa).

- Quando $x \in \left[0, \dfrac{\pi}{2}\right]$: 1º quadrante, o valor de sen x cresce de 0 a 1.

- Quando $x \in \left[\dfrac{\pi}{2}, \pi\right]$: 2º quadrante, o valor de sen x decresce de 1 a 0.

- Quando $x \in \left[\pi, \dfrac{3\pi}{2}\right]$: 3º quadrante, o valor de sen x decresce de 0 a −1.

- Quando $x \in \left[\dfrac{3\pi}{2}, 2\pi\right]$: 4º quadrante, o valor de sen x cresce de −1 a 0.

11.6.2 Função cosseno

Função cosseno é a função $f(x) = \cos x$

O domínio dessa função também é R e a imagem é Im [−1,1]; visto que, na circunferência trigonométrica, o raio é unitário.

Então:
- Domínio de $f(x) = \cos x$; D(cos x) = R.
- Imagem de $f(x) = \cos x$; Im(cos x) = [−1,1].

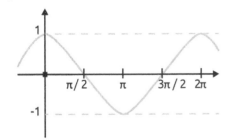

11.6.3 Sinal da função

$f(x) = \cos x$ é positiva no 1º e 4º quadrantes (abscissa positiva).

$f(x) = \cos x$ é negativa no 2º e 3º quadrantes (abscissa negativa).

- Quando $x \in \left[0, \dfrac{\pi}{2}\right]$: 1º quadrante, o valor de cos x cresce de 0 a 1.

- Quando $x \in \left[\dfrac{\pi}{2}, \pi\right]$: 2º quadrante, o valor de cos x decresce de 1 a 0.

- Quando $x \in \left[\pi, \dfrac{3\pi}{2}\right]$: 3º quadrante, o valor de cos x decresce de 0 a −1.

- Quando $x \in \left[\dfrac{3\pi}{2}, 2\pi\right]$: 4º quadrante, o valor de cos x cresce de −1 a 0.

11.6.4 Função tangente

Função tangente é a função $f(x) = \text{tg } x$.

Então:
- Domínio de $f(x)$: o domínio dessa função são todos os números reais, exceto os que zeram o cosseno, pois não existe cos x = 0
- Imagem de $f(x) = \text{Im} = \,]{-\infty}, \infty[$

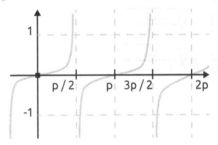

Sinal da função

$f(x) = \text{tg } x$ é positiva no 1º e 3º quadrantes (produto da ordenada pela abscissa positiva).

$f(x) = \text{tg } x$ é negativa no 2º e 4º quadrantes (produto da ordenada pela abscissa negativa).

11.6.5 Outras funções

Função secante

Denomina-se função secante a função: $f(x) = \dfrac{1}{\cos x}$

Função cossecante

Denomina-se função cossecante a função: $f(x) = \dfrac{1}{\text{sen } x}$

Função cotangente

Denomina-se função cotangente a função: $f(x) = \dfrac{1}{\text{tg } x}$

11.7 Identidades e operações trigonométricas

As mais comuns são:

sen(a + b) = sen a · cos b + sen b · cos a

sen(a − b) = sen a · cos b − sen b · cos a

cos(a + b) = cos a · cos b − sen a · cos b

cos(a − b) = cos a · cos b + sen a · cos b

$\text{tg}(a + b) = \dfrac{\text{tga} + \text{tgb}}{1 - \text{tga} \cdot \text{tgb}}$

$\text{tg}(a - b) = \dfrac{\text{tga} - \text{tgb}}{1 + \text{tga} \cdot \text{tgb}}$

TRIGONOMETRIA

$$\text{sen}(2x) = 2 \cdot \text{sen}(x) \cdot \cos(x)$$
$$\cos(2x) = \cos^2(x) - \text{sen}^2(x)$$
$$\text{tg}(2x) = \left(\frac{2 \cdot \text{tg}(x)}{1 - \text{tg}^2(x)}\right)$$
$$\text{sen}(x) + \text{sen}(y) = 2 \cdot \text{sen}\left(\frac{x+y}{2}\right) \cdot \cos\left(\frac{x-y}{2}\right)$$
$$\text{sen}(x) - \text{sen}(y) = 2 \cdot \text{sen}\left(\frac{x-y}{2}\right) \cdot \cos\left(\frac{x+y}{2}\right)$$
$$\cos(x) + \cos(y) = 2 \cdot \cos\left(\frac{x+y}{2}\right) \cdot \cos\left(\frac{x-y}{2}\right)$$
$$\cos(x) - \cos(y) = 2 \cdot \text{sen}\left(\frac{x+y}{2}\right) \cdot \text{sen}\left(\frac{x-y}{2}\right)$$

11.8 Bissecção de arcos ou arco metade

Também temos a fórmula do arco metade para senos, cossenos e tangentes:

$$\sin\left(\frac{a}{2}\right) = \pm\sqrt{\frac{1-\cos(a)}{2}}$$

$$\cos\left(\frac{a}{2}\right) = \pm\sqrt{\frac{1+\cos(a)}{2}}$$

$$\tan\left(\frac{a}{2}\right) = \pm\sqrt{\frac{1-\cos(a)}{1+\cos(a)}}$$

MATEMÁTICA

12 GEOMETRIA PLANA

▷ **Ceviana:** são segmentos de reta que partem do vértice do triângulo para o lado oposto.
▷ **Mediana:** é o segmento de reta que liga um vértice deste triângulo ao ponto médio do lado oposto a este vértice. As medianas se encontram em um ponto chamado de baricentro.
▷ **Altura:** altura de um triângulo é um segmento de reta perpendicular a um lado do triângulo ou ao seu prolongamento, traçado pelo vértice oposto. As alturas se encontram em um ponto chamado ortocentro.
▷ **Bissetriz:** é o lugar geométrico dos pontos que equidistam de duas retas concorrentes e, por consequência, divide um ângulo em dois ângulos congruentes. As bissetrizes se encontram em um ponto chamado incentro.
▷ **Mediatrizes:** são retas perpendiculares a cada um dos lados de um triângulo. As mediatrizes se encontram em um ponto chamado circuncentro.

12.1 Semelhanças de figuras

Duas figuras (formas geométricas) são semelhantes quando satisfazem a duas condições: os seus ângulos têm o mesmo tamanho e os lados correspondentes são proporcionais.

Nos triângulos existem alguns casos de semelhanças bem conhecidos:

▷ **1º caso:** LAL (lado, ângulo, lado): dois lados congruentes e o ângulo entre esses lados também congruentes.

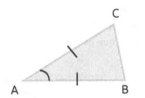 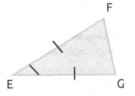

▷ **2º caso:** LLL (lado, lado, lado): os três lados congruentes.

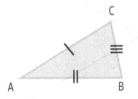 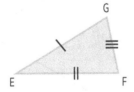

▷ **3º caso:** ALA (ângulo, lado, ângulo): dois ângulos congruentes e o lado entre esses ângulos também congruentes.

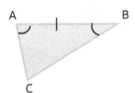 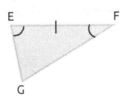

▷ **4º caso:** LAAo (lado, ângulo, ângulo oposto): congruência do ângulo adjacente ao lado, e congruência do ângulo oposto ao lado.

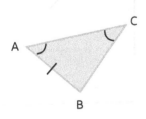 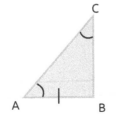

12.2 Relações métricas nos triângulos

12.2.1 Triângulo retângulo e suas relações métricas

Denomina-se triângulo retângulo o triângulo que tem um de seus ângulos retos, ou seja, um de seus ângulos mede 90°. O triângulo retângulo é formado por uma hipotenusa e dois catetos, a hipotenusa é o lado maior, o lado aposto ao ângulo de 90°, e os outros dois lados são os catetos.

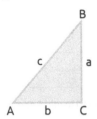

Na figura, podemos observar o triângulo retângulo de vértices A, B e C, e lados a, b e c. Como o ângulo de 90° está no vértice C, então a hipotenusa do triângulo é o lado c, e os catetos são os lados a e b.

Assim, podemos separar um triângulo em dois triângulos semelhantes:

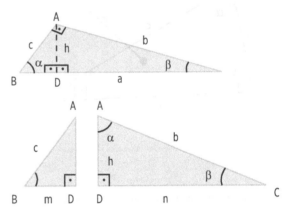

Neste segundo triângulo, podemos observar uma perpendicular à hipotenusa até o vértice A; essa é a altura h do triângulo, separando a hipotenusa em dois segmentos, o segmento m e o segmento n, separando esses dois triângulos obtemos dois triângulos retângulos, o triângulo $\triangle ABD$ e $\triangle ADC$. Como os ângulos dos três triângulos são congruentes, então podemos dizer que os triângulos são semelhantes.

Com essa semelhança, ganhamos algumas relações métricas entre os triângulos:

$$\frac{c}{a} = \frac{m}{c} \Rightarrow c^2 = am$$

$$\frac{c}{a} = \frac{h}{b} \Rightarrow cb = ah$$

$$\frac{b}{a} = \frac{n}{b} \Rightarrow b^2 = an$$

$$\frac{h}{m} = \frac{n}{h} \Rightarrow h^2 = mn$$

Da primeira e da terceira equação, obtemos:
$c^2 + b^2 = am + an = a(m + n)$.

Como vimos na figura que m+n=a, então temos:
$c^2 + b^2 = aa = a^2$

ou seja, trata-se do Teorema de Pitágoras.

12.2.2 Lei dos cossenos

Para um triângulo qualquer demonstra-se que:

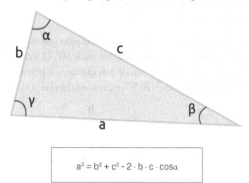

$$a^2 = b^2 + c^2 - 2 \cdot b \cdot c \cdot \cos\alpha$$

Note que o lado a do triângulo é oposto ao cosseno do ângulo α.

12.2.3 Lei dos senos

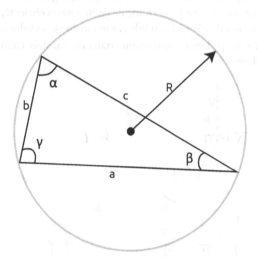

R é o raio da circunferência circunscrita a esse triângulo.

Neste caso, valem as seguintes relações, conforme a lei dos senos:

$$\frac{a}{\sen\alpha} = \frac{b}{\sen\beta} = \frac{c}{\sen\gamma} = 2R$$

12.3 Quadriláteros

Quadrilátero é um polígono de quatro lados. Eles possuem os seguintes elementos:

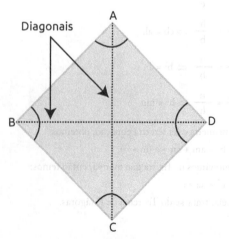

Vértices: A, B, C, e D.
Lados: AB, BC, CD, DA.
Diagonais: AC e BD.
Ângulos internos ou ângulos do quadrilátero ABCD: $\hat{A}, \hat{B}, \hat{C}, \hat{D}$.
Todo quadrilátero tem duas diagonais.

O perímetro de um quadrilátero ABCD é a soma das medidas de seus lados, ou seja, AB + BC + CD + DA.

12.3.1 Quadriláteros importantes

▷ **Paralelogramo:** é o quadrilátero que tem os lados opostos paralelos.

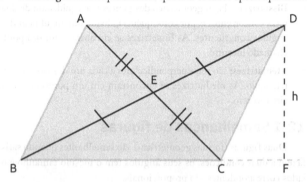

h é a altura do paralelogramo.

Em um paralelogramo:
- Os lados opostos são congruentes.
- Cada diagonal o divide em dois triângulos congruentes.
- Os ângulos opostos são congruentes.
- As diagonais interceptam-se em seu ponto médio.

▷ **Retângulo:** é o paralelogramo em que os quatro ângulos são congruentes (retos).

▷ **Losango:** é o paralelogramo em que os quatro lados são congruentes.

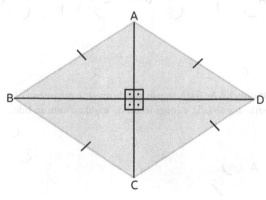

▷ **Quadrado:** é o paralelogramo em que os quatro lados e os quatro ângulos são congruentes.

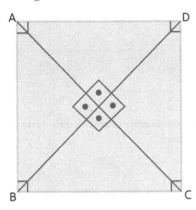

▷ **Trapézio:** é o quadrilátero que apresenta somente dois lados paralelos chamados bases.

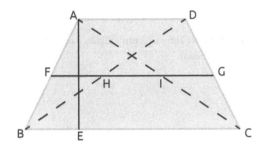

- **Trapézio retângulo:** é aquele que apresenta dois ângulos retos.

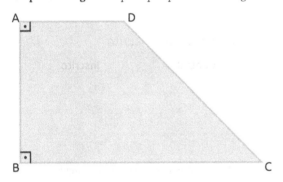

- **Trapézio isósceles:** é aquele em que os lados não paralelos são congruentes.

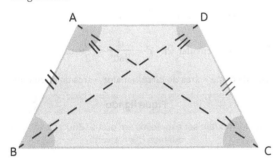

12.4 Polígonos regulares

Um polígono é regular se todos os seus lados e todos os seus ângulos forem congruentes.

Os nomes dos polígonos dependem do critério que se utiliza para classificá-los. Usando **o número de ângulos** ou o **número de lados**, tem-se a seguinte nomenclatura:

Número de lados (ou ângulos)	Nome do Polígono Em função do número de ângulos	Em função do número de lados
3	triângulo	trilátero
4	quadrângulo	quadrilátero
5	pentágono	pentalátero
6	hexágono	hexalátero
7	heptágono	heptalátero
8	octógono	octolátero
9	eneágono	enealátero
10	decágono	decalátero
11	undecágono	undecalátero
12	dodecágono	dodecalátero
15	pentadecágono	pentadecalátero
20	icoságono	icosalátero

Nos polígonos regulares cada ângulo externo é dado por:

$$e = \frac{360°}{n}$$

A soma dos ângulos internos é dada por:

$$S_i = 180 \cdot (n-2)$$

E cada ângulo interno é dado por:

$$i = \frac{180(n-2)}{n}$$

12.4.1 Diagonais de um polígono

O segmento que liga dois vértices não consecutivos de polígono é chamado de diagonal.

O número de diagonais de um polígono é dado pela fórmula:

$$d = \frac{n \cdot (n-3)}{2}$$

GEOMETRIA PLANA

12.5 Círculos e circunferências

12.5.1 Círculo

É a área interna a uma circunferência.

12.5.2 Circunferência

É o contorno do círculo. Por definição, é o lugar geométrico dos pontos equidistantes ao centro.

A distância entre o centro e o lado é o raio.

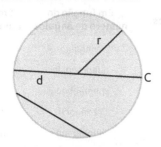

Corda

É o seguimento que liga dois pontos da circunferência.

A maior corda, ou corda maior de uma circunferência, é o diâmetro. Também dizemos que a corda que passa pelo centro é o diâmetro.

Posição relativa entre reta e circunferência

Uma reta é:

- **Secante:** distância entre a reta e o centro da circunferência é menor que o raio.
- **Tangente:** a distância entre a reta e o centro da circunferência é igual ao raio.
- **Externa:** a distância entre a reta e o centro da circunferência é maior que o raio.

Posição relativa entre circunferência

As posições relativas entre circunferência são basicamente 5:

▷ **Circunferência secante:** a distância entre os centros é menor que a soma dos raios das duas, porém, é maior que o raio de cada uma.

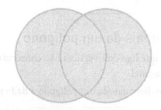

▷ **Externo:** a distância entre os centros é maior que a soma do raio.

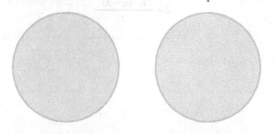

▷ **Tangente:** distância entre os centros é igual à soma dos raios.

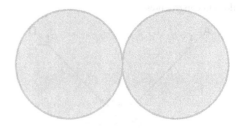

▷ **Interna:** distância entre os centros mais o raio da menor é igual ao raio da maior.

▷ **Interior:** distância entre os centros menos o raio da menor é menor que o raio da maior.

Ângulo central e ângulo inscrito

Um ângulo central sempre é o dobro do ângulo inscrito de um mesmo arco.

As áreas de círculos e partes do círculo são:

Área do círculo = $\pi \cdot r^2 = \dfrac{1}{4} \pi \cdot D^2$

Área do setor circular = $\pi \cdot r^2 = \dfrac{\alpha}{360°} = \dfrac{1}{2} \alpha \cdot r^2$

Área da coroa = área do círculo maior − área do círculo menor

Fique ligado
Os ângulos podem ser expressos em graus (360° = 1 volta) ou em radianos (2π = 1 volta)

12.6 Polígonos regulares inscritos e circunscritos

As principais relações entre a circunferência e os polígonos são:

- Qualquer polígono regular é inscritível em uma circunferência.

- Qualquer polígono regular e circunscritível a uma circunferência.

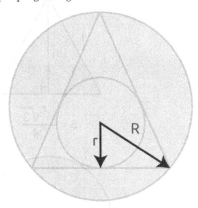

Polígono circunscrito a uma circunferência é o que possui seus lados tangentes à circunferência. Ao mesmo tempo, dizemos que esta circunferência está inscrita no polígono.

Um polígono é inscrito em uma circunferência se cada vértice do polígono for um ponto da circunferência, e neste caso dizemos que a circunferência é circunscrita ao polígono.

Da inscrição e circunscrição dos polígonos nas circunferências podem-se ter as seguintes relações:

Apótema de um polígono regular é a distância do centro a qualquer lado. Ele é sempre perpendicular ao lado.

Nos polígonos inscritos:

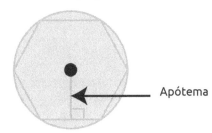

12.6.1 No quadrado

Cálculo da medida do lado (L):

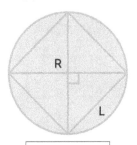

$$L = R\sqrt{2}$$

Cálculo da medida do apótema (a):

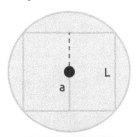

$$a = \frac{R\sqrt{2}}{2}$$

12.6.2 No hexágono

Cálculo da medida do lado (L):

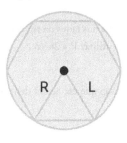

$$L = R$$

Cálculo da medida do apótema (a):

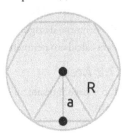

$$a = \frac{R\sqrt{3}}{2}$$

12.6.3 No triângulo equilátero

Cálculo da medida do lado (L):

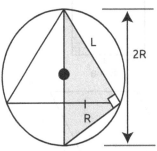

$$L = R\sqrt{3}$$

Cálculo da medida do apótema (a):

$$a = \frac{R}{2}$$

Nos polígonos circunscritos:

12.6.4 No quadrado

Cálculo da medida do lado (L):

$$L = 2R$$

Cálculo da medida do apótema (a):

$$a = R$$

12.6.5 No hexágono

Cálculo da medida do lado (L):

$$L = \frac{2R\sqrt{3}}{3}$$

Cálculo da medida do apótema (a):

$$a = R$$

12.6.6 No triângulo equilátero

Cálculo da medida do lado (L):

$$L = 2R\sqrt{3}$$

Cálculo da medida do apótema (a):

$$a = R$$

GEOMETRIA PLANA

12.7 Perímetros e áreas dos polígonos e círculos

12.7.1 Perímetro

É o contorno da figura, ou seja, a soma dos lados da figura.
Para calcular o perímetro do círculo utilize: $P = 2\pi \cdot r$

12.7.2 Área

É o espaço interno, ou seja, a extensão que ela ocupa dentro do perímetro.

Principais áreas (S) de polígonos

Retângulo
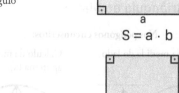
$S = a \cdot b$

Quadrado

$S = a^2$

Paralelogramo
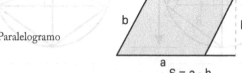
$S = a \cdot h$

Losango
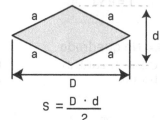
$S = \dfrac{D \cdot d}{2}$

Trapézio
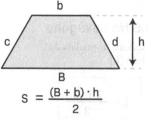
$S = \dfrac{(B + b) \cdot h}{2}$

Triângulo
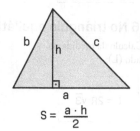
$S = \dfrac{a \cdot h}{2}$

Triângulo equilátero
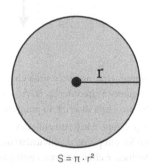
$S = \dfrac{l^2 \sqrt{3}}{4}$

Círculo

$S = \pi \cdot r^2$

248

REALIDADE BRASILEIRA

A VINDA DA FAMÍLIA REAL E O BRASIL IMPÉRIO

1 A VINDA DA FAMÍLIA REAL E O BRASIL IMPÉRIO

A inversão brasileira consistiu na implantação de todos os órgãos do Estado português no Brasil. Foram criados a Biblioteca Real, a Academia de Belas-Artes, a Imprensa Régia, o Teatro Real de São João, a Academia Militar, o Jardim Botânico.

1.0.1 Política Joanina

O mito criado em torno da imagem de D. João, como mero comedor de coxinhas de frango e um estadista covarde sempre teve muita força no imaginário brasileiro. Mas a realidade é bem distinta dessa amplamente divulgada pelo senso comum. Foi um estadista extremamente hábil que conseguiu ludibriar durante bastante tempo Napoleão e mealhou um acordou com a Inglaterra, não foi o melhor acordo, mas era o único possível com menor custo ao império português naquele dado momento histórico. Política externa de dom João no Brasil — a anexação ao Brasil da Guiana Francesa, em 1809, como resposta à invasão de Portugal, e a invasão em 1816 e incorporação em 1821 do Uruguai, como Província da Cisplatina.

1.1 Revolução de 1817

A permanência da família real no Brasil, de interesse dos proprietários de escravos e de terras, comerciantes e burocratas da região centro-sul, não satisfez aos habitantes das demais regiões do país, fossem eles proprietários rurais, governadores ou funcionários. O primeiro grupo tinha consciência de que os favores e privilégios concedidos pelo monarca português eram os responsáveis pelo seu enriquecimento; o segundo vivia, desde a instalação da Corte no Rio de Janeiro, uma situação paradoxal: afastado do poder, tinha, ao mesmo tempo, o ônus de sustentá-lo. Outro grupo extremamente descontente com a política de favorecimento de D. João era composto pelos militares de origem brasileira. Para guarnecer as cidades e, também, ajudá-lo em suas ações contra Caiena e a região do Prata, D. João trouxe tropas de Portugal e com elas organizou as forças militares, reservando os melhores postos para a nobreza portuguesa. Com isso, o peso dos impostos aumentou ainda mais, pois agora a Colônia tinha que manter as despesas da Corte e os gastos das campanhas militares.

A fim de custear as despesas de instalação de obras públicas e do funcionalismo, aumentaram os impostos sobre a exportação do açúcar, tabaco e couros, criando-se ainda uma série de outras tributações que afetavam diretamente as capitanias do Norte, que a Corte não hesitava em sobrecarregar com a violência dos recrutamentos e com as contribuições para cobrir as despesas da guerra no reino, na Guiana e no Prata. Para governadores e funcionários das várias capitanias parecia a mesma coisa dirigirem-se para Lisboa ou para o Rio. Esse sentimento de insatisfação era particularmente forte na região nordestina, a mais antiga área de colonização do Brasil, afetada pela crise da produção açucareira e algodoeira e pela seca de 1816. Aí, o desejo de independência definitiva de Portugal era profundo. Em Recife, capital da província de Pernambuco e um dos principais portos da região, o descontentamento era enorme.

O sentimento generalizado era de que os "portugueses da nova Lisboa" exploravam e oprimiam os "patriotas pernambucanos". Esses homens, descendentes da "nobreza da terra" do período colonial, formada pela elite canavieira de Olinda, que tinha participado da Guerra dos Mascates, consideravam justificado o crescente anti-lusitanismo na Província.

1.1.1 A luta e o fim do movimento

Procurando apoio ao seu movimento, os líderes revolucionários contataram, sem sucesso, os Estados Unidos, a Argentina e a Inglaterra. Junto a esta última tentaram obter, em vão, a adesão do jornalista Hipólito José da Costa, lá radicado. Quando a notícia sobre a revolução chegou ao Rio de Janeiro, D. João promoveu uma violenta repressão, buscando evitar, de qualquer modo, a ameaça à união do Império. Os revoltosos entraram pelo sertão nordestino, mas, logo em seguida, as tropas enviadas por D. João, acrescidas das forças organizadas pelos comerciantes portugueses e proprietários rurais, ocuparam Recife em maio de 1817. Os Governos da Bahia e do Ceará também reagiram à revolução, prendendo os revoltosos que para lá se dirigiram, buscando adesão ao movimento.

A luta durou mais de dois meses, até as forças governistas conseguirem derrotar os revoltosos. A repressão foi extremamente violenta. Muitos dos líderes receberam a pena de morte, como Domingos José Martins, José Luís de Mendonça, Domingos Teotônio Jorge e os padres Miguelino e Pedro de Sousa Tenório. Para o Governo português a punição deveria ser exemplar, para desestimular movimentos similares. Depois de mortos, os réus tiveram suas mãos cortadas e as cabeças decepadas. Os restos dos cadáveres foram arrastados por cavalos até o cemitério.

"Mesmo derrotado, o movimento pernambucano custou caro aos planos da corte portuguesa no Brasil. Os revolucionários ficaram no poder menos de três meses, mas conseguiram abalar a confiança na construção do império americano sonhado por D. João VI. Também contribuíram para acelerar o processo de independência do Brasil em relação a Portugal."

Laurentino Gomes. In: "1808 - Como uma rainha louca, um príncipe medroso e uma corte corrupta enganaram Napoleão e mudaram a história de Portugal e do Brasil". Planeta, 2007, p. 283 (com adaptações).

No ano de 1818, a mãe de D. João, D. Maria I, faleceu e D. João tornou-se rei. Passou a ser chamado de D. João VI, rei do Reino Unido a Portugal e Algarves. Por ocasião da aclamação do rei D. João VI, foram ordenados o encerramento da devassa, a suspensão de novas prisões e a libertação dos prisioneiros sem culpa formada. Continuaram, entretanto, presos na Bahia os implicados que já se encontravam sob processo, e assim permaneceram até 1821, quando foram postos em liberdade. Entre eles estavam o ex-ouvidor de Olinda, Antônio

Carlos Ribeiro de Andrada Machado e Silva, os padres Frei Joaquim do Amor Divino Rabelo o Frei Caneca e Francisco Muniz Tavares.

1.1.2 Retorno de D. João para Portugal

Os franceses ficaram em Portugal durante poucos meses, pois o exército inglês conseguiu derrotar as tropas de Napoleão. O povo português passou a exigir o retorno do rei que se encontrava no Brasil. Em 1820, ocorreu a Revolução do Porto, sendo que os revolucionários vitoriosos passaram a exigir o retorno de D. João VI para Portugal e a aprovação de uma Constituição. Pressionado pelos portugueses, D. João VI resolveu voltar para Portugal, em abril de 1821. Deixou em seu lugar, no Brasil, o filho D. Pedro como príncipe regente.

1.2 O Processo de Independência do Brasil

Para compreender o verdadeiro significado histórico da independência do Brasil, levaremos em consideração duas importantes questões:

- Em primeiro lugar, entender que o 07 de setembro de 1822 não foi um ato isolado do príncipe D. Pedro, e sim um acontecimento que integra o processo de crise do Antigo Sistema Colonial, iniciada com as revoltas de emancipação no final do século XVIII.
- Em segundo lugar, perceber que a independência do Brasil, restringiu-se à esfera política, não alterando em nada a realidade socioeconômica, que se manteve com as mesmas características do período colonial.

1.2.1 Dom Pedro o defensor do Brasil

A situação do Brasil permaneceu indefinida durante o ano de 1821. No final desse ano, um fato novo redefiniu a situação: chegaram ao Rio de Janeiro decretos da corte que exigiam a completa obediência do Brasil às ordens vindas da metrópole. No dia 9 de dezembro de 1821, o governo brasileiro voltou a ser dependente de Portugal. Dom Pedro recebeu ordens para voltar a Portugal, mas o Partido Brasileiro, grupo formado por grandes fazendeiros, comerciantes e altos funcionários públicos, o convenceu a ficar.

O regente recebeu listas com assinaturas de cerca de 8.000 pessoas pedindo que ele permanecesse no país. Em 9 de janeiro de 1822, apoiado pelas províncias do Rio de Janeiro, São Paulo e Minas Gerais, dom Pedro decidiu permanecer. Ele foi à sacada e disse: "Se é para o bem de todos e felicidade geral da nação, diga ao povo que fico!". Essa data ficou conhecida como o Dia do Fico. Portugal não aceitou pacificamente a decisão de Dom Pedro. As tropas portuguesas sediadas no Rio de Janeiro tentaram forçá-lo a embarcar, o povo reagiu em defesa de Dom Pedro . Pressionados essas tropas voltaram para Portugal.

D. Pedro recusou-se a partir. Momentos decisivos do rompimento com Portugal. Dom Pedro estimulado pelo entusiasmo popular, tomou novas decisões. Primeiramente reformou o ministério dando-lhe força e unidade . Para isso nomeou a 16 de janeiro de 1822, José Bonifácio de Andrada e Silva Ministro dos Negócios do Interior, da Justiça e dos Estrangeiros. Em 04 de abril aconselhado por José Bonifácio decretou que as ordens vindas de Portugal, só teriam valor se aprovadas por ele, como isso, enfrentando as exigências das cortes. Em 03 de junho de 1822, convocou uma Assembléia Nacional Constituinte para fazer as novas leis do Brasil. Isso significava que, definitivamente, os brasileiros fariam as próprias leis. Para o Parlamento português (denominado Cortes) não poderia haver desobediência maior.

1.2.2 A Proclamação da Independência do Brasil

Dom Pedro estava voltando à São Paulo, após uma viagem a Santos. Era 16 horas e 30 minutos do dia 07 de setembro de 1822, quando o correio alcançou Dom Pedro nas margens do rio Ipiranga e entregou-lhe as cartas. Ele começou a lê-las. Eram uma instrução das Cortes portuguesas, uma carta de Dom João VI, outra da princesa e um ofício de José Bonifácio. Todos diziam a mesma coisa: que Lisboa rebaixava o príncipe a mero delegado das Cortes, limitando sua autoridade às províncias, onde ela ainda era reconhecida.

Além disso, exigiam seu imediato regresso a Portugal, bem como a prisão e processo de José Bonifácio. A princesa recomendava prudência, mas José Bonifácio era alarmante, comunicando-lhe que além de seiscentos soldados lusitanos que já haviam desembarcado na Bahia, outros 7 mil estavam em treinamento para serem colocados em todo o Norte do Brasil. Terminava afirmando: "Só existem dois caminhos: ou voltar para Portugal como prisioneiro das cortes portuguesas ou proclamar a Independência, tornando-se imperador do Brasil".

No dia seguinte a proclamação da independência, iniciou a viagem de retorno ao Rio de Janeiro. Na capital foi saudado como herói. No dia 1º de dezembro de 1822, aos 24 anos, foi coroado imperador do Brasil e recebeu o título de Dom Pedro I.

1.2.3 As guerras pela Independência

A Independência havia sido proclamada, mas nem todas as províncias do Brasil puderam reconhecer o governo do Rio de Janeiro e unir-se ao Império sem pegar em armas. As Províncias da Bahia, do Maranhão, do Piauí, do Grão-Pará e por último, Cisplatina, dominadas ainda por tropas de Portugal, tiveram que lutar pela sua liberdade, até fins de 1823.

- Na Bahia, a expulsão dos portugueses só foi possível quando Dom Pedro I enviou para lá uma forte esquadra comandada pelo almirante Cochrane, para bloquear Salvador. Sitiados por terra e por mar, as tropas portuguesas tiveram finalmente que se render em 02 de julho de 1823.

Após a vitória na Bahia, a esquadra de Cochrane, seguindo para o norte, bloqueou a cidade de São Luís. Esse bloqueio apressou a derrota dos portugueses não só no Maranhão, mas também no Piauí.

- Do Maranhão um dos navios de Cochrane continuou até o extremo norte, e, ameaçando a cidade de Belém, facilitou a rendição dos portugueses no Grão-Pará.
- No extremo Sul, a cidade de Montevidéu, sitiada por terra e bloqueada por uma esquadra brasileira no rio do Prata teve de se entregar.

O reconhecimento da Independência pela Cisplatina completou-se a união de todas as províncias, sob o governo de Dom Pedro I, firmando assim o Império Brasileiro.

1.3 Primeiro Reinado

1.3.1 O reconhecimento da Independência

Unidas todas as províncias e firmado dentro do território brasileiro o Império, era necessário obter o reconhecimento da Independência por parte das nações estrangeiras. A primeira nação estrangeira a reconhecer a Independência do Brasil foram os Estados Unidos em maio de 1824. Não houve dificuldades, pois os norte-americanos eram a favor da independência de todas as colônias da América. O reconhecimento por parte das nações europeia foi mais difícil porque os principais países da Europa, entre eles Portugal, haviam-se comprometido, no

A VINDA DA FAMÍLIA REAL E O BRASIL IMPÉRIO

Congresso de Viena em 1815, a defender o absolutismo, o colonialismo e a combater as idéias de liberdade. Entre as primeiras nações europeias apenas uma foi favorável ao reconhecimento do Brasil independente: a Inglaterra, que não queria nem romper com seu antigo aliado, Portugal, nem prejudicar seu comércio com o Brasil.

Foi graças à sua intervenção e às demoradas conversações mantidas junto aos governos de Lisboa e do Rio de Janeiro que Dom João VI acabou aceitando a Independência do Brasil, fixando-se as bases do reconhecimento. 29 de agosto de 1825 Portugal, através do embaixador inglês que o representava, assinou o Tratado luso-brasileiro de reconhecimento. O Brasil, entretanto, teve que pagar a Portugal uma indenização de dois milhões de libra esterlinas, e Dom João VI obteve ainda o direito de usar o título de Imperador do Brasil, que não lhe dava, porém qualquer direito sobre a antiga colônia. A seguir as demais nações europeias, uma a uma, reconheceram oficialmente a Independência e o Império do Brasil. Em 1826 estava firmada a posição do Brasil no cenário internacional.

1.3.2 A Dissolução da Assembléia

A posição da Assembléia em reduzir o poder imperial, faz D. Pedro I voltar-se contra a Constituinte e aproximar-se do partido português que defendendo o absolutismo, poderia estender-se em última instância, à ambicionada recolonização. Com a superação dos radicais, o confronto político se polariza entre os senhores rurais do partido brasileiro e o partido português articulado com o imperador. Nesse ambiente de hostilidades recíprocas, o jornal "A Sentinela", vinculado aos Andradas, publica uma carta ofensiva a oficiais portugueses do exército imperial. A retaliação dá-se com o espancamento do farmacêutico David Pamplona, tido como provável autor da carta.

Declarando-se em sessão permanente, a Assembléia é dissolvida por um decreto imperial em 12 de novembro de 1823. A resistência conhecida como "Noite da Agonia" foi inútil. Os irmãos Andradas, José Bonifácio, Martim Francisco e Antônio Carlos, são presos e deportados. Perdendo o poder que vinham conquistando desde o início do processo de independência, a aristocracia rural recua, evidenciando que a formação do Estado brasileiro não estava totalmente concluída.

1.3.3 Constituição de 1824

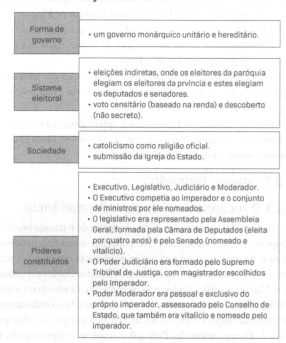

Foi a primeira constituição de nossa história e a única no período imperial. Com a Assembléia Constituinte dissolvida, D. Pedro I nomeou um Conselho de Estado formado por 10 membros que redigiu a Constituição, utilizando vários artigos do anteprojeto de Antônio Carlos. Após ser apreciada pelas Câmaras Municipais, foi outorgada (imposta) em 25 de março de 1824. Nossa primeira constituição fica assim marcada pela arbitrariedade, já que de promulgada, acabou sendo outorgada, ou seja, imposta verticalmente para atender os interesses do partido português, que desde o início do processo de independência política, parecia destinado ao desaparecimento. Exatamente quando o processo constitucional parecia favorecer a elite rural, surgiu o golpe imperial com a dissolução da Constituinte e consequente outorga da Constituição. Esse golpe impedia que o controle do Estado fosse feito pela aristocracia rural, que somente em 1831 restabeleceu-se na liderança da nação, levando D. Pedro I a abdicar.

1.3.4 Confederação do Equador (1824)

Trata-se de um movimento revolucionário de caráter emancipacionista e republicano ocorrido em Pernambuco, que foi a principal reação contra as ideias absolutistas e a política centralizadora de D. Pedro I (1822-1831) que ficou demonstrada na outorga da Constituição em 1824, a primeira Constituição do Brasil. Os revolucionários queriam formar uma república baseada na Constituição da Colômbia, ou seja, uma República Representativa e Federativa, facilitando a descentralização política e o fim do autoritarismo. Pode-se dizer que este conflito tem raízes em outros movimentos ocorridos na região, tais como a Guerra dos Mascates e a Revolução Pernambucana, está com ideais republicanos. É considerada, por muitos, uma continuação da Revolução Pernambucana de 1817.

Os jornais, notadamente o Typhis Pernambucano, dirigido por Frei Caneca que também era seu redator, criticavam dura e abertamente o governo imperial e absolutista do Imperador D. Pedro I e incitavam a população à rebelião. Em 1822 foi fundada pelo padre Venâncio Henriques de Resende uma Sociedade Patriótica Pernambucana durante o governo de Gervásio Pires que reunia figuras importantes da política local, inclusive Frei Caneca. A Província de Pernambuco foi o centro irradiador e o líder da revolta. Já havia se rebelado em 1817 passava por dificuldades econômicas e encontrava problemas para pagar as elevadas taxas para o Império que tentava controlar as guerras provinciais pós-independência, pois algumas províncias resistiam à separação de Portugal.

Pernambuco desejava maior autonomia para as províncias resolverem suas questões internas, o que não ocorreu com a Constituição do Império de 1824. A Província de Pernambuco estava dividida entre

REALIDADE BRASILEIRA

duas facções políticas: monarquistas liderados por Francisco Pais Barreto, e liberais e republicanos liderados por Pais de Andrade. O governador da província era Pais Barreto, Presidente indicado por A dissolução da Assembleia Constituinte por D. Pedro I não foi bem recebida em Pernambuco e os dois representantes liberais na província eram Manuel de Carvalho Pais de Andrade e Frei Caneca que consideravam os Bonifácios como culpados pela dissolução. Criticavam, portanto, a Constituição de 1824 e a consideravam D. Pedro I.

Ante a pressão dos liberais, Paes Barreto renunciou em 13 de dezembro de 1823 e os liberais elegeram, ilegalmente, Paes de Andrade. O imperador Pedro I requisitou a recondução de Paes Barreto ao cargo e dois navios de guerra — Niterói e Piranga — foram enviados ao Recife sob comando do britânico John Taylor. Os Liberais não acataram a ordem de reempossar Pais Barreto e alardearam: "morramos todos, arrase-se Pernambuco, arda à guerra".

Os intelectuais do movimento Frei Caneca, José da Natividade Saldanha e João Soares Lisboa queriam preservar os interesses da aristocracia. D. Pedro I tentou evitar um conflito nomeando um novo presidente para a província, José Carlos Mayrink da Silva Ferrão, ligado aos Liberais que não o aceitaram. Manuel Carvalho Paes de Andrade proclamou a independência da Província de Pernambuco e enviou convites às demais províncias do Norte e Nordeste do Brasil para que se unissem a Pernambuco e formassem a Confederação do Equador. O novo Estado republicano seria formado pelas províncias do Piauí, Ceará, Rio Grande do Norte, Alagoas, Sergipe, Paraíba e Pernambuco. Porém, não houve adesão ao movimento separatista com exceção de algumas vilas da Paraíba e do Ceará, sendo estas comandadas pelo General Pessoa Anta e por forte participação da família Alencar, além de Gonçalo Inácio de Loyola Albuquerque e Mello, mais conhecido por Padre Mororó, que era o redator chefe do jornal confederado. Fortaleza reafirmou a sua lealdade ao Império. Em Pernambuco, Paes de Andrade pode contar somente com a colaboração de Olinda, enquanto o restante da província não aderiu à revolta. O líder confederado organizou suas tropas, inclusive alistando à força velhos e crianças, sabendo que o governo central enviaria soldados para atacar os confederados, formando brigadas populares para radicalizar a luta. A adesão popular amedrontou as elites agrárias que iniciaram o movimento, pois os interesses dessas camadas sociais eram opostos: a elite desejava construir um Estado que lhe assegurasse a propriedade,

enquanto as massas populares, ao integrarem as forças militares desse novo Estado, viram a possibilidade de se expressarem politicamente.

Surgiram algumas dissidências internas no movimento, devido às disparidades sociais entre os grupos participantes do movimento e a proposta de Pais de Andrade para libertar os escravos; havia, ainda o exemplo do Haiti que se libertara da França por meio de uma revolta popular não tranquilizava as elites que passaram a colaborar com o governo imperial. Enfraquecidas e enfrentando duas forças de oposição, a da elite local e a do imperador, as massas populares resistiram até novembro de 1824, quando seus últimos líderes foram presos, entre eles, frei Joaquim do Amor Divino Rabelo e Caneca.

Frei Caneca e vários rebeldes foram condenados por um tribunal militar à forca. Comenta-se que houve uma recusa dos carrascos em executar o Frei Caneca, sendo ele então fuzilado em 13 de janeiro de 1825, diante dos muros do Forte de São Tiago das Cinco Pontas localizado na cidade do Recife. Fato semelhante ocorreu com o Padre Mororó condenado à forca em Fortaleza e fuzilado em 30 de abril de 1825.O Brasil era independente, mas seus administradores eram todos portugueses, desde o imperador até os ministros e senadores.D. Pedro I, como punição a Pernambuco, determinou por meio de decreto de 07/07/1825, o desligamento do extenso território da Comarca do Rio São Francisco (atual Oeste Baiano), passando-o, a princípio, para Minas Gerais e, depois, para a Bahia.

1.3.5 Abdicação de Dom Pedro I

Carlos Eduardo Novaes e César Lobo. *In*:
"História do Brasil para principiantes - de Cabral a Cardoso, 500 anos de novela".
Ática, 1997, p. 150.

Em consequência do aumento de sua impopularidade, ocorreu impopularidade, ocorreu a abdicação do imperador. Essa impopularidade pode ser atribuída a um conjunto de diversos fatores econômicos e políticos, a saber:

- Favorecimento dos portugueses (cargos públicos e decisões políticas).
- Autoritarismo imposto mediante a criação do poder moderador.
- Massacre dos revoltosos da Confederação do Equador em 1824.
- O reconhecimento da Independência por Portugal em 1825, que custou ao Brasil 2 milhões de libras esterlinas.
- A perda da província Cisplatina em 1825.
- Renovação dos acordos de 1810 com a Inglaterra em 1827.
- Interesse na sucessão do trono português.
- A falência do Banco do Brasil e a Noite das Garrafadas em março de 1831.

A VINDA DA FAMÍLIA REAL E O BRASIL IMPÉRIO

1.4 Período Regencial

Registra-se ainda o medo da elite brasileira de que a união das duas coroas provocasse uma recolonização do Brasil, o que os leva pressionar d. Pedro a abdicar ao trono português, o que ele fez em favor de sua filha dona Maria da Glória. O irmão do imperador, dom Miguel, tentou dar um golpe de estado e para defender os interesses da filha, Dom Pedro I acabou envolvendo-se nas questões portuguesas. Entre 1831 e 1840 o poder político foi exercido por regentes em função da menoridade do príncipe herdeiro do trono brasileiro. Essa fase caracterizou-se por inúmeros conflitos político-partidários, que abriram espaços para os movimentos populares, que ao desejar reformas mais radicais, como a libertação dos escravos e a reforma agrária, contestaram a ordem aristocrática.

Conflitos Político-Partidários

"Em 1831, a segunda renúncia do imperador buscava apaziguar os ânimos do Brasil. Tal efeito não é difícil de ser compreendido: como o herdeiro ao trono ficou uma criança — o futuro Pedro II — que nem ao menos tinha completado 5 anos de idade. Na prática, portanto, a abdicação significava a transferência do poder para as elites regionais, tendo em vista que o cargo máximo do governo — inicialmente na forma de regência trina (ou seja composto por três regentes) e, depois na forma de um único regente, como foi Diogo Feijó (1835-37) e Araújo Lima (1837-40) —, passou a ser definido via eleição."

Mary Del Priore. In: "Uma breve história do Brasil". Planeta, 2010, p. 167.

Os diferentes setores da elite brasileira passaram a disputar o poder entre si.

- **Moderados:** Formaram a sociedade defensora da liberdade e da independência nacional. Seus líderes eram padre Diogo Antônio Feijó, Evaristo da Veiga e Bernardo Pereira Vasconcelos, conhecidos popularmente como Chimangos.
- **Exaltados:** Que integravam a sociedade federal, desejavam reformas mais radicais, como a abolição da escravidão e uma maior autonomia para os poderes locais.
- **Restauradores ou Caramurus:** José Bonifácio, tutor do príncipe herdeiro, eram representados formado por nobres, altos funcionários e comerciantes portugueses, que desejavam o retorno de Pedro I e, em último caso, a recolonização do Brasil.

Foram essas as facções que passaram a disputar o poder após 1831. Com a morte de Dom Pedro I, em setembro de 1834, essa disputa ficou restrita aos moderados e exaltados, o que permitiu às camadas populares expressarem suas reivindicações e trazer à tona as contradições da sociedade brasileira. As disputas entre as facções da elite brasileira e o predomínio do latifúndio e da escravidão favorecem o aparecimento de movimentos que buscavam mais autonomia provincial e propunham a implantação de uma república e o fim do trabalho escravo. O comércio de importação e exportação, bem como o varejo, estava sob o controle de ingleses e portugueses. Os artesãos e as pequenas manufaturas brasileiras ressentiam-se da concorrência dos produtos europeus. Verifica-se o aumento no preço dos escravos pressionado pela Inglaterra que desejava extinguir o tráfico de escravos, bem como o agravamento da condição de vida destes. As populações sertanejas andavam pelos sertões ou se dirigiam aos centros urbanos da região. Essa era a situação social e econômica reinante nas províncias do Norte e Nordeste, que proporcionou a eclosão de movimentos populares.

1.4.1 Regências Trinas

Formada pelo Senador Campos Vergueiro, o Brigadeiro Francisco de Lima e Silva e o Marquês de Caravelas, representando os moderados e os restauradores. Algumas medidas liberais foram tomadas: reintegração do ministério dos brasileiros; diminuição do poder dos regentes — proibidos de dissolver a assembleia, conceder títulos de nobreza e de assinar tratados com o estrangeiro; anistia a presos políticos.

Em 17 de junho de 1831, Bráulio Muniz, representante do Norte, e Costa Carvalho, do Sul, permanecendo o Brigadeiro Francisco de Lima e Silva. Para ocupar a pasta da Justiça, foi nomeado o Padre Feijó, que organizou a Guarda Nacional criada em agosto de 1831 composta, inclusive por fazendeiros, que recebiam o título de Coronel. Essas milícias reforçaram o poder local. Em 1832, foi aprovado o Código de Processo Penal. Entre 1831 e 1834, o país sofreu inúmeros levantes e assistiu a tentativas de golpes.

Em 1834 foi aprovada uma reforma na Constituição, que ficou conhecida como Ato Adicional que suprimia o Conselho de Estado, mas mantinha o poder moderador, a vitaliciedade do senado e os conselhos gerais das províncias foram transformados em assembleias. A regência Trina passou a ser Una, sendo o regente eleito por sufrágio direto, por um período de quatro anos.

1.4.2 Regências Unas

Em junho de 1835, foi eleito o Padre Feijó que, incapaz conter as revoltas que se intensificaram a partir da aprovação do ato adicional de 1834, renunciou em 1837. Interinamente, assumiu o cargo Araújo Lima. Tem início a Política do Regresso, em que medidas são tomadas no sentido de restabelecer a centralização política que predominou no Primeiro Império (1822-1831), com nítido objetivo de conter as revoltas populares que pontilhavam o território nacional e garantir a hegemonia político-econômica da elite brasileira. A cisão da facção Moderada, em 1837, e o fato de os Exaltados e Restauradores terem sido alijados do poder redefiniram o quadro partidário. Organizaram-se dois partidos: Liberal e Conservador, conhecidos respectivamente como Progressista e Regressista que se alternaram no poder durante o reinado de Pedro II (1840-1889).

Regência Una de Feijó

Conforme estipulado pelo Ato Adicional, realizou-se, a 7 de abril de 1835, a eleição para o cargo de Regente Único. Duas candidaturas destacaram-se logo de início, sendo ambos os candidatos do Partido Moderado: o paulista Diogo Antônio Diogo Feijó, apoiado pelas forças políticas do sul e, também, pela Sociedade Defensora do Rio de Janeiro; e o pernambucano Antônio Francisco de Paula Holanda Cavalcanti de Albuquerque, cuja família era dona de cerca de um terço dos engenhos de açúcar de Pernambuco, legítimo representante da aristocracia nordestina. Feijó venceu por pequena diferença de votos (600), dos cerca de cinco mil eleitores do país que, nessa época, tinha aproximadamente cinco milhões de habitantes. Segundo a Constituição Outorgada de 1824, os eleitores — cidadãos ativos — eram aqueles que votavam e podiam ser votados. O regente tomou posse no dia 12 de outubro de 1835, enfrentando oposição até dentro do próprio Partido e uma grave situação de agitação no país. Notícias das províncias falavam de revoltas nos "sertões" do extremo-norte: a Cabanagem no Grão-Pará; a dos escravos Malês, na Bahia; e no extremo-sul, a Farroupilha.

Regência Una de Araújo Lima

O pernambucano Araújo Lima, então Ministro da Justiça, assume como regente interino e nomeia um novo gabinete composto por políticos regressistas, que ficou conhecido como Ministério das Capacidades pela fama de que gozavam os seus componentes. Nesse Ministério sobressaía Bernardo Pereira de Vasconcelos na pasta do Império e da Justiça. Em abril de 1838 ocorreu a segunda eleição para Regente Único, lançando-se Araújo Lima como candidato, enfrentando com o "progressista" Holanda Cavalcanti de Albuquerque. Araújo Lima foi eleito com grande maioria dos votos e assim, instalaram-se os regressistas no centro do poder.

Para os regressistas o importante era restaurar a autoridade do Estado, fortalecer o Executivo e eliminar a anarquia e a desordem que se espalhavam pelo país, que consideravam fruto do princípio democrático predominante nos primeiros tempos da Regência. Nesse momento mais uma revolta estourava no país, a Sabinada, dessa vez na Província da Bahia, em 1837. Em dezembro desse ano mais uma revolta eclodia, dessa vez no Maranhão, chamada Balaiada. Era urgente que se fortalecesse a autoridade do Estado, que fosse detido o "carro da revolução", para que a "boa sociedade" pudesse gerir e expandir seus negócios, além de preservar sua posição social e sua liberdade de ação. Para tal, era indispensável que os assuntos do país fossem conduzidos por governantes competentes e bons administradores.

Toda essa discussão em torno da necessidade do restabelecimento de leis centralizadoras vai gerar um movimento, liderado pelos regressistas, para a reformulação do Ato Adicional, a que chamavam de "carta da anarquia", e do Código do Processo Criminal, considerados ambos responsáveis pelo caos social. Pretendiam também o restabelecimento do exercício do Poder Moderador. Segundo Bernardo Pereira de Vasconcelos, as leis liberais, sobretudo a descentralização, tinham ido longe demais e estavam ameaçando a estabilidade do Governo e a integridade do Império. Entretanto, as resistências em relação às mudanças fizeram com que essas discussões durassem quase três anos, a ponto de que somente em maio de 1840 se deu a aprovação da lei de Interpretação do Ato Adicional e a reforma do Código do Processo Criminal só foi ser aprovada em dezembro de 1841.

1.4.3 Revoltas Regenciais

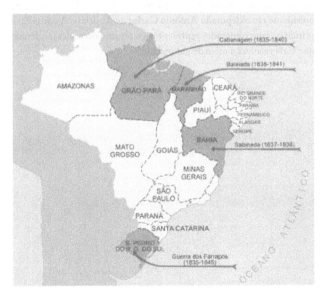

Após a abdicação de D. Pedro I, o Brasil atravessou um período marcado por inúmeras crises: enquanto o país era governado por regentes, as diversas forças políticas lutavam pelo poder; o país perdia espaço na concorrência por mercados econômicos e aumentava sua dependência das potências estrangeiras; as reivindicações populares por melhores condições de vida se acirravam, ocasionando revoltas em diversos pontos do país. Homens livres brancos, mulatos, mestiços, pardos, e negros forros, foram às ruas em busca do direito de participação na vida política e de melhores condições de vida. Por outro lado, esses conflitos representavam também o protesto contra a centralização do governo em torno das Províncias do Rio de Janeiro, São Paulo e Minas Gerais.

UM PAÍS CONVULSIONADO

"O período regencial iniciado em 1831, foi marcado pela eclosão de várias revoltas em diferentes partes do país. Elas tiveram natureza distinta, na medida em que foram protagonizadas por diversos setores sociais. Algumas revoltas tiveram como lideranças indivíduos que pertenciam a um grupo numeroso da população: homens livres pobres. As condições de vida precárias geravam insatisfação que, em determinados momentos, resultou em revoltas armadas."

Miriam Dolhnikoff. *In*: "História do Brasil Império". Contexto, 2017, p. 55 (com adaptações).

1.4.4 Cabanagem (1833-1836)

Ocorreu no Pará e contou com a participação de camadas populares que organizam movimentos de oposição ao poder central. Estas camadas eram compostas por escravos e por uma massa de homens livres — índios e mestiços — que viviam em cabanas à beira dos rios. Daí o motivo de se denominar o movimento de cabanagem e mesmo a repressão empreendida pelo governador Lobo de Sousa, em dezembro de 1833, não impediu novos levantes. Novos líderes apareceram: Eduardo Angelim, os irmãos Francisco e Antônio Vinagre, Félix Antônio Malcher.

As forças legalistas dominaram apenas a capital. No interior, Angelim e Antônio Vinagre tentaram organizar uma resistência. Porém devido à falta de um projeto político e uma unidade em decorrência da heterogeneidade do grupo e por interesses opostos, o movimento acabou fracassando em 1836. Outro fator que colaborou para seu fracasso foi o desembarque, na região, de uma nova expedição militar. Em 1839, ao findar o movimento, a população da província de 100.000 habitantes estava reduzida a 40.000 e de todos os movimentos populares do período regencial, a cabanagem foi o único no qual as camadas populares conseguiram ocupar o poder, embora desorganizada.

1.4.5 Sabinada (1837-1838)

O movimento foi liderado pelo cirurgião Francisco Sabino Álvares da Rocha Vieira que comandou um novo levante contra o poder regencial que pretendia tornar a província da Bahia independente, sob um governo republicano, até a maioridade do imperador. Ocorrido em Salvador, esse movimento foi um protesto contra a Lei Interpretativa e a prisão do líder farroupilha Bento Gonçalves em Salvador. Por ter sido realizado por elementos das classes médias, não foi capaz de mobilizar os setores mais pobres e tampouco ganhar a simpatia da elite local. Mesmo tendo recebido o apoio de parte das tropas do governo, a sabinada, como ficou conhecido o movimento, foi reprimida por tropas do governo com o apoio dos proprietários do Recôncavo Baiano em 1838.

A VINDA DA FAMÍLIA REAL E O BRASIL IMPÉRIO

1.4.6 Balaiada (1838-1841)

Ocorreu no maranhão e atingiu parte do Piauí e seu nome é uma referência a um de seus líderes: Manuel dos Anjos Ferreira, conhecido como "balaio" e foi um movimento em que as massas populares puderam se rebelar contra a sociedade latifundiária e escravocrata. A província do Maranhão estava conturbada por disputas políticas entre Bem-te-vis e Cabanos, desde a abdicação de Pedro I, pois durante o governo de Feijó (1835-1837), os liberais, popularmente chamados de Bem-te-vis, exerceram completa autoridade sobre a província, relegando seus inimigos políticos, os cabanos, ao ostracismo. Com a regência de Araújo Lima, a situação inverteu-se.

Enquanto os setores políticos se enfrentavam o vaqueiro Raimundo Gomes iniciava uma marcha pelo interior do Maranhão arregimentando desertores da guarda nacional, escravos fugidos, pequenos artesãos sem residência fixa, vaqueiros sem trabalho, assaltantes de estradas e agricultores espoliados de suas terras. Em janeiro de 1839, Manuel dos Anjos Ferreira, o "balaio", integrou o movimento, tendo seu grupo ocupado a vila de Caxias em julho do mesmo ano. A repressão foi comandada pelo Coronel Luís Alves Lima, que fora nomeado governador do Maranhão em 1840. Dessa forma, o futuro Barão e, depois, Duque de Caxias, pacificou a província.

1.4.7 Farroupilha (1835-1845)

Foi o único movimento popular do período regencial ocorrido no Sul do país com a participação da elite da região que manteve o controle do início ao fim do movimento impedindo que as camadas populares pudessem apresentar suas reivindicações, além de ter sido o mais longo. A produção de charque no sul não conseguia concorrer com a produção platina, pois o governo mantinha baixos impostos sobre o charque, couros e gado muar vindos dessa região, além de elevar os impostos nos portos nacionais.

O interesse dos fazendeiros gaúchos em escolher seu presidente de província até então nomeado pelo poder central, provocara a eclosão dessa revolta, que ficou conhecida por Farroupilha ou Guerra dos Farrapos. A elite gaúcha rompeu com o Império dando início ao movimento em 1835 e no ano seguinte foi proclamada a República Rio-Grandense. Comandados por Davi Canabarro e Giuseppe Garibaldi, em 1839, o movimento avançou sobre as terras catarinenses onde foi proclamada a República Juliana. Embora os farrapos proclamassem "repúblicas", não era seu desejo separar-se do Brasil. O que queriam era uma maior autonomia para a província, ou seja, federalismo. A nomeação do Barão Caxias para presidente da província em 1842 marcou o início da pacificação, e a revolta dos farrapos findou com a anistia aos revoltosos, o fortalecimento da assembleia local e a diminuição dos impostos.

1.4.8 Revolta dos Malês (1835)

Durante as primeiras décadas do século XIX várias rebeliões de escravos explodiram na província da Bahia. A mais importante delas foi a dos Malês, uma rebelião de caráter racial, contra a escravidão e a imposição da religião católica, que ocorreu em Salvador, em janeiro de 1835. Nessa época, a cidade de Salvador tinha cerca de metade de sua população composta por negros escravos ou libertos, das mais variadas culturas e procedências africanas, dentre as quais a islâmica, como os haussas e os nagôs. Foram eles que protagonizaram a rebelião, conhecida como dos «malê», pois este termo designava os negros muçulmanos, que sabiam ler e escrever o árabe. Sendo a maioria deles composta por «negros de ganho», tinham mais liberdade que os negros das fazendas, podendo circular por toda a cidade com certa facilidade, embora tratados com desprezo e violência. Alguns, economizando a pequena parte dos ganhos que seus donos lhes deixavam, conseguiam comprar a alforria.

Em janeiro de 1835 um grupo de cerca de 1500 negros, liderados pelos muçulmanos Manuel Calafate, Aprígio, Pai Inácio, dentre outros, armou uma conspiração com o objetivo de libertar seus companheiros islâmicos e matar brancos e mulatos considerados traidores, marcada para estourar no dia 25 daquele mesmo mês. Arrecadaram dinheiro para comprar armas e redigiram planos em árabe, mas foram denunciados por uma negra ao juiz de paz. Conseguem, ainda, atacar o quartel que controlava a cidade, mas, devido à inferioridade numérica e de armamentos, acabaram massacrados pelas tropas da Guarda Nacional, pela polícia e por civis armados que estavam apavorados ante a possibilidade do sucesso da rebelião negra.

No confronto morreram sete integrantes das tropas oficiais e setenta do lado dos negros. Duzentos escravos foram levados aos tribunais. Suas condenações variaram entre a pena de morte, os trabalhos forçados, o degredo e os açoites, mas todos foram barbaramente torturados, alguns até a morte. Mais de quinhentos africanos foram expulsos do Brasil e levados de volta à África. Apesar de massacrada, a Revolta dos Malês serviu para demonstrar às autoridades e às elites o potencial de contestação e rebelião que envolvia a manutenção do regime escravocrata, ameaça que esteve sempre presente durante todo o Período Regencial e se estendeu pelo Governo pessoal de D. Pedro II.

1.4.9 Política do Regresso

Diante da ameaça da fragmentação territorial do Império e da perda do poder frente aos levantes populares, os conservadores procuraram minimizar os conflitos internos mediante a aprovação da Lei Interpretativa do Ato Adicional de 1837 que, na regência de Araújo Lima, revogava alguns aspectos do Ato Adicional de 1834, tais como: diminuía a autonomia das províncias e submetia a Guarda Nacional ao poder do Estado.

A Lei Interpretativa foi um dos principais motivos das revoltas que surgiram de 1840 a 1848, pois deu início ao descontentamento do povo e de alguns políticos, devido à diminuição da autonomia das províncias. Os liberais a fim de impedir a aprovação dessa lei, desencadearam um movimento em favor da antecipação da maioridade e José Martiniano de Alencar, em abril de 1840, organizou o Clube da Maioridade, cujo presidente era o deputado Antônio Carlos de Andrada. A coroação do príncipe como imperador representava o retorno do poder moderador, que viria resolver a crise de autoridade.

BRASIL IMPÉRIO

2.1 Segundo Reinado

A Assembléia Nacional, entretanto, tinha poderes para antecipar a maioridade de D. Pedro. Foi, então, fundado o Clube da Maioridade, organização política cujo objetivo era lutar pela antecipação da maioridade do príncipe a fim de que ele pudesse assumir o trono. O Clube da Maioridade teve o apoio das classes dominantes e uniu políticos progressistas e parte dos regressistas. Em 1840, a Assembléia Nacional aprovou a antecipação da idade do príncipe Pedro de Alcântara. Era a vitória do Clube da Maioridade. Assim, o jovem Pedro foi aclamado imperador, como título de D. Pedro II, em 23 de julho de 1840. Iniciava-se o Segundo Reinado, período que durou quase meio século (1840 a 1889).

Por volta de 1840, os políticos regressistas criaram o Partido Conservador. E os progressistas constituíram o Partido Liberal. Esses dois grupos dominaram a vida pública brasileira durante todo o Segundo Reinado (1840-1889). Devido à exigência de rendas, só 1% da população brasileira tinha direito ao voto. Os liberais e conservadores desenvolveram uma fórmula que trouxe estabilidade política ao Segundo Reinado. Após assumir o poder, D. Pedro II escolheu para o seu primeiro ministério do governo políticos do Partido Liberal, que tinham lutado pela antecipação de sua maioridade. Como participavam do ministério os irmãos Andrada e os irmãos Cavalcanti, ele ficou conhecido como Ministério dos Irmãos. Bandos de capangas contratados pelos liberais invadiram os locais de votação, distribuindo cacetadas e ameaçando de morte os adversários políticos. Além disso, houve muita fraude na apuração dos Votos, substituindo-se umas autenticas por outras com votos falsos. Os liberais venceram na base da fraude e do espancamento. As eleições ficaram conhecidas como eleições do cacete. Em São Paulo e Minas Gerais, em 1842, os políticos do Partido Liberal revoltaram-se. Os líderes dos liberais eram Tobias de Aguiar e Diogo Antônio Feijó (em São Paulo) e Teófilo Ottoni (em Minas Gerais). O governo imperial, por meio das tropas comandadas por Luís Alves de Lima e Silva, o futuro duque de Caxias, derrotou essa revolta liberal e prendeu os líderes do movimento. Só em 1844 esses líderes foram anistiados.

2.2 O parlamentarismo no Brasil

Em 1847, a criação do cargo de presidente do Conselho de Ministros assinala o começo do parlamentarismo no Segundo Reinado. Esse presidente seria o primeiro-ministro, isto é, chefe do ministério e encarregado de organizar o Gabinete do governo. Após a realização de uma eleição, D. Pedro II nomeava para o cargo de primeiro-ministro um líder político do partido vencedor. Este líder montava o Gabinete ministerial que, em seguida, era apresentado à Câmara dos Deputados em busca de um voto de confiança (aprovação pela maioria dos parlamentares).

2.3 Lei de Terras de 1850

Durante o século XIX, a economia mundial passou por uma série de transformações abrindo espaço para o capitalismo industrial. As grandes potências da época pressionavam as nações mais pobres para que se adequassem aos novos caminhos do capitalismo, como por exemplo, os ingleses que pressionavam pelo fim do tráfico negreiro para atender a seus interesses econômicos. O uso da terra e sua posse eram símbolo de distinção social e com o avanço do capitalismo mercantil a terra deveria ter um uso integrado ao comércio, assim, passou-se a discutir as funções e os direitos sobre a terra. No Brasil, os sesmeiros e posseiros realizavam a apropriação de terras e tomavam a posse das terras, de modo que após a Independência, alguns projetos de lei tentaram regulamentar essa questão. Porém, somente em 1850, a chamada Lei 601 ou Lei de Terras de 1850 apresentou novos critérios com relação aos direitos e deveres dos proprietários de terra.

O tráfico negreiro estava proibido em terras brasileiras e a atividade, que representava uma grande fonte de riqueza, teria de ser substituída por uma economia que melhor explorasse o potencial produtivo da agricultura. Inicia-se um projeto de incentivo à imigração que deveria ser financiado com a dinamização da economia agrícola e regularizaria o acesso à terra. A Lei criava grandes restrições para que ex-escravos e imigrantes se tornassem pequenos ou médios proprietários e nenhuma nova sesmaria poderia ser concedida a um proprietário de terras ou seria reconhecida a ocupação por meio da ocupação das terras.

As chamadas terras devolutas, que não tinham dono e não estavam sob os cuidados do Estado, poderiam ser obtidas somente por meio da compra junto ao Governo. Uma série de documentos falsos garantia e ampliava a posse de terras dos grandes fazendeiros e aquele que se tivesse interesse em possuir terras deveria dispor de grandes quantias. Dessa maneira, a Lei de Terras transformou a terra em mercadoria, ao mesmo tempo em que garantiu a posse dela aos antigos latifundiários. Em 1850, após a promulgação da Lei de Terras, as autoridades locais pediram ao governo da Província de Pernambuco o fim do aldeamento, alegando que os índios já eram caboclos, e a Lei de Terras de 1850 regulamentou questões relacionadas à propriedade privada da terra e à mão de obra agrícola atendendo aos interesses dos grandes fazendeiros cafeicultores da região Sudeste.

2.4 O quadro econômico

A herança colonial e o moderno durante o segundo reinado No decorrer do século XIX, principalmente no período de 1850 a 1900, o Brasil viveu grandes transformações:

QUADRO ECONÔMICO - SEGUNDO REINADO	
O centro econômico d país deslocou-se das velhas áreas agrícolas do Nordeste para o Sudeste/Sul	As secas prolongadas na região Nordeste, a mudança da capital nacional no século XVIII de Salvador para o Rio de Janeiro.

PAUTA DE EXPORTAÇÕES	
O café tornou-se o principal produto agrícola do país. Superando todos os demais produtos como açúcar, tabaco, algodão e cacau.	A concorrência do açúcar produzido de forma mais barata nas antilhas e o crescimento das exportações do café para a Europa e Estados Unidos.

TRABALHO & SOCIEDADE	
Nas fazendas de café de São Paulo o trabalho do escravo foi sendo substituído pelo trabalho assalariado do imigrante europeu (italianos, alemães etc.).	O dinheiro obtido com a venda do café em parte foi aplicado no surto de industrialização do Brasil. Surgiram inicialmente indústrias alimentícias, de vestuário de madeira.

O BRASIL IMPÉRIO

2.5 Café: o novo ouro Brasileiro

O café foi introduzido no Brasil por volta de 1727. A princípio, era um produto sem grande valor comercial. Utilizava-se o café como bebida destinada apenas ao consumo local. Entretanto, a partir do início do século XIX, o hábito de beber café alcançou grande popularidade na Europa e nos Estados Unidos. E crescia rapidamente o número de consumidores internacionais do café. O clima e o tipo de solo do sudeste brasileiro favoreciam amplamente o desenvolvimento da lavoura cafeeira. O país tinha disponibilidade de novas terras e já contava com a mão-de-obra escrava, que foi deslocada para a cafeicultura. Com todos esses recursos, o Brasil tornou-se em pouco tempo o principal produtor mundial de café. De 1830 até o fim do século, o café foi o principal produto exportado pelo Brasil. Os grandes lucros gerados pela exportação do café possibilitaram a recuperação econômica do Brasil, que tinha suas finanças abaladas desde o período da Independência, devido à queda das exportações agrícolas.

2.5.1 Cafeicultores

A riqueza do café fez dos cafeicultores a classe social mais poderosa da sociedade brasileira. Eles passaram a exercer grande influência na vida econômica e política do país. A economia cafeeira do século XIX dividia-se em dois setores básicos:

- **Setor tradicional:** faziam parte deste grupo os cafeicultores das fazendas de café mais antigas, localizadas na Baixada Fluminense e no Vale do Paraíba.
- **Setor moderno:** composto de cafeicultores das fazendas de café de áreas mais recentes, localizadas no oeste de São Paulo.

2.6 A elevação de impostos sobre importados

Em 1844, o ministro da Fazenda, Manuel Alves Branco decretou uma nova tarifa alfandegária sobre os produtos importados A elevação da tarifa aumentou o preço dos produtos importados, forçando o consumidor brasileiro a procurar um produto semelhante nacional. Antes de 1844, os produto importados pagavam só 15% sobre seu valor nas alfândegas brasileira. Com a Tarifa Alves Branco, a maioria dos produtos importados tinha que pagar 30% de imposto. Mas se houvesse a fabricação no Brasil de produto nacional semelhante, o artigo importado passava a pagar 60% de imposto.

2.7 Política Externa

O Brasil envolveu-se em alguns conflitos internacionais durante o Segundo Reinado. Com a Inglaterra houve o episódio que ficou conhecido como Questão Christie. Os dois países chegaram a romper relações diplomáticas (1863-1865). Para preservar interesses econômicos e políticos, o império também entrou em luta contra os países platinos. Primeiro foi a Intervenção contra Oribe e Rosas (1851-1852), presidentes do Uruguai e Argentina, respectivamente. Depois, a Guerra contra Aguirre (1864-1865), presidente do Uruguai. Mas o conflito mais grave foi a Guerra do Paraguai.

2.8 Guerras no Prata

O Brasil sempre apoiou a independência de pequenos países, como o Paraguai e o Uruguai e, dessa forma, assegurava sua hegemonia na região e o livre acesso às províncias do centro-oeste e sudeste do continente. A ação do Brasil na região passou a ser militar a partir de 1851 e tinha por objetivo atender aos interesses dos estancieiros e produtores de charque do Rio Grande do Sul. Isso aumentaria a influência do governo central no sul do país.

As forças imperiais derrubaram Manuel Rosas, que ocupara o poder na Argentina após lutas internas. Sua política de fortalecimento do país implicava o controle de todo o estuário do Prata e a reincorporação do Paraguai, fato que ameaçava a livre navegação na região. Para o Brasil, isso significava o fechamento do acesso ao seu interior. Na República do Uruguai, intensificou-se a disputa pelo poder entre o grupo dos Colorados, formado por comerciantes de Montevidéu e comandado por Rivera, e o dos Blancos, integrado por estancieiros e chefiado por Oribe. O Brasil acabou por intervir no conflito interno, dando apoio a Rivera. Em contrapartida, Oribe contou com o apoio de Rosas, o que lhe permitiu criar um governo rebelde no interior e sitiar a capital uruguaia.

Esse apoio representou o fim da soberania uruguaia, pois, em 1851, os tratados assinados entre o governo de montevidéu e o do império do Brasil davam a este o direito de intervir no Uruguai. Aproveitando-se das divergências internas da Argentina, o império brasileiro apoiou um levante de Justo José Urquiza, caudilho e governador da província de Entre Rios, contra Rosas, o que enfraqueceria seu aliado uruguaio, e em 1851 tropas brasileiras, aliadas às do argentino Urquiza, invadiram o Uruguai e derrotaram Oribe. Depois, nova aliança foi realizada entre o Uruguai, o Brasil e as províncias de Corrientes e Entre Rios, dessa vez para derrubar Rosas.

Comandando o "grande exército libertador da América", Urquiza derrotou as forças de Rosas na Batalha de Monte Caseros, mas a derrota de Rosas e Oribe não trouxe a paz desejada pelo governo brasileiro. No Uruguai, as disputas internas prosseguiram e, em 1864, os Blancos, liderados por Anastácio Aguirre, voltaram ao poder. Na ausência de seu aliado natural, o argentino Manuel Rosas, os Blancos procuraram o apoio de Solano López, presidente do Paraguai. O Uruguai foi invadido por forças militares brasileiras e em 1864, atendendo aos interesses dos estancieiros gaúchos, o governo brasileiro enviou a Montevidéu a missão Saraiva, com o objetivo de obrigar o governo uruguaio a indenizar os proprietários brasileiros que tiveram suas propriedades violadas pelos uruguaios durante suas contendas internas. Diante da negativa de Aguirre, o governo imperial o depôs, sendo substituído pelo líder dos Colorados, Venâncio Flores, que prontamente indenizou os proprietários brasileiros.

2.9 Questão Christie

Em 1861, o navio inglês Príncipe de Gales afundou nas costas do Rio Grande do Sul, sendo sua carga pilhada pelos brasileiros. O governo inglês, representado por William Christie, exigiu uma indenização de 3200 libras e as relações entre as duas nações se tornaram mais tensas quando três oficiais ingleses, embriagados e à paisana, foram presos por promoverem desordens. Christie exigia a soltura dos oficiais e a punição dos policiais que efetuaram as prisões. Tem início nesse momento a Questão Christie.

O imperador aceitou indenizar os ingleses pelos prejuízos no afundamento de seu navio no litoral gaúcho e soltar os oficiais. Mas, recusou-se a punir os policiais brasileiros. Christie ordenou o aprisionamento de cinco navios brasileiros, o que gerou indignação e atitudes de hostilidade dos brasileiros em relação aos ingleses aqui radicados. As relações entre Inglaterra e Brasil foram rompidas em 1863, sendo reatadas dois anos mais tarde, diante do fortalecimento do Paraguai na região Platina.

2.10 Guerra do Paraguai (1865-1870)

María Victoria Baratta. In: "La guerra del Paraguay y la construcción de la identidad nacional."

Desde sua independência, em 1811 o Paraguai começou a se desenvolver de um modo diferente de todos os países latino-americanos. Seu primeiro presidente, José Gaspar Rodrigues de Francia criou uma estrutura de produção voltada para os interesses internos da população paraguaia. Ele queria alcançar a plena independência econômica do país. Para isso, distribuiu terras aos camponeses, combateu a oligarquia rural improdutiva, construiu inúmeras escolas para o povo. Em 1840, o Paraguai não tinha analfabetos. Francia morreu em 1840. Seus sucessores, Antônio Carlos López (1840-1862) e seu filho, Francisco Solano López (1862-1870), não prosseguiram com a obra de construir no Paraguai um país forte e soberano. Sofreram forte pressão do capitalismo internacional e regional representando pela sua vizinhança (Brasil, Argentina e Uruguai).

"A definição do Paraguai como um país de pequenos proprietários sob o comando de um Estado clarividente, comum na historiografia de esquerda da década de 1970, refere-se sobretudo à época de Francia. É verdade que ele tomou algumas medidas excepcionais no contexto da América do Sul. Mas catalogá-las de progressistas simplifica seu conteúdo. Nas terras confiscadas, o governo organizou as Estâncias da Pátria, exploradas por ele ou por pequenos arrendatários. Nas estâncias do governo, se utilizava mão de obra escrava ou prisioneiros. A economia deixou de ser monetária: tanto a renda da terra como os impostos eram pagos com produtos, não utilizando a moeda."

Boris Fausto. In: "História Concisa do Brasil". EDUSP, 2011, p. 116-7.

A ideia constantemente difundida que "O desenvolvimento do Paraguai desagradava profundamente a Inglaterra, que queria manter todos os países latino-americanos como simples fornecedores de matérias-primas e consumidores dos seus produtos industrializados", não é só simplista, como também é equivocada, considerando que a Inglaterra capacitou o exército, a elite e incentivou o desenvolvimento industrial do Paraguai. A Inglaterra financiou (empréstimos bancários, venda de armas, logística) o Brasil, a Argentina e o Uruguai na luta contra o Paraguai. Brasil, Argentina e Uruguai formaram a Tríplice Aliança contra o Paraguai e deram início ao mais longo e sangrento conflito armado já ocorrido na América do Sul. Mais do que motivos políticos ou reivindicações territoriais, o que verdadeiramente alimentou a Guerra do Paraguai foram questões econômicas.

Para o Brasil, o episódio que deu início à guerra, foi o aprisionamento, pelo governo paraguaio do navio brasileiro Marquês de Olinda, em novembro de 1864. O navio brasileiro navegava pelo rio Paraguai, próximo a Assunção, com destino à província de Mato Grosso. O aprisionamento do navio brasileiro foi uma reação do Paraguai contra a invasão brasileira do Uruguai e a derrota do presidente Aguirre (que era apoiado por Solano López). Para se ter uma ideia da do que caracterizou Guerra do Paraguai, basta dizer que, do lado brasileiro, morreram aproximadamente 100 mil combatentes. Do lado paraguaio, muito mais vidas foram sacrificadas, considerando o poderio militar combinado do Brasil, Argentina e Uruguai.

Terminada a guerra, o império brasileiro passou a sofrer as consequências do sangrento conflito:

- A economia estava fortemente abalada em virtude dos prejuízos da guerra.
- O Exército brasileiro passou a assumir posições contrarias à sociedade escravista brasileira e a demonstrar simpatia pela causa republicana.
- Aceleração do processo abolicionista.
- Crise do Segundo Reinado, que o levará a ruína.

2.11 A Abolição da Escravatura

Um exigência do capitalismo industrial e do desenvolvimento do país. A pressão político-militar da Inglaterra associada à pressão de políticos progressistas brasileiros determinaram que fosse promulgada, em 4 de setembro de 1850, a lei Eusébio de Queirós. Com essa medida, o comércio de escravos importados foi definitivamente reprimido.

2.11.1 As etapas da campanha abolicionista

Após a extinção do tráfico negreiro (1850), cresceu no país a campanha abolicionista, que foi um movimento público pela libertação dos escravos. A abolição conquistou o apoio de vários setores da sociedade brasileira: parlamentares, imprensa, militares, artistas e intelectuais. Mas os defensores da escravidão ainda conseguiram sustentá-la por bom tempo. No Brasil, o sistema escravista foi sendo extinto lentamente, de maneira a não prejudicar os proprietários de escravos.

As principais leis publicadas nesse sentido foram:

- **Lei do Ventre Livre (1871):** declarava livres todos os filhos de escravos nascidos no Brasil.
- **Lei dos Sexagenários (1885):** declarava livres os escravos com mais de 65 anos, o que significava libertar os donos de escravos da "inútil" obrigação de sustentar alguns raros negros velhos que conseguiram sobreviver à brutal exploração de seu trabalho.

Somente em 13 de maio de 1888, com a Lei Áurea promulgada pela princesa Isabel, filha de D. Pedro II, a escravidão foi extinta no Brasil. Embora em algumas províncias como na do Ceará, a abolição tenha acontecido de forma antecipada em 1881 e concluída em 1884, assim, a província recebeu o epíteto de José do Patrocínio, de "Terra da luz", sendo seu exemplo seguido pela província do Amazonas (1881).

O BRASIL IMPÉRIO

2.12 Crise da Monarquia e Proclamação da República

Fonte: Senado Federal

Os ideais republicanos existiam no Brasil desde a colônia, aparecendo em episódios como a Inconfidência Mineira, a Revolução Pernambucana de 1817 e a Confederação do Equador, em 1824. Com a Guerra do Paraguai, o imperador perdeu a força política, e o movimento republicano começou a ganhar vulto. O Manifesto Republicano, de cuja redação Quintino Bocaiúva participou ativamente, foi publicado no primeiro número do Jornal A Revolução, transformando-se no ideário básico do movimento, que ganhou a adesão de intelectuais e, a partir de 1878, dos militares descontentes com a Monarquia.

O processo da Proclamação da República pode ser assim resumido em três eixos:

2.12.1 Política Externa

- **Conflitos Internacionais:** com a Inglaterra (Questão Christie 1863-1865), Intervenção contra Oribe (Uruguai) e Rosas (Argentina) — 1851-1852.
- A Guerra contra Aguirre (1864-1865),
- Presidente do Uruguai. Guerra do Paraguai (1865-1870). Brasil, Argentina e Uruguai (Tríplice Aliança) contra o Paraguai no mais longo e sangrento conflito armado já ocorrido na América do Sul.

2.12.2 Sociedade Brasileira

- **Questão Abolicionista: Lei do Ventre Livre (1871); Lei dos Sexagenários (1885); 13 de maio de 1888: Lei Áurea promulgada pela princesa Isabel:** a escravidão foi extinta no Brasil.
- **Questão Religiosa:** bispos de Olinda e de Belém contra maçons D. Pedro II, influenciado pela maçonaria, decidiu intervir na questão, solicitando aos bispos que suspendessem as punições.

2.12.3 Política Interna

- **Questão Republicana:** Partido Republicano Paulista, fazendeiros de café de São Paulo; contava com seguidores no Rio de Janeiro, em Minas Gerais e no Rio Grande do Sul.
- **Questão Militar:** depois da Guerra do Paraguai, o Exército brasileiro foi adquirindo maior importância na sociedade. Os ideais republicanos contagiaram os oficiais, divulgados por homens como o Coronel Benjamin Constant, professor da Escola Militar do Rio de Janeiro.

O Fim do Segundo Império: a oposição de tantos setores da sociedade à Monarquia tornou possível o sucesso do golpe político que instaurou a República no Brasil.

BRASIL REPÚBLICA

3.1 República Velha (1889-1930)

Os treze presidentes. Ao longo da República Velha, que é a denominação convencional para a história republicana que vai da proclamação (1889) até a ascensão de Getúlio Vargas em 1930, o Brasil conheceu uma seqüência de treze presidentes. O traço mais saliente dessa primeira fase republicana encontra-se no fato de que a política esteve inteiramente dominada pela oligarquia cafeeira, em cujo nome e interesse o poder foi exercido. Desses treze presidentes, três foram vices que assumiram o poder: Floriano Peixoto, em virtude da renúncia de Deodoro da Fonseca; Nilo Peçanha, pela morte de Afonso Pena; e, finalmente, Delfim Moreira, pela morte de Rodrigues Alves, ocorrida logo após a sua reeleição.

3.2 Governo Provisório (1889-1891)

Proclamada a República, na mesma noite de 15 de novembro de 1889 formou-se o Governo Provisório, com o Marechal Deodoro como chefe de governo. O Governo Provisório, assim formado, decretou o regime Republicano e federalista e a transformação das antigas províncias em "estados" da federação. O Império do Brasil chamava-se, agora, com a República, Estados Unidos do Brasil — o seu nome oficial. Em caráter de urgência, foram tomadas também as seguintes medidas: a "grande naturalização", que ofereceu a cidadania a todos os estrangeiros residentes; a separação entre Igreja e Estado e o fim do padroado; a instituição do casamento e do registro civil. Porém, dentre as várias medidas, destaca-se particularmente o "encalhamento", adotado por Rui Barbosa, então ministro da Fazenda.

3.2.1 O "encilhamento"

Na corrida de cavalos, a iminência da largada era indicada pelo seu encalhamento, isto é, pelo momento em que se apertavam com as cilhas (tiras de couro) as selas dos cavalos. É o instante em que as tensões transparecem no nervosismo das apostas. Por analogia, chamou-se "encilhamento" à política de emissão de dinheiro em grande quantidade que redundou numa desenfreada especulação na Bolsa de Valores. Para compreender por que o Governo Provisório decidiu emitir tanto papel-moeda, é preciso recordar que, durante a escravidão, os fazendeiros se encarregavam de fazer as compras para si e para seus escravos e agregados. E o mercado de consumo estava praticamente limitado a essas compras, de modo que o dinheiro era utilizado quase exclusivamente pelas pessoas ricas. Por essa razão, as emissões de moeda eram irregulares: emitia-se conforme a necessidade e sem muito critério.

A situação mudou com a abolição da escravatura e a grande imigração. Com o trabalho livre e assalariado, o dinheiro passou a ser utilizado por todos, ampliando o mercado de consumo. Para atender à nova necessidade, o Governo Provisório adotou uma política emissionista em 17 de janeiro de 1890. O ministro da Fazenda, Rui Barbosa, dividiu o Brasil em quatro regiões, autorizando em cada uma delas um banco emissor. As quatro regiões autorizadas eram: Bahia, Rio de Janeiro, São Paulo e Rio Grande do Sul. O objetivo da medida era o de cobrir as necessidades de pagamento dos assalariados — que aumentaram desde a abolição — e, além disso, expandir o crédito a fim de estimular a criação de novas empresas. Todavia, a desenfreada política emissionista acarretou uma inflação incontrolável, pois os "papéis pintados" não tinham como lastro outra coisa que não a garantia do governo. Por isso, o resultado foi muito diverso do esperado: em vez de estimular a economia a crescer, desencadeou uma onda especulativa.

Os especuladores criaram projetos mirabolantes e irrealizáveis e, em seguida, lançaram as suas ações na Bolsa de Valores, onde eram vendidas a alto preço. Desse modo, algumas pessoas fizeram fortunas da noite para o dia, enquanto seus projetos permaneciam apenas no papel. Em 1891, depois de um ano de orgia especulativa, Rui Barbosa se deu conta do caráter irreal de sua medida e tentou remediá-la, buscando unificar as emissões no Banco da República dos Estados Unidos do Brasil. Mas a demissão coletiva do ministério naquele mesmo ano frustrou a sua tentativa.

3.2.2 A Constituição de 1891

Características. Logo após a proclamação da República, foi convocada uma Assembléia Constituinte para elaborar uma nova Constituição, promulgada em 24 de fevereiro de 1891. A nova Constituição inspirou-se no modelo norte-americano, ao contrário da Constituição imperial, inspirada no modelo francês. Segundo a Constituição de 1891, o nosso país estava dividido em vinte estados (antigas províncias) e um Distrito Federal (ex-município neutro). Cada estado era governado por um "presidente". Declarava também que o Brasil era uma república representativa, federalista e presidencialista.

3.3 A Consolidação da República (1891-1894)

Em vez de quatro poderes, como no Império, foram adotados três: Executivo, Legislativo e Judiciário. Executivo, exercido pelo presidente da República, eleito por voto direto, por quatro anos, com um vice-presidente, que assumiria a presidência no afastamento do titular, efetivando-se, sem nova eleição, no caso de afastamento definitivo depois de dois anos de exercício. Legislativo, com duas casas temporárias Câmara dos Deputados e Senado Federal que, reunidos, formavam o Congresso Nacional.

Judiciário, com o Supremo Tribunal Federal, como órgão máximo, cuja instalação foi providenciada pelo Decreto n° 1, de 26 de fevereiro de 1891, que também dispôs sobre os funcionários da Justiça Federal. Os três poderes exercer-se-iam harmoniosa, mas independentemente.

A República foi obra, basicamente, dos partidos republicanos — notadamente o de São Paulo —, unidos aos militares de tendência positivista. Porém, tão logo o grande objetivo foi atingido, ocorreu a cisão entre os "republicanos históricos" e os militares. As divergências giraram em torno da questão federalista: vos civis defendiam o federalismo e os militares eram centralistas, portanto, partidários de um poder central forte. A eleição de Deodoro. Conforme ficara estabelecido, a Assembléia Constituinte, após a elaboração da nova Constituição, transformou-se em Congresso Nacional, encarregado de eleger o primeiro presidente da República.

Para essa eleição apresentaram-se duas chapas: a primeira era encabeçada por Deodoro da Fonseca para presidente e o almirante Eduardo Wandenkolk para vice, a segunda era constituída por Prudente de Morais para presidente e o marechal Floriano Peixoto para vice. A eleição realizou-se em meio a tensões muito grandes entre militares e civis, pois o Congresso Nacional era francamente contrário a Deodoro. Em primeiro lugar, porque este ambicionava fortalecer o seu poder, chegando mesmo a se aproximar de monarquistas confessos, como o barão de Lucena, a quem convidou para formar o segundo ministério no Governo Provisório, após a renúncia coletiva do primeiro.

Em segundo, devido à impopularidade de e ao desgaste de Deodoro, motivados pelas crises desencadeadas pelo "encilhamento", pelas quais, junto com Rui Barbosa, era diretamente responsável. Prudente de Morais tinha a maioria. Teoricamente seria eleito. Contudo, os

O BRASIL REPÚBLICA

militares ligados a Deodoro fizeram ameaças, pressionando o Congresso a elegê-lo. E foi o que aconteceu, embora por uma pequena margem de votos. O vice de Deodoro, entretanto, foi derrotado por ampla diferença por Floriano Peixoto. Deodoro, finalmente eleito presidente pelo Congresso, não conseguiu governar com este último. Permanentemente hostilizado pelo Congresso, buscou o apoio dos governos dos estados. Na oposição estavam o mais poderoso dos estados — São Paulo — e o mais influente dos partidos — o PRP (Partido Republicano Paulista).

Em 3 de novembro de 1891, a luta chegou ao auge. Sem levar em conta a proibição constitucional, Deodoro fechou o Congresso e decretou o estado de sítio, a fim de neutralizar qualquer reação e tentar reformar a Constituição, no sentido de conferir mais poderes ao Executivo. Porém, o golpe fracassou. As oposições — tanto civis como militares — cresceram e culminaram com a rebelião do contra-almirante Custódio de Melo, que ameaçou bombardear o Rio de Janeiro com os navios sob seu comando. Deodoro renunciou, assumindo em seu lugar Floriano Peixoto.

3.4 Floriano Peixoto (1891-1894)

A ascensão de Floriano foi considerada como o retorno à legalidade. As Forças Armadas — Exército e Marinha — e o Partido Republicano Paulista apoiaram o novo governo. Os primeiros atos de Floriano foram:

- A anulação do decreto que dissolveu o Congresso.
- A derrubada dos governos estaduais que haviam apoiado Deodoro.
- O controle da especulação financeira e da especulação com gêneros alimentícios, através de seu tabelamento.

Tais medidas desencadearam, imediatamente, violentas reações contra Floriano. Para agravar ainda mais a situação, a esperada volta à legalidade não aconteceu.

De fato, para muitos, era preciso convocar rapidamente uma nova eleição presidencial, conforme estabelecia o artigo 42 da Constituição, no qual se lia:

- Art. 42. Se, no caso de vaga, por qualquer causa, da presidência ou vice-presidência, não houverem ainda decorrido dois anos do período presidencial, proceder-se-á à nova eleição.

Floriano não convocou nova eleição e permaneceu no firme propósito de concluir o mandato do presidente renunciante. A alegação de Floriano era de que a lei só se aplicava aos presidentes eleitos diretamente pelo povo. Ora, como a eleição do primeiro presidente fora indireta, feita pelo Congresso, Floriano simplesmente ignorou a lei.

3.4.1 O Manifesto dos Treze Generais

Contra as pretensões de Floriano, treze oficiais (generais e almirantes) lançaram um manifesto em abril de 1892, exigindo a imediata realização das eleições presidenciais, como mandava a Constituição. A reação de Floriano foi simples: afastou os oficiais da ativa, reformando-os.

3.4.2 A Revolta da Armada

Essa inabalável firmeza de Floriano frustrou os sonhos do contra-almirante Custódio de Melo, que ambicionava a presidência. Levadas por razões de lealdade pessoal, as Forças Armadas se dividiram. Custódio de Melo liderou a revolta da Armada estacionada na baía de Guanabara (1893). Essa rebelião foi imediatamente apoiada pelo contra-almirante Saldanha da Gama, diretor da Escola Naval, conhecido por sua posição monarquista.

3.4.3 A Revolução Federalista

No Rio Grande do Sul, desde 1892, uma grave dissensão política conduzira o Partido Republicano Gaúcho e o Federalista ao confronto armado. Os partidários do primeiro, conhecidos como "picapaus", eram apoiados por Floriano, e os do segundo, chamados de "maragatos", aderiram à rebelião de Custódio de Melo. Floriano, o *Marechal de Ferro*. Contra as rebeliões armadas, Floriano agiu energicamente, graças ao apoio do Exército e do PRP (Partido Republicano Paulista), o que lhe valeu a alcunha de *Marechal de Ferro*. Retomando o controle da situação ao reprimir as revoltas, Floriano aplainou o caminho para a ascensão dos civis.

3.5 Prudente de Morais (1894-1898)

Primeiro presidente civil do Brasil, que enfrentou diversos movimentos, "O Pacificador. Encerrou a Revolução Federalista no Rio Grande do Sul e concedeu anistia política aos oficiais da Marinha rebelados.

- **Questão da Trindade:** o Brasil ganhou a posse sobre a ilha do mesmo nome em disputa com os ingleses.
- **Questão de Palmas ou Missões:** definiram-se as fronteiras com a Argentina graças à mediação do Barão do Rio Branco. O presidente Cleeveland dos Estados Unidos deu ganho de causa ao Brasil.

"Canudos não se rendeu. Exemplo único em toda a História, resistiu até o esgotamento completo. Expugnado palmo a palmo, na precisão integral do termo, caiu no dia 5, ao entardecer, quando caíram seus últimos defensores, que todos morreram. Eram quatro apenas: um velho, dois homens feitos, e uma criança, na frente dos quais rugiam raivosamente 5.000 soldados."

Euclides da Cunha. In: "Os Sertões". Editora Três, 1984 (biblioteca do estudante).

3.5.1 Canudos (1893-1897)

O reino do sertão
Canudos e sua área de influência

No governo de Prudente de Morais eclodiu um grande movimentos de revolta social entre os humildes sertanejos baianos. O líder dos sertanejos era Antônio Vicente Mendes Maciel, mais conhecido como Antônio Conselheiro. Esse homem, senhor de fervorosa religiosidade, foi considerado missionário de Deus pela vasta legião de sertanejos que, desiludidos das autoridades constituídas escutavam suas pregações político — religiosas. Não compreendendo certas mudanças surgidas com a república, Antônio Conselheiro declarava-se, por exemplo, contra o casamento civil e por isso foi identificado como um fanático religioso e monarquista. O messianismo desenvolveu-se em áreas rurais pobres que reagiram a miséria. Seus componentes Básicos eram: a religiosidade do sertanejo e seu sentimento de revolta contra a miséria, a opressão e as injustiças das repúblicas dos coronéis.

Somente a quarta expedição, com mais de 8 000 homens sob o comando do Gal. Arthur Oscar conseguiu derrotar Canudos, cuja população não se rendeu, caindo homem a homem em agosto de 1897. Essa triste página da história do Brasil foi muito bem retratada na magnífica obra Os Sertões, de Euclides da Cunha enviado especial do jornal O Estado de São Paulo: "Canudos não se rendeu... resistiu até o esmagamento completo, quando caíram seus últimos defensores, quase O voto era aberto e as eleições manipuladas pelo chefe local (coronel), o que permitia ampla fraude eleitoral em seus domínios políticos, conhecido por "currais eleitorais". Faziam-se críticas ao governo republicano. Canudos preocupava as elites da época e tanto a primeira quanto a segunda expedição militar contra Canudos fracassaram antes de chegar ao local. Em 5 de novembro de 1897, Prudente foi vítima de um atentado, que culminou na morte do Ministro da Guerra. Desconfiou-se de uma articulação dos florianistas, pois o autor dos disparos era um militar pertencente a esse grupo. Imediatamente, desencadeou-se uma violenta perseguição contra os inimigos do presidente, esfacelando o poder político do Exército.

3.6 Campos Sales (1898-1902)

Político paulista que tinha o apoio de seu antecessor. Na verdade, temia-se que o presidente usasse a Comissão de Verificação de Poderes (ou votos), órgão que poderia anular as eleições de políticos considerados fraudulentos.

Foi criado o "*funding loan*", com o qual o Brasil renegociou suas dívidas, fazendo um acordo com o banco "Rothschild & Sons". Por este acordo o Brasil receberia um empréstimo de 10 milhões de libras esterlinas para saldar os juros da dívida externa; o início do pagamento desse empréstimo dar-se-ia a partir de 1911. O governo se comprometia a estabilizar a economia e combater a inflação; os credores teriam acesso às receitas alfandegárias do porto do rio de janeiro, da Estrada de Ferro Central do Brasil e do serviço de água da capital federal. Essa política de saneamento financeiro estruturada pelo presidente e seu ministro da fazenda Joaquim Murtinho, obteve resultados satisfatórios, mas sacrificou a classe média e os trabalhadores.

Criada por Campos Sales (1898-1902), a "política dos governadores" consistia no seguinte: o presidente da República apoiava, com todos os meios ao seu alcance, os governadores estaduais e seus aliados (oligarquia estadual dominante) e, em troca, os governadores garantiriam a eleição, para o Congresso, dos candidatos oficiais. Desse modo, o poder Legislativo, constituído por deputados e senadores aliados do presidente — poder Executivo —, aprovava as leis de seu interesse. Estava afastado assim o conflito entre os dois poderes. Em cada estado existia, portanto, uma minoria (oligarquia) dominante, que, aliando-se ao governo federal, se perpetuava no poder. Existia também uma oligarquia que dominava o poder federal, representada pelos políticos paulistas e mineiros. Essa aliança entre São Paulo e Minas — que eram os estados mais poderosos —, cujos líderes políticos passaram a se revezar na presidência, ficou conhecida como a "política do café com leite".

"O coronelismo é sobretudo um compromisso, uma troca de proveitos entre o poder público, progressivamente fortalecido, e a decadente influência social dos chefes locais, notadamente dos senhores da terra. Não é possível, pois, compreender o fenômeno sem referência à nossa estrutura agrária, que fornece a base da sustentação das manifestações de poder privado ainda tão visíveis no interior do Brasil. Desse compromisso fundamental resultam as características secundárias do sistema 'coronelista', como sejam, entre outras, o mandonismo, o filhotismo, o falseamento do voto, a desorganização dos serviços públicos locais."

Victor N. Leal. In: "Coronelismo, enxada e voto - o município e o regime representativo no Brasil". Cia das Letras, 2012, p. 44.

A estrutura agrária brasileira, que se referenciava no modelo imposto desde o período colonial, o latifúndio. As capitanias hereditárias, os diversos ciclos econômicos foram constantemente baseados nas atividades agrícolas, a cana-de-açúcar, algodão e o café, são exemplos de elementos econômicos que promoviam a concentração de terras e seu uso como moeda de troca política. A terra era tão importante que o sufrágio, era baseado na posse da terra, o voto é censitário, baseada na concentração e na renda da terra.

O grupo político que manteve o poder durante todo o período colonial, imperial e parte do período republicano, eram os concentradores de terra, os senhores de engenho, os coronéis do cacau e os barões do café, se estabeleceram como a maior força política durante as várias transições políticas, particularmente no final do Segundo Reinado, com o estabelecimento da lei de terras em 1850.

3.7 Rodrigues Alves (1902-1906)

O Rio de Janeiro passou por profundas transformações urbanas, nas quais se destacaram o prefeito pereira passos e o engenheiro Paulo de Frontin. A cidade se transformou em um campo de batalha: a Revolta da Vacina. A repressão foi extremamente violenta.

3.7.1 A Revolta da Vacina (1904)

Ocorreu no Rio de Janeiro em 1904, contra a política de vacinação forçada adotada pelo governo de Rodrigues Alves no combate à epidemia de varíola. No início do século, a capital do país foi assolada por algumas epidemias, como a peste bubônica e a varíola, e contra esta última, o governo promoveu a vacinação da população.

1. A vacinação foi decretada obrigatória, e o governo formou então as brigadas sanitárias, grupos encarregados de promover a vacinação nos bairros e que se utilizou de grande violência.

2. A propaganda contrária realizada por grupos monarquistas, aproveitando-se do desconhecimento da situação por parte da população, estimulando-a à rebelião. Notem que nos dois casos há um profundo desprezo pelas camadas populares. As elites, no poder ou na oposição, não possuíam a mínima preocupação em esclarecer a sociedade em relação aos procedimentos adotados. A rebelião ocorreu nos bairros, onde a população ergueu barricadas e com pau e pedras enfrentou a polícia.

- **Questão do Acre:** resolvida no Tratado de Petrópolis, o Brasil pagando 2 milhões de libras esterlinas por parte do território boliviano e se comprometendo a construir a ferrovia Madeira-Mamoré.

- **Questão do Pirara:** Foram acertadas as fronteiras do Brasil com a Guiana Inglesa (atual Suriname).

- **Convênio de Taubaté:** Os governos dos principais estados produtores (SP, MG e RJ) se comprometiam em comprar a produção cafeeira e criar estoques reguladores para depois exportá-los quando tivessem um bom preço. Estabeleceu a primeira política de valorização do café.

O BRASIL REPÚBLICA

3.8 Afonso Pena (1906-1909)

Pela primeira vez, um mineiro assumia a Presidência do país, mas com o devido apoio dos cafeicultores paulistas. Adotou como lema "Governar é povoar", com um estímulo à entrada de imigrantes, o que possibilitou a entrada de um milhão de estrangeiros no Brasil durante o seu governo. O setor ferroviário foi ampliado ligando São Paulo ao Rio Grande do Sul e o Rio de Janeiro ao Espírito Santo, além de iniciar a construção da Estrada de Ferro Noroeste do Brasil, a qual ligaria o interior de São Paulo à fronteira com a Bolívia, criando condições de ocupação de parte do oeste do país. A maior parte das ferrovias era construída e administrada por ingleses. Foi fundado o instituto Soroterápico de Manguinhos (atual Osvaldo Cruz).

3.9 Nilo Peçanha (1909-1910)

Como Afonso Pena havia falecido após ter governado além da metade de seu mandato, assumiu o Vice-Presidente Nilo Peçanha. No final do mandato, ocorreu a ruptura na Política do Café com Leite, pois o presidente e os políticos mineiros aliados dos gaúchos, apoiavam a candidatura do Marechal Hermes da Fonseca. Já os paulistas, ficaram isolados e apoiaram Rui Barbosa, o qual encabeçou a chamada Campanha Civilista, em que tentou atrair o voto da classe média urbana, defendendo os princípios democráticos e o voto secreto. Sua campanha se apresentou como a luta da inteligência pelas liberdades públicas, pela cultura, pelas tradições liberais, contra o Brasil inculto, oligárquico e autoritário. O isolamento de São Paulo permitiu a vitória de Hermes da Fonseca, cuja articulação política se deu graças aos acordos acertados pelo senador gaúcho Pinheiro Machado, o qual conseguiu apoio à candidatura hermista em diversos estados.

3.9.1 Borracha Amazônica

Entre 1898 e 1910, a borracha representou mais de 25% das exportações brasileiras. Isso se deveu, em parte, ao desenvolvimento da bicicleta e do automóvel. A expansão da borracha foi responsável por uma significativa migração para a Amazônia. Calcula-se que entre 1890 e 1900 a migração líquida para a região foi de mais de cem mil pessoas. Belém e Manaus cresceram significativamente, foi criado o Serviço de Proteção ao Índio, cujo incentivador e primeiro diretor foi o Marechal Cândido Mariano Rondon, grande indigenista e patrono das comunicações do Exército.porém, a vida dos seringueiros continuou miserável. Na produção de borracha atuaram com grandes investimentos os grupos Ford e Belterra. A crise veio avassaladora a partir de 1910 com uma forte queda de preços, cuja razão básica era a concorrência internacional, especialmente da Índia e Cingapura que receberam mudas de seringueira contrabandeadas do Brasil, isso promoveu a queda nos preços, considerando que era mais barato produzir próximo aos mercados consumidores, especialmente o mercado europeu.

3.10 Hermes da Fonseca (1910-1914)

Em novembro de 1908, após regressar de uma viagem à Europa, onde assistira a manobras militares foi indicado para a sucessão presidencial. E nas eleições de 1910 contou com o apoio do presidente Nilo Peçanha, que assumiu após a morte de Afonso Pena, e das representações estaduais no Congresso Nacional, à exceção das bancadas de São Paulo e Bahia que apoiavam o nome do senador Rui Barbosa. Deu-se início, assim, à Campanha Civilista e pela primeira vez no governo republicano instalou um clima de disputa eleitoral entre civilistas e hermistas.

3.10.1 Política de Salvações

O Governo Federal pretendia intervir nos governos estaduais, combatendo, preferencialmente, as oligarquias que tinham apoiado a candidatura de Rui Barbosa. No entanto, temendo o crescimento de Pinheiro Machado, Hermes da Fonseca começou a combater oligarquias que também estivessem ligadas ao senador gaúcho. Essa atuação criou um pesado clima de violência em determinados estados, principalmente na região Nordeste.

3.10.2 Revolta da Chibata

"No plano social, o governo Hermes da Fonseca foi marcado por conflitos importantes e dramáticos. Nos primeiros dias de governo, eclodiu a Revolta da Chibata (novembro de 1910), protagonizada por marinheiros em sua maioria negros e pobres. Os revoltosos faziam uma exigência básica e razoável: o fim dos castigos físicos na Marinha de Guerra Brasileira, então uma das mais bem equipadas do mundo. Com a promessa de fim dos castigos e anistia aos líderes e aos demais participantes da revolta, os marinheiros recuaram, mas logo perceberam terem sido enganados pelo governo, que cedeu às exigências da alta oficialidade e puniu os revoltosos. Houve então uma nova rebelião, na base da Ilha das Cobras, que foi bombardeada pelas forças legalistas. Os sobreviventes ao bombardeio, cerca de 250 marinheiros, depois de se renderem, foram colocados no navio satélite, o 'navio da morte', onde ao menos 10 marinheiros foram fuzilados e jogados no mar, antes mesmo de chegarem a Manaus. De lá os que restaram foram enviados para o trabalho forçado nos seringais da Amazônia, onde outros tantos morreriam de malária."

Marcos Napolitano. In: "História do Brasil República - Da queda da monarquia ao fim do Estado Novo". Contexto, 2016, p. 36.

O movimento iniciou-se em 22 de novembro de 1910 no navio Minas Gerais. Os marinheiros rebelaram-se contra os maus tratos, comuns na marinha brasileira, em especial, o costume de chicotear os marinheiros considerados faltosos. Apesar de ocorrer contra os castigos determinados ao marinheiro Marcelino Menezes, a revolta já vinha sendo preparada há meses, e os marinheiros estavam bem organizados, dominando com rapidez outras embarcações. Apontando os canhões para a cidade do Rio de Janeiro, os marinheiros exigiam o fim dos castigos corporais e a melhoria na alimentação, e o governo de Hermes da Fonseca, foi obrigado a atender às reivindicações e a conceder anistia aos líderes do movimento. Apesar de eliminada a chibata, os líderes acabaram presos e muitos morreram torturados. O principal líder, o marinheiro João Candido, conhecido como "Almirante Negro" acabou sendo absolvido em 1912.

3.10.3 Sedição de Juazeiro

Após as terríveis consequências da Guerra de Canudos, os coronéis da política nordestina passaram a ter os beatos, ou qualquer tipo de líder religioso, ao seu lado; daí o prestígio do Padre Cícero Romão Batista. Ele era considerado autor de milagres pelos sertanejos na região de Juazeiro do Norte, no Ceará. Seu poder era tamanho que, em 1911, ele presidiu o pacto dos coronéis, em que chefes políticos locais aceitavam o comando da família Acioli, a mais poderosa oligarquia cearense. Entretanto, a Política das Salvações do Governo Federal decidiu perseguir os Acioli, pois estes eram ligados a Pinheiro Machado. Explodiu uma violenta oposição, em que jagunços eram comandados pelo deputado Floro Bartolomeu e pelo Padre Cícero.

3.10.4 Contestado (1912-1916)

Além de canudos, outro grande movimento messiânico ocorreu na fronteira entre o Paraná e Santa Catarina. Nessa região era muito grande o número de sertanejos sem — terra e famintos que viviam sob dura exploração dos fazendeiros e duas empresas norte-americanas que ali atuavam. Os sertanejos do Contestados se organizaram e eram liderados por João Maria, Logo após sua morte outro monge, conhecido como José Maria (seu nome verdadeiro era Miguel Lucena Boa Ventura) José Maria reuniu mais de 20 mil sertanejos e fundaram alguns povoados chamados "Monarquia Celeste", como em Canudos, os sertanejos do Contestados foram violentamente perseguidos e expulsos das terras que ocupavam. Em novembro de 1912, o monge José Maria Foi morto e seus seguidores tentaram resistir e foram arrasados por tropas de 7 mil homens armados de canhões, metralhadoras e até aviões de combate.

3.11 Venceslau Brás (1914-1918)

Paulistas e mineiros se uniram novamente e conseguiram eleger um novo presidente, originário da oligarquia de Minas Gerais. Seu governo ocorreu durante a Primeira Guerra Mundial, situação que estimulou um pouco a industrialização brasileira. A participação do Brasil no conflito foi bastante discreta. Foi promulgado o Código Civil Brasileiro elaborado por Clóvis Bevilácqua. A Guerra do Contestado terminou. A Gripe Espanhola fez inúmeras vítimas; o crescimento industrial, apesar de ser insignificante se comparado com a economia cafeeira, já permitia o aparecimento de uma Classe Operária, a qual, devido à presença de imigrantes europeus, começava a ser influenciada por idéias sindicalistas. Em 1917, explodiu uma grande greve em Santos, São Paulo, (onde predominou o anarquismo, ou seja, o anarco-sindicalismo que acreditava que seus ideais seriam atingidos com a derrubada da burguesia do poder, isso só seria alcançado por meio da greve geral revolucionária) e Rio de Janeiro, (onde o movimento operário buscava alcançar reivindicações imediatas, como aumento de salário, limitações da jornada de trabalho, reconhecimento dos sindicatos pelos patrões e pelo Estado). A capital paulista foi dominada pelos operários grevistas, o comércio fechou e os transportes ficaram muito restritos. Entre 1917 e 1920, um ciclo de greves aconteceu. Este ciclo foi resultado da carestia e da especulação sobre gêneros alimentícios. Verificou-se ainda, nesse momento, uma forte influência da Revolução Russa de 1917, pois no ano de 1918 quase 20 mil pessoas estavam filiadas a sindicatos. Os trabalhadores não pretendiam revolucionar a sociedade, mas melhorar sua condição de vida e conquistar um mínimo de direitos.

O Comitê de Defesa Proletária, que se formou em São Paulo durante a greve de 1917, tinha como pontos principais: Aumento de salários.

- Proibição do trabalho de menores de 14 anos; abolição do trabalho noturno de mulheres e menores de 18.
- Jornada de 08 horas, com acréscimo de 50% nas horas extras.
- Fim de trabalho nos sábados à tarde.
- Garantia de emprego.
- Respeito ao direito de associação.
- 50% de redução nos aluguéis.

A onda grevista arrefeceu a partir de 1920, seja pela dificuldade de alcançar êxitos, seja pela repressão. Leis foram criadas em 1921 para acabar com os movimentos grevistas. Para a sucessão de Venceslau Brás, foi eleito Rodrigues Alves, mas este faleceu por causa da gripe espanhola pouco antes de sua posse. Coube ao Vice-Presidente Delfim Moreira assumir temporariamente até a posse do novo Presidente eleito, o paraibano Epitácio Pessoa.

3.11.1 Gripe Espanhola (1918-1919)

Fonte: Senado Federal.

Em 1918, o mundo estava em guerra quando as primeiras notícias sobre a gripe espanhola começaram a aparecer. As preocupações com a doença, no Brasil, se iniciaram quando a Missão Médica Brasileira, enviada à França para ajudar na prestação de socorro aos combatentes, foi acometida pelo vírus. Naquele ano, navios que transportavam correio pelo mundo, aportaram em Recife, Salvador e Rio de Janeiro e traziam junto a influenza espanhola. Em pouco tempo, as cidades portuárias brasileiras foram atingidas pela doença, e logo se estendeu pelo território nacional. Os mortos chegaram às centenas. A gripe espanhola instaurou terror no Brasil, acabou matando o presidente eleito Rodrigues Alves e paralisou o comércio e as escolas. Segundo historiadores, essa foi a maior pandemia do século XX e fez 50 milhões de vítimas. Enquanto a gripe espanhola avançava sobre os moradores de São Paulo, em outubro de 1918, o Serviço Sanitário do Estado publicava uma série de recomendações para instruir a população a se prevenir. Segundo o Arquivo Público do Estado de São Paulo somente dois dias depois do primeiro óbito na cidade, o Serviço Sanitário do Estado decretou estado epidêmico.

A partir daí, começaram as restrições, fechando escolas, cinemas, teatros, jardins e as igrejas tiveram que reduzir o público das missas. Os enterros de mortos não podiam ser acompanhados a pé e as compras de muitas famílias eram feitas por uma única pessoa, para reduzir os riscos de contágio. Para lidar com o vírus, na cidade de São Paulo, a população recorreu a um remédio caseiro que misturava cachaça com mel e limão. De acordo com o Instituto Brasileiro da Cachaça, foi dessa receita supostamente terapêutica que nasceu a caipirinha.

3.11.2 Morte de Rodrigues Alves

A epidemia da gripe também afetou a política: O presidente eleito em 1918, Rodrigues Alves, adoeceu e morreu em janeiro de 1919 sem sequer ter tomado posse de seu segundo mandato. Após sua morte, o vice Delfim Moreira assumiu o cargo e uma nova eleição foi convocada, sendo Epitácio Pessoa o vencedor do pleito. O falecimento de Rodrigues Alves se deu em um contexto crítico brasileiro: após a greve geral de 1917 e durante a Primeira Guerra Mundial, quando a economia nacional dependia de exportações de café e acabou sofrendo com o impacto da restrição do transporte mundial. Em 6 de outubro de 1918, o jornal Estado de São Paulo divulgou nota sobre os cuidados recebidos por Rodrigues Alves, afirmando que o político poderia se restabelecer a tempo de sua posse. Mas a melhora não ocorreu. Sob tensão, a população acompanhou o estado clínico de Rodrigues Alves através dos jornais até seu falecimento, em 16 de janeiro de 1919.

O BRASIL REPÚBLICA

3.12 Epitácio Pessoa (1919-1922)

Por ser da região Nordeste, destacou-se em empreendimentos contra a seca. Foram criados diversos quartéis, principalmente nas áreas de fronteira na região Centro-Oeste. Em 1921, as finanças públicas sofreram um forte abalo, pois o café estava com o preço em queda no mercado internacional, o que levava o governo a comprar o excedente da safra, conforme os termos do Convênio de Taubaté e os movimentos operários passaram a ser controlados pela polícia. Além disso, a Lei da Imprensa estabeleceu uma forte censura. O governo defendia os interesses das oligarquias agrárias, principalmente dos cafeicultores, deixando de lado os aumentos salariais e o controle sobre o custo de vida e da inflação. Quem mais sofria com essa situação eram os trabalhadores. Nestas circunstâncias, as greves trabalhistas eclodiram paralisando várias indústrias.

3.12.1 Lei de Repressão ao Anarquismo

A fim de conter a ascensão do movimento operário e a onda de greves e revoltas dos trabalhadores, o Presidente Epitácio Pessoa promulgou, em 1921, a Lei de Repressão ao Anarquismo. A nova lei foi uma ação do governo visando eliminar a influência das ideias anarquistas no movimento sindical.

3.12.2 18 do Forte de Copacabana

Levante do Forte de Copacabana, levou jovens oficiais a se rebelarem contra o presidente Epitácio Pessoa e contra a candidatura de Artur Bernardes, em 5 de julho de 1922, onde durante a revolta, apenas os tenentes Eduardo Gomes e Siqueira Campos sobreviveram. Era o início do Tenentismo, movimento que rompeu com a estabilidade da República Velha na década de 20.

3.12.3 Semana de Arte Moderna

O Movimento Modernista de 1922 pode ser dividido em fases: em um primeiro momento temos influência dos experimentalismos de vanguarda que chegavam com as obras de Di Cavalcanti, Vicente R. Monteiro, Osvaldo Goeldi, Ismael Nery, Victor Brecheret e Tarsila do Amaral. Destaca-se a percepção da miscigenação cultural observada por Oswald de Andrade e defendida na criação do Manifesto Antropofágico de 1928. A Antropofagia tornou-se teoria entre os modernistas, expressando a tentativa do grupo de combinar as particularidades nacionais e as tendências artísticas mundiais, a herança cultural e os impulsos da modernização.

Em seguida, as obras de Cândido Portinari retratam as diversidades culturais brasileiras, as festas, as brincadeiras infantis, os negros e seus costumes, a música. Ele também se destaca, ao lado de Tarsila do Amaral por integrar a corrente politicamente engajada na pintura social. Desenvolve-se, ainda, em São Paulo um tipo de pintura simples e paisagista realizada no ateliê do "Grupo Santa Helena" ligada aos nomes de Francisco Rebolo, Clóvis Graciano, Mário Zanini e Alfredo Volpi.

3.13 Artur Bernardes (1922-1926)

A gestão de Artur Bernardes à frente do Governo Federal foi marcada por uma permanente instabilidade política, derivada da crise econômica e dos conflitos políticos e revoltas armadas que se intensificaram neste período. Nessa situação só pode governar valendo-se do dispositivo constitucional denominado estado de sítio, que ampliou os poderes do Executivo federal em detrimento dos direitos e das liberdades individuais.

"Bernardes tomou posse sob estado de sítio, situação que suspendia as 'garantias constitucionais' para os cidadãos, que seria mantido até novembro de 1923. Os dias agitados do começo da República pareciam estar de volta à cena. Os "tenentes" simpatizantes do novo movimento eram jovens oficiais rebeldes, e defendiam o Exército como 'salvador da Pátria', dentro da ideologia nacionalista e patriótica então muito forte nos quartéis. Mas não contavam com o apoio de boa parte dos coronéis e generais, sempre sujeitos a perder seus cargos de comando e, portanto, mais fiéis ao governo que os nomeara."

Marcos Napolitano. In: "História do Brasil República - Da queda da monarquia ao fim do Estado Novo". Contexto, 2016, p. 74.

Profundas revoltas internas, lideradas por jovens oficiais do Exército, fizeram surgir o Tenentismo — que tinha suas bases na classe média urbana, da qual vinha a maioria dos jovens oficiais agora muito mais profissionalizados devido à Academia Militar de Realengo (RJ). Pregavam a moralização da estrutura política, o voto secreto e a reforma no ensino, defendendo a ideia de que o governo deveria ser exercido por pessoas cultas. O movimento tenentista não queria apenas purificar a sociedade, mas também sua própria instituição, pois pretendia a formação de um poder centralizado, com o objetivo de educar o povo e seguir uma política nacionalista.

O maior problema, segundo os tenentistas, era a fragmentação do poder no Brasil devido ao grande poder das oligarquias. Queriam, pois, uma moralização eleitoral. O Partido Comunista Brasileiro, o PCB, surgiu em 1922 como uma crítica aos anarquistas, apesar de seus líderes serem ex-partidários do anarquismo. Na América Latina, com exceção do Brasil, os comunistas vieram de divisões de partidos socialistas. Em 1923, explodiu no Rio Grande do Sul uma revolta de políticos liderados por Assis Brasil, contrários à quarta reeleição de Borges de Medeiros.

3.13.1 Coluna Prestes

Os rebeldes percorreram cerca de 25.000 quilômetros entre 1924 e 1927; foram duramente perseguidos por tropas legais e jagunços. Embora não tendo sofrido uma derrota militar durante os combates, seu objetivo de derrubar as oligarquias não foi atingido, daí os líderes da coluna, Luís Carlos Prestes, Miguel Costa e Siqueira Campos, optarem pelo exílio na Bolívia. Ao final de um governo em que atuou em constante estado de sítio, Artur Bernardes se comparou a um chefe de polícia e não a um presidente.

3.14 Washington Luís (1926-1930)

O "paulista falsificado", pois, embora tivesse sido governador de São Paulo, era nascido em Macaé, no Rio de Janeiro, iniciou seu governo anunciando a construção de estradas com o lema: "Governar é construir estradas". E apesar do fim do estado de sítio, não anistiou militares que estavam presos ou exilados. Ainda decretou a Lei Celerada em 1927 cortando liberdades políticas e ideológicas e censurando a imprensa alegando combater o comunismo. Em 1929, a Quebra da Bolsa de Valores de Nova York desencadeou uma terrível crise econômica mundial, levando o café brasileiro à bancarrota, pois a maior parte da safra era vendida aos Estados Unidos, país que deixou de consumir nosso produto. A base de sustentação política do presidente foi duramente abalada pela crise, o que deixou o governo Washington Luís em uma situação extremamente frágil, a ponto de ter sido deposto pela Revolução de 1930.

3.14.1 Revolução de 1930

"A Revolução de 1930 não foi feita por representantes de uma suposta nova classe social, fosse ela a classe média ou a burguesia industrial. A classe média deu lastro a Aliança Liberal, mas era por demais heterogênea e dependente das forças agrárias para que no plano político se formulasse um programa em seu nome."

Boris Fausto. In: "História Concisa do Brasil". EDUSP, 2011, p. 181.

A classe média urbana, mais esclarecida, pregava a moralização da vida pública, pondo fim às fraudes eleitorais e ao poder das oligarquias rurais. Com a crise econômica de 1929, a partir da quebra da Bolsa de Valores de Nova York, os cafeicultores paulistas foram à falência, o que desestabilizou o poder político de São Paulo. O Presidente da República era o paulista Washington Luís que deveria indicar como sucessor o governador de Minas Gerais, Antônio Carlos de Andrada, dando continuidade à Política do Café com Leite. Os desentendimentos começaram quando, de forma surpreendente, Washington Luís insistiu na candidatura de um paulista à sua sucessão fechando acordo em torno do governador de São Paulo, Júlio Prestes para dar continuidade à política de valorização do café. A atitude de Washington Luís empurrou mineiros e gaúchos para um acordo, a Aliança Liberal em oposição aos paulistas e que reunia Minas Gerais, Rio Grande do Sul e Paraíba.

A Aliança Liberal era uma união de oligarquias estaduais contrárias aos paulistas que funcionava dentro do seguinte raciocínio político: a proposta vinha do governador de Minas Gerais lançando o governador gaúcho Getúlio Vargas, representante do Sul, à Presidência, enquanto o cargo de Vice seria do governador da Paraíba, João Pessoa, representante do Nordeste. Esta Aliança reunia três forças políticas regionais contrárias a São Paulo e refletia um forte sentimento regionalista dos estados que sempre foram marginalizados da vida política durante a República Velha, exceto Minas Gerais.

A Aliança Liberal defendia a necessidade de se incentivar a produção nacional em outros setores e não apenas o café, combatia, ainda, os esquemas de valorização do produto. Propunha algumas medidas de proteção aos trabalhadores, já que o proletariado urbano exigia leis trabalhistas, como a extensão do direito à aposentadoria a setores ainda não beneficiados por ela, a regulamentação do trabalho dos menores e das mulheres e aplicação da lei de férias, defesa das liberdades individuais, da anistia e da reforma política.

Em 1929 com a quebra da Bolsa de Nova York e com a crise mundial os preços internacionais caíram devido à retração do consumo. Tornou-se impossível compensar a queda de preços com a ampliação do volume de vendas. Os fazendeiros que haviam contraído dívidas, contando com a realização de lucros futuros, ficaram sem saída e muitos acabaram falindo. Surgiu então o desentendimento entre o setor cafeeiro e o Governo Federal, este preocupado em manter o plano de estabilidade cambial recusou-se a defender o café. Uma onda de descontentamento iniciou-se em São Paulo.

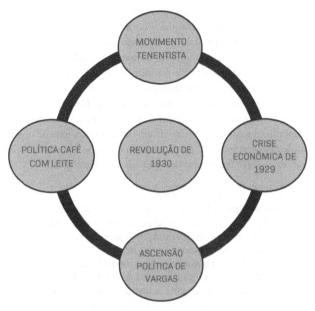

Júlio Prestes venceu as eleições de 1930, pois as "máquinas eleitorais" produziram votos em todos os Estados e a vitória indicava fraude. Houve, então, a união de políticos e jovens militares rebeldes iniciando-se articulações políticas para tentar impedir a posse do presidente eleito. O governador eleito da Paraíba, João Pessoa, tentou submeter ao seu comando os "coronéis" do interior. Suas iniciativas se chocaram com os interesses dos produtores do interior — sobretudo de algodão. Foi assassinado em Recife por razões passionais, mas sua morte foi divulgada como se fosse crime político. A morte de João Pessoa teve grande ressonância e foi explorada politicamente.

Em 3 de outubro, iniciou-se o levante contra o governo de Washington Luís e a revolução iniciou-se a partir de Minas Gerais e Rio Grande do Sul em outubro de 1930. São Paulo ficou, praticamente, à margem das articulações revolucionárias e a situação não se alterou. No Nordeste o movimento inicia-se em 4 de outubro, sob o comando de Juarez Távora, tendo a Paraíba como centro de operações. Para garantir o êxito da revolução em Pernambuco, Juarez Távora contou com o apoio da população recifense.

As forças do Sul se articulavam para atacar São Paulo e os revolucionários estacionaram em Ponta Grossa, no Paraná, onde Góis Monteiro montou seu quartel general e Getúlio Vargas, com suas comitivas, instalou-se em um vagão de trem. Aí foi planejado um ataque geral às forças militares que apoiavam Washington Luís, a partir de Itararé, já em território paulista. Antes do confronto decisivo, a 24 de outubro, o presidente foi deposto no Distrito Federal (Rio de Janeiro), e foi constituída uma junta provisória de governo. A junta tentou permanecer no poder, mas recuou, diante das manifestações populares e da pressão dos revolucionários vindos do Sul. Getúlio deslocou-se de trem a São Paulo e daí seguiu para o Rio de Janeiro, aonde chegou precedido de 3 mil soldados gaúchos.

A posse de Getúlio Vargas na Presidência, a 3 de novembro de 1930, marcou o fim da Primeira República e deu início a um novo período da história política brasileira. O candidato "natural" à sucessão

O BRASIL REPÚBLICA

de Washington Luís, o representante da oligarquia mineira Antônio Carlos de Andrada, com suas palavras expressa, e muito bem, caráter oportunista e elitista da revolução de 1930: "Façamos a revolução antes que o povo a faça."

Os elementos que desencadearam o golpe e a Revolução de 1930 são criados ao longo das primeiras fases do período republicano. Passando pela República da Espada e suas convulsões sociais, como a insatisfação dos militares com o nome regime de governo até os levantes populares, que ambicionavam tão somente uma melhoria em sua qualidade de vida. As revoltas durante a Velha República foram marcadas por forte participação dos militares, tradicionalmente o baixo oficialato, constantemente insatisfeito, não apenas com os salários, mas principalmente, com a baixa importância política que lhes eram atribuída. Esse conjunto de fatores sociais e políticos, associado a crise econômica mundial, resultado direto de uma outra grande crise, a primeira guerra mundial e uma pandemia, a gripe espanhola, foram o arcabouço que favoreceram a eclosão da Revolução de 30.

3.15 Era Vargas (1930-1945)

Um novo tipo de Estado nasceu após 1930, distinguindo-se do Estado Oligárquico, não apenas pela centralização como também pela atuação econômica, voltada para o objetivo de promover a industrialização; Promover mudanças sociais, com o intuito de dar proteção aos trabalhadores urbanos, o que desencadeou uma migração campo-cidade (êxodo rural). Ampliou o papel central atribuído às Forças Armadas como suporte da criação de uma indústria de base, e sobretudo como fator de garantia da ordem interna. O Estado Getulista promoveu o capitalismo nacional, tendo como base o aparelho do Estado e as Forças Armadas e contando na sociedade com uma aliança entre burguesia industrial e setores da classe trabalhadora urbana.

3.15.1 Governo Provisório (1930-1934)

Pela urgência em estruturar esta nova realidade política foram nomeados novos governadores denominados interventores, geralmente políticos ligados ao Estado ou tenentes rebeldes. Esse último grupo representava um setor provido de visões nacionalistas e desejosas de modernização, mas desprovido de clareza ideológica. O governo era exercido por Decretos-Leis, não havia uma Constituição e o congresso Nacional, as Assembleias Legislativas e as Câmaras Municipais estavam fechados. A partir de 1932, Vargas começou a se aproximar dos políticos afastando-se cada vez mais dos tenentes, pelo fato destes demorarem para tomar um posicionamento político. Foi iniciada uma política de valorização do café, e o Governo Federal passava a cobrar impostos sobre o café exportado e comprava o excedente da produção cafeeira para depois queimá-lo. Reduzindo a quantidade do produto no mercado, a tendência era ter seu preço aumentado.

3.15.2 Revolução Constitucionalista (São Paulo, 1932)

"A denominada Revolta constitucionalista, embora derrotada, alcança parte importante dos seus objetivos. Além da confirmação da convocação da Assembleia Constituinte, os paulistas influenciaram a escolha do interventor local, Armando Salles de Oliveira. O mérito de Getúlio foi o de ter conseguido se manter no poder. Mas a situação o fragilizava. Na ausência de um partido político de alcance nacional que o apoiasse, foi necessário fazer concessões às oligarquias, como aconteceu por ocasião da escolha de um interventor paulista. O presidente teve de aceitar a Constituição de cunho liberal, que em muito restringia a ação do Poder Executivo."

Mary Del Priore. In: "Uma Breve História do Brasil". Planeta, 2010, p. 250.

A Revolução de 1930 excluiu a velha elite cafeeira de São Paulo do poder e a valorização do café foi uma tentativa de se aproximar dos políticos paulistas. Vargas se aproximou dos industriais paulistas, mas os anúncios de que seriam criadas leis trabalhistas no país fizeram com que os industriais de São Paulo se afastassem do governo. O Governo Federal nomeou um militar pernambucano como interventor de São Paulo. Foi fundada a Frente Única Paulista que exigia a redemocratização do país e o retorno de uma Constituição. Estudantes realizaram uma manifestação contrária ao governo, mas foram dispersos a tiros pela polícia, ocasionando a morte de manifestantes. Em 9 de julho de 1932, explodiu a Revolução Constitucionalista, cujo símbolo era a bandeira paulista com as letras MMDC, iniciais dos nomes dos estudantes mortos pela polícia — Martins, Miragaia, Dráusio e Camargo. Desprovido de treinamento e de armas adequadas, o exército paulista foi derrotado e seus principais líderes acabaram sendo exilados. Em 1933 foi convocada uma Assembleia Constituinte, cujos trabalhos culminaram na promulgação da Constituição de 1934.

3.15.3 Constituição de 1934

Inspirada nas Constituições Alemã, de 1919, e Espanhola, de 1931, foi concebida em um momento de lutas sociais. A Constituição promulgada em 1934 introduziu novos direitos, sobretudo na área social, como o direito de voto para as mulheres, bem como instaurado o voto secreto. As mulheres já votavam desde 1932, porém, somente as solteiras e viúvas e que possuíssem renda própria e as casadas desde que tivessem autorização dos maridos, de acordo com o Código Eleitoral de 32. O Código Eleitoral de 1934 eliminou estas restrições, porém, permaneceu facultativo e só se tornou obrigatório, como o masculino, em 1946. Dois terços da população — os analfabetos, soldados e religiosos — ainda foram excluídos do direito do voto.

Essa carta também aumentou a intervenção do Estado na economia e na política, estabelecendo monopólios e a compra (nacionalização) de empresas estrangeiras no Brasil. Ela incorporou as leis trabalhistas decretadas por Getúlio desde 1930. A aprovação de direitos trabalhistas envolvia a regulamentação da jornada de trabalho de 8 horas, trabalho de mulheres e crianças, férias anuais remuneradas e previdência social. Foi instituída a carteira profissional obrigatória para registro do empregado.

A Carteira de Trabalho serviu como instrumento de controle do operário pelo governo. Associação sindical única por categoria foi instaurada. Aumentou a proteção ao trabalhador, assim como o controle, pois os sindicatos tinham que ser autorizados pelo Ministério do Trabalho. Garantia total liberdade de crença, de reunião, de associação política e de imprensa. Foram criadas, ainda, a Justiça Eleitoral, a Justiça do Trabalho e a Militar. Previa a mudança da capital para uma área central do Brasil, porém, o Distrito Federal, isto é, a sede do governo, continuava sendo a cidade do Rio de Janeiro.

3.15.4 Governo Constitucional (1934-1937)

Foi promulgada uma Nova Constituição, uma série de conquistas políticas foi concretizadas e ocorreram eleições em todos os níveis, exceto para presidente, pois foi estabelecido que esta última ocorreria em 1938. Foi criada a Justiça Eleitoral para organizar as eleições e combater as fraudes. Foram estabelecidas leis de amparo à classe trabalhadora, fato que acaba levando Vargas a ser conhecido pela alcunha de — pai dos pobres. A crise de 1929 favoreceu os regimes ditatoriais de direita que culpam a democracia pela tragédia financeira.

3.15.5 Ação Integralista Brasileira.

Foi fundada a Ação Integralista Brasileira, liderada por Plínio Salgado que defendia ideais fascistas; como: regime de partido único, nacionalismo exaltado, organização hierárquica e uma férrea disciplina de seus membros. O lema utilizado era: "Deus, Pátria e Família", com o apoio da classe média urbana, militares, latifundiários, líderes religiosos e alguns industriais. Usavam uniforme verde-oliva e preto, usando a letra "Σ" como símbolo e saudavam-se com a expressão Anauê.

3.15.6 Aliança Nacional Libertadora

Em 1935 foi fundada a Aliança Nacional Libertadora, formada por opositores ao Fascismo, e contendo as seguintes propostas: Suspensão

REALIDADE BRASILEIRA

do pagamento da dívida externa, nacionalização das empresas estrangeiras instaladas no Brasil, reforma agrária, instalação de um governo popular e combate ao Fascismo.

Luís Carlos Prestes lançou um manifesto em 5 de julho de 1935, em que as palavras de ordem culminavam em "todo poder à ANL". Alegando se tratar de uma base política ligada ao Comunismo internacional, Vargas decretou a ilegalidade da Aliança. Luís Carlos Prestes havia convencido o governo soviético de que seria possível criar uma revolução socialista no país e o governo soviético dispunha do Komintern que era encarregado de apoiar movimentos revolucionários em qualquer parte do planeta.

3.15.7 Intentona Comunista

Apesar da grande falta de estrutura e de comunicação em novembro de 1935, teve início a Intentona Comunista. O movimento, envolvendo somente quartéis, redundou em um grande fracasso, levando os envolvidos à prisão. Vargas passou a governar em estado de sítio até 1937 e criou o Tribunal de Segurança Nacional e a Comissão Nacional de Repressão ao Comunismo. O número de presos políticos aumentou consideravelmente, levando para as prisões qualquer tipo de opositor, independentemente de ser ou não defensor do Comunismo.

3.15.8 Plano Cohen

Para concretizar um autogolpe, foi arquitetado o Plano Cohen, com grande participação do próprio Presidente e de seu Ministro da Justiça, Francisco Campos. Tratou-se de um documento apócrifo, em que se colocava um suposto Plano de Implantação do Comunismo no País, o qual teria sido encontrado pelo Capitão Olímpio Mourão Filho em 30 de outubro de 1937. O plano serviu como argumento para que as eleições fossem suspensas, o Congresso Nacional fosse fechado, os partidos políticos colocados fora da lei e uma nova Constituição outorgada, instalando-se a ditadura do Estado Novo. Getúlio Vargas continuava no comando político do país.

3.16 Estado Novo

3.16.1 Golpe de Estado (1937)

Vargas deu o autogolpe do Estado Novo em novembro de 1937, fechando o Congresso Nacional, outorgando a Constituição de 1937 e estabelecendo uma ditadura pessoal, cuja duração se estendeu até 1945. Não houve resistência ao golpe, pois a classe média e a massa trabalhadora o apoiavam. Os governadores estaduais apoiaram a instalação do Estado Novo, excetuando-se o baiano Juraci Magalhães, pois dessa forma, poderiam se eternizar no poder. A única oposição contra o Estado Novo veio em 1938, articulada pelos Integralistas. Propaganda Anticomunista tinha por objetivo colocar a classe média e os integralistas ao lado do governo, tendo em vista que a política sindicalista de Vargas com suas leis trabalhistas já garantia o apoio da massa trabalhadora.

Os seguidores de Plínio Salgado haviam apoiado a ditadura varguista devido à sua postura anticomunista. Não sendo nomeado Ministro da Educação, Plínio Salgado comandou uma tentativa de golpe contra Getúlio Vargas em 11 de maio de 1938. Foram vencidos pelas tropas do exército, levando seus participantes para a prisão, alguns foram fuzilados, e Plínio Salgado acabou sendo exilado.

3.17 Constituição de 1937

Foi outorgada por Vargas e deveria ser realizado um plebiscito para aprová-la, o que nunca aconteceu. Essa Constituição ficou conhecida como polaca, pelo fato de seu elaborador, Francisco Campos — um dos colaboradores pessoais de Vargas — ter-se inspirado na Constituição autoritária da Polônia. Estabeleceu-se uma grande concentração do poder nas mãos do Executivo com a anulação do Poder Legislativo. A iniciativa de elaborar as leis ficou com o "Presidente", permitindo-lhe governar por Decretos-Leis. Eram concedidos ao Presidente da República e o houve a extinção do cargo de Vice Presidente.

Artigo 1º. "(...) O Governo Federal intervirá nos estados, mediante a nomeação, pelo presidente, de um interventor, que assumirá no Estado as funções que, pela sua Constituição, competirem ao Poder Executivo (...)".

- Os direitos trabalhistas da Carta de 1934 foram mantidos.
- Foi promulgada a CLT (1943).
- Criada a Previdência Social.
- Maior intervencionismo do Estado Novo, que passou a tomar medidas de diversificação da agricultura e incentivos à industrialização.
- Proibiu-se o direito de greve e só se admitiam sindicatos reconhecidos pelo Ministério do Trabalho, uma forma de controle do operariado.

Na Carta de 1937, as garantias individuais foram reduzidas e houve um aumento da censura e da restrição à liberdade do indivíduo.

3.17.1 Estrutura Política do Estado Novo

Departamento de Imprensa e Propaganda (DIP) Responsável pela censura à imprensa e pela propaganda em favor do governo, procurando sempre exaltar a figura do presidente. Departamento Administrativo do Serviço Público (DASP) Com a função era melhorar os serviços públicos, dando-lhe um caráter mais eficiente e profissional, sem perder a postura centralizadora do governo. O sistema federativo foi abolido, limitando-se a autonomia dos Estados em favor do poder central podendo o Executivo intervir nos Estados, nomeando interventores. Para reprimir qualquer movimento contrário ao governo, foi criada a Polícia Especial, cujo chefe era Filinto Müller. Uma das mais famosas vítimas da repressão do Estado Novo foi Olga Benário, primeira esposa de Prestes. Nascida na Alemanha foi presa e deportada, mesmo estando grávida, e foi confinada em um campo de concentração em Ravensbrück, vindo a ser executada em uma câmara de gás.

3.17.2 Controle da classe trabalhadora por meio de sindicatos oficiais

Foram introduzidos o salário mínimo, as férias remuneradas, carteira de trabalho, jornada semanal de 48 horas. Essa postura criou as bases para o populismo no Brasil, isto é, um chefe político carismático e manipulador das massas urbanas. Criou-se o ministério da aeronáutica e Clóvis Salgado foi o primeiro titular desta pasta.

3.18 Economia no Estado Novo

Foi marcado pelo avanço no Setor Industrial, que por sua vez, ampliou o processo de urbanização e o aumento do êxodo rural. Foram criados órgãos públicos de assistência econômica, como os institutos do açúcar e do álcool, do chá, do mate, do cacau, do sal e do café. O Estado instalou grandes indústrias para dar apoio à nacional, entre elas: Companhia Siderúrgica Nacional, Companhia Vale do Rio Doce, Fábrica Nacional de Motores, Fábrica Nacional de Álcalis e Companhia Hidrelétrica do Vale do São Francisco; Fábrica de Aviões, Usina Hidrelétrica em Paulo Afonso, estradas de ferro e de rodagem. Política econômica nacionalista e estatizante.

3.19 Brasil e a Segunda Guerra Mundial

Em 1939 Vargas demonstrava grande indefinição, pois vários importantes membros de seu governo eram simpatizantes do Nazismo, como Filinto Müller (Chefe da Polícia Especial), Francisco Campos (Ministro da Justiça), Lourival Fontes (Chefe do DIP) e o General Dutra (Chefe do Estado Maior). Diante de vitórias alemãs na Europa, Vargas proferiu um discurso em 11 de junho de 1940 saudando o sucesso alemão diante da rendição francesa. O Ministro das Relações Exteriores, Osvaldo Aranha, defendia o alinhamento brasileiro com os Estados Unidos, fato este que foi concretizado em 22 de agosto de 1942, diante do torpedeamento de navios brasileiros por submarinos hipoteticamente alemães.

Fonte: AHIMTB

O BRASIL REPÚBLICA

O governo brasileiro rompeu relações com as nações do eixo (Alemanha, Itália e Japão). Os Estados Unidos emprestaram ao Brasil 20 milhões de dólares, os quais foram usados na implantação da Companhia Siderúrgica Nacional, em Volta Redonda. Houve a instalação de uma base americana de suprimentos em Natal, no Rio Grande do Norte e outra no Ceará, para apoiar as tropas norte-americanas no norte da África, formando o que os brasileiros denominaram como "o corredor da vitória", dada a importância estratégica do Nordeste brasileiro. Isso culminou com o envio de mais soldados na luta contra as tropas alemãs e a marinha de Guerra brasileira cooperou no patrulhamento do Atlântico. Foi criada a Força Expedicionária Brasileira (FEB) — lutou contra o Exército Alemão na Itália, ao lado do 5º Exército Norte-Americano. Isso fez com que o Brasil fosse a única nação latino-americana a enviar tropas à Segunda Guerra Mundial. Os pracinhas da FEB conseguiram obter importantes vitórias em Monte Castelo, Fornovo e Piemontese.

3.20 Fim do Estado Novo e Redemocratização

A participação vitoriosa do Brasil na Segunda Guerra Mundial criou uma situação bastante constrangedora para o governo Vargas, pois tropas brasileiras lutaram contra as ditaduras nazifascistas na Europa, enquanto havia um ditador governando o Brasil. Em 1943 circulou clandestinamente o Manifesto dos Mineiros, documento elaborado por alguns intelectuais que reivindicava a redemocratização do país. Em 28 de fevereiro de 1945 — foi sancionada a permissão para a fundação de partidos políticos, o fim da censura, a libertação dos presos políticos e a convocação de eleições gerais para o final de 1945.

Entre os partidos políticos recém-fundados:

- Partido Trabalhista Brasileiro (PTB), criado para que Vargas pudesse controlar os sindicatos.
- Partido Social Democrata (PSD), composto por políticos que sempre estiveram ligados a Vargas durante o Estado Novo.
- A oposição se organizou na União Democrática Nacional (UDN), a qual defendia um governo liberal, estando ligada às forças políticas tradicionalmente contrárias a Vargas, como multinacionais, latifundiários e determinados setores das Forças Armadas, além de setores da classe média urbana.
- O Partido Comunista Brasileiro conquistou sua legalidade e tinha em Luís Carlos Prestes seu principal comandante.

3.21 Queremismo

Vargas estava organizando o Queremismo, movimento que realizava grandes manifestações de operários e pregava a redemocratização do país, mas mantendo Getúlio no poder. Até mesmo alguns militantes comunistas aderiram ao movimento queremista. Com a queda pacífica de Vargas em outubro de 1945, a Presidência do país passou a ser exercida por José Linhares, ministro que presidia o Supremo Tribunal Federal. Vargas retirou-se para sua fazenda em São Borja, no Rio Grande do Sul, e as eleições de 2 de dezembro de 1945 deram a vitória ao Marechal Dutra, candidato da coligação PSD-PTB e ex-ministro da guerra durante o Estado Novo.

3.22 Governo Eurico Gaspar Dutra (1946-1950)

A força do PSD (fundado por Getúlio) apareceu com a conquista da maioria das cadeiras: 201 deputados eleitos. A aliança com o PTB durante as eleições garantiu a vitória do General Eurico Gaspar Dutra, ex-ministro de Vargas. O apoio de Vargas à candidatura de Dutra reuniu a maioria das forças políticas e derrotou outro militar: o Brigadeiro Eduardo Gomes, da UDN. As eleições de 1945 eram constituintes, ou seja, os senadores e deputados eleitos elaboraram a Constituição brasileira de 1946.

3.23 Constituição de 1946

A participação do Brasil na Segunda Guerra Mundial levou o Estado Novo (governo ditatorial de Vargas) a uma contradição: lutar contra regimes totalitários enquanto internamente um regime de exceção tolhia a liberdade e censurava a sociedade. Os militares foram os principais agentes do fim do Estado Novo. Em 1945, Getúlio renunciou ao cargo pressionado pelos militares. As eleições seguintes foram constituintes, ou seja, a população brasileira elegeu deputados e senadores para uma Assembleia Constituinte que elaborou e promulgou a Constituição de 1946. Apesar de promulgada em nome da democracia, essa Carta manteve as regras de controle dos sindicatos pelo Ministério do Trabalho, inclusive a concessão de verbas para os sindicatos que mantinham a obediência dos líderes sindicais, os *pelegos*.

A intervenção na economia foi mantida na nova Carta: os Institutos e órgãos oficiais (Café, Cacau e Açúcar) criados durante os 15 anos de poder de Getúlio. Instituiu o voto direto para todos os cargos eletivos e o mandato presidencial de 5 anos. Acabou com a intervenção nos Estados, tendo o país novamente governadores eleitos. Restaurou as liberdades democráticas, pondo fim à censura e ao controle da imprensa. Vigorou até o Golpe de Estado de 1964, deflagrado pelos militares. Em seguida, o governo militar elaborou uma nova Carta Constitucional. Após a guerra, os EUA surgiram como hegemônicos na Europa ocidental, enquanto a URSS estabeleceu a hegemonia no leste europeu fato que ficou conhecido como Guerra Fria.

O Partido Comunista Brasileiro (PCB) foi cassado em 1947 e houve o rompimento de relações diplomáticas com a URSS. Dutra manifestava sua ligação com o capitalismo e com o imperialismo norte-americano. Durante o ano de 1947, Dutra iniciou o **Plano Salte** — saúde, alimentação, transportes e energia — áreas prioritárias de ação. Os recursos vieram de investimentos externos, porém não foram aplicados onde a população mais precisava e o plano fracassou.

3.24 Getúlio Vargas (1951-1954)

"Vargas tomou posse a 31 de janeiro de 1951. A UDN tentou sem êxito impugnar sua eleição, alegando que só poderia considerar vencedor o candidato que obtivesse a maioria absoluta de votos. Essa exigência não existia na legislação da época. Desse modo os liberais ponham a nu suas contradições. Defensores em princípio da legalidade democrática, não conseguiram atrair o voto da grande massa nas eleições mais importantes. A partir daí, passaram a contestar os resultados eleitorais com argumentos duvidosos ou, cada vez mais a apelar para a intervenção das forças armadas."

REALIDADE BRASILEIRA

Boris Fausto. In: "História Concisa do Brasil". EDUSP, 2011, p. 224.

O governo Dutra representou o liberalismo (distanciamento do governo dos assuntos econômicos e abertura aos investimentos estrangeiros). A instabilidade política e econômica favoreceu o candidato nacionalista, Getúlio Vargas. Em janeiro de 1951, ele ganhou as eleições e recebeu a faixa presidencial das mãos de Dutra. Os Estados Unidos pediram a participação do Brasil na Guerra da Coreia, o que Getúlio recusou. A criação da Petrobrás (1953), constituída como empresa estatal de monopólio rígido. Os problemas se agravaram constantemente, marcando o final do governo Vargas. Getúlio Vargas ainda tentou contornar a crise nomeando João Goulart Ministro do Trabalho e aumentando em 100% o salário mínimo. Os ataques mais fortes a Vargas vinham da Tribuna da Imprensa, jornal de Carlos Lacerda, que se pronunciava nos microfones da Rádio Globo, de Roberto Marinho, e nas telas da TV Tupi, de Assis Chateaubriand. Lacerda lançava constantes apelos às Forças Armadas para que interviessem com um golpe de Estado.

3.24.1 Fim da Era Vargas

O estopim da crise que desestabilizou politicamente Vargas foi o Atentado da Rua Toneleros, quando pistoleiros em tocaia aguardavam Carlos Lacerda na frente de sua residência. Lacerda saiu ferido, e seu guarda-costas, Major Aviador Rubem Florentino Vaz, morreu. Em apenas 29 horas, a Aeronáutica encontrava o culpado, um membro da guarda pessoal do presidente Vargas, Climério Eurides de Almeida, que denunciou Gregório Fortunato, chefe da guarda presidencial de Vargas. O clima ficou insustentável.

Carta Testamento

"E aos que pensam que me derrotaram respondo com a minha vitória. Era escravo do povo e hoje me liberto para a vida eterna. Mas esse povo de quem fui escravo não mais será escravo de ninguém. Meu sacrifício ficará para sempre em sua alma e meu sangue será o preço do seu resgate. Lutei contra a espoliação do Brasil. Lutei contra a espoliação do povo. Tenho lutado de peito aberto. O ódio, as infâmias, a calúnia não abateram meu ânimo. Eu vos dei a minha vida. Agora vos ofereço a minha morte. Nada receio. Serenamente dou o primeiro passo no caminho da eternidade e saio da vida para entrar na História."
(Getúlio Vargas, Rio de Janeiro, 23/08/54)

Câmara Legislativa Federal. Acesso em: 19/04/2020 (com adaptações). Disponível em: <https://www2.camara.leg.br/atividade-legislativa/plenario/discursos/escrevendohistoria/getulio-vargas/carta-testamento-de-getulio-vargas>.

O suicídio foi a saída encontrada por Vargas. Logo após a reunião com seus ministros, Getúlio cumpria sua promessa: "Só morto sairei do Catete". O suicídio de Vargas enfraqueceu a oposição. A população ao receber a notícia atacou os Udenistas, quebrou jornais, e Carlos Lacerda teve que se refugiar. Com o suicídio de Vargas o povo saiu às ruas e o Vice, Café Filho, assumiu a Presidência e formou um ministério com maioria udenista e garantiu a realização de eleições em 1955. Juscelino Kubitschek político do PSD de Minas Gerais e ex-governador conseguiu o apoio do PTB garantindo sua vitória frente a Juarez Távora, da UDN. Em sua campanha, JK insistia na necessidade de avançar no rumo do desenvolvimento econômico apoiando-se no capital público e privado, Juarez, por sua vez, insistia na moralização dos costumes políticos e era contrário à — excessiva — intervenção do Estado na economia.

Houve uma tentativa de desmoralizar o Vice Jango, atribuindo a ele a comprometedora Carta Brandi publicada no jornal Tribuna da Imprensa de Carlos Lacerda, que mostrava a articulações entre Jango e Peron para deflagrar no Brasil um movimento armado, que instalaria a República Sindicalista. Por motivo de doença, Café Filho se afasta da Presidência, sendo substituído por Carlos Luz, Presidente da Câmara dos Deputados, que permaneceu no poder apenas 48 horas.

Após a vitória de JK e Jango, desencadeou-se uma campanha contra a posse levando a um golpe preventivo, ou seja, uma intervenção militar para garantir a posse do presidente eleito. O executor foi o General Lott, que mobilizou tropas do Rio de Janeiro que ocuparam edifícios governamentais, estações de rádio e jornais. Os comandos do Exército se colocaram ao lado de Lott, enquanto os Ministros da Marinha e da Aeronáutica denunciavam a ação como "ilegal e subversiva". Carlos Luz, Presidente interino, bem como Lacerda, fugiram no cruzador Tamandaré. Carlos Luz foi impedido pelo Congresso e assumiu o Presidente do Senado, Nereu Ramos que assumiu a chefia do Executivo, decretou estado de sítio por 60 dias e garantiu a posse do novo Presidente.

O movimento operário e a organização sindical estabeleceram em 1955, em São Paulo, o Pacto de Unidade Intersindical, ou seja, a união dos sindicatos, pacto este que foi dissolvido em 1957. No Rio de Janeiro foi criado o Pacto de Unidade e Ação, uma frente de ferroviários, marítimos e portuários que articulava o processo para a organização do Comando Geral dos Trabalhadores (CGT), com uma participação importante no governo de João Goulart. O sindicalismo não se firmou nas indústrias automobilísticas, devido, entre outros fatores, à forte presença de comunistas no movimento sindical e pela desorientação dos dirigentes sindicais diante das novas relações de trabalho implantadas pelas empresas multinacionais, atraindo os trabalhadores com benefícios e esperança de promoções. Os sindicatos aos poucos foram se politizando. Isso significava que eles deveriam apoiar a corrente nacionalista e as propostas de reformas sociais — as chamadas reformas de base —, entre as quais se incluía a reforma agrária. Em 1960, ocorreu a greve pela paridade de vencimentos, os "pelegos" se voltaram contra o movimento. Por fim, as reivindicações dos grevistas foram atendidas.

3.25 Governo JK (1956-1961)

3.25.1 O Plano de Metas

O governo de Juscelino Kubitschek entrou para história do país como a gestão presidencial na qual se registrou o mais expressivo crescimento da economia brasileira. Na área econômica, o lema do governo foi "Cinquenta anos de progresso em cinco anos de governo". Para cumprir com esse objetivo, o governo federal elaborou o Plano de Metas, que previa um acelerado crescimento econômico a partir da expansão do setor industrial, com investimentos na produção de aço, alumínio, metais não-ferrosos, cimento, álcalis, papel e celulose, borracha, construção naval, maquinaria pesada e equipamento elétrico. O Plano de Metas teve grande êxito, pois no transcurso da gestão governamental a economia brasileira registrou taxas de crescimento da produção industrial (principalmente na área de bens de capital) em torno de 80%, no entanto isso gerou um crescimento da dívida externa, que no futuro geraria uma crise econômica devastadora.

3.25.2 Desenvolvimento e dependência externa

A prioridade dada pelo governo ao crescimento e desenvolvimento econômico do país recebeu apoio de importantes setores da sociedade, incluindo os militares, os empresários e sindicatos trabalhistas. O acelerado processo de industrialização registrado no período, porém, não deixou de acarretar uma série de problemas de longo prazo para a econômica brasileira. O governo realizava investimentos no setor industrial a partir da emissão monetária e da abertura da economia ao capital estrangeiro. A emissão monetária (ou emissão de papel moeda) ocasionou um agravamento do processo inflacionário, enquanto a abertura da economia ao capital estrangeiro gerou uma progressiva desnacionalização econômica, porque as empresas estrangeiras (as chamadas multinacionais) passaram a controlar setores industriais estratégicos da economia nacional.

O controle estrangeiro sobre a economia brasileira era preponderante nas indústrias automobilísticas, de cigarros, farmacêutica e mecânica. Em pouco tempo, as multinacionais começaram a remeter

O BRASIL REPÚBLICA

grandes remessas de lucros (muitas vezes superiores aos investimentos por elas realizados) para seus países de origem. Esse tipo de procedimento era ilegal, mas as multinacionais burlavam as próprias leis locais.

O programa de obras públicas e a construção de Brasília

A gestão de Juscelino Kubitschek também foi marcada pela implementação de um ambicioso programa de obras públicas com destaque para Construção da nova capital federal, Brasília. Em 1956, já estava à disposição do governo a lei nº 2874 que autorizada o Executivo Federal a começar as obras de construção da futura capital federal. Em razão de seu arrojado projeto arquitetônico, a construção da cidade de Brasília tornou-se o mais importante ícone do processo de modernização e industrialização do Brasil daquele período histórico. A nova cidade e capital federal foi o símbolo máximo do progresso nacional e foi considerada Patrimônio Cultural da Humanidade. O responsável pelo projeto arquitetônico de Brasília foi Oscar Niemeyer, que criou as mais importantes edificações da cidade, enquanto o projeto urbanístico ficou a cargo de Lúcio Costa. As obras de construção de Brasília duraram três anos e dez meses. A cidade foi inaugurada pelo presidente, a 21 de abril de 1960.

3.25.3 Denúncias da oposição

A gestão de Juscelino Kubitschek, popularmente chamado de JK, em particular a construção da cidade de Brasília, não esteve a salvo de críticas dos setores oposicionistas. No Congresso Nacional, a oposição política ao governo de JK vinha da União Democrática Nacional (UDN). A oposição ganhou maior força quando as crescentes dificuldades financeiras e inflacionárias (decorrentes principalmente dos gastos com a construção de Brasília) fragilizaram o governo federal. A UDN fazia um tipo de oposição ao governo baseada na denúncia de escândalos de corrupção e uso indevido do dinheiro público. A construção de Brasília foi o principal alvo das críticas da oposição. No entanto, a ação de setores oposicionistas não prejudicou seriamente a estabilidade governamental na gestão de JK.

3.25.4 Governabilidade e sucessão presidencial

Em comparação com os governos democráticos que antecederam e sucederam a gestão de JK na presidência da República, o mandato presidencial de Juscelino apresenta o melhor desempenho no que se refere à estabilidade política. A aliança entre o PSD e o PTB garantiu ao Executivo Federal uma base parlamentar de sustentação e apoio político que explica os êxitos da aprovação de programas e projetos governamentais. O PSD era a força dominante no Congresso Nacional, pois possuía o maior número de parlamentares e o maior número de ministros no governo. O PSD era considerado um partido conservador, porque representava interesses de setores agrários (latifundiários), da burocracia estatal e da burguesia comercial e industrial.

O PTB, ao contrário, reunia lideranças sindicais representantes dos trabalhadores urbanos mais organizados e setores da burguesia industrial. O êxito da aliança entre os dois partidos deveu-se ao fato de que ambos evitaram radicalizar suas respectivas posições políticas, ou seja, conservadorismo e reformismo radicais foram abandonados. Na sucessão presidencial de 1960, a UDN lançou Jânio Quadros como candidato; o PTB com o apoio do PSB apresentou como candidato o marechal Henrique Teixeira Lott e o PSP concorreu com Adhemar de Barros.

A vitória coube a Jânio Quadros, que obteve expressiva votação. Naquela época, as eleições para presidente e vice-presidente ocorriam separadamente, ou seja, as candidaturas eram independentes. Assim,

o candidato da UDN a vice-presidente era Milton Campos, mas quem venceu foi o candidato do PTB, João Goulart. Desse modo, João Goulart iniciou seu segundo mandato como vice-presidente.

3.26 Jânio Quadros (1961)

Na eleição presidencial de 1960, a vitória coube a Jânio Quadros, candidato da União Democrática Nacional (UDN). Naquela época, as regras eleitorais estabeleciam chapas independentes para a candidatura a vice-presidente, por esse motivo, João Goulart, do Partido Trabalhista Brasileiro (PTB) foi reeleito. A gestão de Jânio Quadros na presidência da República foi breve, durou sete meses e encerrou-se com a renúncia.

"No dia da posse, Jânio fez violento discurso contra Juscelino Kubitschek, acusando-o pela inflação e dívida externa e afirmando ser 'terrível a situação financeira do Brasil'. O início do seu governo seria marcado por medidas de controle do funcionalismo: instituiu o horário integral nas repartições federais, demitiu pessoal após 1º de setembro do ano anterior, extinguiu os cargos de adidos aeronáuticos nas embaixadas brasileiras e reduziu as vantagens de funcionários em missões no exterior. Do mesmo modo, sugerindo a existência de corrupção, determinou a abertura de inquéritos para examinar a atuação das diretorias das autarquias e fundações, como o Instituto Brasileiro de Geografia e Estatística (IBGE), a Rede Ferroviária Federal e a Companhia Vale do Rio Doce. Era o que Jânio Quadros chamava de "obra de saneamento moral da nação."

Carlos Fico. In: "História do Brasil Contemporâneo - da morte de Vargas aos dias atuais". São Paulo: Contexto, 2016, p. 45.

Neste curto período, Jânio Quadros praticou uma política econômica e uma política externa que desagradou profundamente os políticos que o apoiavam, setores das Forças Armadas e outros segmentos sociais. A renúncia de Jânio Quadros desencadeou uma crise institucional sem precedentes na história republicana do país, porque a posse do vice-presidente João Goulart não foi aceita pelos ministros militares e pelas classes dominantes.

3.26.1 A crise política

O governo de Jânio Quadros perdeu sua base de apoio político e social a partir do momento em que adotou uma política econômica austera e uma política externa independente. Na área econômica, o governo se deparou com uma crise financeira aguda devido a intensa inflação, déficit da balança comercial e crescimento da dívida externa. O governo adotou medidas drásticas, restringindo o crédito, congelando os salários e incentivando as exportações. Mas foi na área da política externa que o presidente Jânio Quadros acirrou os ânimos da oposição ao seu governo.

Jânio nomeou para o ministério das Relações Exteriores Afonso Arinos, que se encarregou de alterar radicalmente os rumos da política externa brasileira. O Brasil começou a se aproximar dos países socialistas. O governo brasileiro restabeleceu relações diplomáticas com a União Soviética (URSS). As atitudes menores também tiveram grande impacto, como as condecorações oferecidas pessoalmente por Jânio ao guerrilheiro revolucionário Ernesto "Che" Guevara (condecorado com a Ordem do Cruzeiro do Sul) e ao cosmonauta soviético Yuri Gagarin, além da vinda ao Brasil do ditador cubano Fidel Castro.

3.26.2 Independência e isolamento

De acordo com estudiosos do período, o presidente Jânio Quadros esperava que a política externa de seu governo se traduzisse na ampliação do mercado consumidor externo dos produtos brasileiros, por meio de acordos diplomáticos e comerciais. Porém, a condução da política externa independente desagradou o governo norte-americano e, internamente, recebeu pesadas críticas do partido a que Jânio estava vinculado, a UDN, sofrendo também veemente oposição das elites conservadoras e dos militares. Ao completar sete meses de mandato presidencial, o governo de Jânio Quadros ficou isolado política e socialmente. Jânio Quadros renunciou a 25 de agosto de 1961.

Especula-se que a renúncia foi mais um dos atos espetaculares característicos do estilo de Jânio. Com ela, o presidente pretenderia causar uma grande comoção popular, e o Congresso seria forçado a pedir seu retorno ao governo, o que lhe daria grandes poderes sobre o Legislativo. Não foi o que aconteceu, porém. A renúncia foi aceita e a população se manteve indiferente. Vale lembrar que as atitudes teatrais eram usadas politicamente por Jânio antes mesmo de chegar à presidência. Em comícios, ele jogava pó sobre os ombros para simular caspa, de modo a parecer um "homem do povo". Também tirava do bolso sanduíches de mortadela e os comia em público. No poder, proibiu as brigas de galo e o uso de lança-perfume, criando polêmicas com questões menores, que o mantinham sempre em evidência, como um presidente preocupado com o dia-a-dia do brasileiro.

3.27 João Goulart (1961-1964)

Jango assumiu a presidência em 7 de setembro de 1961, sob o regime parlamentarista, e governou até o Golpe de 64, em 1º de abril. Seu mandato foi marcado pelo confronto entre diferentes políticas econômicas para o Brasil, conflitos sociais e greves urbanas e rurais.

Seu governo é usualmente dividido em duas fases: Fase Parlamentarista (da posse em 1961 a janeiro de 1963) e a Fase Presidencialista (de janeiro de 1963 ao Golpe em 1964).

- **Plebiscito** — O parlamentarismo foi derrubado em janeiro de 1963: em plebiscito nacional, 80% dos eleitores optaram pela restauração do presidencialismo. Enquanto durou, o parlamentarismo teve três primeiros-ministros, entre eles, Tancredo Neves, que renunciou para candidatar-se ao governo de Minas Gerais.
- **Conquistas Trabalhista** — Em 1961 a Confederação Nacional dos Trabalhadores na Indústria e o Pacto de Unidade e Ação, de caráter intersindical, convocaram uma greve reivindicando melhoria das condições de trabalho e a formação de um ministério nacionalista e democrático. Foi esse movimento que conquistou o 13º salário para os trabalhadores urbanos. Os trabalhadores rurais realizaram, no mesmo ano, o 1º Congresso Nacional de Lavradores e Trabalhadores Agrícolas, em Belo Horizonte, Minas Gerais. O Congresso exigiu reforma agrária e CLT (Consolidação das Leis de Trabalho) para os trabalhadores rurais. Em 62, com a aprovação do Estatuto do Trabalhador Rural, muitas ligas camponesas se transformaram em sindicatos rurais.
- **Plano Trienal** — João Goulart realizou um governo contraditório. Procurou estreitar as alianças com o movimento sindical e setores nacional-reformistas, mas paralelamente tentou implementar uma política de estabilização baseada na contenção salarial. Seu Plano Trienal de Desenvolvimento Econômico e Social, elaborado pelo ministro do Planejamento Celso Furtado, tinha por objetivo manter as taxas de crescimento da economia e reduzir a inflação. Essas condições, exigidas pelo FMI, seriam indispensáveis para a obtenção de novos empréstimos, para a renegociação da dívida externa e para a elevação do nível de investimento.
- **Reformas de Base** — O Plano Trienal também determinou a realização das chamadas reformas de base: reforma agrária, fiscal, educacional, bancária e eleitoral. Para o governo, elas eram necessárias ao desenvolvimento de um "capitalismo nacional" e "progressista".

O anúncio dessas reformas aumentou a oposição ao governo e acentuou a polarização da sociedade brasileira. Jango perdeu rapidamente suas bases na burguesia. Para evitar o isolamento, reforçou as alianças com as correntes reformistas: aproximou-se de Leonel Brizola, então deputado federal pela Guanabara, de Miguel Arraes, governador de Pernambuco, da UNE (União Nacional dos Estudantes) e do Partido Comunista, que, embora na ilegalidade, mantinha forte atuação nos movimentos popular e sindical.

O Plano Trienal foi abandonado em meados de 1963, mas o Presidente continuou a implementar medidas de caráter nacionalista: limitou a remessa de capital para o exterior, nacionalizou empresas de comunicação e decidiu rever as concessões para exploração de minérios. As retaliações estrangeiras foram rápidas: governo e empresas privadas norte-americanas cortaram o crédito para o Brasil e interromperam a negociação da dívida externa.

No Congresso se formaram a Frente Parlamentar Nacionalista, em apoio a Jango, e a Ação Democrática Parlamentar, que recebia ajuda financeira do Instituto Brasileiro de Ação Democrática (IBAD), instituição mantida pela Embaixada dos Estados Unidos. Crescia a agitação política. A polarização entre esquerda e direita foi-se recrudescendo. Na "esquerda", junto a Jango, estavam organizações como a UNE, a CGT e as Ligas Camponesas; no campo oposto, na "direita", encontravam-se o IPES, o IBAD e a TFP (Tradição, Família e Propriedade).

A crise se precipitou no dia 13 de março, em razão da realização de um grande comício em frente à Estação Central do Brasil, no Rio de Janeiro. Perante 300 mil pessoas Jango decretou a nacionalização das refinarias privadas de petróleo e desapropriou, para a reforma agrária, propriedades às margens de ferrovias, rodovias e zonas de irrigação de açudes públicos. Paralelamente a tudo isso, cumpre assinalar que a economia se encontrava extremamente desordenada. Em 19 de março foi realizada, em São Paulo, a maior mobilização contra o governo: a "Marcha da Família com Deus pela Liberdade", organizada por grupos da direita, com influência dos setores conservadores da Igreja Católica. A manifestação, que reuniu cerca de 400 mil pessoas, forneceu o apoio político para derrubar o Presidente. No dia 31 de março, iniciou-se o verdadeiro movimento para o golpe. No mesmo dia, tropas mineiras sob o comando do general Mourão Filho marcharam em direção ao Rio de Janeiro e a Brasília.

"Cada vez mais isolado entre as elites, Goulart procura apoio na ala radical do Trabalhismo, liderada por Leonel Brizola — defensor da mobilização popular como forma de pressão pelas reformas de base. Em outubro de 1963, as conspirações contra seu governo proliferam. Pressionado pela ala legalista do Exército, o presidente ensaia decretar estado de sítio, mas é sabotado no Congresso pelo próprio partido, perdendo assim o pouco de prestígio que lhe resta às forças militares."

Mary Del Priore. In: "Uma Breve História do Brasil". Planeta, 2010, p. 275-76.

Depois de muita expectativa, os golpistas conseguiram a adesão do comandante do 2º Exército, General Amaury Kruel. Jango estava no Rio quando recebeu o manifesto do General Mourão Filho exigindo sua renúncia.

O BRASIL REPÚBLICA

POLÍTICA EXTERNA	POLÍTICA NACIONAL	SOCIEDADE
Combate ao avanço do comunismo na América Latina.	Falta de apoio partidário.	Forte pressão da classe média nacional.
A aproximação do governo anterior, do qual fez parte que se aproximava da China e da Rússia.	Ideologia partidária de centro-esquerda.	A marcha pela família com Deus pela Liberdade, organizada pela Direita opositora a Jango.
Eclosão de regimes totalitários na América Latina.	Implementação de reformas, que foram identificadas como comunistas.	Aproximação com o Partido Comunista que possuía uma imagem extremamente negativa junto a população brasileira.
Invasão da Baía dos Porcos em Cuba.	Parlamentarismo imposto por uma manobra do Congresso.	
	Reformas de base impopulares entre as elites.	

No dia 1º de abril pela manhã, parte para Brasília na tentativa de controlar a situação. Ao perceber que não conta com nenhum dispositivo militar e nem com o apoio armado dos grupos que o sustentavam, abandona a capital e segue para Porto Alegre. Nesse mesmo dia, ainda com Jango no país, o Presidente do Senado, Auro de Moura Andrade, declarou vaga a Presidência da República.

Ranieri Mazzilli, Presidente da Câmara dos Deputados ocupou o cargo interinamente. Exilado no Uruguai, Jango participou da articulação da Frente Ampla, um movimento da Redemocratização do país, junto a Juscelino e a seu ex-inimigo político, Carlos Lacerda. Mas a Frente não logrou êxito. João Goulart morreu na Argentina em 1976.

REALIDADE BRASILEIRA

A Era "Liberal" (O Apogeu do Populismo)

CARACTERÍSTICAS GERAIS

POPULISMO
- **CONCEITO**: Política do Estado que buscava satisfazer as necessidades imediatas da população.
- **CARACTERÍSTICAS**:
- Relativa participação das camadas urbanas (médias e baixas) na vida política nacional.
- O Estado manipula essas camadas por meio de um líder carismático e paternalista.
- O Estado representa os interesses das oligarquias e da burguesia industrial e financeira.
- **Exemplos de líderes "populistas"**: Getúlio Vargas, Jânio Quadros, Leonel Brizola, Adhemar de Barros.

ANOS	1945	1946	1951	1954	1956	1961	1964
	Poder Judiciário	Eurico G. Dutra	Getúlio Vargas	Café Filho	Juscelino Kubitschek		João Goulart
POLÍTICA	• 29/10/1945: golpe militar derruba Vargas. • Assume o presidente do Supremo Tribunal Federal, José Linhares. • 02/12/1945: realizadas eleições presidenciais, vence Dutra.	• 1946: Constituição (a 4ª da República). • Política Conservadora. • Ilegalidade do PCB. • Rompimento com a URSS.	• Política Liberal. • Aproximação com as camadas populares. • Medidas populares; • Ministro do Trabalho: João Goulart. • 24/08/54: suicídio.	• Eleições presidenciais: vence a chapa JK/JG. • Episódio da Carta Brandi. • 8 a 11 de novembro: presidência de Carlos Luz. • Até 31 de Janeiro: presidência de Nereu Ramos. • Novembro a Janeiro: estado de sítio.	• Suspensão do estado de sítio. • Governo conciliatório e pacifista. • Estreitamento das relações Brasil-EUA. • Operação Pan-americana (OPA).	**JÂNIO QUADROS**: governa 7 meses e renúncia. Política externa independente alarmou a oposição.	• Crise do populismo. • Oposição da UDN. • Parlamentarismo (1º Ministro: Tancredo Neves). • Plebiscito (06/01/63). • Revoltas do baixo oficialato. • Golpe militar derruba Goulart.
ECONOMIA		• Esgotamento das reservas. • PLANO SALTE (saúde, transporte, alimentação e energia). • Pavimentação da Rio-SP. • Cia. Hidrelétrica do São Francisco. • Comissão.	• Reformismo nacionalista. • 1953: Petrobrás. • Reajustamento do salário mínimo. • PLANO LÁFER; • Criação do BNDE. • Proposta a criação da Eletrobrás.	• Instrução 113 da Sumoc.	• Desenvolvimento econômico. • Associação ao capital externo. • PLANO DE METAS. • Criação da SUDENE (chefia: Celso Furtado). • Início da Belém-Brasília. • Indústria automobilística. • Substituição das importações.		• Inflação crescente. • PLANO TRIENAL. • REFORMAS DE BASE. • Lei de Remessa de Lucros; • Estatuto do Trabalhador Rural. • Criação da Eletrobrás.
SOCIEDADE		• Fundação da ESG (1949). • Criação do SESI. • Proibição do "jogo do bicho". • Adhemar de Barros: governador de SP.	• Oposição dos militares. • Manifesto dos coronéis. • Oposição de Carlos Lacerda. • Atentado da Rua Toneleros (RJ).	• Lacerda e UDN tentam impedir a posse dos eleitos. • Jânio Quadros: governador de SP.	• Formação das Ligas Camponesas. • Fundação de Brasília (21/4/60). • Revoltas do baixo oficialato: Jacareacanga (AM), Aragarças (GO). • Greves operárias. • Mobilizações da UNE.		• Manifestações das Ligas Camponesas. • Grupos de esquerda: FPN, CGT, Ligas Camponesas e UNE; • Grupos de direita: ESG, IPES e IBAD.

O BRASIL REPÚBLICA

3.28 Ditadura Militar (1964-1985)

No dia 1º de abril, o Congresso Nacional declara a vacância da Presidência. Os comandantes militares assumem o poder. Em 2 de abril de 1964, Auro de Moura Andrade declara vacância do cargo de Presidente da República e determina a posse do presidente da Câmara, Raniere Mazzilli, com ações extremamente irregulares, as três horas da manhã do dia 3 de abril, um conjunto de parlamentares dão posse a Mazzili como Presidente da República. Em 9 de abril é decretado o Ato Institucional Nº 1 (AI-1), que cassa mandatos e suspende a imunidade parlamentar, a vitaliciedade dos magistrados, a estabilidade dos funcionários públicos e outros direitos constitucionais.

Ele ficaria no cargo durante 13 dias, empossado, mas sem pode real. O General Costa e Silva se autodenomina comandante do Exército Nacional e cria o "comando supremo da revolução". Após a cassação de 40 parlamentares, entre eles Leonel Brizola, o Congresso se encarregaria de eleger o novo presidente, fato que se deu no dia 11. O ex-Chefe do Estado Maior do governo de Goulart, o general Castello Branco, é eleito sem dificuldades, dando início ao processo de consolidação dos militares no poder.

"A intervenção dos militares obteve êxito justamente porque estava respaldada nas aspirações de milhões de brasileiros — a despeito de toda infiltração e propaganda comunista na sociedade, já naquela época. A população brasileira, em sua maioria apoiava a ação dos militares porque estavam com medo do comunismo; porque sabia que, se esse regime fosse estabelecido no país, os valores democráticos seriam solapados; que as bases morais da família tradicional estariam em perigo; que as liberdades individuais seriam abolidas; que o governo autoritário e violento produziria uma carnificina. Basta olhar para o mundo e ver o que estava acontecendo, por exemplo, na União Soviética, na China ou em Cuba."

Itamar Flávio da Silveira. In: "Golpe de 1964 - O que os livros de história não contaram". Editora Peixoto Neto, 2016, p. 15.

3.28.1 Governo Castelo Branco (1964-1967)

O general Castello Branco é eleito pelo Congresso Nacional presidente da República em 15 de abril de 1964. Declara-se comprometido com a defesa da democracia, mas logo adota posição autoritária. Decreta três atos institucionais, dissolve os partidos políticos e estabelece eleições indiretas para presidente e governadores.

O governo de Castello Branco, com a promessa de reformas, como a reforma agrária, habitacional, bancária e fiscal. O objetivo era romper com o impasse vivido pelo país nos últimos anos e promover um rápido desenvolvimento econômico, político e social no país. No entanto para tais medidas eram necessários recursos que o país não dispunha, isso foi remediado com um empréstimo de 50 milhões de dólares, concedido pelos Estados Unidos, que tinha enorme interesse em barrar a possível reação comunista na América Latina.

Em junho de 1965, foi promulgada a "Lei de Greve", que tramitava havia catorze anos no Congresso. Representou uma vitória do novo governo, essa vitória teve apoio do Congresso, considerando que o relator do projeto foi o Deputado Ulysses Guimarães (PSD), já bastante alinhado com o governo revolucionário. O "Clube de Paris" (países credores do Brasil), mediante a implantação do Programa de Ação Econômica do Governo (Paeg), que tinha como principal objetivo combater a inflação, que em 1964 já orbitava na esfera de 89,5%, escalonou 70% da dívida que venceria em 1965, isso deu um novo fôlego econômico ao governo que agora se iniciara.

"O presidente Castello Branco se recusou a aprovar qualquer cassação sem a examinar atentamente. Algumas atingiam velhos amigos, camaradas, levando-o ao sofrimento que o abalava visivelmente. Era doloroso. Mas pondo de lado o coração, jamais admitiu eximir-se do dever."

Luís Viana Filho. In: "O governo Castello Branco". Rio de Janeiro: José Olympio, 1975, p. 96 (com adaptações).

Ao longo do seu governo cassa mandatos de parlamentares federais e estaduais, suspende os direitos políticos de centenas de cidadãos, intervém em quase 70% de sindicatos e federações de trabalhadores e demite funcionários. Institui o bipartidarismo com a Aliança Renovadora Nacional (Arena), de situação, e o Movimento Democrático Brasileiro (MDB), de oposição. Cria o Serviço Nacional de Informações (SNI), que funciona como polícia política. Em janeiro de 1967, o governo impõe ao Congresso a aprovação da nova Constituição que incorpora a legislação excepcional e institucionaliza a ditadura.

3.28.2 Governo Costa e Silva (1967-1969)

Ministro do Exército de Castello Branco, o general Arthur da Costa e Silva assume a presidência em 1967. Eleito indiretamente pelo Congresso Nacional. Em seu governo cresce a oposição à ditadura. Em meados de 1968, a União Nacional dos Estudantes (UNE) promove no Rio de Janeiro a Passeata dos Cem Mil. Ao mesmo tempo ocorrem greves operárias em Contagem (MG) e Osasco (SP). Grupos radicais de esquerda começam a organizar-se para a guerrilha urbana e promovem os primeiros assaltos a bancos para obter fundos. O governo é pressionado pelos militares da linha dura, que defendem a retomada das ações repressivas no plano político, institucional e policial. Em 17 de abril de 1968, 68 municípios (incluindo todas as capitais) são transformados em zonas de segurança nacional, e seus prefeitos passam a ser nomeados pelo presidente. O deputado Márcio Moreira Alves (MDB/Guanabara), em discurso na Câmara, convoca a população a boicotar a parada militar de 7 de setembro, e o governo pede licença ao Congresso para processá-lo.

"Em primeiro lugar, é necessário lembrar que defender a revolução imediata nem sempre implica pegar em armas. Os agrupamentos de esquerda que assim agiram, geralmente adotaram o princípio do foquismo, teoria elaborada a partir do exemplo da revolução cubana, em que um pequeno grupo guerrilheiro inicia um processo revolucionário no campo. para tanto, primeiramente, são necessários recursos financeiros. Em 1967, inicia-se uma série de roubos a bancos por parte dos grupos guerrilheiros, processo que se arrasta até o início dos anos 1970 e resulta em cerca de trezentos assaltos (ou, como dizia na época, desapropriação revolucionária), com arrecadação de mais 2 milhões de dólares. Na prática, a guerrilha — salvo no caso do Araguaia — não se estende ao campo. À medida que o sistema repressivo realiza prisões, o emprego sistemático da tortura faz com que mais revolucionários são capturados. Em 1969, a própria dinâmica do movimento guerrilheiro é alterada, passando a ter como objetivo resgatar os companheiros das masmorras dos militares. Os assaltos a banco vão dando lugar a sequestros — dentre os quais os dos embaixadores norte-americano, alemão e suíço no Brasil — cujos resgates são a libertação dos prisioneiros políticos."

Mary Del Priore. In: "Uma Breve História do Brasil". Planeta, 2010, p. 282-83.

Na noite de 13 de dezembro, Costa e Silva fecha o Congresso e decreta o Ato Institucional Nº 5 (AI-5). Ao contrário dos anteriores, esse não tem prazo de vigência e dura até 1979. O AI-5 restabelece o poder presidencial de cassar mandatos, suspender direitos políticos, demitir e aposentar juízes e funcionários, acaba com a garantia do habeas-corpus, amplia e endurece a repressão policial e militar. Outros 12 atos institucionais complementares são decretados e passam a constituir o núcleo da legislação do regime.

3.28.3 Atos Institucionais

- **AI-1 (09/04/1964):** Modifica a Constituição do Brasil de 1946 quanto à eleição, ao mandato e aos poderes do Presidente da República; confere aos Comandantes-em-chefe das Forças Armadas o poder de suspender direitos políticos e cassar mandatos legislativos, excluída a apreciação judicial desses atos; e dá outras providências.
- **AI-2 (27/10/1965):** Modifica a Constituição do Brasil de 1946 quanto ao processo legislativo, às eleições, aos poderes do Presidente da República, à organização dos três Poderes; suspende garantias de vitaliciedade, inamovibilidade, estabilidade e a de exercício em funções por tempo certo; exclui da apreciação judicial atos

REALIDADE BRASILEIRA

praticados de acordo com suas normas e Atos Complementares decorrentes; Estabelece o bipartidarismo e dá outras providências.

- **AI-3 (5/2/1966):** Dispõe sobre eleições indiretas nacionais, estaduais e municipais; permite que Senadores e Deputados Federais ou Estaduais, com prévia licença, exerçam o cargo de Prefeito de capital de Estado; exclui da apreciação judicial atos praticados de acordo com suas normas e Atos Complementares decorrentes.
- **AI-4 (12/12/1966):** convoca o Congresso Nacional para discussão, votação e promulgação do Projeto de Constituição apresentado pelo Presidente da República e dá outras providências.
- **AI-5 (13/12/1968): Suspende a garantia do habeas corpus para determinados crimes; dispõe sobre os poderes do Presidente da República de decretar:** estado de sítio, nos casos previstos na Constituição Federal de 1967; intervenção federal, sem os limites constitucionais; suspensão de direitos políticos e restrição ao exercício de qualquer direito público ou privado; cassação de mandatos eletivos; recesso do Congresso Nacional, das Assembleias Legislativas e das Câmaras de Vereadores; exclui da apreciação judicial atos praticados de acordo com suas normas e Atos Complementares decorrentes; e dá outras providências.
- **AI-6 (01/02/1969):** Dá nova redação aos artigos 113, 114 e 122 da Constituição Federal de 1967; ratifica as Emendas Constitucionais feitas por Atos Complementares subsequentes ao Ato Institucional nº 5; exclui da apreciação judicial atos praticados de acordo com suas normas e Atos Complementares decorrentes; e dá outras providências.
- **AI-7 (26/02/1969):** Estabelece normas sobre remuneração de Deputados Estaduais e Vereadores; dispõe sobre casos de vacância de cargos de Prefeito e Vice-Prefeito; suspende quaisquer eleições parciais para cargos executivos ou legislativos da União, dos Estados, dos Territórios e dos Municípios; exclui da apreciação judicial atos praticados de acordo com suas normas e Atos Complementares decorrentes; e dá outras providências.
- **AI-8 (02/04/1969):** Atribui competência para realizar Reforma Administrativa ao Poder Executivo dos Estados, do Distrito Federal e dos Municípios de população superior a duzentos mil habitantes; e dá outras providências.
- **AI-9 (25/04/1969):** Dá nova redação ao artigo 157 da Constituição Federal de 1967, que dispõe sobre desapropriação de imóveis e territórios rurais.
- **AI-10 (16/05/1969):** Dispõe sobre as consequências da suspensão dos direitos políticos e da cassação dos mandatos eletivos federais, estaduais e municipais; e dá outras providências.
- **AI-11 (14/08/1969):** Dispõe sobre o tempo de mandato dos Prefeitos, Vice-Prefeitos e Vereadores e sobre as eleições para esses cargos no dia 30 de novembro de 1969; extingue a Justiça da Paz eletiva; exclui da apreciação judicial atos praticados de acordo com suas normas e Atos Complementares decorrentes.
- **AI-12 (01/09/1969):** Confere aos Ministros da Marinha de Guerra, do Exército e da Aeronáutica Militar as funções exercidas pelo Presidente da República, Marechal Arthur da Costa e Silva, enquanto durar sua enfermidade; exclui da apreciação judicial atos praticados de acordo com suas normas e Atos Complementares decorrentes.
- **AI-13 (05/09/1969):** Dispõe sobre o banimento do território nacional de brasileiro inconveniente, nocivo ou perigoso à segurança nacional, mediante proposta dos Ministros de Estado da Justiça, da Marinha de Guerra, do Exército ou da Aeronáutica Militar; exclui da apreciação judicial atos praticados de acordo com suas normas e Atos Complementares decorrentes.
- **AI-14 (05/09/1969):** Dá nova redação ao artigo 15, §11 da Constituição Federal de 1967; garante a vigência de Atos Institucionais, Atos Complementares, leis, decretos-leis, decretos e regulamentos que dispõem sobre o confisco de bens em casos de enriquecimento ilícito; exclui da apreciação judicial atos praticados de acordo com suas normas e Atos Complementares decorrentes.
- **AI-15 (11/09/1969):** Dá nova redação ao artigo 1º do Ato Institucional nº 11, de 14 de agosto de 1969, que dispõe sobre as eleições para Prefeito, Vice-Prefeito e Vereadores dos Municípios; exclui da apreciação judicial atos praticados de acordo com suas normas e Atos Complementares decorrentes.
- **AI-16 (14/10/1969):** Declara vacância dos cargos de Presidente e Vice-Presidente da República; dispõe sobre eleições e período de mandato para esses cargos; confere a Chefia do Poder Executivo aos Ministros militares enquanto durar a vacância; exclui da apreciação judicial atos praticados de acordo com suas normas e Atos Complementares decorrentes; e dá outras providências
- **AI-17 (14/10/1969):** Autoriza o Presidente da República a transferir para reserva, por período determinado, os militares que haja atentado ou venham a atentar contra a coesão das Forças Armadas.

3.28.4 Governo da Junta Militar (31/08/1969 - 30/10/1969)

Gravemente doente, o presidente é substituído por uma Junta Militar formada pelos ministros Aurélio de Lira Tavares (Exército), Augusto Rademaker (Marinha) e Márcio de Sousa e Melo (Aeronáutica). O vice-presidente, o civil Pedro Aleixo, é impedido de tomar posse. A Aliança de Libertação Nacional (ALN) e o Movimento Revolucionário 8 de Outubro (MR-8), grupos de esquerda, sequestram no Rio o embaixador norte-americano Charles Elbrick.

Ele é trocado por 15 presos políticos mandados para o México. Os militares respondem com a decretação da Lei de Segurança Nacional (18 de setembro) e com a Emenda Constitucional No 1 (17 de outubro), que na prática é uma nova Constituição, com a figura do banimento do território nacional e a pena de morte nos casos de "guerra psicológica adversa, ou revolucionária, ou subversiva". Ainda no final de 1969, o líder da ALN, Carlos Marighella, é morto em São Paulo pelas forças da repressão.

3.28.5 Governo Médici (1969-1974)

"Médici era um nome pouco conhecido. Além disso, não tinha gosto pelo exercício do poder, tendo delegado a seus ministros o exercício do governo. Daí resultou um paradoxo de um comando presidencial dividido e num dos períodos mais repressivos, se não o mais repressivo, da história brasileira. Por outro lado, a oposição legal chegou ao seu nível mais baixo no governo Médici, como resultados das condições econômicas favoráveis, da repressão e em menor escala, da campanha pelo voto nulo. Nas eleições legislativas de 1970, quando se renovaram dois terços das cadeiras do Senado, a Arena alcançou a ampla vitória."

Boris Fausto. *In:* "História Concisa do Brasil". EDUSP, 2011, p. 267.

Após o afastamento de Costa e Silva por motivos de saúde, em outubro de 1969 o nome de Médici foi indicado pelo alto comando do Exército para assumir o posto de presidente da república. O general assume um Brasil já repressivo, em virtude das medidas de seu antecessor, e endurece ainda mais o regime. Baseado nisso, o governo de Emílio Médici ficou marcado por graves denúncias de tortura contra presos políticos e estudantes. Neste período foi registrado o maior número de mortos pela ditadura militar brasileira. Em contrapartida, o grande comercial das benesses do governo foi o chamado "milagre econômico". O Produto Interno Bruto (PIB) aumentou muito e a classe média viu sua renda ampliar consideravelmente. Por conta dos amplos incentivos, muitas multinacionais se instalaram aqui. Houve também a criação de algumas estatais, como a Infraero e a Embrapa. Às custas de um aumento estrondoso da dívida externa, nessa época foram construídas grandes obras brasileiras, como a Ponte Rio-Niterói, a refinaria de Paulínia e a hidrelétrica de Ilha Solteira.

O BRASIL REPÚBLICA

3.28.6 Crise do Regime Militar e a Redemocratização do Brasil

Junta Militar para ser o novo presidente, e comanda o mais duro governo da ditadura, no período conhecido como os anos de chumbo. A luta armada intensifica-se e a repressão policial-militar cresce ainda mais. Ela é acompanhada de severa censura a imprensa, espetáculos, livros, músicas etc. Atingindo políticos, artistas, editores, professores, estudantes, advogados, sindicalistas, intelectuais e religiosos. Espalham-se pelo país os centros de tortura do regime, ligados ao Destacamento de Operações e Informações e ao Centro de Operações de Defesa Interna (DOI-CODI). A guerrilha urbana cede terreno rapidamente nas capitais, tenta afirmar-se no interior do país, como no Araguaia, mas acaba enfraquecida e derrotada.

"Apesar das dezenas de mortes e centenas de prisões, do desbaratamento quase completo da estrutura das organizações que atuavam nas cidades, os militantes sobreviventes continuavam acreditando que era possível enfrentar e derrotar o regime civil-militar. Em 25 de outubro — data em que estavam sendo comemorados 53 anos da Revolução Russa —, mais uma liderança foi abatida: Joaquim Câmara Ferreira, que tinha assumido o lugar de Marighella na direção da ALN. Foi preso, torturado e assassinado pela equipe do delegado Fleury. Morreu aos 57 anos, mesma idade de Marighella ao ser morto. Permaneceu numa luta fadada ao fracasso."

Marco Antônio Villa. In: "Ditadura à Brasileira - a democracia golpeada à esquerda e à direita". Leya, 2014, p. 177.

O governo Médici foi marcado pelo recrudescimento, perseguição e morte dos dissidentes do governo militar, muitos sumiram e outros morreram, e mais centenas foram torturados ou banidos da terra pátria. Tudo isso acontecia embalado pelo sonho do país gigante; grandes obras, muitas obras questionáveis e não raramente identificadas pelo como "faraônicas". É inquestionável que grandes obras como a criação de Itaipu, foram e são fundamentais para o desenvolvimento econômico do país, mas a que preço? A sociedade que não se alinhava com as ações do regime, é reprimida e desaparecia com muita frequência, a constância dessas ações e a repressão que tem seus anos mais evidentes dentro do governo Médici, que se respaldava no crescimento econômico, com dinheiro emprestado.

3.28.7 Milagre econômico

O endurecimento político é respaldado pelo milagre econômico, que vai de 1969 a 1973. O produto interno bruto (PIB) cresce a quase 12% ao ano, e a inflação média anual não ultrapassa 18%. O Estado arrecada mais, faz grandes empréstimos e atrai investimentos externos para projetos de grande porte no setor industrial, agropecuário, mineral e de infraestrutura. Alguns desses projetos, por seu custo e impacto, são chamados de faraônicos, como a construção da rodovia Transamazônica e da Ponte Rio-Niterói. O governo do general terminou em 15 de março de 1974, quando o também general, Ernesto Geisel, assume o posto de Presidente da República.

3.28.8 Governo Geisel (1974-1979)

"O conservadorismo do General Geisel tem como fortes componentes o anticomunismo e a relativização da democracia. Seria injustiça considerá-lo um anticomunista obsessivo, do gênero daqueles que perdem o contato com a realidade; é metódico, realista, e, por isso mesmo, eficaz. Ele ridiculariza sem rodeio personagens como o caricato almirante Pena Boto. Quando no poder, a repressão à esquerda não impede de estabelecer laços diplomáticos com a China e de reconhecer o governo revolucionário de Angola, por razões de conveniência. Em um dos muitos episódios em que é pressionado pela linha-dura, critica ironicamente os excessos do general Silvio Frota, dizendo-lhe que algo deve andar errado nos métodos, se o comunismo estiver mesmo sempre crescendo, apesar de 'nós' o combatermos desde o levante de 1935."

Bóris Fausto. In: "Memória e História". GRAAL, 2005, p. 140.

O general Ernesto Geisel enfrenta dificuldades que marcam o fim do milagre econômico e ameaçam a estabilidade do Regime Militar. A crise internacional do petróleo contribui para uma recessão mundial e o aumento das taxas de juro, além de reduzir muito o crédito, põe a dívida externa brasileira em um patamar crítico. O presidente anuncia então a abertura política lenta, gradual e segura e nos bastidores procura afastar os militares da linha dura, encastelados nos órgãos de repressão e nos comandos militares.

A oposição se fortalece e nas eleições de novembro de 1974, o MDB conquista 59% dos votos para o Senado, 48% para a Câmara dos Deputados e ganha em 79 das 90 cidades com mais de 100 mil habitantes. A censura à imprensa é suspensa em 1975. A linha dura resiste à liberalização e desencadeia uma onda repressiva contra militantes e simpatizantes do clandestino Partido Comunista Brasileiro (PCB). Em outubro de 1975, o jornalista Vladimir Herzog é assassinado em uma cela do DOI-CODI do 2º Exército, em São Paulo.

Vladimir Herzog, o "Vlado", foi jornalista, professor e cineasta. Nasceu em 27 de junho de 1937 na cidade de Osijsk, na Croácia (na época, parte da Iugoslávia), morou na Itália e emigrou para o Brasil com os pais em 1942. Foi criado em São Paulo e naturalizou-se brasileiro. Em 24 de outubro do mesmo ano, foi chamado para prestar esclarecimentos na sede do DOI-CODI sobre suas ligações com o Partido Comunista Brasileiro (PCB). Sofreu torturas e, no dia seguinte, foi morto. A versão oficial da época, apresentada pelos militares, foi a de que Vladimir Herzog teria se enforcado com um cinto, e divulgaram a foto do suposto enforcamento. Testemunhos de jornalistas presos no local apontaram que ele foi assassinado sob tortura. Além disso, em 1978, o legista Harry Shibata confirmou ter assinado o laudo necroscópico sem examinar ou sequer ver o corpo.

"Memória da Ditadura". Disponível em: <http://memoriasdaditadura.org.br/biografias-da-resistencia/vladimir-herzog/>.

Em janeiro de 1976, o operário Manuel Fiel Filho é morto em circunstâncias semelhantes. O MDB vence novamente as eleições no final de 1976. Em abril de 1977, o governo coloca o Congresso em recesso e baixa o "pacote de abril". As regras eleitorais são modificadas de modo a garantir maioria parlamentar à Arena, o mandato presidencial passa de cinco para seis anos e é criada a figura do senador biônico, eleito indiretamente pelas Assembleias Legislativas estaduais. Em 1978, Geisel envia ao Congresso emenda constitucional que acaba com o AI-5 e restaura o habeas-corpus. Com isso abre caminho para a normalização do país. No final do ano, o MDB volta a ganhar as eleições.

REALIDADE BRASILEIRA

3.28.9 Governo Figueiredo (1979-1985)

"No ano de 1981 inicia-se uma grave recessão que se estende por três anos. A inflação atinge taxas elevadíssimas, associa-se agora a estagnação ou declínio econômico, como aquele registrado em 1981 (-4,2%) ou em 1983 (-2,9%). Após décadas de crescimento elevado ou moderado, a industrialização amarga uma crise sem precedentes. Como consequência dessa situação, o número de pobres amplia-se. Entre 1977-1983, o número de pessoas vivendo com rendimentos inferiores a um dólar por dia aumentam de 17 milhões para 30 milhões. Se no passado a pobreza era registrada mais frequentemente no campo, dando origem as formas de banditismo rural como o cangaço, agora ela tem a cidade como principal espaço."

Mary Del Priore. In: "Uma Breve História do Brasil". Planeta, 2010, p. 287.

O crescimento da oposição nas eleições de 1978 acelera a abertura política. O general João Baptista Figueiredo concede a anistia aos acusados ou condenados por crimes políticos. O processo, porém, é perturbado pela linha dura. Figuras ligadas à Igreja Católica são sequestradas e cartas-bomba explodem nas sedes de instituições democráticas, como a Ordem dos Advogados do Brasil (OAB). O episódio mais grave é um malsucedido atentado terrorista promovido por militares no centro de convenções do Riocentro, no Rio, em 30 de abril de 1981. Em dezembro de 1979, o governo modifica a legislação partidária e eleitoral e restabelece o pluripartidarismo. A Arena transforma-se no Partido Democrático Social (PDS), e o MDB torna-se o PMDB. Outras agremiações são criadas, como o Partido dos Trabalhadores (PT) e o Partido Democrático Trabalhista (PDT), de esquerda, e o Partido Popular (PP), de centro-direita.

A crise econômica se aprofunda e mergulha o Brasil na inflação e na recessão. Crescem os partidos de oposição, fortalecem-se os sindicatos e as entidades de classe. Em 1984, o país mobiliza-se na campanha pelas Diretas Já, que pede eleição direta para a Presidência da República. Mas a emenda é derrotada na Câmara dos Deputados em 25 de abril. Em 15 de janeiro de 1985, o Colégio Eleitoral escolhe o candidato Tancredo Neves como novo presidente da República. Ele integra a Aliança Democrática — a frente de oposição formada pelo PMDB e pela Frente Liberal, dissidência do PDS. A eleição marca o fim da ditadura militar, mas o processo de redemocratização só se completa em 1988, no governo José Sarney, com a promulgação da nova Constituição.

3.28.10 Quadro Sucessório Da República Militar Autoritária

CARACTERÍSTICAS GERAIS
- **ESG (ESCOLA SUPERIOR DE GUERRA)** – formou uma classe dirigente, uma elite militar e civil.
- **DOUTRINA DA SEGURANÇA NACIONAL:** concebida no contexto da Guerra Fria. Principal pensador Golbery do Couto e Silva. **Preocupação básica:** combater a guerra "revolucionária local" promovida pelos comunistas.

ANOS: 1964 1967 1969 1974

PRES.	CASTELLO BRANCO	COSTA E SILVA	GARRASTAZU MÉDICI
POLÍTICA	• **AI-1:** mantém a Constituição e dá poderes ao Executivo. • **AI-2:** eleições indiretas para presidente e vice; extinção dos partidos. • Formação da ARENA e MDB. • **AI-3:** indiretas para governadores estaduais. • Recesso do Congresso. • **AI-4:** projeto constitucional. • **1967:** Constituição.	• **AI-5:** aumenta os poderes do Executivo. • **Agosto/1969:** adoece Costa e Silva. • Assume a Junta Militar. • Decreto-lei 477. • **EMENDA CONSTITUCIONAL** nº 1.	• **1969:** Emenda Constitucional. • Regime ditatorial. • Popularização do governo através de campanhas publicitárias.

O BRASIL REPÚBLICA

"MILAGRE ECONÔMICO BRASILEIRO"

ECONOMIA

• PAEG. • **Equipe econômica:** R. Campos e O. Bulhões. • Doutrina da interdependência. • FGTS/BNH/INPS. • Recessão. • Arrocho salarial. • **Média da inflação:** 47,3%. • **Média do PIB:** 3,5%.	• PED. • **Equipe econômica:** H. Beltrão e Delfim Neto. • Projeto Rondon. • FUNAI. • SUFRAMA. • MOBRAL. • **Média da inflação:** 23,3%. • **Média do PIB:** 8,6%.	• Metas e bases para ação do Governo. • **Equipe econômica:** R. Velloso e Delfim. • Plano de Integração Nacional. • INCRA/PROTERRA/PRORURAL. • Transamazônica/Cuiabá/Santarém. • PIS/PASEP. • Ponte Rio-Niterói. • Mar territorial de 200 milhas. • Média da inflação 20,8%. • **Média do PIB:** 10,1%.

SOCIEDADE

• Críticas ao governo feitas pela Igreja e UNE. • Frente ampla liderada por Carlos Lacerda. • Cassações de mandatos. • Prisões.	• Guerrilhas urbanas e rurais da esquerda. • Atos terroristas da extrema direita. • Movimento estudantil. • Greves. • Extinção da Frente Ampla e cassação de Lacerda.	• Guerrilhas no Araguaia (PC do B). • Concentração de renda. • Aumento da oferta de emprego. • Sequestros de aviões. • Atividades do Esquadrão da Morte.

CARACTERÍSTICAS GERAIS

- **POLÍTICA DE SEGURANÇA NACIONAL:** objetivava criar um planejamento global da vida econômica, política e social do Brasil. Fortalecimento do Poder Executivo que pode legislar através de decretos-leis e atos institucionais (ao todo, 17). Redução da participação política do Legislativo e do eleitorado.
- **LINHA DURA:** atitudes políticas intransigentes e radicais; anticomunista e defensora das empresas estatais.

ANOS

1974 1979 1985

PRES.

ERNESTO GEISEL	J. BAPTISTA FIGUEIREDO

POLÍTICA

• Regime de "distensão" política. • Lei Falcão (1976). • **Política externa:** "pragmatismo responsável" (relações com a China). • Nova Lei Orgânica dos Partidos. • Pacote de Abril. • Senador "biônico". • **Última medida:** anistia e fim do AI-5.	• Regime de "abertura". • Criação de novos partidos. • Voto vinculado. • Demissão de Golbery da chefia do Gabinete Civil. • Eleições diretas para governadores em 1982. • Extinção dos senadores "biônicos". • Formação da Frente Liberal.

ECONOMIA

• II PND. • **Equipe econômica:** R. Velloso e Simonsen. • 1º choque mundial do petróleo. • Política econômica expansionista. • Siderúrgicas Tubarão e Açominas. • Ferrovia do Aço/Itaipu. • Acordo nuclear com a Alemanha. • Excessivo endividamento externo. • **Média da inflação:** 44,5%. • **Média do PIB:** 6,9%.	• **1ª equipe econômica:** Simonsen e Rischbieter (recessionistas). • **2ª equipe econômica:** Delfim e Galvêas (desenvolvimentistas). • Projeto Carajás. • 2º choque mundial do petróleo. • Recessão (a partir de 1981). • Falências, concordatas, desemprego. • Negociações com o FMI. • **Média da inflação:** 136,1%. • **Média do PIB:** 1,2%.

REALIDADE BRASILEIRA

SOCIEDADE
- Vitória do MDB nas eleições de 1974.
- Greves no ABC (1978).
- Ação da AAB (Aliança Anticomunista do Brasil) com bombas.
- Movimento contra a Carestia.
- Atentado no Riocentro (1981).
- Saques a supermercados.
- Alto índice de criminalidade.
- Movimento 'Diretas Já" para o projeto Dante de Oliveira.
- Greves por aumento salarial e estabilidade de emprego.
- Euforia social com a vitória de Tancredo Neves (janeiro/85).

3.29 José de Ribamar Sarney (1988-1990)

O governo de José Sarney foi inicialmente marcado pela frustração político-ideológica da volta à democracia com a morte de Tancredo Neves. Ocupando o posto de vice-presidente, Sarney foi o primeiro civil a tomar posse do governo presidencial após os anos da ditadura. Historicamente ligado às tradicionais oligarquias nordestinas, o governo José Sarney tinha a difícil missão de recuperar a economia brasileira sem renunciar aos privilégios das elites que apoiavam. Buscando contornar a crise da economia, Sarney montou uma equipe econômica contrária a antiga política econômica do período militar. A nova equipe foi responsável pela criação, em 1986, do Plano Cruzado. Adotando políticas de controle dos salários e dos preços, o governo esperava conter o desenfreado processo de inflação que assolava a economia brasileira. No primeiro instante, os objetivos desse plano foram alcançados: a inflação atingiu valores negativos, o consumo aumentou e os fundos aplicados foram lançados na economia. Alguns meses mais tarde, a euforia de consumo levou o plano à falência.

A estabilização forçada dos preços retraiu os setores produtivos e acabou fazendo com que os bens de consumo desaparecessem das prateleiras dos supermercados e das empresas. Muitos fornecedores passaram a cobrar um ágio sob a obtenção de determinados produtos. Além disso, as reservas cambiais do país foram empregadas na obtenção das mercadorias essenciais que desapareceram da economia nacional. A fuga das reservas motivou um processo de crise econômica marcado pela moratória, ou seja, o não pagamento dos juros da dívida externa brasileira. Não suportando mais tal conjunto de medidas, o controle dos preços foi eliminado e assim a inflação voltava a disparar. Mesmo ainda tentando novos planos (Bresser, 1987; e Verão, 1989) a economia brasileira não conseguia vencer seu problema inflacionário. No ano de 1989, a inflação anual já alcançava 1764%.

3.30 Fernando Collor de Melo (1990-1992)

No ano de 1989, as eleições presidenciais do Brasil foram marcadas pela frustração do governo Sarney (assolado pela crise econômica) e as expectativas de, finalmente, ocorrerem eleições diretas depois de mais de trinta anos sem espaço para as práticas democráticas. O segundo turno dessas eleições polarizou o confronto entre Luis Inácio Lula da Silva, do Partido dos Trabalhadores; e Fernando Collor, do Partido Republicano Nacional. Contando com recursos de vários representantes do empresariado nacional e aproveitado sua habilidade frentes às câmeras, Fernando Collor de Mello prometia resolver os problemas que assolavam o Brasil. Após assumir o cargo, o novo governo anunciou um pacote de medidas chamado de Plano Collor. Sem alcançar o sucesso esperado o plano naufragou em meio a um surto de recessão econômica e a volta das ondas inflacionárias. Em 1992, o governo Collor ainda foi alvo de novas polêmicas. Uma rede de favorecimento político e econômico controlada por pessoas diretamente ligadas ao presidente escandalizou o país. As denúncias de corrupção ocuparam as manchetes dos principais meios de comunicação da época. Dando resposta a essas denúncias, o Congresso Nacional criou uma investigação controlada por uma Comissão Parlamentar de Inquérito (CPI).

3.31 Itamar Franco (1992-1994)

Eleito Vice-presidente da República, o mineiro Itamar Franco assumiu a presidência interinamente entre outubro e dezembro de 92, e em caráter definitivo em 29 de dezembro de 1992, após o Impeachment de Fernando Collor de Mello. Ele cumpre o restante do mandato cuja duração vai até 31 de dezembro 1994. Itamar recebe um país traumatizado pelo processo que levou à destituição do Presidente e procura administrá-lo com equilíbrio. Ao deixar o governo, seu índice de popularidade está entre os mais altos da República. Plebiscito: Em Abril de 1993, cumprindo com o previsto na Constituição, o governo realiza um plebiscito para a escolha da forma e do sistema de governo no Brasil. Quase 30% dos votantes, não compareceram ao plebiscito ou anularam o voto. Dos que comparecem às urnas, 66% votaram a favor da república, contra 10% favoráveis à monarquia. O presidencialismo recebeu cerca de 55% dos votos, ao passo que o parlamentarismo obteve 25% dos votos. Em função dos resultados, foi mantido o regime republicano e presidencialista.

Plano Real: No campo econômico, o governo enfrentou sérias dificuldades. A falta de resultados na política de combate à inflação agravou o desequilíbrio do governo e abalou o prestígio do próprio Presidente da República. Os ministros da Economia sucederam-se, até que o chanceler Fernando Henrique Cardoso é nomeado para o cargo. No final de 1993, ele anunciou seu plano de estabilização econômica, o Plano Real, a ser implantado ao longo de 1994.

3.32 Fernando Henrique Cardoso (1995-1998)

"Foi o sucesso do Plano Real que catapultou a candidatura de Fernando Henrique Cardoso à Presidência da República. Lula, que fora derrotado em 1989, também perdeu a eleição em 1994. Ele despontou na frente nas primeiras pesquisas, mas suas críticas ao Plano Real o derrotaram. Durante o governo de Fernando Henrique Cardoso, o Congresso nacional aprovou emenda constitucional instituindo o direito de reeleição de prefeitos, de governadores e do Presidente da República."

Carlos Fico. In: "História do Brasil Contemporâneo - da morte de Vargas aos dias atuais". São Paulo: Contexto, 2016, p. 131.

Senador, ex-chanceler e ex-ministro da Fazenda do governo Itamar Franco, FHC apresentou-se à disputa eleitoral como o idealizador do Plano Real. Seu programa de campanha foi centrado na estabilização da moeda e na reforma da Constituição. Concorreu com o apoio do governo e da aliança formada entre o Partido da Social Democracia Brasileira (PSDB), de centro, e o Partido da Frente Liberal (PFL), de direita. Ganhou a presidência no primeiro turno das eleições, derrotando inúmeros candidatos. O governo foi empossado em 1º de janeiro de 1995, tendo como data para término 31 de dezembro de 1998. No entanto, sua reeleição ao final de 1998, também no 1o turno, permitiu-o permanecer no cargo até o término de 2001. Ambas as eleições tiveram como principal concorrente o candidato do Partido dos Trabalhadores (PT) Luiz Inácio "Lula" da Silva, de esquerda.

O BRASIL REPÚBLICA

3.32.1 Mercosul

Criado pelos **Tratado de Assunção** (1991) e o Protocolo de Ouro Preto (1994) tem como objetivo criar um mercado comum com livre circulação de bens, serviços e fatores produtivos, bem como a adoção de uma política externa comum, a coordenação de posições conjuntas em foros internacionais, a formulação conjunta de políticas macroeconômicas e setoriais, e a harmonização das legislações nacionais.

No dia em que tomou posse, 1o de janeiro de 1995, passou a vigorar o Tratado de Assunção, assinado pelo governo Collor, cujo objetivo era a implantação do MERCOSUL. O acordo entre Argentina, Uruguai, Paraguai e Brasil consistia na criação de uma área de livre comércio. Surgiram inúmeros atritos entre os países membros, principalmente após a desvalorização do real em 1999. Intrigas, retaliações, ameaças, tudo isso tem caracterizado o MERCOSUL. Nada obstante, o acordo propiciou um melhor intercâmbio de mercadorias. O Chile e a Bolívia passaram a ser membros associados, o que prenunciava uma evolução no pacto econômico.

- **Protocolo de Ouro Preto:** O Protocolo de Ouro Preto, a par de estabelecer a estrutura institucional para o Mercosul, ampliando a participação dos parlamentos nacionais e da sociedade civil, foi o instrumento que dotou o Mercosul de personalidade jurídica de direito internacional, possibilitando sua relação como bloco com outros países, blocos econômicos e organismos internacionais.
- **Protocolo de Brasília:** Substituiu o mecanismo de controvérsias inicialmente previsto no Tratado de Assunção. Disponibilizou a utilização de meios jurídicos para a solução de eventuais conflitos comerciais, prevendo inclusive o recurso à arbitragem, como forma de assegurar a desejada estabilidade no comércio regional.
- Definiu prazos, condições de requerer o assessoramento de especialistas, nomeação de árbitros, conteúdo dos laudos arbitrais, notificações, custeio das despesas, entre outras disposições.
- **Protocolo de Olivos:** Assegura maior agilidade ao mecanismo, tornando mais orgânicas, completas e sistematizadas as disposições do Protocolo de Brasília. Possibilita uma uniformização de interpretação da normativa Mercosul, pela maior estabilidade dos árbitros.
- Estabelece critérios para a designação dos árbitros e disciplina o cumprimento dos laudos arbitrais e o alcance das medidas compensatórias. Adotou uma instância de revisão no sistema arbitral *ad hoc* (o TPR). A nova instância pode vir a ser o embrião de um sistema permanente de solução de controvérsias.
- **Protocolo de Ushuaia:** A República Argentina, a República Federativa do Brasil, a República do Paraguai e a República Oriental do Uruguai, Estados Partes do Mercosul, assim como a República da Bolívia e a República de Chile, doravante denominados Estados Partes do presente Protocolo, REAFIRMANDO os princípios e objetivos do Tratado de Assunção e seus Protocolos, assim como os dos Acordos de Integração celebrados entre o Mercosul e a República da Bolívia e entre o Mercosul e a República do Chile, REITERANDO o que expressa a Declaração Presidencial de las Leñas, de 27 de junho de 1992, no sentido de que a plena vigência das instituições democráticas é condição indispensável para a existência e o desenvolvimento do Mercosul.

3.32.2 Reforma Constitucional

Em seu primeiro ano de administração, FHC dedicou-se tanto à economia quanto à política. No campo político, esforçou-se para ampliar sua base parlamentar no Congresso Nacional e conseguir a aprovação de suas propostas de Emendas Constitucionais. As reformas foram apresentadas como essenciais à modernização do país e à estabilização e retomada do crescimento econômico. Entre as mudanças aprovadas destacam-se a quebra dos monopólios do petróleo e das telecomunicações e a alteração do conceito de empresa nacional, no sentido de não discriminar o capital estrangeiro.

3.33 O segundo mandato FHC (1998-2002)

Um dos trunfos da propaganda eleitoral do governo para reeleger FHC foi a defesa da manutenção da política econômica. O governo prosseguiu com o programa de privatizações das empresas estatais e com o Plano Real. A estabilidade econômica dependia de uma política fiscal e tributária complexa. Um dos pontos centrais para a manutenção da estabilidade econômica duradoura foi o controle dos gastos públicos. Foi visando esse objetivo que o governo FHC aprovou, em maio de 2000, a Lei de Responsabilidade Fiscal. Tal Lei impede que prefeitos e governadores, e também o governo federal, gastem mais do que a capacidade de arrecadação prevista no orçamento dos respectivos Estados, municípios e da União.

3.34 Governo Lula

Luiz Inácio Lula da Silva nasceu em Caetés no dia 27 de outubro de 1945. Luiz Inácio Lula da Silva participou da criação do PT (Partido dos Trabalhadores), sendo cofundador e presidente de honra deste partido, é também fundador e desde 1990 presidente do Fórum de São Paulo que coordena organizações de esquerda da América Latina.

Lula foi candidato em:
- **1989:** sendo derrotado pelo ex-presidente Fernando Collor de Mello.
- **1994:** sendo derrotado pelo ex-presidente Fernando Henrique Cardoso.
- **1998:** foi novamente derrotado pelo ex-presidente FHC.
- **2002:** ganhou as eleições do candidato José Serra, apoiado pelo governo FHC.

"O presidente Luiz Inácio Lula da Silva recebeu o legado de uma economia com fundamentos sólidos, um sistema político em normalidade democrática e uma economia internacional que exibiria, nos anos seguintes (2004-2008), acelerado crescimento e cotações elevadas para commodities exportadas pelo Brasil. O governo Lula deu continuidade à política macroeconômica de FHC e ampliou as políticas sociais. A retórica de redução das assimetrias internacionais do chanceler Amorim já pronunciava um perfil externo voltado para as relações Sul-Sul e que eclipsava nossos interesses com países do Primeiro Mundo. No plano regional, os erros de política externa associados, sobretudo à inflexão de nossa política sul-americana, especificamente, ao abandono de um padrão de equilíbrio entre parceiros e a moderada liderança para um formato de preferência seletiva entre vizinhos e liderança ostensivamente declarada."

Jaime Pinsky (org.). In: "O Brasil no Contexto - 1987-2017". São Paulo: Contexto, 2017, p. 182-183 (com adaptações).

REALIDADE BRASILEIRA

Em 2006, conseguiu se reeleger no segundo turno nas eleições de 2006, derrotando o candidato Geraldo Alckmin (coligação PSDB/PFL). Quebrando o seu próprio recorde de votação para presidente do Brasil, Lula obteve mais de 58 milhões de votos. O presidente Luís Inácio Lula da Silva tomou posse no dia 1º de Janeiro de 2003, eleito por uma bancada minoritária formada pelo PT, PSB, PC do B e PL, tendo como vice José Alencar Gomes da Silva do PL. Seu governo foi marcado pela continuidade da estabilidade econômica do Governo FHC, uma balança comercial crescentemente superavitária, uma política intensiva nas Relações Exteriores, com atuação intensa na Organização Mundial do Comércio (OMC) e a formação de grupos de trabalho formado por países em desenvolvimento, embora a forte atuação na OMC não tenha trazido grandes sucessos, já que a rodada de Doha (diminuição das barreiras comerciais em todo o mundo) continua estagnada.

O governo Lula investiu parte do orçamento em programas sociais como a Bolsa família, Fome Zero, programa Luz para todos e outros programas que visam melhorar a qualidade de vida da população que vive abaixo da linha da pobreza. Seu governo também foi marcado pela minimização dos riscos, por exemplo: O Risco Brasil atingiu o seu menor índice em toda história brasileira, além disso, o controle das metas de inflação de longo prazo impôs ao Brasil uma limitação forte em seu crescimento econômico, chegando a certa recessão semestral, um crescimento abaixo do esperado.

3.35 Dilma Rousseff (2010-2016)

"O governo Dilma Rousseff começou bem na política externa, com uma inflexão em nossa política de exagerado apoio ao Irã. Também se desenhava no alvorecer do governo, projetos de aproximação com os Estados Unidos, na expectativa de dividendos econômicos com objetivo de reverter o clima adverso prevalecente nos últimos anos do mandato de Lula. As áreas prioritárias para a cooperação eram contempladas nos campos dos megaeventos esportivos, exploração de recursos energéticos e novas tecnologias em áreas como aviação e defesa."

Jaime Pinsky (org.). In: "O Brasil no Contexto - 1987-2017". São Paulo: Contexto, 2017, p. 186.

Dilma Rousseff foi a primeira mulher eleita presidente da República do Brasil, após décadas de militância política que incluíram a luta armada contra o regime militar e cargos de primeiro escalão no governo do ex-presidente Luiz Inácio Lula da Silva. Com a queda brusca de sua popularidade, enfrentou um processo de impeachment e perdeu o mandato em 31 de agosto de 2016. As jornadas de junho de 2013, em que milhões de manifestantes fo-ram às ruas das cidades brasileiras para protestar contra a má qualidade dos serviços públicos, marcaram a virada na sorte da presidente Dilma Rousseff. Ela experimentou uma forte queda na sua popularidade. Outros problemas como a inflação alta e erros na gestão da economia, como a adoção da Nova Matriz Econômica, contribuíram para corroer a imagem de Dilma como boa gestora.

A Operação Lava Jato, que desvendou um esquema de corrupção entranhado na Petrobras e outras empresas estatais, fez cair no esquecimento a "faxina ética" do primeiro mandato. O erro estratégico crucial, porém, talvez tenha sido o confronto com Eduardo Cunha, do PMDB, na disputa da presidência da Câmara em fevereiro de 2015, quando Dilma já havia conquistado o segundo mandato. Cunha virou inimigo figadal e conduziu na Câmara o processo de impeachment.

3.35.1 Realizações Governo Dilma

Ao instalar a Comissão Nacional da Verdade, em 2012, a presidente Dilma, que foi presa e torturada durante a ditadura militar, disse que não era movida por "ódio" ou "revanchismo", mas pela necessidade de se conhecer a verdade. Por dois anos e sete meses, a comissão apurou violações dos direitos humanos ocorridas entre 1946 e 1988. O relatório final responsabilizou 377 pessoas por crimes como tortura e assassinato. A comissão não tinha poder de punição, mas recomendou a abertura de processos judiciais.

Dilma sancionou, com nove vetos, em 2012, a lei que alterou o Código Florestal. Um dos principais objetivos foi o preservar a vegetação e recuperar parte do que foi desmatado. Dois anos após a aprovação, o governo publicou as regras para inscrição no Cadastro Ambiental Rural, a fim de permitir o controle e planejamento de áreas rurais e fornecer informações para o combate ao desmatamento. Em 2016, nem todos os proprietários haviam feito o cadastro.

Dilma lançou em 2013 o programa "Mais Médicos", que incentiva médicos brasileiros e estrangeiros a trabalhar em áreas carentes das periferias das grandes cidades e no interior do país. A chegada de médicos estrangeiros, principalmente cubanos, provocou protestos. Alguns deles foram xingados por médicos contrários ao programa. Alguns meses depois, a maioria da população aprovava a iniciativa, que foi prorrogada. Em 2016, o Senado também aprovou a prorrogação.

A presidente sancionou, em junho de 2014, sem vetos, o Plano Nacional da Educação (PNE), que estabeleceu 20 metas e estratégias para o setor por 10 anos. Entre as principais medidas estavam o investimento de 10% do PIB em educação, a erradicação do analfabetismo e a universalização da educação infantil e dos ensinos fundamental e médio. Dos 21 objetivos de curto prazo, apenas 1 foi atingido — a criação de um fórum para acompanhar a evolução salarial dos professores. Ela também enfrentou polêmica por causa de um projeto de distribuir kits contra a homofobia em escolas foi alvo de severas críticas, e Dilma acabou recuando.

3.35.2 Operação Lava Jato

Deflagrada em 17 de março de 2014 pela Polícia Federal (PF), a Operação Lava Jato desmontou um esquema de lavagem de dinheiro e evasão de divisas que, segundo as autoridades policiais, movimentou cerca de R$ 10 bilhões. De acordo com a PF, as investigações identificaram um grupo brasileiro especializado no mercado clandestino de câmbio. A Petrobras está no centro das investigações da operação, que apontou dirigentes da estatal envolvidos no pagamento de propina a políticos e executivos de empresas que firmaram contratos com a petroleira. Entre os delitos cometidos por supostos "clientes" do esquema de movimentação ilegal de dinheiro estão tráfico internacional de drogas, corrupção de agentes públicos, sonegação fiscal, evasão de divisas, extração, contrabando de pedras preciosas e desvios de recursos públicos.

Dilma sancionou, no 2º ano de primeiro mandato, a Lei de Acesso à Informação, que obriga órgãos públicos a prestarem informações sobre suas atividades a qualquer cidadão interessado e vale para todo o serviço público do país. A Lei de Acesso à Informação acaba com o sigilo eterno de documentos públicos e estabelece prazo máximo de 50 anos para que as informações classificadas pelo governo como ultras secretas sejam mantidas em segredo. Um estudo feito pela ONG Artigo 19, em 2016, mostra que o poder Judiciário é o menos transparente e deixa de informar itens considerados importantes pela Lei de Acesso à Informação.

3.36 Michel Temer (2016-2018)

"As mudanças mais vigorosas nos primeiros meses de mandato do governo Temer, ocorreram em relação à América do Sul e se refletiram

O BRASIL REPÚBLICA

na dura resposta do Brasil as acusações da ALBA (Alternativa Bolivariana para as Américas) e do secretário geral da UNASUL (União das Nações Sul-Americanas) de que o processo de impeachment de Dilma Rousseff havia sido um 'golpe parlamentar' e uma 'ruptura da ordem democrática'."

Jaime Pinsky (org.). In: "O Brasil no Contexto - 1987-2017". São Paulo: Contexto, 2017, p. 188.

Logo após o Senado afastar temporariamente Dilma da Presidência, às 6h34 do dia 12 de maio de 2016, Michel Temer assumiu o comando do país como presidente em exercício. No mesmo dia, o peemedebista deu posse aos 24 novos ministros do governo e fez o primeiro pronunciamento no Palácio do Planalto. À época, Dilma não conseguiu reunir o apoio político necessário no Congresso para evitar a abertura do processo de impeachment. Ao assumir temporariamente a chefia do país, Temer formou uma nova base aliada, encabeçada pelo PMDB e composta, principalmente, por ex-aliados do PT, como PP, PR e PSD, e por adversários de Dilma, entre os quais PSDB, DEM e PPS.

No campo político, Temer tentou imprimir mudanças rápidas para marcar a diferença de estilo em relação à gestão da antecessora. Em um esforço para assegurar o apoio do Legislativo, Temer passou a ter encontros frequentes com os presidentes da Câmara e do Senado, incluindo cafés da manhã, almoços e jantares. Temer também distribuiu cadeiras na Esplanada dos Ministérios para uma série de senadores e deputados de vários partidos. Os últimos 12 meses, Temer focou grande parte dos esforços do governo na área econômica. Além do teto para os gastos públicos, ele propôs ao Congresso Nacional reformas na Previdência Social e na Consolidação das Leis do Trabalho. Os polêmicos projetos que mudam as regras previdenciárias e trabalhistas estão em discussão no parlamento. Mesmo conseguindo conter a inflação para um patamar abaixo da meta do Banco Central, o desemprego ameaça a já corroída popularidade de Temer, que, atualmente, está em 9%. Para tentar compensar parte do desgaste político gerado pelas reformas, o governo Temer decidiu, em dezembro, liberar o saque das contas inativas do FGTS.

Principal vitória do governo Temer em 2016, a emenda constitucional que estabeleceu o limite para os gastos públicos controlará, pelos próximos 20 anos, as despesas da União (Executivo, Legislativo e Judiciário), que só poderão crescer conforme a inflação do ano anterior.

3.36.1 Quadro Sucessório da Nova República

CARACTERÍSTICAS GERAIS	PROCESSO DE REDEMOCRATIZAÇÃO: • Pluralidade partidária (interesses políticos sem ideologia). • Novo populismo. • Crise do Estado. • Nova cidadania • Ética e moralidade.	
ANOS	1985 1990 1992	
POLÍTICA	• Morte de Tancredo. O vice-presidente José Sarney assume a presidência. • Medidas para retirar o "entulho autoritário". • 1ªs eleições diretas para prefeitos, governadores e presidente. • Aprovação da Emenda Constitucional nº 25. • Assembleia Nacional Constituinte. • Constituição de 1988. • Denúncias de corrupção e impunidade política.	• Demissão de 66.105 funcionários públicos. • Denúncias de corrupção no governo atingem o presidente. • CPI COLLOR – PC Farias. • Redução dos ministérios (de 23 para 12). • Impeachment do presidente. Assume o vice Itamar Franco.
ECONOMIA	• **Plano Cruzado; Ministro Dílson Funaro; nova moeda:** cruzado; congelamento de preços e salários. • Aumento do consumo. • **Falta de produtos:** ágio e estocagem especulativa. • **Plano Cruzado II:** descongelamento de preços; aumento de impostos; moratória unilateral. • **Plano Bresser:** Ministro Bresser Pereira, criação da URP; congelamento por 90 dias. • Salários perdem poder aquisitivo. • **Plano Verão: Ministro Maílson da Nóbrega:** nova moeda; cruzado novo, congelamento, elevação das taxas de juros; • Volta a ciranda inflacionária. • Inflação média 1.127% (1985-89).	• **Plano Brasil Novo ou Collor I: Ministra Zélia Cardoso de Mello; nova moeda:** cruzeiro, bloqueio de contas, poupanças e investimentos; abertura ao capital estrangeiro; aumento de impostos. • **Plano Collor II:** criação do FAF; aumento do IOF; criação da tablita; aumento das tarifas públicas; redução das tarifas de importação. • **1991-93:** profunda recessão. • **Inflação média:** 1,075% (1990-1992).

REALIDADE BRASILEIRA

SOCIEDADE
- Reabertos processos sobre torturas durante a ditadura.
- Greves, agitações e violência.
- Assassinato de Chico Mendes em Xapuri.
- Crescem os movimentos sociais e o confronto com a polícia.
- Reorganização dos sindicatos da CUT e CGT.
- Problemas de moradia nas grandes cidades.
- Ondas de greves, movimentos sociais, sindicais e rurais crescem em todo o país.
- Movimento pró-impeachment.
- Fechamento da Embrafilme e de órgãos ligados à cultura e manutenção do patrimônio cultural.
- Extinção da Lei Sarney de incentivo à cultura.
- Crise na saúde pública.
- Reunião da Eco-92 no Rio de Janeiro.

4 ENERGIA

Entre as condições gerais que ampliam a capacidade social de gerar riquezas, uma das que mais se destacam é a energia. A história da humanidade pode ser narrada por meio do consumo de energia. Dos tempos pré-históricos até as sociedades tecnológicas atuais, o consumo médio aumentou cerca de 90 vezes.

PADRÕES DE CONSUMO DIÁRIO DE ENERGIA *PER CAPITA*

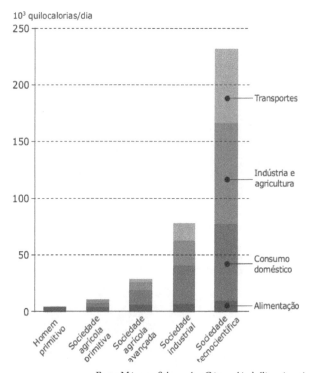

Fonte: Mérenne-Schoumaker, Géographie de l'énergie, p. 4.

A disponibilidade de energia, principalmente mecânica e elétrica, constitui hoje o principal fator de desenvolvimento. Na realização das atividades industriais e comerciais ou do ambiente doméstico, tornou-se inconcebível, para os seres humanos, a realização de suas atividades sem auxílio da eletricidade e do transporte mecanizado. As fontes de energia primárias podem ser classificadas em renováveis e não renováveis:

- **Renováveis:** são as fontes que têm a possibilidade de se renovar, como a energia solar, a hidráulica, a eólica, a das marés, a da biomassa etc. Inúmeras dessas se renovam naturalmente e, se administradas com o devido cuidado, podem durar indefinidamente.
- **Não Renováveis:** são fontes que se esgotam com o uso. Para que acontecesse sua formação foram necessários milhões de anos e condições geológicas específicas. Compreende os combustíveis fósseis e os minerais energéticos e radioativos (urânio e tório).

4.1 O conceito de energia e desenvolvimento econômico

Energia[1] significa a capacidade de se realizar trabalho. O desenvolvimento industrial, em particular, e o econômico, em geral, estão intimamente ligados ao desenvolvimento das fontes de energia. Pode-se dizer que há uma interdependência: os progressos industrial e econômico resultam da ativação de novas fontes de energia, que, por sua vez, ocorrem em consequência das necessidades econômicas e sociais.

Os países mais ricos são os grandes consumidores de energia, em razão do dinamismo da sua economia e do elevado padrão de consumo de sua população e indústria. Os EUA são os maiores produtores de energia do mundo, entretanto, como o consumo de energia é elevado o país tem que importar energia, e junto com o Japão são os maiores importadores de energia do mundo.

4.2 Petróleo

O petróleo é um hidrocarboneto que se apresenta sob a forma fluida, formado por restos vegetais e animais em ambiente marinho. As principais reservas mundiais de petróleo estão concentradas em algumas poucas regiões: o Oriente Médio (cerca de 65%), Golfo do México (sul dos Estados Unidos), Lago de Maracaibo (Venezuela), Sibéria (Rússia) e Golfo de Bo Hai (China). A Rússia, maior produtora, responde por 12,9% do total mundial. Os Estados Unidos figuram como principal importador, apesar de produzirem cerca de 8% do total mundial.

Em algumas regiões, como no Oriente Médio, a maior parte do petróleo se encontra perto da superfície. Mas a maior parte das reservas mundiais está alojada do fundo dos oceanos. Desde a década de 1950, a tecnologia de extração de petróleo no subsolo oceânico (offshore) vem evoluindo continuamente. Hoje, as plataformas marinhas representam pouco mais de 25% da produção no mundo e 68% da produção do Brasil. Arábia Saudita e Rússia figuram entre os maiores produtores mundiais de petróleo, seguidas pelos Estados Unidos, Irã e China.

4.2.1 Geopolítica do petróleo – sete irmãs ou quatro irmãs?

A importância estratégica alcançada pelo petróleo ao longo do século XX provocou inúmeras crises de proporções mundiais. Eclodiram muitos litígios envolvendo empresas e países, nos quais sempre estiveram em jogo a posse, o refino e a comercialização do petróleo.

A exploração de petróleo no Golfo Pérsico começou em 1908, quando foram descobertos importantes lençóis desse hidrocarboneto no Irã. Nessa época, foram negociadas concessões a grandes companhias estrangerias, sobretudo por chefes tribais árabes.

Até 1960, sete grandes empresas petrolíferas (cinco norte-americanas, Standart Oil of New Jersey, hoje conhecido como Exxon; Standart Oil of Califórnia, hoje Chevron; Gulf que hoje é parte da Chevron; Mobil, que é parte da Exxon e Texaco, também incorporada pela Chevron; uma anglo-holandesa, Royal Dutch/Shell; e uma britânica, British Petrolium, hoje Beyong Petrolium) controlavam grande parte da exploração e comercialização do petróleo, determinando aumento ou redução de preços de acordo com suas conveniências. Eram chamadas de "sete irmãs", em virtude dos acordos que faziam para a divisão do mercado mundial e das estratégias conjuntas que adotavam.

4.2.2 Novas irmãs do petróleo

Há 40 anos, a economia de petróleo mundial era dominada pelas empresas conhecidas como as sete irmãs – Shell, Texaco, Exxon, Standard Oil, BP, Chevron, Gulf Oil – que detinham 74% da produção mundial e possuíam 48% das reservas descobertas. Hoje o cenário não é o mais mesmo. Em consequência das fusões, recurso utilizado para não quebrarem, as empresas petrolíferas não são mais conhecidas como as sete irmãs, pois se fundiram em quatro, passaram a dominar apenas 26% da produção mundial e não possuem mais do que 4% das reservas mundiais. Segundo alguns especialistas em economia de

---
[1] Conceito conforme o Comitê Nacional Brasileiro da Conferência Mundial de Energia – 2004.

petróleo, em 2020 as quatro serão apenas duas e não terão mais do que 2% das reservas mundiais.

Atualmente, as verdadeiras sete irmãs classificadas em ordem de importância são: a saudita, Aramco; a russa, Gazprom; a chinesa, CNPC; a iraniana, NIOC; a venezuelana, PDVSA; a malasiana, Petronas – todas estatais com controle de mais de 90% das reservas mundiais de petróleo.

4.2.3 Opep

Os principais países exportadores, que pouco se beneficiavam com a exploração do produto, resolveram mudar esse quadro e, em 1960, por meio do Acordo de Bagdá, criaram a O.P.E.P (Organização dos Países Exportadores de Petróleo), formada atualmente por 12 países: Arábia Saudita, Irã, Venezuela, Emirados Árabes, Nigéria, Iraque, Indonésia, Líbia, Kuwait, Argélia, Qatar, Gabão e o Equador, que na década de 90 deixou a organização, mas retornou em 2007. A O.P.E.P é na realidade um cartel de países exportadores de petróleo. Essa organização determina cotas de produção para cada país e elimina a concorrência estabelecendo um preço comum.

A Guerra de Yom Kippur, em outubro de 1973, entre árabes e israelenses, na qual os EUA e as potências capitalistas apoiaram Israel, foi um bom pretexto para o aumento desse preço. A O.P.E.P, usando o petróleo como uma arma política, reduziu o fornecimento e aumentou o preço de 2,9 para 11,65 dólares o barril, um aumento de 301% em menos de três meses.

Esse episódio ficou conhecido como o primeiro choque do petróleo. Em 1979 quando iniciou-se a revolução islâmica no Irã, e em 1980, quando eclodiu a guerra entre Irã e Iraque, ocorreu um novo choque do petróleo, em que o barril sai de 13 para 34 dólares, ou seja, um incremento de 161% em relação ao preço de 1973. A Guerra do Golfo (1990) fez com que o preço ultrapassasse os 40 dólares, porém com o fim do conflito o preço voltou a se estabilizar e fechou o momento em 20 dólares.

O desenvolvimento das economias emergentes, particularmente China e índia, pressionou a demanda mundial e colocou o preço do petróleo no patamar de US$147 o barril, em 2008. A crise econômica, iniciada em 2007/2008, acarretou uma queda no preço do produto. No início de 2010, o preço do barril era de aproximadamente US$ 80 e fechou o ano de 2012 em uma cotação de US$ 110.

EUA PODERÃO PRODUZIR MAIS PETRÓLEO QUE OS SAUDITAS E QUE OS RUSSOS!

A expansão do óleo de xisto nos EUA deverá levar o país a se tornar o maior produtor mundial de petróleo até 2020, a frente da Rússia e da Arábia Saudita, uma mudança radical que pode transformar não apenas o abastecimento global de energia, mas também a geopolítica, disse hoje a Agência Internacional de Energia (AIE) em seu relatório anual sobre a perspectiva para o setor de energia.

Por volta de 2020, os EUA deverão se tornar o maior produtor mundial de petróleo" e superar Rússia e Arábia Saudita por algum tempo, disse a AIE. O resultado é uma queda contínua nas importações de petróleo dos EUA (atualmente em 20% de sua necessidade) a um ponto que a América do Norte se torne um exportador líquido de petróleo em torno de 2030.

Dados da Administração de Informação de Energia (EIA, na sigla em inglês) dos EUA mostram que a produção local de petróleo cresceu 7%, para 10,76 milhões de barris de petróleo por dia, desde o último relatório da AIE, divulgado há cerca de um ano.

Fonte: Agência Estado.

4.2.4 Maiores produtores do mundo – 2017

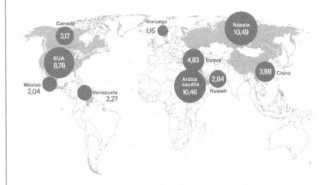

A Rússia ultrapassou a Arábia Saudita como maior produtor de petróleo no mundo. O novo líder tem um volume de extração diária de 10,49 milhões de barris, enquanto seu sucessor produz 10,465 milhões de unidades por dia. Ainda assim, a estatal saudita Saudi Aramco permanece no topo do ranking quando o parâmetro são as principais empresas do setor, com um bombeamento de 12 milhões de barris por dia (bpd). Em seguida, vem a russa Gazprom, que extrai um volume 8,3 milhões de bpd, segundo dados de 2015 – consultoria WoodMackenzie.

4.3 Gás natural

O gás natural também é um hidrocarboneto e ocorre frequentemente em associação ao petróleo. Por ser menos denso, o gás ocupa, em geral, a parte superior dos depósitos petrolíferos. A Arábia Saudita, maior produtora, responde por 12,9% da produção mundial. Na Bacia do Mar Cáspio existem inúmeros campos de gás, a maior parte no deserto do Turcomenistão.

ENERGIA

4.3.1 Maiores reservas de gás comprovadas – 2015

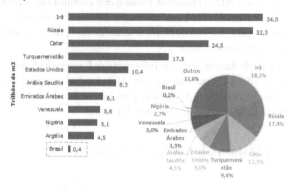

Fonte: IBP

Com relação ao petróleo, o gás apresenta as seguintes vantagens:
- É menos poluente;
- As reservas conhecidas apresentam uma projeção de duração maior que as de petróleo;
- O gás se encontra mais bem distribuído que o petróleo pelos continentes;
- O custo de geração de energia elétrica é menor em relação ao carvão mineral e ao urânio.

4.3.2 Rússia dá grande passo para conquistar o Ártico

A Rússia deu um grande passo na conquista do Ártico e na abertura de uma rota marítima no extremo norte do planeta ao construir uma cidade e uma gigantesca indústria de gás natural na península de Yamal, na Sibéria, um dos locais mais inóspitos e inacessíveis do planeta.

A cidade-porto de Sabetta e a usina de liquefação de gás natural Yamal LNG – inaugurada na semana passada pelo presidente russo Vladimir Putin – foram construídas sobre uma das reservas mais ricas de gás do mundo, em plena tundra e às margens do Oceano Glacial Ártico.

No entanto, a maior conquista deste ambicioso projeto, além de abrir ao comércio reservas de combustível que até agora não eram aproveitadas, é um impulso para a incipiente rota marítima do Ártico, uma alternativa à tradicional travessia pelo Canal de Suez, no Egito, que pode revolucionar o transporte mundial de mercadorias.

O aquecimento global reduziu consideravelmente a espessura das calotas de gelo que cobrem o extenso litoral ártico da Rússia – desde o Mar de Barents até o Mar de Chukchi – e permitiu abrir uma rota marítima um terço menor que a que passa pelo Canal de Suez.

Um navio tem que percorrer 10,6 mil quilômetros para chegar pelo norte, partindo da cidade russa de Murmansk, que fica às margens do Mar de Barents, perto da fronteira com a Noruega e a Finlândia, ao porto de Xangai, na China, enquanto que o caminho por Suez tem aproximadamente 17,7 mil quilômetros.

"Atualmente, a rota marítima do Ártico já pode funcionar durante seis ou sete meses por ano", disse o presidente da Rússia, Vladimir Putin, em cerimônia de inauguração da Yamal LNG.

Putin apertou um botão virtual, e o gás natural liquefeito (GNL) começou a bombear nos tanques do primeiro transportador de metano quebra-gelo do mundo, o "Arc7 Christophe de Margerie", que, horas depois, partiu do porto de Sabetta, no Mar de Kara. Nesta ocasião, o navio se dirigiu para o oeste, rumo a um porto holandês no mar do Norte, mas, a partir de julho e até dezembro, o "Christophe de Margerie" e outros navios quebra-gelo de sua classe – que até lá farão parte da frota da Yamal LNG – viajarão diretamente para o leste, aos portos de China, Japão e Coreia do Sul.

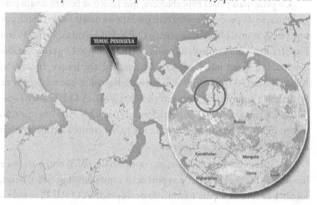

As embarcações percorrerão em apenas cinco dias a distância entre Sabetta e o Estreito de Bering, e levarão mais uma semana para chegar até o Japão, enquanto a rota ocidental para o mesmo destino requer o dobro de tempo.

Mais de 95% do gás natural liquefeito que a usina de Sabetta produzirá a partir de 2019 já foi contratada por clientes da região da Ásia-Pacífico, um incentivo para acelerar os planos da Rússia de construir um quebra-gelo revolucionário, capaz de navegar pela rota do Ártico durante o ano todo.

"Uma frota de navios quebra-gelo dessa classe permitirá iniciar o transporte (pela rota oriental) durante todo o ano", disse Putin, em um claro sinal para seu governo de que o projeto do quebra-gelo de propulsão nuclear "Lider" deve avançar mais rápido.

Atualmente, os navios quebra-gelo russos podem viajar todo o ano partindo de Sabetta rumo a oeste, pois a partir do Mar de Kara, em direção ao leste, o gelo dificulta bastante ou impossibilita a navegação. Se o "Christophe de Margerie" pode navegar a temperaturas de até 52 graus centígrados abaixo de zero através de camadas de gelo de até 2,1 metros de espessura, os quebra-gelo "Lider" poderão romper camadas superiores a quatro metros a uma velocidade de entre 1,5 e 2 nós marítimos.

O vice-primeiro-ministro russo Dmitri Rogozin explicou que a Rússia precisa de pelo menos três navios desse tipo para dar sentido à rota do Ártico e falou que o financiamento do projeto aparecerá logo no orçamento do programa para o desenvolvimento da região.

Esse programa também prevê a construção de novos portos no litoral russo do Ártico, onde os navios poderão reabastecer e atracar em caso de acidentes.

Segundo alguns especialistas, o desgelo progressivo causado pelo aumento das temperaturas pode fazer com que o Oceano Glacial Ártico fique totalmente sem gelo no verão para o ano de 2040, o que permitirá dispensar os navios quebra-gelo durante essa época do ano.

Disponível em: <https://exame.abril.com.br/economia/russia-da-grande-passo-para-conquistar-o-artico/>.

4.4 Carvão mineral

O carvão mineral é utilizado há mais de 2000 anos, desde a época da ocupação romana da Inglaterra, quando era usado para aquecer as residências dos romanos.

O carvão é formado pelos restos soterrados de plantas que sofreram um lento processo de solidificação em um ambiente anaeróbico. Levando em consideração o poder calorífico, diretamente relacionado à quantidade de carbono, o carvão se apresenta sob quatro formas:

Antrácito: possui de 90% a 96% de carbono, apresentando, portanto, maior poder calorífero. É o melhor e também o mais raro, pois corresponde a apenas 5% do consumo mundial.

Hulha: tipo mais abundante e mais consumido (80% do total), apresenta teor de carbono de 75% a 90% Bastante usado para a produção de coque (carvão siderúrgico).

Linhito: possui teor de carbono de 65% a 75% (baixo poder calorífero). É o segundo estágio de desenvolvimento do carvão.

Turfa: possui o menor teor de carbono (cerca de 55%) e, portanto, o menor poder calorífero. É o primeiro estágio de desenvolvimento do carvão.

ENERGIA

4.4.1 Localização das principais jazidas de carvão do mundo

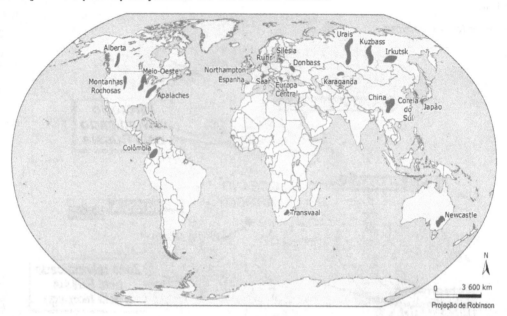

Fonte: Mérenne-Schoumaker, Géographie de l'énergie, p. 211

4.5 Energia nuclear

A energia nuclear produzida pelas usinas atuais se baseia na fissão do núcleo do Urânio ($235U$) por bombeamento de nêutrons, que libera três nêutrons de calor.

O Urânio é o único elemento fissionável que ocorre naturalmente, no entanto para ser utilizado como fonte geradora de energia deve ser concentrado até atingir um conteúdo de urânio de 3%, na forma de UO_2 gerando o que chamamos de urânio enriquecido. O $238U$ também pode ser fissionável, para isso, é necessário um bombardeamento de nêutrons para que se transforme em $239Pu$ (Plutônio).

O sistema de geração de energia por fissão nuclear é chamado: reatores, e fazem parte das usinas geradoras de eletricidade, eles são de dois tipos:

BWR (Boiling Water Reactor): Reator de água fervente.
PWR (Pressurized Water Reactor): Reator de água pressurizada.

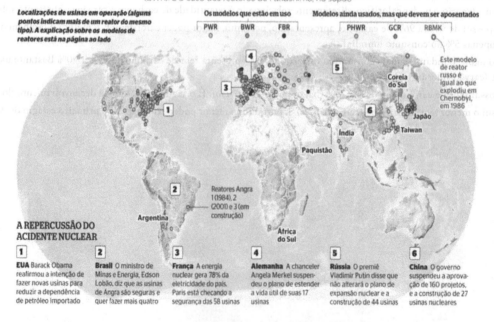

290

4.6 Hidreletricidade

Nas usinas hidrelétricas, a eletricidade é obtida por meio do aproveitamento das águas dos rios. A força hidráulica movimenta uma turbina, que aciona o gerador responsável pela transformação de energia hidráulica em elétrica. O potencial hidrelétrico de um país ou de uma região está diretamente condicionado pela morfologia do relevo e pelo regime de chuvas.

A energia gerada nas usinas não depende de combustíveis fósseis. Porém as grandes usinas provocam impactos ambientais e sociais profundos, resultantes do alargamento de vastas áreas e da necessidade de remoção das pessoas que vivem nelas. A usina de Três Gargantas, na China, é um bom exemplo disso. Mais de um milhão de pessoas tiveram de ser removidas em razão da construção da barragem, cuja represa forma um lago artificial de 632 quilômetros quadrados que inundou 160 cidades e povoados, além de destruir uma importante reserva arqueológica chinesa.

Instalada em uma área montanhosa, a usina tem sido apontada como a responsável pela intensificação dos processos erosivos e dos deslizamentos de terra nas colinas ao redor da represa.

Países que dispõem de uma densa rede fluvial em condições de aproveitamento energético como os Estados Unidos e o Brasil muitas vezes são capazes de suprir uma parcela significativa da demanda interna.

4.7 Energias modernas de um mundo moderno

BIOLÓGICAS: São consideradas as possíveis fontes do século XXI, em substituição às fontes mais utilizadas nos dias atuais. Calcula-se que 30% do total da energia consumida no planeta será oriunda da biomassa[2].

BIOGÁS: É o gás liberado pela decomposição de certas bactérias do esterco, da palha, do lixo etc. O equipamento utilizado para produzi-lo é chamado de biodigestor. São apropriados para a utilização em pequenas unidades. China e Índia são grandes exemplos de países que adotam os biodigestores nas zonas rurais e urbanas.

SOLAR: É aquela aproveitada da incidência de raios solares na superfície terrestre. Pode ser utilizada de forma passiva simplesmente para o aquecimento de água ou mesmo de ambientes, sendo que, nos últimos anos, cada vez mais unidades coletoras de calor podem ser vistas sobre os telhados nas cidades. A energia fototérmica está relacionada ao aquecimento de líquidos ou gases pela absorção dos raios solares ocasionando seu aquecimento. Geralmente empregada para o aquecimento de água para uso em chuveiros, ou gases para secagem de grãos ou uso em turbinas, esta técnica utiliza um coletor solar que irá captar a energia em um reservatório isolado termicamente onde o líquido ou gás será acondicionado. A energia solar pode também ser aproveitada por meio das células fotovoltaicas, que geram uma corrente elétrica capaz de carregar baterias. Ela apresenta pontos positivos e negativos, dentre eles podemos destacar: Instalação relativamente simples e com pequena manutenção. Não há resíduos e nem impactos ambientais; não há consumo de combustível; não há gastos suplementares, após a instalação, como positivos e custo inicial elevado, baixo rendimento na obtenção de energia elétrica, Necessidade de insolação adequada, como negativos.

EÓLICA: É produzida pela movimentação das hélices pela ação dos ventos. Pode ser utilizada, ainda, para bombear água ou mover moinhos. Sua utilização vem crescendo bastante, e acredita-se que em 2020, cerca de 10% da energia das áreas mais desenvolvidas do planeta seja oriunda da força dos ventos. A Europa responde por aproximadamente 60% da geração atual, com destaque para a Alemanha e a Dinamarca. Dentre os pontos positivos podemos citar o fato de ser uma...

GEOTÉRMICA: Existem regiões onde a água aflora a superfície da Terra em temperaturas elevadas na forma de jatos (os gêiseres) ou na forma de lagos. A energia responsável pelo aquecimento da água tem origem vulcânica e é denominada energia geotérmica, sendo utilizada para aquecimento domiciliar e para obter energia elétrica. Em El Salvador, esta fonte de energia supre 30% do consumo do país.

---

[2] Biomassa: é o conjunto de organismos que podem ser aproveitados como fonte de energia – plantas das quais se extrai álcool, como a cana-de-açúcar; lenha e carvão; alguns óleos vegetais, como a soja, a mamona e o dendê; plâncton.

5 AGROPECUÁRIA MUNDIAL

A agropecuária é o conjunto de técnicas de domínio e controle do desenvolvimento das plantas e dos animais para o uso humano, sendo uma das atividades básicas da humanidade, que provavelmente foi a responsável pela primeira grande transformação no espaço geográfico.

Surgiu há cerca de 12 mil anos, no *Neolítico*[1], quando as comunidades primitivas passaram de um modo de vida nômade, baseado na caça e na coleta de alimentos, para um modo de vida sedentário, viabilizado pelo cultivo de plantas e pela domesticação de animais.

Pintura retratando o surgimento da agricultura no Neolítico.

Inicialmente, foi praticada às margens dos grandes rios, como o Tigre e o Eufrates, Nilo, o Yang-Tsé-Kiang e o Ganges. Foi justamente nessas áreas que se desenvolveram as primeiras grandes civilizações. Com a evolução da agricultura, começou a excedente produção, o que possibilitou o desenvolvimento do comércio, inicialmente baseado na troca de produtos. As técnicas agrícolas revelam como as sociedades interferem nos processos naturais, "criando" solos férteis. A prática ensinou muitas coisas, antes de a ciência explicá-las. Mas só no século XIX iniciaram-se as experiências com fertilizantes químicos, cuja produção se tornaria um negócio industrial no século XX.

Graças à Revolução Industrial, evoluíram as técnicas agrícolas, o que possibilitou o aumento da produtividade, sem ser necessário ampliar a área de cultivo. Esse desenvolvimento tecnológico aplicado à agricultura ficou conhecido como **Revolução Agrícola**, que visava ao aumento da produção de alimentos.

Esse aumento de produtividade foi necessário em decorrência do aumento da população em geral, da elevação percentual da população urbana (cujas atividades de subsistência eram limitadas a alguns gêneros apenas) e da proporcional diminuição da população rural, responsável pela produção de alimentos. As bases técnicas da Revolução Agrícola foram propiciadas sobretudo pelas indústrias fornecedoras de insumos para a agricultura (máquinas, fertilizantes etc.).

COMO NASCEU A AGROQUÍMICA

"Até o final dos anos 40, a pesquisa em agricultura visava a soluções biológicas. A perspectiva era ecológica, embora mal se falasse em ecologia. Se esta tendência tivesse podido continuar, teríamos hoje muitas formas de agricultura sustentável, localmente adaptadas e altamente produtivas.

Começando os anos 50, a indústria conseguiu fixar um novo paradigma, nas escolas, na extensão e na pesquisa agrícola. Vamos chamá-lo paradigma NPK + V, NPK que corresponde a nitrogênio, fósforo,

potássio, o V significando veneno. Os fertilizantes comerciais tornaram-se um grande negócio depois da Primeira Guerra Mundial. Logo no começo da guerra o bloqueio Aliado cortou o acesso dos alemães ao salitre chileno, essencial para a produção de explosivos.

O processo Haber-Bosch para a fixação de nitrogênio a partir do ar era conhecido, mas ainda não tinha sido explorado comercialmente. Os alemães montaram então uma enorme capacidade de produção e conseguiram lutar por quatro anos. O que seria do mundo se esse processo não tivesse sido conhecido? A Primeira Guerra Mundial não se teria realmente desencadeado, não teria acontecido o Tratado de Versalhes e, portanto, não teria havido Hitler! É incrível como a tecnologia pode mudar o curso da História!

Quando a guerra acabou existiam enormes estoques e capacidade de produção, mas não havia mais um enorme mercado de explosivos. A indústria, então, decidiu empurrar os fertilizantes nitrogenados para a agricultura. [...] Então eles se tornaram um grande negócio. A indústria desenvolveu um espectro completo, incluindo fósforo, potássio, cálcio, microelementos, mesmo sob a forma de sais complexos, aplicados na forma granulada algumas vezes lançados de aviões.

A Segunda Guerra Mundial deu um grande empurrão para uma pequena e quase insignificante indústria de pesticidas e, realmente, projetou-a para uma produção em grande escala. Hoje, o equivalente a centenas de bilhões de dólares em venenos é espalhado nas terras de todo o planeta.

Atualmente, o paradigma é aceito quase sem questionamento nas escolas agrícolas, na pesquisa e na extensão. Os agricultores, em sua maioria, acreditam nele e, frequentemente, quando marginalizados, culpam a si mesmos por sua incapacidade de competir [...]

A fantástica diversidade de cultivares que tínhamos, e ainda temos hoje, depois das tremendas perdas causadas pela 'Revolução Verde' durante as últimas décadas, é o resultado da seleção, consciente e inconsciente, por parte dos camponeses ao longo dos séculos". [...]

LUTZENBERGER, José A. O absurdo da agricultura. Estudos Avançados. São Paulo, v. 15, n. 43, dez, 2001.

Após a Segunda Guerra Mundial, os países desenvolvidos criaram uma estratégia de elevação da produção agrícola mundial, pois haviam "perdido" muitas de suas colônias com o processo de descolonização nos anos 50. Essa estratégia concebida pelos Estados Unidos objetivava o combate da fome e da miséria nos países subdesenvolvidos, por meio da introdução de um pacote tecnológico contendo novas técnicas de cultivo, equipamentos para mecanização, fertilizantes, defensivos agrícolas e sementes selecionadas. Essa estratégia ficou conhecida como **Revolução Verde**.

Nos países subdesenvolvidos, a Revolução Verde aumentou a distância entre os grandes agricultores, que tiveram acesso ao "pacote tecnológico", e os pequenos agricultores, que não tiveram condições de competir com os novos parâmetros de produtividade. O aumento da produção baixou o preço dos produtos agrícolas a valores inviáveis para os pequenos agricultores, fazendo com que muitos abandonassem suas propriedades ou vendessem-nas para grandes latifundiários.

5.1 Biotecnologia e a nova revolução agrícola

A biotecnologia é o conjunto de tecnologias aplicadas à Biologia, utilizadas para manipular geneticamente plantas, animais e microrganismos por meio de seleção, cruzamentos naturais e transformações no código genético. A própria Revolução Verde contribuiu para

---

[1] O **neolítico** é o período de pré-história que ocorreu entre 12000 a.C. e 6000 a.C. Foi nesse período que o ser humano inventou e desenvolveu a agricultura, iniciou a domesticação de animais, tornou-se sedentário e aperfeiçoou técnicas de produção de utensílios. A esse conjunto de inovações dá-se o nome de **Revolução do Neolítico**.

REALIDADE BRASILEIRA

o desenvolvimento da biotecnologia, como na criação de **sementes híbridas**[2].

Uma das aplicações modernas da biotecnologia consiste na alteração da composição genética dos seres vivos, quando se inserem, por exemplo, genes de outros organismos vivos do DNA (Ácido Desoxirribonucleico) dos vegetais. Por este processo, pode-se alterar o tamanho das plantas, retardar a deterioração dos produtos agrícolas após a colheita ou torná-los mais resistentes a pragas, herbicidas e pesticidas. Os vegetais derivados da alteração genética são chamados **transgênicos**.

5.1.1 Transgênicos

A biotecnologia bancada pelas gigantes transnacionais, revolucionou a produção agrícola com os produtos transgênicos. Plantas são modificadas geneticamente para otimizar a produção agrícola, aumentando a produtividade, tornando as espécies modificadas mais nutritivas e resistentes às pragas.

A questão dos alimentos transgênicos provoca grande polêmica no mundo todo. As opiniões são muito contraditórias, e os questionamentos e as defesas da questão não dão segurança ao público consumidor para que ele possa se posicionar.

A ampla aplicação de modificações genéticas tem suscitado diversas polêmicas entre países, agricultores e consumidores. Segundo seus defensores, os **OGMs**[3] têm as seguintes vantagens:

- **Econômicas:** transformações nos vegetais para torná-los mais rentáveis, eliminando partes que não são economicamente aproveitáveis; criação de plantas adaptadas a diversos ambientes (solo, clima, altitude, luminosidade); criação de novas matérias-primas; redução do ciclo vegetativo das plantas e da área cultivada; redução no uso de agrotóxicos e fertilizantes por meio da criação de plantas mais resistentes;
- **Científicas:** manipulação dos organismos e criação de novos materiais, como o bioplástico; aumento da produtividade e da produção acarretando menores riscos e gastos; eliminação de trabalho mais pesado de cultivo e colheita; não utilização do solo, ainda tão necessário à produção, já que muitas plantas poderão ser produzidas em laboratório;
- **Saúde:** enriquecimento nutritivo dos alimentos; aumento, em certas plantas, da capacidade de combater doenças e estimular o crescimento humano; criação de vacinas comestíveis.

Dentre os argumentos dos que são contra a modificação genética de animais e vegetais, pode-se mencionar:

- **Saúde:** como a alimentação é a base da vida saudável, os alimentos transgênicos poderiam interferir na saúde das pessoas, aumentando os casos de doenças degenerativas e alergias; os alimentos ficariam mais artificiais e, nesse sentido, menos nutritivos; não se conhecem exatamente os efeitos adversos ou tóxicos das plantas transgênicas sobre o organismo; algumas pesquisas apontam toxicidade, aumento dos casos de câncer, transferência de genes para parentes silvestres por meio de cruzamento, surgimento de novas viroses etc;
- **Meio ambiente:** o cultivo de plantas geneticamente modificadas pode alterar a evolução natural com a introdução de espécies que não existiam naturalmente e provocar desequilíbrios no meio ambiente, como empobrecimento da biodiversidade; eliminação de insetos benéficos; desenvolvimento de ervas daninhas resistentes a agrotóxicos; poluição genética (contaminação por organismos por meio da transferência do pólen de uma planta para outra); perda da fertilidade do solo e até extinção de espécies;
- **Econômicas: grandes interesses estão em jogo:** o aumento das vendas e a redução de gastos beneficiariam grupos empresariais transnacionais, aumentando seus lucros; os pequenos proprietários só teriam a perder, pois não têm acesso à tecnologia de ponta; muitas sementes transgênicas são estéreis, o que impede a reutilização de seus frutos como sementes, obrigando os agricultores a comprar novas sementes a cada safra, e tornando-os totalmente dependentes das empresas fornecedoras; ao perigo inerente à manipulação da herança genética, soma-se a questão de que oito grandes laboratórios detêm a tecnologia necessária à criação de organismos transgênicos com segurança, daí que apenas eles dominariam esse mercado, formando um oligopólio.

5.2 Questões políticas e biossegurança

O **Protocolo de Cartagena** firmado em 29 de janeiro de 2000, na Colômbia, entrou em vigor em 2003 e prevê, dentre outros pontos, os padrões mínimos de segurança no transporte de transgênicos entre países; mecanismos que permitirão maior controle sobre o comércio de transgênicos, como a rotulagem e a documentação detalhada; princípio de preocupação a fim de proteger a diversidade biológica natural dos impactos decorrentes da criação de transgênicos.

O mercado europeu tem recusado produtos transgênicos como a soja, por exemplo – o que levou países como os Estados Unidos, o Canadá e a Argentina, em maio de 2003, a ajuizar uma ação formal na OMC, protestando contra essa política europeia e alegando que ela representa uma barreira injusta ao comércio e que impede a livre escolha do consumidor. O Parlamento europeu, cedendo às pressões, aprovou uma lei em julho de 2003, que vincula a venda desse tipo de produto a uma rotulagem clara.

Em 2008, 188 países haviam assinado o protocolo. Os Estados Unidos não o fizeram, pois é o principal produtor de transgênicos do mundo, além de fazerem campanha pela sua aceitação.

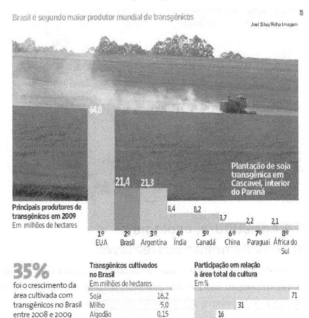

Fonte: ISAAA

---

2 **Sementes Híbridas** resultam do cruzamento de uma mesma espécie vegetal, com o objetivo de melhorar a qualidade, a produtividade ou a aparência de um produto agrícola. Normalmente, possibilitam a obtenção de safras maiores, mas a produção não pode ser reservada para o replantio: algumas se tornam estéreis, e outras produzem descendentes que perdem suas características originais. Com isso, os produtores são obrigados a comprar sempre novas sementes da empresa que detém a patente.
3 **OGM's** (Organismos Geneticamente Modificados).

AGROPECUÁRIA MUNDIAL

5.3 Agronegócio

O termo agronegócio foi proposto pelos pesquisadores Ray Goldberg e John Davis, da Universidade de Harvard, a partir de análises feitas da intensa integração entre a agropecuária e o setor industrial nos anos 1950.

O agronegócio representa um enorme complexo de atividades desenvolvidas a partir da produção no campo. A agropecuária gera uma rede de estabelecimentos que utilizam matérias-primas animais ou vegetais e transformam em produtos de alto valor agregado.

Alimentado por grandes complexos agroindustriais, o setor do agronegócio gerencia a produção do suco de laranja, óleo de soja, lecitina de soja, açúcar, álcool, café solúvel, carnes em conserva etc., assim como sua distribuição para outros setores da atividade industrial. Como tais produtos agregam trabalho e tecnologia, a venda destes é mais lucrativa que a da matéria-prima que os compõe.

Nunca se investiu tanto em pesquisa na área agropecuária quanto nas últimas décadas. Técnicas cada vez mais modernas são empregadas com a finalidade de obter maior rendimento e produtividade. Satélites, sensores e computadores passaram a fazer parte da realidade do mundo rural moderno.

Com o extraordinário aumento do agronegócio, surgiu a agricultura de precisão, que permite o conhecimento detalhado (espacial e temporal) da lavoura, por meio da utilização de um conjunto de equipamentos tecnológicos (GPS, drones, softwares, imagens de satélites etc.) para a interpretação dos dados.

Desse modo, todo o processo é controlado: da aplicação de insumos à correção de fatores limitantes da produção. O uso da tecnologia tem como objetivo aumentar a produtividade, passando pela redução dos impactos ambientais.

5.3.1 Ciclo da agricultura de precisão

5.4 Agricultura, ecologia e desenvolvimento sustentável

O uso de métodos ditos não sustentáveis de agricultura – como os que empregam fertilizantes químicos, desmatamentos, irrigação excessiva ou imprópria, agrotóxicos – tem provocado grandes agressões ao meio ambiente: erosão, infertilidade, desertificação, mudanças climáticas, contaminação dos solos, aquíferos de rios e mares, e aos animais, dentre eles o homem.

Grande parte de terras e florestas do planeta já estão degradadas devido, em grande parte, à agricultura. Em 2014, a agricultura mundial foi responsável por cerca de 70% do consumo de água. O volume de água desviado tem sido superior ao trabalho natural de reposição, permitindo projeções de escassez do produto para irrigação, até 2025.

Existem muitas alternativas à agricultura que não agridem o meio ambiente e tampouco a saúde das pessoas. Em diversos locais do mundo, agricultores conseguem cultivar suas terras respeitando as particularidades regionais, ecológicas e culturais. A agricultura **biológica** ou **orgânica**, diversificada e ecologicamente regeneradora, pode fornecer sustento sadio a milhões de pessoas.

Desde meados da década de 1990, tem crescido também a procura por produtos sustentáveis, ou seja, produzidos de modo a integrar aspectos éticos, ambientais e sociais – dimensões que caracterizam a sustentabilidade. Além do cuidado com o meio ambiente, esse tipo de produção deve garantir relações de trabalho socialmente justas, como remuneração adequada e moradia digna. Com isso, os impactos ambientais diminuem consideravelmente; no entanto vale lembrar que toda atividade produtiva nunca é isenta de resíduos – sempre causa algum tipo de agressão ao ambiente.

A necessidade crescente de alimentos e a expansão do mercado mundial de produtos agrícolas impulsionaram a produção agropecuária com o uso intensivo de fertilizantes químicos, pesticidas, tratores, colheitadeiras. Uma vez que a agricultura mecanizada consome petróleo e seus derivados, acelera a erosão do solo e os custos ambientais potencializam-se.

A agroecologia surge como uma alternativa às práticas mercadológicas da agricultura mundial. Essa prática reúne um conjunto de práticas agrícolas com o objetivo de tirar proveito de processos naturais de fertilidade dos solos e de controle biológico de pragas, buscando o equilíbrio entre as condições ambientais e a intervenção humana, além de produção de alimentos mais saudáveis.

O desenvolvimento da agroecologia tem valorizado os conhecimentos tradicionais da agricultura camponesa. Afinal, são as famílias rurais das comunidades camponesas que preservaram a memória da diversidade das plantas e de seus usos para a sobrevivência e autossustento.

5.5 Produção agrícola e fome

A finalidade primordial da agricultura é a produção de alimentos e matérias-primas. Entretanto, apesar de todos os esforços e progressos realizados pelos seres humanos, o número de famintos no mundo, atualmente, continua elevado.

A fome não pode ser entendida somente como a falta de alimentos que satisfaçam o apetite, a fome é, além disso, a falta de elementos específicos como: proteínas, vitaminas, carboidratos e sais minerais, que são indispensáveis ao funcionamento do organismo e à própria sobrevivência humana.

Atualmente, a produção de alimentos de origem agropecuária é capaz de suprir a necessidade mundial. Apesar da participação menor de produtos alimentícios no comércio mundial, o cultivo de alimentos aumentou no século XX e início do século XXI em ritmo superior ao aumento da população.

Ainda assim, em 2014, cerca de 800 milhões de pessoas, de acordo com a FAO, não tiveram acesso a alimentação adequada, e milhares de crianças ainda morrem diariamente em consequência direta e indireta da fome.

"Não é, somente, agindo sobre o corpo dos flagelados, roendo-lhes as vísceras e abrindo chagas e buracos na sua pele, que a fome aniquila a vida do sertanejo, mas, também, atuando sobre o seu espírito, sobre a sua estrutura mental, sobre sua conduta social. (...) Nenhuma calamidade é capaz de desagregar tão profundamente e num sentido tão nocivo a personalidade humana como a fome quando alcançada os limites da verdadeira inanição."

Josué de Castro. Geografia da Fome.

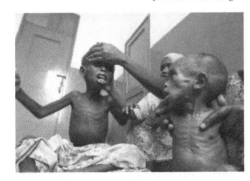

Não existe uma causa única para a fome mundial. Ela pode ter origem em um conjunto de fatores de ordem natural, como secas e inundações; pode ser induzida por questões econômicas e sociais, como o endividamento externo, a falta de incentivo aos pequenos agricultores e ao mercado interno, a estrutura fundiária etc.; causas políticas, como conflitos armados e guerras civis.

A composição do prato de comida é relevadora das diferenças sociais entre os países. Enquanto quase 20% da população mundial passa fome, some excessivamente açúcares, gorduras e proteínas de origem animal.

A acentuada diferença entre os perfis dietéticos não é somente entre países, mas também é uma diferença de condição de vida ao longo da pirâmide social. Em países como o Brasil e o México, enquanto ainda existem pessoas que passam fome, no topo da pirâmide social vive uma elite com um padrão de consumo semelhante ao padrão estadunidense ou europeu.

O Estado da Insegurança Alimentar no Mundo (SOFI 2014, na sigla em inglês) confirmou uma tendência positiva que tem sido o decréscimo global do número de pessoas com fome em mais de 100 milhões na última década e em mais de 200 milhões desde 1990-1992. O relatório é publicado anualmente pela Organização das Nações Unidas para a Alimentação e a Agricultura (FAO), o Fundo Internacional de Desenvolvimento Agrícola (FIDA) e o Programa Mundial de Alimentos (PAM).

O SOFI 2014 sublinha como o acesso aos alimentos melhorou rápida e significativamente em países onde ocorreu um progresso econômico geral, nomeadamente no Leste e Sudeste da Ásia. O acesso aos alimentos melhorou também no sul da Ásia e na América Latina, mas, principalmente, em países com redes de segurança adequadas e outras formas de proteção social, designadamente para os pobres rurais.

Apesar dos progressos significativos em geral, várias regiões e sub-regiões continuam a ficar para trás. Na África Subsaariana, mais de uma em cada quatro pessoas permanecem cronicamente desnutrida, enquanto na Ásia, a região mais populosa do mundo, é onde vivem a maioria dos desnutridos: 526 milhões de pessoas.

A região da América Latina e Caribe tem sido palco dos maiores avanços globais no aumento da segurança alimentar. Enquanto isso, a Oceania observou apenas uma modesta melhoria (uma queda de 1,7 por cento) na prevalência de mal nutrição, que se situava nos 14 por cento em 2012-14, e na realidade viu o número de pessoas com fome a aumentar desde o período de 1990-92.

A insegurança alimentar e a má nutrição são problemas complexos que não podem ser resolvidos por um só setor ou parte interessada, devem ser enfrentados de forma coordenada.

O relatório inclui sete estudos de caso – Bolívia, Brasil, Haiti, Indonésia, Madagascar, Malawi e Iémen – que destacam algumas das formas que os países utilizam para combater a fome e como os eventos externos podem influenciar a sua capacidade de atingir objetivos de segurança alimentar e nutrição. Estes países foram escolhidos em razão de sua diversidade a nível político, econômico, particularmente no sector agrícola, e às suas diferenças culturais.

A Bolívia, por exemplo, criou instituições que permitiram o envolvimento de uma série partes interessadas, nomeadamente os povos indígenas outrora marginalizados.

O Programa Fome Zero do Brasil, que colocou a conquista da segurança alimentar no centro da agenda do governo, foi a base do progresso, pelo menos de maneira temporária, que levou o país a alcançar tanto os ODM quanto as metas da CMA. Os programas destinados a erradicar a pobreza extrema no Brasil basearam-se na abordagem de articulação entre as políticas para a agricultura familiar com a proteção social de forma inclusiva.

O Haiti, onde mais de metade da população sofre de desnutrição crônica, ainda luta para recuperar dos efeitos do devastador terremoto de 2010. O relatório analisa como o país adotou um programa nacional que permitiu fortalecer os meios de subsistência e melhorar a produtividade agrícola, favorecendo o acesso dos pequenos agricultores familiares a fatores de produção e serviços.

A Indonésia adotou estruturas legais e estabeleceu instituições para melhorar a segurança alimentar e nutricional. O seu mecanismo de coordenação de políticas envolve ministérios, ONGs e líderes

AGROPECUÁRIA MUNDIAL

comunitários. Estas medidas abordam uma ampla variedade de desafios, desde o crescimento da produtividade agrícola, às dietas nutritivas e seguras.

Madagascar está a emergir de uma crise política e a retomar o relacionamento com os parceiros de desenvolvimento internacionais destinados a combater a pobreza e a má nutrição. Estabeleceu também parcerias para promover a resiliência a choques e riscos climatéricos, incluindo ciclones, secas ou pragas de gafanhotos, que muitas vezes afligem a nação insular.

O Malawi atingiu a meta dos ODM sobre a fome, graças a um compromisso sólido e persistente para aumentar a produção de milho. No entanto a má nutrição continua a ser um desafio: 50% das crianças menores de cinco anos sofre de atrasos no crescimento e 12,8% estão abaixo do peso. Para fazer frente a este problema, o governo está a promover intervenções nutricionais de base comunitária para diversificar a produção de modo a incluir legumes, leite, pesca e aquicultura, para promover dietas mais saudáveis e para melhorar os rendimentos das famílias.

Em declínio constante por mais de uma década, a fome no mundo voltou a crescer e afetou 815 milhões de pessoas em 2016, o que representa 11% da população mundial. Os dados são da nova edição do relatório anual da ONU sobre a segurança alimentar e nutricional.

Conforme o estudo, cerca de 155 milhões de crianças menores de cinco anos sofrem com o atraso no crescimento (estatura baixa para a idade), enquanto 52 milhões estão com o peso abaixo do ideal para a estatura. Estima-se, ainda, que 41 milhões de crianças estejam com sobrepeso. A anemia entre as mulheres e a obesidade adulta também são motivos de preocupação.

6 GLOBALIZAÇÃO

Quando pensamos em globalização, rapidamente imaginamos fluxos crescentes de bens, serviços e capitais permeando por meio das fronteiras nacionais. A globalização, porém, é um fenômeno bem mais complexo e multifacetado, que envolve aspectos sociais, econômicos, políticos, culturais, institucionais e tecnológicos, todos eles inter-relacionados.

No âmbito econômico, o comércio foi o responsável pelo contato de regiões relativamente autossuficientes. O intercâmbio mercantil caminhou ao lado da ampliação das possibilidades de circulação no globo terrestre e, de certa forma, fomentou o processo hoje conhecido como globalização.

De fato, a dimensão econômica da globalização é a mais visível de suas manifestações. No entanto existem outras dimensões desse fenômeno que surgem na esteira da ampliação dos fluxos globais de informações. As reivindicações por democracia e respeito aos direitos humanos, por exemplo, fazem-se hoje presentes em diferentes lugares do mundo.

A questão ecológica também é um fenômeno mundializado. Dessa forma, ocorrem em escala global, tanto a atuação de movimentos em defesa do meio ambiente quanto as ações governamentais visando a soluções para o equilíbrio ambiental.

A origem do que se poderia denominar globalização é objeto de estudo e crítica por especialistas de diversas áreas. O estudo da globalização é marcado por algumas discussões terminológicas. Alguns autores defendem, por exemplo, uma distinção entre o termo mundialização e o termo globalização, onde o termo globalização seria usado preferencialmente por aqueles que querem enfatizar o caráter inédito desse processo. Outros muitos autores defendem que não há nada de novo na globalização, que ela seria apenas uma fase da internacionalização da economia.

Percebe-se, de fato, que as abordagens acerca do tema são muitas vezes divergentes.

6.1 Características da globalização

O capitalismo, desde a sua origem, buscou integrar as diversas regiões e economias do mundo. O desenvolvimento técnico que contribuiu para as grandes navegações dos séculos XV e XVI tornou possível a interligação entre as regiões do planeta e criou condições para vivermos um mundo "unificado". As relações entre os diversos pontos da Terra ampliaram-se cada vez mais, ao longo dos séculos seguintes, com o desenvolvimento dos meios de transportes e do sistema de comunicações, como nos apresenta Harvey:

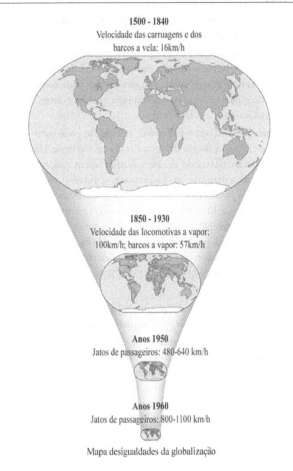

Mapa desigualdades da globalização

David Harvey. *A Condição Pós-Moderna*. São Paulo: Loyola, 1989. p. 220.

Desta forma a globalização pode ser encarada como a atual fase do sistema capitalista, caracterizado por várias dimensões de atuação – economia, política, cultural, social etc. – e todas estão formando relações dentro do espaço geográfico mundial.

O percurso dos intercâmbios e contatos realizados pela humanidade nos permite delimitar algumas características do fenômeno da globalização.

A primeira característica é o fato de que ele está associado a certas **evoluções técnicas e tecnológicas**. O incremento da navegação, as tecnologias de comunicação, dentre outras, criaram condições propícias para o desenvolvimento de novas formas de apropriação do espaço pelo ser humano.

A segunda característica é a ligação entre a globalização e a **constituição de redes geográficas**. As rotas de transportes naval e as redes de cabos submarinos permitiram o crescimento do fluxo de mercadorias,

GLOBALIZAÇÃO

de pessoas e de informações ao redor do planeta, interligando os pontos mais remotos do globo.

A organização do espaço geográfico por meio de redes eliminou a necessidade de fixar as atividades econômicas num determinado lugar. Isso vale para um grande número de serviços que podem ser prestados a partir de qualquer lugar no mundo para qualquer outro, bastando que esses locais estejam conectados.

Com relação ao setor industrial, a produção pode estar dividida em várias etapas, cada uma delas localizada em um lugar. Um ou mais países fabricam partes do produto, outros fazem a montagem, e a multinacional, a partir de sua sede, promove a distribuição no mercado mundial, faz a publicidade e difunde a sua marca. Nesse contexto, em que a produção e a distribuição de mercadorias se estruturam em redes, é possível, por exemplo, comprar uma bola de futebol com a marca de uma empresa alemã, produzida numa fábrica do Paquistão e exportada para o Brasil por uma empresa norte-americana.

TRANSNACIONAIS, MULTINACIONAIS OU EMPRESAS GLOBAIS.

A avareza é um tema antigo, imortalizado com a figura ambígua de Harpagon, na comédia de Molière, mas é uma paixão sempre atual.

Avaro e avareza são expressões que, na língua portuguesa, comportam inúmeros sinônimos. O avaro também se chama cauíla, sovina, unha de fome, mão de vaca, mão-fechada, somítico, pão-duro. A avareza tem outros nomes: somiticaria, sovinaria, avidez, mesquinharia, esganação. A avareza caracteriza-se por um excessivo e sólido apego ao dinheiro, pelo modo de gastar, pela falta de generosidade, mesquinhez, sofreguidão. Os que a praticam sofrem de uma vontade de ter sempre mais; de nada oferecer; de nada perder [...]. No espírito do avaro as mãos cheias são sempre vistas como se estivessem vazias. Daí as unhas longas, um apetite infinito, uma vontade de subjugar coisas e pessoas, gerando relações assimétricas que se recriam e ampliam; uma vontade de poder insaciável. Vivemos em um mundo datado. A globalização é essa data. São as suas definições e contornos que constituem e limitam tudo o mais. [...]

O grande paradigma da avareza é, hoje, a usura das multinacionais, cada vez menos numerosas e mais poderosas, cujo patrimônio constrói-se a partir de individualismos cada vez mais globais. As fusões são o instrumento dessa vontade insaciável de sempre ser maior, mais forte e irresistível, de modo a lucrar sempre mais e conquistar mais espaço... Por que essa fome de ter, sem outra finalidade senão ter ainda mais?

Levantam-se novos monopólios e oligopólios. Um país controla o dinheiro e a vida dos outros. Poucas corporações, cada vez em menor número, comandam a produção e as finanças do mundo. É assim que a globalização leva do relativismo do lucro ao absolutismo da usura; da competição à competitividade; da multipolarização à potência universal.

Realiza-se um sonho que o avaro pré-capitalista de Molière certamente não terá tido: a possibilidade da avareza estrutural à escala do globo. A avareza agora se realiza plenamente, sem contrapartida moral. Empresas (e governos e instituições supranacionais ao seu serviço) ditam ao mundo regras e comportamentos, comandam os gostos, regulam o trabalho e as paixões, deformando, ao preço do absurdo, o corpo e a alma das pessoas e das nações.

O antigo usuário assumia uma espécie qualquer de relação pessoal com o cliente que até poderia incluir a compaixão. O banco atual é impessoal, calculista e medido, frio por definição, e a usura que pratica atinge a todos – pessoas físicas ou jurídicas – cujas atividades controla, já que realiza, hoje, todos os tipos de dinheiro... Ninguém,

rico ou pobre, escapa à tirania do banqueiro. Tudo é cupidez e cálculo financeiro. Daí com convite silencioso e incessante para que ninguém – pessoa jurídica ou física – compartilhe seja o que for: é a era do egoísmo superlativo. Desse modo, a avareza torna-se, em todas as dimensões e escalas, uma regra de vida, outra moralidade.

Lembremos, outra vez, de que o mundo é datado. Por isso, as ações eficazes são as condizentes com o espírito da época. Como, pois, tratar a questão da consciência, no fim do século XX e início do século XXI? Devemos, talvez, partir da ideia de mundo e de tempo. Lembrando-nos, porém, de que o mundo não é somente constituído das coisas já feitas, mas de tudo o que é ainda possível realizar. A História não é apenas o que existe, mas também a soma dos possíveis.

A brutalidade com que agem os atores hegemônicos acaba por deixar à mostra a perversidade de suas ações. É o feitiço voltado contra o feiticeiro, o ensinamento às massas de que o caminho apontado não é bom. É dessa realidade, cada vez mais sensível, que se nutrem as esperanças de edificação de um novo mundo, quando o tempo chegar.

SANTOS, Milton. Avareza, ano 2000. Em: SADER, Emir. 7 pecados do capital. Rio de Janeiro: Record, 1999. p. 25-29.

O pilar principal do capitalismo atual, de um mundo marcado pela facilidade de comunicação e transporte de ideias e materiais, sem dúvida são as empresas multinacionais.

Elas têm seu surgimento marcado no final do século XIX, sendo que os grupos vigentes hoje tiveram seu surgimento no início do século XX. Porém foi só depois da 2ª Guerra Mundial que estas empresas "supranacionais" tomaram sua posição de hegemonia na economia mundial, sendo que a renda anual das maiores multinacionais supera o PIB de muitos países.

Essas empresas possuem atualmente um grau de liberdade inédito, que se manifesta na mobilidade do capital industrial, nos deslocamentos, na terceirização e nas operações de aquisições e fusões. A globalização remove as barreiras à livre circulação do capital, que hoje se encontra em condições de definir estratégias para a sua acumulação.

Essas estratégias são, na verdade, cada vez mais excludentes. O raio de ação das transnacionais se concentra na órbita dos países desenvolvidos e alguns poucos países subdesenvolvidos que alcançaram certo estágio de desenvolvimento. No entanto o caráter setorial e diferenciado dessa inserção tem implicado, por um lado, na constituição de ilhas de excelência conectadas às empresas transnacionais e, por outro lado, na desindustrialização e o sucateamento de grande parte do parque industrial constituído no período anterior, por meio da substituição de importações.

A ampliação do fluxo de informações foi considerável, principalmente a partir dos anos 1980, em razão do avanço das telecomunicações – produção e utilização de satélites artificiais, centrais telefônicas,

REALIDADE BRASILEIRA

cabos de fibra óptica, telefones celulares etc. A Internet e o acesso a dados por meio de terminais de computadores, como os que existem em caixas eletrônicos de bancos, são exemplos do avanço da telemática (conjunto se serviços informáticos que possibilitam o fluxo de dados, textos, imagens e sons, por meio de uma rede de telecomunicações), que possibilita maior volume e maior rapidez na transmissão de dados, voz, textos e imagens em escala planetária. Conectar-se à rede mundial é privilégio de poucos. Isso vale para o Brasil e para todo o mundo. Menos de 1% dos usuários da rede está na África: todo o continente africano possui menos linhas telefônicas do que a cidade de Tóquio, no Japão. Justamente desse quadro decorre o termo **exclusão digital**: são consideradas excluídas do processo digital as pessoas que não têm acesso aos meios físicos necessários para a informatização.

A circulação de capitais entre os países decorre, principalmente, de investimentos estrangeiros, remessas de lucros, de empresas multinacionais, pagamentos de juros de dívidas externas, empréstimos e envio de rendimentos de trabalhadores que estão fora do país.

Os investimentos estrangeiros são formados por investimentos financeiros (aplicados na compra de títulos públicos, de ações de empresas ou de moedas) e compõem-se de capitais especulativos. Os meios eletrônicos tornaram mais rápida a velocidade das transações, possibilitando aos investidores manipular instantaneamente as suas aplicações financeiras.

6.1.1 Redes de cabos de fibra ótica submarinos

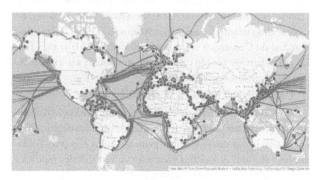

A terceira caraterística é a **desigualdade das relações** que se estabelecem entre os diversos povos conectados globalmente.

6.2 A revolução técnico científica e a formação do espaço mundial globalizado

Diversos estudiosos têm atribuído o atual estágio de consolidação do espaço mundial, economicamente globalizado, aos avanços científicos e tecnológicos alcançados com a Terceira Revolução Industrial, também chamada de Revolução Técnico-Científica, desencadeada na década de 50, que se caracteriza pela integração efetiva entre ciência, tecnologia e produção. Grande parte das descobertas científicas foi transformada, em um curto período de tempo, em inovações tecnológicas. Estas, por sua vez, têm sido incorporadas quase que imediatamente ao processo produtivo na forma de novas máquinas, equipamentos e materiais ou, ainda, na forma de novos bens de consumo, fazendo diminuir a cada ano a distância que separa as descobertas da ciência de sua aplicação nos setores produtivos. Uma avalanche de inovações tecnológicas foi transformada em bens de consumo e de produção, fato que revela os maciços investimentos feitos nas últimas décadas pelo Estado e pelas grandes empresas privadas em pesquisas científicas e tecnológicas, sobretudo nos países desenvolvidos.

Pode-se dizer que em aproximadamente três décadas o valor desses investimentos quadruplicou, chegando à cifra de centenas de bilhões de dólares anuais, destinados principalmente às áreas de ciências exatas e biológicas (química, física, medicina, biologia, dentre outras.). Já na área tecnológica, alguns dos setores que despontaram na atualidade são:

- **Informática:** desenvolvimento de computadores e softwares.
- **Robótica:** criação de robôs industriais e aparelhos digitais.
- **Genética:** desenvolvimento de organismos – plantas e animais – geneticamente modificados.
- **Bioquímica:** elaboração de novos tipos de medicamentos e de defensores agrícolas, dentre outros.

6.3 A crise financeira de 2008 e o mundo atual

Em 2008, o mundo capitalista conheceu uma nova séria crise financeira e econômica. Iniciada nos Estados Unidos, em 2007, a crise foi classificada por analistas econômicos como a de maior estrago na economia capitalista desde a intensificação do processo de globalização, a partir os anos 1970.

As causas da crise estavam relacionadas à expressiva expansão dos financiamentos para a compra de imóveis nos Estados Unidos, em razão dos juros baixos que o governo vinha mantendo desde o final do século XX. A forte valorização no preço dos imóveis estimulou os que tomavam financiamentos a refinanciarem suas dívidas, recebendo uma diferença em dinheiro, em geral utilizada para consumir bens, enquanto o nível de poupança caía acentuadamente. Diversos bancos criaram títulos que tinham como garantia os financiamentos para compra de imóveis (títulos garantidos como hipotecas). Investidores que adquiriram esses títulos emitiam, por sua vez, outros títulos que tinham como garantia os primeiros. Isso se espalhou por todo o sistema financeiro.

Com o consumo em alta, a inflação aumentou. Para frear a inflação, o governo norte-americano aumentou os juros, elevando as mensalidades dos imóveis. Assim, centenas de milhares de proprietários deixaram de pagar os financiamentos, os preços dos imóveis despencaram e os títulos se desvalorizaram acentuadamente.

Em decorrência, houve a quebra de bancos, cortes de empregos, desvalorização de empresas e redução de oferta de crédito, afetando toda a cadeia de consumo – com menos financiamentos para a compra de bens, muitos consumidores ficaram sem recursos para comprar mercadorias. Diversas estratégias de socorro a bancos e empresas foram elaboradas. Os governos norte-americano e de outros países desenvolvidos disponibilizaram vultosos recursos financeiros para salvar bancos e grandes empresas, visando a conter a crise.

6.3.1 A crise na zona do euro

A formação de uma crise financeira na zona do euro se deu, fundamentalmente, por problemas fiscais. Alguns países, como a Grécia, gastaram mais dinheiro do que conseguiram arrecadar por meio de impostos naqueles últimos anos. Para seu financiamento, passaram a acumular dívidas. Assim, a relação do endividamento sobre o PIB de muitas nações do continente ultrapassou significativamente o limite de 60% estabelecido no Tratado de Maastricht, de 1992, que criou a zona do euro. No caso da economia grega, exemplo mais grave de descontrole das contas públicas, a razão dívida/PIB é mais que o dobro desse limite. A desconfiança de que os governos da região teriam dificuldade para honrar suas dívidas fez com que os investidores passassem a temer possuir ações, bem como títulos públicos e privados europeus.

299

GLOBALIZAÇÃO

Os primeiros temores remontam a 2007, quando existiam suspeitas de que o mercado imobiliário dos Estados Unidos vivia uma bolha. Temia-se que bancos americanos e também europeus possuíssem ativos altamente arriscados, lastreados em hipotecas de baixa qualidade.

A crise de 2008 confirmou as suspeitas e levou os governos a injetarem trilhões de dólares nas economias dos países mais afetados. No caso da Europa, a iniciativa agravou os déficits nacionais, já muito elevados. Em fevereiro de 2010, uma reportagem do *The New York Times* revelou que a Grécia teria fechado acordos com o banco Goldman Sachs, com o objetivo de esconder parte de sua dívida pública. A notícia levou a Comissão Europeia a investigar o assunto e desencadeou uma onda de desconfiança nos mercados. O clima de pessimismo foi agravado em abril pelo rebaixamento, por parte das agências de classificação de risco, das notas dos títulos soberanos da Grécia, Espanha e Portugal.

Portugal, Irlanda, Itália, Grécia e Espanha – que formam o chamado grupo dos PIIGS – são os que se encontram em posição mais delicada dentro da zona do euro, pois foram os que atuaram de forma mais indisciplinada nos gastos públicos e se endividaram excessivamente. Além de possuírem elevada relação dívida/PIB, esses países possuem pesados déficits orçamentários ante o tamanho de suas economias. Como não possuem sobras de recursos (superávit), entraram no radar da desconfiança dos investidores. A desconfiança com relação à Europa pode disseminar pânico no mercado e fazer com que bancos fiquem excessivamente cautelosos ou até parem de liberar crédito para empresas e clientes.

Os investidores, ao venderem ações e títulos europeus, provocaram fuga de capitais da região. Sem poder provocar uma maxidesvalorização do euro, haja vista que isso prejudicaria aqueles países que têm as contas controladas, a opção foi impor sacrifícios à população, como corte de salários e congelamento de benefícios sociais.

Tudo isso implica menos dinheiro para fazer a economia girar – justo num momento em que a zona do euro precisava crescer e aumentar sua arrecadação para diminuir o endividamento. O risco era a criação de um círculo vicioso, em que uma estagnação ou até mesmo uma recessão prejudique os esforços de ajuste fiscal – o que levaria a medidas de austeridade ainda mais severas, mais recessão, e assim por diante.

Num segundo momento, a Europa, como um dos maiores mercados consumidores do mundo, diminuiria o ritmo de importação de bens e serviços e prejudicaria a dinâmica econômica global. A possibilidade de que governos e empresas da região se tornassem insolventes fez com que boa parte dos investidores simplesmente não quisesse ficar exposta ao risco de ações e títulos europeus.

Dois pacotes de socorro foram aprovados com o intuito de ganhar tempo para a tarefa de reorganizar as contas dos países mais endividados e restabelecer a confiança dos investidores na região.

O primeiro voltava-se exclusivamente à Grécia e somou cerca de 110 bilhões de euros. O montante, levantado pelo Fundo Monetário Internacional (€ 30 bilhões) e pelos governos dos países da zona do euro (€ 80 bilhões), deveria ser liberado de forma progressiva num prazo de três anos. O segundo foi a constituição de um fundo emergencial de 750 bilhões de euros para situações de crise na União Europeia.

6.4 Informalidade, terciarização e terceirização

O crescimento das taxas de desemprego nas atividades formais devido ao neoliberalismo tem obrigado milhares de trabalhadores a procurar a economia informal para ganhar algum dinheiro, sendo que a tendência atual é a intensificação deste problema nos próximos anos.

A terciarização corresponde à tendência das economias pós-industriais em transferir para o setor de serviços a maioria da população economicamente ativa, sendo que até mesmo nos países subdesenvolvidos esta tendência já se manifesta, embora em ritmo diferente. A terceirização também é uma tendência das economias industrializadas em transferir parte da produção de uma empresa para outra.

6.4.1 Por uma outra globalização

Vários movimentos surgiram em todo o mundo em razão das consequências negativas da globalização. Tais movimentos alertam para o controle das multinacionais das economias de diversos países. Esses movimentos vieram à tona nos anos 90, quando a OMC (Organização Mundial do Comércio) organizou a Rodada do Milênio, a fim de discutir as perspectivas do comércio internacional para o século XXI, com representantes de 130 países.

UM MUNDO NOVO É POSSÍVEL

"O mundo hoje também autoriza uma outra percepção da história por meio da contemplação da universalidade empírica constituída com a emergência das novas técnicas planetarizadas e as possibilidades abertas a seu uso. A dialética entre essa universalidade empírica e as particularidades encorajará a superação das práxis invertidas, até agora comandadas pela ideologia dominante, e a possibilidade de ultrapassar o reino da necessidade, abrindo lugar para a utopia e para a esperança. Nas condições históricas do presente, essa nova maneira de enxergar a globalização permitirá distinguir, na totalidade, aquilo que já é dado e existe como um fato consumado, e aquilo que já é possível, mas ainda não realizado, vimos um e outro de forma unitária. Lembremo-nos da lição de A. Schimdt (The concepot of nature in Marx, 1971) quando dizia que " a realidade é, além disso, tudo aquilo em que ainda não nos tornamos, ou seja, tudo aquilo em que a nós mesmos nos projetamos como seres humanos, por intermédio dos mitos, das escolhas, das decisões e das lutas"

A crise por que passa hoje o sistema, em diferentes países e continentes, põe à mostra não apenas a perversidade, mas também a fraqueza de respectiva construção. Isso, conforme vimos, já levando ao descrédito dos discursos dominantes, mesmo que outro discurso, de crítica e de proposição, ainda não haja sido elaborado de modo sistêmico. O processo de tomada de consciência – já o vimos – não é homogêneo, nem segundo os lugares, as classes sociais ou situações profissionais, nem quanto aos indivíduos. A velocidade com que cada pessoa se apropria da verdade contida na história é diferente, tanto quanto a profundidade e coerência dessa apropriação. A descoberta individual é, já, um considerável passo à frente, ainda que possa parecer ao seu portador um caminho penoso, à medida das resistências circundantes a esse novo modo de pensar. O passo seguinte é a obtenção de uma visão sistêmica, isto é, a possibilidade de enxergar as situações e as causas atuantes como conjuntos e de localizá-los como um todo, mostrando sua interdependência.

SANTOS, Milton. Por uma outra globalização: do pensamento único à consciência universal. São Paulo: Record, 2008.

6.5 Comércio global e organismos mundiais

Na segunda metade do século XX, o comércio internacional apresentou um crescimento significativo. Nesse período, instituições de âmbito global surgiram na Conferência de Bretton Woods, nos Estados Unidos, como Banco Mundial, FMI e GATT (Acordo Geral sobre Tarifas e Comércio) e atuaram no sentido de estimular e regular as relações financeiras e comerciais entre os países do planeta.

A partir desse momento, a capacidade de produção continuou a ser ampliada de forma expressiva nos EUA, no Japão, na Europa Ocidental e naqueles que passaram a apresentar um processo de industrialização mais intenso a partir dos anos 1930/1940 (Brasil, México e Argentina), dos anos 1960/1970 (Coréia do Sul, Taiwan, Cingapura e Hong Kong) e dos anos 1980/1990 (China).

A combinação desses fatores levou a atividade comercial em âmbito mundial a crescer em ritmo maior do que a própria produção.

A partir dos anos 1980/1990, no contexto de intensificação do processo de globalização houve uma difusão de ideias neoliberais, que, em termos de relações entre países, enfatizavam a necessidade de uma maior abertura econômica, o resultado disso foi um crescimento de aproximadamente 8% do PIB nas trocas comerciais entre os países.

6.6 Rodada do Uruguai e a OMC

Foi nesse contexto de globalização que o GATT acabou sendo substituído pela OMC, em 1995, após a Rodada Uruguaia, que se iniciou em 1986, na cidade de Montevidéu, e só foi concluída em 1994, na cidade de Marrakesh (Marrocos).

Com a Rodada Uruguaia, houve uma redução tarifária significativa em diversos países do globo. Além disso, com a criação da OMC, ficou definido também o retorno das discussões sobre o comércio agrícola, sobretudo por causa da pressão de países que são grandes exportadores de gêneros agrícolas, como: Brasil, Argentina e Austrália, os quais, como veremos a seguir, pressionam os países europeus, o Japão e também os Estados Unidos a abrir seus mercados aos produtos estrangeiros e a reduzir os subsídios que concedem a seus agricultores.

Com a conclusão da Rodada Uruguaia e a criação da OMC, ficou definido também que essa organização, na qual cada um dos 148 membros tem um voto, seria responsável pela resolução de conflitos e disputas comerciais entre os países-membros. Para a resolução de disputas, há um conjunto de princípios, normas e procedimentos que envolvem os chamados Painéis, dos quais participam especialistas sobre o tema de que trata o conflito ou a controvérsia. Além disso, a OMC pode oferecer assistência jurídica nos processos de conflitos.

Com a criação da OMC, passou a existir, de certa forma, um processo permanente de negociações, nas quais os representantes dos países têm discutido a redução das barreiras tarifárias, a eliminação do protecionismo e as questões que envolvem as patentes e as barreiras não tarifárias. A OMC tem a função de analisar e julgar as eventuais divergências comerciais existentes entre os países. Um exemplo dessa atuação é o caso das patentes dos medicamentos.

6.6.1 A conferência de Cancun

Na Conferência Ministerial da OMC em Cancun, México, em setembro de 2003, a divergência de opiniões com relação a uma série de temas, com serviços, patentes e compras governamentais, pendentes da Rodada de Doha (incluindo a questão agrícola), opuseram, de modo geral, os países subdesenvolvidos (sobretudo Brasil, Argentina, África do Sul, índia e China). Parte dos países subdesenvolvidos chegou a formar um grupo, o **G-20**, cujos principais representantes são: **Brasil, China, Índia, Argentina, África do Sul e México.**

6.7 Blocos econômicos

Paralelamente às negociações multilaterais para a liberalização comercial no âmbito da OMC, são conduzidas diversas negociações de caráter regional, entre dois ou mais países (negociações bilaterais), para formação de blocos econômicos ou para a intensificação dos acordos nos blocos já constituídos. Podem-se definir estes modelos de integração econômica vigentes:

- **Área de Livre-comércio: pressupõe acordos comerciais que visam exclusivamente à redução ou eliminação de tarifas aduaneiras entre os países-membros do bloco. No intercâmbio de produtos, entre os países participantes, ficam abolidas as tarifas alfandegárias, porém cada país mantém suas próprias tarifas em relação aos não membros. Ex.:** Ex-NAFTA, atual USMCA.
- **União Aduaneira: além da isenção de tarifas alfandegárias, na circulação de mercadorias dentro da União, é estabelecida uma barreira alfandegária comum contra os países não participantes, uma tarifa externa comum (TEC). É uma abertura de fronteiras para mercadorias, capitais e serviços, mas não permite a livre circulação de trabalhadores. Ex.:** MERCOSUL (União Aduaneira Incompleta).
- **Mercado Comum: visa à livre circulação de pessoas, mercadorias, capitais e serviços. O único exemplo é a União Europeia, que, além de eliminar as tarifas aduaneiras internas e adotar tarifas comuns para o mercado fora do bloco, permite a livre circulação de pessoas, mão de obra, investimentos e todo tipo de serviços entre os países-membros. Ex.:** UNIÃO EUROPEIA.
- **União Econômica e Monetária:** é o caso, novamente, dos países da União Europeia, que, na fase atual, adotaram o euro como moeda única, administrada pelo Banco Central Europeu. Nessa forma de integração, é necessário que os países estipulem limites de inflação e déficit público.

6.7.1 Do BENELUX ao BREXIT

O **BENELUX** foi o grande precursor das diversas alianças formadas posteriormente. Criado em 1944, integrou a economia da Bélgica, da Holanda e de Luxemburgo num único mercado.

Em 1952, a **CECA** (Comunidade Europeia do Carvão e do Aço), formada por seus países – Bélgica, Holanda, Luxemburgo, França, Alemanha e Itália –, estabeleceu um mercado siderúrgico comum, promovendo a livre circulação de matérias-primas e mercadorias ligadas à indústria siderúrgica, com o objetivo de reestruturar e acelerar o desenvolvimento da indústria de base. Os países-membros da **CECA** ampliaram os objetivos dessa organização e criaram o mais eficiente bloco econômico entre países: a **CEE** (Comunidade Econômica Europeia), em 1957, por meio do Tratado de Roma.

A **CEE**, desde a sua criação, tinha um grande objetivo econômico a ser colocado em prática em médio prazo, baseado em quatro princípios fundamentais: a livre circulação de mercadorias, de serviços, de capitais e de pessoas, entre todos os países-membros da organização.

301

GLOBALIZAÇÃO

Entretanto a efetivação de tais princípios só veio a acontecer mais recentemente. O aprofundamento da competitividade no mercado internacional nas últimas décadas do século XX, o desenvolvimento de novas tecnologias de produção e a entrada de novos competidores (países do sudeste e leste da Ásia – Cingapura, Taiwan, Coréia do Sul e China), disputando fatias cada vez mais expressivas do mercado, sinalizaram à **CEE** a necessidade da concretização de seus objetivos originais. Isso acontece em 1° de janeiro de 1993, quando entraram em funcionamento, de fato, as quatro liberdades fundamentais propostas na década de 1950, sendo a **CEE** substituída pela **União Europeia**. Ao entrar em vigor, em 1° de novembro de 1993, o Tratado da União Europeia, assinado em 7 de Fevereiro de 1992, em **Maastricht** confere uma dimensão diferenciada à integração europeia.

Contudo o que os cidadãos recordarão do **Tratado de Maastricht** será provavelmente a decisão que trouxe maior impacto prático à sua vida cotidiana: a realização da União Econômica e Monetária. Desde 1° de janeiro de 1999, a UEM reúne todos os países que cumpriram um determinado número de critérios econômicos destinados a garantir a sua boa gestão financeira e a assegurar a estabilidade futura da moeda única: **o euro**.

Última etapa lógica da realização do mercado interno, a introdução da moeda única, pelas repercussões pessoais que traz para cada cidadão e pelas consequências econômicas e sociais de que se reveste, tem um alcance eminentemente político. Pode-se mesmo considerar que o euro será futuramente o símbolo mais concreto da União Europeia, junto com o cidadão europeu.

Apesar de a consolidação desse novo eixo econômico ter propiciado efeitos positivos sobre as economias nacionais europeias, ainda há muitos obstáculos para a unificação efetiva da Europa. Diferenças econômicas, oposição de alguns setores em diversos países, divergências, Estados divididos por guerras e conflitos seculares impedem a formação de um verdadeiro Estado supranacional.

6.7.2 A União Europeia dos 28?

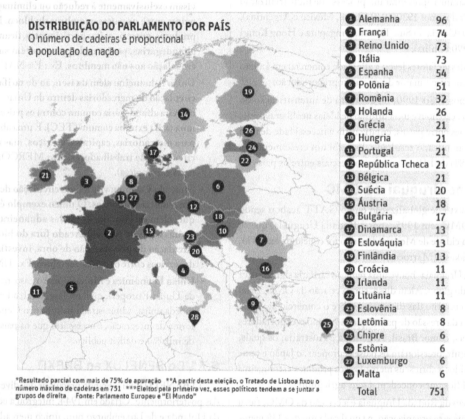

Fonte: Parlamento Europeu e El Mundo.

6.7.3 BREXIT – o fim do casamento entre Reino Unido e União Europeia

A União Europeia é uma união econômica e política de 28 países. Suas origens remontam à Comunidade Econômica Europeia (CEE), criada em 1957 por seis países que assinaram o Tratado de Roma. O Reino Unido aderiu à CEE em 1973, e dois anos depois, após renegociar suas condições, realizou um referendo sobre a sua permanência. A integração foi aprovada por 67% dos eleitores. Numa época em que o Reino Unido sofria com o declínio industrial, inflação e distúrbios decorrentes de greves trabalhistas, o então premiê Harold Wilson conseguiu vender o projeto europeu como benéfico para a economia do país.

No início de 1960, no entanto, a situação mudou: o crescimento econômico britânico estava abaixo do registrado por seus vizinhos franceses e alemães e o mercado comum se tornou mais atrativo.

Mas a adesão do Reino Unido não foi fácil. Sua primeira candidatura, em 1961, se deparou com o veto do presidente francês Charles de Gaulle, que via nos britânicos um Cavalo de Troia americano e questionava seu espírito europeu.

REALIDADE BRASILEIRA

Depois de outro veto de De Gaulle, em 1967, o Reino Unido finalmente entrou na Comunidade Econômica Europeia, em 1973. No entanto a entrada coincidiu com o impacto da primeira crise do petróleo, e o impulso econômico esperado não ocorreu.

Em 1975, apenas dois anos depois de sua entrada, os britânicos celebraram o primeiro referendo sobre a Comunidade Econômica Europeia, no qual a permanência se impôs com apoio de 67%. Este resultado não acabou com as reticências. A primeira crise não demorou a aparecer. Em 1979, Londres se negou a participar do sistema monetário europeu em nome da soberania nacional e monetária. E também se opôs a qualquer iniciativa para fortalecer a integração política, reforçando a impressão de que o Reino Unido tinha um pé dentro e um pé fora do bloco. Em 1985, também se negou a participar de Schengen – que definia o desaparecimento dos controles fronteiriços – e, em 1993, não quis entrar na zona do euro.

6.7.4 Uma relação turbulenta entre Reino Unido e União Europeia

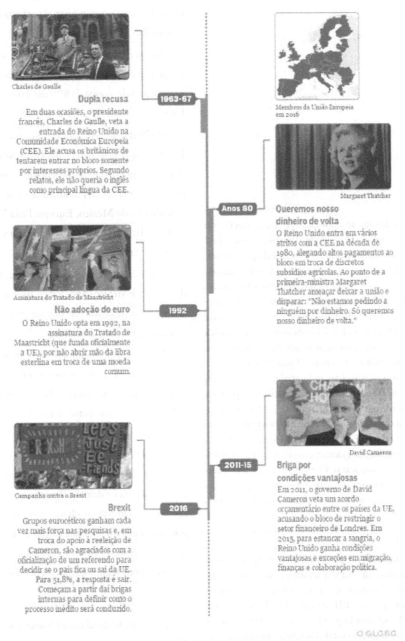

Apesar de integrar desde 1993 o mercado único e a livre circulação de bens e pessoas, o Reino Unido optou por não adotar o euro, mantendo sua própria moeda, a libra esterlina. Há anos, o país mantém com a UE uma relação complexa, permeada por temas como centralização versus controle nacional. O tema econômico também sempre foi central nessa relação. Um dos argumentos pela separação, aliás, é o de que a economia britânica de hoje é muito mais criativa e dinâmica que a dos anos 1970, e que estas duas características são prejudicadas pela burocracia de Bruxelas.

No início de 2016, o ex-premiê David Cameron renegociou "condições especiais" para o Reino Unido dentro da união. Dentre outros privilégios, o país recebeu garantias de que não será discriminado por não integrar a zona do euro, obteve proteções para a City londrina – o mercado financeiro mais importante da Europa –, frente a regulações financeiras do bloco, e ganhou o direito de limitar os benefícios que

303

GLOBALIZAÇÃO

imigrantes europeus podem pedir no país. David Cameron sustentava que as novas condições permitiriam ao Reino Unido ficar na União Europeia dentro dos seus próprios termos. Mas os críticos afirmam que as condições ficaram aquém das expectativas, e que só a saída total da União Europeia permitirá aos britânicos ditar suas próprias regras.

O Reino Unido ativou o Artigo 50 no dia 29 de março de 2017, oficializando sua intenção de deixar o bloco econômico, concluída em 2020.

6.7.5 Ex-NAFTA (USMCA)

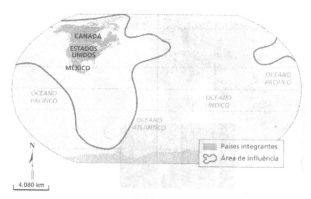

Fonte: http://europa.eu.

"O primeiro passo em direção ao regionalismo norte-americano fora o Acordo de Livre Comércio (Free Trade Agreement, ou FTA) entre os Estados Unidos e o Canadá, em 1988. No período pós-guerra, poderosas forças de mercado haviam transformado as economias americana e canadense, intensificando seus vínculos recíprocos. O comércio e os investimentos transfronteiriços intensificados tornaram-se particularmente importantes para a economia canadense. O FTA surgiu da resultante reorientação da tendência histórica da política econômica canadense e de sua posição política em relação ao grande vizinho do sul. A partir do século XIX, o Canadá adotara uma "Política Nacional" cuja finalidade explícita era construir uma base industrial e uma economia nacional independentes por trás de altas barreiras tarifárias, política que não levou aos resultados esperados. Pelo contrário, as tarifas canadenses estimularam as empresas americanas a investir pesadamente no Canadá e a criar toda uma economia de implantação local de fábricas para atender ao pequeno mercado canadense; com efeito, mais de 80% do IDE no Canadá tem sido americano. O exemplo mais destacado é o setor automobilístico, que se tornou estreitamente integrado nas duas economias após o Pacto Automobilístico Americano-Canadense de 1965."

GILPIN, Robert. O desafio do capitalismo global: a economia mundial no século XXI. Rio de Janeiro-São Paulo: Record, 2004. p. 320/p. 267-268.

Em 1994, EUA, Canadá e México deram os primeiros passos rumo à formação de uma economia supranacional, com a criação do Nafta. Juntos, formam um mercado de aproximadamente 424 milhões de habitantes e respondem por um PIB de aproximadamente 13,4 trilhões de US$, em 2004. O acordo previa a criação de uma zona de livre comércio, na qual a abolição total das tarifas aduaneiras (de importação) seria colocada em prática em 2015. Apesar de uma grande quantidade de produtos já circula livremente entre os três países, sem nenhuma taxação, a Zona de Livre-Comércio ainda não foi criada.

Como não existe a perspectiva de formação de um mercado único nos moldes da União Europeia, a grande diferença socioeconômica entre o México e os outros dois países do Nafta trouxe vários problemas para a sociedade e a economia mexicanas, e também para trabalhadores norte-americanos e canadenses.

A questão da disparidade em termos socioeconômicos na UE foi resolvida gradativamente, à medida que foram direcionados investimentos das economias mais vigorosas da UE (Alemanha, França e Reino Unido) para os países menos desenvolvidos do bloco. Isso não ocorreu com o Nafta em relação ao México. No Nafta, vigora apenas o objetivo da livre circulação de mercadorias, e desde a sua implantação, muitas empresas dos EUA instalaram-se no México, atraídas pela mão de obra bem mais barata e pela legislação trabalhista mais flexível. Em razão disso, no setor industrial norte-americano, milhares de postos de trabalho foram fechados.

Apesar de ter ocorrido uma ampliação das exportações mexicanas, a dependência da economia mexicana em relação à dos Estados Unidos é muito grande – cerca de 85% das exportações do México vão para os Estados Unidos e 68% das importações são provenientes desse país.

O **USMCA** corresponde a um tratado de livre comércio, entre Estados Unidos, Canadá e México, que moderniza o antigo acordo, chamado Nafta, que vigorava desde 1994. A renovação do acordo foi oficializada pelo atual presidente dos Estados Unidos, Donald Trump; o presidente do México, Enrique Peña Nieto, e o primeiro-ministro do Canadá, Justin Trudeau, durante a Cúpula do G20, em Buenos Aires, na Argentina.

O acordo foi fechado primeiramente de forma bilateral entre Estados Unidos e México. Após longas negociações, o Canadá, por meio de seu primeiro-ministro, mostrou satisfação com as mudanças propostas e decidiu participar do acordo.

A renovação do acordo comercial entre as três nações foi um pedido de Donald Trump, que alegava enxergar prejuízos para os setores econômicos dos Estados Unidos. Esses prejuízos teriam sido gerados por déficits no comércio entre os Estados Unidos e o México, e isso provocou a perda de milhões de empregos no território estadunidense.

Acreditando que o Nafta fez com que o comércio dos Estados Unidos se tornasse menos competitivo, fazendo com que o país perdesse indústrias para os demais, Trump, ao propor a renovação, pretendia proteger o mercado estadunidense e liberalizar os demais. Assim, o principal objetivo da substituição do acordo é pautado no protecionismo dos Estados Unidos, propondo um mercado "mais livre", um comércio mais seguro que favoreça o crescimento econômico.

6.7.6 APEC

Em 1989, foi fundada a Cooperação Econômica Ásia-Pacífico – **APEC**. Com sede em Cingapura, o bloco é composto por 20 membros banhados pelo Pacífico e por Hong Kong (região administrada pela China). Com o tempo a associação pretende instalar uma zona de livre comércio entre seus membros. Foi estabelecido o ano de 2010 para o início da livre circulação de mercadorias e de capitais entre os países desenvolvidos do bloco e o ano de 2020 para sua liberalização entre as nações em desenvolvimento.

REALIDADE BRASILEIRA

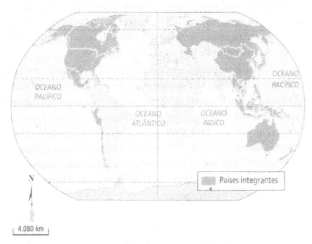

Fonte: http://europa.eu.

Apesar da crescente interdependência econômica dos países do Pacífico Asiático sob a hegemonia das grandes corporações japonesas, é muito difícil estabelecer uma integração semelhante à da União Europeia, ou mesmo à do Nafta, por causa das disputas comerciais entre as três principais lideranças do bloco – Estados Unidos, Japão e China.

6.7.7 ALCA

A Área de Livre Comércio das Américas, proposta pelo ex-presidente norte americano George Bush, em 1990, e retomada mais recentemente por Clinton e pelo filho do presidente Bush, George W. Bush, foi consequência imediata do processo de globalização em sua proposta de regionalização comercial e abertura de mercados.

A Alca representa hoje uma necessidade norte-americana em reafirmar sua liderança comercial sobre o continente norte-americano, já que atualmente os EUA têm sua hegemonia comercial no mercado internacional ameaçada. Hoje vários outros grupos econômicos estão em formação, dentre eles a União Europeia, que tem um mercado consumidor gigante, assim como um grande potencial de produção; além disso, a União Europeia tem uma forte moeda: o euro.

Após um hiato de vários anos, durante o qual os americanos polemizaram acerbadamente em torno do Nafta, o governo Clinton voltou à ideia do livre comércio hemisférico. Em dezembro de 1994, o governo propôs na Conferência de Miami a ampliação do arcabouço do Nafta para todo o hemisfério.

Naquela reunião de cúpula, os governos nacionais concordaram em iniciar negociações para a criação até 2005 de uma Área de Livre Comércio das Américas, criaram-se grupos técnicos para estabelecer um plano e foram iniciadas negociações. Entretanto, a situação na América Latina havia mudado significativamente entre a iniciativa do Empreendimento das Américas anunciada por Bush em 1990 e a proposta de área de Livre Comércio das Américas feita por Clinton em 1994, e o entusiasmo dos governos latino-americanos por um bloco econômico do hemisfério ocidental já não era o mesmo.

GILPIN, Robert. O desafio do capitalismo global: a economia mundial no século XXI. Rio de Janeiro-São Paulo: Record 2004. p. 320/p. 329-330.

A participação do Brasil na ALCA é polêmica. O continente americano reúne, de um lado, dois países desenvolvidos e com alto índice de avanço tecnológico – Estados Unidos e Canadá – e, de outro, países subdesenvolvidos, alguns muito pobres, com economia baseada na agricultura e/ou na extração mineral, como Haiti, Guiana, Guatemala, Bolívia, Equador. Nesse contexto, o Brasil fica numa situação intermediária, do ponto de vista de desenvolvimento econômico, e essa não é uma posição confortável.

Por um lado, nosso país e os demais países latino-americanos não têm condições de concorrer em pé de igualdade com as empresas dos Estados Unidos, no que diz respeito à maior parte das atividades que formam o conjunto da economia. Por outro lado, o país que se negar a participar da ALCA pode sofrer represálias comerciais dos norte-americanos, que certamente o colocariam numa difícil situação econômica.

Um fator que contribuiu para a estagnação do projeto de criação da ALCA foi a chegada ao poder, em diversos países da América Latina, de governantes resistentes à hegemonia norte-americana e à influência dessa superpotência nos assuntos internos dos países.

6.7.8 Mercosul e agitações políticas no Paraguai e na Venezuela

O Mercado Comum do Sul surgiu da conjunção de circunstâncias políticas e econômicas do contexto interno e externo que conduziram à aproximação de Brasil e Argentina, e redirecionou as relações entre esses países, até então caracterizadas pela tradição de rivalidade. O Mercado Comum do Sul começou a se formar em 1985, nos governos de Raul Alfonsín (Argentina) e José Sarney (Brasil), quando os dois se encontram e assinam a ATA DE IGUAÇU. Em março de 1991, foi assinado o Tratado de Assunção, que ampliou para quatro o número de países participantes, incluindo o Paraguai e Uruguai.

Esse tratado estabeleceu duas metas bases no processo de consolidação eliminando as barreiras alfandegárias para a circulação de mercadorias no interior do bloco. A segunda foi a formação de uma união alfandegária entre os membros com a adoção de uma tarifa externa comum. Essa tarifa externa comum é usada pelos países-membros

GLOBALIZAÇÃO

sobre os produtos importados de países fora do Mercosul ou de outros blocos econômicos.

Em 1996, o Mercosul deu o seu primeiro passo para uma possível ampliação na integração dos países do Cone Sul; foi o acordo com o Chile e a Bolívia formando parcerias comerciais. Este foi um importante passo no alargamento das relações comerciais do bloco. A entrada da Venezuela como país-membro, fortaleceu o bloco, pois ela representa, em primeiro lugar, uma potência energética, possuindo a maior reserva de petróleo e gás natural da América do Sul e, segundo a Venezuela, está estrategicamente próxima dos países da América Central, México e EUA.

Em 1999, passando apenas quatro anos da entrada em funcionamento do bloco, começaram a surgir graves divergências entre Brasil e Argentina, os mais importantes membros do Mercosul. A crise econômica, sobretudo na Argentina, levou algumas tarifas externas comuns a serem suspensas pelos argentinos, e o comércio dentro do bloco apresentou uma queda sensível. No entanto, com a retomada do crescimento econômico nesses países, o comércio intrabloco voltou a crescer, a partir de 2003.

Apesar de para uma enorme quantidade de produtos ainda não vigorar a TEC (Tarifa Externa Comum), que caracteriza, de fato, uma união aduaneira, o bloco tem tomado iniciativas importantes nas negociações comerciais no âmbito da OMC e com outros blocos, como a UE, que atendam aos interesses comuns dos países do Mercosul, além de alianças com outros países sul-americanos. Um exemplo foi o acordo assinado em 2007 com Israel para a formação de uma zona de livre comércio. O acordo prevê para 2017 que 95% das exportações Mercosul para Israel e 87% das importações tenham imposto zero.

6.7.9 Agitação política na América Latina

O ex-presidente paraguaio Fernando Lugo sofreu um impeachment "relâmpago" em junho de 2012, após quatro anos de mandato. Eleito como um mandatário de esquerda, sua deposição foi considerada um golpe por lideranças de diversos países e provocou a suspensão da participação do Paraguai no Mercosul, pelos governos do Brasil, da Argentina e do Uruguai. Lugo é um sociólogo e ex-bispo católico, ligado à Teologia da Libertação, vertente que vinculava o trabalho religioso à ação de movimentos sindicais e sociais – como as de defesa da reforma agrária. Ele governava, desde 2008, em uma coligação de partidos com diferentes visões políticas.

Lugo foi o primeiro presidente de esquerda do Paraguai e interrompeu uma hegemonia de 61 anos no poder do conservador Partido Colorado. Despertou expectativa dos movimentos sociais, mas atuou como governante moderado. No fim, não conseguiu conciliar a ampla gama de interesses de seus apoiadores e governava sem maioria na Câmara e no Senado.

Sua expulsão da Presidência se deu, formalmente, em apenas um dia. Ele só teve 16 horas para se defender das acusações genéricas feitas pela oposição. O motivo apresentado para o impeachment foi a morte de 17 pessoas, entre sem-terra e policiais, na reintegração de posse de uma fazenda. Mas o fator decisivo para sua destituição foi a perda do Partido Liberal Radical Autêntico, de seu vice-presidente, Frederico Franco, que assumiu o poder no país.

6.7.10 Crise no Paraguai – 2017

A aprovação no Senado de uma emenda que permite a reeleição do presidente Horácio Cartes em 2018 impulsionou uma intensa crise política no país em abril de 2017. Para os opositores do governo conservador, a reeleição fragilizaria as instituições democráticas.

Cerca de mil paraguaios se revoltaram com a aprovação da mudança na constituição, feita a portas fechadas em uma votação surpresa, e chegaram a invadir o Congresso, no centro histórico de Assunção, aos gritos de "ditadura nunca mais".

A Constituinte paraguaia de 1992 proíbe a reeleição do presidente e de seus familiares até o quarto grau de parentesco e segundo de afinidade. A Carta anterior, vigente durante a ditadura de Alfredo Stroessner, admitia a reeleição indefinida.

Para dispersar os manifestantes, as forças de segurança utilizaram balas de borracha, canhões de água e bombas de gás lacrimogênio. Um grupo colocou fogo no salão principal do Congresso enquanto outro se dispersou pelo centro da cidade e montou barricadas. Houve confronto com a polícia em vários pontos.

Para muitos pesquisadores, essa "manobra" inesperada acaba provocando a desconfiança de uma tentativa de se manter no poder. Uma emenda constitucional permitindo a reeleição de um chefe do Executivo normalmente deve ser muito debatida e não pode ser feita "correndo". Uma proposta de emenda à Constituição, como ela configura a lei máxima do Estado, como ela é o ápice do Estado, ela só pode ser alterada por processos muito solenes, com quóruns normalmente muito qualificados.

Como uma democracia recente, o Paraguai vem enfrentando uma série de mudanças. Em 2012, o então presidente Fernando Lugo, do Frente Gasú, sofreu também um rápido processo de impeachment, que o tirou do poder em poucos dias. Para seu lugar, foi eleito o atual mandatário da nação, o conservador Horacio Cartes.

No entanto, agora, os dois partidos apoiam a medida de mudança de lei – que acabaria beneficiando tanto Cartes como Lugo nas eleições do ano que vem. E essa união poderá fazer com que a polêmica medida seja aprovada na Câmara dos Deputados, na próxima etapa da votação, onde Cartes conta com a maioria mais o apoio do Frente Gasú. A partir daí, o presidente poderá convocar um referendo sobre o tema.

Atualmente, a inesperada crise no Paraguai se uniu à outra mais longa: a da crise na Venezuela durante o governo de Nicolás Maduro. As constantes tensões entre o bloco e os venezuelanos surgiram, principalmente, desde o ano passado, quando os governos da Argentina, do Brasil e do Uruguai ficaram mais à direita.

6.7.11 Crise na Venezuela

Fazer compras em um supermercado na Venezuela atualmente representa um duplo desafio. Primeiro porque é bastante raro encontrar itens básicos como pasta de dente ou farinha. Por sua vez, quando as prateleiras são abastecidas, a hiperinflação é tão feroz que corrói o valor dos bolívares, a moeda local, impossibilitando a compra de alimentos como carne ou frango. Também não é fácil encontrar remédios, especialmente para doenças como hipertensão ou diabetes. Essas são apenas algumas das consequências mais visíveis da pior crise econômica já enfrentada pelo país.

Em meio a esse caos econômico, a política venezuelana não traz qualquer sinal de que a situação possa ser revertida no curto prazo. O governo do presidente Nicolás Maduro, de quem deveria partir as iniciativas de estímulo econômico, encontra-se praticamente paralisado. Em um quadro de extrema polarização política, situação e oposição estão literalmente em pé de guerra. Protestos e confrontos envolvendo partidários dos dois campos são frequentes. A disputa se radicalizou ainda mais a partir da iniciativa da oposição de convocar um referendo revogatório – a Constituição venezuelana dispõe de um mecanismo de consulta popular para decidir se o presidente deve completar ou não o seu mandato.

REALIDADE BRASILEIRA

O cenário é desolador em um país que, na década passada, durante o auge do governo de Hugo Chávez, obteve importantes avanços sociais e conseguiu reduzir significativamente a desigualdade. Agora, o governo assiste passivamente ao retrocesso nessas importantes conquistas e à acentuada queda no padrão de vida da população. Dona das maiores reservas mundiais de petróleo, a Venezuela foi controlada durante a maior parte do século XX por grupos oligárquicos que se apoderaram do Estado e dos recursos provenientes da exportação do produto, o que gerou uma enorme concentração de renda. Em 1992, em meio a um cenário de convulsão social, uma tentativa fracassada de golpe de Estado levou diversos militares para a cadeia. Dentre eles estava o coronel Hugo Chávez, que despontou como uma importante liderança na defesa de um projeto de soberania nacional. Esse prestígio foi fundamental para a eleição de Chávez como presidente em 1998. No poder, Chávez colocou em prática o que chamou de "**Revolução Bolivariana**", em referência a Simón Bolívar (1783-1830), herói da independência na América do Sul. Dentre as medidas de maior impacto de sua gestão, destacam-se a regulamentação da reforma agrária, o fortalecimento da empresa estatal de petróleo, a PDVSA, restringindo a participação de multinacionais na exploração, e a estatização de setores considerados estratégicos na economia, como energia elétrica e telecomunicações.

Na área social, ampliou o acesso à saúde, à educação e à habitação para as camadas mais pobres. Essas ações, somadas a uma ampla rede de proteção, que garantiu comida, medicamentos e itens básicos por meio de subsídios e controle de preços, promoveu enormes avanços sociais, reduzindo a pobreza de 49% para 27% da população, entre 1999 e 2012. Nesse período, a renda *per capita* saltou de 4.105 dólares para 10.810 dólares por ano. A Venezuela tornou-se o país menos desigual da América Latina. Boa parte desses avanços foi financiada com a bonança do petróleo, cujo valor atingira preços recordes no período. As receitas com as exportações do produto também foram fundamentais para que a Venezuela projetasse sua influência internacionalmente, liderando um conjunto de países na América Latina que compartilhava valores em comum, como a proposta estatizante da economia e a oposição à ingerência dos Estados Unidos (EUA) na região. Bolívia, Equador, Nicarágua e Cuba gravitaram durante muitos anos sob a órbita venezuelana, no chamado "**bloco bolivariano**".

Mas as conquistas sociais da Era Chávez foram ofuscadas por uma condução política autoritária, marcada por uma série de medidas de concentração de poder. Respaldado por uma bancada favorável no Congresso, Chávez conseguiu aprovar leis que fortaleceram o Poder Executivo e permitiram a reeleição por tempo indeterminado. Além disso, foi acusado de cooptar o Judiciário para ratificar suas medidas e perseguir a oposição. Embora não seja caracterizada como uma ditadura, já que havia eleições livres e justas, a Venezuela tampouco poderia ser considerada uma democracia plena.

A morte de Chávez, em março de 2013, vítima de um câncer na região pélvica, comoveu a população, que parecia antever as nuvens mais carregadas que se aproximavam. É verdade que, nos últimos anos do governo Chávez, a economia do país já dava sinais de declínio, mas o contexto econômico e político que se seguiu à sua morte agravaram o quadro.

No mês seguinte à morte de Chávez, seu vice, Nicolás Maduro, foi eleito para um mandato presidencial de seis anos, derrotando Henrique Capriles, o principal nome da oposição. O primeiro ano de seu mandato foi tenso. Foi nesse período que a inflação disparou e o desabastecimento se tornou mais frequente. Em fevereiro de 2014, os protestos contra o governo se espalharam em diversas cidades, ocasionando 42 mortes. Acusados de incitar um golpe, diversos políticos da oposição foram presos. Consolidava-se, assim, o quadro de polarização política que atualmente paralisa o país.

Mas como a Venezuela pôde regredir tanto em questão de poucos anos? A resposta não é simples, mas é possível apontar alguns dos aspectos mais decisivos na falha da condução econômica. A razão mais evidente é que a Venezuela é **extremamente dependente do petróleo**, responsável por 96% de suas receitas com exportação. Se em 2008, durante o auge do chavismo, o barril chegou a superar os 120 dólares, desde então seu valor vem caindo, mantendo-se, desde 2014, abaixo dos 50 dólares. Sem essa fonte de recursos, o governo perdeu a capacidade de importar muitos itens de necessidade básica e reduziu os investimentos sociais. Em uma economia mais diversificada, o país não ficaria tão vulnerável à flutuação do preço do petróleo. Uma outra ação tomada desde o período do governo Chávez impediu o desenvolvimento de um setor empresarial mais dinâmico: **o controle de preços**.

Adotado inicialmente como medida paliativa para conter a inflação e garantir que a população mais pobre tivesse acesso a produtos essenciais, o congelamento se prolongou por muitos anos sem resolver o problema. Pior: a medida acabou desestimulando os investimentos da iniciativa privada, uma vez que, em muitas situações, os itens acabavam sendo vendidos a preços inferiores ao custo de produção. Consequentemente, os produtos sumiram das prateleiras, gerando a atual crise de abastecimento. **O controle do Estado sobre o câmbio**, adotado desde 2003 com o objetivo inicial de impedir a fuga de dólares do país e controlar a inflação, também desestruturou a economia. Esse complexo sistema funciona assim: o governo mantém duas taxas de câmbio, uma delas com a cotação do dólar mais barata para ser utilizada apenas na importação de insumos de primeira necessidade. O problema é que boa parte desses dólares é desviada ilegalmente por militares e membros do governo, que os revendem no mercado paralelo, cuja cotação chega a ser 100 vezes maior que o câmbio oficial.

Essa medida não apenas alimenta a corrupção, como provoca uma escassez de moeda estrangeira que deveria ser utilizada para as importações e para os investimentos do setor produtivo, agravando o problema de abastecimento. Para Maduro, boa parte da responsabilidade pela crise é da oposição, acusada de desestabilizar o país e cooptar empresários para reter seus produtos. O presidente também culpa os EUA, cujo governo declarou, em 2015, que a Venezuela representa uma "ameaça à segurança nacional e à política externa" do país. No entender de Maduro, essa é uma forma de os EUA pressionarem investidores estrangeiros a desistirem da Venezuela e impedir que bancos internacionais concedam empréstimos ao país.

EVOLUÇÃO DA INFLAÇÃO E DO PRODUTO INTERNO BRUTO (PIB) NA VENEZUELA (2000-2015)

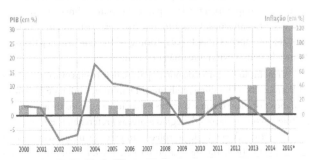

Fonte: Banco Mundial.

GLOBALIZAÇÃO

6.7.12 Venezuela anuncia saída da OEA

Encurralada e incapaz de defender a crise que atravessa ante o organismo regional mais importante, Caracas cumpriu suas advertências. A chanceler Delcy Rodríguez anunciou, no palácio presidencial de Miraflores, que a Venezuela iniciará o processo de saída da Organização dos Estados Americanos (OEA). Era uma decisão já prevista, depois que o Conselho Permanente do organismo convocou uma reunião de ministros das Relações Exteriores para tratar da crise do país sul-americano sem a aprovação do Governo de Nicolás Maduro.

Rodríguez mencionou a intromissão em seus assuntos internos para justificar a decisão, apontando o México como o aríete de um processo que busca "tutelar" seu país. "Felizmente isso nunca acontecerá, pois assim está marcado em nossa história, nosso presente e nosso futuro", afirmou. A chanceler se pronunciou em Caracas poucos minutos após a entidade convocar, por votação de 19 dos seus 34 membros, uma reunião para tratar da crise venezuelana. Embora ainda se desconheça o lugar e a data do encontro, a decisão, adotada durante reunião extraordinária, significa a elevação do tom da organização frente ao país bolivariano, que nas últimas semanas viveu uma série de protestos marcados pela violência.

A Venezuela denunciará a Carta da OEA nesta quinta e dará início ao processo de saída, que vai durar cerca de dois anos. Para atingir esse objetivo, deverá pagar quase 9 milhões de dólares (cerca de 28 milhões de reais), informou à agência Efe o secretário de assuntos jurídicos da OEA, Jean Michel Arrighi. Enquanto isso, o país continua sendo um membro pleno, com todos os direitos e organizações inerentes. Se manter a decisão, será o primeiro país na história da OEA a se afastar por vontade própria do bloco regional.

Fiel ao seu estilo, o chavismo quis transformar uma derrota diplomática (provavelmente serão alcançados os 23 votos necessários na posterior aplicação da Carta Democrática Interamericana) em uma vitória moral. "A Venezuela não participará de nenhuma atividade que pretenda posicionar o intervencionismo e a ingerência desse grupo de países, que só procuram perturbar a estabilidade de nosso país. São ações dirigidas por um grupo de países mercenários da política para cercear o direito do povo venezuelano ao futuro", declarou Rodríguez.

A ministra não perdeu a oportunidade para comparar a reunião de chanceleres, aprovada sem o consentimento da Venezuela, com a expulsão de Cuba da OEA, em 1962. "Décadas mais tarde, ali está o povo de Cuba, digno e de pé, ratificando a escolha histórica, moral e ética de um povo que está defendendo a soberania e a independência. Hoje, a Venezuela empreende uma batalha similar por sua soberania, sua paz e sua independência", prosseguiu Rodríguez.

Samuel Moncada, representante da Venezuela na OEA, afirmou na sessão prévia à votação que o organismo é a causa dos distúrbios no país. "Aqui alentam os extremistas", disse Moncada ante os países-membros. Também afirmou que a instituição perdeu sua imparcialidade e tenta impor uma tutela ao país bolivariano sobre como resolver seus assuntos internos. Com um discurso derrotista e sem ninguém para atacar – apenas dois de seus "inimigos" fizeram uso da palavra –, Moncada tentou evitar a reunião dos chanceleres.

A resolução foi aprovada por 19 países, dentre eles cinco membros da Petrocaribe (Honduras, Bahamas, Dominica, Guiana e Jamaica), a aliança por meio da qual Caracas estabeleceu acordos de assistência petroleira com as nações da região a preços preferenciais em troca de apoio político. A venda de petróleo com preços vantajosos tem sido usada desde 2005, ano de criação da Petrocaribe, como uma arma para a promoção dos interesses chavistas na região. O apoio político dos países caribenhos impediu que prosperassem, na própria OEA, as denúncias sobre a natureza autoritária do regime de Hugo Chávez. Mas o autogolpe realizado por Maduro, ao promover a anulação do Parlamento, com a colaboração de seus aliados da Corte Suprema de Justiça, provocou uma mudança no cenário geopolítico.

Tanto a decisão da Venezuela como a da maioria de países-membros evidenciam o isolamento político do regime de Maduro. Durante as últimas semanas, além das repetidas sessões na OEA, uma enxurrada de denúncias atingiu o Governo de Caracas, vindas de organizações internacionais e Governos específicos. A Colômbia e o Peru, entre outros, retiraram seus embaixadores há pouco menos de um mês.

6.7.13 Trump e a saída do TTP

As negociações sobre o Acordo de Parceria Transpacífica (TPP) foram concluídas em 5 de outubro de 2015, em Atlanta, nos Estados Unidos. Este acordo reunia 12 países: a Austrália, o Canadá, o Chile, a Nova Zelândia, Singapura, o Brunei, a Malásia, o Japão, o México, o Peru e os Estados Unidos. Localizados em áreas estratégicas de cada lado do Pacífico, com uma população de um bilhão de pessoas, esses países representam 25% das exportações mundiais e 40% do produto interno do PIB mundial.

É o mais vasto tratado de comércio da História da humanidade. As negociações desenrolaram-se no mais absoluto sigilo nos últimos cinco anos, embora após a chegada de Barack Obama ao poder tenham sido encaradas com o objetivo de aumentar o poder econômico dos grandes consórcios norte-americanos.

Ainda durante a campanha presidencial, Trump identificou como uma das fragilidades econômicas do país as relações comerciais com o resto do mundo. Segundo o novo presidente, sua gestão dará prioridade a acordos bilaterais "justos", em vez de blocos econômicos, com o objetivo de levar de volta aos EUA empregos e indústrias. Por isso, não foi nenhuma surpresa que uma das primeiras ações de Trump como presidente tenha sido a assinatura de um decreto que retira o país do Acordo Transpacífico de Cooperação Econômica (TPP, na sigla em inglês).

Criado em fevereiro de 2016, o TPP nasceu para se tornar a maior área de livre-comércio do mundo, abrangendo 12 nações com uma população somada de 800 milhões de pessoas e responsáveis por 40% do Produto Interno Bruto (PIB) mundial. Entre seus membros estavam duas das três maiores economias do mundo – EUA e Japão.

Com uma canetada, Trump retirou os EUA do TPP e praticamente inviabilizou o acordo, que terá dificuldades para ser levado adiante sem a presença norte-americana. Dessa forma, Trump desferiu o maior golpe contra o livre-comércio até agora, sepultando um tratado que iria diminuir ou até mesmo eliminar cerca de 18 mil tarifas de importação, abrangendo de commodities agrícolas até bens industrializados.

A China tem buscado promover sua própria versão de um pacto comercial da Ásia-Pacífico, chamado de Parceria Abrangente Econômica Regional (RCEP, na sigla em inglês), que exclui os Estados Unidos e cria uma área de livre comércio de 16 nações, incluindo a Índia, o maior bloco do mundo nesse âmbito, abrangendo 3,4 bilhões de pessoas.

Trata-se de um acordo comercial mais tradicional, que envolve cortar tarifas em vez de abrir economias e estabelecer padrões trabalhistas e ambientais como o TPP faria.

6.7.14 Mercado comum do Caribe (Caricom)

Criado em 1973, o Caricom foi criado para substituir a Associação de Livre-Comércio do Caribe (**CARIFTA**) que existia desde 1965. Organiza a cooperação econômica e coordena a política externa de seus membros. Além disso, desenvolve projetos comuns nas áreas de saúde, educação e comunicação. O turismo representa uma de suas atividades de geração de renda.

Seus membros são: Antígua & Barbuda, Bahamas, Barbados, Belize, Guiana, Haiti, Jamaica, Santa Lúcia, São Cristóvão & Névis, São Vicente & Granadinas, Suriname, Trinidad & Tobago.

6.7.15 Associação das Nações do Sudeste Asiático (ASEAN)

A Associação das Nações do Sudeste Asiático foi criada em 1967, com objetivos extra econômicos, como assegurar a estabilidade política. A aceleração do processo de desenvolvimento da região é representada pela integração de um bloco de 495 milhões de habitantes. Sua integração se deu em 2000.

Em 1992 foi criada a zona de livre-comércio de modo a desenvolver a competitividade da região, que assim passou a funcionar como um bloco unido. O objetivo foi o de promover uma maior produtividade e competitividade. Em nível de relações externas, a prioridade da ASEAN é fomentar o contato com os países da região Ásia-Pacífico, mas foram também estabelecidos acordos de cooperação com o Japão, a China e Coréia do Sul. Seus membros são: Brunei, Camboja, Cingapura, Filipinas, Indonésia, Laos, Malásia, Mianmar, Vietnã – Tailândia, Papua Nova Guiné e Timor-Leste têm estatuto de observadores.

6.7.16 Comunidade dos Estados Independentes (CEI)

Em dezembro de 1991, estava criada a CEI, onde a Rússia apresenta notória influência sobre os demais membros. Na realidade a CEI se constitui como uma estrutura frágil, o que pode ser comprovado pela análise de seus problemas econômicos e sociais, dos conflitos nacionalistas e das disputas étnicas, além do receio causado pela supremacia russa. Seus membros são: Armênia, Azerbaijão, Bielo-Rússia (Belarus), Cazaquistão, Federação Russa, Moldávia, Quirguistão (Quirguízia), Tadjiquistão, Ucrânia e Uzbequistão. O Turcomenistão abandonou o bloco em 2005 e a Geórgia em 2008.

7 MACRODIVISÃO NATURAL DO ESPAÇO BRASILEIRO: BIOMAS, DOMÍNIOS E ECOSSISTEMAS

O Brasil é considerado um dos 12 países com **megadiversidade**, ou seja, possui em seu território proporção relativamente grande da biodiversidade global. Tal fato advém não só da grande extensão territorial do país, como da sua localização na zona tropical, com grandes áreas de Floresta Tropical Úmida, bioma[1] que abriga proporção extremamente grande do total de espécies que ocorrem no planeta.

Fonte: MOREIRA, Igor. O Espaço Geográfico. SP. Ática. 1985

7.1 Os grandes domínios de vegetação: o caso Brasileiro

O Brasil é um país com grandes extensões territoriais. São 8,5 milhões de Km² submetidos a uma mistura de condições climáticas que permite o desenvolvimento de uma grande diversidade de ambientes. As formações vegetais que ocupam maior extensão territorial são as florestas. Há uma grande variedade dessas formações na bacia amazônica, na região costeira, no Sul do país e nas regiões subtropicais. Mesmo os cerrados e caatingas possuem dentro de sua área de domínio formações florestais que acompanham as drenagens. A palavra floresta é, portanto, um termo genérico para designar um tipo de formação no qual o elemento dominante são as árvores e que forma dossel.

CONTI, José Bueno & FURLAN, Sueli Angelo. Geoecologia: o clima, os solos e a biota. In.: Geografia do Brasil. ROSS, Jurandyr. L.S. São Paulo: EDUSP. p.155.

A história da flora Brasileira resultou em uma grande diversidade de associações ou distribuição espacial das associações vegetais. Há diferentes critérios de classificação da vegetação Brasileira e sua distribuição. Cada autor seleciona, conforme o seu enfoque, critérios que podem ser fisionômicos, ecológicos, bioclimáticos etc.

De forma genérica, existem no Brasil a Floresta Amazônica, a Mata Atlântica, a Mata de Araucária ou Mata dos Pinheiros, a Mata dos Cocais e as Matas Ciliares, que constituem as formações florestais arbóreas. Entre as formações arbustivas destacam-se a Caatinga, o Cerrado e os Campos. Aparecem ainda em nosso território o Complexo do Pantanal e a Vegetação Litorânea.

---

[1] Bioma: termo que designa grandes ecossistemas de aspecto mais ou menos homogêneo e com condições climáticas semelhantes. São os ecossistemas maiores e mais complexos, como os mares, oceanos e florestas tropicais, as responsáveis pela unidade global de todos os seres vivos da Terra. O Brasil apresenta vários tipos diferentes de biomas: o Pantanal, a Floresta Amazônica etc.

7.1.1 Floresta equatorial (amazônica)

O naturalista alemão, Alexander von Humboldt realizou expedições científicas pela Amazônia (Venezuela e Colômbia), e denominou-a **Hileia**[2]. Já outro nome do naturalismo, o também alemão Carl Philipp von Martius, em sua obra **Flora Brasiliensis**, denominou a floresta equatorial como **Náiade**, deusa grega dos rios e das fontes.

A Amazônia é a maior floresta do mundo, ocupando cerca de 5,5 milhões de quilômetros quadrados (60% de toda a floresta recobre o Brasil).

O elemento de maior destaque dessa floresta é, sem dúvidas, a sua biodiversidade, cerca ⅓ do número de espécies do planeta, mas que chega a intrigar pesquisadores de todo o mundo quanto à possibilidade de catalogar um número tão significativo de espécies.

No Brasil, ocupa a quase totalidade da região Norte, a porção setentrional de Mato Grosso e a porção ocidental do Maranhão. Devido à existência na Amazônia de uma topografia em três níveis, a floresta também se apresenta em três estratos, que são:

Os subtipos da floresta

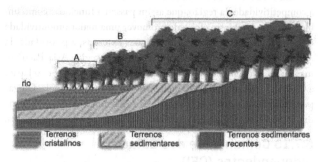

a) **IGAPÓ (CAAIGAPÓ):** ocorre em solo permanentemente alagado, em terrenos baixos próximos dos rios. Em regra, o solo e a água dos igapós são ácidos. Ex.: Taxi, Arapati e a Mamorana.

b) **VÁRZEA:** localizam-se sobre os terrenos periodicamente alagados e sua composição florística varia de acordo com a duração do período em que ela é alagada, o que é determinado pela altura em relação ao nível de base dos rios. É uma formação intermediária entre as matas de igapó e de terra firme. Ex.: Cumaru-de-Cheiro, Seringueira e Pau-Mulato.

c) **TERRA FIRME (CAAETÊ):** a mata de terra firme compreende a maior parte da floresta. São regiões que não sofrem inundações por estarem situadas nas áreas mais elevadas do terreno. Como o solo está livre das inundações, as árvores mais altas da floresta têm entre 40 e 60m de altura. O entrelaçamento das copas quase impede a passagem de luz e água.

No meio da floresta aparecem tipos especiais de associações locais, que se diferenciam pela sua composição florística e ecológica. São os campos e a caatinga amazônica, que ocorrem no alto rio Negro e no alto Solimões. São formações abertas, sempre verdes e com folhagem xeromórfica. São inteiramente diferentes das caatingas nordestinas, predominando nos campos limpos (próximo a Boa Vista) e nas manchas de cerrados. No Amapá, na ilha de Marajó e nas planícies amazônicas onde não se instalou a floresta aparecem as campinaranas, predominantemente de gramíneas. Os campos cerrados forma ilhas de vegetação do tipo savânica no litoral (ilha de Marajó), no baixo Amazonas (Pará, entre os cursos superiores dos rios Jari e Trombetas e no sul do Pará e Amazonas, na altura do médio Tapajós, entre os rios Purus e Madeira).

CONTI, José Bueno & FURLAN, Sueli Angelo. Geoecologia - O Clima, os solos e a biota. In: Geografia do Brasil. ROSS, Jurandyr. L.S. São Paulo: EDUSP. p.164.

---

[2] Hileia: da palavra grega hyle, que significa "matéria", "madeira" ou "floresta".

Amazônia legal

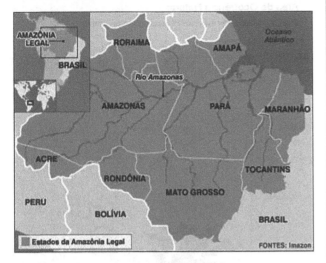

A Amazônia Legal foi delimitada pelo governo Brasileiro em 1966 como região política para a execução de planos de desenvolvimento e ações de assistência e fiscalização. Ela engloba os sete estados da região Norte, além do Mato Grosso e parte do Maranhão e Goiás. A área de 3,8 milhões de quilômetros quadrados tem 23 milhões de habitantes.

Arco do desmatamento

O chamado **Arco do Desmatamento** é uma região em que a grande diversidade de ocupação e de atividade vem acarretando intenso processo de queimadas e desflorestamentos. As finalidades são a extração de madeira, a abertura de área para a pecuária ou para a agricultura (soja) etc. Trata-se de um grande cinturão que contorna a floresta, principalmente no limite com o Cerrado. Também conhecido como **Arco do Fogo** ou, mais recentemente, como **Arco de Povoamento Adensado,** estende-se desde a desembocadura do Rio Amazonas até o oeste do Maranhão, leste e sudeste do Pará, Tocantins, Mato Grosso e Rondônia.

As florestas nessas regiões estão se transformando em cerrados e o regime das chuvas tem-se alterado com a diminuição das precipitações, aumento da erosão e prejuízo à biodiversidade da região.

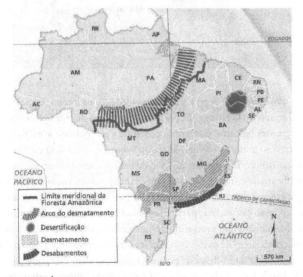

Fonte: THÉRY, Hervé; MELLO, Neli A. Atlas do Brasil: disparidades e dinâmicas do território. São Paulo: Edusp, 2005. p.70.

Vigilância na Amazônia

O Sistema de Vigilância da Amazônia ou SIVAM é um projeto elaborado pelos órgãos de defesa do Brasil, com a finalidade de monitorar o espaço aéreo da Amazônia. Conta com uma parte civil, o Sistema de Proteção da Amazônia, ou SIPAM. Este projeto vinha a atender um antigo anseio das Forças Armadas que desejavam garantir a presença das Forças Armadas Brasileiras na Amazônia, com a finalidade de fazer frente a manifestações de líderes internacionais contra os direitos do povo Brasileiro sobre esta região. Os sucessivos projetos de internacionalização da Amazônia fortaleceram esta percepção de ameaça sobre a soberania territorial da Amazônia Brasileira. Para fazer frente a este tipo de ameaça, as Forças Armadas, juntamente com pesquisadores civis da região Amazônica propuseram a construção de uma ampla infraestrutura de apoio à vigilância aérea e comunicação na região amazônica. Como parte do projeto SIVAM foi construída a infraestrutura necessária para suportar a fixação de enormes antenas de radar, sistemas de comunicação, bem como de modernas aparelhagens eletrônicas. Também faz parte desta infraestrutura a integração com o satélite Brasileiro de sensoriamento remoto, que permite fiscalizar o desmatamento na Amazônia.

ESQUEMA TERRITORIAL DO SIVAM

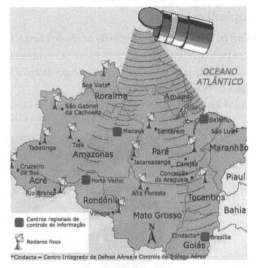

7.1.2 Floresta tropical (mata atlântica)

Essa floresta é também uma formação exuberante que se assemelha bastante à floresta equatorial. É heterogênea, intrincada, densa e aparece em diferentes pontos do país, de temperaturas elevadas e alto teor de umidade. Floresta latifoliada, ela é assim definida porque apresenta folhas grandes e largas e está situada ao longo do litoral oriental intertropical Brasileiro, que vai do Rio Grande do Norte até o norte de São Paulo, onde entra para o interior. Nas áreas de maior presença de umidade, é denominada floresta latifoliada úmida de encosta. Essa formação foi altamente devastada ao longo da história do Brasil.

MACRODIVISÃO NATURAL DO ESPAÇO BRASILEIRO: BIOMAS, DOMÍNIOS E ECOSSISTEMAS

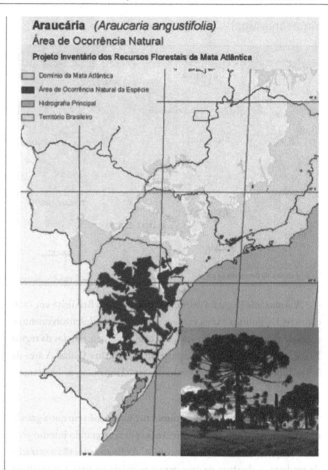

7.1.3 Mata de araucária subtropical ou pinhais

O Curi ou Cury é a árvore símbolo do estado do Paraná. Curitiba, segundo os povos guaranis, era o lugar da araucária, mas quando chegamos a essa cidade hoje, poucos são os remanescentes da única formação de coníferas do Brasil: as florestas de araucária.

CONTI, José Bueno & FURLAN, Sueli Angelo. Geoecologia - O Clima, os solos e a biota. In: Geografia do Brasil. ROSS, Jurandyr.L.S. São Paulo: EDUSP.p.184.

7.1.4 Mata dos cocais

Mata dos Cocais

A bandeira é composta por fundo verde que representa as matas do estado. Uma faixa diagonal branca (simbolizando a paz) apresenta em seu centro uma esfera azul (simbolizando o céu) com cinco estrelas de cinco pontas brancas, representando o Cruzeiro do Sul. Dentro da esfera azul há uma faixa branca com a inscrição PARANÁ na cor verde. No lado esquerdo da esfera há um ramo de erva-mate e no lado direito um de pinheiro-do-paraná, árvore símbolo da araucária.

A floresta aciculifoliada subtropical é uma formação vegetal típica de clima subtropical, menos quente e úmido que o equatorial. Por isso suas folhas são finas e alongadas, a fim de evitar excessiva perda de umidade. Estendia-se originalmente do sul de São Paulo ao norte do Rio Grande do Sul. As serras e os planaltos do Sudeste eram sua área original. Atualmente a vegetação nativa corresponde a apenas 5% da área original.

Essa formação vegetal está encravada entre a Floresta Amazônica, o Cerrado e a Caatinga. É, portanto, uma mata de transição entre as formações bastante distintas, constituída por palmeiras ou palmáceas, com grande predominância do babaçu e ocorrência esporádica de carnaúbas. Tanto o extrativismo do babaçu como o da carnaúba não implicam devastação, pois se aproveitam apenas os cocos e as folhas, que são continuamente reproduzidas pelas palmeiras. No entanto, a expansão pecuarista, particularmente nos estados de Tocantins e do Maranhão, tem produzido grande destruição da vegetação com a criação de áreas de pasto. Isso tem levado ao agravamento das condições de vida de milhões de pessoas, que dependem do extrativismo. O óleo de babaçu é utilizado na fabricação de sabões e sabonetes e como lubrificantes, nas indústrias de aparelhos de alta precisão, como, por exemplo, na indústria de balanças. Depois de retirado o óleo da semente, esta constitui um excelente alimento para o gado.

7.1.5 Cerrado

O Cerrado na visão de Percy Lau

Essa formação ocupava originalmente cerca de 25% do território Brasileiro, sendo a segunda maior cobertura vegetal do país. É caracterizado pelo domínio de pequenas árvores e arbustos bastante retorcidos com casca grossa (cortiça), que retém mais água, geralmente caducifólias e com raízes profundas. Parece-se muito com a savana africana. A origem do Cerrado ainda é uma incógnita. Para alguns ele resulta do clima, já que a alternância entre as estações úmida e seca é muito forte. Para outros sua origem está ligada ao solo extremamente ácido e pobre. Ocorre no Brasil nas áreas de menor umidade, como é o caso do Planalto Central (Goiás, Tocantins, Mato Grosso e Mato Grosso do Sul, além de trechos do Maranhão, Piauí, Minas Gerais, São Paulo e Paraná).

Vegetação de Cerrado no Parque Nacional da Serra da Canastra (MG).

7.1.6 Caatinga

A Caatinga compreende diferentes tipos de associações vegetais que formam matas secas e campos. Ela é propriamente uma mata seca caducifólia. Somente o juazeiro (destacado na imagem a seguir), que possui raízes muito profundas para capturar água do subsolo, e algumas palmeiras não perdem as folhas.

Ecologicamente, podemos dividir a Caatinga em cinco variações:
- Caatinga seca não arbórea.
- Caatinga seca arbórea.
- Caatinga arbustiva densa.
- Caatinga de relevo mais elevado.
- Caatinga do Chapadão do Moxotó.

7.1.7 Pantanal

Desenho de Marlene Mourão (Peninha) sobre a paisagem pantaneira

O Pantanal corresponde a uma grande depressão localizada no interior do Mato Grosso e Mato Grosso do Sul ocupando uma área de aproximadamente 100.000km². Sua altitude média é de 100m, sendo a maior planície inundável do planeta.

A complexa vegetação do Pantanal (Caatinga, Cerrado e vegetação de grande porte), surgiu em uma faixa de terras quase totalmente recoberta por água e abriga uma rica fauna. Daí o porquê de o Pantanal ser tido como um "santuário ecológico" e requerer tantos cuidados, não só pela sua riqueza ecológica enquanto ecossistema, mas também por ser reconhecida a sua fragilidade às ações humanas.

7.1.8 Campos

Formações rasteiras ou herbáceas, constituídas por gramíneas que atingem até 60 cm de altura. Sua origem pode estar associada a solos rasos ou temperaturas baixas em regiões de altitudes elevadas, áreas sujeitas à inundação periódica ou ainda solos arenosos. Os Campos mais famosos do Brasil localizam-se no extremo-sul, na Campanha Gaúcha. Em Mato Grosso do Sul, destacam-se os campos de Vacaria e, no restante do país, aparecem manchas isoladas na Amazônia, no Pantanal e nas regiões serranas do Sudeste e do planalto das Guianas.

7.1.9 Vegetação litorânea

Nas praias e dunas, é muito importante a ocorrência de vegetação rasteira, responsável pela fixação da areia, impedindo que seja transportada pelo vento. A restinga é uma formação vegetal que se desenvolve na areia com predomínio de arbustos e ocorrência de algumas

MACRODIVISÃO NATURAL DO ESPAÇO BRASILEIRO: BIOMAS, DOMÍNIOS E ECOSSISTEMAS

árvores como o chapéu-de-sol, o coqueiro e a goiabeira. Os **mangues** são **nichos ecológicos** (porção restrita de um *habitat* onde vigoram condições especiais de ambiente). Não se trata de conceito de lugar, mas da posição particular que a espécie ocupa na comunidade devido às suas adaptações estruturais, seus ajustamentos fisiológicos e aos padrões de comportamento responsáveis pela reprodução de milhares de espécies de peixes, moluscos e crustáceos.

Parque do Cocó, em Fortaleza (CE).

7.2 Domínios da natureza do Brasil

O Meio, ou Paisagem, natural de uma área é formada de elementos da natureza que mais interessam aos seres humanos e que interagem naquele lugar, ou seja, que são independentes. A humanidade, ao ocupar esse espaço, relaciona-se com estes elementos: clima, estrutura geológica e relevo, solo, vegetação e fauna originais e hidrografia.

Vesentini, J. William - Sociedade e Espaço. São Paulo, Ed. Ática, 44ª edição - 2005.p.335.

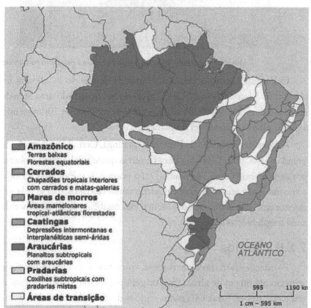

Dentre os diversos tipos de clima e relevo existente no Brasil, observamos que eles mantêm grandes relações, sejam elas de espaço, de vegetação, de solo entre outros, caracterizando vários ambientes ao longo de todo território nacional. Para entendê-los, é necessário distinguir uns dos outros, pois a sua compreensão deve ser feita isoladamente. Nesse sentido, o geógrafo Brasileiro Aziz Nacib Ab-Saber faz uma classificação desses ambientes, chamados de Domínios Morfoclimáticos. A denominação "morfoclimático" se deve às características morfológicas e climáticas encontradas nos diferentes domínios, que são 6 (seis) ao todo e mais as faixas de transição. Em cada um desses sistemas, são encontrados aspectos, histórias, culturas e economias diferentes, desenvolvendo particulares condições, como de conservação do ambiente natural e processos erosivos gerados pela ação do homem.

7.2.1 Domínio amazônico e terras baixas florestadas equatoriais

Situado, em sua maior parte, na região Norte do país, o domínio amazônico compõe planaltos, depressões e uma faixa latitudinal de planície e apresenta vegetação perenifólia, latifoliada (de folhas largas), rica em madeira de lei e densa, o que impede a penetração de cerca de 95% da luz solar no solo e, portanto, o desenvolvimento de herbáceas. No verão, quando a Zona de Convergência Intertropical se estabelece no Sul do país, os ventos formados no anticiclone dos Açores são levados pelo movimento dos alísios ao continente e, ao penetrá-lo, assimila a umidade proveniente da evapotranspiração da Floresta Amazônica. Essa massa de ar úmida é chamada de massa equatorial continental, sendo responsável pelo alto índice pluviométrico da região. Além de úmida, a Floresta Amazônica também é quente, apresentando, em função de sua abrangência latitudinal, clima equatorial. No inverno, quando a zona de convergência intertropical se estabelece no Norte do país, a massa polar atlântica, oriunda da Patagônia, após percorrer o longo corredor entre a Cordilheira dos Andes e o Planalto Central, chega à Amazônia seca, porém ainda fria, o que ocasiona friagem na região e, com isso, diminuição das chuvas.

A vegetação da Amazônia, além de latifoliada e densa, possui solo do tipo latossolo pobre em minerais e uma grande variedade de espécies, geralmente autofágicas, em virtude da grande presença de húmus nas folhas. Observa-se a presença de três subtipos: a mata de terra firme, em que se nota a presença de árvores altas, como o guaraná, o caucho (do qual se extrai o látex) e a castanheira-do-pará, que, em geral, atinge 60 metros de altura, a mata de igapó, localizada em terras mais baixas, zonas alagadas pelos rios e onde vivem plantas como a vitória-régia, e a mata de várzea, onde se encontram palmeiras, seringueiras e jatobás.

7.2.2 Domínio da caatinga e depressões intermontanas e interplanálticas semiáridas

Ocorre no oeste do Nordeste e norte de Minas Gerais, a cobertura vegetal é composta por espécies da flora resistentes à falta de água. O clima é semiárido, possui como principal característica a longa estiagem e chuvas irregulares no decorrer do ano. As altitudes variam de 200 a 800 metros acima do nível do mar, compostas por duas unidades de relevo: depressões e planaltos.

7.2.3 Domínio do cerrado e chapadões tropicais interiores com cerrados e florestas-galeria

Predomina no Centro-Oeste do Brasil, onde se encontram os estados de Goiás, Mato Grosso e Mato Grosso do Sul. A vegetação é composta por árvores tortuosas de pequeno porte, raízes profundas, cascas e folhas grossas. Apesar disso, o Cerrado demonstra outras variações ou classificações, denominadas de subsistemas (cerrado comum, cerradão, campo limpo, campo sujo, subsistema de matas, de veredas e ambientes alagadiços). O clima é o tropical subúmido com duas estações bem definidas, uma seca e uma chuvosa. O relevo desse domínio é composto por planaltos e chapadas.

7.2.4 Domínio das araucárias e planaltos subtropicais com araucária

Restringe-se aos estados da região Sul do Brasil. Essa vegetação é encontrada principalmente em planaltos mais elevados. A cobertura vegetal é formada por pinheiro-do-paraná, além da erva-mate e do cedro. O clima predominante é o subtropical, ou seja, uma transição entre o clima tropical e o temperado, com verões quentes e invernos rigorosos, apresenta as menores temperaturas do país e, em determinadas localidades, ocorre precipitação de neve.

7.2.5 Domínio dos mares de morros e áreas mamelonares tropical-atlântica florestadas

A paisagem é formada por relevo acidentado, ou seja, há uma grande incidência de planaltos, serras e morros que sofreram desgastes erosivos. Esse relevo abrange a floresta Tropical (Floresta Atlântica), que, em seu estágio natural, se apresentava desde o Rio Grande do Sul ao Rio Grande do Norte. Quanto ao clima, é o tropical úmido; as chuvas são regulares e bem distribuídas no decorrer do ano.

7.2.6 Domínio das pradarias e coxilhas subtropicais com pradarias mistas

Também conhecido por Pampa, Campanha Gaúcha ou Coxilhas, esse domínio é na verdade um prolongamento do Pampa argentino e uruguaio no Sul do Brasil. Trata-se de uma extensa área com predomínio de terras baixas e vegetação herbácea, onde sobressaem colinas ou ondulações do terreno, denominadas coxilhas. A pecuária extensiva é a principal atividade econômica da região.

7.2.7 Faixas transicionais

Faixas de transição são áreas intermediárias entre as regiões naturais, muitas vezes agrupam características de dois ou mais domínios morfoclimáticos. Um exemplo de faixa de transição é a região do Pantanal, que ocupa partes do sudoeste do Mato Grosso e oeste do Mato Grosso do Sul. O Pantanal possui uma vegetação bastante diversificada, composta por Florestas, Cerrados e até mesmo espécies típicas da **Caatinga**. O relevo do Pantanal é formado por uma vasta planície, com rios volumosos. O clima é quente, com uma estação chuvosa (de novembro a abril) e outra de seca (de maio a outubro). Na estação chuvosa os leitos dos rios transbordam, e as águas inundam grande parte da planície.

7.3 Principais ameaças aos domínios morfoclimáticos

Desde os anos 1970, com os elevados investimentos em projetos de agropecuária, extrativismo vegetal e mineral, a Floresta Amazônica tem sofrido intensa devastação.

O chamado **Arco do Desmatamento** é uma região em que a diversidade de ocupação e de atividades vem acarretando um intenso processo de queimadas e desflorestamentos. As principais atividades degradadoras são o extrativismo, a pecuária e, mais recentemente, o cultivo de soja. Também conhecido como **Arco de Fogo**, ou mais recentemente chamado de **Arco de Povoamento Adensado**, essa área estende-se desde a desembocadura do Amazonas até o oeste do Maranhão, leste e sudeste do Pará, Tocantins, Mato Grosso e Rondônia.

Esses estados apresentam ainda outro grande problema Brasileiro, que é o trabalho escravo. Tais estados apresentam o maior número de casos registrados pelo Ministério do Trabalho.

OS DOMÍNIOS DE NATUREZA NO Brasil

A paisagem é sempre uma herança. Na verdade, ela é uma herança em todo o sentido da palavra: herança de processos fisiográficos e biológicos, e patrimônio coletivo dos povos que historicamente a herdaram como território de atuação de suas comunidades [...] Mais que simples espaços territoriais, os povos herdaram paisagens e ecologias, pelas quais certamente são ou deveriam ser responsáveis.

Desde os mais altos escalões do governo e da administração até o mais simples cidadão, todos têm parcela de responsabilidade permanente, no sentido da utilização não predatória dessa herança única, que é a paisagem terrestre. Para tanto, há que conhecer melhor as limitações de uso, específicas

MACRODIVISÃO NATURAL DO ESPAÇO BRASILEIRO: BIOMAS, DOMÍNIOS E ECOSSISTEMAS

de cada tipo de espaço e paisagens [...] Diga-se, de passagem, que, a despeito de a maior parte dessas paisagens do país estar sob a complexa situação de duas organizações e opostas e interferentes – ou seja, a natureza e a dos homens –, ainda existem possibilidades razoáveis para uma caracterização dos espaços naturais, em uma tentativa mais objetiva de reconstrução espacial primária delas. De modo geral, o homem pré-histórico Brasileiro pouca coisa parece ter feito como elemento perturbador da estrutura primária das paisagens naturais do país [...]

Ab'Saber, Aziz N. Potencialidades paisagísticas Brasileiras. São Paulo, IG-USP, 1977(Série Geomorfologia, n.55); Domínios de Natureza no Brasil).

REALIDADE BRASILEIRA

8 A QUESTÃO AMBIENTAL NO BRASIL

8.1 A questão ambiental

O nosso planeta vem sofrendo mudanças climáticas profundas há milhões de anos. Essas transformações são naturais, uma vez que a própria dinâmica do planeta as exige. Entretanto, a história da sociedade humana sempre esteve ligada à apropriação da natureza, a princípio, de maneira moderada, com o objetivo de obter recursos para a sua sobrevivência. Contudo, com a evolução da ciência, essa relação do homem com a natureza é transformada quando ele se coloca como o centro de todas as coisas - antropocentrismo.

Os impactos ambientais que acompanham a sociedade humana tiveram início no planeta, de forma mais intensa, a partir do século XIX, provocados, principalmente, pela Revolução Industrial, que levou à urbanização da população mundial, agravando e acelerando a degradação do ambiente, o que ocorre até os dias atuais.

A consciência ecológica e o reconhecimento da esgotabilidade dos recursos naturais começaram a despertar mais atenção na década de 1960. As profundas transformações sociais e culturais dessa década deram início a mudanças no pensamento ecológico, o que motivou o surgimento das primeiras organizações não governamentais (ONGs), que tinham como objetivo a luta pela preservação ambiental. Suas posições e suas críticas marcaram a mídia da época, levando-a, pelo menos, a uma reflexão sobre a questão ambiental.

Na década de 1970, a tomada de consciência ecológica foi consolidada. A ONU divulgou um alerta sobre a questão ambiental no ano de 1972 durante uma conferência realizada em Estocolmo, Suécia. Dessa conferência, resultou a Declaração sobre o Ambiente Humano, na qual, pela primeira vez, a comunidade internacional alerta sobre a preservação do meio ambiente e a responsabilidade dos países em preservá-lo. Além disso, foi instituído o Programa das Nações Unidas para o Meio Ambiente (PNUMA). Nesse mesmo ano, o Clube de Roma - entidade formada por importantes empresários - também alertou o mundo para os problemas ambientais, divulgando um relatório que ficou conhecido como "Os limites do crescimento", elaborado pelo Massachusetts Institute of Tecnology (MIT). Neste relatório, alertava-se sobre os problemas ambientais globais provocados, principalmente, pela sociedade urbano-industrial. Nesse relatório, foi proposto o congelamento do crescimento econômico como única saída para evitar o aumento da degradação ambiental. Por motivos óbvios, a proposta desagradou a todos, dando destaque para os países subdesenvolvidos que, na época, necessitavam do crescimento econômico a qualquer custo.

As discussões a respeito do relatório acabaram por afastar a possibilidade de uma posição mundial aceitável naquele momento. Em 1978, ocorreu a primeira Conferência do Clima em Genebra, Suíça. A partir disso, houve uma intensificação de pesquisas científicas sobre as mudanças climáticas, o que levou à formação do Painel Intergovernamental para Mudanças Climáticas (IPCC), em 1988, organizado pelo Programa das Nações Unidas para o Meio Ambiente e pela Organização Meteorológica Mundial (OMM), que teve por objetivo melhorar o entendimento científico sobre o tema por meio da cooperação dos países-membros da ONU. O IPCC constitui a mais importante referência científica no mundo sobre o aquecimento global e é o principal responsável pelas previsões a respeito do assunto.

Na década de 1980, a Conferência de Nairóbi (1982) teve como objetivo avaliar o desenvolvimento de programas ambientais e estabelecer prioridades para a preservação ambiental, tais como a criação de unidades de conservação e a recuperação das áreas degradadas.

Em 1983, com a criação, pela ONU, da Comissão Mundial sobre o Meio Ambiente e Desenvolvimento (CMMAD), encomendou-se a Gro Harlem Brundtland, presidente da Comissão e primeira-ministra da Noruega, um estudo sobre o tema degradação ambiental mundial, que foi publicado em 1987, sob o título "Nosso futuro comum". O que marca esse estudo é a busca do equilíbrio entre as posições antagônicas surgidas em Estocolmo, lançando, em âmbito mundial, a noção de desenvolvimento sustentável e apresentando orientação para políticas que o buscam. Esse estudo ficou conhecido como Relatório Brundtland e foi o marco para a busca do desenvolvimento sustentável, mostrando ser possível o crescimento econômico e o desenvolvimento humano.

O Brasil é considerado um dos 12 países com megadiversidade, ou seja, possui em seu território proporção relativamente grande da biodiversidade global. Fato esse que advém não só da grande extensão territorial do país, como da sua localização na zona tropical, com grandes áreas de floresta tropical úmida, bioma[1] que abriga proporção extremamente grande do total de espécies que ocorrem no planeta.

A história da flora Brasileira resultou numa grande diversidade de associações ou distribuição espacial das associações vegetais. Há diferentes critérios de classificação da vegetação Brasileira e sua distribuição. Cada autor seleciona, conforme o seu enfoque, critérios que podem ser fisionômicos, ecológicos, bioclimáticos etc.

De forma genérica, existem no Brasil, a Floresta Amazônica, a Mata Atlântica, a Mata de Araucária ou Mata dos Pinheiros, a Mata dos Cocais e as Matas Ciliares constituem as formações florestais arbóreas. Dentre as formações arbustivas, destacam-se: a Caatinga, o Cerrado e os Campos. Aparecem ainda em nosso território o Complexo do Pantanal e a Vegetação Litorânea.

8.2 Degradação

8.2.1 Degradação na Amazônia

O avanço da fronteira econômica Brasileira tem provocado profundos impactos ambientais na Amazônia, principalmente associados ao desmatamento.

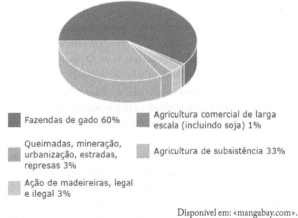

Causas do Desmatamento na Amazônia

- Fazendas de gado 60%
- Queimadas, mineração, urbanização, estradas, represas 3%
- Ação de madeireiras, legal e ilegal 3%
- Agricultura comercial de larga escala (incluindo soja) 1%
- Agricultura de subsistência 33%

Disponível em: <mangabay.com>.

---

1 Bioma: Termo que designa grandes ecossistemas de aspecto mais ou menos homogêneo e com condições climáticas semelhantes. São os ecossistemas maiores e mais complexos, como os mares, oceanos e florestas tropicais, as responsáveis pela unidade global de todos os seres vivos da Terra. O Brasil apresenta vários tipos diferentes de biomas: O Pantanal, a Floresta Amazônica etc.

A QUESTÃO AMBIENTAL NO BRASIL

A pecuária, as queimadas como forma de atender ao avanço da agricultura e o desmatamento para atender às demandas por madeira são as principais causas da destruição da floresta, que também sofre devastação em razão da atividade mineradora. A porção sul/sudeste da Amazônia é a área mais atingida, sendo, por isso, denominada arco do desmatamento. Segundo o Instituto Nacional de Pesquisas Espaciais (INPE), o desmatamento acelerou na década de 1990, e a devastação da Amazônia já atingiu uma área maior que a França.

8.2.2 Arco do desmatamento

O chamado Arco do Desmatamento é uma região em que a grande diversidade de ocupação e de atividade vem acarretando intenso processo de queimadas e desflorestamentos. As finalidades são a extração de madeira, a abertura de área para a pecuária ou para a agricultura (soja) etc. Trata-se de um grande cinturão que contorna a floresta, principalmente no limite com o Cerrado. Também conhecido como Arco do Fogo ou, mais recentemente, como Arco de Povoamento Adensado, estende-se desde a desembocadura do Rio Amazonas até o oeste do Maranhão, leste e sudeste do Pará, Tocantins, Mato Grosso e Rondônia.

8.2.3 Amazônia legal: queimadas e desmatamento 2019

Amazônia Legal é o nome atribuído pelo governo Brasileiro a uma **determinada área da Floresta Amazônica**, pertencente ao Brasil, e que abrange nove estados: **Acre, Amapá, Amazonas, Pará, Rondônia, Roraima** e parte de **Mato Grosso, Tocantins e Maranhão**.

A área corresponde a aproximadamente 5.217.423 km², o que representa cerca de 61% do território Brasileiro. Mais da metade da população indígena do país - aproximadamente 55% - vive na região da Amazônia Legal. A determinação da área não ocorreu em razão de suas características geográficas, mas sim pelos aspectos políticos, sociais e econômicos que as zonas têm em comum.

A Amazônia Legal foi com a finalidade de melhor planejamento e execução de projetos econômicos na região delimitada, que por meio da Lei n° 1806/53, o governo do presidente Getúlio Vargas decretou a criação da Amazônia Legal (antes denominada Hileia Amazônica). O surgimento da lei ocorre para atender a determinação da criação do **Plano de Valorização Econômica da Amazônia**, previsto na Constituição Federal de 1988.

O objetivo foi reunir regiões que apresentavam problemas semelhantes para encontrar soluções eficientes para dificuldades políticas, econômicas e sociais que atingem essas áreas. O desenvolvimento sustentável dos estados da região é, atualmente, uma das principais metas.

A lei prevê que podem ser adotadas medidas, serviços ou empreendimentos que facilitem as atividades extrativistas, agropecuárias, minerais e industriais locais. A realização de obras necessárias também é permitida.

Em 1966 foi criada uma organização responsável pelas iniciativas de promoção dessa região, designada Superintendência de Desenvolvimento da Amazônia (SUDAM). A SUDAM funcionou até 2001, quando foi extinta e substituída pela Agência de Desenvolvimento da Amazônia (ADA). Posteriormente, em 2007, a ADA é extinta e a SUDAM é criada novamente.

Em 1977, o estado do Mato Grosso passa a fazer parte da Amazônia Legal. Já o Tocantins, após sua criação, passa a integrar o grupo no ano de 1988.

Objetivos previstos na lei:

- Incentivo ao desenvolvimento agrícola;
- Promoção do desenvolvimento animal;
- Criação de um programa de proteção contra as inundações;
- Incentivo ao aproveitamento de recursos minerais;
- Criação de um plano de transportes e comunicação regional;
- Proteção da população da região, com políticas de saúde, educação e saneamento básico;
- Manutenção de programas de pesquisas tecnológicas, naturais e sociais.

8.2.4 Amazônia legal e extrativismo

O extrativismo vegetal é uma das principais atividades econômicas da Amazônia Legal. Grandes empresas, nacionais e internacionais, utilizam as matérias-primas provenientes dessa região, na fabricação dos seus produtos. O Estado do Pará, por exemplo, destaca-se por ser o maior produtor mundial do açaí, fruto nativo da região amazônica.

8.2.5 Amazônia internacional

Amazônia Internacional é o nome dado à região da Amazônia que está localizada ao norte da América do Sul. A área possui cerca de 7 milhões de quilômetros quadrados. Mais da metade da área - aproximadamente 60% - localiza-se no Brasil. O restante estende-se por outros países: Peru, Equador, Bolívia, Venezuela, Colômbia, Guiana Francesa, Guiana e Suriname.

8.2.6 Rios voadores

Os rios voadores são "cursos de água atmosféricos", formados por massas de ar carregadas de vapor de água, muitas vezes acompanhados por nuvens, e são propelidos pelos ventos. Essas correntes de ar invisíveis passam em cima das nossas cabeças carregando umidade da Bacia Amazônica para o Centro-Oeste, Sudeste e Sul do Brasil.

Essa umidade, nas condições meteorológicas propícias como uma frente fria vinda do sul, por exemplo, se transforma em chuva. É essa ação de transporte de enormes quantidades de vapor de água pelas correntes aéreas que recebe o nome de rios voadores - um termo que descreve perfeitamente, mas em termos poéticos, um fenômeno real que tem um impacto significativo em nossas vidas.

A floresta amazônica funciona como uma bomba d'água. Ela puxa para dentro do continente a umidade evaporada pelo oceano Atlântico e carregada pelos ventos alísios. Ao seguir terra adentro, a umidade cai como chuva sobre a floresta. Pela ação da evapotranspiração da árvores sob o sol tropical, a floresta devolve a água da chuva para a atmosfera na forma de vapor de água. Dessa forma, o ar é sempre recarregado com mais umidade, que continua sendo transportada rumo ao oeste para cair novamente como chuva mais adiante.

Propelidos em direção ao oeste, os rios voadores (massas de ar) recarregados de umidade - boa parte dela proveniente da evapotranspiração da floresta - encontram a barreira natural formada pela Cordilheira dos Andes. Eles se precipitam parcialmente nas encostas leste da cadeia de montanhas, formando as cabeceiras dos rios amazônicos. Porém, barrados pelo paredão de 4.000 metros de altura, os rios voadores, ainda transportando vapor de água, fazem a curva e partem em direção ao sul, rumo às regiões do Centro-Oeste, Sudeste e Sul do Brasil e aos países vizinhos.

É assim que o regime de chuva e o clima do Brasil se deve muito a um acidente geográfico localizado fora do país! A chuva, claro, é de suma importância para nossa vida, nosso bem-estar e para a economia do país. Ela irriga as lavouras, enche os rios terrestres e as represas que fornecem nossa energia.

Por incrível que pareça, a quantidade de vapor de água evaporada pelas árvores da floresta amazônica pode ter a mesma ordem de grandeza, ou mais, que a vazão do rio Amazonas (200.000 m3/s), tudo isso graças aos serviços prestados da floresta.

Estudos promovidos pelo INPA já mostraram que uma árvore com copa de 10 metros de diâmetro é capaz de bombear para a atmosfera mais de 300 litros de água, em forma de vapor, em um único dia - ou seja, mais que o dobro da água que um Brasileiro usa diariamente! Uma árvore maior, com copa de 20 metros de diâmetro, por exemplo, pode evapotranspirar bem mais de 1.000 litros por dia. Estima-se que haja 600 bilhões de árvores na Amazônia: imagine, então, quanta água a floresta toda está bombeando a cada 24 horas!

Todas as previsões indicam alterações importantes no clima da América do Sul em decorrência da substituição de florestas por agricultura ou pastos. Ao avançar cada vez mais por dentro da floresta, o agronegócio pode dar um tiro no próprio pé com a eventual perda de chuva imprescindível para as plantações.

O Brasil tem uma posição privilegiada no que diz respeito aos recursos hídricos. Porém, com o aquecimento global e as mudanças climáticas que ameaçam alterar regimes de chuva em escala mundial, é hora de analisarmos melhor os serviços ambientais prestados pela floresta amazônica antes que seja tarde demais.

8.2.7 Para além do arco do fogo

A constatação de que a natureza da expansão das atividades agropecuárias desenvolvidas na Amazônia, aí incluído o crescimento da área de pastagens, obedece, atualmente, a uma lógica diversa daquela que ocorreu na abertura da fronteira, tendendo claramente à intensificação do processo produtivo tanto na pecuária quanto na agricultura, principalmente no cerrado mato-grossense, permite afirmar que a designação "Arco do Fogo", ou "Arco do Desmatamento", ou "Arco de Terras Degradadas" é ultrapassada ou constitui uma maneira reducionista de captar a realidade do uso da terra na região amazônica, onde é justo neste arco que ocorrem as inovações. Tal designação parece estar fortemente ancorada na intepretação de satélite captada à distância, isto é, do alto, sem o embasamento necessário e imprescindível dos processos históricos que moldaram as formas de ocupação e uso do território amazônico, ao longo do tempo. BECKER, Bertha Koiffmann. Amazônia: geopolítica na virada no III milênio. Rio de Janeiro: Garamond, 2009.

8.2.8 Vigilância na Amazônia

O Sistema de Vigilância da Amazônia ou SIVAM é um projeto elaborado pelos órgãos de defesa do Brasil, com a finalidade de monitorar o espaço aéreo da Amazônia. Conta com uma parte civil, o Sistema de Proteção da Amazônia, ou SIPAM. Este projeto vinha a atender um antigo anseio das forças armadas que desejavam garantir a presença das forças armadas Brasileira na Amazônia, com a finalidade de fazer frente a manifestações de líderes internacionais contra os direitos do povo Brasileiro sobre esta região. Os sucessivos projetos de internacionalização da Amazônia fortaleceram esta percepção de ameaça sobre a soberania territorial da Amazônia Brasileira. Para fazer frente a este tipo de ameaça, as Forças Armadas, juntamente com pesquisadores civis da região Amazônica propuseram a construção de uma ampla infraestrutura de apoio à vigilância aérea e comunicação na região amazônica. Como parte do projeto SIVAM foi construída a infraestrutura necessária para suportar a fixação de enormes antenas de radar, sistemas de comunicação, bem como de modernas aparelhagens eletrônicas. Também faz parte desta infraestrutura a integração com o satélite Brasileiro de sensoriamento remoto, que permite fiscalizar o desmatamento na Amazônia.

8.2.9 Destruição no cerrado

Até meados do século XX, o Cerrado foi considerado uma área improdutiva. Porém, a partir da década de 1970, estudos feitos pela Embrapa permitiram o desenvolvimento de um processo de adubação química denominada calagem. Essa técnica permitiu a correção dos solos do Cerrado e tornou viável a produção agrícola na região. A partir disso, verificou-se a intensificação dos desmatamentos para dar lugar às novas áreas destinadas à agropecuária.

Desse modo, as queimadas, as atividades agrícolas, o garimpo e a construção de rodovias e de cidades, intensificadas com a transferência da capital federal para o Distrito Federal, foram responsáveis pela grande devastação vivenciada por esse ecossistema, que foi reduzido dos 2 milhões de km^2 originais para menos de 800 mil km^2 atuais.

As figuras a seguir retratam justamente a grande discrepância existente entre a área original do Cerrado e os remanescentes identificados em 2002. A boa adaptação da soja a esse bioma e a consequente expansão desses cultivos têm sido responsáveis pelo avanço da degradação.

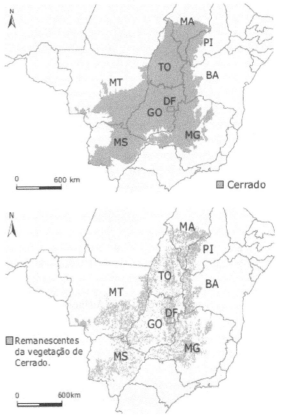

Fonte: IBGE.

8.2.10 Degradação no Pantanal

A agropecuária, o garimpo e a construção de rodovias e de hidrovias são responsáveis pela enorme degradação do Pantanal. Além disso, essa área sofre também com os impactos ambientais das regiões situadas em seu entorno, uma vez que o Pantanal é drenado pelos rios que percorrem a área conhecida como "planalto central Brasileiro" (partes mais elevadas adjacentes que compreendem trechos dos estados de Mato Grosso, Mato Grosso do Sul e Goiás, principalmente), região bastante impactada pela expansão da fronteira agrícola do país.

A QUESTÃO AMBIENTAL NO BRASIL

8.2.11 Degradação na Caatinga

A Caatinga possui hoje metade da cobertura vegetal original. Esse ecossistema tem sido atingido pela agricultura irrigada e pelo pastoreio, que contribuem para o processo de desertificação. A destruição da Caatinga já atingiu 27% de sua área, cerca de 201 768 km², para dar espaço à agricultura e à agropecuária.

8.2.12 Degradação na Mata Atlântica

A área originalmente ocupada pela Mata Atlântica coincide com a área de maior adensamento populacional no território Brasileiro, como consequência, esse é o ecossistema mais degradado e ameaçado do país. A industrialização, a grande urbanização, a agricultura comercial, a criação de gado e a exploração da madeira são as atividades econômicas que mais impactaram essa região. Atualmente, a Mata Atlântica possui apenas 5% de sua cobertura original, está, portanto, praticamente extinta em várias das regiões anteriormente ocupadas.

As figuras a seguir mostram a devastação sofrida pela Mata Atlântica ao longo do processo de ocupação do território.

Área De Distribuição Original Da Mata Atlântica

Remanescentes da Mata Atlântica

8.2.13 O que é a Mata Atlântica?

O primeiro nome dado pelos portugueses à extensa muralha verde que separava o mar das terras interiores foi: Mata Atlântica. Hoje esse é um nome genérico pelo qual popularmente é conhecida uma grande variedade de matas tropicais úmidas que ocorrem de forma azonal nas regiões costeiras do Brasil, acompanhando a distribuição da umidade trazida pelos ventos alísios do sudeste.

O mecanismo de distribuição da umidade da Massa Polar Atlântica é o responsável pelam exuberância e diversidade dessas florestas. Os ventos carregados de umidade são barrados por diversos acidentes orográficos na zona costeira, descarregando grandes volumes de água. As regiões de maior pluviosidade do Brasil encontram-se em sua região Sudeste.

A floresta atlântica é fisionomicamente semelhante às matas amazônicas. São igualmente densas, com árvores altas em setores mais baixos do relevo, apesar de as árvores amazônicas apresentarem, em média, desenvolvimento maior. Os troncos são cobertos por grande diversidade de epífitas, um aspecto típico dessas florestas.

A existência de grupos semelhantes de espécies entre a Amazônia e a Mata Atlântica sugere que essas florestas se comunicaram em alguma fase de sua história. A história desse parentesco é muito antiga, e as semelhanças taxonômicas se dão entre famílias e gêneros.

As florestas atlânticas guardam, apesar de séculos de destruição, a maior biodiversidade por hectare entre as florestas tropicais. Como se poderia explicar essa característica, hoje objeto central de movimentos sociais em prol da proteção dessa floresta?

Ecologicamente, a distribuição azonal e em altitudes variáveis favorece a diversificação de espécies, que estão adaptadas às diferentes condições topográficas, de solo e de umidade. Além disso, durante as glaciações essas florestas mudaram de área nos ciclos climáticos secos e úmidos. Essas mudanças ou pulsações da floresta influenciaram a formação dos padrões atuais.

A grande quantidade de matéria orgânica em decomposição sobre o solo dá à Mata Atlântica fertilidade suficiente para suprir toda a rica vegetação. Este fato também é notado em toda a floresta amazônica, onde um solo pobre mantém uma floresta riquíssima em espécies, gralhas à rápida reciclagem da enorme quantidade de matéria orgânica que se acumula no húmus. A reciclagem dos nutrientes é um dos aspectos mais importantes para a revivescência da floresta. As plantas arbóreas, que formam um grupo significativo, estão representadas principalmente por canelas, capuívas, paus-de-santa-rita, figueiras, jequitibás, cedros, quaresmeiras, ipês, cássias, palmeiras e embaúbas. As florestas pluviais costeiras, apesar de sua grande heterogeneidade de formações, podem ser divididas em duas grandes regiões: o trecho norte do Brasil e o trecho sul. Esses dois setores se separam por uma faixa de climas mais secos na região de Cabo Frio (RJ). O trecho norte dessas florestas compreende as florestas costeiras propriamente ditas e as matas dos tabuleiros que se estendiam originalmente de Natal até o baixo do rio Doce (MG-ES). No Estado da Bahia as florestas pluviais se expandiram, acompanhando as drenagens, quilômetros para o interior.

CONTI, José Bueno & FURLAN, Sueli Angelo. Geoecologia - O Clima, os solos e a biota. In: Geografia do Brasil. ROSS, Jurandyr. L. S. São Paulo: EDUSP. p.171-172.

8.3 Conservação e proteção

8.3.1 Os biomas e a conservação no Brasil

As Unidades de Conservação (UC's)[2] são espaços territoriais com características naturais relevantes, legalmente instituídos pelo Poder Público, com objetivos de conservação e de limites definidos, sob regime especial de administração.

As unidades de conservação integrantes do S.N.U.C (Sistema Nacional de Unidades de Conservação) dividem-se em dois grupos, com as seguintes categorias de manejo:

UNIDADES DE PROTEÇÃO INTEGRAL	UNIDADES DE USO SUSTENTÁVEL
Estação Ecológica	Área de Proteção Ambiental
Reserva Biológica	Área de Proteção Estadual
Parque Nacional	Área de Relevante Interesse Ecológico
Parque Estadual	Floresta Nacional
Monumento Natural	Floresta Estadual
Refúgio de Vida Silvestre	Reserva Extrativista
------	Reserva de Fauna
------	Reserva de Desenvolvimento Sustentável
------	Reserva Particular do Patrimônio Natural

Fonte: www.ambienteBrasil.com.br

No Brasil existem aproximadamente 800 Uc's que estavam sob a responsabilidade do IBAMA (Instituto Brasileiro do Meio Ambiente e dos Recursos Naturais Renováveis). A partir de 2007, as Uc's passaram a ser administradas pelo Instituto Chico Mendes de Conservação da Biodiversidade, uma autarquia ligada ao MMA e ao SISNAMA (Sistema Nacional do Meio Ambiente).

Além das unidades sob gestão do Instituto Chico Mendes, existem ainda cerca de 600 Uc's criadas e mantidas pelos governos estaduais.

Na região Amazônica existem mais de 260 áreas sob proteção legal, que somam cerca de 676 mil km², ou 13% da Amazônia Brasileira. No Cerrado aparecem mais de 60 unidades de conservação que atingem cerca de 160 mil km², ou 8% do território do Cerrado. A Mata Atlântica é o bioma no país que conta com o maior número de áreas de conservação, são aproximadamente 800. O Pantanal é a área que apresenta o menor número de unidades de conservação, são apenas 2 áreas, o Parque Nacional do Pantanal e a Estação Ecológica Taiamã.

8.3.2 Unidade de proteção integral

São unidades que têm como objetivo básico a preservação da natureza, não sendo permitida a exploração dos seus recursos naturais de forma direta. As únicas atividades humanas permitidas são de cunho científico, cultural ou recreativo, assim mesmo de forma controlada. Fazem parte desse grupo:

- Monumentos Naturais.
- Refúgios de Vida Silvestre.
- Estações Ecológicas.
- Reservas Biológicas.
- Parques Nacionais.

8.3.3 Unidades de uso sustentável

São unidades cujo objetivo principal é compatibilizar a conservação da natureza com o uso sustentável. Nelas são permitidos determinados tipos de atividades e de exploração, desde que sejam utilizadas técnicas de manejo adequadas de forma a garantir a sustentabilidade dos seus recursos naturais. Compõem esse grupo:

- Florestas Nacionais.
- Reservas extrativistas.
- Áreas de Proteção Ambiental.
- Reservas Particulares do patrimônio natural.
- Áreas de relevantes interesses ecológicos.
- Reservas de fauna.
- Reservas de desenvolvimento sustentável.

8.4 Políticas ambientais no Brasil

No Brasil, para a aprovação de qualquer projeto agrícola ou industrial e obras de engenharia é obrigatório, desde 1986, o EIA (Estudo de Impacto Ambiental) para a elaboração do RIMA (Relatório de Impacto Ambiental). Desse modo, a destruição de uma nascente de rio ou a caça ilegal de animais silvestres, por exemplo, mesmo que praticadas nos limites da propriedade de um dono de fazenda, por ferirem esse direito fundamental, tornaram-se infrações graves, possíveis de punição.

Apesar desse avanço, o Brasil ainda está longe de resolver os problemas ambientais gerados pelo crescimento econômico desordenado, como podemos observar nas imagens a seguir:

Área do estádio do Castelão no ano de 1973, com destaque para as áreas verdes ao fundo.

---

[2] Unidades de Conservação da Natureza: As unidades de conservação ambiental são espaços geralmente formados por áreas contínuas, estabelecidas com a finalidade de preservar ou conservar a flora, fauna, os recursos hídricos, as características geológicas e geomorfológicas, as belezas naturais, enfim, a integridade do ambiente.

A QUESTÃO AMBIENTAL NO BRASIL

Imagem de satélite mostrando a área do entorno do estádio nos dias atuais e a redução da área verde de seu entorno.

Fonte: Google Maps.

A exploração de madeira das florestas, cerrados e caatingas pode ser considerada um subproduto desse intenso processo de transformação do Brasil. Em algumas cadeias produtivas, a madeira foi utilizada como recurso energético para alimentar fornos industriais, como no caso das siderúrgicas. A exploração madeireira também interessou aos circuitos econômicos da construção civil, que ergueu enormes arranha-céus nos centros urbanos espalhados pelo país. A produção de soja e a abertura de rodovias, em razão do processo de urbanização, também contribuem para essa destruição.

Nunca se desmatou tanto no Brasil como nos últimos 40 anos, oito vezes mais do que todo o desflorestamento provocado no período colonial e imperial. Somente nos anos 90 foi destruída uma área da Floresta Amazônica equivalente a cinco vezes o território do estado do Rio de Janeiro.

8.4.1 Histórico da preservação no Brasil

A Conservação da natureza faz parte da agenda da América Portuguesa desde o século XVI. Ainda que a capacidade de controle e aplicação das leis por parte da Corte fosse extremamente reduzida, Portugal era um reino que possuía um corpus legal sistematizado sobre essa matéria.

Até a vinda da família real ao Brasil, em 1808, as Ordenações Manuelinas, organizadas por ordem de Dom Manuel I, foram sucessivamente adaptadas à realidade ambiental do continente, para proteger os recursos considerados de maior valor. A expressão "madeira de lei", por exemplo, tem sua origem na lista de árvores nobres, proibidas de corte sem autorização, devido ao grande valor da madeira, como o jacarandá e a peroba.

Em 1605, foi criado o Regimento Pau-Brasil, que refletia sobre a preocupação estatal referente à preservação dos estoques de pau-Brasil.

Com a chegada da família real ao Rio de Janeiro, o Brasil recebeu uma série de investimentos no campo cultural e científico. Dentre eles destacam-se a criação do Real Horto, que deu origem ao Jardim Botânico, que cumpre um importante papel de educação ambiental no Brasil.

Em 1876 foi apresentada a primeira proposta oficial de criação de parques nacionais no Brasil, pelo engenheiro André Rebouças, que se baseou no modelo no Parque Yellowstone.[3]

Rebouças defendia a criação de um parque nacional na ilha do Bananal e um parque no Paraná, pois acreditava que no sul do Império, região alguma pode competir com a do Guaíra em belezas naturais.

Apesar dos esforços, somente nos anos 30, o poder público passou a ter uma atuação mais significativa. Em 1934 foi criado o Código Nacional de Águas e o Código Florestal.

De acordo com o Código Florestal, os proprietários não podiam desmatar mais do que ¾ das florestas presentes em suas terras, e eram obrigados a preservar integralmente as matas galerias e as espécies consideradas raras.

Em 1937 foi criado o Parque Nacional do Itatiaia, na divisa entre os estados de Minas Gerais, Rio de Janeiro e São Paulo. Em 1939 foram criadas duas novas áreas: o Parque Nacional da Serra dos Órgãos e o Parque Nacional de Iguaçu.

Em 1965, o Código Florestal foi reformulado pelo regime militar. Nesse momento já existiam 15 parques nacionais no Brasil, muitos deles implantados em áreas do Centro-Oeste recém atingidas pela fronteira agrícola. O novo código manteve muitos dos vícios da legislação anterior, mas, pela primeira vez, as unidades de conservação foram separadas em duas grandes categorias: uso direto e uso indireto.

Em 1967 o governo Brasileiro criou o Instituto Brasileiro de Desenvolvimento Florestal (IBDF), ligado ao Ministério da Agricultura, e em 1974 criou a Secretaria Especial do Meio Ambiente (SEMA), vinculada ao Ministério do Interior. O ano de 1981 marca a criação da Política Nacional do Meio Ambiente que integrou as esferas federal, estadual e municipal em um Sistema Nacional do Meio Ambiente (SISNAMA). Em 1989 foi criado o Instituto Brasileiro do Meio Ambiente e dos Recursos Naturais Renováveis (IBAMA), que englobou o SEMA e o IBDF.

O ano de 1992 marca a criação do MMA (Ministério do Meio Ambiente), que foi escolhido para sediar a Conferência da ONU sobre Meio Ambiente e Desenvolvimento.

8.4.2 Corredores ecológicos

Os Corredores Ecológicos são áreas que possuem ecossistemas florestais biologicamente prioritários e viáveis para a conservação da biodiversidade na Amazônia e na Mata Atlântica, compostos por conjuntos de unidades de conservação, terras indígenas e áreas de interstício. Sua função é a efetiva proteção da natureza, reduzindo ou prevenindo a fragmentação de florestas existentes, por meio da conexão entre diferentes modalidades de áreas protegidas e outros espaços com diferentes usos do solo.

A implementação de reservas e parques não tem garantido a sustentabilidade dos sistemas naturais, seja pela descontinuidade na manutenção de sua infraestrutura e de seu pessoal, seja por sua concepção em ilhas ou, ainda, pelo pequeno envolvimento dos atores residentes no seu interior ou no seu entorno.

Integrante do Programa Piloto para a Proteção das Florestas Tropicais do Brasil, o Projeto atua em dois corredores: o Corredor Central da Mata Atlântica (CCMA) e o Corredor Central da Amazônia (CCA).

A implementação desses Corredores foi priorizada com o propósito de testar e abordar diferentes condições nos dois principais biomas e, com base nas lições aprendidas, preparar e apoiar a criação e a implementação de demais corredores.

A participação das populações locais, o comprometimento e a conectividade são elementos importantes para a formação e manutenção dos corredores na Mata Atlântica e na Amazônia.

---

3 Esse parque foi uma resposta do incipiente movimento preservacionista estadunidense, cuja ideia era manter praticamente intocados os ecossistemas naturais, protegendo-os do rápido avanço da colonização sobre as terras virgens do oeste do país. Desde então os milhões de hectares ocupados pelo parque passaram a ser regulados por uma legislação especial, que vetava sua ocupação e venda e os transformava em espaço público de lazer e recreação.

Dentre os principais objetivos do projeto, destacamos:
- Reduzir a fragmentação mantendo ou restaurando a conectividade da paisagem e facilitando o fluxo genético entre as populações;
- Planejar a paisagem, integrando unidades de conservação, buscando conectá-las e, assim, promovendo a construção de corredores ecológicos na Mata Atlântica e a conservação daqueles já existentes na Amazônia;
- Demonstrar a efetiva viabilidade dos corredores ecológicos como uma ferramenta para a conservação da biodiversidade na Amazônia e Mata Atlântica;
- Promover a mudança de comportamento dos atores envolvidos, criar oportunidades de negócios e incentivos a atividades que promovam a conservação ambiental e o uso sustentável, agregando o viés ambiental aos projetos de desenvolvimento.

9 URBANIZAÇÃO BRASILEIRA

A urbanização Brasileira propriamente dita começou somente em meados do século XX, por volta de 1940, tendo um crescimento acelerado nas décadas seguintes. Como reflexo da industrialização do país, a economia e a urbanização passaram a estar cada vez mais interligadas. Nessa época, a vida urbana Brasileira resumia-se, na maior parte do país, às atividades administrativas, as quais tinham a finalidade de garantir a ordem e coordenar a produção agrícola.

Na década de 1950, o índice de urbanização alcançava menos de 40% sobre o total da população do país. No final da década de 1960 e no início da década de 1970, o processo de urbanização se consolidou e o Brasil passou a ter mais de 50% de sua população residindo em cidades. Em 1990, a urbanização alcançou o índice de 77%. A população Brasileira residente em cidades, em 1991 (115 700 000 de habitantes), se aproximava rapidamente da população absoluta do país na década de 1980 (119 099 000 habitantes).

De acordo com o Censo Demográfico de 2000, o Brasil possuía uma população urbana de 81,2%, portanto 18,8% da população ainda residiam em áreas rurais. Em 2008, de acordo com o IBGE, 83,8% da população Brasileira era urbana.

Na realidade, esses números devem ser bem diferentes, uma vez que o Brasil considera urbano todo morador de sedes de municípios, independentemente da população total, da densidade demográfica do local, de aspectos estruturais (como rede de esgoto, atividades econômicas predominantes) e de outros elementos que caracterizam uma cidade. Dessa forma, é de se imaginar que a verdadeira população urbana Brasileira seja menor do que aquela apresentada oficialmente pelo IBGE. Nesse caso, o governo se beneficia de maiores investimentos estrangeiros (maior mão de obra urbana, apta a trabalhar em indústrias e serviços) e maior arrecadação de impostos, já que os impostos territoriais urbanos são mais caros do que os rurais.

Após a segunda metade do século XX, constatou-se um crescimento nas taxas de urbanização em todas as regiões do Brasil. Esse fenômeno é significativo, mas apresenta diferentes índices regionais, reflexo das diferenças da divisão social e territorial do trabalho que ocorreu, ao longo do século passado e deste século, conforme se pode observar no gráfico a seguir.

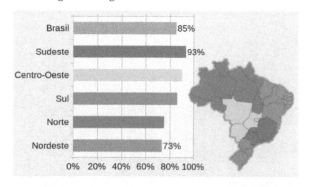

9.1 Regiões metropolitanas

O processo de urbanização no Brasil foi muito concentrado, especialmente onde poucas cidades cresceram aceleradamente, tornando-se, em pouquíssimo tempo, verdadeiras metrópoles. Essas metrópoles, por concentrar atividades econômicas, culturais, políticas, infraestruturas e pessoas, acabam por influenciar outros territórios, pois exercem o comando por meio de seu denso meio técnico.

O crescimento horizontal das metrópoles fez com que suas áreas urbanas se interligassem a municípios vizinhos, como se fossem uma única cidade. Essa integração recebe o nome de conurbação. Os problemas de infraestrutura se tornam comuns a todos os municípios dessa mancha urbana integrada. A partir disso, em 1973, o poder público aprovou a lei que criou as regiões metropolitanas, isto é, um conjunto de municípios contíguos, integrados socioespacialmente a uma cidade central, com serviços públicos e infraestruturas comuns. Também são consideradas regiões metropolitanas as chamadas "regiões integradas de desenvolvimento" (Ride), composta por municípios de mais de um estado e, portanto, regidas por lei federal.

9.2 A hierarquia urbana

A hierarquia urbana é formada por diferentes tipos de cidades e abrange diversas variáveis, como tamanho e importância das cidades; variedade e qualidade de serviços oferecidos à população local e às áreas vizinhas; número de habitantes, as cidades Brasileiras foram ordenadas e classificadas pelo IBGE. Observe a seguir a ordenação.

- Metrópole mundial ou cidade global - Rio de Janeiro e São Paulo.
- Metrópole nacional - Porto Alegre, Curitiba, Belo Horizonte, Brasília, Salvador, Recife e Fortaleza.
- Metrópole regional - Goiânia, Manaus, Belém.
- Centro regional - Florianópolis, Londrina, Campo Grande, Vitória, São Luís, Maceió, entre outras.

9.3 Redes urbanas

Em razão das desigualdades existentes no país, a rede urbana Brasileira, que envolve as relações entre o campo e as cidades e entre os diferentes tipos de cidades é bastante distinta em todas as regiões.

No Sul e no Sudeste, a rede urbana é bem elaborada - reflexo do dinamismo dos diversos tipos de trabalho e do maior desenvolvimento industrial, que asseguraram uma rede urbana mais intensa e complexa.

A rede urbana do Nordeste é definida pelas atividades econômicas mais concentradas na Zona da Mata, região litorânea, onde se localizam as principais cidades (como Recife e Salvador), as indústrias, as rodovias, os aeroportos, os portos e as principais atividades terciárias. Já no Norte e no Centro-Oeste, a rede urbana é mais desarticulada, com pequena malha de transportes, poucas cidades com relevância nacional e baixa concentração urbana ou industrial.

REALIDADE BRASILEIRA

10 AGROPECUÁRIA BRASILEIRA

10.1 Engenhos de cana-de-açúcar

O Nordeste Brasileiro é a região onde mais se percebe os traços da colonização Brasileira. Em algumas capitais, como Salvador, Recife e São Luís, existem até hoje igrejas e sobrados erguidos naquele momento.

A ocupação colonial, voltada somente para o enriquecimento da metrópole, deixou marcas profundas nas realidades sociais e econômicas do Nordeste Brasileiro. Essa colonização foi baseada na economia canavieira. As primeiras mudas de cana chegaram ao Brasil com Martim Afonso de Sousa, em 1531. Em pouco tempo, a lavoura canavieira foi introduzida na Zona da Mata nordestina. Na segunda metade do século XVI, a região nordeste da colônia havia se firmado como o centro da empresa agrícola.

O açúcar produzido nos engenhos era transportado por rios ou em carros de boi até os portos exportadores - Recife e Salvador. A maioria dos navios era de origem portuguesa, porém os comerciantes eram holandeses que refinavam e negociavam o produto. A empresa agrícola implantada pelos colonizadores no século XVI fincou-se no litoral.

O Nordeste concentra um conjunto de mitologias políticas e sociais de bases geográficas e é, antes de tudo, uma "invenção", uma região "socialmente produzida". No século XVI, ele praticamente se resumia à cana-de-açúcar, onde se expandiam as plantations e se multiplicavam os engenhos de cana. O cultivo da cana-de-açúcar foi a primeira atividade econômica que deu origem a várias cidades e iniciou a ocupação territorial do Nordeste. Os engenhos de açúcar localizavam-se na faixa litorânea, onde as condições naturais eram mais favoráveis ao cultivo do produto. O litoral úmido do Nordeste, que se estende do Rio Grande do Norte ao sul da Bahia, foi uma das primeiras áreas Brasileiras a serem colonizadas pelos portugueses.

Por ter sido a primeira área de ocupação, esta área foi - por praticamente dois séculos - a área mais desenvolvida do país, e o estado de Pernambuco o mais rico. Porém o declínio da cana-de-açúcar na metade do século XIX, em razão da concorrência exercida pelas Antilhas, e o desenvolvimento da região Sudeste do país tornaram-na a mais desenvolvida do país, aliada, é claro, à estagnação do território nordestino.

A pressão europeia contra Portugal e Espanha, pela ocupação das terras americanas no hemisfério sul, fez aflorar a condição açucareira como base para efetivar tal ocupação. O massapê é um solo encontrado principalmente no litoral nordestino, constituído a partir da decomposição de rochas com características minerais de gnaisses. A condição climática da Zona da Mata garantiu os primeiros passos da agroexportação Brasileira.

A sociedade açucareira era patriarcal. A maior parte dos poderes se concentrava nas mãos do senhor de engenho. Com autoridade absoluta, submetia todos ao seu poder: mulher, filhos, agregados e qualquer um que habitasse seus domínios. Cabia-lhe dar proteção à família, recebendo, em troca, lealdade e deferência.

Estrutura de produção na economia agrária colonial do sistema de plantation tinha as seguintes características principais:

- Monocultura;
- Latifúndio;
- Mão de obra escrava;
- Produção voltada para o mercado externo.

Nas principais regiões produtoras de açúcar, litoral da Bahia e de Pernambuco, foram rapidamente instaladas dezenas de unidades produtoras, os engenhos.

Inúmeros fatores contribuíram para o êxito da ocupação açucareira no Nordeste litorâneo, dentre elas destacamos:

- Posição geográfica favorável;
- Mão de obra escrava;
- Domínio da tecnologia de produção;
- Farto capital holandês;
- Mercado europeu em expansão.

Na segunda metade do século XVI, teve início o processo de decadência da economia açucareira, diretamente relacionada à concorrência da produção antilhana. Nesta área da América colonial, os holandeses, depois de terem sido expulsos do Brasil, em 1654, montaram um complexo produtor de açúcar, no qual desenvolveram técnicas modernas, possibilitando o aumento da produtividade, um custo menor de produção e, consequentemente, menor preço para o mercado.

"A monocultura da cana no Nordeste acabou separando o homem da própria água dos rios; separando-o dos próprios animais - "bichos do mato" desprezíveis ou então considerados no seu aspecto único de inimigos da cana, que era preciso conversar à distância dos engenhos (como os próprios bois que não fossem os de carro). E não falemos aqui da distância social imensa que a monocultura aprofundou, como nenhuma outra força, entre dois grupos de homens - os que trabalham no fabrico do açúcar e os que vivem mal ou voluptuosamente dele".

FREYRE, Gilberto. O Nordeste. 4. ed. São Paulo: Editora José Olimpio, 1967. Rio de Janeiro: Nova Fronteira; Brasília: INL, 1984.

Com isso, o Brasil, que até então tinha uma relação de monopólio com o mercado de açúcar, não se adaptou à nova relação de concorrência. Da condição de primeira exportadora mundial de açúcar, a colônia portuguesa passava a ocupar a quinta posição entre os principais produtores, recuperando uma posição de destaque, um século depois, ou seja, no final do século XVIII, dentro do Renascimento Agrícola.

Na metade do século XIX, uma recuperação leve alavanca novamente a economia do estado, marcada, ainda, pelo crescimento da economia açucareira, que no fim do século sofre com uma nova oscilação orquestrada pelo mercado externo, e traz novos problemas para o "açúcar" que, diante disso, volta-se ao mercado interno como forma de amenizar a crise.

Uma nova expansão da economia articulada à agroindústria açucareira criou em Pernambuco uma atividade industrial fornecedora de insumos e equipamentos para esta própria indústria (que nos dias de hoje é a agroindústria com a maior/melhor infraestrutura no Nordeste), principalmente no setor metalmecânico, bem como a têxtil com base no algodão nordestino e no mercado regional - então protegido por barreiras de custos de transporte, ao tempo em que o Brasil vai adotando o modelo de industrialização substitutiva.

10.1.1 O início do século XX e os "barões" do açúcar

O governo no início do século XX, de maneira indireta contribuiu, e muito, com os famosos "barões do açúcar" na região Nordeste. Na década de 1930, a agricultura canavieira paulista começou a competir com a nordestina, em razão de sua modernização e ampliação de base

AGROPECUÁRIA BRASILEIRA

técnica. O governo criou nesse contexto o IAA (Instituto do Açúcar e do Álcool), com o objetivo de criar cotas de produção de açúcar entre os estados Brasileiros e garantir um preço mínimo para o produto. Assim, o IAA garantia uma parcela do mercado açucareiro aos produtores da Zona da Mata nordestina, com destaque para Pernambuco, além de garantir preços compatíveis com seus custos.

Durante longa data, o IAA contribuiu para a presença do açúcar nordestino no mercado nacional. Porém, com o passar dos anos, a estratégia e a instituição mostraram-se ineficientes e retrógradas. Em 1990, o IAA foi extinto e fez com que as perdas dos produtores nordestinos frente à produção paulista.

10.2 Origens das propriedades rurais no Brasil

O Brasil é um país de grande extensão territorial e forte tradição agrícola. Apesar de grande variedade étnica e cultural e da efervescência político-econômica que o século XXI nos apresenta, o país não conseguiu resolver uma das mais antigas questões sociais de seu povo: a ocupação desordenada e o mau aproveitamento das terras, desde a chegada dos portugueses.

Para entendermos melhor o problema da terra no Brasil, é necessário um resgate histórico, que aponta para uma desigual distribuição de terras já no período colonial. As capitanias hereditárias e as sesmarias são responsáveis por boa parte dos latifúndios Brasileiros atuais.

10.2.1 O regime das sesmarias[1]

[1]O rei Dom João III, em 1530, decidiu implementar o sistema de sesmarias no Brasil para ter noção da extensão territorial do território.

Porém, é necessário lembrar que, antes da conquista territorial, Portugal passava por uma grave crise econômica, diversos conflitos entre proprietários de terras e os lavradores provocaram o êxodo rural e a falta de alimentos nas grandes cidades.

D. Fernando I – rei de Portugal à época – transformou em lei um costume antigo dos países ibéricos, onde o rei sorteava terras chamadas de sesmarias, para serem cultivadas pelos chamados sesmeiros, por um período de dois anos. Assim, em junho de 1375, surgiu a Lei das Sesmarias.

No Brasil, as sesmarias não pressupunham a existência de propriedade anterior, como em Portugal e na Espanha. Lá, as terras concedidas aos sesmeiros eram as que haviam sido abandonadas, enquanto aqui eram terras virgens, desprovidas de qualquer documento jurídico, as terras aqui nunca tiveram donos.

As terras no Brasil não foram devidamente cultivadas, basicamente por dois motivos: a grande extensão territorial e a falta de mão de obra. Dessa maneira, as terras permaneciam ociosas e corriqueiramente eram confiscadas pelo rei.

Como o regime das sesmarias não estava dando certo no Brasil, a saída encontrada foi criar um sistema mais atraente, que transferisse a árdua tarefa de colonização à iniciativa particular - surge aí o sistema de capitanias hereditárias.[2]

---

[1] A palavra *sesmo* deriva do termo latino *sex* ou *seximus* e significa a sexta parte de alguma coisa. Como os sesmeiros ficavam com a sexta parte da produção (embora alguns historiadores afirmem o contrário), tudo leva a crer que a palavra seja proveniente de sesmo.

[2] O sistema de capitanias hereditárias foi implantado, inicialmente, e com sucesso nas possessões portuguesas de Açores, Cabo Verde, Madeira e São Tomé. Eram chamadas de capitanias porque seus chefes tinham o título de capitão-mor. E eram hereditárias, porque deveriam passar de pai para filho. Os capitães-mores ficaram conhecidos também como donatários, porque recebiam as terras do rei em caráter de doação.

O país foi dividido em 15 lotes, entregues condicionalmente para 12 donatários. Pero Lopes de Sousa ficou com três lotes e Martim Afonso de Sousa, com 2 lotes.

ANTIGO MAPA DAS CAPITANIAS HEREDITÁRIAS E SEUS DONATÁRIOS

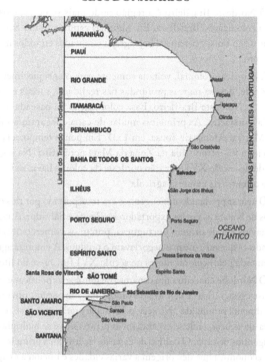

Os donatários deveriam conceder lotes menores a outros interessados, entretanto isso não ocorreu. Os donatários não se preocuparam com essa subdivisão e nem com a função social da terra. Vaidosos e detentores de inúmeros privilégios típicos da nobreza da época, sentiam-se os donos absolutos da terra e valiam-se delas somente para fins de grandeza pessoal e ostentação de poder. Continuamente, instituiu-se o germe de um comportamento autoritário, que passou à História com o nome de coronelismo, que não tem suas raízes no Brasil, como podemos observar no texto abaixo:

CORONELISMO EM TODO LUGAR

O termo "coronel" tem origem nos títulos que a Guarda Nacional - milícia de cidadãos criada pelo regente Diogo Antônio Feijó em 1831 - distribuía aos proprietários de terra e outras pessoas influentes. Em troca, a Guarda recebia ajuda para manter a ordem pública, ameaçada pelas constantes insurreições e revoltas que caracterizaram o período das regências (1831-1840), como a Abrilada, em Pernambuco, da Cabanagem, no Pará, e da Farroupilha no Rio Grande do Sul. Foi um dos meios usados pelo governo para não perder o controle sobre o país depois da abdicação de Pedro I e antes de seu filho Pedro II ter idade suficiente para assumir o poder. Embora o termo "coronel" tenha nascido nesse período conturbado, a origem dessa figura remonta ao Brasil colonial, quando a presença de chefes locais era essencial para organizar a vida das comunidades. A socióloga Maria Isaura Pereira de Queiroz chama esse fenômeno de "mandonismo", que existiria também em Portugal, na Espanha e nos países de colonização ibérica.

O "coronel" Brasileiro, o "gamonal" peruano e o "caudilho" argentino ou uruguaio - denominações características do detentor do poder local nesses países - têm a ver com o "cacique" espanhol, português, mexicano ou colombiano. Foi a realidade de cada país que deu a esses líderes características diferentes.

Frente ao fracasso das capitanias, o rei de Portugal resolveu instituir um governo-geral nomeado, ao qual os donatários deveriam se submeter. Tomé de Sousa foi indicado para ser o primeiro governador-geral do Brasil.

Tomé de Sousa governou até 1553 sendo substituído por Duarte da Costa (1553-1558) e este por Mem de Sá (1558-1572). Todos tiveram a preocupação de manter os colonos ocupados em produzir gêneros agrícolas que fossem consumidos na Europa. A prioridade continuava a ser a cana-de-açúcar.

As únicas capitanias que prosperaram foram as de São Vicente e Pernambuco, onde se inicia a colonização Brasileira, com a implantação de engenhos e a grande produção de açúcar. Foi em Pernambuco que se estabeleceram os primeiros e os maiores latifúndios no Brasil.

O regime das sesmarias teve seu fim no dia 17 de julho de 1822, ano da independência do país. Após a extinção das sesmarias, o Brasil ficou 28 anos sem nenhuma lei específica que regulamentasse a aquisição de terras.

Somente em 18 de setembro de 1850 surgiu a Lei nº 601 - chamada Lei de Terras, que praticamente instituiu a propriedade privada da terra no Brasil, determinando que as terras públicas ou devolutas só podiam ser adquiridas por meio de compra, favorecendo os abastados proprietários rurais.

10.3 Estrutura fundiária, uso das terras e relações de produção no campo Brasileiro

A estrutura fundiária é a forma como estão organizadas as propriedades agrárias de um país ou região, isto é, a classificação dos imóveis rurais segundo o número, tamanho e distribuição social. Observe os gráficos sobre a distribuição de terras no Brasil:

NÚMERO DE ESTABELECIMENTOS RURAIS

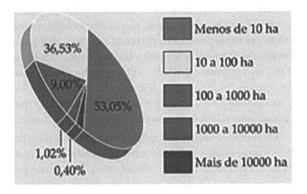

ÁREA DE ESTABELECIMENTOS

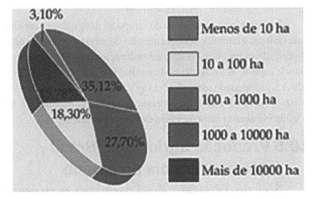

Pelos gráficos, nota-se uma enorme concentração de terras. De um total de 6 milhões de propriedades, 53,05% ocupam 3,10% da área, enquanto 1,42% dos estabelecimentos (mais de 1000 ha) ocupam 43,48% da área. Portanto, ocorre uma elevada concentração na propriedade da terra, com um reduzido número de proprietários sendo detentores de uma imensa área, e um grande número de pequenos proprietários, que possuem parcelas insuficientes para o sustento de suas famílias. Para complementar a renda, pequenos proprietários trabalham temporariamente nas grandes propriedades.

10.3.1 Estatuto da terra e classificação dos imóveis rurais

O Estatuto da Terra foi criado pela Lei 4.504, de 30 de novembro 1964, sendo, portanto, uma obra do regime militar que acabava de ser instalado no país por meio do golpe militar de 31/03/1964. Sua criação estará intimamente ligada ao clima de insatisfação reinante no meio rural Brasileiro e ao temor do governo e da elite conservadora pela eclosão de uma revolução camponesa. Afinal, os espectros da Revolução Cubana (1959) e da implantação de reformas agrárias em vários países da América Latina (México, Bolívia etc.) estavam presentes e bem vivos na memória dos governantes e das elites.

As lutas camponesas no Brasil começaram a se organizar desde a década de 1950, com o surgimento de organizações e ligas camponesas, de sindicatos rurais e com atuação da Igreja Católica e do Partido Comunista Brasileiro. O movimento em prol de maior justiça social no campo e da reforma agrária generalizou-se no meio rural do país e assumiu grandes proporções no início da década de 1960.

No entanto, esse movimento foi praticamente aniquilado pelo regime militar instalado em 1964. A criação do Estatuto da Terra e a promessa de uma reforma agrária constituíram a estratégia utilizada pelos governantes para apaziguar os camponeses e tranquilizar os grandes proprietários de terra. As metas estabelecidas pelo Estatuto da Terra eram basicamente duas: a execução de uma reforma agrária e o desenvolvimento da agricultura. Três décadas depois, podemos constatar que a primeira meta ficou apenas no papel, enquanto a segunda recebeu grande atenção do governo, principalmente no que diz respeito ao desenvolvimento capitalista ou empresarial da agricultura.

Com o Estatuto da Terra (1964), surgiu o conceito de módulo rural: "é o modelo ou padrão que deve corresponder à propriedade familiar".

Com base nesse conceito, posteriormente, o INCRA, Instituto Nacional de Colonização e Reforma Agrária, vinculado ao Ministério do Desenvolvimento Agrário, criou o conceito de módulo fiscal: unidade de medida expressa em hectares, fixada para cada região, considerando vários fatores, como o tipo de exploração predominante no município e a renda obtida com a exploração predominante.

Portanto, o tamanho do módulo fiscal depende de cada região, sendo usado pelo IBGE para classificar os imóveis rurais quanto ao tamanho:

- **Minifúndio:** área inferior a um módulo fiscal.
- **Pequena propriedade:** área entre um e quatro módulos fiscais.
- **Média propriedade:** área superior a quatro e até quinze módulos fiscais.
- **Grande propriedade:** área superior a quinze módulos fiscais.
- **Empresa Rural:** imóvel explorado racionalmente, com um mínimo de 50% de sua área agricultável utilizada e que não exceda a 600 vezes o módulo rural.
- **Latifúndio por exploração:** imóvel que, não excedendo os mesmos limites da empresa rural, é mantido inexplorado em relação às possibilidades físicas, econômicas e sociais do meio.

AGROPECUÁRIA BRASILEIRA

- **Latifúndio por dimensão:** imóvel rural com área superior a 600 vezes o módulo rural médio da região.

Outro aspecto importante do Estatuto da Terra é que, teoricamente, o trabalhador rural ganhou uma proteção legal, representada pelo salário-mínimo, pelas férias remuneradas, pela previdência e pelo 13o salário. Mas, na prática, os fazendeiros "fugiam" dessa mudança, passando a contratar trabalhadores temporários, surgindo a figura do boia-fria.

10.3.2 Personagens do campo

- **Boia-fria:** essa denominação decorre do fato de tais trabalhadores comerem fria a refeição que levam de casa, pois no local de trabalho não existem instalações para esquentar a comida. O nome correto do trabalhador diarista é "volante" ou "assalariado temporário"; ele reside normalmente nas cidades e trabalha no campo, em geral nas colheitas. Esse tipo de trabalhador teve crescimento numérico, devido à mecanização no cultivo de certos produtos, o que diminuiu a necessidade de mão de obra no cultivo, mas aumentou na época da colheita.
- **Posseiro:** indivíduo que se apossa de uma terra que não lhe pertence, geralmente plantando para o sustento familiar.
- **Grileiro:** indivíduo que falsifica títulos de propriedade, para vendê-los como se fossem autênticos, ou para explorar a terra alheia.
- **Parceiros:** pessoas que trabalham em uma parte das terras de um proprietário, pagando a este com uma parcela da produção que obtêm, ficando com metade (meeiros) ou com a terça parte (terceiros).
- **Arrendatários:** pessoas que arrendam ou alugam a terra e pagam ao proprietário em dinheiro.
- **Peões:** surgiram na década de 1970, com as fronteiras agrícolas em direção ao norte. São contratados fora da Amazônia, em geral no Nordeste, pelos intermediários ("gatos"), que iludem esses trabalhadores e, por causa de dívida por alimentação nos armazéns dos latifúndios, são escravizados, sendo impedidos de deixar o serviço.
- **Ocupante:** indivíduo que ocupa terra alheia e ali produz.

10.4 Reforma agrária

Teoricamente representa o fim da concentração fundiária Brasileira, com redistribuição das terras, rompendo definitivamente com o passado colonial de exploração. Alguns intelectuais apontam que a primeira e, ao mesmo tempo, a última reforma foi no século XVI, com as capitanias hereditárias, que introduziu os latifúndios, os quais resistem até os dias atuais.

Em razão do poder político das oligarquias rurais, a reforma agrária começou a ser discutida após a Segunda Guerra Mundial, inicialmente, por meio de comissões, que fracassaram.

Na década de 1960, surgiram as primeiras tentativas no governo de João Goulart, frustradas pelo golpe militar de 1964. Neste mesmo ano, surgiu o Instituto Nacional de Colonização e Reforma Agrária (INCRA) com a responsabilidade de aplicar o Estatuto da Terra, que provocou um aumento dos trabalhadores temporários, pois os fazendeiros não aceitaram as garantias trabalhistas do trabalhador do campo.

Mais tarde, em 1985, foi criado o Ministério da Reforma Agrária aplicando o Plano Nacional de Reforma Agrária (PNRA), do governo Sarney; e, em 1988, a reforma agrária foi inscrita na Constituição, deixando a cargo do Ministério da Agricultura a responsabilidade de promovê-la.

REFORMA AGRÁRIA E CONSTITUIÇÃO (1988)

Art. 184. Compete à União desapropriar por interesse social, para fins de reforma agrária, o imóvel rural que não esteja cumprindo sua função social, mediante prévia e justa indenização em títulos da dívida agrária, com cláusula de preservação do valor real, resgatáveis no prazo de até vinte anos, a partir do segundo ano de sua emissão, e cuja utilização será prevista em lei.

Portanto, a reforma é um processo no qual o governo desapropria terras não aproveitadas, cedendo-as para agricultores que desejem trabalhar nelas. Mas, para obter sucesso, a reforma deve ser acompanhada por várias medidas como: assistência técnica permanente, educação, financiamento de equipamentos, política de preços mínimos, infraestrutura de transporte, armazenagem, telefonia e eletrificação rural. Em vários casos, isso não acontece, explicando-se o abandono posterior das terras distribuídas. Como o governo é lento e burocratizado, surgem os conflitos rurais, marcados pela violência.

10.4.1 Conflitos no campo e os movimentos sociais rurais

A violência rural Brasileira evidencia a necessidade de reformas, para corrigir graves distorções como, por exemplo: a concentração fundiária, a prevalência da produção de gêneros para a exportação e a ganância dos grileiros, que contratam jagunços para invadir terras devolutas ou terras ocupadas por posseiros, expulsando-os. Até as reservas indígenas não escapam da violência, e também são vítimas do avanço do capital no campo.

A resistência à concentração de terras aumentou nas décadas de 1970 e 1980, surgindo, em 1984, o Movimento dos Trabalhadores rurais sem Terra (MST), entidade criada para se fazer uma reforma agrária rápida e justa. As invasões em terras improdutivas questionam a estrutura fundiária ultrapassada, mas também ocorrem invasões políticas em terras produtivas, deixando a questão polêmica. Por outro lado, os fazendeiros criaram a União Democrática Ruralista (UDR), cujo objetivo é defender o direito à propriedade privada, garantido pela Constituição. O resultado foi o aumento dos conflitos, associado ao governo omisso e incapaz de equacionar a questão agrária do país, evidenciada pelo próprio aumento dos conflitos.

Os conflitos sociais no campo Brasileiro decorrem de um histórico processo de espoliação e expropriação do campesinato. A extrema concentração fundiária demonstra o desprezo do grande capital para com o camponês - e é representada pelo número reduzido de proprietários, concentrando imensa área e, por outro lado, um grande número de pequenos proprietários com terras insuficientes para o sustento de suas famílias.

Em suma, a modernização do campo foi desigual, conservadora e capitalista, mantendo a concentração de terras, com latifúndios improdutivos, provocando uma subordinação total do camponês ao grande capital. A razão dessa dependência é que no sistema capitalista a propriedade rural visa, em primeiro lugar, ao lucro e não à utilização produtiva da terra, podendo deixar a terra inexplorada, isto é, utilizá-la apenas como negócio de compra e venda.

10.5 Produção agrícola no Brasil – o celeiro agrícola do mundo

Nas últimas décadas, o Brasil transformou-se em um dos maiores produtores e fornecedores de alimentos e fibras para o mundo. A participação crescente no mercado mundial de produtos agrícolas é resultado de uma combinação de fatores, como o avanço das terras cultivadas sobre as áreas com cobertura vegetal natural, chamadas de fronteiras agrícolas, e os investimentos em tecnologia e pesquisa, o que gerou um aumento da produtividade.

Podemos dividir a área agrícola em dois tipos de lavoura: cultura permanente e cultura temporária. No primeiro caso as culturas levam mais de um ano para produzir, já as lavouras temporárias são formadas por culturas com ciclo de vida curto, que precisam ser replantadas todos os anos. No Brasil destacamos o café, o cacau e a laranja como culturas permanentes e a soja, o milho e a cana-de-açúcar como culturas temporárias.

CULTURAS PERMANENTES NO Brasil (2010)

AGROPECUÁRIA BRASILEIRA

CULTURAS TEMPORÁRIAS NO Brasil (2010)

Fonte: IBGE. Disponível em http://www.ibge.com.br; THÉRY, Hervé.

Quanto à pecuária, destaca-se o número de cabeças de gado existentes no país, em torno de 200 milhões, o que confere ao Brasil o primeiro lugar no número de cabeças de gado comercial. Há, no território nacional 1 milhão de pecuaristas, que ocupam 221 milhões de hectares de terras e 740 indústrias de carne e derivados, conforme dados do Conselho Nacional de Pecuária de Corte.

A produção de frangos também é um grande sucesso do setor agropecuário no Brasil. As exportações nesse setor contam com mais de 140 clientes e representam quase metade da produção do mercado internacional. Apesar do destaque no mercado internacional, a criação de gado e o mercado de carnes no Brasil ainda são marcados por baixos índices de produtividade e eficiência logística, embora, nos últimos dez anos, seja evidente uma crescente melhoria nos índices de produtividade.

RELAÇÃO ENTRE A ÁREA UTILIZADA E A TERRA ARÁVEL NÃO UTILIZADA NO Brasil E EM OUTROS PAÍSES

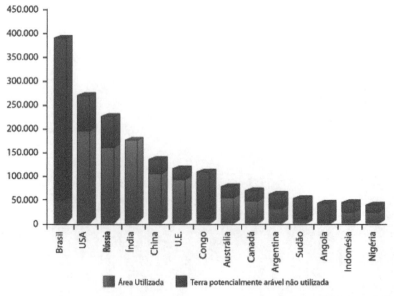

Os Dados não incluem a Amazônia Legal. Fonte: FAO

Entre 1996 e 2006, a área de lavoura do país aumentou 84%, enquanto a área de pastagem diminuiu 3% nesse mesmo período. Os resultados mais expressivos vieram da região Norte, que apresentou um crescimento de 275%.

10.5.1 Tipos de unidades de produção

Os estabelecimentos rurais no Brasil podem ser divididos de acordo com a organização do processo de trabalho da unidade de produção. Assim, as unidades de agricultura familiar são aquelas nas quais os proprietários trabalham diretamente na terra, sem o uso de outra forma de mão de obra que não seja dos próprios membros da família. Por sua vez, as unidades de agricultura patronal são aquelas nas quais o trabalho contratado é superior ao familiar ou o comando da produção é exercido por quem trabalha diretamente na terra.

Esses diferentes tipos de unidade de produção participam de forma desigual da produção da riqueza gerada na agropecuária Brasileira. Enquanto a agricultura patronal gera 68% do PIB agrícola Brasileiro, a agropecuária familiar é responsável por apenas 32%.

Apesar de cultivar uma área menor com lavouras e pastagens, a agricultura familiar é responsável pelo fornecimento de boa parte dos alimentos que estão nas mesas das famílias Brasileiras, o que reafirma sua importância.

11 INDUSTRIALIZAÇÃO BRASILEIRA

Enquanto o Brasil foi colônia de Portugal (1500 a 1822) não houve desenvolvimento industrial em nosso país. A metrópole proibia o estabelecimento de fábricas em nosso território, para que os Brasileiros consumissem os produtos manufaturados portugueses. Mesmo com a chegada da família real (1808) e a Abertura dos Portos às Nações Amigas, o Brasil continuou dependente do exterior, porém, a partir deste momento, dos produtos ingleses.

Inclusive por essas condições, a agricultura se tornou a principal atividade econômica do Brasil, durante o mercantilismo. Pelo pacto colonial, coube ao Brasil fornecer à metrópole produtos agrícolas tropicais e seus derivados.

No Brasil, a indústria deu seus primeiros passos ainda no século XIX. Quando nos tornamos um Império, o café se tornou o principal responsável pelas mudanças sociais e econômicas do nosso país. A economia cafeeira, dominante nesse período, dinamizou as atividades urbanas, estimulou a imigração europeia e gerou um empresariado nacional com capacidade de investir em alguns setores industriais.

Em 1850, em razão da pressão da Inglaterra, houve o fim do tráfico negreiro para o Brasil, o que atraiu vários imigrantes para as lavouras de café que andavam em alta.

Os imigrantes trouxeram hábitos de consumo de produtos industrializados e alguma experiência com relação ao processo de produção industrial e ao trabalho como operários. Aos poucos, formou-se um mercado interno, que se ampliou, no final do século XIX, com a abolição da escravidão e a intensificação do processo de imigração. Indústrias de alimentos, calçados, tecidos, confecções, velas, fundições e bebidas se espalharam rapidamente, sobretudo no estado de São Paulo, centro da atividade cafeeira e principal porta de entrada dos imigrantes.

Apesar de todos os avanços da industrialização, a economia ainda era comandada pela produção agrícola, especialmente de café.

No início do século XX, a indústria continua a crescer e a aumentar sua participação na economia Brasileira. Algumas indústrias eram estrangeiras, mas predominavam as nacionais, na maioria desenvolvidas por imigrantes, muitas delas inicialmente a partir de pequenas oficinas artesanais.

11.1 A imigração

A imigração em massa foi um dos traços mais importantes das mudanças socioeconômicas ocorridas no Brasil a partir das últimas décadas do século XIX. O Brasil foi um dos países receptores de milhões de europeus e asiáticos que vieram para as Américas em busca de oportunidade de trabalho e ascensão social. Ao lado dele figuram outros: os Estados Unidos, a Argentina e o Canadá.

Cerca de 3,8 milhões de estrangeiros chegaram ao Brasil entre 1887 e 1930. O período 1887-1914 concentrou o maior número de imigrantes, com a cifra aproximada de 2,74 milhões, cerca de 72% do total. Essa concentração se explica, além de outros fatores, pela forte demanda de força de trabalho naqueles anos para a lavoura de café. A Primeira Guerra Mundial reduziu muito o fluxo de imigrantes. Após o fim do conflito constatamos uma nova corrente imigratória, que se prolonga até 1930.

A partir de 1930, a crise mundial iniciada em 1929, assim como as mudanças políticas no Brasil e na Europa, fez com que o ingresso de imigrantes como força de trabalho deixasse de ser significativo.

FAUSTO, BORIS. História Concisa do Brasil. São Paulo: EDUSP, 2009. p. 154.

11.2 Crise de 1929 e o desenvolvimento industrial no Brasil - de país agrário a urbano-industrial

Num primeiro momento, a depressão econômica teve efeito devastador no Brasil. O país tinha sua base econômica construída a partir da exportação de gêneros agrícolas. Com a crise, grande parte do volumoso estoque de café produzido no Brasil ficou sem mercado consumidor. O Brasil não conseguiu conter o desastre econômico que abalou a classe cafeicultora e, por consequência, abalou as próprias estruturas políticas da República Velha, abrindo caminho para a Revolução de 1930, que levaria Getúlio Vargas ao poder. Vargas toma o poder por meio de um golpe de Estado contra o domínio da oligarquia agrária que comandara o país na primeira fase da República (1889-1930).

Até 1920, o contexto econômico do país não estimulava significativamente o desenvolvimento industrial, mas a crise introduziu mudanças nesse quadro. O violento corte nas importações de bens de consumo criou uma conjuntura favorável ao investimento, por parte do empresariado, na indústria nacional. As indústrias Brasileiras passaram a ocupar, então, boa parte do mercado, que antes era praticamente abastecido só por produtos importados. Foi a partir daí (dos anos 1930-1940) que a indústria se transformou num setor importante da economia, alcançando taxas de crescimento superiores às do setor agrário. Por essa razão, afirma-se que o primeiro momento da industrialização Brasileira se baseou na substituição de importações. Além disso, o Estado passou a estimular os empresários industriais, que, em 1931, já haviam se organizado em São Paulo, com a criação da FIESP. Logo no primeiro ano do Governo Vargas, a economia se diversificou tanto no setor industrial quanto no setor agrário.

Ao lado das indústrias têxtil, alimentícia e de confecção, apareceram outros setores, como os de cimento, aço, materiais de transportes e extração mineral.

A primeira metade da década de 1940, ainda no governo Vargas, foi decisiva para a criação de uma infraestrutura industrial, com a fundação da Companhia Siderúrgica Nacional, da Companhia Vale do Rio Doce, da Companhia Nacional de Álcalis, da Fábrica Nacional de Motores e outras. No segundo governo de Vargas (1951-1954) foi criada a Petrobrás (1953). Todas as empresas tinham participação majoritária do capital estatal.

A grande e decisiva arrancada industrial ocorreu a partir da década de 1950 com o chamado Plano de Metas no governo Juscelino Kubitschek (1956-1961). A eleição de JK representou o início do rompimento com a política nacionalista de Vargas. O novo modelo nacionalista defendido por JK se concentrava no estímulo da produção local, não levando em conta a origem dos capitais investidos, esse fato marca o início da internacionalização do parque industrial Brasileiro.

Plano de Metas que tinha como objetivo "crescer cinquenta anos em cinco", além de desenvolver a indústria de base, investir na construção de estradas e de hidrelétricas e fazer crescer a extração de petróleo, tudo com o objetivo de arrancar o Brasil de seu subdesenvolvimento e transformá-lo num país industrializado. Os industriais Brasileiros continuavam investindo nos setores tradicionais (tecido, móveis, alimentos, roupas e construção civil), e as multinacionais entravam no Brasil pela primeira vez, para a produção de bens de consumo.

O plano teve consequências positivas e negativas para o país. Por um lado, deu-se a modernização da indústria; por outro, o forte endividamento internacional por causa dos empréstimos, que fizeram possível a realização do plano e a dependência tecnológica. Isto sem falar no grande êxodo rural, porque à medida em que os centros urbanos se

REALIDADE BRASILEIRA

desenvolviam, as características da vida rural não progrediam e as reformas não eram implementadas. O Plano de Metas se dividiu em 31 metas que privilegiavam 4 setores da economia Brasileira: energia, transporte, indústrias de base e alimentação.

11.3 A ditadura e o milagre econômico

Durante a Ditadura Militar, a indústria doméstica continuava protegida da concorrência internacional pelas elevadas tarifas de importação. Entretanto a estrutura produtiva passou a ser dominada por três agentes: o capital estatal (que predominava nos setores de infraestrutura e de bens de produção), o capital privado nacional (dominava o setor de produção de bens de consumo não duráveis, tais como têxteis, alimentos, calçados etc) e o capital transnacional (que se destacava principalmente no setor de bens de consumo duráveis, que se tornou o mais dinâmico da economia Brasileira).

A partir da segunda metade do século XX o setor automobilístico se torna o setor industrial de maior destaque no cenário nacional, acompanhado de perto pelos eletrodomésticos.

O "sucesso" deste modelo econômico teve como suporte: a visão autoritária do regime militar, a abertura do Estado às elites capitalistas, a exploração da mão de obra, a grande concentração de renda e o elevado endividamento externo. Já no fim da década de 1960, o país amplia seu parque industrial e vem à tona o chamado milagre econômico Brasileiro (1968-1974), período no qual a economia Brasileira crescia a taxas anuais de 9%, um crescimento comparado somente ao japonês e ao alemão do período 1950 e 1960.

11.3.1 Milagre econômico?

Entre 1968 e 1974, a economia Brasileira sofreria uma notável expansão, refletida no crescimento acelerado do PIB. O período, que ficou conhecido como 'milagre Brasileiro' em alusão aos 'milagres' alemão e japonês, seria marcado por taxas de crescimento excepcionalmente elevadas, que foram mantidas, enquanto a inflação, 'controlada e institucionalizada', declinava, estabilizando-se em torno de 20 a 25% ano ano [...].

Em setembro de 1970, a Bolsa de Valores do Rio de Janeiro bateu o recorde de volume de transações em toda a sua história, negociando 24 milhões de cruzeiros num só dia, fato que se repetiria no ano seguinte.

Emílio Garrastazu Médici. Dicionário Histórico-Biográfico Brasileiro. FGV/CPDOC.

A partir de 1967, retomou-se o processo de desenvolvimento, graças à conjuntura favorável no plano internacional, que contava com um excesso de liquidez, ou seja, dólares à procura de aplicação. Aproveitando a situação, o ministro Delfim Netto lançou o plano de combate à inflação, assentado em duas bases: o endividamento externo para a obtenção da tecnologia estrangeira e a concentração da renda para criar um mercado consumidor. Esse plano garantiu um crescimento econômico, mas condenou o mercado a se desenvolver de uma forma distorcida, aumentando as desigualdades sociais. Outro lado negativo foi a perda da soberania nacional, em razão da dominação da nossa economia pelas multinacionais.

11.4 O pós-1985

A década de 1980 ficou conhecida como a década perdida, e foi caracterizada pela recessão, pela inflação e pelo desemprego, gerados por uma economia estagnada após o segundo choque do petróleo de 1979. Nesse contexto, vários setores da sociedade apontavam o fim do Regime Militar como "saída" para a crise, mas os problemas continuaram (como a inflação elevada) com os governos civis no poder, fato que comprometeu a nossa industrialização.

A grave crise econômica iniciada em 1988 e a globalização da economia mundial foram os pontos de partida para o surgimento de um novo modelo econômico, que promoveu a intensificação dos fluxos internacionais de capitais nos mercados financeiros e abertura das economias nacionais ao comércio global.

Os governos de Fernando Collor de Melo (1990-1992) e Itamar Franco (1992-1994) iniciaram essa abertura. Em 1991, iniciou-se o Programa Nacional de Desestatização, com grande participação de capitais provenientes dos Estados Unidos, Espanha e Portugal.

Em junho de 1994, a moeda Brasileira passou a ser o real. A mudança da moeda era parte de um plano econômico maior, que tinha como objetivo central o combate à inflação e a estabilização da economia Brasileira. A ilusão da moeda forte e do consumo fácil fez com que o país entrasse às cegas na modernidade.

A verdade é que do século XX para o século XXI, o desenvolvimento industrial-tecnológico, colocou o Brasil entre as maiores economias no mundo, sendo considerado um dos mercados emergentes nesse início de século. Entretanto grande parte da população ainda se encontra excluída do mercado consumidor dos produtos industriais e o abismo entre os ricos e pobres tem se acentuado ainda mais.

11.5 Distribuição geográfica das indústrias no Brasil por regiões

Até por volta da segunda metade do século XX, o Brasil não possuía um mercado nacional consolidado - muito menos um espaço geográfico de fato integrado. Na verdade, o país mais se assemelha a um "arquipélago" com a existência de verdadeiras "ilhas" de economia primárias voltada para a exportação. A partir da década de 50, pela primeira vez na história, o Brasil deixa de ser um país essencialmente agrário e a industrialização passou a comandar a economia nacional.

11.5.1 Concentração industrial

Quanto à distribuição espacial da indústria, o que se verifica é uma grande concentração de estabelecimentos na região Sudeste. A concentração industrial na região, sobretudo no Estado de São Paulo, deve-se a fatores históricos que já conhecemos. Esses fatores (a lavoura de café, dentre outros) orientaram o surgimento da atividade industrial nessa região. Mas um outro fator também explica essa concentração espacial - é a interdependência que se estabelece entre as várias empresas industriais. Por exemplo, a indústria automobilística está ligada às metalúrgicas, às indústrias de autopeças, de tintas, de vidros etc.

Além disso, a concentração industrial é acompanhada pela concentração das demais atividades econômicas e extraeconômicas. Assim, a indústria, o comércio e o sistema bancário e financeiro dependem uns dos outros.

Por outro lado, a concentração das atividades econômicas gera um grande número de empregos, atraindo população de outras regiões e criando grandes centros populacionais, que necessitam de serviços, incluindo-se escolas, centros culturais e profissionais. Por isso, as grandes metrópoles são também os núcleos culturais mais desenvolvidos do país.

11.5.2 Desconcentração industrial

Atualmente, seguindo uma tendência mundial, o Brasil vem passando por um processo de descentralização industrial, chamada por alguns autores de desindustrialização, que vem ocorrendo intrarregionalmente e também entre as regiões.

INDUSTRIALIZAÇÃO BRASILEIRA

Dentro da Região Sudeste há uma tendência de saída do ABCD Paulista, buscando menores custos de produção do interior paulista, no Vale do Paraíba, ao longo da Rodovia Fernão Dias, que liga São Paulo à Belo Horizonte. Estas áreas oferecem, além de incentivos fiscais, menores custos de mão de obra, transportes menos congestionados e por tratarem-se de cidades-médias, melhor qualidade de vida, o que é vital quando trata-se de tecnopolos.

A desconcentração industrial entre as regiões vem determinando o crescimento de cidades-médias dotadas de boa infraestrutura e com centros formadores de mão de obra qualificada, geralmente universidades. Além disso, percebe-se um movimento de indústrias tradicionais, de uso intensivo de mão de obra, como a de calçados e vestuários para o Nordeste, atraídas, sobretudo, pela mão de obra extremamente barata.

11.5.3 Tecnopolos Brasileiros

Os "tecnopolos" são parques empresariais e científicos especializados no desenvolvimento da alta tecnologia e da chamada Tecnologia de Ponta (química fina, robótica, informática, eletrônica, raio laser etc.). As regiões de Campinas (favorecida pela presença da Unicamp), de São José dos Campos (onde está localizado o Instituto Tecnológico da Aeronáutica - ITA) e São Carlos (que abriga a UFSCar e um campus da USP) são alguns dos centros industriais que ostentam a tecnologia mais avançada do país.

12 COMPLEXOS AGROINDUSTRIAIS

12.1 Articulação dos setores agrícola e industrial

No âmbito da agropecuária comercial, a inter-relação entre a agricultura, a produção industrial e o comércio tem se tornado cada vez mais intensa nas últimas décadas. A expressão complexos agroindustriais tem sido utilizada para rotular articulações entre os setores agrícola e industrial que vêm ocorrendo na agricultura Brasileira e mundial.

Muitos países emergentes, como Brasil, Índia e México, têm atraído cada vez mais a atenção quando se fala de agronegócio, sendo considerados verdadeiras fazendas globais. As recentes e sucessivas mudanças nos espaços agrícolas no Brasil nos obrigam a buscar novas leituras e interpretações desses espaços. A produção agrícola tem seguido o processo de urbanização e industrialização, o que a coloca cada vez mais na lógica industrial de produção.

A facilidade para a obtenção de crédito oficial, instrumento de política agrícola na década de 1970, consolidou a presença de complexos agroindustriais no Brasil. Em algumas áreas, porém, as raízes da modernização agrária podem ser encontradas no século XIX, como no caso da região Sudeste.

De maneira geral, a modernização do campo ocorre primeiramente com a modernização da produção, observada pela crescente utilização de maquinários modernos, seguida, em um segundo momento, pela utilização dos derivados da indústria química, como os agrotóxicos. Em terceiro lugar, a utilização dos recursos da chamada agricultura de precisão, que permite o uso de insumos agrícolas e cria mapas de aplicação localizada de insumos que levam em consideração a variabilidade espacial encontrada no campo.

As alterações ligadas às inovações do campo ocorreram sob a lógica do capital, em princípio comercial, posteriormente industrial e, por fim, financeiro.

Na atualidade, o complexo agroindustrial envolve uma gigantesca cadeia produtiva[1]. A agroindústria resulta da integração de três conjuntos de empresas:

▷ Indústrias que vendem para a agricultura (insumos);
▷ Indústrias que compram a produção agrícola para beneficiá-la;
▷ Empresas que comercializam os produtos dessa cadeia produtiva.

12.2 Agronegócio Brasileiro

Os complexos agroindustriais marcam o modelo econômico da agricultura Brasileira no século XXI, caracterizado pela concentração de capitais e voltado ao mercado externo que rege a nossa produção. Os setores agrícolas ligados à exportação, sobretudo de café, cana-de-açúcar e algodão, foram remotamente menos beneficiados com a adoção de inovações, tanto em nível técnico como nas relações de trabalho, diferentemente de outros gêneros como a soja e o milho.

A substituição da economia "natural" por um agronegócio, a intensificação da divisão do trabalho, a especialização da agricultura e a substituição das importações pelo mercado interno atingiram em cheio a agricultura Brasileira e criaram os nossos complexos agroindustriais.

A região Sudeste pode ser considerada o berço do agronegócio Brasileiro. O café foi o principal produto do Brasil agroexportador.

Em 1835 o café já era o principal produto da exportação nacional. A criação de uma importante infraestrutura voltada para a cafeicultura, com a construção de ferrovias, o acúmulo de capitais, a criação de um importante mercado consumidor e a disponibilidade de mão de obra foram fundamentais para a criação de um Brasil urbano-industrial, e o Sudeste é o principal contribuinte entre as regiões Brasileiras para esse processo.

Até hoje, o café é um dos nossos complexos agroindustriais mais relevantes. Em detrimento da modernização dessa cadeia produtiva, encontram-se disponíveis muitas variedades desse produto, como os cafés solúveis, aromatizados, tradicionais, extrafortes, regionais etc.

Outros grandes complexos agroindustriais no Sudeste do Brasil são a citricultura e a cana-de-açúcar. A cana ocupa grande parte do espaço rural da região, além de ocupar um lugar de destaque na produção nacional.

São Paulo representa cerca de 50% da produção nacional, seguido de longe por Minas Gerais, com cerca de 12% da produção nacional. Portanto, o Sudeste concentra mais de 60% da produção nacional.

A produção de laranja é outro setor que chama a atenção na região Sudeste. Mercados de países desenvolvidos como Estados Unidos e Europa são grandes consumidores desse produto e seus derivados. O Brasil é o maior produtor de suco de laranja do mundo, com destaque mais uma vez para São Paulo, que produz cerca de 85% da laranja Brasileira.

A citricultura Brasileira é responsável por 34% da produção mundial de laranja, 70% da produção de suco de laranja e 75% do comércio mundial desse produto.

O setor gera cerca de 200 mil empregos diretos e indiretos no país. São arrecadados cerca de US$ 189.000.000 em impostos pela cadeia produtiva da laranja e o valor do PIB citrícola é da ordem de US$ 6.5 bilhões.

O Centro-Oeste passou a ser visto como a região do agronegócio Brasileiro a partir da expansão da fronteira agrícola nos anos 1970. Inúmeros agricultores oriundos do Sul e Sudeste do país dirigiram-se ao Centro-Oeste por conta da grande disponibilidade de terra e dos programas governamentais implementados. Vastas áreas do Cerrado foram incorporadas ao processo de mecanização do agronegócio e nasceram inúmeros complexos agroindustriais. Pouco a pouco as plantações de soja e milho alteraram as paisagens do Centro-Oeste do Brasil.

Enquanto o Cerrado foi praticamente extinto, o complexo agroindustrial da soja promoveu a interação de uma série de atividades econômicas.

12.3 Transportes e os complexos agroindustriais

O transporte é um dos problemas estruturais enfrentados pela agricultura, no Brasil. O escoamento das safras é dificultado por falta de infraestrutura moderna e opção errônea pelo transporte rodoviário, que além de ser mais custoso demanda mais tempo e risco aos agricultores Brasileiros. Além disso, a falta de investimentos no setor continua a ser o principal problema na logística de escoamento.

12.4 Armazenagem

A armazenagem é uma das etapas da produção da agricultura do país que, no caso do Brasil, assim como nos transportes necessita de investimento e ampliação, a fim de acompanhar o desenvolvimento do setor. Em 2013, a capacidade de armazenagem Brasileira era de 75% da produção de grãos, quando o ideal é que seja 20% superior à safra.

---

[1] Cadeia produtiva: conjunto de componentes interativos, incluindo sistemas produtivos, fornecedores de insumos e serviços, indústrias de processamento e transformação, agentes de distribuição e comercialização, além de consumidores finais.

COMPLEXOS AGROINDUSTRIAIS

De acordo com a Conab, apenas 11% dos armazéns estão nas fazendas Brasileiras; na União Europeia o número é de 50%, e no Canadá chega a insuperáveis 80%.

No estado do Mato Grosso, um dos ícones do agronegócio Brasileiro e onde temos uma das melhores infraestruturas em relação aos complexos agroindustriais, a quantidade de armazéns e silos cobre apenas 57,8% de todo o volume de grãos produzidos, representando um déficit de 27,4 milhões de toneladas para armazenamento dos grãos. Para suprir a crescente produção agrícola nacional será necessário aumentar a capacidade de armazenamento no estado em 228,9% até 2028.

13 EIXOS DE CIRCULAÇÃO E CUSTOS DE DESLOCAMENTOS

13.1 A fluidez dos sistemas de transportes

A fluidez espacial talvez seja um dos pontos de maior encantamento do pensamento modernista em geografia. O frenesi das relações, da circulação, da velocidade e da rapidez sempre foi objeto de interesse e elogio no campo disciplinar.

Nas últimas décadas, em um contexto cada vez mais globalizado, as mercadorias circulam por todo o planeta, utilizando, para isso, grandes embarcações ou aviões. Atualmente, de acordo com a Organização das Nações Unidas (ONU), mais de 80% das mercadorias do mundo são transportadas pelos oceanos, com capacidade para carregar grandes volumes de containers de uma só vez.

As infraestruturas de transportes são um importante motor para o alcance do desenvolvimento econômico em todas as escalas geográficas - global, regional e local - e são essenciais para o crescimento de um país.

A matriz de transportes Brasileira é considerada desequilibrada e pouco eficiente, pois favorece um modal de transportes frente aos outros, o que representa um obstáculo ao desenvolvimento pleno do país. Considerando-se as nossas dimensões territoriais, o grande volume de commodities transportada e o alto custo da manutenção do transporte rodoviário, conclui-se que, para o Brasil, o sistema de transportes de cargas deveria privilegiar os sistemas ferroviário e hidroviário, bem mais baratos e com maior capacidade de carga.

O Brasil é considerado um país eminentemente rodoviarista, no qual predomina o modal rodoviário para deslocamentos ao longo de toda a sua extensão territorial.

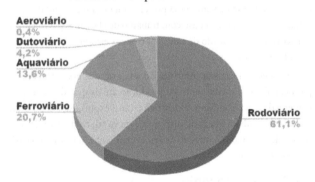

https://novaescola.org.br/plano-de-aula/5081/a-integracao-rodoviaria-nacional.

Os demais tipos de transporte - ferrovias e hidrovias - estão, há muito, em segundo plano, mesmo comprovando que costumam apresentar relação custo-benefício bem melhor. Enquanto um caminhão transporta 30 toneladas de carga, com o mesmo custo um trem transporta 125 toneladas e as hidrovias, mais de 575 toneladas. Então, por que o Brasil investiu em rodovias, em detrimento dos demais tipos de transporte?

O Brasil começou a investir de fato em rodovias somente ao longo do século XX. O auge dessa política veio com o governo JK, pois o processo de industrialização, naquela época, demandava maior integração territorial, o que incluía uma rede de transporte articulada por todo o território nacional.

Fez-se então uma opção desenvolvimentista sob a ótica capitalista, baseada na indústria automobilística. Juscelino Kubitschek implantou um parque industrial para suporte das indústrias automobilísticas atraídas para o país, construiu a capital Brasília e estabeleceu a construção de várias rodovias importantes, que consumiram praticamente todo o orçamento então destinado ao transporte terrestre.

Durante o regime militar, a política rodoviarista manteve-se por meio do Programa de Integração Nacional (PIN), que visava a uma maior ocupação do Centro-Oeste e da Amazônia. Nesse período, foram construídas a Perimetral Norte, a Cuiabá/Santarém e a polêmica Transamazônica, que liga a região Nordeste à região Norte, no sentido leste-oeste.

13.1.1 Nomenclatura das rodovias no Brasil

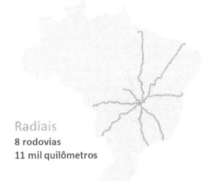

Radiais
8 rodovias
11 mil quilômetros

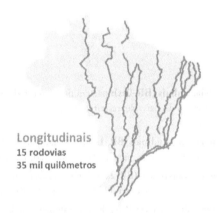

Longitudinais
15 rodovias
35 mil quilômetros

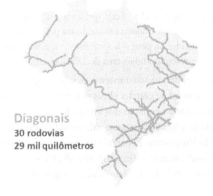

Diagonais
30 rodovias
29 mil quilômetros

EIXOS DE CIRCULAÇÃO E CUSTOS DE DESLOCAMENTOS

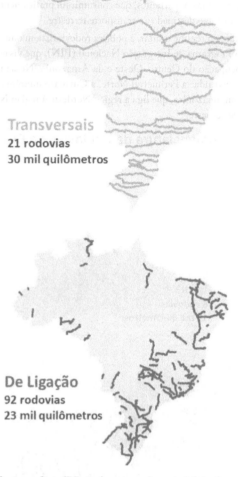

Transversais
21 rodovias
30 mil quilômetros

De Ligação
92 rodovias
23 mil quilômetros

▷ **Rodovias radiais (BR-0xx):** partem da capital federal em direção aos extremos do país. Representam hoje cerca de 9% das estradas Brasileiras.

▷ **Rodovias longitudinais (BR-1xx):** cortam o país na direção norte-sul. Representam hoje cerca de 27% das estradas do país.

▷ **Rodovias transversais (BR-2xx):** cortam o país na direção leste-oeste. Representam hoje cerca de 24% das estradas Brasileiras.

▷ **Rodovias diagonais (BR-3xx):** apresentam-se na direção NO-SE ou NE-SO. Representam hoje cerca de 23% das estradas do país.

▷ **Rodovias de ligação (BR-4xx):** apresentam-se em qualquer direção, geralmente ligando rodovias federais; ou pelo menos uma rodovia federal a cidades ou pontos importantes; ou ainda às fronteiras terrestres. Representam hoje cerca de 18% das estradas Brasileiras.

Estava assim desenhado o sistema de ações responsável pela materialização territorial de grandes obras rodoviárias com o intuito declarado de estimular a ocupação dos chamados "vazios demográficos" e/ou manobrar a integração nacional, consubstanciado num pacote denominado Programas Especiais na Área dos Transportes, cujos planos propostos atendem diretamente a objetivos geoeconômicos e/ou geopolíticos atrelados ao planejamento regional.

13.2 Programas

13.2.1 Programa de Integração Nacional (PIN)

O Programa de Integração Nacional (PIN) foi um programa de cunho geopolítico criado pelo governo militar Brasileiro por meio do Decreto-lei nº 1106, de 16 de julho de 1970, assinado pelo presidente Médici. A proposta era baseada na utilização de mão de obra nordestina liberada pelas grandes secas de 1969 e 1970 e na noção de vazios demográficos amazônicos. São cunhados aqui os lemas "integrar para não entregar" e "terra sem homens para homens sem terras".

O PIN prevê que cem quilômetros em cada lado das estradas a serem construídas deveriam ser utilizados para a colonização por cerca de 500 mil pessoas, ou seja, uma meta de assentar 100 mil famílias. A rodovia Transamazônica foi a principal via escolhida para a colonização.

No Mato Grosso foram implantadas as seguintes rodovias federais: BR 163, trecho Cuiabá-Santarém; BR-364, trecho Cuiabá-Porto Velho; BR 070, trecho Rio Araguaia-Cuiabá; BR 080, trecho Barra dos Garças-São Felix do Araguaia; e BR 174, trecho Cáceres até a divisa com Rondônia.

13.2.2 Proterra

O Programa de Redistribuição de Terras e de Estímulo à Agroindústria do Norte e Nordeste, criado em 1971, em complementação ao PIN, visava facilitar o acesso à terra, criar melhores condições de emprego da mão de obra no campo e fomentar a agroindústria nas áreas de atuação da Sudam e da Sudene. Os recursos financeiros do programa destinavam-se à abertura de linhas de crédito agrícola, à infraestrutura básica e a aquisição de equipamentos para a agroindústria. Em Mato Grosso, o Proterra financiou a implantação de projetos particulares de colonização em áreas de contato entre a floresta e os cerrados, nas regiões centro-norte e leste do estado.

13.2.3 Prodoeste

O Programa de Desenvolvimento do Centro-Oeste foi criado em 1971, e visava incrementar o desenvolvimento do Centro-Oeste, sendo que, em Mato Grosso, abrangia principalmente a região sul do antigo estado, dotando a rede viária com trabalho de abertura, pavimentação e de correção do traçado de estradas-troncos estaduais e federais e de estradas vicinais.

O objetivo era sua interligação aos grandes eixos rodoviários para canalizar o escoamento da produção até os grandes centros de comercialização, consumo, industrialização e exportação. O programa viabilizou também obras de infraestrutura rural, com a instalação de frigoríficos, expansão da rede de armazenamento, saneamento básico e de eletrificação.

13.2.4 Polamazônia

O Programa de Polos Agropecuários e Agrominerais da Amazônia (POLAMAZÔNIA) foi criado em meados dos anos 1970, durante o governo militar no país. O POLAMAZÔNIA tinha como propósito promover a ocupação de áreas "vazias" na Amazônia Legal e a implantação de polos agrícolas regionais nas áreas de mineração, de interesse estratégico do Estado Brasileiro, formando zonas de integração que permitissem a concentração de capitais e formando novos espaços de desenvolvimento no Brasil.

Além disso, um outro objetivo era a redução da pressão pela reforma agrária no nordeste do Brasil, liderado pelas Ligas Camponesas. A transferência de população para as regiões Norte e Centro-Oeste do Brasil veio a calhar aos anseios dos regimes ditatoriais.

Os principais polos do POLAMAZÔNIA estavam no Pará, nos projetos Carajás e Trombetas, e no Amapá.

14 POLÍTICAS TERRITORIAIS E REGIONAIS

14.1 Amazônia

Nesse início do século XXI, tornaram-se mais acentuados os debates sobre o processo de globalização, com destaque para a interconexão econômica, financeira, tecnológica, política e ambiental.

Nesse contexto, a Amazônia assume um significado cada vez mais importante e difícil de ser avaliado. Um embate entre a sobrevivência dos recursos naturais (entre eles os humanos) e a exploração desses recursos é fundamental para entendermos o papel das Amazônias.

O uso do termo Amazônias no plural não é por acaso! É necessário fazer a diferenciação entre uma Amazônia Internacional ou Transnacional e uma outra Amazônia, essa chamada de Amazônia Brasileira ou Amazônia Legal. Mesmo dentro de cada uma dessas Amazônias, seja a Internacional ou a Brasileira, existem peculiaridades que as diferem dentro da sua extensão, fazendo com que as duas apresentem traços heterogêneos e peculiares em cada uma das subdivisões propostas.

A Amazônia Internacional é a área abrangida pelo bioma amazônico, que engloba nove países sul-americanos: Brasil, Bolívia, Equador, Venezuela, Colômbia, Suriname, Guiana, Guiana Francesa e Peru. Essa área estende-se por aproximadamente 7.000.000 km², sendo a maior parte desse território - cerca de 60% - no espaço Brasileiro.

A valorização da natureza amazônica no início do século XXI assume papel relevante para entendermos a importância dessa região. Embora o conhecimento sobre a biodiversidade amazônica não seja consensual, os números conferidos a ela atualmente permitem afirmar que temos um dos maiores bancos genéticos, com a maior diversidade ecológica do planeta. Isso significa que ela abriga o maior número de espécies animais e vegetais do mundo, apesar de a ciência só identificar uma pequena parte (1.294 espécies de aves, 3.000 espécies de peixes, 427 mamíferos, 378 répteis e 427 anfíbios, além de uma diversidade gigantesca de plantas). Muitos especialistas afirmam que o número de espécies não registradas pode ser cerca de sete vezes superior às já conhecidas.

Essas Amazônias, que respondem por 1/20 da superfície do planeta e 2/5 da América do Sul, não chamam a atenção apenas pela extensão territorial, mas pela presença descomunal de biodiversidade e recursos naturais, como destacados. Uma questão extremamente relevante para a região envolve os recursos hídricos: cerca de 17% da água do planeta está nessa região.

Toda essa reserva, diante de um cenário de crise/escassez de água anunciado, confere à Amazônia uma posição estratégica e de destaque na geopolítica da água. Para os amazônidas, em especial as populações ribeirinhas, a água sempre desempenhou papel central como um bem social. Os rios sempre serviram de base de navegação na área, inclusive no processo de ocupação no período colonial Brasileiro, servindo de base para a construção de diversos fortes na região.

A Amazônia já exporta uma grande quantidade de água virtual em diversas commodities agrícolas como soja, carne, minérios e madeira.

Água virtual é o termo que descreve a água usada na produção de lavouras e/ou bens manufaturados que são posteriormente exportados. Desde os anos 1990, em Israel o termo água virtual ou água embutida é utilizado por economistas, que perceberam que não fazia sentido, do ponto de vista econômico, exportar a escassa água do país.

O rio Amazonas é o maior rio do mundo. O volume de água descarregado no oceano Atlântico é da ordem de 209.000m³/s - cerca de 1/5 do volume de todos os outros rios do mundo -, uma vazão cinco vezes maior que a vazão do rio Congo, segunda maior vazão do oceano. Além da água superficial é fundamental destacar o papel das águas subterrâneas na região. O Sistema Aquífero Grande Amazônia - SAGA, que no Brasil está nas bacias do Marajó, Amazonas, Solimões e Acre, todas na região amazônica, apresenta volumes hídricos que alcançam mais de 160.000 km³, situando-o, assim, entre os maiores sistemas aquíferos do mundo.

Ocupando uma área total de 6.925.674 km², desde as nascentes do rio Amazonas nos Andes Peruanos até sua foz no Oceano Atlântico, a Região Hidrográfica Amazônica tem no Brasil 63,88% do seu território. No Brasil essa Região Hidrográfica apresenta, além do curso principal, o rio Solimões/Amazonas, tributários, também, de grande importância. Assim, um vasto e denso conjunto de rios e cursos de água de menor extensão e volume constituem uma grande rede natural apta ao transporte fluvial, que forma um conjunto de mais de 50 mil km de trechos navegáveis. Dentre os principais e maiores cursos de água, tributários do Amazonas, destacam-se, pela margem direita, os rios Madeira, Tapajós, Juruá, Purús, Javari, Jutaí e Xingue, e pela margem esquerda os rios Negro, Içá, Uatumã, Japurá, Trombetas, Jari e Nhamundá.

Apesar de técnicos do setor de navegação não concordarem muito com a aplicação do termo hidrovia a muitos rios e/ou trechos de rios da Amazônia, em face da inexistência de infraestrutura necessária ao modal para justificar tal denominação, quatro grandes cursos de água são identificados na Região Hidrográfica Amazônica, como hidrovias, pelo meio empresarial:

▷ Solimões-Amazonas;
▷ Trombetas - Amazonas;
▷ Guaporé - Madeira;
▷ Rio Branco - Rio Negro.

Essa valorização dos recursos naturais gerou o interesse dos países por onde passa esse bioma em desenvolver práticas associadas à preservação e à sustentabilidade ainda nos anos 1970. Em 1978, por iniciativa do Brasil, Bolívia, Colômbia, Equador, Guiana, Peru, Suriname e Venezuela assinaram o TCA (Tratado de Cooperação da Amazônia), também conhecido como Pacto Amazônico, uma colaboração conjunta entre esses países em favor do desenvolvimento sustentável. O objetivo do tratado era criar um mecanismo de desenvolvimento da região amazônica sem que nenhum dos países abrisse mão das respectivas soberanias territoriais.

O tratado serviu como instrumento multilateral de cooperação em vários pontos, entre os quais navegação na bacia amazônica, estudos hidrográficos e climatológicos, infraestrutura de transportes e telecomunicações, saúde, intercâmbio de experiências em matéria de desenvolvimento regional e pesquisa tecnológica e ecológica, podendo ainda incluir novos temas no futuro. Essa proposta evoluiu 20 anos depois e transformou-se em OTCA (Organização do Tratado de Cooperação da Amazônia), com sede em Brasília. O único "país" por onde passa o bioma que não assinou o TCA foi a Guiana Francesa, que forma na realidade um departamento ultramarino da França.

14.1.1 SPVEA, Amazônia Brasileira, SUDAM, Amazônia Legal e SUFRAMA

Com o intuito de integrar a Amazônia ao país, os debates sobre esse processo iniciaram-se já na primeira metade do século XX. No início dos anos 1950, Getúlio Vargas criou a Superintendência e Plano de Valorização Econômica da Amazônia - SPVEA, órgão que teve sua área de atuação denominada de Amazônia Brasileira.

Logo no início dos governos militares a SPVEA foi trocada pela Superintendência de Desenvolvimento da Amazônia - SUDAM, cuja área de ação passou a ser chamada Amazônia Legal. A SUDAM tinha como função coordenar a ação federal na região amazônica, sendo o principal encarregado pela elaboração e execução do Plano de Valorização Econômica da Amazônia. A área é composta por 52 municípios de Rondônia, 62 do Amazonas, 22 do Acre, 144 do Pará, 15 de Roraima, 16 do Amapá, 141 do Mato Grosso, 139 do Tocantins, bem como por 181 Municípios do Estado do Maranhão situados ao oeste do Meridiano 44°.

A SUDAM foi extinta em 2001, no Governo Fernando Henrique Cardoso (1995-2003), quando foi criada a Agência de Desenvolvimento da Amazônia (ADA), substituída no início de 2007, no governo Luís Inácio Lula da Silva (2003-2011), pela nova SUDAM. Em resumo, a SUDAM foi criada como uma mediadora entre o Estado e as instituições privadas, além de promover o desenvolvimento e o povoamento da região.

A Zona Franca de Manaus foi criada pela Lei nº 3.173, de junho de 1957, e reformulada dez anos depois. Em 1967, com a criação da Superintendência da Zona Franca de Manaus - SUFRAMA, vinculada ao Ministério do Desenvolvimento, Indústria e Comércio Exterior, viabilizou-se a implantação de três polos que compõem a ZFM - um polo comercial, outro industrial e, ainda, um polo agropecuário.

A política fiscal da ZFM fornece benefícios locacionais, objetivando reduzir os chamados custos amazônicos. As empresas aí instaladas têm inúmeras vantagens em relação aos impostos federais e estaduais, benefícios locacionais e vantagens extrafiscais.

A localização geográfica da ZFM é estratégica quanto aos mercados mundiais, haja vista a sua localização central em relação aos blocos econômicos americanos - Comunidade Andina, Caricon, Mercosul e USMCA. Os principais produtos industriais fabricados na Zona Franca de Manaus são veículos automotivos de duas rodas e bicicletas, eletroeletrônicos, óticas, entre outros.

14.1.2 Questões ambientais na Amazônia Brasileira

A partir dos anos 1960, com os governos militares, uma nova forma de atuação e ocupação da Amazônia foi formulada. Podemos chamar esse momento de Período da Produção do Espaço Estatal, onde se inicia o planejamento regional efetivo da Amazônia, marcado em especial pela criação da SUDAM, a instalação de grandes projetos minero-metalúrgicos e a expansão da fronteira agrícola.

Nas duas décadas seguintes, 1970 e 1980, a terra pública, habitada pelos amazônidas por séculos, foi colocada à venda em lotes de grandes dimensões para os novos investidores, que as adquiriam diretamente dos órgãos fundiários do governo ou de particulares (que, em grande parte, repassavam a terra pública como se ela fosse própria).

O modelo tradicional de ocupação da Amazônia, associado à expansão da fronteira agrícola na área, a partir dos anos 1970, tem levado a uma ampliação significativa do desmatamento na Amazônia. A região tem sido palco de acontecimentos que produzem consequências complexas para manter o ambiente equilibrado, garantido pela Constituição Federal no seu Art. 225:

"Todos têm direito ao meio ambiente ecologicamente equilibrado, bem de uso comum do povo e essencial à sadia qualidade de vida, impondo-se ao poder público e à coletividade o dever de defendê-lo e preservá-lo para as presentes e futuras gerações."

Entre as consequências da problemática ambiental na Amazônia podemos destacar:

▷ Exploração ilegal de madeira;
▷ Desmatamento e queimadas de áreas de floresta, terras e florestas destinadas à agropecuária;
▷ Ampliação do uso de agrotóxicos;
▷ Ampliação dos conflitos históricos entre índios, ribeirinhos e produtores de grãos;
▷ Instalação de hidrelétricas e formação de lagos imensos que modificam profundamente o equilíbrio dos ecossistemas aquáticos e alteram hábitos das populações tradicionais;
▷ Implantação e ampliação da atividade industrial e mineral;
▷ Biopirataria e etnopirataria.

Especialistas apontam que 50% da madeira retirada da Amazônia Legal é feita de maneira ilegal e tem como principal destino atualmente o mercado interno, situação diferente de duas décadas anteriores, onde o principal destino era o mercado internacional. Cerca de 70% da madeira retirada ilegalmente do bioma tem como destino o mercado Brasileiro. Madeiras ameaçadas de extinção como o Mogno e a Castanheira-do-Brasil, além do Cedro e do Jatobá, entre outras, são as mais cobiçadas. Parte da madeira explorada ilegalmente costuma vir acompanhada de conflitos e mortes na região.

O dia 10 de agosto de 2019 é um marco da atual situação dos impactos ambientais na Amazônia Brasileira, que ficou conhecido como o Dia do Fogo. Produtores rurais da região Norte do país, mais precisamente das cidades de Altamira e Novo Progresso (PA) iniciaram um movimento conjunto para a realização de um ataque ambiental, que gerou 1.457 focos de calor, de acordo com o Instituto Nacional de Pesquisas Espaciais (INPE), que apontou entre os dias 10 e 11 de agosto daquele ano aumento de 300% dos focos de queimadas.

A construção de grandes usinas hidrelétricas na Amazônia tem sido apresentada como estratégica para garantir o crescimento econômico do país. Na contramão desse suposto desenvolvimento, as barragens têm gerado grandes impactos sociais e ambientais, que são sistematicamente subestimados tanto pelo poder público como pela sociedade em geral.

14.2 Nordeste

O Nordeste é uma das cinco grandes regiões da proposta de divisão oficial do Brasil, promovida pelo IBGE (Instituto Brasileiro de Geografia e Estatística), apresentando uma superfície de 1.554.291,607 km² e ocupando cerca de 18% do Brasil, o que lhe garante a posição de terceira região mais extensa do país, atrás do Norte e do Centro-Oeste.

As últimas estimativas do IBGE apontam para um crescimento demográfico no qual a população da região atingiu, em 2021, o número de 57.585.610 habitantes, representando aproximadamente 29% do total nacional.

É a região composta pelo maior número de estados (nove): Maranhão, Piauí, Ceará, Rio Grande do Norte, Paraíba, Pernambuco, Alagoas, Sergipe e Bahia.

O Nordeste, enquanto região, não é uma área cristalizada; apresentou inúmeras mudanças em sua composição ao longo dos anos até atingir a atual configuração.

O Nordeste fica situado entre os paralelos de 01° 02' 30" e 18° 20' 07" de latitude sul e entre os meridianos de 34° 47' 30" e 48° 45' 24"

REALIDADE BRASILEIRA

a oeste do meridiano de Greenwich. Faz limites a norte e a leste com o Oceano Atlântico; ao sul com Minas Gerais e Espírito Santo; e a oeste com Pará, Tocantins e Goiás.

Contudo, a imagem de uma "unidade territorial" construiu-se somente no século XX. Ela é, em grande parte, fruto das mitologias em torno de sua região, criadas por uma elite regional e endossadas por uma mídia de massa que reproduz essa imagem.

Desde o início da colonização, a região que hoje conhecemos como Nordeste passou por muitas transformações. Foi no litoral dessa região que os portugueses iniciaram seu processo de ocupação, atribuindo-lhe importância econômica e política.

O cultivo da cana-de-açúcar, no século XVI, foi a principal atividade econômica da região que mais tarde viria a ser chamada de Nordeste. A expressão Nordeste foi usada inicialmente para designar a área de atuação da Inspetoria de Obras Contra as Secas (IOCS), criada no início do século XX.

O Nordeste ocupa a condição de periferia no cenário nacional; é dependente dos produtos industrializados do Centro-Sul, além de ser o maior "gerador" de mão de obra barata. O reduzido nível de desenvolvimento socioeconômico marcado, entre outros motivos, por menor oferta de empregos qualificados e baixos salários, tem contribuído para a expulsão do nordestino, apesar da redução desse fluxo migratório últimas décadas. A região é a que apresenta os piores indicadores sociais do país, porém percebe-se, nos últimos anos, um aumento da participação do Nordeste na composição do PIB Brasileiro.

O Nordeste é a região do país onde mais se percebem os traços da colonização. Em algumas capitais como Recife, São Luís e Salvador, existem até hoje igrejas e casarões erguidos naquele contexto histórico.

A atividade colonial, voltada para o enriquecimento da metrópole, deixou registros profundos nas realidades sociais e econômicas do Nordeste.

O processo de colonização teve como principal atividade a produção. Na segunda metade do século XVI, a região nordeste havia se consolidado como o centro da empresa colonizadora. O açúcar produzido nos engenhos era transportado até os portos exportadores - Recife e Salvador. A maioria dos navios era de bandeira portuguesa, porém os comerciantes holandeses, que se beneficiavam com o produto, eram constantes presenças no território colonial português. O século XVII marcou a expansão pastoril e a exportação de fumo. O tabaco produzido no Recôncavo Baiano e em Alagoas era exportado para a Europa.

Durante os séculos XVI e XVII, a produção de açúcar para exportação sustentou a economia colonial, baseada no latifúndio monocultor e no sistema escravista. A cana-de-açúcar desenvolveu-se bem em áreas litorâneas dos atuais estados de Pernambuco e Bahia, pertencentes atualmente ao Nordeste.

O século XVIII marca a decadência do Nordeste e a emergência da mineração nas Minas Gerais, além da transferência da capital para o Rio de Janeiro (1763). Na segunda metade do século XIX, o café se tornou o pilar das relações econômicas Brasileiras, ratificando a hegemonia econômica do Centro-Sul.

O Nordeste reúne um conjunto de mitologias sociais e políticas de bases geográficas. O Nordeste é, antes de tudo, uma "invenção", uma região "socialmente produzida", ou seja, são as relações sociais entre os dominantes e dominados que produzem essa região. No início da colonização europeia, o Nordeste podia ser resumido à cana-de-açúcar, onde predominavam as *plantations* e se multiplicavam os engenhos de cana. O cultivo da cana foi a primeira grande atividade econômica do país, dando origem a inúmeras cidades e no Nordeste. Os engenhos de açúcar localizavam-se na Zona da Mata, faixa litorânea que se estende entre o Rio Grande do Norte e o Sul da Bahia, onde as condições naturais eram mais favoráveis ao cultivo do gênero.

Por ter sido a área de ocupação inicial do país, esta área foi por praticamente dois séculos a região mais desenvolvida do país, e Pernambuco o estado mais rico. Com o declínio da cana-de-açúcar na metade no século XIX e o desenvolvimento da região Sudeste do país, tornou-se mais evidente a estagnação do território nordestino.

Os latifúndios, grandes propriedades agrícolas, sempre foram controlados por parte das elites políticas da região, os coronéis. Esse coronelismo acentuou a extrema pobreza da população nordestina, com destaque para os sertanejos. Para a maioria dessa população, castigada pela seca enquanto fenômeno político e natural, em diversos momentos, não restou outra opção senão migrar para outras regiões do país.

14.2.1 Atividades econômicas

O Nordeste vem apresentando crescimento econômico acelerado nos últimos anos. A partir da segunda metade da década de 1970, o número de empresas que se instalaram na região Nordeste aumentou significativamente. Nas últimas décadas, a economia da região vem passando por um processo acelerado de crescimento e diversificação, com forte tendência à especialização produtiva em suas sub-regiões (processo interrompido durante a recessão que ocorreu entre 2014 e 2017).

A "guerra fiscal" implementada pelos estados atraiu grande número de indústrias para a região, como a Ford, na Bahia, que anunciou o fim das atividades no Brasil no início de 2021, e Grendene e Schincariol, no Ceará. Há investimentos em indústrias, portos, aeroportos, agricultura, turismo e em várias atividades terciárias, com destaque para escolas básicas e faculdades.

As três maiores Regiões Metropolitanas do Nordeste - Fortaleza, Salvador e Recife - são ainda os grandes centros industriais da região.

14.2.2 Turismo

O turismo é uma atividade econômica que tem crescido muito, sendo, atualmente, uma das atividades que mais geram empregos no mundo. Ele envolve grandes investimentos em infraestrutura, como rodovias, portos e aeroportos, e produz grande dinamismo no comércio e nos serviços em geral, oferecidos por pousadas, hotéis, restaurantes, lojas de artesanato local, empresas de viagens com guias turísticos, serviços de segurança etc.

O turismo aparece como uma das principais atividades econômicas da região e o extenso litoral contribui para o desenvolvimento dessa atividade. Na região Nordeste, o turismo doméstico é mais importante para a economia do que o turismo internacional. De acordo o Anuário Estatístico do Ministério do Turismo, em 2019 ingressaram 6,3 milhões de turistas de outros países no Brasil; destes, apenas 301 mil tiveram como destino o Nordeste. Ou seja, menos de 5% desse total se dirigiu à região.

Os investimentos de programas como o PRODETUR-NE (Programa de Desenvolvimento do Turismo no Nordeste) objetivam melhorar a infraestrutura turística e implantar projetos de proteção ambiental e de alguns patrimônios histórico-culturais.

Os estados com maior potencial turístico e infraestrutura instalada, como Bahia e Ceará, receberam maior volume de recursos para investir na atividade.

POLÍTICAS TERRITORIAIS E REGIONAIS

14.2.3 Demografia

De acordo com dados de 2020, entre as regiões metropolitanas do Nordeste três destacam-se em número de habitantes: Fortaleza (4,137 milhões de habitantes), Recife (4,103 milhões) e Salvador (3,957 milhões). Essas regiões metropolitanas também têm grande importância no cenário nacional, já que são, respectivamente, a quinta, a sexta e a sétima regiões metropolitanas com maior número de habitantes do Brasil.

As três maiores regiões metropolitanas do Nordeste também são consideradas polos regionais devido ao seu poder de atração (de investimentos, pessoas etc.) exercido na própria região.

As maiores densidades demográficas situam-se na Zona da Mata e nas Regiões Metropolitanas, além das áreas úmidas, denominadas regionalmente de brejos.

A expectativa de vida do nordestino, de 73,7 anos, é menor que a média nacional (76,6 anos). Nos últimos anos, porém, percebe-se uma redução dessa diferença. Outro índice que demonstra os contrastes inter-regionais no Brasil é a mortalidade infantil. Enquanto no Sul a mortalidade é de 8,7 para cada mil nascidos, a do Nordeste está próxima a 15, de acordo com os dados do IBGE (2018).

No primeiro censo demográfico, o Nordeste era a região mais populosa do país, com cerca de 4,6 milhões de habitantes, quase metade da população Brasileira. No censo de 1890, o Sudeste superou a região Nordeste.

No século XIX a migração rumo a região Norte do país, devido ao ciclo da borracha, foi a de maior intensidade. Já no século XX o principal fator atrativo foi a construção de Brasília, intensificando os fluxos para as regiões Sudeste e Centro-Oeste.

14.2.4 Migrações

Ao longo de quase todo o século XX, apesar de terem sido criados alguns órgãos para incentivar o desenvolvimento regional - como a Superintendência de Desenvolvimento do Nordeste (Sudene) e o Departamento Nacional de Obras contra as Secas (DNOCS) -, a economia nordestina não gerou empregos em quantidade suficiente para atender toda a sua população em idade ativa. Por isso, muitos nordestinos migraram para outras regiões à procura de trabalho.

O crescimento de algumas cidades e a expansão das regiões metropolitanas atraíram pessoas de pequenas cidades e das áreas rurais em direção aos novos polos industriais ou agrícolas.

A partir da década de 1970 o fluxo de migrantes da região Nordeste que se dirigiam a outras regiões do país foi se reduzindo. Dessa época até os dias atuais, o governo federal e alguns governos estaduais e municipais tomaram medidas para atrair à região indústrias, hotéis, produtores agrícolas e empresas de vários outros setores do Sudeste e do Sul do país e também do exterior. Entre outras medidas, ofereceram incentivos fiscais (redução de impostos) a esses empreendimentos.

Além disso, a migração pendular de sertanejos em direção ao Agreste e à Zona da Mata nos períodos de longa estiagem na Caatinga também diminuiu a partir da década de 1980. Muitos lavradores se dirigiam a essa região em busca de trabalho no corte de cana-de-açúcar e em outras atividades agrícolas. Embora ainda exista na atualidade esse tipo de migração, ela foi muito reduzida com a construção de cisternas em casas, escolas e em algumas áreas agrícolas.

Além da atração de novos investimentos, os governos têm realizado programas de transferência de renda e fornecido merenda e transporte escolar, leite, remédios e outros gêneros de primeira necessidade. Tudo isso tem incentivado a redução do volume de pessoas e famílias que migram em busca de melhores condições de vida e trabalho.

Urbanização

Regiões	% de urbanização
Norte	73,5
Nordeste	73,1
Centro-Oeste	88,8
Sudeste	92,9
Sul	84,9

Fonte: IBGE.

A população urbana passou de 60,6%, no início dos anos 1990, para 73,1%, em 2015, o que coloca a região na última posição em relação às outras regiões do país.

14.2.5 Zona da mata

É a sub-região com a maior densidade demográfica e onde estão os aglomerados urbanos mais antigos - muitos deles hoje capitais de estado - e duas das metrópoles regionais mais importantes do país: Recife e Salvador. Estende-se na porção litorânea entre o Rio Grande do Norte e o sul da Bahia, correspondendo a uma faixa estreita, originalmente coberta pela Mata Atlântica, onde predomina o clima tropical úmido.

A região apresenta temperaturas médias mensais elevadas e chuvas abundantes, concentradas no outono-inverno (de março a junho). Podemos dividir a Zona da Mata em três áreas: Açucareira, Recôncavo Baiano e Sul da Bahia.

14.2.6 Agreste

O Agreste possui uma posição estratégica de ligação entre o interior e o litoral do Nordeste. Corresponde à região do planalto da Borborema, com hipsometrias mais elevadas que as outras sub-regiões nordestinas. Essa localização foi favorável ao desenvolvimento do comércio, atividade que deu origem a importantes cidades, como Campina Grande (PB), Caruaru (PE) e Feira de Santana (BA).

Hoje há uma importante produção de frutas, grãos, legumes e verduras, além de leite e derivados, para o abastecimento das grandes cidades da própria sub-região e da Zona da Mata, produzidos principalmente em pequenas e médias propriedades familiares.

14.2.7 Sertão

A principal característica do Sertão nordestino, a mais extensa das sub-regiões do Nordeste, é o predomínio do clima semiárido e da vegetação de Caatinga. As temperaturas se mantêm elevadas o ano inteiro e durante alguns meses não chove, por isso existem alguns rios intermitentes. Por essas condições naturais, as atividades agrícolas sofrem grande limitação. O rio São Francisco é a única fonte de água perene.

Nas margens dos rios perenes e no entorno de açudes ou de poços artesianos predominam os latifúndios. Neles, é possível cultivar a terra durante o ano inteiro e obter mais de uma colheita anual. Além de dispor de água para irrigação, essas áreas agrícolas contam com forte insolação o ano inteiro, o que permite alta produtividade. Boa parte dessa produção é exportada, com destaque para os países da Europa ocidental, os Estados Unidos e o Japão, ou abastece as grandes cidades do Centro-Sul do Brasil. Historicamente, as grandes propriedades do Nordeste receberam mais recursos do governo que as pequenas.

O algodão também é produzido no Sertão, graças à irrigação, e abastece a indústria têxtil de Fortaleza e do Recife. O cultivo de frutas na região de Petrolina (PE) tem se destacado como importante gerador de renda para o estado. O oeste da Bahia e o sul do Maranhão e do Piauí possuem rios perenes e passaram a ser fronteiras agrícolas com a introdução da moderna cultura de grãos, principalmente de soja, graças à possibilidade de escoamento pela hidrovia do rio Tocantins. Apelidada de 'MAPITOBA', a região já responde por 10% da soja produzida no país e desponta como uma das maiores potências no agronegócio.

14.2.8 Meio-norte

Essa porção da região Nordeste é uma sub-região de transição entre a Caatinga, o Cerrado e a Floresta Amazônica. Originalmente, predominava nessa sub-região a Mata dos Cocais, formada por palmeiras, como a carnaúba e o babaçu, com a presença de Floresta Amazônica na porção oeste do estado do Maranhão e do Cerrado na sua porção Centro-Sul.

Atualmente, a vegetação original está muito devastada por conta da expansão das atividades agrícolas, principalmente do cultivo de soja e algodão. Da mata original restaram apenas algumas áreas onde se pratica o extrativismo. Da carnaúba são utilizadas as sementes, na produção de óleo para uso industrial, e as folhas, na produção de uma cera utilizada em tintas e cosméticos e na confecção artesanal de cestos e esteiras, já que são fibrosas.

Compreende a área do Nordeste reconhecida como sujeita a repetidas estiagens com distintos índices de aridez. Em algumas delas o balanço hídrico é acentuadamente negativo. Compreende os estados do Piauí, Ceará, Rio Grande do Norte, Paraíba, Pernambuco, Alagoas, Sergipe, Bahia e norte de Minas Gerais.

O Polígono das Secas foi criado por força de Lei em 1936 e, uma década mais tarde, teve alterada a sua área de atuação. Desde o período imperial, o governo Brasileiro tenta combater os efeitos da seca, com a construção de açudes para represar os rios. Em 1909, foi criada a Inspetoria de Obras contra as Secas (IOCS), que teve alterada sua denominação para IFOCS em 1919, se transformando posteriormente em DNOCS (Departamento Nacional de Obras Contra a Seca).

O relevo nordestino é marcado pela presença de duas formas predominantes de relevo: planaltos e depressões, porém o litoral nordestino é composto em sua totalidade por planícies e tabuleiros. É importante destacar ainda a presença, por toda a extensão do Maranhão, Piauí e extremo oeste da Bahia, dos planaltos e das chapadas da Bacia do Parnaíba.

14.2.9 Planalto nordestino

O Planalto Nordestino representa a porção norte do Planalto Atlântico, estendendo-se do Ceará até a Bahia. É composto por rochas cristalinas pré-cambrianas, com elevações sedimentares como as do Araripe e da Ibiapaba, no Ceará. Pode ser dividido em Serras Cristalinas e Chapadas Sedimentares.

14.2.10 Planície litorânea

Acompanha todo o litoral nordestino, com uma porção mais alargada no Maranhão, estreitando-se em direção ao sul até a Bahia. É formada, predominantemente, por terrenos recentes, os tabuleiros, onde aparecem mangues, campos de dunas, recifes e falésias.

14.2.11 Planalto da Borborema

Corresponde a uma faixa de terrenos formados de rochas antigas pré-cambrianos e rochas sedimentares antigas, aparecendo na porção leste no nordeste Brasileiro, estendendo-se do Rio Grande do Norte até o território alagoano, atingindo altitudes em torno de 1.000 m.

14.3 América do Sul

A América do Sul é uma porção do continente americano que apresenta a extensão de 17,8 milhões de quilômetros quadrados. O Brasil ocupa praticamente a metade dessa área, com 8,5 milhões de quilômetros quadrados. Em 2017 a população sul-americana representava 5,6% da população do planeta.

Fonte: IBGE. Atlas geográfico escolar. 7. ed. Rio de Janeiro, 2016. p. 41.

Os países sul-americanos, somados aos países da América Central e o México, compõem a América Latina, onde predominam as línguas oriundas do latim. A maior parte dos países adota o espanhol como língua oficial, enquanto o português ficou circunscrito ao Brasil e o francês à Guiana Francesa e a pequenos países caribenhos, como o Haiti. É possível reconhecer ainda a existência de algumas línguas nativas (como no Brasil), de diversas etnias indígenas. Além das línguas nativas e derivadas do latim, o inglês e o holandês estão presentes no Suriname e em algumas ilhas do Caribe. A maior parte da população dos países da América Latina é católica, mas há outras religiões, como as tribais, praticadas por povos nativos, por exemplo.

Além da língua e da religião de influência europeia, os países sul-americanos compartilham uma história marcada pela colonização de exploração. Neles houve acentuada exploração de produtos agrícolas e minérios, além do destaque para a escravidão.

Devido ao passado de exploração, associado ao descaso das elites regionais que comandam a área desde a sua "independência", boa parcela da população, sobretudo as de origem nativa e os quilombolas (e seus descendentes), encontra-se ainda hoje marginalizada, com reduzido acesso a educação, saúde e moradia dignas.

POLÍTICAS TERRITORIAIS E REGIONAIS

A história da América Latina foi forjada no colonialismo europeu iniciado com as grandes navegações marítimo-comerciais, o que gerou grande dependência política e econômica em relação aos países europeus. Some-se a isso a forte interferência dos Estados Unidos, sobremaneira a partir do século XIX, com a Doutrina Monroe, e complementada no século XX pela política do Big Stick, para melhor compreender as desigualdades sociais e econômicas presentes e perenes na região.

14.3.1 Quadro natural (relevo)

A América do Sul apresenta uma grande complexidade no seu quadro natural, com variadas formas de relevo.

Na porção oeste da América do Sul localiza-se a cordilheira Andina. Essa cadeia montanhosa se formou no período cenozoico e deu origem a uma das áreas de dobramentos modernos no planeta. O limite convergente das placas tectônicas de Nazca e Sul-Americana é o responsável pela ocorrência de terremotos e vulcanismo na região. Existem áreas nessa região com altitudes superiores a 4.000 metros. O pico culminante do continente americano é o Aconcágua, na província Argentina de Mendoza, com 6.962 metros de altitude.

Na área central dos Andes podemos perceber a existência de algumas áreas planas, mas em altitudes elevadas, os chamados altiplanos, como o famoso lago Titicaca, na fronteira entre o Peru e a Bolívia, o mais alto do mundo, com cerca de 3.800 m de altitude.

As planícies Platina (Pantanal, Chaco e Pampas), Amazônica e do Orinoco formam um extenso corredor de terras baixas, estendendo-se de norte a sul do subcontinente. Elas são constituídas por rochas sedimentares.

Os planaltos Brasileiro, das Guianas e da Patagônia são formações antigas, do período pré-cambriano, onde encontramos formações serranas rebaixadas, desgastadas pela ação erosiva e bordeadas por planícies. No Planalto das Guianas estão as maiores altitudes do Brasil, como o pico da Neblina, com 2.995m.

14.3.2 Hidrografia

A América do Sul apresenta uma enorme rede hidrográfica, apesar de uma grande diversidade hídrico-climática, com a presença de algumas regiões desérticas e semiáridas com poucos rios, como na área do sertão do Nordeste do Brasil.

A cordilheira Andina é o principal divisor de águas do subcontinente sul-americano. Em sua porção leste nascem os rios que formam as bacias Platina, do Orinoco e Amazônica, entre outras menos importantes. Na porção oeste, em direção ao oceano Pacífico, os rios têm pequena extensão e muitos aclives e declives, que formam várias quedas d'águas.

O planalto das Guianas é o divisor de águas das bacias Amazônica e do Orinoco; o planalto Brasileiro é o divisor de águas das bacias Platina, Amazônica e do São Francisco. A América do Sul também tem diversas formações lacustres, com destaque para o lago de Maracaibo (Venezuela) e o Titicaca (na fronteira do Peru com a Bolívia), além de inúmeras lagoas costeiras, como a lagoa dos Patos (RS).

A presença de rios extensos e caudalosos correndo em relevos de planaltos faz com que a América do Sul apresente enorme potencial hidroenergético, o que tem contribuído para o desenvolvimento dos países onde ficam as usinas.

A América do Sul tem grandes reservas subterrâneas nos chamados aquíferos, com destaque para o Sistema Aquífero Guarani e o Sistema Aquífero Grande Amazônia (SAGA), maiores reservas mundiais de água subterrânea.

O Aquífero Guarani é a maior reserva subterrânea de água do Brasil e uma das maiores do mundo em extensão territorial, com cerca de 1,2 milhão de quilômetros quadrados, perpassando territórios de quatro países: Brasil, Argentina, Uruguai e Paraguai. A maior parcela desse sistema - 840 mil quilômetros quadrados - fica no território Brasileiro.

O reservatório de água subterrânea SAGA tem reservas estimadas em 162.000 km³, volume suficiente para abastecer a população atual do mundo por 250 anos, se considerarmos o consumo de 150 litros de água por dia e a expectativa de vida de 60 anos.

A conservação desses reservatórios subterrâneos é fundamental para a manutenção e o futuro da biodiversidade das áreas por onde passam, já que deles dependem inúmeras formações vegetais com importante biodiversidade. Além da questão ambiental, suas águas têm relevante importância econômica, pois são usadas no consumo e na irrigação, além de abastecer cidades e produzir energia. A poluição dos recursos hídricos interfere no equilíbrio ambiental e no abastecimento de água para a população.

A insuficiência de saneamento básico nas cidades por onde passam os aquíferos configura-se como um dos principais desafios para a gestão desses recursos. Os esgotos domésticos e industriais, os agrotóxicos e os dejetos das agroindústrias afetam diretamente as águas dos reservatórios.

14.3.3 Clima

Devido a sua localização no globo terrestre e a sua extensão latitudinal (Norte-Sul), a América do Sul insere-se em duas zonas climáticas do planeta: a zona intertropical e a zona temperada sul. Nas áreas intertropicais, nas proximidades da linha do Equador, os climas apresentam temperaturas mais elevadas frente às áreas situadas na zona temperada.

Existem oito tipos climáticos na América do Sul, apesar do predomínio do clima equatorial, com elevadas temperaturas e índices pluviométricos, e do clima tropical, com verões quentes e chuvosos e invernos mais amenos e secos. No extremo sul do subcontinente encontramos áreas de clima temperado, que apresentam temperaturas reduzidas em grande parte do ano.

Além da grande extensão latitudinal, as elevadas variações de altitude, a circulação das massas de ar, as correntes marítimas e as maritimidades também são fatores que determinam a diversidade climática da América do Sul.

14.3.4 Correntes marítimas

Correntes marítimas atuam na América do Sul. Algumas merecem destaque por exercer forte influência climática.

A corrente marítima de Humboldt origina-se próximo da Antártica e, por isso, é muito fria. Ela se desloca pelo oceano Pacífico, passando pela costa oeste da América do Sul. Por ser fria, provoca condensação da umidade da atmosfera. Assim, quando as massas de ar atingem o continente, estão secas, de forma semelhante ao que vimos com a corrente de Benguela, que dá origem ao deserto da Namíbia e Kalahari, no sudoeste da África. Esse fenômeno explica o predomínio do clima desértico em parte da costa oeste da América do Sul.

Além da influência climática, a corrente de Humboldt também se destaca por sua importância para a economia de alguns países banhados pelo oceano Pacífico, entre eles o Chile e o Peru. Isso porque ela provoca uma grande concentração de plânctons próximo à superfície do oceano, atraindo grande quantidade de peixes, que se alimentam desses micro-organismos, o que contribui para o desenvolvimento da indústria pesqueira nesses países.

A costa da Argentina é banhada pela corrente das Falkland (também chamada de Malvinas), que, por ser fria como a corrente de Humboldt, também provoca a condensação da umidade atmosférica sobre o oceano, antes que ela chegue ao continente. Essa corrente é um dos fatores que determinam a origem do deserto da Patagônia (Argentina).

Observe o climograma de Sarmiento, localidade de clima semiárido, próximo ao deserto da Patagônia. Na costa Brasileira, as correntes das Guianas e do Brasil, ambas quentes e carregadas de umidade adquirida no oceano, provocam aumento das chuvas no litoral, sobretudo no verão.

14.3.5 Altitude

Ao longo da cordilheira dos Andes predomina o clima típico de montanha. Por causa das altitudes elevadas, a média de temperatura do ar é baixa durante o ano, e nas localidades de maior latitude neva durante o inverno. Observe as médias de temperatura e precipitação em La Paz, na Bolívia, que se encontra a 3.600 metros de altitude, embora esteja na zona intertropical do planeta.

14.3.6 A proximidade do oceano

O oceano atua como um regulador da temperatura do ar. Isso acontece porque, mesmo no inverno, a evaporação é mais relevante próximo aos grandes corpos de água. A temperatura média do ar nos lugares em que há abundância de água na atmosfera é mais elevada do que nos lugares secos, porque o vapor de água retém parte do calor irradiado pelo planeta.

O clima de Santiago (Chile), por exemplo, é um clima mediterrâneo influenciado pela proximidade do mar e por isso não é tão frio e seco como o mediterrâneo da Espanha, que tem características mais continentais. É por isso que o inverno da porção meridional do continente sul-americano é menos rigoroso do que o da América do Norte, por exemplo, apesar de ambos estarem na zona temperada. Note como a América do Sul tem formato "triangular". Quanto mais próximo do polo Sul, mais estreita é a porção continental e, com isso, o oceano exerce maior influência climática, amenizando os rigores do inverno.

14.3.7 Vegetação

A grande variedade de climas na América do Sul originou diversos tipos de formações vegetais, adaptadas às condições de temperatura e umidade, ao relevo e aos tipos de solo do subcontinente. Há biomas florestais - florestas tropicais, subtropicais e temperadas -, biomas tipo savana - cerrado, chaco, caatinga -, e vegetação de desertos e de montanha. Observe o mapa a seguir.

14.3.8 Ação antrópica

O mapa da vegetação da América do Sul retrata a distribuição original das formações vegetais, isto é, antes de a ação humana transformá-las. Em maior ou menor grau, todos os tipos de vegetação do planeta vêm sofrendo a ação humana, por conta da extração de madeira para comercialização, da atividade mineradora, da criação de áreas para plantações e pastagens e do desenvolvimento de cidades. Essa agressão aos biomas é um dos problemas ambientais que enfrentamos e que, entre outras consequências, ameaça a biodiversidade do planeta.

A América do Sul abriga a maior floresta tropical do planeta, a Amazônica. Ela ocupa cerca de sete milhões de quilômetros quadrados e se estende por vários países, mas a maior extensão está em território Brasileiro. O bioma Amazônia ainda tem grande parte de sua área preservada, mas o desmatamento tem avançado muito, sobretudo em território Brasileiro. A abertura de rodovias, a expansão da atividade de mineração, as queimadas para desenvolvimento da agropecuária, além do corte ilegal de árvores para venda de madeira são os principais motivos de desmatamento de parte dessa floresta.

A destruição da floresta amazônica segue em ritmo acelerado no Brasil. Dados de monitoramento por satélite divulgados pelo Instituto Nacional de Pesquisas Espaciais (Inpe) mostram que a taxa de desmatamento na Amazônia aumentou 34% em comparação que refere-se ao período de agosto de 2019 a julho de 2020, que é o calendário oficial de monitoramento da Amazônia, utilizado pelo Inpe para calcular as taxas anuais de desmatamento. Mais de 9,2 mil km² de floresta foram derrubados nesses 12 meses (área equivalente a seis vezes o tamanho do município de São Paulo), comparado a 6,8 mil km² no período de agosto de 2018 a julho de 2019, que já trouxe um aumento de 50% em relação ao ano anterior.

De acordo com o Instituto de Pesquisa Ambiental da Amazônia (Ipam), a pecuária extensiva e a exploração madeireira ilegal são as atividades que mais contribuem para o desmatamento na Floresta Amazônica. A pecuária ocupa cerca de 80% das áreas desmatadas na região. Se não forem tomadas medidas eficazes, como aumento da fiscalização do Estado e punição aos agressores, para combater as queimadas e a derrubada de árvores, a tendência é que o desmatamento cresça novamente. Os impactos têm consequências locais, como a erosão dos solos e o assoreamento dos rios, afetando o ambiente também

POLÍTICAS TERRITORIAIS E REGIONAIS

em escala global, já que as queimadas ampliam a emissão de gases estufa na atmosfera e diminuem a biodiversidade.

A proteção dos ambientes naturais é responsabilidade dos governos, por meio da criação de leis, planejamento e fiscalização, e da sociedade, por meio de ações individuais e coletivas.

14.3.9 Colonização europeia e escravidão

Embora a história da América não tenha se iniciado com a chegada dos europeus, foi a colonização europeia que inseriu esse continente na história do capitalismo comercial, que havia começado na Europa no final do século XV e deixou marcas profundas nos países atuais. Entre os séculos XV e XVII, espanhóis, portugueses, franceses, holandeses e ingleses ocuparam o continente americano e iniciaram o domínio dos povos nativos e a colonização dos territórios.

Nos territórios invadidos e dominados pelos portugueses, que mais tarde pertenceriam ao Brasil, os conflitos entre os colonizadores e os povos nativos provocaram genocídio e etnocídio de muitos povos. Com relação aos povos que não foram exterminados, houve empenho por parte dos portugueses em convertê-los à fé cristã (o que não deixa de ser um processo de etnocídio).

Os espanhóis destacaram-se na conquista territorial, principalmente nos Andes, na América Central e no México, ocupando áreas ricas em metais preciosos, como ouro e prata. Essa conquista e ocupação também não aconteceram sem a resistência das populações nativas. Os que sobreviveram perderam sua identidade cultural e foram escravizados para a exploração das minas - o que desorganizou as comunidades e contribuiu para o desaparecimento das civilizações pré-colombianas.

Durante o período colonial, a agricultura voltada para a exportação foi a principal atividade realizada em diferentes áreas do continente americano, como nos territórios dos atuais Brasil, Colômbia, Venezuela, Cuba e no sul dos Estados Unidos. Era a monocultura (produção de um só produto para a exportação), praticada em latifúndios (grandes propriedades) e com base na exploração do trabalho de africanos escravizados. Esse sistema de produção agrícola ficou conhecido como plantation (plantação). O tripé latifúndio, monocultura exportadora e escravismo caracterizou as colônias de exploração na América, inclusive no sul dos Estados Unidos.

A adoção da plantation promoveu uma transferência maciça de africanos para o continente americano. Estima-se que, somente no Brasil, ingressaram mais de 5 milhões de africanos escravizados até 1850, quando essa prática foi proibida. A partir desse ano, teve início o tráfico ilegal, que continuou até a abolição da escravatura, em 1888.

Na segunda metade do século XIX, a escravidão foi abolida em toda a América do Sul, sendo o Brasil o último país a extingui-la. Nessa época, o subcontinente passou a receber milhões de imigrantes europeus que buscavam terra e oportunidades de trabalho. Com isso, houve a substituição da mão de obra escrava nas lavouras pela de trabalhadores em sistema de parceria e, gradativamente, de assalariamento, dando continuidade à ocupação do território.

Como os africanos, que inicialmente foram escravizados, não foram incorporados ao mercado de trabalho (como meeiros, assalariados, nem como proprietários de terras), ficaram marginalizados socioeconomicamente. A chamada Lei de Terras, de 1950, estabeleceu a compra como a única forma de acesso à terra, condição que claramente os impedia de se transformar em proprietários. Além disso, sofreram preconceito por serem ex-escravos e foram substituídos por trabalhadores imigrantes da Europa e da Ásia. Essa situação se refletiu na sua condição de vida e de seus descendentes.

Atualmente, todos os indicadores sociais - especialmente os de renda e de escolaridade - dos afrodescendentes Brasileiros são inferiores aos dos brancos, embora essa desigualdade venha se reduzindo lentamente nas últimas décadas graças a políticas de ação afirmativa, como as cotas nas universidades.

14.3.10 Diversidade étnica e cultural

Como herança desse contexto histórico e das migrações que ocorreram ao longo do século XX, a América do Sul apresenta atualmente uma grande diversidade étnica, com diferenças acentuadas entre os países e também entre as regiões de um mesmo país.

Os descendentes dos vários povos americanos nativos, assim como os afrodescendentes, deram importantes contribuições para a formação cultural dos países latino-americanos. Muitos povos indígenas mantiveram suas línguas, religiões e costumes, sobretudo nas regiões andina e amazônica, na América Central e no México.

Muitos povos africanos conseguiram manter suas religiões, apesar das perseguições, e deram importantes contribuições linguísticas, culinárias, musicais etc. aos diversos países do subcontinente. Isso é muito visível no Brasil, por exemplo. Por isso, hoje em dia uma das questões mais importantes que se colocam nesse mosaico de povos e culturas que é o Brasil, a América do Sul e toda a América é o respeito e a valorização dessa diversidade, o que nem sempre acontece.

Cerca de 90% da população do subcontinente mora nas proximidades do litoral, numa faixa de cerca de 250 quilômetros em direção ao interior, a partir tanto do oceano Atlântico como do Pacífico, onde se encontram as maiores aglomerações urbanas. Portanto, nessa faixa a densidade demográfica é bem maior.

A concentração da população no litoral teve origem no modelo colonial de ocupação, voltado para a exploração de recursos agrícolas e minerais (cana-de-açúcar, algodão, cacau, café, ouro, prata e outros) para a exportação. A saída para o mar era essencial para a circulação das mercadorias.

Somente a partir da segunda metade do século XX houve a ocupação sistemática do interior da América do Sul, principalmente do Brasil, da Argentina, da Colômbia, da Venezuela e do Peru. Isso ocorreu com o avanço da industrialização em alguns países, a abertura de rodovias e ferrovias, a expansão da área cultivada e a maior exploração de recursos energéticos e minerais.

14.3.11 Taxa de urbanização e maiores cidades

A América do Sul tinha uma taxa de urbanização de 84% em 2017, ou seja, 84% da população desse subcontinente morava em cidades. Essa taxa, porém, varia bastante entre os países.

Os países sul-americanos são marcados por desigualdades sociais e, que se materializam nas paisagens, sobretudo nas das grandes cidades, onde vive a maioria das pessoas. São, portanto, desigualdades socioespaciais. Podemos identificar as desigualdades sociais também em indicadores, como o Índice de Desenvolvimento Humano (IDH). De forma geral, a partir da década de 1990 vários setores da economia dos países da América do Sul se modernizaram e os indicadores sociais melhoraram. Contudo, a concentração de renda ainda permanece elevada e o percentual de pessoas que vivem na pobreza ainda é alto em alguns deles. A contínua melhora dos indicadores sociais depende de crescimento econômico, de distribuição de renda mais equilibrada e de investimentos sociais adequados.

No século XXI, de forma geral, os países sul-americanos têm apresentado crescimento econômico. Além disso, gradativamente os governos têm aumentado os investimentos em setores importantes como educação, saúde e proteção social. Isso tem contribuído para reduzir a pobreza e melhorar as condições de vida de parte da população.

Porém, é fundamental que o crescimento econômico seja ecologicamente sustentável, ou seja, que o meio ambiente seja protegido, garantindo boas condições de vida para a população.

Os países sul-americanos têm uma economia muito variada, apesar da herança colonial, da história comum de desigualdades sociais e da influência política, econômica e cultural dos Estados Unidos desde o início do século XX.

Há, por exemplo, países emergentes com um parque industrial relativamente diversificado, como o Brasil, a Argentina, o Chile e a Colômbia, enquanto em outros, menos desenvolvidos, predominam as atividades minerais e agrárias, como a Bolívia, o Equador, o Paraguai e a Guiana. No setor agrícola dos países sul-americanos há agroindústrias que utilizam tecnologia avançada na produção de alimentos, biocombustíveis e matérias-primas para indústrias de papel, móveis, químico-farmacêuticas etc. Ao mesmo tempo, há regiões em que prevalece a agricultura tradicional apenas para o consumo da própria família.

Nos países emergentes, o parque industrial é integrado à economia mundial em diversos setores, como o de bens de capital (máquinas e equipamentos), de bens intermediários (aço, celulose, derivados de petróleo etc.) e de bens de consumo (automóveis, eletrônicos, vestuário, alimentos etc.). Além disso, contam com investimento de capital privado nacional e estrangeiro, além de capital estatal.

O Brasil é o país que possui o maior PIB do subcontinente, mais de três vezes maior que o segundo colocado, a Argentina. Em todos os países, o setor de serviços (que inclui o comércio) é o que mais contribui na composição do PIB e também o que ocupa mais mão de obra. Novamente, é o Brasil a economia em que esse setor tem mais peso, seguido pela Argentina. Já nos países em que a agricultura ainda tem grande participação no PIB, como é o caso do Paraguai e da Guiana, a participação dos serviços se reduz um pouco, mas ainda é predominante. Esses dados indicam que os países sul-americanos são bastante urbanizados e que os menos urbanizados são exatamente o Paraguai e a Guiana.

Durante a alta do preço das commodities nos anos 2000, as economias dos países sul-americanos cresceram com taxas elevadas, o que contribuiu para a redução do desemprego e a melhoria das condições gerais de vida da população. No entanto, após a passagem desse ciclo de alta (e também como resultado de políticas econômicas malsucedidas), desde 2010 as economias dos países sul-americanos vêm reduzindo o ritmo de crescimento, com alguns países passando por recessão econômica. Em 2018, a pior situação era a da Venezuela, cujo PIB vem encolhendo fortemente desde 2014.

14.3.12 Blocos econômicos regionais

A busca de integração no continente americano é antiga. Ela vem desde 1948, ano da criação da Organização dos Estados Americanos (OEA), com a assinatura da Carta da OEA, em Bogotá (Colômbia). A OEA constitui um organismo regional dentro do sistema da ONU, de caráter político. Em seu artigo primeiro, apregoa que o objetivo da organização é alcançar nos Estados-membros "uma ordem de paz e de justiça, para promover sua solidariedade, intensificar sua colaboração e defender sua soberania, sua integridade territorial e sua independência".

No entanto, desde a sua origem a OEA é controlada pelos Estados Unidos, que procuraram organizá-la de acordo com os seus interesses. Como exemplo, podemos citar a expulsão de Cuba, em 1962, a fim de isolar o regime de Fidel Castro (1926-2016), que em 1959 havia liderado a derrubada do governo do ditador Fulgencio Batista (1901-1973), aliado dos Estados Unidos, e implantado, em 1952, um regime de partido único (Partido Comunista de Cuba), estatizando a economia e se aproximando da União Soviética.

Com o fim da União Soviética e da Guerra Fria, em 1991, cresceu a pressão de países do continente para o fim da suspensão de Cuba, o que acabou ocorrendo em 2009. No entanto, Raul Castro, que assumiu o poder após a saída de seu irmão Fidel, não manifestou interesse por voltar à organização, pois, segundo ele, desde a sua concepção a OEA foi e continua sendo um instrumento de dominação imperialista dos Estados Unidos. O fim da União Soviética e, portanto, da ajuda que concedia a Cuba, por exemplo, vendendo petróleo a preços abaixo do mercado internacional, agravou os problemas de desabastecimento do país. Com a chegada de Hugo Chávez (1954-2013) ao poder na Venezuela, em 1999, houve uma aproximação entre os regimes chavista e castrista e esse país sul-americano passou a fornecer petróleo em condições vantajosas a Cuba.

Tentando romper o isolamento desses dois países, especialmente o cubano, em 2004 Chávez e Fidel criaram a Alba - Aliança Bolivariana para os Povos de Nossa América, com a participação de Venezuela, Colômbia e Peru. Mais tarde se uniram a ela Bolívia, Equador e Nicarágua. Esses países tinham em comum governos interessados em criar uma alternativa à integração a um acordo comercial liderado pelos Estados Unidos. No entanto, acabou não vingando. A Alba se enfraqueceu depois da morte de Hugo Chávez, em 2013, e principalmente após a grave crise econômica que atingiu a Venezuela no governo de seu substituto, Nicolás Maduro.

No entanto, há bastante tempo os países latino-americanos buscam criar outras organizações de integração regional, especialmente no campo comercial. Um exemplo foi a criação da Aladi - Associação Latino-Americana de Integração, em 1980, com sede em Montevidéu (Uruguai). Ela permitiu a assinatura de acordos entre apenas dois ou mais países-membros. Isso fez com que aumentasse o número de acordos assinados no âmbito da Aladi. Como, porém, essa organização é muito ampla - conta com 13 países latino-americanos de difícil conciliação de interesses -, acabou ofuscada pelo crescimento de blocos regionais menores e mais focados em redução de barreiras para o fluxo de mercadorias (observe-os no mapa).

POLÍTICAS TERRITORIAIS E REGIONAIS

Os blocos econômicos são agrupamentos de países que fazem acordos regionais para facilitar o trânsito de capitais, serviços e, sobretudo, de mercadorias entre eles - isto é, ampliar os mercados para as empresas.

14.3.13 Comunidade andina (CAN)

Também conhecida como Pacto Andino ou Acordo de Cartagena, foi criada em 1969 para facilitar a integração econômica dos países andinos: Bolívia, Colômbia, Equador, Peru e Venezuela (em processo de desvinculação), que passou à condição de observador junto ao Panamá e ao Chile (que também participou da comunidade até 1976).

Esta associação estabeleceu uma zona andina de livre-comércio em 1992. Em 1993, o comércio entre os países do Pacto Andino aumentou mais de 30%. No entanto ela não tem sido muito eficaz, pois as tentativas de determinar uma tarifa externa comum vem fracassando. Os EUA, por exemplo, têm um comércio maior com estes países do que eles mesmos entre si.

Como reação à criação de uma zona de livre-comércio com os EUA (ALCA), o Mercosul inicia uma aproximação estratégica ao bloco. Como as negociações estão emperradas, os países-membros assinam acordos em separados com os parceiros do Mercosul. Em 8 de dezembro de 2004, os países-membros da Comunidade Andina assinaram a Declaração de Cuzco, que lançou as bases da Comunidade Sul-Americana das Nações, entidade que unirá a Comunidade Andina ao Mercosul, em uma zona de livre-comércio continental.

14.3.14 Da UNASUL ao PROSUR

Em 2004, no Peru, foi criada a Comunidade Sul-Americana de Nações (CSN), que em 2007 passou a ser denominada União das Nações Sul-Americanas (UNASUL), para facilitar a integração política, comercial e física na região.

O objetivo é formar uma zona de livre-comércio continental. Exceto a Guiana Francesa (Departamento Ultramarino Francês), fazem parte da UNASUL todos os países sul-americanos: Argentina, Bolívia, Brasil, Chile, Colômbia, Equador, Guiana, Paraguai, Peru, Suriname, Uruguai e Venezuela.

O Banco do Sul faz parte da estrutura da UNASUL e terá como objetivo o financiamento de projetos de desenvolvimento em diversos países. Desse modo, coloca-se como um contraponto ao FMI, ao Banco Mundial e ao próprio Banco Interamericano de Desenvolvimento (BID).

Em 25 de setembro de 2019, realizou-se em Nova York, às margens da Assembleia Geral das Nações Unidas, a reunião dos Ministros das Relações Exteriores de Argentina, Brasil, Chile, Colômbia, Equador, Peru e Paraguai, bem como de representante da Guiana, para dar seguimento à implementação do Foro para o Progresso e Integração da América do Sul (PROSUL), iniciativa lançada na reunião de presidentes sul-americanos, realizada em 22 de março de 2019, em Santiago.

Na reunião de Nova York, foi emitida a primeira declaração ministerial do Foro, por meio da qual os Ministros adotaram as Diretrizes para o Funcionamento do Foro para o Progresso e Integração da América do Sul (PROSUL), mecanismo idealizado como novo espaço de diálogo regional para o fortalecimento das relações e da cooperação entre os Estados sul-americanos. O PROSUL será constituído em torno do compromisso com valores fundamentais, como a defesa da democracia, do Estado de direito e dos direitos humanos.

14.3.15 Aliança do Pacífico

A Aliança do Pacífico é o mais recente bloco econômico criado na América Latina. Essa zona de livre-comércio é formada por três países andinos da América do Sul - Chile, Colômbia, Peru - mais o México, país da América do Norte. Este é o único bloco econômico realmente latino-americano - os outros são sul-americanos ou centro-americanos.

Criada em 2011, entre os seus objetivos destacam-se: impulsionar o crescimento econômico e a competitividade das economias de seus integrantes, buscando a liberalização do comércio de bens e serviços; promover a livre circulação de pessoas entre os países-membros, transcendendo o âmbito comercial; e promover uma articulação política e de projeção ao mundo, com ênfase na região da Ásia-Pacífico.

A integração tem sido bem-sucedida: mais de 90% dos produtos comercializados entre eles já circulam com tarifa zero.

14.3.16 Mercado Comum do Sul (Mercosul)

O Mercosul é um acordo econômico assinado em 1991 por Argentina, Brasil, Paraguai e Uruguai. Sua sede fica em Montevidéu (Uruguai). Em 2006, a Venezuela foi admitida como país-membro, mas em 2017 foi suspensa porque o governo de Nicolás Maduro desrespeitou o compromisso democrático estabelecido pelo Protocolo de Ushuaia (acordo assinado em 1998 nessa cidade argentina), que prevê em seu artigo 1º que "A plena vigência das instituições democráticas é condição essencial para o desenvolvimento dos processos de integração entre os Estados Partes". Nessa condição, o país perdeu o direito de participar nos diferentes órgãos do bloco e tem seus direitos e obrigações também suspensos, como prevê o artigo 5º do protocolo.

Em 2018, a Bolívia estava em processo de adesão. O Mercosul criou facilidades para a circulação de mercadorias entre os países-membros, visando, primeiramente, à implantação de uma zona de livre-comércio. Em janeiro de 1995, passou a vigorar também uma tarifa externa comum, que ainda não é válida para todos os produtos, por isso o bloco é considerado uma união aduaneira imperfeita.

Essa proposta de integração econômica não é livre de conflitos de interesses. A Argentina, por exemplo, de forma recorrente estabelece cotas de importação de produtos Brasileiros e eleva as tarifas aduaneiras de forma unilateral.

Desde a criação do Mercosul, o objetivo maior é tornar a economia dos países sul-americanos mais forte e competitiva e com maior poder de negociação com os Estados Unidos, a União Europeia (com quem negociava um acordo de livre-comércio, "firmado" em 2019), a China e outros parceiros comerciais. O Mercosul, além dos Estados-membros, também chamados de Estados-partes, tem seis países que são considerados Estados associados - Chile, Colômbia, Equador, Guiana, Peru e Suriname. Com esses países, o Mercosul tem acordos de livre-comércio e eles estão autorizados a participar das cúpulas do bloco.

14.3.17 IIRSA

A Iniciativa de Integração Regional Sul-Americana (IIRSA) completou recentemente 20 anos de existência. Criada em 31 de Agosto de 2000, na I Reunião de Presidentes da América do Sul em Brasília, a Iniciativa foi a primeira instituição formada por todos os países da América do Sul. Sua origem remonta ao ano de 1998, na cúpula da Organização dos Estados Americanos (OEA), em Santiago, no Chile.

Proposta pelo governo Brasileiro em parceria com o Banco Interamericano de Desenvolvimento (BID), a iniciativa tinha como objetivo criar, através de grandes obras, uma infraestrutura que interligasse fisicamente as principais regiões econômicas da região, que serviria como facilitadora para diminuir custos de transporte e circulação de mercadorias no subcontinente.

Os dez anos que separam 2005 e 2015 podem ser considerados o período de maior desenvolvimento da iniciativa. Nesse período houve um incremento de quase 100% no número de projetos. A IIRSA manteve a retórica neodesenvolvimentista, criando os corredores logísticos de exportação de commodities minerais, energéticas e agroalimentares, ampliando a dependência da região não apenas em relação aos países do Norte, mas sobretudo em relação à China.

15 GLOBALIZAÇÃO E SUBDESENVOLVIMENTO

Até o início dos anos 1990, os principais problemas da economia Brasileira eram: endividamento externo crescente; grande atraso tecnológico em relação aos países desenvolvidos; déficit público elevado; escassez de financiamento para a atividade produtiva e para a ampliação da infraestrutura; inflação elevadíssima.

Foi no início da década de 1990 que o Brasil passou a adotar as receitas neoliberais, abrindo seu mercado interno, reduzindo barreiras protecionistas e criando maiores facilidades para a entrada de mercadorias e investimentos externos, como aplicações financeiras, participação acionária em empresas nacionais ou incorporação.

A ideia era estimular a entrada do capital estrangeiro para retomar o crescimento econômico. Alegava-se que a proteção às empresas nacionais tornava-as ineficientes e que a concorrência era saudável para estimular o desenvolvimento e recuperar o atraso de alguns setores.

O Brasil NA ERA GLOBAL
O espaço nacional da economia internacional

O caso Brasileiro ilustra perfeitamente a ideia segundo a qual, com a presente globalização, o território de um país pode tornar-se um espaço nacional da economia internacional (M. Santos, 1996). Michel Chossudowsky (1997, p.77), a respeito do que chamam desterritorialização, nos fala de espaços econômicos abertos. Apesar das sugestões pós-modernas, a que tantos especialistas se rendem, o território continua sendo uma realidade atuante (M. Santos e M. L. Silveira, 1997), ainda que o Estado nacional, igualmente sobrevivente, tenha mudado de figura e de definição segundo os países. A economia de todos os países conhece um processo mais vasto e profundo de internacionalização, mas este tem como base um espaço que é nacional e cuja regulação continua sendo nacional, ainda que guiada em função dos interesses de empresas globais. Essa é a razão pela qual se pode falar legitimamente de espaço nacional da economia internacional.

Santos, M.; Silveira M. L. O Brasil: Território e Sociedade no Início do Século XXI. 9.ed. Rio de Janeiro: Record, 2006.

Não existe uma teoria única sobre as origens do subdesenvolvimento ou sobre suas razões. Entretanto, diversos estudiosos concordam que os dois processos devem ser entendidos em sua dimensão histórica, na qual a convergência de fatores externos e internos explica as diferenças econômicas e sociais entre os países do mundo.

A origem do processo de formação dos atuais países desenvolvidos e subdesenvolvidos remonta às Grandes Navegações Comerciais, empreendidas pelos Estados-Nações europeus, a partir do século XV. Nessa época, esses Estados expandiram o comércio, explorando produtos e recursos da América, da África e da Ásia, e passaram a exercer forte domínio sobre os povos desses continentes, controlando a extração e a produção neles realizadas.

As terras conquistadas e dominadas (as colônias) não possuíam autonomia administrativa, e seus recursos e riquezas eram explorados intensamente em benefício de alguns países como Espanha, Portugal, Holanda, França e Inglaterra (metrópoles). Essa exploração proporcionou, de fato, um grande enriquecimento das metrópoles. As poucas exceções a essa forma de colonialismo foram Austrália, Nova Zelândia, Canadá e Estados Unidos.

A divisão internacional do trabalho, em todas as etapas do desenvolvimento capitalista, foi sempre estabelecida em razão das necessidades de acumulação de capital dos países centrais e mediante a submissão dos que se encontravam no outro polo do sistema (colônias, numa primeira fase e, posteriormente, países, após a conquistada independência).

Os países periféricos voltaram-se à produção de bens que atendessem à demanda dos países economicamente dominantes. Nessa primeira fase da divisão internacional do trabalho capitalista, a periferia se dedicava à produção mineral ou agrária destinada à exportação. O tipo de produto era determinado exclusivamente pela necessidade de consumo dos países mais ricos.

No caso do Brasil, a cana-de-açúcar, o ouro, o café e outros poucos produtos de exportação marcaram as fases da economia, que se sucederam ao longo de quatro séculos, limitando o desenvolvimento de um mercado consumidor interno e de uma economia mais dinâmica.

As elites Brasileiras, que deviam sua posição social e política ao fato de a economia do país estar voltada para o mercado externo, nunca se mobilizaram para melhorar a capacidade de consumo e a qualidade de vida da população, pois esta não constituía o seu alvo, ou seja, o seu mercado.

O termo "subdesenvolvimento" surgiu após a Segunda Guerra Mundial, quando a ONU publicou uma série de dados estatísticos sobre a situação socioeconômica dos países. A partir de então, as diferenças econômicas e de qualidade de vida existentes entre os países passaram a ser quantificadas.

É comum referir-se às nações desenvolvidas como países do Norte e às subdesenvolvidas como países do Sul. A divisão Norte-Sul simboliza a separação entre o mundo desenvolvido e o subdesenvolvido. Os países desenvolvidos considerados centrais na economia mundial estão situados quase todos no hemisfério norte, com exceção da Austrália e Nova Zelândia, além do Chile, considerado recentemente como país desenvolvido pela OCDE. Os países do Sul pertencem ao mundo subdesenvolvido e constituem a periferia da economia mundial.

Alguns organismos, principalmente a ONU, utilizam o termo "países em desenvolvimento" para designar os países subdesenvolvidos, ressaltando sua potencialidade para atingirem um maior nível de desenvolvimento. O uso da expressão "em desenvolvimento", porém, é bastante discutido.

Outra expressão muito utilizada é "países emergentes", que se refere aos países subdesenvolvidos industrializados ou em fase de industrialização avançada. É comum, também, que alguns economistas e outros especialistas utilizem para designar esse grupo a expressão "semiperiferia".

Nesse grupo, bastante heterogêneo, encontram-se China, Rússia, Brasil, Índia e México, que têm economias mais dinâmicas, além de África do Sul, Indonésia, Egito, Turquia, entre outros.

Brasil, Rússia, Índia, China e África do Sul formam um grupo com mais expressão entre os emergentes, os **BRICS**, que passaram a ter um papel mais relevante nas decisões tomadas no cenário econômico e geopolítico internacional, a partir da crise de 2007/2008. Com efeito, tais países, especialmente China, Índia e Brasil, têm peso muito maior na economia global, atualmente do que tinham quando foram criadas as instituições do sistema econômico-financeiro do pós-Segunda Guerra, como o FMI e o Banco Mundial. Além disso, a crise acabou afetando mais intensamente as economias desenvolvidas do que as emergentes.

O NÓ DO DESENVOLVIMENTO

Já no período Collor (1990-1992), o alinhamento com o neoliberalismo levou o governo a adotar políticas de favorecimento do grande capital, como a isenção de Imposto de Renda sobre a distribuição de lucros, fortalecendo um modelo de crescimento que privilegia grandes empresas e corporações

REALIDADE BRASILEIRA

internacionais – uma política que aumentou a desigualdade social, concentrando ainda mais a riqueza no topo da pirâmide social. Seus efeitos perduram até hoje: menos de 10% da população Brasileira fica com cerca de 50% da renda nacional.

Vários mecanismos foram utilizados desde então para reforçar políticas que beneficiam o grande capital, preservam privilégios e colocam o Brasil entre os países mais desiguais do planeta.

No início de seu primeiro governo, em 1995, Fernando Henrique Cardoso ofereceu uma cesta de bondades para os mais ricos: redução da alíquota do Imposto de Renda de Pessoas Jurídicas (IRPJ) das instituições financeiras de 25% para 15%; redução do adicional do IRPJ de 12% e 18% para 10%; redução da Contribuição Social sobre o Lucro Líquido de 30% para 8%, depois elevada para 9%; dedução dos juros sobre capital próprio, que permite às empresas pagar juros de mercado para seus acionistas sobre o capital detido por cada um, como se fossem empréstimos, reduzindo assim os impostos a pagar de 34% para 15%; redução da alíquota máxima do Imposto de Renda de Pessoas Físicas de 35% para 27,5%.

Em 1999, em pleno segundo mandato, FHC lançou o Pacote Fiscal 51, aumentando os tributos sobre o consumo, isto é, a tributação sobre os mais pobres. Como? Elevando em 50% a Cofins – de 2% para 3%; aumentando a base de incidência do PIS/Pasep e da Cofins; aumentando em 90% a CPMF, hoje extinta, de 0,20% para 0,38%, entre outras medidas.

O fato é que no início do Plano Real um trabalhador começava a pagar Imposto de Renda a partir de 10,48 salários mínimos; em 2005, a partir de 3,88 salários mínimos. Em 1996, as famílias com menos de dois salários mínimos gastavam 26% de sua renda para pagar impostos; em 2002, esse percentual chegou a 46%. Já para as famílias com renda superior a 30 salários mínimos, os índices eram de 7,3% em 1996, passando para 16% em 2002.

A tributação sobre o consumo representa hoje mais de 50% da carga tributária bruta; a tributação sobre a renda, 20,5%; a tributação sobre a propriedade, apenas 3,3%. Em nenhum país do mundo com o qual o Brasil possa se comparar o Imposto de Renda é tão favorável aos mais ricos: nossa maior alíquota é de 27,5%, e a França acaba de aprovar em seu Parlamento o limite máximo de 66,6%. Essas políticas tributárias permanecem intocadas até hoje.

Se a arrecadação dos tributos mostra uma sociedade profundamente desigual, o gasto público não faz mais do que reforçar isso. Em 2010, o total dos impostos arrecadados pelo governo correspondeu a 33,56% do PIB. Vejamos a quem se destinam esses recursos.

Em 2011, o governo gastou R$ 708 bilhões, ou 45,05% dos impostos arrecadados, com o pagamento dos juros e amortizações da dívida pública. Os credores são bancos nacionais e estrangeiros (55%), fundos de investimento (21%), fundos de pensão (16%) e empresas não financeiras (8%). Em 2012, se comparados os quatro primeiros meses com o gasto no mesmo período em 2011, mesmo com a redução da taxa Selic, o volume de recursos destinados a pagar essa conta aumentou 40%, chegando a R$ 369,2 bilhões. É um cenário preocupante, já que nesse mesmo ano foram destinados, do Orçamento Geral da União, 2,99% para a educação, 4,07% para a saúde e 2,85% para a assistência social. Nossa Constituição, em seu artigo 166, assegura que a prioridade na execução orçamentária é o pagamento da dívida, e, quando forem necessários cortes no orçamento para cumprir essa prioridade, eles se aplicarão a outras rubricas, por exemplo, nas políticas sociais. Com a mesma lógica, a Lei de Responsabilidade Fiscal só limita os gastos e investimentos sociais, dando liberdade total para o aumento dos juros e o custeio da política monetária.

Somando os estoques da dívida interna (R$ 2,637 trilhões) com a dívida externa (R$ 788 bilhões), o Brasil tem uma dívida bruta acumulada que corresponde a 78% do PIB, base de cálculo para a remuneração dos rentistas atuantes no setor financeiro, que se estima sejam 22 mil famílias ampliadas e grandes bancos e corporações, em sua maioria estrangeiros. Vale ressaltar que as tentativas de fazer uma auditoria da dívida foram barradas pelo Senado em 1992, apesar das evidências de flagrantes ilegalidades e questionamentos sobre a composição da dívida. Por iniciativa da sociedade civil, no ano 2000 foi realizado o Plebiscito da Dívida. Na ocasião, votaram 6 milhões de Brasileiros, que propuseram o não pagamento da dívida pública enquanto não fosse realizada a auditoria prevista na Constituição Federal de 1988. De lá para cá, só estamos pagando mais para os rentistas.

BAVA, Silvio Caccia. Le Monde Diplomatique - Brasil. Edição – Outubro de 2013.

O modelo de industrialização por substituição de importações, promovido pelo governo Juscelino Kubitschek, esgotou-se nos anos 1980. As taxas de juros dispararam no mercado internacional, interrompendo os fluxos de financiamento que alimentavam os investimentos estatais. Enquanto isso, a dívida externa, aquela que havia sido contraída junto a outros países e com instituições internacionais, aumentava exponencialmente.

A grave crise econômica iniciada em 1988 e a globalização da economia mundial foram os pontos de partida para o surgimento de um novo modelo econômico, que nasceu sem "o pilar estatal", que durante muito tempo sustentara a tríplice aliança.

O processo de globalização promoveu a intensificação dos fluxos internacionais de capitais nos mercados financeiros e a abertura das economias nacionais ao comércio global. Em toda a América Latina, os projetos de industrialização protegida deram lugar a ajustes neoliberais.

No Brasil, os governos Collor de Mello (1990-1992) e Itamar Franco (1992-1994) iniciaram a abertura da economia nacional. Em 1991 iniciou-se o Programa Nacional de Desestatização, com grande participação de capitais provenientes dos Estados Unidos, da Espanha e de Portugal.

No entanto, foi durante o primeiro mandato de Fernando Henrique Cardoso (1995-1998) que se consolidou um novo modelo econômico, assentado sobre a liberalização comercial e a atração de investimentos estrangeiros diretos, e cuja implantação representou a desmontagem das estruturas produtivas estatais por meio de um vasto programa de privatizações; era a consolidação do **Consenso de Washington**.

15.1 Consenso de Washington e transformações socioeconômicas no Brasil

Em 1989, o economista John Williamson reuniu o pensamento das grandes instituições financeiras (FMI, Banco Mundial, BIRD) e do governo estadunidense, que pretendiam resolver a crise dos países subdesenvolvidos, particularmente da América Latina, e propor caminhos para o desenvolvimento. Surgia aí o Consenso de Washington, uma espécie de bula, receituário, para o desenvolvimento, segundo o qual os países latino-americanos deveriam:

- realizar uma reforma fiscal, isto é, alterações nos sistema de atribuição e arrecadação de impostos, para que as empresas pudessem pagar menos e adquirir maior competitividade;
- executar a abertura comercial, com liberalização das exportações e das importações, ampliação das facilidades para a entrada e saída de capitais e privatização de empresas estatais;
- promover o corte de salários e a demissão dos funcionários públicos em excesso e realizar mudanças na previdência social, nas leis trabalhistas e no sistema de aposentadoria, para diminuir a dívida do governo (a chamada dívida pública).

Para serem considerados confiáveis, diminuindo o risco-país, os países deviam cumprir as normas e as sugestões do Consenso de Washington. Nada era obrigatório, mas seguir suas determinações

GLOBALIZAÇÃO E SUBDESENVOLVIMENTO

básicas era condição para receber ajuda financeira externa e atrair capitais estrangeiros.

Os países que se orientaram pelo Consenso de Washington obtiveram alguns êxitos, como o maior controle da inflação. Contudo, não foram obtidas conquistas sociais, aumentando a desigualdade nesses países.

Até a década de 1960, os produtos primários e semifaturados dominavam a pauta de exportações do país. Gradativamente, porém, manifestaram-se os efeitos da substituição de importações: na década de 1980, os produtos industriais passaram a predominar na pauta de exportações.

No entanto, a partir da metade da década de 1990, os produtos básicos e semifaturados voltaram a ter participação cada vez mais significativa nas vendas externas nacionais, sendo os principais responsáveis pelo crescimento do comércio externo e pelo saldo da balança comercial Brasileira.

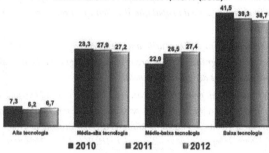

EXPORTAÇÃO DOS SETORES INDUSTRIAIS POR INTENSIDADE TECNOLÓGICA – PARTICIPAÇÃO % (2012)

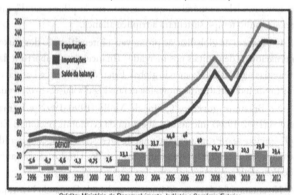

EXPORTAÇÕES BrasilEIRAS (1996-2012)

Crédito: Ministério do Desenvolvimento, Indústria e Comércio Exterior

Entretanto, apesar do crescimento das exportações, o Brasil participa dos fluxos comerciais globais com pouco mais de 1% do total. Existe uma explicação para os problemas de desempenho do país: à exceção de alguns produtos, o componente tecnológico das exportações Brasileiras é muito baixo, e o valor médio da tonelagem exportada vem retrocedendo desde meados de 1990. Apesar de todo esforço exportador, a economia Brasileira permanece com pouca capacidade de produzir e exportar produtos ligados à revolução técnico-científica, detentores de maior valor no comércio mundial.

Assim, na pauta de importações, destacam-se os bens de capital, os produtos químicos e farmacêuticos, os veículos, o petróleo e os produtos de alta tecnologia. Por outro lado, produtos têxteis, metalúrgicos, agrícolas, pecuários e minerais ocupam lugar de destaque na inserção do Brasil nos fluxos da economia globalizada e na abertura de novos mercados.

16 ÉTICA NO SERVIÇO PÚBLICO

Nesta unidade, trabalharemos o seguinte conteúdo: ética e moral; ética, princípios e valores; ética e democracia: exercício da cidadania; ética e função pública; ética no setor público: Código de Ética Profissional do Serviço Público (Decreto nº 1.171/1994). Acrescentamos, ao final, o Decreto nº 6.029/2007, que revogou o Decreto nº 1.171/1994 em parte, e que, muito embora não seja mencionado no edital, tem sido cobrado.

O Código de Ética Profissional do Serviço Público (Decreto nº 1.171/1994) contempla essencialmente duas partes.

A primeira, dita de ordem substancial (fundamental), fala sobre os princípios morais e éticos a serem observados pelo servidor, e constitui o Capítulo I, que abrange as regras deontológicas (Seção I), os principais deveres do servidor público (Seção II), bem como as vedações (Seção III).

Já a segunda parte, de ordem formal, dispõe sobre a criação e funcionamento de Comissões de Ética, e constitui o Capítulo II, que trata das Comissões de Ética em todos os órgãos do Poder Executivo Federal (Exposição de Motivos nº 001/94-CE).

Este conteúdo, referente ao Código de Ética Profissional do Serviço Público, considerando os últimos conteúdos cobrados, é um dos mais relevantes e que mais deve ser estudado.

16.1 Ética e moral

16.1.1 Ética

A palavra "ética" vem do grego *ethos*, que significa "modo de ser" ou "caráter" (índole).

A ética é a parte da filosofia que estuda a moralidade das ações humanas, isto é, se são boas ou más. É uma reflexão crítica sobre a moralidade.

A ética faz parte do nosso dia a dia. Em todas as nossas ações e relações, em algum grau, utilizamos nossos valores éticos. Isso não quer dizer que o homem já nasça com consciência plena do que é bom ou mau. Essa consciência existe, mas se desenvolve a partir do relacionamento com o meio e do autodescobrimento.

De acordo com o autor espanhol, Adolfo Vázquez, a ética representa uma abordagem científica sobre as constantes morais, ou seja, refere-se àquele conjunto de valores e costumes mais ou menos permanente no tempo e no espaço. Em outras palavras, a ética é a ciência da moral, isto é, de uma esfera do comportamento humano.

A ética pode ser definida como a teoria ou a ciência do comportamento moral, que busca explicar, compreender, justificar e criticar a moral ou as morais de uma sociedade. Compete à ética chegar, por meio de investigações científicas, à explicação de determinadas realidades sociais, ou seja, ela investiga o sentido que o homem dá a suas ações para ser verdadeiramente feliz. A ética é, portanto, filosófica e científica.

Entretanto, a ética não é puramente teoria; é um conjunto de princípios e disposições voltados para a ação, historicamente produzidos, cujo objetivo é balizar (limitar) as ações humanas.

Todavia, segundo Vázquez, não cabe à ética formular juízos de valor sobre a prática moral de outras sociedades, ou de outras épocas, em nome de uma moral absoluta e universal, mas deve antes explicar a razão de ser desta pluralidade e das mudanças de moral; isto é, deve esclarecer o fato de os homens terem recorrido a práticas morais diferentes e até opostas.

Em um sentido mais amplo, a ética engloba um conjunto de regras e preceitos de ordem valorativa, que estão ligados à prática do bem e da justiça, aprovando ou desaprovando a ação dos homens de um grupo social ou de uma sociedade.

Em suma, a ética é um conjunto de normas que rege a boa conduta humana.

Para que uma conduta possa ser considerada ética, três elementos essenciais devem ser ponderados: a ação (ato moral), a intenção (finalidade), e as circunstâncias (consequências) do ato. Se um único desses três elementos não for bom, correto e certo, o comportamento não é ético.

A norma ética é aquela que prescreve como o homem deve agir. Possui, como uma de suas características, a possibilidade de ser violada, ao contrário da norma legal (lei).

A ética não deve ser confundida com a lei, embora, com certa frequência, a lei tenha como base princípios éticos. Ao contrário da lei, nenhum indivíduo pode ser compelido, pelo Estado ou por outros indivíduos, a cumprir as normas éticas, nem sofrer qualquer sanção pela desobediência a estas.

Para o autor Lázaro Lisboa, a ética tem por objeto o comportamento humano no interior de cada sociedade, e o estudo desse comportamento com o fim de estabelecer níveis aceitáveis que garantam a convivência pacífica dentro das sociedades e entre elas, constitui o objetivo da Ética.

O estudo da ética demonstra que a consciência moral nos inclina para o caminho da virtude, que seria uma qualidade própria da natureza humana. Logo, um homem para ser ético precisa necessariamente ser virtuoso, ou seja, praticar o bem usando a liberdade com responsabilidade constantemente.

Segundo a classificação de Eduardo Garcia Maýnez, são quatro as formas de manifestação do pensamento ético ocidental:
▷ Ética empírica.
▷ Ética dos bens.
▷ Ética formal.
▷ Ética de valores.

A ética empírica está dividida em:

Ética Anarquista: só tem valor o que não contraria as tendências naturais;

Ética Utilitarista: é bom o que é útil;

Ética Ceticista: não se pode dizer com certeza o que é certo ou errado, bom ou mau, pois ninguém jamais será capaz de desvendar os mistérios da natureza.

Ética Subjetivista: "o homem é a medida de todas as coisas existentes ou inexistentes" (Protágoras).

Já a ética dos bens divide-se em:

Ética Socrática: para Sócrates (469 - 399 a.C.), o supremo bem, a virtude máxima é a sabedoria. As duas máximas de Sócrates são: "Só sei que nada sei" e "Conhece-te a ti mesmo".

Ética Platônica: para Platão (427 - 347 a.C.), todos os fenômenos naturais são meros reflexos de formas eternas, imutáveis, sugerindo o "mundo das ideias".

Ética Aristotélica: para Aristóteles (384 - 322 a.C.), a felicidade só pode ser conseguida com a integração de suas três formas: prazer, virtude (cidadania responsável), sabedoria (filosofia/ciência).

Ética Epicurista: para Epicuro (341 - 270 a.C.), o bem supremo é a felicidade, a ser atingido por meio dos prazeres (eudaimonismo hedonista) e os do espírito são mais elevados que os do corpo. Seu objetivo maior era afastar a dor e os sofrimentos.

Ética Estoica: Zenão (300 a.C.) fundou esta filosofia que ensina a ética da virtude como fim: o estoico não aspira ser feliz, mas ser bom.

Para a ética formal, segundo Kant, uma ação é boa, tem valor, deve ser feita, se obedece ao "princípio categórico", que está baseado na ideia do dever (vale sempre e é uma ordem).

Por fim, para a ética de valores, uma ação é boa (e consequentemente é um dever) se estiver fundamentada em um valor.

16.1.2 Moral

Os romanos traduziram o ethos grego para o latim mos, de onde vem a palavra "moral".

O termo "moral", portanto, deriva do latim "mos" ou "mores", que significa "costume" ou "costumes".

A moral é definida como o conjunto de normas, princípios, preceitos, costumes, valores que norteiam o comportamento do indivíduo no seu grupo social. A moral é normativa.

Em outras palavras, a moral é um conjunto de regras de conduta adotadas pelos indivíduos de um grupo social e tem a finalidade de organizar as relações interpessoais segundo os valores do bem e do mal.

A moral é a "ferramenta" de trabalho da ética. Sem os juízos de valor aplicados pela moral seria impossível determinar se a ação do homem é boa ou má.

A moral ocupa-se basicamente de questões subjetivas, abstratas e de interesses particulares do indivíduo e da sociedade, relacionando-se com valores ou condutas sociais.

A moral possui, portanto, um caráter subjetivo, que faz com que ela seja influenciada por vários fatores, alterando, assim, os conceitos morais de um grupo para outro. Esses fatores podem ser sociais, históricos, geográficos etc. Observa-se, então, que a moral é dinâmica, ou seja, ela pode mudar seus juízos de valor de acordo com o contexto em que esteja inserida.

Sendo assim, para Vázquez a moral é mutável e varia historicamente, de acordo com o desenvolvimento de cada sociedade e, com ela, variam os seus princípios e as suas normas. Ela norteia os valores éticos na Administração Pública.

Aristóteles, em seu livro "A Política", assevera que "os pais sempre parecerão antiquados para os seus filhos". Essa afirmação demonstra que, na passagem de uma geração para outra, os valores morais mudam.

Para que um ato seja considerado moral, ou seja, bom, deve ser livre, consciente, intencional e solidário. O ato moral tem, em sua estrutura, dois importantes aspectos: o normativo e o factual. O normativo são as normas e imperativos que enunciam o "dever ser". Ex.: cumpra suas obrigações, não minta, não roube etc. O factual são os atos humanos que se realizam efetivamente, ou seja, é a aplicação da norma no dia a dia, no convívio social.

Apesar de se assemelharem, e mesmo por vezes se confundirem, ética e moral são termos aplicados diferentemente. Enquanto o primeiro trata o comportamento humano como objeto de estudo e normatização, procurando tomá-lo de forma mais abrangente possível, o segundo se ocupa de atribuir um valor à ação. Esse valor tem como referências as normas e conceitos do que vem a ser bom ou mau, baseados no senso comum.

No contexto da ação pública, ética e moral não são consideradas termos sinônimos. Portanto, não devem ser confundidos.

Enquanto a ética é teórica e busca explicar e justificar os costumes de uma determinada sociedade, a moral é normativa. Enquanto a ética tem caráter científico, a moral tem caráter prático imediato, visto que é parte integrante da vida cotidiana das sociedades e dos indivíduos. A moral é a aplicação da ética no cotidiano, é a prática concreta. A moral, portanto, não é ciência, mas objeto da ciência; e, neste sentido, é por ela estudada e investigada.

16.2 Ética: princípios e valores

16.2.1 Princípios

Segundo o dicionário Houaiss, princípio pode ser considerado o primeiro momento da existência (de algo) ou de uma ação ou processo. Pode também ser definido como um conjunto de regras ou código de (boa) conduta, com base no qual se governa a própria vida e ações.

Dados esses conceitos, percebe-se que os princípios que regem a conduta em sociedade são aqueles conceitos ou regras que se aprendem por meio do convívio, passados de geração para geração.

Esses conhecimentos se originaram, em algum momento, no grupo social em que estão inseridos, convencionando-se que sua aplicação é boa, e assim aceita pelo grupo.

Quando uma pessoa afirma que determinada ação fere seus princípios, ela está se referindo a um conceito ou regra, que foi originado em algum momento em sua vida ou na vida do grupo social em que está inserida, e que foi aceito como ação moralmente boa.

16.2.2 Valores

O conceito de valor tem sido investigado e definido em diferentes áreas do conhecimento (filosofia, sociologia, ciências econômicas, marketing etc.).

Os valores são as normas, princípios ou padrões sociais aceitos ou mantidos por indivíduos, classe ou sociedade. Dizem, portanto, respeito a princípios que merecem ser buscados.

O valor exprime uma relação entre as necessidades do indivíduo (respirar, comer, viver, posse, reproduzir, prazer, domínio, relacionar, comparar) e a capacidade das coisas, objetos ou serviços de satisfazê-las.

É na apreciação desta relação que se explica a existência de uma hierarquia de valores, segundo a urgência/prioridade das necessidades e a capacidade dos mesmos objetos para as satisfazerem, diferenciadas no espaço e no tempo.

Nas mais diversas sociedades, independentemente do nível cultural, econômico ou social em que estejam inseridas, os valores são fundamentais para se determinar quais são as pessoas que agem tendo por finalidade o bem.

O caráter dos seres, pelo qual são mais ou menos desejados ou estimados por uma pessoa ou grupo, é determinado pelo valor de suas ações.

Todos os termos que servem para qualificar uma ação ou o caráter de uma pessoa têm um peso bom e um peso ruim. Cite-se, como exemplo, os termos verdadeiro e falso, generoso e egoísta, honesto e desonesto, justo e injusto. Os valores dão "peso" à ação ou ao caráter de uma pessoa ou grupo.

Kant afirmava que toda ação considerada boa moralmente deveria ser universal, ou seja, ser boa em qualquer tempo e em qualquer lugar. Infelizmente, o ideal kantiano de valor e moralidade está muito longe de ser alcançado, pois as diversidades culturais e sociais fazem com que o valor dado a determinadas ações mude de acordo com o contexto.

O complexo de normas éticas se alicerça em valores, normalmente designados valores do "bem".

Segundo Felix Ruiz López:

> Valores éticos são indicadores da relevância ou do grau de atendimento aos princípios éticos". Por exemplo, a dignidade da pessoa sugere e exige que se valorize o respeito às pessoas. Esses valores éticos só podem ser atribuídos a pessoas, pois elas são os únicos seres que agem com conhecimento de certo e errado, bem e mal, e com liberdade para agir. Algumas condutas podem ferir os valores éticos. A prática constante de respeito aos valores éticos conduz as pessoas às virtudes morais. (Fonte: ALONSO, Felix Ruiz; LÓPEZ, Francisco Granizo; CASTRUCCI, Plínio de Laura – Curso de Ética em Administração. São Paulo: Atlas, 2008. [Adaptado]).

16.3 Ética e democracia: exercício da cidadania

16.3.1 Ética e democracia

O Brasil ainda caminha a passos muito lentos no que diz respeito à ética, principalmente no cenário político.

Vários são os fatores que contribuíram para esta realidade, dentre eles, principalmente, os golpes de Estado, a saber, o Golpe de 1930 e o Golpe de 1964.

Durante o período em que o país vivenciou a ditadura militar e em que a democracia foi colocada de lado, tivemos a suspensão do ensino da filosofia e, consequentemente, da ética, nas escolas e universidades; além disso, os direitos políticos do cidadão foram suspensos, a liberdade de expressão caçada e cresceu o medo da repressão.

Como consequência dessa série de medidas autoritárias e arbitrárias, nossos valores morais e sociais foram perdendo espaço para os valores que o Estado queria impor, levando a sociedade a uma espécie de "apatia" social.

Nos dias atuais, estamos presenciando uma nova fase em nosso país, no que tange à aplicabilidade das leis e da ética no poder.

Os crimes de corrupção envolvendo desvio de dinheiro estão sendo mais investigados e a polícia tem trabalhado com mais liberdade de atuação em prol da moralidade e do interesse público, o que tem levado os agentes públicos a refletir mais sobre seus atos antes ainda de praticá-los.

Essa nova fase se deve principalmente à democracia, implantada como regime político com a Constituição de 1988.

Etimologicamente, o termo democracia vem do grego demokratía, em que kratía significa governo e demo, povo. Logo, a democracia, por definição, é o "governo do povo".

A democracia confere ao povo o poder de influenciar na administração do Estado. Por meio do voto, o povo é que determina quem vai ocupar os cargos de direção do Estado. Logo, insere-se nesse contexto a responsabilidade tanto do povo, que escolhe seus dirigentes, quanto dos escolhidos, que deverão prestar contas de seus atos no poder.

A ética exerce papel fundamental em todo esse processo, regulamentando e exigindo dos governantes comportamento adequado à função pública, que lhe foi confiada por meio do voto, e conferindo ao povo as noções e os valores necessários tanto para o exercício e cobrança dos seus direitos quanto para atendimento de seus deveres.

É por meio dos valores éticos e morais, determinados pela sociedade, que podemos perceber se os atos cometidos pelos ocupantes de cargos públicos estão visando ao bem comum e ao interesse público.

16.3.2 Exercício da cidadania

Em se tratando do exercício da cidadania, podemos afirmar que todo cidadão tem direito a exercer a cidadania, isto é, seus direitos de cidadão; direitos esses garantidos constitucionalmente.

Direitos e deveres andam juntos no que tange ao exercício da cidadania. Não se pode conceber um direito que não seja precedido de um dever a ser cumprido; é uma via de mão dupla.

Os direitos garantidos constitucionalmente, individuais, coletivos, sociais ou políticos, são precedidos de responsabilidades que o cidadão deve ter perante a sociedade. Por exemplo, a Constituição garante o direito à propriedade privada, mas exige-se que o proprietário seja responsável pelos tributos que o exercício desse direito gera, como, por exemplo, o pagamento do Imposto Predial e Territorial Urbano (IPTU).

Exercer a cidadania, por consequência, é ser probo (íntegro, honrado, justo, reto), agir com ética assumindo a responsabilidade que advém de seus deveres enquanto cidadão inserto no convívio social.

17 HISTÓRIA DOS NEGROS NO BRASIL: LUTA ANTIRRACISTA, CONQUISTAS LEGAIS E DESAFIOS ATUAIS

Vamos abordar a História dos negros no Brasil, desde a chegada dos primeiros africanos até os desafios atuais enfrentados pela comunidade negra. Vale ressaltar que esta é uma visão geral e simplificada do tema, dado o espaço limitado. A história é complexa e cheia de nuances.

17.1 Chegada dos Africanos ao Brasil

Os africanos foram trazidos para o Brasil como escravizados durante o período colonial, a partir do século XVI, para trabalhar principalmente nas plantações de cana-de-açúcar e nas minas.

A escravidão durou mais de três séculos e foi marcada por condições desumanas, exploração e opressão.

17.1.1 Período da Escravidão

Durante o período colonial, milhões de africanos foram trazidos para o Brasil como escravizados, contribuindo significativamente para a construção da riqueza do país.

A escravidão teve impactos profundos na cultura e na identidade dos negros, que foram forçados a preservar suas tradições de maneiras muitas vezes sutis e resistentes.

17.2 Abolição da Escravidão

A Lei Áurea, assinada em 1888, aboliu a escravidão no Brasil. No entanto, a libertação dos escravizados não foi acompanhada por políticas efetivas de inclusão e reparação, deixando os negros recém-libertos em uma situação socioeconômica precária.

A abolição, em 1888, não foi acompanhada de políticas efetivas de integração social e econômica para os negros libertos, resultando em uma transição para a liberdade precária e desigual.

A abolição formal não eliminou as estruturas racistas, e as condições de vida para os negros continuaram difíceis, com muitos permanecendo em situações de pobreza e marginalização.

17.3 Luta Antirracista e Movimentos Sociais

Ao longo do século XX, surgiram movimentos antirracistas e de valorização da cultura negra, como a Semana de Arte Moderna de 1922 e a criação de organizações como o Teatro Experimental do Negro, liderado por Abdias do Nascimento.

Na década de 1930, o movimento negro ganhou visibilidade com a criação do Teatro Experimental do Negro, destacando a importância da cultura afro-brasileira.

O Movimento Negro Unificado (MNU) na década de 1970 desempenhou um papel crucial na luta contra o racismo e pela igualdade de direitos.

17.4 Conquistas Legais

A Constituição de 1988 proíbe a discriminação racial e estabelece a igualdade de todos perante a lei.

A criação de cotas raciais em universidades e concursos públicos tem sido uma estratégia para promover a igualdade de oportunidades.

17.5 Desafios Atuais

A violência policial, particularmente contra a população negra, continua a ser uma preocupação significativa, evidenciada por casos como os assassinatos de jovens negros em áreas periféricas.

A desigualdade econômica persiste, com os negros enfrentando barreiras no acesso a empregos dignos e oportunidades de crescimento profissional.

O racismo estrutural ainda está presente em diversas instituições, o que impacta a qualidade de vida e o acesso a serviços básicos para a população negra.

Entender a história e os desafios enfrentados pelos negros no Brasil é fundamental para promover a igualdade racial e trabalhar em direção a uma sociedade mais justa e inclusiva. O diálogo contínuo, a conscientização e a ação coletiva são cruciais para superar esses desafios.

18 HISTÓRIA DOS POVOS INDÍGENAS DO BRASIL: LUTA POR DIREITOS E DESAFIOS ATUAIS

Vamos explorar de forma mais aprofundada a história dos povos indígenas no Brasil, suas lutas por direitos e os desafios enfrentados atualmente.

18.1 História Antiga

Os povos indígenas habitam o território que hoje é o Brasil há milênios, com uma diversidade incrível de culturas, línguas e tradições.

Antes da chegada dos europeus, essas sociedades tinham sistemas sociais, econômicos e espirituais complexos e estavam integradas aos seus ambientes naturais.

18.2 Impacto da Colonização

Com a chegada dos europeus no século XVI, começou um processo de colonização que teve impactos devastadores nos povos indígenas.

Doenças introduzidas pelos europeus, conflitos e deslocamento forçado levaram à morte de milhões de indígenas e à desestruturação de suas sociedades.

18.3 Lutas pela Terra

A colonização e expansão territorial resultaram em desapropriação de terras indígenas para atividades econômicas, como a produção de cana-de-açúcar e a mineração.

Ao longo dos séculos, os povos indígenas resistiram, muitas vezes enfrentando violência, discriminação e perda de suas terras.

18.4 Constituição de 1988

A Constituição brasileira de 1988 reconheceu os direitos dos povos indígenas sobre suas terras tradicionais e estabeleceu a demarcação dessas terras como responsabilidade do Estado.

Também reconheceu a diversidade cultural, garantindo aos povos indígenas o direito à sua organização social, costumes, línguas e tradições.

18.5 Desafios Atuais

Apesar das proteções legais, os povos indígenas continuam a enfrentar sérios desafios. A invasão de suas terras por atividades como agricultura, mineração e exploração madeireira ameaça sua subsistência e modo de vida.

O aumento da violência contra lideranças indígenas, muitas vezes associada a conflitos por terra, é uma preocupação significativa.

A pressão por projetos de desenvolvimento, como barragens e rodovias, frequentemente ocorre sem o devido respeito pelos direitos e interesses dos povos indígenas.

18.6 Lutas por Reconhecimento Cultural e Direitos Sociais

Além das questões territoriais, há lutas contínuas por reconhecimento cultural, respeito às línguas indígenas e acesso a serviços de saúde e educação que respeitem suas especificidades.

Entender a história e os desafios enfrentados pelos povos indígenas no Brasil é crucial para promover o respeito à diversidade cultural e a proteção de seus direitos fundamentais. O diálogo intercultural, o respeito à autodeterminação dos povos indígenas e a conscientização sobre suas realidades são fundamentais para construir uma sociedade mais justa e inclusiva.

19 DINÂMICA SOCIAL NO BRASIL: ESTRATIFICAÇÃO, DESIGUALDADE E EXCLUSÃO SOCIAL

Vamos abordar a dinâmica social no Brasil, considerando aspectos como estratificação, desigualdade e exclusão social de uma maneira mais acessível:

19.1 Estratificação Social

Estratificação social refere-se à organização da sociedade em camadas ou estratos, onde diferentes grupos têm acesso a recursos e oportunidades de maneira desigual.

No Brasil, a estratificação social está relacionada a fatores como classe social, raça/etnia, gênero e educação.

19.2 Desigualdade Econômica

O Brasil possui uma significativa desigualdade econômica, onde uma parte da população detém a maior parte da riqueza, enquanto outros enfrentam condições de vida precárias.

A disparidade de renda entre ricos e pobres é um dos indicadores mais visíveis dessa desigualdade.

19.3 Desigualdade Regional

Além da desigualdade econômica, há também desigualdades regionais, com algumas áreas do país apresentando melhores condições de vida, acesso a serviços e oportunidades do que outras.

19.4 Exclusão Social

A exclusão social ocorre quando grupos de pessoas são sistematicamente marginalizados e privados de participar plenamente na sociedade.

No Brasil, isso pode ser observado em comunidades carentes, onde a falta de acesso a serviços básicos, educação de qualidade e oportunidades de emprego contribuem para a exclusão social.

19.5 Questões de Gênero e Raça

A dinâmica social no Brasil também é moldada por questões de gênero e raça. Mulheres e grupos étnicos minoritários muitas vezes enfrentam discriminação e têm menos oportunidades em comparação com outros segmentos da sociedade.

19.6 Acesso à Educação e Saúde

A desigualdade de acesso à educação e saúde é um desafio significativo. Algumas regiões e grupos sociais têm acesso limitado a serviços de qualidade, afetando o desenvolvimento pessoal e profissional.

19.7 Mobilidade Social

A mobilidade social, ou a capacidade das pessoas de melhorar sua posição social ao longo do tempo, é desafiadora para muitos brasileiros devido a barreiras econômicas e sociais.

Desafios Ambientais e Urbanos:

Problemas ambientais e urbanos, como a falta de moradia adequada e condições insalubres em áreas urbanas, contribuem para a exclusão social e afetam especialmente os mais vulneráveis.

Compreender a dinâmica social no Brasil envolve reconhecer e abordar essas desigualdades, promovendo políticas e ações que busquem a inclusão, a justiça social e o acesso equitativo a oportunidades para todos os cidadãos.

20 MANIFESTAÇÕES CULTURAIS, MOVIMENTOS SOCIAIS E GARANTIA DE DIRETOS DAS MINORIAS

Vamos explorar de forma mais aprofundada as manifestações culturais, movimentos sociais e a garantia de direitos das minorias no contexto brasileiro, considerando a diversidade cultural e social do país.

20.1 Manifestações Culturais

O Brasil é conhecido por sua rica diversidade cultural, refletida em uma variedade de manifestações artísticas, musicais, danças e festivais.

As festas populares, como o Carnaval e as festas juninas, são expressões culturais que celebram a diversidade e incorporam elementos de várias tradições.

20.2 Movimentos Sociais

O Brasil tem uma história marcada por diversos movimentos sociais que buscaram promover mudanças sociais e lutar por direitos.

O movimento sindical, movimentos feministas, movimentos LGBT+, movimentos negros e indígenas são exemplos de iniciativas que buscaram enfrentar desigualdades e promover a inclusão.

20.3 Garantia de Direitos das Minorias

A Constituição de 1988 assegura a garantia de direitos para minorias, reconhecendo a diversidade cultural e proibindo a discriminação por raça, gênero, orientação sexual, religião, entre outros.

Leis específicas, como a Lei Maria da Penha para combater a violência contra a mulher e a Lei de Cotas para garantir a representatividade de grupos historicamente excluídos, são exemplos de avanços legislativos.

20.4 Movimento LGBT+

O movimento LGBT+ no Brasil tem buscado promover a igualdade de direitos, enfrentar a discriminação e lutar contra a violência motivada pela orientação sexual ou identidade de gênero.

DESENVOLVIMENTO ECONÔMICO, CONCENTRAÇÃO DA RENDA E RIQUEZA

A Parada do Orgulho LGBT+ é um evento anual que visa celebrar as conquistas e conscientizar sobre os desafios enfrentados pela comunidade.

20.5 Movimento Negro

O movimento negro no Brasil tem raízes históricas na luta contra a escravidão e continua a buscar a igualdade racial em diversas esferas da sociedade.

A luta por políticas de ação afirmativa, como cotas raciais, é uma das formas de enfrentar a desigualdade estrutural.

20.6 Movimento Feminista

O movimento feminista no Brasil tem trabalhado para promover a igualdade de gênero, enfrentar a violência contra as mulheres e garantir o respeito aos direitos reprodutivos.

A Marcha das Margaridas é um exemplo de mobilização que destaca as questões das mulheres rurais.

20.7 Movimento Indígena

Os povos indígenas têm participado ativamente de movimentos para garantir o reconhecimento de suas terras, preservar suas culturas e lutar contra a violência e a exploração.

A eficácia desses movimentos está relacionada à capacidade de criar conscientização, mobilizar a sociedade civil e pressionar por mudanças legislativas e sociais. A diversidade de manifestações culturais e a atuação de movimentos sociais são componentes importantes na construção de uma sociedade mais inclusiva e justa.

21 DESENVOLVIMENTO ECONÔMICO, CONCENTRAÇÃO DA RENDA E RIQUEZA

Vamos explorar de forma mais aprofundada o tema do desenvolvimento econômico, concentração de renda e riqueza, tentando tornar os conceitos mais acessíveis:

21.1 Desenvolvimento Econômico

Desenvolvimento econômico refere-se ao processo pelo qual uma economia melhora ao longo do tempo, buscando aumentar sua produção de bens e serviços, melhorar a qualidade de vida da população e promover o progresso.

Isso envolve o crescimento do PIB (Produto Interno Bruto), criação de empregos, aumento da produtividade e melhoria nas condições de vida.

21.2 Concentração de Renda

A concentração de renda refere-se à distribuição desigual dos ganhos econômicos dentro de uma sociedade. Em uma situação de concentração, uma pequena parcela da população detém uma grande parte da riqueza, enquanto a maioria tem acesso limitado a recursos econômicos.

Medidas como o índice de Gini ajudam a avaliar a desigualdade de renda, sendo zero a igualdade total e 1 a desigualdade total.

21.3 Concentração de Riqueza:

A concentração de riqueza vai além da renda e inclui ativos acumulados ao longo do tempo, como propriedades, investimentos e recursos financeiros.

A disparidade na distribuição de riqueza pode resultar em diferenças significativas de poder e acesso a oportunidades entre diferentes segmentos da sociedade.

21.4 Fatores que Contribuem para a Concentração

A concentração de renda e riqueza pode ser influenciada por fatores como acesso desigual à educação, discriminação, herança, sistemas tributários, políticas governamentais e dinâmicas do mercado de trabalho.

21.5 Impactos Sociais e Econômicos

A concentração de renda e riqueza pode ter impactos negativos na coesão social, gerando tensões e descontentamento.

Além disso, pode dificultar o acesso a oportunidades para a população mais vulnerável, criando ciclos de pobreza e limitando o potencial de desenvolvimento econômico sustentável.

21.6 Políticas para Combater a Concentração

Políticas sociais, como programas de redistribuição de renda, acesso igualitário à educação e políticas fiscais progressivas, são algumas estratégias para combater a concentração.

A promoção de oportunidades de emprego, o apoio a pequenos negócios e a implementação de políticas que estimulem a mobilidade social também desempenham um papel importante.

Entender esses conceitos é crucial para analisar e abordar os desafios relacionados ao desenvolvimento econômico e à distribuição de recursos, visando criar sociedades mais justas e equitativas.

QUESTÕES COMENTADAS

QUESTÕES

22 QUESTÕES

01. A Lei nº 8.112/1990 prevê diversas penalidades disciplinares para o servidor público, que serão aplicadas levando em consideração a natureza e a gravidade da infração cometida, os danos que dela provierem para o serviço público, as circunstâncias agravantes ou atenuantes e os antecedentes funcionais. Nesse contexto normativo, assinale a alternativa que traga o prazo de prescrição da ação disciplinar quanto às infrações puníveis com suspensão.
- a) um ano.
- b) 60 dias.
- c) dois anos.
- d) 180 dias.
- e) cinco anos.

A ação disciplinar prescreve, em caso de suspensão, em 2 (dois) anos a contar da data de conhecimento do fato.

GABARITO: C.

02. A Lei nº 8.112/1990 dispõe sobre o regime jurídico dos servidores públicos civis da União, das autarquias e das fundações públicas federais. Nesse contexto normativo, assinale o que não é considerado requisito básico para investidura em cargo público.
- a) nacionalidade brasileira.
- b) aptidão física e mental.
- c) gozo dos direitos políticos.
- d) idade mínima de dezoito anos.
- e) quitação com as obrigações militares, eleitorais e fiscais.

A Lei nº 8.112/1990 traz vários requisitos para investidura no cargo, exceto quitação com as obrigações fiscais.

Art. 5o São requisitos básicos para investidura em cargo público:

I - a nacionalidade brasileira;

II - o gozo dos direitos políticos;

III - a quitação com as obrigações militares e eleitorais;

IV - o nível de escolaridade exigido para o exercício do cargo;

V - a idade mínima de dezoito anos;

VI - aptidão física e mental.

GABARITO: E.

03. A respeito dos atributos e da classificação dos atos administrativos, assinale a alternativa correta.
- a) Os atributos dos atos administrativos são numerus clausus, a saber: autoexecutoriedade e presunção de veracidade.
- b) A presunção de veracidade é atributo presente em todos os atos administrativos, gozando de natureza absoluta (juris tantum).
- c) A cobrança de multa aplicada pela Administração Pública é exemplo clássico de ato administrativo provido de autoexecutoriedade.
- d) No ato administrativo complexo, praticam-se dois atos, um principal e outro acessório, sendo que este pode ser pressuposto de validade ou ato complementar do ato principal.
- e) O ato administrativo simples pode ser expressão da vontade de um órgão colegiado.

Os atributos dos atos administrativos são: presunção de legitimidade e veracidade, autoexecutoriedade, tipicidade e executoriedade, sendo a presunção de legitimidade de caráter relativo, cabendo ônus da prova em contrário ao interessado.

Os atos administrativos, ações voluntárias e unilaterais da Administração, classificados como complexos, trata de um ato com várias manifestações de vontade (atuação de dois ou mais órgãos diferentes).

GABARITO: E.

04. A respeito da garantia constitucional da inviolabilidade do domicílio, assinale a alternativa correta.
- a) Em caso de desastre durante a noite, o morador tem o direito de se opor à invasão do seu domicílio.
- b) A invasão do domicílio poderá ocorrer durante a noite, desde que precedida de autorização judicial.
- c) Sem determinação judicial, ninguém pode penetrar na casa sem o consentimento do morador.
- d) A casa não é considerada asilo inviolável do indivíduo, pois há possibilidade de alguém nela penetrar sem consentimento do morador.
- e) A Constituição Federal traz a prisão em flagrante como hipótese de exceção à inviolabilidade domiciliar.

A: Incorreta. A inviolabilidade do domicílio é direito fundamental assegurado na Carta Constitucional. Contudo, tendo em vista que não existe nenhum direito fundamental com caráter absoluto, há exceções, como no caso de desastre, nos termos do art. 5º, XI, da CF:

Art. 5º XI - a casa é asilo inviolável do indivíduo, ninguém nela podendo penetrar sem consentimento do morador, salvo em caso de flagrante delito ou desastre, ou para prestar socorro, ou, durante o dia, por determinação judicial.

B: Incorreta. A autorização judicial só permite o acesso à moradia, sem consentimento do morador, quando durante o dia, não sendo possível durante o período noturno.

C: Incorreta. A regra é a inviolabilidade do domicílio. No entanto, ainda que sem determinação judicial, é possível a violação de domicílio nos casos de flagrante delito, de desastre, ou para prestar socorro ao morador, conforme estabelece o art. 5º, XI, da CF.

D: Incorreta. Nos termos do art. 5º, XI, da CF, a casa é asilo inviolável do indivíduo, ainda que exista exceções quanto à sua inviolabilidade.

E: Correta. A prisão em flagrante delito, assim como as situações de desastre ou para prestar socorro, são hipóteses de exceção à inviolabilidade domiciliar, nos termos do art. 5º, XI, da CF.

GABARITO: E.

05. A Constituição Federal prevê a estabilidade dos servidores nomeados para cargo de provimento efetivo em virtude de concurso público, assim como traz casos de perda do respectivo cargo. A esse respeito, é correto afirmar que:
- a) o servidor público estável somente perderá o cargo em virtude de sentença judicial transitada em julgado.
- b) extinto o cargo ou declarada a sua desnecessidade, o servidor estável ficará em disponibilidade, com remuneração proporcional ao tempo de serviço, até seu adequado aproveitamento em outro cargo.
- c) como condição para a aquisição da estabilidade, é obrigatória, no mínimo, a realização de três avaliações de desempenho.
- d) invalidada por sentença judicial a demissão do servidor estável, será ele reintegrado, e o eventual ocupante da vaga, se estável, reconduzido ao cargo de origem, com direito a indenização.
- e) o servidor público estável só perderá o cargo mediante procedimento de avaliação periódica de desempenho e em virtude de sentença judicial transitada em julgado.

A: Incorreta. A Constituição Federal prevê outras hipóteses em que o servidor público estável pode perder o cargo, sendo a sentença judicial transitada em julgada, uma das possibilidades, conforme prevê os incisos do § 1º, do art. 41.

B: Correta. Nos termos do § 3º, art. 41 da CF:

Art. 41 § 3º Extinto o cargo ou declarada a sua desnecessidade, o servidor estável ficará em disponibilidade, com remuneração proporcional ao tempo de serviço, até seu adequado aproveitamento em outro cargo.

C: Incorreta. Para a aquisição da estabilidade, o servidor é submetido a 01 (uma) avaliação especial de desempenho, nos termos do art. 41, § 4º, da CF:

Art. 41 § 4º Como condição para a aquisição da estabilidade, é obrigatória a avaliação especial de desempenho por comissão instituída para essa finalidade.

D: Incorreta. Nos termos do 41, § 2º, da CF:

Art. 41 § 2º Invalidada por sentença judicial a demissão do servidor estável, será ele reintegrado, e o eventual ocupante da vaga, se estável, reconduzido ao cargo de origem, sem direito a indenização, aproveitado em outro cargo ou posto em disponibilidade com remuneração proporcional ao tempo de serviço.

E: Incorreta. Além das hipóteses de procedimento de avaliação periódica de desempenho e de sentença judicial transitada em julgada, o servidor também poderá perder o cargo mediante processo administrativo em que lhe seja assegurada ampla defesa (art. 41, § 1º, II, da CF).

GABARITO: B.

06. De acordo com a Lei nº 8.112/1990, considera-se da família do servidor:
    a) apenas o cônjuge e os filhos.
    b) somente os parentes de primeiro grau.
    c) apenas os parentes de até segundo grau.
    d) qualquer pessoa que viva às suas expensas e conste do seu assentamento individual.
    e) somente o cônjuge e os parentes consanguíneos ou afins, até o segundo grau ou por adoção.

Nos termos dos art. 241 da Lei nº 8.112/1990, temos:

Art. 241 Consideram-se da família do servidor, além do cônjuge e filhos, quaisquer pessoas que vivam às suas expensas e constem do seu assentamento individual.

Parágrafo único. Equipara-se ao cônjuge a companheira ou companheiro, que comprove união estável como entidade familiar.

GABARITO: D.

07. Determinado servidor federal, aposentado por invalidez, teve o quadro clínico que comprometia seu desempenho e em razão do qual se aposentou integralmente superado. No que se refere ao possível restabelecimento do vínculo funcional ativo com a Administração Pública, assinale a alternativa correta.
    a) Não há possibilidade de restabelecimento do vínculo ativo por meio do instituto da reversão.
    b) Há possibilidade de restabelecimento do vínculo ativo por meio de recondução, desde que seja no mesmo cargo ou no resultante de sua transformação.
    c) Há possibilidade de restabelecimento do vínculo ativo por meio de reintegração, desde que o servidor não tenha completado 75 anos de idade, nos termos da Lei nº 8.112/1990.
    d) Há possibilidade de restabelecimento do vínculo ativo por meio de reversão, independentemente de declaração de insubsistência dos motivos da aposentadoria por junta médica oficial, nos termos da Lei nº 8.112/1990.
    e) Há possibilidade de restabelecimento do vínculo ativo por meio de reversão, desde que observada a declaração de insubsistência dos motivos da aposentadoria por junta médica oficial, nos termos da Lei nº 8.112/1990.

A reversão é o retorno do servidor aposentado ao cargo público, podendo ser de ofício (pela própria administração), quando uma junta médica apresentar motivos insubsistentes para a aposentadoria.

GABARITO: E.

08. Analise as afirmativas a seguir:
    I. De acordo com a Lei nº 9.784/1999, em caso de risco iminente, a Administração Pública poderá motivadamente adotar providências acauteladoras, desde que o interessado tenha previamente se manifestado.
    II. A desistência ou renúncia do interessado, conforme o caso, não prejudica o prosseguimento do processo, se a Administração considerar que o interesse público assim o exige.
    III. Os serviços de telecomunicações são todos de titularidade da União, mesmo após as desestatizações ocorridas na década de 1990 e nos casos em que são prestados por particulares.

    Assinale:
    a) se somente a afirmativa I estiver correta.
    b) se somente a afirmativa II estiver correta.
    c) se somente a afirmativa III estiver correta.
    d) se somente as afirmativas I e II estiverem corretas.
    e) se somente as afirmativas II e III estiverem corretas.

Apenas a afirmativa I está incorreta. Nos termos do art. 45 da Lei nº 9.784/1999, temos:

Art. 45 Em caso de risco iminente, a Administração Pública poderá motivadamente adotar providências acauteladoras sem a prévia manifestação do interessado.

GABARITO: E.

09. De acordo com a Lei nº 9.784/1999, o administrado tem os seguintes direitos perante a Administração, sem prejuízo de outros que lhe sejam assegurados:
    I. formular alegações e apresentar documentos, os quais serão objeto de consideração pelo órgão competente no prazo máximo de 10 (dez) dias;
    II. ser tratado com respeito pelas autoridades e servidores, que deverão facilitar o exercício de seus direitos e o cumprimento de suas obrigações;
    III. não haver cobrança por despesas processuais.

    Assinale
    a) se somente o item I estiver correto.
    b) se somente o item II estiver correto.
    c) se somente o item III estiver correto.
    d) se somente os itens I e III estiverem corretos.
    e) se somente os itens II e III estiverem corretos

Nos termos do art. 3º da Lei nº 9.784/1999, temos:

Art. 3º O administrado tem os seguintes direitos perante a Administração, sem prejuízo de outros que lhe sejam assegurados:

I - ser tratado com respeito pelas autoridades e servidores, que deverão facilitar o exercício de seus direitos e o cumprimento de suas obrigações.

II - ter ciência da tramitação dos processos administrativos em que tenha a condição de interessado, ter vista dos autos, obter cópias de documentos neles contidos e conhecer as decisões proferidas.

III - formular alegações e apresentar documentos antes da decisão, os quais serão objeto de consideração pelo órgão competente.

IV - fazer-se assistir, facultativamente, por advogado, salvo quando obrigatória a representação, por força de lei.

GABARITO: B.

QUESTÕES

10. A Tabela a seguir mostra a distribuição de pontos obtidos por um cliente em um programa de fidelidade oferecido por uma empresa.

Pontos	0	2	3	4	6	8	9
Frequência	1	2	4	1	1	5	1

A mediana da pontuação desse cliente é o valor mínimo para que ele pertença à classe de clientes "especiais".

Qual a redução máxima que o valor da maior pontuação desse cliente pode sofrer sem que ele perca a classificação de cliente "especial", se todas as demais pontuações forem mantidas?

a) cinco unidades.
b) quatro unidades.
c) uma unidade.
d) duas unidades.
e) três unidades.

Como o total de valores é 15, a mediana será o oitavo valor que está exatamente no meio quando organizamos em ordem crescente. Analisando a tabela vemos que o oitavo valor é 4 pontos.

A questão pede em quantos postos a maior avaliação, que é 9, pode diminuir para não alterar a mediana, ou seja, não pode ser inferior a 4, logo, pode diminuir em 5 pontos.

GABARITO: A.

11. Os jogadores X e Y lançam um dado honesto, com seis faces numeradas de 1 a 6, e observa-se a face superior do dado. O jogador X lança o dado 50 vezes, e o jogador Y, 51 vezes.

A probabilidade de que o jogador Y obtenha mais faces com números ímpares do que o jogador X, é:

a) 1.
b) 3/4.
c) 1/4.
d) 1/2.
e) 1/6.

A questão está preocupada com resultado de par e ímpar no lançamento de uma dado.

Metade dos números são pares e a outra metade ímpar.

A probabilidade de x ser ímpar é dada por:

$P(X) = \frac{1}{2} \cdot \frac{1}{2} \cdot \frac{1}{2} \cdot ... \cdot \frac{1}{2} = \left(\frac{1}{2}\right)^{50}$

$P(Y) = \frac{1}{2} \cdot \frac{1}{2} \cdot \frac{1}{2} \cdot ... \cdot \frac{1}{2} = \left(\frac{1}{2}\right)^{51}$

Logo P(Y) tem um $\frac{1}{2}$ a mais que P(X), logo a probabilidade de ter mais ímpares é de $\frac{1}{2}$.

GABARITO: D.

12. Um pesquisador utilizou-se de um modelo de regressão linear simples para estudar a relação entre a variável dependente Y, expressa em reais, e a variável independente X, expressa em dias.

Posteriormente, ele decidiu fazer uma transformação na variável dependente Y da seguinte forma:

$$\frac{Y_i - \text{média}(Y)}{\text{desvio padrão}(Y)}, i = 1, 2, ..., n$$

Após a referida transformação, o coeficiente angular ficou:

a) aumentado da média e multiplicado pelo desvio padrão.
b) diminuído da média e dividido pelo desvio padrão.
c) inalterado.
d) diminuído da média.
e) dividido pelo desvio padrão.

Considere a equação linear y = ax + b, onde a é o coeficiente angular e b o coeficiente linear.

Substituindo y temos

$\frac{ax + b - \text{média}(Y)}{DP(y)}$ podemos separar $\frac{ax}{DP(Y)} + \frac{b - \text{média}(Y)}{DP(Y)}$

logo o termo $\frac{ax}{DP(Y)}$ mostra que o coeficiente angular a está sendo dividido pelo desvio padrão.

GABARITO: E.

13. Uma instituição financeira pretende lançar no mercado um aplicativo para celular. Para isso, deseja relacionar o grau de conhecimento dos clientes com as variáveis: nível de escolaridade e idade.

Uma amostra aleatória de 46 clientes foi selecionada e, posteriormente, aplicou-se o modelo de regressão linear, sendo a variável dependente o grau de conhecimento, em uma escala crescente, e as variáveis independentes (i) o nível de escolaridade, em anos de estudo com aprovação, e (ii) a idade, em anos completos.

Os resultados obtidos para os coeficientes foram:

	Coeficientes	Erro padrão	Estatística t	valor -P
Interseção	50,7	4,1	12,4	8,5E – 16
Nível de escolaridade (anos de estudo com aprovação)	4,0	0,3	12,4	9,1E – 16
Idade (anos completos)	-0,6	0,1	-8,4	1,2E – 10

O grau de conhecimento esperado de um cliente com 10 anos de estudos com aprovação e com 30 anos de idade completos é:

a) 108,7.
b) 94,1.
c) 54,1.
d) 72,7.
e) 86,1.

O exercício pede a montagem de uma regressão linear com duas variáveis, uma sendo o nível de escolaridade e a outra idade, como o valor -p é muito pequeno, podemos montar uma regressão simples com duas variáveis.

Logo, podemos escrever:

y = ax1 + bx2 + c

Pela tabela o coeficiente a é 4 e o coeficiente b é -0,6 e o intercepto c é 50,7.

y = 4x1 – 0,6x2 + 50,7

Na questão x1 vale 10 e x2 vale 30.

y = 4 · 10 – 0,6 · 30 + 50,7

y = 40 – 18 + 50,7 = 72,7.

GABARITO: D.

---

14. Uma empresa cria uma campanha que consiste no sorteio de cupons premiados. O sorteio será realizado em duas etapas. Primeiramente, o cliente lança uma moeda honesta: se o resultado for "cara", o cliente seleciona, aleatoriamente, um cupom da urna 1; se o resultado for "coroa", o cliente seleciona, aleatoriamente, um cupom da urna 2. Sabe-se que 30% dos cupons da urna 1 são premiados, e que 40% de todos os cupons são premiados.

Antes de começar o sorteio, a proporção de cupons premiados na urna 2 é de:

a) 50%.
b) 25%.
c) 5%.
d) 10%.
e) 15%.

Como a urna 1 tem uma proporção de 30% de bilhetes premiados e a proporção de todos os bilhetes premiados é de 40% é necessário que a proporção de bilhetes premiados da urna 2 seja maior que da urna 1, logo a única resposta possível é a alternativa A.

Ou:

A proporção de premiados da urna 1 é de 30% = $\frac{3}{10}$;

A proporção de premiados da urna 2 é x;

A proporção total é de 40% = $\frac{4}{10}$;

A probabilidade de escolhermos a urna 1 é de $\frac{1}{2}$;

A probabilidade de escolhermos a urna 2 é de $\frac{1}{2}$;

Assim temos:

$\frac{1}{2} \cdot \frac{3}{10} + \frac{1}{2} \cdot x = \frac{4}{10}$

$\frac{3}{20} + \frac{x}{2} = \frac{4}{10}$ multiplicando a equação por 20 temos:

3 + 10x = 8

10x = 8 – 3

10x = 5

x = $\frac{5}{10}$ = 50%

GABARITO: A.

---

15. Há dez anos a média das idades, em anos completos, de um grupo de 526 pessoas era de 30 anos, com desvio padrão de 8 anos.

Considerando-se que todas as pessoas desse grupo estão vivas, o quociente entre o desvio padrão e a média das idades, em anos completos, hoje, é:

a) 0,45.
b) 0,42.
c) 0,20.
d) 0,27.
e) 0,34.

Passados os 10 anos a média vai aumentar de 10 para 40 anos, mas o desvio padrão não se altera, continuando a valer 8 anos.

Assim 8/40 = 0,20.

GABARITO: C.

---

16. A Tabela a seguir apresenta a distribuição da variável número de talões de cheques, X, solicitados no último mês de uma amostra de 200 clientes de um banco.

Número de talões de cheques	Frequência
0	40
1	50
2	70
3	30
5	10
Total	200

a) $F_X(X) = \begin{cases} 0; & se\ X < 0 \\ 0,005; & se\ 0 \leq x < 1 \\ 0,20; & se\ 1 \leq x < 2 \\ 0,40; & se\ 2 \leq x < 3 \\ 0,65; & se\ 3 \leq x < 5 \\ 1,00; & se\ x \geq 5 \end{cases}$

b) $F_X(X) = \begin{cases} 0; & se\ X < 0 \\ 0,10; & se\ 0 \leq x < 1 \\ 0,20; & se\ 1 \leq x < 2 \\ 0,30; & se\ 2 \leq x < 3 \\ 0,50; & se\ 3 \leq x < 5 \\ 1,00; & se\ x \geq 5 \end{cases}$

c) $F_X(X) = \begin{cases} 0; & se\ X < 0 \\ 0,20; & se\ 0 \leq x < 1 \\ 0,45; & se\ 1 \leq x < 2 \\ 0,80; & se\ 2 \leq x < 3 \\ 0,95; & se\ 3 \leq x < 5 \\ 1,00; & se\ x \geq 5 \end{cases}$

d) $F_X(X) = \begin{cases} 0; & se\ X < 0 \\ 0,20; & se\ 0 \leq x < 1 \\ 0,31; & se\ 1 \leq x < 2 \\ 0,64; & se\ 2 \leq x < 3 \\ 0,75; & se\ 3 \leq x < 5 \\ 1,00; & se\ x \geq 5 \end{cases}$

e) $F_X(X) = \begin{cases} 0; & se\ X < 0 \\ 0,20; & se\ 0 \leq x < 1 \\ 0,40; & se\ 1 \leq x < 2 \\ 0,60; & se\ 2 \leq x < 3 \\ 0,80; & se\ 3 \leq x < 5 \\ 1,00; & se\ x \geq 5 \end{cases}$

QUESTÕES

A questão mostra a frequência relativa acumulada, logo temos que saber a porcentagem de cada intervalo. Assim, temos que:

Menor que 1 talão foram 40/200 = 20%

Menos de 2 talões foram 90/200 = 45%

Menos de 3 talões foram 160/200 = 80%

Menos de 5 talões foram 190/200 = 95%

Até 5 200/200 = 100%.

GABARITO: C.

---

17. Três caixas eletrônicos, X, Y e Z, atendem a uma demanda de 50%, 30% e 20%, respectivamente, das operações efetuadas em uma determinada agência bancária. Dados históricos registraram defeitos em 5% das operações realizadas no caixa X, em 3% das realizadas no caixa Y e em 2% das realizadas no caixa Z.

    Com vistas à melhoria no atendimento aos clientes, esses caixas eletrônicos passaram por uma revisão completa que:

    I.   reduziu em 25% a ocorrência de defeito;
    II. igualou as proporções de defeitos nos caixas Y e Z; e
    III. regulou a proporção de defeitos no caixa X que ficou reduzida à metade da nova proporção de defeitos do caixa Y.

    Considerando-se que após a conclusão do procedimento de revisão, sobreveio um defeito, a probabilidade de que ele tenha ocorrido no caixa Y é:

    a) 40%.
    b) 35%.
    c) 20%.
    d) 25%.
    e) 30%.

Para resolver essa questão basta analisar as probabilidades de Y e Z que ficaram iguais e a de X que passou a ser metade de Y, logo se as probabilidades X, Y e Z forem proporcionais a 2, 4 e 4 temos que a probabilidade Y vale 4/10, ou seja, 40%.

GABARITO: A.

---

18. Dentre as atribuições de um certo gerente, encontra-se o oferecimento do produto A, de forma presencial e individualizada, aos seus clientes. A probabilidade de o gerente efetuar a venda do produto A em cada reunião com um cliente é 0,40. Em 20% dos dias de trabalho, esse gerente não se reúne com nenhum cliente; em 30% dos dias de trabalho, ele se reúne com apenas 1 cliente; e em 50% dos dias de trabalho, ele se reúne, separadamente, com exatos 2 clientes. Em um determinado dia de trabalho, a probabilidade de esse gerente efetuar pelo menos uma venda presencial do produto A é:

    a) 0,54.
    b) 0,46.
    c) 0,20.
    d) 0,26.
    e) 0,44.

Como o gerente deve fazer ao menos uma venda, temos:

Uma venda em dia em que atende um cliente igual a $\frac{3}{10} \cdot \frac{4}{10} = \frac{12}{100}$

Uma venda em dia que atende 2 clientes $2 \cdot \frac{5}{10} \cdot \frac{4}{10} \cdot \frac{6}{10} = \frac{24}{100}$

Duas vendas em dia que atende 2 clientes $\frac{5}{10} \cdot \frac{4}{10} \cdot \frac{4}{10} = \frac{8}{100}$

Somando todas temos $\frac{44}{100} = 44\%$.

GABARITO: E.

---

19. Os analistas de uma seguradora estimam corretamente que a probabilidade de um concorrente entrar no mercado de seguro de fiança locatícia é de 30%. É certo que se, de fato, o concorrente entrar no mercado, precisará aumentar seu quadro de funcionários. Sabe-se que, caso o concorrente não pretenda entrar no mercado desse segmento, existem 50% de probabilidade de que ele aumente o quadro de funcionários.

    Se o concorrente aumentou o quadro de funcionários, a probabilidade de que ele entre no mercado de seguro de fiança locatícia é de:

    a) 13/20.
    b) 7/13.
    c) 3/10.
    d) 7/20.
    e) 6/13.

O aumento de funcionários se ele entrar no mercado é de 30%.

O aumento de funcionários se ele não entrar no mercado é de 50% de 70% = 35%.

Como a probabilidade total de aumento de funcionários é de 65% dos quais 30% são em cada entrada no mercado, temos: 30/65 = 6/13.

GABARITO: E.

---

20. Uma escola de Ensino Médio decide pesquisar o comportamento de seus estudantes quanto ao número de refrigerantes consumidos semanalmente por eles. Para isso, uma amostra aleatória de 120 estudantes foi selecionada, e os dados foram sintetizados no histograma a seguir, em classes do tipo [0, 5), [5, 10), [10, 15), [15, 20), [20, 25) e [25, 30].

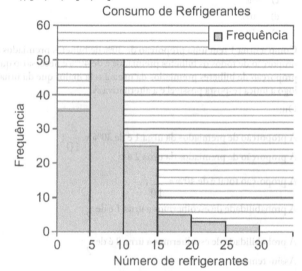

Qual o valor da amplitude interquartílica, obtido por meio do método de interpolação linear dos dados agrupados em classes?

a) 15.
b) $\frac{15}{2}$.
c) $\frac{29}{5}$.
d) $\frac{47}{7}$.
e) 10.

364

Montando a tabela de frequências:

classe	fi	fac
0—5	35	35 Q1
5—10	50	85
10—15	25	110 Q3
15—20	5	115
20—25	3	118
25—30	2	120
total	120	

Classe Q1 – n/4 = 120/4 = 30 primeira classe

Classe Q3 – 3n/4 = 3 · 120/4 = 90 terceira classe

$Q1 = l + \dfrac{\left(\frac{n}{4} - \Sigma fi\right)h}{fmd}$

$Q1 = 0 + \dfrac{(30-0)5}{35} = \dfrac{150}{35} = \dfrac{30}{7}$

$Q3 = l + \dfrac{\left(\frac{3n}{4} - \Sigma fi\right)h}{fmd}$

$Q3 = 10 + \dfrac{(90-85)5}{25} = 10 + 1 = 11$

A amplitude quartílica é o valor de $Q3 - Q1 = 11 - \dfrac{30}{7} = \dfrac{47}{7}$.

GABARITO: D.

---

21. Numa amostra de 30 pares de observações do tipo (xi , yi), com i = 1, 2, ..., 30, a covariância obtida entre as variáveis X e Y foi -2. Os dados foram transformados linearmente da forma (zi , wi) = (-3xi + 1, 2yi + 3), para i = 1, 2, ..., 30.

Qual o valor da covariância entre as variáveis Z e W transformadas?

a) 41.
b) 36.
c) -7.
d) 12.
e) 17.

A cov(ax + b,cy + d) = a · c · cov(x,y)

Logo:

cov(-3x + 1,2y + 3) = (-3) · 2 · (-2) = 12.

GABARITO: D.

---

22. Uma amostra aleatória de tamanho 5 é retirada de uma população e observa-se que seus valores, quando postos em ordem crescente, obedecem a uma Progressão Aritmética.

Se a variância amostral não viciada vale 40, qual é o valor da razão da Progressão Aritmética?

a) 3.
b) $5\sqrt{2}$.
c) 4.
d) $2\sqrt{5}$.
e) 1.

Como temos 5 números em PA o terceiro valor é a média.

(x – 2r, x – r, x, x + r, x + 2r)

$\text{var} = \dfrac{(-2r)^2 + (-r)^2 + (r)^2 + (2r)^2}{4} = \dfrac{10r^2}{4} = 40$, logo r = 4.

GABARITO: C.

---

23. Uma pesquisa foi encomendada para saber as condições de funcionamento das escolas de um município. O Gráfico I mostra a distribuição das escolas pelas quantidades de alunos, e o Gráfico II mostra a presença ou não de cantina e ginásio nas escolas com mais de 500 alunos.

Gráfico I   Gráfico II

O número de escolas, com mais de 500 alunos, que não possuem cantina nem ginásio é:

a) 15.
b) 12.
c) 2.
d) 4.
e) 6.

Analisando o gráfico 2 temos que 2,5% das escolas com mais de 500 alunos não possuem nem cantina nem ginásio

12,5% + 25% – 35% = 2,5%.

Como temos 80 escolas com mais de 500 alunos, conclui-se que 2,5% de 80 = 2 escolas.

GABARITO: C.

---

24. Define-se como desvio interquartílico a distância entre o 1º e o 3º Quartis. É usado para avaliar a existência de possíveis valores atípicos em um conjunto de dados. Valores aquém ou além de limites estabelecidos com base nessa medida devem ser investigados quanto à sua tipicidade em relação à distribuição. Geralmente o limite inferior é estabelecido como 1 vez e meia o valor desse desvio, abaixo do primeiro Quartil, enquanto o limite superior, como 1 vez e meia acima do terceiro Quartil.

Considere os resumos estatísticos das três distribuições de consumo de energia elétrica, em kW, dos 50 apartamentos com mesma planta, de um edifício, em três períodos diferentes ao longo de um ano, conforme a seguir:

Consumo de Energia (kW)	Janeiro-Abril	Maio-Agosto	Setembro-Dezembro
Média	87	70	80
Mediana	85	75	80
Moda	83	77	80
1º Quartil	80	68	75
3º Quartil	90	80	85
Menor Valor	75	49	62
Maior Valor	102	92	99
Número de Apartamentos	50	50	50

QUESTÕES

Conclui-se, a partir desses resumos, que:

a) um período apresenta pelo menos um apartamento com consumo abaixo, e dois períodos apresentam pelo menos um apartamento com consumo acima da tipicidade estabelecida.

b) um período apresenta pelo menos um apartamento com consumo abaixo, e um período apresenta pelo menos um apartamento com consumo acima da tipicidade estabelecida.

c) em nenhum período foram observados possíveis consumos atípicos.

d) apenas um período apresenta pelo menos um apartamento com consumo abaixo da tipicidade estabelecida.

e) apenas um período apresenta pelo menos um apartamento com consumo acima da tipicidade estabelecida.

De janeiro a abril o desvio interquartílico é de 90 – 80 = 10, logo o limite inferior é 80 – 15 = 65 e o limite superior é 90 + 15 = 105, não apresentando nenhum valor atípico.

De maio a agosto o desvio interquartílico é de 12, logo o limite inferior é 68 – 18 = 50 e o limite superior é 80 + 18 = 98 apresentando o valor 49 como atípico.

De setembro a dezembro o desvio interquartílico 85 – 75 = 10, logo o limite inferior é dado por 75 – 15 = 60 e o limite superior é 85 + 15 = 100, não apresentando valor atípico.

GABARITO: D.

25. Para ilustrar a importância da análise gráfica em análises de regressão linear, F. J. Anscombe produziu quatro conjuntos de pares (x, y) a partir das mesmas estatísticas suficientes, como: coeficientes linear e angular; soma dos quadrados dos resíduos e da regressão; e número de observações. Os diagramas de dispersão para as quatro bases de dados, juntamente com a reta da regressão (y = 4 + 0,5 x), encontram-se a seguir.

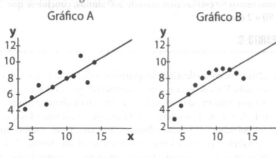

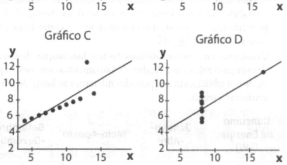

Com base nesses gráficos, considere as seguintes afirmativas:

I. O gráfico B mostra um valor influente para gerar uma regressão linear.

II. O gráfico C mostra uma possível observação outlier na regressão linear.

III. O gráfico D mostra uma possível observação outlier na regressão linear.

Está correto somente o que se afirma em:

a) II e III.
b) I e III.
c) I.
d) II.
e) III.

I: Incorreto. O gráfico B tem pontos que geram uma parábola não uma reta, logo não gera uma regressão linear.

II: Correto. O gráfico C tem um ponto fora da reta, o que chamamos de valor atípico ou outlier.

III: Incorreto. O Gráfico D apresenta mais de um valor atípico quando representado pela regressão linear dada.

GABARITO: D.

26. Em um jogo, os jogadores escolhem três números inteiros diferentes, de 1 a 10. Dois números são sorteados e se ambos estiverem entre os três números escolhidos por um jogador, então ele ganha um prêmio. O sorteio é feito utilizando-se uma urna com 10 bolas numeradas, de 1 até 10, e consiste na retirada de duas bolas da urna, de uma só vez, seguida da leitura em voz alta dos números nelas presentes.

Qual é a probabilidade de um jogador ganhar um prêmio no sorteio do jogo?

a) $\frac{1}{90}$

b) $\frac{1}{30}$

c) $\frac{1}{5}$

d) $\frac{1}{15}$

e) $\frac{1}{20}$

A probabilidade de acerto é dada por:

$$P = \frac{3}{10} \cdot \frac{2}{9} = \frac{6}{90} = \frac{1}{15}$$

Para o primeiro número temos 3 chances em 10 para acertar, e na segunda temos 2 chances em 9 para acertar.

GABARITO: D.

Texto para as próximas 6 questões.

Privacidade digital: quais são os limites

1 Atualmente, somos mais de 126,4 milhões de brasileiros usuários de internet, representando cerca de 69,8% da população com 10 anos ou mais. Ao redor do mundo, cerca de 4 bilhões de pessoas usam a rede mundial, sendo que 2,9 bilhões delas fazem isso pelo smartphone.

2 Nesse cenário, pensar em privacidade digital é (quase) utópico. Uma vez na rede, a informação está registrada para sempre: deixamos rastros que podem ser descobertos a qualquer momento.

3 Ainda assim, mesmo diante de tamanha exposição, essa é uma discussão que precisa ser feita. Ela é importante, inclusive, para trazer mais clareza e consciência para os usuários. Vale lembrar, por exemplo, que não são apenas as redes sociais que expõem as pessoas. Infelizmente, basta ter um endereço de e-mail para ser rastreado por diferentes empresas e provedores.

4 A questão central não se resume somente à política de privacidade das plataformas X ou Y, mas, sim, ao modo como cada sociedade vem paulatinamente estruturando a sua política de proteção de dados.

5 A segurança da informação já se transformou em uma área estratégica para qualquer tipo de empresa. Independentemente da demanda de armazenamento de dados de clientes, as organizações

têm um universo de dados institucionais que precisam ser salvaguardados.

6   Estamos diante de uma realidade já configurada: a coleta de informações da internet não para, e esse é um caminho sem volta. Agora, a questão é: nós, clientes, estamos prontos e dispostos a definir o limite da privacidade digital? O interesse maior é nosso! Esse limite poderia ser dado pelo próprio consumidor, se ele assim quiser? O conteúdo é realmente do usuário?

7   Se considerarmos a atmosfera das redes sociais, muito possivelmente não. Isso porque, embora muitas pessoas não saibam, a maioria das redes sociais prevê que, a partir do momento em que um conteúdo é postado, ele faz parte da rede e não é mais do usuário.

8   Daí a importância da conscientização. É preciso que tanto clientes como empresas busquem mais informação e conteúdo técnico sobre o tema. Às organizações, cabe o desafio de orientar seus clientes, já que, na maioria das vezes, eles não sabem quais são os limites da privacidade digital.

9   Vivemos em uma época em que todo mundo pode falar permanentemente o que quer. Nesse contexto, a informação deixou de ser algo confiável e cabe a cada um de nós aprender a ler isso e se proteger. Precisamos de consciência, senso crítico, responsabilidade e cuidado para levar a internet a um outro nível. É fato que ela não é segura, a questão, então, é como usá-la de maneira mais inteligente e contribuir para fortalecer a privacidade digital? Essa é uma causa comum a todos os usuários da rede.

Disponível em: <https://digitalks.com.br/artigos/privacidade-digital-quais-sao-os--limites>. 07/04/2019. Acesso em: 3 fev. 2021. Adaptado.

27. Um argumento que justifica a tese de que "pensar em privacidade digital é (quase) utópico" (parágrafo 2) aparece em:
    a) questão central não se resume somente à política de privacidade das plataformas X ou Y" (parágrafo 4).
    b) "A segurança da informação já se transformou em uma área estratégica para qualquer tipo de empresa" (parágrafo 5).
    c) "a partir do momento em que um conteúdo é postado, ele faz parte da rede e não é mais do usuário" (parágrafo 7).
    d) "É preciso que tanto clientes como empresas busquem mais informação e conteúdo técnico sobre o tema" (parágrafo 8).
    e) "Precisamos de consciência, senso crítico, responsabilidade e cuidado para levar a internet a um outro nível" (parágrafo 9).

Nesta questão, é preciso apontar um trecho do texto que conste um argumento no qual se justifique a tese de que a privacidade digital é algo utópico, ou seja, ilusório, irreal.

A: Incorreta. O trecho apresentado nesta alternativa não justifica o ato de a privacidade digital ser uma ilusão. Ele explica a informação apresentada no parágrafo anterior de que há inúmeras possibilidades de exposição das pessoas na internet, não apenas em uma ou outra plataforma responsável por essa exposição.

B: Incorreta. A informação que consta na alternativa em análise não fundamenta a tese de que a privacidade digital é impossível de ser alcançada. O trecho indica que a segurança da informação se tornou estratégica para as empresas.

C: Correta. O parágrafo indicado confere argumentação à ideia de que "pensar em privacidade digital é (quase) utópico", pois, ao se postar algo na internet, o conteúdo torna-se público, não há como retroceder. Assim, a privacidade digital é uma ilusão.

D: Incorreta. A informação que consta na alternativa apenas apresenta uma ação necessária à promoção da privacidade.

E: Incorreta. No trecho em análise, há, novamente, uma proposta de ação a ser realizada pelos usuários da internet.

GABARITO: C.

28. Depois de questionar se o conteúdo que circula nas redes é realmente propriedade do usuário (parágrafo 6), o texto desenvolve a ideia de que:
    a) a maior parte dos usuários no mundo acessa a internet por meio de um smartphone.
    b) a segurança da informação já se transformou em uma área estratégica para as empresas.
    c) as empresas e os provedores conseguem rastrear os usuários por meio de endereço de e-mail.
    d) as organizações devem conscientizar os clientes em relação aos limites da privacidade digital.
    e) as pessoas deixam rastros na rede que podem ser descobertos a qualquer momento.

"[...] Agora, a questão é: nós, clientes, estamos prontos e dispostos a definir o limite da privacidade digital? O interesse maior é nosso!"

A: Incorreta. A informação até está no texto, mas não faz parte da ideia posterior ao sexto parágrafo.

B: Incorreta. As empresas devem entrar no processo de conscientização dos seus clientes.

C: Incorreta. Essa informação não se encontra depois do sexto parágrafo.

D: Correta. As organizações precisam conscientizar os seus clientes acerca dos limites da privacidade digital - informação que vem após o sexto parágrafo.

E: Incorreta. Isso não diz respeito à conscientização que deve ser organizada por parte das empresas das organizações digitais.

GABARITO: D.

29. O trecho em que a palavra destacada expressa uma opinião do autor é:
    a) "Atualmente, somos mais de 126,4 milhões de brasileiros" (parágrafo 1).
    b) "Infelizmente, basta ter um endereço de e-mail para ser rastreado" (parágrafo 3).
    c) "modo como cada sociedade vem paulatinamente estruturando a sua política" (parágrafo 4).
    d) "Independentemente da demanda de armazenamento de dados de clientes" (parágrafo 5).
    e) "época em que todo mundo pode falar permanentemente o que quer." (parágrafo 9).

As palavras destacadas em cada alternativa pertencem à classe morfológica dos advérbios, que modificam o verbo, o adjetivo ou o próprio advérbio, indicando uma circunstância de tempo, modo, lugar etc. Vamos às análises para indicar qual dos advérbios expressa uma opinião, ou seja, um juízo de valor.

A: Incorreta. O advérbio "atualmente" expressa uma ideia de tempo. O conceito de tempo é objetivo, não depende de opinião. Assim, não há opinião expressa pelo autor nessa oração.

B: Correta. O advérbio "infelizmente" tem sentido subjetivo, uma vez que a infelicidade é subjetiva: o que representa infelicidade para uns pode não representar para outros. Assim, o advérbio representa a opinião do autor sobre a possibilidade de alguém ser rastreado por um endereço de e-mail.

C: Incorreta. "Paulatinamente" é um advérbio de modo e tem sentido objetivo. É uma constatação a respeito da estruturação da política de proteção de dados pela internet. Não há opinião expressa pelo autor.

D: Incorreta. No contexto textual, o advérbio "independentemente" significa "de modo separado" com sentido objetivo. O autor explica que as organizações possuem uma grande quantidade de dados que precisam ser protegidos, o que não depende da demanda de armazenamento de dados de clientes. Ou seja, mesmo que não haja uma grande demanda

QUESTÕES

de armazenamento de dados de clientes, a organização já tem, por si só, um grande volume de dados que precisam de proteção. O advérbio não representa uma opinião.

E: Incorreta. O advérbio "permanentemente" tem sentido objetivo e significa "de modo permanente, constante". Dessa forma, esse advérbio não representa uma opinião, apenas a constatação de uma característica da época em que vivemos.

GABARITO: B.

30. No trecho "Às organizações, cabe o desafio de orientar seus clientes, já que, na maioria das vezes, eles não sabem quais são os limites da privacidade digital" (parágrafo 8), a expressão destacada expressa a noção de:
    a) condição.
    b) finalidade.
    c) concessão.
    d) causalidade.
    e) comparação.

A: Incorreta. A expressão destacada "já que" não indica uma condição. Exemplos de conjunções condicionais que expressam condição: se, caso, desde que, contanto que.

B: Incorreta. A expressão destacada "já que" não tem sentido de finalidade. Exemplos de conjunções finais que expressam finalidade: para que, a fim de que, que.

C: Incorreta. A expressão destacada "já que" não indica concessão. Exemplos de conjunções concessivas que expressam concessão: embora, mesmo que, apesar de que, ainda que, conquanto.

D: Correta. A expressão destacada "já que" é uma locução conjuntiva causal, assim expressa uma ideia de causa. A oração causal funciona como adjunto adverbial de causa e apresenta a causa daquilo que se afirma na oração principal. Considerando o trecho em análise, o desafio de orientar os clientes cabe às organizações porque, na maioria das vezes, eles não sabem quais são os limites da privacidade digital. Outros exemplos de conjunções causais: porque, uma vez que, visto que.

E: Incorreta. A expressão destacada "já que" não denota comparação. Exemplos de conjunções comparativas que expressam comparação: como, assim como, tal como, tal qual, quanto, tanto quanto.

GABARITO: D.

31. A palavra ou a expressão a que se refere o termo em destaque está corretamente explicitada entre colchetes em:
    a) "sendo que 2,9 bilhões delas fazem isso pelo smartphone" (parágrafo 1) - [rede mundial].
    b) "Ela é importante, inclusive, para trazer mais clareza e consciência para os usuários." (parágrafo 3) - [exposição].
    c) "Isso porque, embora muitas pessoas não saibam, a maioria das redes sociais prevê que, a partir do momento" (parágrafo 7) - [redes sociais].
    d) "a partir do momento em que um conteúdo é postado, ele faz parte da rede e não mais do usuário" (parágrafo 7) - [momento].
    e) "É fato que ela não é segura, a questão, então, é como usá-la de maneira mais inteligente" (parágrafo 9) - [internet].

A: Incorreta. "Ao redor do mundo, cerca de 4 bilhões de pessoas usam a rede mundial, sendo que 2,9 bilhões delas fazem isso (usar a rede mundial - expressão toda) pelo smartphone".

B: Incorreta. "Ainda assim, mesmo diante de tamanha exposição, essa é uma discussão que precisa ser feita. Ela (uma discussão) é importante, inclusive, para trazer mais clareza e consciência para os usuários".

C: Incorreta. "[...] O conteúdo é realmente do usuário? Se considerarmos a atmosfera das redes sociais, muito possivelmente não. Isso (retoma a oração "O conteúdo é realmente do usuário?") porque, embora muitas pessoas..."

D: Incorreta. O pronome "ele" refere-se a conteúdo.

E: Correta. "Precisamos de consciência, senso crítico, responsabilidade e cuidado para levar a internet a um outro nível. É fato que ela (ela quem? A internet) não é segura…".

GABARITO: E.

32. No trecho "Esse limite poderia ser dado pelo próprio consumidor, se ele assim quiser?" (parágrafo 6), a forma verbal destacada expressa a noção de:
    a) dever.
    b) certeza.
    c) hipótese.
    d) obrigação.
    e) necessidade.

A forma verbal "poderia" está no futuro do pretérito do indicativo. Na oração, o futuro do pretérito foi utilizado para expressar hipótese ou possibilidade.

A: Incorreta. Imperativo - expressa ordem.

B: Incorreta. A certeza é expressa pelo modo indicativo. A exceção é o futuro do pretérito, que pode ser usado para expressar hipótese.

C: Correta. Futuro do pretérito do indicativo - hipótese.

D: Incorreta. Imperativo - expressa ordem.

E: Incorreta. A noção de necessidade depende do contexto da oração.

GABARITO: C.

33. De acordo com as exigências da norma-padrão da língua portuguesa, a concordância verbal está corretamente empregada na forma destacada em:
    a) Para entender o público das plataformas digitais, analisaram-se, durante dez semanas, o comportamento de jovens considerados viciados em aplicativos.
    b) Em grupos de jovens usuários de redes sociais, constataram-se inúmeras situações de dependência crônica do uso de aparelhos celulares.
    c) Nos serviços de ouvidoria das empresas de comunicação, atendem-se a reclamações de todos os tipos sobre falhas nas conexões telefônicas.
    d) Nas análises sobre privacidade dos usuários, atribuem-se corretamente aos aplicativos de conversas a maior responsabilidade pela situação atual.
    e) Com base em dados estatísticos, estimam-se que os jovens sejam os maiores responsáveis pela navegação nas redes sociais.

A: Incorreta. "o comportamento de jovens considerados viciados em aplicativos" - sujeito e núcleo do sujeito - comportamento, logo o verbo fica no singular para concordar com o sujeito. Além disso, o verbo ser transitivo direto e estar na terceira pessoa com a partícula "se" - analisou-se.

B: Correta. Verbo transitivo direto + partícula "se" = voz passiva sintética. O sujeito da oração é "inúmeras situações…" - sujeito no plural concorda com o verbo no plural.

C: Incorreta. O que atende, atende a alguma coisa - sujeito indeterminado - verbo na terceira pessoa do singular.

D: Incorreta. O que se atribui corretamente aos aplicativos de conversas? A maior responsabilidade pela situação atual - verbo concorda com o sujeito "atribui-se".

E: Incorreta. Quem se estima? que os jovens sejam os maiores responsáveis pela navegação nas redes sociais - concordância com sujeito oracional, o verbo deve ficar na terceira pessoa do singular - "Estima-se".

GABARITO: B.

34. O grupo de palavras que atende às exigências relativas ao emprego ou não do hífen, segundo o Vocabulário Ortográfico da Língua Portuguesa, é:
    a) extra-escolar / médico-cirurgião.
    b) bem-educado / vagalume.
    c) portarretratos / dia a dia.
    d) arco-íris / contra-regra.
    e) subutilizar / sub-reitor.

A: Incorreta. O termo "extraescolar" não leva hífen, pois são elementos de nome composto que se juntam por vogais diferentes. O termo "médico-cirurgião" é grafado com hífen, uma vez que representa palavras que se unem para constituir uma nova unidade de sentido, mas conservando estrutura e acentuação próprias.

B: Incorreta. A palavra "bem-educado" está correta, pois o hífen é empregado em palavras compostas iniciadas pelos advérbios "bem" e "mal" quando o segundo elemento se inicia por vogal ou "H". No entanto, no termo "vaga-lume" há o uso de hífen. Segundo o Novo Acordo Ortográfico da Língua Portuguesa, as palavras compostas que designam espécies zoológicas e botânicas, ainda que ligadas por preposição ou outro elemento, são grafadas com hífen.

C: Incorreta. O vocábulo correto é "porta-retratos", palavra que segue a mesma regra de "médico-cirurgião". O termo "dia a dia" está correto, pois as palavras compostas interligadas por preposição não levam mais o hífen.

D: Incorreta. Quando o prefixo terminar com vogal e o segundo elemento começar com R ou S, não se emprega o hífen, dobra-se o R ou S, assim, a palavra correta é "contrarregra". A palavra "arco-íris" está correta, vocábulo que segue a mesma regra de "médico-cirurgião".

E: Correta. Segundo o Novo Acordo, o prefixo "sub" exige hífen quando o segundo elemento se inicia por B, H ou R. Nos demais casos, não se usa hífen.

GABARITO: E.

35. De acordo com a norma-padrão da língua portuguesa, o emprego do acento grave indicativo da crase é obrigatório na palavra destacada em:
    a) A exigência de entrar em contato com instituições financeiras obrigou o cliente a criar senhas para ter acesso aos serviços bancários.
    b) A falta de leis sobre privacidade digital exige que os indivíduos se preparem para enfrentar a invasão do acesso a suas vidas privadas.
    c) A revolução da tecnologia da informação modificou a realidade social, penetrando em todas as esferas da atividade humana.
    d) As pesquisas tecnológicas são indispensáveis devido a importância de solucionar problemas causados pela invasão de dados.
    e) O surgimento das redes sociais e dos sites de compartilhamento conduziu as pessoas a novas situações de risco na sociedade atual.

A: Incorreta. Não se usa crase antes de verbo.

B: Incorreta. Não se usa crase antes de uma palavra no plural (vidas). Só teria crase se tivéssemos o artigo "as" + a preposição "a".

C: Incorreta. O verbo "modificar" é transitivo direto e não pede preposição.

D: Correta. "devido a alguma coisa" - crase obrigatória.

E: Incorreta. Em "a novas situações" não temos "a" + palavra feminina no plural. Dessa forma, não há crase.

GABARITO: D.

36. O pronome destacado foi utilizado na posição correta, segundo as exigências da norma-padrão da língua portuguesa, em:
    a) A associação brasileira de mercados financeiros publicou uma diretriz de segurança, na qual mostra-se a necessidade de adequação de proteção de dados.
    b) A segurança da informação já transformou-se em uma área estratégica para qualquer tipo de empresa.
    c) Naquele evento, ninguém tinha-se incomodado com o palestrante no início do debate a respeito de privacidade digital.
    d) Apesar das dificuldades encontradas, sempre referimo-nos com cuidado aos nossos dados pessoais, como CPF, RG, e-mail, para proteção da vida privada.
    e) Quando a privacidade dos dados bancários é mantida, como nos garantem as instituições, ficamos tranquilos.

A questão exige conhecimento acerca da colocação pronominal, ou seja, o emprego dos pronomes oblíquos átonos junto aos verbos e às locuções verbais. De acordo com as situações contextuais, a colocação pronominal será por meio da próclise (antes do verbo), ênclise (depois do verbo) ou mesóclise (meio do verbo).

A: Incorreta. O pronome relativo "a qual" é palavra atrativa, o que significa que ele atrai o pronome para perto de si. Assim, cabe o uso da próclise. Segue a correção: "A associação brasileira de mercados financeiros publicou uma diretriz de segurança, na qual se mostra a necessidade de adequação de proteção de dados."

B: Incorreta. Essa alternativa também traz uma situação de palavra atrativa. O advérbio "já" (não isolado) atrai o pronome "se" em posição de próclise. Segue a correção: "A segurança da informação já se transformou em uma área estratégica para qualquer tipo de empresa."

C: Incorreta. O pronome indefinido "ninguém" atrai o pronome "se", que deve ser empregado em posição de próclise. Segue a correção: "Naquele evento, ninguém se tinha incomodado com o palestrante no início do debate a respeito de privacidade digital."

D: Incorreta. O advérbio "sempre" (não isolado) atrai o pronome "se", que deve ser empregado em posição de próclise. Segue a correção: "Apesar das dificuldades encontradas, sempre nos referimos com cuidado aos nossos dados pessoais, como CPF, RG, e-mail, para proteção da vida privada."

E: Correta. A conjunção subordinativa "como" (conformativa - sentido de conformidade) atrai o pronome oblíquo átono "nos", corretamente empregado em posição de próclise.

GABARITO: E.

37. Antes de iniciar uma campanha publicitária, um banco fez uma pesquisa, entrevistando 1000 de seus clientes, sobre a intenção de adesão aos seus dois novos produtos. Dos clientes entrevistados, 430 disseram que não tinham interesse em nenhum dos dois produtos, 270 mostraram-se interessados no primeiro produto, e 400 mostraram-se interessados no segundo produto.

38. Qual a porcentagem do total de clientes entrevistados que se mostrou interessada em ambos os produtos?
    a) 10%.
    b) 15%.
    c) 20%.
    d) 25%.
    e) 30%.

O problema informou que a quantidade total de entrevistados foi de 1000 clientes. Desses 1000 clientes:

• 430 não possuem interesse em nenhum produto;

• 270 possuem interesse no primeiro produto;

• 400 possuem interesse no segundo produto.

QUESTÕES

A questão pede a porcentagem dos clientes interessada em ambos os produtos.

Para encontrar a quantidade de clientes interessada por ambos inicialmente, faz-se necessário subtrair a quantidade desinteressada por ambos do total:

1000 – 430 = 570

O valor anterior representa a quantidade de clientes interessada em ao menos um produto.

Sabe-se também que 270 possuem interesse no primeiro e outros 400 possuem interesse no segundo, com isso, somando estes valores temos:

270 + 400 = 670

O excedente entre o resultado anterior e a quantidade total de interessados em ao menos um produto corresponde à quantidade interessada em ambos, logo:

670 – 570 = 100

Assim, 100% equivale a 10% da quantidade total de entrevistados que é 1000.

GABARITO: A.

39. A sequência de Fibonacci é bastante utilizada para exemplificar sequências definidas por recorrência, ou seja, sequências em que se pode determinar um termo a partir do conhecimento de termos anteriores. No caso da sequência de Fibonacci, escreve-se que Tn+2 = Tn+1 + Tn e, desse modo, pode-se obter um termo qualquer conhecendo-se os dois termos anteriores. Considerando o exposto, determine o termo T2021 da sequência de Fibonacci, sabendo que T2018 = m e T2020 = p.

a) $\dfrac{p+m}{2}$.

b) $\dfrac{p-m}{2}$

c) p + 2m.

d) 2p – m.

e) 2m – 2p.

Conforme informado, um número da sequência de Fibonacci é definido a partir da soma dos dois números anteriores, ou seja:

Tn+2 = Tn+1 + Tn

Deseja-se conhecer o valor do termo T2021 tendo conhecimento que o termo T2018 = m e que T2020 = p.

Sendo assim, precisamos definir o termo T2021.

T2021 = T2020 + T2019   (I)

Nessa equação já sabemos o valor de T2020, definindo-o, temos que:

T2020 = T2019 + T2018   (II)

Isolando o termo T2019 na equação anterior:

T2019 = T2020 – T2018

T2019 = p – m

Substituindo o termo encontrado anteriormente para T2019 em (I) e aplicando os valores conhecidos, temos:

T2021 = T2020 + T2019

T2021 = T2020 + (p – m)

T2021 = p + (p – m)

T2021 = 2p – m.

GABARITO: D.

40. J modelou um problema de matemática por uma função exponencial do tipo a(x) = 1000ekx, e L, trabalhando no mesmo problema, chegou à modelagem b(x) = 102x+3. Considerando-se que ambos modelaram o problema corretamente, e que ln x = loge x, qual o valor de k?

a) ln 2.
b) ln 3.
c) ln 10.
d) ln 30.
e) ln 100.

Sejam as duas funções a seguir:

a(x) = 1000ekx

b(x) = 102x+3

Suponha que ambos estejam corretos, sendo assim, a(x) = b(x).

1000ekx = 102x+3

1000ekx = 102x· 103

103ekx = 102x · 103

ekx = 102x

Aplicando o logaritmo neperiano nos dois lados, temos:

ln (ekx) = ln (102x)

Aplicando a propriedade do logaritmo da potência, temos:

kx · ln e = x · ln 102

Como ln e = 1, temos:

kx = x · ln 102

k = ln 102 = ln 100

GABARITO: E.

41. O método da bisseção é um algoritmo usado para encontrar aproximações das raízes de uma equação. Começa-se com um intervalo [a,b], que contém uma raiz e, em cada passo do algoritmo, reduz-se o intervalo pela metade, usando-se um teorema para determinar se a raiz está à esquerda ou à direita do ponto médio do intervalo anterior. Ou seja, após o passo 1, obtém-se um intervalo de comprimento $\dfrac{b-a}{2}$; após o passo 2, obtém-se um intervalo de comprimento $\dfrac{b-a}{4}$; e após o passo n, obtém- -se um intervalo de comprimento $\dfrac{b-a}{2^n}$. Esse processo continua até que o intervalo obtido tenha comprimento menor que o erro máximo desejado para a aproximação. Para aplicar esse método no intervalo [1,5], quantos passos serão necessários para obter-se um intervalo de comprimento menor que 10^{-3}?

a) 9.
b) 10.
c) 11.
d) 12.
e) 13.

Seja a expressão dada do método da bisseção:

$\dfrac{b-a}{2^n}$

Aplicando esse método no intervalo [1,5], temos:

$\dfrac{5-1}{2^n}$

A questão solicitou a quantidade de passos necessários para que o intervalo tenha um comprimento menor que 10-3. Logo, a expressão tem que ser menor que 10-3 e o n será o número de passos.

$$\frac{5-1}{2^n} < 10^{-3}$$

Desenvolvendo a inequação, temos:

$$\frac{5-1}{2^n} < 10^{-3}$$

4 < 10-3 · 2n

$$\frac{4}{10^{-3}} < 2^n$$

4 · 10³ < 2n

4000 < 2n

Logo, n tem que ser tal que 2n seja maior que 4000.

Caso n seja 10, 2n = 2¹⁰ = 1024

Então, n tem que ser maior que 10.

Como 2¹⁰ é igual a 1024, então 2¹¹ será em 2048, o que ainda não será suficiente. Seja n= 12:

2¹² = 2¹⁰ · 2² = 1024 · 4 = 4096

É válido ressaltar que n = 13 também será uma solução para a inequação. No entanto, a questão pede o número de passos para alcançar essa restrição, logo deve-se colocar o menor número que satisfaz a inequação.

GABARITO: D.

42. Uma loja vende um produto em dois tipos de embalagem: unitária (com uma unidade do produto) e dupla (com duas unidades do produto). Em certo mês, foram vendidas 16 embalagens duplas e 20 unitárias, gerando uma receita para a loja de R$488,00. No mês seguinte, foram vendidas 30 embalagens duplas e 25 unitárias, gerando uma receita de R$790,00.

    Qual foi a porcentagem do desconto dado em cada unidade do produto ao se comprar a embalagem dupla?

    a) 5%.
    b) 8%.
    c) 10%.
    d) 12%.
    e) 15%.

Tome u como o valor das embalagens unitárias e d como o valor das embalagens duplas. Com base nas informações do enunciado, é possível formar o seguinte sistema:

16d + 20u = 488 (*)

30d + 25u = 790

Multiplicando a equação (*) por $\frac{1}{4}$ temos:

16d + 20u = 488 $\frac{1}{4}$

4d + 5u = 122

5u = 122 – 4d (**)

Substituindo u da segunda equação, temos:

30d + 25u = 790

30d + 5 · (122 – 4d) = 790

30d + 610 – 20d = 790

30d – 20d = 790 – 610

10d = 180

d = $\frac{180}{10}$ = 18

Com o valor das embalagens duplas encontrado, substitua em (**) para encontrar o valor das embalagens únicas.

5u = 122 – 4d

5u = 122 – (4 · 18)

5u = 122 – 72

5u = 50

u = $\frac{50}{5}$ = 10

Agora, com os valores encontrados, analise-os.

Uma embalagem dupla custa 18 reais, logo cada embalagem sai por 9 reais.

Já a embalagem única sai por 10 reais. Portanto, a embalagem dupla dá um desconto de 1 real para cada embalagem.

Como 10 é 100%, 1 será x%. Aplicando a regra de 3 simples, temos:

10 — 100%

1 — x

10x = 100

x = 10%.

Portanto, a porcentagem de desconto dado em cada embalagem dupla será de 10%.

GABARITO: C.

43. O Registrato é um sistema criado em 2014 e administrado pelo Banco Central, que permite aos cidadãos terem acesso pela internet a relatórios contendo informações sobre:

    a) seus relacionamentos com as instituições financeiras, suas operações de crédito e operações de câmbio.
    b) suas receitas e despesas realizadas em todas as instituições financeiras onde têm conta-corrente.
    c) seus dados registrados junto aos serviços de proteção de crédito.
    d) seus relacionamentos interpessoais com pessoas da mesma família (ex: pai, filho e irmão, entre outros) que também possuem contas-correntes.
    e) seus contratos de prestação de serviço firmados na esfera cível.

A: Correta. O Registrato foi criado em 2014 e apresenta informações pessoais sobre a relação do seu CPF com instituições financeiras, operações de crédito, empréstimos e operações cambiais. Todas essas informações podem ser acessadas pelos sites gov.br e do Banco Central.

B: Incorreta. Não é possível acessar receitas e despesas realizadas em todas as instituições financeiras pelo Registrato.

C: Incorreta. O acesso aos dados pessoais registrados em serviços de proteção de crédito não é a função do Registrato, não sendo possível obter tais informações por ele.

D: Incorreta. Não é possível obter informações sobre os relacionamentos interpessoais no Registrato.

E: Incorreta. Não é possível acessar contratos de prestação de serviço no Registrato; ele é, em resumo, um sistema que permite acessar sua relação com as instituições financeiras.

GABARITO: A.

QUESTÕES

44. Um cliente montou uma estratégia financeira, aplicando parte de seu décimo terceiro salário, sempre no início de janeiro, de 2018 a 2021, conforme mostrado na Tabela a seguir.

jan/2018	jan/2019	jan/2020	jan/2021
R$ 10.000,00	R$ 10.000,00	R$ 10.000,00	R$ 10.000,00

A partir da orientação financeira de um especialista, ele conseguiu obter nesse período, com essas aplicações, uma taxa de retorno de 10% ao ano, sempre na comparação com o ano anterior. Ele pretende atingir o valor total acumulado de 65 mil reais no início de jan/2023.

Considerando-se que essa taxa de retorno se mantenha, o valor mínimo, em reais, que esse cliente precisará depositar em Jan/2022, para atingir a meta em Jan/2023, a partir das aproximações dadas, pertence ao intervalo:

Dados:

$1,1^5 = 1,611$;

$1,1^4 = 1,464$;

$1,1^3 = 1,331$.

a) R$ 8.000,00 a R$ 8.199,00.
b) R$ 8.200,00 a R$ 8.399,00.
c) R$ 8.400,00 a R$ 8.599,00.
d) R$ 8.600,00 a R$ 8.799,00.
e) R$ 8.800,00 a R$ 8.999,00.

Segundo o enunciado, cada ano um cliente faz uma aplicação diferente em janeiro. Além disso, é possível ver as 4 aplicações de R$10.000,00 realizadas no corpo da questão.

Analisando a primeira aplicação em janeiro de 2018, é possível afirmar que ela ficará 5 períodos de 1 ano até janeiro de 2023. Como a taxa de retorno é de 10%, em comparação com o ano anterior, a taxa está sendo calculada por juros compostos.

Calculando o montante da 1ª aplicação, por juros compostos, temos:

Sabendo que a fórmula de juros compostos é M = capital (1 + taxa) tempo.

$M_1 = 10000 (1 + 0,1)^5 = 10000 (1,1)^5$

Utilizando $(1,1)^5 = 1,611$, temos:

$M_1 = 10000 (1 + 0,1)^5 = 10000 (1,1)^5 = 10000 \cdot 1,611 = 16110$

Logo, o montante da primeira aplicação até janeiro de 2023 será de 16110. Utilizando o mesmo raciocínio para as próximas aplicações até 2023, é possível afirmar que:

• 2ª aplicação terá 4 períodos completos.
• 3ª aplicação terá 3 períodos completos.
• 4ª aplicação terá 2 períodos completos.

Fazendo o cálculo de todos os outros 3 montantes, temos:

2ª aplicação

$M_2 = 10000 (1 + 0,1)^4$
$M_2 = 10000 (1,1)^4$
$M_2 = 10000 \cdot 1,464$
$M_2 = 14640$

3ª aplicação

$M_3 = 10000 (1 + 0,1)^3$
$M_3 = 10000 (1,1)^3$
$M_3 = 10000 \cdot 1,331$
$M_3 = 13310$

4ª aplicação

$M_4 = 10000 (1 + 0,1)^2$
$M_4 = 10000 (1,1)^2$
$M_4 = 10000 \cdot 1,21$
$M_4 = 12100$

Até janeiro de 2023, as aplicações terão os montantes encontrados e o cliente terá o total desses montantes, sendo assim, some todos os valores.

Total até 2023 = 16110 + 14640 + 13310 + 12100 = 56160

Como foi dito que até janeiro de 2023 o cliente precisa alcançar a meta de 65000, subtraia da meta o total dos montantes.

65000 – 56160 = 8840

Logo, 8840 será o valor da aplicação de janeiro de 2022 com o juros de 10%. Agora, descubra o valor da aplicação de janeiro de 2022.

$1,1x = 8840$

$x = \dfrac{8840}{1,1} = 8036,3$.

Portanto, o valor que precisa ser colocado em janeiro de 2022 para alcançar a meta de 2023 estará entre R$ 8.000,00 a R$ 8.199,00.

GABARITO: A.

45. Devido às oscilações de receita em seu negócio durante a pandemia, um cliente vai precisar pagar um boleto, cujo principal (até a data de vencimento) é de R$ 25.000,00, com 12 dias de atraso. Nesse caso, são cobrados adicionalmente, sobre o valor do principal, dois encargos: 2% de multa, mais juros simples de 0,2% ao dia. Por causa dos juros altos, o cliente procurou seu gerente, que não conseguiu uma solução menos custosa.

Com isso, nas condições dadas, o cliente deverá pagar nessa operação um valor total de:

a) R$ 25.600,00.
b) R$ 25.800,00.
c) R$ 26.100,00.
d) R$ 26.300,00.
e) R$ 26.500,00.

Para resolver essa questão, será necessário o conhecimento de juros simples.

A questão solicitou o valor total pago pelo cliente. Logo, deve-se calcular o valor dos juros e da multa que serão cobrados adicionalmente ao valor do principal.

Calculando a multa, temos:

2% de R$ 25.000,00 = 2100 · R$ 25.000,00 = 2 · R$ 250,00 = R$ 500,00

2% de R$ 25.000,00 = $\dfrac{2}{100}$ · R$ 25.000,00 = 2 · R$ 250,00 = R$ 500,00

Em seguida, calcule o valor do juros. Para isso, será utilizada a fórmula de juros simples.

J = capital · tempo · taxa

Substituindo os valores, temos:

J = R$ 25.000,00 · 12 · 0,002
J = R$ 25.000,00 · 0,024
J = R$ 600,00

Com os valores da multa e dos juros, basta somá-los ao valor principal.

Valor total = valor principal + juros + multa
Valor total = R$ 25.000,00 + R$ 600,00 + R$ 500,00
Valor total = R$ 26.100,00

Portanto, o cliente deverá pagar o valor total de R$ 26.100,00.

GABARITO: C.

46. Um cliente fez um investimento de R$ 100.000,00 em janeiro de 2019, comprando cotas de um fundo imobiliário, o que lhe proporcionou uma taxa de retorno de 21%, ao final de 12 meses de aplicação. Em janeiro de 2020, buscando maior rentabilidade, procurou um especialista financeiro indicado pelo seu gerente, que lhe recomendou aplicar todo o montante da operação anterior em renda variável. O cliente fez conforme recomendado, o que lhe proporcionou um retorno de 96% em 12 meses, resgatando o novo montante em janeiro de 2021.

Considerando-se um sistema de juros compostos, a taxa de retorno equivalente, obtida em cada período de 12 meses pelo cliente, de janeiro de 2019 a janeiro de 2021, foi:

a) 54%.
b) 56%.
c) 58%.
d) 60%.
e) 62%.

Após a leitura da questão é possível retirar os seguintes dados:
• capital inicial de R$100.000,00.
• 1º período: taxa de retorno de 21%.
• 2º período: taxa de retorno de 96%.
• Juros compostos.

O enunciado mostra duas aplicações com taxa diferentes e pediu através de juros compostos qual seria uma taxa aplicada ao mesmo capital que retornasse o mesmo montante.

Na situação dada, o capital primeiro foi aplicado a uma taxa de 21% e depois esse montante foi aplicado a uma taxa de 96%. Logo, temos a seguinte situação:

M1 = 100.000 (1 + 0,21)1
M1 = 100.000 (1,21)
M2 = M1 (1 + 0,96)1
M2 = M1 (1,96) (*)

Como ele pede uma taxa anual que retorne o mesmo montante, com o capital de 100.000 em um período de 2 anos, temos:

M2 = 100.000 (1 + i)2 (**)

Para encontrar i, iguale (*) e (**)

M1 (1,96) = 100.000 (1 + i)2

Desenvolvendo a igualdade, temos:

M1 (1,96) = 100.000 (1 + i)2
100.000 (1,21) (1,96) = 100.000 (1 + i)2
(1,21) (1,96) = (1 + i)2
2,3716 = (1 + i)2
$\sqrt{2,3716}$ = 1 + i

Analisando as alternativas, é possível afirmar que a taxa só pode ser a alternativa A ou B, pois o número da raiz termina com o número 6. Fazendo o teste, temos:

1,56 × 1,56 = 2,3436
1,54 × 1,54 = 2,3716

Logo, a raiz de 2,3716 será 1,54.

$\sqrt{2,3716}$ = 1 + i
1,54 = 1 + i
1,54 − 1 = i
0,54 = i

Portanto, a taxa anual para uma aplicação de um capital de 100.000 a juros compostos para ter o mesmo retorno será correspondente a 54%.

GABARITO: A.

Texto para as próximas 3 questões.

Relacionamento com o dinheiro

1 Desde cedo, começamos a lidar com uma série de situações ligadas ao dinheiro. Para tirar melhor proveito do seu dinheiro, é muito importante saber como utilizá-lo da forma mais favorável a você. O aprendizado e a aplicação de conhecimentos práticos de educação financeira podem contribuir para melhorar a gestão de nossas finanças pessoais, tornando nossas vidas mais tranquilas e equilibradas sob o ponto de vista financeiro.

2 Se pararmos para pensar, estamos sujeitos a um mundo financeiro muito mais complexo que o das gerações anteriores. No entanto, o nível de educação financeira da população não acompanhou esse aumento de complexidade. A ausência de educação financeira, aliada à facilidade de acesso ao crédito, tem levado muitas pessoas ao endividamento excessivo, privando-as de parte de sua renda em função do pagamento de prestações mensais que reduzem suas capacidades de consumir produtos que lhes trariam satisfação.

3 Infelizmente, não faz parte do cotidiano da maioria das pessoas buscar informações que as auxiliem na gestão de suas finanças. Para agravar essa situação, não há uma cultura coletiva, ou seja, uma preocupação da sociedade organizada em torno do tema. Nas escolas, pouco ou nada é falado sobre o assunto. As empresas, não compreendendo a importância de ter seus funcionários alfabetizados financeiramente, também não investem nessa área. Similar problema é encontrado nas famílias, nas quais não há o hábito de reunir os membros para discutir e elaborar um orçamento familiar. Igualmente entre os amigos, assuntos ligados à gestão financeira pessoal muitas vezes são considerados invasão de privacidade e pouco se conversa em torno do tema. Enfim, embora todos lidem diariamente com dinheiro, poucos se dedicam a gerir melhor seus recursos.

4 A educação financeira pode trazer diversos benefícios, entre os quais, possibilitar o equilíbrio das finanças pessoais, preparar para o enfrentamento de imprevistos financeiros e para a aposentadoria, qualificar para o bom uso do sistema financeiro, reduzir a possibilidade de o indivíduo cair em fraudes, preparar o caminho para a realização de sonhos, enfim, tornar a vida melhor.

BANCO CENTRAL DO BRASIL. Caderno de Educação Financeira – Gestão de Finanças Pessoais. Brasília: BCB, 2013. p. 12. Adaptado.

47. O texto tem o objetivo primordial de:
a) ensinar a gerir as finanças pessoais de maneira eficaz.
b) sensibilizar sobre a importância da educação financeira.
c) prevenir quanto aos perigos do acesso facilitado ao crédito.
d) alertar para a complexidade maior do mundo financeiro atual.
e) sugerir a incorporação do hábito de elaborar orçamento familiar.

A: Incorreta. O texto não apresenta orientações sobre como gerir as finanças pessoais, apenas ressalta a importância de falar e pensar sobre educação financeira.

B: Correta. As informações apresentadas pelo autor têm a intenção de demonstrar a importância da educação financeira, como se vê em diversos trechos do texto, como: "A educação financeira pode trazer diversos benefícios, entre os quais, possibilitar o equilíbrio das finanças pessoais, preparar para o enfrentamento de imprevistos financeiros e para a aposentadoria, qualificar para o bom uso do sistema financeiro, reduzir a possibilidade de o indivíduo cair em fraudes, preparar o caminho para a realização de sonhos, enfim, tornar a vida melhor."

QUESTÕES

C: Incorreta. Apesar de mencionar sobre o crédito facilitado nos tempos atuais, o autor usa essa informação para justificar que esse acesso aliado à ausência da educação financeira tem deixado muitas pessoas endividadas.

D: Incorreta. O autor menciona no texto a informação que consta nessa alternativa, mas com o propósito de reforçar a importância da educação financeira como tema a ser discutido entre familiares, amigos e na escola.

E: Incorreta. A sugestão de elaborar orçamento familiar é mais uma informação para justificar o quão importante é discutir e entender sobre educação financeira.

GABARITO: B.

48. Considere a palavra destacada no seguinte trecho do parágrafo 2: "A ausência de educação financeira, aliada à facilidade de acesso ao crédito, tem levado muitas pessoas ao endividamento excessivo". Essa palavra pode, sem prejuízo do sentido desse trecho, ser substituída por:
a) básico.
b) essencial.
c) inevitável.
d) desmedido.
e) imprescindível.

Excessivo = fora de controle.

A: Incorreta. "Básico" quer dizer "algo normal", e "não excessivo".

B: Incorreta. "Essencial" fala de importância, e a palavra do trecho fala sobre quantidade.

C: Incorreta. "Inevitável" é aquilo que não se pode evitar.

D: Correta. "Desmedido" é algo que não tem medida, assim como a palavra "excessivo".

E: Incorreta. "Imprescindível" é aquilo de que você não pode abrir mão.

GABARITO: D.

49. Considerando-se a organização composicional do texto lido, compreende-se que ele se classifica como:
a) argumentativo, pois defende a ideia de que é importante saber lidar com o dinheiro.
b) narrativo, pois relata o episódio de uma conversa sobre gestão financeira entre amigos.
c) descritivo, pois reproduz uma cena de elaboração de orçamento no cotidiano de uma família.
d) expositivo, pois apresenta informações objetivas sobre conceitos da área de educação financeira.
e) injuntivo, pois instrui acerca da elaboração de orçamentos para uma vida financeira mais saudável.

O texto argumentativo é aquele texto que não só vai apresentar ideias, como terá uma ideia principal, um ponto de vista em relação ao tema, defendendo esse ponto de vista ao longo de todo o texto. Apresenta uma tese e depois argumentos que a defendem. Desse modo, o texto em questão fala de ideias, de educação financeira e o porquê de ela ser importante. Além disso, defende uma ideia em relação a esse tema, tendo como posicionamento que é muito importante ter educação financeira, saber lidar com o dinheiro.

GABARITO: A.

50. O paralelismo sintático é uma das convenções estabelecidas para a escrita oficial.

A frase cuja organização sintática está plenamente de acordo com essa convenção é:
a) É muito salutar que as pessoas se programem em relação à saúde e financeiramente.
b) O mundo financeiro, hoje, facilita o acesso ao crédito e leva ao endividamento progressivo.
c) Nossa vida financeira é saudável quando possibilita equilíbrio, segurança e que realizemos nossos sonhos.
d) A educação financeira orienta-nos na revisão de gastos excessivos e que comprometem nosso orçamento.
e) Os especialistas aconselham as escolas a promoverem momentos de discussão sobre educação financeira com os pais dos alunos e que ofereçam aulas sobre o tema para os alunos.

A: Incorreta. Há uma ruptura do paralelismo sintático com o uso do advérbio "financeiramente" no final da oração. Uma forma adequada de manter o paralelismo seria: "É muito salutar que as pessoas se programem em relação à saúde e às finanças".

B: Correta. O paralelismo se manteve, pois os complementos nominal e verbal estão usados adequadamente e dão sequência lógica ao que se enuncia.

C: Incorreta. Houve ruptura do paralelismo no final da estrutura frasal. Melhor redação seria: "Nossa vida financeira é saudável quando possibilita equilíbrio, segurança e realização de nossos sonhos."

D: Incorreta. A ruptura do paralelismo sintático se deu no final da oração. O ideal seria manter a adjetivação ao termo "gastos". Uma possível redação seria: "A educação financeira orienta-nos na revisão de gastos excessivos e comprometedores para nosso orçamento."

E: Incorreta. Ruptura ocorrida no final do período. Uma possível redação para manter o paralelismo seria: "Os especialistas aconselham as escolas a promoverem momentos de discussão sobre educação financeira com os pais dos alunos e oferecerem a estes, aulas sobre o tema."

GABARITO: B.

51. Sendo a clareza um requisito básico da escrita, assinale a frase que não apresenta ambiguidade, estando apta a figurar em um texto oficial.
a) A empresa que investe em seus funcionários cuida de seu equilíbrio financeiro.
b) O economista discutiu com o presidente da empresa, em sua sala, a melhor forma de gerir os negócios.
c) O nível de educação financeira da população, que cresceu muito nos últimos anos, é o tema da próxima palestra.
d) O diretor da escola comunicou ao professor que ele ofereceria um curso de educação financeira para a comunidade escolar.
e) Depois de ler o edital e seu anexo, o gestor solicitou a alteração deste.

A: Incorreta. A ambiguidade presente se dá devido ao uso indistinto de um termo que pode servir de pronome relativo (aquele que retoma um antecedente) ou uma conjunção integrante. Assim, é possível depreender da oração duas possibilidades de significado: a empresa cuida de seu próprio equilíbrio financeiro ou do equilíbrio dos seus funcionários. Para corrigir essa ambiguidade, poderia ser utilizado o pronome "dele(a)". Assim, a escrita seria:

A empresa que investe em seus funcionários cuida do equilíbrio financeiro dela (da empresa) ou

A empresa que investe em seus funcionários cuida do equilíbrio financeiro deles (dos funcionários).

B: Incorreta. Aqui, o uso indevido é do pronome possessivo "sua", que ocorre, geralmente, quando há mais de um sujeito na sentença. A ambiguidade está presente na compreensão de que a sala pode ser do economista ou do presidente. Uma possibilidade de evitar essa situação é usar "deste (perto), daquele (afastado)". Dessa forma, a escrita seria:

O economista discutiu com o presidente da empresa, na sala deste (do presidente), a melhor forma de gerir os negócios.

O economista discutiu com o presidente da empresa, na sala daquele (do economista), a melhor forma de gerir os negócios.

C: Incorreta. Novamente o uso inadequado do vocábulo "que", causando ambiguidade na ideia sobre o que cresceu: o nível de educação financeira ou a população? A solução seria repetir o referente:

O nível de educação financeira da população, população esta que cresceu muito nos últimos anos, é o tema da próxima palestra

O nível de educação financeira da população, educação esta que cresceu muito nos últimos anos, é o tema da próxima palestra.

D: Incorreta. Quem ofereceria o curso: o diretor da escola ou o professor? Na ambiguidade causada pelo uso indevido do pronome pessoal "ele" sem referenciá-lo, é possível usar um aposto, a fim de realçar o referente. Assim, a escrita seria:

O diretor da escola comunicou ao professor que ele, o professor, ofereceria um curso de educação financeira.

O diretor da escola comunicou ao professor que ele, o diretor, ofereceria um curso de educação financeira.

E: Correta. Não há ambiguidade na oração, pois o pronome demonstrativo foi utilizado corretamente. Como o autor quis se referir ao anexo, utilizou "deste". Se quisesse se referir ao edital, utilizaria "daquele".

GABARITO: E.

Relacionamento com o dinheiro

1   Desde cedo, começamos a lidar com uma série de situações ligadas ao dinheiro. Para tirar melhor proveito do seu dinheiro, é muito importante saber como utilizá-lo da forma mais favorável a você. O aprendizado e a aplicação de conhecimentos práticos de educação financeira podem contribuir para melhorar a gestão de nossas finanças pessoais, tornando nossas vidas mais tranquilas e equilibradas sob o ponto de vista financeiro.

2   Se pararmos para pensar, estamos sujeitos a um mundo financeiro muito mais complexo que o das gerações anteriores. No entanto, o nível de educação financeira da população não acompanhou esse aumento de complexidade. A ausência de educação financeira, aliada à facilidade de acesso ao crédito, tem levado muitas pessoas ao endividamento excessivo, privando-as de parte de sua renda em função do pagamento de prestações mensais que reduzem suas capacidades de consumir produtos que lhes trariam satisfação.

3   Infelizmente, não faz parte do cotidiano da maioria das pessoas buscar informações que as auxiliem na gestão de suas finanças. Para agravar essa situação, não há uma cultura coletiva, ou seja, uma preocupação da sociedade organizada em torno do tema. Nas escolas, pouco ou nada é falado sobre o assunto. As empresas, não compreendendo a importância de ter seus funcionários alfabetizados financeiramente, também não investem nessa área. Similar problema é encontrado nas famílias, nas quais não há o hábito de reunir os membros para discutir e elaborar um orçamento familiar. Igualmente entre os amigos, assuntos ligados à gestão financeira pessoal muitas vezes são considerados invasão de privacidade e pouco se conversa em torno do tema. Enfim, embora todos lidem diariamente com dinheiro, poucos se dedicam a gerir melhor seus recursos.

4   A educação financeira pode trazer diversos benefícios, entre os quais, possibilitar o equilíbrio das finanças pessoais, preparar para o enfrentamento de imprevistos financeiros e para a aposentadoria, qualificar para o bom uso do sistema financeiro, reduzir a possibilidade de o indivíduo cair em fraudes, preparar o caminho para a realização de sonhos, enfim, tornar a vida melhor.

BANCO CENTRAL DO BRASIL. Caderno de Educação Financeira – Gestão de Finanças Pessoais. Brasília: BCB, 2013. p. 12. Adaptado.

52. No trecho do parágrafo 3 "As empresas, não compreendendo a importância de ter seus funcionários alfabetizados financeiramente, também não investem nessa área", a oração destacada tem valor semântico de:
   a) causa.
   b) proporção.
   c) alternância.
   d) comparação.
   e) consequência.

A: Correta. A oração reduzida de gerúndio "não compreendendo a importância de ter seus funcionários alfabetizados financeiramente" indica ideia de causa em relação à oração principal "As empresas também não investem nessa área". É possível perceber essa relação na reescrita do período em ordem direta e desdobrando a oração reduzida: "As empresas também não investem nessa área porque não compreendem a importância de ter seus funcionários alfabetizados financeiramente."

B: Incorreta. As orações subordinadas adverbiais proporcionais exprimem proporção por meio de locuções conjuntivas como à proporção que, à medida que, ao passo que, quanto mais etc.

C: Incorreta. As orações coordenadas alternativas denotam alternância de ideias, bem como a exclusão de um pensamento em prol de outro. Dessa forma, aparecem por meio de expressões como: ou... ou (duplicado ou não), ora... ora, quer... quer etc.

D: Incorreta. As orações subordinadas adverbiais comparativas exprimem comparação por meio das locuções conjuntivas: como, assim como, tal como, tanto como, tanto quanto, como se, do que, quanto etc.

E: Incorreta. As orações subordinadas adverbiais consecutivas exprimem consequência por meio de locuções conjuntivas como: de modo que, de sorte que, sem que, de forma que etc.

GABARITO: A.

53. As vírgulas estão plenamente empregadas de acordo com o padrão formal da língua escrita em:
   a) Há algumas décadas, se alguém falasse, em educação financeira, causaria um certo estranhamento.
   b) Relacionar-se bem com o dinheiro de acordo com os especialistas, é uma forma de levar uma vida mais saudável, sem percalços.
   c) É preciso criar uma cultura de discutir, na família, na escola, com os amigos, sobre como usar melhor os recursos financeiros.
   d) A educação financeira, apesar de não resolver o problema da falta de dinheiro pode auxiliar, com um controle maior, de seu gasto.
   e) Não gastar em demasia, não acumular dívidas, refletir sobre seus ganhos, e gastos, poupar são estratégias para gerir melhor suas finanças.

A: Incorreta. Entre os verbos e seus complementos não se pode usar vírgula (se alguém falasse - verbo transitivo direto - em educação financeira).

B: Incorreta. Relacionar-se bem com o dinheiro, de acordo com os especialistas (adjunto adverbial de conformidade), é uma forma de levar uma vida mais saudável, sem percalços (adjunto adverbial de modo pequeno - pode ou não ter vírgula).

C: Correta. É preciso criar uma cultura de discutir, na família, na escola (enumeração de adjuntos adverbiais), com os amigos (com quem? com os amigos - objeto direto do verbo discutir), sobre como usar melhor os recursos financeiros.

D: Incorreta. A educação financeira, apesar de não resolver o problema da falta de dinheiro (adjunto adverbial de concessão), pode auxiliar, com

QUESTÕES

um controle maior (está associado a palavra controle e não precisa ter vírgula) de seu gasto.

E: Incorreta. [Não gastar em demasia, não acumular dívidas, refletir sobre seus ganhos (não há vírgula porque é um objeto indireto de "refletir") e gastos, poupar (a oração possui vários sujeitos, logo, uma oração subordinada substantiva subjetiva) são estratégias para gerir melhor suas finanças].

GABARITO: C.

Relacionamento com o dinheiro

1 Desde cedo, começamos a lidar com uma série de situações ligadas ao dinheiro. Para tirar melhor proveito do seu dinheiro, é muito importante saber como utilizá-lo da forma mais favorável a você. O aprendizado e a aplicação de conhecimentos práticos de educação financeira podem contribuir para melhorar a gestão de nossas finanças pessoais, tornando nossas vidas mais tranquilas e equilibradas sob o ponto de vista financeiro.

2 Se pararmos para pensar, estamos sujeitos a um mundo financeiro muito mais complexo que o das gerações anteriores. No entanto, o nível de educação financeira da população não acompanhou esse aumento de complexidade. A ausência de educação financeira, aliada à facilidade de acesso ao crédito, tem levado muitas pessoas ao endividamento excessivo, privando-as de parte de sua renda em função do pagamento de prestações mensais que reduzem suas capacidades de consumir produtos que lhes trariam satisfação.

3 Infelizmente, não faz parte do cotidiano da maioria das pessoas buscar informações que as auxiliem na gestão de suas finanças. Para agravar essa situação, não há uma cultura coletiva, ou seja, uma preocupação da sociedade organizada em torno do tema. Nas escolas, pouco ou nada é falado sobre o assunto. As empresas, não compreendendo a importância de ter seus funcionários alfabetizados financeiramente, também não investem nessa área. Similar problema é encontrado nas famílias, nas quais não há o hábito de reunir os membros para discutir e elaborar um orçamento familiar. Igualmente entre os amigos, assuntos ligados à gestão financeira pessoal muitas vezes são considerados invasão de privacidade e pouco se conversa em torno do tema. Enfim, embora todos lidem diariamente com dinheiro, poucos se dedicam a gerir melhor seus recursos.

4 A educação financeira pode trazer diversos benefícios, entre os quais, possibilitar o equilíbrio das finanças pessoais, preparar para o enfrentamento de imprevistos financeiros e para a aposentadoria, qualificar para o bom uso do sistema financeiro, reduzir a possibilidade de o indivíduo cair em fraudes, preparar o caminho para a realização de sonhos, enfim, tornar a vida melhor.

BANCO CENTRAL DO BRASIL. Caderno de Educação Financeira – Gestão de Finanças Pessoais. Brasília: BCB, 2013. p. 12. Adaptado.

54. Assinale a frase que, ao ser reescrita, guarda o mesmo sentido do trecho do parágrafo 3 - "Enfim, embora todos lidem diariamente com dinheiro, poucos se dedicam a gerir melhor seus recursos.".
a) Enfim, quando todos lidam diariamente com dinheiro, poucos se dedicam a gerir melhor seus recursos.
b) Enfim, por todos lidarem diariamente com dinheiro, poucos se dedicam a gerir melhor seus recursos.
c) Enfim, como todos lidam diariamente com dinheiro, poucos se dedicam a gerir melhor seus recursos.
d) Enfim, apesar de todos lidarem diariamente com dinheiro, poucos se dedicam a gerir melhor seus recursos.
e) Enfim, desde que todos lidem diariamente com dinheiro, poucos se dedicam a gerir melhor seus recursos.

O termo "embora", na oração original, é o articulador dos períodos, ou seja, uma relação de concessão.

A: Incorreta. Quando - temporal.

B: Incorreta. Por - possui sentido de causa.

C: Incorreta. Como - possui sentido de causa.

D: Correta. Apesar de - embora - concessão.

E: Incorreta. Desde que - possui sentido de condição.

GABARITO: D.

55. A colocação do pronome oblíquo átono está de acordo com a norma-padrão da língua portuguesa em:
a) Poder-se-á levar a educação financeira para as salas de aula, o que será muito proveitoso.
b) Nos perguntam sempre sobre como gerir melhor a vida financeira.
c) As famílias nunca preocuparam-se com a educação financeira como parte da formação de seus filhos.
d) Aqueles que relacionam-se bem com o dinheiro têm uma vida mais organizada.
e) Compreenderia-se melhor o desempenho da empresa, se o mercado fosse estudado.

A: Correta. Na oração, há uma locução verbal em que o verbo auxiliar está no futuro do presente do indicativo com o verbo principal (levar) no infinitivo. Se o verbo estiver no futuro, não admite ênclise. A mesóclise está correta.

B: Incorreta. Não se começa oração com pronome oblíquo - Perguntam-nos.

C: Incorreta. O advérbio "nunca" é fator de próclise - nunca se preocuparam.

D: Incorreta. O pronome "que" é fator de próclise - que se relacionam.

E: Incorreta. O verbo está no futuro do pretérito, logo a ênclise não é permitida - Compreender-se-ia.

GABARITO: A.

56. Considerando-se as regras da norma-padrão da língua portuguesa, a concordância nominal da palavra destacada está adequadamente construída em:
a) Naquela palestra, foram abordadas ensinamentos e orientações sobre o bom uso do dinheiro.
b) Sempre há bastante investidores interessados em discussões que abordam o mercado de ações.
c) Perderemos menas oportunidades se nos mantivermos sempre atentos ao mercado financeiro.
d) O mercado está vendo crescer uma tendência de conglomerados francos-brasileiros no país.
e) É proibida a movimentação financeira efetuada por menores no âmbito do direito financeiro.

A: Incorreta. O termo "abordadas" deve concordar com os dois substantivos - ensinamentos e orientações, logo, "foram abordados".

B: Incorreta. O termo "bastante" é um adjetivo na oração e deve concordar com o termo no plural "investidores", logo, "bastantes investidores".

C: Incorreta. "Menas" é sempre advérbio e, sendo assim, invariável. O correto seria "Perderemos menos oportunidades…".

D: Incorreta. Temos um adjetivo composto. Quando estiver esse adjetivo composto na oração, apenas o segundo elemento irá para o plural - "franco-brasileiros".

E: Correta. A palavra "proibida" está seguida do artigo "a". Dessa forma, deve-se concordar com o artigo.

GABARITO: E.

57. Preocupado com sua saúde, um professor decidiu começar a correr. O profissional que o orientou estabeleceu como meta correr 5 km por dia. Entretanto, como o professor está fora de forma, terá de seguir um programa de treinamento gradual. Nas duas primeiras semanas, ele correrá, diariamente, 1 km e caminhará 4 km; na terceira e na quarta semanas, correrá 1,5 km e caminhará 3,5 km por dia. A cada duas semanas, o programa será alterado, de modo a reduzir a distância diária caminhada em 0,5 km e a aumentar a corrida em 0,5 km.

Desse modo, se o professor não interromper o programa de treinamento, ele começará a correr 5 km diários na:

a) 9ª semana.
b) 12ª semana.
c) 17ª semana.
d) 18ª semana.
e) 20ª semana.

Para resolver esta questão, será necessário o domínio de progressões aritméticas.

Utilizando as informações do enunciado, é possível formar uma sequência de elementos com razão igual a 0,5.

• 1ª e 2ª semanas correrá 1km.

• 3ª e 4ª semanas correrá 1,5 km

• 5ª e 6ª semanas correrá 2km ...

Sendo assim, tome a 1ª e a 2ª semanas = a1, 3ª e 4ª semanas = a2, e assim sucessivamente até an.

Como espera-se encontrar um an que seja igual a 5, pois será quando o professor conseguirá correr o 5º km, utilize a fórmula do termo geral.

an = a1 + (n − 1) · r = 5

1 + (n − 1) · 0,5 = 5

(n − 1) · 0,5 = 4

0,5n − 0,5 = 4

0,5n = 4,5

n = $\frac{4,5}{0,5}$ = 9

Portanto, o professor conseguirá correr 5km quando o termo for igual a 9. Como os termos representam duas semanas, a9 representará a 17ª e 18ª semanas.

Como a mudança é feita na primeira semana do bloco, então ele mudará na 17ª semana.

GABARITO: C.

58. Para ampliar o capital de giro de um novo negócio, um microempreendedor tomou um empréstimo no valor de R$ 20.000,00, em janeiro de 2021, a uma taxa de juros de 5% ao mês, no regime de juros compostos. Exatamente dois meses depois, em março de 2021, pagou 60% do valor do empréstimo, ou seja, dos R$ 20.000,00, e liquidou tudo o que devia desse empréstimo em abril de 2021.

A quantia paga, em abril de 2021, que liquidou a referida dívida, em reais, foi de:

a) 11.352,50.
b) 11.152,50.
c) 10.552,50.
d) 10.452,50.
e) 10.152,50.

Seja o empréstimo de R$ 20.000,00, com taxa de juros de 5% ao mês, no regime de juros compostos.

Primeiro calcule o montante do empréstimo até março, no regime de juros compostos.

M = C (1 + taxa)tempo

M = 20.000 (1 +0,05)2

M = 20.000 (1 ,05)2

M = 20.000 (1,1025)

M = 22.050

Agora, calcule o 60% do valor do empréstimo.

60% de 20.000 = $\frac{60}{100}$ · 20.000 = 12.000

Como em março foi pago 60% do valor do empréstimo, subtraia do montante calculado o valor de 60%, logo a partir de março, temos:

22.050 − 12.000 = 10.050 (*)

Agora, calcule o valor de (*) rendendo a mesma taxa de juros em um mês.

M2 = 10.050 (1+0,05)1

M2 = 10.050 (1,05)

M2 = 10.552,50

Portanto, a quantia paga em abril foi de R$ 10.552,50.

GABARITO: C.

59. Na semana da renda fixa promovida por um determinado banco, o cliente X fez um investimento de 150 mil reais em um banco que paga 8% ao ano, com prazo de vencimento de 1 ano. Nesse mesmo dia, o cliente Y aplicou 150 mil reais na poupança, cuja taxa esperada é de 5% ao ano.

Um ano depois, os dois sacaram o montante de cada operação. Considere que o cliente X pagou 20% de imposto de renda sobre os juros obtidos com a aplicação, enquanto o cliente Y não pagou imposto algum, e que nenhum dos dois sacou qualquer valor antes desse resgate.

A partir dessas informações, verifica-se que a diferença entre o ganho de capital do cliente X e o ganho de capital do cliente Y, comparando-se apenas as operações apresentadas, em reais, foi de:

a) 2.100,00.
b) 2.400,00.
c) 3.500,00.
d) 4.100,00.
e) 4.500,00.

Para resolver essa questão, será necessário o conhecimento de juros compostos.

1º passo: calcule o montante do cliente x.

Para calcular o montante do cliente x, utilize a fórmula de montante de juros compostos.

M = capital (1 + taxa)tempo

Substituindo os dados do enunciado, temos:

Mx = 150.000 (1 + 0,08)1

Mx = 150.000 (1,08)

Mx = 162.000

Portanto, o cliente x teve 12.000 de juros obtidos na aplicação após um ano.

2º passo: calcule 20% do juros obtidos pelo cliente x.

20% de 12.000 = $\frac{20}{100}$ · 12.000 = 2.400

3º passo: ache o ganho total do cliente x.

QUESTÕES

O ganho total obtido pelo cliente x, será a diferença do montante e os 20% pagos pelo imposto de renda.

162.000 − 2.400 = 159.600 (*)

4º passo: calcule o montante do cliente y.

Utilizando um raciocínio análogo ao 1º passo, temos:

My = 150.000 (1 + 0,05)1

My = 150.000 (1 ,05)

My = 157.500

Logo, o total obtido pelo cliente y será 157,500.

5º passo: ache a diferença entre o ganho total de x e de y.

Agora pegue o valor (*) encontrado no 3º passo e subtraia pelo total obtido pelo cliente y.

159.600 − 157.500 = 2.100

Portanto, com base nas informações do enunciado, a diferença entre o ganho de capital do cliente x e do cliente y será igual a 2.100 reais.

GABARITO: A.

60. Um cliente pagou, via internet banking, quatro duplicatas vencidas com exatamente 12 dias de atraso, cujos valores de face são de R$ 4.200,00; R$ 3.800,00; R$ 2.600,00 e R$ 7.400,00. Nesse caso, para pagamentos até 30 dias após o vencimento, são cobrados juros simples à taxa de 6% ao mês, mais uma multa de 2% sobre o valor de face de cada duplicata.

Considerando-se o mês comercial (30 dias), o valor total pago, em reais, por essas quatro duplicatas vencidas foi de:

a) 18.432,00.
b) 18.792,00.
c) 18.872,00.
d) 18.912,00.
e) 18.982,00.

Sejam as 4 duplicatas:

R$ 4200,000 | R$ 3800,00 | R$ 2600,00 | R$ 7400,00

Sabe-se que o pagamento é até 30 dias após o vencimento. E caso tenha atraso, corre um a juros simples 6% ao mês. Por fim, deverá pagar uma multa de 2% do valor da face.

Primeiro transforme a taxa que está ao mês para dias. Como o atraso foi de 12 dias, precisa-se saber o quanto é aumentado a cada dia.

6% está para 30 dias, quantos porcentos estarão para 1 dia?

$$\frac{6}{x} = \frac{30}{1}$$

6 = 30x

$$x = \frac{6}{30} = 0,2$$

Logo, a cada dia de atraso serão acrescidos 0,2% do valor da face.

Agora calcule o valor que será pago referente a cada duplicata. Como a capitalização será pelo regime de juros simples, será utilizada a seguinte fórmula:

J = capital · taxa · tempo

Capital = valor da duplicata

Taxa = 0,2% ao dia

Tempo = 12 dias

Calculando o valor da duplicata 1:

Para calcular o valor pago pela duplicata 1, deve-se calcular o valor do juros, da multa e somar com o valor da duplicata.

Calculando o juros

J1 = 4200 · 0,2% · 12

$$J1 = 4200 \cdot \frac{0,2}{100} \cdot 12$$

J1 = 42 · 0,2 · 12

J1 = 504 · 0,2

J1 = 100,8

Calculando a multa

2% de 4200

$$\frac{2}{100} \cdot 4200 = 2 \cdot 42 = 84$$

Somando os valores encontrados ao valor da face, temos:

4200 + 100,8 + 84 = 4384,8

Repetindo este mesmo processo para as outras 3 duplicatas, é possível encontrar os seguintes valores:

2ª duplicata = 3967,2

3ª duplicata = 2714,4

4ª duplicata = 7725,6

Somando os 4 valores, temos:

Total = 4384,8 + 3967,2 + 2714,4 + 7725,6 = 18792,00

Portanto, o valor total pago pelas 4 duplicatas será equivalente a R$ 18.792,00.

GABARITO: B.

61. Uma pessoa tem uma dívida no valor de R$2.000,00, vencendo no dia de hoje. Com dificuldade de quitá-la, pediu o adiamento do pagamento para daqui a 3 meses.

Considerando-se uma taxa de juros compostos de 2% a.m., qual é o valor equivalente, aproximadamente, que o gerente do banco propôs que ela pagasse, em reais?

a) 2.020,40.
b) 2.040,00.
c) 2.080,82.
d) 2.120,20.
e) 2.122,42.

Seja uma dívida de R$ 2.000,00. Essa dívida corre a juros compostos de 2% ao mês, durante 3 meses.

Sendo assim, é possível calcular o montante dessa dívida através da fórmula de juros compostos.

M = capital (1 + taxa)tempo

Substituindo as informações presentes no enunciado, temos:

M = 2000 (1 + 2%)3

M = 2000 (1 + 0,02)3

M = 2000 (1,02)3

M = 2000 (1,061208)

M = 2122,416

M ≃ 2122,42

Portanto, o valor aproximado que o gerente do banco propôs para a cliente pagar será correspondente a R$ 2.122,42.

GABARITO: E.

QUESTÕES

62. Os alunos de certa escola formaram um grupo de ajuda humanitária e resolveram arrecadar fundos para comprar alimentos não perecíveis. Decidiram, então, fazer uma rifa e venderam 200 tíquetes, numerados de 1 a 200. Uma funcionária da escola resolveu ajudar e comprou 5 tíquetes. Seus números eram 75, 76, 77, 78 e 79. No dia do sorteio da rifa, antes de revelarem o ganhador do prêmio, anunciaram que o número do tíquete sorteado era par.

Considerando essa informação, a funcionária concluiu acertadamente que a probabilidade de ela ser a ganhadora do prêmio era de:

a) 1,0%
b) 2,0%
c) 3,0%
d) 4,0%
e) 5,0%

Como o total de tíquetes pares é de 100 e a funcionária possui dois tíquetes com números pares, sua chance de ganhar é de 2 em 100, que é exatamente 2%.

GABARITO: B.

63. Seis candidatos, aprovados para a penúltima etapa de um processo seletivo, foram submetidos a um teste de conhecimentos gerais com 10 itens do tipo "verdadeiro/falso". Os dois primeiros candidatos acertaram 8 itens cada, o terceiro acertou 9, o quarto acertou 7, e os dois últimos, 5 cada. Pelas regras do concurso, passariam para a etapa final da seleção os candidatos cujo número de acertos fosse maior ou igual à mediana do número de acertos dos seis participantes.

Quantos candidatos passaram para a etapa final?

a) 2.
b) 3.
c) 4.
d) 5.
e) 6.

Organize os dados citados no enunciado em ordem crescente: 5, 7, 8, 8, 9. O valor que está exatamente no meio é o terceiro valor – o número 8. Assim, quem acertou 8 ou mais passou para a etapa final. Logo, 3 candidatos passaram para a etapa final.

GABARITO: B.

64. Recentemente, a Organização Mundial da Saúde (OMS) mudou suas diretrizes sobre atividades físicas, passando a recomendar que adultos façam atividade física moderada de 150 a 300 minutos por semana. Seguindo as recomendações da OMS, um motorista decidiu exercitar-se mais e, durante os 7 dias da última semana, exercitou-se, ao todo, 285 minutos.

Quantos minutos diários, em média, o motorista dedicou a atividades físicas na última semana?

a) Mais de 46 minutos.
b) Entre 44 e 46 minutos.
c) Entre 42 e 44 minutos.
d) Entre 40 e 42 minutos.
e) Menos de 40 minutos.

Com o total de minutos nos 7 dias é 285, para encontrar a média basta dividir por 7.

Média = $\frac{285}{7}$ = 40,7.

GABARITO: D.

65. Um analista de investimentos acredita que o preço das ações de uma empresa seja afetado pela condição de fluxo de crédito na economia de certo país. Ele estima que o fluxo de crédito na economia desse país aumente, com probabilidade de 20%. Ele estima também que o preço das ações da empresa suba, com probabilidade de 90%, dentro de um cenário de aumento de fluxo de crédito, e suba, com probabilidade de 40%, sob o cenário contrário.

Uma vez que o preço das ações da empresa subiu, qual é a probabilidade de que o fluxo de crédito da economia tenha também aumentado?

a) $\frac{1}{2}$
b) $\frac{1}{5}$
c) $\frac{2}{9}$
d) $\frac{9}{25}$
e) $\frac{9}{50}$

Montando um diagrama, temos que:

FC: sub: 20% (sub:90%, dec:10%); Dec: 80% (sub:40%, des:60%). Logo, a probabilidade de subir é dada por P = $\frac{20}{100} \cdot \frac{90}{100} + \frac{80}{100} \cdot \frac{40}{100}$

P = $\frac{18}{100} + \frac{32}{100} = \frac{50}{100}$

A chance de subir é de 50% e, desses, 18% vêm do fluxo de crédito aumentando.

P = $\frac{18}{50} = \frac{9}{25}$

GABARITO: D.

66. Por estudos estatísticos, estima-se que um cliente de um certo banco tem 75% de probabilidade de ir para atendimento de caixa eletrônico, e 25% de ir para um atendimento personalizado.

Em uma amostra de quatro clientes entrando no banco, qual é a probabilidade de que a maioria deles se dirija ao atendimento personalizado?

a) $\frac{1}{64}$
b) $\frac{5}{256}$
c) $\frac{3}{64}$
d) $\frac{13}{256}$
e) $\frac{27}{64}$

Usando a probabilidade de uma distribuição binomial, temos:

p = probabilidade de sucesso caixa eletrônico 75% = 3/4.
q = probabilidade de fracasso personalizado 25% = 1/4.

P(x < 2) = P(x = 0) + P(x = 1) = $C_{4,0} \cdot \left(\frac{3}{4}\right)^0 \cdot \left(\frac{1}{4}\right)^4 + C_{4,1} \cdot \left(\frac{3}{4}\right)^1 \cdot \left(\frac{1}{4}\right)^3$

P(x < 2) = $1 \cdot 1 \cdot \frac{1}{256} + 4 \cdot \frac{3}{4} \cdot \frac{1}{64} = \frac{1}{256} + \frac{12}{256} = \frac{13}{256}$

GABARITO: D.

QUESTÕES

67. Suponha que o Chefe do Poder Executivo, valendo-se das competências que lhe são conferidas pela Constituição da República, pretenda proceder a uma grande reorganização administrativa. Para tanto, editou decreto, invocando seu poder regulamentar, detalhando a aplicação de diploma legal que criou Secretarias e órgãos públicos, aproveitando o mesmo diploma para extinguir determinados cargos criados pela mesma lei. Nesse caso, o chefe do Poder Executivo, ao editar tal decreto,

a) valeu-se do poder regulamentar de forma legítima, desde que não inove em matéria de reserva de lei, podendo, com base no poder normativo, extinguir os cargos por decreto, desde que vagos.
b) exerceu, legitimamente, seu poder regulamentar para dispor sobre matéria de organização e funcionamento da Administração, que inclui a criação e extinção de cargos, desde que sejam de livre provimento.
c) poderia invocar seu poder normativo, descabendo falar em poder regulamentar, o que, contudo, apenas autoriza a edição de decretos autônomos para extinção dos cargos se extintos, pelo mesmo ato, os órgãos correspondentes.
d) somente poderá extinguir os cargos mediante decreto regulamentar na hipótese de ter a lei regulamentada previsto expressamente tal delegação legislativa, eis que se trata de matéria de reserva de lei formal.
e) não pode dispor sobre o tema mediante decreto, a pretexto de exercer seu poder regulamentar, eis que matéria de organização e funcionamento da Administração é reservada à lei, cuja iniciativa privativa é do Chefe do Executivo.

A competência do exercício do poder regulamentar é exclusiva dos chefes do Poder Executivo, como forma de fazer valer o cumprimento das leis já existentes, não suas inovações em caráter primário (criar, alterar, contrariar ou extinguir), exceto no caso do decreto autônomo.

GABARITO: A.

---

68. O ato administrativo é dotado de determinados atributos, entre os quais se insere a tipicidade:

a) presente nos atos enunciativos e opinativos, bem como nos meramente declaratórios, porém ausente nos atos constitutivos, eis que a estes se aplica o atributo da executoriedade.
b) que advém do princípio da supremacia do interesse público sobre o privado, decorrendo de tal atributo a produção de efeitos do ato administrativo sobre particulares independentemente da vontade dos mesmos.
c) que constitui decorrência do princípio da presunção de legitimidade e veracidade do ato administrativo, própria apenas dos atos vinculados e que se opera com a observância dos requisitos para sua edição.
d) decorrente do princípio da legalidade, que afasta a possibilidade de a administração praticar atos inominados, predicando a utilização de figuras previamente definidas como aptas a produzir determinados resultados.
e) segundo a qual todo ato administrativo deve ter por finalidade a consecução do interesse público e cuja inobservância enseja a nulidade do ato, por desvio de finalidade.

A: Incorreta. O atributo da tipicidade está presente em todos os atos administrativos (unilaterais).

B: Incorreta. Trata-se do atributo da imperatividade, o qual traduz a possibilidade de a Administração criar obrigações ou impor restrições, unilateralmente, aos administrados.

C: Incorreta. A presunção de legitimidade e veracidade constitui atributo do ato administrativo por si só, não decorrendo do atributo da tipicidade.

D: Correta. Em razão do atributo da tipicidade, o ato administrativo deve corresponder a figuras definidas previamente pela lei como aptas a produzir determinados resultados, sendo corolário, portanto, do princípio da legalidade, o que afasta a possibilidade de a Administração praticar atos inominados.

E: Incorreta. Trata-se do princípio da impessoalidade, o qual preconiza que a Administração deve tratar a todos os administrados sem discriminações, benéficas ou detrimentosas, de modo que todos os atos da administração devem ser praticados visando à satisfação do interesse público.

GABARITO: D.

---

69. Entre os poderes próprios da Administração, decorrentes do regime jurídico administrativo que lhe atribui determinadas prerrogativas e sujeições, insere-se o poder disciplinar, que:

a) possui, como uma das suas manifestações, o poder-dever de apurar infrações e aplicar penalidades aos servidores públicos, comportando alguma margem de discricionariedade no que concerne à dosimetria das sanções.
b) também alcança os particulares que não possuem vínculo laboral ou contratual com a Administração, coibindo condutas nocivas ou perigosas, como expressão do princípio da supremacia do interesse público sobre o privado.
c) corresponde ao poder dos superiores de proferir ordens a seus subordinados, constituindo expressão da hierarquia, excluídas as aplicações de penalidades, que se inserem no bojo do poder sancionador.
d) constitui o poder de organizar as atividades administrativas, mediante expedição de instruções, portarias, ordens de serviços e outros atos infralegais, decorrendo do poder normativo, exercido nos limites da lei.
e) corresponde à parcela do poder de polícia exercido preventivamente pela Administração, disciplinando o exercício de atividades de particulares que ensejem risco à segurança, saúde ou incolumidade pública.

A: Correta. O poder disciplinar confere à administração pública a competência para punir infrações funcionais de seus servidores, assim como para punir as infrações administrativas cometidas por particulares a ele ligados mediante algum vínculo jurídico específico (ex.: concessionários e permissionários de serviços públicos).

B: Incorreta. O poder disciplinar não alcança os particulares que não possuam algum vínculo jurídico específico de natureza contratual com a Administração. Assim, inexistindo relação contratual a Administração Pública, somente poderá aplicar penalidades ao particular por meio do poder de polícia, o qual se traduz no poder da Administração de impor limitações às liberdades individuais nos limites preestabelecidos na lei.

C: Incorreta. Trata-se do Poder Hierárquico, o qual confere à Administração o poder para distribuir e escalonar as funções de seus órgãos, ordenar e rever a atuação de seus agentes, estabelecendo a relação de subordinação entre os servidores do seu quadro pessoal.

D: Incorreta. Trata-se do Poder Normativo ou Regulamentar, o qual consiste no poder-dever normativo da Administração Pública de editar atos normativos abstratos e gerais (deliberações, instruções, resoluções etc.), entendidos como normas jurídicas infralegais, nos limites da legislação pertinente.

E: Incorreta. O poder de polícia em nada se confunde com o poder disciplinar. Um tem atuação no âmbito interno da Administração Pública (poder disciplinar); já o outro (poder de polícia) atinge os particulares, fora dos quadros da Administração Pública.

GABARITO: A.

70. A atuação da Administração no exercício do poder de polícia, de acordo com os limites do regime jurídico administrativo que a informa:
    a) é dotada de exigibilidade, representada por meios indiretos de coerção, como aplicação de multa, e, quando expressamente previsto em lei, de autoexecutoriedade, que autoriza a Administração a pôr em execução suas decisões, sem necessidade de ordem judicial.
    b) corresponde a atividades de natureza negativa, impondo aos particulares vedações ou restrições no exercício de seus direitos em prol do interesse público, daí porque as atividades positivas, como concessão de licenças e autorizações, escapam a tal atuação, configurando prestação de serviço público.
    c) é exercida exclusivamente mediante atos materiais praticados pela Administração, de conteúdo preventivo ou repressivo, não abrangendo os atos normativos que estabeleçam, em caráter geral e impessoal, restrições ou limitações ao exercício de atividades privadas.
    d) é exercida nos limites e condições autorizados por lei, o que significa que não comporta margem de discricionariedade pela Administração, correspondendo a atos materiais de natureza vinculada e sempre de cunho repressivo.
    e) corresponde apenas à polícia judiciária, responsável pela repressão de crimes e proteção à segurança e à ordem pública, sendo as restrições e limitações às atividades econômicas impostas aos particulares campo reservado à atividade de regulação estatal.

A: Correta. A exigibilidade está presente em todos os atos de poder de polícia; por meio deste atributo, a Administração Pública pode obrigar o particular independentemente de sua concordância e de obtenção de autorização pelo Judiciário, podendo, ainda, utilizar meios indiretos de coação.

Ex.: a imposição de multa a motorista que dirigiu com excesso de velocidade, impedindo também o licenciamento do veículo utilizado enquanto não paga a multa. Por sua vez, a autoexecutoriedade é atributo do poder de polícia que consiste na prerrogativa da administração pública de executar diretamente suas próprias decisões sem necessidade de autorização do Poder Judiciário. Está presente quando a lei determina ou quando a for medida urgente. Garante celeridade e eficiência na atuação administrativa para atingir a finalidade pública.

B: Incorreta. A concessão de licenças e autorizações também comporta um cunho negativo, e o particular tem de satisfazer alguns requisitos para obtê-las. Um exemplo de aspecto positivo de poder de polícia seria a cobrança, por parte do estado, da função social da propriedade, caso em que é exigida a adequada utilização do solo.

C: Incorreta. A atuação do poder de polícia engloba tanto atos materiais (prevenção ou repreensão) quanto atos normativos e concretos (Lei, Decretos, Resoluções, Portarias e Instruções Normativas).

D: Incorreta. Um dos atributos do poder de polícia é a discricionariedade, porque existe um certo grau de liberdade no seu exercício, de modo que a Administração tem liberdade para escolher as atividades a serem "policiadas", bem como a sanção aplicável e o melhor momento de agir.

E: Incorreta. A polícia administrativa é desempenhada por órgãos administrativos de caráter fiscalizador, integrantes dos mais diversos setores de toda a administração pública, ao passo que a polícia judiciária é executada por corporações específicas (Polícia Civil, Polícia Federal e ainda, em alguns casos, a Polícia Militar, sendo que esta última exerce também a função de polícia administrativa).

GABARITO: A.

71. De acordo com o que dispõe a Lei federal nº 9.784, de 1999, que regula o processo administrativo no âmbito federal, aplicada ao Distrito Federal por força da Lei distrital nº 2.834, de 2001, a competência dos órgãos públicos:
    a) não pode ser delegada, salvo em situações excepcionais e devidamente justificadas, em caráter temporário, não importando renúncia da autoridade delegante, que continua exercendo a competência concomitantemente.
    b) pode ser objeto de delegação, parcial ou total, apenas a órgãos subordinados hierarquicamente e vedada a delegação da competência para decisão de recursos.
    c) não pode ser objeto de avocação, salvo em relação à anulação de atos eivados de vício, cuja revisão independe da interposição de recurso, podendo ser procedida de ofício.
    d) deve ser exercida nos limites cometidos por lei, o que não impede a delegação de competência exclusiva do órgão, por diploma infralegal, a órgão hierarquicamente superior.
    e) é irrenunciável, o que não impede a delegação, nas hipóteses previstas em lei, expressamente vedada em relação à edição de atos de caráter normativo.

A: Incorreta. A delegação, em regra, é permitida, sendo vedada apenas a edição de atos de caráter normativo. A decisão de recursos administrativos e as matérias de competência exclusiva do órgão ou autoridade não podem ser objeto de delegação, conforme art. 13 e incisos, da Lei nº 9.784/1999.

B: Incorreta. A competência pode ser objeto de delegação a órgãos não hierarquicamente subordinados, salvo a decisão de recursos, que é vedada, conforme prevê o art. 12, caput, e inciso II, da Lei nº 9.784/1999:

Art. 12 Um órgão administrativo e seu titular poderão, se não houver impedimento legal, delegar parte da sua competência a outros órgãos ou titulares, ainda que estes não lhe sejam hierarquicamente subordinados, quando for conveniente, em razão de circunstâncias de índole técnica, social, econômica, jurídica ou territorial.

C: Incorreta. É possível a avocação temporária de competência atribuída a órgão hierarquicamente inferior, consoante prevê o art. 15, da Lei nº 9.784/1999:

Art. 15 Será permitida, em caráter excepcional e por motivos relevantes devidamente justificados, a avocação temporária de competência atribuída a órgão hierarquicamente inferior.

D: Incorreta. Nos termos do art. 13, inciso III, da Lei nº 9.784/1999, as matérias de competência exclusiva do órgão ou autoridade não podem ser objetos de delegação.

E: Correta. A competência é irrenunciável, contudo tal característica não impede a delegação, salvo nos casos expressamente vedados, conforme se extrai dos arts. 11 e 13 da Lei nº 9.784/1999:

Art. 11 A competência é irrenunciável e se exerce pelos órgãos administrativos a que foi atribuída como própria, salvo os casos de delegação e avocação legalmente admitidos.

Art. 13 Não podem ser objeto de delegação:

I - a edição de atos de caráter normativo;

II - a decisão de recursos administrativos;

III - as matérias de competência exclusiva do órgão ou autoridade.

GABARITO: E.

72. A atuação da Administração pública é informada por princípios inerentes ao regime jurídico administrativo, alguns expressamente previstos na Constituição da República, outros previstos em legislação específica, como a Lei nº 9.784, de 1999 (Lei do Processo Administrativo Federal), entre os quais se insere o princípio da:
    a) eficiência, que passou a constituir corolário da atuação da Administração a partir da edição da Emenda Constitucional nº 20/1998, o que autoriza o afastamento de outros mandamentos constitucionais em prol da sua prevalência.
    b) legalidade, considerado um princípio prevalente sobre os demais, de forma que o ato discricionário praticado de acordo com os critérios fixados em lei dispensa a motivação.

QUESTÕES

c) razoabilidade, cuja aplicação circunscreve os limites da discricionariedade administrativa, demandando a adequada relação entre os meios aplicados e a finalidade pública a ser alcançada.

d) proporcionalidade, que predica o menor sacrifício possível a direitos individuais, interditando a prática de restrições ou limitações de direitos subjetivos sob o pretexto de proteção do interesse coletivo.

e) supremacia do interesse público, cuja invocação, in concreto, afasta a aplicação de outros princípios secundários, como o da publicidade e da motivação.

A: Incorreta. O princípio da eficiência passou a constar expressamente no texto constitucional a partir da Emenda Constitucional nº 19/1998 (não com a EC nº 20/1998), demandando da Administração Pública a atividade com maior presteza, perfeição e rendimento funcional, não autorizando o afastamento de outros mandamentos constitucionais.

B: Incorreta. O motivo constitui pressuposto de fato e de direito que fundamenta a prática do ato, de modo que a regra no ordenamento jurídico brasileiro é a necessidade de motivação de todos os atos ou decisões administrativas, o que significa que a Administração Pública deve sempre deixar expressos os motivos que a levaram a praticar um ato ou a tomar determinada decisão, quer se trate de ato vinculado, quer se trate de ato discricionário. Ademais, vale ressaltar que não há hierarquia entre os princípios, devendo todos serem observados simultaneamente.

C: Correta. O princípio da razoabilidade fundamenta-se nos mesmos preceitos que apoiam constitucionalmente os princípios da legalidade e da finalidade. Possui relação intrínseca com a ideia de proporcionalidade, uma vez que a Administração deve adequar os meios e os fins, a fim de não impor obrigações, restrições e sanções em nível superior às necessárias ao atendimento do interesse público.

D: Incorreta. O princípio da proporcionalidade exige o equilíbrio entre os meios que a administração utiliza e os fins que ela deseja alcançar, segundo os padrões da sociedade, analisando cada caso concreto. Considera, portanto, que as competências administrativas só podem ser exercidas validamente na extensão e intensidade do que seja realmente necessário para alcançar a finalidade do interesse público ao qual se destina.

E: Incorreta. O princípio da supremacia do interesse público não é absoluto, de modo que sua aplicação não afasta os demais princípios correlatos.

GABARITO: C.

73. No que concerne aos elementos do ato administrativo, tem-se que o motivo:
    a) não se insere entre os elementos essenciais do ato administrativo, que são apenas sujeito, objeto e forma, sendo, assim como a finalidade, um atributo do ato.
    b) consiste nos fins colimados pela Administração com a prática do ato, que deve ser, em última instância, o interesse público, sob pena de invalidar o ato por vício de mérito.
    c) corresponde às razões de fato e de direito que fundamentam a prática do ato, sendo que a ausência de motivo ou a indicação de motivo falso permitem a invalidação do ato, inclusive judicialmente.
    d) está presente apenas nos atos discricionários, correspondendo às razões de conveniência e oportunidade para a sua prática, ou seja, o mérito do ato administrativo.
    e) constitui um requisito específico para a prática de atos vinculados, consistente na indicação da subsunção dos requisitos de fato aos condicionantes legais fixados para o ato.

A: Incorreta. O motivo se insere entre os elementos essenciais do ato administrativo, sendo este composto pela competência, finalidade, forma, motivo e objeto.

B: Incorreta. O motivo é a situação, ou seja, as razões de fato e de direito que autorizam a prática/edição do ato administrativo.

C: Correta. O motivo é um dos requisitos do ato administrativo, que corresponde às razões de fato e de direito que fundamentam a prática do ato, sendo que a ausência de motivo ou a indicação de motivo falso permitem a invalidação do ato, inclusive judicialmente.

D: Incorreta. O motivo está presente tanto nos atos discricionários como nos atos vinculados. Ademais, o mérito é composto pelos elementos motivo e objeto.

E: Incorreta. O motivo constitui requisito para qualquer ato administrativo.

GABARITO: C.

74. Ao abordar o conceito de serviço público, diferentes classificações ou categorizações são apresentadas pela doutrina, a depender do prisma de análise, entre as quais se insere a divisão entre serviços públicos exclusivos e não exclusivos do Estado, sendo que:
    a) os exclusivos somente podem ser prestados diretamente pelo Estado, não admitindo exploração por particulares mediante concessão ou delegação.
    b) os não exclusivos são aqueles que podem ser executados pelos particulares mediante autorização do poder público, como os concernentes à saúde e educação.
    c) os não exclusivos são aqueles desempenhados pelo Estado em regime de exploração de atividade econômica, sujeitos à cobrança de tarifa dos usuários.
    d) os exclusivos são prestados em prol de toda a comunidade, ou seja, uti universi, correspondendo àqueles de natureza essencial como segurança pública.
    e) ambos são passíveis de prestação direta pelo poder público ou exploração por particulares mediante concessão ou permissão, sendo os primeiros remunerados por tarifa e os segundos mediante taxa.

A: Incorreta. Os serviços públicos exclusivos, em regra, podem ser prestados pelo Estado, direta ou indiretamente, por meio de concessão ou permissão de serviço público. Contudo, existem exceções, como no serviço postal e correio aéreo nacional, por exemplo, que somente podem ser prestados diretamente pelo Estado, porquanto se configuram como serviços exclusivos, não delegáveis.

B: Correta. Os serviços públicos não exclusivos configuram hipóteses em que o particular poderá exercê-los livremente, mediante autorização do poder público, sob o regime da livre iniciativa, independentemente de delegação estatal. Ex.: educação.

C: Incorreta. Os não exclusivos não cobram tarifa ou taxas, mas sim uma contraprestação referente à sua atuação no mercado privado. Quem cobra tarifa/taxas são as empresas/entidades que prestam serviços divisíveis e não solidários, onde há exclusividade do Estado, mas este o delega ou outorga.

D: Incorreta. Os serviços uti universi são os prestados à coletividade, mas usufruídos indiretamente pelos indivíduos. Esses serviços não são necessariamente exclusivos, como alude a questão (pois a saúde, por exemplo, é um conceito uti singuli de natureza não exclusiva).

E: Incorreta. Apenas os serviços exclusivos são passíveis de descentralização pela concessão/permissão, sendo que as taxas/tarifas não têm relação com a concessão e a permissão em si, mas sim com a divisibilidade do serviço público.

GABARITO: B.

75. O conceito de agente público, na extensão a este atualmente conferida pela Constituição da República, predica que:
    a) os militares, a partir da edição da Emenda Constitucional nº 20/1998, não mais se enquadram na definição de agentes públicos, sujeitos que estão a regime jurídico próprio, diverso dos servidores públicos.

b) os particulares que atuam em colaboração com a Administração, tais como aqueles convocados para prestação de serviço eleitoral, são agentes públicos, na medida em que exercem função pública, embora não se enquadrem na categoria de agente administrativo.

c) são considerados agentes administrativos apenas os detentores de mandato eletivo e seus auxiliares diretos, também denominados agentes políticos, diversamente dos agentes públicos que detêm vínculo funcional com a Administração, denominados servidores públicos.

d) os ocupantes de cargo em comissão de livre nomeação e exoneração, assim como os temporários e os empregados públicos, são considerados agentes administrativos, em contraposição aos ocupantes de cargo efetivo, cuja natureza do vínculo confere apenas a estes últimos a condição de agentes públicos.

e) os agentes políticos ocupantes de cargo efetivo provido por meio de mandato eletivo não são considerados servidores públicos para fins previdenciários, embora se enquadrem na categoria de agentes administrativos.

A: Incorreta. Os militares integram a categoria dos agentes públicos e estão submetidos a regime estatutário definido em legislação própria. Referem às pessoas físicas que prestam serviços às Forças Armadas – Marinha, Exército e Aeronáutica – e às Polícias Militares e Corpos de Bombeiros Militares dos Estados, do Distrito Federal e dos Territórios, que possuem vínculo estatutário sujeito a regime próprio, por intermédio de remuneração paga pelos cofres públicos. Esse regime é definido por legislação própria para militares, que estabelecem normas de ingresso, estabilidade, prerrogativas etc. (art. 142, § 3º, X, e 42, § 1º, da Constituição Federal). Ademais, a EC nº 20/1998 trata do sistema de previdência social, não de regime jurídico próprio para militares.

B: Correta. Os particulares em colaboração com a Administração constituem uma classe de agentes públicos, em regra, sem vinculação permanente e remunerada com o Estado. São chamados também de "agentes honoríficos", exercendo função pública sem serem servidores públicos. Somente são agentes administrativos aqueles que possuem vínculo efetivo com a Administração Pública, de acordo com a Lei nº 8.112/1990. Aqueles convocados para prestação de serviço eleitoral são considerados agentes públicos (agentes honoríficos), porquanto não possuem vínculo efetivo com a Administração Pública.

C: Incorreta. Os agentes públicos englobam as categorias de agentes políticos, servidores públicos, militares e particulares em colaboração com o Poder Público. Dessa forma, os detentores de mandato eletivo e os servidores públicos são agentes públicos.

D: Incorreta. Tanto os ocupantes de cargo em comissão de livre nomeação e exoneração, como os ocupantes de cargos temporários e os empregados públicos, são agentes públicos. Assim, todos os agentes que mantêm relação funcional com o Estado em regime estatutário ou celetista são servidores públicos.

E: Incorreta. Os agentes políticos ocupam cargo eletivo, são representantes do povo, eleitos pelo povo. Assim, os agentes políticos são agentes públicos. Os agentes administrativos, por sua vez, são aqueles que possuem vínculo efetivo com a Administração Pública, com base na Lei nº 8.112/1990.

GABARITO: B.

76. A desconcentração, no âmbito da administração pública, ocorre, por exemplo, na instituição de:
    a) empresa pública.
    b) autarquia.
    c) fundação pública.
    d) sociedade de economia mista.
    e) secretaria executiva.

A desconcentração é técnica administrativa de distribuição interna de competências, que ocorre dentro da estrutura de uma pessoa jurídica, com relação de hierarquia, cujo produto, como regra, consiste na criação de órgãos públicos, os quais são meros centros de competências, sem personalidade jurídica própria. Ademais, a desconcentração pode se dar tanto na administração direta quanto na indireta. Exemplos de desconcentração são os Ministérios da União, as Secretarias estaduais e municipais, as delegacias de polícia, os postos de atendimento da Receita Federal, as subprefeituras, os Tribunais e as Casas Legislativas.

Assim, a instituição de uma secretaria executiva é exemplo de desconcentração, consoante afirmado na alternativa E.

Já as autarquias, fundações públicas, empresas públicas e sociedades de economia mista, decorrem da descentralização, técnica administrativa em que as competências administrativas são distribuídas a pessoas jurídicas autônomas, criadas pelo Estado para tal finalidade, com personalidade jurídica própria.

GABARITO: E.

77. A nomeação para cargo de provimento em comissão representa manifestação do exercício do poder:
    a) discricionário.
    b) disciplinar.
    c) regulamentar.
    d) hierárquico.
    e) de polícia.

A: Correta. O Poder Discricionário consiste no poder que dispõe o administrador público para que, nos limites previstos na lei e com certa parcela de liberdade, adote, no caso concreto, a solução mais adequada para satisfazer o interesse público. Assim, a nomeação e exoneração de agentes ocupantes de cargos em comissão constitui exemplo clássico de exercício do poder discricionário.

B: Incorreta. O Poder Disciplinar consiste no instrumento disponibilizado à Administração Pública para apurar infrações e aplicar penalidades aos servidores públicos e demais pessoas sujeitas à disciplina administrativa.

C: Incorreta. O poder regulamentar é a faculdade privativa dos Chefes do Poder Executivo (Presidente, Governadores e Prefeitos) para elaborar decretos e regulamentos para a fiel execução das leis.

D: Incorreta. Não se trata do poder hierárquico, pois não necessariamente haverá relação de hierarquia e subordinação entre a autoridade que nomeia e o agente que é nomeado. Ademais, o poder hierárquico consiste na prerrogativa que integra a estrutura das pessoas jurídicas da Administração Pública, sejam os entes da Administração Direta ou Indireta. Trata-se de atribuição concedida ao administrador para organizar, distribuir e principalmente escalonar as funções de seus órgãos.

E: Incorreta. O Poder de Polícia é atividade do Estado consistente em limitar o exercício dos direitos individuais em benefício do interesse público. Tem como fundamento o princípio da supremacia do interesse público sobre o privado, uma vez que os interesses da coletividade devem prevalecer sobre os interesses meramente individuais. Além disso, o poder de polícia envolve atividades normativas (criação de leis ou outros atos normativos) e concreta (apreensão de mercadorias, destruição de objetos etc.).

GABARITO: A.

78. Assinale a opção que indica o tipo de agente público que consiste em um grupo de agentes que, mesmo sem ter uma investidura normal e regular, executa uma função pública em nome do Estado.
    a) agente honorífico.
    b) agente político.
    c) agente administrativo.
    d) agente credenciado.
    e) agente de fato.

QUESTÕES

A: Incorreta. Os agentes honoríficos são as pessoas convocadas, designadas ou nomeadas para prestar, transitoriamente, determinados serviços ao Estado, em razão de sua condição cívica, de sua honorabilidade ou de sua notória capacidade profissional, mas sem vínculo empregatício ou estatutário, e geralmente sem remuneração. São exemplos de agentes honoríficos, os jurados, os mesários eleitorais, dentre outros.

B: Incorreta. Os agentes políticos são os integrantes dos mais altos escalões do poder público, aos quais incumbe a elaboração das diretrizes de atuação governamental, e as funções de direção, orientação e supervisão geral da administração pública. São agentes políticos os chefes do Poder Executivo (Presidente da República, governadores e prefeitos), seus auxiliares imediatos (ministros, secretários estaduais e municipais) e os membros do Poder Legislativo (senadores, deputados e vereadores).

C: Incorreta. Os agentes administrativos são aqueles que possuem uma relação funcional com a Administração Pública. Exercem atividade profissional e remunerada e sujeitam-se à hierarquia administrativa e a regime jurídico próprio. São os servidores públicos, os empregados públicos, os contratados temporariamente (excepcional interesse público – art. 37, IX, CF/1988), os ocupantes de cargo em comissão etc.

D: Incorreta. Agentes credenciados são os que recebem da Administração a incumbência de representá-la em determinado ato ou praticar certa atividade específica, mediante remuneração do Poder Público credenciante.

E: Correta. A função de fato configura-se quando a pessoa que pratica o ato está irregularmente investida no cargo, emprego ou função, mas a sua situação tem toda a aparência de legalidade (é o funcionário de fato). O ato praticado por funcionário de fato é considerado válido, precisamente pela aparência de legalidade de que se reveste; cuida-se de proteger a boa-fé do administrado.

GABARITO: E.

79. A respeito do poder de polícia, julgue os itens subsecutivos, de acordo com a jurisprudência do Supremo Tribunal Federal.

   I. Não é válida a instituição de tarifa para remunerar atos administrativos praticados no âmbito do poder de polícia.
   II. A aplicação e cobrança de multa revelam exemplo de exercício do poder de polícia caracterizado pela autoexecutoriedade.
   III. A administração pública pode exercer o poder de polícia tanto por meio de atos normativos, tais quais os atos de consentimento denominados licença e autorização, quanto mediante atos concretos, como no caso das resoluções e instruções.
   IV. É constitucional a atribuição, às guardas municipais, do exercício de poder de polícia de trânsito, inclusive para imposição de sanções administrativas legalmente previstas.

   Estão certos apenas os itens:
   a) I e IV.
   b) II e III.
   c) III e IV.
   d) I, II e III.
   e) I, II e IV.

I: Correto. O tributo que remunera as atividades de poder de Polícia é a taxa e não a tarifa, nos termos do art. 77 do Código Tributário Nacional: Art. 77 As taxas cobradas pela União, pelos Estados, pelo Distrito Federal ou pelos Municípios, no âmbito de suas respectivas atribuições, têm como fato gerador o exercício regular do poder de polícia, ou a utilização, efetiva ou potencial, de serviço público específico e divisível, prestado ao contribuinte ou posto à sua disposição.

II: Incorreto. A aplicação da multa denota a imperatividade do poder de polícia (ato imposto sem a concordância ou anuência do particular) e a sua cobrança não possui autoexecutoriedade, tendo em vista necessário intervenção do poder judiciário para compelir o particular a pagar, entretanto uma doutrina mais moderna do direito administrativo, defende que a multa possui exigibilidade, ou seja, a administração possui meios indiretos para sua cobrança, como por exemplo a não emissão da licença veicular por falta de pagamento da multa.

III: Incorreto. O poder de polícia pode ser observado através de atos normativos (ordem de polícia), entretanto são atos gerais e abstratos. Ademais a licença e autorização são atos negociais e não normativos.

IV: Correto. As guardas municipais, desde que autorizadas por lei municipal, têm competência para fiscalizar o trânsito, lavrar auto de infração de trânsito e impor multas. O STF fixou a tese de que é constitucional a atribuição às guardas municipais do exercício de poder de polícia de trânsito, inclusive para imposição de sanções administrativas legalmente previstas. STF. Plenário. STF. Plenário. RE 658570/MG, rel. orig. Min. Marco Aurélio, redação do acórdão Min. Roberto Barroso, julgado em 6/8/2015 (Info 793).

GABARITO: A.

80. A respeito do uso e do abuso de poder, assinale a opção correta.
   a) O abuso de poder somente pode revestir-se de forma comissiva.
   b) A prática de ato administrativo com abuso de poder será sempre passível de convalidação.
   c) Incorrerá em excesso de poder o administrador público que, buscando prestigiar interesse particular, decretar a desapropriação de determinado imóvel rural sob a alegação de interesse social.
   d) A invalidação da conduta abusiva deve ser realizada por meio de ação judicial, não cabendo a autotutela da administração pública.
   e) A falta de motivo de ato administrativo revela elemento indiciário do desvio de poder.

A: Incorreta. O abuso de poder é a conduta do administrador público eivada de ilegalidade. Pode tanto se dar de forma comissiva como omissiva, porque ambas são capazes de afrontar a lei e causar lesão a direito individual do administrado.

B: Incorreta. Os atos praticados com abuso de poder são nulos quando o vício é de competência quanto à matéria, ou quando se trata de competência exclusiva. Diferentemente, se a hipótese for de vício de competência quanto à pessoa, desde que não se trate de competência exclusiva, o ato praticado com abuso de poder poderá ser convalidado, a critério da administração pública, uma vez preenchidas as demais condições legais.

C: Incorreta. O administrador público, buscando prestigiar interesse particular, decretar a desapropriação de determinado imóvel rural sob a alegação de interesse social, incorre em desvio de poder. Também chamado de desvio de finalidade, o desvio de poder é praticado por agente competente, porém, a finalidade é estranha ao interesse público.

D: Incorreta. A Administração Pública é competente, por meio da autotutela, para anular seus atos quando ilegais e revogar quando inconvenientes e inoportunos.

E: Correta. A motivação insuficiente é uma das diversas condutas do servidor, que permite identificar o ato administrativo editado com desvio de poder. Todos os atos devem possuir motivo, isto é, razões de fato ou de direito para que ensejem a prática do ato. Se não há motivo para que o ato seja praticado, tem-se, então, um indício de que o ato foi praticado para atender a interesses privados do servidor, portanto, com desvio de poder.

GABARITO: E.

81. Assinale a opção que apresenta o princípio constitucional que obriga a administração pública a manter ou ampliar a qualidade dos serviços prestados à população, evitando desperdícios e buscando sempre a máxima excelência na prestação de seus serviços.
   a) princípio da publicidade dos atos da administração pública.
   b) princípio da legalidade.
   c) princípio da impessoalidade.
   d) princípio da moralidade.
   e) princípio da eficiência.

384

A questão aborda os princípios constitucionais regentes da Administração Pública direta e indireta de qualquer dos Poderes da União, dos Estados, do Distrito Federal e dos Municípios, conforme previsão do art. 37, da Constituição Federal:

Art. 37 A administração pública direta e indireta de qualquer dos Poderes da União, dos Estados, do Distrito Federal e dos Municípios obedecerá aos princípios de legalidade, impessoalidade, moralidade, publicidade e eficiência [...].

A: Incorreta. O princípio da publicidade preconiza que a administração deve tornar público seus atos, de modo que a transparência dos atos administrativos tem direta relação com o princípio democrático (art. 1º da CF/1988), possibilitando o exercício do controle social sobre os atos públicos.

B: Incorreta. No Direito Privado prevalece a autonomia da vontade, agindo a lei como um limite à atuação do particular. No Direito Público não existe autonomia da vontade, a lei é o próprio e único fundamento da ação do Estado. A administração só pode fazer o que a lei permite. Assim, o princípio da legalidade impõe que a atuação do administrador depende de prévia previsão legal para ser legítima, ou seja, enquanto na administração particular é lícito fazer tudo o que a lei não proíbe, na Administração Pública só é permitido fazer o que a lei autoriza.

C: Incorreta. O princípio da impessoalidade estabelece que ao administrador é vedado tratar o administrado de forma benéfica ou detrimentosa, significa a ausência de subjetividade no exercício da atividade administrativa. Portanto, o administrador não pode agir pautado em seus interesses pessoais.

D: Incorreta. O princípio da moralidade exige do administrador uma conduta pautada na honestidade, na ética, na probidade, na transparência e na boa-fé. A imoralidade administrativa surge como uma forma de ilegalidade; consequentemente, ao responsável pela prática de atos imorais, é cabível sua responsabilização com base na Lei nº 8.429/1992, que dispõe sobre as sanções aplicáveis aos agentes públicos nos casos de cometimento de improbidade administrativa.

E: Correta. Acrescentado pela Emenda Constitucional nº 19/1998, o princípio da eficiência preconiza uma administração pública menos burocrática. Representa a busca de resultados satisfatórios na prestação dos serviços públicos e, também, o respeito ao princípio da economicidade, ou seja, o equilíbrio entre custo e benefício.

GABARITO: E.

82. Nos termos da CF, a contratação por tempo determinado na administração pública é:
    a) inadmissível.
    b) admitida em épocas eleitorais, haja vista a proibição de nomeação, contratação ou admissão do servidor público nos três meses que antecedem o pleito até à posse dos eleitos.
    c) admitida para atender a necessidade temporária de excepcional interesse público.
    d) admitida em qualquer circunstância, uma vez que não há vedação constitucional.
    e) admitida somente nos casos estabelecidos em lei complementar.

Dispõe o inciso IX do art. 37 da Constituição Federal:

Art. 37 A administração pública direta e indireta de qualquer dos Poderes da União, dos Estados, do Distrito Federal e dos Municípios obedecerá aos princípios de legalidade, impessoalidade, moralidade, publicidade e eficiência e, também, ao seguinte:

IX - a lei estabelecerá os casos de contratação por tempo determinado para atender a necessidade temporária de excepcional interesse público.

Conforme se observa, a CF/1988 admite a contratação temporária para atender a necessidade temporária de excepcional interesse público. Ademais, para a contratação, há a exigência de lei, que no caso, é a Lei nº 8.745/1993. Da análise do dispositivo mencionado, extrai-se que o regime especial de contratação deve atender a três pressupostos:

1. Contrato firmado com prazo determinado;
2. Temporariedade da função; e
3. Excepcionalidade do interesse público.

A: Incorreta. A contratação temporária é admissível.

B: Incorreta. Não é permitida nos 3 meses que antecedem o pleito eleitoral.

C: Correta. Reproduz a hipótese constitucionalmente prevista de contratação temporária.

D: Incorreta. Não é admitida em qualquer circunstância, somente nas hipóteses constitucionalmente previstas.

E: Incorreta. É admitida nos casos estabelecidos em lei ordinária.

GABARITO: C.

83. A Agência de Regulação de Serviços Públicos Delegados do Estado de Rondônia (AGERO), criada mediante lei específica, possui personalidade jurídica própria de direito público, patrimônio e receita próprios, capacidade específica e restrita à sua área de atuação, bem como autonomia administrativa e financeira. A essa agência compete o poder de regulação, controle e fiscalização de serviços públicos delegados, permissionados ou autorizados.

84. Com base no texto anterior, é correto afirmar que a AGERO é exemplo de:
    a) fundação pública.
    b) fundação autárquica.
    c) consórcio público.
    d) autarquia.
    e) empresa pública.

A: Incorreta. A fundação pública é entidade dotada de personalidade jurídica de direito privado, sem fins lucrativos, criada em virtude de autorização legislativa, para o desenvolvimento de atividades que não exijam execução por órgãos ou entidades de direito público, com autonomia administrativa, patrimônio próprio gerido pelos respectivos órgãos de direção, e funcionamento custeado por recursos da União e de outras fontes.

B: Incorreta. As fundações públicas, quando assumem personalidade de direito público, são disciplinadas por regime jurídico idêntico ao das autarquias e, por isso mesmo, recebem a denominação de fundações autárquicas ou autarquias fundacionais. Possuem como atribuição o desempenho de atividades de interesse público.

C: Incorreta. O consórcio público é a união de entes federados para a realização de objetivos e interesses comuns, constituído como associação pública, com personalidade jurídica de direito público e de natureza autárquica, ou como pessoa jurídica de direito privado sem fins econômicos.

D: Correta. A autarquia é a única entidade da administração indireta criada e extinta por lei. A agência de regulação trata-se de autarquia criada com um regime jurídico especial que lhe confere maior autonomia técnica e maiores poderes administrativos para regular determinado setor relevante da sociedade (atividade econômica ou prestação de serviço público).

E: Incorreta. A empresa pública não é criada por lei específica e sim autorizada por lei.

GABARITO: D.

QUESTÕES

85. Assinale a opção que indica o tipo de entidade que é dotada de personalidade jurídica de direito privado, cuja criação é autorizada por lei, sob a forma de sociedade anônima, com capital público e privado, e cujas ações com direito a voto pertencem, em sua maioria, a ente estatal ou entidade da administração indireta.
   a) sociedade de economia mista.
   b) fundação autárquica.
   c) empresa pública.
   d) agência executiva.
   e) fundação pública.

A: Correta. Sociedade de Economia Mista é a entidade dotada de personalidade jurídica de direito privado, autorizada por lei específica para a exploração de atividade econômica, sob a forma de Sociedade Anônima, cujas ações com direito a voto pertencem em sua maioria à União ou à entidade da Administração Indireta.

B: Incorreta. A Fundação pública de direito público (ou fundação autárquica) é pessoa jurídica de direito público, criada por lei específica, cuja finalidade e competências exigem o exercício conjugado de atividades administrativas e serviços públicos privativos, com atividades e serviços públicos não privativos, de natureza social. Assim, as Fundações Públicas de natureza de Direito Público são caracterizadas como verdadeiras Autarquias, razão porque são denominadas, de Fundações Autárquicas ou Autarquias Fundacionais.

C: Incorreta. Empresa Pública é a entidade dotada de personalidade jurídica de direito privado, integrante da administração indireta, com patrimônio próprio e capital exclusivo público, autorizada sua criação por lei para a exploração de atividade econômica que o Governo seja levado a exercer por força de contingência ou de conveniência administrativa, podendo revestir-se de qualquer das formas admitidas no Direito.

D: Incorreta. Agência executiva é a qualificação dada à autarquia ou fundação que tenha celebrado contrato de gestão com o órgão da Administração Direta a que se acha vinculada, para melhoria da eficiência e redução de custos. Não se trata de entidade instituída com a denominação de agência executiva. Trata-se de entidade preexistente (autarquia ou fundação governamental) que, uma vez preenchidos os requisitos legais, recebe a qualificação de agência executiva, podendo perdê-la, se deixar de atender aos requisitos.

E: Incorreta. São entidades dotadas de personalidade jurídica de Direito Privado, sem fins lucrativos, criadas em virtude de autorização legislativa, para o desenvolvimento de atividades que não exijam execução por órgãos ou entidades de Direito Público, com autonomia administrativa, patrimônio gerido pelos respectivos órgãos de direção, e funcionamento custeado por recursos da União e outras fontes. Este é o conceito encontrado no Decreto-lei nº 200/1967. Ex: Fundação Padre Anchieta.

GABARITO: A.

---

86. Julgue os itens a seguir, acerca dos direitos e das garantias fundamentais.
   I. É livre a manifestação do pensamento, inclusive anonimamente.
   II. A intimidade, a vida privada, a honra e a imagem das pessoas são invioláveis, e eventual atentado a esses direitos permite que se busque a indenização pelo dano moral ou material decorrente da violação.
   III. Todos têm direito a receber informações de seu interesse particular dos órgãos públicos, bem como informações de interesse coletivo ou geral. Os pedidos de acesso à informação devem ser atendidos no prazo fixado, sob pena de responsabilidade do agente público. A exceção à regra geral de transparência são as informações cujo sigilo seja imprescindível à segurança da sociedade e do Estado.
   IV. A lei não excluirá da apreciação do Poder Judiciário lesão ou ameaça a direito, salvo se a matéria trazida à apreciação estiver pacificada na jurisprudência dos tribunais superiores – como, por exemplo, em súmula vinculante, repercussão geral ou recurso repetitivo.

Estão certos apenas os itens:
   a) I e II.
   b) I e IV.
   c) II e III.
   d) III e IV.
   e) II, III e IV.

A questão exige conhecimento das disposições do art. 5º, da CF/1988, que trata sobre os direitos e garantias fundamentais.

I: Incorreto. O anonimato é vedado pela Constituição Federal, de modo que a manifestação do pensamento não é absoluta. Assim, prevê o art. 5º, inciso IV - é livre a manifestação do pensamento, sendo vedado o anonimato.

II: Correto. Conforme previsão do art. 5, inciso X, da CF/1988, são invioláveis a intimidade, a vida privada, a honra e a imagem das pessoas, assegurado o direito a indenização pelo dano material ou moral decorrente de sua violação;

III: Correto. É o que se extrai do inciso XXXIII, do art. 5º, da CF/1988: Art. 5º XXXIII - todos têm direito a receber dos órgãos públicos informações de seu interesse particular, ou de interesse coletivo ou geral, que serão prestadas no prazo da lei, sob pena de responsabilidade, ressalvadas aquelas cujo sigilo seja imprescindível à segurança da sociedade e do Estado.

IV: Incorreto. Não há exceção. O art. 5º, inciso XXXV, da CF/1988, é categórico ao dispor que a lei não excluirá da apreciação do Poder Judiciário lesão ou ameaça a direito.

GABARITO: C.

---

87. Uma pessoa fez um investimento de R$ 2.500 em uma aplicação financeira remunerada a juros simples. Após 18 meses, o valor resgatado foi de R$ 2.860. A taxa de juros anual desse investimento foi de:
   a) 9,0%.
   b) 9,38%.
   c) 9,6%.
   d) 14,4%.
   e) 10,03%.

Uma pessoa fez um investimento de R$ 2.500 em uma aplicação financeira remunerada a juros simples. Após 18 meses, o valor resgatado foi de R$ 2.860.

Taxa de juros anual?

$J = C \cdot i \cdot t$

$C = 2.500$

$M = 2.860$

$J = M - C [2.860 - 2.500] = 360$

t anual $= 18/12 = 1,5$ ano

$J = C \cdot i \cdot t$

$360 = 2500 \cdot 1,5i$

i anual $= 9,6\%$

GABARITO: C.

88. O artista visual Rimon Guimarães ficou conhecido por seus murais de cores vibrantes em várias cidades do mundo, como os apresentados a seguir.

Figura I

Mural em Amsterdam (2014).

Figura II

"Preta do Sul", Curitiba (2017).

A Figura I retrata a lateral de um prédio de um conjunto habitacional na periferia de Amsterdam, onde moram imigrantes provenientes das colônias holandesas, na qual o artista pintou um totem gigante de cabeças sobrepostas que lembram afrodescendentes, com seus turbantes e tatuagens coloridas. Ao lado do totem, pintou a figura de um dançarino negro.

A Figura II apresenta o painel pintado na lateral do Centro de Dança do Banco do Brasil, em Curitiba, considerada a cidade mais "europeia" do Brasil. O painel mostra uma mulher negra, com um turbante volumoso, estampado com figuras africanas.

Adaptado de bienalsaopaulo, post no Instagram, 09/07/2021.

Com base nas imagens e no texto, analise as afirmativas a seguir.

I. Os murais marcam a presença negra em espaços onde ela não é considerada expressiva, como em Amsterdã ou no Sul do Brasil.
II. Os murais se inscrevem no espaço público urbano, o que confere visibilidade às obras e possibilitam sua ampla fruição.
III. Os murais projetam, de forma agigantada, referências culturais não eurocêntricas.

Está correto o que se afirma em:

a) I, somente.
b) II, somente.
c) I e III, somente.
d) II e III, somente.
e) I, II e III.

I: Correta. Os murais estão em localizações de população predominantemente branca.

II: Correta. Estão em espaços de grande movimentação de pessoas, o que amplia a sua visibilidade.

III: Correta. Ao destacar os negros em sua obra, Rimon Guimarães traz referências que não têm ligação com as eurocêntricas – o eurocentrismo é uma visão de mundo centrada em valores europeus, colonizadores ou racistas.

GABARITO: E.

89. A renda média domiciliar per capita mede a capacidade de aquisição de bens e serviços dos moradores do domicílio e o índice de Gini mede o grau de concentração de renda em determinado grupo e varia de 0 a 1, sendo 0 uma situação de completa igualdade, e 1 uma situação de completa desigualdade. A respeito da evolução da renda média e da desigualdade no Brasil, na última década, analise os gráficos a seguir.

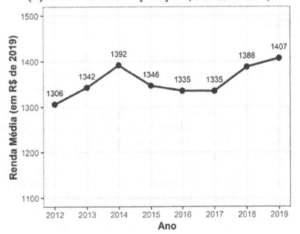

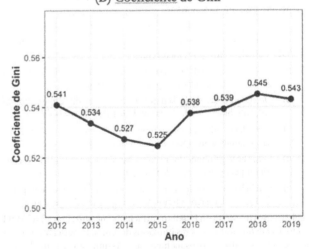

Fonte: Base de dados da PNADC 2012/2019.

Com base nos gráficos, analise as afirmativas a seguir e assinale (V) para a verdadeira e (F) para a falsa.

QUESTÕES

( ) Em 2015, a renda média familiar permaneceu em baixa pelos dois anos seguintes, devido à crise econômica iniciada em 2014, marcada por forte recessão e aumento do desemprego.

( ) A piora na renda e na desigualdade, a partir de 2015, decorreu do rebaixamento da classificação de risco do Brasil, com a desaceleração de investimentos internos e externos.

( ) Em 2018, a recessão pareceu dar lugar ao crescimento, e a apropriação desse crescimento, em especial num cenário de austeridade, é, acentuadamente, favorável aos mais ricos.

Assinale a opção que indica a sequência correta, segundo a ordem apresentada.

a) V – V – F.
b) V – F – F.
c) F – F – V.
d) V – F – V.
e) F – V – V.

Na ordem em que as afirmativas foram apresentadas:

(V) A crise econômica brasileira de 2014 (ou grande recessão brasileira) foi claramente percebida nos anos seguintes, com queda do PIB, alto índice de desemprego e recessão.

(F) A crise de sustentabilidade fiscal elevou o risco-país, o que reduziu o consumo e os investimentos, principalmente em 2015 e 2016.

(V) Em 2018 verificamos o crescimento do PIB, com bom desempenho do consumo das famílias.

GABARITO: D.

90. Leia o trecho selecionado da Declaração Universal sobre Bioética e Direitos Humanos da Unesco (DUBDH), de 2005. A Conferência Geral, refletindo sobre os rápidos avanços na ciência e na tecnologia e reconhecendo que questões éticas suscitadas pelos rápidos avanços na ciência e suas aplicações tecnológicas devem ser examinadas com o devido respeito à dignidade da pessoa humana e no cumprimento e respeito universais pelos direitos humanos e liberdades fundamentais.

Consciente de que os seres humanos são parte integrante da biosfera, com um papel importante na proteção um do outro e das demais formas de vida, em particular dos animais, reconhece, com base na liberdade da ciência e da pesquisa, que os desenvolvimentos científicos e tecnológicos têm sido e podem ser de grande benefício para toda a humanidade.

Considerando que todos os seres humanos, sem distinção, devem se beneficiar dos mesmos elevados padrões éticos na medicina e nas pesquisas em ciências da vida, proclama os princípios a seguir e adota a presente Declaração.

Adaptado de https://bvsms.saude.gov.br/bvs/publicacoes

Com base no texto, a respeito dos princípios que norteiam a DUBDH assinale a afirmativa incorreta.

a) Valoriza a prática da ciência e da pesquisa voltada para o bem-estar de indivíduos, famílias, grupos e comunidades.
b) Defende a observância da dignidade humana e dos direitos humanos, com base nos valores da solidariedade e da cooperação.
c) Considera a ética um marco fundamental para orientar as políticas da comunidade internacional em relação à saúde e ao bem-estar.
d) Reconhece a finitude dos recursos naturais e a necessidade de contribuir para manutenção de um equilíbrio do ecossistema.
e) Estabelece a medicina como um bem individual a ser compartilhado, com base em critérios de hierarquia social e geracional.

A alternativa incorreta é a E, pois os princípios que norteiam a DUBDH estabelecem que todos os seres humanos devem se beneficiar dos mesmos elevados padrões éticos na medicina. Assim, não se trata de bem individual que segue critérios de hierarquias.

GABARITO: E.

91. Entregadores realizam marcha em São Paulo (01/07/2020)

Durante a pandemia, a mobilização dos entregadores de aplicativos levantou um debate sobre suas condições de trabalho em uma economia cada vez mais "uberizada".

A respeito das novas relações de trabalho difundidas pela popularização das plataformas de entrega, analise as afirmativas a seguir e assinale (V) para a verdadeira e (F) para a falsa.

( ) Os entregadores mantêm vínculo trabalhista com as empresas e se mobilizam, mediante o sindicato, para obter cobertura de saúde, em função da periculosidade da função.

( ) As empresas dos aplicativos de entrega possuem grande poder sobre o mercado de trabalho, pois poucas empresas dominam um setor que emprega milhões.

( ) A sociedade enfrenta os desafios que envolvem o novo modelo de entregas por aplicativos e suas consequências para a cidade, o meio ambiente e o estado de bem-estar social.

92. As afirmativas são, na ordem apresentada, respectivamente:
a) F – V – F.
b) F – V – V.
c) V – F – F.
d) V – V – F.
e) F – F – V.

Na ordem em que as afirmativas foram apresentadas:

(F) As empresas afirmam que os associados são autônomos e que trabalham de acordo com a sua disposição e necessidade, de forma que a plataforma funciona apenas como intermédio para auxiliar a comunicação entre as partes. Os trabalhadores ganham por serviço e não têm direito a cobertura de saúde ou férias

(F) Não apenas os aplicativos de entrega, mas os aplicativos em geral geram renda para milhões de pessoas – trabalhadores autônomos, profissionais liberais e outros que têm empregos e complementam a renda com as plataformas.

(V) Entre os desafios estão a regulação do trabalho, a atenção às jornadas de trabalho e aos direitos dos trabalhadores.

GABARITO: E.

93. A Lei nº 8.112/1990 dispõe sobre o regime jurídico dos servidores públicos civis da União, das autarquias e das fundações públicas federais e trata das penalidades disciplinares. Sobre o assunto, analise as afirmativas abaixo:

I. Na aplicação das penalidades serão consideradas a natureza e a gravidade da infração cometida, os danos que dela provierem para o serviço público, as circunstâncias agravantes ou atenuantes e os antecedentes funcionais.

II. O ato de imposição da penalidade mencionará sempre o fundamento legal e a causa da sanção disciplinar.

III. Quando houver conveniência para o serviço, a penalidade de suspensão poderá ser convertida em multa, na base de 100% (cem por cento) por dia de vencimento ou remuneração, ficando o servidor obrigado a permanecer em serviço.

Assinale a alternativa correta.
a) As afirmativas I, II e III estão corretas.
b) Apenas as afirmativas I e II estão corretas.
c) Apenas as afirmativas II e III estão corretas.
d) Apenas as afirmativas I e III estão corretas.
e) Apenas a afirmativa III está correta.

I: Correta. De acordo com o art. 128, da Lei nº 8.112/1990, na aplicação das penalidades serão consideradas a natureza e a gravidade da infração cometida, os danos que dela provierem para o serviço público, as circunstâncias agravantes ou atenuantes e os antecedentes funcionais.

II: Correta. Estabelece o parágrafo único, do art. 128, da Lei nº 8.112/1990, que o ato de imposição da penalidade mencionará sempre o fundamento legal e a causa da sanção disciplinar.

III: Incorreta. A conversão da penalidade de suspensão em multa, poderá se dar na base de 100% (cem por cento) por dia de vencimento ou remuneração. Nesse sentido, é o que estabelece o art. 130, § 2º, da Lei nº 8.112/1990:

Art. 130 § 2º Quando houver conveniência para o serviço, a penalidade de suspensão poderá ser convertida em multa, na base de 50% (cinquenta por cento) por dia de vencimento ou remuneração, ficando o servidor obrigado a permanecer em serviço.

GABARITO: B.

94. No que se refere à prescrição da ação disciplinar, nos termos das disposições da Lei nº 8.112/1990, assinale a alternativa correta:
a) O prazo de prescrição começa a correr da data em que o fato foi praticado.
b) Os prazos de prescrição previstos na lei penal não se aplicam às infrações disciplinares capituladas também como crime.
c) A ação disciplinar prescreverá em 30 (trinta) dias quanto à pena de advertência.
d) Interrompido o curso da prescrição, o prazo começará a correr a partir do dia em que o ato foi praticado.
e) A abertura de sindicância ou a instauração de processo disciplinar interrompe a prescrição, até a decisão final proferida por autoridade competente.

A: Incorreta. Prevê o art. 142, § 1º, da Lei nº 8.112/1990, que o prazo de prescrição começa a correr a partir da data em que o fato se tornou conhecido.

B: Incorreta. Dispõe o art. 142, § 2º, da Lei nº 8.112/1990, que os prazos de prescrição previstos na lei penal aplicam-se às infrações disciplinares capituladas também como crime.

C: Incorreta. Estabelece o art. 142, inciso III, da Lei nº 8.112/1990, que a ação disciplinar prescreverá em 180 (cento e oitenta) dias, quanto à advertência.

D: Incorreta. De acordo com o art. 142, § 4º, da Lei nº 8.112/1990, interrompido o curso da prescrição, o prazo começará a correr a partir do dia em que cessar a interrupção.

E: Correta. Nos termos do art. 142, § 3º, da Lei nº 8.112/1990, a abertura de sindicância ou a instauração de processo disciplinar interrompe a prescrição, até a decisão final proferida por autoridade competente.

GABARITO: E.

95. O abandono de cargo é uma das hipóteses de aplicação da pena de demissão ao servidor público, conforme dispõe a Lei nº 8.112/90. Sobre o assunto, assinale a alternativa correta:
a) O abandono de cargo pode ser configurado pela ausência não intencional, quando ocorrer ausência justificada por mais de 45 (quarenta e cinco) dias.
b) Abandono de cargo e inassiduidade habitual são sinônimos.
c) O abandono de cargo restará configurado quando o servidor faltar ao serviço, sem causa justificada, por 30 (trinta) dias, interpoladamente, durante o período de 12 (doze) meses.
d) Configura abandono de cargo a ausência intencional do servidor ao serviço por mais de 30 (trinta) dias consecutivos.
e) Para configurar abandono de cargo basta 15 (quinze) faltas no período de 12 (doze) meses.

A: Incorreta. O abandono de cargo demonstra ausência intencional do servidor.

B: Incorreta. O abandono de cargo e a inassiduidade habitual são coisas distintas. O primeiro consiste na ausência intencional do servidor ao serviço por mais de trinta dias consecutivos. O segundo se dá com a falta do servidor ao serviço, sem causa justificada, por sessenta dias, interpoladamente, durante o período de doze meses.

C: Incorreta. A falta do servidor, sem causa justificada, interpoladamente, configura inassiduidade habitual, nos termos do art. 139, da Lei nº 8.112/1990:

Art. 139 Entende-se por inassiduidade habitual a falta ao serviço, sem causa justificada, por sessenta dias, interpoladamente, durante o período de doze meses.

D: Correta. De acordo com o art. 138, da Lei nº 8.112/1990, configura abandono de cargo a ausência intencional do servidor ao serviço por mais de trinta dias consecutivos.

E: Incorreta. O abandono de cargo configura-se diante da ausência intencional do servidor por mais de trinta dias consecutivos.

GABARITO: D.

96. No que se refere à aplicação das penalidades disciplinares, conforme previsão na Lei nº 8.112/1990, assinale a alternativa correta.
a) Serão aplicadas pela autoridade que houver feito a nomeação, quando se tratar de destituição de cargo em comissão.
b) Deverão ser aplicadas pelo chefe da repartição, em qualquer hipótese.
c) Não é possível que o Procurador-Geral da República aplique penalidade disciplinar, por falta de previsão legal.
d) A penalidade de advertência apenas poderá ser aplicada pelos Presidentes das Casas do Poder Legislativo e dos Tribunais Federais.
e) A penalidade de suspensão de até 30 (trinta) dias apenas pode ser aplicada pelo Presidente da República.

A: Correta. Prevê o art. 141, inciso IV, da Lei nº 8.112/1990, que as penalidades disciplinares serão aplicadas pela autoridade que houver feito a nomeação, quando se tratar de destituição de cargo em comissão.

B: Incorreta. As penalidades disciplinares serão aplicadas pelo chefe da repartição apenas nos casos de advertência ou suspensão até 30 dias.

Art. 141 As penalidades disciplinares serão aplicadas:

III - pelo chefe da repartição e outras autoridades na forma dos respectivos regimentos ou regulamentos, nos casos de advertência ou de suspensão de até 30 (trinta) dias.

C: Incorreta. Há possibilidade nos casos previstos no art. 141, inciso I, da Lei nº 8.112/1990:

Art. 141 As penalidades disciplinares serão aplicadas:

I - pelo Presidente da República, pelos Presidentes das Casas do Poder Legislativo e dos Tribunais Federais e pelo Procurador-Geral da República,

QUESTÕES

quando se tratar de demissão e cassação de aposentadoria ou disponibilidade de servidor vinculado ao respectivo Poder, órgão, ou entidade.

D: Incorreta. De acordo com o art. 141, inciso III, da Lei nº 8.112/1990:

Art. 141 As penalidades disciplinares serão aplicadas:

III - pelo chefe da repartição e outras autoridades na forma dos respectivos regimentos ou regulamentos, nos casos de advertência ou de suspensão de até 30 (trinta) dias.

E: Incorreta. A penalidade de suspensão de até 30 (trinta) dia será aplicada pelo chefe da repartição, consoante prevê o art. 141, inciso III, da Lei nº 8.112/1990.

GABARITO: A.

97. Maria é servidora pública estatutária, ocupante de cargo efetivo de técnico administrativo em determinada autarquia. Desejando aumentar sua renda mensal, Maria se inscreveu para o concurso público de Coordenador Censitário Subárea do IBGE e foi aprovada em 5º lugar.

Quando Maria compareceu ao órgão para preencher os documentos necessários à sua investidura no novo cargo, foi informada de que, de acordo com a Lei nº 8.112/90, a acumulação dos cargos públicos pretendida é:

a) lícita, desde que haja compatibilidade de horário na jornada de trabalho, seja qual for a autarquia.

b) lícita, desde que haja compatibilidade de horário e seu cargo anterior seja em autarquia federal.

c) lícita, desde que haja compatibilidade de horário e seu cargo anterior seja em autarquia federal ou estadual.

d) ilícita, independentemente de compatibilidade de horário, exceto se seu cargo anterior for em autarquia que exerça atividade estatística, fato que autoriza a acumulação.

e) ilícita, independentemente de compatibilidade de horário e do ente federativo a que estiver vinculada a autarquia de seu cargo anterior.

A: Incorreta. A acumulação é ilícita. Só seria possível se houvesse compatibilidade de horário na jornada de trabalho e Maria ocupasse um cargo técnico ou científico e pretendesse acumular com um cargo de professor.

B: Incorreta. Independentemente da entidade a que Maria é vinculada, a proibição de acumular estende-se a cargos, empregos e funções em autarquias, fundações públicas, empresas públicas, sociedades de economia mista da União, do Distrito Federal, dos Estados, dos Territórios e dos Municípios.

C: Incorreta. A acumulação dos cargos é ilícita, ainda que haja compatibilidade de horário.

D: Incorreta. Ainda que o cargo anterior de Maria seja em autarquia que exerça atividade estatística, tal fato não autoriza a acumulação de cargos.

E: Correta. Ainda que haja compatibilidade de horários, a acumulação não é possível por expressa vedação constitucional.

Art. 37 XVI - é vedada a acumulação remunerada de cargos públicos, exceto, quando houver compatibilidade de horários, observado em qualquer caso o disposto no inciso XI:

a) a de dois cargos de professor;

b) a de um cargo de professor com outro técnico ou científico;

c) a de dois cargos ou empregos privativos de profissionais de saúde, com profissões regulamentadas.

XVII - a proibição de acumular estende-se a empregos e funções e abrange autarquias, fundações, empresas públicas, sociedades de economia mista, suas subsidiárias, e sociedades controladas, direta ou indiretamente, pelo poder público [...].

Veja-se que a pretensão de Maria não se amolda à exceção prevista na Constituição Federal. Assim, a acumulação é ilícita.

GABARITO: E.

98. Joaquim, ocupante do cargo de Coordenador Censitário Subárea do IBGE, nunca sofreu qualquer sanção disciplinar.

No entanto, de acordo com a Lei nº 8.112/90, a Joaquim poderá ser aplicada a penalidade de demissão caso:

a) recuse fé a documentos públicos.

b) revele segredo do qual se apropriou em razão do cargo.

c) oponha resistência injustificada ao andamento de documento e processo ou execução de serviço.

d) ausente-se do serviço durante o expediente, sem prévia autorização do chefe imediato.

e) cometa a pessoa estranha à repartição o desempenho de atribuição que seja de sua responsabilidade.

A: Incorreta. A conduta de recusar fé a documentos públicos é sancionada com pena de advertência, nos termos do art. 117, III, da Lei nº 8.112/1990.

B: Correta. Na hipótese de João revelar segredo do qual se apropriou em razão do cargo, estará sujeito a penalidade de demissão, nos termos do art. 132, da Lei nº 8.112/1990:

Art. 132 A demissão será aplicada nos seguintes casos:

IX - revelação de segredo do qual se apropriou em razão do cargo.

C: Incorreta. A conduta de opor resistência injustificada ao andamento de documento e processo ou execução de serviço, também é sancionada com advertência, consoante previsão do art. 117, IV, da Lei nº 8.112/1990.

D: Incorreta. Trata-se de hipótese em que será aplicada a penalidade de advertência, nos termos do artigo 117, I, da Lei nº 8.112/1990:

Art. 117 Ao servidor é proibido:

I - ausentar-se do serviço durante o expediente, sem prévia autorização do chefe imediato.

E: Incorreta. A conduta prevista no art. 117, inciso VI, da Lei nº 8.112/1990, consistente em cometer a pessoa estranha à repartição, fora dos casos previstos em lei, o desempenho de atribuição que seja de sua responsabilidade ou de seu subordinado, é punida com pena de advertência.

GABARITO: B.

Texto para as próximas 9 questões.

Texto 1A1-I

Estou escrevendo um livro sobre a guerra...

Eu, que nunca gostei de ler livros de guerra, ainda que, durante minha infância e juventude, essa fosse a leitura preferida de todo mundo. De todo mundo da minha idade. E isso não surpreende — éramos filhos da Vitória. Filhos dos vencedores.

Em nossa família, meu avô, pai da minha mãe, morreu no front; minha avó, mãe do meu pai, morreu de tifo; de seus três filhos, dois serviram no Exército e desapareceram nos primeiros meses da guerra, só um voltou. Meu pai.

Não sabíamos como era o mundo sem guerra, o mundo da guerra era o único que conhecíamos, e as pessoas da guerra eram as únicas que conhecíamos. Até agora não conheço outro mundo, outras pessoas. Por acaso existiram em algum momento?

A vila de minha infância depois da guerra era feminina. Das mulheres. Não me lembro de vozes masculinas. Tanto que isso ficou comigo: quem conta a guerra são as mulheres. Choram. Cantam enquanto choram.

Na biblioteca da escola, metade dos livros era sobre a guerra. Tanto na biblioteca rural quanto na do distrito, onde meu pai sempre ia pegar livros. Agora, tenho uma resposta, um porquê. Como ia ser por acaso? Estávamos o tempo todo em guerra ou nos preparando para ela. E rememorando como combatíamos. Nunca tínhamos vivido de outra

QUESTÕES

forma, talvez nem saibamos como fazer isso. Não imaginamos outro modo de viver, teremos que passar um tempo aprendendo.

Por muito tempo fui uma pessoa dos livros: a realidade me assustava e atraía. Desse desconhecimento da vida surgiu uma coragem. Agora penso: se eu fosse uma pessoa mais ligada à realidade, teria sido capaz de me lançar nesse abismo? De onde veio tudo isso: do desconhecimento? Ou foi uma intuição do caminho? Pois a intuição do caminho existe...

Passei muito tempo procurando... Com que palavras seria possível transmitir o que escuto? Procurava um gênero que respondesse à forma como vejo o mundo, como se estruturam meus olhos, meus ouvidos.

Uma vez, veio parar em minhas mãos o livro Eu venho de uma vila em chamas. Tinha uma forma incomum: um romance constituído a partir de vozes da própria vida, do que eu escutara na infância, do que agora se escuta na rua, em casa, no café. É isso! O círculo se fechou. Achei o que estava procurando. O que estava pressentindo.

Svetlana Aleksiévitch. A guerra não tem rosto de mulher. Companhia das Letras, 2016, p. 9-11 (com adaptações).

99. Depreende-se do texto 1A1-I que um dos motivos que levaram à escrita desse livro foi o fato de que:
    a) a pessoa que o escreveu nunca gostou de livros sobre guerra.
    b) a pessoa que o escreveu desejava contar ao mundo os horrores de uma guerra.
    c) a leitura sobre guerra era a preferida de todo mundo daquela época.
    d) o mundo da guerra era o único que a pessoa que o escreveu conhecia.
    e) por acaso, a realidade do mundo à época era a da guerra.

A autora nunca se interessou por livros de guerra, mas depois de adulta resolveu escrever sobre a guerra, pois é a única coisa que ela conhecia, segundo o trecho "Não sabíamos como era o mundo sem guerra, o mundo da guerra era o único que conhecíamos, e as pessoas da guerra eram as únicas que conhecíamos. Até agora não conheço outro mundo, outras pessoas [...]". Posto isso, o mundo da guerra era o único que a pessoa que o escreveu conhecia.

GABARITO: D.

100. Infere-se do texto 1A1-I que:
    a) a vila da infância da escritora era feminina porque todos os homens morreram lutando na guerra.
    b) o pai da escritora contava para ela as histórias que viveu na guerra.
    c) as mulheres da vila, embora fossem tristes, cantavam músicas para se distrair.
    d) a escritora desejava, desde criança, viver em um mundo onde não havia guerra.
    e) o país da escritora venceu a referida guerra, ainda que muitos dos homens da sua família tenham morrido.

A: Incorreta. Nem todos os homens morreram na guerra. A autora mesmo relata que, dos três filhos da avó que foram para a guerra, dois morreram e um voltou, que foi justamente o pai dela.

B: Incorreta. Não era o pai que contava as histórias, mas sim as mulheres, tanto que ela segue essa tradição de escrever um livro também contando sobre a guerra.

C: Incorreta. Elas cantavam para perpetuar a história - "Elas cantam enquanto choram".

D: Incorreta. A autora não sabia nem o que desejar, já que para ela não existia outro mundo.

E: Correta. De acordo com o texto: "E isso não surpreende - éramos filhos da Vitória. Filhos dos vencedores". As pessoas que contavam as histórias eram as que venceram a guerra, por isso "filhos dos vencedores".

GABARITO: E.

101. O texto 1A1-I é predominantemente:
    a) narrativo.
    b) descritivo.
    c) dissertativo.
    d) argumentativo.
    e) expositivo.

A: Correta. A tipologia textual da narrativa tem como propósito contar uma história, na qual se encontram presentes os elementos que seguem: narrador, personagem, tempo, espaço e enredo. As ações narradas partem de uma situação inicial que vai se sucedendo até chegar ao clímax e desfecho. Há predomínio dos tempos verbais no pretérito como o perfeito e imperfeito do indicativo. É comum, em meio à narrativa, ocorrerem outras tipologias, como a descritiva, mas isso não altera a tipologia narrativa predominante. No texto em análise, temos as seguintes características de uma narrativa:

Narrador-personagem em primeira pessoa.

Personagens: a própria autora e o pai dela.

Enredo: descreve a infância da autora e revela o motivo de estar escrevendo um livro sobre a guerra, bem como o que a inspirou a escrever de acordo com as "vozes da própria vida".

Tempo psicológico com cronologia irregular.

Espaço: não definido, mas depreende-se que parte da história se deu na vila onde a personagem viveu sua infância.

B: Incorreta. A descrição faz uso de muitos adjetivos e verbos de ligação, além disso é um texto estático, não há eventos que se sucedem. O texto em análise é dinâmico, tem progressão temporal, pois conta como a autora chegou a escrever um livro sobre guerra, mesmo sem gostar do tema.

C: Incorreta. O texto dissertativo possui uma estrutura que o divide em introdução, desenvolvimento e conclusão. A sequência apresentada é de relação lógica do desenvolvimento e não uma sequência temporal. Os verbos aparecem no presente do indicativo, a linguagem é objetiva e denotativa. Dessa forma, o texto em análise não é dissertativo, pois não apresenta essas características. Ele não pretende informar ou trazer à tona alguma informação a ser debatida, simplesmente conta uma história.

D: Incorreta. No texto dissertativo-argumentativo, o objetivo é, além de informar e expor conceitos, discuti-los, problematizá-los, de modo a criar uma tese e convencer o leitor dessa tese. O propósito maior é persuadir o leitor e convencê-lo de que a tese do autor é válida, assim esse tipo de texto é marcado por operadores e estratégias argumentativas. Não é o caso do texto em análise.

E: Incorreta. O texto dissertativo-expositivo expõe ideias sobre um assunto, com o objetivo de informar, esclarecer. Por esse motivo, nessa estrutura de texto a linguagem busca ser objetiva, impessoal e imparcial. O autor do texto não busca criar debates ou defender teses/opiniões, apenas trazer o que se sabe sobre um determinado assunto. Assim, não se refere ao texto em análise.

GABARITO: A.

102. No segundo parágrafo do texto 1A1-I, a expressão "ainda que" expressa uma:
    a) consequência.
    b) concessão.
    c) oposição.
    d) explicação.
    e) causa.

A: Incorreta. A locução adverbial "apesar de" não é indicativa de consequência. Assim, os livros de guerra serem a leitura preferida de todo mundo não é uma consequência de a autora nunca ter gostado deste tipo de leitura.

391

QUESTÕES

B: Correta. A locução conjuntiva "ainda que" indica uma concessão, responsável por criar uma expectativa de que a ideia contida não oração principal não seria realizada, mas mesmo assim ela ocorre. Outra característica das orações concessivas é o uso dos verbos no modo subjuntivo – sugerindo uma possibilidade que não se realiza. A oração concessiva faz este contraponto, de modo a destacar que o que ocorre na oração principal é uma exceção.

C: Incorreta. Não há a expressão "apesar de" dentre as locuções conjuntivas adversativas. A adversidade construída a partir da oposição pode se assemelhar ao sentido da concessão, mas não é a mesma coisa. Além disso, as conjunções adversativas são usadas em orações coordenadas e não nas subordinadas adverbiais.

D: Incorreta. As locuções conjuntivas explicativas não usam a expressão "apesar de" em suas formações. As orações explicativas apresentam uma justificativa para algo que é sugerido na outra oração.

E: Incorreta. A conjunção causal introduz uma oração que indica a causa para algo que ocorre na oração principal. Não é o caso da oração em análise.

GABARITO: B.

103. A palavra "rememorando", em "E rememorando como combatíamos." (sexto parágrafo do texto 1A1-I) poderia ser substituída, sem prejuízo para os sentidos do texto, por:
a) relembrando.
b) resgatando.
c) reafirmando.
d) exaltando.
e) olvidando.

O verbo "rememorar" vem da palavra "memória", e o prefixo "re" quer dizer "fazer de novo". "Rememorar" quer dizer "lembrar de novo".

A: Correta. Relembrar - lembrar de novo.

B: Incorreta. Resgatar - libertar, liberar.

C: Incorreta. Reafirmar - afirmar de novo.

D: Incorreta. Exaltar - aclamar, louvar.

E: Incorreta. Olvidar - deixar de lembrar.

GABARITO: A.

104. Assinale a opção que contém um trecho do texto 1A1-I em que as formas verbais foram empregadas no mesmo tempo verbal.
a) "Nunca tínhamos vivido de outra forma, talvez nem saibamos como fazer isso".
b) "Não imaginamos outro modo de viver, teremos que passar um tempo aprendendo".
c) "Por muito tempo fui uma pessoa dos livros: a realidade me assustava e atraía".
d) "[...] de seus três filhos, dois serviram no Exército e desapareceram nos primeiros meses da guerra".
e) "Tanto que isso ficou comigo: quem conta a guerra são as mulheres".

A: Incorreta. Tínhamos - pretérito imperfeito do indicativo / Saibamos - presente do subjuntivo.

B: Incorreta. Imaginamos - presente do indicativo / Teremos - futuro do presente do indicativo.

C: Incorreta. Fui - pretérito perfeito do indicativo / Assustava - pretérito imperfeito do indicativo / Atraía - pretérito imperfeito do indicativo.

D: Correta. Serviram e desapareceram estão no pretérito perfeito do indicativo - indicando uma ação que ocorreu em um determinado momento no passado.

E: Incorreta. Ficou - pretérito perfeito do indicativo / Conta - presente do indicativo / São - presente do indicativo.

GABARITO: D.

105. Com relação à pontuação, a correção gramatical do texto 1A1-I seria mantida se:
a) o travessão fosse substituído por vírgula, em "E isso não surpreende — éramos filhos da Vitória" (segundo parágrafo).
b) fosse inserida uma vírgula após "vida", em "Desse desconhecimento da vida surgiu uma coragem" (sétimo parágrafo).
c) fosse inserida uma vírgula após "Pois", em "Pois a intuição do caminho existe" (sétimo parágrafo).
d) fosse inserida uma vírgula após "infância", em "A vila de minha infância depois da guerra era feminina" (quinto parágrafo).
e) a vírgula logo após "mãe" fosse substituída por travessão, em "Em nossa família, meu avô, pai da minha mãe, morreu no front" (terceiro parágrafo).

A: Correta. O travessão é um sinal de pontuação que equivale ao uso da vírgula quando começa um termo explicativo, dando ênfase. Também podem ser inseridas as conjunções "pois" ou "porque".

B: Incorreta. Não se separa o sujeito do verbo.

C: Incorreta. Entre a conjunção e o sujeito não há vírgula, já que a conjunção liga uma oração a outra.

D: Incorreta. "A vila de minha infância, depois da guerra era feminina" - caso houvesse uma vírgula após a palavra "guerra" estaria correta, pois teríamos um adjunto adverbial de tempo. Nesse caso, uma vírgula está incorreta.

E: Incorreta. A palavra "avô" é o sujeito da oração, e foi ele que morreu no front. Nesse caso, a autora explica o tipo de avô, que é o pai da mãe dela. Esse termo é um aposto e ele deve vir entre vírgulas ou entre travessões.

GABARITO: A.

106. Assinale a opção em que o termo apresentado tem a mesma função sintática que "A vila de minha infância" (quinto parágrafo do texto 1A1-I).
a) "a leitura preferida de todo mundo" (segundo parágrafo).
b) "Em nossa família" (terceiro parágrafo).
c) "o mundo da guerra" (quarto parágrafo).
d) "Na biblioteca da escola" (sexto parágrafo).
e) "Por muito tempo" (sétimo parágrafo).

"A vila de minha infância depois da guerra era feminina"

A vila de minha infância - sujeito / depois da guerra - adjunto adverbial de tempo / era - verbo de ligação / feminina - predicativo do sujeito.

A: Incorreta. "[...] essa fosse a leitura preferida de todo mundo" - essa - sujeito / fosse - verbo de ligação / a leitura preferida de todo mundo - predicativo do sujeito.

B: Incorreta. "Em nossa família, meu avô, pai da minha mãe..." - o sujeito não pode começar ou ter preposição. Nesse caso, o sujeito da oração é "meu avô".

C: Correta. "O mundo da guerra era o único que conhecíamos" - O mundo da guerra - sujeito / era - verbo de ligação / o único que conhecíamos - predicativo do sujeito.

D: Incorreta. "Na biblioteca da escola, metade dos livros era sobre a guerra" - Na biblioteca da escola - adjunto adverbial de lugar / metade dos livros - sujeito / era - verbo de ligação / sobre a guerra - predicativo do sujeito.

E: Incorreta. "Por muito tempo fui uma pessoa - Por muito tempo - adjunto adverbial / fui - verbo de ligação / uma pessoa - predicativo do sujeito."

GABARITO: C.

107. Com relação à colocação pronominal, a correção gramatical do texto 1A1-I seria mantida caso, no trecho:
   I.   "Não me lembro de vozes", o pronome "me" fosse deslocado para logo após "lembro": lembro-me.
   II. "Estávamos o tempo todo em guerra ou nos preparando para ela", o pronome "nos" fosse deslocado para logo após "preparando": preparando-nos.
   III. "a realidade me assustava", o pronome "me" fosse deslocado para logo após "assustava": assustava-me.

   Assinale a opção correta.
   a) Apenas o item I está certo.
   b) Apenas o item III está certo.
   c) Apenas os itens I e II estão certos.
   d) Apenas os itens II e III estão certos.
   e) Todos os itens estão certos.

I: Incorreto. O advérbio "não" é atrativo de próclise.

II: Correto. Na locução verbal "Estávamos nos preparando" - verbo auxiliar + verbo principal -, deve-se colocar o pronome após o verbo no infinitivo ou no gerúndio. Não se deve colocar o pronome após o verbo principal no particípio. Nesse caso, o pronome pode ser colocado antes ou depois do verbo.

III: Correto. Como não existe um fator de próclise, pode-se colocar o pronome antes ou depois do verbo.

GABARITO: D.

Texto para as próximas 4 questões.

Texto 1A2-I

A revista The Lancet publicou no dia 14 de julho de 2020 um artigo em que apresenta novas projeções para a população mundial e para os diversos países. Os pesquisadores do Instituto de Métricas e Avaliação de Saúde da Universidade de Washington (IHME, na sigla em inglês) sugerem números para a população humana do planeta em 2100 que são menores do que o cenário médio apresentado em 2019 pela Divisão de População da ONU (que é a referência maior nesta área de projeções demográficas).

Segundo o artigo, o maior nível educacional das mulheres e o maior acesso aos métodos contraceptivos acelerarão a redução das taxas de fecundidade, gerando um crescimento demográfico global mais lento.

Se este cenário acontecer de fato, será um motivo de comemoração, pois a redução do ritmo de crescimento demográfico não aconteceria pelo lado da mortalidade, mas sim pelo lado da natalidade e, principalmente, em decorrência do empoderamento das mulheres, da universalização dos direitos sexuais e reprodutivos e do aumento do bem-estar geral dos cidadãos e das cidadãs da comunidade internacional.

De modo geral, a imprensa tratou as novas projeções como uma grande novidade, dizendo que a população mundial não ultrapassará 10 bilhões de pessoas até o final do século e que, no caso do Brasil, a população apresentará uma queda de 50 milhões de pessoas na segunda metade do corrente século.

Na verdade, isto não é totalmente novidade, pois a possibilidade de uma população bem abaixo de 10 bilhões de pessoas já era prevista. Diante das incertezas, normalmente, elaboram-se cenários para o futuro com amplo leque de variação. A Divisão de População da ONU, por exemplo, tem vários números para o montante de habitantes em 2100, que variam entre 7 bilhões e 16 bilhões.

Internet: <ecodebate.com.br> (com adaptações).

108. De acordo com o texto 1A2-I, o possível crescimento demográfico global mais lento representaria:
   a) um efeito positivo do empoderamento das mulheres, da universalização dos direitos sexuais e reprodutivos e do aumento do bem-estar geral dos cidadãos e das cidadãs da comunidade internacional.
   b) um efeito negativo do empoderamento das mulheres, da universalização dos direitos sexuais e reprodutivos e do aumento do bem-estar geral dos cidadãos e das cidadãs da comunidade internacional.
   c) um efeito positivo já há muito esperado pelos governantes dos países mais populosos do mundo, dada a dificuldade de combate à extrema pobreza nesses locais.
   d) um efeito negativo gerado pela capacidade cada vez mais prejudicada do ser humano de se reproduzir, dados os problemas de saúde que a humanidade vem enfrentando.
   e) um efeito positivo decorrente do movimento feminista em todo o mundo, que promoveu o empoderamento das mulheres.

De acordo com o texto: "[...] em decorrência do empoderamento das mulheres, da universalização dos direitos sexuais e reprodutivos e do aumento do bem-estar geral dos cidadãos e das cidadãs da comunidade internacional" - mesma resposta da alternativa A.

GABARITO: A.

109. Mantendo-se a correção gramatical e a coerência do texto 1A2-I, a expressão "em que", no primeiro período do texto, poderia ser substituída por:
   a) que.
   b) onde.
   c) na qual.
   d) de que.
   e) cujo o qual.

A: Correta. A expressão "em que" é um pronome relativo, que se remete ao substantivo "artigo", motivo pelo qual é equivalente à expressão variável masculina "no qual". Dentro da oração adjetiva, a expressão "em que" exerce a função sintática de adjunto adverbial de lugar, pois corresponde ao "lugar" no qual a revista apresenta as novas projeções.

B: Incorreta. O "lugar" do qual se fala não se refere a lugar físico, por isso não podemos substituir "em que" por "onde".

C: Incorreta. Como já demonstrado, "em que" tem como referente o substantivo "artigo", pois foi neste que a revista apresentou as novas projeções. Se o referente está no masculino singular, o pronome relativo variável deve concordar com seu referente, sendo escrito, da mesma forma, no masculino singular, o que resulta na forma "no qual". A substituição causaria problemas de coerência, uma vez que a expressão "na qual" não concorda com o antecedente (referente textual).

D: Incorreta. A preposição "em" aparece tanto na forma variável (no qual = em + o qual) quanto na forma invariável (em que) dos pronomes relativos. A preposição, por ser uma palavra subordinante, é necessária à construção da locução adverbial. Essa preposição aparece quando se pergunta ao verbo: a revista apresenta as projeções em que lugar / em qual lugar?

Para que uma preposição apareça antes do pronome relativo, é necessário que algum termo da oração adjetiva requisite aquela preposição (seja por regência, seja por alguma outra razão subordinante). Não podemos substituir "em que" por "de que", afinal nenhuma palavra da oração subordinada adjetiva rege ou requer a preposição "de".

E: Incorreta. O pronome relativo "cujo" tem uma função muito específica. Seu uso se restringe a indicar uma relação de posse, aparecendo entre o termo possuidor e o termo possuído.

Logo, o "cujo" não pode ser diretamente substituído por nenhum dos outros pronomes relativos. A mesma lógica pode ser aplicada de modo reverso, ou seja, não podemos substituir "em que" por "cujo".

GABARITO: A.

QUESTÕES

110. A coerência e a correção do texto 1A2-I seriam mantidas caso o verbo "gerando" (segundo parágrafo) fosse substituído por:
a) e gerará.
b) e geraram.
c) o que gerou.
d) o que deve gerar.
e) que vão gerar.

"Segundo o artigo, o maior nível educacional das mulheres e o maior acesso aos métodos contraceptivos acelerarão a redução das taxas de fecundidade, gerando um crescimento demográfico global mais lento".

O verbo "gerando" está na forma reduzida de gerúndio. O sujeito do verbo "gerar" é "o maior nível educacional das mulheres e o maior acesso aos métodos contraceptivos" (sujeito composto), e o verbo "acelerar" está no futuro do presente do indicativo. Dessa forma, a expressão "o que deve gerar" desenvolve a oração reduzida, pois o termo "o" é um aposto resumitivo do termo anterior, enquanto a locução "deve gerar" implica uma hipótese.

GABARITO: D.

111. A palavra "corrente" (final do quarto parágrafo) foi empregada no texto 1A2-I com o mesmo sentido de:
a) novo.
b) atual.
c) futuro.
d) último.
e) próximo.

A palavra "corrente" quer dizer "algo que está em curso".

A: Incorreta. Novo - que é recente, moderno.
B: Correta. Atual - o que acontece agora, recente, corrente.
C: Incorreta. Futuro - é aquilo que está por vir e acontecer.
D: Incorreta. Último - definitivo, irrevogável.
E: Incorreta. Próximo - que está perto.

GABARITO: B.

Texto para as próximas 6 questões.

Texto 1A2-II

Quando a covid-19 começou a se espalhar pelo Brasil em março de 2020 e exigiu a adoção de medidas mais restritivas, especialistas em saúde mental passaram a usar o termo "quarta onda" para se referir à avalanche de novos casos de depressão, ansiedade e outros transtornos psiquiátricos que viriam pela frente.

Mas, contrariando todas as expectativas, os primeiros 12 meses pandêmicos não resultaram em mais diagnósticos dessas doenças: estudos publicados em março de 2021 indicam que os números de indivíduos acometidos tiveram até uma ligeira subida no início da crise, mas depois eles se mantiveram estáveis dali em diante.

Outros achados recentes também apontam que políticas mais extremas como o lockdown, adotadas em vários países e tão necessárias para achatar as curvas de contágio e evitar o colapso dos sistemas de saúde, não resultaram numa piora do bem-estar nem no aumento dos casos de suicídio.

O que as pesquisas mais recentes nos apontam é que, ao menos em 2020, aquela "quarta onda" de transtornos mentais que era prevista pelos especialistas não aconteceu na prática graças à resiliência do ser humano e a despeito de uma piora na qualidade de vida e de um esperado aumento de sentimentos como tristeza, frustração, raiva e nervosismo.

Em todo caso, é preciso destacar que alguns grupos foram mais atingidos que outros, como é o caso dos profissionais da saúde e das mulheres, que precisaram lidar com a sobrecarga de trabalho.

Internet: uol.com.br (com adaptações).

112. Segundo o texto 1A2-II, a "quarta onda" refere-se:
a) ao quarto aumento seguido do número de casos de coronavírus no Brasil.
b) aos problemas mentais que vêm acarretando o suicídio desde o início da pandemia.
c) aos novos casos de depressão, ansiedade e outros transtornos psiquiátricos decorrentes da pandemia de coronavírus.
d) à piora na qualidade de vida e ao aumento de sentimentos, como tristeza, frustração, raiva e nervosismo durante a pandemia.
e) aos casos de depressão, ansiedade e outros transtornos psiquiátricos característicos do modo de vida do século XXI.

A: Incorreta. Não há a informação, no texto, de que haja um quarto aumento de casos de coronavírus no Brasil. Essa alternativa extrapola o texto.

B: Incorreta. Não há menção no texto a casos de suicídio acarretados por problemas mentais. Assim, não é possível fazer relação com o que não consta no texto. De acordo com o texto, as medidas restritivas impostas pela pandemia e problemas mentais não se concretizaram da forma como os especialistas haviam previsto: "[...] políticas mais extremas como o lockdown, [...], não resultaram numa piora do bem-estar nem no aumento dos casos de suicídio."

C: Correta. A expressão "quarta onda" refere-se aos elementos apresentados nesta alternativa. A informação que consta na alternativa está explícita no texto: "[...] o termo "quarta onda" para se referir à avalanche de novos casos de depressão, ansiedade e outros transtornos psiquiátricos que viriam pela frente." A expressão "que viriam pela frente" indica o que está por vir, ou seja, os "novos casos de depressão, ansiedade e outros transtornos psiquiátricos".

D: Incorreta. O texto informa que a "quarta onda" não ocorreu apesar da piora nas condições de vida. A alternativa apresenta elementos opostos ao que a expressão em análise se refere, como se observa em: "[...] 'quarta onda' de transtornos mentais que era prevista pelos especialistas não aconteceu na prática graças à resiliência do ser humano e a despeito de uma piora na qualidade de vida e de um esperado aumento de sentimentos como tristeza, frustração, raiva e nervosismo."

E: Incorreta. A informação apresentada nesta alternativa e que não consta no texto é a relação entre os elementos que ela destaca e o modo de vida do século XXI, uma vez que o texto não menciona nada a respeito disso.

GABARITO: C.

113. De acordo com o texto 1A2-II, as mulheres e os profissionais de saúde:
a) devem ser acompanhados por profissionais da área da saúde para não desenvolverem transtornos mentais sérios em razão da pandemia.
b) fazem parte dos grupos mais atingidos pela pandemia em termos de saúde mental.
c) são os grupos mais propensos a desenvolver algum tipo de transtorno mental.
d) gerenciam melhor sentimentos como tristeza, frustração, raiva e nervosismo.
e) são mais resilientes que os demais indivíduos.

"Em todo caso, é preciso destacar que alguns grupos foram mais atingidos que outros, como é o caso dos profissionais da saúde e das mulheres, que precisaram lidar com a sobrecarga de trabalho".

A: Incorreta. O texto não aborda esse tema.

B: Correta. Existiu uma sobrecarga de trabalho nos grupos das mulheres e dos profissionais da saúde para lidar com o problema da pandemia. No caso das mulheres, por exemplo, tinham de cuidar da limpeza da casa, dos filhos, algumas saíam para trabalhar, enquanto outras trabalhavam em home-office. Os profissionais da saúde passavam vários plantões cuidando dos doentes, de suas casas e de seus filhos.

C: Incorreta. O texto fala sobre os grupos em relação à pandemia.

D: Incorreta. Até pode ser, mas o texto não fala sobre isso.

E: Incorreta. O texto expõe somente que os dois grupos são os mais afetados pela pandemia.

GABARITO: B.

114. Com relação ao emprego dos sinais de pontuação, a correção gramatical e a coerência do texto 1A2-II seriam mantidas caso, no primeiro parágrafo do texto:
    a) fosse empregada uma vírgula após "Brasil".
    b) a conjunção "e" fosse substituída por vírgula (no trecho "e exigiu a adoção").
    c) a expressão "em março de 2020" fosse isolada por vírgulas.
    d) fosse empregada uma vírgula após "saúde mental".
    e) fosse empregado um ponto no lugar da vírgula após "depressão", com a devida alteração da inicial de "ansiedade" para maiúscula.

A: Incorreta. A oração "Quando" vai até a palavra "restritivas". O termo "em março de 2020" é um adjunto adverbial de tempo, logo, deveria ser separado por vírgulas.

B: Incorreta. Não se pode tirar o "e" porque estaria desfazendo a coordenação entre duas orações subordinadas e transformando uma oração subordinada na oração principal da segunda oração.

C: Correta. A expressão "em março de 2020" é um adjunto adverbial de tempo e deve ser isolada por vírgulas.

D: Incorreta. Não se separa sujeito do verbo.

E: Incorreta. Há uma enumeração entre os termos "depressão" e "ansiedade". Dessa forma, devem ser separados por vírgulas.

GABARITO: C.

115. No segundo parágrafo do texto 1A2-II, o pronome "eles" faz referência a:
    a) "os primeiros 12 meses pandêmicos".
    b) "diagnósticos dessas doenças".
    c) "estudos publicados em março de 2021".
    d) "números de indivíduos acometidos".
    e) "indivíduos acometidos".

A: Incorreta. O termo "os primeiros 12 meses pandêmicos" é retomado pelo termo "no início da crise". Essa segunda expressão retoma a primeira, contribuindo para a coesão textual, afinal a locução adverbial "no início da crise" é uma paráfrase para "os primeiros 12 meses pandêmicos".

B: Incorreta. A informação contida na expressão "diagnósticos dessas doenças" é retomada pela a expressão "os números de indivíduos acometidos", afinal só é possível saber o número de indivíduos acometidos por meio do resultado do número de diagnosticados.

C: Incorreta. A expressão "estudos publicados em março de 2021" funciona como sujeito do verbo "indicam", concordando em número com o núcleo desse sujeito.

D: Correta. O pronome "eles" mantém coesão anafórica com "números de indivíduos acometidos". Quando se fala que "eles se mantiveram estáveis", a referência é aos "números de indivíduos diagnosticados com essas doenças". O termo "números" é retomado pelo pronome em destaque.

E: Incorreta. Não há relação entre "diagnósticos dessas doenças" e "números de indivíduos acometidos". O termo "de indivíduos acometidos" funciona como adjunto adnominal de "números". Os "indivíduos acometidos" não têm relação com o "eles". Quando a oração menciona que "eles se mantiveram estáveis", não são os indivíduos acometidos por doenças que se mantiveram estáveis, são os números (desses indivíduos) que se mantiveram estáveis.

GABARITO: D.

116. Em cada uma das opções a seguir, é apresentada uma proposta de reescrita do seguinte trecho do texto 1A2-II: "não resultaram numa piora do bem-estar nem no aumento dos casos de suicídio" (terceiro parágrafo). Assinale a opção cuja proposta de reescrita, além de estar gramaticalmente correta, preserva os sentidos originais do texto.
    a) não aumentaram o bem-estar nem os casos de suicídio.
    b) não pioraram o bem estar nem aumentaram os casos de suicídio.
    c) resultaram a melhora do bem-estar e a diminuição dos casos de suicídio.
    d) não causaram uma piora do bem-estar nem no aumento dos casos de suicídio.
    e) não promoveram uma piora do bem-estar nem o aumento dos casos de suicídio.

As políticas mais extremas, como o lockdown, não resultaram (tiveram como consequência) numa piora do bem-estar nem no aumento dos casos de suicídio.

A: Incorreta. "não resultaram", ou seja, não trouxeram como consequência.

B: Incorreta. As políticas mais extremas, como o lockdown, não vão piorar nem aumentar, mas sim provocar alguma situação. Essa situação é que pode ser a melhora de uma coisa ou a piora de outra. Então, as políticas trouxeram a consequência da piora.

C: Incorreta. "resultaram na melhora" - o verbo "resultar rege a preposição "em". Na verdade, não é que houve a melhora, mas porque não houve piora, assim como os casos de suicídio.

D: Incorreta. não causaram uma piora do bem-estar nem o aumento dos casos de suicídio - o verbo "causar" não pede a preposição "em".

E: Correta. Não promoveram uma piora do bem-estar nem o aumento dos casos de suicídio - é a consequência; não promoveram isto nem aquilo (sem preposição).

GABARITO: E.

117. A expressão "a despeito de" (quarto parágrafo) poderia ser substituída no texto 1A2-II, mantendo-se seu sentido e sua correção gramatical, por:
    a) apesar.
    b) embora.
    c) devido a.
    d) contanto.
    e) apesar de.

A locução conjuntiva "a despeito de" possui sentido de concessão.

A: Incorreta. A locução concessiva é "apesar de", com preposição.

B: Incorreta. Embora - concessiva, mas a correlação verbal estaria incorreta, já que não temos um verbo no subjuntivo.

C: Incorreta. Devido a - causa.

D: Incorreta. Contanto - condição.

E: Correta. Apesar de - locução conjuntiva de concessão.

GABARITO: E.

QUESTÕES

118. O carro de Aldo faz 15 quilômetros com um litro de gasolina, que custa R$ 5, ou 10 quilômetros com um litro de etanol, que custa R$ 3,50. Considerando essas informações, julgue os itens seguintes.

I. O custo do litro do etanol é igual a 70% do custo do litro de gasolina.

II. Se Aldo dispõe de R$ 70 para abastecer o seu carro, ele poderá adquirir 14 litros de gasolina ou 20 litros de etanol.

III. Considerando-se apenas o custo dos combustíveis e o desempenho do carro, anteriormente mencionados, é financeiramente mais vantajoso para Aldo abastecer o seu carro com gasolina do que com etanol.

Assinale a opção correta.

a) Apenas o item II está certo.
b) Apenas os itens I e II estão certos.
c) Apenas os itens I e III estão certos.
d) Apenas os itens II e III estão certos.
e) Todos os itens estão certos.

I: Correto. Calculando 70% do valor da gasolina, temos:

70% de R$5,00 = $\frac{70}{100} \cdot 5 = \frac{7 \cdot 5}{10} = \frac{35}{10} = 3,5$.

De fato, o custo do litro do etanol é equivalente a 70% do custo do litro da gasolina.

II: Correto. Para verificar esse item, divida 70 reais pelo preço do etanol e da gasolina.

70/5 = 14

70/3,5 = 20

De fato, ao abastecer 14 litros de gasolina ou 20 de etanol Aldo gastará apenas R$70,00.

III: Correto. Para verificar este item, multiplique a quantidade de litros encontrada no item anterior de cada combustível e a quilometragem por litro.

14 15 = 210 quilômetros na gasolina

20 10 = 200 quilômetros no etanol

De fato, gastando o mesmo valor de 70 reais poderá andar 210 quilômetros na gasolina e 200 quilômetros no etanol. Logo, é mais vantajoso Aldo abastecer o carro com gasolina.

Portanto, é possível concluir que todos os itens são verdadeiros.

GABARITO: E.

119. Bianca precisou estimar a distância entre o ponto A – correspondente a um domicílio – e o ponto B – correspondente a um estabelecimento comercial – e, para isso, utilizou a seguinte estratégia:

I. ela caminhou do ponto A até o ponto B contando os passos e contabilizou 1.280 passos entre esses dois pontos;

II. em seguida, sabendo que a distância entre os pontos C e D era de 15 metros, ela caminhou do ponto C até o ponto D contando os passos e contabilizou 20 passos;

III. por fim, ela utilizou uma regra de três simples para estimar a distância, em metros, entre os pontos A e B.

Com base nessas informações, considerando-se que Bianca tenha executado seus cálculos corretamente, a estimativa para a distância entre A e B por ela encontrada foi de:

a) 15 metros.
b) 20 metros.
c) 300 metros.
d) 960 metros.
e) 1.280 metros.

Para resolver esta questão, será necessário o domínio de proporcionalidade.

Deseja-se encontrar a distância X entre os pontos A e B.

De acordo com o primeiro item da estratégia, essa distância corresponde a 1280 passos.

Já no segundo item, foi dito que a distância entre os pontos C e D é de 15 metros e a ela foi percorrida com 20 passos.

Dessa forma, através do uso de regra de três simples, tem-se que:

15 m — 20 passos

X m — 1280 passos

Logo,

$20 \cdot X = 15 \cdot 1280$

$20 \cdot X = 19200$

X = 960 m.

GABARITO: D.

120. No desenvolvimento de uma pesquisa, Carlos, agente de pesquisas e mapeamento, durante 20 dias consecutivos, visitou diversos domicílios distintos, de acordo com o seguinte esquema:

- no primeiro dia da pesquisa, Carlos visitou 12 domicílios distintos;
- do segundo ao sétimo dia da pesquisa, Carlos visitou 9 domicílios distintos por dia;
- do oitavo ao vigésimo dia da pesquisa, Carlos visitou 8 domicílios distintos por dia.

Com base nessas informações, julgue os itens seguintes.

I. Para $1 \leq n \leq 20$, denotando-se por dn a quantidade de domicílios visitados por Carlos no n-ésimo dia da pesquisa, tem-se que {d1, d2, ..., d20} é uma progressão aritmética.

II. Para $1 \leq n \leq 20$, denotando-se por tn a quantidade total de domicílios visitados por Carlos desde o primeiro até o n-ésimo dia da pesquisa, tem-se que {t1, t2, ..., t20} é uma progressão aritmética.

III. No âmbito da pesquisa realizada, durante os 20 dias de sua duração, Carlos visitou 170 domicílios distintos.

Assinale a opção correta.

a) Apenas o item III está certo.
b) Apenas os itens I e II estão certos.
c) Apenas os itens I e III estão certos.
d) Apenas os itens II e III estão certos.
e) Todos os itens estão certos.

I: Incorreto. Para ser considerada uma progressão aritmética, é preciso que dois termos consecutivos tenham sempre a mesma diferença. Considere a1 = 12, a2 = 9, a7 = 9, a8 = 8.

a2 – a1 = 9 – 12 = –3 e a8 – a7 = 8 – 9 = –1

II: Incorreto. Para o segundo item, utilize um raciocínio análogo ao utilizado no primeiro item. Considere a1 = 12, a2 = 21, a3 = 30, a7 = 66 e a8 = 74.

Esses números foram encontrados da seguinte forma:

a1 = 12

a2 = 12 + 9 = 21

a3 = 12 + 2 · 9 = 12 + 18 = 30

a7 = 12 + 9 · 6 = 12 + 54 = 66

a8 = 12 + 9 · 6 + 8 = 66 + 8 = 74

a3 – a2 = 30 – 21 = 9 e a8 – a7 = 74 – 66 = 8

Logo, o segundo item também está incorreto.

III: Correto. Para descobrir o total de domicílios, temos:

12 + 9 · 6 + 13 · 8 = 12 + 54 + 104 = 66 + 104 = 170

GABARITO: A.

---

121. Um organismo vivo tem a capacidade de reproduzir-se dividindo-se em dois outros organismos semelhantes a ele. A cada segundo, cada novo organismo gerado amadurece e se reproduz, gerando dois outros organismos. Em certo experimento, em um instante inicial, um desses organismos foi isolado e passou-se a contabilizar a população pn dos organismos gerados a partir daquele que foi isolado, decorridos exatamente n segundos desde o instante inicial.

Nessa situação, supondo-se que no decorrer dos 10 primeiros segundos do experimento nenhum dos organismos pereceu, tem-se que:

a) p10 < 400.
b) 400 ≤ p10 < 600.
c) 600 ≤ p10 < 800.
d) 800 ≤ p10 < 1.000.
e) 1.000 ≤ p10.

Analisando as informações dadas pelo enunciado, temos:

• 1 indivíduo maduro gera 2;

• a cada 1 segundo um organismo amadurece;

• tempo total de 10 segundos.

Além disso, é possível montar a lei de formação do crescimento da população.

T0 = 1

T1 = 2 = 1 · 2¹

T2 = 4 = 1 · 2²

...

TN = 1 · 2N

Calculando o valor da população quando n = 10, temos:

T10 = 1 · 2¹⁰ = 1024

Como pn = p10 = 1024, então 1000 < 1024 = pn

Portanto 1000 ≤ Pn.

Após 10 segundos do experimento, é possível afirmar que a população será maior ou igual a 1000 indivíduos.

GABARITO: E.

---

122. Durante uma coleta de dados, foi observado o seguinte comportamento:

• no dia em que foram iniciadas as observações, cada um dos 20 agentes de pesquisas e mapeamento envolvidos na coleta visitou 10 domicílios distintos;

• no primeiro dia subsequente ao início das observações, apenas 19 agentes participaram da coleta, mas, em compensação, cada um deles visitou 11 domicílios distintos;

• no segundo dia subsequente ao início das observações, apenas 18 agentes participaram da coleta, mas, em compensação, cada um deles visitou 12 domicílios distintos;

• esse padrão foi mantido durante os 10 dias subsequentes ao início das observações, ou seja, para 1 ≤ n ≤ 10, no n-ésimo dia subsequente ao início das observações, a quantidade de agentes envolvidos na coleta caiu para (20 – n), mas, em compensação, cada agente remanescente conseguiu visitar (10 + n) domicílios distintos nesse dia.

123. Com base nessas informações, julgue os itens seguintes.

I. No âmbito dessa coleta de dados, a quantidade de domicílios distintos visitados pelos agentes no dia em que foram iniciadas as observações foi igual à quantidade de domicílios distintos visitados no décimo dia subsequente ao início das observações.

II. A quantidade máxima de domicílios distintos visitados em um único dia foi atingida no quinto dia subsequente ao início das observações.

III. No âmbito dessa coleta de dados, para 1 ≤ n ≤ 10, denotando-se por dn a quantidade de domicílios visitados pelos agentes no n-ésimo dia subsequente ao início das observações, tem-se que {d1, d2, ..., d10} é uma progressão aritmética.

Assinale a opção correta.

a) Apenas o item I está certo.
b) Apenas os itens I e II estão certos.
c) Apenas os itens I e III estão certos.
d) Apenas os itens II e III estão certos.
e) Todos os itens estão certos.

I: Correto. Como cada dia o número de agentes será dado por (20 – n) e a quantidade da casa que cada agente visitará é dado por (10 + n), para achar o total de casa visitadas é só multiplicar (20 – n) por (10 – n).

Além disso, como o décimo dia subsequente, então substitua n por 10.

(20 – 10) (10 + 10) = 10 · 20 = 200

Assim, no décimo dia subsequente serão visitadas a mesma quantidade de casas que no dia que se iniciaram as coletas.

II: Correto. Como foi falado no item anterior, a quantidade de domicílios é dada por:

(20 – n)(10 + n) = 200 + 10n - n²

Por estar lidando com uma função do 2º grau, para achar a quantidade máxima, calcule o x do vértice.

$$xv = \frac{-b}{2a}$$

$$xv = \frac{-10}{2(-1)} = 5$$

Como xv = 5, então de fato, a quantidade máxima de domicílios foi atingida no quinto dia subsequente ao início das observações.

III: Incorreto. Para ser considerada uma progressão aritmética, é preciso que em qualquer dois pontos consecutivos, a diferença entre eles seja igual. Sendo assim, tome a1 = 200, a2 = 209 e a3 = 216.

a1 será o primeiro dia da coleta, a2 o segundo e a3 será o terceiro.

a2 – a1 = 209 – 200 = 9

a3 – a2 = 216 – 209 = 7

GABARITO: B.

---

124. Ao receber uma demanda por equipamentos para coleta de dados, a fábrica Alfa verificou que possuía 40.000 unidades desse equipamento em estoque e que era capaz de produzir 10.000 novas unidades por mês. Assim, a quantidade q desses equipamentos que essa fábrica pode fornecer, em milhares de unidades, decorridos x meses desde a data de recebimento da demanda, pode ser modelada pela função q(x) = 10x + 40. Por outro lado, a necessidade n desses equipamentos, em milhares de unidades, decorridos x meses desde o início das capacitações das equipes de campo, pode ser modelada pela função n(x) = 5x².

Com base nessas informações, considerando-se que o início das capacitações das equipes de campo e o recebimento da demanda pela fábrica Alfa ocorreram no mesmo dia D, conclui-se, de acordo com os modelos propostos, que a necessidade por esses equipamentos

QUESTÕES

irá igualar a quantidade desses equipamentos que pode ser fornecida pela fábrica Alfa quando decorridos:

a) 2 meses desde o dia D.
b) 3 meses desde o dia D.
c) 4 meses desde o dia D.
d) 5 meses desde o dia D.
e) 6 meses desde o dia D.

De acordo com os dados do problema, a fábrica Alfa possuía 40.000 unidades do equipamento em estoque e era capaz de produzir 10.000 unidades por mês.

Deseja-se a quantidade de meses em que a necessidade, modelada por n(x), se iguale a quantidade, modelada por q(x).

Assim:

$n(x) = q(x)$

$5x^2 = 10x + 40$

$5x^2 - 10x - 40 = 0$

Calculando as raízes da equação de segundo grau anterior:

$x = \dfrac{-(-10) \pm \sqrt{(-10)^2 - 4 \cdot 5 \cdot (-40)}}{2 \cdot 5}$

$x = \dfrac{10 \pm \sqrt{100 + 800}}{10}$

$x = \dfrac{10 \pm \sqrt{900}}{10}$

$x = \dfrac{10 \pm 30}{10}$

$x' = \dfrac{10 + 30}{10} = \dfrac{40}{10} = 4$

$x'' = \dfrac{10 + 30}{10} = \dfrac{40}{10} = -2$

Como o valor de meses não pode ser negativo, a segunda raíz não pode ser a solução. Assim, tem-se como resposta que a quantidade de meses em que a necessidade se iguala a quantidade equipamentos é de 4 meses.

GABARITO: C.

125. Considere as funções quadráticas $f(x) = a_1x^2 + b_1x + c_1$ e $g(x) = a_2x^2 + b_2x + c_2$, em que a_1, b_1, c_1, a_2, b_2 e c_2 são constantes, $a_1 > 0$ e $a_2 < 0$. Acerca dessas funções, julgue os itens seguintes, considerando o plano cartesiano usual xOy.

I. O gráfico da função f é uma parábola com concavidade voltada para cima; o gráfico da função g é uma parábola com concavidade voltada para baixo.

II. Os gráficos das funções f e g podem: não possuir pontos em comum; possuir um único ponto em comum; possuir dois pontos distintos em comum.

III. Já que $a_1 > 0$, o gráfico da função f pode não interceptar o eixo Ox, mas necessariamente intercepta o eixo Oy. Por outro lado, já que $a_2 < 0$, o gráfico da função g pode não interceptar o eixo Oy, mas necessariamente intercepta o eixo Ox.

Assinale a opção correta.

a) Apenas o item I está certo.
b) Apenas os itens I e II estão certos.
c) Apenas os itens I e III estão certos.
d) Apenas os itens II e III estão certos.
e) Todos os itens estão certos.

Sejam as duas funções quadráticas:

$f(x) = a_1x^2 + b_1x + c_1$ e $g(x) = a_2x^2 + b_2x + c_2$

Tais que a_1, b_1, c_1, a_2, b_2 e c_2 são constantes, $a_1 > 0$ e $a_2 < 0$.

I: Correto. "O gráfico da função f é uma parábola com concavidade voltada para cima; o gráfico da função g é uma parábola com concavidade voltada para baixo."

Como $a_1 > 0$, $f(x)$ terá concavidade voltada para cima e como $a_2 < 0$, a concavidade de $g(x)$ será voltada para baixo.

II: Correto. "Os gráficos das funções f e g podem: não possuir pontos em comum; possuir um único ponto em comum; possuir dois pontos distintos em comum."

Por não saber os valores dos coeficientes das funções, de fato fica em aberto as seguintes possibilidades: as funções podem possuir dois pontos em comum, podem não possuir nenhum ponto em comum e possuir apenas um ponto.

III: Incorreto. "Já que $a_1 > 0$, o gráfico da função f pode não interceptar o eixo Ox, mas necessariamente intercepta o eixo Oy. Por outro lado, já que $a_2 < 0$, o gráfico da função g pode não interceptar o eixo Oy, mas necessariamente intercepta o eixo Ox."

O coeficiente a não tem relação com a função interceptar ou não o eixo x ou y. O coeficiente a terá a ver com a concavidade e abertura da parábola. O coeficiente c é aquele responsável pela interseção da função com o eixo y.

GABARITO: B.

Texto para as próximas 2 questões.

Texto 1A4-I

Considere que a figura a seguir — que consiste de um retângulo maior subdividido em 45 retângulos menores, no qual estão destacados os pontos A, B e C; ao lado do retângulo maior estão indicadas as direções norte (N), sul (S), leste (L) e oeste (O) — representa um mapa, fora de escala, de parte de uma cidade onde será realizada uma pesquisa domiciliar.

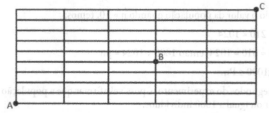

As linhas retas representam as ruas, e os quarteirões são os retângulos menores, que medem 300 metros na direção oeste-leste e 60 metros na direção sul-norte. Durante os trabalhos, cada agente de pesquisas e mapeamento (APM), que sairá necessariamente do ponto A, somente pode caminhar nos sentidos oeste-leste ou sul-norte.

126. Tendo como referência o texto 1A4-I e observando-se a regra de que os deslocamentos apenas podem ser executados nos sentidos oeste-leste ou sul-norte, verifica-se que o número de caminhos distintos que podem ser percorridos por um APM para se deslocar do ponto A ao ponto C, passando pelo ponto B, é igual a:

a) 14.
b) 49.
c) 56.
d) 735.
e) 2.002.

Para resolver esta questão, será necessário o domínio de análise combinatória.

É possível dividir o caminho em duas partes. De A até B e de B até C.

Analisando de A até B, é possível afirmar que mesmo mudando o caminho, o número de movimentos para leste e norte se mantém.

Logo, em todas as possibilidades de A até B, terão 3 movimentos para leste e 4 para norte. $P_7^{3,4} = \dfrac{7!}{3!\,4!} = \dfrac{7 \cdot 6 \cdot 5 \cdot 4!}{3 \cdot 2 \cdot 1 \cdot 4!} = 7 \cdot 5 = 35$.

Utilize o mesmo raciocínio para a segunda parte do caminho. Neste caso, serão 2 movimentos para o leste e 5 movimentos para o norte.

$P_7^{2,4} = \dfrac{7!}{2!\,5!} = \dfrac{7 \cdot 6 \cdot 5!}{2 \cdot 1 \cdot 5!} = 7 \cdot 3 = 21$.

Como o caminho é único, deve-se multiplicar as possibilidades das duas partes, a fim de achar as possibilidades totais.

21 · 35 = 735.

GABARITO: D.

---

127. Ainda com base no texto 1A4-I e considerando-se a regra de que os deslocamentos apenas podem ser executados nos sentidos oeste-leste ou sul-norte, considere que, ao percorrer um caminho entre os pontos A e C, um APM, que olha sempre para a frente, tenha conseguido visualizar, em todo o trajeto por ele executado, uma torre localizada no ponto B com um giro de seu olhar inferior a 180° no sentido anti-horário. Nessa situação, julgue os itens seguintes.

I. O APM deve, necessariamente, iniciar o seu trajeto deslocando-se na direção oeste-leste.

II. Existe mais de um trajeto cumprindo todas as condições impostas que pode ter sido percorrido pelo APM.

III. O trajeto em que o APM, saindo do ponto A, se desloque sempre na direção oeste-leste até ficar diretamente ao sul do ponto C e, em seguida, se desloque na direção sul-norte até chegar ao ponto C atende a todas as condições impostas.

Assinale a opção correta.

a) Apenas o item II está certo.
b) Apenas os itens I e II estão certos.
c) Apenas os itens I e III estão certos.
d) Apenas os itens II e III estão certos.
e) Todos os itens estão certos.

I: Correto. O Agente só vira a cabeça para a esquerda e olha para frente. Portanto, de fato, necessariamente ele precisa sair do ponto A em direção ao Oeste.

II: Correto. Sim, o agente possui vários trajetos que o agente pode cumprir para ver a torre.

III: Correto. Se ele se desloca até ficar ao sul do ponto C, ele consegue ver a torre.

GABARITO: E.

---

128. Considere que, para realizar um conjunto de visitas domiciliares, tenha sido selecionada, de um grupo de 10 APM, uma equipe composta por um supervisor, um coordenador e quatro coletores de informações. Se todos os APM do grupo forem igualmente hábeis para o desempenho de qualquer uma dessas funções, a equipe poderá ser formada de:

a) 151.200 maneiras distintas.
b) 6.300 maneiras distintas.
c) 720 maneiras distintas.
d) 210 maneiras distintas.
e) 70 maneiras distintas.

Para resolver esta questão, será necessário o domínio de combinações.

Como a questão pede uma equipe composta de 1 supervisor, 1 coordenador e 4 coletores. É preciso formar combinações entre as possibilidades e depois multiplicá-las entre si.

Caso queiram 4 coletores, vamos combinar as 10 pessoas em grupos de 4. Restando 6 possibilidades de escolha para o coordenador ou supervisor. Suponha que seja o coordenador, então vamos combinar as 6 pessoas em grupos de 1. E para o supervisor serão 5 pessoas em grupos de 1.

Tome a fórmula da combinação:

$$C_n^m = \dfrac{m!}{n!\,(m-n)!}$$

Substituindo os valores, temos:

$$C_4^{10} \cdot C_1^6 \cdot C_1^5$$

Calculando as combinações separadamente.

$$C_n^m = \dfrac{m!}{n!\,(m-n)!}$$

$$C_4^{10} = \dfrac{10!}{4!\,(10-4)!}$$

$$C_4^{10} = \dfrac{10!}{4!\,6!}$$

$$C_4^{10} = \dfrac{10 \cdot 9 \cdot 7}{3}$$

$$C_4^{10} = \dfrac{630}{3} = 210.$$

$$C_n^m = \dfrac{m!}{n!\,(m-n)!}$$

$$C_1^6 = \dfrac{6!}{1!\,(6-1)!}$$

$$C_1^6 = \dfrac{6!}{1!\,5!}$$

$$C_1^6 = \dfrac{6}{1} = 6.$$

$$C_n^m = \dfrac{m!}{n!\,(m-n)!}$$

$$C_1^5 = \dfrac{5!}{1!\,(5-1)!}$$

$$C_1^5 = \dfrac{5!}{1!\,4!}$$

QUESTÕES

$C_1^5 = \dfrac{5}{1} = 5$.

Juntando os valores encontrados.

$C_4^{10} \cdot C_1^6 \cdot C_1^5 = 210 \cdot 6 \cdot 5 = 6.300$.

Portanto, existem 6.300 maneiras de escolher a equipe.

GABARITO: B.

129. Considere que uma entrevista com 1.000 jovens tenha revelado que:
   - 400 pretendem concluir um curso superior;
   - 800 pretendem se casar;
   - 200 não pretendem concluir curso superior nem se casar.

   Considerando-se que nenhum dos jovens entrevistados deixou de responder à entrevista, é correto afirmar que:
   a) todos os jovens entrevistados que pretendem concluir um curso superior também pretendem se casar.
   b) todos os jovens entrevistados que pretendem se casar também pretendem concluir um curso superior.
   c) a maioria dos jovens entrevistados não pretende concluir curso superior nem se casar.
   d) entre os jovens entrevistados que pretendem se casar, a maioria também pretende concluir um curso superior.
   e) entre os jovens entrevistados que pretendem concluir um curso superior, a maioria não pretende se casar.

Para resolver esta questão, será necessário o domínio de conjuntos.

Tome os seguintes conjuntos:

Superior: 400

Casar: 800

Nada: 200

Dos 1000 entrevistados, 200 não pretendem se casar e concluir um curso superior.

Sendo assim, para achar a quantidade dos que pretendem casar ou/e terminar o superior, temos:

1000 – 200 = 800 (*)

Agora, é preciso analisar se há interseção entre os conjuntos "superior" e "casar".

A união dos conjuntos "superior" e "casar" resulta em 1200 pessoas. No entanto, foi dito anteriormente que só teriam 800 pessoas para casar e/ou terminar o superior, nota-se que existe uma interseção.

A diferença entre a união dos conjuntos e o valor encontrado em (*) dará a quantidade de elementos da interseção.

1200 – 800 = 400

Logo, os entrevistados que pretendem casar e terminar o curso superior será igual a 400.

Sendo assim, terminamos com o seguinte esquema.

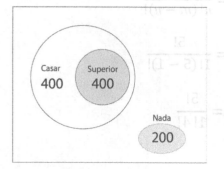

A: Correta. De fato, com base no diagrama desenvolvido, todos do conjunto superior também estão no conjunto casar.

B: Incorreta. Segundo o diagrama, todos os que pretendem concluir o superior também pretendem casar.

C: Incorreta. Os jovens que não pretendem concluir o superior nem se casar não são a maioria.

D: Incorreta. Dos que pretendem se casar, apenas metade pretende concluir o curso superior.

E: Incorreta. Entre os jovens que pretendem concluir o curso superior todos pretendem se casar.

GABARITO: A.

130. Durante a maior parte do ano, apresenta redução dos totais pluviométricos mensais e elevadas temperaturas. A variação sazonal da temperatura média não é tão expressiva, o que leva à formação de áreas em que se observa quedas térmicas pouco expressivas na situação de inverno.

   O texto precedente apresenta as características do clima:
   a) semiárido.
   b) tropical úmido.
   c) equatorial.
   d) subtropical.
   e) tropical.

O clima semiárido é caracterizado por altas temperaturas, baixo índice pluviométrico e baixa variação de temperatura no decorrer do ano. Os invernos são pouco rigorosos, diminuindo as temperaturas mas mantendo o calor e os verões são rígidos e muito quentes, com precipitações esparsas.

O semiárido brasileiro é muito dependente de sua hidrografia, principalmente do rio São Francisco e da atuação da SUDENE (Superintendência de Desenvolvimento do Nordeste) para suprir deficiências do ambiente.

GABARITO: A.

131. Entendemos por domínio morfoclimático e fitogeográfico um conjunto espacial de certa ordem de grandeza territorial onde haja um esquema coerente de feições do relevo, tipos de solo, formas de vegetação e condições climático-hidrológicas. Entre o corpo espacial nuclear de um domínio e as áreas nucleares de outros domínios vizinhos, existe sempre um interespaço de contato, que afeta de modo mais sensível os componentes da vegetação, os tipos de solos e, até certo ponto, as próprias feições de detalhe do relevo regional.

A. Ab'Saber. Domínios de natureza no Brasil. São Paulo: Ateliê Editorial, 2003 (com adaptações).

   Considerando o texto apresentado, assinale a opção que apresenta um exemplo de interespaço de contato em território brasileiro.
   a) agreste.
   b) caatinga.
   c) araucárias.
   d) pradarias mistas.
   e) chapadões tropicais.

As zonas de transição apresentam características de um ou mais domínios morfoclimáticos, o que faz com que sejam ambientes complexos e únicos. Dentre os apresentados nas alternativas, o único que se caracteriza como uma zona de transição é o agreste, que se localiza entre a Zona da Mata e o Sertão nordestino.

GABARITO: A.

132. Os domínios morfoclimáticos são compreendidos como o conjunto de elementos naturais (clima, relevo, vegetação) que se inter-relacionam e formam uma paisagem geográfica. O Brasil apresenta uma diversidade de paisagens naturais.

Assinale a opção correta, a respeito dos domínios morfoclimáticos do Brasil.

a) A Amazônia é um domínio morfoclimático restrito ao território brasileiro.
b) O domínio morfoclimático da caatinga apresenta variações de clima semiárido e árido.
c) O cerrado é um domínio morfoclimático que ocorre na porção central do país, em áreas onde se observam duas estações climáticas bem definidas, uma chuvosa e outra seca.
d) As pradarias que ocorrem na região Sul do Brasil apresentam como característica vegetacional a ocorrência de araucárias, pinheiros e eucaliptos, árvores típicas de clima temperado e subtropical com baixas temperaturas.
e) O domínio dos mares de morros ocorre nas regiões Sul e Sudeste do Brasil tendo como vegetação típica a ocorrência de gramíneas e matas de araucárias.

A: Incorreta. A Amazônia se estende a diversos outros países além do Brasil, entre eles Peru, Bolívia, Equador, Colômbia e Venezuela.

B: Incorreta. O domínio morfoclimático da caatinga é de clima semiárido, também chamado de tropical semiárido.

C: Correta. O cerrado está localizado nos estados de Goiás, Tocantins, Maranhão, Piauí, Bahia, Mato Grosso, Mato Grosso do Sul, Minas Gerais, São Paulo e Distrito Federal e apresenta verões chuvosos e invernos secos muito bem definidos.

D: Incorreta. As pradarias, chamadas de pampas no Brasil, não possuem árvores de grande estatura como araucárias e pinheiros, mas sim vegetações mais baixas e rasteiras.

E: Incorreta. Os mares de morros são encontrados em todo o litoral leste brasileiro, inclusive a porção do nordeste e possui como uma de suas características a ocorrência de florestas e vegetação exuberante.

GABARITO: C.

133. O cartograma precedente tem por tema a distribuição da população brasileira. Cada ponto equivale ao quantitativo de 10 mil habitantes. Acerca desse cartograma, assinale a opção correta.

a) O cartograma representa a distribuição equitativa da população brasileira pelo território.
b) Essa representação indica a quantidade de municípios brasileiros e sua localização no território.
c) Os pontos indicam a concentração de população ao redor da rede rodoviária que integra o território brasileiro.
d) A concentração de pontos representa as áreas densamente povoadas do território nacional, as áreas com menor concentração de pontos são de ocupação rarefeita ou em menor quantidade.
e) Os espaços em branco denotam os vazios de ocupação do território.

A: Incorreta. Não há distribuição equitativa, ou seja, igual em todo o território brasileiro, da população, o que pode ser verificado com os grandes focos de densidade populacional existentes nas regiões sul, sudeste e nordeste.

B: Incorreta. O cartograma apresenta a distribuição da população brasileira em todo o seu território.

C: Incorreta. Não há especificidade no mapa da população amostrada estar ao redor da rede rodoviária nacional.

D: Correta. Os pontos presentes no mapa e explicados na legenda do mapa representam a densidade demográfica da população em determinados locais, sendo os locais que não possuem pontos ou estão muito espalhados demonstram que são pouco povoados.

E: Incorreta. Os espaços em branco demonstram locais que possuem menos de 10.000 habitantes, conforme pode ser observado na legenda do mapa.

GABARITO: D.

134. Nos anos 90 do século passado, o Brasil era reconhecido como nova potência regional na economia do mundo. No ano de 2018, estudos do FMI apontaram o sétimo ano seguido de queda na economia internacional. Em que pese o cenário de crise mundial, pode-se destacar que o Brasil desempenha um papel geopolítico no cenário mundial. Assinale a opção correta acerca da geopolítica brasileira no século XXI.

a) No cenário geopolítico global atual, a China tem exercido uma influência cada vez maior nas relações internacionais do Brasil e em sua balança comercial.
b) O Mercosul, enquanto projeto geopolítico de integração latino-americana, estabeleceu fortes parcerias e relações entre o Brasil e os demais países do bloco, bem como acordos com o NAFTA, OCDE e União Europeia.
c) O crescimento da produção industrial e de commodities da economia brasileira nas últimas décadas tem colocado o Brasil como potência mundial em situação de desenvolvimento tecnológico na denominada economia do conhecimento.
d) A posição de centro financeiro, industrial e econômico na América do Sul reforça o papel do Brasil de potência regional na América do Sul e o papel do bloco geoeconômico Mercosul no cenário global.
e) O Brasil tem ocupado lugar de destaque no cenário geopolítico latino-americano, pois se transformou em um importador de peso da produção de países do Mercosul, o que o coloca como deficitário na balança comercial do bloco.

A: Correta. A China tem desempenhado papel fundamental nas relações internacionais do Brasil, tanto em relações comerciais como políticas, como por exemplo as decisões do BRICS. Além disso, a balança comercial brasileira é positivamente influenciada pela China, que compra grande parte da produção de commodities brasileiras, como a soja, por exemplo.

B: Incorreta. O Mercosul não representa grande força nas decisões geopolíticas brasileiras, principalmente em relação a acordos com outros blocos econômicos, como a União Europeia, que são relações muito mais centradas na diplomacia de cada Estado-nação um com os outros.

QUESTÕES

C: Incorreta. O Brasil não representa os países de destaque no desenvolvimento de tecnologia, muito menos é reconhecido como potência mundial em situação de desenvolvimento tecnológico, como é o caso da Coréia do Sul, por exemplo.

D: Incorreta. O Mercosul não apresenta papel de destaque no cenário global, sendo o Brasil país destaque do bloco, tanto em sua economia como em seu papel no BRICS e como grande exportador de commodities.

E: Incorreta. O Brasil possui uma balança comercial favorável em relação ao bloco Mercosul, mesmo sendo consumidor de diversos produtos dos países-membros do bloco. O Brasil tem papel de destaque no bloco, sendo o principal exportador de produtos industrializados entre os países do Mercosul.

GABARITO: A.

---

135. As migrações de saída e entrada tendo o Brasil como país de referência mostram a diversidade e a complexidade das migrações no século XXI. Enquanto país do Sul Global, o Brasil apresenta diversos movimentos migratórios na escala internacional. Assinale a opção correta relacionada às migrações internacionais que têm o Brasil como espaço de saída ou entrada de migrantes.

    a) O isolamento secular do Brasil em relação à América Latina resultou na pouca presença de brasileiros nos países vizinhos.
    b) A emigração de brasileiros revela equidade em relação às questões de gênero: em geral, há um equilíbrio na saída de homens e mulheres para outros países, principalmente do Norte Global.
    c) O Brasil é um destino de migração que atrai populações de países do sul, como o Haiti, a Venezuela, a Bolívia e uma pluralidade de fluxos provenientes da África.
    d) A entrada de estrangeiros no Brasil tem por destino final as cidades de fronteira ao longo do vasto território brasileiro: no geral, os migrantes estrangeiros buscam cidades do Sul e do Sudeste brasileiros próximas às fronteiras do país.
    e) As cidades médias nos estados do Mato Grosso, Rio Grande do Sul, Santa Catarina e São Paulo têm se tornado atrativas para a entrada de migrantes estrangeiros no Brasil, pois oferecem empregos em larga escala tanto no setor de serviços quanto na agroindústria.

A: Incorreta. O Brasil é um país isolado na América Latina, muito pelo contrário, exerce papel de destaque e liderança em muitos casos que envolvem o continente. Além disso, existem milhares de brasileiros que vivem nos países vizinhos por diversos motivos.

B: Incorreta. Não é possível afirmar que existe equidade nas relações de gênero no Brasil com base nos números de emigração. Essa é uma questão muito mais profunda para que uma amostragem como esta possa sinalizar.

C: Correta. O Brasil é alvo de diversos fluxos migratórios de países que passam por situações socioeconômicas difíceis, além de países que sofrem com conflitos internos. Isso pode ser verificado nos números da imigração ao Brasil e na realidade de países vizinhos como a Venezuela e a situação fronteiriça com esse país.

D: Incorreta. As cidades próximas às fronteiras geralmente não são o destino final dos imigrantes ao Brasil, que se instalam nessas regiões à primeira vista, até terem a possibilidade de partirem para grandes cidades como São Paulo em busca de melhores condições de vida.

E: Incorreta. As cidades médias não possuem grandes ofertas de emprego para os imigrantes, algo que é historicamente verificável como uma realidade das grandes cidades, que possuem uma maior oferta de empregos, principalmente no setor de serviços.

GABARITO: C.

---

136. Nas últimas décadas, a questão migratória no Brasil deixou de concentrar-se apenas no clássico movimento rural-urbano que, nos anos 50 e 60 do século XX, preocupou e mobilizou a maior parte dos estudos. As migrações inter-regional, intrarregional, internacional e as mobilidades pendular (commuting) e sazonal são cada vez mais reconhecidas como faces distintas desse fenômeno demográfico.

    José Marcos Pinto da Cunha. Migração e urbanização no Brasil: alguns desafios metodológicos para análise. São Paulo em perspectiva, A, v. 19, n. 4, p. 3-20, out./dez. 2005 (com adaptações).

A respeito das migrações no Brasil, assinale a opção correta.

    a) A existência de regiões de migração de saída como o Norte e o Nordeste e regiões de atração como o Sul e o Sudeste mantêm na atualidade uma estrutura de distribuição de população desigual pelo território, estabelecida na primeira metade do século XX.
    b) O Brasil atual não é destino final das migrações internacionais, como foi em outros momentos de sua história.
    c) A migração no Brasil ainda mantém uma tendência de esvaziamento do campo e concentração em regiões metropolitanas e cidades médias.
    d) As migrações pendulares são características de metrópoles, sendo um fenômeno ainda não observado na escala das cidades médias e pequenas.
    e) Os movimentos populacionais se estabelecem sob diversas formas, intensidades e escalas no Brasil, desde a escala local até escalas que envolvem diferentes regiões e países.

As migrações no Brasil possuem diversas características distintas entre si. Além de receber diversos imigrantes em seu território, o Brasil apresenta taxas de migrações inter-regional, intrarregional, internacional, pendular e sazonal relevantes em todo o seu território. Por exemplo, as migrações pendulares são realidades em todos os estados da federação, sendo esse um fenômeno recente, assim como as migrações internacionais, que recebem refugiados de diversos países do mundo.

Dessa forma, podemos afirmar que o Brasil é um país com uma grande realidade migratória, sendo a intensidade e formas desses movimentos diferentes entre si.

GABARITO: E.

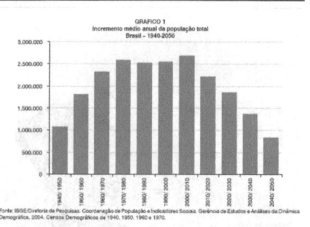

Fonte: IBGE/Diretoria de Pesquisas. Coordenação de População e Indicadores Sociais. Gerência de Estudos e Análises da Dinâmica Demográfica, 2004. Censos Demográficos de 1940, 1950, 1960 e 1970.

137. O gráfico precedente mostra o crescimento populacional no Brasil a partir dos anos 40 do século passado e as tendências a partir do último censo (2010). Considerando os dados do gráfico, assinale a opção correta sobre crescimento populacional.

    a) O crescimento da população brasileira tende a diminuir no século XXI em razão do aumento da expectativa de vida, do envelhecimento da população e da queda drástica das taxas de natalidade.
    b) O crescimento populacional brasileiro apresenta uma tendência de equilíbrio para a primeira metade do século XXI.
    c) No que se refere ao crescimento populacional ao longo do século XX, manteve-se uma distribuição equilibrada entre a população rural e a urbana no Brasil.

d) Na medida em que o Brasil moderniza a sua estrutura produtiva, aumenta-se a expectativa de vida da população brasileira, bem como o ritmo do crescimento vegetativo.

e) O Brasil passou por uma explosão demográfica no século XX e as projeções indicam a continuidade desse processo no século XXI.

A: Correta. Seguindo a lógica dos países desenvolvidos, o Brasil tende a diminuir sua população, ao passo que a expectativa de vida aumenta cada vez mais e as taxas de natalidade diminuem a cada ano, sendo esse número muito mais sensível se comparado entre 1940 e os dias de hoje.

B: Incorreta. O crescimento populacional tende a diminuir na primeira metade do século XXI.

C: Incorreta. O crescimento populacional nas zonas urbanas foi muito maior que nas zonas rurais do Brasil, sendo que esse fator não é unicamente relacionado com as taxas de natalidade, mas também com os fluxos migratórios, por exemplo.

D: Incorreta. Apesar do aumento da expectativa de vida da população brasileira ser influenciada pela modernização de sua estrutura produtiva, o ritmo vegetativo não tende a aumentar em sociedades com maior expectativa de vida, IDH etc.

E: Incorreta. De acordo com o gráfico, no século XXI o Brasil vai passar por um processo de diminuição da população em razão do aumento da expectativa de vida, do envelhecimento da população e da queda drástica das taxas de natalidade.

GABARITO: A.

Texto para as próximas 4 questões.

Texto 1A1-I

O termo "dado de pesquisa" tem uma amplitude de significados que vão se transformando de acordo com domínios científicos específicos, objetos de pesquisas, metodologias de geração e coleta de dados e muitas outras variáveis. Pode ser o resultado de um experimento realizado em um ambiente controlado de laboratório, um estudo empírico na área de ciências sociais ou a observação de um fenômeno cultural ou da erupção de um vulcão em um determinado momento e lugar. Dados digitais de pesquisa ocorrem na forma de diferentes tipos de dados, como números, figuras, vídeos, softwares; com diferentes níveis de agregação e de processamento, como dados crus ou primários, dados intermediários e dados processados e integrados; e em diferentes formatos de arquivos e mídias. Essa diversidade, que vai sendo delineada pelas especificidades de cada disciplina, suas condicionantes metodológicas, protocolos, workflows e seus objetivos, se torna um desafio — pelo alto grau de contextualização necessário — para o pesquisador na sua tarefa de definir precisamente o que é dado de pesquisa de uma forma transversal aos diversos domínios disciplinares.

As definições encontradas nos dicionários e enciclopédias falham em capturar a riqueza e a variedade dos dados no mundo da ciência ou falham em revelar as premissas epistemológicas e ontológicas sobre as quais eles são baseados. Na esfera acadêmica, grande parte das definições são uma enumeração de exemplos: dados são fatos, números, letras e símbolos. Listas de exemplos não são verdadeiramente definições, visto que não estabelecem uma clara fronteira entre o que inclui e o que não inclui o conceito.

Luis Fernando Sayão; Luana Farias Sales. Afinal, o que é dado de pesquisa? In: Biblos: Revista do Instituto de Ciências Humanas e da Informação, Rio Grande. v. 34, n. 02, jul.-dez./2020, p.32-33. (com adaptações).

138. De acordo com o texto 1A1-I:
a) a noção de "dado de pesquisa" é relativa e varia conforme os domínios do conhecimento.
b) a variação nos tipos de dados de pesquisa demonstra uma atividade científica intensa e diversificada.
c) uma definição unificada para o termo "dado de pesquisa" exige integração entre as diferentes áreas do saber.

d) dados são definidos como listas particulares elaboradas pelos pesquisadores em suas respectivas áreas de conhecimento.

e) da ausência de uma compreensão precisa do conceito de "dado de pesquisa" em dicionários e em enciclopédias deriva a ideia de que tudo é um dado de pesquisa.

Segundo o autor, temos: "O termo 'dado de pesquisa' tem uma amplitude de significados que vão se transformando de acordo com domínios científicos específicos, objetos de pesquisas, metodologias de geração e coleta de dados e muitas outras variáveis", ou seja, não é possível limitar o conceito de dados de pesquisa. Ele pode ser qualquer tipo de resultado científico obtido por meio da investigação de um objeto de pesquisa.

A: Correta. A oração em questão nos traz a relatividade do conceito de dado de pesquisa.

B: Incorreta. No texto existe a informação de que há uma variação grande em relação ao que se considera como dado de pesquisa, mas não se informa que essa variação está associada a uma atividade científica intensa.

C: Incorreta. Não há uma proposta de integração entre diferentes áreas do saber para se construir uma definição unificada.

D: Incorreta. As listas particulares elaboradas pelos pesquisadores podem configurar com alguns exemplos de dados de pesquisa, tendo em vista a enorme variedade do que se possa considerar como tal.

E: Incorreta. Sobre dicionários e enciclopédias, o que se menciona no texto é que esses elementos apresentam definições muito limitadas do que sejam os dados de pesquisa.

GABARITO: A.

139. No primeiro parágrafo do texto 1A1-I, predomina a tipologia textual:
a) argumentativa.
b) descritiva.
c) expositiva.
d) instrucional.
e) narrativa.

A: Incorreta. Um texto dissertativo-argumentativo é aquele no qual o autor expõe sobre determinado tema e também a sua opinião a respeito, assim ele tenta convencer o leitor a concordar com ele por meio de argumentos. No trecho em análise, o objetivo é informar que a expressão "dado de pesquisa" é multiconceitual e que isso dificulta o trabalho do pesquisador.

B: Incorreta. O texto descritivo tem o objetivo de detalhar, caracterizar algo (ou alguém). Não há tempo, não há antes e depois. As coisas acontecem ao mesmo tempo. Assim, os textos descritivos são marcados pela simultaneidade. Não é o que acontece no trecho em análise.

C: Correta. Na verdade, a tipologia predominante no texto inteiro é a expositiva, mas, no primeiro parágrafo, essa tipologia é ainda mais forte. O texto dissertativo-expositivo é aquele que apenas fala sobre algo, sem emitir juízo de valor. É, geralmente, um texto meramente informativo. O primeiro parágrafo do texto diz que o termo "dado de pesquisa" possui inúmeros significados, o que é um fato e não uma opinião. Em seguida, os autores apresentam exemplos do que pode ser considerado um dado de pesquisa. Por fim, dizem que tal diversidade conceitual é um desafio para pesquisadores na hora de definir dado de pesquisa, o que é lógico. Se uma expressão possui muitos sentidos, é difícil definir precisamente o que é "dado de pesquisa".

D: Incorreta. Texto instrucional ou injuntivo é aquele que dá instruções, que diz o passo a passo para o leitor realizar uma tarefa ou ação.

E: Incorreta. O texto narrativo "conta uma história". Mostra uma evolução cronológica. Normalmente, os tempos verbais utilizados são o presente ou o pretérito perfeito. No texto narrativo, há personagens e, também, um enredo. O tempo pode ser cronológico ou psicológico.

GABARITO: C.

QUESTÕES

140. A locução "visto que" (último período do texto) é usada no texto 1A1-I com o mesmo sentido que:
a) mesmo que.
b) de modo que.
c) se bem que.
d) sempre que.
e) uma vez que.

A: Incorreta. Concessiva.

B: Incorreta. Consecutiva.

C: Incorreta. Concessiva.

D: Incorreta. Temporal.

E: Correta. A locução conjuntiva "visto que" é uma subordinada adverbial causal, assim como as locuções conjuntivas "porque, que, pois que, porquanto, uma vez que, já que, desde que…".

GABARITO: E.

---

141. No último período do primeiro parágrafo do texto 1A1-I, seriam mantidas a coerência e a ideia expressa no texto caso o vocábulo "delineada" fosse substituído por:
a) sintetizada.
b) objetivada.
c) limitada.
d) determinada.
e) planejada.

Para a análise dessa questão, é preciso encontrar um sinônimo para a palavra "delineada" no contexto em que se insere. De acordo com o texto, a expressão "dado de pesquisa" pode ter uma ampla variedade de significações. O texto afirma ainda que essa diversidade de significados que vai sendo "delineada" pelas especificidades de cada disciplina, delineia, descreve, determina a variedade de conceitos.

A: Incorreta. "Sintetizar" é "resumir". "Delineada", no contexto, não é sinônimo de "resumida".

B: Incorreta. "Objetivada" é sinônimo de "pretendida" e não condiz com o vocábulo em análise.

C: Incorreta. "Limitar" é "restringir". No texto, a palavra "delineada" é empregada com sentido oposto ao de "restrição". É justamente o fato de cada disciplina ser específica que existe uma variedade de conceitos para o termo "dado de pesquisa".

D: Correta. "Delineada", no contexto, é sinônimo de "determinada". Vejamos: "Essa diversidade, que vai sendo delineada pelas especificidades de cada disciplina, suas condicionantes metodológicas, protocolos, workflows e seus objetivos, se torna um desafio […]".

A diversidade de conceitos vem sendo delineada, determinada, definida pelas especificidades de cada disciplina.

E: Incorreta. "Planejada" pode ser sinônimo de "delineada", mas não no contexto do texto.

GABARITO: D.

Texto para as próximas 3 questões.
Texto 1A1-II

O conhecimento científico é muito frequentemente associado à formação escolar. Por conta disso, existe uma tendência a restringir o conhecimento oferecido pela ciência a determinadas esferas da vida. Nada mais limitante. A ciência versa sobre a maioria dos assuntos relacionados à nossa existência, inclusive aqueles raramente associados ao tema.

A má compreensão da abrangência da ciência leva a outras questões, como o argumento de que o conhecimento científico deixa a beleza do universo diminuída, fria, distante, pois a fragmenta e a torna asséptica.

Isso pode ajudar a explicar por que as pessoas raramente associam o estudo de um assunto como o amor à ciência. Uma eventual concepção de incompatibilidade entre o conhecimento científico e os mais diferentes temas que dizem respeito à vida cotidiana não faz sentido.

A maioria das pessoas subestima o alcance e as possibilidades que uma visão científico-racional de mundo possui. Um olhar cético para o mundo pode permitir a redução dos preconceitos, mais tolerância a visões políticas e ideológicas divergentes, maior diálogo e consideração constante de que sua compreensão pode ser equivocada ou incompleta. Mas, ao mesmo tempo, esse exercício permite reconhecer que, ainda que falha, a compreensão válida naquele momento é a melhor possível à disposição.

Ronaldo Pilati. Ciência e pseudociência: por que acreditamos naquilo em que queremos acreditar. São Paulo: Editora Contexto, 2018, p. 26-8 (com adaptações).

142. Conforme o texto 1A1-II, o conhecimento científico:
a) é incompatível com temas do cotidiano.
b) é habitualmente associado a um contexto específico.
c) torna a vida inexpressiva e feia.
d) centra-se em combater preconceitos e intolerância.
e) oferece a melhor visão possível do mundo à disposição na atualidade.

De acordo com o texto, "O conhecimento científico é muito frequentemente associado à formação escolar. Por conta disso, existe uma tendência a restringir o conhecimento oferecido pela ciência a determinadas esferas da vida. Nada mais limitante". Desse modo, pode-se notar que o conhecimento científico é habitualmente associado a um contexto específico.

GABARITO: B.

---

143. No trecho "A maioria das pessoas subestima o alcance e as possibilidades que uma visão científico-racional de mundo possui. Um olhar cético para o mundo pode permitir a redução dos preconceitos, mais tolerância a visões políticas e ideológicas divergentes, maior diálogo e consideração constante de que sua compreensão pode ser equivocada ou incompleta.", do texto 1A1-II, o pronome "sua" refere-se a:
a) "A maioria das pessoas".
b) "o alcance e as possibilidades que uma visão científico-racional de mundo".
c) "o mundo".
d) "preconceitos".
e) "visões políticas e ideológicas divergentes".

A: Correta. Para encontrar a quem se refere o pronome "sua", fazemos a pergunta: a compreensão de quem pode estar equivocada? A compreensão da maioria das pessoas. É por isso que o conhecimento científico é importante. Ele permite que as pessoas reflitam sobre sua compreensão a respeito de muitas coisas e percebam que ela pode estar equivocada ou incompleta.

B: Incorreta. "[…] o alcance e as possibilidades que uma visão científico-racional de mundo possui […]" é o que a maioria das pessoas subestima. O alcance e as possibilidades de uma visão científico-racional de mundo proporcionam às pessoas uma melhor compreensão de mundo.

C: Incorreta. Vejamos uma reescrita do trecho em análise.

A maioria das pessoas subestima o alcance e as possibilidades que uma visão científico-racional de mundo possui. Um olhar cético [das pessoas] para o mundo pode permitir a redução dos preconceitos [das pessoas], mais tolerância a visões políticas e ideológicas divergentes [por parte das pessoas], maior diálogo [entre as pessoas] e consideração constante de que sua compreensão [das pessoas] pode ser equivocada ou incompleta.

Portanto, o pronome em análise não se refere ao "mundo".

D: Incorreta. O texto afirma que um olhar cético para o mundo pode permitir maior diálogo e consideração constante de que a consideração da maioria das pessoas está equivocada ou incompleta.

E: Incorreta. O texto afirma que visões políticas e ideológicas diferentes podem ser combatidas/reduzidas por meio de um olhar cético para o mundo.

GABARITO: A.

144. Em cada uma das opções a seguir, é apresentada uma proposta de reescrita para o seguinte trecho do texto 1A1-II: "A má compreensão da abrangência da ciência leva a outras questões, como o argumento de que o conhecimento científico deixa a beleza do universo diminuída, fria, distante, pois a fragmenta e a torna asséptica.". Assinale a opção que apresenta uma proposta de reescrita gramaticalmente correta e que mantém o sentido original do texto.
    a) O argumento de que o conhecimento científico deixa a beleza do universo diminuída, fria, distante, pois a fragmenta e torna asséptica, é uma das questões advindas da má compreensão da abrangência da ciência.
    b) A abrangência da ciência leva à má compreensão de outras questões, como a discussão a respeito de que o conhecimento científico deixa a beleza do universo diminuída, fria, distante, pois fragmenta e a torna asséptica.
    c) Por fragmentar e tornar asséptica a beleza do universo, diminuída, fria e distante, o conhecimento científico é o argumento que engloba outras questões trazidas pela má compreensão da abrangência da ciência.
    d) O conhecimento científico deixa a beleza do universo diminuída, fria, distante, fragmentando-a e tornando-a asséptica por ser uma das questões trazidas pela má compreensão da abrangência da ciência.
    e) A compreensão ruim da ciência leva a questões outras como o argumento de que a beleza do universo fica diminuída, fria e distante, fragmentada e asséptica com o conhecimento científico.

A: Correta. A reescritura da oração está certa.

B: Incorreta. Não é a abrangência da ciência que leva à má compreensão de outras questões, mas sim a má compreensão da abrangência da ciência que leva a outras questões.

C: Incorreta. Esse argumento não "engloba" as outras questões, ele é uma das questões.

D: Incorreta. Isso não acontece porque ele é uma das questões, pois ele é apenas uma das questões ("por ser" está incorreto).

E: Incorreta. O conhecimento científico deixa a beleza do universo diminuída, fria, distante.

GABARITO: A.

Texto para as próximas 6 questões.

Texto 1A2-I

Este artigo questiona a informação histórica de que o Brasil se insere na modernidade-mundo, o chamado "mundo moderno", através da realização da Semana de Arte Moderna de 1922. Tal inserção se daria, na verdade, pela construção do samba moderno a partir da ótica artística de Pixinguinha (1897-1973), em especial pela sua excursão com os Oito Batutas pela França, em 1921, patrocinada pelo multimilionário Arnaldo Guinle (1884-1963), apesar das críticas negativas de cunho racista dos cadernos culturais da época.

O samba de Pixinguinha é resultante do amálgama das expressões culturais e religiosas afro-brasileiras e das trocas de experiências culturais entre diferentes expressões culturais que começavam a circular pelo mundo, de maneira mais ampla e rápida, graças às ondas sonoras de rádio, às gravações de discos e às partituras que chegavam ao Rio de Janeiro. Existia toda uma vida cultural que se desenvolvia em torno da vida portuária carioca, que funcionava como acesso das populações pobres e marginalizadas da cidade ao que de mais moderno ocorria no mundo, de maneiras inimaginadas pelas elites da época, com impactos ainda não devidamente situados e valorizados em suas importâncias e significados para a cultura brasileira. Há ainda a influência da música europeia como a polca ou a música de Bach, retrabalhadas e contextualizadas pelos músicos negros e mestiços que deram origem ao choro e ao maxixe, os quais seriam presenças seminais no artesanato musical de Pixinguinha.

Pixinguinha e seus oito Batutas subvertem a ordem racista da elite brasileira da época conquistando — literalmente — a cidade luz, estabelecendo novos parâmetros culturais e de modernidade para os próprios europeus. No entanto, mesmo que seu impacto no exterior tenha se dado de maneira espaçada e pontual, a Semana de Arte Moderna de 1922 ficou conhecida como símbolo de nossa inserção na modernidade-mundo vigente, em detrimento do impacto imediato causado pela arte revolucionária de Pixinguinha e sua trupe musical entre os círculos culturais europeus. Cada apresentação era uma demonstração ao mundo de uma nova forma de música urbana, articulada e desenvolvida, com estrutura rítmica e harmoniosa de alta sofisticação. Não é por acaso que as gravações e partituras desse período em Paris tornaram-se referenciais para o cenário musical francês e para o mundo do jazz norte-americano, como ficaria comprovado pela admiração confessa de Louis Armstrong (1901-1971) por Pixinguinha ou pela regravação de Tico-Tico no fubá por Charlie Parker (1920-1955), no álbum La Paloma, em 1954.

Christian Ribeiro. Pixinguinha, o samba e a construção do Brasil moderno. Internet: www.geledes.org.br (com adaptações).

145. Conforme o texto 1A2-I:
    a) Arnaldo Guinle foi um dos críticos detratores do grupo musical de Pixinguinha.
    b) a população pobre e marginalizada do Rio de Janeiro não tinha nenhuma forma de acesso às novidades do mundo externo no início do século XX.
    c) a fama da Semana de Arte Moderna de 1922 como marco da entrada do Brasil no dito "mundo moderno" é proporcional ao impacto que causou.
    d) as características que compõem o samba de Pixinguinha excluem influências europeias.
    e) a difusão musical se tornava mais vasta à época devido também a tecnologias apropriadas.

A: Incorreta. Arnaldo Guinle foi patrocinador, e não detrator.

B: Incorreta. De acordo com o texto, a vida portuária carioca permitia o acesso dos mais pobres ao que de mais moderno ocorria no mundo.

C: Incorreta. Conforme o texto, mais impacto teve a obra musical de Pixinguinha.

D: Incorreta. O autor afirma que havia influência europeia na obra de Pixinguinha, como por exemplo a polca ou a música de Bach.

E: Correta. De acordo com o texto, as ondas do rádio, as gravações em disco e as partituras permitiam que as obras musicais circulassem de forma mais rápida e mais ampla pelo mundo.

GABARITO: E.

146. Sem prejuízo do sentido original do texto 1A2-I, a palavra amálgama (primeiro período do segundo parágrafo) poderia ser substituída por:
    a) afastamento.
    b) combinação.
    c) dissociação.
    d) cooperação.
    e) segmentação.

Para a análise do sentido da palavra "amálgama", é preciso contextualizá-la, assim vamos ao trecho do texto: "O samba de Pixinguinha é resultante do amálgama das expressões culturais e religiosas afro-brasileiras e das trocas de experiências culturais entre diferentes expressões culturais que começavam a circular pelo mundo [...]". A ideia exposta aqui é o samba, resultado de uma mistura de expressões culturais e religiosas

QUESTÕES

afro-brasileiras com outras expressões culturais do mundo, ou seja, o samba é um híbrido de várias manifestações culturais. De acordo com o dicionário Houaiss, diante de várias definições apresentadas para o termo em análise, a que mais se aproxima daquela apresentada no texto conceitua "amálgama" como um ajuntamento de elementos diferentes ou heterogêneos.

A: Incorreta. O conceito de "amálgama" apresenta justamente o oposto de "afastamento", pois trata-se de "ajuntamento".

B: Correta. Uma "combinação" condiz com o que o texto apresenta, ou seja, uma união, uma hibridez, um amálgama.

C: Incorreta. "Dissociar" é "separar", "desagregar", antônimo do termo em análise.

D: Incorreta. O verbo "cooperar" carrega a ideia de "contribuir", que é diferente de "reunir", "juntar".

E: Incorreta. "Segmentação" significa "dividir em segmentos", assim, difere de "reunir".

GABARITO: B.

---

147. O texto 1A2-I é um exemplo do gênero textual denominado artigo de opinião. A partir dessa informação e das características do texto 1A2-I, é correto afirmar que ele é predominantemente:
a) narrativo-expositivo.
b) descritivo-narrativo.
c) expositivo-descritivo.
d) dissertativo-argumentativo.
e) injuntivo-argumentativo.

A: Incorreta. O texto possui passagens expositivas, mas não narrativas. O texto narrativo conta uma história, há personagens e, também, um enredo. O tempo pode ser cronológico ou psicológico. Além disso, apresenta uma ordem linear aplicada às ações que ocorrem e, para isso, faz uso de alguns advérbios temporais. Os tempos verbais utilizados são o presente ou o pretérito perfeito. Dessa forma, o texto em análise não faz parte da tipologia textual narrativo-expositiva.

B: Incorreta. Conforme já analisado na alternativa anterior, pode-se afirmar que o texto em análise não tem predominância narrativa. A tipologia descritiva também não está presente, uma vez que em textos descritivos o objetivo é detalhar, caracterizar, descrever algo ou alguém. Nessa tipologia textual, não há tempo definido como antes ou depois, o que ocorre é uma simultaneidade do que se descreve; por exemplo, na descrição de uma paisagem seria dito: "Há uma árvore e alguns pássaros estão voando. Um menino está sentado na grama". Assim, tudo acontece ao mesmo tempo. Não é o que se observa no texto em análise.

C: Incorreta. De acordo com o que se analisou nas alternativas anteriores, a tipologia descritiva não predomina no texto. Há passagens expositivas, pois são apresentadas informações a respeito do tema apresentado no texto, no entanto não de forma predominante.

D: Correta. O enunciado da questão já denuncia que se trata de um texto pertencente à tipologia argumentativa, pois é citado "artigo de opinião", no qual, como o próprio nome sugere, o autor defende sua opinião, sua tese a respeito de determinado assunto. Quanto ao termo "dissertativo", a banca entende como sinônimo de expositivo. Assim, vamos a alguns trechos do texto que comprovem a resposta desta alternativa:

Tipologia argumentativa – "Este artigo questiona a informação histórica de que o Brasil se insere na modernidade- mundo, o chamado "mundo moderno", através da realização da Semana de Arte Moderna de 1922. Tal inserção se daria, na verdade, pela construção do samba moderno a partir da ótica artística de Pixinguinha [...]. Pixinguinha e seus oito Batutas subvertem a ordem racista da elite brasileira da época conquistando — literalmente — a cidade luz, estabelecendo novos parâmetros culturais e de modernidade para os próprios europeus."

Tipologia expositiva – "O samba de Pixinguinha é resultante do amálgama das expressões culturais e religiosas afro-brasileiras e das trocas de experiências culturais entre diferentes expressões culturais que começavam a circular pelo mundo [...]".

E: Incorreta. Argumentativo, como já analisado, sim, mas não injuntivo. O texto injuntivo é aquele que dá instruções de como fazer uma tarefa ou ação, como uma receita ou manual de instruções, por exemplo.

GABARITO: D.

---

148. No trecho "mesmo que seu impacto no exterior tenha se dado de maneira espaçada e pontual, a Semana de Arte Moderna de 1922 ficou conhecida como símbolo de nossa inserção na modernidade-mundo vigente, em detrimento do impacto imediato causado pela arte revolucionária de Pixinguinha e sua trupe musical entre os círculos culturais europeus", do texto 1A2-I, a expressão em detrimento de tem o mesmo sentido que:
a) em prejuízo de.
b) à medida que.
c) em substituição de.
d) ao invés de.
e) em decorrência de.

A: Correta. A expressão "em detrimento de" significa "em prejuízo de". De acordo com o Dicionário Houaiss, "detrimento" é o mesmo que dano moral ou material, prejuízo, perda. É possível perceber, no trecho em análise, que o impacto revolucionário causado pela arte de Pixinguinha ficou prejudicado devido à fama que a Semana de Arte Moderna obteve.

B: Incorreta. A locução "à medida que" significa "à proporção que". No trecho em análise, a Semana de Arte Moderna e a arte de Pixinguinha não eram proporcionais. A primeira recebeu uma atenção bem maior, mais até do que deveria, de acordo com o autor do texto.

C: Incorreta. A expressão "em substituição de" é empregada no sentido de "permuta", "troca". Não é essa a ideia proposta no texto. O que se afirma é que a arte de Pixinguinha "perdeu" em relação à Semana de Arte Moderna, mas não se fala em substituição.

D: Incorreta. "Ao invés de" significa "ao contrário de". Assim, alternativa incorreta, pois a Semana de Arte Moderna como símbolo da inserção do Brasil no mundo moderno não é o oposto do impacto causado pela arte de Pixinguinha.

E: Incorreta. "Em decorrência de" tem valor semântico de causa. No trecho em análise, não há relação de causa, mas de prejuízo.

GABARITO: A.

---

149. Conforme o texto 1A2-I, a música de Pixinguinha:
a) sofreu influência da música europeia.
b) foi regravada por Louis Armstrong.
c) foi considerada racista pela crítica.
d) deu origem ao choro e ao maxixe.
e) é um tipo de música regional.

De acordo com o texto, a música de Pixinguinha sofreu influência europeia - "Há ainda a influência da música europeia como a polca ou a música de Bach, retrabalhadas e contextualizadas pelos músicos negros e mestiços que deram origem ao choro e ao maxixe, os quais seriam presenças seminais no artesanato musical de Pixinguinha".

GABARITO: A.

150. No trecho "No entanto, mesmo que seu impacto no exterior tenha se dado de maneira espaçada e pontual, a Semana de Arte Moderna de 1922 ficou conhecida como símbolo de nossa inserção na modernidade-mundo vigente, em detrimento do impacto imediato causado pela arte revolucionária de Pixinguinha e sua trupe musical entre os círculos culturais europeus.", a oração "mesmo que seu impacto no exterior tenha se dado de maneira espaçada e pontual" expressa uma ideia de:
a) causa.
b) finalidade.
c) concessão.
d) conformidade.
e) condição.

A questão exige conhecimento acerca do valor semântico das conjunções.

A: Incorreta. As conjunções causais denotam causa, como: "pois", "porque", "uma vez que", "visto que". A oração em análise não expressa uma ideia de causa.

B: Incorreta. As conjunções finais expressam ideia de finalidade, como: "a fim de que", "para que". A oração em análise não expressa uma finalidade.

C: Correta. A locução "mesmo que" é uma locução concessiva, tais como: "embora", "ainda que", "conquanto". A concessão, ideia expressa por essas conjunções, é de quebra de expectativa, um contraste, uma permissão, uma cedência. Assim, vamos substituir a conjunção da oração em análise por outra de mesmo valor, a fim de verificarmos se a quebra de expectativa é mantida. "No entanto, mesmo que seu impacto no exterior tenha se dado de maneira espaçada e pontual [...]".

"No entanto, ainda que (embora) seu impacto no exterior tenha se dado de maneira espaçada e pontual [...]". Como observado, o sentido foi mantido, assim se justifica o gabarito.

D: Incorreta. As conjunções conformativas denotam conformidade, como: "conforme", "segundo", "de acordo". Não é o caso da oração em análise.

E: Incorreta. As conjunções condicionais indicam condições, assim, são expressas pelas expressões "se", "caso", "desde que", "contanto que". Não é o caso da oração em análise.

GABARITO: C.

Texto para as próximas 4 questões.
Texto 1A3-I

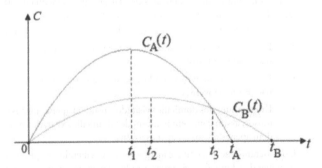

Considere que os gráficos CA e CB apresentados representam, respectivamente, as quantidades mensais de clientes de dois mercados concorrentes A e B, desde o instante da sua inauguração simultânea, em t = 0, até os instantes em que esses mercados encerraram suas atividades, respectivamente, nos instantes tA e tB, em que t é dado em meses. Considere, ainda, que CA(t) = 300t – 3t2 e que CB(t) = 120t – t2.

151. De acordo com as informações do texto 1A3-I, o período total em que a quantidade de clientes do mercado A foi maior ou igual que a quantidade de clientes do mercado B foi:
a) entre a inauguração e o instante t1.
b) entre a inauguração e o instante t3.
c) entre a inauguração e o instante tA.
d) entre o instante t1 e o instante t2.
e) entre o instante t1 e o instante t3.

Para resolver essa questão, será necessário o domínio de funções.

A questão solicita o período em que a quantidade dos clientes de A foi maior ou igual a quantidade dos clientes de B. Para isso, é preciso ver em quais intervalos a função que representa a quantidade dos clientes de A está acima da função dos clientes de B.

É possível verificar que no instante t3, as duas funções têm a mesma quantidade de clientes. E que da inauguração (t=0) até t3, a função de clientes de A está acima da função de clientes de B.

Sendo assim, o intervalo será entre a inauguração e o instante t3.

GABARITO: B.

152. Das informações do texto 1A3-I conclui-se que, no vigésimo mês após a inauguração simultânea dos mercados A e B, para igualar a quantidade de clientes do mercado A, a quantidade de clientes do mercado B teria de ser aumentada em:
a) 2,4%.
b) 14%.
c) 24%.
d) 140%.
e) 240%.

A questão solicita a quantidade de clientes de B em porcentagem que deve aumentar para igualar a quantidade de clientes de A no vigésimo mês, sendo assim, primeiro descubra a quantidade de clientes de cada mercado no vigésimo mês.

Mercado A

Ca(t) = 300t - 3t2

Ca(20) = 300 · 20 – 3(20)2

Ca(20) = 6000 – 3(400)

Ca(20) = 6000 – 1200

Ca(20) = 4800

Mercado B

Cb(t) = 120t – t2

Cb(t) = 120 · 20 – (20)2

Cb(t) = 2400 – 400

Cb(t) = 2000

Com os valores encontrados, é possível afirmar que existe uma diferença de 2.800 clientes. Mas precisa-se verificar isso em porcentagem, logo desenvolva uma regra de três simples.

2000 → 100%

2800 → x

2000x = 280000

$x = \dfrac{280000}{2000} = \dfrac{280}{2} = 140\%$

Logo, 2.800 clientes representam um aumento de 140%.

GABARITO: D.

QUESTÕES

153. Considerando-se as informações do texto 1A3-I, é correto afirmar que, após o encerramento das atividades comerciais do mercado A, o mercado B ainda permaneceu em atividade comercial por:
a) 10 meses.
b) 20 meses.
c) 30 meses.
d) 40 meses.
e) 50 meses.

A questão pede os meses em que o mercado B permaneceu em atividade depois de A ter encerrado suas atividades. Em matemática, isso representaria encontrar os pontos tA e tB.

Como tA e tB estão no eixo x, esses pontos serão raízes das funções Ca e Cb. Sendo assim, encontre as raízes de Ca e Cb que são diferentes de 0.

$300t - 3t^2 = 0$

$3t(100 - t) = 0$

Logo ou $3t = 0$ ou $100 - t = 0$

Se $3t = 0 \Rightarrow t = 0$

Se $100 - t = 0 \Rightarrow t = 100$

$120t - t^2 = 0$

$t(120 - t) = 0$

Logo, ou $t = 0$ ou $120 - t = 0$

Se $t = 0$

Se $120 - t = 0 \Rightarrow t = 120$

Sendo assim, Ca = 100 e Cb = 120.

Como ele quer os meses que B permaneceu em atividade depois de A fechar, encontre a diferença entre Cb e Ca.

Cb – Ca = 120 – 100 = 20

Portanto, o mercado B permaneceu em atividade por 20 meses.

GABARITO: B.

154. Tendo o texto 1A3-I como referência, suponha que 3 clientes do mercado A possam escolher, para retirar suas compras do mercado, qualquer um dos 5 caixas disponíveis, de forma a serem atendidos simultaneamente. Nessa situação, a quantidade de escolhas possíveis de caixas que esses clientes podem fazer é igual a:
a) 6.
b) 10.
c) 15.
d) 60.
e) 120.

Para resolver este problema, será necessário o domínio de permutações.

Suponha que existam 3 clientes, logo cada um pode escolher um caixa de forma que serão atendidos simultaneamente.

Sendo assim, o primeiro cliente poderá escolher um dos cinco caixas. Logo, o primeiro cliente terá 5 opções.

Já o segundo poderá escolher entre quatro caixas, pois um caixa estará ocupado com o primeiro cliente.

E o terceiro cliente poderá escolher entre 3 opções de caixas.

Para achar a quantidade total de possibilidades, deve-se multiplicar os valores.

$5 \cdot 4 \cdot 3 = 20 \cdot 3 = 60$

Portanto, a quantidade de escolhas possíveis de caixas que esses clientes podem fazer será equivalente a 60.

GABARITO: D.

155. Um rei determinou a um sábio que estipulasse uma recompensa por tê-lo vencido em uma partida de xadrez. O sábio, então, respondeu:
— Majestade, eu desejo como recompensa a quantidade de grãos de arroz que se obtém adotando-se o seguinte procedimento: percorrendo o tabuleiro de xadrez de cima para baixo e da direita para a esquerda, na primeira casa do tabuleiro, coloque 1 grão de arroz; na segunda casa, 2 grãos de arroz; na terceira, 4 grãos de arroz e assim por diante, de modo que, na n-ésima casa do tabuleiro, devam ser colocados 2n-1 grãos de arroz.

Considerando-se que o tabuleiro de xadrez tenha 64 casas e que 1 kg de arroz tenha 50.000 grãos de arroz — de modo que uma tonelada de arroz tenha 50 milhões de grãos de arroz —, é correto concluir que apenas para a 31ª casa do tabuleiro de xadrez ele deverá colocar:
a) menos de 1 tonelada de arroz.
b) menos de 10 toneladas de arroz.
c) mais de 20 toneladas de arroz.
d) mais de 30 toneladas de arroz.
e) mais de 40 toneladas de arroz.

Como o sábio exigiu que na n-ésima casa deveriam ser colocados 2n-1 grãos de arroz. Seja n = 31.

$a_{31} = 2^{31} - 1 = 2^{30} = 2^{10} \cdot 2^{10} \cdot 2^{10}$

Sabendo que $2^{10} = 1024$, temos

$2^{10} \cdot 2^{10} \cdot 2^{10} = 1024 \cdot 1024 \cdot 1024$

Para agilizar a contas, como $1000 < 1024$ então $1000^3 < 1024^3$.

Logo, $1.000.000.000 < 1024^3$.

Segundo o enunciado, 1 tonelada = 50.000.000.

Vejamos quantas vezes 50.000.000 cabem em 1.000.000.000.

$$\frac{1.000.000.000}{50.000.000} = \frac{100}{5} \text{ vezes}$$

Sendo assim, a quantidade de grãos na 31ª casa é mais de 20 vezes 1 tonelada. Portanto, é correto concluir que há mais de 20 toneladas de arroz na 31ª casa.

GABARITO: C.

156. Em um levantamento de dados realizado em um conjunto de domicílios, era preciso verificar a existência de jovens (abaixo de 18 anos de idade), adultos (de 18 a 60 anos de idade) e idosos (acima de 60 anos de idade) em cada domicílio visitado. Sabe-se que:
- Em 10 dos domicílios visitados, residem jovens, adultos e idosos;
- Em 12 dos domicílios visitados, residem jovens e adultos, mas não residem idosos;
- Em 9 dos domicílios visitados, residem adultos e idosos, mas não residem jovens; e
- Em nenhum dos domicílios visitados, residem apenas jovens e idosos, assim como em nenhum dos domicílios visitados residem apenas idosos ou apenas jovens.

Considerando-se essa situação hipotética e sabendo-se que, em qualquer dos domicílios visitados, reside, pelo menos, uma pessoa e que, no total, foram visitados 42 domicílios, é correto afirmar que,
a) em 10 dos domicílios visitados, residem apenas adultos.
b) em 11 dos domicílios visitados, residem apenas adultos.
c) em 21 dos domicílios visitados, residem apenas adultos.
d) em 31 dos domicílios visitados, residem apenas adultos.
e) em 42 dos domicílios visitados, residem apenas adultos.

408

Para resolver esta questão, será necessário o domínio da teoria dos conjuntos.

Com base nas informações dada pelo enunciado, é possível montar a seguinte tabela.

A	J	I	A e J	A e I	J e I	A,J e I
x	0	0	12	9	0	10

Como o conjunto J e I não têm elementos sozinhos, então eles estão contidos em A, pois existem elementos na intersecção deles com o conjunto A.

Logo, para acharmos a quantidade de elementos que só estão em A, precisamos subtrair as intersecções do total de domicílios visitados, sendo assim,

A = 42 – (10 – 12 – 9)

A = 42 – 31

A = 11

Portanto, o número de casas que só residem adultos será igual a 11 domicílios.

GABARITO: B.

157. Considere duas cidades A e B em um mapa cuja escala é 1:200.000. Se a distância entre essas duas cidades no mapa, medida com uma régua, for de 9 cm, então a distância real, em km, entre essas duas cidades será de:
a) 1.800 km.
b) 18 km.
c) 180 km.
d) 1,8 km.
e) 0,18 km.

Para realizar essa operação com a escala é necessário multiplicar o valor encontrado no mapa pela régua, neste caso, 9cm, pelo valor da escala, neste caso, 200.000. Depois, basta transformar o valor encontrado em centímetros para quilômetros. Assim, encontraremos o valor de 18 km entre as cidades A e B presentes no mapa.

GABARITO: B.

158. A Divisão Hidrográfica Nacional, instituída pelo Conselho Nacional de Recursos Hídricos (CNRH), órgão do Conselho Federal, adota uma classificação de doze regiões hidrográficas para o território brasileiro. Com relação a esse assunto, assinale a opção correta.
a) A O principal uso da água na Região Hidrográfica Parnaíba é o industrial.
b) A região que possui as maiores demandas por recursos hídricos é a Região Hidrográfica Paraná.
c) A Região Hidrográfica Atlântico Nordeste Ocidental é a menor do país.
d) Os critérios utilizados para essa classificação foram baseados apenas nos aspectos físicos das bacias hidrográficas.
e) A baixa disponibilidade hídrica da Região Hidrográfica Atlântico Nordeste Oriental ocorre em função do regime fluvial tropical.

A: Incorreta. O principal uso da água na Região Hidrográfica Parnaíba é para a irrigação das regiões dos Tabuleiros Litorâneos e dos Platôs de Guadalupe.

B: Correta. A Região Hidrográfica Paraná está localizada em uma região com alta demanda por recursos hídricos, sejam eles para a agropecuária, como para uso industrial e humano. A Usina de Itaipu está localizada nessa região, o que também é um indicador do uso fundamental dos recursos hídricos da região.

C: Incorreta. A menor região hidrográfica presente no Brasil é a Região Hidrográfica Uruguai, com 174,4 mil quilômetros quadrados em território brasileiro na região do Rio Grande do Sul e de Santa Catarina.

D: Incorreta. Foram utilizados critérios de características naturais, sociais e econômicas similares para a divisão das regiões hidrográficas brasileiras.

E: Incorreta. A baixa disponibilidade hídrica da Região Hidrográfica Atlântico Nordeste Oriental é fruto de diversos fatores naturais e antrópicos, como a presença de muitos rios temporários na região e o desmatamento e uso excessivo do solo e de poluentes na região, o que afeta diretamente no regime das águas e na disponibilidade hídrica na região.

GABARITO: B.

159. Este domínio morfoclimático apresenta a seguinte combinação de fatos fisiográficos: destaca-se pela ação da erosão e do intemperismo sobre a estrutura cristalina; apresenta drenagem originalmente perene até para o menor dos ramos das redes hidrográficas dendríticas regionais e formação florestal fechada e heterogênea, com grande número de espécies endêmicas que recobria, originalmente, cerca de 85% desse domínio.

A. Ab'Saber. Os domínios de natureza do Brasil. São Paulo: Ateliê Editorial, 2003 (com adaptações).

A descrição do texto anterior refere-se ao domínio morfoclimático dos(as):
a) cerrados.
b) pradarias.
c) caatingas.
d) araucárias.
e) mares de morros.

O texto apresenta uma informação que identifica diretamente um dos domínios morfoclimáticos presentes nas alternativas, que é a "formação florestal fechada e heterogênea". Essa informação indica que se trata do domínio morfoclimático dos Mares de Morros, presente em grande parte do litoral brasileiro.

GABARITO: E.

QUESTÕES

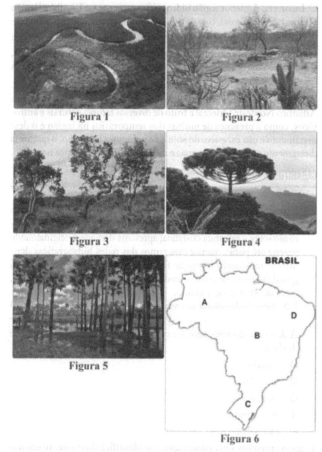

Figura 1. Internet:<gife.org.br>. Figura 2. Internet: <www.destaquenoticias.com.br>. Figura 3. Internet: <brasilescola.uol.com.br>. Figura 4. Internet: <netmercadao.com.br>. Figura 5. Internet: <conhecimentocientifico.r7.com>. Figura 6. Internet: <https://suportegeografico77.blogspot.com> (com adaptações).

160. Assinale a opção que apresenta a correlação correta entre as formações vegetais ilustradas nas figuras de 1 a 5 e as letras demarcadas no mapa do Brasil na figura 6.
   a) figura 1 — letra D.
   b) figura 2 — letra B.
   c) figura 3 — letra A.
   d) figura 4 — letra C.
   e) figura 5 — letra D.

A única relação entre as figuras e as letras que está correta é entre a figura 4 e a letra C, que correspondem à Mata das Araucárias, ecossistema pertencente à Mata Atlântica e que é repleta da árvore pinheiro-do-paraná, que ilustra a figura 4. A Mata das Araucárias está presente em parte dos estados de Paraná, Santa Catarina e Rio Grande do Sul, além de frações de São Paulo e Minas Gerais.

GABARITO: D.

Internet: <www.todamateria.com.br>

161. A crítica feita na figura precedente à agropecuária brasileira está relacionada
   a) ao volume de produção dos produtos orgânicos.
   b) à industrialização dos produtos agropecuários.
   c) à contaminação do solo pela irrigação mecânica.
   d) às pragas crescentes que infestam a agricultura do país.
   e) ao uso cada vez maior de defensivos agrícolas.

A imagem representa um indivíduo com máscara de gás retirando de uma árvore garrafas com rótulos de caveira como se fossem frutas. Essa imagem é uma clara crítica ao uso de agrotóxicos, também chamados de defensivos agrícolas, na agricultura brasileira, que estão cada vez mais presentes nas plantações e, consequentemente, na alimentação dos brasileiros e dos países importadores de alimentos do Brasil.

GABARITO: E.

Camelódromo de Uruguaiana no Rio de Janeiro. Internet:

No Brasil, as atividades que mais concentraram pessoas em ocupações sem carteira assinada, no ano de 2020, foram serviços domésticos (72,5%), agropecuária (67,2%) e construção (64,5%). Segundo o IBGE, desde 2014, em decorrência do desaquecimento do mercado de trabalho, houve ampliação relativa das ocupações sem carteira assinada, com destaque para transporte, armazenagem e correio, alojamento e alimentação e construção.

Internet: <agenciabrasil.ebc.com.br> (com adaptações).

162. A figura e o texto apresentados remetem:
   a) ao papel do Estado e das classes sociais no trabalho formal.

b) à situação da população diante da informalidade na economia brasileira.
c) ao poder de consumo da população mais abastada de capital.
d) às modernizações capitalistas urbano-industriais e informacionais.
e) ao modelo de flexibilização das relações de trabalho e da mão de obra.

A: Incorreta. O texto e a imagem trazem informações sobre o trabalho informal no Brasil e retração da economia brasileira desde 2014, não sobre o trabalho formal e o papel do Estado e das classes sociais no mercado de trabalho formal.

B: Correta. A imagem e o texto trazem informações sobre a informalidade do mercado de trabalho durante o período de desaceleração da economia brasileira.

C: Incorreta. Não há informações no texto e na imagem sobre o poder de consumo da população mais abastada no Brasil.

D: Incorreta. Não há informações no texto e na imagem sobre as modernizações capitalistas no meio urbano.

E: Incorreta. Apesar do modelo de flexibilização das relações de trabalho ser diretamente influenciado pela informalidade do mercado de trabalho brasileiro, não constam informações sobre isso no texto e na imagem.

GABARITO: B.

Setembro passou
Outubro e Novembro
Já tamo em Dezembro
Meu Deus, que é de nós,
Meu Deus, meu Deus
Assim fala o pobre
Do seco Nordeste
Com medo da peste
Da fome feroz
[...]
Sem chuva na terra
Descamba Janeiro,
Depois Fevereiro
E o mesmo verão
Meu Deus, meu Deus
Entonce o nortista
Pensando consigo
Diz: "isso é castigo
não chove mais não"
[...]
Agora pensando
Ele segue outra tria
Chamando a famia
Começa a dizer
Meu Deus, meu Deus
Eu vendo meu burro
Meu jegue e o cavalo
Nós vamos a São Paulo
Viver ou morrer
[...]
Em um caminhão
Ele joga a famia
Chegou o triste dia
Já vai viajar
Meu Deus, meu Deus
A seca terrível
Que tudo devora
Lhe bota pra fora
Da terra natá
[...]

Patativa do Assaré. Triste partida. Internet: <www.letras.mus.br>.

163. Os trechos da poesia de Patativa do Assaré apresentados remetem à:
a) partida do sertanejo da cidade para o campo.
b) volta da população do meio urbano para o meio rural.
c) relação campo-cidade no contexto do êxodo rural.
d) dependência da cidade em relação ao campo.
e) desigualdade entre os espaços rural e urbano.

A: Incorreta. O texto trata do fenômeno oposto, da saída do sertanejo do campo para a cidade, nesse caso, São Paulo.

B: Incorreta. O texto trata do fenômeno do êxodo rural, ou seja, da saída do campo para a cidade, nesse caso, São Paulo.

C: Correta. O texto trata do fenômeno do êxodo rural, que pode ser exemplificado pelos seguintes versos, que ilustram a realidade vivia por diversos migrantes em direção a São Paulo: "Eu vendo meu burro/ Meu jegue e o cavalo/ Nós vamos a São Paulo/ Viver ou morrer."

D: Incorreta. Não há exemplos no texto da dependência da cidade em relação ao campo.

E: Incorreta. Apesar de haver desigualdade entre os espaços rural e urbano, o texto não foca nessa questão, mas sim no fenômeno do êxodo rural.

GABARITO: C.

164. É correto que a Administração Pública é tudo aquilo que se refere à máquina estatal. A Administração Pública Direta abrange:
a) os poderes executivo e legislativo.
b) o poder judiciário.
c) o poder executivo.
d) os poderes legislativo e judiciário.
e) os três poderes: executivo, legislativo e judiciário.

A Administração Direta é o conjunto de órgãos que integram as pessoas federativas (a União, os estados, o Distrito Federal e os municípios), aos quais foi atribuída a competência para o exercício, de forma centralizada, das atividades administrativas, abrangendo os três poderes políticos estruturais: Poder Executivo, Poder Legislativo e Poder Judiciário.

No âmbito federal, por exemplo, integram a Administração Direta do Poder Executivo a Presidência da República, os Ministérios, os órgãos subordinados aos ministérios (exemplos: Secretaria da Receita Federal, Polícia Federal etc.).

No Poder Legislativo, a Câmara dos Deputados, o Senado Federal e seus órgãos administrativos. No Poder Judiciário, o Supremo Tribunal Federal, demais tribunais do Judiciário etc. Nos municípios, são exemplos de órgãos da Administração Direta do Poder Executivo a prefeitura municipal e as secretarias municipais; no Legislativo, as câmaras municipais.

Enfim, os órgãos que integram as pessoas políticas (isto é, a União, os estados, o Distrito Federal e os municípios), independentemente do Poder, fazem parte da Administração Direta ou centralizada.

GABARITO: E.

QUESTÕES

165. Diante do que dispõe a Constituição Federal acerca dos direitos e deveres individuais e coletivos:

a) No caso de iminente perigo público, a autoridade competente poderá usar de propriedade particular, assegurada ao proprietário indenização prévia em dinheiro.

b) A criação de associações e, na forma da lei, a de cooperativas dependem de autorização estatal, sendo, contudo, após a sua constituição, vedada a interferência do Estado em seu funcionamento.

c) Todos têm direito a receber dos órgãos públicos informações de seu interesse particular, ou de interesse coletivo ou geral, que serão prestadas no prazo da lei, sob pena de responsabilidade, ainda que seu conteúdo possa causar risco à segurança da sociedade e do Estado.

d) São gratuitas as ações de habeas corpus, habeas data e mandado de segurança e, na forma da lei, os atos necessários ao exercício da cidadania.

e) O preso tem direito à identificação dos responsáveis por sua prisão ou por seu interrogatório policial.

A: Incorreta. De acordo com a previsão do art. 5º, XXV, da CF/1988, no caso de iminente perigo público, a autoridade competente poderá usar de propriedade particular, assegurada ao proprietário indenização ulterior, se houver dano.

B: Incorreta. Conforme estatui o art. 5º, XVIII, da CF/1988, a criação de associações e, na forma da lei, a de cooperativas independem de autorização, sendo vedada a interferência estatal em seu funcionamento.

C: Incorreta. Nos termos do art. 5º, XXXIII, da CF/1988, todos têm direito a receber dos órgãos públicos informações de seu interesse particular, ou de interesse coletivo ou geral, que serão prestadas no prazo da lei, sob pena de responsabilidade, ressalvadas aquelas cujo sigilo seja imprescindível à segurança da sociedade e do Estado.

D: Incorreta. Não há previsão constitucional acerca da gratuidade do mandado de segurança. Prevê o art. 5º, LXXVII, da CF/1988, que são gratuitas as ações de habeas corpus e habeas data, e, na forma da lei, os atos necessários ao exercício da cidadania.

E: Correta. Conforme assegura o art. 5º, LXIV, da CF/1988, o preso tem direito à identificação dos responsáveis por sua prisão ou por seu interrogatório policial.

GABARITO: E.

166. Considere as seguintes situações hipotéticas:

I. Simon, nascido na Inglaterra, de mãe irlandesa, durante período em que seu pai estava naquele país como embaixador da República Federativa do Brasil, reside no território brasileiro há um ano.

II. Fritz, nascido na Alemanha, naturalizado brasileiro há dezessete anos, reside e exerce legalmente a advocacia no Brasil há quinze anos ininterruptos.

III. Brigite, nascida na França e naturalizada brasileira há dois anos, é processada e condenada no exterior pela prática de tráfico internacional de entorpecentes ocorrido há seis anos.

À luz da Constituição Federal, considerados apenas os elementos fornecidos,

a) Fritz poderá ser nomeado embaixador, mas não poderá ser nomeado Ministro das Relações Exteriores, ao passo que Simon é considerado brasileiro naturalizado.

b) Brigite não poderá ser extraditada em razão de ter se naturalizado brasileira, ao passo que Fritz poderá ocupar qualquer cargo da carreira diplomática.

c) Simon é considerado estrangeiro, ao passo que Brigite poderá ser extraditada.

d) Simon é considerado brasileiro nato, ao passo que Fritz não poderá ocupar qualquer cargo da carreira diplomática.

e) Brigite não poderá ser extraditada, ao passo que Fritz poderá ser nomeado tanto embaixador como Ministro das Relações Exteriores.

A: Incorreta. Fritz não poderá ser nomeado embaixador e nem Ministro das Relações Exteriores, pois é brasileiro naturalizado e os cargos da carreira diplomática são privativos de brasileiro nato, conforme previsão do art. 12, § 3º, V, da CF/1988. Por sua vez, Simon é considerado brasileiro nato, pois seu pai estava a serviço da República Federativa do Brasil, quando do seu nascimento na Inglaterra (art. 12, inciso I, b, da CF/1988).

B: Incorreta. Brigite poderá ser extraditada, pois ainda que brasileira naturalizada, a condenação pelo tráfico ilícito de entorpecentes, conforme o art. 5º, LI, da CF/1988, autoriza a extradição. Por sua vez, Fritz não poderá ocupar cargo privativo de brasileiro nato porque é naturalizado.

C: Incorreta. Ao contrário da afirmativa, Simon é brasileiro nato, pois seu pai estava a serviço da República Federativa do Brasil. Já Brigite, de fato, poderá ser extraditada.

D: Correta. Simon é brasileiro nato, ao passo que Fritz não poderá ocupar qualquer cargo da carreira diplomática, pois é brasileiro naturalizado.

E: Incorreta. Brigite poderá ser extraditada e Fritz não poderá ser nomeado embaixador ou Ministro das Relações Exteriores, pois é brasileiro naturalizado e uma das condições para o exercício dos referidos cargos é ser o agente brasileiro nato.

GABARITO: D.

167. Acerca do que dispõe a Constituição Federal sobre as disposições gerais da Administração pública,

a) somente por lei complementar poderá ser autorizada a criação de autarquia e criada empresa pública, sociedade de economia mista e fundação, cabendo à lei complementar, em todos os casos, definir as áreas de suas atuações.

b) a administração fazendária e seus servidores fiscais terão, dentro de suas áreas de competência e jurisdição, precedência sobre os demais setores administrativos, na forma da lei.

c) os atos de improbidade administrativa importarão na perda dos direitos políticos, a suspensão da função pública, a indisponibilidade dos bens e o ressarcimento ao erário, na forma e gradação previstas em lei, com prejuízo da ação penal cabível.

d) as pessoas jurídicas de direito público e as de direito privado prestadoras de serviços públicos responderão pelos danos que seus agentes, nessa qualidade, causarem a terceiros, assegurado o direito de regresso contra o responsável, exclusivamente, nos casos de dolo ou fraude.

e) os acréscimos pecuniários percebidos por servidor público deverão ser computados e acumulados para fins de concessão de acréscimos ulteriores.

A: Incorreta. Nos termos do art. 37, XIX, da CF/1988, somente por lei específica poderá ser criada autarquia e autorizada a instituição de empresa pública, de sociedade de economia mista e de fundação, cabendo à lei complementar, neste último caso, definir as áreas de sua atuação. Assim, a própria lei específica, diretamente, cria a autarquia, ao passo que as demais entidades têm autorizada a criação, devendo o Poder Executivo providenciar, então, a referida composição.

B: Correta. Conforme previsão do art. 37, XVIII, da CF/1988, a administração fazendária e seus servidores fiscais terão, dentro de suas áreas de competência e jurisdição, precedência sobre os demais setores administrativos, na forma da lei. Assim, tanto a Administração tributária, quanto o seu agente fiscal, a pessoa física empossada no cargo, dentro de suas áreas de competência e jurisdição, têm precedência sobre os demais setores administrativos, na forma da lei.

C: Incorreta. De acordo a disposição do art. 37, § 4º, da CF/1988, os atos de improbidade administrativa importarão a suspensão (e não a perda) dos direitos políticos, a perda da função pública, a indisponibilidade dos bens e o ressarcimento ao erário, na forma e gradação previstas em lei, sem prejuízo da ação penal cabível.

412

D: Incorreta. Prevê o art. 37, § 6º, da CF/1988, que as pessoas jurídicas de direito público e as de direito privado prestadoras de serviços públicos responderão pelos danos que seus agentes, nessa qualidade, causarem a terceiros, assegurado o direito de regresso contra o responsável nos casos de dolo ou culpa (não fraude).

E: Incorreta. Ao contrário da alternativa, estabelece o art. 37, XIV, da CF/1988, que os acréscimos pecuniários percebidos por servidor público não serão computados nem acumulados para fins de concessão de acréscimos ulteriores.

GABARITO: B.

168. As autarquias são pessoas jurídicas integrantes da Administração pública indireta, que podem ter receitas próprias e receber recursos orçamentários e financeiros do erário público. No caso de uma autarquia auferir receitas próprias em montante suficiente para suportar todas as despesas e investimentos do ente,
   a) fica excepcionada a aplicação do regime jurídico de direito público durante o período em que perdurar a condição de pessoa jurídica não dependente.
   b) poderá realizar contratações efetivas sem a necessidade de prévio concurso público, diante da não incidência da regra para os entes da Administração pública indireta que não sejam dependentes.
   c) permanece sujeita aos princípios e regras que regem a Administração pública, tais como a impenhorabilidade de seus bens, exigência de autorização legislativa para alienação de bens imóveis e realização de concurso público para admissão de servidores, com exceção de comissionados.
   d) permanecerá obrigada à regra geral de licitação para firmar contratos administrativos, com exceção das hipóteses de alienação de bens imóveis, porque geram receita como resultado.
   e) ficará equiparada, em direitos e obrigações, às empresas estatais não dependentes, que podem adquirir bens e serviços sem prévia realização de licitação, mas têm patrimônio sujeito à penhorabilidade e prescritibilidade.

A: Incorreta. As autarquias possuem regime jurídico de direito público, que consiste no mesmo aplicável aos entes políticos, embora não tenha poderes de natureza política. O fato da autarquia possuir receitas próprias, não afasta a aplicação desse regime jurídico.

B: Incorreta. Os agentes das autarquias são servidores estatutários, sendo que a investidura no cargo depende de aprovação prévia em concurso público.

C: Correta. Os bens das autarquias possuem a qualidade de bens públicos e, portanto, são impenhoráveis e se sujeitam à regra de alienabilidade condicionada prevista no art. 17 da Lei nº 8.666/1993. Conforme mencionado, os agentes das autarquias são servidores estatutários admitidos mediante concurso público.

D: Incorreta. Os contratos firmados pelas autarquias são administrativos e dependem de prévia licitação. Conforme mencionado anteriormente, os bens das autarquias estão sujeitos à regra de alienabilidade condicionada, devendo ser observadas as disposições do art. 17 da Lei nº 8.666/1993.

E: Incorreta. As empresas estatais estão sujeitas a regime jurídico diverso das autarquias. As estatais exploradoras de atividade econômica possuem regime jurídico mais aproximado do direito privado, conforme assegura o art. 173, § 1º, da Constituição Federal.

GABARITO: C.

169. O poder regulamentar e o poder de polícia exercidos pela Administração pública possuem em comum:
   a) a possibilidade de instituição de direitos e obrigações por meio de atos administrativos de natureza originária.
   b) a delimitação da produção de efeitos ao âmbito interno da Administração pública.
   c) o antagonismo com o poder disciplinar, posto que somente este possibilita edição de atos normativos originários, pois os demais poderes são todos de natureza derivada.
   d) a possibilidade de projetarem efeitos externos à Administração pública, atingindo interesses, direitos e obrigações dos administrados, respeitados os direitos e garantias individuais.
   e) a identidade de fundamento com o poder hierárquico, que se destina aos administrados integrantes da esfera funcionalmente vinculada à Administração pública.

A: Incorreta. No exercício da atividade de polícia (em sentido amplo), a administração pode editar atos normativos, que têm como característica o seu conteúdo genérico, abstrato e impessoal. O poder regulamentar é de natureza derivada, ou seja, somente é exercido à luz de lei preexistente. Nesse aspecto, é importante observar que só se considera poder regulamentar típico a atuação administrativa de complementação de leis ou atos análogos a elas.

B: Incorreta. Ao desempenhar o poder regulamentar, a Administração exerce função normativa, uma vez que expede normas de caráter geral e com grau de abstração de impessoalidade. Da mesma forma, no âmbito do poder de polícia podem ser editados atos normativos, que têm como característica o seu conteúdo genérico, abstrato e impessoal, ou seja, com amplo círculo de abrangência.

C: Incorreta. Ao contrário da alternativa, o poder disciplinar não possibilita a edição de atos normativos originários.

D: Correta. Tanto o poder normativo quanto o poder de polícia têm a possibilidade de projetarem efeitos externos à Administração pública, com a edição de atos normativos de caráter geral.

E: Incorreta. O poder hierárquico caracteriza-se pela existência de níveis de subordinação entre órgãos e agentes públicos. De modo diverso, os poderes regulamentar e de polícia possuem uma maior abrangência, uma vez que possuem caráter geral. Ressalte-se que, na atuação administrativa, o poder de polícia pode criar também atos concretos, destinados a determinados indivíduos, como é o caso da multa e dos atos de consentimento.

GABARITO: D.

170. Uma sociedade de economia mista contratou a execução de obras de reforma das instalações de sua sede. A execução da obra foi regular, mas a empresa não logrou êxito em quitar integralmente preço devido ao contratado, diante de intercorrências externas que impactaram seu orçamento. A empresa contratada, então, ajuizou ação judicial para recebimento de seu crédito, cuja quitação:
   a) será obrigação da Administração central, tendo em vista que se trata de pessoa jurídica integrante da Administração indireta.
   b) não é devida, tendo em vista que a inadimplência da empresa não se deu por culpa ou dolo.
   c) será objeto de precatório expedido contra o ente federado ao qual a empresa está submetida, para que o pagamento seja feito observando a ordem cronológica de requisições de mesma natureza.
   d) não poderá incidir sobre recursos e patrimônio da empresa, tendo em vista que as sociedades de economia mista são constituídas para a prestação de serviços públicos, sendo seus bens impenhoráveis.
   e) deverá ser demandada diretamente da empresa, inclusive com possibilidade de penhora de seus bens que não estejam afetados à prestação de serviços públicos, caso seja esta a finalidade social da mesma.

A: Incorreta. A obrigação é de responsabilidade da sociedade de economia mista, pois a entidade é dotada de personalidade jurídica e de capital próprio.

B: Incorreta. A obrigação é devida, ainda que a não quitação do valor devido ao contratado tenha ocorrido em razão de intercorrências externas.

QUESTÕES

C: Incorreta. As empresas públicas e sociedades de economia mista não têm direito à prerrogativa de execução via precatório, salvo quando prestadora de serviço público de atuação própria do Estado e de natureza não concorrencial (ADPF nº 387/PI, Info 85).

D: Incorreta. A ação judicial poderá incidir sobre recursos da sociedade de economia mista, inclusive, sendo possível a penhora sobre bens integrantes do patrimônio da entidade, desde que a penhora não recaia sobre bens afetos ao serviço público que possam comprometer a continuidade de sua prestação.

E: Correta. É possível a penhora dos bens da sociedade de economia mista, desde que essa demonstre a desafetação, sendo garantido a esta o direito de comprovar eventual afetação do bem à prestação de serviço público, a fim de pleitear a impenhorabilidade.

GABARITO: E.

171. Diante do que dispõe a Constituição Federal acerca dos direitos e garantias fundamentais:
   a) Nenhum brasileiro será extraditado, salvo o naturalizado, em caso de crime comum, praticado após a naturalização, ou de comprovado envolvimento em tráfico ilícito de entorpecentes e drogas afins, na forma da lei.
   b) É livre, exclusivamente aos brasileiros natos e naturalizados, a locomoção no território nacional em tempo de paz, podendo, nos termos da lei, nele entrar, permanecer ou dele sair com seus bens.
   c) Admite-se a prática de tortura em caso de guerra declarada.
   d) A pequena propriedade rural, assim definida em lei e trabalhada pela família, somente poderá ser objeto de penhora para o pagamento de débitos decorrentes de sua atividade produtiva.
   e) A pena será cumprida em estabelecimentos distintos, de acordo com a natureza do delito, a idade e o sexo do apenado.

A: Incorreta. Nos termos do art. 5º da CF:

Art. 5º LI - nenhum brasileiro será extraditado, salvo o naturalizado, em caso de crime comum, praticado antes da naturalização, ou de comprovado envolvimento em tráfico ilícito de entorpecentes e drogas afins, na forma da lei.

Como se vê, o brasileiro nato jamais será extraditado. Por outro lado, o brasileiro naturalizado, em regra, também não será extraditado, salvo nas exceções constantes do inciso LI, do art. 5º.

B: Incorreta. A locomoção no território nacional é direito fundamental inerente a todas as pessoas, não exclusivo aos brasileiros. Nesse sentido, tem-se a disposição do art. 5º da CF:

Art. 5º XV - é livre a locomoção no território nacional em tempo de paz, podendo qualquer pessoa, nos termos da lei, nele entrar, permanecer ou dele sair com seus bens.

C: Incorreta. Admite-se em caso de guerra declarada a pena de morte, consoante previsão do art. 5º, da CF:

Art. 5º XLVII - não haverá penas:

a) de morte, salvo em caso de guerra declarada, nos termos do art. 84, XIX;

b) de caráter perpétuo;

c) de trabalhos forçados;

d) de banimento;

e) cruéis;

III - ninguém será submetido a tortura nem a tratamento desumano ou degradante.

Conforme se observa da previsão constitucional, a tortura não é admitida nem em caso de guerra declarada.

D: Incorreta. Ao contrário da afirmativa, prevê o art. 5º da CF:

Art. 5º XXVI - a pequena propriedade rural, assim definida em lei, desde que trabalhada pela família, não será objeto de penhora para pagamento de débitos decorrentes de sua atividade produtiva, dispondo a lei sobre os meios de financiar o seu desenvolvimento.

E: Correta. De acordo com o art. 5º da CF:

Art. 5º XLVIII - a pena será cumprida em estabelecimentos distintos, de acordo com a natureza do delito, a idade e o sexo do apenado.

Trata-se do princípio da individualização da pena, que impõe ao Estado o dever de classificar os apenados a partir de suas características pessoais.

GABARITO: E.

172. Segundo a Constituição Federal, são direitos dos trabalhadores urbanos e rurais, além de outros que visem à melhoria de sua condição social:
   a) Remuneração do serviço extraordinário superior, no mínimo, em 100% à do normal.
   b) Piso salarial proporcional à extensão e à complexidade do trabalho.
   c) Proibição do trabalho noturno, perigoso ou insalubre a menores de vinte e um anos e de qualquer trabalho a menores de dezoito anos, salvo na condição de aprendiz, a partir de doze anos.
   d) Jornada de oito horas para o trabalho realizado em turnos ininterruptos de revezamento, salvo negociação coletiva.
   e) Seguro-desemprego, em caso de desemprego voluntário.

A questão exige conhecimento dos direitos sociais individuais dos trabalhadores, assegurados no art. 7º, da Constituição Federal.

A: Incorreta. As horas extras realizadas pelo trabalhador serão remuneradas com, no mínimo, 50% a mais do que a hora normal (adicional de horas extras), conforme previsão do art. 7º, XVI, CF/1988:

Art. 7º São direitos dos trabalhadores urbanos e rurais, além de outros que visem à melhoria de sua condição social:

XVI - remuneração do serviço extraordinário superior, no mínimo, em cinquenta por cento à do normal.

B: Correta. O art. 7º, V, da Constituição Federal, prevê como direito dos trabalhadores o piso salarial, proporcional à extensão e à complexidade do trabalho:

Art. 7º São direitos dos trabalhadores urbanos e rurais, além de outros que visem à melhoria de sua condição social:

V - piso salarial proporcional à extensão e à complexidade do trabalho.

C: Incorreta. Nos termos do art. 7º, XXXIII, CF/1988, é proibido o trabalho noturno, perigoso ou insalubre a menores de dezoito anos de qualquer trabalho a menores de dezesseis anos, salvo na condição de aprendiz, a partir de quatorze anos.

D: Incorreta. A jornada de trabalho realizada em turnos ininterruptos de revezamento é limitada a 6 horas diárias, consoante previsão do art. 7º, XIV, da CF/1988:

Art. 7º XIV - jornada de seis horas para o trabalho realizado em turnos ininterruptos de revezamento, salvo negociação coletiva.

E: Incorreta. O seguro desemprego é garantido ao trabalhador nos casos de desemprego involuntário, pois do contrário, não fará jus ao benefício. Assim, tem-se a previsão constitucional:

Art. 7º São direitos dos trabalhadores urbanos e rurais, além de outros que visem à melhoria de sua condição social:

II - seguro-desemprego, em caso de desemprego involuntário.

GABARITO: B.

173. Segundo o que estabelece a Constituição Federal, é vedada a acumulação remunerada de cargos públicos, exceto nos casos que especifica, dentre os quais o de:
   a) um cargo de professor com outro técnico, independentemente de haver compatibilidade de horários.
   b) dois cargos de professor com outro de confiança, independentemente de haver compatibilidade de horários.
   c) cargos de professor, independentemente da quantidade, desde que haja compatibilidade de horários.
   d) dois cargos ou empregos privativos de profissionais de saúde, com profissões regulamentadas, quando houver compatibilidade de horários.
   e) um cargo de professor com outro científico, independentemente de haver compatibilidade de horários.

A questão trata sobre a acumulação de cargos, empregos e funções, conforme previsão do art. 37, da Constituição Federal.

Como regra, tem-se a impossibilidade de acumulação remunerada de cargos, funções e empregos públicos, conforme previsão constitucional. Contudo, só por exceção, a CF/1988 admite a acumulação de cargos, desde que atendidos dois pressupostos: a observância do teto remuneratório do funcionalismo público (art. 37, XI) e a compatibilidade de horários nas hipóteses elencadas no art. 37, XVI, da CF/1988:

Art. 37 XVI - é vedada a acumulação remunerada de cargos públicos, exceto, quando houver compatibilidade de horários, observado em qualquer caso o disposto no inciso XI:

a) a de dois cargos de professor;

b) a de um cargo de professor com outro técnico ou científico;

c) a de dois cargos ou empregos privativos de profissionais de saúde, com profissões regulamentadas.

Conforme se observa, os requisitos estabelecidos pela CF/1988 para a acumulação de cargos, é o teto remuneratório e a compatibilidade de horários no exercício das funções, cujo cumprimento deverá ser aferido pela administração pública

Em síntese, tem-se o seguinte:

Regra: é vedada a acumulação remunerada de cargos públicos;

Exceção: Se houver compatibilidade de horários, poderá se acumular:

- Professor + Professor;

- Professor + Cargo técnico ou científico;

- Profissional de Saúde + Profissional de Saúde.

Diante da possibilidade de cumulação de cargos públicos, quando houver compatibilidade de horários. As demais alternativas estão incorretas, pois apresentam hipóteses com cumulação de cargos públicos "independentemente de haver compatibilidade de horários".

GABARITO: D.

174. À luz do que disciplina a Constituição Federal sobre os direitos sociais,
   a) é vedada a dispensa do empregado sindicalizado a partir do registro da candidatura a cargo de direção ou representação sindical e, se eleito, ainda que suplente, até dois anos após o final do mandato, salvo se cometer falta grave, nos termos da lei.
   b) ao sindicato cabe a defesa dos direitos e interesses coletivos ou individuais da categoria, inclusive em questões judiciais ou administrativas.
   c) é facultativa a participação dos sindicatos nas negociações coletivas de trabalho.
   d) a lei deverá exigir autorização do Estado para a fundação de sindicato, exigindo-se, ainda, o registro no órgão competente, cabendo ao Poder Público a interferência e a intervenção na organização sindical para o cumprimento de sua finalidade.
   e) o aposentado filiado não tem direito a votar e ser votado nas organizações sindicais.

A: Incorreta. Prevê o art. 8º, VIII, CF/1988, que é vedada a dispensa do empregado sindicalizado a partir do registro da candidatura a cargo de direção ou representação sindical e, se eleito, ainda que suplente, até um ano após o final do mandato, salvo se cometer falta grave, nos termos da lei.

B: Correta. Nos termos do art. 8º, inciso III, da CF/1988, a defesa dos direitos e interesses coletivos ou individuais da categoria cabe ao sindicato, inclusive em questões judiciais ou administrativas.

C: Incorreta. A participação dos sindicatos nas negociações coletivas de trabalho é obrigatória, conforme previsão do art. 8º, VI, da CF/1988.

D: Incorreta. O Poder Público não pode interferir ou intervir na organização sindical, de modo que não é necessária autorização do Estado para fundação de um sindicato, sendo imprescindível, contudo, o registo no órgão competente. Portanto, é livre a associação sindical. Assim, tem-se a previsão constitucional:

Art. 8º I - a lei não poderá exigir autorização do Estado para a fundação de sindicato, ressalvado o registro no órgão competente, vedadas ao Poder Público a interferência e a intervenção na organização sindical.

E: Incorreta. Ao contrário da alternativa, estabelece o art. 8º, VII, da CF/1988, que o aposentado filiado tem direito a votar e ser votado nas organizações sindicais.

GABARITO: B.

175. Acerca do que dispõe a Constituição Federal sobre nacionalidade,
   a) são brasileiros natos os nascidos na República Federativa do Brasil, ainda que de pais estrangeiros, desde que estes não estejam a serviço de seu país.
   b) a lei não poderá estabelecer distinção entre brasileiros natos e naturalizados, salvo nos casos previstos em lei complementar.
   c) é privativo de brasileiro nato o cargo de membro da Câmara dos Deputados.
   d) será declarada a perda da nacionalidade do brasileiro que tiver cancelada sua naturalização, por decisão administrativa, em virtude de atividade nociva ao interesse nacional.
   e) é fator impeditivo de aquisição da nacionalidade brasileira a condenação, por improbidade administrativa, de cidadão estrangeiro residente no Brasil por período superior a quinze anos ininterruptos.

A: Correta. De acordo com o art. 12, I, 'a', da CF, são brasileiros os nascidos na República Federativa do Brasil, ainda que de pais estrangeiros, desde que estes não estejam a serviço de seu país. Como regra geral, o Brasil adotou o critério do ius solis (local do nascimento), de modo que quem nasce no território nacional tem a nacionalidade brasileira.

B: Incorreta. Em atendimento ao princípio da igualdade (isonomia), a Constituição vedou qualquer possibilidade de se estabelecer por lei qualquer distinção entre brasileiros natos e naturalizados, ressalvados os casos previstos taxativamente na própria Constituição Federal. Assim, prevê o art. 12, § 2º, da CF: a lei não poderá estabelecer distinção entre brasileiros natos e naturalizados, salvo nos casos previstos nesta Constituição.

C: Incorreta. Somente o cargo de Presidente da Câmara dos Deputados é privativo de brasileiro nato (art. 12, § 3º, II, CF). Por sua vez, o membro pode ser brasileiro nato ou naturalizado.

D: Incorreta. A perda da nacionalidade será declarada por sentença judicial e não por decisão administrativa. Assim, determina o § 4º, do art. 12, da CF:

Art. 12 § 4º Será declarada a perda da nacionalidade do brasileiro que: I - tiver cancelada sua naturalização, por sentença judicial, em virtude de atividade nociva ao interesse nacional.

E: Incorreta. O fator impeditivo de aquisição da nacionalidade brasileira é uma condenação penal, conforme dispõe o art.12, II, 'b', da CF:

Art. 12 São brasileiros:

II - naturalizados:

b) os estrangeiros de qualquer nacionalidade, residentes na República Federativa do Brasil há mais de quinze anos ininterruptos e sem condenação penal, desde que requeiram a nacionalidade brasileira.

GABARITO: A.

---

176. O regime jurídico de direito público sujeita a Administração pública à observância de normas, que abrangem regras e princípios. No que se refere à dinâmica de aplicação das referidas normas,

    a) os princípios centrais previstos na Constituição Federal sobrepõem-se às regras, estas que têm hierarquia infraconstitucional.
    b) as regras somente são válidas e eficazes se forem expressamente vinculadas a um princípio, sob pena de nulidade.
    c) inexiste hierarquia material apriorística entre as regras e os princípios, não cabendo, contudo, ao administrador público decidir não cumprir uma lei por entendê-la em desacordo com os princípios.
    d) os princípios incidem em escala de preferência, sendo o da legalidade dotado de preferência e prevalência sobre os demais princípios que regem a Administração pública.
    e) a legislação vigente, ainda que infraconstitucional, se sobrepõe hierarquicamente em relação aos princípios previstos na Constituição Federal.

A: Incorreta. Princípios são normas que estabelecem fins a serem buscados. Por sua vez, as regras são normas imediatamente descritivas de comportamentos devidos ou atributivas de poder. Os princípios e regras são normas de 1º grau. Portanto, não há de se falar em hierarquia entre ambos.

B: Incorreta. Regra é um comando, um imperativo dirigido aos seus destinatários (pessoas físicas, pessoas jurídicas e demais entes), responsável por permitir, proibir, constranger e/ou disciplinar certos modos de ação ou comportamento presentes na vida humana. As regras não necessariamente estão expressamente vinculadas a um princípio.

C: Correta. Não há hierarquia entre os princípios, os quais servem para nortear a atuação do agente público. Ademais, por força da presunção relativa de constitucionalidade, toda norma legislativa de ordem pública tem dever geral de observância e execução, até que um órgão competente afasta sua aplicação e autoriza seu descumprimento, mediante procedimento específico, o controle de constitucionalidade.

D: Incorreta. Os princípios têm a mesma relevância e densidade no ordenamento jurídico. Não há princípio que prevaleça sobre os demais. Somente no caso concreto é que se pode dizer que um determinado princípio será aplicado com mais amplitude em relação a outro (método da ponderação).

E: Incorreta. A Lei infraconstitucional não se sobrepõe aos princípios constitucionais. Os princípios visam ofertar coesão ao ordenamento jurídico e ocupam, por essa razão, posição de destaque.

GABARITO: C.

---

177. Um empregado público foi regularmente contratado há 2 anos por ente da Administração indireta para ocupar emprego público. As avaliações internas feitas pelo empregador vêm demonstrando que o empregado não vem performando adequadamente, tampouco demonstrando o necessário comprometimento com suas atribuições. A administração do ente pretende demitir o empregado, o que exige:

    a) aguardar o término do estágio confirmatório de 3 anos, o que permitirá o pagamento ao empregado das verbas rescisórias e indenizatórias.
    b) processo administrativo com observância do contraditório e da ampla defesa, desde que o empregado tenha sido contratado mediante concurso público de provas ou de provas e títulos.
    c) que a decisão de extinção do vínculo seja adotada antes do término do período de estágio probatório, após o que será necessário que o empregador solicite autorização da Administração direta que integra.
    d) decisão fundamentada em razões que consubstanciem a motivação do ato, não sendo necessária instituição de processo administrativo com prévia oitiva e defesa do empregado.
    e) comunicação escrita ao empregado acerca da demissão, não se exigindo motivação e fundamentação da decisão, requisito necessário apenas para a extinção de vínculo estatutário.

A: Incorreta. Empregados de empresa pública não têm estágio probatório e nem a estabilidade prevista no art. 41 da Constituição Federal, mas apenas período de experiência.

B: Incorreta. Conforme estabelece o art. 37, II, da Constituição Federal, para que sejam admitidos na relação de emprego, os empregados públicos devem ter sido previamente aprovados em concurso público. A dispensa desses empregados depende de ato devidamente motivado, mas não é necessária a instituição de processo administrativo.

C: Incorreta. O estágio probatório e a estabilidade conferida aos cargos de provimento efetivo não se aplicam aos empregos públicos.

D: Correta. De acordo com o entendimento do STF, a empresa pública tem o dever de motivar formalmente o ato de dispensa do empregado, assegurando-se que os princípios da impessoalidade e isonomia que fundamentaram a admissão, sejam também respeitados por ocasião da dispensa. A motivação do ato de dispensa, assim, visa a resguardar o empregado de uma possível quebra do postulado da impessoalidade por parte do agente estatal investido do poder de demitir (STF. Plenário. RE 589998, Rel. Min. Ricardo Lewandowski, julgado em 20/03/2013). Demais disso, não é necessário a instauração de processo administrativo, com ampla defesa, mas como já mencionado, a decisão que o demitir deverá ser motivada.

E: Incorreta. A demissão exige motivação e fundamentação da decisão.

GABARITO: D.

---

178. No curso de um processo administrativo instaurado por requerimento de um administrado, foi constatado que um documento fundamental à correta análise do pleito não fora analisado quando do proferimento de decisão de indeferimento. O administrado, verificando o fato, apresentou pedido de reconsideração da decisão. Dentre as alternativas juridicamente possíveis, a autoridade competente:

    a) poderá revogar a decisão de indeferimento, lançando mão do poder de rever seus próprios atos.
    b) poderá declarar a nulidade do processo administrativo, determinando ao administrado que apresente novo requerimento, em razão da decisão impugnada já ter sido proferida.
    c) deverá analisar se a omissão da análise configura vício de legalidade, o que ensejará a anulação da decisão de indeferimento, retomando-se a análise a partir do documento cuja análise fora negligenciada.
    d) deverá acolher o pedido de reconsideração se também tiver sido apresentado recurso administrativo, na medida em que os atos administrativos só podem ser revistos mediante provocação formal da parte.
    e) deveria conceder novo prazo para o administrado apresentar suas razões, não sendo caso de revisão da decisão de indeferimento, que poderá ser aditada.

A: Incorreta. A revogação consiste na extinção do ato administrativo válido por razões de oportunidade e conveniência. Ou seja, não é um meio adequado para a atuação da autoridade administrativa no caso em tela.

B: Incorreta. No pedido de reconsideração, a autoridade poderá invalidar ou modificar os termos da decisão proferida. Assim, não há necessidade que o administrado apresente novo requerimento.

C: Correta. Diante de um pedido de reconsideração, a autoridade administrativa que proferiu a decisão deverá analisar se a omissão da análise configura vício de legalidade, o que ensejará a anulação da decisão de indeferimento.

D: Incorreta. O recurso administrativo e o pedido de reconsideração são impugnações diferentes. Da decisão do pedido de reconsideração, o administrado terá o prazo para a interposição de recurso administrativo.

E: Incorreta. A autoridade administrativa deverá analisar o pedido de reconsideração, não havendo previsão legal de concessão de prazo para razões, que devem ser apresentadas junto com o pedido.

GABARITO: C.

179. Um agente público, em regular diligência de fiscalização a estabelecimentos de ensino, constatou potencial irregularidade no procedimento de matrícula de determinado nível de escolaridade e determinou a interdição do estabelecimento. Considerando os fatos descritos, uma das possíveis conclusões para a atuação do agente público é:
    a) atuação com excesso de poder disciplinar, pois este somente incide na esfera hierárquica do quadro de servidores de órgão da Administração direta ou pessoa jurídica integrante da Administração indireta.
    b) a regularidade da conduta, considerando o princípio da supremacia do interesse público, cabendo ao responsável pelo estabelecimento regularizar o procedimento apontado e, após, pleitear a reabertura da unidade de ensino.
    c) a viabilidade jurídica da conduta, considerando que será oportunizado contraditório e ampla defesa ao responsável pela escola, com possibilidade de reposição das aulas no caso de procedência de suas alegações.
    d) ter agido com abuso de poder no exercício do poder de polícia inerente à sua atuação, não se mostrando razoável a medida adotada, que prejudicou o cronograma de aulas de todos os alunos da instituição.
    e) que o poder regulamentar confere ao representante da Administração pública o poder de baixar atos normativos dotados de autoexecutoriedade, protegendo o direito à educação em detrimento do direito individual dos alunos.

A: Incorreta. A conduta do agente público não se trata de poder disciplinar, mas sim de abuso de poder, na modalidade excesso de poder, com manifesta violação ao princípio da proporcionalidade, em vista de que a ação de interdição do estabelecimento mostrou-se prejudicial ao interesse público.

B: Incorreta. É possível que a irregularidade seja sanada sem o fechamento da instituição, até porque, o interesse público enseja o funcionamento do estabelecimento de ensino, sob pena de prejuízo para a coletividade que depende do serviço prestado.

C: Incorreta. Não se mostra proporcional e razoável a interdição da instituição, tendo em vista que trata-se de potencial irregularidade, ou seja, não há nenhuma confirmação. Assim, ainda que confirmada a irregularidade, é possível que o vício no procedimento seja sanado sem qualquer medida extrema.

D: Correta. No caso do enunciado, o agente agiu com abuso de poder ao interditar o estabelecimento de ensino. Veja-se que a "potencial irregularidade" no procedimento de matrícula, por ele constatada, não significa a existência da irregularidade, mas meros indícios que deveriam ser corretamente apurados, antes de qualquer conduta gravosa, como a interdição. Assim, a conduta do agente público violou os princípios da razoabilidade e proporcionalidade que balizam o poder de polícia da administração pública.

E: Incorreta. No caso em tela, não há se falar em aplicação do poder regulamentar, em vista de que a potencial irregularidade constatada pelo agente público não enseja a atividade do Chefe do Poder Executivo, em editar decreto a fim de viabilizar a execução das leis. Pelo contrário, a atuação do agente se deu em manifesto abuso do poder de polícia, consistindo em conduta desproporcional e desarrazoada.

GABARITO: D.

180. A edição de um ato administrativo de natureza vinculada acarreta ou pressupõe, para a Administração pública, o dever:
    a) de ter observado o preenchimento dos requisitos legais para a edição, tendo em vista que nos atos vinculados a legislação indica os elementos constitutivos do direito à prática do ato.
    b) subjetivo de emissão do mesmo, este que, em razão da natureza, não admite anulação ou revogação.
    c) de observar as opções legalmente disponíveis para decisão do administrador, que deverá fundamentá-la em razão de conveniência e interesse público.
    d) do administrado destinatário do ato exercer o direito que lhe fora concedido, tendo em vista que os atos administrativos são vinculantes para os particulares, que não têm opção de não realizar o objeto ou finalidade do mesmo.
    e) de submeter o ato ao controle externo do Tribunal de Contas competente e do Poder Judiciário, sob o prisma da legalidade, conveniência e oportunidade.

A: Correta. O ato vinculado é aquele praticado pela Administração sem margem alguma de liberdade, pois a lei define de antemão todos os aspectos da conduta.

B: Incorreta. Na prática de ato administrativo de natureza vinculada não há espaço para subjetivismo, tendo em vista que o texto legal não admite margem de escolha para o administrador público.

C: Incorreta. Ao contrário do que afirma a alternativa, a lei não oferece opções para o administrador praticar um ato de natureza vinculada. Na verdade, essa possibilidade de opção diz respeito ao ato discricionário, no qual o dispositivo legal confere margem de escolha ao administrador público mediante análise de mérito (conveniência e oportunidade).

D: Incorreta. A alternativa mistura os conceitos de ato vinculado com o atributo da imperatividade. Este último consiste na qualidade pela qual os atos administrativos se impõe a terceiros, independentemente de sua concordância.

E: Incorreta. O Poder Judiciário não possui competência para examinar o mérito do ato administrativo, tendo em vista que somente pode analisar aspectos relativos à legalidade. Por sua vez, o Tribunal de Contas auxilia na fiscalização contábil, financeira, orçamentária, operacional e patrimonial da União e das entidades da administração direta e indireta, quanto à legalidade, legitimidade, economicidade, aplicação das subvenções e renúncia de receitas.

GABARITO: A.

181. A nomeação de um particular para ocupar um cargo em comissão na Administração direta:
    a) dependeria de prévia realização de concurso público, tendo em vista que referidos cargos só podem ser providos por servidores de carreira.
    b) significa que a Administração pública está provendo cargos para atender necessidades temporárias decorrentes da vacância de cargos efetivos, cujas atribuições não podem deixar de ser desempenhadas.
    c) deve se destinar a atribuições de chefia, direção ou assessoramento, pois referidos servidores não podem se prestar a desempenhar atribuições típicas de cargos efetivos.
    d) sujeita o novo servidor ao cumprimento de estágio probatório de 2 anos, diferentemente do provimento de cargos efetivos, que impõe estágio probatório de 3 anos.

QUESTÕES

e) enseja a formação de vínculo celetista, passível de demissão ad nutum, tendo em vista que a não realização de concurso público impede a formalização de vínculo estatutário.

A: Incorreta. O cargo em Comissão é de livre nomeação e exoneração, não dependendo de concurso público. Assim, pode ser ocupado por qualquer pessoa, servidor público ou não, cabendo à legislação ordinária estabelecer os casos, condições e percentuais mínimos destinados aos servidores de carreira.

B: Incorreta. As atividades pertinentes aos Cargos em Comissão são de direção, chefia e assessoramento, portanto não abrange as atividades dos servidores efetivos.

C: Correta. Nos termos do art. 37, V, da CF, as funções de confiança, exercidas exclusivamente por servidores ocupantes de cargo efetivo, e os cargos em comissão, a serem preenchidos por servidores de carreira nos casos, condições e percentuais mínimos previstos em lei, destinam-se apenas às atribuições de direção, chefia e assessoramento.

D: Incorreta. O estágio probatório não se aplica ao cargo em comissão, somente ao cargo de provimento efetivo, nos termos do art. 41, da CF: são estáveis após três anos de efetivo exercício os servidores nomeados para cargo de provimento efetivo em virtude de concurso público.

E: Incorreta. O vínculo dos cargos em comissão é disciplinado pelo Estatuto dos Servidores, porém o regime de previdência é o RGPS (Regime Geral da Previdência Social).

GABARITO: C.

182. A Administração pública de determinado ente federado está reorganizando sua estrutura, abrangendo a Administração indireta. Nesse campo, promoveu levantamento das empresas estatais existentes no ente federado e decidiu por extinguir aquelas que não tivessem mais finalidade social aderente à linha de governo, bem como as deficitárias. Para tanto,
    a) deverá editar ato de mesma natureza do que promoveu a criação da empresa, ou seja, decreto ou lei.
    b) será necessária autorização legislativa, inclusive para, por exemplo, indicar o destino de seu patrimônio, caso não pretenda que reverta à Administração central.
    c) poderá providenciar o encerramento das atividades na mesma linha aplicada às empresas privadas, não sendo necessária autorização prévia, exigida apenas para a instituição das referidas pessoas jurídicas.
    d) deverá liquidar todas as despesas da empresa e alienar seu patrimônio antes de solicitar autorização legislativa para decretar a extinção da mesma.
    e) será necessária prévia realização de licitação para eventual identificação de interessados na aquisição do capital social da empresa, sendo autorizada a extinção apenas diante da inexistência de licitantes.

As empresas públicas e as sociedades de economia mista têm a sua criação e extinção dependentes de autorização legal, na forma do art. 37, XIX, da CF/1988:

Art. 37 A administração pública direta e indireta de qualquer dos Poderes da União, dos Estados, do Distrito Federal e dos Municípios obedecerá aos princípios de legalidade, impessoalidade, moralidade, publicidade e eficiência e, também, ao seguinte:

XIX - somente por lei específica poderá ser criada autarquia e autorizada a instituição de empresa pública, de sociedade de economia mista e de fundação, cabendo à lei complementar, neste último caso, definir as áreas de sua atuação.

Por força do princípio da simetria das formas, a entidade somente pode ser extinta mediante lei, não sendo possível mediante decreto. Da mesma forma que é exigida autorização legislativa para instituição das empresas estatais, a extinção também demanda manifestação do poder legislativo no mesmo sentido. A alienação do capital social da empresa estatal exige autorização legislativa e licitação.

GABARITO: B.

183. Dentre as fontes do Direito Administrativo, é possível deduzir que:
    a) somente a lei formal pode ser considerada fonte do Direito Administrativo, considerando a primazia do princípio da legalidade.
    b) o princípio da supremacia do interesse público é a principal fonte do Direito Administrativo, pois fundamenta todas as ações e decisões da Administração pública.
    c) a jurisprudência não pode ser considerada fonte do Direito Administrativo, pois não emana do Poder Executivo nem do Poder Judiciário.
    d) as lacunas legais se consubstanciam em fontes concretas do Direito Administrativo, considerando que ao Poder Executivo é dado suprir a ausência de lei por meio da edição de decreto.
    e) não se mostra necessária a codificação das leis e atos normativos para que se consubstanciem em fonte do Direito Administrativo.

A: Incorreta. A lei formal é a principal fonte do Direito Administrativo, contudo, existem outras fontes que emanam conceitos e regulamentação acerca da matéria, como a doutrina, a jurisprudência, os costumes e os princípios.

B: Incorreta. A principal fonte do direito administrativo é a lei, ao passo que a supremacia do interesse público sobre o privado é o principal princípio do direito administrativo.

C: Incorreta. A jurisprudência é considerada fonte secundária do direito administrativo, que não tem força cogente de uma norma criada pelo legislador, salvo no caso de súmula vinculante, cujo cumprimento é obrigatório pela administração pública

D: Incorreta. As lacunas não são fontes do direito, mas sim o costume, que é uma fonte material e preenche as lacunas e omissões legais. Ademais, incumbe ao Poder Legislativo suprir as lacunas legais, ao passo que ao Poder Executivo, no exercício do poder normativo, lhe cabe editar normas complementares à lei, para sua fiel execução.

E: Correta. O direito administrativo não dispõe de uma codificação como ocorre com outros ramos do direito, contudo suas disposições decorrem diretamente da Constituição Federal, de leis ordinárias e complementares, além de outros atos normativos, como decretos, regulamento e medidas provisórias.

GABARITO: E.

Impresso por: